Stein/Jonas

Kommentar zur

# Zivilprozeßordnung

21. Auflage
bearbeitet von

Reinhard Bork · Wolfgang Brehm
Wolfgang Grunsky · Dieter Leipold
Wolfgang Münzberg · Herbert Roth
Peter Schlosser · Ekkehard Schumann

Band 5
Teilband 1
§§ 511–591

J. C. B. Mohr (Paul Siebeck) Tübingen

Bearbeiter:

Prof. Dr. jur. REINHARD BORK, Hamburg
Prof. Dr. jur. WOLFGANG BREHM, Bayreuth
Prof. Dr. jur. WOLFGANG GRUNSKY, Bielefeld
Prof. Dr. jur. DIETER LEIPOLD, Freiburg i. Br.
Prof. Dr. jur. WOLFGANG MÜNZBERG, Tübingen
Prof. Dr. jur. HERBERT ROTH, Münster
Prof. Dr. jur. PETER SCHLOSSER, München
Prof. Dr. jur. EKKEHARD SCHUMANN, Regensburg

Zitiervorschlag: Stein/Jonas/Bearbeiter[21] § 29a Rdnr. 2

---

Die Deutsche Bibliothek – CIP-Einheitsaufnahme

**Stein, Friedrich:**
Kommentar zur Zivilprozeßordnung / Stein ; Jonas.
Bearb. von Reinhard Bork ... – Geb. Ausg. – Tübingen : Mohr
   NE: Jonas, Martin:; Bork, Reinhard [Bearb.]
   Geb. Ausg.
   Bd. 5.
   Teilbd. 1. §§ 511–591. – 21. Aufl. – 1994
   ISBN 3-16-146241-6

---

© 1994 J.C.B. Mohr (Paul Siebeck) Tübingen.

Das Werk einschließlich aller seiner Teile ist urheberrechtlich geschützt. Jede Verwertung außerhalb der engen Grenzen des Urheberrechtsgesetzes ist ohne Zustimmung des Verlags unzulässig und strafbar. Das gilt insbesondere für Vervielfältigungen, Übersetzungen, Mikroverfilmungen und die Einspeicherung und Verarbeitung in elektronischen Systemen.

Dieser Band wurde von Gulde-Druck in Tübingen aus der Rotation gesetzt, auf alterungsbeständiges Werkdruckpapier der Papierfabrik Niefern gedruckt und von der Großbuchbinderei Heinr. Koch in Tübingen gebunden. Den Einband entwarf Alfred Krugmann in Stuttgart.

*Drittes Buch*

# Rechtsmittel

## Allgemeine Einleitung

| | |
|---|---|
| I. Begriff des Rechtsmittels | 1 |
|   1. Die gesetzlich vorgesehenen Rechtsbehelfe | 1 |
|   2. Devolutiv- und Suspensiveffekt | 3 |
|     a) Bedeutung für die Einordnung als Rechtsmittel | 3 |
|     b) Unerheblichkeit der Klassifizierung | 5 |
|   3. Gegenstand des Rechtsmittelverfahrens | 6 |
| II. Zulässigkeit und Begründetheit | 8 |
|   1. Allgemeines zur Unterteilung in Zulässigkeit und Begründetheit | 8 |
|   2. Voraussetzungen der Zulässigkeit eines Rechtsmittels | 10 |
|     a) Statthaftigkeit | 10 |
|     b) Form, Frist und Begründung | 13 |
|     c) Beschwer | 14 |
|     d) Rechtsmittelverzicht | 15 |
|   3. Maßgebender Zeitpunkt | 16 |
|     a) Statthaftigkeit | 17 |
|     b) Form, Frist | 19 |
|     c) Rechtsmittelbegründung | 21 |
|     d) Rechtsmittelverzicht | 22 |
|     e) Beschwer und Beschwerdesumme | 23 |
|       aa) Beschwer | 24 |
|       bb) Beschwerdewert | 27 |
|   4. Rechtsfolgen bei fehlender Zulässigkeit | 36 |
| III. Rechtsmittel gegen inkorrekte Entscheidungen | 37 |
|   1. Der Grundsatz der Meistbegünstigung | 38 |
|     a) Zulässigkeit beider Rechtsmittel | 38 |
|       aa) Fehlerhafte Entscheidungen | 38 |
|       bb) Nichturteil | 44 |
|       cc) Falsche Verfahrensart | 47 |
|     b) Weiteres Verfahren des Rechtsmittelgerichts | 49 |
|     c) Keine Erweiterung des Rechtsmittelzugs | 52 |
|   2. Die einzelnen Fälle | 53 |
|     a) Nichturteil | 54 |
|     b) Unzulässige Teil- und Zwischenurteile | 55 |
|     c) Urteil und Beschluß | 58 |
|     d) Streitiges Urteil und Versäumnisurteil | 62 |
|     e) Einstweilige Anordnung im Zwangsvollstreckungsverfahren und einstweilige Verfügung | 64 |
|     f) Bagatellverfahren | 65 |
| IV. Rechtsmittel gegen unanfechtbare gesetzlich unzulässige Entscheidungen | 66 |
|   1. Keine Erweiterung des Instanzenzugs | 66 |
|   2. Sog. »greifbare Gesetzwidrigkeit« | 69 |
| V. Beschwer | 70 |
|   1. Allgemeines | 70 |
|     a) Beschwer als Zulässigkeitsvoraussetzung des Rechtsmittels | 70 |
|     b) Geltendmachen der Beschwer | 72 |
|     c) Bestimmung der Beschwer durch den Antrag der Partei und den Inhalt der angefochtenen Entscheidung | 77 |
|   2. Bestimmung der Beschwer durch den Antrag | 78 |
|     a) Kläger | 78 |
|       aa) Formelle Beschwer | 78 |
|       bb) Unbestimmter Klageantrag | 80 |
|       cc) Abweichende Meinung (materielle Beschwer) | 83 |
|     b) Beklagter | 84 |
|     c) Streithelfer | 88 |
|   3. Bestimmung der Beschwer durch den Inhalt der angefochtenen Entscheidung | 89 |
|     a) Herrschende Meinung | 90 |
|     b) Eigene Ansicht | 95 |
|       aa) Ausgangspunkt | 95 |
|       bb) Klagestattgebendes Urteil | 96 |
|       cc) Klageabweisendes Urteil | 97 |
|     c) Nachteilige Urteilswirkungen außer der Rechtskraft | 99 |

| | | | | |
|---|---|---|---|---|
| 4. Ehesachen | 100 | 3. Gesetz gegen Wettbewerbsbeschränkungen | 109 |
| a) Notwendigkeit einer Beschwer | 100 | 4. Bundesentschädigungsgesetz | 110 |
| b) Ausnahme bei Rechtsmitteleinlegung zum Zweck der Erhaltung der Ehe | 101 | 5. Schiffahrtssachen | 111 |
| | | VII. Arbeitsgerichtliches Verfahren | 112 |
| c) Einheitlichkeit des Scheidungsgrundes | 103 | 1. Instanzenzug | 112 |
| 5. »Funktionär der Gesamtrechtsordnung« | 105 | 2. Abweichungen gegenüber dem Rechtsmittelsystem in der ordentlichen Gerichtsbarkeit | 113 |
| VI. Besondere Bestimmungen | 107 | a) Berufung | 114 |
| 1. Rechtsentscheid | 107 | b) Revision | 115 |
| 2. Baulandsachen | 108 | c) Beschwerde | 117 |

## I. Begriff des Rechtsmittels[1]

### 1. Die gesetzlich vorgesehenen Rechtsbehelfe

1   Wie sich aus der Anordnung und den Überschriften des 3. und 4. Buches (»Rechtsmittel«; »Wiederaufnahme des Verfahrens«) ergibt, versteht die ZPO unter Rechtsmitteln nicht, wie etwa § 839 Abs. 3 BGB, alle Rechtsbehelfe, die den Parteien oder Dritten zur Abwendung prozessualer Nachteile offenstehen[2]. Rechtsmittel i.S. der ZPO sind vielmehr nur solche Rechtsbehelfe, die nachteilige Entscheidungen (→ Rdnr. 70 ff.) vor Eintritt ihrer formellen Rechtskraft auf dem Wege der Nachprüfung durch einen übergeordneten Richter beseitigen bzw. zu Gunsten des Rechtsmittelführers abändern sollen[3]. Rechtsmittel sind sonach nur die **Berufung** (§§ 511–544), die **Revision** (§§ 545–566a) und die **Beschwerde** (§§ 567–577a). Zur Frage, inwieweit Rechtsmittel aus verfassungsrechtlichen Gründen zur Verfügung gestellt werden müssen → Rdnr. 12.

2   Keine Rechtsmittel sind nach der Konzeption der ZPO insbesondere:
– die Wiedereinsetzung in den vorigen Stand (§§ 233–238);
– der Einspruch gegen ein Versäumnisurteil (§§ 338–346)[4] oder gegen einen Vollstreckungsbescheid (§ 700 i. V. mit §§ 338–346);
– die Nichtigkeits- und Restitutionsklage (§§ 578–591);
– die Anfechtungsklage im Aufgebotsverfahren (§ 957);
– die Aufhebungsklage im schiedsrichterlichen Verfahren (§ 1041);
– Berichtigungs- und Ergänzungsanträge (§§ 319–321);
– die Erinnerung gegen den Kostenfestsetzungsbeschluß (§ 104) und diejenige in der Zwangsvollstreckung (§ 766);
– die Vollstreckungsgegenklage (§ 767);
– die Nachsuchung der Entscheidung des Prozeßgerichts (§ 576);
– der Widerspruch im Mahnverfahren (§ 694);
– der Widerspruch gegen Arrestbefehle und einstweilige Verfügungen (§§ 924, 936);

---

[1] Literatur: *Bettermann* ZZP 88 (1975), 365; *Gilles* Rechtsmittel im Zivilprozeß (1972); *ders. u. a.* Rechtsmittel im Zivilprozeß – unter besonderer Berücksichtigung der Berufung – (1985); *ders.* Ziviljustiz und Rechtsmittelproblematik: Vorstudie zur Analyse und Reform der Rechtsmittel in der Zivilgerichtsbarkeit (1992); *Kolotouros* Der Rechtsmittelgegenstand im Zivilprozeß: Die Rechtsmittel zwischen Kassation und Verfahrensfortsetzung (1992); *Ritter* JZ 1975, 360; *Weitzel* JuS 1992, 625; *Schumann* Die Berufung in Zivilsachen[4] (1990).

[2] Zu dem weiten Rechtsmittelbegriff des § 839 Abs. 3 BGB s. MünchKomm BGB-*Papier*[2] (1986) § 839 Rdnrn. 286, 287 mit weit. Nachw.

[3] Zu den (manchmal recht widersprüchlichen) Vorstellungen des Gesetzgebers zum Rechtsmittelsystem s. *Gilles* (Fn. 1), 188 ff.

[4] → § 338 Rdnr. 1; MünchKomm ZPO-*Prütting* § 338 Rdnr. 3.

- der Widerspruch gegen die Vollstreckbarerklärung von Schiedssprüchen, schiedsrichterlichen Vergleichen und Anwaltsvergleichen (§§ 1042 c, 1044 a, b);
- die Verfassungsbeschwerde (§§ 90 ff. BVerfGG); sie wird vom BVerfG in ständiger Rechtsprechung nicht als »zusätzlicher Rechtsbehelf zum fachgerichtlichen Verfahren, sondern als ein eigenständiges, besonderes Rechtsschutzmittel zur prozessualen Durchsetzung der Grundrechte« angesehen, das im Erfolgsfall eine Durchbrechung der Rechtksraft bewirke[5];
- die Menschenrechtsbeschwerde nach der Europäischen Menschenrechtskonvention; insoweit gelten dieselben Erwägungen wie bei der Verfassungsbeschwerde.

## 2. Devolutiv- und Suspensiveffekt

### a) Bedeutung für die Einordnung als Rechtsmittel

Die Charakteristika eines Rechtsmittels bestehen nach h.M.[6] darin, daß das Recht und die Pflicht zur Entscheidung des Rechtsstreits in den Grenzen der Anfechtung auf das übergeordnete Gericht übergehen (sog. **Devolutiveffekt**) und daß der Eintritt der formellen Rechtskraft gehemmt wird (sog. **Suspensiveffekt**; Näheres → bei § 705). Durch den Suspensiveffekt wird die Vollstreckbarkeit der angefochtenen Entscheidung hinausgeschoben, sofern diese nicht für vorläufig vollstreckbar erklärt worden ist (§§ 708 ff.), was die Regel bildet. Auch andere Urteilswirkungen (materielle Rechtskraft, Gestaltungs- und Tatbestandswirkung) treten zunächst nicht ein.

Bei der **Beschwerde** werden der Devolutiveffekt und der Suspensiveffekt allerdings nicht konsequent durchgeführt. Hält das Gericht, dessen Entscheidung angefochten ist, die Beschwerde für begründet, so hilft es ihr bei der einfachen Beschwerde selbst ab (§ 571; anders bei der sofortigen Beschwerde, wo das Gericht seine eigene Entscheidung nicht abändern kann, § 577 Abs. 3). Die Entscheidungsbefugnis geht damit nicht immer gleich auf den iudex ad quem über, sondern steht zunächst dem iudex a quo zu. Insoweit fehlt es an einem konsequent durchgehaltenen Devolutiveffekt. Beim Suspensiveffekt enthält § 572 Einschränkungen; danach wird der Eintritt der formellen Rechtskraft nur in bestimmten, enumerativ aufgeführten Fällen gehemmt.

### b) Unerheblichkeit der Klassifizierung

Eine **praktische Bedeutung** kommt der Klassifizierung eines Rechtsbehelfs als Rechtsmittel nicht zu. Dies zu betonen besteht insbesondere im Hinblick auf die unselbständige Anschlußberufung Anlaß (Näheres → § 521 Rdnr. 3). Es gibt nach geltendem Recht keine Rechtsfolge, die immer dann, andererseits aber auch nur dann eintritt, wenn der Rechtsbehelf als Rechtsmittel anzusehen ist. Es muß vielmehr bei jeder Einzelfrage geprüft werden, ob die Rechtsbehelfe (oder doch wenigstens einige von ihnen) nicht ebenso zu behandeln sind wie die allgemein als Rechtsmittel anerkannten Rechtsbehelfe. Darüber hinaus muß betont werden, daß der Rechtsmittelbegriff eine rein dogmatische Denkfigur ist, die als Zusammenfassung anderweitig erarbeiteter Ergebnisse nützlich sein mag, aber keinesfalls dazu verwendet werden darf, um aus ihr deduktiv neue Ergebnisse abzuleiten.

---

[5] So zuletzt *BVerfGE* 74, 220, 226 = NJW 1987, 1191 mit weit. Nachw.

[6] *Rosenberg/Schwab/Gottwald*[15] § 134 I 1; *Baur/Grunsky*[7] Rdnr. 207; *Bruns*[2] Rdnr. 263; *Jauernig*[23] § 72 I; *Zeiss*[7] § 81 I 2; *Baumbach/Lauterbach/Albers*[51] vor § 511 Rdnr. 2 f.; *Thomas/Putzo*[18] vor § 511 Rdnr. 1 ff.; *Zöller/Schneider*[18] vor § 511 Rdnr. 2. Gänzlich anders als die h.M. *Gilles* (Fn. 1), 158 ff.; *ders.* ZZP 91 (1978), 128, 133 ff., der weder den Devolutiv- noch den Suspensiveffekt als Charakteristikum eines Rechtsmittels ansieht. Aus den sogleich darzulegenden Gründen (→ Rdnr. 5) kann die Frage letztlich offenbleiben.

## 3. Gegenstand des Rechtsmittelverfahrens

**6** Gegenstand des Rechtsmittelverfahrens ist der **Streitgegenstand des unterinstanzlichen Verfahrens**[7] (in den durch die Rechtsmittelanträge gezogenen Grenzen, → § 537 Rdnr. 1 ff.). Es geht im Rechtsmittelverfahren nicht darum, ob die angefochtene Entscheidung richtig oder falsch ist[8], sondern allein darum, wie der Rechtsstreit jetzt richtigerweise zu entscheiden ist (s. insbesondere den Wortlaut von § 525). Das wird dann von praktischer Bedeutung, wenn sich die Rechtslage nach Erlaß des angefochtenen Urteils geändert hat. Hier ist die Entscheidung auch dann aufzuheben, wenn sie seinerzeit richtig war (zum maßgeblichen Beurteilungszeitpunkt bei der Revision → §§ 549, 550 Rdnr. 17 ff.). Dabei bestehen zwischen den einzelnen Rechtsmitteln auch keine Unterschiede. Auch bei der Revision ergeht die Entscheidung über den ursprünglichen Streitgegenstand, nur daß das Gericht dabei an den im Berufungsurteil festgestellten Sachverhalt gebunden ist.

**7** Letztlich ist die Frage nach dem Gegenstand des Rechtsmittelverfahrens freilich ebenso wie die nach dem Rechtsmittelbegriff (→ Rdnr. 5) **kaum von praktischer Bedeutung** und stellt nicht etwa so etwas wie eine Weichenstellung zum richtigen Verständnis des Instanzenzugs dar[9]. Insbesondere bedeutet das herkömmliche Verständnis vom Gegenstand des Rechtsmittelverfahrens nicht, daß damit die erste Instanz in den Augen der Parteien entwertet wird und der Prozeß erst in der Berufungsinstanz »richtig los geht«. Weiter sind die rechtspolitischen Überlegungen über eine eventuelle Reduzierung des »Rechtsmittelangebots« (→ vor § 511 Rdnr. 3 f.) unabhängig davon entweder sinnvoll oder abzulehnen, wie man den Gegenstand des Rechtsmittelverfahrens bestimmen will.

## II. Zulässigkeit und Begründetheit

### 1. Allgemeines zur Unterteilung in Zulässigkeit und Begründetheit

**8** Für das Verhältnis der Zulässigkeit zur Begründetheit des Rechtsmittels gilt **Entsprechendes wie bei der Klage** (ausführlich dazu → Einl. Rdnr. 311 ff.). Ist man mit der h.M. der Auffassung, daß die Zulässigkeit immer vor der Begründetheit der Klage zu prüfen ist und daß eine Sachentscheidung nur nach Bejahung der Zulässigkeit ergehen darf, so muß man dies auch für die Entscheidung über ein Rechtsmittel annehmen[10]. Schließt man sich dagegen der Ansicht an, daß die Zulässigkeit der Klage keine notwendige Voraussetzung für ein Eingehen auf ihre Begründetheit ist[11] und daß sich ein Vorrang der Zulässigkeitsvoraussetzungen allenfalls bei einigen von ihnen aus ihrer besonderen Funktion her annehmen läßt[12], so muß Entsprechendes auch für die Entscheidung über ein Rechtsmittel gelten[13].

---

[7] *Rosenberg/Schwab/Gottwald*[15] § 134 I; *Bettermann* ZZP 88 (1975), 365 (385 ff.). Eingehend zum Rechtsmittelgegenstand *Kolotouros* Der Rechtsmittelgegenstand im Zivilprozeß – Die Rechtsmittel zwischen Kassation und Verfahrensfortsetzung (1992).

[8] So aber dezidiert *Gilles* (Fn. 1), 36 ff.; *ders.* ZZP 91 (1978), 128, 133 ff.; *ders.* JZ 1985, 253. Danach soll Streitgegenstand des Rechtsmittelverfahrens das Begehren der Aufhebung der angefochtenen Entscheidung sein; erst nach Aufhebung soll der Weg für eine Neuentscheidung des Rechtsstreits frei sein (so vor allem Fn. 1, S. 96 ff.). Dem ist zu Recht allgemein widersprochen worden (*Bettermann* ZZP 88 (1975), 365; *Arens* AcP 173 (1973), 473; *Habscheid* NJW 1974, 635; *Ritter* JZ 1975, 360).

[9] Grundlegend anders erneut *Gilles* (vor allem JZ 1985, 253).

[10] In diesem Sinne *Blomeyer*[2] § 97 IV; *Rosenberg/Schwab/Gottwald*[15] § 136 I; *Jauernig*[23] § 72 IV; *Zeiss*[7] § 81 II; AK-*Ankermann* vor § 511 Rdnr. 9 ff.; *Baumbach/Lauterbach/Albers*[51] Grundz. vor § 511 Rdnr. 6.

[11] So *Rimmelspacher* Zur Prüfung von Amts wegen im Zivilprozeß (1966), 51 ff.; *Grunsky* ZZP 80 (1967), 55; *ders.* Grundlagen des Verfahrensrechts[2] § 34 II; *Lindacher* NJW 1967, 1389; *ders.* ZZP 90 (1977), 131.

[12] So *Grunsky* und *Lindacher* (Fn. 11).

[13] Zutreffend LG Köln NJW 1974, 1515 (zust. *Gottwald* NJW 1974, 2241): Einhaltung der Rechtsmittelfrist kann bei unbegründetem Rechtsmittel offengelassen werden; so auch KG NJW 1976, 2353. Dagegen *Jauernig* Festschrift f. Schiedermair (1976), 289.

In den §§ 519b Abs. 1 S. 2, 554a Abs. 1 S. 2 und § 574 S. 2 ist ausdrücklich vorgesehen, 9
daß ein Rechtsmittel bei Fehlen bestimmter Erfolgsvoraussetzungen «**als unzulässig zu verwerfen**» ist. Eine allgemeine Regelung für die Zulässigkeit von Rechtsmitteln liegt darin insofern nicht, als zumindest vom Wortlaut der Bestimmungen her die Verwerfung als unzulässig nur für bestimmte Zulässigkeitsvoraussetzungen vorgesehen ist (Statthaftigkeit sowie form- und fristgerechte Einlegung und Begründung). Demgegenüber erklärt § 547 die Revision immer dann für statthaft, wenn die Berufung als unzulässig verworfen worden ist, ohne dabei nach den verschiedenen in Betracht kommenden Zulässigkeitsmängeln zu differenzieren.

## 2. Voraussetzungen der Zulässigkeit eines Rechtsmittels

### a) Statthaftigkeit

Das Rechtsmittel muß zunächst »**an sich statthaft**« sein (s. §§ 519b Abs. 2 S. 2, 554a Abs. 1 10
S. 2, 574 S. 2). Das ist nur dann der Fall, wenn das eingelegte Rechtsmittel gegen die angefochtene Entscheidung nach dem einschlägigen Verfahrensgesetz überhaupt seiner Art nach vorgesehen ist und wenn es von einer zum Gebrauch des Rechtsmittels befugten Person eingelegt worden ist. Die Statthaftigkeit ist also etwa zu verneinen, wenn gegen ein erstes Versäumnisurteil Berufung oder gegen ein landgerichtliches Urteil Revision eingelegt worden ist. Weiter ist ein Rechtsmittel dann unstatthaft, wenn es z. B. von einem Zeugen oder einem der beteiligten Anwälte in eigenem Namen eingelegt wird.

Die Statthaftigkeit hat gegenüber anderen Zulässigkeitsvoraussetzungen **keine eigenstän-** 11
**dige Bedeutung**. Es handelt sich um eine Zulässigkeitsvoraussetzung, die mit weiteren solchen Voraussetzungen auf ein und derselben Stufe steht. Insbesondere muß die Statthaftigkeit nicht etwa vor den übrigen Zulässigkeitsvoraussetzungen geprüft werden. So kann ein Rechtsmittel etwa wegen Fehlens der vorgeschriebenen Begründung unter Offenlassung der Statthaftigkeit als unzulässig verworfen werden.

Es besteht grundsätzlich **kein verfassungsrechtliches Gebot**, ein Rechtsmittel zu gewähren. 12
Ob der einfache Gesetzgeber einen Instanzenzug einrichtet und wie dieser bejahendenfalls ausgestaltet ist, steht ihm grundsätzlich frei[14]. Verfassungsrechtlich gewährleistet ist zwar der Rechtsschutz durch unabhängige Gerichte (wobei hier offenbleiben kann, wie man dies begründet, → dazu Einl. Rdnr. 207 f), doch ist dem schon dann Genüge getan, wenn nur eine Instanz entscheidet, ohne daß gegen das Urteil ein Rechtsmittel gegeben ist. Davon zu trennen ist die Frage, ob sich das Fehlen einer Anfechtungsbefugnis verfassungsrechtlich nicht in dem Sinne auf das erstinstanzliche Verfahren auswirkt, daß dieses mit einer höchstmöglichen Richtigkeitsgewähr ausgestattet sein muß, die bei einer Anfechtungsbefugnis vielleicht nicht im selben Maße erforderlich sein mag[15]. Weiter bestehen zweifelsohne insoweit verfassungsrechtliche Anforderungen, als bei der Gewährung von Rechtsmitteln und der Ausgestaltung des Rechtsmittelverfahrens keine willkürlichen Maßstäbe angelegt werden dürfen. So muß die Auswahl bestimmter anfechtbarer oder nichtanfechtbarer Entscheidungen den Anforderungen des Art. 3 GG standhalten[16]. Verfassungswidrig wäre es weiter, ein Rechtsmittel

---

[14] Ständige Rechtsprechung des BVerfG seit *BVerfGE* 4, 74, 94 f; s. vor allem *BVerfGE* 8, 174; 11, 232, 233 und zuletzt 83, 24, 31. Aus dem Schrifttum s. *Smid* Rechtsprechung – Zur Unterscheidung von Rechtsfürsorge und Prozeß – (1990), 481 ff. Für gewisse verfassungsrechtliche Vorgaben demgegenüber *Gilles* JZ 1985, 253.

[15] In diese Richtung *BVerfGE* 83, 24, 31.

[16] S. *BVerfG* AP § 72a ArbGG 1979 Nr. 9 (keine Verfassungswidrigkeit der Privilegierung bestimmter Verfahren bei der Nichtzulassungsbeschwerde nach § 72a ArbGG). S. weiter BVerfGE 85, 80 = NJW 1992, 1747: Aus Art. 6 Abs. 5 GG ergibt sich, daß der Instanzenzug in Unterhaltsstreitigkeiten für eheliche und nichteheliche Kinder gleich ausgestaltet sein muß.

zwar zu eröffnen, es aber so auszugestalten, daß es seine Funktion nicht erfüllen kann. Alles dies ändert aber nichts daran, daß der einfache Gesetzgeber frei darin ist, ob er den Zugang in eine höhere Instanz eröffnen will. Dies ist keine verfassungsrechtliche, sondern eine rechtspolitische Frage.

### b) Form, Frist und Begründung

13  Das Rechtsmittel muß in der vorgeschriebenen Form (§§ 518, 553, 569) innerhalb der Rechtsmittelfrist (§§ 516, 552, 577) eingelegt werden. Bei der einfachen Beschwerde, die an keine Frist gebunden ist, kommt eine Verwirkung in Betracht, → § 567 Rdnr. 20 f. Für die Berufung und die Revision tritt als weiteres Zulässigkeitserfordernis die form- und fristgerechte Rechtsmittelbegründung hinzu (§§ 519, 554). Bei der weiteren Beschwerde muß schließlich ein neuer und selbständiger Beschwerdegrund vorliegen (§ 568 Abs. 2 S. 2).

### c) Beschwer

14  Für den Rechtsmittelführer muß eine Beschwer vorliegen, d. h. ein nachteiliger Unterschied zwischen dem Begehren der Partei und dem Inhalt der angefochtenen Entscheidung (Einzelheiten → Rdnr. 70 ff.). Abgesehen von §§ 91 a Abs. 2, 99 Abs. 2 darf die Beschwer nicht nur in der Kostenentscheidung bestehen, § 99 Abs. 1. Sie muß weiter eine gewisse Mindestsumme erreichen, wobei bei der Revision die Erreichung der vorgesehenen Beschwer ausreicht, § 546 Abs. 1 S. 1, während bei der Berufung und der Beschwerde hinzukommen muß, daß der Rechtsmittelführer Abänderung der Entscheidung in Höhe wenigstens der vorgesehenen Mindestsumme begehrt (§§ 511 a Abs. 1, 567 Abs. 2: Sog. Beschwerdewert im Gegensatz zum Wert der Beschwer; → ferner § 546 Rdnr. 31 ff.). Die Beschwer gehört zum **Rechtsschutzbedürfnis** für das Verfahren in der höheren Instanz[17], ist mit diesem aber nicht identisch (→ weiter vor § 253 Rdnr. 124). Es ist durchaus denkbar (wenn auch in der Praxis nicht häufig), daß es trotz Vorliegens einer Beschwer am Rechtsschutzbedürfnis für eine Weiterverfolgung des Prozesses fehlt[18]. In diesem Fall ist das Rechtsmittel ebenfalls als unzulässig zu verwerfen.

### d) Rechtsmittelverzicht

15  Schließlich bewirkt auch der Rechtsmittelverzicht, daß ein gleichwohl eingelegtes Rechtsmittel als unzulässig zu verwerfen ist (→ § 514 Rdnr. 19 ff.).

## 3. Maßgebender Zeitpunkt

16  Der für die Beurteilung der Zulässigkeit des Rechtsmittels maßgebliche Zeitpunkt ist der **Schluß der mündlichen Verhandlung**, auf die die Entscheidung ergeht[19]. Insoweit gilt für die

---

[17] Zum Verhältnis von Beschwer und Rechtsschutzbedürfnis s. v. *Mettenheim* Der Grundsatz der Prozeßökonomie im Zivilprozeß (1970), 44 ff.; *Ohndorf* Die Beschwer und die Geltendmachung der Beschwer als Rechtsmittelvoraussetzungen im deutschen Zivilprozeßrecht (1972), 69 ff.; *Kahlke* ZZP 94 (1981), 423.

[18] BGHZ 57, 224, 225 = NJW 1972, 112; *OLG München* FamRZ 1982, 187; *Baur* Festschrift f. Lent (1957), 14; *Stephan* Das Rechtsschutzbedürfnis (1967), 33 ff.;

*Brox* ZZP 81 (1968), 409; *Bettermann* ZZP 82 (1969), 26 ff.; *Kahlke* ZZP 94 (1981), 423 ff.; *Rosenberg/Schwab/Gottwald*[15] § 136 II 3 vor a; AK-*Ankermann* vor § 511 Rdnr. 12; *Thomas/Putzo*[18] vor § 511 Rdnr. 17; *Zöller/Schneider*[18] vor § 511 Rdnr. 9.

[19] Wegen des entsprechenden Zeitpunkts bei Entscheidung ohne mündliche Verhandlung bzw. nach Lage der Akten → § 128 Rdnr. 94 und § 251 a Rdnr. 17.

Zulässigkeit eines Rechtsmittels nichts anderes als für die einer Klage (dazu → § 300 Rdnr. 23). Damit ist allerdings noch nichts dazu gesagt, ob die zunächst fehlende Zulässigkeit später noch eintreten oder ob umgekehrt ein ursprünglich zulässiges Rechtsmittel bis zum Schluß der mündlichen Verhandlung noch unzulässig werden kann. Im einzelnen gilt folgendes:

### a) Statthaftigkeit

Ob ein Rechtsmittel statthaft ist, d. h. für die Frage, ob und welches Rechtsmittel gegeben ist und ob es von einer zu seinem Gebrauch befugten Person eingelegt ist, bestimmt sich nach dem **Zeitpunkt der Einlegung des Rechtsmittels**. Maßgeblich ist insoweit also nicht der Moment der Klageerhebung. Das Vertrauen der Partei darauf, den Prozeß erforderlichenfalls bis zu einer bestimmten Rechtsmittelinstanz treiben zu können, hindert den Gesetzgeber nicht daran, die Statthaftigkeit eines Rechtsmittels zu beschneiden und die Neuregelung auch schon auf bereits rechtshängige Verfahren für anwendbar zu erklären; insbesondere liegt darin keine unzulässige Rückwirkung der Neuregelung. Umgekehrt kann der Gesetzgeber die Statthaftigkeit eines Rechtsmittels auch erweitern, ohne daß dem das Vertrauen einer Partei entgegensteht, das Verfahren sei in einer bestimmten Instanz endgültig abgeschlossen. Dem Gesetzgeber steht es in derartigen Fällen weiter frei, an welchen Verfahrensstand er die Anwendbarkeit der Neuregelung knüpft. In erster Linie bietet sich der Schluß der mündlichen Verhandlung an, auf die das anzufechtende Urteil ergeht (so zuletzt Art. 10 Abs. 2 RpflVereinfG für die Erhöhung der Beschwer bei der Revision), doch besteht kein Hindernis dafür, etwa an den ersten Verhandlungstermin oder (für die Statthaftigkeit der Revision) an die Berufungseinlegung anzuknüpfen. 17

Eine verfassungsrechtlich unzulässige echte Rückwirkung stellt es dagegen dar, wenn ein statthaftes Rechtsmittel **nach seiner Einlegung** rückwirkend für unstatthaft erklärt wird. Weiter ist es unzulässig, nach Verkündung eines Urteils, gegen das in diesem Zeitpunkt kein Rechtsmittel statthaft ist, nachträglich ein Rechtsmittel gesetzlich für statthaft zu erklären; darin läge ein Eingriff in die Rechtskraft zu Lasten der obsiegenden Partei. 18

### b) Form, Frist

Ob das Rechtsmittel in der richtigen **Form** eingelegt worden ist, bestimmt sich grundsätzlich nach dem Zeitpunkt der Einlegung. Bei einem Formmangel muß man eine Heilung aber bis zum Ablauf der Rechtsmittelfrist zulassen. Es wäre allzu formalistisch, den Rechtsmittelkläger darauf zu verweisen, das Rechtsmittel noch einmal, diesmal in der vorgeschriebenen Form, einzulegen. 19

Auch für den **Fristablauf** ist der Zeitpunkt der Rechtsmitteleinlegung maßgeblich. Eine Heilung des Fristablaufs ist nicht möglich (abgesehen von der Möglichkeit einer Wiedereinsetzung in den vorigen Stand, §§ 516, 552, 577 Abs. 2 i. V. mit § 233). 20

### c) Rechtsmittelbegründung

Ob die die Begründung des Rechtsmittels betreffenden Zulässigkeitsvoraussetzungen (§§ 519, 554) erfüllt sind, bestimmt sich nach dem Zeitpunkt des Ablaufs der nach §§ 519 Abs. 2, 554 Abs. 2 laufenden Fristen. Eine spätere Heilung ist grundsätzlich nicht möglich (zur Möglichkeit einer Verlängerung der Begründungsfrist auch noch nach ihrem Ablauf → aber § 519 Rdnr. 18). 21

### d) Rechtsmittelverzicht

**22** Der Rechtsmittelverzicht ist bis zur Entscheidung über das Rechtsmittel zulässig. Maßgeblicher Zeitpunkt für die Zulässigkeit des Rechtsmittels ist deshalb der Schluß der mündlichen Verhandlung, auf die die Entscheidung ergeht.

### e) Beschwer und Beschwerdesumme

**23** Die größten Schwierigkeiten bei der Bestimmung des Zeitpunkts der Zulässigkeit eines Rechtsmittels haben sich bei der Beschwer und der Beschwerdesumme ergeben. Zwischen diesen beiden Zulässigkeitsvoraussetzungen muß dabei diffenziert werden, was nicht immer genügend beachtet wird[20]

#### aa) Beschwer

**24** Die Beschwer bestimmt sich nach dem Inhalt der angefochtenen Entscheidung (→ Rdnr. 70ff.). Da diese vom erlassenden Gericht nicht abgeändert werden kann (§ 318), kann sich an der Beschwer zwischen Einlegung des Rechtsmittels und der Entscheidung darüber in der Regel nichts ändern. Maßgeblicher Zeitpunkt für das Vorliegen einer Beschwer ist demnach die **Einlegung des Rechtsmittels**[21]: Eine in diesem Moment gegebene Beschwer kann bis zur Entscheidung nicht wegfallen; fehlte die Beschwer dagegen von vornherein, so ist es nicht möglich, daß sie nachträglich eintritt. Da sich die Beschwer aus dem Inhalt der angefochtenen Entscheidung ergibt, kann sie zwischen deren Erlaß und der Einlegung des Rechtsmittels auch nicht entfallen bzw. eintreten[22]. Unrichtig ist es insbesondere, eine Beschwer dann zu verneinen, wenn sich nach Erlaß der Entscheidung die Rechtslage zum Nachteil des Rechtsmittelführers geändert hat[23]. Insbesondere entfällt die Beschwer nicht dadurch, daß der Rechtsmittelbeklagte den Rechtsmittelkläger klaglos stellt[24]. Dadurch wird lediglich die Erfolgsaussicht des Rechtsmittels hinsichtlich seiner Begründetheit betroffen (→ Rdnr. 71 und § 91a Rdnr. 51). Unerheblich ist dabei für die Beschwer, ob die Klaglosstellung vor oder nach Einlegung des Rechtsmittels erfolgt. Zum Zeitpunkt, in dem sich ergibt, ob der Rechtsmittelführer eine Beseitigung der Beschwer anstrebt, → Rdnr. 76

**25** Wird das angefochtene Urteil nach Einlegung eines Rechtsmittels **nach § 319 berichtigt** und entfällt dadurch die Beschwer, so wird das Rechtsmittel von Anfang an unzulässig (→ § 319 Rdnr. 13)[25]. Dies ergibt sich aus der rein klarstellenden Funktion des Berichtigungsbeschlusses; das Urteil besteht von Anfang an in seiner berichtigten Fassung (→ § 319 Rdnr. 14). Sofern der Berichtigungsbeschluß den dem Rechtsmittelkläger in der ursprünglichen Fassung ungünstigen Teil des Urteils zu seinen Gunsten richtigstellt, lag demnach nur eine «Scheinbeschwer» vor. An dem Grundsatz, daß sich die Beschwer nach dem Zeitpunkt der Einlegung des Rechtsmittels bestimmt, ändert sich insoweit also nichts (a. A. Voraufl.). Wenn gegen die hier vertretene Meinung eingewandt wird, das Rechtsmittel bleibe zulässig, doch sei die

---

[20] S. etwa AK-*Ankermann* vor § 511 Rdnr. 24, wo der Beschwerdewert offenbar als ein Teilaspekt der Beschwer eingestuft wird.
[21] AK-*Ankermann* vor § 511 Rdnr. 24; *Baumbach/Lauterbach/Albers*[51] vor § 511 Rdnr. 23; *Rosenberg/Schwab/Gottwald*[15] § 136 II 4c.
[22] *Kahlke* ZZP 94 (1981), 423, 428.
[23] So aber *OLG Zweibrücken* FamRZ 1989, 194 für den Wegfall der Prozeßführungsbefugnis eines Elternteils nach § 1629 Abs. 3 BGB wegen Eintritt der Volljährigkeit des Kindes nach Erlaß der Entscheidung; zust. *Zöller/Schneider*[18] vor § 511 Rdnr. 8. S. weiter *LAG Köln* MDR 1993, 578: Keine Beschwer bei Erledigung der Hauptsache vor Einlegung des Rechtsmittels.
[24] *OLG Frankfurt* NJW-RR 1989, 63; *OLG Saarbrücken* WRP 1987, 571; *Baumbach/Lauterbach/Albers*[51] vor § 511 Rdnr. 23; *Rosenberg/Schwab/Gottwald*[15] § 136 II 4c.
[25] *BayObLG* MDR 1968, 924; *LG Bochum* ZZP 97 (1984), 215.

Hauptsache für erledigt zu erklären[26], so wird übersehen, daß es bei fortdauernder Zulässigkeit des Rechtsmittels an einem erledigenden Ereignis fehlen würde; an der Rechtslage hätte sich ja gerade nichts geändert. Die Möglichkeit einer Erledigungserklärung (dazu → § 319 Rdnr. 13) steht der Annahme einer Unzulässigkeit des Rechtsmittels mangels Beschwer nicht entgegen.

Bei einer **Ergänzung des Urteils, § 321,** läuft eine neue Berufungsfrist, § 517; dabei erfaßt das gegen das zuerst ergangene Urteil eingelegte Rechtsmittel nicht auch das Ergänzungsurteil (→ § 321 Rdnr. 20). Für die Beschwer bedeutet dies, daß für jedes der beiden Urteile eine gesonderte Beschwer vorliegen muß. Ob dies der Fall ist, bestimmt sich entsprechend dem sonst geltenden Grundsatz (→ Rdnr. 24) nach dem Zeitpunkt der Einlegung des Rechtsmittels. 26

### bb) Beschwerdewert

In der Frage, zu welchem Zeitpunkt die **Beschwerdesumme** gegeben sein muß, vertritt die Rechtsprechung die Ansicht, daß die Beschwerdesumme **bei Einlegung des Rechtsmittels** erreicht sein muß und dieses durch spätere **Verminderung der Beschwerdesumme** unter die erforderliche Grenze grundsätzlich nicht unzulässig wird; etwas anderes soll nur dann gelten, wenn die Verminderung der Beschwerdesumme auf einer später erfolgten willkürlichen Beschränkung des Rechtsmittels beruht[27]. Das Schrifttum stimmt dieser Rechtsprechung zu[28] (zur hier vertretenen eigenen Meinung → Rdnr. 29ff.). Ob eine derartige Beschränkung des Rechtsmittels vorliegt, bestimmt sich nicht nach dem Antrag in der Rechtsmittelbegründung, sondern erst nach dem in der mündlichen Verhandlung gestellten Antrag[29] (wegen der Möglichkeit einer erneuten Erhöhung bis zu diesem Zeitpunkt → § 519 Rdnr. 48). 27

Bei einer **Erhöhung der Beschwerde** über die zunächst nicht erreichte notwendige Beschwerdewertsumme wird danach unterschieden, ob der Klage- oder der Rechtsmittelantrag erweitert wird. Soll die Beschwerdesumme durch eine Erweiterung oder Änderung des Klageantrags aus der unteren Instanz erreicht werden, so soll das Rechtsmittel unzulässig bleiben[30]. Dagegen soll eine Erhöhung des Rechtsmittelantrags das Rechtsmittel zulässig machen[31]. 28

Ausgangspunkt für die Bestimmung des Zeitpunkts für das Vorliegen der Beschwerdesumme muß § 4 Abs. 1 sein, wo für die Wertberechnung ausdrücklich auf den Zeitpunkt der Einlegung des Rechtsmittels abgestellt wird. Daraus kann jedoch nicht der Schluß gezogen werden, daß spätere Veränderungen des Rechtsmittelantrags notwendigerweise unerheblich sind. Bei der Behandlung des Problems, welchen Einfluß die **Verminderung der Beschwerdesumme** auf die Zulässigkeit des Rechtsmittels hat, müssen prozessuale und materiellrechtliche Gesichtspunkte streng auseinandergehalten werden. Die Höhe der Beschwerdesumme ergibt sich nicht daraus, was der Rechtsmittelkläger mit Aussicht auf Erfolg beantragen kann, sondern allein aus einem Vergleich der angefochtenen Entscheidung mit dem Rechtsmittelan- 29

---

[26] *OLG Hamburg* MDR 1973, 1028; AK-*Ankermann* vor § 511 Rdnr. 21f.
[27] *RGZ* 168, 355; *BGHZ* 1, 29; *BGH* NJW 1965, 761; 1966, 598; 1967, 565; 1983, 1063; NJW-RR 1988, 836, 837; *BAGE* 3, 265; *BSG* AP § 546 Nr. 2; *OLG Frankfurt* FamRZ 1988, 520; *LAG Baden-Württemberg* § 64 ArbGG 1979 Nr. 17.
[28] *Rosenberg/Schwab/Gottwald*[15] § 136 II 4c; *Baumbach/Lauterbach/Albers*[51] § 511a Rdnr.21; *Zöller/Schneider*[18] § 511a Rdnr. 5. Ausführlich zu dem Problemkreis *Frank* Anspruchsmehrheiten im Streitwertrecht (1986), 111ff. (teilweise kritisch).

[29] *BGH* NJW 1983, 1063; *Baumbach/Lauterbach/Albers*[51] § 511a Rdnr. 21; *Zöller/Schneider*[18] § 511a Rdnr. 5.
[30] *RGZ* 165, 393; *BGH* LM § 91a Nr. 11; *BGH* VersR 1983, 1160; *BAG* AP § 72 ArbGG Streitwertrevision Nr. 17; AK-*Ankermann* § 511a Rdnr. 5; *Blomeyer*² § 37 II 5b; *Zöller/Schneider*[18] § 511a Rdnr. 5; *Zimmermann*² vor § 511 Rdnr. 5.
[31] *BGH* LM § 519 Nr. 41; *BAG* § 72 ArbGG Streitwertrevision Nr. 11 (*Pohle*); *BAGE* 6, 95 = AP § 580 Nr. 4 = NJW 1958, 1605; *BAGE* 14, 269; 17, 186, 188; *Rosenberg/Schwab/Gottwald*[15] § 136 II 4c.

trag (→ § 511a Rdnr. 19ff.). Ob die Erfolgsaussichten des Rechtsmittels zwischen seiner Einlegung und der Entscheidung gesunken sind, ist ohne Bedeutung. Wird etwa eine Klage auf Zahlung von 2.000,- DM in vollem Umfang abgewiesen und legt der Kläger dagegen Berufung ein, mit der er die Klageforderung vollinhaltlich weiterverfolgt, so wird das Erreichen der Berufungssumme nicht dadurch beeinträchtigt, daß der Beklagte nach Einlegung der Berufung 1.000,- DM zahlt. Dies beeinträchtigt lediglich die Erfolgsaussichten des Rechtsmittels. Hält der Kläger seinen Berufungsantrag aufrecht, so kann die Berufung nicht als unzulässig verworfen werden[32]; sie ist lediglich in Höhe von 1.000,- DM unbegründet. Anders ist die Problemlage, wenn der Kläger die Hauptsache in Höhe von 1.000,- DM für erledigt erklärt, womit die Beschwerdesumme unter die von § 511a Abs. 1 gezogene Grenze sinkt. Hier muß man mit der Rechtsprechung das Rechtsmittel als zulässig ansehen. Kann der Berufungskläger nämlich eine Überprüfung des angefochtenen Urteils hinsichtlich der nicht gezahlten 1.000,- DM dadurch erreichen, daß er seinen Berufungsantrag uneingeschränkt aufrechterhält, so muß ihm das auch dann möglich sein, wenn er die Hauptsache teilweise für erledigt erklärt; es wäre durch nichts gerechtfertigt, den Kläger zur Weiterverfolgung der aussichtslos gewordenen Berufung zu zwingen. Bei alledem kann es auch keine Rolle spielen, ob die Teilzahlung durch den Beklagten vor oder nach Einlegung der Berufung erfolgt. Durch eine davor erfolgte Zahlung darf der Beklagte nicht die Möglichkeit haben, das Urteil hinsichtlich des Restbetrags unanfechtbar zu machen. Anderenfalls könnte der Beklagte die Durchsetzbarkeit der Klageforderung bei jeder Klageabweisung in erster Instanz um 1.500,- DM endgültig vereiteln.

30    Der Rechtsprechung ist weiter in der Annahme zuzustimmen, daß es bei einer späteren willkürlichen **Beschränkung des Rechtsmittelantrags** nicht auf den Zeitpunkt der Rechtsmitteleinlegung, sondern auf den der letzten mündlichen Verhandlung ankommt. Nur so ist es möglich, einer Umgehung des Erfordernisses einer bestimmten Beschwerdesumme zu begegnen[33]. Dabei ist freilich zu betonen, daß «willkürlich» nicht die spätere Beschränkung des Rechtsmittels, als vielmehr die Stellung des zunächst zu weit gefaßten Rechtsmittelantrags ist. Genau genommen wird das Rechtsmittel durch die Antragsbeschränkung nicht erst unzulässig, sondern ist es vielmehr von Anfang an[34].

31    Nicht jede nachträgliche Beschränkung des Rechtsmittels, durch die die Beschwerdesumme unterschritten wird, führt zur Unzulässigkeit des Rechtsmittels (→ schon Rdnr. 29). Man muß darauf abstellen, ob die Beschränkung des Rechtsmittels die Folge einer nach Einlegung des Rechtsmittels eingetretenen **Änderung der den Beschwerdegegenstand bestimmenden Umstände** ist oder nicht. Insbesondere muß das Rechtsmittel dann zulässig bleiben, wenn der Rechtsmittelkläger den Rechtsstreit hinsichtlich eines Teils des Streitgegenstands wegen eines nach Erlaß des angefochtenen Urteils eingetretenen Umstands für erledigt erklären kann (→ Rdnr. 29).

32    Die Zulässigkeit des Rechtsmittels ist trotz späterer Beschränkung des Rechtsmittelantrags unter die Beschwerdesumme in folgenden Fällen bejaht worden:
    – Zahlung seitens des Beklagten nach Freigabe eines Sperrkontos, wobei die Sperrung des Kontos bisher als Grund für die Leistungsverweigerung angegeben worden war[35];
    – Zahlung durch den Beklagten nach Eintritt der bisher bestrittenen Fälligkeit[36];

---

[32] Zutreffend *BGH* LM § 511a Nr. 6 = NJW 1967, 564 = JZ 367 = MDR 300. Dies gilt auch bei nur hilfsweiser Aufrechterhaltung des Rechtsmittels (*BGH* aaO; *Rosenberg/Schwab/Gottwald*[15] § 136 II 4c). Einschränkend BGH *LM* § 91a Nr. 11, wonach das Rechtsmittel dann nicht zulässig ist, wenn der Rechtsmittelantrag trotz eindeutig veränderter Sachlage in vollem Umfang aufrechterhalten wird; vgl. ferner *Zeiss* Die arglistige Prozeßpartei (1967), 89ff., der in krassen Fällen mit den Grundsätzen zur Gesetzesumgehung helfen will.
[33] Auf den Gesichtspunkt der Umgehung stellt zutreffend *RGZ* 168, 355, 360 ab; s. weiter *Frank* (Fn. 28) 116f.
[34] *Frank* (Fn. 28), 117.
[35] *BGH* LM § 546 Nr. 8.
[36] *BGH* LM § 546 Nr. 44; NJW 1966, 598.

- Beschränkung des Rechtsmittelantrags durch den rechtsunkundigen Rechtsmittelkläger nach Hinweis des Gerichtes[37];
- Beschränkung des Rechtsmittelantrags nach Überprüfung der Rechtslage und dabei gewonnener Erkenntnis von der teilweisen Unbegründetheit des Rechtsmittels[38];
- Abschluß eines Teilvergleichs[39].

Dagegen ist **Unzulässigkeit des ganzen Rechtsmittels** angenommen worden bei Rücknahme des Rechtsmittels durch einen **Streitgenossen**, wodurch die übrigen Streitgenossen die Beschwerdesumme nicht mehr erreichten[40]. Entsprechendes wird beim Rechtsmittelverzicht eines Streitgenossen angenommen[41]. Das überzeugt nicht[42]: Wenn die Beschränkung des Rechtsmittelantrags unter die Beschwerdesumme bei ein und demselben Rechtsmittelkläger nicht zur Unzulässigkeit des Rechtsmittels führen muß (Einzelheiten → Rdnr. 29 ff.), dann muß Entsprechendes auch gelten, wenn die Reduzierung des Beschwerdewertes darauf beruht, daß ein Streitgenosse aus dem Verfahren ausscheidet. Auch hier können neue Umstände eingetreten sein, die das Ausscheiden sinnvoll erscheinen lassen, für die übrigen Streitgenossen aber nichts besagen (z. B. Vergleich nur mit dem ausscheidenden Streitgenossen).

33

Bei der **Erhöhung der Beschwerdesumme** ist der Rechtsprechung insoweit zuzustimmen, als die Beschwerdesumme nicht durch eine **Klageänderung** (insbesondere Erweiterung des erstinstanzlichen Klageantrags) erreicht werden kann. Da sich die Beschwer aus dem Auseinanderfallen von Klageantrag und Entscheidungsinhalt ergibt (→ Rdnr. 78 ff.), der neue Antrag in der unteren Instanz aber gar nicht gestellt war, fehlt es insoweit schon an einer Beschwer des Rechtsmittelklägers, womit sich die Frage nach ihrer Höhe nicht mehr stellt. Dabei ist es unerheblich, ob sich die materiellrechtliche Lage nach Erlaß der angefochtenen Entscheidung (sei es vor oder nach Einlegung des Rechtsmittels) zugunsten des Rechtsmittelklägers geändert hat. An der Unzulässigkeit des Rechtsmittels ändert sich dadurch nichts. Beträgt etwa die Beschwer in einem Schadensersatzprozeß 1.000,– DM, so wird die Berufung nicht dadurch zulässig, daß der Schaden inzwischen auf 1.5000,– DM gestiegen ist[43]. Denn neu hinzugekommenen Schaden kann der Geschädigte nur in einem neuen Verfahren geltend machen.

34

Ob das Nichterreichen der Beschwerdesumme mit der Rechtsprechung (Nachweise → Fn. 31) durch eine nachträgliche **Erhöhung des Rechtsmittelantrags** geheilt werden kann, hängt davon ab, ob eine solche Erhöhung überhaupt zulässig ist (allgemein zur Erweiterung des Rechtsmittelantrags → § 519 Rdnr. 48 f.). Speziell bei einem Rechtsmittel, das zunächst wegen einer zu niedrigen Beschwerdesumme unzulässig war, spricht gegen die Möglichkeit einer nachträglichen Erhöhung des Rechtsmittelantrags entscheidend, daß der Gegner nach Ablauf der Rechtsmittelbegründungsfrist auf den endgültigen Bestand des angefochtenen Urteils vertraute und vertrauen durfte; dieses Vertrauen darf nicht durch späteres Zulässigwerden des Rechtsmittels enttäuscht werden. Das Rechtsmittel bleibt also auch dann unzulässig, wenn lediglich der Rechtsmittelantrag erweitert werden soll. Etwas anderes gilt nur für eine innerhalb der Rechtsmittelbegründungsfrist erfolgte Erweiterung des Rechtsmittelantrags; diese ist geeignet, das zunächst unzulässige Rechtsmittel zulässig zu machen.

35

---

[37] *BSG* AP § 546 Nr. 2; bedenklich.
[38] *BSG* AP § 546 Nr. 3; kaum haltbar.
[39] *OLG Frankfurt* FamRZ 1988, 520.
[40] *BGH* LM § 546 Nr. 50 = NJW 1965, 761.
[41] *RGZ* 161, 350.
[42] Zutreffend *Frank* (Fn. 28), 117 f.
[43] *Rosenberg/Schwab/Gottwald*[15] § 136 II 4 c.

### 4. Rechtsfolgen bei fehlender Zulässigkeit

36  Die Rechtsfolge des Fehlens der Zulässigkeit des Rechtsmittels (Einzelheiten → § 519b Rdnr. 11 ff.) besteht darin, daß das Rechtsmittel als **unzulässig zu verwerfen** ist (§§ 519b Abs. 1 S. 2, 554a Abs. 1 S. 2, 574 S. 2). Die Verwerfung kann auch bei der Berufung und der Revision ohne mündliche Verhandlung durch Beschluß erfolgen (§§ 519b Abs. 2, 554a Abs. 2). Nach der Verwerfung kann das Rechtsmittel erneut eingelegt werden, sofern die Rechtsmittelfrist noch nicht abgelaufen ist[44] (Näheres → § 519b Rdnr. 13). Der Rechtsmittelkläger muß jedoch bei der erneuten Rechtsmitteleinlegung den Fehler vermeiden, dessentwegen das erste Rechtsmittel verworfen worden ist. Ist das zweite Rechtsmittel mit demselben Fehler behaftet, so steht die materielle Rechtskraft der Verwerfungsentscheidung einer erneuten Prüfung des Rechtsmittels entgegen, → § 519b Rdnr. 15.

## III. Rechtsmittel gegen inkorrekte Entscheidungen[45]

37  Die Anfechtung richterlicher Entscheidungen ist in der ZPO durch die allgemeinen Vorschriften der §§ 511 ff., 545 ff., 567 ff., 338 ff. und durch zahlreiche Sondervorschriften derart erschöpfend geregelt, daß bei richtigem Verfahren der unteren Instanz i. d. R. kein Zweifel darüber entstehen kann, ob gegen die Entscheidung ein Rechtsmittel oder nur die mittelbare Anfechtung nach §§ 512, 548 oder einer der anderen unter → Rdnr. 2 genannten Rechtsbehelfe und welcher von ihnen statthaft ist. Schwierigkeiten ergeben sich nur bei **inkorrekten Entscheidungen**. Die Inkorrektheit kann dabei darin bestehen, daß das Gericht eine in ihrer Art falsche Entscheidung getroffen hat; es ist etwa an Stelle des vom Gesetz verlangten Beschlusses ein Urteil ergangen. Weiter ist denkbar, daß die Entscheidung unklar ist: Es läßt sich nicht zweifelsfrei klären, welcher Art die getroffene Entscheidung ist (z. B. Beschluß oder Urteil; streitiges Urteil oder Versäumnisurteil). Schließlich gehört in diesen Zusammenhang die Frage, welche Rechtsmittel gegen ein Nichturteil gegeben sind[46].

### 1. Der Grundsatz der Meistbegünstigung

#### a) Zulässigkeit beider Rechtsmittel

##### aa) Fehlerhafte Entscheidungen

38  Ausgangspunkt für die Anfechtbarkeit inkorrekter Entscheidungen muß sein, daß **Fehler des Gerichts niemals zu Lasten der Parteien gehen dürfen**[47]. Durch die falsche Sachbehandlung darf den Parteien niemals der Instanzenzug abgeschnitten werden. Anderenfalls würde sich die untragbare Situation ergeben, daß das Obergericht das Rechtsmittel für unzulässig erklärt, während das Untergericht durch § 318 gehindert wäre, seine Entscheidung zu korrigieren und sie dadurch rechtsmittelfähig zu machen. Von den Parteien kann auch nicht erwartet werden, bei der Einlegung eines Rechtsmittels etwas anderes als die ergangene

---

[44] *RGZ* 158, 53; 164, 53; *BGHZ* 45, 380, 382 f; *BGH LM* § 322 Nr. 89 = *NJW* 1981, 1962; *LM* § 519b Nr. 39 = *NJW* 1991, 1116; *BAG AP* § 9 ArbGG 1953 Nr. 16 (*Grunsky*); *Baumbach/Lauterbach/Albers*[51] § 519b Rdnr. 10.

[45] S. zum folgenden *Piltz* Die Anfechtung inkorrekter Entscheidungen im deutschen Zivilprozeß (1928); *Schantz* Rechtsbehelfe gegen inkorrekte Entscheidungen (1928); *Jauernig* Das fehlerhafte Zivilurteil (1958), 87 ff.

[46] Zur Abgrenzung des nichtigen vom nur fehlerhaften aber wirksamen Urteil → Rdnr. 1 ff. vor § 578.

[47] *RGZ* 110, 135; *BGHZ* 40, 267 f = *NJW* 1964, 660 = *LM* § 91a Nr. 18 (*Johannsen*) = *JZ* 1964, 181 = *MDR* 227; *LM* § 91a Nr. 23 = *MDR* 1966, 232; *LM* § 231 BEG Nr. 3; *Rosenberg/Schwab/Gottwald*[15] § 135 II 2a; *Zeiss*[7] § 81 IV 2; *Jauernig*[23] § 72 IX; *AK-Ankermann* vor § 511 Rdnr. 27; *Zöller/Schneider*[18] vor § 511 Rdnr. 29; *Gottwald ZZP* 92 (1979), 364.

Entscheidung zum Ausgangspunkt zu nehmen; bessere Rechtskenntnisse als die des unteren Richters können von den Parteien billigerweise nicht verlangt werden. Wollte man das Problem nicht vom Standpunkt der Parteien aus beurteilen, sondern verlangen, daß sie die Auffassung befolgen, zu der das Obergericht letztlich gelangt ist, so würde man übersehen, daß die Rechtsmittel Behelfe der Parteien sind und daß die ganze Frage überhaupt nur auf unrichtiger Sachbehandlung durch das Untergericht beruht.

Aus dem Gesagten folgt, daß sowohl das Rechtsmittel zulässig sein muß, das der erkennbar vom Gericht gewollten Entscheidungsart entspricht, als auch dasjenige, das der Entscheidung entspricht, die richtigerweise hätte ergehen müssen (**Grundsatz der Meistbegünstigung**). Dies ist sowohl in der Rechtsprechung[48] als auch im Schrifttum[49] inzwischen ganz h.M.. Geht das Gericht einen unrichtigen Weg (d.h. einen Weg, der nach Auffassung des höheren Gerichts unrichtig ist), dann muß die Partei befugt sein, ihm auf diesem Weg ohne Gefahr zu folgen[50]. Sie muß aber andererseits auch berechtigt sein, den richtigen Weg zu gehen. Gibt danach die angefochtene Entscheidung zu berechtigten Zweifeln hinsichtlich der Wahl des Rechtsmittels Anlaß, so wird die Frage der Zulässigkeit des Rechtsmittels grundsätzlich im Sinne **der Bejahung des eingelegten Rechtsmittels** zu beantworten sein. Daß sich daraus ein zweifache Anfechtungsmöglichkeit ergibt, muß in Kauf genommen werden. **39**

Der Grundsatz der Meistbegünstigung hat sich inzwischen allgemein durchgesetzt. Demgegenüber spielen die früher teilweise vertretenen abweichenden Theorien heute keine Rolle mehr. Die **subjektive Theorie** stellt darauf ab, was für eine Entscheidungsart das Untergericht erlassen wollte und erlassen hat[51]. Dagegen ist einzuwenden, daß der Partei durch die unrichtige Auffassung des Untergerichts nicht das an sich statthafte Rechtsmittel genommen werden darf[52]. Ferner versagt die subjektive Theorie in den Fällen, in denen der Wille des Untergerichts nicht klar erkennbar ist, weshalb nicht mit Sicherheit festgestellt werden kann, welcher Art die erlassene Entscheidung ist. **40**

Nach der **objektiven Theorie**[53] soll der Inhalt der angefochtenen Entscheidung maßgeblich sein, d.h. zulässig soll das Rechtsmittel sein, welches gegen die Entscheidung gegeben ist, die richtigerweise hätte ergehen müssen. Soweit in der Rechtsprechung darauf abgestellt wird, daß der Partei das Rechtsmittel zusteht, das gegen die gewählte Entscheidungsform gegeben ist[54], ist dies deshalb nicht i.S. der objektiven Theorie zu verstehen, weil damit nicht gesagt ist, daß ausschließlich dieses eine Rechtsmittel zulässig ist. Gegen die objektive Theorie spricht maßgeblich, daß sie von der Partei erwartet, die Rechtslage besser zu beurteilen als das Gericht, das die fehlerhafte Entscheidung erlassen hat[55]. **41**

Sofern demnach die Parteien befugt sind, bei der Wahl des Rechtsmittels der Auffassung des Untergerichts zu folgen, kommt nur der **Wille des unteren Gerichts** in Betracht, der in der angefochtenen Entscheidung **erkennbar Ausdruck** gefunden hat. Dabei sind vor allem von Bedeutung der Inhalt der Entscheidung, deren Bezeichnung, die Vornahme oder Unterlassung einer Kostenentscheidung, die Verwendung der gerichtsüblichen Formen und Vordruk- **42**

---

[48] *RGZ* 72, 220; 110, 135; *BGHZ* 40, 265, 267 = NJW 1964, 660; 72, 182, 187 = NJW 1979, 43; 98, 362, 364f = LM § 511 Nr. 40 = NJW 1987, 442 (*Rimmelspacher* JR 1987, 194); *BGH* ZZP 92 (1979), 362 (zust. *Gottwald*); NJW-RR 1990, 1483; 1993, 956 = LM § 546 Nr. 142; *BAG* NJW 1986, 2784, 2785; *OLG Bamberg* NJW 1949, 910; *OLG Köln* MDR 1969, 225; *BayObLG* NJW 1978, 903.
[49] *Rosenberg/Schwab/Gottwald*[15] § 135 II 2a; *Blomeyer*[2] § 96 II; *Jauernig*[23] § 72 IX; *Baur/Grunsky*[7] Rdnr. 216; *Schlosser*[2] Rdnr. 378; *Zeiss*[7] Rdnr. 660; *Thomas/Putzo*[18] vor § 511 Rdnr. 6; AK-*Ankermann* vor § 511 Rdnr. 27; *Zöller/Schneider*[18] vor § 511 Rdnr. 29;

*Zimmermann*[2] § 511 Rdnr. 4. MünchKomm ZPO-*Rimmelspacher* vor § 511 Rdnr. 49.
[50] *RGZ* 110, 135, 138; *BGHZ* 40, 265, 267 (Fn. 48).
[51] So manchmal das *RG* (s. etwa *RGZ* 143, 170, 173): Im Schrifttum heute noch in diese Richtung *Baumbach/Lauterbach/Albers*[51] vor § 511 Rdnr. 28.
[52] *Rosenberg/Schwab/Gottwald*[15] § 135 II 2a; *Jauernig*[23] § 72 IX.
[53] *RGZ* 159, 360; *OLG München* NJW 1957, 836.
[54] *BGHZ* 40, 265, 267f (Fn. 48); *BGH* LM § 213 BEG Nr. 3; § 511 Nr. 13; *KG* NJW 1967, 1866.
[55] *Rosenberg/Schwab/Gottwald*[15] § 135 II 2a.

ke, die Zulassung eines bestimmten Rechtsmittels, unter Umständen auch das weitere vom Gericht eingeschlagene Verfahren. Eine Erforschung des Willens des unteren Richters im Wege der Beweisaufnahme ist ausgeschlossen. Eine mit dem sonst erkennbaren Willen unvereinbare Bezeichnung im Protokoll oder in der Entscheidung selbst ist für sich allein nicht genügend, der Entscheidung einen bestimmten Charakter zu verleihen, ebenso wenig auch die gelegentliche Anführung einer bestimmten Gesetzesstelle, sofern die Bezugnahme nicht erkennbar gerade zu dem Zweck geschieht, damit den Charakter der Entscheidung zu kennzeichnen. Letztlich handelt es sich um eine **Auslegung der anzufechtenden Entscheidung**, wobei alle genannten Gesichtspunkte auch dann herangezogen werden können, wenn jeder für sich allein für eine bestimmte Charakterisierung nicht ausreicht. Dies schließt nicht aus, daß mehrere derartige Gesichtspunkte zusammen zu einer bestimmten Einordnung der Entscheidung führen.

43  Der Grundsatz der Meistbegünstigung soll **keine Vermehrung der Rechtsmittel** bewirken. Der Partei soll vielmehr lediglich die Wahl des Rechtsmittels erleichtert werden. Es können nicht beide Rechtsmittel durchgeführt werden (sei es gleichzeitig, sei es nacheinander). Sind beide Rechtsmittel eingelegt worden (was sich bei einer ihrer Art nach unklaren Entscheidung empfehlen kann), so sind beide zulässig, doch muß sich die Partei später für eines von beiden entscheiden und das andere zurücknehmen[56]. Ist dies bis zur Entscheidung über eines der beiden Rechtsmittel (sei es, daß es die angefochtene Entscheidung aufgehoben hat, sei es, daß das Rechtsmittel zurückgewiesen worden ist, → Rdnr. 50) nicht geschehen (vor allem weil der Rechtsmittelbeklagte eine erforderliche Einwilligung nicht erteilt), so kann der Rechtsmittelkläger das zweite Rechtsmittel für erledigt erklären (zur Möglichkeit der Erledigung eines Rechtsmittels im Gegensatz zur Erledigung der Hauptsache → § 91a Rdnr. 52f). Weiter kann der Rechtsmittelkläger das zunächst eingelegte Rechtsmittel nach den dafür geltenden Grundsätzen zurücknehmen und anschließend (vorausgesetzt, die Rechtsmittelfrist ist noch nicht abgelaufen) das andere Rechtsmittel einlegen.

### bb) Nichturteil

44  Der Grundsatz der Meistbegünstigung gilt auch bei **Erlaß eines Nichturteils (Scheinurteils)**, → vor § 578 Rdnr. 2ff. Dieses beendet zwar die Instanz nicht, so daß die Parteien die Fortsetzung des Verfahrens beantragen können[57], doch sind sie nicht gezwungen, diesen Weg einzuschlagen. Es steht ihnen vielmehr offen, das Nichturteil mit dem Rechtsmittel anzufechten, das gegen ein existentes Urteil gleichen Inhalts gegeben wäre[58]. Voraussetzung für die Zulässigkeit eines Rechtsmittels ist freilich, daß wenigstens der Schein eines wirksamen Urteils besteht (den Parteien ist etwa versehentlich die Ausfertigung eines Urteilsentwurfs zugestellt worden)[59]. Anderenfalls fehlt es an einem schutzwürdigen Interesse der Partei, das angebliche Urteil aus der Welt schaffen zu können.

45  Ab Einlegung des Rechtsmittels ist die Sache **ausschließlich beim Rechtsmittelgericht anhängig**; obwohl die Unterinstanz nicht beendet ist, kann dort jetzt kein Urteil mehr erlassen

---

[56] AK-*Ankermann* vor § 511 Rdnr. 28.

[57] RGZ 133, 221; *Jauernig* (Fn. 45), 87; *Rosenberg/Schwab/Gottwald*[15] § 62 III 2. Anders beim sog. nichtigen oder wirkungslosen Urteil, das die Instanz beendet und gegen das nur mit einem Rechtsmittel angegangen werden kann; zur Abgrenzung des nichtigen Urteils vom Nichturteil → vor § 578 Rdnr. 1ff.

[58] Einhellige Meinung (*RGZ* 133, 215; 135, 118; *BGHZ* 10, 346, 349 = LM § 310 Nr. 2 – dazu *Johannsen* – = NJW 1954, 34 = JZ 99; *BGH* VersR 1984, 1192, 1193; *OLG Frankfurt* NJW 1960, 1954; *BayObLG* NJW 1969, 195; *Jauernig* – Fn. 45 –, 87ff.; AK-*Ankermann* vor § 511 Rdnr. 30; *Thomas/Putzo*[18] vor § 300 Rdnr. 14; s. weiter *Zöller/Vollkommer*[18] vor § 300 Rdnr. 14; für das österreichische Recht *Rechberger* Die fehlerhafte Exekution (1978), 49ff.

[59] *Rosenberg/Schwab/Gottwald*[15] § 62 III 2; *Zeiss*[7] Rdnr. 553.

werden⁶⁰. Mit Einlegung des Rechtsmittels muß die Unterinstanz beendet sein. Anderenfalls wäre eine Rechtshängigkeit in mehreren Instanzen und damit die Gefahr einander widersprechender Urteile gegeben. Wird gegen das Nichturteil ein Rechtsmittel eingelegt und ergeht in der unteren Instanz später ein wirkliches Urteil, so soll das Rechtsmittel auch das wirkliche Urteil erfassen⁶¹. Zu Recht weist *Jauernig*⁶² demgegenüber darauf hin, daß das Scheinurteil mit dem wirklichen nicht identisch ist und daß dieses deshalb selbständig angefochten werden muß. Geschieht dies nicht, so erwächst das wirkliche Urteil in Rechtskraft, womit für eine Fortsetzung des Verfahrens in der Rechtsmittelinstanz auf das Rechtsmittel hin insoweit kein Raum mehr ist, als eine Zurückverweisung der Sache ausscheidet. Das Obergericht kann jetzt nur noch die Unwirksamkeit des angefochtenen Scheinurteils feststellen.

Ist das Nichturteil mit einem Rechtsmittel angegriffen worden, so kann das **Rechtsmittelgericht nicht zur Sache selbst entscheiden**; es muß sich vielmehr darauf beschränken, das Scheinurteil aufzuheben und die Sache an die untere Instanz zurückzuverweisen⁶³. Zu dem Fall, daß in der Unterinstanz inzwischen ein wirkliches Urteil ergangen ist, → Rdnr. 45. **46**

### cc) Falsche Verfahrensart

Der dargelegte Grundsatz der Meistbegünstigung muß auch dann gelten, wenn die Entscheidung in einer **falschen Verfahrensart** ergangen ist. Praktische Bedeutung hat dies insbesondere im Verhältnis des ordentlichen Prozeßverfahrens zum **Verfahren der freiwilligen Gerichtsbarkeit**⁶⁴. Ist zu Unrecht im FGG-Verfahren verhandelt und demzufolge durch Beschluß entschieden worden, so ist nach Wahl der Partei ebenso die Beschwerde und die Berufung zulässig, wie wenn umgekehrt ein Beschluß nach dem FGG hätte ergehen müssen, tatsächlich aber ein Urteil ergangen ist. **47**

Entsprechendes gilt im Verhältnis des **arbeitsgerichtlichen Urteils- gegenüber dem Beschlußverfahren**⁶⁵. Zwar entsprechen die Zulässigkeitsvoraussetzungen der Beschwerde im Beschlußverfahren weitgehend denen der Berufung, § 87 Abs. 2 ArbGG, womit im Wege der Auslegung ein als »Berufung« bezeichnetes Rechtsmittel als Beschwerde behandelt werden kann (und umgekehrt)⁶⁶, doch muß angesichts der Unterschiede zwischen den Verfahren geklärt werden, ob die Partei Berufung oder Beschwerde einlegen wollte. **48**

### b) Weiteres Verfahren des Rechtsmittelgerichts

Das Rechtsmittelgericht hat das Verfahren unabhängig davon, welches Rechtsmittel die Partei eingelegt hat, in der Verfahrensart weiterzubetreiben, die von Anfang an richtigerweise hätte eingeschlagen werden müssen⁶⁷. Das Rechtsmittelverfahren ist also so durchzuführen, als habe das Untergericht die Entscheidung in der richtigen Form erlassen und sei dagegen das statthafte Rechtsmittel eingelegt worden; zu den Auswirkungen im Verhältnis zwischen streitigem Urteil und Versäumnisurteil → Rdnr. 62. Insbesondere hat die Entscheidung des **49**

---

⁶⁰ BGHZ 10, 346, 350; *Jauernig* (Fn. 45), 91f; *Rosenberg/Schwab/Gottwald*¹⁵ § 62 III 2; *Rechberger* (Fn. 58), 51.
⁶¹ BGH LM § 511 Nr. 17 = Warn 1964 Nr. 205 = NJW 268 (abl. *Jauernig*) = MDR 43 = JR 63; *Zeiss*⁷ Rdnr. 553; *Zöller/Schneider*¹⁸ vor § 511 Rdnr. 34.
⁶² NJW 1964, 722; ebenso *Rosenberg/Schwab/Gottwald*¹⁵ § 62 III 2.
⁶³ BGHZ 10, 346, 349 (Fn. 58); *OLG Frankfurt* NJW 1960, 9154; *Jauernig* NJW 1964, 723.
⁶⁴ BGH NJW-RR 1990, 1483 (Entscheidung in Landwirtschaftsverfahren im Verfahren der ZPO statt des FGG).
⁶⁵ *Germelmann/Matthes/Prütting* § 2a Rdnr. 83f.
⁶⁶ Zur Auslegung und Umdeutung von Rechtsmittelbezeichnungen → § 518 Rdnr. 16.
⁶⁷ BVerfG NJW 1982, 2460; *Baumbach/Lauterbach/Albers*⁵¹ vor § 511 Rdnr. 29; s. weiter BGH LM § 519b Nr. 41 = MDR 1992, 72 = BB 524 (Behandlung einer nach früherem DDR-Recht eingelegten Revision als sofortige Beschwerde nach § 519b Abs. 2).

Rechtsmittelgerichts in der Form zu ergehen, die für das **richtige Verfahren** vorgesehen ist; in welcher Form das Untergericht entschieden hat, ist demgegenüber unerheblich[68]. Ein Wahlrecht des Rechtsmittelgerichts hinsichtlich der Art seines Verfahrens und der Form der zu erlassenden Entscheidung[69] kann nicht anerkannt werden.

50 Hat das Untergericht seine Entscheidung in der falschen Form getroffen (z. B. Beschluß statt Urteil), so muß das Obergericht die **angefochtene Entscheidung sowie das fehlerhafte Verfahren aufheben** (§§ 539, 564). Das Obergericht kann sich wegen der unterschiedlichen Wirkungen der verschiedenen Entscheidungsformen (z. B. bei der Rechtskraft) auch dann nicht mit einer Zurückweisung des Rechtsmittels begnügen, wenn es zu dem Ergebnis kommt, daß die angefochtene Entscheidung inhaltlich richtig ist. Ist dagegen unklar, in welcher Form das Untergericht entschieden hat, so wird man eine Zurückweisung des Rechtsmittels zumindest dann als zulässig ansehen müssen, wenn das Rechtsmittelgericht in seiner Entscheidung klarstellt, daß es sich bei der angefochtenen Entscheidung um einen Beschluß oder um ein Urteil handelt. Die Notwendigkeit einer Aufhebung der Entscheidung und des Verfahrens ist hier weniger offenkundig als bei einer eindeutig inkorrekten Entscheidung. Zur Klarstellung kann es sich freilich auch bei Unklarheit über die Art der angefochtenen Entscheidung empfehlen, diese aufzuheben.

51 Von der Frage, ob das angefochtene Urteil und das Verfahren aufgehoben werden müssen, ist das Problem zu unterscheiden, ob das Rechtsmittelgericht **in der Sache selbst entscheiden kann oder an das Untergericht zurückverweisen muß**. Dies hängt davon ab, ob das Rechtsmittelgericht mit der Sache in einem Verfahren befaßt ist, in dem es die betreffende Entscheidung erlassen kann. So ist insbesondere das mit einer Beschwerde gegen einen Beschluß befaßte Rechtsmittelgericht nicht befugt, das Urteil, das der untere Richter hätte erlassen müssen, von sich aus zu erlassen. Hat z. B. der untere Richter seine Entscheidung als Kostenentscheidung gemäß § 91a in Beschlußform erlassen, während ein Urteil in der Sache hätte gefällt werden müssen (etwa bei einer nur einseitigen Erledigungserklärung), so kann das Rechtsmittelgericht, an das die Sache mit der Beschwerde gelangt ist, nur den angefochtenen Beschluß aufheben, nicht dagegen in der Sache selbst ein Urteil erlassen[70]. Hat der untere Richter dagegen fehlerhafterweise durch Urteil statt durch Beschluß entschieden, so kann das Rechtsmittelgericht auch über eine Berufung durch Beschluß entscheiden[71]. Das gilt jedoch wegen der strukturellen Unterschiede zwischen dem arbeitsgerichtlichen Urteils- und dem Beschlußverfahren nicht, wenn fehlerhafterweise durch Urteil statt durch Beschluß entschieden worden ist. Hier muß zurückverwiesen werden[72].

### c) Keine Erweiterung des Rechtsmittelzugs

52 Das Prinzip der Meistbegünstigung geht davon aus, daß auf jeden Fall ein Rechtsmittel gegen die Entscheidung gegeben ist und es sich lediglich um seine genaue Bestimmung handelt; die Partei soll nicht Gefahr laufen, sich für das falsche Rechtsmittel zu entscheiden. Dagegen bezweckt der Meistbegünstigungsgrundsatz nicht, den Instanzenzug zu erweitern. Daraus folgt, daß von dem Gesagten dann eine **Ausnahme** zu machen ist, wenn zwar gegen die fehlerhafte, nicht aber gegen die korrekte Entscheidung ein Rechtsmittel gegeben ist. In diesem Fall sind beide Rechtsmittel unzulässig[73] (es sei denn, die Entscheidung enthält für die

---

[68] *OLG Schleswig* NJW-RR 1988, 1413; *Baumbach/Lauterbach/Albers*[51] vor § 511 Rdnr. 29.
[69] So *BVerwGE* 18, 193, 195; *OVG Münster* NJW 1974, 1102 und wohl auch *Zöller/Schneider*[18] vor § 511 Rdnr. 31.
[70] S. *LAG Frankfurt* AP 51 Nr. 44 (dazu *Bötticher*).
[71] *BGH* LM § 91a Nr. 23 = Warn 65 Nr. 233 = MDR 1966, 232.
[72] *BAG* AP § 37 BetrVG 1972 Nr. 17 (dazu *Dütz*); *Grunsky*[6] § 72 Rdnr. 43; *Germelmann/Matthes/Prütting* § 2a Rdnr. 84.
[73] Einhellige Meinung; s. aus der *Rechtsprechung*

Partei über die normalen Wirkungen der korrekten Entscheidung hinaus zusätzliche Nachteile[74]). Ist dagegen umgekehrt nur die fehlerhafte Entscheidung unanfechtbar, während gegen die korrekte Entscheidung ein Rechtsmittel gegeben ist, so kann dieses zulässigerweise eingelegt werden. Ist weder gegen die fehlerhafte noch gegen die richtige Entscheidung ein Rechtsmittel gegeben, so kann selbstverständlich keinerlei Rechtsmittel eingelegt werden[75].

## 2. Die einzelnen Fälle

Für die **wichtigsten Anwendungsfälle** des dargelegten Grundsatzes ergeben sich hiernach 53
folgende Regeln:

### a) Nichturteil

Zur Anfechtung eines Nichturteils (Scheinurteil) → Rdnr. 44 ff.    54

### b) Unzulässige Teil- und Zwischenurteile

War die Absicht des Gerichts auf Erlaß eines **Teilurteils** nach § 301 gerichtet, während 55
dessen Voraussetzungen nicht vorlagen, sondern die Entscheidung sich inhaltlich als ein unzulässiger Ausspruch über ein selbständiges Angriffs- oder Verteidigungsmittel (d. h. um ein unzulässiges Zwischenurteil) darstellt, so ist ein selbständiges Rechtsmittel grundsätzlich nicht statthaft (a. A. Voraufl.): Wäre die Entscheidung als Zwischenurteil nach § 303 ergangen, so könnte dieses nicht selbständig, sondern nur zusammen mit der die Instanz abschließenden Entscheidung angefochten werden, → § 303 Rdnr. 9; durch die Wahl der falschen Entscheidungsform ändert sich daran nichts, → Rdnr. 52. Dazu, daß dann etwas anderes gelten muß, wenn das vermeintliche Teilurteil für vorläufig vollstreckbar erklärt worden ist, → Fn. 74. In sonstigen Fällen ist ein **unzulässiges Teilurteil** selbständig anfechtbar → § 301 Rdnr. 13.

Entsprechendes wie bei Erlaß eines inkorrekten Teilurteils gilt dann, wenn das Gericht ein 56
**Grundurteil** nach § 304 erläßt, das inhaltlich aber nur einen Ausspruch über einzelne selbständige Angriffs- oder Verteidigungsmittel enthält. Ein derartiges Urteil ist ebenfalls nicht selbständig anfechtbar, sondern nur zusammen mit der Endentscheidung. Ebenso bei einem unzulässigerweise erlassenen **Inzidentfeststellungsurteil**[76].

Hat das Gericht ein **unzulässiges Zwischenurteil nach § 303** erlassen, so kann dieses 57
lediglich zusammen mit dem Endurteil angefochten werden[77], es sei denn, das Urteil stellt sich inhaltlich als Teilurteil nach § 301 oder als Grundurteil nach § 304 dar; in den zuletzt genannten Fällen muß sowohl die Möglichkeit der Anfechtung mit dem Endurteil wie die

---

BGHZ 46, 112 = LM § 515 Nr. 17 (dazu *Schneider*) = NJW 1967, 109 = JZ 96 = ZZP 81 (1968), 271 (dazu *Gaul*); BGH LM § 252 Nr. 1; § 511 Nr. 13; § 91 Nr. 19 = NJW 1968, 2243; § 1910 BGB Nr. 12 = NJW 1988, 49, 51; BGH NJW-RR 1990, 1483; 1993, 956 = LM § 546 Nr. 142; OLG Karlsruhe ZZP 68 (1955), 89; KG NJW 1967, 1866; LAG Hamm MDR 1972, 900; LG Bielefeld MDR 1987, 941. Aus dem *Schrifttum* s. *Rosenberg/Schwab*[14] § 136 II 2 a; *Blomeyer*[2] § 96 II; *Jauernig*[23] § 72 IX; *Zeiss*[7] Rdnr. 661; AK-*Ankermann* vor § 511 Rdnr. 29; *Baumbach/Lauterbach/Albers*[51] vor § 511 Rdnr. 28; *Zöller/Schneider*[18] vor § 511 Rdnr. 30; *Thomas/Putzo*[18] vor § 511 Rdnr. 8; *Zimmermann*[2] § 511 Rdnr. 5.

[74] BGH ZZP 92 (1979), 362 (dazu *Gottwald*): Zulässigkeit der Berufung gegen ein in Form eines Teilurteils erlassenes Zwischenurteil nach § 303 wegen Ausspruchs der vorläufigen Vollstreckbarkeit.

[75] BGH LM § 238 Nr. 10 = NJW 1969, 845 = MDR 472; AK-*Ankermann* vor § 511 Rdnr. 29.

[76] RG JW 1932, 650.

[77] BGHZ 3, 244, 246 = ZZP 65 (1952), 204 (dazu *Rosenberg*); *Tiedtke* ZZP 89 (1976), 64, 75; *Thomas/Putzo*[18] § 303 Rdnr. 7; weiter → § 303 Rdnr. 9.

selbständige Anfechtung gegeben sein[78]. Wegen eines Grundurteils, das sich unzulässigerweise bereits mit dem Betrag befaßt, → § 304 Rdnr. 50. Entsprechendes wie bei einem unzulässigen Zwischenurteil nach § 303 gilt bei einem **Zwischenurteil nach § 280**, wenn die entschiedene Frage entgegen der Annahme des Gerichts nicht die Zulässigkeit der Klage betraf, so daß ein derartiges Zwischenurteil nicht ergehen durfte. Auch hier ist sowohl die selbständige Anfechtung wie auch die Anfechtung zusammen mit dem Endurteil statthaft[79]. Ist eine Entscheidung durch Zwischenurteil erlassen, die gesetzlich durch Endurteil hätte erfolgen müssen (z. B. über eine Intervention nach § 75), so kann die Anfechtung sowohl nach den für das Endurteil wie nach den für das Zwischenurteil geltenden Grundsätzen erfolgen.

### c) Urteil und Beschluß

58   Ist eine Entscheidung durch **Urteil** erfolgt, für die nach dem Gesetz die **Beschlußform** vorgeschrieben ist, so sind sowohl die Berufung wie auch die Beschwerde zulässig[80]. Dies dürfte einhellige Auffassung sein. In der Rechtsprechung ist teilweise die Berufung[81], in anderen Entscheidungen dagegen die Beschwerde zugelassen worden[82]. Dies darf jedoch deshalb nicht i. S. einer Verneinung des anderen Rechtsmittels verstanden werden, weil es für das Gericht jeweils nur darum ging, die Zulässigkeit des eingelegten Rechtsmittels zu bejahen; ob auch das andere Rechtsmittel zulässig gewesen wäre, war demgegenüber unerheblich. Entsprechendes gilt dann, wenn umgekehrt **statt durch Urteil durch Beschluß** entschieden worden ist; auch hier sind sowohl die Berufung wie auch die Beschwerde zulässig[83]. Bei in unrichtiger Form erlassenen Arresten und einstweiligen Verfügungen konkurrieren Berufung und Widerspruch, → § 922 Rdnr. 11, 22; dasselbe gilt für die Vollstreckbarerklärung von Schiedssprüchen und schiedsrichterlichen Vergleichen, § 1042 a.

59   Erfolgt die **Berichtigung eines Urteils** (§ 319) statt durch Beschluß durch Urteil bzw. die **Ergänzung** (§ 321) statt durch Urteil durch Beschluß, so ist jeweils sowohl die Beschwerde als auch die Berufung gegeben[84].

60   Von dem Fall einer Entscheidung durch Urteil statt des gesetzlich vorgeschriebenen Beschlusses ist der Fall zu unterscheiden, daß das Gericht eine Entscheidung, die als selbständiger Beschluß oder als Zwischenurteil hätte ergehen sollen, **in ein Endurteil mitaufgenommen** hat (z. B. die Festsetzung des Streitwerts, die Kostenentscheidung bei teilweiser Erklärung der Hauptsacheerledigung oder die Entscheidung über die Gewährung von Prozeßkostenhilfe). Hier wird im Zweifel davon ausgegangen werden müssen, daß die Absicht des Gerichts nicht darauf ausgerichtet war, auch die Entscheidung über den Nebenpunkt als Urteil zu erlassen; es geht vielmehr nur um die Ersparnis einer besonderen Ausfertigung, d. h. das äußerlich einheitliche Urteil stellt sich in Wirklichkeit als die Verbindung zweier selbständiger Entscheidungen dar[85]. Die Nebenentscheidung ist hier nicht mit der Berufung, sondern allein mit der Beschwerde anfechtbar[86] bzw. sie ist (falls die Beschwerde nicht statthaft ist) unanfechtbar. Besonderheiten gelten insoweit möglicherweise bei der einheitlichen Kostenentscheidung bei

---

[78] A. A. *RG* WarnRspr 1926 Nr. 89, das die selbständige Berufung für unzulässig hält.
[79] Selbständige Anfechtung läßt hier ausdrücklich zu *RG* HRR 1930 Nr. 444. Sowohl selbständige Anfechtung wie auch Anfechtung mit dem Endurteil läßt zu *RG* Gruch 53, 1091.
[80] OLG Köln OLGZ 1972, 42; *Zöller/Schneider*[18] vor § 511 Rdnr. 29.
[81] *BGH* MDR 1959, 554; *BGH* LM § 511 Nr. 19 = MDR 1966, 232 (zu § 91a; a. A. hier *OLG München* NJW 1957, 836, weiter → § 91a Rdnr. 33); *OLG Köln* JW 1928, 724; *OLG Schleswig* NJW-RR 1988, 1413.

[82] BGHZ 40, 265 = LM § 91a Nr. 18 (dazu *Johannsen*) = NJW 1964, 660 = JZ 181 = MDR 227 = BB 533; *OLG Stuttgart* MDR 1957, 931; *OLG München* NJW 1957, 836 (alle zu § 91a); *OLG Hamm* MDR 1986, 417 (Berichtigung nach § 319 durch Urteil statt durch Beschluß).
[83] *Zöller/Schneider*[17] vor § 511 Rdnr. 29; *LG Bielefeld* MDR 1987, 941 (Ergänzung nach § 321 durch Beschluß).
[84] MünchKomm ZPO-*Musielak* § 319 Rdnr. 19 und § 321 Rdnr. 14.
[85] *Zöller/Schneider*[18] vor § 511 Rdnr. 33.
[86] *Zöller/Schneider*[18] vor § 511 Rdnr. 33.

nur teilweiser Erledigungserklärung; da die Kosten für den erledigten Teil wegen der Einheitlichkeit der Kostenentscheidung (→ § 91a Rdnr. 31) nicht gesondert ausgewiesen werden können, kann erwogen werden, hier nur die Berufung zuzulassen, wozu die Partei wegen § 99 Abs. 1 auch die Entscheidung zur Hauptsache angreifen müßte (für die Zulässigkeit der sofortigen Beschwerde → § 91a Rdnr. 34[87]). Unabhängig davon, wie man den speziellen Fall der Kostenentscheidung bei teilweiser Erledigungserklärung beurteilt, bleibt festzuhalten, daß die Aufnahme einer als Beschluß vorgesehenen Entscheidung über einen Nebenpunkt in ein Urteil nichts daran ändert, daß als Rechtsmittel grundsätzlich nur die Beschwerde statthaft ist. Eine gegen das Hauptsacheurteil eingelegte Berufung erfaßt die Entscheidung über den Nebenpunkt auch nicht etwa mit. Will die Partei beide Entscheidungen angreifen, muß sie sowohl Berufung als auch Beschwerde einlegen.

Hat das Gericht über den **Nebenpunkt keine ausdrückliche Entscheidung** erlassen, sondern sich lediglich in den Gründen des Urteils über die durch Beschluß zu entscheidende Frage geäußert, so kommt eine Anfechtung nur mit den gegen das Urteil zulässigen Rechtsmitteln in Betracht[88]. Der Unterschied zu der unter Rdnr. 60 behandelten Fallgruppe besteht dabei darin, daß es an einer selbständigen Entscheidung über den Nebenpunkt fehlt, womit als Anfechtungsobjekt nur das Urteil in Betracht kommt. Ist nicht eindeutig erkennbar, ob eine Entscheidung in der Hauptsache oder ein Erledigungsbeschluß nach § 91a vorliegt, so sind sowohl die Berufung als auch die Beschwerde gegeben. Wegen der Konkurrenz von Berufung und Beschwerde bei Zusammentreffen der Fälle des § 99 Abs. 2 und § 91a Abs. 2 → § 99 Rdnr. 11. **61**

### d) Streitiges Urteil und Versäumnisurteil

Obwohl der Einspruch gegen ein Versäumnisurteil kein Rechtsmittel ist (→ Rdnr. 2) gilt der Meistbegünstigungsgrundsatz auch bei fehlerhaftem Erlaß eines streitigen Urteils bzw. eines Versäumnisurteils. Hat das Gericht also ein streitiges Urteil erlassen, während die sachlichen Voraussetzungen für ein Versäumnisurteil vorlagen, so sind sowohl Berufung bzw. Revision als auch der Einspruch zulässig; ebenso umgekehrt, wenn der Wille des Gerichts auf Erlaß eines Versäumnisurteils gerichtet war, während sich die Entscheidung sachlich als streitiges Urteil darstellt (z. B. Entscheidung nach Lage der Akten, § 331a, oder berufungsfähiges sog. unechtes Versäumnisurteil, → § 330 Rdnr. 27ff.)[89]. Für das **weitere Verfahren** ist dabei zu beachten, daß das Rechtsmittelgericht das Verfahren einhalten muß, das von Anfang an das richtige war, → Rdnr. 49. Stellt sich ein streitiges Urteil erlassenes Urteil also inhaltlich als Versäumnisurteil dar und legt die Partei dagegen Berufung ein, so hat das Berufungsgericht die Sache von Amts wegen an das erstinstanzliche Gericht abzugeben, wo auf das Rechtsmittel hin das Einspruchsverfahren durchzuführen ist[90]. Ist umgekehrt gegen ein zu Unrecht als Versäumnisurteil bezeichnetes Urteil Einspruch eingelegt worden, so hat das erstinstanzliche Gericht die Sache zur Durchführung des Berufungsverfahrens an das Berufungsgericht abzugeben[91]. **62**

Der Meistbegünstigungsgrundsatz gilt weiter auch dann, wenn ein **erstes Versäumnisurteil zu Unrecht als zweites bezeichnet** wird (und umgekehrt). In beiden Fällen ist sowohl der **63**

---

[87] Eingehend i. S. der alleinigen Zulässigkeit der sofortigen Beschwerde zuletzt *Heintzmann* Festschr. f. Baumgärtel (1990), 137.
[88] *RGZ* 60, 110 (zu § 406); 70, 91 (zu § 148; ferner → § 148 Rdnr. 48).
[89] *OLG München* FamRZ 1984, 1204; *Rosenberg/Schwab/Gottwald*[15] § 107 V 2a; AK-*Pieper* § 338 Rdnr. 3; MünchKomm ZPO-*Prütting* § 338 Rdnr. 8; weiter → § 338 Rdnr. 2. War allerdings eindeutig ein Versäumnisurteil beabsichtigt, während richtigerweise ein streitiges Urteil hätte erlassen werden müssen, so ist nur der Einspruch gegeben (*BGH* NJW 1994, 665).
[90] *OLG München* FamRZ 1989, 1204, 1205; MünchKomm ZPO-*Prütting* § 338 Rdnr. 9.
[91] MünchKomm ZPO-*Prütting* § 338 Rdnr. 9.

Einspruch als auch die Berufung zulässig[92]. Für die Abgabe in das jeweils richtige Verfahren gilt das zu Rdnr. 62 Ausgeführte entsprechend[93].

### e) Einstweilige Anordnung im Zwangsvollstreckungsverfahren und einstweilige Verfügung

**64** Ist eine einstweilige Anordnung im Zwangsvollstreckungsverfahren, die nach §§ 769 Abs. 3, 771 Abs. 3 durch einen der sofortigen Beschwerde unterliegenden Beschluß hätte ergehen sollen, ersichtlich als einstweilige Verfügung gedacht, so unterliegt sie sowohl der sofortigen Beschwerde als auch dem Widerspruch nach § 924[93a]. Ebenso muß, wenn eine Anordnung, die auf § 707 gestützt und demgemäß an sich unanfechtbar ist (§ 707 Abs. 2), deren Grenzen überschreitet und sich somit sachlich als eine einstweilige Verfügung nach § 940 darstellt, der Widerspruch zulässig sein. Wird umgekehrt eine der Sache nach eine Maßnahme nach § 707 darstellende Entscheidung zu Unrecht als einstweilige Verfügung bezeichnet, so ist danach weder der Widerspruch noch ein sonstiger Rechtsbehelf gegeben. Dies folgt daraus, daß durch die falsche Bezeichnung kein nicht gegebenes Rechtsmittel eröffnet wird, → Rdnr. 52.

### f) Bagatellverfahren

**65** Hat das Amtsgericht im **Verfahren nach § 495 a** entschieden, obwohl dessen Voraussetzungen nicht vorlagen (vor allem deswegen, weil der Streitwert über 1.000,– DM betrug), so kann das Urteil nach den allgemeinen Bestimmungen mit der Berufung angefochten werden. Vor allem muß der Beschwerdewert nach § 511a Abs. 1 1.500,– DM übersteigen. Allein die Tatsache, daß das Amtsgericht nicht im Verfahren nach § 495a hätte entscheiden dürfen, beseitigt die Beschwerdewertgrenze des § 511a Abs. 1 nicht. Ist die Berufung danach zulässig, so hat das Landgericht darüber im normalen Verfahren zu entscheiden. Eine Zurückverweisung an das Amtsgericht ist nach § 539 zwar möglich, nicht aber zwingend geboten (§ 540). Wegen weiterer Einzelheiten → zu § 495a.

## IV. Rechtsmittel gegen unanfechtbare gesetzlich unzulässige Entscheidungen

### 1. Keine Erweiterung des Instanzenzugs

**66** Gegen unanfechtbare Entscheidungen ist ein Rechtsmittel nicht mit der Begründung zulässig, daß **wesentliche Prozeßgrundsätze verletzt** worden seien. Aus dem geltenden Recht läßt sich nicht der Grundsatz entnehmen, daß die Verletzung einer grundlegenden Verfahrensvorschrift eine sonst verschlossene Instanz eröffnet. Insoweit ist freilich vieles streitig. Bei **Verletzung des Anspruchs auf rechtliches Gehör** wird verschiedentlich die Ansicht vertreten, daß dadurch die Eröffnung einer an sich verschlossenen Berufungs- oder Beschwerdeinstanz bewirkt wird[94]. Für die Revision sind dagegen bisher keine Stimmen laut geworden, die aus der Verletzung des Anspruchs auf Gewährung rechtlichen Gehörs Konsequenzen in Richtung auf eine Erweiterung der Statthaftigkeit des Rechtsmittels ziehen wollen.

---

[92] *OLG Köln* MDR 1969, 225; *OLG Schleswig* SchlHA 1987, 171; *OLG Frankfurt* NJW-RR 1992, 1468 (unrichtige Bezeichnung als zweites Versäumnisurteil); MünchKomm ZPO-*Prütting* § 338 Rdnr. 10.
[93] MünchKomm ZPO-*Prütting* § 338 Rdnr. 10.
[93a] *OLG Karlsruhe* MDR 1992, 808.

[94] *OLG Schleswig* NJW 1988, 67; *LG Frankfurt* NJW 1987, 2591; *LG Münster* NJW-RR 1989, 381; MünchKomm ZPO-*Rimmelspacher* § 511a Rdnr. 8 (alle in analoger Anwendung von § 513 Abs. 2 für eine Berufung, bei der die nach § 511a erforderliche Berufungssumme nicht erreicht ist; → § 513 Rdnr. 20).

Mit der h. M.[95] ist daran festzuhalten, daß die Verletzung des Anspruchs auf rechtliches **67** Gehör den **Instanzenzug nicht erweitert** (→ vor § 128 Rdnr. 53; zur Frage, ob die Verletzung des Anspruchs auf rechtliches Gehör einen neuen Beschwerdegrund i. S. des § 568 Abs. 2 bildet → § 568 Rdnr. 9 ff.; zu einer auf Verletzung von Art. 103 Abs. 1 GG gestützten Gegenvorstellung → § 567 Rdnr. 28). Die Partei kann lediglich Verfassungsbeschwerde einlegen. Die Gegenmeinung mag zwar zu einer erwünschten Entlastung des BVerfG führen, übersieht aber, daß sie der Rechtssicherheit insofern schadet, als die Partei häufig nicht weiß, wie sie sich verhalten soll[96]. Eine Erweiterung des Instanzenzugs kann allenfalls durch den Gesetzgeber erfolgen. Dies schließt nicht aus, daß in gewissem Rahmen »zulässigkeitserweiternde« Rechtsmittelvorschriften weit ausgelegt oder analog angewendet werden (→ § 513 Rdnr. 18 ff.).

Auch **sonstige schwere Verfahrensverstöße** eröffnen keine sonst verschlossene Instanz[97]. **68** Dies gilt vor allem auch für die Verletzung des Rechts auf den gesetzlichen Richter (Art. 101 Abs. 1 S. 2 GG), auf Gewährung eines fairen Verfahrens sowie des Grundsatzes der prozessualen Waffengleichheit. Ohne Bedeutung ist es bei alledem, ob die Entscheidung wegen Erschöpfung des Rechtsmittelzugs unanfechtbar ist oder ob von vornherein gar kein Rechtsmittel statthaft ist.

### 2. Sog. »Greifbare Gesetzwidrigkeit«

Trotz des unter → Rdnr. 66 ff. dargestellten Ausgangspunktes wird ein Rechtsmittel gegen **69** eine an sich unanfechtbare Entscheidung dann zugelassen, wenn die Entscheidung jeder gesetzlichen Grundlage entbehrt und inhaltlich dem Gesetz fremd ist; schlagwortartig wird dies unter dem Begriff der »**greifbaren Gesetzwidrigkeit**« zusammengefaßt[98]. Dies spielt in der Rechtsprechung insbesondere für die Zulässigkeit der Beschwerde eine Rolle, → § 567 Rdnr. 9 f. Diese Auffassung ist ebenfalls nicht unproblematisch. Bedenken ergeben sich schon daraus, daß der Begriff der »greifbaren Gesetzwidrigkeit« kaum exakt faßbar ist. Insbesondere kann nicht jeder eindeutige Verstoß des Gerichts gegen entscheidungserhebliche Rechtsvorschriften zu einer Erweiterung des Rechtsmittelzugs führen[99]. Weiter kommt es nicht darauf an, ob die verletzte Verfahrensnorm Verfassungsrang hat; allein die Verletzung des Anspruchs auf Gewährung rechtlichen Gehörs reicht also auch unter dem Gesichtspunkt der greifbaren Gesetzwidrigkeit nicht aus, um eine neue Instanz zu eröffnen[100].

---

[95] *BVerfGE* 60, 96, 98 = NJW 1982, 1454; *BGHZ* 43, 12, 19 = LM § 41p PatG Nr. 7 = NJW 1965, 495; *BGH* LM § 511a Nr. 27 = NJW 1990, 838; NJW 1990, 1794, 1795; NJW-RR 1986, 1263; *BayObLG* NJW 1988, 72; AK-*Ankermann* vor § 511 Rdnr. 31; *Baumbach/Lauterbach/Albers*[51] § 511a Rdnr. 8; *Thomas/Putzo*[18] Einl Rdnr. 27; *Jauernig*[23] § 29 III; *Zeiss*[7] Rdnr. 194; *Waldner*, Aktuelle Probleme des rechtlichen Gehörs im Zivilprozeß, Erlanger Diss., 1983, S. 283 ff.
[96] *Henckel* ZZP 77 (1964), 333.
[97] *OLG München* NJW 1974, 1514 (Entscheidung ohne mündliche Verhandlung).
[98] Aus der neueren Rechtsprechung s. *BGH* LM § 567 Nr. 18 = NJW-RR 1986, 738 = WM 1986, 178; LM § 1910 BGB Nr. 12 = NJW 1988, 49 und zuletzt *BGHZ* 119, 373 = LM § 567 Nr. 28 = NJW 1993, 135 = MDR 80 = JZ 413 (*Gottwald/Semmelmeyer*); NJW 1993, 1865; weit. Nachw. → § 567 Rdnr. 9.
[99] Zutreffend *BGH* LM § 567 Nr. 18 (Fn. 98); NJW 1988, 49, 51.

[100] *BGHZ* 43, 12, 19 (Fn. 95); LM § 567 Nr. 18 (Fn. 98); LM § 511a Nr. 17 (Fn. 95).
[101] *Literatur*: *Altmeppen* ZIP 1992, 449; *Bajons* JBl 1978, 113, 183; *Baur* Zur »Beschwer« im Rechtsmittelverfahren des Zivilprozesses, Festschrift f. Lent (1957), 1; *Bettermann* ZZP 82 (1969), 24; *A. Blomeyer* Antrag und Beschwer, Festschrift. Fragistas (1967), 463; *Brox* ZZP 81 (1968), 379; *Grunsky* ZZP 76 (1963), 165; *Habscheid* NJW 1964, 234; *Kahlke* ZZP 94 (1981), 423; *Lindacher* AcP 182 (1982), 270; *Ohndorf* Die Beschwer und die Geltendmachung der Beschwer als Rechtsmittelvoraussetzungen im deutschen Zivilprozeßrecht (1972); *Schwab* Die Bedeutung der Entscheidungsgründe, Festschrift f. Bötticher (1969), 321; *Zeuner* Unbezifferter Klageantrag und Beschwer, Festschrift f. Baur (1981), 741.
[102] *RGZ* 160, 192; 170, 348; *BGHZ* 22, 43 = NJW 1957, 21; 24, 369, 370; 50, 261, 263; *BGH* LM § 545 Nr. 6 = NJW 1955, 545 = JZ 423 (*Lent*); *BAG* LM § 511 Nr. 3 (*Wieczorek*); *OLG Stuttgart* MDR 1956, 491; *OLG Zweibrücken* OLGZ 1970, 174.

## V. Beschwer[101]

### 1. Allgemeines

#### a) Beschwer als Zulässigkeitsvoraussetzung des Rechtsmittels

70 Jedes Rechtsmittel setzt zu seiner Zulässigkeit eine Beschwer (gravamen) voraus. Das Gesetz enthält insoweit zwar keine ausdrückliche Bestimmung, doch verlangt die ständige Rechtsprechung eine Beschwer[102]. Anfängliche Gegenstimmen aus der Wissenschaft[103] sind inzwischen verstummt; eine Beschwer des Rechtsmittelklägers wird heute allgemein gefordert[104]. Die Entscheidung muß zu Ungunsten der das Rechtsmittel einlegenden Partei ergangen sein, so daß eine Abänderung zu ihren Gunsten möglich ist. Zu akademischen Erörterungen ohne fallrelevante Bedeutung sind die Rechtsmittelgerichte nicht berufen. Trotz der Aufgabe der Revision, u.a. die Rechtseinheit zu wahren und das Recht fortzubilden, → vor § 545 Rdnr. 4ff., gilt dies auch für die Revision; ebenso wie bei anderen Rechtsmitteln muß auch der Revisionkläger beschwert sein, wobei dieselben Kriterien wie auch sonst für das Vorliegen einer Beschwer maßgeblich sind.

71 Die Beschwer darf – außer bei Anerkenntnisurteilen, § 99 Abs. 2, und bei der übereinstimmend erklärten Erledigung der Hauptsache, § 91a Abs. 1 – nicht nur im Kostenpunkt bestehen (§ 99 Abs. 1). Zum Zeitpunkt, in dem die Beschwer vorliegen muß, → Rdnr. 24. Die Beschwer wird nicht dadurch ausgeschlossen, daß zu ihrer Beseitigung das Berichtigungsverfahren nach § 319 offensteht (→ § 319 Rdnr. 13; wohl aber dann, wenn eine Berichtigung nach § 319 erfolgt ist, → Rdnr. 25) oder die Ergänzung nach § 321 (→ § 321 Rdnr. 15) oder schließlich die Vollstreckungsgegenklage nach § 767 (→ § 767 Rdnr. 41) gegeben ist. Fehlt es an einer Beschwer, ist das Rechtsmittel unzulässig und nicht etwa nur unbegründet[105]. Die Beschwer entfällt nicht dadurch, daß der vom Kläger geltend gemachte, in erster Instanz abgewiesene Anspruch in der Rechtsmittelinstanz vom Beklagten erfüllt wird[106]. Hier ist der Kläger weiterhin beschwert, wenn auch sein Rechtsmittel wegen der inzwischen erfolgten Befriedigung des Anspruchs keinen Erfolg mehr haben kann. Zum Verhältnis von Beschwer und Rechtsschutzbedürfnis zueinander → Rdnr. 14. Ob das angefochtene Urteil richtig oder falsch ist, hat mit der Beschwer nichts zu tun; die Beschwer entfällt nicht etwa dadurch, daß das Rechtsmittel keine Erfolgsaussichten hat[107].

#### b) Geltendmachen der Beschwer

72 Für die Zulässigkeit des Rechtsmittels reicht es nicht aus, daß das angefochtene Urteil dem Rechtsmittelkläger objektiv nachteilig ist. Er muß mit dem Rechtsmittel vielmehr weiter die Beseitigung eben dieses Nachteils anstreben, d.h. er muß die **Beschwer geltend machen**[108].

---

[103] *Hellwig* System des Deutschen Zivilprozeßrechts, Bd. I (1912), 836.
[104] *Blomeyer*² § 97 II; *Rosenberg/Schwab/Gottwald*¹⁵ § 136 II 3; *Baur/Grunsky*⁷ Rdnr. 210; *Jauernig*²³ § 72 V; *Schilken* Rdnr. 873; *Schlosser*² Rdnr. 380; *Zeiss*⁷ Rdnr. 653; AK-*Ankermann* vor § 511 Rdnr. 12; *Baumbach/Lauterbach/Albers*⁵¹ vor § 511 Rdnr. 13; *Thomas/Putzo*¹⁸ vor § 511 Rdnr. 17; *Zimmermann*² vor § 511 Rdnr. 4; *Zöller/Schneider*¹⁸ vor § 511 Rdnr. 8; MünchKomm ZPO-*Rimmelspacher* vor § 511 Rdnr. 13; *Brox* ZZP 81 (1968), 379ff.; *Bettermann* ZZP 82 (1969), 26ff.; *Gilles* (Fn. 1), 30; *Ohndorf* (Fn. 101), 30ff.
[105] Einhellige Meinung; s. etwa BGHZ 50, 261, 263; *Brox* ZZP 81 (1968), 379ff.; *Bettermann* ZZP 82 (1969), 69; *Jauernig*²³ § 72 V; *Schilken* Rdnr. 873; *Zeiss*⁷ Rdnr. 653; AK-*Ankermann* vor § 511 Rdnr. 12; *Baumbach/Lauterbach/Albers*⁵¹ vor § 511 Rdnr.13; *Thomas/Putzo*¹⁸ Rdnr. 13 i.V.m. Rdnr. 17.
[106] BAG AP § 554a Nr. 8 (*Schumann*) = NJW 1966, 124 = JZ 73 = JR 1967, 48; OVG Münster NJW 1971, 162; OLG Frankfurt NJW-RR 1989, 63; OLG Saarbrücken WRP 1987, 571; *Baumbach/Lauterbach/Albers*⁵¹ vor § 511 Rdnr. 23; *Rosenberg/Schwab/Gottwald*¹⁵ § 136 II 4c. A.A BGH ZZP 71 (1958), 106; OLG Frankfurt NJW 1967, 1811.
[107] *Bettermann* ZZP 82 (1969), 67ff.; *Ohndorf* (Fn. 101), 41ff.
[108] *Ohndorf* (Fn. 101), 60ff.; *Brox* ZZP 86 (1973),

Daraus wird von der h.M. gefolgert, daß der in der **Unterinstanz unterlegene Kläger** ein Rechtsmittel nicht mit dem Ziel einlegen kann, die Klage in der Rechtsmittelinstanz so zu ändern, daß nur noch über den neuen Streitgegenstand entschieden werden soll; der Kläger müsse hier vielmehr seinen erstinstanzlichen Antrag wenigstens teilweise weiterverfolgen[109]. Davon macht die Rechtsprechung allerdings verschiedentlich Ausnahmen. So soll es wegen der vorbereitenden Funktion des Auskunftsanspruchs zulässig sein, daß der mit der Auskunftsklage abgewiesene Kläger die Abweisung nicht unmittelbar angreift, sondern in der Berufungsinstanz nur den bisher nicht eingeklagten Leistungsanspruch geltend macht[110]. Als zulässig ist weiter eine Berufung angesehen worden, mit der der Kläger nach Abweisung der Feststellungsklage auf die Leistungsklage übergegangen ist[111]. Schließlich soll die Berufung auch dann zulässig sein, wenn nach Abschluß der ersten Instanz die Voraussetzungen von § 264 Nr. 3 eintreten und der Kläger daraufhin in der Berufungsinstanz die Klage umstellt[112].

Der unter → Rdnr. 72 dargestellten **h.M. kann nicht gefolgt werden**[113]. In der Berufungsinstanz kann die Klage ebenso wie in der ersten Instanz geändert werden → § 263 Rdnr. 24, 25. Der in erster Instanz unterlegene Kläger kann also die Klageänderung auf jeden Fall dergestalt vornehmen (vorausgesetzt, die Voraussetzungen der §§ 263, 264 liegen vor), daß er zunächst den erstinstanzlichen Antrag weiterverfolgt und anschließend die Klage umstellt. Angesichts dessen ist es nicht sinnvoll, daß die Klageänderung nicht sofort mit der Berufungseinlegung vorgenommen werden können soll[114]. Eine Geltendmachung der Beschwer liegt dabei insofern vor, als der Kläger durch das Fallenlassen des bisherigen Antrags erreicht, daß das klageabweisende erstinstanzliche Urteil nicht in Rechtskraft erwächst. 73

Anders liegen die Dinge bei dem **in erster Instanz obsiegenden Kläger**. Hier kann der Kläger nicht etwa Berufung mit dem Ziel einer Klageänderung (insbesondere Klageerweiterung) einlegen[115]. Die Zulässigkeit einer derartigen Berufung scheitert schon daran, daß der obsiegende Kläger gar nicht beschwert ist, weshalb sich die Frage einer Geltendmachung der Beschwer überhaupt nicht stellt. Für die Berufung eines in erster Instanz unterlegenen Klägers kann daraus nichts gefolgert werden[116]. 74

Für den **unterlegenen Beklagten** bedeutet die Notwendigkeit einer Geltendmachung der Beschwer, daß er das Rechtsmittel nicht nur zum Zweck der Erhebung einer Widerklage einlegen darf[117]. Die Rechtslage ist dabei insofern anders als bei dem unterlegenen Kläger, der mit der Berufung die Klage ändern will (→ Rdnr. 72, 73), als die Erhebung einer Widerklage das Rechtskräftigwerden der erstinstanzlichen klagestattgebenden Entscheidung nicht hindert. Zulässig ist dagegen die Berufung, mit der der unterlegene Beklagte sich darauf be- 75

---

349; *Bettermann* ZZP 82 (1969), 55 f; *Kahlke* ZZP 94 (1981), 442; *Rosenberg/Schwab/Gottwald*[15] § 136 II 3 d; *Jauernig*[23] § 72 V; *Schlosser*[2] Rdnr. 386; *Baumbach/Lauterbach/Albers*[51] vor § 511 Rdnr. 24; *Zöller/Schneider*[18] vor § 511 Rdnr. 8. Aus der ständigen Rechtsprechung s. zuletzt insbesondere *BGHZ* 85, 140 = LM § 264 Nr. 3 = NJW 1983, 172; *BGH* NJW-RR 1987, 124; NJW 1988, 2540 = LM § 263 Nr. 13; NJW-RR 1989, 254; NJW 1990, 2683; NJW-RR 1991, 1279 = WM 609; *OLG Zweibrücken* OLGZ 1970, 974; *OLG Karlsruhe* MDR 1981, 235; *OLG Köln* NJW-RR 1990, 1085; ZIP 1992, 513.

[109] *BGH* NJW-RR 1989, 254; NJW 1990, 2683; NJW-RR 1991, 1279 = WM 609; LM § 519 Nr. 114 = NJW 1992, 3243 = BB 2319 = MDR 1993, 81; *BAG* DB 1961, 920; *OLG Köln* ZIP 1992, 513; *Rosenberg/Schwab*[14] § 137 II 3 d; *Baumbach/Lauterbach/Albers*[51] vor § 511 Rdnr. 24; *Zöller/Schneider*[18] vor § 511 Rdnr. 8. Ablehnend dazu *Altmeppen* ZIP 1992, 449; eigene Stellungnahme → Rdnr. 73.

[110] *BGHZ* 51, 169 = LM § 511 Nr. 24 = NJW 1969, 1486 = JZ 745 (*Bruns*) = MDR 911; *Baumbach/Lauterbach/Albers*[51] vor § 511 Rdnr. 24.

[111] *BGH* VersR 1987, 411; NJW 1988, 827, 828; *OLG Köln* NJW – RR 1990, 1085.

[112] *BGH* MDR 1991, 42; *Zöller/Schneider*[18] vor § 511 Rdnr. 8; *Rosenberg/Schwab/Gottwald*[15] § 136 II 3 d.

[113] Zutreffend *Altmeppen* ZIP 1992, 449; s. weiter *Oellers* EWiR 1992, 407.

[114] *Baumgärtel* SAE 1961, 164; *Altmeppen* ZIP 1992, 449, 452.

[115] *RGZ* 130, 100; *BGH* NJW 1988, 827 = MDR 308; *Zeiss*[7] Rdnr. 654; *Zöller/Schneider*[18] vor § 511 Rdnr. 8; *Thomas/Putzo*[18] vor § 511 Rdnr. 21; *Altmeppen* ZIP 1992, 449, 451 f.

[116] *Altmeppen* ZIP 1992, 449, 453.

[117] *Lent* JZ 1953, 276; *Baumbach/Lauterbach/Albers*[51] vor § 511 Rdnr. 24; *Rosenberg/Schwab/Gottwald*[15] § 136 II 3a.

schränkt, eine Gegenforderung aufrechnungsweise geltend zu machen; hier erstrebt der Beklagte die Abweisung der Klage.

76 Ob der Rechtsmittelführer die Beseitigung der in dem angefochtenen Urteil enthaltenen Beschwer anstrebt, ergibt sich aus dem **Rechtsmittelantrag**. Da dieser erst in der Rechtsmittelbegründung gestellt werden muß, § 519 Abs. 3 Nr. 1, kann erst zu diesem Zeitpunkt gesagt werden, ob das Rechtsmittel gegen ein den Rechtsmittelführer objektiv beschwerendes Urteil zulässig ist.

### c) Bestimmung der Beschwer durch den Antrag der Partei und den Inhalt der angefochtenen Entscheidung

77 Die Beschwer wird entscheidend von zwei Faktoren bestimmt: Zum einen vom **Antrag**, den der Rechtsmittelkläger in der unteren Instanz gestellt hat, und zum anderen vom **rechtskraftfähigen Inhalt der angefochtenen Entscheidung**. Eine Beschwer ist immer dann gegeben, wenn dem Rechtsmittelkläger in der angefochtenen Entscheidung etwas von ihm Beantragtes versagt worden ist. Weiter ist eine Beschwer dann zu bejahen, wenn dem Rechtsmittelkläger unter Verstoß gegen § 308 etwas nicht Beantragtes zugesprochen worden ist[118]. Bei einem vom Beklagten eingelegten Rechtsmittel kann eine Beschwer auch gegeben sein, ohne daß in der unteren Instanz ein Antrag gestellt worden ist, von dem die angefochtene Entscheidung abweicht, Näheres → Rdnr. 86.

### 2. Bestimmung der Beschwer durch den Antrag

#### a) Kläger

##### aa) Formelle Beschwer

78 Einigkeit besteht im wesentlichen darüber, daß der **Kläger (Widerkläger)** nur dann beschwert ist, wenn die angefochtene Entscheidung von dem in der unteren Instanz gestellten Antrag abweicht (sog. **formelle Beschwer**)[119]; zu abweichenden Auffassungen → Rdnr. 83; zu Besonderheiten im Eheprozeß → Rdnr. 100 ff. Auch wenn der Kläger meint, daß ihm vom materiellen Recht her gesehen mehr zusteht, als er beantragt hat, kann er kein Rechtsmittel mit dem Ziel einlegen, in der nächsten Instanz seine Sachanträge zu erweitern oder neue Ansprüche zu erheben, → Rdnr. 74.

79 Das Vorliegen einer Beschwer ist zu bejahen, wenn der **Hauptantrag abgewiesen**, dem Hilfsantrag dagegen stattgegeben worden ist[120]. Die Höhe der Beschwer richtet sich dabei nicht nach der Differenz zwischen dem Haupt- und Hilfsantrag, sondern allein nach dem Hauptantrag[121]. Ist dem Hauptantrag stattgegeben worden, so fehlt es an einer Beschwer des

---

[118] Beispielsfall: *OLG Bremen* NJW 1963, 1157 (Eventualwiderklage wird stattgegeben, obwohl die Klage abgewiesen wird). A.A. *Bettermann* ZZP 82 (1969), 38. S. weiter *BGH* LM § 511a Nr. 29 = NJW 1991, 703 = MDR 328 (Verwerfung der Berufung als unzulässig in einem Punkt, der gar nicht Gegenstand des Berufungsverfahrens war).

[119] So die ganz h.M.. S. aus der Rechtsprechung *BGH* LM § 545 Nr. 6 = NJW 1955, 545 = JZ 423 (*Lent*); LM § 545 Nr. 15 = NJW 1965, 441 = JZ 185 (*Baur*) = Warn 1964 Nr. 274; LM § 511 Nr. 33 = NJW 1978, 887 = MDR 476; LM § 511a Nr. 29 = NJW 1991, 703, 704. Aus dem Schrifttum in diesem Sinne *Baur* (Fn. 101), 10 f; *v.*

*Mettenheim* (Fn. 17), 54 ff.; *Blomeyer*[2] § 97 II 1; *Rosenberg/Schwab/Gottwald*[15] § 136 II 3a; *Schilken* Rdnr. 877; *Schlosser*[2] Rdnr. 382; *Zeiss*[7] Rdnr. 654; *Thomas/Putzo*[18] vor § 511 Rdnr. 18; *Zöller/Schneider*[18] vor § 511 Rdnr. 11; MünchKomm ZPO-*Rimmelspacher* vor § 511 Rdnr. 14.

[120] BGHZ 26, 295 = LM § 546 Nr. 30 (*Gelhaar*) = NJW 1958, 631 = MDR 238; LM § 847 BGB Nr. 69 = JR 1984, 501 (*Lindacher*) = VersR 739 = MDR 1985, 40; *Rosenberg/Schwab/Gottwald*[15] § 136 II 3a; *Schilken* Rdnr. 879; *Zöller/Schneider*[18] vor § 511 Rdnr. 11; *Thomas/Putzo*[18] vor § 511 Rdnr. 22.

[121] S. *BGH* LM § 847 BGB Nr. 69 (Fn. 120): Zulässig-

Klägers; dieser kann den Hilfsantrag nicht in der nächsten Instanz weiterverfolgen. Hat der in erster Instanz unterlegene Kläger in der Berufungsinstanz ein klagstattgebendes Urteil beantragt, so ist er beschwert, wenn das Gericht die Sache an das erstinstanzliche Gericht zurückverweist[122]; ebenso bei Zurückverweisung auf Berufung des in erster Instanz verurteilten Beklagten statt der vom Kläger beantragten Zurückweisung der Berufung[123]. Hat der Kläger jedoch selbst die Zurückverweisung beantragt, so kann er nicht mit der Begründung Revision einlegen, er habe hilfsweise seinen Sachantrag aufrechterhalten[124]. Hat der Kläger die Klage einseitig für **erledigt erklärt**, so ist er bei Klageabweisung beschwert[125], wobei es unerheblich ist, ob es dem Kläger nicht nur um die Abänderung der Kostenentscheidung zu tun ist[126]; weiter → § 91a Rdnr. 48. Eine Beschwer des Klägers liegt weiter vor, wenn die Hauptsache gegen seinen Widerspruch für erledigt erklärt worden ist, → § 91a Rdnr. 46. Soweit es für die Zulässigkeit des Rechtsmittels auf die Beschwerdesumme ankommt, richtet sich diese nach dem Wert der Hauptsache und nicht nur nach dem Wert der Kosten[127]. Der Kläger ist weiter dann beschwert, wenn der Beklagte bei einem uneingeschränkten Antrag auf Verurteilung nur zur **Leistung Zug um Zug** verurteilt worden ist[128]. Die Höhe der Beschwer bestimmt sich dabei nicht nach der Klageforderung, sondern nach der umstrittenen Gegenleistung, wobei der Wert der Klageforderung die Beschwer aber nach oben begrenzt[129].

### bb) Unbestimmter Klageantrag

Bei einem unbestimmten Klageantrag muß danach differenziert werden, ob der Kläger keine Angaben zur Größenordnung gemacht hat, oder ob er diese bezeichnet oder gar einen Mindestbetrag angegeben hat. Hat der Kläger insoweit **keine Angaben** gemacht (was heute überwiegend für nicht zulässig gehalten wird, → § 253 Rdnr. 85 ff.), so fehlt es an einer Beschwer, wenn der zugesprochene Betrag hinter den Erwartungen des Klägers zurückbleibt[130]. Eine Ausnahme soll jedoch dann gelten, wenn in dem angefochtenen Urteil entweder wesentliche vom Kläger behauptete Tatsachen nicht berücksichtigt worden sind[131] (eine Verletzung wird etwa nicht als Unfallfolge angesehen oder das Gericht ist von einem Mitverschulden des Klägers ausgegangen), oder wenn der zuerkannte Betrag völlig unangemessen

80

---

keit der Berufung bei Hauptantrag auf Schmerzensgeldrente und Verurteilung zu einem wertmäßig gleichhohen Kapitalbetrag.

[122] *BGHZ* 18, 107; 31, 358 = *LM* § 539 Nr. 8 (*Hauss*) = *NJW* 1960, 669 = *MDR* 297 = *BB* 225; *Grunsky* in Anm. zu *BAG AP* § 538 Nr. 1; *Blomeyer*[2] (Fn. 101), 480; *Thomas/Putzo*[18] vor § 511 Rdnr. 27.

[123] *BGHZ* 31, 358, 360 (Fn. 122); *NJW* 1984, 495; *NJW-RR* 1990, 480, 481; *Jauernig*[23] § 72 V; AK-*Ankermann* vor § 511 Rdnr. 17.

[124] *Baur JZ* 1965, 186; AK-*Ankermann* vor § 511 Rdnr. 17; a.A. *BGH LM* § 545 Nr. 15 (Fn. 119); *Baumbach/Lauterbach/Albers*[51] vor § 511 Rdnr. 17; *Thomas/Putzo*[18] vor § 511 Rdnr. 27; *Blomeyer* (Fn. 101), 479 ff.; *Bettermann ZZP* 82 (1969), 33 f; *Ohndorf* (Fn. 101), 90 f. Letztere stellen darauf ab, daß über die Zurückverweisung von Amts wegen entschieden wird, weshalb dem Antrag keine Bedeutung zukomme. Die Entscheidung von Amts wegen besagt jedoch nicht, daß ein in die gleiche Richtung zielender Antrag bedeutungslos ist. Der Kläger ist zwar nicht gehalten, den Antrag zu stellen, muß sich aber für den Fall, daß er ihn stellt, daran festhalten lassen (→ weiter Rdnr. 87).

[125] *BGHZ* 57, 224 = *LM* § 91a Nr. 31 (*Buchholz*) = *NJW* 1972, 112 = *JR* 68 (*Zeiss*); *Baur* (Fn. 101), 13; *Rosenberg/Schwab/Gottwald*[15] § 136 II 3a; *Schilken* Rdnr. 879; *Baumbach/Lauterbach/Albers*[51] vor § 511 Rdnr. 17; *Thomas/Putzo*[18] vor § 511 Rdnr. 22; *Zöller/Schneider*[18] vor § 511 Rdnr. 12; *MünchKomm ZPO-Lindacher* § 91a Rdnr. 81.

[126] *BGHZ* 57, 224 (Fn. 125); *MünchKomm ZPO-Lindacher* § 91a Rdnr. 81.

[127] Sehr streitig; Einzelheiten → § 91a Rdnr. 47.

[128] *BGH LM* § 3 Nr. 47 = *Warn* 1973 Nr. 38 = *NJW* 654 = *JR* 423; *NJW* 1982, 1048; *Jauernig*[23] § 72 V; *Thomas/Putzo*[18] vor § 511 Rdnr. 22.

[129] *BGH LM* § 3 Nr. 47 (Fn. 128); *NJW* 1982, 1048.

[130] *BGHZ* 45, 91 = *LM* § 511 Nr. 20 (*Schneider*) = *NJW* 1966, 780 = *JZ* 276 = *MDR* 494 = *BB* 305; *BGH LM* § 253 Nr. 66 = *NJW* 1982, 340 = *MDR* 312; *KG VersR* 1965, 444 (*G. Schmidt*); *VersR* 1972, 279; *OLG Köln MDR* 1988, 62; *OLG Nürnberg VersR* 1968, 359; *OLG Bamberg FamRZ* 1967, 334. Eine Beschwer bejahen demgegenüber *KG NJW* 1966, 259; *Bühnenoberschiedsgericht Frankfurt RdA* 1966, 360; *Ohndorf* (Fn. 101), 126; *v. Mettenheim* (Fn. 17), 58 ff.

[131] *BGHZ* 45, 91, 94 (Fn. 130); *OLG Zweibrücken JZ* 1970, 582.

ist[132]. Noch weitergehend will *Zeuner*[133] eine Beschwer immer dann bejahen, wenn das Gericht die Bemessung ermessensfehlerhaft vorgenommen hat. Dem kann deswegen nicht gefolgt werden, weil die Beschwer nicht davon abhängen kann, ob das Urteil fehlerhaft ist, → Rdnr. 71. Ausgeschlossen ist eine Anfechtung auf jeden Fall dann, wenn der Kläger lediglich darauf abzielt, eine fehlerfreie Ermessensausübung des Untergerichts durch eine solche des Rechtsmittelgerichts zu ersetzen[134].

81  Hat der Kläger einen **Mindestbetrag angegeben** (was nicht unbedingt im Klageantrag geschehen muß[135]; die Angabe eines Streitwertes reicht aus[136]; ebenso im Einzelfall das Zueigenmachen der Streitwertfestsetzung durch die untere Instanz[137]; schließlich auch die Angabe in der mündlichen Verhandlung[138]), so ist eine Beschwer dann zu bejahen, wenn der zugesprochene Betrag den geltend gemachten Mindestbetrag nicht erreicht[139]; die Höhe der Beschwer bestimmt sich dabei nach der Differenz zwischen dem angegebenen Mindestbetrag und der Urteilssumme. Ist dem Kläger dagegen der Mindestbetrag oder sogar noch mehr zugesprochen worden, so fehlt es an einer Beschwer[140]. Hat der Kläger zwar keinen Mindestbetrag, wohl aber eine **rahmenmäßige Größenordnung** angegeben, so ist eine Beschwer nur dann gegeben, wenn die zugesprochene Summe die Untergrenze des Rahmens nicht erreicht. War die Größenordnung dagegen nur in einer absoluten Zahl angegeben worden (z.B. Schmerzensgeld in Höhe von »ca. 20.000,– DM«), so kann man erwägen, eine Beschwer auch dann zu verneinen, wenn der Betrag nur geringfügig unterschritten wird. Aus Gründen der Rechtssicherheit (von wann an ist die Unterschreitung nicht mehr geringfügig?) dürfte es jedoch vorzuziehen sein, bei jedem Zurückbleiben hinter der angegebenen Größenordnung eine Beschwer zu bejahen, d.h. insoweit keinen Unterschied gegenüber der Angabe eines Mindestbetrags zu machen[141].

82  Soweit nach dem unter → Rdnr. 80, 81 Ausgeführten eine Beschwer zu bejahen ist, hängt diese nicht davon ab, ob das Untergericht die Klage ausdrücklich teilweise abgewiesen hat; auch ohne **Teilabweisung** ist der Kläger beschwert[142], und zwar unabhängig davon, ob eine Teilabweisung hätte erfolgen müssen. Umgekehrt kann die Teilabweisung für sich allein nicht die fehlende Beschwer ersetzen[143]. Maßgeblich für das Vorliegen einer Beschwer sind allein die unter → Rdnr. 80, 81 dargestellten Kriterien.

### cc) Abweichende Meinung (materielle Beschwer)

83  Die unter → Rdnr. 78f vertretene Auffassung entspricht der h.M.. Demgegenüber wird verschiedentlich die Ansicht vertreten, die Beschwer sei für den Kläger und den Beklagten nach denselben Kriterien zu bestimmen, wobei jedoch nicht auf den in der Unterinstanz gestellten Antrag abgestellt werden dürfe. Entscheidend sei vielmehr allein, ob die Entschei-

---

[132] *BGH* LM § 253 Nr. 66 (Fn. 130); *OLG Bamberg* FamRZ 1967, 335; *OLG Zweibrücken* JZ 1970, 582, 583; AK-*Ankermann* vor § 511 Rdnr. 18; *Zöller/Schneider*[18] vor § 511 Rdnr. 15.
[133] (Fn. 101), 247; ihm grundsätzlich zustimmend *Lindacher* AcP 182 (1982), 270, 280ff.
[134] *Zeuner* (Fn. 101), 247; *Lindacher* AcP 182 (1982), 282f.
[135] *BGH* LM § 511 Nr. 26 = Warn 1970 Nr. 215 = JZ 787 = NJW 1971, 40 = MDR 41.
[136] *BGH* LM § 253 Nr. 66 (Fn. 130); a.A. *KG* NJW 1966, 259.
[137] *BGH* VersR 1979, 472; NJW 1984, 1807, 1809f; *Zöller/Schneider*[18] vor § 511 Rdnr. 15.
[138] *BGH* LM § 847 BGB Nr. 85 = NJW 1992, 311 = VersR 374 = MDR 519.

[139] RGZ 140, 211; BGHZ 45, 91, 93 (Fn. 130); *BGH* VersR 1963, 185; LM § 847 BGB Nr. 85 (Fn. 138); WM 1964, 1099; NJW 1969, 1427; AK-*Ankermann* vor § 511 Rdnr. 18.
[140] *BGH* LM § 511 Nr. 25 = Warn 1969 Nr. 298 = NJW 1970, 198 = MDR 226; LM § 511 Nr. 26 (Fn. 135); LM § 253 Nr. 59 = MDR 1978, 44 = VersR 861= JZ 1977, 562.
[141] Damit ist nicht gesagt, daß Gleiches auch bei anderen Rechtsfolgen gelten muß (z.B. Notwendigkeit einer Teilabweisung der Klage mit der Kostenfolge des § 92 Abs. 1 S. 1).
[142] *BGH* LM § 3 Nr. 55 = MDR 1979, 748 = VersR 472; *Röhl* ZZP 85 (1972), 66; *Lindacher* AcP 182 (1982), 279f.
[143] Insoweit a.A. *Lindacher* AcP 182 (1982), 278f.

dung dem Rechtsmittelkläger von ihren Wirkungen her nachteilig ist (**materielle Beschwer**)[144]. Von diesem Ausgangspunkt her wird die Beschwer eines siegreichen Gestaltungsklägers deswegen bejaht, weil mit Beseitigung bzw. Umgestaltung des Rechtsverhältnisses für den Kläger nicht nur Pflichten, sondern auch Rechte entfallen sind[145]. Weiter soll der siegreiche Feststellungskläger beschwert sein, wenn ein Rechtsverhältnis festgestellt worden ist, aus dem für den Kläger auch Pflichten resultieren[146]. Diese Auffassung von der Beschwer ist zumindest **für den Kläger abzulehnen**[147] (zur Beschwer des Beklagten → Rdnr. 84ff.). Wenn der Kläger Wert darauf legt, sich die Vorteile des Rechtsverhältnisses zu erhalten, so mag er die Klageerhebung unterlassen. Hat er den Prozeß begonnen, so muß er sich daran festhalten lassen. Der Instanzenzug ist nicht dazu da, den Parteien das Abstehen von inzwischen als nachteilig erkannten Entschlüssen zu ermöglichen. Dem kann auch nicht dadurch begegnet werden, daß man zwar eine Beschwer bejaht, für ein Rechtsmittel des siegreichen Klägers aber häufig ein Rechtsschutzbedürfnis verneint[148]. Demgegenüber ist es vorzuziehen, den Begriff der Beschwer von vornherein so eng zu fassen, daß keine anschließende Korrektur durch eine so wenig faßbare Generalklausel wei das Rechtsschutzbedürfnis notwendig ist. Zu Besonderheiten in Ehesachen → Rdnr. 100ff.

### b) Beklagter

Während bei der Bestimmung der Beschwer für den Kläger wenigstens noch von einer h.M. gesprochen werden kann, ist die **Beschwer des Beklagten** heftig umstritten. Einigkeit herrscht hier nur insoweit, daß eine Beschwer zumindest dann gegeben ist, wenn die Entscheidung hinter dem vom Beklagten gestellten Antrag zurückbleibt[149]. Die **formelle Beschwer** genügt also auch für den Beklagten. So hat der BGH eine Beschwer zu recht bejaht, wenn die Klage entgegen dem Antrag des Beklagten nicht abgewiesen, sondern für erledigt erklärt worden ist und ihm die Kosten auferlegt worden sind[150]. Eine Beschwer liegt weiter vor, wenn statt der beantragten Klageabweisung eine Verweisung an ein anderes Gericht erfolgt[151], wenn statt der beantragten Klageabweisung Aufhebung und Zurückverweisung erfolgt[152] oder wenn der Beklagte das Bestehen eines Aufopferungsanspruchs anerkennt, das Urteil dann aber eine volle Schadensersatzpflicht feststellt[153]. **84**

Die Meinungsverschiedenheiten bei der Beschwer des Beklagten betreffen die Frage, ob eine Beschwer auch über den Fall hinaus gegeben sein kann, daß das Urteil hinter dem Antrag des Beklagten zurückbleibt. Häufig wird die Ansicht vertreten, beim Beklagten liege eine Beschwer nicht nur bei Abweichung des Entscheidungsinhalts vom gestellten Antrag vor, sondern schon dann, wenn die Entscheidung den Beklagten in seiner Rechtsstellung inhaltlich beeinträchtigt[154] (sog. **materielle Beschwer**). Eine Beschwer wurde infolgedessen bei Erlaß **85**

---

[144] *Brox* ZPP 81 (1968), 379; *Gilles* (Fn. 1), 31f; *ders.* ZPP 91 (1978), 145; *Ohndorf* (Fn. 101), 97ff.; ähnlich auch *Bettermann* ZZP 82 (1969), 24, 44ff. (formelle oder materielle Beschwer genügt).
[145] *Brox* ZZP 81 (1968), 407; *Bettermann* ZZP 82 (1969), 39ff.; *Ohndorf* (Fn. 101), 115f.
[146] *Brox* ZZP 81 (1968), 404; a.A. *Ohndorf* (Fn. 101), 116ff., der damit seinen Ausgangspunkt aber nicht durchhält.
[147] Nachw. → Fn. 119.
[148] So aber *Brox* ZZP 81 (1968), 408ff.
[149] BGHZ 38, 289, 290; *Bettermann* ZZP 82 (1969), 44ff.; *Rosenberg/Schwab/Gottwald*[15] § 136 II 3b; *Jauernig*[23] § 72 V; *Schilken* Rdnr. 877; *Schlosser*[2] Rdnr. 385; AK-*Ankermann* vor § 511 Rdnr. 13.

[150] BGHZ 37, 142 = LM § 256 Nr. 74 (*Johannsen*) = NJW 1962, 1723 = MDR 723; weiter → § 91a Rdnr. 46.
[151] BGHZ 38, 289, 290; *Schlosser*[2] Rdnr. 385; Zöller/*Schneider*[18] vor § 511 Rdnr. 19.
[152] → Fn. 122 und BGHZ 31, 358, 361; BGH VersR 1962, 252; MDR 1972, 601; NJW 1984, 495; *Thomas/Putzo*[18] vor § 511 Rdnr. 28.
[153] BGHZ 22, 43 = NJW 1957, 21; *Thomas/Putzo*[18] vor § 511 Rdnr. 28.
[154] So alle Vertreter der Auffassung, daß schon beim Kläger die materielle Beschwer genügt (Nachw.→ Fn. 144) und außerdem BGH LM § 511 Nr. 3; § 545 Nr. 6 = NJW 1955, 545 = JZ 423 (*Lent*); BGH ZZP 74 (1961), 362 (*Habscheid*); OLG Karlsruhe MDR 1982, 417; *Habscheid* NJW 1964, 234; *Ascher* MDR 1953, 584f; *Nicolini*

eines Anerkenntnisurteils angenommen[155] oder bei Scheidung einer Ehe ohne Abweisungsantrag des Antragsgegners[156]. Hat der Beklagte ohne Bestreiten der Hauptforderung eine Gegenforderung aufrechnungsweise geltend gemacht und ist die Klage wegen der Aufrechnung abgewiesen worden, so soll der Beklagte gleichwohl beschwert sein[157]. Demgegenüber wird insbesondere im Schrifttum die Ansicht vertreten, die Beschwer bestimme sich für den Beklagten genau wie für den Kläger grundsätzlich allein aus der Abweichung der Entscheidung von dem gestellten Antrag[158].

86  Ausgangspunkt der auf die materielle Beschwer abstellenden Auffassung ist die zutreffende Erkenntnis, daß der Beklagte nicht verpflichtet ist, überhaupt einen Antrag zu stellen, → vor § 128 Rdnr. 73. Abgesehen von hier nicht interessierenden Ausnahmen (Widerklage, Aufrechnung) ergeht die Entscheidung allein über den vom Kläger gestellten Antrag[159]. Nur er (und nicht auch der Beklagte) bestimmt den Streitgegenstand. Daraus läßt sich schließen, daß die Beschwer des Beklagten zumindest dann nur als materielle verstanden werden kann, wenn er **keinen Antrag gestellt** hat [160]. Insbesondere geht es nicht an, das Unterlassen einer Antragstellung als Einverständnis mit dem vom Kläger beantragten Urteil zu werten.

87  Mit dem unter → Rdnr. 86 Ausgeführten ist noch nichts zu der Frage gesagt, was zu gelten hat, wenn der Beklagte – ohne dazu verpflichtet zu sein – einen **Antrag gestellt** hat und die angefochtene Entscheidung diesem Antrag entspricht. Insoweit ist die an der Rechtsprechung geübte Kritik berechtigt. Ebenso wie der Kläger an seinen genau bezifferten Antrag gebunden ist, den er ohne eine dahingehende Verpflichtung gestellt hat (er hat etwa seinen Schmerzensgeldanspruch beziffert; wird der Klage in vollem Umfang stattgegeben, so kann der Kläger kein Rechtsmittel einlegen, obwohl er von der Bezifferung hätte absehen können), muß dies auch für den Beklagten gelten. Eine Privilegierung des Beklagten ist insoweit nicht gerechtfertigt[161]. Entsprechendes gilt, wenn der Beklagte in der unteren Instanz einen Antrag auf Prozeßabweisung stellt, wozu er ja ebenfalls nicht verpflichtet ist, da das Gericht insoweit von Amts wegen zu entscheiden hat. Ergeht jetzt ein Prozeßurteil, so kann der Beklagte nicht mehr geltend machen, er wolle eine Sachabweisung[162]. Soweit der Beklagte sein Ziel nur dadurch erreichen kann, daß er selber einen Antrag stellt, muß er dies in der Unterinstanz tun. So ist bei Klageabweisung ein Rechtsmittel zum Zweck der Erhebung einer Widerklage unzulässig[163]. Weiter kann ein Anerkenntnisurteil vom Beklagten in der Regel mangels

---

NJW 1955, 615; *Blomeyer*[2] § 97 II 1; *Zeiss*[7] Rdnr. 655; *Baumbach/Lauterbach/Albers*[51] vor § 511 Rdnr. 19; *Thomas/Putzo*[18] vor § 511 Rdnr. 19; *Zöller/Schneider*[18] vor § 511 Rdnr. 17; *Zimmermann*[2] vor § 511 Rdnr. 9.

[155] *BGH* LM § 545 Nr. 6 = JZ 1955, 423 (*Lent*) = NJW 545; *OLG Stuttgart* Justiz 1971, 218; *OLG Karlsruhe* MDR 1982, 417; *OLG Koblenz* NJW-RR 1993, 462; *LG Itzehoe* WM 1966, 195. Zustimmend *Blomeyer*[2] § 97 II 1; ders. (Fn. 101), 464; *Brox* ZZP 81 (1968), 405; *Bettermann* ZZP 82 (1969), 32; *Vollkommer* Rpfleger 1968, 303; *v. Mettenheim* (Fn. 17), 71 ff.; *Zeiss*[7] Rdnr. 655; *Baumbach/Lauterbach/Albers*[51] vor § 511 Rdnr. 20; *Thomas/Putzo*[18] vor § 511 Rdnr. 19; *Zöller/Schneider*[18] vor § 511 Rdnr. 17. Zur eigenen Auffassung → Rdnr. 87 bei Fn. 164.

[156] *BGH* ZZP 74 (1961), 362 (*Habscheid*).

[157] *Bettermann* NJW 1972, 2285; *Baumbach/Lauterbach/Albers*[51] vor § 511 Rdnr. 20; a.A. zu Recht *BGHZ* 57, 301. Näheres zur Beschwer bei Aufrechnung → Rdnr. 98.

[158] *Lent* JZ 1953, 276; 1955, 425; *Baur* (Fn. 101), 1;

*Rosenberg/Schwab/Gottwald*[15] § 136 II 3 c; *Jauernig*[23] § 72 V; *Schlosser*[2] Rdnr. 385; *Schilken* Rdnr. 877; *Arens/Lüke*[5] Rdnr. 388; MünchKomm ZPO-*Rimmelspacher* Rdnr. 14.

[159] *BGH* LM § 545 Nr. 6; *Habscheid* NJW 1964, 234 f; *Bettermann* ZZP 82 (1969), 31 f; *Zeiss*[7] Rdnr. 655.

[160] *Baur* (Fn. 101), 1 ff.; *Rosenberg/Schwab/Gottwald*[15] § 136 II 3 c; *Jauernig*[23] § 72 V; *Schlosser*[2] Rdnr. 385. A.A. MünchKomm ZPO-*Rimmelspacher* Rdnr. 16 (Obliegenheit des Beklagten zur Verteidigung).

[161] Zutreffend *Rosenberg/Schwab/Gottwald*[15] § 136 II 3 c; *Arens/Lüke*[5] Rdnr. 388. Gegen diese Argumentation *Ohndorf* (Fn. 101), 104 f, der jedoch nicht genügend berücksichtigt, daß auch ein vom Beklagten gestellter Antrag eine Disposition über den Entscheidungsgegenstand enthalten kann.

[162] *BSG* 24, 134, 135; MünchKomm ZPO-*Rimmelspacher* Rdnr. 26; AK-*Ankermann* vor § 511 Rdnr. 16; a.A. *Blomeyer* (Fn. 101), 471 ff.; *Bettermann* ZZP 82 (1969), 35 f.

[163] Nachw. → Fn. 117.

Beschwer nicht angefochten werden[164]. Etwas anderes gilt nur dann, wenn der Beklagte geltend macht, er habe gar kein Anerkenntnis erklärt[165]; → ferner § 511 Rdnr. 2.

### c) Streithelfer

Soweit das Rechtsmittel von einem **Streithelfer** eingelegt wird (zur Statthaftigkeit eines solchen Rechtsmittel→ § 511 Rdnr. 10) bestimmt sich die Beschwer grundsätzlich nicht nach der Person des Streithelfers, sondern nach der unterstützten Partei[166]. Einen durch unsachgemäße Antragstellung der Partei verursachten, für den Streithelfer nachteiligen Prozeßausgang kann dieser nicht durch Einlegung eines Rechtsmittels, sondern nur über § 68 abwehren. Dieser Schutz reicht für den Streithelfer auch aus. Soweit das Urteil inhaltlich mit dem übereinstimmt, was der Streithelfer im unterinstanzlichen Verfahren beantragt hat, besteht jedoch trotz Beschwer der Partei kein Anlaß, ihm die Rechtsmittelinstanz zu eröffnen. Dabei ist es gleichgültig, ob der Antrag dem von der Partei gestellten widerspricht und deswegen nach § 67, 2. Hs. für die erstinstanzliche Entscheidung unbeachtlich war. Waren sich etwa der Kläger und der Streithelfer des Beklagten darin einig, daß die Hauptsache erledigt ist, während der Beklagte auf Klageabweisung bestand, so kann der Streithelfer gegen das die Erledigung feststellende Urteil nicht mit dem Ziel Berufung einlegen, daß die Klage doch abgewiesen wird. Auch insoweit gilt, daß die Rechtsmittelinstanz nicht dafür eröffnet wird, früher getroffene Dispositionen korrigieren zu können. Legt die unterstützte Partei jedoch ihrerseits ein Rechtsmittel ein, so ist der Streithelfer nicht gehindert, sie in der Rechtsmittelinstanz weiter zu unterstützen.

88

### 3. Bestimmung der Beschwer durch den Inhalt der angefochtenen Entscheidung

Neben dem vom Rechtsmittelkläger in der unteren Instanz gestellten Antrag wird das Vorliegen einer Beschwer entscheidend vom **rechtskraftfähigen Inhalt der angefochtenen Entscheidung** bestimmt[167]. Das Vorliegen einer Beschwer kann nur dann bejaht werden, wenn die Entscheidung für den Rechtsmittelkläger in irgendeiner Weise von Nachteil sein kann. So sehr über diesen Ausgangspunkt Einigkeit besteht, so wenig klar sind seine Auswirkungen im einzelnen.

89

### a) Herrschende Meinung

Die herrschende Meinung unterscheidet danach, ob dem Rechtsmittelkläger der eigentliche Inhalt der Entscheidung oder nur ihre Begründung nachteilig ist. Eine Beschwer wird nur beim Abweichen des **Entscheidungsinhalts** vom gestellten Antrag bejaht; dagegen wird eine Be-

90

---

[164] BGHZ 22, 43, 46; *Baur* (Fn. 101), 10 ff.; *Zeuner* (Fn. 101), 750; *Jauernig*[23] § 72 V; *Schilken* Rdnr. 877; *Arens/Lüke*[5] Rdnr. 388. Nachw. zur Gegenmeinung → Fn. 155.

[165] *Zeuner* (Fn. 101), 750 f; AK-*Ankermann* vor § 511 Rdnr. 14; *Schilken* Rdnr. 877; *Arens/Lüke*[5] Rdnr. 388.

[166] BAG AP § 511 Nr. 1 (*Baumgärtel*) = SAE 1960, 18 (*Pohle*); BGH NJW 1981, 2061; OLG Köln NJW 1975, 2108; *Baur* (Fn. 101), 8; *Brox* ZZP 81 (1968), 397 f; *Gorski* NJW 1976, 811; *Baumbach/Lauterbach/Albers*[51] § 511 Rdnr. 7; AK-*Ankermann* vor § 511 Rdnr. 19; *Thomas/Putzo*[18] vor § 511 Rdnr. 20; *Zöller/Schneider*[18] vor § 511 Rdnr. 22.

[167] RGZ 149, 34; BGHZ 26, 295, 296; BGH NJW 1986, 2703; *Grunsky* ZZP 76 (1963), 172; *Baumbach/Lauterbach/Albers*[51] vor § 511 Rdnr. 15; *Thomas/Putzo*[18] vor § 511 Rdnr. 21; *Zöller/Schneider*[18] vor § 511 Rdnr. 8; *Rosenberg/Schwab/Gottwald*[15] § 136 II 3 a; *Blomeyer*[2] § 97 II 1; *Schlosser*[2] Rdnr. 384. Allein auf den Urteilsinhalt stellen die Vertreter der Auffassung ab, die ausschließlich die materielle Beschwer als entscheidend für die Zulässigkeit des Rechtsmittels ansehen (Nachw. → Fn. 144).

schwer verneint, wenn die Partei nur mit der Begründung unzufrieden ist[168]. Bei einer Abweisung der Klage als zur Zeit unbegründet wird dagegen eine Beschwer des Beklagten bejaht[169]. Bei unklarer Entscheidungsformel ist ihre Tragweite aus den Entscheidungsgründen zu erschließen[170].

91 Von dem unter → Rdnr. 90 dargestellten Ausgangspunkt her ist in folgenden Fällen eine **Beschwer des Klägers bejaht** worden:
- Abweisung der Klage als unbegründet statt unzulässig (wegen unterschiedlichem Umfang der materiellen Rechtskraft)[171].
- Erlaß eines **Vorbehaltsurteils** nach § 302, in dem das Gericht bereits die Zulässigkeit der Aufrechnung bejaht hat[172]; → § 302 Rdnr. 17.
- Bei Klageabweisung wegen Nichtbestehens der Klageforderung statt wegen Durchgreifens der **Aufrechnung**[173]; ebenso wenn unklar bleibt, ob die Klage wegen Nichtbestehens der Klageforderung oder aufgrund der Aufrechnung abgewiesen worden ist[174].
- Bei einem **Grundurteil** (§ 304) ist der Kläger dann beschwert, wenn die Ersatzpflicht des Beklagten aus einem Grund bejaht wird, der sich bei der Bemessung der Schadenshöhe für den Kläger als nachteilig erweisen kann (kein Schmerzensgeld, Haftungshöchstsumme)[175]; ebenso wegen § 818 Abs. 3 BGB, wenn sich das Grundurteil statt auf einen vertraglichen Anspruch auf einen Bereicherungsanspruch stützt[176]. Eine Beschwer ist allerdings dann nicht gegeben, wenn der Kläger selbst nur Verurteilung aus der Anspruchsgrundlage begehrt hat, auf die sich das angefochtene Urteil stützt. Soweit die verschiedenen Anspruchsgrundlagen zu keiner unterschiedlichen Betragshöhe führen können (sei es, daß sie ohnehin gleichwertig sind, sei es, daß rechtliche Unterschiede sich im konkreten Fall nicht auswirken können), ist der Kläger nicht beschwert[177].

92 Eine **Beschwer des Klägers ist verneint** worden:
- Bei Abweisung der Klage mangels Rechtsschutzinteresses, wenn der Kläger Abweisung wegen Rechtswegunzuständigkeit erstrebt[178].
- Bei einem der Klage voll stattgebenden Urteil, wenn nur in den Urteilsgründen Einschränkungen gemacht werden[179].
- Bei klagestattgebendem Urteil, wenn das Gericht Ersatz wegen Schadens in einer unselb-

---

[168] *RGZ* 149, 34; *BGH* LM § 511 Nr. 6; *BGHZ* 82, 246, 253 = NJW 1982, 578, 579; *OLG Koblenz* FamRZ 1960, 498 (*Habscheid*); *OLG Celle* OLGZ 1979, 194; *J. Blomeyer* NJW 1969, 578; *Schwab* (Fn. 101), 335ff.; *Rosenberg/Schwab/Gottwald*[15] § 136 II 3a; *Jauernig*[23] § 72 V; *Schlosser*[2] Rdnr. 384; *Schilken* Rdnr. 878; *Baumbach/Lauterbach/Albers*[51] vor § 511 Rdnr. 18; *Thomas/Putzo*[18] vor § 511 Rdnr. 21. S. weiter *LAG Schleswig-Holstein* LAGE § 64 ArbGG Nr. 28 (*Schilken*): Keine Beschwer bei Teilurteil, wenn sich für den Berufungsführer allenfalls die Begründung im Schlußurteil ungünstig auswirken kann.
[169] *BGHZ* 24, 279 = NJW 1957, 1279; *Walchshöfer* Festschrift f. *Schwab* (1990), 532; *Baumbach/Lauterbach/Albers*[51] vor § 511 Rdnr. 20; *Zöller/Schneider*[18] vor § 511 Rdnr. 19.
[170] *BGH* LM § 546 Nr. 14; *Baumbach/Lauterbach/Albers*[51] vor § 511 Rdnr. 14.
[171] *BGH* LM § 511 Nr. 8; *Bettermann* ZZP 82 (1969), 57; *Rosenberg/Schwab/Gottwald*[15] § 136 II 3a; *AK-Ankermann* vor § 511 Rdnr. 15; *Thomas/Putzo*[18] vor § 511 Rdnr. 22; *Ohndorf* (Fn. 101), 128.
[172] *BGHZ* 35, 248 = LM § 302 Nr. 9/10 (dazu *Rietschel*) = NJW 1961, 1721 = MDR 846 = WM 61 = BB 879 = JZ 1962, 212 (*Bötticher*); *BGH* NJW 1979, 1046; *Baumbach/Lauterbach/Albers*[51] vor § 511 Rdnr. 15; *AK-Ankermann* vor § 511 Rdnr. 15.
[173] *Ohndorf* (Fn. 101), 141f; *AK-Ankermann* vor § 511 Rdnr. 15.
[174] *RGZ* 132, 305, 307; 142, 175, 178; *BGH* LM § 322 Nr. 21; *BAGE* 11, 350.
[175] *RG* JW 1927, 232; *BGH* LM § 566 Nr. 1; WM 1986, 331; *Bettermann* ZZP 82 (1969), 58ff.; *Wittmann* NJW 1967, 2387; *Schwab* (Fn. 101), 339f; *Rosenberg/Schwab/Gottwald*[15] § 136 II 3a; *Baumbach/Lauterbach/Albers*[51] vor § 511 Rdnr. 15; *Zöller/Schneider*[18] vor § 511 Rdnr. 14.
[176] *OLG Frankfurt* NJW-RR 1987, 191 = MDR 62.
[177] *BGH* FamRZ 1962, 153 = VersR 449; *Bettermann* ZZP 82 (1969), 61.
[178] *BGH* LM § 511 Nr. 6. Gegen eine Beschwer, wenn der Kläger bei einem Prozeßurteil nur den Abweisungsgrund ausgewechselt sehen möchte, *Rosenberg/Schwab/Gottwald*[15] § 136 II 3a; *Ohndorf* (Fn. 101), 130ff.
[179] *RGZ* 93, 156; LZ 1917, 1127; anders, wenn die Einschränkungen im Tenor zum Ausdruck gebracht worden sind (*RGZ* 91, 408; 97, 30).

ständigen Tätigkeit zugesprochen hat, die der Geschädigte als selbständige betrachtet wissen möchte[180].

Für den **Beklagten** ist eine **Beschwer bejaht** worden: **93**
- Bei Abweisung der Klage als unzulässig statt als unbegründet[181]. Etwas anderes muß jedoch dann gelten, wenn der Beklagte selbst Abweisung als unzulässig beantragt hat[182].
- Bei **Eventualaufrechnung** im Falle der Abweisung wegen der Aufrechnung statt wegen Nichtbestehens der Klageforderung[183].
- Bei einem **Grundurteil**, sofern die Frage der Kausalität dem Betragsverfahren überlassen bleiben soll, dies im Urteil aber nicht klar zum Ausdruck kommt[184]; die Beschwer wird dabei darin gesehen, daß der Beklagte Gefahr läuft, daß das Gericht im Betragsverfahren irrigerweise meint, es dürfe die Kausalität nicht mehr verneinen; fraglich: Der Beklagte mag später das Betragsurteil anfechten.

Für den **Beklagten** ist eine **Beschwer verneint** worden: **94**
- Bei **Sachabweisung statt Prozeßabweisung**[185].
- Bei einem Urteil, das die Klage als zurückgenommen erklärt, statt sie als unzulässig abzuweisen[186].
- Bei Erlaß eines unzulässigen Vorbehaltsurteils[187].
- Bei einem Urteil, das keinen gegen den Beklagten gerichteten vollstreckungsfähigen Inhalt hat[188]. Dem ist zu recht entgegengehalten worden, daß es für die Beschwer in erster Linie auf die materielle Rechtskraft ankommt, die mit der Vollstreckungsfähigkeit nichts zu tun hat[189].
- Bei Bestreiten des klägerischen Sachverhalts, wenn der vom Beklagten vorgetragene Sachverhalt seinerseits die Klageforderung stützt[190]. Das ist deswegen nicht richtig, weil die Beschwer nicht von der Schlüssigkeit des Rechtsmittelvorbringens abhängt[191].
- Bei einem Urteil, bei dem sich die Beschränkung der Haftung auf eine Höchstsumme zwar nicht aus dem Tenor, wohl aber eindeutig aus den Urteilsgründen ergibt[192].

---

[180] *BGH* MDR 1966, 748.
[181] *BGHZ* 28, 349 = LM § 81 BVerwGG Nr. 13 (*Johannsen*) = NJW 1959, 436 = JZ 539 = MDR 208; *BAGE* 50, 179, 186 = AP § 2 TVG Tarifzuständigkeit Nr. 4 = NZA 1986, 480 = MDR 961 = NJW 1987, 514; *Rosenberg/Schwab/Gottwald*[15] § 136 II 3 a; *Jauernig*[23] § 72 V; *Schilken* Rdnr. 879; AK-*Ankermann* vor § 511 Rdnr. 16; *Baumbach/Lauterbach/Albers*[51] vor § 511 Rdnr. 20; *Thomas/Putzo*[18] vor § 511 Rdnr. 28; *Zöller/Schneider*[18] vor § 511 Rdnr. 18; *Ohndorf* (Fn. 101), 128; *Bettermann* ZZP 82 (1969), 35 f. A.A. speziell für die Vollstreckungsgegenklage nach § 767 *OLG Koblenz* NJW 1973, 1756.
[182] Zutreffend *BVerwGE* 10, 148 f; *BSGE* 24, 134, 135; AK-*Ankermann* vor § 511 Rdnr. 16. A.A. *Bettermann* ZZP 82 (1969), 35; *Blomeyer* (Fn. 101), 473 f.
[183] *RGZ* 161, 171 f; *BGHZ* 26, 295; *BGH* WM 1977, 416; *Bettermann* ZZP 82 (1969), 34; *Rosenberg/Schwab/Gottwald*[15] § 136 II 3 a; *Schilken* Rdnr. 879; AK-*Ankermann* vor § 511 Rdnr. 16; *Thomas/Putzo*[18] vor § 511 Rdnr. 28.
[184] *BGH* LM § 548 Nr. 8 = NJW 1968, 1968 = MDR 998; AK-*Ankermann* vor § 511 Rdnr. 16.
[185] *BAGE* 50, 179, 186 (Fn. 181); *OLG Bremen* DRiZ 1949, 308; *BVerwG* MDR 1977, 868; *Blomeyer* (Fn. 101), 432 f; *Bettermann* ZZP 82 (1969), 35; *Rimmelspacher* (Fn. 11), 200 f; *Rosenberg/Schwab/Gottwald*[15] § 136 II 3 a; *Schilken* Rdnr. 879; *Baumbach/Lauterbach/Albers*[51] vor § 511 Rdnr. 21; AK-*Ankermann* Rdnr. 16; *Thomas/Putzo*[18] vor § 511 Rdnr. 28; *Zöller/Schneider*[18] vor § 511 Rdnr. 18.
[186] *OLG Stuttgart* ZZP 76 (1963), 318; *Thomas/Putzo*[18] vor § 511 Rdnr. 31.
[187] *BGHZ* 25, 360, 366 = LM § 387 BGB Nr. 26 (*Artl*) = NJW 1958, 18; AK-*Ankermann* vor § 511 Rdnr. 16; *Zöller/Schneider*[18] vor § 511 Rdnr. 18.
[188] *OLG Bremen* NJW 1964, 259.
[189] *Habscheid* NJW 1964, 234; gegen das Abstellen auf die Vollstreckungsfähigkeit auch *Ohndorf* (Fn. 101), 150; AK-*Ankermann* vor § 511 Rdnr. 16; *Thomas/Putzo*[18] vor § 511 Rdnr. 19.
[190] *BGH* DRiZ 1968, 422.
[191] Zutreffend AK-*Ankermann* vor § 511 Rdnr. 16.
[192] *BGH* LM § 519b Nr. 31 = NJW 1982, 447 = MDR 221; LM § 256 Nr. 141 = NJW 1986, 2703; *Baumbach/Lauterbach/Albers*[51] vor § 511 Rdnr. 21; AK-*Ankermann* vor § 511 Rdnr. 16.

### b) Eigene Ansicht

#### aa) Ausgangspunkt

95   Der dargelegten **h. M. kann nicht gefolgt werden**. Sie krankt daran, daß sie die Beschwer bei einem klagabweisenden Urteil wesentlich zu eng faßt, was darauf zurückzuführen ist, daß sie die Bedeutung der Entscheidungsgründe für den Umfang der materiellen Rechtskraft verkennt[193]. Es ist nämlich keineswegs so, daß die Entscheidungsgründe für den Umfang der materiellen Rechtskraft ohne Bedeutung sind. Die materielle Rechtskraft bezieht sich immer nur auf den Zeitpunkt der letzten mündlichen Verhandlung. Wird eine Klage wegen Fehlens eines vom materiellen Recht geforderten Tatbestandsmerkmals abgewiesen, so steht die Rechtskraft einer Erneuerung der Klage nicht entgegen, wenn eben dieses bisher fehlende Tatbestandsmerkmal später eintritt. Jede Klageabweisung besagt lediglich, daß das Recht zur Zeit nicht besteht oder doch nicht durchgesetzt werden kann. Die häufig gemachte Unterscheidung zwischen einer endgültigen Klageabweisung und einer als derzeit unbegründeten[194], gibt es in Wirklichkeit nicht. Daraus folgt, daß auch die Entscheidungsgründe in gewissem Umfang rechtskräftig werden; die Klage kann nämlich nur dann erneuert werden, wenn gerade das Tatbestandsmerkmal neu hinzutritt, das im ersten Urteil als fehlend angesehen worden ist. Demnach können sowohl der Kläger als auch der Beklagte ein schutzwertes Interesse daran haben, die Klage aus einem ganz bestimmten Grund abgewiesen zu sehen: Der Kläger, weil er nur bei der von ihm gewünschten Begründung hoffen kann, seine Klage bald zulässigerweise erneuern zu können, und der Beklagte, weil er glaubt, bei einer bestimmten Begründung vor einer Klageerneuerung sicher zu sein (zu den Auswirkungen dieser Auffassung für das Verständnis der reformatio in peius → § 536 Rdnr. 5 ff.). Von diesem Ausgangspunkt her ist die Beschwer im einzelnen wie folgt zu bestimmen:

#### bb) Klagestattgebendes Urteil

96   Gegen ein (wenn auch nur teilweise) klagestattgebendes Urteil kann der Beklagte immer ein Rechtsmittel einlegen (vorausgesetzt, die Rechtsmittelsumme, § 511a, ist erreicht), es sei denn, er hat in der unteren Instanz einen nicht auf Klageabweisung lautenden Antrag gestellt. Dagegen ist der Kläger bei einem klagestattgebenden Urteil grundsätzlich nicht beschwert. Etwas anderes muß nur dann gelten, wenn der Kläger eine Verurteilung des Beklagten mit einer anderen als der vom Gericht vertretenen Begründung anstrebt und wenn er sich bei der von ihm angestrebten Begründung besserstellen würde (er möchte etwa seinen Anspruch im Hinblick auf § 61 Abs. 1 Nr. 1 KO als Lohn- oder Gehaltsanspruch qualifiziert sehen)[195]. Umgekehrt muß es dem Beklagten freistehen, eine Verurteilung allein mit dem Ziel anzufechten, eine andere, für ihn günstigere Begründung der Leistungspflicht zu erhalten.

#### cc) Klageabweisendes Urteil

97   Bei einem klageabweisenden Urteil ist eine Beschwer in erheblich **weiterem Umfang anzuerkennen**, als dies die h.M. tut. Zuzustimmen ist der Rechtsprechung darin, daß der

---

[193] Zum folgenden s. *Grunsky* ZZP 76 (1963), 165 ff.; *ders.* (Fn. 11) § 47 V 1c; grundsätzlich zustimmend *Bettermann* ZZP 82 (1969), 64 ff.; *v. Mettenheim* (Fn. 17), 47; s. → § 322 Rdnr. 247 ff.

[194] S. zuletzt *Walchshöfer* Festschrift f. K. H. Schwab (1990), S. 521 ff.

[195] Die h. M. bejaht hier eine Beschwer des Klägers; so *Bader* Zur Tragweite der Entscheidung über die Art des Anspruchs bei Verurteilung im Zivilprozeß (1966), 91 ff.; *Bettermann* ZZP 82 (1969), 58; *Ohndorf* (Fn. 101), 136 ff.; *AK-Ankermann* vor § 511 Rdnr. 14; weiter → § 322 Rdnr. 123 ff. und für das Eheverfahren→u. Rdnr. 100 ff. A. A. *Schwab* (Fn. 101), 336 f.

Kläger beschwert ist, wenn die Klage als unbegründet statt als unzulässig abgewiesen wird[196] und der Beklagte bei Abweisung als unzulässig statt als unbegründet[197]. Unrichtig ist es dagegen, eine Beschwer des Klägers bei Abweisung als unzulässig statt als unbegründet und des Beklagten bei Abweisung als unbegründet statt als unzulässig[198] zu verneinen. Es ist nämlich keineswegs gesagt, daß ein Sachurteil den Beklagten günstiger stellt als ein Prozeßurteil; es ist vielmehr durchaus möglich, daß sich ein Prozeßhindernis als unbehebbar erweist, während eine zur Begründung gehörende, zunächst noch fehlende Erfolgsvoraussetzung später eintritt[199]. Weiter ist eine Beschwer auch dann anzuerkennen, wenn eine Partei die Klageabweisung als unzulässig aus dem Grund a durch eine solche aus dem Grund b ersetzt wissen möchte[200]. Entsprechendes gilt für verschiedene Abweisungsgründe, die sich alle auf die Begründetheit der Klage beziehen. Entscheidet ein Urteil unter Offenlassung der Frage, ob die Klage prozessual zulässig ist oder zugleich mit ihrer Verneinung in der Sache selbst, so beschwert es vom Standpunkt der h.M., die zwischen Zulässigkeit und Begründetheit der Klage scharf trennt (→ Einl. Rdnr. 326 ff.), die unterliegende Partei, im Falle einer Klageabweisung beide Parteien wegen der Ungewißheit seines Inhalts. Ist man dagegen mit der hier vertretenen Ansicht[201] der Auffassung, die Zulässigkeit der Klage sei nicht unbedingt vor ihrer Begründetheit zu prüfen, so kann von einer Ungewißheit des Urteilsinhalts nicht gesprochen werden. Eine Beschwer kann infolgedessen nur insoweit angenommen werden, als sich die Partei gegen die Urteilsbegründung wendet.

Bei der **Aufrechnung** kann der Kläger im Hinblick auf § 322 Abs. 2 das Urteil auch dann anfechten, wenn das Gericht die Klage mangels Bestehens der Klageforderung anstatt wegen Durchgreifens der vom Beklagten erklärten Eventualaufrechnung abweist[202]. Im umgekehrten Fall (Abweisung wegen der erklärten Aufrechnung) ist der Beklagte beschwert[203] (nicht dagegen auch der Kläger). Auf andere Gegenrechte (vor allem ein Zurückbehaltungsrecht) ist diese Regelung nicht entsprechend heranzuziehen, da die Entscheidung insoweit nicht in Rechtskraft erwächst. Verneint worden ist eine Beschwer bei Klageabweisung wegen der Aufrechnung, sofern die Aufrechnungserklärung nicht vom Beklagten, sondern vom Kläger stammt[204]; dem kann nur dann gefolgt werden, wenn man mit dem *BGH*[205] davon ausgehen will, daß bei einer vom Kläger erklärten Aufrechnung sich die Rechtskraft nicht auch auf die Gegenforderung erstreckt, was nicht interessengerecht erscheint[206]. **98**

### c) Nachteilige Urteilswirkungen außer der Rechtskraft

Die wichtigste Urteilswirkung, die sich für die Partei nachteilig auswirken kann und deshalb bei entsprechendem unterinstanzlichen Antrag eine Beschwer begründet, ist die materielle Rechtskraft[207]. Das Urteil kann der Partei aber auch aus anderen Gründen nachteilig sein, wodurch diese ebenfalls beschwert ist[208]. **Jede nachteilige Urteilswirkung** reicht für die **99**

---

[196] Nachw. → Fn. 171.
[197] Nachw. → Fn. 181.
[198] Nachw. → Fn. 185.
[199] So zutreffend *BSG* AP § 546 Nr. 5, das jedoch zu Unrecht meint, darin eine Besonderheit des Sozialgerichtsverfahrens sehen zu müssen.
[200] A.A. die h.M. (Nachw. → Fn. 178); zutreffend dagegen *Blomeyer*² § 97 II 1; *Bettermann* ZZP 82 (1969), 57.
[201] → Rdnr. 8.
[202] *Ohndorf* (Fn. 101), 141 f; AK-*Ankermann* vor § 511 Rdnr. 15.
[203] *RGZ* 161, 171 f; *BGHZ* 26, 295, 297; *Bettermann* ZZP 82 (1969), 34 f; *Rosenberg/Schwab/Gottwald*¹⁵ § 136 II 3a; *Jauernig*²³ §72 V; *Schilken* Rdnr. 879; *Zeiss*⁷ Rdnr. 658; *Arens/Lüke*⁵ Rdnr. 387; AK-*Ankermann* vor § 511 Rdnr. 16.
[204] *BGH* LM § 322 Nr. 132 (abl. *Grunsky*) = NJW 1992, 982 = MDR 611; *Tiedtke* NJW 1992, 1473.
[205] Fn. 204.
[206] *Grunsky* (Fn. 204); MünchKomm-*Gottwald* § 322 Rdnr. 187; *Zeuner* NJW 1992, 2870; weiter → § 322 Rdnr. 177 f.
[207] Zur materiellen Rechtskraft als beschwerbegründender Urteilswirkung s. vor allem *Ohndorf* (Fn. 101), 111 ff.
[208] So ausführlich *Brox* ZZP 81 (1968), 386 ff.; *Ohndorf* (Fn. 101), 143 ff.

Annahme einer Beschwer aus. Zu erwähnen sind insbesondere die Gestaltungs- und die Tatbestandswirkung (zu den verschiedenen Urteilswirkungen → § 322 Rdnr. 8ff.). Für die Annahme einer Beschwer reichen weiter aus die innerprozessuale Bindungswirkung (wichtig bei Entscheidungen, die nicht in materielle Rechtskraft erwachsen), die Präklusionswirkung (wobei es unerheblich ist, wie man das Verhältnis dieser Wirkung zur materiellen Rechtskraft versteht, → § 322 Fn. 263), die Bindungswirkung bei der Zurückverweisung, § 565 Abs. 2, sowie die Vollstreckbarkeit[209]. Bei jeder dieser Urteilswirkungen gilt jedoch ebenso wie bei der materiellen Rechtskraft, daß sie dann keine Beschwer begründet, wenn der Antrag der Partei auf eben diese nachteilige Wirkung abzielte (für die Bedeutung des Antrags zur Bestimmung der Beschwer → Rdnr. 78ff.).

### 4. Ehesachen

#### a) Notwendigkeit einer Beschwer

**100**  Eine **Beschwer** ist grundsätzlich auch **in Ehesachen erforderlich** und bestimmt sich dort nach denselben Kriterien wie in sonstigen Verfahren. Insbesondere darf die Partei auch hier mit dem Rechtsmittel nichts anstreben, was im Widerspruch zu ihren in der unteren Instanz gestellten Anträgen steht[210], → weiter § 611 Rdnr. 9. Vor allem kann ein Rechtsmittel der in der Unterinstanz obsiegenden Partei nicht mit dem Ziel einer Klageänderung eingelegt werden, → Rdnr. 74 (z.B. Übergang vom Scheidungs- zum Aufhebungsverfahren oder umgekehrt)[211]. Ist der Scheidungsantrag entsprechend dem Antrag des Antragsgegners in der Unterinstanz abgewiesen worden, so kann der Antragsgegner nicht im Wege der Berufung Widerklage auf Aufhebung der Ehe erheben. Hat der Antragsgegner keinen Abweisungsantrag gestellt, so ist er durch das Scheidungs- oder Aufhebungsurteil immer beschwert. Zur Beschwer wegen nicht gleichzeitig miterlassener Entscheidung über die Folgesachen → § 629a Rdnr. 2.

#### b) Ausnahme bei Rechtsmitteleinlegung zum Zweck der Erhaltung der Ehe

**101**  Im Hinblick auf das öffentliche Interesse an der Aufrechterhaltung der Ehe ist seit langem anerkannt, daß der in der Unterinstanz obsiegende Antragsteller im Intersse der **Aufrechterhaltung der Ehe** auch ohne formelle Beschwer ein Rechtsmittel einlegen kann, durch das er die Rechtsfolgen des ergangenen Scheidungsurteils aus der Welt schaffen kann[212]. Infolgedessen soll das Rechtsmittel allein zum Zweck der Antragsrücknahme mit Einwilligung des Antragsgegners[213] oder zur Abgabe einer Verzichtserklärung nach § 306[214] eingelegt werden können. Durch das 1. EheRG hat sich daran nichts geändert, woraus folgt, daß der Antragsgegner jetzt auch Berufung zu dem Zweck einlegen kann, die in erster Instanz erklärte Zustimmung zur Scheidung zu widerrufen[215].

---

[209] Die Vollstreckbarkeit ist jedoch nicht Voraussetzung einer Beschwer, → Fn. 189.
[210] *RGZ* 100, 208; *BGH* LM § 511 Nr. 3; *Rosenberg/Schwab/Gottwald*[15] § 165 V 12b.
[211] *Zöller/Philippi*[18] § 611 Rdnr. 5.
[212] Das Problem stellt sich dann nicht, wenn man entgegen der unter → Rdnr. 83 vertretenen Auffassung eine materielle Beschwer für den Kläger ausreichen läßt. In diesem Fall wäre der Antragsteller durch das seinem Antrag stattgebende Scheidungsurteil immer beschwert; s. *Ohndorf* (Fn. 101), 147ff.
[213] *RG* HRR 1931 Nr. 361; *RG* DR 1942, 1324; *BGHZ* 4, 320; 24, 369 = NJW 1957, 1401; 41, 3, 4 = LM § 547 Abs. 1 Nr. 7 = NJW 1964, 549; LM § 519 Nr. 60 = Warn 1969 Nr. 250 = NJW 1970, 46 = MDR 17; *BGH* NJW-RR 1987, 387.
[214] *BGHZ* 41, 3, 4 (Fn. 213); LM § 519 Nr. 60 (Fn. 213); *OLG Celle* MDR 1967, 847. Das Schrifttum stimmt dem ganz überwiegend zu (*Rosenberg/Schwab/Gottwald*[15] § 165 V 12b; *Jauernig*[23] § 91 II 17; *Blomeyer* § 97 II 2; *Schlosser*[2] Rdnr. 386; *Baumbach/Lauterbach/Albers*[51] vor § 606 Rdnr. 5).
[215] *BGHZ* 89, 325 = NJW 1984, 1302 = MDR 385 = FamRZ 351; zustimmend *Schlosser*[2] Rdnr. 386; *Thomas/*

Im Ansatz ist der dargestellten **Rechtsprechung zuzustimmen**. Gegen die Zulässigkeit eines **102** Rechtsmittels zum Zwecke der Rücknahme des Scheidungsantrags ist allerdings vorgebracht worden, daß die Klage nach Erlaß eines Urteils auch ohne Einlegung eines Rechtsmittels zurückgenommen werden kann (→ § 269 Rdnr. 31), womit kein Anlaß besteht, hier von dem Erfordernis einer Beschwer abzusehen[216]. Soweit eine formelle Beschwer im Interesse der Aufrechterhaltung der Ehe nicht erforderlich ist, muß das Rechtsmittel eben dieses Ziel verfolgen; die Absicht des Antragstellers muß sich dabei spätestens aus der Rechtsmittelbegründungsschrift ergeben[217]. An der Aufrechterhaltungsabsicht fehlt es, wenn der Antragsteller nach rechtskräftigem Verzichtsurteil einen neuen Scheidungsantrag stellen will[218].

### c) Einheitlichkeit des Scheidungsgrundes

Seit der durch das 1. EheRG (BGBl. 1976 I 1421) erfolgten Reform des Ehescheidungs- **103** rechts ist alleiniger Scheidungsgrund die Zerrüttung der Ehe. Anders als im früheren Recht gibt es nicht mehr verschiedene Scheidungsgründe, wobei die Scheidungsfolgen weitgehend davon abhingen, aus welchem Grund die Ehe geschieden wurde. Daran knüpften sich auch im Zusammenhang mit der Beschwer Probleme; vor allem fragte sich, inwieweit der Kläger mit dem Rechtsmittel eine Auswechselung des Scheidungsgrunds und eine Änderung des Schuldspruchs erreichen konnte (zu Einzelheiten, die heute nicht mehr interessieren, → Voraufl. Rdnr. 66). Nach dem neuen Scheidungsrecht gibt es **keine verschiedenen Scheidungsgründe** mehr. Es geht nurmehr darum, ob die Ehe zerrüttet ist, wobei das Gericht im Rahmen des § 616 von Amts wegen und im übrigen auf entsprechenden Vortrag der Parteien hin allen Tatsachen nachzugehen hat. Keine Partei ist allein dadurch beschwert, daß das Gericht dem Scheidungsurteil bestimmte Tatsachen zugrundelegt[219].

Daran ändert sich auch wegen der **Folgen der Ehescheidung** nichts. Soweit die zur Schei- **104** dung führenden Ursachen ausnahmsweise für die Scheidungsfolgen von Bedeutung sind (etwa bei der Frage, ob nach § 1576 BGB aus Billigkeitsgründen ein Unterhaltsanspruch besteht oder ein Unterhaltsanspruch wegen grober Unbilligkeit nach § 1579 BGB ausscheidet), hängt die Rechtsfolge nicht davon ab, wie das Scheidungsurteil begründet worden ist, sondern allein davon, ob die Voraussetzungen der jeweils einschlägigen Vorschrift erfüllt sind, was im Folgeverfahren ohne Bindung an die Begründung des Scheidungsurteils zu klären ist.

### 5. »Funktionär der Gesamtrechtsordnung«

Soweit an dem Verfahren ein Dritter beteiligt ist, dessen Aufgabe darin besteht, auf **105** **Einhaltung der objektiven Rechtsordnung** zu achten (»Funktionär der Gesamtrechtsordnung«)[220], soll dieser auch ohne Beschwer ein Rechtsmittel einlegen können[221]. Im Zivilprozeß handelt es sich dabei nur noch um die Beteiligung des Staatsanwalts in Verfahren nach §§ 631 ff.[222]. Dem kann nur eingeschränkt zugestimmt werden. Eine materielle Beschwer

---

*Putzo*[18] § 629 Rdnr. 4; *Baumbach/Lauterbach/Albers*[51] vor § 606 Rdnr. 5; a.A. AK-*Ankermann* vor § 511 Rdnr. 25.
[216] *Lüderitz* NJW 1964, 1075; *Diederichsen* FamRZ 1966, 610; *Jauernig*[23] § 91 II 17.
[217] BGH LM § 519 Nr. 60 (Fn. 213); NJW-RR 1987, 387; *Baumbach/Lauterbach/Albers*[51] vor § 606 Rdnr. 5.
[218] BGH NJW 1960, 576 = MDR 386 = FamRZ 131 = ZZP 73 (1960), 452; *Baumbach/Lauterbach/Albers*[51] vor § 606 Rdnr. 5.
[219] AK-*Ankermann* vor § 511 Rdnr. 25.

[220] So plastisch *Jauernig*[23] § 72 V.
[221] BGH NJW 1975, 1658 (für die Enteignungsbehörde in Baulandsachen); *Jauernig*[23] § 72 V. Im verwaltungsgerichtlichen Verfahren soll deshalb der Vertreter des öffentlichen Interesses ein Rechtsmittel auch ohne Beschwer einlegen können (BVerwG MDR 1977, 868; *Eyermann/Fröhler*, VwGO[9], § 36 Rdnr. 2).
[222] Die Notwendigkeit einer Beschwer verneinen *Zöller/Philippi*[18] § 634 Rdnr. 1; *Baumbach/ Lauterbach/Albers*[51] § 634 Rdnr. 1; → weiter § 634 Rdnr. 1.

scheidet in der Person des Dritten deswegen aus, weil er keine eigenen Rechte geltend macht und sich seine Rechtsstellung damit durch die Entscheidung nicht verschlechtern kann. Da der Dritte i. d. R. weiter keinen Antrag stellen muß, kann eine Beschwer häufig auch nicht als formelle Beschwer (Zurückbleiben der Entscheidung hinter dem Antrag) gegeben sein. In derartigen Fällen ist das Rechtsmittel ohne Vorliegen einer Beschwer zulässig. Hat der Dritte dagegen einen Antrag gestellt, so besteht kein Anlaß, ein Rechtsmittel nur zu dem Zweck zuzulassen, dem Dritten einen Sinneswandel zu ermöglichen. Insoweit gilt Entsprechendes wie für den Beklagten, der einen Antrag gestellt hat, → Rdnr. 87[223].

106 Unabhängig davon, wie man zu dem unter→ Rdnr. 105 Ausgeführten steht, ist auf jeden Fall festzuhalten, daß bei einer **Verbandsklage** immer eine Beschwer gegeben sein muß. Daran ändert sich nicht dadurch etwas, daß die Verbandsklage häufig die Aufgabe hat, die Durchsetzung von Allgemeininteressen zu ermöglichen. Weiter spielt es keine Rolle, wie man die Verbandsklage dogmatisch einordnet (eigene materiellrechtliche Befugnis des Verbands oder besondere Prozeßführungsbefugnis).

## VI. Besondere Bestimmungen

### 1. Rechtsentscheid

107 Zum Rechtsentscheid in Wohnraummietsachen → die Kommentierung zu § 541.

### 2. Baulandsachen

108 Der Rechtsmittelzug in Baulandsachen entspricht dem des allgemeinen Zivilprozesses. In erster Instanz entscheidet die Kammer für Baulandsachen am Landgericht (§ 217 Abs. 1 S. 3 BauGB), gegen deren Urteil die Berufung an das Oberlandesgericht, Senat für Baulandsachen, gegeben ist (§ 229 Abs. 1 BauGB). Gegen die Entscheidung des Oberlandesgerichts ist die Revision zum Bundesgerichtshof zulässig (§ 230 BauGB), wobei die allgemeinen Zulässigkeitsvoraussetzungen der §§ 545 ff. gelten.

### 3. Gesetz gegen Wettbewerbsbeschränkungen

109 Rechtsstreitigkeiten nach dem Gesetz gegen Wettbewerbsbeschränkungen i. d. F. v. 20. II. 1990 (BGBl. I S. 235) fallen in erster Instanz in die ausschließliche Zuständigkeit der Landgerichte (§ 87 Abs. 1 GWB), gegen deren Urteile die Berufung an das OLG gegeben ist[224], bei dem ein besonderer Kartellsenat besteht (§ 92 GWB). Nach § 94 GWB i.V. mit § 93 Abs. 1 GWB kann in einem Land, in dem mehrere Oberlandesgerichte bestehen, durch Rechtsverordnung bestimmt werden, daß für die Entscheidung über die Berufung in Kartellsachen nur eines oder einige der Oberlandesgerichte zuständig sind. Davon haben Gebrauch gemacht Bayern (VO v. 2. II. 1988, GVBl. S. 6 – OLG München), Niedersachsen (VO v. 15. II. 1958, GVBl. S. 9 – OLG Celle) und Nordrhein-Westfalen (VO v. 2. X. 1990, GVBl. S. 579 – OLG Düsseldorf). Als einziges Bundesland mit mehreren Oberlandesgerichten hat Baden-Württemberg keine entsprechende Rechtsverordnung erlassen. In Hessen ist durch Verordnung v. 7. XII. 1971 klargestellt, daß die Außensenate des OLG Frankfurt in Darmstadt und Kassel für Kartellstreitsachen nicht zuständig sind. Über die Revision gegen die Entscheidung der Oberlandesgerichte entscheidet der Kartellsenat beim BGH (§ 95 Abs. 1 Nr. 3 GWB).

---

[223] Wie hier AK-*Ankermann* vor § 511 Rdnr. 19.   [224] Aufführlich dazu *K. Schmidt* BB 1976, 1051, 1285.

## 4. Bundesentschädigungsgesetz

In Entschädigungssachen nach dem Bundesentschädigungsgesetz i.d.F. v. 29. VI. 1956   **110**
(BGBl. I S. 562) entscheiden in erster Instanz die bei den Landgerichten gebildeten Entschädigungskammern (§ 208 BEG), gegen deren Entscheidung die Berufung an das Oberlandesgericht (Entschädigungssenat) gegeben ist (§ 208 BEG). Über die Revision entscheidet der Bundesgerichtshof, ohne daß ein Spezialsenat gesetzlich vorgeschrieben ist.

## 5. Schiffahrtssachen

In Schiffahrtssachen nach dem Gesetz über das gerichtliche Verfahren in Binnenschiffahrts-   **111**
und Rheinschiffahrtssachen v. 17. IX. 1952 (BGBl. I S. 641) entscheidet in erster Instanz das Amtsgericht, gegen dessen Urteil ohne Rücksicht auf den Streitwert und die Berufungssumme Berufung an das Oberlandesgericht möglich ist.

## VII. Arbeitsgerichtliches Verfahren

### 1. Instanzenzug

In der Arbeitsgerichtsbarkeit ist im **Urteilsverfahren** in erster Instanz immer (d.h. vor allem   **112**
unabhängig vom Streitwert und von dem jeweiligen Streitgegenstand) das Arbeitsgericht zuständig (§ 8 Abs. 1 ArbGG). Die Berufung geht an das Landesarbeitsgericht (§ 8 Abs. 2 ArbGG) und die Revision gegen Urteile der Landesarbeitsgerichte an das Bundesarbeitsgericht (§ 8 Abs. 3 ArbGG). Entsprechendes gilt im **Beschlußverfahren** (§§ 80ff. ArbGG), wo die Beschwerde gegen Beschlüsse des Arbeitsgerichts an des Landesarbeitsgericht stattfindet (§ 8 Abs. 5 ArbGG).

### 2. Abweichungen gegenüber dem Rechtsmittelsystem in der ordentlichen Gerichtsbarkeit

Das Rechtsmittelsystem in der Arbeitsgerichtsbarkeit ist vor allem seit der Neufassung des   **113**
ArbGG durch die sog. Beschleunigungsnovelle v. 23. V. 1979 (BGBl. I S. 545) weitgehend anders als in der ordentlichen Gerichtsbarkeit ausgestaltet. Die Unterschiede zwischen den beiden Rechtswegen überzeugen dabei rechtspolitisch nicht. Teilweise sollte die Neuregelung in der Arbeitsgerichtsbarkeit auch für die ordentliche Gerichtsbarkeit übernommen werden (vor allem durch Umstellung der Revision auf die grundsätzliche Bedeutung der Sache). In anderer Beziehung erscheint die Neuregelung im ArbGG dagegen nicht geglückt. Dies gilt insbesondere für die Sonderstellung, die für einige (keineswegs alle) kollektivrechtliche Streitigkeiten bei der Statthaftigkeit von Rechtsmitteln vorgesehen sind (§§ 64 Abs. 3 Nr. 2, 72a Abs. 1 ArbGG). Zur Nichtanfechtbarkeit des Grundurteils (§ 304) in der Arbeitsgerichtsbarkeit (§ 61 Abs. 3 ArbGG) → § 511 Rdnr. 13.

#### a) Berufung

Die wichtigsten Abweichungen bei der Berufung betreffen:   **114**
– Die Höhe des für die Statthaftigkeit der Berufung erforderlichen Beschwerdegegenstandes (1.200,– DM in der ordentlichen Gerichtsbarkeit, § 511a Abs. 1 S. 1, gegenüber 800,– DM in der Arbeitsgerichtsbarkeit, § 64 Abs. 2 ArbGG).
– Die Zulassung der Berufung wegen grundsätzlicher Bedeutung ist bei Nichterreichen des Beschwerdewerts zwar in der Arbeitsgerichtsbarkeit (§ 64 Abs. 3 ArbGG), nicht aber in

der ordentlichen Gerichtsbarkeit vorgesehen (zu Reformüberlegungen für die ordentliche Gerichtsbarkeit → vor § 511 Rdnr. 3f.). Überdies ist die Berufung in der Arbeitsgerichtsbarkeit in bestimmten kollektivrechtlichen Streitigkeiten unabhängig vom Beschwerdewert und der grundsätzlichen Bedeutung der Sache zuzulassen (§ 64 Abs. 3 Nr. 2 ArbGG). In der ordentlichen Gerichtsbarkeit fehlt es an einer vergleichbaren Regelung, durch die für bestimmte Verfahren eine erweiterte Anfechtungsmöglichkeit vorgesehen ist.

### b) Revision

**115** Tiefgreifende Unterschiede bestehen bei der Revision. In der **ordentlichen Gerichtsbarkeit** hängt die Statthaftigkeit bei einer Beschwer der Partei von nicht mehr als 60.000,– DM von einer Zulassung durch das Oberlandesgericht ab, die bei grundsätzlicher Bedeutung der Sache sowie bei Abweichung des Berufungsurteils von bestimmten Entscheidungen erfolgen muß, § 546 Abs. 1. Gegen die Nichtzulassung ist kein Rechtsbehelf gegeben. Bei einer Beschwer von mehr als 60.000,– DM ist die Revision zwar grundsätzlich statthaft, doch kann das Revisionsgericht die Annahme der Revision ablehnen, wenn die Sache keine grundsätzliche Bedeutung hat, § 554b.

**116** In der **Arbeitsgerichtsbarkeit** spielt die Höhe der Beschwer für die Statthaftigkeit der Revision keine Rolle. Voraussetzung der Statthaftigkeit ist immer die Zulassung der Revision, die bei grundsätzlicher Bedeutung der Sache sowie bei bestimmten Divergenzen erfolgen muß, § 72 Abs. 1, 2 ArbGG. Anders als in der ordentlichen Gerichtsbarkeit ist gegen die Nichtzulassung die Nichtzulassungsbeschwerde an das Bundesarbeitsgericht gegeben, § 72a ArbGG. Hat diese Erfolg, so läßt das Bundesarbeitsgericht die Revision zu, § 72a Abs. 5 S. 2 ArbGG. Die grundsätzliche Bedeutung der Sache kann mit der Nichtzulassungsbeschwerde allerdings nur in bestimmten kollektivrechtlichen Rechtsstreitigkeiten geltend gemacht werden, § 72a Abs. 1 ArbGG. Im übrigen kann die Nichtzulassungsbeschwerde nur darauf gestützt werden, daß das Urteil des Landesarbeitsgerichts von einer Entscheidung der in § 72 Abs. 2 Nr. 2 ArbGG aufgeführten Gerichte abweicht. Näheres zum Revisionssystem in der Arbeitsgerichtsbarkeit → § 546 Rdnr. 44ff.

### c) Beschwerde

**117** Bei der Beschwerde muß in der Arbeitsgerichtsbarkeit differenziert werden. Soweit es um die **Beschwerde i.S. der §§ 567ff.** geht, entspricht die Regelung in der Arbeitsgerichtsbarkeit weitgehend der in der ordentlichen Gerichtsbarkeit, § 78 Abs. 1 ArbGG. Eine Besonderheit besteht nur insoweit, als eine weitere Beschwerde nur in den Fällen des § 568a (Verwerfung des Einspruchs gegen ein Versäumnisurteil) sowie des § 17a Abs. 2 und 3 GVG (Entscheidung über die Rechtswegzuständigkeit durch Beschluß) statthaft ist, § 78 Abs. 2 ArbGG. Entscheidungen der Landesarbeitsgerichte sind mit der Beschwerde grundsätzlich nicht anfechtbar, § 78 Abs. 1 ArbGG i.V. mit § 567 Abs. 3 S. 1. Eine Ausnahme gilt für die sofortige Beschwerde gegen einen die Berufung als unzulässig verwerfenden Beschluß des Landesarbeitsgerichts, § 77 ArbGG. Dabei muß die sofortige Beschwerde wegen der Bedeutung der Sache aber vom Landesarbeitsgericht zugelassen worden sein, § 77 S. 1 ArbGG; → § 519b Rdnr. 46ff.

**118** Im **Beschlußverfahren** sind gegen die Entscheidungen des Arbeitsgerichts die Beschwerde, § 87 Abs. 1 ArbGG, und gegen Entscheidungen des Landesarbeitsgerichts die Rechtsbeschwerde, § 92 Abs. 1 ArbGG, gegeben. Diese Rechtsmittel entsprechen der Berufung bzw. Revision im Urteilsverfahren und sind streng von der Beschwerde nach § 78 ArbGG zu trennen. Diese ist unter den allgemeinen Voraussetzungen im Beschlußverfahren ebenfalls statthaft, § 83 Abs. 5 ArbGG. Die die Berufung ersetzende Beschwerde nach § 87 ArbGG ist immer statthaft, d. h. die in § 64 ArbGG enthaltenen Einschränkungen bei der Statthaftigkeit der Berufung gelten für die Beschwerde nicht. Bei der Rechtsbeschwerde ist ebenso wie bei der Revision eine Zulassung durch das Landesarbeitsgericht erforderlich, § 92 Abs. 1 ArbGG, wobei die Nichtzulassung mit der Nichtzulassungsbeschwerde angefochten werden kann, § 92a ArbGG.

*Erster Abschnitt*

# Berufung

**Vorbemerkungen**

| | |
|---|---|
| I. Die Berufung ... 1 | b) Landgerichtliche Urteile ... 6 |
| 1. Derzeit geltendes Recht ... 1 | c) Ehemalige DDR ... 7 |
| 2. Reformbestrebungen ... 3 | 2. Verweisung ... 8 |
| II. Berufungsgerichte ... 5 | 3. Kammer für Handelssachen ... 9 |
| 1. Allgemeines ... 5 | III. Verfahren ... 12 |
| a) Amtsgerichtliche Urteile ... 6 | IV. Das arbeitsgerichtliche Verfahren ... 13 |

## I. Die Berufung

### 1. Derzeit geltendes Recht

1   Die Berufung findet grundsätzlich (zu Ausnahmen → § 511 Rdnr. 5) gegen alle Endurteile erster Instanz statt, § 511. Sie bezweckt nicht nur eine Kritik des Verfahrens erster Instanz bzw. des angefochtenen Urteils in tatsächlicher oder rechtlicher Hinsicht, sondern darüber hinaus eine Erneuerung und Wiederholung des Rechtsstreits vor dem Berufungsgericht, § 525. Insbesondere kann über die Berufung auch eine an sich richtige Entscheidung wegen veränderter Sachlage beseitigt und durch ein Urteil ersetzt werden, das der neuen Sachlage entspricht[1]; zum Verhältnis der Berufung gegenüber der Vollstreckungsgegenklage nach § 767 → § 767 Rdnr. 41. Die Parteien können infolgedessen auch neue Tatsachen vorbringen (sog. **Novenrecht**), wobei es grundsätzlich keine Rolle spielt, ob die Tatsache zur Zeit des erstinstanzlichen Verfahrens schon vorlag oder erst danach entstanden ist. Durch die Regelung in § 528 ist das Novenrecht allerdings weitgehend eingeschränkt. Rechtspolitisch ist es umstritten[2]. Allein daraus, daß neues Vorbringen häufig zu einer Abänderung des angefochtenen Urteils führt[3], kann nicht geschlossen werden, daß das Novenrecht uneingeschränkt beizubehalten ist, weil es sonst in großem Umfang zu unrichtigen Berufungsentscheidungen kommen würde[4]. Dabei wäre übersehen, daß bei einer Einschränkung des Novenrechts die Parteien stärker als bisher bemüht sein werden, in der ersten Instanz alles Entscheidungserhebliche vorzutragen, wodurch die Rechtsmittelinstanz erheblich entlastet werden würde. Andererseits reicht das vorliegende rechtstatsächliche Material nicht aus, um feststellen zu können, daß die erste Instanz durch das Novenrecht »ausgehungert« und in vielen Prozessen nur noch als notwendiges Durchgangsstadium auf dem Weg in die Berufungsinstanz angesehen wird. In diesem Zusammenhang muß vor allem berücksichtigt werden, daß nach Abschluß der ersten Instanz entstandene Tatsachen in einem neuen Prozeß nicht präkludiert wären. Eine Beseitigung des Novenrechts würde also zwar zur Beschleunigung des anhängi-

---

[1] A. A. *Gilles* Rechtsmittel im Zivilprozeß (1972), 63 Fn. 124, der von seinem Rechtsmittelverständnis her (→ Allg. Einl. vor § 511 Rdnr. 6) meint, Ziel der Berufung sei in erster Linie die Überprüfung des angefochtenen Urteils auf seine Richtigkeit. Ein derartiges Verständnis ist unvereinbar mit der Tatsache, daß maßgeblicher Zeitpunkt für die Sach- und Rechtslage die letzte mündliche Verhandlung in der Berufungsinstanz ist. Zutreffend gegen *Gilles Ritter* JZ 1975, 360, 362; *Bettermann* ZZP 88 (1975), 365, 368 ff.

[2] S. dazu *Rosenberg* ZZP 64 (1951), 6; *Lorenz* ZZP 65 (1952), 169; *Baur* JBl. 1970, 451; *Baumgärtel* JR 1972, 401. Aus österreichischer Sicht, wo ein generelles Neuerungsverbot besteht, s. ausführlich *Fasching* Lehrbuch des österreichischen Zivilprozeßrechts[2] (1990), Rdnr. 1721 ff.

[3] S. die Angaben bei *Baumgärtel/Hohmann* Rechtstatsachen zur Dauer des Zivilprozesses (zweite Instanz) (1972), 144 f.

[4] So aber *Baumgärtel/Hohmann* (Fn. 3), 207.

gen Verfahrens führen, doch wäre das häufig mit dem Preis eines neuen Prozesses zu bezahlen, wodurch der Streit insgesamt sicher länger als bei Berücksichtigung der neuen Tatsachen in der Berufungsinstanz dauert. Soweit neue Tatsachen allerdings nach § 528 in der Berufungsinstanz nicht mehr vorgetragen werden können, sind sie auch in einem neuen Verfahren präkludiert.

Die Erneuerung des Rechtsstreits in der Berufungsinstanz ist keine völlig neue Verhandlung, sondern nur eine **Fortsetzung der Verhandlung erster Instanz**. Daraus erklärt sich, daß vor allem in erster Instanz vorgenommene Prozeßhandlungen der Parteien ihre Wirksamkeit beibehalten, s. § 532 für das Geständnis. Ein in erster Instanz erfolgtes Bestreiten wirkt auch in der Berufungsinstanz fort, es sei denn, daß aus dem Berufungsvortrag der Partei hervorgeht, sie wolle die Tatsache nicht mehr bestreiten. Zur Notwendigkeit der Wiederholung einer in erster Instanz durchgeführten Beweisaufnahme → § 526 Rdnr. 4 ff.

## 2. Reformbestrebungen

Rechtspolitisch wird vielfach eine Beschränkung der Möglichkeit befürwortet, erstinstanzliche Urteile mit der Berufung angreifen zu können. Neben einer dadurch zu erzielenden Beschleunigung bei der endgültigen Erledigung des Rechtsstreits spielt dabei insbesondere die Erwägung eine Rolle, Rechtsprechungskapazitäten einzusparen. Im Zusammenhang mit der Notwendigkeit, beim Aufbau einer funktionsfähigen Gerichtsbarkeit in der ehemaligen DDR neue Kapazitäten zu schaffen, hat dies in Gestalt des Entwurfes eines Gesetzes zur Entlastung der Rechtspflege[5] zu dem Vorschlag geführt, die Berufung künftig nur bei einer **Zulassung durch das erstinstanzliche Gericht** zuzulassen. Zulassungsgründe sollen dabei die grundsätzliche Bedeutung der Sache oder besondere tatsächliche oder rechtliche Schwierigkeiten sein. Im Falle der Nichtzulassung ist eine Nichtzulassungsbeschwerde an das Berufungsgericht vorgesehen.

Der Entwurf ist in dieser Form jedoch nicht Gesetz geworden. Das Gesetz zur Entlastung der Rechtspflege (G. v. 11. 1. 1993, BGBl. I 50) hat die Berufung nicht i. S. einer Zulassungsberufung umgestaltet. Rechtspolitisch wäre dies auch zumindest solange nicht sinnvoll, als an dem Novenrecht festgehalten wird. Bei diesem rechtlichen Ausgangspunkt kann dem Rechtsstreit in der ersten Instanz häufig noch nicht angesehen werden, ob er grundsätzliche Bedeutung hat oder ob besondere tatsächliche oder rechtliche Schwierigkeiten bestehen. Dies ergibt sich häufig erst auf der Grundlage des neuen Parteivortrags in der Berufungsinstanz, was wiederum die Zulässigkeit der Berufung voraussetzt. Überdies würde der angestrebte Effekt einer Entlastung der Berufungsgerichte durch die geplante Nichtzulassungsbeschwerde weitgehend verfehlt[6].

## II. Berufungsgericht

### 1. Allgemeines

#### a) Amtsgerichtliche Urteile

Für in erster Instanz von den Amtsgerichten entschiedenen Sachen (§§ 23, 23a GVG) ist grundsätzlich das übergeordnete **Landgericht Berufungsgericht** (§ 72 GVG). Es entscheidet die nach dem Geschäftsverteilungsplan zuständige Zivilkammer. Zur Zuständigkeit der Kam-

---

[5] Gesetzesantrag der Länder Baden-Württemberg u. a. mit Empfehlung der zuständigen Bundesratsausschüsse (BR-Drucksache 314/1/91).

[6] Näheres zu den Bedenken gegen die Umgestaltung der Berufung bei *Grunsky* AnwBl. 1991, 545.

mer für Handelssachen → Rdnr. 9 ff. In **Familiensachen** (§ 23 b GVG) und **Kindschaftssachen** (§ 23 a Nr. 1 GVG), für die in erster Instanz die Amtsgerichte zuständig sind, ist Berufungsinstanz das Oberlandesgericht (§ 119 Abs. 1 Nr. 1 GVG). Soweit das Familiengericht entschieden hat, kommt es nach der Neufassung von § 119 GVG (G. v. 20. II. 1986, BGBl. I 301) nicht mehr darauf an, daß es sich materiellrechtlich um eine Familiensache handelt; maßgeblich ist allein, daß das Familiengericht entschieden hat (sog. formelle Anknüpfung). Der Begriff Kindschaftssache (§ 23 a Nr. 1 GVG) bestimmt sich nach § 640 Abs. 2. Darunter fällt auch die Verurteilung zur Leistung von Regelunterhalt nach § 643 Abs. 2 im Vaterschaftsprozeß[7]; → Rdnr. 8. Insoweit ist das OLG Berufungsgericht, und zwar auch dann, wenn sich die Klage auf Feststellung der nichtehelichen Vaterschaft durch Anerkenntnis oder durch rechtskräftig gewordenes Teilurteil erledigt hat[8]. Bei einer isolierten Unterhaltsklage nach § 642 ist dagegen das Landgericht Berufungsgericht[9]; ebenso bei der Berufung gegen ein Urteil des Amtsgerichts nach § 1615 o BGB (einstweilige Verfügung)[10]. Das Oberlandesgericht entscheidet weiter dann über die Berufung, wenn in erster Instanz das Amtsgericht als **Schiffahrtsgericht** entschieden hat (§ 11 G. über das gerichtliche Verfahren in Binnenschiffahrts- und Rheinschiffahrtssachen v. 27. XI. 1952, BGBl. I 641).

### b) Landgerichtliche Urteile

6   Hat in erster Instanz das Landgericht entschieden, so ist das übergeordnete **Oberlandesgericht** Berufungsinstanz, § 119 Abs. 1 Nr. 3 GVG. Hat in erster Instanz die Kammer für Baulandsachen entschieden, so geht die Berufung an den Senat für Baulandsachen beim Oberlandesgericht, § 229 Abs. 1 S. 1 BauGB. In Kartellsachen entscheidet der beim Oberlandesgericht bestehende Senat für Kartellsachen (§ 91 GWB; zur Möglichkeit, innerhalb eines Landes alle Kartellsachen bei einem OLG zu konzentrieren → Allg. Einl. vor § 511 Rdnr. 109), in Entschädigungssachen der Entschädigungssenat.

### c) Ehemalige DDR

7   In den neuen Bundesländern ist – soweit die Gerichtsverfassung noch nicht der in den alten Bundesländern entspricht – Berufungsgericht gegen die Entscheidung des Kreisgerichts das **Bezirksgericht** (EVertr. Anl. I Kap. III Sachgeb. A Abschn. III Z. 1h). Da die Kreisgerichte unabhängig vom Streitwert und Gegenstand des Rechtsstreits in erster Instanz immer sachlich zuständig sind (EVertr. Anl. I Kap. III Sachgeb. A Abschn. III Z. 1e), sind die Bezirksgerichte für alle Berufungen zuständig. Sie entscheiden durch mit drei Richtern besetzte Zivilsenate bzw. in Handelssachen durch die Senate für Handelssachen in der Besetzung mit einem Richter und zwei ehrenamtlichen Richtern. Die bei den Bezirksgerichten gebildeten besonderen Senate (EVertr. Anl. I Kap. III Sachgeb. A. Abschn. III Z. 1k) spielen bei der Berufung deswegen keine Rolle, weil ihre Zuständigkeit in Zivilsachen Berufungen nicht miterfaßt. In **Ostberlin** gilt abweichend von dem sonstigen Gebiet der ehemaligen DDR der Gerichtsaufbau nach dem GVG (EVertr. Anl. I Kap. III Sachgeb. A. Abschn. IV), d. h. Berufungsgericht ist gegen Urteile des Amtsgerichts das Landgericht Berlin und gegen dessen in erster Instanz erlassene Urteile das Kammergericht.

---

[7] *BGH* NJW 1972, 111 = FamRZ 1971, 637 (*Bosch*); NJW 1974, 751; LM § 281 Nr. 13 = FamRZ 1984, 36; *Baumbach/Lauterbach/Albers*[51] § 119 GVG Rdnr. 3; *Thomas/Putzo*[18] § 119 GVG Rdnr. 3.
[8] *BGH* LM § 119 GVG Nr. 24 = NJW 1980, 292 = MDR 215.
[9] *Baumbach/Lauterbach/Albers*[51] vor § 642 Rdnr. 1; *AK-Künkel* vor § 642 Rdnr. 4.
[10] *OLG Frankfurt* NJW 1984, 1763 = FamRZ 512; *MünchKomm BGB-Köhler*[3] § 1615 o Rdnr. 12; *Göppinger/Wax* Unterhaltsrecht[5] Rdnr. 3256; a. A. *Baumbach/Lauterbach/Albers*[51] § 119 GVG Rdnr. 3.

## 2. Verweisung

Die Berufung muß **bei dem Berufungsgericht eingelegt** werden, § 518 Abs. 1. Für den Fall, daß die Berufung beim Land- statt beim Oberlandesgericht (oder umgekehrt) eingelegt worden ist, enthält die ZPO keine ausdrückliche Regelung. Die h.M. verneint die Möglichkeit einer entsprechenden Anwendung von § 281, d. h. eine das Empfängergericht bindende fristwahrende **Verweisung** an das für die Berufung zuständige Rechtsmittelgericht soll **nicht zulässig** sein[11]. Eine Ausnahme macht die Rechtsprechung allerdings dann, wenn für die Partei Unklarheiten darüber bestehen können, welches Gericht Berufungsgericht ist. So ist die Wahrung der Berufungsfrist und die Notwendigkeit einer Verweisung bejaht worden bei Einlegung der Berufung beim allgemein zuständigen OLG statt bei dem für Kartellsachen zuständigen OLG[12]; ebenso vor der Neufassung von § 119 Abs. 1 Nr. 1 GVG bei Einlegung der Berufung in einer materiellen Familienrechtssache, die fälschlicherweise von der allgemeinen Prozeßabteilung des Amtsgerichts entschieden worden ist, beim Oberlandesgericht statt beim Landgericht[13]. Maßgeblich dafür ist die Überlegung, daß in den genannten Fällen Unklarheiten darüber bestehen konnten, bei welchem Gericht die Berufung einzulegen war. Ob der grundsätzlichen **Verneinung einer Verweisung** an das zuständige Rechtsmittelgericht zugestimmt werden kann, erscheint **fraglich**. Bei der Klageerhebung macht es keinen Unterschied, ob die Partei das zuständige Gericht hätte erkennen können. Auch bei noch so grobem Verschulden kommt die Partei in den Genuß der Verweisungsmöglichkeit. Warum dies im Rechtsmittelzug anders sein soll, bleibt offen. Wegen der kurzen Berufungsfrist ist die Partei hier sogar besonders schutzbedürftig. Anders als bei der Klage vor einem unzuständigen Gericht kann der Fehlgriff bei Anrufung des falschen Berufungsgerichts ohne die Möglichkeit einer Verweisung kaum je geheilt werden. Zur Verweisung von der Kammer für Handelssachen an die Zivilkammer (und umgekehrt) → § 519b Rdnr. 42.

8

## 3. Kammer für Handelssachen

Die Kammern für Handelssachen sind nach §§ 72, 94 GVG Berufungsgerichte gegenüber den Amtsgerichten in allen **Handelssachen i. S. des § 95 GVG**, → § 1 Rdnr. 131 ff., in denen die Klage vor der Kammer für Handelssachen hätte erhoben werden können, wenn die Landgerichte unbeschränkt zuständig wären. Der Rechtsmittelkläger muß jedoch die Verhandlung vor der Kammer für Handelssachen beantragen, § 100 GVG i.V. mit § 96 Abs. 1 GVG (anders in den neuen Bundesländern, wo die bei den Bezirksgerichten gebildeten Senate für Handelssachen auch ohne Antrag entscheiden, EVertr. Anl. I Kap. III Sachgeb. A Abschn. III Z. 2h Abs. 1 S. 2). Hierher gehören auch die Klagen, für die das Prozeßgericht erster Instanz als solches zuständig ist, → § 1 Rdnr. 102, also vor allem die Vollstreckungsgegenklage nach §§ 767f, 785, die Klage auf Erteilung der Vollstreckungsklausel, § 731, und die Klage auf das Interesse, § 893, sofern die ursprünglich entschiedene Sache Handelssache war[14]; → weiter § 34 Rdnr. 16. Daß in den Fällen der §§ 767 und 731 kein Anspruch i. S. von § 95 GVG geltend gemacht wird, steht nicht entgegen; ersichtlicher Zweck der Regelung ist es, daß der »Anhangsprozeß« sich vor denselben gerichtlichen Organen abspielen soll wie der erste.

9

---

[11] *BGH* LM § 281 Nr. 13 = FamRZ 1984, 36; LM § 72 GVG Nr. 8 = NJW 1991, 231; *Baumbach/Lauterbach/ Albers*[51] § 119 GVG Rdnr. 3; *AK-Deppe/Hilgenberg* § 281 Rdnr. 7; → weiter § 281 Rdnr. 37.

[12] *BGHZ* 49, 33 = LM § 94 GWB Nr. 3 = NJW 1968, 351 = MDR 121 = BB 8; 71, 367 = LM § 87 GWB Nr. 6 = NJW 1978, 2096 = MDR 966 = BB 1536.

[13] *BGHZ* 72, 182 = LM § 236 GVG Nr. 9 = NJW 1979, 43. Nachdem § 119 Abs. 1 Nr. 1 GVG inzwischen i. S. der formellen Anknüpfung geändert worden ist, hat der *BGH* seine frühere Rechtsprechung insoweit aufgegeben (LM § 72 GVG Nr. 8 = NJW 1991, 231).

[14] *Kissel* GVG (1981) § 95 Rdnr. 25.

Dieser aber wäre (und ist vielleicht) in der Berufungsinstanz vor die Kammer für Handelssachen gelangt. Bei verbundenen Klagen gilt § 99 GVG entsprechend.

10  Beim **Arrest und der einstweiligen Verfügung** hat das Amtsgericht eine doppelte Zuständigkeit, nämlich einmal als Gericht der Hauptsache und zum anderen als Gericht der Zwangsbereitschaft, §§ 919, 942. Die letztere ist unabhängig von Streitwert und Streitgegenstand; ob eine Handelssache vorliegt, spielt hier keine Rolle. Daraus folgt, daß die Berufung nur dann an die Kammer für Handelssachen geht, wenn das Amtsgericht als Gericht der Hauptsache zuständig war und diese Handelssache ist. Ist das Amtsgericht unter beiden Gesichtspunkten zuständig, entscheidet der Antrag des Berufungsklägers. Für die einstweiligen Verfügungen gemäß § 25 UWG ist das Amtsgericht als solches zuständig, aber nur insoweit, als die Hauptsache unter das UWG fällt; deshalb muß hier die Berufung an die Kammer für Handelssachen gehen.

11  Die Verhandlung vor der Kammer für Handelssachen setzt voraus, daß der Berufungskläger den **Antrag** darauf stellt (anders in den neuen Bundesländern, → Rdnr. 9). Dies muß bereits in der Berufungsschrift und nicht erst in der Berufungsbegründungsschrift geschehen[15]. Eine spätere Nachholung ist nicht möglich. Legen beide Teile Berufung ein, so genügt der Antrag einer Partei. Die Kammer für Handelssachen ist dann für das gesamte Berufungsverfahren zuständig[16]. Zur Verweisung von der Kammer für Handelssachen an die Zivilkammer (und umgekehrt) → § 519b Rdnr. 42.

### III. Verfahren

12  Das Verfahren folgt grundsätzlich den Regeln über das **landgerichtliche Verfahren erster Instanz**, § 523. Wesentliche Abweichungen ergeben sich jedoch hinsichtlich der Einleitung des Verfahrens, §§ 518f, 521ff., der Prüfung der Zulässigkeit, § 519b, der Zulässigkeit einer Entscheidung durch den Einzelrichter, § 524, und der Befugnis des Gerichts zur Zurückweisung verspätet geltend gemachter Angriffs- und Verteidigungsmittel, § 528. Die **Gerichtsgebühren** erhöhen sich in der Berufungsinstanz um die Hälfte (Kostenverzeichnis Nr. 1020, Anl. 1 zum GKG), die **Anwaltsgebühren** um drei Zehntel (§ 11 Abs. 1 S. 4 BRAGO).

### IV. Das arbeitsgerichtliche Verfahren

13  In der Berufungsinstanz des arbeitsgerichtlichen Verfahrens gelten grundsätzlich die Vorschriften der ZPO über die Berufung, d.h. die Vorschriften über das landgerichtliche Verfahren erster Instanz mit den sich aus dem 1. Abschnitt des 3. Buches (§§ 511–544) ergebenden Abweichungen, § 64 Abs. 6 S. 1 ArbGG, → dazu § 523 Rdnr. 2. Diese Regeln erfahren aber weitere erhebliche Modifikationen durch die §§ 64–69 ArbGG, und zwar teils unmittelbar, teils mittelbar, indem Vorschriften des 1. Unterabschnitts über das arbeitsgerichtliche Verfahren erster Instanz (§§ 46ff. ArbGG) für entsprechend anwendbar erklärt werden, § 64 Abs. 7 ArbGG. Im einzelnen wird wegen der Abweichungen auf die Kommentierung der einzelnen Bestimmungen verwiesen.

14  Nicht anwendbar ist nach § 64 Abs. 6 S. 2 ArbGG im Verfahren vor den Landesarbeitsgerichten die Vorschrift des § 524 über das Verfahren vor dem **Einzelrichter**, → dazu § 524 Rdnr. 23. Eine Entscheidung im **schriftlichen Verfahren**, die in erster Instanz durch § 46

---

[15] *Kissel* (Fn. 14) § 100 Rdnr. 4; *Zöller/Gummer*[18] § 100 GVG Rdnr. 1.
[16] Str.; wie hier *Kissel* (Fn. 14) § 100 Rdnr. 4; *Zöller/Gummer*[18] § 100 GVG Rdnr. 3. A.A. *Baumbach/Lauterbach/Albers*[51] § 100 GVG Rdnr. 2 (maßgeblich ist die zeitlich erste Berufung).

Abs. 2 S. 2 ArbGG ausgeschlossen ist, ist in der zweiten Instanz deshalb zulässig, weil § 64 ArbGG insoweit keinen Ausschluß enthält[17].

Wegen der **Gerichtsgebühren** s. § 12 Abs. 3 ArbGG. Danach vermindern sich die Gerichtsgebühren gegenüber der ersten Instanz um zwei Zehntel. Die Gebühr für das Verfahren und das Urteil beträgt jedoch im übrigen vor dem LAG das Eineinhalbfache der Gebühr der Tabelle nach Anlage 3 zum GKG (§ 12 Abs. 3 S. 2 ArbGG). Hinsichtlich der **Anwaltsgebühren** gelten die Bestimmungen der BRAGO über die Gebühren in der Berufungsinstanz ohne Abweichungen, § 62 Abs. 1 BRAGO. 15

## § 511 [Statthaftigkeit]

**Die Berufung findet gegen die im ersten Rechtszug erlassenen Endurteile statt.**

Gesetzesgeschichte: Bis 1990 § 472 CPO. Keine Änderungen; zu Reformbestrebungen → vor § 511 Rdnr. 3.

| | | | |
|---|---|---|---|
| I. Die berufungsfähigen Urteile | 1 | III. Berufungsberechtigte Personen | 8 |
| 1. Endurteile | 2 | 1. Parteien | 9 |
| 2. Zwischenurteile | 4 | 2. Streithelfer | 10 |
| 3. Nicht berufungsfähige Endurteile | 5 | IV. Berufungsgegner | 11 |
| 4. Erstinstanzliche Urteile | 6 | V. Arbeitsgerichtliches Verfahren | 13 |
| II. Beschwer | 7 | | |

### I. Die berufungsfähigen Urteile

Die §§ 511–513 regeln die Voraussetzungen, unter denen eine Berufung »an sich statthaft« im Sinne von § 519b Abs. 1 S. 1 ist, → Allg. Einl. vor § 511 Rdnr. 10 ff. Ob das landgerichtliche Urteil vom Kollegium oder vom Einzelrichter (§ 348) bzw. vom Vorsitzenden der Kammer für Handelssachen (§ 349) erlassen ist, macht für die Statthaftigkeit der Berufung keinen Unterschied (§ 350). 1

#### 1. Endurteile

Grundsätzlich unterliegen der Berufung nur **Endurteile** (Ausnahmen → Rdnr. 4). Endurteil ist jedes Urteil, das den Prozeß für die Instanz erledigt, auch wenn es eine Entscheidung zur Sache nicht enthält, → § 300 Rdnr. 6. Zum Urteil wird die richterliche Entscheidung erst mit ihrer Verkündung; bis zu diesem Zeitpunkt liegt lediglich ein Urteilsentwurf vor, → § 310 Rdnr. 2. Gleichwohl ist die Berufung auch hier zulässig, wodurch es den Parteien ermöglicht wird, den Schein eines Urteils zu zerstören[1]. Wegen inkorrekter Entscheidungen → Allg. Einl. vor § 511 Rdnr. 37 ff. Auf den **Inhalt des Endurteils** kommt es grundsätzlich nicht an. So kann der Beklagte auch die durch Urteil getroffene Feststellung der Erledigung der Hauptsache mit der Berufung anfechten, → § 91a Rdnr. 46. Weiter kann der Kläger ein Verzichts- und der Beklagte ein Anerkenntnisurteil anfechten[2]. Allerdings kann die Berufung hier nur darauf 2

---

[17] *Grunsky* ArbGG[6] § 64 Rdnr. 37; *Germelmann/ Matthes/Prütting* § 64 Rdnr. 95.

[1] S. *BGHZ* 10, 346, 349; 32, 317; LM § 511 Nr. 17; *OLG Frankfurt* NJW 1960, 1954; → ferner Allg. Einl. vor § 511 Rdnr. 44.

[2] Nachw. → Allg. Einl. vor § 511 Fn. 154.

gestützt werden, daß die Partei entgegen der Annahme des Gerichts keinen Verzicht bzw. kein Anerkenntnis abgegeben habe; im übrigen fehlt es an einer Beschwer, → Allg. Einl. vor § 511 Rdnr. 87.

3   Zu den Endurteilen gehören insbesondere auch die **Teilurteile**, → § 301 Rdnr. 1, sowie die **Ergänzungsurteile** und die Urteile, die einen Ergänzungsantrag abweisen, → § 321 Rdnr. 20; weiter das Zusatzurteil über den Eintritt einer Rechtsnachfolge, → § 239 Rdnr. 34. Nicht erforderlich ist, daß das Urteil eine Entscheidung zur Sache selbst enthält; es reicht aus, daß das Urteil die Instanz aus rein prozessualen Gründen beendet. Dahin gehören die **Prozeßabweisung** wegen mangelhafter Klageerhebung oder wegen Fehlens einer Prozeßvoraussetzung, die Verwerfung des Einspruchs gegen ein Versäumnisurteil als unzulässig, → § 341 Rdnr. 11, die Ablehnung der Wiedereinsetzung gegen den Ablauf der Einspruchsfrist oder der Wiederaufnahmefrist in Beziehung auf ein Urteil erster Instanz oder gegen den Ablauf der Klagefristen der §§ 958, 1043 Abs. 2, → § 238 Rdnr. 4[3], die Entlassung des Beklagten aus dem Prozeß, → § 75 Rdnr. 9f, § 76 Rdnr. 18, die Ablehnung der Aufnahme des Verfahrens nach dessen Unterbrechung, → § 239 Rdnr. 31, 45, die Zurückweisung des Rechtsnachfolgers, → § 265 Rdnr. 55, § 266 Rdnr. 4, sowie das Urteil, das die Klage wegen mangelnder Sicherheitsleistung als zurückgenommen erklärt (§ 113 S. 2)[4]. **Verweisungen wegen Unzuständigkeit** des angerufenen Gerichts erfolgen seit dem 4. VwGOÄndG v. 17. XII. 1990 (BGBl. I 2809) auch bei fehlender Rechtswegzuständigkeit nicht mehr durch Urteil, sondern durch Beschluß (§ 17a Abs. 2 S. 3 GVG), so daß eine Anfechtung mit der Berufung nicht statthaft ist; zur Anfechtung mit der sofortigen Beschwerde s. § 17a Abs. 4 GVG.

### 2. Zwischenurteile

4   Zwischenurteile (zu dem Begriff → vor § 300 Rdnr. 20) sind mit der Berufung grundsätzlich nicht anfechtbar. Insoweit enthält die ZPO jedoch einige besondere Vorschriften, die ausdrücklich die Gleichstellung mit einem Endurteil anordnen. So ist die **Berufung statthaft** gegen ein die Zulässigkeit der Klage bejahendes Zwischenurteil, § 280 Abs. 2 S. 1[5], gegen Vorbehaltsurteile nach § 302 (§ 302 Abs. 3) und § 599 (§ 599 Abs. 3) sowie über den Grund des Anspruchs, § 304 Abs. 2 (anders im arbeitsgerichtlichen Verfahren, § 61 Abs. 3 ArbGG). Zur selbständigen Anfechtbarkeit eines Zwischenurteils über die Zulässigkeit des Beklagtenwechsels → § 268 Rdnr. 13.

### 3. Nicht berufungsfähige Endurteile

5   Für einige Endurteile enthält die ZPO hinsichtlich der Anfechtbarkeit **Sonderregelungen**, weshalb die Berufung nicht statthaft ist. Dies gilt für das der sofortigen Beschwerde unterliegende Endurteil, das nach Anerkenntnis über den Kostenpunkt entscheidet (§ 99 Abs. 2; → dazu § 99 Rdnr. 6 ff.), für Versäumnisurteile (§ 513 Abs. 1; insoweit ist der Einspruch der allein statthafte Rechtsbehelf) sowie für das Ausschlußurteil, das gar nicht mit Rechtsmitteln anfechtbar ist (§ 957 Abs. 1). Wegen der Anfechtung von Verfügungen, Beschlüssen sowie nicht selbständig anfechtbaren Zwischenurteilen (§ 303), die dem Endurteil vorausgegangen sind und seinen Inhalt mitbestimmt haben, s. § 512 und weiter → Allg. Einl. vor § 511

---

[3] S. *BGHZ* 47, 289 = LM § 519b Nr. 20 (*Rietschel*) = NJW 1967, 1566 = MDR 756.
[4] *BGH* LM § 547 Abs. 1 Ziff. 1 Nr. 1; → weiter § 113 Rdnr. 7.
[5] Wird die Zulässigkeit dagegen verneint, so ist das Urteil dann nicht mit der Berufung anfechtbar, wenn die Klage ausnahmsweise nicht als unzulässig abzuweisen ist. So für ein Zwischenurteil, durch das dem Kläger nach § 110 Sicherheitsleistung für die Prozeßkosten aufgegeben wird, *BGHZ* 102, 234 = LM § 280 Nr. 24 = NJW 1988, 1733 = WM 437 = EWiR 309 (*Demharter*); → weiter § 280 Rdnr. 18.

Rdnr. 57. Über den Fall, daß zweifelhaft ist, ob ein berufungsfähiges Urteil vorliegt, → Allg. Einl. vor § 511 Rdnr. 58 ff.

### 4. Erstinstanzliche Urteile

Endurteile der ersten Instanz sind nur die von den Amtsgerichten, Kreisgerichten (in der ehemaligen DDR, → vor § 511 Rdnr. 7) oder den Zivilkammern der Landgerichte (einschließlich der Kammern für Handelssachen, der Baulandkammern sowie der Entschädigungskammern) erlassenen Urteile, die auf Klage im ordentlichen Streitverfahren (d. h. auf Klage oder nach Überleitung aus dem Mahnverfahren, § 696) oder auf ein Arrestgesuch bzw. auf das Gesuch um Erlaß einer einstweiligen Verfügung ergangen sind. Die in der Berufungsinstanz auf ein dort neu geltend gemachtes oder abgeändertes Begehren ergehenden Urteile sind nicht Urteile erster Instanz. Ist die vor dem Amtsgericht erhobene Klage also vor dem Landgericht geändert worden, so ist das darauf ergehende Urteil kein Urteil, das nach § 511 mit der Berufung zum Oberlandesgericht angefochten werden könnte, → § 530 Rdnr. 4. Insoweit steht den Parteien unabhängig vom Beschwerdewert nur eine Instanz zur Verfügung; zur Frage, inwieweit das einer Sachdienlichkeit der Klageänderung entgegenstehen kann, → § 530 Rdnr. 9. Wird über ein Arrestgesuch oder ein Gesuch auf Erlaß einer einstweiligen Verfügung in erster Instanz durch Beschluß, in der Beschwerdeinstanz dagegen durch Urteil entschieden, so kann dieses Urteil mit der Berufung angefochten werden, → § 922 Rdnr. 9[6]. Wegen der Urteile im Wiederaufnahmeverfahren → § 591 Rdnr. 1. 6

### II. Beschwer

Als Rechtsmittel setzt die Berufung eine Beschwer voraus, → dazu Allg. Einl. vor § 511 Rdnr. 70 ff. Zur erforderlichen Höhe der Beschwer (Beschwerdesumme) → § 511 a Rdnr. 1 ff. 7

### III. Berufungsberechtigte Personen

Die Berufung muß von einer dazu berechtigten Person eingelegt werden. Eine Genehmigung des von einem Dritten im eigenen Namen eingelegten Rechtsmittels durch die Partei mit der Wirkung, daß dieses als Rechtsmittel der Partei anzusehen ist, ist nicht möglich[7]. 8

#### 1. Parteien

Berechtigt sind die Parteien, d. h. die Personen, die durch die Klage oder deren nachträgliche Änderung oder durch Eintritt als Rechtsnachfolger (→ vor § 239 Rdnr. 19 ff.) Partei geworden sind und es zur Zeit des Urteils waren oder hernach durch Zusatzurteil geworden sind (→ § 239 Rdnr. 45). Für die Parteistellung maßgeblich ist in erster Linie das angefochtene Urteil: Zur Einlegung der Berufung ist auf jeden Fall derjenige berechtigt, gegen den sich das Urteil richtet[8]. Ist dies nicht die bisherige Partei, sondern ein Dritter, der zu Unrecht im Rubrum als Partei aufgeführt ist, so kann auch dieser Berufung einlegen[9]; daneben kann auch die Partei Berufung einlegen, der gegenüber das Urteil hätte ergehen müssen, → vor § 50 9

---

[6] A. A. *Thomas/Putzo*[18] § 922 Rdnr. 6; *Zöller/ Vollkommer*[18] § 922 Rdnr. 14; *Rosenberg/Gaul/Schilken*[10] § 77 I a. Mit Einschränkungen wie hier AK-*Damm* § 922 Rdnr. 15.
[7] *OLG Hamm* OLGZ 1968, 317 = NJW 1147.
[8] *BGHZ* 4, 328, 332 = LM § 253 Nr. 2 = NJW 1952, 545; LM § 511 Nr. 32 = MDR 1978, 307 = JR 511 (*Schreiber*); *Rosenberg/Schwab/Gottwald*[15] § 137 I 2a; MünchKomm ZPO-*Rimmelspacher* Rdnr. 17.
[9] *BGH* LM § 511 Nr. 32 (Fn. 8); AK-*Ankermann* Rdnr. 2.

Rdnr. 13. Berechtigt sind ferner diejenigen, deren Eintritt als Partei durch das Urteil abgelehnt worden ist, → §§ 239 Rdnr. 31, 45, 265 Rdnr. 55, 266 Rdnr. 4[10] und diejenigen Dritten, denen das Urteil infolge einer Verwechselung mit der Partei zugestellt worden ist, → dazu vor § 50 Rdnr. 11. Zur Frage, ob bei einem gesetzlichen Parteiwechsel die Aufnahme des Verfahrens mit der Einlegung eines Rechtsmittels verbunden werden kann, → § 250 Rdnr. 3. Im Ehenichtigkeitsverfahren kann der Staatsanwalt auch dann Berufung einlegen, wenn er sich in erster Instanz an dem Rechtsstreit nicht beteiligt hat (§ 634)[11]. Darüber hinaus kann außer im Falle des § 856 Abs. 2 ein Dritter dem Prozeß nicht durch Einlegung einer Berufung als Partei beitreten[12], auch nicht der Gesellschafter im Prozeß der offenen Handelsgesellschaft und umgekehrt[13]. Zur einfachen Streitgenossenschaft → § 61 Rdnr. 4; zur notwendigen Streitgenossenschaft → § 62 Rdnr. 38 ff. Zur Rechtsmitteleinlegung ist ein Dritter auch dann nicht befugt, wenn das Urteil ihm gegenüber nachteilige Wirkungen äußert[14]. Enthält das Urteil persönlichkeitsverletzende Aussagen über eine dritte, an dem Prozeß nicht beteiligte Person, so greift allenfalls Art. 19 Abs. 4 GG ein; dagegen kann der Dritte gegen das Urteil kein Rechtsmittel einlegen[15].

### 2. Streithelfer

10  Der Streithelfer kann, solange er nicht rechtskräftig zurückgewiesen ist (→ § 71 Rdnr. 9), das Rechtsmittel im eigenen Namen (→ § 67 Rdnr. 17) in der für die Partei laufenden Frist (→ § 67 Rdnr. 5 ff.) mit Wirkung für die Partei einlegen, sofern er sich dadurch nicht in Widerspruch zur Partei setzt (→ § 67 Rdnr. 11 ff.). Legen sowohl die Partei als auch der Streithelfer Berufung ein, so handelt es sich nur um eine Berufung, über die nur eine einheitliche Entscheidung ergehen kann[16]. Zur Beschwer des Streithelfers → Allg. Einl. vor § 511 Rdnr. 88. Zur Einlegung der Berufung in Verbindung mit dem Beitritt zum Verfahren → § 66 Rdnr. 7. Der streitgenössische Streithelfer hat die Rechtsmittel auch gegen den Willen der Partei und in der für ihn laufenden Frist, → § 69 Rdnr. 10.

## IV. Berufungsgegner

11  Die Berufung ist grundsätzlich nur gegen die **Partei** zulässig, die dem Berufungskläger zur Zeit des Urteilserlasses als Gegner gegenüber gestanden hat, → Rdnr. 9, und zu deren Gunsten das Urteil ergangen ist. Ist das Urteil fehlerhafterweise nicht (nur) gegen die Partei, sondern (auch) gegen einen Dritten ergangen, so kann die Berufung sowohl gegen den Dritten als auch gegen die Partei gerichtet werden (zum entsprechenden Fall auf Seiten des Rechtsmittelklägers → Rdnr. 9). Gegen eine in erster Instanz ausgeschiedene Partei kann die Berufung nicht gerichtet werden. Weiter nicht gegen einen Dritten, zu dessen Gunsten das Urteil Rechtkraft wirkt.

12  Abgesehen von der unter → Rdnr. 11 erwähnten Ausnahme ist die Einlegung der Berufung gegen **Dritte** ausgeschlossen, und zwar sowohl gegen den Streithelfer zu dem Zweck, jetzt den Antrag auf seine Zurückweisung zu stellen, wie gegen den eigenen Streitgenossen, → § 61 Rdnr. 5, oder seitens des Streithelfers gegen die von ihm unterstützte Partei. Zur Rechtsmit-

---

[10] *BGH* NJW 1988, 3209 = MDR 956 für einen Fall des § 265 Abs. 2. Der Berufungsführer muß allerdings weiter die Übernahme des Prozesses als Partei verfolgen (*BGH* aaO).
[11] Zum Erfordernis einer Beschwer → Allg. Einl. vor § 511 Rdnr. 105.
[12] *Rosenberg/Schwab/Gottwald*[15] § 137 I 2 a.
[13] *OLG Braunschweig* Rsp 17, 145 f.
[14] *Zöller/Schneider*[18] Rdnr. 3.
[15] *Erdsiek* NJW 1962, 1049.
[16] *BGH* LM § 67 Nr. 10 = NJW 1982, 2069 = MDR 744 = JZ 429; NJW 1989, 1357 = LM § 74 Nr. 8; NJW 1993, 2944.

teleinlegung bei Eröffnung des Konkursverfahrens über das Vermögen des Gegners → § 250 Rdnr. 3. Die Berufung muß sich auch dann gegen die bisherige Partei richten, wenn der Berufungskläger in der Berufungsinstanz auf der Gegenseite einen Parteiwechsel herbeiführen möchte, ohne daß es hierbei darauf ankommt, wie man den gewillkürten Parteiwechsel dogmatisch begreift (→ dazu § 264 Rdnr. 96 ff.). Zur notwendigen Streitgenossenschaft → § 62 Rdnr. 38 ff.

## V. Arbeitsgerichtliches Verfahren

Nach § 64 Abs. 1 ArbGG unterliegen der Berufung die **Urteile der Arbeitsgerichte**. Obwohl sich dies aus dem Wortlaut der Vorschrift nicht ergibt, bedeutet dies (ebenso wie in der ordentlichen Gerichtsbarkeit, → Rdnr. 4, 5) nicht, daß jedes erstinstanzliche Urteil mit der Berufung angefochten werden kann. Berufungsfähig sind nur Endurteile sowie die im Gesetz für berufungsfähig erklärten Zwischenurteile[17]. Anders als in der ordentlichen Gerichtsbarkeit ist die Berufung gegen ein Grundurteil, § 304, nicht gegeben, § 61 Abs. 3 ArbGG. Es kann nur zusammen mit dem Schlußurteil angefochten werden. Eine im Grundurteil fälschlicherweise erfolgte Berufungszulassung ist unwirksam[18]. Nicht mit der Berufung angefochten werden können solche Urteile, gegen die nach § 78 ArbGG i.V. mit den einschlägigen Vorschriften der ZPO die sofortige Beschwerde gegeben ist (Kostenentscheidung im Anerkenntnisurteil, § 99 Abs. 2, Zwischenurteil über die Zulassung der Nebenintervention, § 71 Abs. 2, Zwischenurteil über die Berechtigung der Aussageverweigerung eines Zeugen, § 387 Abs. 3). Zur Zulassung der Berufung durch das Arbeitsgericht → § 511a Rdnr. 41 ff. Das Erfordernis einer Beschwer des Berufungsklägers (→ Allg. Einl. vor § 511 Rdnr. 70 ff.) gilt selbstverständlich auch im arbeitsgerichtlichen Verfahren. 13

## § 511 a [Berufungssumme; Divergenz in Wohnraummietsachen]

(1) Die Berufung ist unzulässig, wenn der Wert des Beschwerdegegenstandes eintausendfünfhundert Deutsche Mark nicht übersteigt. Der Berufungskläger hat diesen Wert glaubhaft zu machen; zur Versicherung an Eides Statt darf er nicht zugelassen werden.

(2) In Streitigkeiten über Ansprüche aus einem Mietverhältnis über Wohnraum oder über den Bestand eines solchen Mietverhältnisses findet die Berufung auch statt, wenn das Amtsgericht in einer Rechtsfrage von einer Entscheidung eines Oberlandesgerichts oder des Bundesgerichtshofs abgewichen ist und die Entscheidung auf der Abweichung beruht.

Gesetzesgeschichte: Abs. 1 eingeführt durch EntlVO v. 9. IX. 1915 (RGBl. S. 562). Änderungen (Erhöhung der Berufungssumme): RGBl. 1916 S. 39; 1924 I 135; 1933 I 780; BGBl. 1950 S. 455; 1964 I 933; 1974 I 3651; 1976 I 1421; 1982 I 1615; 1990 I 2847; 1993 I 50. Abs. 2 eingeführt durch RPflVereinfG v. 17. XII. 1990 (BGBl. I 1847); der frühere Abs. 2 ist zu Abs. 1 S. 2 geworden.

| I. Die Berufungssumme im allgemeinen | 1 | II. Der Beschwerdegegenstand | 6 |
|---|---|---|---|
| 1. Zweck und Rechtfertigung der Berufungssumme | 1 | 1. Vermögensrechtliche Ansprüche; Neufassung von Abs. 1 S. 1 | 6 |
| 2. Anwendungsbereich und Rechtsfolgen von Abs. 1 | 4 | 2. Bedeutung von Streitgegenstand, Beschwer und Berufungsanträgen | 8 |

---

[17] *Grunsky*[6] § 64 Rdnr. 3; *Germelmann/Matthes/Prütting* § 64 Rndr. 10.

[18] *Grunsky*[6] § 61 Rdnr. 17; *Germelmann/Matthes/Prütting* § 61 Rdnr. 42.

| | | | |
|---|---|---|---|
| a) Verhältnis zum Streitgegenstand | 9 | IV. Ausnahmen vom Erfordernis der Berufungssumme | 35 |
| b) Verhältnis zur Beschwer | 11 | 1. Zulässigkeit der Berufung unabhängig von einer Berufungssumme | 35 |
| c) Bedeutung der Berufungsanträge | 19 | 2. Streitigkeiten über Wohnraummiete, Abs. 2 | 36 |
| III. Der Wert des Beschwerdegegenstandes | 22 | V. Das arbeitsgerichtliche Verfahren | 39 |
| 1. Ermittlung durch das Berufungsgericht | 22 | 1. Allgemeines | 39 |
| 2. Glaubhaftmachung | 23 | 2. Beschwerdewertberufung | 40 |
| 3. Berechnung des Wertes | 25 | 3. Zulassungsberufung | 41 |
| a) Interesse des Berufungsklägers | 25 | a) Bedeutung der Zulassung | 41 |
| b) Freies Ermessen des Berufungsgerichts | 26 | b) Zulassungsgründe | 42 |
| | | aa) Grundsätzliche Bedeutung | 42 |
| c) Maßgebender Zeitpunkt | 27 | bb) Kollektivrechtliche Streitigkeiten | 43 |
| d) Nebenforderungen, Kosten | 28 | | |
| e) Mehrere Ansprüche | 30 | cc) Divergenzzulassung | 44 |
| f) Grunddienstbarkeit | 34 | | |

## I. Die Berufungssumme im allgemeinen

### 1. Zweck und Rechtfertigung der Berufungssumme

1  Unmittelbarer Anlaß zur Einführung einer Berufungssumme durch § 20 der EntlVO v. 9. IX. 1915 war die **Entlastung der** während des ersten Weltkrieges unzureichend besetzten **Gerichte**. Nach Beendigung des Krieges und Wiederherstellung normaler Verhältnisse ist die Berufungssumme nicht wieder abgeschafft worden, sondern hat sich zu einer Dauereinrichtung entwickelt. Dabei ist vor allem in jüngster Zeit ein Trend zu einer erheblichen Anhebung der Berufungssumme erkennbar, wobei es sich nicht nur um eine Anpassung an die Geldentwertung handelt. Insbesondere die letzte Erhöhung von 700,– DM auf 1.200,– DM sowie die inzwischen erfolgte weitere Erhöhung auf 1.500,– DM zeigt deutlich, daß der Entlastungseffekt nicht nur »inflationsgesichert«, sondern erweitert werden soll. Im Entwurf eines Gesetzes zur Entlastung der Rechtspflege[1] ist eine weitere Anhebung auf 2.000,– DM vorgesehen gewesen, die letztlich jedoch nur in Höhe von 1.500,– DM Gesetz geworden ist.

2  Eine **Rechtfertigung für das Erfordernis einer Berufungssumme** kann nicht allein darin gesehen werden, daß dadurch die Gerichte entlastet werden. Dies wäre mit dem Justizgewährungsanspruch (→ Einl. Rdnr. 204 ff.) nicht vereinbar. Das Rechtsprechungsangebot des Staates hat sich nach der Nachfrage zu richten und nicht danach, ob es dem Staat zu teuer wird. Die Berufungssumme läßt sich allenfalls darauf stützen, daß der Staat den Parteien keine Rechtsmittel zur Verfügung stellen soll, deren Gebrauch für sie mit Aufwendungen verbunden ist, die zu dem angestrebten Erfolg in keinem sinnvollen Verhältnis stehen. Bei einer Berufungssumme von inzwischen 1.500,– DM erscheint es freilich zweifelhaft, ob dieser Gedanke noch trägt.

3  Den **Bedenken gegen** eine allzu weitgehende **Einschränkung der Möglichkeit einer Berufung** über das Erfordernis einer Berufungssumme kann auch nicht entgegengehalten werden, daß kein verfassungsrechtlicher Anspruch auf Eröffnung einer Rechtsmittelinstanz besteht (→ Allg. Einl. vor § 511 Rdnr. 12). Dies ändert nichts daran, daß die Kriterien für die Abgrenzung berufungsfähiger von nichtberufungsfähigen Urteilen sachgerecht sein müssen,

---

[1] BR Drucksache 314/1/91.

was bei der inzwischen erreichten Ausgestaltung der Berufungssumme fraglich erscheint[2]. Die 1990 erfolgte Anhebung der Berufungssumme auf 1.200,- DM ist allerdings nicht verfassungswidrig[2a].

### 2. Anwendungsbereich und Rechtsfolgen von Abs. 1

Das Erfordernis einer Berufungssumme gilt sowohl für die Berufung gegen amtsgerichtliche wie gegen landgerichtliche Urteile; ebenso für die Berufung gegen durch Urteil erlassene bzw. abgelehnte Arreste oder einstweilige Verfügungen sowie Urteile, die Schiedssprüche (§ 1042a), Schiedsvergleiche (§ 1044a) oder Anwaltsvergleiche (§ 1044b) für vollstreckbar erklären. Zu Ausnahmen vom Erfordernis der Berufungssumme → Rdnr. 35ff. Die Berufungssumme muß auch dann gegeben sein, wenn das angefochtene Urteil nur über eine Prozeßvoraussetzung entschieden hat (z.B. Zwischenurteil nach § 280 Abs. 2). Bei gleichzeitiger Anfechtung von Teil- und Schlußurteil muß die Berufungssumme für jedes Urteil gegeben sein[3]. 4

Das Erfordernis der Berufungssumme ist **Voraussetzung der Zulässigkeit** der Berufung (→ Allg. Einl. vor § 511 Rdnr. 14). Ist es gegeben, so ist es für die Zulässigkeit der Berufung unerheblich, ob die Berufung in vollem Umfang oder nur zu einem unter der Berufungssumme liegenden Teil begründet ist. Ist die Berufungssumme nicht erreicht, so ist die Berufung unzulässig. Sie kann nach § 519b Abs. 2 durch Beschluß als unzulässig verworfen werden. Zur Frage, ob bei Verletzung des rechtlichen Gehörs die Berufung in entsprechender Anwendung von § 513 Abs. 2 unabhängig von einer Berufungssumme zulässig ist, → § 513 Rdnr. 20. 5

## II. Der Beschwerdegegenstand[4]

### 1. Vermögensrechtliche Ansprüche

Bis zum Rechtspflege-EntlastungsG (BGBl. 1993 I 50) wurde die Berufungssumme nur in Rechtsstreitigkeiten über vermögensrechtliche Ansprüche verlangt. Der Begriff war ebenso wie bei § 23 Nr. 1 GVG zu verstehen, Näheres → § 1 Rdnr. 43ff. In nichtvermögensrechtlichen Streitigkeiten war die Berufung immer statthaft, und zwar auch dann, wenn der Streitwert niedriger als die Berufungssumme lag. Dies gilt nach wie vor in allen Fällen, in denen die mündliche Verhandlung in erster Instanz vor dem 1. III. 1993 geschlossen worden ist (Art. 14 Nr. 1 RechtspflegeentlastungsG). Bei einem Prozeßurteil ist die Natur des Klageanspruchs maßgeblich[5], bei Feststellungsklagen die Natur des Rechtsverhältnisses, dessen Bestehen oder Nichtbestehen festgestellt werden soll; daß Abs. 1 von vermögensrechtlichen »Ansprüchen« spricht, steht der Notwendigkeit der Berufungssumme bei einer Feststellungsklage nicht entgegen. Entsprechendes gilt für Gestaltungsklagen. Eine nichtvermögensrechtliche Streitigkeit wird nicht dadurch zu einer vermögensrechtlichen, daß der Kläger einseitig die Hauptsache für erledigt erklärt; gegen das daraufhin ergehende Urteil ist infolgedessen die Berufung unabhängig von einer Berufungssumme statthaft[6]. 6

---

[2] S. AK-*Ankermann* Rdnr. 2: »Die Einführung von Wertgrenzen ist zwar die bequemste, der Sache nach aber, weil notwendig willkürlich, die schlechteste Lösung.«
[2a] BVerfG NJW-RR 1993, 253.
[3] RGZ 163, 252; AK-*Ankermann* Rdnr. 8; Münch-Komm ZPO-*Rimmelspacher* Rdnr. 18.

[4] Die im Folgenden angeführten Entscheidungen sind großenteils zu § 546 a. F. ergangen, doch gelten die dazu angestellten Überlegungen auch für § 511a.
[5] AK-*Ankermann* Rdnr. 10; → weiter Rdnr. 12.
[6] BGH LM § 91a Nr. 43 = NJW 1982, 767 = MDR 571.

## § 511 a II  3. Buch. Rechtsmittel

**7** Hat das angefochtene Urteil über mehrere Ansprüche entschieden, die nur **teilweise vermögensrechtlicher Natur** sind (zu mehreren vermögensrechtlichen Ansprüchen → Rdnr. 30), so muß bei dem vermögensrechtlichen Anspruch die Berufungssumme grundsätzlich erreicht sein[7]. Die Statthaftigkeit der Berufung wegen des nichtvermögensrechtlichen Anspruchs führt also nicht dazu, daß die Berufung auch wegen des vermögensrechtlichen Anspruchs unabhängig von der Berufungssumme gegeben ist. Etwas anderes gilt jedoch dann, wenn der vermögensrechtliche Anspruch nur Ausfluß des nichtvermögensrechtlichen ist (z.B. Widerrufsklage verbunden mit Schadensersatzklage)[8]. Wird mit der Klage allerdings nur ein sich aus einer nichtvermögensrechtlichen Position ergebender vermögensrechtlicher Anspruch geltend gemacht (z.B. Schmerzensgeld), so bleibt es dabei, daß die Berufungssumme erreicht sein muß.

**7a** Durch die **Neufassung von Abs. 1 S. 1** kommt es künftig (d.h. sofern die mündliche Verhandlung erster Instanz nach dem 1. III. 1993 geschlossen worden ist) nicht mehr darauf an, ob es sich um eine vermögens- oder um eine nichtvermögensrechtliche Streitigkeit handelt. Auch in nichtvermögensrechtlichen Streitigkeiten muß die Berufungssumme 1.500,– DM übersteigen. Zur Bemessung des Streitwerts sowie der Berufungssumme in nichtvermögensrechtlichen Streitigkeiten → § 3 Rdnr. 11 ff. Werden vermögensrechtliche und nichtvermögensrechtliche Ansprüche gemeinsam geltend gemacht, so sind die Berufungsgegenstände zur Ermittlung der Berufungssumme zu addieren.

### 2. Bedeutung von Streitgegenstand, Beschwer und Berufungsanträgen

**8** Die Berufungssumme bestimmt sich nach dem Wert des Beschwerdegegenstandes, Abs. 1 S. 2. Dieser muß vom Streitwert unterschieden werden. Maßgebend ist der Betrag, um den der Berufungskläger durch das angefochtene Urteil in seinen Rechten verkürzt zu sein behauptet und hiernach mit seinen Berufungsanträgen (§ 519 Abs. 3 Nr. 1) **Abänderung des Urteils verlangt**. Bei Klagen, durch die im Wege der Feststellungsklage eine sachlich einem Dritten zustehende Forderung geltend gemacht wird (→ § 256 Rdnr. 37 ff.), bestimmt sich der Wert des Beschwerdegegenstandes nicht nach der Forderung, sondern nach dem Rechtsschutzinteresse, das die Prozeßpartei an der begehrten Entscheidung hat[9]. Wird dagegen die Forderung eines Dritten in Prozeßstandschaft eingeklagt, so ist der Wert des Beschwerdegegenstandes kein anderer, als wenn der Rechtsträger selbst geklagt hätte, → § 2 Rdnr. 15. Zum Zeitpunkt, in dem der Beschwerdewert gegeben sein muß, → Allg. Einl. vor § 511 Rdnr. 27 ff.

#### a) Verhältnis zum Streitgegenstand

**9** Der Beschwerdegegenstand kann begrifflich **niemals größer sein als der Streitwert erster Instanz**[10]. Übersteigt der Streitwert also 1.500,– DM nicht, so ist die Berufung nicht statthaft[10a]. Eine Ausnahme gilt nur dann, wenn es sich um fortlaufende Leistungen handelt, die

---

[7] *Zöller/Schneider*[18] Rdnr. 3. A.A. MünchKomm ZPO-*Rimmelspacher* Rdnr. 5 (Zusammenrechnung beider Ansprüche).
[8] *Zöller/Schneider*[18] Rdnr. 3; s. ferner *BGHZ* 35, 302, 306; *BGH* VersR 1969, 62.
[9] S. *RGZ* 160, 204; → weiter § 2 Rdnr. 22.
[10] *RG* JW 1930, 2704; *BAGE* 44, 13, 20 = AP § 64 ArbGG 1979 Nr. 6; *Rosenberg/Schwab/Gottwald*[15] § 136 II 4a (1). Offenkundig falsch formuliert AK-*Ankermann* Rdnr. 4: »Der Streitwert kann nie höher sein als die Beschwer.«

[10a] A.A. neuerdings *BGH* LM § 3 Nr. 85 (*Grunsky*) = NJW 1994, 735, wonach in Fällen des § 3 (konkret ging es um nachbarrechtliche Immissionen) das Interesse des unterlegenen Beklagten an der Vermeidung der Ersatzvornahme nach § 887 höher als der Streitwert sein kann und dann für den Beschwerdewert maßgeblich ist. Zum Fall, daß das Interesse des Beklagten niedriger liegt als der Streitwert → Rdnr. 25.

während der Dauer des Prozesses zunehmen und auf die § 9 mit seinem festen Bezugswert keine Anwendung findet, → § 9 Rdnr. 3. Ist der Rechtsmittelkläger in erster Instanz in vollem Umfang unterlegen und verfolgt er sein Begehren vollinhaltlich weiter, so stimmt der Beschwerdewert mit dem Streitwert überein[11]. Die Erhebung von Einreden ist für die Bestimmung des Beschwerdewertes ohne Einfluß. Bei **Urteilen über den Grund des Anspruchs** (§ 304) ist nur der bisher geforderte Betrag ohne Rücksicht auf die Möglichkeit seiner Erhöhung (→ § 304 Rdnr. 53f) maßgebend. Ein eventuelles Mitverschulden des Klägers bleibt außer Betracht, solange eine Verurteilung in voller Höhe des Klageantrags gleichwohl in Betracht kommt[12]. Zur Höhe des Beschwerdewertes beim Grundurteil → weiter Rdnr. 12. Bei der **Vollstreckungsgegenklage** bemißt sich der Beschwerdewert nach dem Wert des zu vollstreckenden Anspruchs[13].

Veränderungen des Streitgegenstandes in erster Instanz sind zu berücksichtigen; maßgeblich ist nicht der Streitgegenstand aus der Klageschrift, sondern im Zeitpunkt der letzten mündlichen Verhandlung; über diesen Streitgegenstand hat das Gericht in dem angefochtenen Urteil entschieden. Dagegen kann der Beschwerdewert nicht dadurch erreicht werden, daß Berufung zum Zwecke der Klageerweiterung oder der Erhebung einer Widerklage eingelegt wird (Einzelheiten → Allg. Einl. vor § 511 Rdnr. 27ff.; dort auch zur nachträglichen Erhöhung des Rechtsmittelantrags). Nicht berücksichtigt wird der Wert einer von vornherein unzulässigen (Zwischen)feststellungsklage, die lediglich deshalb erhoben wurde, um einen die Berufungssumme übersteigenden Beschwerdewert zu erreichen[14]; Entsprechendes gilt für eine unzulässige Widerklage[15]. Auch wenn die Feststellungs- bzw. Widerklage zwar zulässig, aber offensichtlich unbegründet und nur im Hinblick auf den erforderlichen Beschwerdewert erhoben worden ist, fehlt es an dem notwendigen Beschwerdewert. Dabei muß der Berufungsführer aber jeweils auf die künstliche Schaffung des Beschwerdewerts abgezielt haben; dies kann nicht schon allein aus der Erfolglosigkeit der Feststellungs- bzw. Widerklage hergeleitet werden[16].

10

### b) Verhältnis zur Beschwer

Innerhalb der Grenzen des Streitgegenstandes ist weiter maßgebend der Inhalt des angefochtenen Urteils. Nur in den **Grenzen der Beschwer** kann der erforderliche Beschwerdewert gegeben sein[17]. Soweit im vollen Umfang des Unterliegens Berufung eingelegt wird, stimmt die Berufungssumme mit der Beschwer überein[18]. Wird der Rechtsstreit in der ersten Instanz durch **Teil- und anschließendes Schlußurteil** entschieden, so ist jedes von diesen getrennt anfechtbar, womit auch jedes von ihnen den Berufungskläger um mehr als 1.500,– DM beschweren muß[19]. Die Beschwerdewerte von Teil- und Schlußurteil sind also nicht zusammenzurechnen. Dies gilt auch dann, wenn gegen beide Urteile gleichzeitig Berufung eingelegt wird[20]. Eine Besonderheit gilt hinsichtlich der Kostenentscheidung bezüglich des Gegenstands des Teilurteils. Da diese erst im Schlußurteil erfolgt, → § 91 Rdnr. 7, kann sich die gegen das Teilurteil eingelegte Berufung nicht auch auf die Kostenentscheidung beziehen; insoweit ist, sofern gegen das Teilurteil Berufung eingelegt worden ist, das Schlußurteil trotz

11

---

[11] *BAGE* 57, 186 = AP § 64 ArbGG 1979 Nr. 22 = NZA 1988, 705.
[12] *BGH* VersR 1959, 920.
[13] *BGH* NJW-RR 1992, 190; → weiter § 767 Rdnr. 60.
[14] *BGH* Warn 1972 Nr. 290 = NJW 1973, 370 = MDR 311 = Betrieb 473 = Rpfleger 89; *Baumbach/Lauterbach/Albers*[51] Rdnr. 12.
[15] AK-*Ankermann* Rdnr. 5.
[16] Insoweit unklar AK-*Ankermann* Rdnr. 5.

[17] *Baumbach/Lauterbach/Albers*[51] Rdnr. 11; *Jauernig*[23] § 72 V.
[18] *BGH* LM § 511a Nr. 20 = NJW 1983, 1063.
[19] *BGH* VersR 1983, 1082; LM § 301 Nr. 36 = NJW 1989, 2757 = MDR 903; *Baumbach/Lauterbach/Albers*[51] Rdnr. 13; AK-*Ankermann* Rdnr. 8; *Zöller/Schneider*[18] Rdnr. 16; MünchKomm ZPO-*Rimmelspacher* Rdnr. 18.
[20] Nachw. → Fn. 3.

§ 99 Abs. 2 im Kostenpunkt selbständig anfechtbar, ohne daß die Berufungssumme erreicht sein muß[21]. Das Schlußurteil muß insoweit aber angefochten werden, d. h. die gegen das Teilurteil eingelegte Berufung erstreckt sich auf die Kostenentscheidung des Schlußurteils nicht mit[22].

12 Hat der Beklagte einen Teil der Klageforderung **anerkannt** und ist er im übrigen auf streitige Verhandlung hin verurteilt worden, so ist die Berufung nur dann zulässig, wenn dieser Rest die Beschwerdesumme erreicht[23]. Entsprechendes gilt für den Kläger bei teilweisem **Verzicht** und Abweisung der Klage ihm übrigen. Ein **Prozeßurteil** beschwert im vollen Umfang des Streitgegenstandes[24], es sei denn, daß nur über die Sicherheit für die Prozeßkosten entschieden ist[25]. Bei einem **Grundurteil** (§ 304) ist der Beklagte insoweit beschwert, als er noch mit einer Verurteilung rechnen muß. Wird also eine auf 2.000,– DM lautende Klage dem Grunde nach zu drei Viertel für gerechtfertigt erklärt, so beträgt die Beschwer des Beklagten 1.500,– DM[26]. Für den Kläger beläuft sich die Beschwer entsprechend auf 500,– DM. Zur Höhe der Beschwer bei **Zug-um-Zug-Verurteilung** → Allg. Einl. vor § 511 Rdnr. 79.

13 Bei der **einseitigen Erledigungserklärung** gegen den Widerspruch des Beklagten ist streitig, wonach sich der Beschwerdewert bestimmt. Dies beruht auf der Unsicherheit über den Streitwert bei einseitiger Erledigungserklärung, → § 91a Rdnr. 47. Die Rechtsprechung stellt nicht auf den Wert der Hauptsache, sondern auf die bisher aufgelaufenen Kosten ab[27]. Dabei soll jedoch der Wert der Hauptsache den Beschwerdewert begrenzen[28]. Geht man mit der inzwischen h.M (→ § 91a Rdnr. 45) davon aus, daß das die Erledigung der Hauptsache feststellende Urteil eine rechtskraftfähige Entscheidung über den ursprünglichen Streitgegenstand enthält, dann kann der Rechtsprechung nicht zugestimmt werden. Die Höhe der Beschwer und damit auch der Beschwerdegegenstand muß sich vielmehr nach der Hauptsache richten[29]. Bei übereinstimmend erklärter Teilerledigung muß sich die Berufungssumme aus dem nicht erledigten Teil ergeben; die Kosten des erledigten Teils scheiden dagegen aus[30].

14 Hat der Kläger **Haupt- und Hilfsantrag** gestellt und ist letzterem unter Abweisung des Hauptantrags stattgegeben worden, so ist der **Kläger** in voller Höhe des Hauptantrags beschwert[31]. Dies gilt auch dann, wenn beide Anträge auf Zahlung einer bestimmten Geldsumme gerichtet waren und dem Kläger der begehrte Betrag aus dem hilfsweise geltend gemachten materiellrechtlichen Anspruch zugesprochen worden ist[32]. Etwas anderes gilt nur dann, wenn der Hauptantrag den Hilfsantrag mitumfaßt; hier ist der Kläger lediglich in Höhe der Differenz der Anträge beschwert[33]. Sind beide Anträge abgewiesen worden, so ist der Kläger

---

[21] AK-*Ankermann* Rdnr. 8; *Zöller/Schneider*[18] Rdnr. 16; → weiter § 99 Rdnr. 10.
[22] BGHZ 20, 253 = NJW 1956, 912; MünchKomm ZPO-*Rimmelspacher* Rdnr. 18.
[23] BAG BB 1966, 1190.
[24] *Baumbach/Lauterbach/Albers*[51] Rdnr. 13; AK-*Ankermann* Rdnr. 10.
[25] AK-*Ankermann* Rdnr. 10.
[26] *Schmitt* NJW 1968, 1127; AK-*Ankermann* Rdnr. 9; MünchKomm-ZPO-*Rimmelspacher* Rdnr. 21. A.A. *Wittmann* NJW 1967, 2387: Beschwer in voller Höhe der Klagesumme.
[27] BGH LM § 546 Nr. 31 = NJW 1958, 2016 = MDR 914; LM § 91a Nr. 11 und 13 = NJW 1961, 1210; LM § 446 Nr. 72 = NJW 1969, 1173 = MDR 640 = BB 553; WM 1978, 736, 737; LM § 259 BGB Nr. 22 = NJW 1982, 1808 = NJW 836 = ZIP 745; LM § 3 Nr. 69 = NJW-RR 1988, 1465 = MDR 1989, 58 = BB 108; NJW-RR 1990, 1474; *OLG Stuttgart* MDR 1989, 265; zustimmend MünchKomm ZPO-*Lindacher* § 91a Rdnr. 86; *Lappe* NJW 1988, 3130.
[28] BGH NJW-RR 1990, 1474; MünchKomm ZPO-*Lindacher* § 91a Rdnr. 86.
[29] Ebenso *OLG München* MDR 1989, 73; *Göppinger* AcP 156 (1957), 443; AK-*Ankermann* Rdnr. 15; *Baumbach/Lauterbach/Albers*[51] Rdnr. 16; *Zöller/Schneider*[18] Rdnr. 19.
[30] BGH LM § 91a Nr. 15 = NJW 1962, 2252 = BB 1178 = MDR 1963, 44; WM 1991, 657, 658; AK-*Ankermann* Rdnr. 15; *Baumbach/Lauterbach/Albers*[51] Rdnr. 16; *Zöller/Schneider*[18] Rdnr. 19.
[31] BGHZ 26, 295 = LM § 546 Nr. 30 (*Gelhaar*) = NJW 1958, 631 = MDR 128; BGHZ 50, 261, 263; AK-*Ankermann* Rdnr. 13; *Baumbach/Lauterbach/Albers*[51] Rdnr. 14; *Zimmermann*[2] Rdnr. 4; *Frank* Anspruchsmehrheiten im Streitwertrecht (1986), 233 f.
[32] BGHZ 26, 295 (Fn. 31).
[33] BGH LM § 91a Nr. 18 = NJW 1961, 1466 = MDR 588 (Hauptantrag auf Leistung, Hilfsantrag auf Feststellung); AK-*Ankermann* Rdnr. 13; *Baumbach/Lauterbach/Albers*[51] Rdnr. 14.

in Höhe der Summe beider Ansprüche beschwert[34]. Die früher teilweise vertretene Auffassung, maßgeblich sei der höchste Einzelwert[35], ist inzwischen überholt. Soweit Haupt- und Hilfsantrag wirtschaftlich identisch sind, ist die Beschwer jedoch nicht zu addieren; insoweit ist der höhere Einzelwert maßgeblich[36]. Es gelten dieselben Grundsätze wie bei § 5, 1. Hs., → § 5 Rdnr. 6ff. Die vorstehenden Ausführungen gelten entsprechend, wenn der Kläger mehrere nacheinander gestaffelte Hilfsanträge geltend gemacht hat. Wird etwa dem dritten Hilfsantrag stattgegeben, so ist der Kläger in Höhe der Summe des Hauptantrags und der ersten beiden Hilfsanträge beschwert (soweit die Anträge nicht teilweise wirtschaftlich identisch sind). Zum hilfsweisen Rechtsmittelantrag → Rdnr. 19.

Für den **Beklagten** bestimmt sich die Höhe der Beschwer bei Haupt- und Hilfsantrag allein nach der Verurteilung, gleichgültig, ob diese aus dem Haupt- oder dem Hilfsantrag erfolgt ist[37]. Bei einer Verurteilung aus dem Hilfsantrag wird die Beschwer des Beklagten nicht etwa dadurch gemindert, daß der Hauptantrag abgewiesen worden ist. 15

Bei der **Eventualaufrechnung** bestimmt sich die Höhe der Beschwer nach § 19 Abs. 3 S. 1 GKG, d. h. maßgeblich ist, ob über die Gegenforderung eine rechtskräftige Entscheidung ergeht. Im Falle des Obsiegens des Klägers ist der **Beklagte** deshalb in Höhe der Klageforderung und der Gegenforderung (maximal bis zur Höhe der Klageforderung) **beschwert**[38]. Anders, wenn ein Bürge hilfsweise die Aufrechnung mit einer Forderung des Hauptschuldners geltend gemacht hat: Beschwer nur in Höhe der Klageforderung[39]. Wird die Klage wegen der Aufrechnung abgewiesen, so ist der Beklagte insoweit beschwert, als die Klageforderung bejaht worden ist[40]. Der **Kläger** ist bei Klageabweisung nur in Höhe der Klageforderung beschwert. Dabei ist es unerheblich, ob das Gericht das Bestehen der Klageforderung verneint oder die Klage wegen der erfolgreichen Eventualaufrechnung des Beklagten abgewiesen hat. Eine Addition beider Forderungen kommt bei Klageabweisung nicht in Betracht. Ist die Aufrechnung als unzulässig nicht berücksichtigt worden, so erfolgt bei klagestattgebendem Urteil keine Zusammenrechnung der Forderungen; der Beklagte ist hier nur in Höhe der Klageforderung beschwert[41]. 16

Bestreitet der Beklagte den Bestand der Klageforderung nicht und strebt er die Klageabweisung nur im Hinblick auf die Aufrechnung an (**Primär- oder Prinzipalaufrechnung**), so ist er bei Verurteilung nur in Höhe der Verurteilung, und nicht aus der Gesamtsumme beider Forderungen beschwert[42]. 17

Wird bei **Enteignung** statt Geldentschädigung die Zuweisung von Ersatzland verlangt (§ 100 BauGB), oder zielt das Rechtsmittel des Begünstigten darauf ab, kein Ersatzland stellen zu müssen, so ist der Wert des Beschwerdegegenstandes mit 20% der enteigneten 18

---

[34] Inzwischen ganz h.M.; aus der Rechtsprechung insbesondere *BGH* LM § 546 Nr. 113 = NJW 1984, 371 = MDR 208 = BB 639. Aus dem Schrifttum s. *Mattern* NJW 1969, 1089f; *Merle* ZZP 83 (1970), 468f; *Frank* (Fn. 31), 234ff.; AK-*Ankermann* Rdnr. 13; *Baumbach/Lauterbach/Albers*[51] Rdnr. 14; *Zöller/Schneider*[18] Rdnr. 30; *Zimmermann*[2] Rdnr. 4; MünchKomm ZPO-*Rimmelspacher* Rdnr. 24.

[35] S. die (allerdings mißverständlich formulierte) Entscheidung *BGHZ* 26, 295 (Fn. 31).

[36] *Frank* (Fn. 31), 239; MünchKomm ZPO-*Rimmelspacher* Rdnr. 24; *Wieczorek/Rössler* Anm. C IV.

[37] *Frank* (Fn. 31), 232f.

[38] *BGHZ* 48, 212 = LM § 546 Nr. 60 (*Liesecke*) = NJW 1967, 2162 = JZ 707 = MDR 821; 48, 356 = NJW 1968, 156 = JZ 24 = MDR 129 (für Vollstreckungsgegenklage); 59, 17, 20f; *BAG* AP § 72 ArbGG Streitwertrevision Nr. 24 (*Grunsky*) = NJW 1974, 1264; AK-*Anker-*

*mann* Rdnr. 14; *Zöller/Schneider*[18] Rdnr. 15; *Thomas/Putzo*[18] Rdnr. 8; *Rosenberg/Schwab/Gottwald*[15] § 136 II 4a (1); *Jauernig*[23] § 72 V.

[39] *BGH* LM § 546 Nr. 80 = Warn 1972 Nr. 253 = NJW 1973, 146 = MDR 217 = Betrieb 918 = WM 395.

[40] *Thomas/Putzo*[18] Rdnr. 8.

[41] *BGH* JurBüro 1974, 1249; LM § 546 Nr. 132 = NJW-RR 1991, 127; AK-*Ankermann* Rdnr. 14; *Rosenberg/Schwab/Gottwald*[15] § 136 II 4a (1); *Bettermann* NJW 1972, 2286.

[42] *BGHZ* 57, 301 = NJW 1972, 257 = JZ 287; LM § 3 Nr. 78 = NJW-RR 1992, 314; AK-*Ankermann* Rdnr. 14; *Rosenberg/Schwab/Gottwald*[15] § 136 II 4a (1); *Zimmermann*[2] Rdnr. 3; *Mattern* NJW 1969, 1088. A.A. (Zusammenrechnung) *Bettermann* NJW 1972, 2285; *Baumbach/Lauterbach/Albers*[51] Rdnr. 24; *Thomas/Putzo*[18] Rdnr. 8. MünchKomm ZPO-*Rimmelspacher* Rdnr. 28.

Fläche zu bemessen[43]; ebenso die Anfechtung der Einbeziehung eines Grundstücks in ein Umlegungsverfahren (§§ 45 ff. BauGB)[44] sowie die Geltendmachung des Anspruchs eines am Umlegungsverfahren beteiligten Eigentümers auf Zustellung eines seine Rechte betreffenden Auszugs aus dem Umlegungsplan (§ 70 Abs. 1 BauGB)[45]. Mit 20% des Grundstückswertes ist weiter der Wert einer Besitzeinweisungsstreitigkeit (§ 116 BauGB) angesetzt worden[46]. Dagegen ist bei einseitiger Zuweisung einer Fläche bei einer Grenzregelung nach § 80 BauGB eine Beschwer in voller Höhe des Verkehrswerts angenommen worden[47].

### c) Bedeutung der Berufungsanträge

**19** Innerhalb der Grenzen der Beschwer kommt es auf den **Inhalt der Berufungsanträge** an, d. h. derjenigen Anträge des Berufungsklägers, die bis zur Entscheidung über die Zulässigkeit der Berufung nach § 519b Abs. 2 (→ dazu § 519 Rdnr. 47 ff. u. o. Allg. Einl. vor § 511 Rdnr. 27 ff.) oder am Schluß der mündlichen Verhandlung (bzw. was dem gleichsteht, §§ 128 Abs. 2, 251a, 331a) vorliegen. Nur soweit der Rechtsmittelkläger Abhilfe der Beschwer beantragt, ist ein Beschwerdewert gegeben, → Allg. Einl. vor § 511 Rdnr. 72 ff. Wird das Urteil im vollen Umfang der Beschwer angegriffen, so stimmt der Beschwerdewert mit der Höhe der Beschwer überein. Mehrere **kumulativ gestellte Rechtsmittelanträge** werden addiert (zum Beschwerdewert bei einer von oder gegen mehrere Streitgenossen eingelegten Berufung → Rdnr. 30). Wird ein **Rechtsmittelantrag hilfsweise** (zu Haupt- und Hilfsantrag in erster Instanz → Rdnr. 14f) gestellt, soll es ausreichen, daß der Hilfsantrag die Beschwerdesumme ereicht, d. h. der Hauptantrag kann unter dieser Summe liegen; maßgebend sei jeweils der höhere Einzelwert[48]; fraglich, weil dadurch das Berufungsgericht gezwungen werden kann, über einen Berufungsantrag zu entscheiden, der die Beschwerdesumme nicht erreicht und je nach dem Inhalt der Entscheidung gar kein Urteil über einen die Beschwerdesumme erreichenden Antrag ergeht. Zumindest muß man die Grundsätze bei einer von vornherein unzulässigen Feststellungs- oder Widerklage entsprechend anwenden, → Rdnr. 10, d. h. das Erfordernis der Beschwerdesumme darf für den Berufungshauptantrag nicht dadurch umgangen werden, daß außerdem ein höherer, aber offenkundig erfolgloser Hilfsantrag gestellt wird. Erreicht dagegen der Hauptantrag die Beschwerdesumme, so ist der Hilfsantrag auch dann zulässig, wenn er dahinter zurückbleibt.

**20** Zur Frage, ob der **Beschwerdewert** nach Ablauf der Berufungsbegründungsfrist durch Erweiterung der Berufungsanträge **erhöht** werden kann, → § 519 Rdnr. 47 ff. Zu den Fällen, daß der Kläger in der Berufungsinstanz den Streitgegenstand durch Klageerweiterung auf über 1.500,− DM anheben will oder daß er den zunächst zulässigen Berufungsantrag später beschränkt, → Allg. Einl. vor § 511 Rdnr. 27 ff.

**21** Bei der Ermittlung des Beschwerdewertes kommt es auf die **Erfolgsaussichten der Berufung** nicht an. Auch ein offensichtlich aussichtsloser Berufungsantrag macht die Berufung zulässig, sofern er nur eine Abänderung des angefochtenen Urteils in Höhe von mindestens 1.500,− DM anstrebt (zu einem aussichtslosen Berufungshilfsantrag → aber Rdnr. 19). Der Beschwerdewert wird insbesondere nicht dadurch betroffen, daß der in erster Instanz unterlegene Beklagte die Klagesumme inzwischen bezahlt hat, → Allg. Einl. vor § 511 Rdnr. 24. Gleiches

---

[43] *BGHZ* 48, 200 = LM § 3 Nr. 32 = NJW 1967, 2308 = MDR 824.
[44] *BGHZ* 49, 317 = LM § 3 Nr. 35 = NJW 1968, 890 = MDR 479 = WM 483 = Rpfleger 150.
[45] *BGH* LM § 3 Nr. 54 = MDR 1978, 648 = BB 175.
[46] *BGHZ* 61, 240 = § 116 BBauG Nr. 3/4 = NJW 1973, 2202 = MDR 1974, 30.
[47] *BGHZ* 50, 291 = LM § 6 Nr. 12 = NJW 1968, 2059 = MDR 909 = Rpfleger 322.
[48] *RGZ* 139, 221, 222; *BGH* LM § 511a Nr. 6 = NJW 1967, 564 = MDR 300; *KG* OLGZ 1979, 348; *Frank* (Fn. 31), 240 ff.; *Schumann* NJW 1982, 2802; *Rosenberg/Schwab/Gottwald*[15] § 136 II 4a (1); *Zöller/Schneider*[18] Rdnr. 21.

gilt für die zur Abwendung der Zwangsvollstreckung geleistete Sicherheit. Keinen Einfluß auf den Beschwerdewert haben weiter sonstige außergerichtliche Vorgänge, die die Rechtslage materiellrechtlich verändern (Anerkenntnis, Verzicht, Vergleich, Unmöglichkeit), wobei es unerheblich ist, ob dies vor oder nach Einlegung der Berufung geschieht. Außer Betracht bleibt weiter ein Schadensersatzanspruch, wenn er nur durch Inzidentantrag nach §§ 302 Abs. 4, 600 Abs. 2, 717 Abs. 2 erhoben ist, da er dann keinen selbständigen Gegenstand der Berufung bildet[49]. Anders, wenn wegen derartiger Ansprüche Widerklage erhoben ist[50] oder wenn sie nach Erledigung der Hauptsache oder anderweitiger Beendigung der Rechtshängigkeit den alleinigen Streitgegenstand bilden.

### III. Der Wert des Beschwerdegegenstandes

#### 1. Ermittlung durch das Berufungsgericht

Das Berufungsgericht hat den Wert des Beschwerdegegenstandes selbständig nach freiem Ermessen zu ermitteln (§§ 2, 3). Die Parteien haben jedoch einen nach Art. 103 Abs. 1 GG verfassungsrechtlich garantierten Anspruch darauf, vor der Wertfestsetzung angehört zu werden[51]. Die Beschwerdewertfestsetzung gehört zu der ausschließlich dem Berufungsgericht zustehenden Prüfung der Zulässigkeit des Rechtsmittels. Sie kann weder durch Vereinbarung der Parteien noch durch ein Geständnis des Berufungsbeklagten oder durch eine frühere Festsetzung des Wertes des Streitgegenstandes seitens des unteren Gerichts beschränkt werden. Soweit der Beschwerdewert vom Streitwert abhängig ist, → Rdnr. 9, ist das Berufungsgericht an die Streitwertfestsetzung der ersten Instanz nicht gebunden, sondern hat den Beschwerdewert nach seinem eigenen Ermessen zu bestimmen, → § 2 Rdnr. 58. Das Revisionsgericht kann die Beschwerdewertbestimmung durch das Berufungsgericht nur auf einen Ermessensfehler hin überprüfen, nicht dagegen sein eigenes Ermessen an Stelle das des Berufungsgerichts setzen[52]. An seine eigene Wertfestsetzung ist das Berufungsgericht nicht gebunden. Ein den Beschwerdewert festsetzender Beschluß des Berufungsgerichts kann nicht gesondert, sondern nur mit dem Berufungsurteil angefochten werden[53]. Gegen eine angeblich zu niedrige Wertfestsetzung durch das untere Gericht ist ebenfalls keine Beschwerde mit dem Ziel gegeben, die Berufung durch eine höhere Streitwertfestsetzung zulässig zu machen[54]: Die Streitwertfestsetzung durch das untere Gericht bindet das Berufungsgericht ohnehin nicht.

22

#### 2. Glaubhaftmachung

Der Berufungskläger hat den Beschwerdewert glaubhaft zu machen, Abs. 2 S. 2. Dies muß, da es die Prüfung der Zulässigkeit der Berufung betrifft, regelmäßig innerhalb der Begründungsfrist (§ 519 Abs. 2 S. 2), jedenfalls aber vor der Entscheidung über die Zulässigkeit geschehen. Hängt die Zulässigkeit vom Wert eines nicht in einer bestimmten Geldsumme bestehenden Beschwerdegegenstandes ab, so soll dessen Wert in der Berufungsbegründung angegeben werden, § 519 Abs. 4 (→ § 519 Rdnr. 45). Die Glaubhaftmachung richtet sich nach § 294, nur daß hier (ebenso wie bei § 44 Abs. 2) die Versicherung an Eides Statt nicht

23

---

[49] RGZ 124, 182, 184; 145, 296; AK-*Ankermann* Rdnr. 12; a. A. MünchKomm ZPO-*Rimmelspacher* Rdnr. 32 (die Entscheidung über den Antrag wird bei der Beschwer berücksichtigt).
[50] RGZ 124, 182, 184.
[51] KG Rpfleger 1962, 161.

[52] BGH LM § 511a Nr. 19 = NJW 1982, 1653; NJW-RR 1988, 836; 1991, 325; LM § 2 Nr. 6 = NJW-RR 1991, 1467 = MDR 1992. 302.
[53] KG MDR 1955, 177; 1987, 851; MünchKomm ZPO-*Rimmelspacher* Rdnr. 56; → weiter § 2 Rdnr. 58.
[54] LG Freiburg NJW 1969, 700 (*J. Meyer*).

zugelassen ist. Zu einer Vernehmung von Sachverständigen oder der Parteien kann es nur dann kommen, wenn das Berufungsgericht die Entscheidung in mündlicher Verhandlung trifft und die Parteien den Sachverständigen zur Sitzung stellen, oder die Partei, deren Vernehmung beantragt wird, persönlich anwesend ist. Von Amts wegen kann ein Sachverständiger wegen § 294 Abs. 2 i. d. R. nicht vernommen werden.

24 Macht der Berufungskläger den **Beschwerdewert** nicht glaubhaft, so hat das Berufungsgericht diesen nach seinem freien Ermessen zu **schätzen**, § 3[55]. Es kann die Berufung also nicht etwa einfach als unzulässig verwerfen.

### 3. Berechnung des Wertes

#### a) Interesse des Berufungsklägers

25 Bei der Berechnung des Wertes des Beschwerdegegenstandes hat das Berufungsgericht die §§ 3–9 anzuwenden (§ 2). Der Wert ist dabei ausschließlich aus der **Person des Berufungsklägers** zu bestimmen, wobei es gleichgültig ist, ob dieser in erster Instanz Kläger oder Beklagter war. Dies gilt auch im Fall des § 7, → Rdnr. 34. Aus einem höheren Interesse des Berufungsbeklagten kann nichts zugunsten einer höheren Beschwerdesumme hergeleitet werden[56]. Die Beschwerdesumme muß also nicht notwendigerweise für beide Parteien gleich hoch sein. Praktische Folgen hat dies insbesondere bei **Auskunftsklagen**. Für den Kläger ist sein Interesse an der Auskunft maßgeblich, → § 3 Rdnr. 41 »Auskunftsanspruch«. Demgegenüber bestimmt sich der Beschwerdewert des zur Auskunftserteilung verurteilten Beklagten nach seinem Interesse daran, die Auskunft nicht erteilen zu müssen, wobei es in erster Linie um den Zeit- und Kostenaufwand geht[57]. Das Interesse der Parteien, schon bei der Entscheidung über den Auskunftsanspruch eine Aussage des Gerichts über den Hauptanspruch zu erhalten, beeinflußt den Beschwerdewert nicht[58]. Entsprechendes wie bei Auskunftsklagen gilt bei Klagen auf Abgabe einer **eidesstattlichen Versicherung**; auch hier bestimmt sich der Wert des Beschwerdegegenstandes für den unterlegenen Beklagten nach seinem am Zeit- und Kostenaufwand ausgerichteten Interesse an der Nichtabgabe der Versicherung[59].

#### b) Freies Ermessen des Berufungsgerichts

26 Soweit der Wert des Beschwerdegegenstandes nicht durch Anwendung der §§ 4–9 oder des § 148 KO festgestellt werden kann, greift das **freie Ermessen des Berufungsgerichts** nach § 3 ein. Ist der Beklagte in erster Instanz zur Leistung **Zug um Zug** verurteilt worden und strebt der Kläger mit der Berufung die uneingeschränkte Verurteilung an, so bestimmt sich der Beschwerdewert nach dem Wert des Gegenrechts, wobei der Wert des Klageanspruchs jedoch die obere Grenze bildet[60]. Entsprechendes gilt, wenn sich der Beklagte nicht mehr gegen die Verurteilung als solche wendet, diese aber nur Zug um Zug anstrebt.

---

[55] *RG* HRR 1930 Nr. 1262.
[56] *BGHZ* 23, 205 = LM § 7 Nr. 2 = NJW 1957, 790; LM § 45 WEG Nr. 4 = NJW 1992, 3305 = MDR 1177 = BB 1993, 171; → aber Fn. 10a.
[57] *BGH* WM 1984, 180; LM § 2 Nr. 3 = NJW-RR 1989, 738 = ZIP 707 = Betrieb 1329; NJW-RR 1992, 697; 1992, 698; 1993, 1468; LM § 3 Nr. 84 = WM 1994, 127. Erforderliche Steuerberater- und Rechtsanwaltskosten sind dabei einzubeziehen (*BGH* NJW-RR 1993, 1154).

[58] *BGH* WM 1984, 180; LM § 3 Nr. 72 = NJW-RR 1991, 509 = WM 657; NJW-RR 1992, 697.
[59] *BGH* LM § 2 Nr. 6 = NJW-RR 1991, 1467 = MDR 1992, 302; BB 1992, 1032 = NJW 2020 = MDR 1007 = LM § 87c HGB Nr. 12.
[60] *BGH* LM § 3 Nr. 47 = Warn 1973 Nr. 38 = NJW 654 = MDR 398 = JR 423 (*Kuntze*) = Rpfleger 210; *Zöller/Schneider*[18] Rdnr. 23.

## c) Maßgebender Zeitpunkt

Maßgebender Zeitpunkt für die Berechnung des Beschwerdewertes ist die **Einlegung der** 27
**Berufung**, § 4 Abs. 1. Näheres dazu sowie zur nachträglichen Erhöhung oder Verminderung
des Beschwerdewerts → Allg. Einl. vor § 511 Rdnr. 27 ff.

## d) Nebenforderungen, Kosten

Nebenforderungen (insbesondere **Zinsen**) sind bei der Berechnung des Beschwerdewertes 28
grundsätzlich nicht einzuberechnen, § 4 Abs. 1, 2. Hs.. Ist die Entscheidung über die Hauptforderung nicht angefochten und sind die Zinsen damit zur Hauptsache geworden, so ist der
Zinsbetrag maßgebend[61]. Entsprechendes gilt für sonstige Nebenforderungen nach § 4. Ist in
erster Instanz durch Teilurteil über die Haupt- und durch Schlußurteil über die Zinsforderung
entschieden, so ist gegen das Schlußurteil die Berufung nur zulässig, wenn der Zinsbetrag den
erforderlichen Beschwerdewert erreicht; dies gilt auch dann, wenn das Teilurteil angefochten
worden ist[62]. Sind mehrere selbständige Ansprüche geltend gemacht, so verlieren die Zinsen
des einen auch dann den Charakter als Nebenforderung, wenn der andere Anspruch noch
nicht erledigt ist[63]. Ebenso bei Zinsen eines Gesamtkapitals, die neben einem restlichen
Teilbetrag des Kapitals geltend gemacht werden.

Die **Kosten** sind bei der Berechnung des Beschwerdewerts nicht mitzuberücksichtigen. Dies 29
ergibt sich aus der § 99 Abs. 1 zugrundeliegenden Wertung. Eine Ausnahme kann auch dann
nicht anerkannt werden, wenn die Hauptsacheentscheidung den Berufungskläger wirtschaftlich weniger belastet als die Kostenentscheidung[64]. Es wäre widersprüchlich, die Kosten in
diesem Fall bei der Berechnung des Beschwerdewertes zu berücksichtigen, nicht dagegen
auch dann, wenn ihr Wert hinter dem der Hauptsache zurückbleibt. Ein Grundsatz, daß die
Höhe der Beschwer mindestens der Höhe der Kosten entspricht, ist nach geltendem Recht
nicht zu begründen.

## e) Mehrere Ansprüche

Mehrere Ansprüche werden addiert, soweit sie Gegenstand des Rechtsmittelverfahrens 30
sind, § 5. Zur Aufrechnung → Rdnr. 16, 17. Die Zusammenrechnung findet auch dann statt,
wenn die Ansprüche in keinem rechtlichen Zusammenhang stehen. Bei **Streitgenossen** erfolgt
eine Zusammenrechnung, soweit sich die Beschwer nicht deckt[65] (z. B. bei Gesamtschuld;
Näheres → § 5 Rdnr. 10); dies gilt auch dann, wenn die Streitgenossenschaft die Wirkung der
Verbindung mehrerer Prozesse nach § 147 ist, → § 147 Rdnr. 25. Werden aber nach Verbindung zweier Prozesse letztlich doch ein Teil- und ein Schlußurteil erlassen, so können die
Beschwerdewerte nicht addiert werden[66]; insoweit gilt nichts anderes als bei jedem anderen
Teil- bzw. Schlußurteil auch, → Rdnr. 11. Ohne Bedeutung ist, ob es sich um eine einfache
oder um eine notwendige Streitgenossenschaft handelt. Ebenso spielt es keine Rolle, ob die
Berufung von mehreren oder gegen mehrere Streitgenossen eingelegt wird. Voraussetzung
für die Zusammenrechnung ist, daß bei Berufung mehrerer Streitgenossen das Rechtsmittel in
einem gemeinschaftlichen Schriftsatz eingelegt wird[67]. Entsprechendes gilt bei Berufung

---

[61] *OLG Schleswig* SchlHA 1955, 362; *Zöller/Schneider*[18] Rdnr. 24.
[62] *BGHZ* 29, 126 = LM § 546 Nr. 34 (*Johannsen*) = NJW 1959, 578.
[63] *RGZ* 60, 112.
[64] A. A. *BGH* NJW 1992, 1513.
[65] *BGHZ* 23, 333, 338f; LM § 546 Nr. 69; *BAG* AP § 72 ArbGG Beschwerdewertrevision Nr. 2 (*Grunsky*) = NJW 1970, 1812; *LG Köln* VersR 1989, 160; *Baumbach/Lauterbach/Albers*[51] Rdnr. 23; *Zöller/Schneider*[18] Rdnr. 17.
[66] *BGH* VersR 1957, 59.
[67] *RG* JW 1911, 817; a. A. *Hussla* DRiZ 1970, 389.

gegen mehrere Streitgenossen. Zur Frage, ob bei Rücknahme der Berufung oder Verzicht eines Streitgenossen darauf die Berufung der übrigen Streitgenossen unzulässig wird, wenn der Beschwerdewert damit nicht mehr über 1.500,– DM liegt, → Allg. Einl. vor § 511 Rdnr. 33.

31  Bei der Klage und **Widerklage** findet eine Addition der Streitwerte grundsätzlich nicht statt, § 5, womit auch die Höhe der Beschwer für jede Partei gesondert zu bestimmen ist und nicht etwa dadurch anwächst, daß auch der Gegner beschwert ist. Werden etwa die Klage über 1.000,– DM und die Widerklage über 600,– DM abgewiesen, so können wegen Nichterreichens der Berufungssumme weder der Kläger noch der Beklagte Berufung einlegen. Anders ist es entgegen einer neuerdings verschiedentlich vertretenen Auffassung[68], wenn ein und dieselbe Partei sowohl hinsichtlich der Klage als auch der Widerklage beschwert ist (Abweisung der Klage und Verurteilung auf die Widerklage hin bzw. Stattgeben der Klage und Abweisung der Widerklage). Dieser Fall kann nicht anders behandelt werden als die Verbindung mehrerer Ansprüche in derselben Klage, weshalb die Beschwer zu addieren ist[69], → auch § 5 Rdnr. 37f. Zur Erhebung einer offensichtlich erfolglosen Widerklage → Rdnr. 10. Bei der **Hilfswiderklage** ist die Zusammenrechnung dann vorzunehmen, wenn der Eventualfall, für den die Widerklage erhoben worden ist, schon in erster Instanz eingetreten ist[70] (vorausgesetzt, dieselbe Partei ist sowohl wegen der Klage als auch wegen der Widerklage beschwert). War dies dagegen nicht der Fall, so ist über die Widerklage gar keine Entscheidung ergangen, womit es insoweit an einer Beschwer fehlt.

32  Voraussetzung für eine Zusammenrechnung ist weiter, daß Klage und Widerklage eine Mehrheit von selbständigen Ansprüchen oder von verschiedenen Teilansprüchen zum Gegenstand haben und die Widerklage nicht nur das Spiegelbild der Klage hinsichtlich desselben Streitgegenstandes ist[71] (**wirtschaftliche Identität**). Also keine Zusammenrechnung bei Erfüllungsklage aus Vertrag und Widerklage auf Feststellung des Nichtbestehens des Vertrags[72] oder bei Klage auf Löschung einer Hypothek wegen Erlöschens der persönlichen Schuld und Widerklage auf Zahlung der Schuld oder der Zinsen[73].

33  Bei **Berufung und Anschlußberufung** oder bei zwei selbständigen Berufungen beider Parteien findet keine Zusammenrechnung statt[74]. Die Anschlußberufung ist allerdings auch ohne Erreichen der Berufungssumme zulässig, → § 521 Rdnr. 8.

### f) Grunddienstbarkeit

34  Die Vorschrift des § 7, wonach bei Grunddienstbarkeiten das höhere Interesse, also eventuell das des Beklagten entscheidet, kann auf die Bemessung des Beschwerdegegenstandes keine Anwendung finden, da hier begrifflich nur das Interesse des Berufungsklägers maßgeblich ist, ohne daß sich aus einem höheren Interesse des Berufungsbeklagten ein höherer Beschwerdewert ergeben würde[75], → Rdnr. 25.

---

[68] *OLG Düsseldorf* NJW 1992, 3246; *LG Gießen* NJW 1975, 2206; NJW 1985, 870; *LG Aachen* MDR 1987, 853; NJW-RR 1990, 959; *LG Tübingen* NJW-RR 1992, 119; *LG Siegen* MDR 1992, 807; *LG Berlin* NJW 1992, 2710; *Glaremin* NJW 1992, 1146.
[69] H.M.; s. etwa *Baumbach/Lauterbach/Albers*[51] Rdnr. 23; *AK-Ankermann* Rdnr. 7; *Zöller/Schneider*[18] Rdnr. 14; *Thomas/Putzo*[18] Rdnr. 9; *Zimmermann*[2] § 5 Rdnr. 3; *Frank* (Fn. 31), 293; *H. Schmidt* NJW 1975, 2206; *Oehlers* NJW 1992, 1667; *E. Schneider* 1992, 2680; MünchKomm ZPO-*Rimmelspacher* Rdnr. 25; *OLG Oldenburg* NJW-RR 1993, 827.

[70] *BGH* NJW 1973, 98; *Baumbach/Lauterbach/Albers*[51] Rdnr. 23; *Frank* (Fn. 31), 316f.
[71] *RGZ* 164, 325, 327; *LG Darmstadt* MDR 1960, 503; *Baumbach/Lauterbach/Albers*[51] Rdnr. 23; *Schumann* NJW 1982, 2803; *Frank* (Fn. 31), 294ff.
[72] *Frank* (Fn. 31), 295.
[73] *Frank* (Fn. 31), 295f.
[74] *RG* JW 1911, 947.
[75] *BGHZ* 23, 205 = LM § 7 Nr. 1 (*Oechßler*) = NJW 1957, 790.

## IV. Ausnahmen vom Erfordernis der Berufungssumme

### 1. Zulässigkeit der Berufung unabhängig von einer Berufungssumme

Keine Berufungssumme ist in nichtvermögensrechtlichen Streitigkeiten erforderlich, → 35
Rdnr. 6. Weiter ist die Berufung ohne Rücksicht auf den Wert des Beschwerdegegenstandes gegen Urteile der **Schiffahrtsgerichte** zulässig (§ 9 G über das gerichtliche Verfahren in Binnenschiffahrtssachen v. 27. IX. 1952, BGBl. I 641). Ein Mindestbeschwerdewert ist ferner bei der Berufung gegen ein **zweites Versäumnisurteil** nicht erforderlich, § 513 Abs. 2 S. 2, → dazu § 513 Rdnr. 4 ff. Der Berufungskläger muß jedoch auch hier beschwert sein, nur daß die Beschwer keine Mindesthöhe zu erreichen braucht. Weitere generelle Ausnahmen vom Erfordernis des Beschwerdewertes bestehen heute nicht mehr.

### 2. Streitigkeiten über Wohnraummiete, Abs. 2

Durch das RPflVereinfG v. 17. XII. 1990 (BGBl. I 2847) ist Abs. 2 neu eingefügt worden. 36
Die Vorschrift läßt die Berufung in Streitigkeiten über Wohnraummiete unabhängig von der Erreichung eines bestimmten Beschwerdewertes dann zu, wenn das Urteil des Amtsgerichts auf der Abweichung von einer Entscheidung eines Oberlandesgerichts oder des Bundesgerichtshofs beruht. Dadurch soll ermöglicht werden, daß die Sache an das Landgericht gelangt, das seinerseits nach § 541 gehalten sein kann, einen Rechtsentscheid einzuholen. Zu den von Abs. 2 erfaßten Rechtsstreitigkeiten gilt dasselbe wie bei § 541, § 541 → Rdnr. 4. Zur »Abweichung« → § 546 Rdnr. 14 ff.

Liegt eine Abweichung i. S. von Abs. 2 vor, so braucht das Amtsgericht die Berufung nicht 37
zuzulassen. Diese ist vielmehr ohne weiteres zulässig. Insoweit ist die Rechtslage anders als bei der Zulassungsrevision, § 546 Abs. 1 S. 2. Ob eine die Zulässigkeit der Berufung begründende Abweichung vorliegt, hat das **Landgericht selbständig zu prüfen**. Dabei ist es an die Auffassung des Amtsgerichts nicht gebunden; ebenso nicht an eine vom Amtsgericht ausgesprochene Zulassung der Berufung. Die Abweichung muß in der Berufungsbegründung schlüssig dargelegt werden, → § 519 Rdnr. 53. Fehlt es daran, so ist die Berufung unzulässig[76]. Dies gilt selbst dann, wenn das Landgericht seinerseits eine Abweichung erkennt, die vom Berufungskläger nicht geltend gemacht worden ist. Ob sich die Abweichung auf eine speziell mietrechtliche Bestimmung beziehen muß oder ob auch Abweichungen bei sonstigen Rechtsfragen (z. B. rein verfahrensrechtlicher Art) für die Zulässigkeit der Berufung ausreichen, ist ebenso wie bei § 541 zu beantworten, → § 541 Rdnr. 5.

Abgesehen vom Vorliegen einer Divergenz i. S. von Abs. 2 erfordert die Berufung auch in 38
Streitigkeiten über Wohnraummiete eine Beschwerdesumme von mehr als 1.500,– DM. Insoweit ist die Rechtslage anders als bei den unter → Rdnr. 35 behandelten Fallgestaltungen. Ist die Berufung nach Abs. 2 zulässig, so hat das Landgericht den Rechtsstreit (ebenso wie bei jeder anderen Berufung auch) im Umfang der Berufungsanträge ohne Einschränkungen neu zu verhandeln, § 525, und zu entscheiden. Es ist nicht etwa darauf beschränkt, nur die Rechtsfrage zu beantworten, in der die Abweichung besteht.

---

[76] *Zöller/Schneider*[18] Rdnr. 27.

## V. Das arbeitsgerichtliche Verfahren

### 1. Allgemeines

**39** Abgesehen von den Kostenentscheidungen nach § 99 Abs. 2, die auch im arbeitsgerichtlichen Verfahren der sofortigen Beschwerde unterliegen, §§ 64 Abs. 2, 78 ArbGG, → § 99 Rdnr. 15, ist gegen arbeitsgerichtliche Urteile (→ § 511 Rdnr. 13) die Berufung gegeben. Seit der Beschleunigungsnovelle (G. v. 2. VII. 1979, BGBl. I 853) kommt es in vermögensrechtlichen Streitigkeiten ebenso wie in der ordentlichen Gerichtsbarkeit nicht mehr auf den Streitwert, sondern auf den Beschwerdewert an, der mit 800,– DM (§ 64 Abs. 2 ArbGG) derzeit allerdings niedriger als in der ordentlichen Gerichtsbarkeit ist. In nichtvermögensrechtlichen Streitigkeiten ist die Berufung auch im arbeitsgerichtlichen Verfahren immer zulässig[77]. Eine Besonderheit des arbeitsgerichtlichen Verfahrens ist es, daß die Berufung außer bei Erreichen des Beschwerdewertes auch bei Zulassung durch das Arbeitsgericht zulässig ist, § 64 Abs. 2, 3 ArbGG.

### 2. Beschwerdewertberufung

**40** Die Berufung ist unabhängig von einer Zulassung durch das Arbeitsgericht dann zulässig, wenn der **Beschwerdewert mehr als 800,– DM** beträgt, § 64 Abs. 2 ArbGG. Obwohl der Streitwert für die Zulässigkeit der Berufung im Gegensatz zu § 64 ArbGG a.F. nicht mehr das maßgebliche Kriterium ist, muß das Arbeitsgericht ihn nach wie vor im Urteil festsetzen, § 61 Abs. 1 ArbGG. Für die Zulässigkeit der Berufung ist das insofern noch von Bedeutung, als der Beschwerdewert nicht höher sein kann als der Streitwert, → Rdnr. 10. Ist der Streitwert auf mehr als 800,– DM festgelegt worden und legt die in vollem Umfang unterlegene Partei uneingeschränkt Berufung ein, so ist der Beschwerdewert mit dem Streitwert identisch, d.h. die Berufung ist zulässig[78]. Ist der Streitwert dagegen auf nicht mehr als 800,– DM festgesetzt worden, so kann der Beschwerdewert 800,– DM nicht übersteigen[79]. Das LAG ist an die Streitwertfestsetzung durch das Arbeitsgericht gebunden, es sei denn, diese ist offenkundig unrichtig[80]. Der Beschwerdewert bestimmt sich im übrigen im arbeitsgerichtlichen Verfahren ebenso wie in der ordentlichen Gerichtsbarkeit. Insbesondere wird er durch die Höhe des Streitgegenstandes und der Beschwer begrenzt, → Rdnr. 10ff. Er ist glaubhaft zu machen, wobei eine Versicherung an Eides Statt nicht zulässig ist, § 64 Abs. 5 ArbGG.

### 3. Zulassungsberufung

#### a) Bedeutung der Zulassung

**41** Wird der für die Zulässigkeit der Berufung erforderliche Beschwerdewert nicht erreicht, so ist die Berufung nur bei **Zulassung durch das Arbeitsgericht** gegeben, § 64 Abs. 2 ArbGG. Rechtstechnisch ist das System insofern mißlungen, als das Arbeitsgericht bei Erlaß seines Urteils nicht wissen kann, wie hoch der Beschwerdewert sein wird. Auch bei einer Beschwer von mehr als 800,– DM ist es möglich, daß der Beschwerdewert unter diesem Betrag liegt.

---

[77] *Grunsky* § 64 Rdnr. 16; *Germelmann/Matthes/Prütting* § 64 Rdnr. 14.
[78] BAGE 57, 186 = AP § 64 ArbGG 1979 Nr. 11 = EzA § 64 ArbGG 1979 Nr. 22 (*Schilken*).
[79] BAGE 44, 13 = AP § 64 ArbGG 1979 Nr. 6; § 12 ArbGG 1979 Nr. 7.
[80] BAG AP § 61 ArbGG 1979 Nr. 3; BAGE 57, 186 (Fn. 78); *Germelmann/Matthes/Prütting* § 61 Rdnr. 15; a.A. (selbständige Prüfung des Beschwerdewertes durch das LAG) *Schilken* (Fn. 78); *Stahlhacke* Festschrift f. D. Gaul (1992), 511.

Daraus folgt, daß das Arbeitsgericht bei vermögensrechtlichen Streitigkeiten in jedem Fall über die Zulassung der Berufung entscheiden muß[81], was in der Praxis freilich häufig nicht geschieht. An die Zulassung ist das Landesarbeitsgericht gebunden, § 64 Abs. 3 ArbGG; zur Frage, ob bei eindeutig fehlerhafter Zulassung die Bindung entfällt, gilt Entsprechendes wie bei der Zulassung der Revision, → § 546 Rdnr. 21. Gegen die Nichtzulassung der Berufung ist kein Rechtsmittel gegeben (insbesondere keine Nichtzulassungsbeschwerde an das LAG). Für die Form der Zulassung, die Möglichkeit einer Berichtigung oder Ergänzung des Urteils sowie die Möglichkeit einer Beschränkung der Zulassung gilt Gleiches wie bei der Zulassung der Revision, Näheres → § 546 Rdnr. 18 ff.

b) **Zulassungsgründe**

aa) **Grundsätzliche Bedeutung**

Anders als nach § 61 Abs. 3 S. 1 ArbGG a.F. hat das Arbeitsgericht bei grundsätzlicher Bedeutung der Sache keinen Ermessensspielraum, ob es die Berufung zulassen will; es ist vielmehr **zur Zulassung verpflichtet**, § 64 Abs. 3 Nr. 1 ArbGG. Der Begriff der grundsätzlichen Bedeutung ist derselbe wie bei der Zulassung der Revision, → § 546 Rdnr. 4 ff. Ein Unterschied ist nur insoweit anzuerkennen, als die grundsätzliche Bedeutung für die Zulassung der Berufung nicht dasselbe Niveau wie bei der Revision erreichen muß[82]. Insoweit ist nicht erforderlich, daß die Bedeutung der Sache über den LAG-Bezirk hinausreicht. Dabei handelt es sich aber um einen rein quantitativen Unterschied zwischen der Berufung und der Revision, der nichts daran ändert, daß für die grundsätzliche Bedeutung der Sache beidemale dieselben Kriterien maßgeblich sind. **42**

bb) **Kollektivrechtliche Streitigkeiten**

Die Berufung muß weiter in bestimmten (keineswegs in allen) kollektivrechtlichen Streitigkeiten zugelassen werden (§ 64 Abs. 3 Nr. 2 ArbGG). In derartigen Streitigkeiten hat das Arbeitsgericht die Berufung unabhängig von einer grundsätzlichen Bedeutung der Sache zuzulassen. Der Gesetzgeber geht hier von einer unwiderleglichen Vermutung der grundsätzlichen Bedeutung aus. Die privilegierten Fälle sind dieselben, bei denen nach § 72a Abs. 1 ArbGG die Beschwerde wegen Nichtzulassung der Revision darauf gestützt werden kann, daß das Landesarbeitsgericht zu Unrecht die grundsätzliche Bedeutung der Sache verneint hat, Näheres → § 546 Rdnr. 53. **43**

cc) **Divergenzzulassung**

Nach § 64 Abs. 3 Nr. 3 ArbGG muß die Berufung unabhängig von einer grundsätzlichen Bedeutung der Sache auch dann zugelassen werden, wenn das Arbeitsgericht von bestimmten Entscheidungen abweicht und sein Urteil auf dieser Abweichung beruht (zu letzterem → § 546 Rdnr. 15). Das Urteil, von dem die anzufechtende Entscheidung abweicht, muß dem Arbeitsgericht von den Parteien vorgelegt worden sein; erforderlichenfalls ist die Vorlegung nach § 139 anzuregen. Die Berufung ist zunächst dann zuzulassen, wenn die Abweichung ein Urteil betrifft, das **für oder gegen eine Partei des Rechtsstreits** ergangen ist. Rechtsvorgänger der Parteien sind insoweit gleichgestellt[83]. Welches Gericht das Urteil erlassen hat, ist gleich- **44**

---

[81] *Grunsky*[6] § 64, Rdnr. 7; *Germelmann/Matthes/Prütting* § 64 Rdnr. 29.
[82] *Germelmann/Matthes/Prütting* § 64 Rdnr. 37.
[83] *Germelmann/Matthes/Prütting* § 64 Rdnr. 42.

gültig; insbesondere reichen auch Urteile aus einem anderen Rechtsweg aus; ebenso ein Urteil desselben Arbeitsgerichts. Eine Verpflichtung zur Zulassung der Berufung besteht ferner bei Abweichung von einem Urteil des **übergeordneten Landesarbeitsgerichts**, d. h. des Landesarbeitsgerichts, an das die Berufung geht. Die Abweichung von der Entscheidung eines anderen LAG oder des BAG ist ebenso unerheblich wie die von einer Entscheidung aus einem anderen Rechtsweg. Insoweit wird jedoch häufig eine grundsätzliche Bedeutung der Sache anzunehmen sein. Unerheblich ist weiter, ob die jetzige Partei an dem früheren Verfahren beteiligt war.

## § 512 [Vorentscheidungen erster Instanz]

**Der Beurteilung des Berufungsgerichts unterliegen auch diejenigen Entscheidungen, die dem Endurteil vorausgegangen sind, sofern sie nicht nach den Vorschriften dieses Gesetzes unanfechtbar oder mit der Beschwerde anfechtbar sind.**

Gesetzesgeschichte: Bis 1900 § 473. Keine inhaltlichen (wohl aber geringfügige sprachliche) Änderungen.

| | | | |
|---|---|---|---|
| I. Die Regel | 1 | 3. Mit der Beschwerde anfechtbare Entscheidungen | 8 |
| II. Die Ausnahmen | 4 | 4. Nachträgliche Entscheidungen | 10 |
| 1. Selbständige Anfechtbarkeit mit der Berufung | 5 | III. Das arbeitsgerichtliche Verfahren | 11 |
| 2. Unanfechtbare Entscheidungen | 6 | | |

### I. Regel

1   Die im Laufe des Verfahrens erster Instanz (sei es vom Kollegium oder vom Einzelrichter erlassenen) nicht anfechtbaren **Zwischenurteile (§ 303), Beschlüsse und Verfügungen** können nach § 511 nicht selbständig mit der Berufung angefochten werden. Wird aber Berufung gegen das Endurteil oder ein ihm gleichgestelltes Urteil, → § 511 Rdnr. 2 ff., eingelegt, so unterliegen sie der Nachprüfung durch das Berufungsgericht, und zwar ohne daß es einer besonderen Rüge seitens des Berufungsklägers bedarf[1]. Unerheblich ist, daß gegen die Vorentscheidung ein Rechtsmittel eingelegt und als unzulässig verworfen worden ist[2]. Hat das Rechtsmittel gegen die Vorentscheidung wegen Verkennung der Tragweite von § 512 allerdings zu einer Entscheidung in der Sache selbst geführt, so kann das Berufungsgericht die Vorentscheidung solange nicht nach § 512 mitbeurteilen, als die fehlerhafte Entscheidung besteht und nicht ihrerseits auf ein weiteres Rechtsmittel hin aufgehoben worden ist. Der Nachprüfung durch das Berufungsgericht unterliegen auch solche Vorentscheidungen, deren Erlaß und Inhalt im freien Ermessen des Untergerichts standen, → § 525 Rdnr. 4. Eine entsprechende Regelung, wie sie § 512 für die Berufung enthält, findet sich für die Revision in § 548; das dort Ausgeführte gilt für § 512 entsprechend.

2   Zu den von § 512 erfaßten Vorentscheidungen gehören neben **Beweisbeschlüssen** (§ 355 Abs. 2; zur in Ausnahmefällen möglichen entsprechenden Anwendung von § 252 → § 355 Rdnr. 7) **prozeßleitende Anordnungen** des Gerichts[3]; zu prozeßleitenden Anordnungen des

---

[1] S. *BGHZ* 4, 5, 7; *BAG* AP § 61 ArbGG Grundurteil Nr. 2 = BB 1976, 513 = NJW 774, 775; MünchKomm ZPO-*Rimmelspacher* Rdnr. 7; *Wieczorek/Rössler* Anm. A III; *Baumbach/Lauterbach/Albers*[51] Rdnr. 1.

[2] *RG* JW 1911, 458.

[3] Z.B. Abtrennung des Widerklageverfahrens nach § 145 Abs. 2 ZPO (*OLG München* NJW 1984, 2227).

Vorsitzenden nach § 140 → § 140 Rdnr. 5. Erforderlich ist, daß die Vorentscheidung für den Inhalt des Endurteils (oder des selbständig anfechtbaren Teil- bzw. Zwischenurteils nach §§ 280, 304) kausal war. Der Nachprüfung nach § 512 unterliegt wegen der in § 238 Abs. 3 angeordneten Unanfechtbarkeit nicht die Gewährung der **Wiedereinsetzung in den vorigen Stand**, sofern sie in einem Zwischenurteil oder in einem Beschluß erfolgt ist, → § 238 Rdnr. 11; das Berufungsgericht ist vielmehr an die gewährte Wiedereinsetzung gebunden[4]. Ist die Wiedereinsetzung im Endurteil abgelehnt worden, so unterliegt die Ablehnung auf die Berufung gegen das Endurteil hin der Kontrolle durch das Berufungsgericht. § 512 ist dabei insoweit nicht einschlägig, als es sich um keine dem Endurteil »vorausgegangene« Entscheidung handelt. Zur Anfechtbarkeit der Ablehnung der Wiedereinsetzung durch Zwischenurteil oder einen selbständigen Beschluß → § 238 Rdnr. 4f.

Ist das angefochtene Urteil auf den **Einspruch gegen ein Versäumnisurteil** hin ergangen, so hat das Berufungsgericht auch die Zulässigkeit des Einspruchs zu prüfen[5], → § 341 Rdnr. 9. Dies gilt auch dann, wenn der Rechtsstreit nach Einlegung des Einspruchs an ein anderes Gericht verwiesen worden ist, gegen dessen Urteil sich die Berufung richtet[6]. Wegen der Versäumniszwischenurteile → § 513 Rdnr. 17.

## II. Die Ausnahmen

Soweit die Regel des § 512 nicht eingreift, ist das **Berufungsgericht** an die Entscheidung des Untergerichts **gebunden**, ähnlich wie an seine eigenen Zwischenurteile, s. § 318.

### 1. Selbständige Anfechtbarkeit mit der Berufung

Dies gilt zunächst für solche dem angefochtenen Urteil vorausgehende Entscheidungen, die selbständig der Berufung unterliegen. Insoweit besagt der Wortlaut von § 512 zwar nichts (hier ist nur die Anfechtbarkeit mit der Beschwerde erwähnt), doch besteht der Sinn der selbständigen Anfechtbarkeit gerade darin, die entschiedene Frage abzukoppeln und für das weitere Verfahren endgültig zu entscheiden. Ob diese Entscheidungen schon rechtskräftig sind, ist unerheblich[7]. Die Parteien können insoweit das Berufungsgericht auch nicht einverständlich zur Überprüfung der vorangegangenen selbständig anfechtbaren Entscheidung ermächtigen. Ist die Berufung gegen das vorangegangene Urteil allerdings beim selben Gericht anhängig, so können die Verfahren nach § 147 verbunden werden. Der Beurteilung des Berufungsgerichts unterliegen also nicht der angefochtenen Entscheidung vorausgegangene Teilurteile, Vorbehaltsurteile und diejenigen Zwischenurteile, die hinsichtlich der Rechtsmittel als Endurteile anzusehen sind (§§ 280, 304), Näheres → § 511 Rdnr. 2ff. Wegen der Anfechtung inkorrekter Entscheidungen → Allg. Einl. vor § 511 Rdnr. 37ff. Mit den dem Endurteil vorausgegangenen selbständig anfechtbaren Urteilen sind auch die diesen vorausgegangenen und gemäß § 512 bei der Berufung gegen das erste Urteil mitzuüberprüfenden Vorentscheidungen der Nachprüfung bei Berufung gegen das Endurteil entzogen.

### 2. Unanfechtbare Entscheidungen

Ausdrücklich von der Regel des § 512 ausgenommen und infolgedessen für das Berufungsgericht bindend sind ferner diejenigen Entscheidungen, die durch Gesetz **für unanfechtbar**

---

[4] Anders war die Rechtslage vor der durch die Vereinfachungsnovelle angeordneten Unanfechtbarkeit der Gewährung von Wiedereinsetzung; s. Voraufl. Rdnr. 1.
[5] Zöller/Schneider[18] Rdnr. 1.
[6] BAG AP § 345 Nr. 1 (dazu Wieczorek).
[7] AK-Ankermann Rdnr. 1.

erklärt sind. Damit ist nicht nur die selbständige Anfechtbarkeit ausgeschlossen, sondern dem Berufungsgericht auch die Überprüfung nach § 512 verwehrt. Hierher gehören die Fälle der §§ 37, 46 Abs. 2, 127, 127a, 157 Abs. 2, 174 Abs. 1, 177 Abs. 2, 225 Abs. 3, 227 Abs. 2 S. 3, 268, 281 Abs. 2, 319, 320, 336 Abs. 2, 348 Abs. 2, 355, 406 Abs. 5, 490, 506 i.V. mit 281 Abs. 2, 534 Abs. 2, 691 Abs. 3, 707, 718, 719 i.V. mit 707, 924 Abs. 3. Obwohl § 512 davon spricht, daß sich die Unanfechtbarkeit »nach den Vorschriften dieses Gesetzes« ergeben muß, ist dem Berufungsgericht auch die Überprüfung solcher Entscheidungen untersagt, die in anderen Gesetzen außerhalb der ZPO für unanfechtbar erklärt worden sind (z. B. §§ 102, 104 GVG). Diese Bestimmungen sind Teil der zivilprozessualen Verfahrensregeln und können als solche nicht anders behandelt werden, als wären sie in der ZPO enthalten. Für die Bindung ist es unerheblich, ob die Entscheidung als selbständiger Beschluß ergangen oder in das angefochtene Urteil aufgenommen worden ist[8].

7   Als unanfechtbar sind der Überprüfung des Berufungsgerichts nur solche dem angefochtenen Endurteil vorangegangene Entscheidungen entzogen, die vom Gesetz **ausdrücklich für unanfechtbar erklärt** worden sind. Fehlt es daran und ist weiter keine Anfechtbarkeit mit der Berufung oder der Beschwerde vorgesehen, so erstreckt sich die Überprüfungsbefugnis des Gerichts nach § 512 auf die Entscheidung mit. Gerade solche Entscheidungen werden von dieser Vorschrift erfaßt. Denkbar ist im Einzelfall allerdings die entsprechende Anwendung einer Vorschrift, die die Unanfechtbarkeit anordnet.

### 3. Mit der Beschwerde anfechtbare Entscheidungen

8   Das Berufungsgericht ist schließlich an alle dem angefochtenen Endurteil vorangegangenen Entscheidungen gebunden, die mit der Beschwerde anfechtbar sind. Dies gilt unabhängig davon, ob von der Beschwerde Gebrauch gemacht worden ist. Dazu, welche Fälle hierher gehören, → § 567 Rdnr. 11. Die mit der Beschwerde anfechtbare Entscheidung unterliegt auch dann nicht der Beurteilung des Berufungsgerichts, wenn die Beschwerdefrist noch läuft oder wenn zwar Beschwerde eingelegt war, das angefochtene Urteil aber vor Erlaß der Beschwerdeentscheidung ergangen ist[9]. Das Berufungsgericht darf seine Entscheidung jedoch erst dann fällen, wenn entweder die Beschwerdefrist fruchtlos verstrichen oder über die eingelegte Beschwerde entschieden ist. Anderenfalls wäre die Beschwerdebefugnis durch die zwischenzeitliche Fällung des Berufungsurteils letztlich nicht realisierbar. Etwas anderes gilt nur dann, wenn das Berufungsgericht meint, es komme auf die in der Beschwerdeinstanz anhängige Frage nicht an (z. B. für unbegründet erklärte Ablehnung eines Sachverständigen; dagegen sofortige Beschwerde, § 406 Abs. 5; das Berufungsgericht hält demgegenüber die Beweisfrage für nicht entscheidungserheblich).

9   Wegen der **Anfechtung inkorrekter Entscheidungen** → Allg. Einl. vor § 511 Rdnr. 37 ff. Aus dem dort dargestellten Meistbegünstigungsprinzip folgt für den Umfang der Nachprüfung des angefochtenen Urteils, daß eine an sich selbständig mit der Beschwerde anfechtbare Entscheidung dann der Nachprüfung in der Berufungsinstanz unterliegt, wenn sie fehlerhafterweise nicht in einem besonderen Beschluß, sondern in dem angefochtenen Urteil enthalten ist. Es kann der Partei nicht zugemutet werden, das Urteil daraufhin zu untersuchen, ob in ihm Entscheidungen enthalten sind, die richtigerweise in Beschlußform hätten ergehen müssen. Ist umgekehrt ein Beschluß ergangen, während die Frage richtigerweise in dem angefochtenen Urteil hätte mitentschieden werden müssen, so kann der Beschluß vom Berufungsgericht

---

[8] *BGHZ* 46, 112, 116; AK-*Ankermann* Rdnr. 3; *Baumbach/Lauterbach/Albers*[51] Rdnr. 3.
[9] *BGH* Warn 1972 Nr. 23 (Beschwerde gegen Beschluß, durch den die Ablehnung eines Sachverständigen für unbegründet erklärt worden ist).

dann nicht überprüft werden, wenn die Partei dagegen Beschwerde eingelegt hat (es sei denn, sie nimmt die Beschwerde zurück).

### 4. Nachträgliche Entscheidungen

§ 512 bezieht sich nicht auf solche Entscheidungen, die dem **angefochtenen Urteil nachgefolgt** sind, z. B. §§ 319ff., 339 Abs. 2[10]; diese sind entweder selbständig anfechtbar oder gegen sie ist kein Rechtsmittel gegeben (für die gemäß § 339 Abs. 2 erfolgte Fristbestimmung → § 339 Rdnr. 12). Soweit gegen sie kein Rechtsmittel eingelegt wird, erwachsen sie auch dann in Rechtskraft, wenn das davor ergangene Urteil mit der Berufung angefochten ist.    10

### III. Das arbeitsgerichtliche Verfahren

Im arbeitsgerichtlichen Verfahren gehört zu den erst mit dem Endurteil anfechtbaren Entscheidungen auch das Grundurteil, § 61 Abs. 3 ArbGG, → dazu § 304 Rdnr. 57f. Das Grundurteil braucht in der Rechtsmittelschrift nicht besonders als Urteil bezeichnet zu werden, gegen das sich das Rechtsmittel richtet[11]. Abgesehen von der Abweichung bei der Anfechtbarkeit eines Grundurteils gilt im arbeitsgerichtlichen Verfahren dasselbe wie in der ordentlichen Gerichtsbarkeit. § 512 ist nach § 64 Abs. 6 S. 1 ArbGG uneingeschränkt anwendbar.    11

## § 512 a [Örtliche Zuständigkeit]

Die Berufung kann in Streitigkeiten über vermögensrechtliche Ansprüche nicht darauf gestützt werden, daß das Gericht des ersten Rechtszugs seine örtliche Zuständigkeit mit Unrecht angenommen hat.

Gesetzesgeschichte: Eingefügt durch Novelle 1924; keine Änderungen.

| | | | |
|---|---|---|---|
| I. Der Grundsatz des § 512 a . | 1 | 3. Rechtsfolge für die Berufung | 5 |
| 1. Bejahung der örtlichen Zuständigkeit | 1 | 4. Sonstige Zuständigkeitsformen | 6 |
| | | II. Sonstige Fälle | 9 |
| 2. Unanfechtbarkeit der Bejahung der örtlichen Zuständigkeit | 3 | III. Arbeitsgerichtliches Verfahren | 11 |

### I. Grundsatz des § 512 a

#### 1. Bejahung der örtlichen Zuständigkeit

Im Bestreben, Streitigkeiten über weniger wichtige prozessuale Fragen nach Möglichkeit abzuschneiden, entzieht § 512 a für das Gebiet der vermögensrechtlichen Streitigkeiten (→ § 1 Rdnr. 42 ff.) den die **örtliche Zuständigkeit** bejahenden Ausspruch des ersten Richters der Nachprüfung des Berufungsgerichts (zum Zusammentreffen vermögensrechtlicher und nichtvermögensrechtlicher Ansprüche → Rdnr. 4). Die Vorschrift basiert auf der Erwägung, daß    1

---

[10] AK-*Ankermann* Rdnr. 4; *Wieczorek/Rössler* Anm. B III a 3; MünchKomm ZPO-*Rimmelspacher* Rdnr. 6.
[11] BAG AP § 61 ArbGG Grundurteil Nr. 2 = BB 1976, 513.

die verschiedenen örtlichen Gerichte einander grundsätzlich gleichwertig sind, und daß der Beklagte deshalb kein schutzwertes Interesse daran haben kann, nur vor dem örtlich zuständigen Gericht verklagt zu werden[1]. Dies rechtfertigt es, das Berufungsgericht von einem Angriff auf das die örtliche Zuständigkeit bejahende Urteil zu entlasten. § 512a verstößt weder gegen Art. 3 GG noch gegen Art 101 GG[2]. Bei willkürlicher Bejahung der örtlichen Zuständigkeit muß § 512a allerdings zur Wahrung des Anspruchs auf den gesetzlichen Richter dahingehend verfassungskonform ausgelegt werden, daß die Berufung auf die örtliche Unzuständigkeit des erstinstanzlichen Gerichts gestützt werden kann[3]. Die grundsätzliche Gleichwertigkeit der verschiedenen örtlichen Gerichte ändert nichts daran, daß Art. 101 Abs. 1 GG eine Willkürgrenze gerade auch unter an sich gleichwertigen Gerichten zieht. Keine Auswirkung auf § 512a hat es, daß die örtliche Zuständigkeit in § 38 dadurch eine erhebliche Aufwertung erfahren hat, daß sie nur noch in sehr eingeschränktem Umfang zur einvernehmlichen Disposition der Parteien steht.

2   In welcher **Form die örtliche Zuständigkeit bejaht** worden ist, spielt keine Rolle. Ist ein die örtliche Zuständigkeit bejahendes Zwischenurteil nach § 280 ergangen, so ist dagegen die Berufung nicht gegeben[4]. Gleiches gilt, wenn die örtliche Zuständigkeit stillschweigend durch Eingehen auf die Sache selbst bejaht worden ist[5]. Unerheblich ist weiter, ob es sich um eine nicht ausschließliche oder ausschließliche örtliche Zuständigkeit handelt; auch die ausschließliche Zuständigkeit eines anderen Gerichts kann nach § 512a nicht geltend gemacht werden[6]. Dies gilt selbst dann, wenn das erstinstanzliche Gericht die Sache von Amts wegen hätte verweisen müssen (so etwa nach § 6a Abs. 3 AbzG a.F.). Schließlich spielt es keine Rolle, ob die fehlende örtliche Zuständigkeit in erster Instanz vom Beklagten gerügt worden ist. Warum das erstinstanzliche Gericht seine örtliche Zuständigkeit bejaht hat, ist gleichgültig. Dies kann auf der Zugrundelegung eines unrichtigen Sachverhalts ebenso wie auf einer fehlerhaften Rechtsanwendung der einschlägigen Vorschriften über die örtliche Zuständigkeit beruhen.

### 2. Unanfechtbarkeit der Bejahung der örtlichen Zuständigkeit

3   § 512a entzieht die Bejahung der örtlichen Zuständigkeit einer Kontrolle durch das Berufungsgericht. Dabei ist es unerheblich, ob die Berufung allein auf die angeblich unrichtige Bejahung der örtlichen Zuständigkeit gestützt wird oder ob dies nur einer von mehreren Berufungsgründen ist (zur Frage, ob sich insoweit unterschiedliche Rechtsfolgen hinsichtlich der Zulässigkeit der Berufung ergeben → Rdnr. 5). Die die örtliche Zuständigkeit bejahende Entscheidung bindet das Berufungsgericht selbst dann, wenn mit der Berufung gleichzeitig die sachliche Unzuständigkeit erfolgreich gerügt wird; das Landgericht kann also auf Antrag des Klägers den Rechtsstreit nur an sich selbst als erstinstanzliches Gericht, nicht dagegen an ein anderes Landgericht verweisen[7]. Über seinen sich unmittelbar aus dem Wortlaut ergebenden Anwendungsbereich hinaus ist § 512a (und ebenso § 549 Abs. 2) sinngemäß dahingehend

---

[1] Zum Zweck des § 512a s. *BGHZ* 44, 46, 48f = LM § 512a Nr. 4 (*Schneider*) = NJW 1965, 1665 = MDR 723 = JZ 1966, 237 (*Neuhaus*) = AP § 512a Nr. 3.
[2] BGHZ 24, 47 = LM § 27 BGB Nr. 2 (*Fischer*) = NJW 1957, 832 = BB 380 = ZZP 69 (1957), 327.
[3] Zutreffend *Wolf* Gerichtsverfassungsrecht aller Verfahrenszweige[6] (1987) § 14 IV 2b a.E.; MünchKomm ZPO-*Rimmelspacher* Rdnr. 11.
[4] RGZ 110, 56; BGH NJW 1953, 222; Betrieb 1966, 1516; BAG AP § 512a Nr. 1 (*Baumgärtel*); OLG Nürnberg MDR 1964, 927; OLG Hamburg MDR 1967, 599;

OLG Schleswig FamRZ 1978, 428; LG Mannheim WM 1972, 15; *Zöller/Schneider*[18] Rdnr. 1.
[5] AK-*Ankermann* Rdnr. 3; *Zöller/Schneider*[18] Rdnr. 1.
[6] LG Berlin NJW 1975, 2024; AK-*Ankermann* Rdnr. 3; *Wieczorek/Rössler* Anm. A II; *Rosenberg/Schwab/Gottwald*[15] § 39 III 1b; MünchKomm ZPO-*Rimmelspacher* Rdnr. 8; a.A. LG Hannover NJW 1971, 1847; *Zöller/Schneider*[18] Rdnr. 1.
[7] A.A. LG Koblenz JW 1926, 1358

auszulegen, daß die Bejahung der örtlichen Zuständigkeit auch dann der Nachprüfung entzogen ist, wenn sie nicht vom Berufungskläger, sondern vom Berufungsbeklagten verlangt wird[8]. Ist der Rechtsstreit dagegen nach Aufhebung des angefochtenen Urteils an das Gericht des ersten Rechtszugs zurückverwiesen worden, so hat dieses erneut zu prüfen, ob es örtlich zuständig ist.

§ 512a gilt im Gegensatz zu § 549 Abs. 2 nur für vermögensrechtliche Streitigkeiten. Zu **4** diesem Begriff → § 1 Rdnr. 42 ff. In **nichtvermögensrechtlichen Streitigkeiten** ist die fehlende örtliche Zuständigkeit ein Berufungsgrund nicht anders, als würde es sich um einen sonstigen Zuständigkeitsmangel (→ Rdnr. 6 ff.) handeln. Werden in einem Verfahren vermögensrechtliche und nichtvermögensrechtliche Ansprüche nebeneinander geltend gemacht, so darf die örtliche Zuständigkeit nur wegen letzterer überprüft werden[9]. Verneint sie das Berufungsgericht, so hat es den Rechtsstreit wegen der nichtvermögensrechtlichen Ansprüche an das örtlich zuständige Gericht zu verweisen, während es im übrigen seiner Entscheidung die örtliche Zuständigkeit zugrundezulegen hat.

### 3. Rechtsfolge für die Berufung

Streitig ist, ob ein Angriff des Berufungsklägers gegen das die örtliche Zuständigkeit **5** bejahende Urteil die Berufung **unzulässig**[10] **oder unbegründet**[11] macht. Einigkeit herrscht darüber, daß die Berufung zumindest dann zulässig ist, wenn sie nicht ausschließlich auf die unrichtige Annahme der örtlichen Zuständigkeit gestützt wird[12]. Dies ergibt sich schon daraus, daß anderenfalls die Unzulässigkeit der Berufung erst feststände, wenn die übrigen nicht ausgeschlossenen Rügen geprüft und als nicht durchgreifend erkannt worden wären[13]. Aber auch dann, wenn nur die örtliche Zuständigkeit zur Nachprüfung gestellt werden soll, ist die Zulässigkeit der Berufung zu bejahen, denn die Unzulässigkeit kann nur das Rechtsmittel als solches, nicht dagegen auch einen einzelnen Angriff betreffen. Es macht auch keinen Unterschied, ob das angefochtene Urteil in der Sache selbst oder als Zwischenurteil nach § 280 nur über die örtliche Zuständigkeit entschieden hat[14]. In der Revisionsinstanz (§ 549 Abs. 2) liegt die Sache ebenso, wie wenn die Revision auf die Verletzung einer irrevisiblen Norm gestützt wird; daß dies der einzige Angriff ist, macht die Revision nicht unzulässig (→ § 554 Rdnr. 8). Das Problem darf jedoch nicht überschätzt werden; zumindest kann dahingestellt bleiben, ob die Zurückweisung als unbegründet oder unzulässig erfolgt (→ Allg. Einl. vor § 511 Rdnr. 8). Immerhin hängt von der Einordnung ab, ob eine Verwerfung ohne mündliche Verhandlung durch Beschluß ergehen kann, § 519b Abs. 2, und ob die Revision unabhängig vom Beschwerdewert gegeben ist, § 547[15].

### 4. Sonstige Zuständigkeitsformen

§ 512a entzieht nur die Bejahung der örtlichen Zuständigkeit der Nachprüfung durch das **6** Berufungsgericht. Sonstige Zuständigkeitsformen werden von der Vorschrift nicht erfaßt.

---

[8] S. *OLG Düsseldorf* JW 1927, 1326; *OLG Hamburg* DR 1941, 1499.
[9] *OLG Schleswig* FamRZ 1978, 428.
[10] RGZ 93, 351; 110, 56; 157, 391; *BGH* NJW 1953, 222; *BAG* AP § 512a Nr. 1 (*Baumgärtel*); *OLG Hamburg* MDR 1967, 599; *Wieczorek/Rössler* Anm. B; AK-*Ankermann* Rdnr. 6; *Zimmermann*[2] Rdnr. 1; MünchKomm ZPO-*Rimmelspacher* Rdnr. 15.
[11] *BGH* LM § 546 Nr. 49 = ZZP 93 (1980), 331 (*Waldner*) = MDR 1980, 203 (zu § 549 Abs. 2); *Thomas/Putzo*[18] Rdnr. 5.

[12] *BGH* NJW 1953, 222; *Baumbach/Lauterbach/Albers*[50] Anm. 2 A; MünchKomm ZPO-*Rimmelspacher* Rdnr. 15.
[13] So zutreffend *Waldner* ZZP 93 (1980), 333 f.
[14] A. A. *Baumbach/Lauterbach/Albers*[51] Rdnr. 3.
[15] Zu weitgehend deshalb AK-*Ankermann* Rdnr. 6, der der Einordnung der Berufung als unzulässig oder unbegründet jede praktische Bedeutung abspricht.

Dies gilt insbesondere für die **internationale Zuständigkeit**[16] (zu diesem Begriff → Einl. Rdnr. 751). Zutreffend weist der *BGH* darauf hin, daß die Interessenlage bei der internationalen Zuständigkeit anders ist als bei der örtlichen Zuständigkeit. Die Rüge der internationalen Zuständigkeit des angerufenen Gerichts ist aber dann unbeachtlich, wenn statt des angerufenen deutschen Gerichts ein anderes deutsches Gericht örtlich und damit international zuständig ist[17]. Nicht anwendbar ist § 512a weiter auf die interlokale Zuständigkeit im Verhältnis zur ehemaligen DDR[18] sowie bei Streit um die Exterritorialität[19].

7   Für die **Rechtswegzuständigkeit** enthält § 17a Abs. 5 GVG i. d. F. des 4. VwGOÄndG v. 17. XII. 1990 (BGBl. I 2809) eine § 512a entsprechende Regelung. Danach prüft das Rechtsmittelgericht bei einem Rechtsmittel gegen eine Entscheidung in der Hauptsache nicht, ob der beschrittene Rechtsweg zuständig ist. Da eine Entscheidung in der Hauptsache nur dann ergehen kann, wenn das Untergericht seine Zuständigkeit bejaht hat, stimmt § 17a Abs. 5 GVG trotz der Abweichung im Wortlaut insoweit mit § 512a überein, als bei einer die Zuständigkeit verneinenden Entscheidung eine Nachprüfung der Zuständigkeit in der Berufungsinstanz zu erfolgen hat. § 17a Abs. 5 GVG geht jedoch insoweit über § 512a hinaus, als sich der Ausschluß der Zuständigkeitsüberprüfung auf alle (d.h. nicht nur auf vermögensrechtliche) Streitigkeiten bezieht. Zur Bedeutung von § 17a Abs. 5 GVG → weiter § 529 Rdnr. 10.

8   § 512a gilt nicht für die **sachliche Zuständigkeit**. Insoweit enthält § 529 Abs. 2 eine eigene Regelung (→ dazu § 529 Rdnr. 12). Auch im Verhältnis Zivilkammer gegenüber der Kammer für Handelssachen schließt § 512a eine Überprüfung der Zuständigkeit in der Berufungsinstanz nicht aus[20].

## II. Sonstige Fälle

9   § 512a schließt eine Überprüfung der Zuständigkeitsentscheidung nur bei Bejahung der örtlichen Zuständigkeit aus. Hat das Untergericht dagegen in einer vermögensrechtlichen Streitigkeit seine **örtliche Zuständigkeit verneint**, ohne daß eine Verweisung nach § 281 stattgefunden hat, so unterliegt das prozeßabweisende Urteil der Berufung nach Maßgabe der allgemeinen Bestimmungen; es besteht demgemäß auch hier das Erfordernis der Beschwerdesumme, § 511a. Bei **Bejahung der örtlichen Zuständigkeit** steht § 512a einer Überprüfung der örtlichen Zuständigkeit dann nicht entgegen, wenn sich die Zuständigkeit auf bestimmte Anspruchsgrundlagen beschränkt, das Untergericht darüber hinaus aber auch andere Anspruchsgrundlagen geprüft und verneint hat; verfolgt der Kläger mit seiner Berufung auch diese Anspruchsgrundlagen weiter, so kann der Beklagte trotz § 512a die fehlende örtliche Zuständigkeit rügen[21].

Was nach § 512a für die Berufung gilt, muß in denjenigen Fällen auch für die **Beschwerde** gelten, in denen der Gegner gehört worden ist und damit Gelegenheit gehabt hat, Einwendun-

---

[16] Seit *BGHZ* 44, 46 = LM § 512a Nr. 3 (*Schneider*) = AP § 512a Nr. 3 = NJW 1965, 1655 (dazu *Maier* 1650, *Cohn* 1966, 287) = MDR 723 = JZ 1966, 237 (*Neuhaus*) = ZZP 80 (1967), 311 einhellige Meinung (s. etwa *Walchshöfer* ZZP 80 (1967), 166ff., 227f; AK-*Ankermann* Rdnr. 4; *Baumbach/Lauterbach/Albers*[51] Rdnr. 5; *Thomas/Putzo*[18] Rdnr. 4; *Zöller/Schneider*[18] Rdnr. 5; *Rosenberg/Schwab/Gottwald*[15] § 39 III 1b; *OLG Frankfurt* NJW 1970, 1010; *OLG Karlsruhe* NJW-RR 1989, 187). A.A. war bis zur Entscheidung *BGHZ* 44, 46 die frühere Rechtsprechung (s. zuletzt *BGH* NJW 1953, 222; JZ 1956, 535 – dazu *Neuhaus* –; 1958, 243; WM 1960, 441).

[17] *BAG* AP § 38 Internationale Zuständigkeit Nr. 5 (*E. Lorenz*) = NJW 1971, 2142 (*Geimer*); AK-*Ankermann* Rdnr. 4.
[18] *BGHZ* 84, 17 = NJW 1982, 1947 = MDR 835 = JZ 648.
[19] *RGZ* 157, 392; *Zöller/Schneider*[18] Rdnr. 9.
[20] *OLG Zweibrücken* JZ 1989, 103; *Gaul* JZ 1984, 564; *Zöller/Schneider*[18] Rdnr. 4; MünchKomm ZPO-*Rimmelspacher* Rdnr. 9.
[21] *BHG* MDR 1986, 667 = WM 657 (für § 32); *Zöller/Schneider*[18] Rdnr. 1.

gen gegen die örtliche Zuständigkeit geltend zu machen[22]. Ist der Gegner dagegen nicht gehört worden (z. B. bei einer durch Beschluß getroffenen Maßnahme des einstweiligen Rechtsschutzes), so kann er die fehlende örtliche Zuständigkeit noch in der Beschwerdeinstanz rügen[23]. Die generelle Aussage, § 512a sei auch im Beschwerdeverfahren anwendbar[24], geht demnach zu weit.

### III. Arbeitsgerichtliches Verfahren

Für das arbeitsgerichtliche Verfahren enthalten die §§ 48, 65 ArbGG i. d. F. v. 17. XII. 1990   **11**
(BGBl. I 2809) gegenüber § 512a eine **Sonderregelung**. Nach § 48 Abs. 1 ArbGG gelten die §§ 17–17b GVG auch für die örtliche Zuständigkeit mit der Maßgabe, daß Beschlüsse entsprechend § 17a Abs. 2 und 3 GVG unanfechtbar sind. Dies gilt sowohl dann, wenn das Gericht seine örtliche Zuständigkeit verneint und den Rechtsstreit von Amts wegen an das zuständige Gericht verwiesen hat (§ 17a Abs. 2 GVG), als auch bei einer die örtliche Zuständigkeit bejahenden Vorabentscheidung, § 17a Abs. 3 GVG. Aus der Unanfechtbarkeit der über die örtliche Zuständigkeit entscheidenden Beschlüsse würde schon nach § 512 folgen, daß das Berufungsgericht insoweit keine Kontrollmöglichkeit hat. § 65 ArbGG ordnet dies gleichwohl noch einmal ausdrücklich an. Hat das Arbeitsgericht entgegen § 17a Abs. 3 S. 2 GVG trotz Rüge des Beklagten wegen der örtlichen Zuständigkeit über diese nicht vorab entschieden, so soll § 65 ArbGG der Nachprüfbarkeit gleichwohl entgegenstehen[25]

## § 513    [Versäumnisurteile]

**(1) Ein Versäumnisurteil kann von der Partei, gegen die es erlassen ist, mit der Berufung nicht angefochten werden.**

**(2) Ein Versäumnisurteil, gegen das der Einspruch an sich nicht statthaft ist, unterliegt der Berufung insoweit, als sie darauf gestützt wird, daß der Fall der Versäumung nicht vorgelegen habe. § 511 a ist nicht anzuwenden.**

Gesetzesgeschichte: Bis 1900 § 474. Änderung: BGBl. 1976 I 381.

| | | | |
|---|---|---|---|
| I. Keine Berufung gegen Versäumnisurteil, Abs. 1 | 1 | b) Prozessuale Mängel des ersten Versäumnisurteils | 14 |
| II. Die berufungsfähigen Versäumnisurteile, Abs. 2 | 4 | 4. Darlegungs- und Beweislast | 15 |
| 1. Zweites Versäumnisurteil | 5 | 5. Die Entscheidung | 16 |
| 2. Kein Fall der Versäumung | 6 | III. Versäumniszwischenurteil | 17 |
| a) Die Partei war nicht säumig | 7 | IV. Entsprechende Anwendung von Abs. 2 S. 2 | 18 |
| b) Unverschuldete Säumnis | 8 | 1. Schriftliches Verfahren | 18 |
| c) Überraschendes Versäumnisurteil | 10 | 2. Verletzung des Anspruchs auf rechtliches Gehör | 20 |
| 3. Mängel des ersten Versäumnisurteils | 11 | V. Arbeitsgerichtliches Verfahren | 21 |
| a) Unzulässigkeit oder Unschlüssigkeit der Klage | 12 | | |

---

[22] *OLG Karlsruhe* MDR 1976, 1026; *OLG Köln* NJW-RR 1990, 894; *Baumbach/Lauterbach/Albers*[51] Rdnr. 6.
[23] *OLG Köln* RIW 1993, 498; *Baumbach/Lauterbach/Albers*[51] Rdnr. 6.
[24] So etwa AK-*Ankermann* Rdnr. 7; *Zöller/Schneider*[18] Rdnr. 10.
[25] *LAG Rheinland-Pfalz* NZA 1992, 473 (für die sachliche Zuständigkeit der Gerichte für Arbeitssachen).

## I. Keine Berufung gegen Versäumnisurteil, Abs. 1

1   Ein Versäumnisurteil kann normalerweise von der säumigen Partei nur mit dem **Einspruch** angefochten werden. Eine Berufung ist demgegenüber nicht statthaft. Dies gilt auch dann, wenn die Versäumung zu Unrecht angenommen worden ist, → § 338 Rdnr. 3.

2   **Versäumnisurteil** ist nur das gegen die säumige Partei aufgrund der Versäumnis ergangene Urteil, → § 330 Rdnr. 23. Ein bei Ausbleiben einer Partei gegen den anwesenden und verhandelnden Gegner erlassenes unechtes Versäumnisurteil (→ § 330 Rdnr. 27 ff.), insbesondere das des § 331 Abs. 2, unterliegt dagegen der Berufung. In der Berufungsinstanz kann die säumige Partei die tatsächlichen Behauptungen des Gegners (= Berufungsklägers) bestreiten und im Rahmen der allgemeinen Regeln für das Berufungsverfahren (§§ 527 ff.) Verteidigungsmittel jeder Art vorbringen. Ob ein echtes oder ein unechtes Versäumnisurteil vorliegt, bestimmt sich nicht nach seiner Bezeichnung, sondern nach seinem sachlichen Inhalt[1]. Bei falscher Bezeichnung des Urteils greift allerdings der Meistbegünstigungsgrundsatz ein; Näheres → Allg. Einl. vor § 511 Rdnr. 62. Berufungsfähig ist weiter die **Entscheidung nach Lage der Akten**, §§ 251 a, 331 a.

3   Wurde der Kläger **teilweise** durch unechtes Versäumnisurteil **abgewiesen** und der Beklagte **teilweise** durch Versäumnisurteil **verurteilt**, so steht ersterem die Berufung, letzterem dagegen der Einspruch zu. Durch den Einspruch wird dann aber nur der Teil des Urteils beseitigt, der Versäumnisurteil ist; im übrigen bleibt der Richter erster Instanz an sein Urteil gebunden, § 318. Eine Abänderung ist nur im Wege der Berufung möglich. Zur Abweisung des Hauptantrags durch unechtes Versäumnisurteil und Verurteilung durch Versäumnisurteil nach dem Hilfsantrag → § 331 Rdnr. 23.

## II. Die berufungsfähigen Versäumnisurteile, Abs. 2

4   Ausnahmsweise unterliegt ein Versäumnisurteil der Berufung, wenn der **Einspruch** dagegen **an sich nicht statthaft** ist und die Berufung weiter darauf gestützt wird, daß der Fall der **Versäumung nicht vorgelegen** habe, Abs. 2 S. 1. Die früher umstrittene Frage, ob das Erfordernis der Berufungssumme, § 511 a Abs. 1, auch hier gilt, ist durch den mit der Vereinfachungsnovelle angefügten Abs. 2 S. 2 im verneinenden Sinn entschieden worden. Die Vorschrift beruht auf der Überlegung, daß die Partei auch bei kleinen Streit- bzw. Beschwerdewerten wenigstens einmal die Chance einer sachlichen Prüfung ihres Anliegens haben muß. Dies verlangt schon der verfassungsrechtliche Anspruch auf Gewährung rechtlichen Gehörs[2]. Abgesehen von der Berufungssumme müssen alle übrigen Zulässigkeitsvoraussetzungen für die Berufung vorliegen[3].

5   Voraussetzung ist, daß das Urteil nicht dem Einspruch unterliegt. Das Erfordernis, daß »der Einspruch an sich nicht statthaft ist«, Abs. 2 S. 1, ist nur bei einem **zweiten Versäumnisurteil** i. S. des § 345 und bei dem Versäumnisurteil gegen denjenigen erfüllt, der die Wiedereinsetzung in den vorigen Stand beantragt hat, § 238 Abs. 2 (→ § 238 Rdnr. 10). In der ersten Instanz kann ein Versäumnisurteil der letzteren Art nur bei der Einspruchsfrist vorkommen; da aber dieser Fall bereits unter § 345 fällt, hat § 238 Abs. 2 kaum praktische Bedeutung[4].

---

[1] *OLG München* MDR 1988, 973.
[2] *Kramer* NJW 1978, 1416; *Baumbach/Lauterbach/Albers*[51] Rdnr. 3.
[3] S. *BAGE* 25, 9 = AP § 566 Nr. 2; MünchKomm ZPO-*Rimmelspacher* Rdnr. 23.
[4] AK-*Ankermann* Rdnr. 4.

## 2. Kein Fall der Versäumung

Die Berufung kann nur darauf gestützt werden, daß ein **Fall der Versäumung nicht vorlag**, 6
Abs. 2 S. 1; zur Frage, ob es ausreicht, daß beim ersten Versäumnisurteil keine Säumnis gegeben war, → Rdnr. 14. Die h.M. legt Abs. 2 S. 1 erweiternd aus und läßt die Berufung recht weitgehend zu (Einzelheiten → Rdnr. 8). Dem ist deswegen zuzustimmen, weil ein Versäumnisurteil unabhängig von einem Verschulden der Partei an der Säumnis ergehen kann; da es denkbar ist, daß ein Verschulden bei beiden Versäumnisurteilen gefehlt hat, gegen das zweite aber der Einspruch nicht statthaft ist, hat die Partei nur bei großzügiger Zulassung der Berufung eine Chance, daß ihr Anliegen sachlich überprüft wird.

### a) Die Partei war nicht säumig

Die Berufung ist zulässig, wenn ein Fall der Versäumung nicht vorgelegen hat, d.h. wenn 7
das erstinstanzliche Gericht in tatsächlicher oder rechtlicher Hinsicht zu Unrecht einen Fall der Versäumnis angenommen hat. An Fallgestaltungen sind insbesondere zu erwähnen: Die Partei war nicht oder nicht rechtzeitig geladen (§ 335 Abs. 1 Nr. 2), der Termin wurde nicht am rechten Ort (§ 219) oder nicht zur rechten Zeit abgehalten (der Aufruf erfolgte etwa vor der Terminsstunde oder gar nicht oder nicht in der richtigen Form[5]; zur Abhaltung des Termins zu einer späteren als der angesetzten Zeit → Rdnr. 8), das Verfahren war unterbrochen oder ruhte, die angeblich säumige Partei hatte in Wirklichkeit verhandelt, ein Antrag auf Erlaß eines Versäumnisurteils war erforderlich (→ vor § 330 Rdnr. 18 und § 331 Rdnr. 55), jedoch nicht gestellt worden.

### b) Unverschuldete Säumnis

Über den Wortlaut von Abs. 2 S. 1 hinaus läßt die h.M. die Berufung auch dann zu, wenn 8
die Partei zwar säumig ist, die **Säumnis aber unabwendbar** war[6], d.h. wenn die Voraussetzungen einer Vertagung nach § 337 S. 1 objektiv vorlagen. Dies ist etwa dann der Fall, wenn die Voraussetzungen für eine Vertagung nach § 337 S. 1 wegen Verhinderung der Partei durch Naturereignisse oder andere unabwendbare Zufälle vorlagen. In Anpassung an die Neufassung von § 233 (→ § 233 Rdnr. 31) wird man es darüber hinaus genügen lassen müssen, daß die Partei den **Termin schuldlos versäumt** hat (→ dazu § 337 Rdnr. 3). Darunter fällt auch die Abhaltung des Termins zu einer späteren als der angesetzten Zeit, wenn es der Partei bzw. ihrem Prozeßvertreter wegen unaufschiebbarer anderweitiger Verpflichtungen nicht möglich war, den Termin abzuwarten[7]. Ein Verschulden ihres Prozeßbevollmächtigten muß sich die Partei auch hier nach § 85 Abs. 2 zurechnen lassen. Ob dem Untergericht die Tatsachen erkennbar waren, die zu einer Vertagung nach § 337 S. 1 hätten führen müssen, ist unerheblich[8]. Der Umstand, daß lediglich eine Verlegung des Termins beantragt, aber noch nicht bewilligt war (→ vor § 330 Rdnr. 3) zwingt das Gericht zu keiner Verlegung; die Berufung ist

---

[5] *BVerfGE* 42, 364 = NJW 1977, 1443 = JZ 20 (Aufruf nur im Gerichtssaal und nicht auch davor, obwohl die Partei den Wachtmeister davon informiert hatte, daß sie vor dem Gerichtssaal auf den Aufruf wartete).
[6] *RGZ* 166, 246; *BAG* AP § 337 Nr. 3 (*Schumann*) = NJW 1972, 790 = MDR 360; AP § 513 Nr. 5 (*Schumann*); *LAG Köln* EzA § 513 Nr. 5; *LAG Baden-Württemberg* JZ 1983, 620; *Braun* ZZP 93 (1980), 449f; *ders.* JZ 1983, 622; *Henckel* Prozeßrecht und materielles Recht (1970), 112; *AK-Ankermann* Rdnr. 8; *Baumbach/Lauterbach/Albers*[51] Rdnr. 4; *Zöller/Schneider*[18] Rdnr. 7; *Thomas/Putzo*[18] Rdnr. 4; MünchKomm ZPO-*Rimmelspacher* Rdnr. 20f.
[7] Noch weitergehend *LAG Hamm* NJW 1973, 1940 = MDR 618 = Betrieb 927: Es reicht aus, daß die Partei einen »triftigen Grund« hatte, nicht weiter zuzuwarten. In diesem Fall wird man zumindest verlangen müssen, daß zunächst ein Vertagungsgesuch gestellt wird (*Thomas/Putzo*[18] Rdnr. 4; von *LAG Hamm* aaO offengelassen).
[8] *LAG Frankfurt* NJW 1973, 1719.

hier nicht statthaft[9]. Zu der standesrechtlichen Frage, unter welchen Voraussetzungen gegen eine anwaltlich vertretene Partei vom Anwalt der Gegenpartei ein Versäumnisurteil beantragt werden darf, → § 337 Rdnr. 4ff. und u. Rdnr. 10; soweit eine derartige Befugnis verneint wird, ist die Säumnis unverschuldet (→ § 337 Rdnr. 6), so daß nach Abs. 2 S. 1 die Berufung gegeben ist.

9 Soweit ein Fall unverschuldeter Säumnis vorliegt, muß die Partei dies nach Möglichkeit vorab dem **Gericht mitteilen**, wenn die Berufung zulässig sein soll[10]. Dadurch wird im Regelfall erreicht, daß das Gericht den Termin nach § 337 S. 1 vertagt, womit es gar nicht zu einem Versäumnisurteil kommt. Die Mitteilung muß vor Erlaß des Versäumnisurteils erfolgen[11]. Ist sie jedoch ebenfalls aus unverschuldeten Gründen nicht möglich (Unfall oder Verkehrsstau auf dem Weg zum Gericht), so steht ihre Unterlassung der Zulässigkeit der Berufung nicht entgegen[12].

### c) Überraschendes Versäumnisurteil

10 Trotz vermeidbarer Säumnis ist die Berufung gegen ein zweites Versäumnisurteil weiter dann zulässig, wenn die Partei mit dem **Erlaß eines Versäumnisurteils nicht rechnen mußte**. So wenn zwischen den Parteien vereinbart war, daß ein Versäumnisurteil nicht beantragt wird; das unter Bruch dieser Vereinbarung erwirkte Versäumnisurteil ist mit der Berufung anfechtbar[13]. Gleiches gilt, wenn der Gegenanwalt zugesagt hat, er werde im Termin einen Kollegen veranlassen, in Untervollmacht aufzutreten[14] oder bei Bestehen einer örtlichen Übung, kein Versäumnisurteil zu beantragen[15]. Dagegen wird das in § 23 der anwaltlichen Standesrichtlinien enthaltene Verbot, gegen eine von einem Kollegen desselben Landgerichts vertretene Partei kein Versäumnisurteil zu beantragen, nach der Entscheidung *BVerfGE* 76, 171 vom *BGH* nicht mehr als wirkam angesehen[16], weshalb die Partei insoweit mit dem Erlaß eines Versäumnisurteils rechnen muß, was zur Unzulässigkeit der Berufung führt. Ebenso, wenn der Prozeßvertreter um pünktliches Erscheinen gebeten worden war, damit verhandelt werden kann[17].

### 3. Mängel des ersten Versäumnisurteils

11 Sehr streitig ist, ob die Berufung gegen das zweite Versäumnisurteil dann statthaft ist, wenn mit ihr Mängel nicht des zweiten, sondern des ersten Versäumnisurteils geltend gemacht werden. Dabei geht es einmal darum, ob die Berufung darauf gestützt werden kann, die Klage sei unzulässig, weshalb das erste Versäumnisurteil nicht hätte ergehen dürfen (→ Rndr. 12f). Weiter fragt sich, ob die Berufung wegen rein prozessualer Mängel des ersten Versäumnisurteils gegeben ist (→ Rdnr. 14).

---

[9] *LAG Berlin* RdA 1971, 159.
[10] *BAG* AP § 513 Nr. 5 (*Schumann*); MünchKomm ZPO-*Rimmelspacher* Rdnr. 22; *LAG Köln* LAGE § 513 Nr. 7; a. A. AK-*Ankermann* Rdnr. 8.
[11] *BAG* aaO.
[12] *BAG* aaO.
[13] *BGH* LM § 337 Nr. 1 = NJW 1976, 196 = MDR 136; *Baumbach/Lauterbach/Albers*[51] Rdnr. 4; *Zöller/Schneider*[18] Rdnr. 7.
[14] *OLG Karlsruhe* NJW 1974, 1096.
[15] *BGH* NJW 1976, 196; s. weiter *BGH* NJW 1991, 42, 43.
[16] *BGH* LM § 513 Nr. 9 = NJW 1991, 42 = MDR 328 = ZIP 1990, 1628.
[17] *OLG Frankfurt* NJW 1959, 633.

### a) Unzulässigkeit oder Unschlüssigkeit der Klage

Für den **Vollstreckungsbescheid**, der nach § 700 Abs. 1 einem für vorläufig vollstreckbaren Versäumnisurteil gleichgestellt ist, ordnet § 700 Abs. 6 an, daß der Einspruch nur dann nach § 345 verworfen werden darf, wenn die Voraussetzungen von § 331 Abs. 1 vorliegen, d. h. auf den Einspruch gegen den Vollstreckungsbescheid hin wird insbesondere überprüft, ob der geltend gemachte Anspruch schlüssig ist. Aus dieser Kontrollpflicht des Untergerichts folgert der *BGH*[18], daß die Unzulässigkeit oder Unschlüssigkeit der Klage mit der Berufung geltend gemacht werden können muß; der Beklagte hätte hier darauf vertrauen dürfen, daß es zu keinem zweiten Versäumnisurteil kommt. Die Parallelität der Prüfungspflicht des Untergerichts und der Rechtsmittelfähigkeit des zweiten Versäumnisurteils ist zwar nicht zwingend[19], doch liegt es nahe, die Versäumung dann als unverschuldet (und das Versäumnisurteil damit als berufungsfähig, → Rdnr. 8) anzusehen, wenn der Beklagte wegen der Unschlüssigkeit der Klage nicht mit einem Versäumnisurteil rechnen mußte.

12

Für ein **echtes zweites Versäumnisurteil** besagen die Ausführungen unter → Rdnr. 12 deswegen unmittelbar nichts, weil es hier an einer § 700 Abs. 6 entsprechenden Regelung fehlt, weshalb das Untergericht vom Wortlaut des Gesetzes her nicht gehalten ist, auf den Einspruch hin die Zulässigkeit und Schlüssigkeit der Klage zu prüfen. Verneint man eine dahingehende Prüfungspflicht, so wäre das Urteil nicht mit der Berufung anfechtbar[20]. Bejaht man sie dagegen (→ in diesem Sinne § 345 Rdnr. 7f), dann ist das zweite Versäumnisurteil ebenso mit der Berufung anfechtbar, wie wenn es auf den Einspruch gegen einen Vollstreckungsbescheid hin ergangen wäre (→ Rdnr. 12)[21].

13

### b) Prozessuale Mängel des ersten Versäumnisurteils

Streitig ist, ob die Berufung darauf gestützt werden kann, beim ersten Versäumnisurteil habe **kein Fall einer Säumnis** vorgelegen. Die h.M. verneint die Frage[22], doch steht dem eine beachtliche Mindermeinung gegenüber[23]. Die besseren Gründe sprechen für die h.M.. Die Gegenmeinung berücksichtigt nicht genügend, daß die Partei nach Erlaß des ersten Versäumnisurteils wissen mußte, daß sie es nicht zu einem zweiten Versäumnisurteil kommen lassen darf. Vollends abzulehnen ist die Ansicht, daß der Partei hier gegen das zweite Versäumnisurteil der Einspruch zusteht[24]. Gravierende Rechtsschutzlücken entstehen dabei deswegen nicht, weil gegen das zweite Versäumnisurteil die Berufung schon dann gegeben ist, wenn die zweite Säumnis für die Partei unverschuldet war, → Rdnr. 8. Aus dem Gesagten folgt freilich, daß dem *BGH*[25] nicht darin zugestimmt werden kann, die Berufung gegen ein zweites Versäumnisurteil sei dann statthaft, wenn trotz rechtzeitigen Widerspruchs gegen einen Mahnbescheid der Vollstreckungsbescheid erlassen worden ist. Auch hier gilt, daß der Be-

14

---

[18] BGHZ 112, 367 = LM § 513 Nr. 10 = NJW 1991, 43 = JZ 826 (*Vollkommer*) = EWiR 99 (*Kreft*) = ZZP 105 (1992), 74 (*Schreiber*); ebenso LAG Frankfurt LAGE § 513 Nr. 6. A.A. OLG Hamm NJW 1991, 1067 (vor BGHZ 112, 367 ergangen).
[19] Insoweit zutreffend *Schreiber* ZZP 105 (1992), 82.
[20] So AK-*Ankermann* Rdnr. 7; MünchKomm ZPO-*Rimmelspacher* Rdnr. 18; offengelassen in BGHZ 97, 341, 349 (Fn. 22).
[21] So *Zöller/Schneider*[18] Rdnr. 6; *Hoyer* Das technisch zweite Versäumnisurteil (1980), 166ff.
[22] BGHZ 97, 341 = NJW 1986, 2113 = MDR 918 = JZ 857 (*Peters*); BAG AP § 513 Nr. 6(*Vollkommer*); LAG Nürnberg NJW 1976, 2231; *Braun* ZZP 93 (1980), 443, 456ff.; *Lehmann* JZ 1958, 691; *Blunck* NJW 1971, 2040;

AK-*Ankermann* Rdnr. 8; *Thomas/Putzo*[18] Rdnr. 5; *Wieczorek/Rössler* Anm. B III; *Zimmermann*[2] Rdnr. 7.
[23] OLG Stuttgart MDR 1976, 51; LAG Frankfurt LAGE § 513 Nr. 5; *Vollkommer* in Anm. zu BAG AP § 513 Nr. 6; *ders.* ZZP 94 (1981), 91; *Schneider* MDR 1985, 377f; *Zöller/Schneider*[18] Rdnr. 6; *Orlich* NJW 1973, 1349; *ders.* NJW 1980, 1782f; *Fuchs* NJW 1979, 1306; *Rosenberg/Schwab/Gottwald*[15] § 135 I 2.
[24] So *Erlanger* LZ 1931, 492; *Stoll* DJZ 1934, 307 (Fn. 2); *Vollkommer* in Anm. zu BAG AP § 513 Nr. 6. Dagegen *Braun* ZZP 93 (1980), 469.
[25] BGHZ 73, 87 = LM § 345 Nr. 3 (*Peetz*) = NJW 1979, 658 = MDR 382 = JZ 169 = ZZP 94 (1981), 87 (*Vollkommer*).

klagte durch das erste Versäumnisurteil (= Vollstreckungsbescheid) hinreichend darauf hingewiesen worden ist, daß er sich unabhängig von der Rechtmäßigkeit des Vollstreckungsbescheids keine weitere Säumnis leisten kann.

### 4. Darlegungs- und Beweislast

15    Die Zulässigkeit der Berufung wird dadurch begründet, daß das angefochtene Urteil den Berufungskläger durch die darin getroffene Feststellung seiner Versäumnis beschwert und er die Entscheidung aus diesem Grund anficht. Er muß also behaupten, es habe kein Versäumnisfall vorgelegen (→ auch § 519 Rdnr. 53). Dabei reichen allgemein gehaltene Erklärungen nicht aus. Der Berufungskläger muß vielmehr **schlüssig vortragen**, daß er nicht bzw. ohne sein Verschulden säumig war[26]. Der Vortrag muß spätestens in der Berufungsbegründung erfolgen. Trägt der Berufungskläger bis zu diesem Zeitpunkt keine schlüssigen Tatsachen vor, ist die Berufung als unzulässig zu verwerfen[27]. Die **Beweislast** für das Vorliegen der die Zulässigkeit der Berufung begründenden Tatsachen liegt beim Berufungskläger[28]. In der Berufungsinstanz nicht vorgetragene Tatsachen, aus denen sich ergeben soll, daß die Partei nicht säumig war, können in der Revisionsinstanz nicht mehr nachgeschoben werden[29].

### 5. Die Entscheidung

16    Die Entscheidung auf die Berufung hat dahingehend zu lauten, daß diese als **unzulässig verworfen** wird, wenn keine Tatsachen vorgetragen worden sind, aus denen sich schlüssig ergibt, daß der Berufungskläger nicht säumig war[30]. Die Verwerfung kann nach § 519b Abs. 2 ohne mündliche Verhandlung durch Beschluß ergehen. Ist die Behauptung des Berufungsklägers unzutreffend, dann ist die Berufung zwar zulässig, aber **unbegründet**[31]. Erweist sich die Behauptung dagegen als zutreffend, so ist das Versäumnisurteil aufzuheben und die Sache an die erste Instanz zurückzuverweisen, § 538 Abs. 1 Nr. 5; unter den Voraussetzungen von § 540 kann das Berufungsgericht aber von einer **Zurückverweisung** absehen und in der Sache selbst entscheiden[32]. Erfolgt eine Zurückverweisung, so befindet sich der Rechtsstreit in der Lage nach Erlaß des ersten Versäumnisurteils; bei erneuter Säumnis ergeht also ein zweites Versäumnisurteil, das wieder nur nach § 513 Abs. 2 mit der Berufung angefochten werden kann[33]. Wird das die Berufung als unzulässig verwerfende Urteil mit der Revision erfolgreich angefochten, so kann das Revisionsgericht bei Entscheidungsreife nach § 565 Abs. 3 Nr. 1 von einer Zurückverweisung absehen und selbst entscheiden[34].

## III. Versäumniszwischenurteil

17    Das unter I und II Ausgeführte gilt auch für das (in der Praxis freilich kaum vorkommende) **Versäumniszwischenurteil**, § 347 Abs. 2. War das Versäumniszwischenurteil also ein zweites

---

[26] BGH LM § 513 Nr. 1 = Warn 1967 Nr. 13 = NJW 728 = MDR 485; LM § 513 Nr. 9 (Fn. 16); BAGE 23, 471 = AP § 337 Nr. 3 (*Schumann*) = NJW 1972, 790 = MDR 360; AP § 513 Nr. 2 (*Schumann*); *Baumbach/Lauterbach/Albers*[51] Rdnr. 8.

[27] BGH VersR 1985, 542, 543; LM § 513 Nr. 9 (Fn. 16); *Zöller/Schneider*[18] Rdnr. 9.

[28] *Zöller/Schneider*[18] Rdnr. 8; AK-*Ankermann* Rdnr. 9; MünchKomm ZPO-*Rimmelspacher* Rdnr. 24.

[29] BGH LM § 513 Nr. 9 (Fn. 16); BAGE 23, 471 (Fn. 26).

[30] BGH LM § 513 Nr. 2 (Fn. 26); AK-*Ankermann* Rdnr. 9; *Baumbach/Lauterbach/Albers*[51] Rdnr. 8; *Zöller/Schneider*[18] Rdnr. 9.

[31] RGZ 51, 197; *Baumbach/Lauterbach/Albers*[51] Rdnr. 8; AK-*Ankermann* Rdnr. 9; *Zöller/Schneider*[18] Rdnr. 9; MünchKomm ZPO-*Rimmelspacher* Rdnr. 26.

[32] AK-*Ankermann* Rdnr. 9; *Zöller/Schneider*[18] Rdnr. 9.

[33] LAG Baden-Württemberg AuR 1970, 284.

[34] BGHZ 112, 367, 375 (Fn. 18).

i. S. des § 345 und legt die Partei, die gegen das nachfolgende Endurteil Berufung eingelegt hat, dar, daß ein Fall der Versäumnis nicht vorgelegen hat, so unterliegt das Zwischenurteil der Nachprüfung in der Berufungsinstanz. § 513 findet auch auf die **Anschlußberufung** (§ 521) Anwendung. Eine solche ist deshalb nur zur Anfechtung eines Versäumniszwischenurteils denkbar, weil derjenige, zu dessen Gunsten ein zweites Versäumnisurteil erlassen worden ist, keinen Anlaß zur Anschließung hat.

## IV. Entsprechende Anwendung von Abs. 2 S. 2

### 1. Schriftliches Verfahren

In entsprechender Anwendung von Abs. 2 S. 2 ist die Berufung auch dann trotz Nichterreichens des Beschwerdewertes des § 511a zulässig, wenn die Partei im schriftlichen Verfahren unverschuldet den ihr nach § 128 Abs. 2, 3 gesetzten **Zeitpunkt versäumt**, bis zu dem sie einen Schriftsatz einreichen kann[35], → § 128 Rdnr. 123. Die Versäumung des Termins für eine schriftliche Stellungnahme kann der Versäumung des Termins für die mündliche Verhandlung gleichgestellt werden; daß bei § 128 letztlich kein Versäumnis-, sondern ein streitiges Urteil ergeht, ist demgegenüber unerheblich. Die entsprechende Anwendung von § 513 Abs. 2 S. 2 ist verfassungsrechtlich unbedenklich[36], andererseits aber nicht geboten[37]. 18

Von der unter →Rdnr. 18 behandelten Fallgestaltung ist der Fall zu unterscheiden, daß das Gericht seine **Entscheidung vor dem dafür bestimmten Termin fällt** und die Partei bis zu diesem Zeitpunkt noch keinen Schriftsatz eingereicht hat, ohne daß die gesetzte Schriftsatzfrist schon abgelaufen wäre. Obwohl die Parallele zur Säumnis in der mündlichen Verhandlung sich hier weniger aufdrängt, wird man auch hier noch eine entsprechende Anwendung von Abs. 2 S. 2 befürworten müssen. Verfassungsrechtliche Bedenken bestehen auch hier nicht[38]. Besteht der Fehler des Untergerichts dagegen ausschließlich darin, daß es einen **Schriftsatz der Partei nicht berücksichtigt** hat, so kommt eine entsprechende Anwendung von Abs. 2 S. 2 allenfalls dann in Betracht, wenn man eine Analogie allgemein bei Verletzung des Anspruchs auf rechtliches Gehör befürwortet, dazu → Rdnr. 20. Insoweit geht es um keine Besonderheit des schriftlichen Verfahrens; das Problem liegt vielmehr nicht anders, als wenn ein Parteivortrag aus der mündlichen Verhandlung bei der Urteilsfällung nicht berücksichtigt wird. 19

### 2. Verletzung des Anspruchs auf rechtliches Gehör

Teilweise wird eine entsprechende Anwendung von Abs. 2 S. 2 bei Verletzung des Anspruchs auf rechtliches Gehör, Art. 103 Abs. 2 GG, befürwortet[39]. Dem kann mit der h.M.[40] nicht gefolgt werden. Auch wenn man anerkennt, daß Abs. 2 S. 2 die Funktion hat, in einem Teilbereich das rechtliche Gehör zu garantieren, → Rdnr. 4, und wenn man weiter davon ausgeht, daß die Fachgerichte zur Entlastung des Bundesverfassungsgerichts gehalten sind, Grundrechtsverstöße nach Möglichkeit selbst zu bereinigen[41], kann aus Abs. 2 S. 2 nicht der 20

---

[35] *LG Frankfurt* NJW 1985, 1171; *LG Zweibrücken* JZ 1989, 51; AK-*Ankermann* Rdnr. 11; *Zöller/Schneider*[18] Rdnr. 4; *Thomas/Putzo*[18] § 128 Rdnr. 48; *Kramer* NJW 1978, 1416; a.A. *LG Bonn* NJW 1985, 1170; *LG Flensburg* NJW-RR 1990, 172.
[36] *BVerfGE* 60, 96 = NJW 1982, 1454.
[37] *BVerfGE* 72, 119, 121f = NJW 1986, 2305.
[38] So *BVerfGE* 61, 78 = NJW 1982, 2368, wo die Partei den Schriftsatz allerdings bis zu dem ihr gesetzten Zeitpunkt eingereicht hatte, dieser vom Gericht bei der verfrüht gefällten Entscheidung aber nicht berücksichtigt worden war.
[39] So *OLG Schleswig* NJW 1988, 67; *LG Frankfurt* NJW 1987, 2591; *LG Münster* NJW-RR 1989, 381; *LG Essen* NJW-RR 1993, 576; *Zimmermann*[2] Rdnr. 11.
[40] *BGH* NJW 1990, 838; *Waldner* Aktuelle Probleme des rechtlichen Gehörs im Zivilprozeß (Erlanger Diss. 1983), 289f; *Thomas/Putzo*[18] Rdnr. 7.
[41] *BVerfGE* 49, 252, 258; 63, 77, 79; 73, 322, 327.

allgemeine Grundsatz hergeleitet werden, daß sämtliche Formen der Nichtgewährung des rechtlichen Gehörs die Berufung unabhängig vom Erreichen des nach § 511 a erforderlichen Beschwerdewerts zulässig machen.

## V. Arbeitsgerichtliches Verfahren

21 Im arbeitsgerichtlichen Verfahren gilt § 513 ebenfalls, § 64 Abs. 6 ArbGG. Auch hier ist gegen ein zweites Versäumnisurteil zwar nicht der Einspruch (§ 59 S. 4 ArbGG i.V. mit § 345), wohl aber dann die Berufung gegeben, wenn damit geltend gemacht wird, es fehle an einer Säumnis. Ebenso wie in der ordentlichen Gerichtsbarkeit (→ Rdnr. 8) ist dem die unverschuldete Säumnis gleichzustellen.

22 Sehr streitig ist, ob auch § 513 Abs. 2 S. 2 im arbeitsgerichtlichen Verfahren anwendbar ist. Verneinendenfalls wäre die Berufung gegen ein zweites Versäumnisurteil trotz Fehlens einer Säumnis nur dann zulässig, wenn der **Beschwerdewert** 800,– DM übersteigt, § 64 Abs. 2 ArbGG (die daneben bestehende Möglichkeit einer Zulassung der Berufung aus einem der in § 64 Abs. 3 ArbGG aufgeführten Gründe ist rein theoretischer Art; soweit eine Zulassung erfolgt, eröffnet sie die Nachprüfung des angefochtenen Urteils nur im Rahmen von § 513 Abs. 2 S. 1). Die Rechtsprechung verneint eine Anwendbarkeit von § 513 Abs. 2 S. 2 unter Berufung darauf, die Statthaftigkeit der Berufung sei in § 64 Abs. 2 ArbGG abschließend geregelt; daneben sei ein Rückgriff auf § 513 Abs. 2 S. 2 nicht zulässig[42]. Dem kann nicht gefolgt werden. Das rein formale Argument, in § 64 Abs. 2 ArbGG seien die Zulässigkeitsvoraussetzungen der Berufung abschließend geregelt, kann nichts daran ändern, daß die Partei im arbeitsgerichtlichen Verfahren nicht weniger schutzwürdig ist als in der ordentlichen Gerichtsbarkeit. Die Berufung ist unter den Voraussetzungen von § 513 Abs. 2 S. 1 also auch dann zulässig, wenn der Beschwerdewert von mehr als 800,– DM nicht erreicht wird[43]

## § 514 [Verzicht auf Berufung]

Die Wirksamkeit eines nach Erlaß des Urteils erklärten Verzichts auf das Recht der Berufung ist nicht davon abhängig, daß der Gegner die Verzichtsleistung angenommen hat.

Gesetzesgeschichte: Bis 1900 § 475 CPO. Änderungen: BGBl. 1950 S. 455.

| | |
|---|---|
| I. Allgemeines zum Berufungsverzicht ... 1 | III. Rechtsmittelverzicht nach Urteilserlaß ... 6 |
| II. Rechtsmittelverzicht vor Erlaß des angefochtenen Urteils ... 2 | 1. Rechtsmittelverzicht nach Berufungseinlegung ... 6 |
| 1. Zulässigkeit ... 2 | 2. Rechtsmittelverzicht vor Berufungseinlegung ... 7 |
| 2. Form ... 3 | a) Durch Erklärung an das Gericht ... 7 |
| 3. Ehesachen ... 5 | |

---

[42] BAGE 61, 237 = AP § 64 ArbGG 1979 Nr. 19 = NJW 1989, 2644 = MDR 850 = ZIP 1288 = EWiR § 741 (*Grunsky*); *LAG Hamm* LAGE § 64 ArbGG 1979 Nr. 19 (*Schneider*); *LAG München* LAGE § 64 ArbGG 1979 Nr. 21; zustimmend *Germelmann/Matthes/Prütting* § 59 Rdnr. 43; *Thomas/Putzo*[18] Rdnr. 7.

[43] So die überwiegende Auffassung im Schrifttum (*Dütz* RdA 1980, 91; *Berscheid* ZfA 1989, 118f; *Schaub* § 101 IV 3; *Schneider* in Anm. zu *LAG Hamm* (Fn. 42); *Grunsky* EWiR 1989, 741; *Rimmelspacher/Abel* NZA 1990, 511; MünchKomm ZPO-*Rimmelspacher* Rdnr. 2).

| | |
|---|---|
| b) Durch einseitige Erklärung an den Gegner | 10 |
| c) Durch Vertrag | 11 |
| 3. Ehesachen | 12 |
| IV. Die Verzichtserklärung | 13 |
| 1. Auslegung | 13 |
| a) Auslegungskriterien | 13 |
| b) Einzelfälle | 15 |
| 2. Teilweiser Rechtsmittelverzicht | 17 |
| V. Wirkungen des Rechtsmittelverzichts | 19 |
| 1. Gegenüber dem Gericht erklärter Rechtsmittelverzicht | 20 |
| 2. Gegenüber dem Gegner erklärter Rechtsmittelverzicht | 21 |
| 3. Rechtsmittelverzicht durch einen Streitgenossen | 23 |
| a) Einfache Streitgenossenschaft | 23 |
| b) Notwendige Streitgenossenschaft | 24 |
| 4. Widerruf, Anfechtung | 25 |
| a) Meinungsstand | 25 |
| b) Stellungnahme | 28 |
| VI. Arbeitsgerichtliches Verfahren | 29 |

## I. Allgemeines zum Berufungsverzicht[1]

Der **Verzicht auf die Berufung** ist die rechtswirksame Erklärung, von der prozessualen Befugnis, das Urteil durch Einlegung einer Berufung anzufechten, keinen Gebrauch zu machen. Er ist in § 514 nur in Teilaspekten geregelt. Im einzelnen muß nach folgenden Kriterien differenziert werden:
— Erklärung des Rechtsmittelverzichts vor oder nach Erlaß des angefochtenen Urteils. § 514 regelt nur den nach Erlaß des angefochtenen Urteils erklärten Verzicht.
— Verzichtserklärung gegenüber dem erstinstanzlichen Gericht oder gegenüber der Gegenpartei.
— Verzichtserklärung in Form einer einseitigen Erklärung der rechtsmittelbefugten Partei oder auf vertraglicher Grundlage.

Einigkeit besteht darüber, daß § 514 **keine abschließende Regelung** des Berufungsverzichts enthält[2]. Insbesondere kann nicht etwa der Umkehrschluß gezogen werden, daß der Verzicht vor Erlaß des angefochtenen Urteils nicht zulässig ist.

## II. Rechtsmittelverzicht vor Erlaß des angefochtenen Urteils

### 1. Zulässigkeit

Der Verzicht auf die Berufung vor Erlaß des Urteils ist gesetzlich nicht ausdrücklich geregelt. Er wird gleichwohl zu Recht allgemein für zulässig gehalten[3] und kann auch schon vor Klageerhebung vereinbart werden[4]. Es ist kein Grund dafür ersichtlich, daß sich die Parteien ihres Anfechtungsrechts nur nach Urteilserlaß begeben können. Zwar entsteht das Anfechtungsrecht erst mit Urteilserlaß, doch ist die Zulässigkeit einer Verfügung über zukünftige Rechte auch sonst anerkannt[5]. Es muß lediglich darauf geachtet werden, daß die

---

[1] Neuere Literatur zum Rechtsmittelverzicht: *Baumgärtel* Wesen und Begriff der Prozeßhandlung einer Partei im Zivilprozeß[2] (1972), 167ff., 206ff.; *Orfanides* Die Berücksichtigung von Willensmängeln im Zivilprozeß (1982), 153ff.; *Schlosser* Einverständliches Parteihandeln im Zivilprozeß (1968), 73ff.; *Habscheid* NJW 1965, 2369; *Rimmelspacher* JuS 1988, 953; *Zeiss* NJW 1969, 166.
[2] *Habscheid* NJW 1965, 2369; *Orfanides* (Fn. 1), 153; MünchKomm ZPO-*Rimmelspacher* Rdnr. 1.
[3] *BGHZ* 2, 112, 114; 28, 45, 48; *BGH* NJW 1986, 198 = MDR 313; *Baumgärtel* (Fn. 1), 206; *Schiedermair* Vereinbarungen im Zivilprozeß (1935), 68ff.; *Schlosser* (Fn. 1), 76ff.; *Habscheid* NJW 1969, 2369; *Rimmelspacher* JuS 1988, 955ff.; MünchKomm ZPO-*Rimmelspacher* Rdnr. 30; AK-*Ankermann* Rdnr. 2; *Baumbach/Lauterbach/Albers*[51] Rdnr. 2; *Thomas/Putzo*[18] Rdnr. 5; *Zöller/Schneider*[18] Rdnr. 2; *Rosenberg/Schwab/Gottwald*[15] § 136 II 5b.
[4] *BGH* NJW 1986, 198 = MDR 313.
[5] Zutreffend *Schlosser* (Fn. 1), 77; *Habscheid* NJW 1965, 2370.

Partei sich über die Tragweite des Verzichts im klaren ist. Dies mag dazu führen, dem vorgängigen Rechtsmittelverzicht im Einzelfall die Wirkung zu versagen oder ihn restriktiv auszulegen; die grundsätzliche Zulässigkeit eines solchen Verzichts kann jedoch nicht bezweifelt werden. Unerheblich ist auch, ob beide Parteien oder nur eine von ihnen vor Erlaß des Urteils einen Rechtsmittelverzicht erklärt; ebenso wie bei einem Verzicht nach Urteilserlaß kann auch davor ein nur einseitiger Verzicht erklärt werden[6].

## 2. Form

3   Was die Form des vor Urteilserlaß erklärten Rechtsmittelverzichts betrifft, so läßt die h.M. lediglich einen zwischen den Parteien zu schließenden **Vertrag** zu[7]. Dieser Vertrag untersteht dem Prozeßrecht[8]; andere sehen in ihm einen bürgerlichrechtlichen Vertrag mit prozessualem Inhalt[9]. Letztlich ist die Frage der Qualifizierung kaum von praktischer Bedeutung[10]. Auf jeden Fall sind zahlreiche Vorschriften des bürgerlichen Rechts entsprechend anzuwenden (→ vor § 128 Rdnr. 236ff.). Der Verzichtsvertrag unterliegt nicht dem Anwaltszwang[11]. Näheres zu den Wirkungen des Verzichtsvertrags → Rdnr. 21 ff.

4   Während ein Rechtsmittelverzicht nach Urteilserlaß auch durch **einseitige Erklärung** gegenüber dem Gericht oder dem Gegner erklärt werden kann (→ Rdnr. 7ff.), verneint die h.M. eine solche Möglichkeit für die Zeit vor Erlaß des Urteils[12]. Teilweise wird allerdings wenigstens ein einseitiger Verzicht durch Erklärung gegenüber dem Gericht zugelassen[13]. Die h.M. stützt sich dabei auf den Wortlaut von § 514, der lediglich den nach Urteilserlaß erfolgten Rechtsmittelverzicht nicht von der Annahme durch den Gegner abhängig macht. Dies vermag nicht zu überzeugen. Vom Ergebnis her ist nicht einzusehen, daß die Form des Verzichts vor Urteilserlaß anders geregelt sein soll als danach[14]. Der Wortlaut des § 514 steht einem einseitigen Rechtsmittelverzicht vor Urteilserlaß auch nicht entgegen; die Vorschrift regelt lediglich den Fall, daß ein Rechtsmittelverzicht nach Urteilserlaß erklärt worden ist; daraus kann nicht ohne weiteres ein Umkehrschluß gezogen werden. Infolgedessen muß der einseitige Rechtsmittelverzicht auch vor Urteilserlaß als zulässig angesehen werden, wobei die Verzichtserklärung dem Gericht oder dem Gegner gegenüber abgegeben werden kann[15].

## 3. Ehesachen

5   Für **Ehe-** und insbesondere auch **Scheidungssachen** gilt das soeben Ausgeführte entsprechend. Die verschiedentlich vertretene Auffassung, in Ehesachen sei ein Rechtsmittelverzicht vor Urteilserlaß unzulässig[16], ist abzulehnen. Einigkeit besteht darüber, daß nach Urteilserlaß auch in Ehesachen wirksam auf ein Rechtsmittel verzichtet werden kann (Näheres →

---

[6] A. A. *Rimmelspacher* JuS 1988, 956; MünchKomm ZPO-*Rimmelspacher* Rdnr. 22.

[7] *Baumgärtel* (Fn. 1), 206; *Schlosser* (Fn. 1), 76; *Habscheid* NJW 1965, 2373; *Blomeyer*² § 98 I 3; *Rosenberg/Schwab/Gottwald*¹⁵ § 136 II 5b; AK-*Ankermann* Rdnr. 2; *Thomas/Putzo*/¹⁸ Rdnr. 5; *Zöller/Schneider*¹⁸ Rdnr. 2.

[8] *Baumgärtel* (Fn. 1), 206; *Habscheid* NJW 1965, 2370; *Rosenberg/Schwab/Gottwald*¹⁵ § 136 II 5b.

[9] *RGZ* 144, 98; 156, 104; *BGHZ* 2, 112, 114; 28, 45, 48 = NJW 1958, 1397; AK-*Ankermann* Rdnr. 2; *Baumbach/Lauterbach/Albers*⁵¹ Rdnr. 3; *Thomas/Putzo*¹⁸ Rdnr. 5; MünchKomm ZPO-*Rimmelspacher* Rdnr. 23.

[10] Zutreffend *Zeiss* NJW 1969, 168; AK-*Ankermann* Rdnr. 2.

[11] *BGH* NJW 1968, 198; MünchKomm ZPO-*Rimmelspacher* Rdnr. 23; AK-*Ankermann* Rdnr. 2.

[12] Nachw. → Fn. 7.

[13] *Rimmelspacher* JuS 1988, 956; MünchKomm ZPO-*Rimmelspacher* Rdnr. 27; dazu, daß der Verzicht von beiden Parteien für erforderlich gehalten wird, → Rdnr. 2; diese Frage hat nichts damit zu tun, in welcher Form und wem gegenüber die Verzichtserklärung abzugeben ist.

[14] Insoweit ebenso *Habscheid* NJW 1965, 2373.

[15] Wie hier *Conrad* in Anm. zu *BGH* LM § 514 Nr. 1.

[16] So *Pohle* JZ 1959, 94; *Habscheid* NJW 1965, 2375f; AK-*Derleder* § 617 Rdnr. 5.

Rdnr. 12). Das öffentliche Interesse an der Aufrechterhaltung der Ehe steht dem nicht entgegen. Ist dies aber richtig, so ist nicht ersichtlich, wieso für einen vor Urteilserlaß erklärten Rechtsmittelverzicht etwas anderes gelten soll. Insbesondere läßt sich insoweit aus Art. 6 Abs. 1 GG nichts Gegenteiliges herleiten[17]. Man kann auch nicht jeden vor Urteilserlaß erklärten Rechtsmittelverzicht als sittenwidrig ansehen[18]. Man wird lediglich fordern müssen, daß die verzichtende Partei sich über die Tragweite der Rechtsfolgen des Verzichts im klaren ist. Daran kann es etwa fehlen, wenn über die Folgesachen noch keine Klarheit besteht. Wegen der großen Bedeutung der Ehesachen für das persönliche Schicksal der Parteien mag es überdies gerechtfertigt sein, Verzichtserklärungen in weiterem Umfang als in rein vermögensrechtlichen Streitigkeiten als unwirksam anzusehen. Abgesehen davon sind Ehesachen nicht anders zu behandeln als vermögensrechtliche Streitigkeiten, weshalb auch ein vor Urteilserlaß erklärter Rechtsmittelverzicht wirksam ist[19]. Soweit ein Rechtsmittelverzicht in Ehesachen nach Urteilserlaß in seinen Wirkungen Einschränkungen unterliegt (→ Rdnr. 12), gilt dies auch für den vor Urteilserlaß erklärten Rechtsmittelverzicht.

### III. Rechtsmittelverzicht nach Urteilserlaß

#### 1. Rechtsmittelverzicht nach Berufungseinlegung

Für den Rechtsmittelverzicht nach Urteilserlaß ergibt sich unmittelbar aus § 514, daß er **in verschiedenen Formen möglich** ist. Allerdings gilt dies nur bis zur Einlegung des Rechtsmittels. Der **nach Rechtsmitteleinlegung erklärte Verzicht** ist zwar grundsätzlich möglich, stellt sich sachlich aber als Rechtsmittelrücknahme unter Verzicht auf erneute Einlegung dar[20]. Anderenfalls könnten die in § 515 für die Rechtsmittelrücknahme geltenden Vorschriften praktisch beliebig umgangen werden. So tritt denn auch die hier abgelehnte Auffassung zutreffend dafür ein, daß in entsprechender Anwendung von § 515 Abs. 1 der Rechtsmittelverzicht nach Beginn der mündlichen Verhandlung in der Berufungsinstanz nur noch mit Zustimmung des Rechtsmittelbeklagten erklärt werden kann[21]. Von der hier vertretenen Auffassung her ergibt sich dies aus einer unmittelbaren Anwendung von § 515 Abs. 1[22]. Weiter ist der Rechtsmittelverzicht nach Einlegung des Rechtsmittels nurmehr in der von § 515 Abs. 2 geforderten Form (Erklärung in der mündlichen Verhandlung oder Einreichung eines Schriftsatzes an das Gericht zweiter Instanz) möglich[23]. Schließlich muß sichergestellt sein, daß dem Berufungsbeklagten der sich aus § 515 Abs. 3 ergebende Kostenerstattungsanspruch nicht durch ein Ausweichen in den Rechtsmittelverzicht entzogen wird.

6

---

[17] A. A. *Habscheid* NJW 1965, 2376.
[18] So aber noch RGZ 70, 59; dagegen zutreffend BGHZ 28, 45 (weit. Nachw. → Fn. 19).
[19] Ebenso die h.M.; BGHZ 28, 45 = LM § 72 EheG Nr. 5 = NJW 1958, 1397 = MDR 754 = JZ 1959, 91 (dazu *Pohle*); *Rosenberg/Schwab/Gottwald*[15] § 136 II 5b; MünchKomm ZPO-*Rimmelspacher* Rdnr. 21; AK-*Ankermann* Rdnr. 2; *Baumbach/Lauterbach/Albers*[51] § 617 Rdnr. 5; *Schmidt* SchlHA 1965, 247.
[20] AK-*Ankermann* Rdnr. 4; *Zöller/Schneider*[18] Rdnr. 5. A.A. BGHZ 27, 60, 61f = NJW 1958, 868; BGH NJW 1994, 737, 738; *Rimmelspacher* JuS 1988, 957; MünchKomm ZPO-*Rimmelspacher* Rdnr. 28; *Baumbach/Lauterbach/Albers*[51] Rdnr. 6.

[21] *Rimmelspacher*; MünchKomm ZPO-*Rimmelspacher*; *Baumbach/Lauterbach/Albers* alle wie → Fn. 20; BGH NJW 1994, 737.
[22] S. OLG Celle NJW 1963, 1113 = JZ 1964, 461 (dazu *Pohle*) für den Fall, daß der Berufungsbeklagte unselbständige Anschlußberufung eingelegt hat. Diese kann nicht dadurch unzulässig werden, daß der Berufungskläger auf die Berufung verzichtet, wenn eine Rücknahme an der fehlenden Zustimmung des Berufungsbeklagten scheitert.
[23] A. A. MünchKomm ZPO-*Rimmelspacher* Rdnr. 29: Verzicht auch in vertraglicher Form oder durch einseitige Erklärung gegenüber dem Gegner.

## 2. Rechtsmittelverzicht vor Berufungseinlegung

### a) Durch Erklärung an das Gericht

7 Vor Berufungseinlegung kann der Verzicht zunächst durch **einseitige, an das Gericht gerichtete Erklärung** bewirkt werden[24]. Sie richtet sich an das erstinstanzliche Gericht. Vor Berufungseinlegung kann die Erklärung deshalb nicht an das Berufungsgericht gerichtet werden, weil dieses mit der Sache noch gar nicht befaßt ist; im Einzelfall kann die an das Berufungsgericht gerichtete Erklärung jedoch als Rechtsmittelverzicht gegenüber dem Gegner ausgelegt oder umgedeutet werden. Gegenüber dem Berufungsgericht kommt ein Rechtsmittelverzicht jedoch dann in Betracht, wenn von vornherein nur teilweise Berufung eingelegt wird; hinsichtlich des Restes kann der Rechtsmittelverzicht auch an das Berufungsgericht (daneben natürlich auch an das erstinstanzliche Gericht) gerichtet sein. Der Verzicht kann schriftlich[25] oder in der mündlichen Verhandlung abgegeben werden, und zwar auch gegenüber dem Einzelrichter[26] sowie dem ersuchten oder beauftragten Richter[27]. Trotz begrifflicher Bedenken (ein Rechtskraftzeugnis setzt voraus, daß die Entscheidung bereits rechtskräftig ist) wird ein Rechtsmittelverzicht auch in dem Ersuchen an den Urkundsbeamten der Geschäftsstelle um Erteilung eines Rechtskraftzeugnisses liegen können[28]. Unwirksam ist dagegen eine Erklärung zu Protokoll der Geschäftsstelle[29]. Wird die Erklärung in der mündlichen Verhandlung nach Erlaß des Urteils abgegeben, so liegt darin nur eine Erklärung gegenüber dem Gericht und nicht auch gegenüber dem Gegner, es sei denn, aus der Erklärung ergibt sich im Einzelfall etwas anderes[30]. Die Protokollierung des in der mündlichen Verhandlung erklärten Rechtsmittelverzichts ist nicht Wirksamkeitsvoraussetzung, sondern lediglich ein Beweismittel[31].

8 Der dem Gericht gegenüber erklärte Rechtsmittelverzicht wird als Prozeßhandlung dem **Anwaltszwang** unterstellt[32] (Ausnahme: Bei Erklärung gegenüber dem beauftragten oder dem ersuchten Richter, § 78 Abs. 3). Dem ist dann nicht genügt, wenn eine nicht anwaltlich vertretene Partei durch den Anwalt der Gegenpartei den Rechtsmittelverzicht erklären läßt[33]. Der Anwaltszwang verlangt, daß der Anwalt die Erklärung nicht nur rein formell abgibt; er muß vielmehr die Partei nach gründlicher Information auch beraten[34]. Insbesondere ist ein Rechtsmittelverzicht in der Regel als unwirksam anzusehen, wenn er von einem Anwalt abgegeben worden ist, der nach Urteilsverkündung, aber noch vor Schluß der Sitzung nur zur Abgabe der Verzichtserklärung beauftragt worden ist[35]. Die Prozeßvollmacht legitimiert ohne weiteres zur Verzichtserklärung[36], und zwar auch in Ehesachen[37]. Eine Beschränkung der Vollmacht ist im Anwaltsprozeß im Außenverhältnis nach § 83 Abs. 1 unwirksam. Fehlt es an einer Vollmacht, so ist der Rechtsmittelverzicht unwirksam[38]; ebenso bei offen-

---

[24] Einhellige Meinung; s. etwa *Rosenberg/Schwab/Gottwald*[15] § 136 II 5a; MünchKomm ZPO-*Rimmelspacher* Rdnr. 5.
[25] RGZ 105, 351, 353.
[26] RG SA 88 Nr. 111.
[27] RGZ 105, 351, 353.
[28] RG SA 78 Nr. 213; a.A. MünchKomm ZPO-*Rimmelspacher* Rdnr. 5.
[29] OLG Hamburg MDR 1955, 174; *Wieczorek/Rössler* Anm. A III c 1; MünchKomm ZPO-*Rimmelspacher* Rdnr. 6.
[30] BGHZ 2, 112, 116 = NJW 1952, 26; BGH JZ 1953, 153.
[31] BGH LM § 160 Nr. 5 = NJW 1984, 1465 = MDR 655 = FamRZ 372 = BB 1073; NJW-RR 1986, 1327, 1328.
[32] BGHZ 2, 112, 114 = NJW 1952, 16; OLG Hamburg MDR 1967, 766; *Rosenberg/Schwab/Gottwald*[15] § 136 II 5a; AK-*Ankermann* Rdnr. 5; *Baumbach/Lauterbach/Albers*[51] Rdnr. 7; MünchKomm ZPO-*Rimmelspacher* Rdnr. 5; → weiter § 78 Rdnr. 13.
[33] OLG Hamburg MDR 1967, 766.
[34] RG DR 1944, 466; OLG Stuttgart SJZ 1946, 176.
[35] Str.; wie hier RG DR 1944, 466; OLG Stuttgart SJZ 1946, 176; OLG Zweibrücken OLGZ 1967, 26; *Rosenberg/Schwab/Gottwald*[15] § 136 II 5a; *Wieczorek/Rössler* Anm. A III b; AK-*Ankermann* Rdnr. 5. A.A. OLG München OLGZ 1967, 23; *Baumbach/Lauterbach/Albers*[51] Rdnr. 7; *Zöller/Schneider*[18] Rdnr. 6; MünchKomm ZPO-*Rimmelspacher* Rdnr. 6.
[36] *Rosenberg/Schwab/Gottwald*[15] § 136 II 5a; MünchKomm ZPO-*Rimmelspacher* Rdnr. 6.
[37] RGZ 59, 346; 105, 351, 352.
[38] OLG Schleswig SchlHA 1949, 366; MünchKomm ZPO-*Rimmelspacher* Rdnr. 6.

kundigem Mißbrauch der Vollmacht[39]. Bis zur Einlegung der Berufung ist der erstinstanzliche Anwalt legitimiert[40]; anschließend muß der Verzicht von einem für die zweite Instanz bevollmächtigten Anwalt erklärt werden.

Der Verzicht ist **sofort bindend**. Er bedarf keiner vormundschaftsgerichtlichen Genehmigung[41]. Eine gleichwohl eingelegte Berufung ist unzulässig, was von Amts wegen zu berücksichtigen ist, Näheres → Rdnr. 20. Zur Anfechtbarkeit und Widerruflichkeit → Rdnr. 25. Als Prozeßhandlung soll der Rechtsmittelverzicht der freien Nachprüfung und Auslegung durch das Revisionsgericht unterliegen[42]; Näheres zur Nachprüfung von Prozeßhandlungen durch das Revisionsgericht → §§ 549, 550 Rdnr. 44 ff.

9

### b) Durch einseitige Erklärung an den Gegner

Nach Urteilserlaß (ob auch davor, ist str.; → Rdnr. 4) ist der Rechtsmittelverzicht ferner durch einseitige Erklärung an den Gegner möglich[43], und zwar auch in Ehesachen[44]. Anders als die dem Gericht gegenüber abgegebene Verzichtserklärung unterliegt der dem Gegner gegenüber erklärte Verzicht nicht dem Anwaltszwang[45]. Eine Prozeßvollmacht deckt aber auch die außergerichtliche Verzichtserklärung[46]. Wird die Erklärung in der mündlichen Verhandlung in Gegenwart des Gegners abgegeben, so liegt darin im Zweifel nur ein dem Gericht gegenüber erklärter Verzicht[47], weshalb Anwaltszwang besteht. Die Erklärung kann auch in einem Vergleich[48] oder in einem anderen Prozeß abgegeben werden[49]. Im übrigen gilt das unter Rdnr. 9 Ausgeführte. Zur Anfechtbarkeit und Widerruflichkeit → Rdnr. 26.

10

### c) Durch Vertrag

Schließlich ist nach Erlaß des Urteils (ebenso wie vorher, → Rdnr. 3) ein vertraglicher Rechtsmittelverzicht zulässig. Ob ein in einem Prozeßvergleich aufgenommener Verzicht als einseitige Erklärung oder als Teil des Vertrags aufzufassen ist, ist Frage der Auslegung. Der wesentliche Unterschied zwischen dem einseitigen und dem vertraglichen Rechtsmittelverzicht soll darin bestehen, daß der Vertrag im Gegensatz zur einseitigen Erklärung in weitem Umfang den Vorschriften des BGB über Irrtum und Nichtigkeit untersteht[50]; Näheres → Rdnr. 27 f.

11

### 3. Ehesachen

Das unter → Rdnr. 6 ff. Ausgeführte gilt grundsätzlich auch in Ehesachen. Insbesondere steht § 617 einem Rechtsmittelverzicht nicht entgegen. Die Parteien haben nämlich auf jeden Fall die Möglichkeit, auch das fehlerhafte Urteil durch Verstreichenlassen der Rechtsmittelfrist rechtskräftig werden zu lassen. Infolgedessen ist der Rechtsmittelverzicht auch dann

12

---

[39] *BGH* LM § 515 Nr. 13 = MDR 1962, 374, 375.
[40] *RG* SA 78 Nr. 213; MünchKomm ZPO-*Rimmelspacher* Rdnr. 6.
[41] *Blomeyer*² § 98 I 1; *Rosenberg/Schwab/Gottwald*¹⁵ § 136 II 5 a.
[42] RGZ 104, 133, 136; *BGH* LM § 514 Nr. 23; *Rosenberg/Schwab/Gottwald*¹⁵ § 136 II 5 a; AK-*Ankermann* Rdnr. 8.
[43] RGZ 104, 133; BGHZ 2, 112 = NJW 1952, 26; MünchKomm ZPO-*Rimmelspacher* Rdnr. 4; AK-*Ankermann* Rdnr. 4; a. A. *Zeiss* NJW 1969, 170.
[44] *BGH* NJW 1974, 1248 = FamRZ 526.

[45] BGHZ 2, 112 = NJW 1952, 26; NJW 1974, 1248 = FamRZ 526; NJW 1985, 2335 = JZ 689 = JR 423 (dazu *Zeiss*) = MDR 1986, 139 = ZZP 100 (1987), 77; *OLG Hamm* WRP 1992, 337; MünchKomm ZPO-*Rimmelspacher* Rdnr. 14; *Zöller/Schneider*¹⁸ Rdnr. 6; AK-*Ankermann* Rdnr. 9; *Baumbach/Lauterbach/Albers*⁵¹ Rdnr. 8; a. A. *Rosenberg/Schwab/Gottwald*¹⁵ § 136 II 5 a.
[46] MünchKomm ZPO-*Rimmelspacher* Rdnr. 14.
[47] Nachw. → Fn. 30.
[48] RGZ 45, 329.
[49] RGZ 59, 346 f.
[50] *Baumgärtel* (Fn. 2), 214.

wirksam, wenn das Urteil unrichtig ist und zu einer dem materiellen Recht widersprechenden Auflösung der Ehe führt[51]. Es besteht auch kein Anlaß, den Parteien in Ehesachen auf jeden Fall die Rechtsmittelfrist als unverzichtbare Überlegungsfrist zuzubilligen. An der Möglichkeit eines Rechtsmittelverzichts (s. auch § 629a Abs. 4) auch in Ehesachen wird demnach heute nicht mehr gezweifelt[52]. Der Verzicht kann ebenso wie in vermögensrechtlichen Streitigkeiten durch Vertrag, einseitige Erklärung gegenüber dem Gericht oder einseitige Erklärung gegenüber dem Gegner erfolgen[53]. In entsprechender Anwendung des unter → Rdnr. 101f Allg. Einl. vor § 511 Ausgeführten wird man allerdings den Rechtsmittelverzicht in Ehesachen insoweit nicht als endgültig ansehen können, als der Scheidungskläger nach Erlaß des Scheidungsurteils trotz des Verzichts Berufung einlegen kann, um in der Berufungsinstanz auf den Scheidungsantrag zu verzichten[54]. Das Scheidungsurteil wird deshalb bei einem nur von einer Partei erklärten Rechtsmittelverzicht noch nicht rechtskräftig[55]. Soweit der Verzicht dem Gegner erklärt wird, unterliegt er auch in Ehesachen nicht dem Anwaltszwang[56].

## IV. Die Verzichtserklärung

### 1. Auslegung

#### a) Auslegungskriterien

13  Die **Verzichtserklärung** muß **eindeutig** sein[57]. Nicht erforderlich ist jedoch, daß der Verzicht ausdrücklich erklärt worden ist; er kann sich auch aus einem schlüssigen Verhalten ergeben[58]. Wegen der weitreichenden Folgen einer Verzichtserklärung ist bei der Annahme eines Verzichts jedoch Vorsicht geboten. Im Zweifel ist die Annahme eines Verzichts abzulehnen; i.d.R. gibt nämlich niemand Rechtspositionen ohne Gegenleistung auf. Dies gilt im Verfahrensrecht ebenso wie im materiellen Recht. Keinesfalls reicht der Verzichtswille für sich allein aus; er muß vielmehr dem Gegner bzw. dem Gericht unmißverständlich erklärt werden[59]. Dabei muß der klare Wille zum Ausdruck gebracht werden, sich endgültig mit dem Urteil abzufinden[60]

14  Geht es um eine dem Gegner gegenüber abgegebene Erklärung (sei es als einseitige, sei es als vertragliche), so hat die Auslegung nach dem **Empfängerhorizont** zu erfolgen[61]. Bei einer an das Gericht gerichteten Erklärung soll dagegen eine rein **objektive Betrachtung** maßgeb-

---

[51] *BGH* LM § 514 Nr. 14 = Warn 1967 Nr. 256 = NJW 1968, 794 = MDR 308 = FamRZ 143; *Rosenberg/Schwab*[14] § 166 IV 12c; *AK-Derleder* § 617 Rdnr. 5; *Baumbach/Lauterbach/Albers*[51] § 617 Rdnr. 5.

[52] RGZ 105, 352; BGHZ 2, 112, 114 = NJW 1952, 26; 4, 314; 28, 45; LM § 514 Nr. 14 (Fn. 51); *BGH* NJW 1974, 1248 = FamRZ 526; *OLG Hamburg* MDR 1957, 426; *Habscheid* NJW 1965, 2375; *Petermann* Rpfleger 1962, 368; *Schmidt* SchlHA 1965, 247; *Oske* MDR 1972, 14; *Rosenberg/Schwab/Gottwald*[15] § 165 V 12c; MünchKomm ZPO-*Rimmelspacher* Rdnr. 3; *Baumbach/Lauterbach/Albers*[51] § 617 Rdnr. 5; *Thomas/Putzo*[18] § 617 Rdnr. 8; MünchKomm ZPO-*Klauser* § 629a Rdnr. 39; *Zimmermann*[2] § 617 Rdnr. 2.

[53] *BGH* LM § 514 Nr. 14 (Fn. 51); *BGH* NJW 1974, 1248 = FamRZ 526; *OLG Düsseldorf* NJW 1965, 403 (dazu *Hillebrand* und *Wüstenberg* 699) = FamRZ 278; *Habscheid* NJW 1965, 2375; *Rosenberg/Schwab/Gottwald*[15] § 165 V 12c; MünchKomm ZPO-*Klauser* § 629a Rdnr. 39. Zweifel an der Zulässigkeit eines Rechtsmittel-

verzichts gegenüber dem Gegner noch bei *BGH* LM § 514 Nr. 5; s. ferner *OLG Hamburg* MDR 1967, 766.

[54] *OLG Düsseldorf* FamRZ 1967, 292 = MDR 1018; *Schmidt* SchlHAG 1965, 250 Fn. 40; *Zeiss* NJW 1969, 168f; *Rosenberg/Schwab/Gottwald*[15] § 165 V 12c; a.A. *BGH* LM § 514 Nr. 14 (Fn. 51).

[55] *OLG Düsseldorf* FamRZ 1985, 300; *Oske* MDR 1972, 14.

[56] *Oske* MDR 1972, 14; *LG Berlin* FamRZ 1970, 29; a.A. *Rosenberg/Schwab/Gottwald*[15] § 165 V 12c.

[57] BGHZ 2, 112, 116 = NJW 1952, 26; MünchKomm ZPO-*Rimmelspacher* Rdnr. 37; *Rosenberg/Schwab/Gottwald*[15] § 136 II 5a.

[58] RGZ 96, 186; BGHZ 4, 314, 321; *BGH* LM § 514 Nr. 12 = MDR 1964, 833; NJW 1974, 1248 = FamRZ 526; *Rosenberg/Schwab/Gottwald*[15] § 136 II 5a; MünchKomm ZPO-*Rimmelspacher* Rdnr. 37.

[59] BGHZ 2, 112, 116 = NJW 1952, 26; 4, 314, 321.

[60] *BGH* NJW 1974, 1248 = FamRZ 526.

[61] MünchKomm ZPO-*Rimmelspacher* Rdnr. 37.

lich sein[62], und zwar selbst dann, wenn alle Verfahrensbeteiligten (einschließlich des Gerichts) die Erklärung übereinstimmend in einem anderen Sinne aufgefaßt haben[63]. Zumindest letzteres überzeugt nicht; wenn alle Beteiligten übereinstimmend der Erklärung eine bestimmte Bedeutung beimessen, besteht auch bei einer Prozeßhandlung kein Anlaß, die Erklärung rechtlich anders einzuordnen; zur Auslegung von Prozeßhandlungen → vor § 128 Rdnr. 192 ff.

### b) Einzelfälle

Kein Rechtsmittelverzicht liegt in der bloßen Ankündigung einer künftigen Verzichtserklärung[64]. Die Stellung nur **beschränkter Rechtsmittelanträge** enthält im Zweifel keinen Verzicht auf die Anfechtung des Urteils im übrigen[65]; die Partei muß sich nicht etwa die künftige Erweiterung ihrer Rechtsmittelanträge vorbehalten. Wird das Rechtsmittel dagegen ausdrücklich auf einen von mehreren Klageanträgen beschränkt, so kann (nicht muß) darin jedoch hinsichtlich der anderen Anträge ein Rechtsmittelverzicht liegen[66]. Die Erklärung einer Partei, sie gedenke kein Rechtsmittel einzulegen und bitte um Zusendung der Kostenrechnung, ist nicht als Rechtsmittelverzicht angesehen worden[67], wohl dagegen die Erklärung, Berufung werde nicht eingelegt werden[68]. Wird nach Erlaß eines Teilurteils ein **Vergleich** abgeschlossen, so kann dieser nur dann als Rechtsmittelverzicht verstanden werden, wenn damit auch der in dem Teilurteil entschiedene Anspruch bereinigt sein soll; ein Indiz kann dabei darin liegen, daß in der Kostenregelung der Inhalt des Teilurteils zugrundegelegt worden ist[69]. Das Angebot oder die **Zahlung der Streitsumme** ist nur dann als ein Rechtsmittelverzicht zu werten, wenn es in der eindeutigen Absicht erfolgt, sich dem Urteil zu unterwerfen; bei einem vorläufig vollstreckbaren Urteil ist das i. d. R. nicht der Fall, und zwar auch dann nicht, wenn gleichzeitig darum gebeten wird, von Vollstreckungsmaßnahmen abzusehen[70]. Wird dagegen auf ein nicht vorläufig vollstreckbares Urteil die Urteilssumme vorbehaltlos gezahlt, so liegt darin i. d. R. ein Rechtsmittelverzicht; ebenso, wenn nach einem Feststellungsurteil Leistungen auf das festgestellte Rechtsverhältnis erbracht werden.

Dagegen ist ein **Rechtsmittelverzicht bejaht** worden bei der Erklärung, die eingelegte Berufung habe sich erledigt[71] oder sie werde auf einen bestimmten Teilbetrag beschränkt[72], bei Stellung eines Antrags auf Erteilung eines Rechtskraftzeugnisses[73], bei Abgabe der Erklärung, es werde keine Berufung eingelegt[74] oder man gebe sich mit der ergangenen Entscheidung zufrieden[75]. In der Erklärung, die Berufung werde nur hinsichtlich der Widerklage durchgeführt, ist ein Rechtsmittelverzicht hinsichtlich des Gegenstandes der Klage gesehen worden[76]. Entsprechendes hat im umgekehrten Fall zu gelten, daß die Berufung auf die Klageforderung beschränkt werden soll.

---

[62] *BGH* LM § 514 Nr. 17 = NJW 1981, 2816 = MDR 1982, 128 = BB 151; LM § 514 Nr. 23 = NJW 1990, 1118 = BB 517; MünchKomm ZPO-*Rimmelspacher* Rdnr. 37.
[63] *BGH* LM § 514 Nr. 17 (Fn. 62).
[64] RGZ 104, 133, 136.
[65] BGHZ 7, 143, 144; *BGH* LM § 533 Nr. 5 = NJW 1958, 343 = JZ 171; LM § 536 Nr. 9 = ZZP 76 (1963), 463; *BGH* NJW 1968, 2106; 1983, 1561, 1562; 1985, 3079; MünchKomm ZPO-*Rimmelspacher* Rdnr. 38.
[66] *BGH* LM § 514 Nr. 23 (Fn. 62).
[67] *BGH* LM § 514 Nr. 8 = FamRZ 1958, 180.
[68] *BGH* NJW 1985, 2335; NJW-RR 1991, 1213.

[69] *BGH* LM § 514 Nr. 16 = Warn 1968 Nr. 198 = NJW 1969, 700 = MDR 477 = BB 739; s. weiter *BGH* LM § 514 Nr. 12 = Warn 1964 Nr. 98 = MDR 833.
[70] *Wieczorek/Rössler* Anm. A III d 1; MünchKomm ZPO-*Rimmelspacher* Rdnr. 38; AK-*Ankermann* Rdnr. 6; *Thomas/Putzo*[18] Rdnr. 9; *Grunsky* NJW 1975, 936; a. A. OLG Hamm NJW 1975, 935.
[71] RGZ 161, 350.
[72] BGHZ 7, 143, 145.
[73] → Fn. 28.
[74] → Fn. 68.
[75] RG JW 1935, 120.

## 2. Teilweiser Rechtsmittelverzicht

**17** Der Rechtsmittelverzicht ist teilbar. Das ist insoweit einhellig anerkannt, als es sich um einen **teilurteilsfähigen Teil des Streitgegenstandes** handelt[77]. Aus denselben Gründen wie bei der Frage, ob überhaupt ein Rechtsmittelverzicht angenommen werden kann (→ Rdnr. 13), ist auch bei der Annahme eines Teilverzichts Vorsicht geboten. Andererseits kann ein eindeutig erklärter Verzicht im Einzelfall in seiner Tragweite möglicherweise dadurch beschränkt werden, daß er nur als Teilverzicht ausgelegt wird. Eine Vermutung dafür, daß der Verzicht im Zweifel den gesamten Streitgegenstand erfaßt[78], kann dabei nicht anerkannt werden; im Zweifel ist die Tragweite des Verzichts eher restriktiv zu verstehen. Ein Teilverzicht ist auch dann möglich, wenn die Teile des Streitgegenstandes gemeinsame Vorfragen haben, die in der Berufungsinstanz anders als in der ersten Instanz beantwortet werden können[79]. Ebenso wie die Partei hier ihre Berufung beschränken kann, kann sie auch einen Teilverzicht erklären.

**18** Ob man darüber hinaus einen Teilverzicht dergestalt zuläßt, daß auf die Anfechtung solcher Teile des Urteils verzichtet werden kann, über die ein **Zwischenurteil** hätte ergehen können, hängt eng mit der Frage zusammen, inwieweit die Berufung nur auf diesen Teil beschränkt eingelegt werden kann (dazu → § 536 Rdnr. 1): Soweit eine Beschränkung der Anfechtung des Urteils möglich ist, kann auch ein Rechtsmittelverzicht erklärt werden. Umgekehrt gilt, daß ein Verzicht nicht möglich ist, wenn eine entsprechende Beschränkung der Berufung unwirksam wäre. Bei der **Aufrechnung** kann sich der Verzicht auf eine der beiden Forderungen beschränken. Weiter ist es möglich, einen Rechtsmittelverzicht nur zum **Grunde des Anspruchs** zu erklären[80]; ebenso kann der Verzicht unter Angreifen der Entscheidung wegen des Anspruchsgrundes auf die Höhe beschränkt werden. Zum Rechtsmittelverzicht nur einzelner Streitgenossen → Rdnr. 23 f.

## V. Wirkungen des Rechtsmittelverzichts

**19** Bei den Wirkungen des Rechtsmittelverzichts wird danach unterschieden, in welcher **Form** er erklärt worden ist[81].

### 1. Gegenüber dem Gericht erklärter Rechtsmittelverzicht

**20** Ein dem Gericht gegenüber erklärter Rechtsmittelverzicht ist **von Amts wegen zu beachten**; das gleichwohl eingelegte Rechtsmittel ist als unzulässig zu verwerfen[82]. Dabei spielt es keine Rolle, ob nur eine oder beide Parteien verzichtet haben. Haben beide Parteien verzichtet, so ist das Urteil rechtskräftig[83]. Dagegen wird bei einem nur einseitigen Verzicht überwiegend angenommen, daß das Urteil auch dann erst mit Ablauf der für beide Parteien laufenden

---

[76] *BGH* LM § 514 Nr. 22 = NJW-RR 1989, 1344 = MDR 728 = VersR 602.

[77] *RGZ* 55, 277; *BSG* AP § 514 Nr. 2; *OLG München* DAR 1969, 41; MünchKomm ZPO-*Rimmelspacher* Rdnr. 31; AK-*Ankermann* Rdnr. 10; *Zöller/Schneider*[18] Rdnr. 16; *Thomas/Putzo*[18] Rdnr. 2. S. weiter *BGH* LM § 514 Nr. 22 (Fn. 76): Beschränkung des Rechtsmittels auf die Widerklage.

[78] So MünchKomm ZPO-*Rimmelspacher* Rdnr. 31.

[79] *OLG München* DAR 1969, 41 (mehrere selbständige Schadensposten).

[80] A. A. *OLG München* DAR 1969, 41.

[81] S. zum Folgenden insbesondere *Habscheid* NJW 1965, 2371. Kritisch zur unterschiedlichen Bindungswirkung der verschiedenen Verzichtsformen *Zeiss* NJW 1969, 166.

[82] *RGZ* 110, 230; 161, 358; *BGHZ* 27, 60 = LM § 519b Nr. 11 = NJW 1958, 868; *Rosenberg/Schwab/Gottwald*[15] § 136 II 5a; *Blomeyer*² § 98 I 1; AK-*Ankermann* Rdnr. 8; *Baumbach/Lauterbach/Albers*[51] Rdnr. 12; *Thomas/Putzo*[18] Rdnr. 14; MünchKomm ZPO-*Rimmelspacher* Rdnr. 12.

[83] *BGH* LM § 514 Nr. 5; *Rosenberg/Schwab/Gottwald*[15] § 150 II 1c; *Thomas/Putzo*[18] Rdnr. 16; *Gaul* ZZP 74 (1961), 58.

Rechtsmittelfristen rechtskräftig wird, wenn nur die verzichtende Partei beschwert ist[84], →
weiter § 705 Rdnr. 9.

### 2. Gegenüber dem Gegner erklärter Rechtsmittelverzicht

Ist der Rechtsmittelverzicht **einseitig dem Gegner erklärt** worden, → Rdnr. 10, so entsteht 21
nach h.M. für diesen lediglich eine prozessuale Einrede, auf deren Geltendmachung hin das
Rechtsmittel als unzulässig zu verwerfen ist[85]. Die Einrede kann durch die Gegeneinrede des
Rechtsmißbrauchs entkräftet werden[86]. Gleiches soll bei einem **vertraglichen Rechtsmittelverzicht** gelten[87].

Demgegenüber unterscheidet *Habscheid*[88] zu Recht danach, ob der Verzichtsvertrag das 22
Verfügungsgeschäft enthält oder ob sich die Partei lediglich zur Abgabe einer Verzichtserklärung verpflichtet. Im letztgenannten Fall ist das Urteil trotz Abschluß des Vertrags noch nicht
rechtskräftig; hier steht dem Rechtsmittelbeklagten bei abredewidriger Einlegung des Rechtsmittels eine prozessuale Einrede zu, deren Ausübung im Einzelfall mit der Einrede der Arglist
begegnet werden kann (→ bei Fn. 86). Die Ausübung der Einrede kann auch im Antrag auf
Verwerfung des Rechtsmittels liegen[89]. Enthält die Verzichtserklärung dagegen unmittelbar
den Verzicht (was bei einseitig erklärtem Verzicht immer der Fall ist, während es bei einem
Vertrag auf dessen Auslegung ankommt), so ist das Urteil häufig durch die Verzichtserklärung
rechtskräftig geworden (nämlich dann, wenn beide Parteien verzichtet haben; zum Fall, daß
nur eine Partei verzichtet und der Gegner nicht beschwert ist, → Rdnr. 20). Die Rechtskraft ist
aber nicht erst auf die Einrede einer Partei hin, sondern von Amts wegen zu beachten[90], →
§ 322 Rdnr. 221. Falls dagegen trotz unmittelbar wirkender Verzichtserklärung die Rechtskraft nicht eingetreten ist, ist mit der h.M. anzunehmen, daß der Verzicht nur auf Einrede des
Rechtsmittelbeklagten hin zu beachten ist. Bei alledem ist es unerheblich, ob der Verzicht vor
oder nach Urteilserlaß erklärt worden ist.

### 3. Rechtsmittelverzicht durch einen Streitgenossen

#### a) Einfache Streitgenossenschaft

Verzichtet einer von mehreren einfachen Streitgenossen auf ein Rechtsmittel, so wirkt dies 23
nur für ihn und hindert die übrigen Streitgenossen nicht an der Einlegung eines Rechtsmittels
(vorausgesetzt, daß durch das Ausscheiden des verzichtenden Streitgenossen nicht die Berufungssumme unterschritten wird,→ § 511a Rdnr. 30). Entsprechendes gilt, wenn ein Rechtsmittelverzicht gegenüber einem von mehreren Streitgenossen erklärt wird.

---

[84] *OLG Karlsruhe* NJW 1971, 664; *Rimmelspacher* JuS 1988, 954; MünchKomm ZPO-*Rimmelspacher* Rdnr. 12; *Baumbach/Lauterbach/Albers*[51] Rdnr. 12. A.A. *OLG Nürnberg* VersR 1981, 887; *Rosenberg/Schwab/Gottwald*[15] § 150 II 1c.
[85] RGZ 161, 350; BGH LM § 514 Nr. 3; § 519b Nr. 11; § 514 Nr. 14 (Fn. 51); LM § 514 Nr. 20 = NJW 1985, 2334 = MDR 830 = JZ 806; BGH NJW-RR 1989, 1344; *Baumgärtel* (Fn. 1), 168; *Rosenberg/Schwab/Gottwald*[15] § 136 II 5a; *Baumbach/Lauterbach/Albers*[51] Rdnr. 12; *Thomas/Putzo*[18] Rdnr.15; *Zöller/Schneider*[18] Rdnr. 9. A.A. *Rimmelspacher* JuS 1988, 955; Münch-

Komm ZPO-*Rimmelspacher* Rdnr. 17 (Verwerfung als unzulässig von Amts wegen).
[86] BGH LM § 514 Nr. 3, 14 (Fn. 51), 19 = NJW 1985, 2335 = JZ 689 = MDR 1986, 139 = ZZP 100 (1987), 77; *Thomas/Putzo*[18] Rdnr. 5; AK-*Ankermann* Rdnr. 3.
[87] BGHZ 28, 45, 52; WM 1973, 144; *Thomas/Putzo*[18] Rdnr. 5; AK-*Ankermann* Rdnr. 3.
[88] NJW 1965, 2371.
[89] BAG AP § 514 Nr. 1 (*Pohle*).
[90] So zutreffend in diesem Zusammenhang *Gaul* ZZP 74 (1961), 58; *Habscheid* NJW 1965, 2372.

### b) Notwendige Streitgenossenschaft

**24** Der Rechtsmittelverzicht eines notwendigen Streitgenossen ist unabhängig davon wirksam, ob er im Innenverhältnis gegenüber den anderen Streitgenossen eine Pflichtverletzung darstellt[91]. Da das Verfahren nur von allen Streitgenossen gemeinsam geführt werden kann, ist die Berufung der übrigen Streitgenossen unzulässig. Der verzichtende Streitgenosse wird nicht etwa nach § 62 von den übrigen vertreten[92]. Dazu wäre erforderlich, daß der verzichtende Streitgenosse seinerseits noch ein Rechtsmittel einlegen könnte, was wegen der Wirksamkeit des Verzichts aber nicht mehr möglich ist.

### 4. Widerruf, Anfechtung

#### a) Meinungsstand

**25** Bei der Frage, ob ein Rechtsmittelverzicht widerrufen oder angefochten werden kann, differenziert die h.M. nach der **Form des Verzichts**. Ein dem **Gericht gegenüber erklärter Rechtsmittelverzicht** wird als unwiderruflich angesehen[93]. Als maßgeblich wird dabei die Natur des Verzichts als Prozeßhandlung angesehen (zur Widerruflichkeit von Prozeßhandlungen → vor § 128 Rdnr. 219 ff.). Ein Widerruf wird jedoch dann zugelassen, wenn ein Restitutionsgrund vorliegt[94]; die bloße Verletzung der Wahrheitspflicht reicht dafür nicht aus[95]. Ohne Vorliegen eines Restitutionsgrundes wird ein Widerruf auch bei Einwilligung des Gegners nicht zugelassen[96]. Als Prozeßhandlung wird weiter die Anfechtbarkeit des dem Gericht gegenüber erklärten Rechtsmittelverzichts verneint[97]; ferner soll der Verzicht nicht nach den Grundsätzen des materiellen Rechts nichtig sein[98].

**26** Der **dem Gegner gegenüber einseitig erklärte Rechtsmittelverzicht**, → Rdnr. 10, soll über das unter → Rdnr. 25 hinaus Ausgeführte bis zum Eintritt der Rechtskraft bei Zustimmung des Gegners widerrufen werden können[99]. Materiellrechtliche Anfechtungs- und Nichtigkeitsgründe werden dagegen ebenso wie bei einem dem Gericht gegenüber erklärten Rechtsmittelverzicht als unerheblich angesehen[100].

**27** Für die Widerruflichkeit des **vertraglichen Rechtsmittelverzichts** gilt das unter → Rdnr. 26 Ausgeführte. Dagegen wird die Anfechtbarkeit bis zur Rechtskraft der Entscheidung grundsätzlich bejaht[101], wobei der Verzichtsvertrag entweder als materiellrechtlicher Vertrag eingeordnet wird oder die Anfechtungsbestimmungen des BGB entsprechend anwendbar sein sollen.

---

[91] MünchKomm ZPO-*Rimmelspacher* Rdnr. 34.
[92] A. A. MünchKomm ZPO-*Rimmelspacher* Rdnr. 34.
[93] *BGH* LM § 514 Nr. 12 = MDR 1964, 833; LM § 514 Nr. 20 = NJW 1985, 2334 = MDR 830 = JZ 806; *BGH* FamRZ 1993, 694; *Baumbach/Lauterbach/Albers*[51] Rdnr. 5; *Zöller/Schneider*[18] Rdnr. 8; MünchKomm ZPO-*Rimmelspacher* Rdnr. 7.
[94] *BGH* LM § 514 Nr. 19 (Fn. 86), 20 (Fn. 93); *BGH* NJW-RR 1986, 1327; FamRZ 1988, 1158; *Rosenberg/Schwab/Gottwald*[15] § 136 II 5a; *Baumbach/Lauterbach/Albers*[51] Rdnr. 5; *Thomas/Putzo*[18] Rdnr. 13. A.A. MünchKomm ZPO-*Rimmelspacher* Rdnr. 7f: Entsprechende Anwendung der Vorschriften zur Wiedereinsetzung in den vorigen Stand (§§ 233 ff.).
[95] *BGH* LM § 514 Nr. 19 (Fn. 86).
[96] *BGH* LM § 514 Nr. 20 (Fn. 93).

[97] *BGH* LM § 514 Nr. 19 (Fn. 86); Nr. 23 = NJW 1990, 1118 = BB 517; *BGH* FamRZ 1993, 664; *Baumbach/Lauterbach/Albers*[51] Rdnr. 5; *Rosenberg/Schwab/Gottwald*[15] § 136 II 5a. A.A. (Anfechtbarkeit bis zur Rechtskraft des Urteils) *Orfanides* ZZP 100 (1987), 63 ff.
[98] *Baumbach/Lauterbach/Albers*[51] Rdnr. 5.
[99] *BGH* LM § 514 Nr. 20 (Fn. 93); *Zöller/Schneider*[18] Rdnr. 10; *Thomas/Putzo*[18] Rdnr. 13; *Rosenberg/Schwab/Gottwald*[15] § 136 II 5a.
[100] *BGH* LM § 514 Nr. 19 (Fn. 86); *Wieczorek/Rössler* Anm. A III d 3; *Zöller/Schneider*[18] Rdnr. 14; MünchKomm ZPO-*Rimmelspacher* Rdnr. 15 (letzterer will auch hier, → schon Fn. 94, die Wiedereinsetzungsbestimmungen anwenden).
[101] AK-*Ankermann* Rdnr. 2; *Zimmermann*[2] Rdnr. 4; *Baumgärtel* (Fn. 1), 214.

## b) Stellungnahme

Die Diffenzierung nach der Art, in der der Rechtsmittelverzicht erklärt worden ist, **überzeugt nicht**. Sie ist zu begrifflich und berücksichtigt nicht genügend, daß die Interessenlage bei allen Arten des Rechtsmittelverzichts im wesentlichen übereinstimmt. Häufig ist es auch kaum möglich, zwischen den verschiedenen Verzichtsformen eine klare Grenzlinie zu ziehen. Bei Einwilligung des Gegners ist kein Grund ersichtlich, der einem Widerruf des Verzichts vor Eintritt der Rechtskraft entgegensteht. Auch der Ausschluß der Anfechtbarkeit überbewertet die Einordnung des Rechtsmittelverzichts als Prozeßhandlung: Ob der Verzicht vertraglich oder einseitig (sei es gegenüber dem Gericht oder gegenüber dem Gegner) erklärt worden ist, stellt kein brauchbares Abgrenzungskriterium für die Anfechtbarkeit dar[102]. Solange die Entscheidung nicht rechtskräftig geworden ist, erscheint es vielmehr interessengerecht, eine Anfechtung des Verzichts zuzulassen. Auch kann der Verzicht nach den materiellrechtlichen Grundsätzen im Einzelfall nichtig sein. Nach Eintritt der Rechtskraft kann ein Schutz der verzichtenden Partei ebenfalls nicht pauschal abgelehnt werden. Mit *Rimmelspacher*[103] erscheint es interessengerecht, hier die Wiedereinsetzungsregeln heranzuziehen. Dies ermöglicht es, die Rechtskraft der Entscheidung nicht als unüberwindliches Hindernis für die Beseitigung eines fehlerhaften Rechtsmittelverzichts einzuordnen, ohne daß die Partei auf den umständlichen Weg der Durchführung eines Wiederaufnahmeverfahrens verwiesen wird.

28

## VI. Arbeitsgerichtliches Verfahren

§ 514 gilt im arbeitsgerichtlichen Verfahren ohne Einschränkungen (§ 64 Abs. 6 S. 1 ArbGG), und zwar auch im Beschlußverfahren. Gegenüber dem Verfahren in der ordentlichen Gerichtsbarkeit gelten keine Besonderheiten.

29

## § 515 [Zurücknahme der Berufung]

(1) Die Zurücknahme der Berufung ist ohne Einwilligung des Berufungsbeklagten nur bis zum Beginn der mündlichen Verhandlung des Berufungsbeklagten zulässig.

(2) Die Zurücknahme ist dem Gericht gegenüber zu erklären. Sie erfolgt, wenn sie nicht bei der mündlichen Verhandlung erklärt wird, durch Einreichung eines Schriftsatzes.

(3) Die Zurücknahme hat den Verlust des eingelegten Rechtsmittels und die Verpflichtung zur Folge, die durch das Rechtsmittel entstandenen Kosten zu tragen. Auf Antrag des Gegners sind diese Wirkungen durch Beschluß auszusprechen; hat der Gegner für die Berufungsinstanz keinen Prozeßbevollmächtigten bestellt, so kann der Antrag von einem bei dem Berufungsgericht nicht zugelassenen Rechtsanwalt gestellt werden. Der Beschluß bedarf keiner mündlichen Verhandlung und ist nicht anfechtbar.

Gesetzesgeschichte: Bis 1900 § 476 CPO. Änderungen: RGBl. 1927 I 175; BGBl. 1950 S. 455; 1990 I 2847.

| | | | |
|---|---|---|---|
| I. Die Zurücknahme der Berufung | 1 | der mündlichen Verhandlung des Berufungsbeklagten | 5 |
| 1. Allgemeines | 1 | | |
| 2. Berufungsrücknahme vor Beginn | | 3. Berufungsrücknahme nach Be- | |

---

[102] Ablehnend gegenüber der h.M. insoweit auch *Orfanides* ZZP 100 (1987), 63 ff.; *Zeiss* JR 1985, 424.

[103] MünchKomm ZPO-*Rimmelspacher* Rdnr. 15 ff.

| | | | |
|---|---|---|---|
| ginn der mündlichen Verhandlung des Berufungsbeklagten | 7 | c) Unwirksamwerden bereits erlassener Entscheidungen | 21 |
| a) Zeitpunkt der Berufungsrücknahme | 7 | d) Teilweise Rücknahme | 22 |
| | | 2. Kosten der Berufung | 23 |
| b) Einwilligungserklärung | 9 | 3. Gebühren | 27 |
| II. Die Rücknahmeerklärung | 11 | IV. Der Beschluß über die Wirkungen der Rücknahme | 28 |
| 1. Form und Inhalt | 11 | | |
| 2. Streitgenossen | 17 | 1. Inhalt und Wirkungen | 28 |
| 3. Streithelfer | 17a | 2. Antrag | 33 |
| III. Wirkungen der Zurücknahme | 18 | 3. Verfahren | 34 |
| 1. Verlust des eingelegten Rechtsmittels | 18 | 4. Keine Anfechtbarkeit | 35 |
| a) »Eingelegtes« Rechtsmittel | 19 | V. Außergerichtliche Verpflichtung zur Berufungsrücknahme | 36 |
| b) Rechtskraft des angefochtenen Urteils | 20 | VI. Arbeitsgerichtliches Verfahren | 37 |

## I. Die Zurücknahme der Berufung

### 1. Allgemeines

1   Zurücknahme der Berufung ist die Erklärung des Berufungsklägers, daß er auf die mit der schon eingelegten Berufung begehrte **Nachprüfung des Urteils verzichtet** (zu den Wirkungen im einzelnen → Rdnr. 18ff.). Sie ist zu unterscheiden von dem vor oder nach (→ § 514 Rdnr. 6) Berufungseinlegung erklärten Verzicht auf das Recht zur Berufung, von der auch in der Berufungsinstanz noch statthaften (→ § 269 Rdnr. 35) Zurücknahme der Klage, von dem in der Berufungsinstanz ebenfalls zulässigen, den Prozeß aber nicht beendenden Verzicht auf den Anspruch (§ 306) sowie von der Erledigung des Rechtsstreits in der Hauptsache (§ 91a); zur Erledigung des Rechtsmittels → § 91a Rdnr. 52f.

2   Der **Anwendungsbereich von § 515** umfaßt alle Verfahren unabhängig vom Streitgegenstand. Insbesondere steht einer Berufungsrücknahme nicht entgegen, daß die Parteien über den Verfahrensgegenstand nicht disponieren können. Infolgedessen ist § 515 auch in Ehesachen anwendbar, und zwar auch dann, wenn dadurch ein gesetzwidriges Scheidungsurteil des erstinstanzlichen Gerichts aufrechterhalten wird[1]. Für die Zurücknahme des Einspruchs gegen ein Versäumnisurteil und für die Zurücknahme der Revision wird § 515 ausdrücklich für entsprechend anwendbar erklärt (§§ 346, 566). Darüber hinaus ist die Vorschrift entsprechend anzuwenden auf die Rücknahme der Anschlußberufung[2], der Beschwerde (Näheres → § 573 Rdnr. 7) sowie der Erinnerung[3]. Zum arbeitsgerichtlichen Verfahren → Rdnr. 37. Ob die Berufung zulässig ist, spielt für ihre Zurücknahme keine Rolle; wird eine unzulässige Berufung zurückgenommen, so hat nur der Beschluß nach Abs. 3 und nicht auch noch ein Verwerfungsbeschluß nach § 519b zu ergehen.

3   Die **Zurücknahme** der Berufung kann bei mehreren Ansprüchen auf einen von ihnen[4] oder bei einem teilbaren Anspruch auf einen teilurteilsfähigen Teil **beschränkt** werden[5]. Ob auch darüber hinaus eine teilweise Zurücknahme der Berufung möglich ist (besonders hinsichtlich eines zwischenurteilsfähigen Teils des Streitgegenstandes[6]), beantwortet sich nach denselben

---

[1] BGH LM § 514 Nr. 14 = NJW 1968, 794 = MDR 308.
[2] BGHZ 4, 229, 240 = NJW 1952, 384, 385.
[3] OLG Bremen NJW 1956, 1037.
[4] BGHZ 34, 200, 203 = NJW 1961, 775 = MDR 402.
[5] RGZ 134, 130; MünchKomm ZPO-*Rimmelspacher* Rdnr. 38.
[6] Bejahend für das Grundurteil nach § 304 MünchKomm ZPO-*Rimmelspacher* Rdnr. 38.

Kriterien wie beim teilweisen Rechtsmittelverzicht, → § 514 Rdnr. 18. Zur Frage einer späteren Erweiterung der Berufung nach vorangegangener Teilrücknahme → Rdnr. 22.

Die Rücknahmeerklärung muß **eindeutig**, braucht andererseits aber **nicht ausdrücklich** zu sein[7]; es gelten die allgemeinen Grundsätze zur Auslegung von Prozeßhandlungen, → vor § 128 Rdnr. 192ff. In der Beschränkung zunächst gestellter Berufungsanträge, § 519 Abs. 2 Nr. 1, liegt im Zweifel eine teilweise Rücknahme der Berufung[8]. Nicht dagegen schon in der Stellung eines beschränkten (d.h. den ganzen Umfang der Beschwer nicht deckenden) Antrags, nachdem die Berufung zunächst ohne bestimmten Antrag eingelegt worden war[9]. Stellt der Berufungskläger den Antrag, die Sache für erledigt zu erklären, so kann darin eine Berufungsrücknahme liegen; entscheidend sind die Umstände des Einzelfalls[10] (z.B. spricht der Antrag, die Kosten dem Gegner aufzuerlegen, gegen die Annahme einer Berufungsrücknahme[11]). Erklärt der Berufungskläger, die wegen verspäteter Begründung unzulässige Berufung solle als unselbständige Anschlußberufung aufrechterhalten bleiben, so ist dies als Zurücknahme der Berufung verbunden mit Einlegung der Anschlußberufung zu werten[12]. Zum Widerruf und zur Anfechtung der Rücknahmeerklärung → Rdnr. 11 ff.

4

## 2. Berufungsrücknahme vor Beginn der mündlichen Verhandlung des Berufungsbeklagten

Ohne Einwilligung des Berufungsbeklagten ist die Zurücknahme der Berufung bis zum »Beginn der mündlichen Verhandlung des Berufungsbeklagten« zulässig, Abs. 1. Dies entspricht der Regelung bei der Klagerücknahme, § 269 Abs. 1, und soll dem Berufungsbeklagten das Recht der Anschließung, §§ 521 f., sichern[13]. Daß abweichend von § 269 nicht die mündliche Verhandlung zur Hauptsache maßgeblich ist, erklärt sich daraus, daß die Berufung sich ausschließlich auf die Anfechtung aus prozessualen Gründen beschränken kann. Dagegen genügt die Verhandlung des Berufungsbeklagten über die Zulässigkeit der Berufung (im Gegensatz zu der der Klage) nicht als Beginn der mündlichen Verhandlung durch den Beklagten[14]; es wäre nämlich widersprüchlich, wenn der Berufungsbeklagte einerseits der Zulässigkeit der Berufung entgegentritt, andererseits aber den Berufungskläger an deren Rücknahme hindern wollte. Als nicht ausreichend wird weiter die bloße Erörterung der Sach- und Rechtslage ohne Stellung der Anträge angesehen[15]. Das Verlesen der Anträge reicht für sich allein deshalb ebenfalls nicht aus, weil sich daran ja eine Erörterung der Zulässigkeitsfrage anschließen kann. Hat der Berufungsbeklagte allerdings den Antrag auf Zurückweisung der Berufung als unbegründet gestellt, so kann der Berufungskläger die Berufung nicht mehr ohne Zustimmung des Berufungsbeklagten zurücknehmen[16]. Ebenso nicht bei Verlesung des Antrags einer Anschlußberufung[17]; darin liegt der Beginn einer über die bloße Zulässigkeitsfrage hinausgehenden Verhandlung. Nach Erklärung des beiderseitigen Einverständnisses mit

5

---

[7] MünchKomm ZPO-*Rimmelspacher* Rdnr. 12; *Rosenberg/Schwab/Gottwald*[15] § 137 III 3 a.
[8] RGZ 142, 63, 65; *Rosenberg/Schwab/Gottwald*[15] § 137 III 3 a; AK-*Ankermann* Rdnr. 5; *Thomas/Putzo*[18] Rdnr. 5; *Zöller/Schneider*[18] Rdnr. 6.
[9] BGH NJW-RR 1989, 992 = FamRZ 1064; AK-*Ankermann* Rdnr. 5; *Thomas/Putzo*[18] Rdnr. 5; *Zöller/Schneider*[18] Rdnr. 6; *J. Blomeyer* NJW 1969, 50.
[10] BGHZ 34, 200 (Fn. 4); LM § 522 Nr. 4; § 511a Nr. 6; MünchKomm ZPO-*Rimmelspacher* Rdnr. 12.
[11] BGHZ 34, 200, 203f. (Fn. 4); LM § 522 Nr. 4.
[12] OLG Stuttgart NJW 1960, 1161.
[13] Mat. II, 351.
[14] OLG Stuttgart FamRZ 1984, 402, 404; AK-*Ankermann* Rdnr. 10; *Baumbach/Lauterbach/Albers*[51] Rdnr. 3; MünchKomm ZPO-*Rimmelspacher* Rdnr. 18; *Thomas/Putzo*[18] Rdnr. 7.
[15] BGHZ 100, 383, 390 = LM § 515 Nr. 24 = NJW 1987, 3263 = MDR 829; 109, 41, 45 = LM § 567 Nr. 23 = NJW 1990, 840 = MDR 144; MünchKomm ZPO-*Rimmelspacher* Rdnr. 18.
[16] BGH LM § 335 Nr. 2 = NJW-RR 1987, 1534 = MDR 1011; *Baumbach/Lauterbach/Albers*[51] Rdnr. 3; MünchKomm ZPO-*Rimmelspacher* Rdnr. 18; *Wieczorek/Rössler* Anm. B IV.
[17] RGZ 103, 124, 126; *Baumbach/Lauterbach/Albers*[51] Rdnr.3; MünchKomm ZPO-*Rimmelspacher* Rdnr. 18.

§ 515 I

Entscheidung ohne mündliche Verhandlung ist eine einseitige Zurücknahme der Berufung nicht mehr möglich[18].

6 Streitig ist, welche Bedeutung einem einseitigen Verhandeln des Beklagten zur Begründetheit der Berufung zukommt. Dies spielt insbesondere bei einem gegen den Berufungskläger ergangenen **Versäumnisurteil** eine Rolle. Ist dagegen ein zulässiger Einspruch eingelegt worden, so folgert die Rechtsprechung aus § 342, daß die Berufung ohne Zustimmung des Berufungsbeklagten zurückgenommen werden kann[19]. Dem kann nicht gefolgt werden[20]. Der Antrag auf Erlaß eines Versäumnisurteils führt zu einem Urteil in der Sache, beschränkt sich also nicht auf die Zulässigkeit der Berufung. Damit hat der Berufungsbeklagte aber ein Recht auf Durchführung einer Anschlußberufung erworben, → Rdnr. 5, das ihm nicht durch die Fiktion des § 342 wieder genommen werden kann[21]. Von der hier vertretenen Auffassung her stellt sich weiter die Frage, ob dann etwas anderes gilt (d.h. die Berufung noch ohne Zustimmung des Berufungsbeklagten zurückgenommen werden kann), wenn das Versäumnisurteil nach § 335 nicht hätte ergehen dürfen[22]. Die h.M. bejaht dies[23] zu Unrecht. Ihr könnte nur dann zugestimmt werden, wenn der Berufungskläger ein Recht darauf hätte, daß zunächst nicht über die Begründetheit der Berufung verhandelt wird, damit er eine Rücknahmemöglichkeit hat[24]; ein derartiges Recht besteht nach geltendem Recht aber nicht; der Berufungskläger muß vielmehr immer damit rechnen, daß sich der Berufungsbeklagte in der mündlichen Verhandlung sofort auf die Begründetheit der Berufung einläßt[25].

### 3. Berufungsrücknahme nach Beginn der mündlichen Verhandlung des Berufungsbeklagten

#### a) Zeitpunkt der Berufungsrücknahme

7 Ab Beginn der mündlichen Verhandlung des Berufungsbeklagten (Näheres → Rdnr. 5) kann der Berufungskläger die Berufung nur noch **mit Einwilligung des Berufungsbeklagten** zurücknehmen. Diese Möglichkeit besteht bis zur Beendigung der Berufungsinstanz, also (→ § 176 Rdnr. 10) bis zur Verkündung einer unanfechtbaren Entscheidung, anderenfalls bis zur Rechtskraft der Endentscheidung, also noch während der Revisionsfrist bis zur Einlegung der Revision[26]. Nach Einlegung der Revision kann die Berufung dagegen (anders als die Klage, → § 269 Rdnr. 13) nicht mehr wirksam zurückgenommen werden[27]; anders, wenn die Sache nach Aufhebung des Berufungsurteils an das Berufungsgericht zurückverwiesen worden ist[28].

8 Der Erlaß eines **Teilurteils** schließt die Zurücknahme der Berufung im übrigen nicht aus[29]. Dagegen beendet ein vor dem Prozeßgericht abgeschlossener **Vergleich**, wie das Verfahren überhaupt, so auch die Berufungsinstanz, womit eine Zurücknahme der Berufung ausscheidet (es sei denn, es handelt sich nur um einen Teilvergleich). Nach Erlaß eines **Grundurteils**

---

[18] *OLG Hamm* JMBlNRW 1953, 126; MünchKomm ZPO-*Rimmelspacher* Rdnr. 21; s. ferner *BGH* LM § 515 Nr. 15 = MDR 1967, 32.
[19] *RGZ* 167, 293, 295f.; *BGH* LM § 335 Nr. 1 = NJW 1980, 2313 = MDR 839 = ZZP 94 (1981), 328 (*Münzberg*); zustimmend *Baumbach/Lauterbach/Albers*[51] Rdnr. 3; *AK-Ankermann* Rdnr. 10; → auch § 342 Rdnr. 2.
[20] A.A noch Voraufl..
[21] Ebenso MünchKomm ZPO-*Rimmelspacher* Rdnr. 19; *Münzberg* ZZP 94 (1981), 330, 335f.
[22] Schließt man sich der unter → Fn. 19 referierten Auffassung an, stellt sich das Problem deswegen nicht, weil § 342 unabhängig davon anwendbar ist, ob das Versäumnisurteil hätte ergehen dürfen.
[23] *BGH* LM § 335 Nr. 1 (Fn. 19); LM § 532 Nr. 2 (Fn. 16); *Baumbach/Lauterbach/Albers*[51] Rdnr. 3.
[24] So offenbar *Münzberg* ZZP 94 (1981), 330, 334.
[25] Ablehnend gegenüber der h.M. auch MünchKomm ZPO-*Rimmelspacher* Rdnr. 20.
[26] MünchKomm ZPO-*Rimmelspacher* Rdnr. 5.
[27] *RG* HRR 1920 Nr. 1157; *Baumbach/Lauterbach/Albers*[51] Rdnr. 4; *Zöller/Schneider*[18] Rdnr. 2.
[28] MünchKomm ZPO-*Rimmelspacher* Rdnr. 5; *AK-Ankermann* Rdnr. 11.
[29] MünchKomm ZPO-*Rimmelspacher* Rdnr. 6.

(§ 304) sowie eines **Vorbehaltsurteils** (§ 599) kann die Berufung noch mit der Wirkung zurückgenommen werden, daß die genannten Urteile wirkungslos werden[30]. Gleiches gilt nach Erlaß eines **Vorbehaltsurteils nach § 302**[31] (für die Klagerücknahme → § 302 Rdnr. 19; für die Berufungsrücknahme kann nichts anderes gelten).

### b) Einwilligungserklärung

Für die Erklärung der Einwilligung gilt Entsprechendes wie für die Einwilligung in die Klagerücknahme, → § 269 Rdnr. 15. Sie kann auch durch schlüssiges Verhalten erklärt werden (z. B. Stellung des Antrags nach Abs. 3 S. 2)[32]. Die frühere Verweigerung ihrer Erteilung steht einer späteren Einwilligung nicht entgegen[33]. Bis zur Rücknahmeerklärung durch den Berufungskläger ist die Einwilligungserklärung frei widerruflich[34]. Sie ist bedingungsfeindlich und unterliegt dem Anwaltszwang[35]. Aus Abs. 3 S. 2, 2. Hs. wird man allerdings folgern müssen, daß die Einwilligung auch von einem beim Berufungsgericht nicht zugelassenen Anwalt erklärt werden kann. Anderenfalls würde Abs. 3 S. 2, 2. Hs. weitgehend leerlaufen. Der Fall kann dann praktisch werden, wenn der beauftragte Berufungsanwalt nach Beginn der mündlichen Verhandlung das Mandat niedergelegt hat. 9

Widerspricht der Berufungsbeklagte der Zurücknahme, so bleibt die Berufung wirksam, so daß der Berufungskläger seinen Antrag wiederaufnehmen kann (→ § 269 Rdnr. 17) und der Berufungsbeklagte in diesem Falle seine Anschlußberufung durchführen kann; er kann die Anschließung auch noch später erklären. Sofern der Berufungskläger seinen Antrag nicht wieder aufnimmt, gilt das unter → § 269 Rdnr. 17 Ausgeführte entsprechend; die Berufung ist dann zurückzuweisen[36]. 10

## II. Die Rücknahmeerklärung

### 1. Form und Inhalt

Über die für die Zurücknahme erforderliche **prozessuale Form** gilt dasselbe wie bei der Zurücknahme der Klage, → § 269 Rdnr. 20 ff. Eine bedingte Zurücknahme ist unzulässig[37], und zwar auch dann, wenn die Bedingung in einem innerprozessualen Vorgang besteht[38]. Die Zurücknahme kann grundsätzlich **nicht angefochten**[39] **und widerrufen** werden, und zwar auch nicht bei Einverständnis des Gegners[40]. Eine Ausnahme wird dann gemacht, wenn der 11

---

[30] MünchKomm ZPO-*Rimmelspacher* Rdnr. 5.
[31] A. A. *Wieczorek/Rössler* Anm. B I; MünchKomm ZPO-*Rimmelspacher* Rdnr. 5.
[32] *OLG Düsseldorf* MDR 1988, 681.
[33] RGZ 159, 295, 298; MünchKomm ZPO-*Rimmelspacher* Rdnr. 23; *Thomas/Putzo*[18] Rdnr. 7.
[34] *Baumbach/Lauterbach/Albers*[51] Rdnr. 5.
[35] AK-*Ankermann* Rdnr. 11.
[36] MünchKomm ZPO-*Rimmelspacher* Rdnr. 23; *Wieczorek/Rössler* Anm. B IV.
[37] BGH LM § 199 GVG Nr. 32 = NJW-RR 1990, 67 = MDR 323 = VersR 327; *Baumbach/Lauterbach/Albers*[51] Rdnr. 8; MünchKomm ZPO-*Rimmelspacher* Rdnr. 10; *Zöller/Schneider*[18] Rdnr. 9.
[38] BGH LM § 119 GVG Nr. 32 (Fn. 37).
[39] RGZ 152, 324; BGHZ 12, 284, 285 = LM § 515 Nr. 4 (*Johannsen*) = NJW 1954, 676; 20, 198, 205 = LM § 515 Nr. 7 (*Johannsen*) = NJW 1956, 990; LM § 233 (A) Nr. 6 = NJW 1991, 2839 = MDR 1197; BAG AP § 566 Nr. 1; *Rosenberg/Schwab/Gottwald*[15] Rdnr. 137 III 3 a; AK-*Ankermann* Rdnr. 3; *Baumbach/Lauterbach/Albers*[51] Rdnr. 8; *Zöller/Schneider*[18] Rdnr. 9; *Zimmermann*[2] Rdnr. 7. A. A. *Arens* Willensmängel bei Parteihandlungen im Zivilprozeß (1968), 119 ff., der eine Anfechtung solange zuläßt, als die Rechtsmittelfrist nicht abgelaufen und das Urteil somit rechtskräftig geworden ist. Für eine Anfechtungsmöglichkeit besteht hier jedoch deswegen kein Bedürfnis, weil die Berufung in dem fraglichen Zeitraum erneut eingelegt werden kann, → Rdnr. 19.
[40] RGZ 150, 392, 395; 159, 293, 295; BGHZ 20, 198, 205 (Fn. 39); AK-*Ankermann* Rdnr. 3; MünchKomm ZPO-*Rimmelspacher* Rdnr. 14; *Thomas/Putzo*[18] Rdnr. 6.

Irrtum für das Gericht und den Gegner offenkundig ist[41]. Zu weit geht es dagegen, den Widerruf schon dann zuzulassen, wenn der Irrtum vom Gegner verursacht worden ist[42].

12  Eine Ausnahme von der Unwiderruflichkeit der Rücknahmeerklärung wird bei **Vorliegen eines Restitutionsgrundes gemacht**[43]. Es wird als unnötiger Umweg angesehen, das alte Verfahren abzuschließen, nur um das ergangene Urteil anschließend nach den §§ 579, 580 angreifen zu können. Dabei ist jedoch darauf zu achten, daß die für die Restitutionsklage geltenden Einschränkungen durch den Widerruf der Rechtsmittelrücknahme nicht umgangen werden. Vom Ansatzpunkt der Notwendigkeit eines Restitutionsgrundes her ist es demnach zutreffend, daß die vom Prozeßgegner durch Täuschung veranlaßte Rechtsmittelrücknahme nach 5 Jahren vom Tag des Eintritts der Rechtskraft an gerechnet nicht mehr widerrufen werden kann (§ 586 Abs. 2 S. 2)[44]. Weiter muß der Widerruf innerhalb eines Monats erfolgen[45]. War die Partei in der Lage, vor Rechtsmittelrücknahme die Sachlage zu durchschauen, so steht § 582 einem Widerruf der Rücknahmeerklärung entgegen[46] und stützt sich der Widerruf auf eine angeblich strafbare Handlung (§ 580 Nr. 1–5), so muß eine rechtskräftige Verurteilung ergangen oder die Durchführung des Strafverfahrens aus anderen Gründen als mangels Beweisen unterblieben sein (§ 581)[47]. Alles soeben Ausgeführte kann jedoch nur bis zum Eintritt der formellen Rechtskraft (§ 705) gelten[48]. Vollends abzulehnen ist die verschiedentlich vertretene Ansicht, die Restitutionsklage sei hier deshalb unzulässig, weil die Partei durch Widerruf der Rechtsmittelrücknahme die Fortführung des alten Verfahrens erreichen könne[49].

13  Weitergehend als die unter → Rdnr. 12 dargestellte h. M. wird neuerdings bei einem unverschuldeten Willensmangel bei der Rücknahmeerklärung eine entsprechende Anwendbarkeit der Vorschriften über die **Wiedereinsetzung in den vorigen Stand** vertreten[50]; zur entsprechenden Problematik beim Rechtsmittelverzicht → § 514 Rdnr. 28. Für diese Auffassung spricht, daß sie in Gestalt der Entscheidung über das Wiedereinsetzungsgesuch schnell Rechtssicherheit schafft und überdies die teilweise komplizierten Hürden des Wiederaufnahmerechts vermeidet, ohne andererseits allzu weit in die Rechtskraft der Entscheidung einzugreifen.

14  Die Rücknahme erfolgt entweder durch **Erklärung in der mündlichen Verhandlung** (in diesem Fall ist sie zu protokollieren, § 160 Abs. 3 Nr. 8) oder durch **Einreichung eines Schriftsatzes**, Abs. 2 S. 2. Eine außergerichtliche Erklärung (z. B. in Briefform) genügt dagegen nicht. Da für den Rechtsmittelverzicht nach Einlegung der Berufung weiter die Form des

---

[41] *BGH* VersR 1977, 574; 1988, 526; *Zöller/Schneider*[18] Rdnr. 9.

[42] *Baumbach/Lauterbach/Albers*[51] Rdnr. 8; a.A. LG Hannover NJW 1973, 1757; *Zöller/Schneider*[18] Rdnr. 9.

[43] RGZ 150, 392; BGHZ 12, 284, 285 (Fn. 39); 33, 73; LM § 233 (A) Nr. 6 (Fn. 39); BAG AP § 566 1. Das Schrifttum stimmt dem weitgehend zu; s. etwa *Rosenberg/Schwab/Gottwald*[15] § 137 III 3a; *Baumbach/Lauterbach/Albers*[51] Rdnr. 9; *Thomas/Putzo*[18] Rdnr. 6; *Zöller/Schneider*[18] Rdnr. 10, → weiter vor § 128 Rdnr. 226.

[44] *BGH* LM § 515 Nr. 10 = NJW 1958, 1352 = MDR 670 = FamRZ 316 = ZZP 72 (1959), 234; *Baumbach/Lauterbach/Albers*[51] Rdnr. 9; *Thomas/Putzo*[18] Rdnr. 6; *Zöller/Schneider*[18] Rdnr. 10.

[45] BGHZ 33, 73 = LM § 515 Nr. 12 (*Johannsen*) = NJW 1960, 1764 = MDR 380 = FamRZ 401 = ZZP 73 (1960), 448 (*Baumgärtel*); *Baumbach/Lauterbach/Albers*[51] Rdnr. 9; *Thomas/Putzo*[18] Rdnr. 6; *Zöller/Schneider*[18] Rdnr. 10.

[46] BAG AP § 566 Nr. 1 (*Jauernig*) = ZZP 75 (1962), 262 (*Gaul*).

[47] BGHZ 12, 284 (Fn. 39); BAG AP § 566 Nr. 1 (Fn. 46); AK-*Ankermann* Rdnr. 4; *Baumbach/Lauterbach/Albers*[51] Rdnr. 9; *Zöller/Schneider*[18] Rdnr. 10; a.A. *Fröhlich* JR 1955, 336.

[48] So überzeugend *Gaul* ZZP 74 (1961), 49 ff.; *ders.* ZZP 75 (1962), 167 ff.; a.A. AK-*Ankermann* Rdnr. 4; → weiter vor § 128 Rdnr. 226. Von der hier vertretenen Auffassung aus können die in Fn. 44 und 45 erwähnten Fallgestaltungen deshalb nicht praktisch werden, weil die Frist erst mit Eintritt der Rechtskraft zu laufen beginnt, § 586 Abs. 2 S. 1, und von diesem Zeitpunkt an der Widerruf der Rechtsmittelrücknahme ausscheidet.

[49] So *BGH* LM § 515 Nr. 10 (Fn. 44); *Jonas* JW 1937, 545; wie hier auch AK-*Ankermann* Rdnr. 10.

[50] MünchKomm ZPO-*Rimmelspacher* Rdnr. 14 f.; *Orfanides* Die Berücksichtigung von Willensmängeln im Zivilprozeß (1982), 153 ff. (letzterer ab Rechtskraft des Urteils, während die Rücknahmeerklärung davor anfechtbar sein soll). Gegen diesen Ansatz *BGH* LM § 233 (A) Nr. 6 (Fn. 39).

§ 515 Abs. 2 S. 2 gilt, → § 514 Rdnr. 6, kann eine derartige Erklärung auch nicht als Rechtsmittelverzicht angesehen werden; möglicherweise liegt in ihr aber eine außergerichtliche Verpflichtung zur Rechtsmittelrücknahme, → dazu Rdnr. 36. Der Schriftsatz bzw. die Protokollerklärung ist dem Gegner durch die Geschäftsstelle von Amts wegen zuzustellen, § 270. Die Wirksamkeit der Rücknahme hängt davon aber nicht ab. Einer Annahme durch den Gegner bedarf es nicht. Wegen der Rücknahmeerklärung in einem Vergleich → Rdnr. 36.

Die Rücknahmeerklärung unterliegt dem **Anwaltszwang**[51], d.h. sie muß von dem für die Berufungsinstanz bestellten Prozeßbevollmächtigten erklärt werden (§ 78). Die fehlerhafterweise vom Prozeßbevollmächtigten erster Instanz oder von der Partei selbst eingelegte Berufung kann allerdings auch von diesen zurückgenommen werden[52]. Die Zustellung muß an den für die Berufungsinstanz bestellten Prozeßbevollmächtigten des Gegners, und wenn kein solcher bestellt ist, an den der ersten Instanz, eventuell an den Gegner selbst erfolgen. Wird erst nach der Zurücknahme ein Prozeßbevollmächtigter des Gegners für die Berufungsinstanz bestellt, so braucht die Zustellung nicht wiederholt zu werden. 15

Für die **Einwilligungserklärung** in die Zurücknahme der Berufung gilt hinsichtlich ihrer Form sinngemäß dasselbe wie für die Rücknahmeerklärung; Näheres → Rdnr. 9. 16

## 2. Streitgenossen

Bei Streitgenossen auf der Berufungsklägerseite ist die Zurücknahme für jeden Streitgenossen selbständig zu beurteilen. Bei **einfacher Streitgenossenschaft** scheidet der die Berufung Zurücknehmende aus dem Verfahren aus. Infolgedessen kann der Berufungsbeklagte ihm gegenüber keine Anschlußberufung mehr einlegen oder weiter betreiben. Bei **notwendiger Streitgenossenschaft** soll der Zurücknehmende dagegen zwar das eigene Rechtsmittel verlieren, nach § 62 Abs. 1 aber solange Berufungskläger bleiben, wie auch nur einer der übrigen Streitgenossen die Berufung weiterbetreibt[53]. Daraus würde folgen, daß der Berufungsbeklagte auch dem zurücknehmenden Streitgenossen gegenüber Anschlußberufung einlegen kann. Hat nur ein notwendiger Streitgenosse Berufung eingelegt und dadurch die anderen zu Parteien der Berufungsinstanz gemacht, → Rdnr. 40, so entzieht ihnen die Zurücknahme des Rechtsmittels seitens des Einlegenden diese Stellung wieder, sofern sie nicht schon Anträge in der Berufungsinstanz gestellt haben, wobei nach § 62 i.V. mit § 519 Abs. 2 wiederum die Vertretung des Untätigen durch den die Begründungsfrist wahrenden Streitgenossen Platz greift. Zum **Streitgehilfen** → § 67 Rdnr. 13. Da es sich bei der vom Streithelfer eingelegten Berufung um eine solche mit Wirkung für die unterstützte Partei handelt, → § 511 Rdnr. 10, kann sie auch von der Partei selbst zurückgenommen werden[54]. 17

## 3. Streithelfer

Haben sowohl die Partei als auch der Streithelfer Berufung eingelegt, so handelt es sich um ein einheitliches Rechtsmittel, → § 511 Rdnr. 10. Nimmt nur einer von beiden die Berufung zurück, so bleibt diese immer noch deshalb wirksam, weil sie außerdem von dem anderen 17a

---

[51] *OLG Neustadt* JZ 1957, 185; AK-*Ankermann* Rdnr. 2; MünchKomm ZPO-*Rimmelspacher* Rdnr. 11; *Zöller/Schneider*[18] Rdnr. 21.
[52] *BVerwGE* 14, 19, 20; AK-*Ankermann* Rdnr. 2; *Baumbach/Lauterbach/Albers*[51] Rdnr. 10; MünchKomm ZPO-*Rimmelspacher* Rdnr. 11; *Wieczorek/Rössler* Anm. c I; *Zöller/Schneider*[18] Rdnr. 21.
[53] *RGZ* 157, 33, 38; *Baumbach/Lauterbach/Albers*[51] Rdnr. 12; MünchKomm ZPO-*Rimmelspacher* Rdnr. 8; fraglich, da § 62 voraussetzt, daß der vertretene Streitgenosse seinerseits die Befugnis noch hat, woran es dann fehlt, wenn für ihn inzwischen der Rechtsmittelfrist abgelaufen ist; zur entsprechenden Frage beim Rechtsmittelverzicht → § 514 Rdnr. 24.
[54] MünchKomm ZPO-*Rimmelspacher* Rdnr. 9.

eingelegt worden ist; eine wirksame Rücknahme setzt eine Rücknahme sowohl durch die Partei als auch durch den Streithelfer voraus[54a].

### III. Wirkungen der Zurücknahme

#### 1. Verlust des eingelegten Rechtsmittels

18   Die Rücknahme bewirkt zunächst den Verlust des eingelegten Rechtsmittels, Abs. 3 S. 1. Dies gilt auch dann, wenn die Zurücknahme von einer **prozeßunfähigen Partei** erklärt worden ist, die im Prozeß irrtümlich für prozeßfähig gehalten wird; hier ist nur die Nichtigkeitsklage nach § 579 Abs. 1 Nr. 4 gegeben[55]. Soweit die Prozeßunfähigkeit im laufenden Verfahren erkannt wird, ist die Zurücknahme dagegen unwirksam. Obwohl der Beschluß nach Abs. 3 S. 2 nur deklaratorisch ist, → Rdnr. 28, wird man es dem Gericht bis zu seinem Erlaß zubilligen müssen, daß es die zunächst als wirksam behandelte Zurücknahme später als unwirksam ansieht und der Prozeß deshalb fortgeführt wird. Nach Erlaß des Beschlusses bleibt dagegen nur die Nichtigkeitsklage.

#### a) »Eingelegtes« Rechtsmittel

19   Der »Verlust des eingelegten Rechtsmittels«, Abs. 3 S. 1, bedeutet nicht, daß der Berufungskläger das Recht der Berufung wie beim Rechtsmittelverzicht verliert. Nur das »eingelegte Rechtsmittel« geht verloren, mit der Folge, daß es später **wiederholt** werden kann, sofern dem nicht ein anderes Hindernis (insbesondere Fristablauf) entgegensteht[56]. War mehrfach Berufung eingelegt worden, so bezieht sich die Rücknahme auf sämtliche Berufungen[57], es sei denn, der Berufungskläger hat die Zurücknahme ausdrücklich auf eine der eingelegten Berufungen beschränkt[58]. Hat neben der Partei auch der Streithelfer Berufung eingelegt, so bedeutet die von der Partei erklärte Rücknahme der Berufung nicht notwendigerweise, daß die Berufung des Streithelfers unzulässig geworden ist; insoweit kommt es darauf an (was durch Auslegung zu ermitteln ist), ob die Partei es bei dem angefochtenen Urteil bewenden lassen will oder ob sie mit der Fortführung durch den Streithelfer einverstanden ist[59]. Die Zurücknahme steht einer späteren Anschließung an das Rechtsmittel des Gegners schon deshalb nicht entgegen, weil insoweit sogar der weitergehende Rechtsmittelverzicht kein Hindernis ist, § 521 Abs. 1[60], → weiter § 521 Rdnr. 18 ff. Weiter kann eine zunächst zurückgenommene Anschlußberufung später erneuert werden. Im Einzelfall kann die Zurücknahme der Berufung als ein gleichzeitig durch schlüssige Handlung erklärter Verzicht auf die Berufung aufzufassen sein; in diesem Fall kann die Berufung unabhängig davon nicht erneuert werden, ob die Berufungsfrist noch läuft.

---

[54a] *BGH* NJW 1993, 2944 = BB 1837 = LM § 67 Nr. 16.

[55] *BGH* LM § 52 Nr. 3; FamRZ 1963, 131; *BSG* NJW 1970, 1624; *Zöller/Schneider*[18] Rdnr. 3; → weiter § 56 Rdnr. 3.

[56] Einhellige Meinung; s. etwa *RGZ* 158, 54; 161, 356; *BGHZ* 45, 380, 382 f. = NJW 1966, 1753; *Rosenberg/ Schwab/Gottwald*[15] § 137 III 4a; *Jauernig*[23] § 72 VII; *Baumbach/Lauterbach/Albers*[51] Rdnr. 17; MünchKomm ZPO-*Rimmelspacher* Rdnr. 24; *Thomas/Putzo*[18] Rdnr. 8; *Zöller/Schneider*[18] Rdnr. 23.

[57] *OLG München* MDR 1979, 409; *Baumbach/Lauterbach/Albers*[51] Rdnr. 17.

[58] S. *BGHZ* 24, 179.

[59] *BGH* NJW 1989, 1357.

[60] *RGZ* 153, 348; MünchKomm ZPO-*Rimmelspacher* Rdnr. 24.

### b) Rechtskraft des angefochtenen Urteils

Die Rechtskraft des angefochtenen Urteils tritt mit der Zurücknahme der Berufung nur 20
dann ein, wenn die Berufungsfrist inzwischen abgelaufen ist und wenn weiter der Berufungsbeklagte nicht ebenfalls Berufung (auch in der Form einer selbständigen Anschlußberufung) eingelegt hat[61]. Die gleichwohl weiterverfolgte Berufung ist unzulässig[62]. Der Eintritt der Rechtskraft ist unabhängig von dem Beschluß nach Abs. 3 S. 2; weder führt dieser zur Rechtskraft des angefochtenen Urteils, noch ist sein Fehlen ein Hindernis für den Eintritt der Rechtskraft, → auch Rdnr. 28. Anders als bei der Klagerücknahme, → § 269 Rdnr. 51 ff., wirkt die Zurücknahme der Berufung nicht in dem Sinne zurück, daß die Berufung als nie eingelegt anzusehen ist. Das angefochtene Urteil wird also erst mit der Zurücknahme (vorausgesetzt, die Berufungsfrist ist inzwischen abgelaufen) und nicht etwa rückwirkend mit dem vor der Rücknahmeerklärung erfolgten Ablauf der Berufungsfrist rechtskräftig[63]. Dagegen **beendet** die Zurücknahme **die Berufungsinstanz**, → auch Rdnr. 30.

### c) Unwirksamwerden bereits erlassener Entscheidungen

In entsprechender Anwendung von § 269 Abs. 3 S. 1 werden solche **Entscheidungen des** 21
**Berufungsgerichts unwirksam**, die dieses vor der Zurücknahme bereits erlassen hat[64]. Wichtig ist dies insbesondere bei Versäumnisurteilen (auch gegen den Berufungsbeklagten[65]); zur Frage, ob die Berufung bei einem Versäumnisurteil noch ohne Einwilligung des Berufungsbeklagten zurückgenommen werden kann, → Rdnr. 6. Weiter entfällt ein Endurteil des Berufungsgerichts dann, wenn die Berufung innerhalb der Revisionsfrist zurückgenommen wird, → Rdnr. 7.

### d) Teilweise Rücknahme

Die dargelegten Grundsätze gelten auch bei einer nur **teilweisen Rücknahme** der Berufung. 22
Auch hier kann das Rechtsmittel bis zum Ablauf der Einlegungsfrist erneuert werden, was in der Regel durch Erweiterung der noch anhängigen Berufung zu erfolgen hat. Ist die Berufungsfrist abgelaufen, so kann die Berufung dagegen deshalb nicht mehr auf ihren ursprünglichen Umfang ausgedehnt werden, weil darin eine unzulässige Erweiterung des Berufungsantrags liegen würde, → § 519 Rdnr. 48 f.[66]

## 2. Kosten der Berufung

Vorbehaltlich gesetzlicher Sonderregelungen oder einer abweichenden vertraglichen Ver- 23
einbarung (insbesondere in einem Vergleich) begründet die Zurücknahme der Berufung weiter die Pflicht, die Kosten des Rechtsmittelverfahrens zu tragen, Abs. 3 S. 1. Dies gilt nicht, soweit über die Kosten bereits rechtskräftig entschieden ist (→ § 269 Rdnr. 62) oder die Kosten in einem Vergleich anderweitig geregelt sind (→ § 98 Rdnr. 4). Die Rücknahme einer

---

[61] AK-*Ankermann* Rdnr. 12; MünchKomm ZPO-*Rimmelspacher* Rdnr. 29; *Wieczorek/Rössler* Anm. D; *Zöller/Schneider*[18] Rdnr. 23.
[62] *Zöller/Schneider*[18] Rdnr. 23.
[63] KG JR 1952, 246, 247; OLG Oldenburg MDR 1954, 367; *Blomeyer*[2] § 88 I 2b; AK-*Ankermann* Rdnr. 12; MünchKomm ZPO-*Rimmelspacher* Rdnr. 29; *Baumbach/Lauterbach/Albers*[51] Rdnr. 17; *Wieczorek/Rössler* Anm. 29; *Zöller/Schneider*[18] Rdnr. 23; a. A. *Bötticher* JZ 1952, 424; *Rosenberg/Schwab/Gottwald*[15] § 137 III 4 a.

[64] OLG Düsseldorf MDR 1988, 681; *Baumbach/Lauterbach/Albers*[51] Rdnr. 18; MünchKomm ZPO-*Rimmelspacher* Rdnr. 24.
[65] OLG Düsseldorf MDR 1988, 681.
[66] OLG Hamm NJW 1967, 2216; AK-*Ankermann* Rdnr. 7; *Baumbach/Lauterbach/Albers*[51] Rdnr. 6. A. A. MünchKommm ZPO-*Rimmelspacher* Rdnr. 40.

nur der Fristwahrung dienenden zweiten Berufung hat deshalb nicht die Kostenfolge des Abs. 3 S. 1, weil dieser Berufung keine selbständige Bedeutung zukommt[67]. Über die entsprechende Anwendung bei der Beschwerde → § 575 Rdnr. 10. Zum Streitwert → Rdnr. 34.

24  Haben **beide Parteien selbständig Berufung** eingelegt (zur unselbständigen Anschlußberufung → Rdnr. 25) und werden beide Rechtsmittel zurückgenommen, so gilt § 92[68]. Wird nur eine der beiden Berufungen zurückgenommen, so bleibt die Kostenentscheidung dem Endurteil vorbehalten[69]; ebenso bei Berufungsrücknahme nur durch einen mehrerer Berufungskläger[70]; zur entsprechenden Frage bei der Klagerücknahme → § 269 Rdnr. 68.

25  Die **Kosten einer unselbständigen Anschlußberufung** trägt der Berufungskläger dann, wenn diese ihre Wirksamkeit nach § 522 Abs. 2 verliert[71]. Für eine Anwendbarkeit von § 91 a[72] ist insoweit kein Raum. Auf die Erfolgsaussichten der Anschlußberufung kommt es dabei nicht an[73]. Der Berufungskläger trägt demnach dann die Kosten der Anschlußberufung, wenn er die Berufung vor Beginn der mündlichen Verhandlung des Berufungsbeklagten ohne dessen Einwilligung zurückgenommen hat. Bei späterer Zurücknahme mit Einwilligung des Berufungsbeklagten trägt dieser dagegen die Kosten der Anschlußberufung[74]. Ist die Berufung unzulässig, so soll der Anschlußberufungskläger seine Kosten ebenfalls selbst tragen[75], es sei denn, die Unzulässigkeit ist erst nach Einlegung der Anschlußberufung eingetreten (z.B. durch Versäumung der Berufungsbegründungsfrist)[76]. Weiter trägt der Berufungsbeklagte die Kosten seiner Anschlußberufung dann selbst, wenn er die Anschlußberufung erst nach Zurücknahme der Berufung eingelegt hat, und zwar unabhängig davon, ob er von der Berufungsrücknahme Kenntnis hatte[77]; ebenso bei Unzulässigkeit der Anschlußberufung[78] oder bei Zurücknahme der Anschlußberufung, wenn die Berufung weiterverfolgt wird[79]. Zur Kostentragung für die unselbständige Anschlußberufung bei Rücknahme der Berufung → weiter § 97 Rdnr. 5. Bei **selbständiger Anschlußberufung** trägt jede Partei bei Rücknahme ihres Rechtsmittels dessen Kosten, → Rdnr. 24.

26  **Kostenschuldner** ist die die Berufung zurücknehmende Partei. Bei Einlegung der Berufung durch einen dazu nicht bevollmächtigten Anwalt und anschließender Rücknahme hat der Anwalt die Kosten zu tragen[80]. Der Beschluß ergeht in diesem Fall nicht gegenüber der Partei, sondern gegenüber dem Anwalt[81].

### 3. Gebühren

27  Die **Gerichtsgebühr** im Berufungsverfahren (KV Nr. 1020) ermäßigt sich auf die Hälfte, wenn die Zurücknahme vor Ergehen einer Anordnung nach § 273, eines Beweisbeschlusses

---

[67] *Baumbach/Lauterbach/Albers*[51] Rdnr. 19.
[68] AK-*Ankermann* Rdnr. 13; MünchKomm ZPO-*Rimmelspacher* Rdnr. 26.
[69] MünchKomm ZPO-*Rimmelspacher* Rdnr. 26; *Zöller/Schneider*[18] Rdnr. 28.
[70] *BGH* LM § 566 Nr. 22 = NJW-RR 1991, 187 = MDR 330 = BB 506; MünchKomm ZPO-*Rimmelspacher* Rdnr. 30.
[71] *BGHZ* 4, 229, 238 f. = LM § 92 Nr. 1 = NJW 1952, 384; *OLG Frankfurt* NJW-RR 1991, 128 = FamRZ 1992, 81; *Rosenberg/Schwab/Gottwald*[15] § 137 III 4b; AK-*Ankermann* Rdnr. 13; *Baumbach/Lauterbach/Albers*[51] Rdnr. 20; MünchKomm ZPO-*Rimmelspacher* Rdnr. 27; *Zöller/Schneider*[18] § 521 Rdnr. 32.
[72] So *OLG Braunschweig* NJW 1975, 2302; *OLG Frankfurt* FamRZ 1989, 993; 1993, 344 = NJW-RR 768; *Knippel* JR 1970, 13; *Maurer* NJW 1991, 72.
[73] *BGHZ* 4, 229, 243 (Fn. 71), MünchKomm ZPO-*Rimmelspacher* Rdnr. 27; *Wieczorek/Rössler* Anm. D II a.
[74] *BGHZ* 4, 229, 241 f. (Fn. 71); MünchKomm ZPO-*Rimmelspacher* Rdnr. 27.
[75] *BGHZ* 4, 229, 240 f. (Fn. 71); MünchKomm ZPO-*Rimmelspacher* Rdnr. 27.
[76] *BGHZ* 67, 305, 307 = NJW 1977, 435.
[77] *BGHZ* 17, 398, 399 = LM § 556 Nr. 5 = NJW 1955, 1187.
[78] *BGHZ* 4, 229, 240 (Fn. 71); 86, 51 = LM § 566 Nr. 13 = NJW 1983, 578 = MDR 386; MünchKomm ZPO-*Rimmelspacher* Rdnr. 27.
[79] *Baumbach/Lauterbach/Albers*[51] Rdnr. 21.
[80] *OLG Köln* NJW 1972, 1330; *Baumbach/Lauterbach/Albers*[51] Rdnr. 19; MünchKomm ZPO-*Rimmelspacher* Rdnr. 28.
[81] MünchKomm ZPO-*Rimmelspacher* Rdnr. 28.

oder der Anberaumung eines Termins zur mündlichen Verhandlung erfolgt (KV Nr. 1021). Bei späterer Zurücknahme fällt die volle Verfahrensgebühr an. Bei den **Anwaltsgebühren** ist streitig, ob die volle Prozeßgebühr für den Anwalt des Berufungsbeklagten auch dann anfällt, wenn er den Antrag auf Zurückweisung der Berufung gestellt oder schriftsätzlich angekündigt hat, obwohl die Berufung nur zur Fristwahrung eingelegt worden ist; richtigerweise ist die Frage wenigstens dann zu verneinen, wenn der Berufungsbeklagte die reine Fristwahrungsfunktion der Berufungseinlegung kannte[82]; hier geht es der Sache nach allein um eine Verlängerung der Berufungsfrist, die dem Berufungsbeklagten noch keinen Anlaß gibt, seinerseits einen Anwalt zu beauftragen.

## IV. Der Beschluß über die Wirkungen der Rücknahme

### 1. Inhalt und Wirkungen

Der auf Antrag des Berufungsbeklagten nach Abs. 3 S. 2 zu erlassende Beschluß ist **hinsichtlich des Verlustes des Rechtsmittels** rein deklaratorisch[83]. Er soll die Tatsache der ordnungsmäßigen Zurücknahme feststellen und damit eine solche Feststellung für die Erteilung des Rechtskraftzeugnisses erübrigen. Für den Eintritt der Rechtskraft des angefochtenen Urteils ist der Beschluß unerheblich, → Rdnr. 20. Die Vollstreckbarkeit des Urteils erster Instanz hängt daher von dem Erlaß des Beschlusses nicht ab. Der Beschluß spricht nur den Verlust des eingelegten Rechtsmittels, nicht dagegen die Folgen des Verlustes aus (abgesehen von der Kostentragungspflicht). Insbesondere wird mit dem Beschluß nicht über die Zulässigkeit der Berufung entschieden. Die Frage, ob durch den Verlust des eingelegten Rechtsmittels die formelle Rechtskraft des Urteils eingetreten ist, kann nur auf dem Weg eines Gesuchs um Erteilung eines Rechtskraftzeugnisses (§ 706) sowie allenfalls (sofern die Berufungsfrist noch nicht abgelaufen ist) durch wiederholte Einlegung der Berufung zur Entscheidung gebracht werden. 28

Hinsichtlich der **Kostentragungspflicht des Berufungsklägers** ist der Beschluß für den Berufungsbeklagten erforderlich, um für die Kosten einen vollstreckbaren Titel zu erlangen (§ 103 Abs. 1). Daß die Sache selbst erledigt ist, ist kein Hindernis für die Zulässigkeit des Beschlusses. 29

Die Zurücknahme der Berufung **beendet die Berufungsinstanz**. Dies ist ebenso wie der Verlust des eingelegten Rechtsmittels unabhängig davon, ob ein Beschluß nach Abs. 3 S. 2 ergeht. Selbständige Bedeutung kommt dem Beschluß hier jedoch dann zu, wenn die Parteien vertraglich die Rücknahme der Berufung vereinbart haben, → dazu Rdnr. 36, und daraufhin der Antrag auf Verlustigerklärung der Berufung gestellt worden ist[84]; hier wird die Instanz erst mit Erlaß des Beschlusses beendet. 30

Für den Beschluß muß ein **Rechtsschutzbedürfnis** gegeben sein, das jedoch in der Regel als vorhanden angesehen werden kann[85]. Schon die Möglichkeit, daß später einmal die Rechtskraft angezweifelt werden könnte, ergibt das Rechtsschutzbedürfnis[86]. Ist in einem außergerichtlichen Vergleich vereinbart worden, wer die Verfahrenskosten trägt und daß die Berufung zurückgenommen wird, so fehlt es dann am Rechtsschutzbedürfnis für eine Entscheidung nach Abs. 3, wenn die Kosten inzwischen beglichen sind[87]. Angesichts der minimalen 31

---

[82] *Grunsky* Taktik im Zivilprozeß (1990), 160 ff. (allgemein gegen die Erstattungspflicht der Anwaltskosten des Berufungsbeklagten); a.A. OLG Koblenz NJW-RR 1991, 960; MünchKomm ZPO-*Rimmelspacher* Rdnr. 2.
[83] RG Recht 1921, 1942.
[84] Der Beschluß kann auch in diesem Fall ergehen; s. BAG AP § 515 Nr. 3 (*Pohle*) = SAE 1958, 158.

[85] RG JW 1938, 2617; AK-*Ankermann* Rdnr. 15; MünchKomm ZPO-*Rimmelspacher* Rdnr. 32.
[86] RG JW 1938, 2617.
[87] BGH LM § 515 Nr. 20 = Warn 1972 Nr. 186 = MDR 945 = VersR 1046 = JR 1973, 115.

Mühe, die mit dem Beschluß für das Gericht verbunden ist, ist die Klärung des Rechtsschutzbedürfnisses in der Regel schon deshalb unnötig, weil dies mehr Arbeit als der Erlaß des Beschlusses bedeutet[88].

32 Die Wirkungen der Berufungszurücknahme sind auch dann durch Beschluß nach Abs. 3 und nicht durch Urteil auszusprechen, wenn die Parteien über die **Wirksamkeit der Rücknahme streiten**[89].

## 2. Antrag

33 Der Beschluß setzt einen Antrag des Berufungsbeklagten voraus, ergeht also nicht von Amts wegen. Der Antrag kann auf die Kostenfolge oder die Verlustfolge beschränkt werden[90]. Er kann entweder in der mündlichen Verhandlung oder durch Einreichung eines Schriftsatzes gestellt werden. Er unterliegt dem Anwaltszwang[91], kann also nicht von der Partei selbst gestellt werden[92]. Durch Abs. 3 S. 2, 2. Hs.[93] ist jetzt klargestellt, daß der Antrag dann (aber nur dann) von einem beim Berufungsgericht nicht zugelassenen Anwalt gestellt werden kann, wenn der Berufungsbeklagte für die Berufungsinstanz keinen Prozeßbevollmächtigten bestellt hat[94]. In der Regel wird dies der erstinstanzliche Anwalt sein, doch ist dies nicht erforderlich. Der Berufungsbeklagte kann auch einen anderen Anwalt beauftragen. War er in erster Instanz nicht anwaltlich vertreten, so muß er für den Antrag einen Anwalt bestellen. Soll die Neuregelung nicht weitgehend leerlaufen, muß der Anwalt über den Wortlaut von Abs. 3 S. 2 hinaus auch die Einwilligung in die Berufungsrücknahme erklären können, → Rdnr. 9.

## 3. Verfahren

34 Der Beschluß kann **ohne mündliche Verhandlung** ergehen, Abs. 3 S. 3, und zwar auch durch den Einzelrichter, § 524 Abs. 3 Nr. 2, und während der Gerichtsferien[95]. Bleibt der Berufungskläger in der mündlichen Verhandlung aus, so ist dies kein Hindernis für den Beschluß. Der für den Beschluß maßgebliche **Streitwert** ist nicht der der Hauptsache[96]. Entscheidend sind grundsätzlich die in der Rechtsmittelinstanz entstandenen Kosten[97]. Wird ein Antrag über die Kostenfolge nicht begehrt, sondern nur ein Verlustigkeitsbeschluß beantragt, so greift § 3 ein[98]. Besteht über die Wirksamkeit der Zurücknahme Streit, so ist der Wert der Hauptsache maßgebend.

---

[88] AK-*Ankermann* Rdnr. 15.
[89] *BGHZ* 46, 116 = LM § 515 Nr. 17 (*Schneider*) = NJW 1967, 109 = JZ 96 = MDR 115 = ZZP 81 (1968), 271 (ablehnend *Gaul*); *Baumbach/Lauterbach/Albers*[51] Rdnr. 25; *Thomas/Putzo*[18] Rdnr. 14; *Zöller/Schneider*[18] Rdnr. 30; *Wieczorek/Rössler* Anm. E. A.A. (Verwerfung nach § 519b) *Blomeyer*[2] § 98 II 2; MünchKomm ZPO-*Rimmelspacher* Rdnr. 35.
[90] *Baumbach/Lauterbach/Albers*[51] Rdnr. 23; MünchKomm ZPO-*Rimmelspacher* Rdnr. 30; *Zöller/Schneider*[18] Rdnr. 25.
[91] MünchKomm ZPO-*Rimmelspacher* Rdnr. 31; *Zöller/Schneider*[18] Rdnr. 25.
[92] MünchKomm ZPO-*Rimmelspacher* Rdnr. 25.
[93] Eingefügt durch G. v. 17. XII. 1990, BGBl. I 2847.

[94] Davor war die Frage sehr umstritten; für die Notwendigkeit eines Antrags durch einen beim Berufungsgericht zugelassenen Anwalt insbesondere *BGH* NJW 1970, 1320; 1978, 1262.
[95] *OLG Frankfurt* MDR 1983, 943.
[96] *BGHZ* 15, 394 = LM § 33 GKG Nr. 1 = NJW 1955, 260; MünchKomm ZPO-*Rimmelspacher* Rdnr. 42; AK-*Ankermann* Rdnr. 18; *Zöller/Schneider*[18] Rdnr. 33.
[97] MünchKomm ZPO-*Rimmelspacher* Rdnr. 41; AK-*Ankermann* Rdnr. 18; *Rosenberg/Schwab/Gottwald*[15] § 137 III 4c. A. A. *Zöller/Schneider*[18] Rdnr. 33: Schätzung nach § 3, sofern der Antrag nicht auf die Kostenfolge beschränkt wird.
[98] MünchKomm ZPO-*Rimmelspacher* Rdnr. 42.

### 4. Keine Anfechtbarkeit

Der Beschluß ist nicht anfechtbar, Abs. 3 S. 3, und zwar unabhängig davon, ob er der 35
Rechtslage entspricht oder nicht[99]. Hat das Gericht fehlerhafterweise durch Urteil statt durch
Beschluß entschieden, so ist gegen dieses die Revision nicht zulässig[100]. Auch eine Wiederaufnahme ist nicht möglich[101].

## V. Außergerichtliche Verpflichtung zur Berufungsrücknahme

Für einen **Vertrag**, durch den sich der Berufungskläger zur Zurücknahme der Berufung 36
verpflichtet, gilt das unter → § 269 Rdnr. 5 zur Klagerücknahme Ausgeführte entsprechend.
Ob die wegen Formmangels (→ Rdnr. 14) unwirksame Rechtsmittelrücknahme als derartige
Verpflichtung zur Rücknahme aufzufassen ist, ist Frage der Auslegung[102]. Der Vertrag
begründet eine Einrede gegen die Berufung, die zu ihrer Verwerfung als unzulässig führt[103].
Der Vertrag ist nicht formgebunden und unterliegt nicht dem Anwaltszwang[104]. Wird er von
einer nicht eingetretenen Bedingung abhängig gemacht, so ist die Berufung nur dann unzulässig, wenn der Vertragsgegner den Bedingungseintritt wider Treu und Glauben verhindert
hat[105]. Ob bei Unzulässigkeit der Berufung eine erneute Berufung zulässig ist (vorausgesetzt,
die Berufungsfrist ist noch nicht abgelaufen), hängt davon ab, ob (was allerdings regelmäßig
anzunehmen sein wird) der vereinbarten Berufungszurücknahme der Sinn eines Verzichts auf
die Berufung beizumessen ist[106], → Rdnr. 19.

## VI. Arbeitsgerichtliches Verfahren

Im arbeitsgerichtlichen Verfahren gilt § 515 uneingeschränkt für das **Urteilsverfahren**, 37
nicht dagegen auch im **Beschlußverfahren**. Insoweit enthält § 89 Abs. 4 ArbGG eine Sonderregelung, wonach die Beschwerde jederzeit zurückgenommen werden kann; auch nach
Beginn der mündlichen Verhandlung bedarf es keiner Zustimmung der übrigen Beteiligten.
Nach § 89 Abs. 4 S. 1 ArbGG kann die Rücknahme der Beschwerde in der Form erfolgen, in
der das Rechtsmittel eingelegt worden ist; dies schließt jedoch eine mündliche Rücknahme im
Verhandlungstermin nicht aus[107]. Nach der Rücknahme hat der Vorsitzende das Verfahren
einzustellen, § 89 Abs. 4 S. 2 ArbGG. Die Wirkungen der Rücknahme der Beschwerde
entsprechen denen der Berufungszurücknahme insoweit, als der Beschwerdeführer die eingelegte Beschwerde verliert, → Rdnr. 18. Insbesondere hat auf Antrag eines anderen Verfahrensbeteiligten als der Beschwerdeführer darüber ein Beschluß nach § 515 Abs. 3 S. 2 zu
ergehen[108]. Dagegen scheidet ein Beschluß über die Kostentragungspflicht des Beschwerdeführers zumindest dann aus, wenn man mit der h. M. davon ausgeht, daß im Beschlußverfahren keine Kostenentscheidung zu ergehen hat, → § 91 Rdnr. 121.

---

[99] *BGHZ* 46, 112 (Fn. 89).
[100] *BGHZ* 46, 112, 113 (Fn. 89); AK-*Ankermann* Rdnr. 17; *Baumbach/Lauterbach/Albers*[51] Rdnr. 25; *Zöller/Schneider*[18] Rdnr. 30. A.A. *Gaul* ZZP 81 (1968), 273: Sachlich entspreche der Beschluß einer Verwerfung des Rechtsmittels.
[101] MünchKomm ZPO-*Rimmelspacher* Rdnr. 33.
[102] S. *RGZ* 123, 84 (Rücknahme in einem Vergleich).
[103] *BGH* LM § 515 Nr. 22 = NJW 1984, 805 = MDR 302 = JZ 103; *BGH* NJW-RR 1989, 802; *Baumbach/Lauterbach/Albers*[51] Rdnr. 7; *Zöller/Schneider*[18] Rdnr. 12; *Rosenberg/Schwab/Gottwald*[15] § 137 III 6.

A. A. *Schlosser* Einverständliches Parteihandeln im Zivilprozeß (1968), 71 f.: Berufung ist unabhängig von der Einredeerhebung als zurückgenommen zu betrachten.
[104] *BGH* NJW-RR 1989, 802; *Baumbach/Lauterbach/Albers*[51] Rdnr. 7; MünchKomm ZPO-*Rimmelspacher* Rdnr. 2.
[105] *BGH* NJW-RR 1989, 802.
[106] *Schlosser* (Fn. 103), 82.
[107] *Grunsky*[6] § 89 Rdnr. 14; *Germelmann/Matthes/Prütting* § 89 Rdnr. 54.
[108] *Germelmann/Matthes/Prütting* § 89 Rdnr. 58.

## § 516 [Berufungsfrist]

Die Berufungsfrist beträgt einen Monat; sie ist eine Notfrist und beginnt mit der Zustellung des in vollständiger Form abgefaßten Urteils, spätestens aber mit dem Ablauf von fünf Monaten nach der Verkündung.

Gesetzesgeschichte: Bis 1900 § 477 CPO. Änderungen: RGBl. 1909 S. 475; 1924 I 135; BGBl. 1950 S. 455; 1976 I 3281; 1980 I 677.

| | |
|---|---|
| I. Allgemeines | 1 |
| II. Die Berufungsfrist | 3 |
|   1. Dauer | 3 |
|   2. Beginn des Fristlaufs | 4 |
|     a) Zustellung des Urteils | 4 |
|     b) Urteilsberichtigung | 6 |
|     c) Mehrere Berufungsbefugte | 9 |
|     d) Fehlende oder unwirksame Zustellung | 12 |
| III. Zeitpunkt der Berufungseinlegung | 15 |
|   1. Vor Zustellung des Urteils | 16 |
|   2. Vor Erlaß des Urteils | 17 |
| IV. Arbeitsgerichtliches Verfahren | 18 |
|   1. Urteilsverfahren | 18 |
|   2. Beschlußverfahren | 20 |

## I. Allgemeines

1    In § 516 ist die **zeitliche Begrenzung für die Ausübung des Berufungsrechts** geregelt. Eine derartige Begrenzung ist erforderlich, weil das Urteil anderenfalls nicht in formelle Rechtskraft erwachsen könnte. Bis zur Nov. 1924 hing die Berufungsmöglichkeit ausschließlich von der im Parteibetrieb zu bewirkenden Zustellung des Urteils ab, was sich insofern als unzweckmäßig erwies, als die Parteien dadurch im Stande waren, durch Unterlassung der Zustellung die Anfechtungsmöglichkeit zeitlich unbegrenzt auszudehnen. Durch die Nov. 1924 wurde § 516 deshalb dahingehend geändert, daß die Berufungsfrist unabhängig von der Zustellung spätestens 5 Monate nach Verkündung des Urteils zu laufen beginnt. In der Vereinfachungsnovelle 1976 ist diese Regelung deshalb wieder aufgehoben worden, weil die Urteilszustellung in Zukunft von Amts wegen durch das Gericht und nicht mehr auf Betreiben der Partei erfolgt, § 317 Abs. 1 S. 1, weshalb man meinte, der Anlaß dafür, die Berufungsfrist ab einem bestimmten Zeitpunkt auch ohne Zustellung des Urteils laufen zu lassen, sei entfallen. Dabei wurde übersehen, daß die Berufungsfrist auch bei einer zwar erfolgten, aber unwirksamen Zustellung laufen muß. Da die Unwirksamkeit der Zustellung häufig nicht erkannt wird, weshalb keine neue Zustellung erfolgt, bestünde sonst die Gefahr einer »unendlichen Berufungsfrist«. Infolgedessen ist die alte Fassung der Vorschrift durch G. v. 13. VI. 1980 wieder hergestellt worden.

2    Die **Berufungsfrist** muß der Partei **voll** zur Überlegung darüber **zur Verfügung stehen**, ob sie das ergangene Urteil anfechten will. Daraus ergibt sich, daß die Gerichtsverwaltung verpflichtet ist, Nachtbriefkästen anzubringen[1]. Fehlt ein Nachtbriefkasten, so ist die nach Dienstschluß am letzten Tag der Berufungsfrist eingeworfene Berufung zwar verspätet, doch kann ein Wiedereinsetzungsgrund gegeben sein. Die **mittellose Partei** muß die Berufungsfrist ebenfalls voll ausnützen können. War sie wegen der Mittellosigkeit nicht in der Lage, die Berufung auf eigene Kosten durchzuführen, hat sie aber das Prozeßkostenhilfegesuch inner-

---

[1] *BAGE* 2, 116; 9, 215; NJW 1964, 369; *BGHZ* 2, 31; 23, 307; *Baumbach/Lauterbach/Albers*[51] Rdnr. 3.

halb der Berufungsfrist eingereicht, so ist ihr bei späterer Bewilligung der Prozeßkostenhilfe Wiedereinsetzung in den vorigen Stand zu gewähren[2]. Bei späterer Ablehnung des Prozeßkostenhilfegesuchs deshalb, weil die Partei wirtschaftlich doch in der Lage ist, die Kosten selber zu tragen, ist dann Wiedereinsetzung zu gewähren, wenn die Partei annehmen durfte, sie sei wegen Mittellosigkeit an der Einlegung des Rechtsmittels gehindert[3].

## II. Die Berufungsfrist

### 1. Dauer

Die Berufungsfrist beträgt ohne Ausnahme **einen Monat**; dies gilt auch bei Zustellung des angefochtenen Urteils im Ausland. Durch die Gerichtsferien wird die Frist nicht gehemmt, § 223 Abs. 2. Sie berechnet sich nach § 222 i.V. mit § 188 BGB. Über die Bedeutung ihrer Bezeichnung als Notfrist → § 223 Rdnr. 82 ff. Eine Verlängerung ist nicht möglich, wohl aber eine Wiedereinsetzung in den vorigen Stand, § 233. Für die Einhaltung der Frist ist der Berufungskläger **beweispflichtig**[4]. Dies muß auch dann gelten, wenn die Rechtzeitigkeit der Berufungseinlegung aus Gründen nicht mehr geklärt werden kann, die im Bereich des Berufungsgerichts liegen[5]. Durch den Fehler des Gerichts kann sich die Beweissituation des Berufungsbeklagten, der die Beweisnot des Berufungsklägers seinerseits ja nicht verursacht hat, nicht verschlechtern. Eine andere Sache ist es, daß das Berufungsgericht dazu verpflichtet ist, zur Aufklärung in derartigen Fallgestaltungen von Amts wegen beizutragen[6]. 3

### 2. Beginn des Fristlaufs

#### a) Zustellung des Urteils

Der Lauf der Berufungsfrist beginnt mit **Zustellung des in vollständiger Form abgefaßten Urteils.** Wegen der Zustellung des Urteils → § 317 Rdnr. 1 ff. Zuzustellen ist eine Ausfertigung des Urteils und nicht nur eine beglaubigte Abschrift, → § 317 Rdnr. 2. Eine Zustellung im Parteibetrieb setzt die Frist nicht in Lauf. Das Urteil muß in vollständiger Form zugestellt werden, d. h. die Zustellung einer nach § 317 Abs. 2 S. 2 abgekürzten Ausfertigung reicht nicht aus. Enthält das Urteil nach § 313 a oder § 313 b keinen Tatbestand und Entscheidungsgründe, so ist es nur dann in vollständiger Form zugestellt worden, wenn die Voraussetzungen der genannten Vorschriften vorlagen; also nicht bei einem unechten Versäumnisurteil gegen die erschienene Partei[7] (dazu, daß § 313 b beim unechten Versäumnisurteil nicht eingreift, → § 313 b Rdnr. 4). Soweit die Entscheidungsgründe nach § 495 a Abs. 2 S. 2 ihrem wesentlichen Inhalt nach im Protokoll aufgenommen worden sind, muß dieses zugestellt werden[8]. Praktische Bedeutung hat das allerdings nur dann, wenn die Berufung unabhängig vom Erreichen der Berufungssumme des § 511 a Abs. 1 statthaft ist (zu den einschlägigen Fallgestaltungen → § 511 a Rdnr. 35 ff.). Ist das Urteil nicht von allen mitwirkenden Richtern 4

---

[2] MünchKomm ZPO-*Feiber* § 233 Rdnr. 43; Näheres → § 233 Rdnr. 351 ff.
[3] *BGHZ* 26, 99; → weiter § 233 Rdnr. 352.
[4] *BAGE* 22, 119 = AP § 519 b Nr. 6 (*Wieczorek*) = VersR 1970, 71; *BGH* VersR 1980, 90; *Baumbach/Lauterbach/Albers*[51] Rdnr. 4; MünchKomm ZPO-*Rimmelspacher* Rdnr. 23.
[5] Mißverständlich *BSG* NJW 1973, 535 = MDR 170: Vernichtung des Zustellungsnachweises durch das Berufungsgericht in der irrigen Annahme, die Berufung sei zurückgenommen worden; sofern sich aus den Akten kein Anhaltspunkt für das Gegenteil ergibt, soll die Berufung als rechtzeitig gelten. S. weiter *BGH* VersR 1980, 90: Auffinden der Berufungsschrift ohne Eingangsstempel in einer anderen Akte.
[6] Insoweit zutreffend *BGH* VersR 1980, 90.
[7] *BGH* LM § 516 Nr. 28 = NJW-RR 1991, 255 = MDR 236 = BB 1990, 1664.
[8] MünchKomm ZPO-*Rimmelspacher* Rdnr. 9.

unterschrieben, so muß der nach § 315 Abs. 1 S. 2 erforderliche Hinweis entweder vom Vorsitzenden unterschrieben worden sein oder muß sich aus der Urteilsausfertigung anderweit ergeben, daß er vom Vorsitzenden herrührt; fehlt es daran, so beginnt die Rechtsmittelfrist nicht zu laufen[9], → auch § 315 Rdnr. 17. Stimmt die Ausfertigung mit dem Original nicht überein, so wird die Berufungsfrist wenigstens dann in Gang gesetzt, wenn es sich bei den Abweichungen erkennbar nur um Schreibfehler handelt[10].

5    Voraussetzung für ein Ingangsetzen der Berufungsfrist ist eine **wirksame Zustellung**. Bei Verletzung zwingender Zustellungsvorschriften beginnt die Berufungsfrist erst mit Ablauf von fünf Monaten nach der Urteilsverkündung zu laufen, → Rdnr. 12. Wegen der Zustellung an mehrere Prozeßbevollmächtigte derselben Partei → § 84 Rdnr. 3. Unschädlich ist es, wenn bei ordnungsmäßiger Zustellung das anzufechtende Urteil eine unzutreffende Rechtsmittelbelehrung enthält[11]. Zur Bedeutung der Rechtsmittelbelehrung im arbeitsgerichtlichen Verfahren → Rdnr. 18f.

### b) Urteilsberichtigung

6    Ein Berichtigungsantrag nach § 319 berührt die Berufungsfrist nicht. Auch ein Berichtigungsbeschluß hat wegen seiner Rückwirkung auf die Berufungsfrist grundsätzlich keinen Einfluß[12], → § 319 Rdnr. 14. Davon müssen jedoch Ausnahmen gemacht werden. Läßt erst der Berichtigungsbeschluß zweifelsfrei erkennen, gegen wen das Rechtsmittel zu richten ist, so beginnt mit Zustellung des Berichtigungsbeschlusses eine neue Rechtsmittelfrist zu laufen[13]. Ebenso dann, wenn der **Tenor berichtigt** wird und sich erst aus der berichtigten Fassung eine Beschwer der Partei ergibt[14] bzw. wenn eine Beschwer der Partei davor zwar schon gegeben war, aber nicht die nach § 511a Abs. 2 erforderliche Berufungssumme erreichte. Schwierigkeiten ergeben sich dann, wenn die Beschwer nach dem später berichtigten Tenor zwar von Anfang an der Höhe nach ausreichte, durch den Berichtigungsbeschluß aber noch weiter erhöht wird. Teilweise wird hier für den Lauf einer neuen Berufungsfrist verlangt, daß die Erhöhung der Beschwer so erheblich ist, daß die Partei erst aufgrund der berichtigten Fassung Anlaß für die Berufungseinlegung hatte; dabei wird nicht auf die Berufungssumme nach § 511a Abs. 1 abgestellt; auch bei einer darüber liegenden Erhöhung der Beschwer soll diese gemessen an der schon davor gegebenen Beschwer zu geringfügig sein können, um eine neue Berufungsfrist in Gang zu setzen[15]. Demgegenüber wird auch die Auffassung vertreten, maßgeblich sei, ob die Erhöhung der Beschwer ihrerseits die Berufungssumme erreicht[16]. Dem ist im Ansatz zwar zuzustimmen, doch erscheint eine noch weitergehende Lösung geboten: Auch dann, wenn die Erhöhung der Beschwer für sich allein 1.500,- DM nicht übersteigt, muß deswegen mit Zustellung des Berichtigungsbeschlusses eine neue Berufungsfrist zu laufen beginnen, weil es nicht zu Lasten der Partei gehen kann, daß das Gericht den Tenor falsch formuliert hat. Wer sich mit einer Verurteilung zur Zahlung von 2.000,- DM abzufinden bereit war, muß die Möglichkeit einer Anfechtung des Urteils haben, wenn der Tenor später auf 3.000,- DM berichtigt wird. In entsprechender Anwendung von § 99 Abs. 1

---

[9] *BGH* LM § 315 Nr. 5 = NJW 1961, 782 = MDR 931 = VersR 310.
[10] *OLG Hamburg* MDR 1964, 242.
[11] *BGH* LM § 516 Nr. 31 = MDR 1991, 987 = BB 1821 (Rechtsmittelbelehrung nach nicht mehr geltendem DDR-Recht).
[12] *BGHZ* 89, 184 = LM § 319 Nr. 11 = NJW 1984, 1041 = JZ 586; *BGHZ* 113, 228 = LM § 516 Nr. 30 = NJW 1991, 1834 = MDR 523 = VersR 568; *BGH* VersR 1966, 956; MünchKomm ZPO-*Rimmelspacher* Rdnr. 13; Zöller/Schneider[18] Rdnr. 6.
[13] *BGHZ* 113, 228 (Fn. 12); MünchKomm ZPO-*Rimmelspacher* Rdnr. 14.
[14] *BGHZ* 17, 149 = LM § 319 Nr. 2 = NJW 1955, 989.
[15] *BGH* VersR 1966, 956; 1985, 838.
[16] *Schneider* MDR 1986, 377; Zöller/Schneider[18] Rdnr. 6; MünchKomm ZPO-*Rimmelspacher* Rdnr. 14.

wirkt sich eine Berichtigung nur wegen der Kostenentscheidung allerdings auf die Berufungsfrist nicht aus[17].

Soweit nach dem unter → Rdnr. 6 Ausgeführten mit Zustellung des Berichtigungsbeschlusses eine neue Berufungsfrist läuft, kommt dies der Partei nur insoweit zugute, als diese das Urteil auch **in einem Punkt anfechten will, der erst durch den Berichtigungsbeschluß relevant geworden ist**. Wendet sich die Partei etwa nur gegen die ursprüngliche Beschwer, so ändert sich an der Berufungsfrist nicht dadurch etwas, daß die Beschwer durch den Berichtigungsbeschluß später erhöht worden ist. 7

Eine **Tatbestandsberichtigung nach § 320** hat nach ganz h.M auf den Lauf der Berufungsfrist keinen Einfluß, d. h. es soll ab Zustellung des Berichtigungsbeschlusses keine neue Berufungsfrist laufen[18]. Als maßgeblich wird dabei angesehen, daß sich aus der Tatbestandsberichtigung keine neue Beschwer ergibt. Das überzeugt nicht. Wenn die Berufungsfrist die Zustellung des vollständigen Urteils (d. h. einschließlich Tatbestand) voraussetzt, dann deshalb, weil sich die Partei auch anhand des vom Untergericht zugrundegelegten Tatbestands ein Bild darüber machen können soll, ob eine Weiterverfolgung der Sache Erfolg verspricht. Wenn sich dieses Bild durch eine Berichtigung des Tatbestandes ändert, so muß die Partei eine neue Überlegungsfrist haben. Ohne Einfluß auf den Lauf der Berufungsfrist ist der Berichtigungsbeschluß jedoch dann, wenn später nur Teile des Urteils angefochten werden, die mit der Tatbestandsberichtigung nichts zu tun haben, → auch Rdnr. 7. Zur **Urteilsergänzung**, § 321, → § 517. 8

### c) Mehrere Berufungsbefugte

Sind sowohl der Kläger als auch der Beklagte beschwert, so läuft die **Berufungsfrist für jede Partei gesondert**. Maßgeblich ist für jede Partei der Zeitpunkt der Zustellung des vollständigen Urteils. Legt nach Ablauf der für eine Partei maßgeblichen Frist der Gegner noch innerhalb der für ihn laufenden Frist Berufung ein, so bleibt der Partei jedoch noch die Möglichkeit der Anschlußberufung, § 521 Abs. 1. 9

Bei **Streitgenossen** beginnt die Notfrist in allen Fällen für jeden Streitgenossen besonders mit der an ihn bewirkten Zustellung des Urteils, → § 61 Rdnr. 4. Dies gilt auch bei notwendiger Streitgenossenschaft[19], → § 62 Rdnr. 39ff. Eine Berufung gegen ein Urteil zugunsten mehrerer notwendiger Streitgenossen ist nur dann zulässig, wenn sie gegen alle Streitgenossen fristgerecht eingelegt worden ist[20]. 10

Der **Streitgehilfe** kann zwar Berufung einlegen (vorausgesetzt, die unterstützte Partei hat darauf nicht verzichtet, → § 67 Rdnr. 13), doch wirkt dies für die Partei. Berufungskläger ist die Partei und nicht etwa der Streitgehilfe. Daraus folgt, daß die Berufungsfrist mit Zustellung an die Partei ohne Rücksicht darauf läuft, ob und wann das Urteil dem Streitgehilfen zugestellt worden ist[21]. Wegen des streitgenössischen Streitgehilfen → § 69 Rdnr. 10. 11

---

[17] *BGH* LM § 319 Nr. 6 = MDR 1970, 757.
[18] MünchKomm ZPO-*Rimmelspacher* Rdnr. 15; *Zöller/Schneider*[18] Rdnr. 6; *Baumbach/Lauterbach/Albers*[51] Rdnr. 2.
[19] MünchKomm ZPO-*Rimmelspacher* Rdnr. 6.
[20] *BGHZ* 23, 73 = LM § 62 Nr. 3 (*Johannsen*) = NJW 1957, 737 = FamRZ 97.

[21] *BGH* NJW 1963, 1251; LM § 67 Nr. 12 = NJW 1986, 256; VersR 1988, 417; LM § 516 Nr. 26 = JZ 1989, 807 = NJW 1990, 190; MünchKomm ZPO-*Rimmelspacher* Rdnr. 7; a. A. *Windel* ZZP 104 (1991), 321, 342ff.

### d) Fehlende oder unwirksame Zustellung

**12** Ist das Urteil der Partei nicht, nicht wirksam oder nicht in vollständiger Form zugestellt worden (alle genannten Fallgestaltungen führen insoweit zur selben Rechtsfolge), so beginnt die Berufungsfrist aufgrund G. v. 13. VI. 1980[22] mit **Ablauf von fünf Monaten nach der Urteilsverkündung**. Dadurch soll vor allem in Fällen einer unwirksamen Zustellung vermieden werden, daß das Urteil unbefristet angefochten werden kann und damit nie formell rechtskräftig wird. Die Fünfmonatsfrist beginnt aber dann nicht mit Verkündung des Urteils zu laufen, wenn die Partei zu dem Termin nicht wirksam geladen und auch nicht erschienen ist[23]. Voraussetzung für den Beginn der Fünfmonatsfrist ist weiter eine wirksame (nicht notwendigerweise auch fehlerfreie, → § 310 Rdnr. 4) Urteilsverkündung[24], → § 310 Rdnr. 3. Unerheblich für den Lauf der Fünfmonatsfrist ist es, ob das Urteil nach Ablauf der Frist schriftlich in vollständiger Form vorliegt; auch wenn dies nicht der Fall ist, muß die Partei die Berufung spätestens sechs Monate nach Urteilsverkündung einlegen.

**13** Die Vorschrift ist auf die **sofortige Beschwerde** entsprechend anwendbar, → § 577 Rdnr 3. Zur Frage der Anwendbarkeit auf die **Einspruchsfrist** bei einem Versäumnisurteil → § 339 Rdnr. 5.

**14** Die Fünfmonatsfrist **beginnt** mit der Urteilsverkündung. § 222 Abs. 2 ist auf sie nicht anwendbar[25], d. h. die Berufungsfrist beginnt auch dann zu laufen, wenn die Fünfmonatsfrist an einem Sonnabend, Sonntag oder sonstigen Feiertag endet; der Beginn des Laufes der Berufungsfrist verschiebt sich nicht etwa auf den ersten Werktag nach dem Ende der Fünfmonatsfrist. Eine **Unterbrechung des Verfahrens** hat auf den Lauf der Frist keinen Einfluß; § 249 Abs. 1 ist auf die Fünfmonatsfrist nicht anwendbar[26]. Eine **Wiedereinsetzung in den vorigen Stand** gibt es für die Fünfmonatsfrist nicht, wohl dagegen für die Versäumung der anschließend laufenden Berufungsfrist.

### III. Zeitpunkt der Berufungseinlegung

**15** Die Funktion der Berufungsfrist besteht darin, den **spätestmöglichen Zeitpunkt** zu bestimmen, bis zu dem die Berufung eingelegt sein muß, um zulässig zu sein und den Eintritt der formellen Rechtskraft aufzuschieben. Dagegen besagt § 516 nichts darüber, von welchem Zeitpunkt an frühestens wirksam Berufung eingelegt werden kann.

#### 1. Vor Zustellung des Urteils

**16** Aus § 312 Abs. 2 ergibt sich, daß die Berufungseinlegung auch vor Zustellung (bzw. bei unwirksamer Zustellung) des Urteils zulässig und wirksam ist[27]. Damit sind Einzelfragen des Zustellungsrechts weitgehend entschärft, da die Zulässigkeit der Berufung nicht von der

---

[22] BGBl. I 677.
[23] *RG* JW 1928, 2982; *BGH* LM § 88 Nr. 3 = MDR 1977, 1006; *BGH* FamRZ 1988, 827; NJW-RR 1994, 127; AK-*Ankermann* Rdnr. 3; *Baumbach/Lauterbach/Albers*[51] Rdnr. 11; *Zöller/Schneider*[18] Rdnr. 17. Weitergehend *Rimmelspacher* Festschr. Schwab (1990), 421; MünchKomm ZPO-*Rimmelspacher* Rdnr. 18: Fünfmonatsfrist dem Kläger gegenüber immer und dem Beklagten gegenüber dann, wenn ihm die Klageschrift zugestellt wurde oder er sich auf das Verfahren eingelassen hatte; daraus ergebe sich eine Informationslast nach dem Stand des Verfahrens.

[24] *BGH* NJW 1985, 1782, 1783 = VersR 45, 46; AK-*Ankermann* Rdnr. 3; *Baumbach/Lauterbach/Albers*[51] Rdnr. 11.
[25] *OLG Frankfurt* NJW 1972, 2313.
[26] *BGHZ* 111, 104, 108 = LM § 78 Nr. 38 = NJW 1990, 1854, 1855 = MDR 702.
[27] Allg. Meinung: *RGZ* 112, 167; *BGH* MDR 1964, 43; *BAG* AP § 519 Nr. 16 (Wieczorek); *Rosenberg/Schwab/Gottwald*[15] § 137 I 5a; AK-*Ankermann* Rdnr. 6; MünchKomm ZPO-*Rimmelspacher* Rdnr. 3; *Baumbach/Lauterbach*/Albers[51] Rdnr. 9; *Thomas/Putzo*[18] Rdnr. 1; *Vogg* MDR 1993, 293.

Wirksamkeit der Zustellung abhängt. Die Wirksamkeit der Zustellung spielt für die Zulässigkeit der Berufung nur dann eine Rolle, wenn es sich darum handelt, ob die Berufung infolge des Ablaufs einer wirksam in Gang gesetzten Berufungsfrist verspätet ist. Daß sich andererseits u. U. auch bei der gegenwärtigen Regelung gewisse Schwierigkeiten ergeben können (wenn etwa bei einem der Klage teilweise stattgebenden Urteil die eine Partei Berufung erst einlegt, nachdem über die Berufung der anderen bereits entschieden ist), ist nicht zu leugnen; nennenswerte praktische Bedeutung haben derartige Komplikationsmöglichkeiten nicht. Wird das Urteil nach Einlegung der Berufung wirksam zugestellt, so beginnt dadurch keine neue Berufungsfrist zu laufen[28]. Dies gilt sowohl dann, wenn über die erste Berufung noch nicht entschieden ist, als auch wenn sie zurückgenommen oder als unzulässig verworfen worden ist. Dabei spielt es auch keine Rolle, ob der Berufungskläger geltend macht, bei Kenntnis des vollständigen Urteils hätte er den zur Verwerfung führenden Mangel vermeiden können; wer vor Urteilszustellung Berufung einlegt, handelt insoweit auf eigene Gefahr.

### 2. Vor Erlaß des Urteils

Vor Erlaß des Urteils, d. h. vor seiner Verkündung, vorsorglich Berufung einzulegen, ist **17** nach h. M. grundsätzlich unzulässig. Eine derartige Berufung soll wegen der darin enthaltenen Bedingung unwirksam sein[29]. Anders dagegen dann, wenn Berufung gegen ein nicht ordnungsmäßig erlassenes Urteil eingelegt wird; dazu, daß das sich in diesem Fall rechtlich nur als Urteilsentwurf darstellende Gebilde zwecks Beseitigung mit den ordentlichen Rechtsmitteln angefochten werden kann, → § 311 Rdnr. 10 und Allg. Einl. vor § 511 Rdnr. 44. Wird aber nach Einlegung der Berufung der Mangel behoben, so muß es möglich sein, mit der Berufung das nunmehr ordnungsmäßig erlassene Urteil zur Nachprüfung zu bringen[30]. Aber auch über diesen Fall hinaus ist die Annahme nicht unbedenklich, daß eine Berufung notwendigerweise unwirksam ist, wenn sie vor Erlaß des angefochtenen Urteils eingelegt wird. Zumindest ist eine derartige Berufung nicht denkunmöglich. Wenn ein Rechtsmittelverzicht vor Urteilserlaß wirksam ist, → § 514 Rdnr. 2, dann muß eine davor eingelegte Berufung unter der Voraussetzung als wirksam angesehen werden, daß ein entsprechendes praktisches Bedürfnis besteht[31]. Insoweit sind die Umstände des Einzelfalls maßgeblich.

## IV. Arbeitsgerichtliches Verfahren

### 1. Urteilsverfahren

Im arbeitsgerichtlichen Urteilsverfahren beträgt die Berufungsfrist ebenfalls einen Monat, **18** § 66 Abs. 1 S. 1 ArbGG. Sie beginnt mit der von Amts wegen erfolgenden Urteilszustellung, § 50 Abs. 1 S. 1 ArbGG i.V. mit §§ 64 Abs. 6 S. 1 ArbGG, 516 ZPO. Es gilt Entsprechendes wie in der ordentlichen Gerichtsbarkeit. Insbesondere muß das Urteil in vollständiger Form zugestellt sein. Im Unterschied zur ordentlichen Gerichtsbarkeit muß das Urteil eine **Rechtsmittelbelehrung** enthalten, § 9 Abs. 5 ArbGG. Ist diese nicht oder nicht ordnungsmäßig (zum notwendigen Inhalt der Belehrung s. § 9 Abs. 5 S. 3 ArbGG) erfolgt, so beginnt die Rechtsmit-

---

[28] AK-*Ankermann* Rdnr. 6; *Wieczorek/Rössler* Anm. D II; a. A. MünchKomm ZPO-*Rimmelspacher* Rdnr. 3.
[29] *RGZ* 110, 169; AK-*Ankermann* Rdnr. 6; *Baumbach/Lauterbach/Albers*[51] Rdnr. 14; *Thomas/Putzo*[18] Rdnr. 1; *Zöller/Schneider*[18] Rdnr. 2; *Rosenberg/Schwab/Gottwald*[15] § 137 I 5a; s. ferner VGH Mannheim NJW 1973, 1663; DVBl. 1975, 381 (letzteres zur Beschwerde).

[30] S. *BGH* LM § 511 Nr. 17 (Allg. Einl. vor § 511 Fn. 61), wo allerdings zu Unrecht davon ausgegangen wird, die gegen das Scheinurteil eingelegte Berufung erfasse automatisch das inzwischen wirksam gewordene Urteil (→ dazu Allg. Einl. vor § 511 Rdnr. 45).
[31] *Grunsky* DVBl. 1975, 382.

telfrist nicht zu laufen, § 9 Abs. 5 S. 3 ArbGG. Die Berufung kann dann noch innerhalb eines Jahres nach Zustellung des Urteils eingelegt werden, § 9 Abs. 5 S. 4 ArbGG. War die Einlegung wegen höherer Gewalt[32] unmöglich oder die Belehrung unrichtigerweise dahingehend erfolgt, daß ein Rechtsmittel nicht gegeben sei, so ist die Berufung auch noch nach Ablauf eines Jahres zulässig, § 9 Abs. 5 S. 4 ArbGG. Abgesehen von den zuletzt genannten Fällen kann die Berufung ein Jahr nach Zustellung des Urteils trotz Fehlens der Rechtsmittelbelehrung nicht mehr eingelegt werden. In diesem Fall kann auch nicht etwa dahingehend argumentiert werden, das Urteil sei wegen des Fehlens der Belehrung nicht vollständig zugestellt worden. § 9 Abs. 5 S. 4 ArbGG enthält insoweit eine § 516 ausschließende Sonderregelung.

19   Ist das **Urteil nicht zugestellt** worden, weshalb auch keine darin enthaltene Rechtsmittelbelehrung erfolgt ist, so kommen die Jahresfrist des § 9 Abs. 5 S. 4 ArbGG und die Fünfmonatsfrist des § 516 kumulativ zur Anwendung, d. h. das Urteil wird erst nach 17 Monaten rechtskräftig[33] (zunächst fünf Monate nach § 516 bis zum Beginn des Fristlaufs und anschließend die Jahresfrist des § 9 Abs. 5 S. 4 ArbGG).

### 2. Beschlußverfahren

20   Im Beschlußverfahren gilt für die **Beschwerdefrist** Entsprechendes wie für die Berufungsfrist, d. h. die Beschwerde muß innerhalb eines Monats nach Zustellung des vollständigen Beschlusses eingelegt werden, § 87 Abs. 2 S. 1 ArbGG i.V. mit § 66 Abs. 1 S. 1 ArbGG. Da der Beschluß ebenso wie ein Urteil eine Rechtsmittelbelehrung enthalten muß, gilt das dazu unter → Rdnr. 18 f. Ausgeführte entsprechend.

## § 517   [Berufungsfrist bei Urteilsergänzung]

Wird innerhalb der Berufungsfrist ein Urteil durch eine nachträgliche Entscheidung ergänzt (§ 321), so beginnt mit der Zustellung der nachträglichen Entscheidung der Lauf der Berufungsfrist auch für die Berufung gegen das zuerst ergangene Urteil von neuem. Wird gegen beide Urteile von derselben Partei Berufung eingelegt, so sind beide Berufungen miteinander zu verbinden.

Gesetzesgeschichte: Bis 1900 § 478 CPO. Keine inhaltlichen Änderungen.

### I. Überblick und Anwendungsbereich

1   Das **Ergänzungsurteil** nach § 321 ist ein selbständiges Teilurteil, und zwar auch dann, wenn der Antrag auf Ergänzung abgewiesen worden ist. Gegen jedes der beiden Urteile findet deshalb selbständige Berufung statt, wobei sich die Berufungsfrist für jedes Urteil gesondert bestimmt, → § 321 Rdnr. 20. Ist gegen beide Urteile Berufung eingelegt worden, so sind beide **Rechtsmittel** nach Satz 2 zu **verbinden**, sofern dieselbe Partei gegen beide Urteile Berufung eingelegt hat. Abweichend von § 147 ist die Verbindung nicht in das Ermessen des Gerichts

---

[32] Anders als bei § 233 reicht fehlendes Verschulden nicht aus (*Grunsky*[6] § 9 Rdnr. 3; a. A. *Germelmann/Matthes/Prütting* § 9 Rdnr. 49 ff.).
[33] H.M.; s. etwa BAG AP § 9 ArbGG 1979 Nr. 3 = NZA 1985, 185; LAG München BB 1987, 412 = LAGE

§ 66 ArbGG 1979 Nr. 2; MünchKomm ZPO-*Rimmelspacher* Rdnr. 2. A.A. *Germelmann/Matthes/Prütting* § 9 Rdnr. 58 (die Jahresfrist des § 9 Abs. 5 S. 4 ArbGG gehe § 516 vor, weshalb die Rechtskraft nach einem Jahr eintreten soll).

gestellt, womit eine Trennung nach § 145 ausgeschlossen ist. Dagegen steht die Vorschrift einem Teilurteil über nur eine der beiden Berufungen nicht entgegen[1].

§ 517 erfaßt nur den Fall, daß beide Urteile **von derselben Partei angefochten** werden. Wird eines vom Kläger, das andere dagegen vom Beklagten, angefochten, so ist die Verbindung nicht zwingend, sondern steht nach § 147 im Ermessen des Gerichts. Voraussetzung für die Anwendbarkeit von § 517 ist weiter, daß das **erste Urteil** bei Erlaß des Ergänzungsurteils durch Ablauf der Berufungsfrist noch **nicht rechtskräftig** geworden war[2]; maßgeblich ist insoweit der Zeitpunkt der Verkündung des Ergänzungsurteils und nicht der seiner Zustellung. War die Berufungsfrist für das erste Urteil breits abgelaufen, so kann nur noch das Ergänzungsurteil angefochten werden (vorausgesetzt, die sonstigen Zulässigkeitsvoraussetzungen, wie z. B. die Berufungssumme, liegen vor). Will sich die Partei die Berufung für alle Fälle sichern, so muß sie zunächst Berufung gegen das unvollständige Urteil einlegen, deren Wirksamkeit dann ohne Rücksicht auf das spätere Ergänzungsurteil zu beurteilen ist. Für die **Revisionsfrist** gilt § 517 entsprechend[3]. Zum arbeitsgerichtlichen Verfahren → Rdnr. 7. Zum Zusatzurteil im Falle der Rechtsnachfolge (→ § 239 Rdnr. 34) → § 249 Rdnr. 11. 2

## II. Wirkung auf das erste Urteil

### 1. Verlängerung der Berufungsfrist für das erste Urteil

Satz 1 will für den Fall, daß eine Ergänzung eines Urteils erfolgt, dem unerwünschten Nebeneinanderlaufen zweier selbständiger Berufungen entgegenwirken. Es soll, sofern nicht das Haupturteil bei Erlaß des Ergänzungsurteils infolge Ablaufs der Rechtsmittelfrist bereits rechtskräftig ist, → Rdnr. 2, die Anfechtung des ersten solange zulässig sein, wie dies hinsichtlich des Ergänzungsurteils der Fall ist. Dies spricht § 517 dahingehend aus, daß, wenn innerhalb der Berufungsfrist (d. h. nach Zustellung des Urteils bis Ablauf eines Monats, § 516) ein Urteil nach § 321 ergänzt wird, mit der Zustellung der nachträglichen Entscheidung der Lauf der Berufungsfrist von neuem beginnt. Dabei ist es unerheblich, warum die Berufungsfrist noch läuft; ist sie versäumt worden, dagegen aber Wiedereinsetzung in den vorigen Stand gewährt worden, so beginnt die Frist mit Zustellung des Ergänzungsurteils ebenfalls erneut zu laufen. Vom Wortlaut der Vorschrift her ist der Fall nicht erfaßt, daß die Berufungsfrist für das erste Urteil noch gar nicht zu laufen begonnen hatte (fehlende oder unwirksame Zustellung, → § 516 Rdnr. 4 f.). Vom Zweck des § 517 her kann kein Zweifel daran bestehen, daß auch hier nichts anderes gelten kann, d. h. daß die Vorschrift so zu verstehen ist, als wenn die Worte »innerhalb der Berufungsfrist« ersetzt wären durch die Worte »vor Ablauf der Berufungsfrist«. Ist das Ergänzungsurteil also schon vor Beginn der Berufungsfrist für das Haupturteil erlassen worden, so beginnt die Frist mit der Zustellung des Ergänzungsurteils für das erste Urteil genauso erneut zu laufen wie wenn die Ergänzung innerhalb der Berufungsfrist erfolgt wäre[4]. Ist der **Antrag auf Erlaß eines Ergänzungsurteils abgelehnt** worden, so beginnt für das erste Urteil keine neue Berufungsfrist zu laufen[5]. 3

---

[1] MünchKomm ZPO-*Rimmelspacher* Rdnr. 6.
[2] AK-*Ankermann* Rdnr. 2.
[3] RGZ 151, 304; BGH LM § 517 Nr. 1; Nr. 2 = MDR 1962, 127 = VersR 71.
[4] *BGH* LM § 517 Nr. 2 (Fn. 3); *Zöller/Schneider*[18] Rdnr. 1.
[5] RGZ 151, 304, 309; MünchKomm ZPO-*Rimmelspacher* Rdnr. 4.

## 2. Zulässigkeitsvoraussetzungen einer Berufung gegen das Ergänzungsurteil

4 § 517 gilt nach h. M. für **alle Fälle eines Ergänzungsurteils**; insbesondere soll die Verlängerung der Berufungsfrist der durch das Haupturteil beschwerten Partei auch dann zugutekommen, wenn das Ergänzungsurteil entweder gar nicht oder jedenfalls für sie mangels Beschwer oder Nichterreichung der Berufungssumme nicht anfechtbar ist[6]. Vom Zweck des § 517 her gesehen erscheint die h. M. zweifelhaft. Die Vorschrift will einmal der Partei, die sich mit dem ersten Urteil vielleicht zufriedengegeben hätte, eine erneute Überlegungsfrist einräumen, wenn sich die bisherige Beschwer durch das Ergänzungsurteil erhöht, und zum anderen das Nebeneinanderlaufen mehrerer Berufungen verhindern. Daß die Berufungsfrist auch dann neu zu laufen beginnt, wenn das Ergänzungsurteil nur den Gegner beschwert und somit von der Partei gar nicht selbständig angefochten werden kann, ist nicht einzusehen. Dagegen ist der h. M. in der Annahme zuzustimmen, daß die Frist neu zu laufen beginnt, wenn das Ergänzungsurteil zwar eine zusätzliche Beschwer bringt, diese jedoch mangels Erreichens der Berufungssumme für eine selbständige Anfechtung des Ergänzungsurteils nicht ausreicht; entscheidend dafür ist die Erwägung, daß die Partei die im ersten Urteil enthaltene Beschwer zwar vielleicht noch hingenommen hätte, daß dagegen mit dem Ergänzungsurteil nach Ansicht der Partei »das Faß zum Überlaufen gekommen ist«; zur ähnlichen Situation bei einer Berichtigung des Tenors → § 516 Rdnr. 6. Unerheblich ist, ob die Partei nur das erste Urteil oder auch das Ergänzungsurteil anficht; auch wenn nur gegen das erste Urteil Berufung eingelegt wird, beginnt die Berufungsfrist mit Zustellung des Ergänzungsurteils neu zu laufen[7].

### 3. Frühere Berufung

5 Die Verlängerung der Berufungsfrist wird nicht dadurch ausgeschlossen, daß vor Zustellung des Ergänzungsurteils bereits Berufung eingelegt war; wird diese also zurückgenommen oder als unzulässig verworfen und ist die Berufungsfrist noch nicht abgelaufen, so kommt dem Berufungskläger für eine etwaige erneute Berufung die Fristerweiterung zugute[8]. War die erste Berufung dagegen bereits als unbegründet zurückgewiesen worden, so eröffnet das Ergänzungsurteil keine neue Berufungsfrist[9].

### 4. Keine Verlängerung der Berufungsfrist für das Ergänzungsurteil

6 Für eine Umkehrung des § 517 dahingehend, daß die Berufungsfrist für das Ergänzungsurteil ihrerseits dadurch erneut zu laufen beginnt, daß die Berufungsfrist für das Haupturteil ausnahmsweise erst später endet (fehlende oder unwirksame Zustellung), ist kein Raum[10]. Hier bleibt es dabei, daß das Ergänzungsurteil in der Frist des § 516 angefochten werden muß. Weiter mag eine Verbindung beider Berufungen zwar zweckmäßig sein, doch ist sie nicht nach Satz 2 zwingend vorgeschrieben.

---

[6] *RGZ* 151, 304 (dazu *Jonas* JW 1936, 2926); AK-*Ankermann* Rdnr. 3; MünchKomm ZPO-*Rimmelspacher* Rdnr. 3; *Thomas/Putzo*[18] Rdnr. 3; *Zöller/Schneider*[18] Rdnr. 2.

[7] *RAG* JW 1937, 2863; MünchKomm ZPO-*Rimmelspacher* Rdnr. 3.

[8] MünchKomm ZPO-*Rimmelspacher* Rdnr. 3; AK-*Ankermann* Rdnr. 1.

[9] MünchKomm ZPO-*Rimmelspacher* Rdnr. 3.

[10] *RAG* JW 1937, 2863 (*Jonas*); AK-*Ankermann* Rdnr. 4; MünchKomm ZPO-*Rimmelspacher* Rdnr. 4; *Thomas/Putzo*[18] Rdnr. 2.

## III. Arbeitsgerichtliches Verfahren

Im arbeitsgerichtlichen Verfahren ist § 517 uneingeschränkt anwendbar, und zwar sowohl im Urteils- als auch im Beschlußverfahren. Ist entgegen § 61 Abs. 1 ArbGG im erstinstanzlichen Urteil keine Streitwertfestsetzung erfolgt, so kann dies zwar in entsprechender Anwendung von § 321 durch Ergänzungsurteil nachgeholt werden[11], doch beginnt damit für das Haupturteil die Berufungsfrist deshalb nicht neu zu laufen, weil die Streitwertfestsetzung ihrerseits nicht angefochten werden kann[12]. Angesichts dessen besteht kein Anlaß, für das Haupturteil eine neue Berufungsfrist laufen zu lassen, → Rdnr. 4. Zu dem unerwünschten Nebeneinanderlaufen zweier Berufungen, dem § 517 vorbeugen will, kann es hier ohnehin nicht kommen.

7

## § 518 [Berufungseinlegung]

(1) Die Berufung wird durch Einreichung der Berufungsschrift bei dem Berufungsgericht eingelegt.
(2) Die Berufungsschrift muß enthalten:
1. Die Bezeichnung des Urteils, gegen das die Berufung gerichtet wird;
2. die Erklärung, daß gegen dieses Urteil Berufung eingelegt werde.
(3) Mit der Berufungsschrift soll eine Ausfertigung oder beglaubigte Abschrift des angefochtenen Urteils vorgelegt werden.
(4) Die allgemeinen Vorschriften über die vorbereitenden Schriftsätze sind auch auf die Berufungsschrift anzuwenden.

Gesetzesgeschichte: Bis 1900 § 479 CPO. Änderungen: RGBl. 1898 S. 256; 1909 S. 475; 1924 I 135; BGBl. 1950 S. 455; 1976 I 3281.

| | |
|---|---|
| I. Einreichung der Berufungsschrift | 1 |
| 1. Adressatengericht | 1 |
| 2. »Einreichung« der Berufungsschrift | 6 |
| 3. Prozeßkostenhilfeantrag und Berufungseinlegung | 7 |
| 4. Wiederholte Berufungseinlegung | 9 |
| II. Inhalt der Berufungsschrift, Abs. 2 | 13 |
| 1. Bezeichnung des angefochtenen Urteils | 14 |
| 2. Erklärung der Berufungseinlegung | 16 |
| a) Erklärung des Anfechtungswillens | 16 |
| b) Bedingungsfeindlichkeit | 17 |
| c) Angabe des Berufungsklägers | 18 |
| d) Angabe des Berufungsbeklagten | 19 |
| 3. Unterschrift eines Anwalts | 21 |
| 4. Folgen von Mängeln | 22 |
| III. Weitere Erfordernisse | 25 |
| 1. Vorlegung der Urteilsausfertigung, Abs. 3 | 25 |
| 2. Antrag auf Verhandlung vor der Kammer für Handelssachen | 26 |
| IV. Anwendung der Vorschriften über vorbereitende Schriftsätze, Abs. 4 | 27 |
| V. Wirkungen der Berufungseinlegung | 28 |
| VI. Kosten und Gebühren | 29 |
| VII. Arbeitsgerichtliches Verfahren | 30 |

---

[11] *Grunsky*[6] § 61 Rdnr. 7; → weiter § 2 Rdnr. 116.

[12] *BAGE* 44, 13 = AP § 64 ArbGG 1979 Nr. 6; *Grunsky*[6] § 61 Rdnr. 6.

## I. Einreichung der Berufungsschrift

### 1. Adressatengericht

**1** Die Einlegung der Berufung erfolgt wie die der Revision, des Einspruchs (→ § 340 Rdnr. 1) und der Beschwerde durch Einreichung einer Berufungsschrift beim Berufungsgericht, d. h. bei dem Gericht, das nach der Gerichtseinteilung **für die Berufung sachlich und örtlich zuständig** ist. Eine Einreichung der Berufungsschrift bei einem anderen Gericht stellt keine wirksame Berufungseinlegung dar. So etwa eine »Berufung« an den BGH oder das BVerfG oder bei einem amtsgerichtlichen Urteil an das OLG (sofern es sich um keine Kindschaftssache oder eine vom Familiengericht entschiedene Sache handelt, § 119 Abs. 1 Nr. 1 GVG). Unwirksam ist weiter eine Berufung, die bei dem Gericht eingelegt wird, das das anzufechtende Urteil erlassen hat; zu Urteilen von Gerichten der ehemaligen DDR → Rdnr. 2. Erst recht reicht die Zustellung der Berufungsschrift an den Prozeßgegner nicht aus. Auch durch die Einreichung der Berufungsschrift bei einem örtlich unzuständigen Land- oder Oberlandesgericht wird die Berufungsfrist nicht gewahrt. Etwas anderes gilt jedoch dann, wenn eine Änderung der Gerichtseinteilung erfolgt (§ 6 G. v. 6. XII. 1933, RGBl. I 1037).

**2** Bei Urteilen von Gerichten im Gebiet der ehemaligen **DDR** ist zu differenzieren: Für ein nach dem 3. X. 1990 eingelegtes Rechtsmittel gilt § 518, d. h. die Berufung ist beim Berufungsgericht einzulegen, und zwar auch dann, wenn das Urteil vor diesem Zeitpunkt erlassen worden ist (EV Art. 8 Anl. I Kap. III Sachg. A. Abschn. III Nr. 28i)[1]. Bei einer vor dem 3. X. 1990 eingelegten Berufung bleibt dagegen § 151 ZPO-DDR maßgeblich, wonach die Berufung bei dem Gericht einzulegen war, das die anzufechtende Entscheidung erlassen hat. Eine bei diesem Gericht eingelegte Berufung bleibt auch nach dem 3. X. 1990 zulässig, muß also nicht erneut (diesmal beim Berufungsgericht) eingelegt werden (EV aaO S. 2)[2].

**3** Ist für die Entscheidung der **auswärtige Senat** eines OLG zuständig, so ist die Berufungsfrist auch dann gewahrt, wenn die Berufungsschrift fristgerecht beim Stammgericht eingeht[3]; ebenso bei Eingang bei einem anderen auswärtigen Spruchkörper desselben Gerichts. Schließlich genügt es auch, daß die Berufung beim auswärtigen Spruchkörper eingereicht wird, obwohl ein Senat des Stammgerichts zuständig ist[4]. Unerheblich ist in diesem Zusammenhang, ob die Berufungsschrift an das Stammgericht oder an den auswärtigen Spruchkörper adressiert war; auch im letztgenannten Fall ist maßgeblich, daß der auswärtige Spruchkörper Bestandteil des Stammgerichts ist.

**4** Bei **unrichtiger Adressierung** (LG statt OLG) ist die Berufungsfrist nur dann gewahrt, wenn die Berufungsschrift innerhalb der Berufungsfrist an das OLG gelangt. Dies gilt auch bei Einreichung an eine für beide Gerichte bestehende **gemeinsame Postannahmestelle**[5]. Trotz falscher Adressierung ist die Berufungsfrist jedoch dann als gewahrt angesehen worden, wenn der Schriftsatz mit einem Aktenzeichen versehen war, aus dem sich ergibt, daß die Schrift an das Berufungsgericht gerichtet sein sollte[6]. Bei richtiger Adressierung ist die Berufungsfrist mit Eingang der Berufungsschrift bei der gemeinsamen Postannahmestelle gewahrt[7]; es ist

---

[1] *BGH* LM Art. 8 EinigungsV Nr. 11 = ZIP 1992, 726 = MDR 608 = BB 952 = EWiR 567 (abl. *Vollkommer*).
[2] *BGH* (Fn. 1).
[3] *BGH* LM § 116 GVG Nr. 1 = NJW 1967, 127 = MDR 36 = VersR 604; *BAG* AP § 64 ArbGG Nr. 26; s. ferner *BAG* § 222 Nr. 1 (*Baumgärtel*).
[4] *BAG* AP § 64 ArbGG 1979 Nr. 2; *OLG Karlsruhe* NJW 1984, 744.
[5] *BGH* LM § 518 Abs. 1 Nr. 8, 9, 22 = NJW 1983, 123 = MDR 214; *BGH* NJW 1975, 184; 1990, 990; NJW-RR 1993, 254; *BAG* AP § 518 ZPO Nr. 57 = NJW 1988, 3229; *BayObLG* NJW 1988, 714; MünchKomm ZPO-*Rimmelspacher* Rdnr. 26; *Zöller/Schneider*[18] Rdnr. 13. Kritisch AK-*Ankermann* Rdnr. 4 (»Formalismus und verfassungsrechtlich bedenklich«).
[6] *BGH* NJW 1989, 590, 591.
[7] *BAGE* 21, 263, 267f.

nicht erforderlich, daß die Berufungsschrift noch innerhalb der Berufungsfrist an das Berufungsgericht weitergeleitet wird[8]. Fehlt es an einer Adressierung, ist der Schriftsatz aber unmißverständlich als Berufungsschrift bezeichnet, so ist die Berufungsfrist bei Einreichung an eine gemeinsame Postannahmestelle gewahrt[9].

Wird die Berufung gegen ein Urteil des LG, das den Klageanspruch sowohl unter kartellrechtlichen als auch unter anderen Gesichtspunkten geprüft hat, ohne das Urteil als das eines Kartellspruchkörpers zu kennzeichnen beim allgemein zuständigen Berufungsgericht eingereicht, so hat dieses die Sache auf Antrag an das für **Kartellsachen** zuständige Berufungsgericht zu verweisen und darf nicht etwa die Berufung insoweit als unzulässig behandeln, als sie auf kartellrechtliche Gesichtspunkte gestützt ist[10]. Ebenso dann, wenn das LG ausdrücklich als »Kartellkammer« entschieden hat, die Berufung dagegen an das allgemein zuständige OLG und nicht an das für Kartellsachen zuständige OLG gerichtet ist[11]. In **Schiffahrtssachen** soll dagegen die Einreichung der Berufungsschrift an das OLG, in dessen Bezirk das Schiffahrtsgericht liegt nur dann rechtzeitig sein, wenn die Schrift noch innerhalb der Berufungsfrist an das zuständige Schiffahrtsobergericht gelangt[12].

### 2. »Einreichung« der Berufungsschrift

Die Berufungseinlegung erfolgt durch »Einreichung« der Berufungsschrift, Abs. 1. Die Einreichung ist eine einseitige Prozeßhandlung, die keine Mitwirkung durch ein Mitglied des Berufungsgerichts voraussetzt[13]. Erforderlich ist, daß die Berufungsschrift in die Verfügungsgewalt des Berufungsgerichts gelangt; dagegen muß nicht sichergestellt sein, daß die Schrift noch vor Ablauf der Berufungsfrist in den Geschäftsgang gelangt, d. h. der zur Bearbeitung zuständigen Person vorliegt[14]. Daraus folgt insbesondere, daß es ausreicht, die Berufungsschrift am letzten Tag der Berufungsfrist bis 24.oo h beim Berufungsgericht einzuwerfen. Einzelheiten über den Begriff und den Zeitpunkt der Einreichung → § 207 Rdnr. 9ff. Die Einreichung kann auch mittels einer beglaubigten Abschrift erfolgen[15]. Zur Einreichung durch Telegramm, Telefonanruf, Telex oder Telefax → § 207 Rdnr. 12. Wegen der Unterschrift → Rdnr. 21 und ausführlich § 129 Rdnr. 8ff. Daß der **Beitritt als Streithelfer** mit der Berufungseinlegung verbunden werden kann, ergibt sich unmittelbar aus dem Wortlaut von § 70 Abs. 1 S. 1. Ist der **Rechtsstreit unterbrochen**, so kann er auch durch Rechtsmitteleinlegung beim Berufungsgericht aufgenommen werden, wobei die Aufnahmeerklärung als Berufungseinlegung angesehen werden kann[16].

### 3. Prozeßkostenhilfeantrag und Berufungseinlegung

Bei gleichzeitiger Einreichung eines Prozeßkostenhilfeantrags (die im Folgenden wiedergegebene Rechtsprechung ist teilweise zum alten Armenrecht ergangen; die Ersetzung des Armenrechts durch die Prozeßkostenhilfe wirkt sich in dem hier interessierenden Zusammenhang jedoch nicht aus) und einer Berufungsschrift muß durch **Auslegung** ermittelt werden, ob die Berufung bereits eingelegt worden ist oder ob dies erst nach Bewilligung der Prozeßko-

---

[8] *BGH* LM § 516 Nr. 32 = NJW 1992, 1047 = MDR 609.
[9] *BGH* LM § 516 Nr. 32 (Fn. 8).
[10] BGHZ 49, 33 = LM § 94 GWB Nr. 3 = NJW 1968, 351 = MDR 121.
[11] BGHZ 71, 367 = BB 1978, 1536 (zust. *K. Schmidt*).
[12] *BGH* LM § 4 BinnSchVerfG Nr. 1 = MDR 1979, 475.
[13] BVerfGE 52, 203, 207ff. = NJW 1980, 580.
[14] BVerfG NJW 1991, 2076.
[15] *BGH* LM § 519 Nr. 14; *BAG* AP § 4 TVG Geltungsbereich Nr. 12 = MDR 1973, 794; → weiter § 129 Rdnr. 13.
[16] BGHZ 36, 258 = LM § 250 Nr. 4 (*Ritschel*) = NJW 1962, 89 = MDR 197 = BB 614 = ZZP 75 (1962), 354 (*Henckel*); abweichend → § 250 Rdnr. 3.

stenhilfe geschehen soll. Wird die Berufung ausdrücklich als »Entwurf« bezeichnet, so ist noch keine Berufung eingelegt[17]; ebenso nicht bei Ankündigung, nach Prozeßkostenhilfebewilligung werde Berufung eingelegt werden[18] sowie bei Stellung eines Prozeßkostenhilfeantrags »laut anliegendem Schriftsatz« mit Beifügung eines allen Voraussetzungen einer Berufungsschrift genügenden Schriftsatzes[19]; im letztgenannten Fall ist eine allgemeingültige Aussage freilich kaum möglich; es kommt auf die Auslegung der Erklärung im Einzelfall an. Als (und zwar auch nicht aufschiebend bedingte) Berufungseinlegung ist weiter die Einreichung eines Prozeßkostenhilfeantrags nicht angesehen worden, bei dem gleichzeitig Wiedereinsetzung wegen Versäumung der Berufungsfrist beantragt und außerdem erklärt wurde, für den Fall der Wiedereinsetzung werde schon jetzt Berufung eingelegt[20]. Zum Fall, daß die Berufungseinlegung durch Bewilligung von Prozeßkostenhilfe aufschiebend bedingt ist, → näher Rdnr. 17. Zur Wiedereinsetzung bei Versäumung der Berufungsfrist nach Bewilligung von Prozeßkostenhilfe, → § 233 Rdnr. 351 ff. Bejaht worden ist eine unbedingte Berufungseinlegung, wenn dem Prozeßkostenhilfeantrag eine Berufungsschrift mit der Bitte beigefügt war, sie »zunächst zu den Akten zu nehmen«[21] oder sie erst nach Bewilligung der Prozeßkostenhilfe in den Geschäftsgang zu nehmen[22].

8   Das **Gesamtbild** der Rechtsprechung zur Berufungseinlegung bei Stellung eines Prozeßkostenhilfeantrags ist **uneinheitlich**. Die Ergebnisse sind offenbar weitgehend davon beeinflußt, der Partei keine vermeidbaren Schwierigkeiten zu machen. Geht es etwa darum, daß die Berufungsfrist inzwischen abgelaufen ist, so wird eine Berufungseinlegung bejaht, und zwar ohne Hinzufügung einer (angeblich unzulässigen, → Rdnr. 17) Bedingung.

### 4. Wiederholte Berufungseinlegung

9   Eine **Wiederholung der Berufungseinlegung,** zu der vor allem Zweifel an der Form Anlaß geben können, ist innerhalb der Berufungsfrist **zulässig**[23]. Ob mit dem zweiten Schriftsatz wirklich erneut Berufung eingelegt worden ist oder es sich nur um einen rechtlich bedeutungslosen Wiederholungsakt handelt, hängt von der Wirksamkeit der ersten Einlegung ab. Die Frage kann offenbleiben, wenn feststeht, daß jedenfalls durch einen der beiden Einlegungsakte die Berufungsinstanz ordnungsgemäß eröffnet ist; der zweite Einlegungsakt ist allein maßgeblich, wenn der erste zurückgenommen ist[24]. Für die Berufungsbegründungsfrist ist die letzte zulässige Berufungseinlegung maßgeblich[25]; die frühere Berufung braucht für eine Verschiebung der Begründungsfrist nicht etwa zurückgenommen zu werden. Dies gilt auch dann, wenn die zweite Berufung nicht von der Partei, sondern von ihrem Streithelfer eingelegt worden ist[26]. War die zweite Berufung nach Ablauf der Berufungsfrist in Verbindung mit einem Wiedereinsetzungsgesuch eingelegt worden, die erste Berufung jedoch wirksam, so bestimmt sich die Berufungsbegründungsfrist dagegen allein nach der ersten Berufung[27].

---

[17] *BGH LM* § 518 Abs. 2 Ziff. 2 Nr. 10 = NJW 1961, 783 = ZZP 74 (1961), 289 (*H. Schneider*) = MDR 1961, 398; *BGH* VersR 1986, 40.
[18] *BGH* LM § 518 Abs. 2 Ziff. 2 Nr. 10 (Fn. 17).
[19] *BAG* AP § 64 ArbGG Nr. 21 (*Pohle*) = SAE 1960, 95. A.A. *BGH* FamRZ 1990, 995.
[20] *BGH* VersR 1974, 194.
[21] *BGH* LM § 518 Nr. 24 = NJW 1988, 2046, 2047 = MDR 394 = FamRZ 1988, 383 (*Gottwald*).
[22] *BGH* LM § 518 Nr. 2.
[23] Allgemeine Ansicht; s. etwa *RGZ* 158, 53; *BGHZ* 24, 179, 180 = NJW 1957, 990; 45, 380, 383 = NJW 1966, 1753; 72, 1, 5 = NJW 1978, 2245; LM § 67 Nr. 11 = NJW 1985, 2480 = MDR 751; AK-*Ankermann* Rdnr. 8; MünchKomm ZPO-*Rimmelspacher* Rdnr. 41.
[24] *RGZ* 120, 247; *BGHZ* 24, 179, 180.
[25] *BGH* LM § 67 Nr. 11 (Fn. 23); MünchKomm ZPO-*Rimmelspacher* Rdnr. 36. Wird die Begründungsfrist für die zweite Berufung verlängert, so wirkt dies auch für die erste Berufung (*BGH* NJW 1993, 269 für zwei Berufungsschriften von verschiedenen Anwälten).
[26] *BGH* LM § 67 Nr. 11 (Fn. 23).
[27] *LAG Hamm* MDR 1991, 991.

Die mehrfache Berufungseinlegung führt grundsätzlich (→ aber Rdnr. 11) zu **keiner Ver-** 10
**doppelung des Rechtsmittels.** Es handelt sich vielmehr um ein einheitliches Rechtsmittel und
Rechtsmittelverfahren[28], in dem nur eine Entscheidung ergeht. War also die erste Berufungseinlegung formwidrig, so ist die Berufung bei wirksamer Wiederholung nicht etwa als unzulässig zu verwerfen. War die erste Berufung dagegen wirksam, so kommt der zweiten keine
selbständige Bedeutung zu[29], weshalb sie ohne die Folgen des § 515 Abs. 3 »zurückgenommen« werden kann[30]. Die zweite Berufung kann nicht etwa in dem Sinne verstanden werden,
daß die Partei eine zweite Nachprüfung des Urteils neben der zuerst begehrten verlangt,
weshalb die zweite Berufung mit Rücksicht auf die vorangegangene Berufungseinlegung als
unzulässig zu verwerfen sei[31].

Anders als unter → Rdnr. 10 dargestellt ist die Rechtslage dann, wenn die **zweite Berufung** 11
**erst nach der Entscheidung über die erste Berufung** (vor allem deren Verwerfung als unzulässig) eingelegt worden war. Hier bleibt die bereits ergangene Entscheidung bestehen; über die
zweite Berufung ergeht eine neue Entscheidung, wobei sich das Berufungsgericht jedoch nicht
in Widerspruch zu seiner ersten Entscheidung setzen darf[32] (wenn etwa derselbe Formfehler
erneut begangen wird).

Ist zwar die Frist für die Begründung einer eingelegten Berufung, ausnahmsweise aber die 12
für die Berufungseinlegung noch nicht verstrichen (was dann der Fall sein kann, wenn gegen
ein nicht zugestelltes Urteil Berufung eingelegt worden ist), so ist die verspätet eingereichte
**Begründung als Wiederholung der Berufung** anzusehen[33]. War die erste Berufung wegen
nicht rechtzeitiger Begründung bereits als unzulässig verworfen worden, so soll der Verwerfungsbeschluß mit Einlegung der zulässigen Zweitberufung gegenstandslos werden[34]. Diese
Konstruktion erscheint nicht notwendig: Das erste Rechtsmittelverfahren ist durch die Verwerfungsentscheidung abgeschlossen. Die zweite Berufung eröffnet ausnahmsweise ein neues Berufungsverfahren, in dem selbständig zu entscheiden ist, ohne daß dadurch der frühere
Verwerfungsbeschluß berührt wird, → Rdnr. 11. Auch sonst kann in der Berufungsbegründungsschrift eine Berufungseinlegung gesehen werden[35]; entscheidend ist der erkennbare
Wille des Verfassers[36]. Sämtliche Wirkungen der Berufungseinlegung (→ dazu Rdnr. 28)
treten bei wiederholter Einlegung auch dann ein, wenn die erste, unzulässige Berufung bisher
weder zurückgenommen noch als unzulässig verworfen worden ist[37]. Wegen erneuter Berufungseinlegung nach Verwerfung der früheren → § 519b Rdnr. 13 und nach Berufungsrücknahme → § 515 Rdnr. 19.

---

[28] *BGH* LM § 67 Nr. 11 (Fn. 23); *BGH* NJW 1993, 269; MünchKomm ZPO-*Rimmelspacher* Rdnr. 36; *Pantle* NJW 1988, 2773.
[29] *BGHZ* 24, 179.
[30] *BGH* MDR 1958, 508; MünchKomm ZPO-*Rimmelspacher* Rdnr. 40.
[31] *BGHZ* 45, 380 = LM § 519b Nr. 19 (*Johannsen*) = NJW 1966, 1753 = JZ 681 = MDR 825; LM § 519b Nr. 22 = NJW 1968, 49 = MDR 33; *BAGE* 24, 432 = AP § 519b Nr. 8 (*Grunsky*) = MDR 1973, 83.
[32] *BGH* LM § 322 Nr. 89 = NJW 1981, 1962; NJW 1991, 1116; *Jauernig* MDR 1982, 286; MünchKomm ZPO-*Rimmelspacher* Rdnr. 39.
[33] *BGH* LM § 518 Nr. 9 = NJW 1958, 551 = JZ 501 = MDR 506 = JR 345 = VersR 180 = ZZP 71 (1958), 358; VersR 1970, 184; 1978, 720; *BAGE* 21, 263 = AP § 519 Nr. 21 (*Baumgärtel*) = NJW 1969, 766 = MDR 424; AK-*Ankermann* Rdnr. 8; *Zöller/Schneider*[18] Rdnr. 4. Von dem unter → § 516 Rdnr. 16 vertretenen Standpunkt aus ist die zweite Berufung wegen Fristablaufs unzulässig.
[34] *Pantle* NJW 1988, 2773, 2775; MünchKomm ZPO-*Rimmelspacher* Rdnr. 39.
[35] *BGH* VersR 1962, 218; 1963, 488; LM § 522a Nr. 2; Warn 1966 Nr. 25; *BAGE* 1, 82 = AP § 518 Nr. 2 = NJW 1954, 1704; AP § 94 ArbGG Nr. 3; *Habscheid* ZZP 65 (1952), 388; AK-*Ankermann* Rdnr. 8.
[36] *BAG* AP § 94 ArbGG Nr. 3.
[37] *BAG* AP § 611 BGB Film Nr. 3 = BB 1963, 43.

## II. Der Inhalt der Berufungsschrift, Abs. 2

**13** Abs. 2 bestimmt (im Gegensatz zu den Abs. 3 und 4) den **notwendigen Inhalt der Berufungsschrift**. Entspricht die Berufungsschrift diesen Anforderungen nicht, so ist die Berufung unzulässig, → Rdnr. 22. Die Rechtsprechung ist insoweit sehr streng, Näheres → Rdnr. 14 ff., ohne daß dafür immer ein einleuchtender Grund besteht. Vor allem ist auf die Diskrepanz gegenüber der Behandlung der Klageschrift hinzuweisen, wo Mängel in weit größerem Umfang als bei der Berufungsschrift als entweder völlig unschädlich oder doch wenigstens heilbar angesehen werden; Einzelheiten → § 253 Rdnr. 171 ff. Bei der Rechtsmittelschrift geht es zwar im Gegensatz zur Klageschrift darum, ob das angefochtene Urteil rechtskräftig geworden ist, was insbesondere der Rechtsmittelbeklagte bald wissen muß, doch gibt es bei der Klageschrift vergleichbare Fallgestaltungen hinsichtlich der Endgültigkeit der Rechtslage (z.B. Unterbrechung der Verjährung), ohne daß darin ein Hindernis für die großzügige Behandlung von Mängeln der Klageschrift gesehen wird.

### 1. Bezeichnung des angefochtenen Urteils

**14** In der Berufungsschrift muß das Urteil bezeichnet sein, gegen das sich die Berufung richtet, Abs. 2 Nr. 1. Dadurch wird die Identität des Urteils für das Berufungsgericht und den Berufungsbeklagten festgelegt[38]. Entscheidungen, die nach § 512 der Überprüfung mitunterliegen, brauchen nicht gesondert bezeichnet zu werden[39]. Wohl dagegen Urteile, die im selben Rechtsstreit ergangen sind und selbständig angefochten werden können. So bei Teil- und Schlußurteil[40], bei Vorbehalts- und Endurteil[41] sowie bei einem Zwischenurteil über die Zulässigkeit der Klage (§ 280 Abs. 2) und das Hauptsacheurteil. In allen diesen Fällen muß klargestellt werden, gegen welches der beiden Urteile sich die Berufung richtet. Ebenso bei mehreren zwischen denselben Parteien anhängigen Verfahren, in denen mehrere Urteile ergangen sind[42].

**15** Die **Form der Bezeichnung** ist unerheblich, sofern nur über die Identität des Urteils kein Zweifel besteht[43]. Die falsche Angabe eines einzelnen Merkmals schadet dann nicht, wenn sich aus den übrigen Angaben klar ergibt, gegen welches Urteil sich die Berufung richtet[44]. In der Regel müssen die Parteien, das Verkündungsdatum und das Aktenzeichen angegeben werden; weiter ist die Bezeichnung des erstinstanzlichen Gerichts erforderlich[45]. Wird die Berufung unter Verweisung auf das beigelegte Urteil eingelegt, Abs. 3, so ist dieses damit ausreichend bezeichnet. Unrichtige Angaben in der Berufungsschrift schaden dann nicht[46], während sie die Berufung sonst unzulässig machen, → Rdnr. 22. Soweit man in Ausnahmefällen eine Berufungseinlegung vor Erlaß des angefochtenen Urteils für wirksam hält, → § 516 Rdnr. 17, braucht das Verkündungsdatum naturgemäß nicht angegeben zu werden. Zu Mängeln und ihren Folgen (einschließlich Heilungsmöglichkeiten) → Rdnr. 22 ff.

---

[38] *BGH* VersR 1984, 870; LM § 139 Nr. 24 = NJW 1991, 2081 = MDR 1198.
[39] *BAG* AP § 61 ArbGG Grundurteil Nr. 2 = BB 1976, 513.
[40] *BGH* MDR 1978, 308.
[41] *BGH* VersR 1975, 928.
[42] *BGH* VersR 1981, 854.
[43] *BFH* NJW 1973, 2048.
[44] *BAG* AP § 518 Nr. 35 = NJW 1976, 2039; *BGH* NJW 1993, 1719 = MDR 1994, 98 = LM § 518 Abs. 2 Ziff. 1 Nr. 14 (beide für falsches Aktenzeichen).
[45] *BAG* AP § 518 Nr. 16 (*Mes*); NJW 1973, 1391; *BGH* LM § 139 Nr. 24 (Fn. 38).
[46] *BGH* LM § 518 Abs. 2 Ziff 1 Nr. 5 = NJW 1974, 1658 = MDR 1011; LM § 139 Nr. 24 (Fn. 38); VersR 1986, 574; NJW-RR 1989, 958.

## 2. Erklärung der Berufungseinlegung

### a) Erklärung des Anfechtungswillens

Abs. 2 Ziff. 2 verlangt für eine wirksame Berufung weiter die Erklärung, daß gegen das **16** Urteil Berufung eingelegt wird. Der Gebrauch des Wortes »Berufung« ist dazu nicht erforderlich. Es genügt, daß die Absicht, das Urteil von dem angegangenen höheren Gericht aufgrund erneuter mündlicher Verhandlung nachprüfen zu lassen, aus der Erklärung klar zu entnehmen ist[47]. Ist aber das Fehlen der ausdrücklichen Bezeichnung »Berufung« unwesentlich, so ist auch eine unzutreffende Bezeichnung wie »Revision«, »(sofortige) Beschwerde« oder »Einspruch« als unschädlich anzusehen[48], sofern sich nur durch Auslegung ergibt, daß in Wirklichkeit Berufung eingelegt werden sollte[49], → auch § 569 Rdnr. 4. Einer Angabe, inwieweit das Urteil angefochten werden soll (insbesondere eines bestimmten Berufungsantrags) bedarf es in der Berufungsschrift noch nicht, wie aus § 519 Abs. 3 folgt. Das Fehlen einer Beschränkung in der Berufungsschrift bedeutet deshalb nicht, daß in vollem Umfang der Beschwer Berufung eingelegt worden ist. Infolgedessen kann die Berufung auch dann noch nicht als teilweise unzulässig verworfen werden, wenn bereits jetzt feststeht, daß sie nicht in vollem Umfang der Beschwer zulässig ist (der Berufungskläger hat etwa teilweise auf die Berufung verzichtet, → § 514 Rdnr. 17). Deshalb ist die Berufung auch dann nicht teilweise zu verwerfen, wenn die Berufungsanträge später nicht so weit gehen, wie zunächst zu vermuten war[50].

### b) Bedingungsfeindlichkeit

Nach h. M. muß die Erklärung, es werde Berufung eingelegt, **unbedingt** abgegeben werden, **17** → vor § 128 Rdnr. 208. Infolgedessen soll es insbesondere nicht möglich sein, die Berufungseinlegung von der Bewilligung von Prozeßkostenhilfe abhängig zu machen[51]. Zulässig soll dagegen die Bitte sein, die Berufung erst nach Bewilligung der Prozeßkostenhilfe in den Geschäftsgang zu geben[52]. Die besseren Gründe dürften dafür sprechen, eine bedingte Berufungseinlegung dann zuzulassen, wenn das bedingende Ereignis in einem rein innerprozessualen Vorgang liegt (a. A. → vor § 128 Rdnr. 208). Schutzwürdige Interessen des Gerichts oder des Gegners werden dadurch nicht beeinträchtigt. Man sollte deshalb die von der Bewilligung der Prozeßkostenhilfe abhängig gemachte Berufung zulassen[53], → weiter Rdnr. 7f. Gleiches gilt, wenn die Bedingung in der Gewährung der Wiedereinsetzung in den vorigen Stand besteht[54].

---

[47] RGZ 141, 351; BGH ZZP 66 (1953), 54; NJW 1987, 1204.

[48] RGZ 141, 351; BGH NJW 1962, 1820 = MDR 892 = VersR 832 = ZZP 76 (1963), 99 (H. Schneider); NJW 1987, 1204.

[49] BGH NJW 1987, 1204 spricht ungenau von einer »Umdeutung« der Erklärung.

[50] BGH NJW 1968, 2106 (dazu J. Blomeyer NJW 1969, 50) = MDR 1005 = JZ 671.

[51] BGHZ 4, 54 = LM § 518 Nr. 2 (Paulsen) = NJW 1952, 102; BAG AP § 518 Nr. 13 (Baumgärtel) = NJW 1969, 446 = Betrieb 1970, 297; LAG Baden-Württemberg AP § 518 Nr. 4 (Pohle); KG FamRZ 1981, 484; Rosenberg/Schwab/Gottwald[15] § 65 IV 3 d; AK-Ankermann Rdnr. 7; Baumbach/Lauterbach/Albers[51] Rdnr. 23; MünchKomm ZPO-Rimmelspacher Rdnr. 42; Thomas/Putzo[18] Rdnr. 16.

[52] BGH LM § 518 Abs. 2 Ziff. 2 Nr. 2 = NJW 1952, 880; Baumbach/Lauterbach/Albers[51] Rdnr. 23.

[53] In diese Richtung auch BAG AP § 72 ArbGG Nr. 31; Wieczorek/Rössler Anm. A IV; wie hier jetzt Kornblum Gedächtnisschrift f. P. Arens (1993), 211, 219ff.

[54] Käufer NJW 1962, 572.

### c) Angabe des Berufungsklägers

**18** Aus der Erklärung, Berufung einzulegen, muß sich ergeben, wer **Berufungskläger** ist[55]. Dabei ist es ausreichend, daß sich die Person des Berufungsklägers durch Auslegung ermitteln läßt[56]. So reicht es aus, daß »namens des Beklagten« Berufung eingelegt wird, ohne daß sich aus der Berufungsschrift selbst ergibt, welche der namentlich aufgeführten Personen in dem Prozeß Kläger und welche Beklagter ist[57]. Als ausreichend ist weiter die bloße Namensangabe ohne Hinzufügung der Parteirolle angesehen worden[58]. Bei **Streitgenossen** muß klargestellt sein, welche Streitgenossen Berufungsführer sind[59]. Ist unklar, für welche Streitgenossen Berufung eingelegt werden soll, so ist das Rechtsmittel insgesamt unzulässig[60]. Bei Einlegung »für die Beklagte« ist die Berufung nicht auch für einen männlichen Streitgenossen auf der Beklagtenseite miteingelegt[61]. Soweit sich aus der Berufungsschrift nicht unmittelbar ergibt, wer Berufungskläger ist, ist die Berufung nur dann zulässig, wenn sich dies aus dem beigefügten Urteil oder anderen Unterlagen klar ergibt[62], wobei diese Unterlagen innerhalb der Rechtsmittelfrist beim Berufungsgericht eingehen müssen[63]. Nicht erforderlich ist, daß in der Berufungsschrift die ladungsfähige Anschrift des Berufungsklägers angegeben wird[64]. Die Angabe des Berufungsklägers (ebenso des Berufungsbeklagten) unterliegt der Schriftform des § 518 Abs. 1, weshalb eine telefonische Klarstellung nicht ausreicht[65].

### d) Angabe des Berufungsbeklagten

**19** Aus der Berufungsschrift muß sich weiter ergeben, wer Berufungsbeklagter ist, wobei es entsprechend dem zur Person des Berufungsklägers Ausgeführten, → Rdnr. 18, ausreicht, daß sich innerhalb der Berufungsfrist aus dem Gericht vorliegenden Unterlagen die Person des Berufungsbeklagten ergibt[66]. An einer ordnungsgemäßen Bezeichnung des Berufungsbeklagten fehlt es dann, wenn nicht dieser selbst, sondern ein mit ihm nicht identisches Unternehmen als Berufungsbeklagter angegeben ist[67]. Gegen wen sich die Berufung richtet, kann bei Fehlen sonstiger Hinweise auch aus den Berufungsanträgen geschlossen werden (vorausgesetzt, diese liegen innerhalb der Berufungsfrist vor)[68]. Wird in der Berufungsschrift von mehreren in erster Instanz obsiegenden Streitgenossen nur einer als Berufungsbeklagter benannt, so ist das Urteil dann auch den anderen Streitgenossen gegenüber angefochten, wenn der Benannte im Rubrum an erster Stelle steht[69]. Anders ist die Rechtslage dann, wenn mehrere – aber nicht alle – Streitgenossen als Berufungsbeklagte bezeichnet sind; hier ist

---

[55] Ständige Rechtsprechung; s. etwa *BGHZ* 21, 168, 170 = LM § 518 Nr. 7 (*Johannsen*) = NJW 1956, 1600 = JZ 694; LM § 518 Abs. 2 Ziff. 1 Nr. 13 = NJW 1991, 2775 = MDR 1090; ZIP 1992, 1086, 1087; *LAG Köln* LAGE § 518 Nr. 2.

[56] *BGHZ* 21, 168, 172 (Fn. 55); *BAG* AP § 8 ArbGG Nr. 1; NJW 1970, 2070; MünchKomm ZPO-*Rimmelspacher* Rdnr. 12.

[57] *BGH* LM § 518 Nr. 4; s. ferner *BVerfGE* 72, 202, 204f. (Berufungseinlegung »namens des Klägers«).

[58] *BAGE* 9, 159; 16, 204, 205 = NJW 1965, 171; *M. Wolf* JuS 1968, 65; *Beitzke* SAE 1965, 77; a. A. *BAG* AP § 518 Nr. 1 (aufgrund der inzwischen einhelligen Meinung heute überholt).

[59] *BGH* VersR 1985, 970; ZIP 1992, 1086, 1087.

[60] *BFH* BStBl. II 1988, 585; MünchKomm ZPO-*Rimmelspacher* Rdnr. 12.

[61] *BGH* ZIP 1992, 1086.

[62] *BGHZ* 21, 168 (Fn. 55); 65, 114, 115 = LM § 518 Abs. 2 Ziff. 2 Nr. 6 = NJW 1976, 108 = MDR 137 = JZ 68; VersR 1971, 1145; 1982, 769; 1984, 1093; LM § 518 Abs. 2 Ziff. 1 Nr. 10 = NJW 1985, 1650 = MDR 1986, 309 = BB 2074.

[63] Wie Fn. 62. A. A. (überholt) *BAG* AP § 518 Nr. 12; → weiter Rdnr. 23.

[64] *BGHZ* 102, 332 = LM § 253 Nr. 48 = NJW 1988, 2114 = MDR 393 = ZZP 101 (1988), 457 (*Zeiss*); MünchKomm ZPO-*Rimmelspacher* Rdnr. 14.

[65] *BGH* LM § 518 Abs. 2 Ziff. 1 Nr. 10 (Fn. 62).

[66] Einhellige Meinung; s. etwa *BGH* LM § 518 Abs. 2 Ziff. 1 Nr. 10 (Fn. 62); *BAGE* 32, 368; AP § 553 Nr. 5; *OLG Düsseldorf* VersR 1972, 835; *LAG Köln* LAGE § 518 Nr. 2.

[67] *BGH* LM § 518 Abs. 2 Ziff. 1 Nr. 9 = NJW 1985, 2651 = BB 950 = MDR 1986, 27.

[68] *BGH* LM § 518 Abs. 2 Ziff 1 Nr. 13 = NJW 1991, 2775 = MDR 1090; → auch bei Fn. 70.

[69] *BGH* LM § 518 Abs. 2 Ziff. 1 Nr. 4 = Warn 1969 Nr. 112 = NJW 928 = MDR 569 = BB 740 = WM 863; VersR 1985, 970, 971; MünchKomm ZPO-*Rimmelspacher* Rdnr. 13.

davon auszugehen, daß sich das Rechtsmittel nicht auch gegen die übrigen Streitgenossen richtet. Soweit in der Berufungsschrift Anträge nur gegen einzelne Streitgenossen gestellt werden, ist dies dahingehend zu verstehen, daß die Berufung nicht auch gegen die übrigen Streitgenossen eingelegt worden ist[70]. Im Zweifel richtet sich die Berufung jedoch gegen sämtliche auf der Gegenseite stehende Personen, es sei denn, daß von den verschiedenen Gegnern nur einzelne unter genauer Namens- und Wohnsitzbezeichnung angeführt werden[71]. Für die Auslegung der Berufung spielt es dabei eine Rolle, inwieweit dem Berufungskläger mit einem Obsiegen nur gegenüber einzelnen Streitgenossen wirtschaftlich gedient ist. So ist etwa bei einer Verurteilung des Beklagten gegenüber mehreren Gesamtgläubigern eher davon auszugehen, daß sich die Berufung gegen alle Kläger richtet, als wenn die Verurteilung auf Erbringung wirtschaftlich verschiedener Leistungen an jeweils unterschiedliche Kläger lautet.

Die **ladungsfähige Anschrift des Berufungsbeklagten oder seines Prozeßbevollmächtigten** 20 braucht in der Berufungsschrift nicht angegeben zu werden[72]. Für die Anschrift des Prozeßbevollmächtigten des Berufungsbeklagten ist dies schon deshalb selbstverständlich, weil der Berufungskläger bei Einlegung der Berufung gar nicht weiß, wer auf der Gegenseite als Prozeßbevollmächtigter auftritt. Hinsichtlich der ladungsfähigen Anschrift des Berufungsbeklagten besteht inzwischen ebenfalls Einigkeit dahingehend, daß die Anschrift nicht erforderlich ist. Das *BAG* hatte insoweit zunächst generell eine andere Auffassung vertreten[73], die es später wegen des besonderen Beschleunigungsgrundsatzes (§ 9 Abs. 1 Satz 1 ArbGG) nunmehr für das arbeitsgerichtliche Verfahren vertrat[74]. Durch Beschluß des Großen Senats v. 16. 9. 1986[75] hat das *BAG* seine Auffassung insgesamt aufgegeben und sich der Rechtsprechung des *BGH* angeschlossen. Damit hat sich die zwischen beiden Rechtswegen bestehende Divergenz erledigt. Das Schrifttum stimmt dem ebenfalls uneingeschränkt zu[76]. Die Frage kann heute als endgültig geklärt angesehen werden.

### 3. Unterschrift eines Anwalts

Zu den wesentlichen Bestandteilen der Berufungsschrift gehört weiter die **Unterschrift** 21 **eines beim Berufungsgericht zugelassenen Rechtsanwalts**. Einzelheiten (einschließlich des Erfordernisses eigenständiger handschriftlicher Vollziehung und der Möglichkeit einer Heilung) → § 129 Rdnr. 8 ff. Die Postulationsfähigkeit des Anwalts muß in dem Augenblick gegeben sein, in dem er die Berufungsschrift »in der in seiner Kanzlei üblichen Weise zum Gericht hin auf den Weg bringt, etwa in den Postauslaufkorb gibt«[77]; nicht erforderlich ist, daß die Postulationsfähigkeit auch noch bei Eingang der Berufungsschrift beim Berufungsgericht fortbesteht[78].

---

[70] *BGH* LM § 518 Abs. 2 Ziff. 1 Nr. 13 (Fn. 68).
[71] *BGH* LM § 518 Abs. 2 Ziff. 1 Nr. 3 = NJW 1961, 2347 = MDR 1962, 42 = BB 614.
[72] *BGHZ* 65, 114, 116 (Fn. 62); *BGH* VersR 1985, 571; *BAGE* 53, 30 = AP § 518 Nr. 53 = NJW 1987, 1356 = MDR 347; *Baumbach/Lauterbach/Albers*[51] Rdnr. 25; MünchKomm ZPO-*Rimmelspacher* Rdnr. 14.
[73] *BAG* AP § 518 Nr. 23; 27; 28; 30; NJW 1973, 1949.
[74] *BAG* AP § 518 Nr. 33 (*Grunsky*) = NJW 1976, 727.

[75] Fn. 72.
[76] AK-*Ankermann* Rdnr. 14; *Zöller/Schneider*[18] Rdnr. 31; *Zimmermann*[2] Rdnr. 13; *Rosenberg/Schwab/Gottwald*[15] § 137 I 4 b · Speziell zum arbeitsgerichtlichen Verfahren *Grunsky*[6] § 64 Rdnr. 25 b; *Germelmann/Matthes/Prütting* § 64 Rdnr. 52.
[77] *BGH* LM § 518 Nr. 26 = NJW 1990, 1305.
[78] *BGH* (Fn. 77).

### 4. Folgen von Mängeln

**22** Fehlt eines der in → Rdnr. 14–21 erwähnten Erfordernisse der Berufungsschrift, so ist die **Berufung unzulässig**[79]. Sie ist nach § 519b, sei es ohne vorherige mündliche Verhandlung durch Beschluß, sei es aufgrund einer solchen durch Urteil als unzulässig zu verwerfen. Dabei spielt es keine Rolle, ob die Bearbeitung des Rechtsstreits durch das Fehlen einer notwendigen Angabe verzögert wird[80]; auch wenn dies nicht der Fall ist, ist die Berufung unzulässig. Hat das Berufungsgericht die Form jedoch als gewahrt angesehen und eine Sachentscheidung erlassen, so wird man entgegen der h.M.[81] den Mangel als geheilt ansehen können[82]; das Revisionsgericht darf dann das Berufungsurteil nicht wegen des Mangels der Berufungsschrift aufheben.

**23** Soweit eine in der Berufungsschrift fehlende notwendige Angabe **innerhalb der Berufungsfrist nachgeholt** wird, ist der Mangel geheilt. Es muß also keine neue, diesmal vollständige Berufungsschrift eingereicht werden[83]. Ausreichend ist weiter, daß die fehlende Angabe sich aus Unterlagen (vor allem dem nach Abs. 3 beigefügten angefochtenen Urteil) ergibt, die dem Berufungsgericht innerhalb der Berufungsfrist eingereicht werden[84]. Nicht erforderlich ist, daß auch der Berufungsbeklagte innerhalb der Berufungsfrist alle notwendigen Angaben erfährt. Infolgedessen ist die Berufung zulässig, wenn die dem Berufungsbeklagten zugestellte Rechtsmittelschrift, § 519a, unvollständig ist oder eine unzutreffende Angabe enthält, das Berufungsgericht aber vor Ablauf der Berufungsfrist die notwendigen Angaben erhalten hat[85]. Das Berufungsgericht ist nicht gehalten, die Berufungsschrift sofort auf ihre Vollständigkeit hin zu überprüfen und den Berufungskläger auf Mängel hinzuweisen[86]. Hat das Berufungsgericht die Fehlerhaftigkeit der Berufungsschrift allerdings erkannt und ist eine rechtzeitige Heilung noch möglich, so wird man das Gericht nach § 139 für verpflichtet halten müssen, die Partei auf den Mangel hinzuweisen[87].

**24** Nach Ablauf der Berufungsfrist kommt eine Heilung von Mängeln der Berufungsschrift nicht mehr in Betracht[88], und zwar auch nicht nach § 295 durch rügeloses Verhandeln; die Nichteinhaltung der Formvorschrift des Abs. 2 ist kein verzichtbarer Mangel, → § 295 Rdnr. 19. Entspricht die Berufungschrift nicht den Anforderungen, so kann gegen die Versäumung der Berufungsfrist nicht deswegen Wiedereinsetzung in den vorigen Stand begehrt werden, weil der Anwalt des Berufungsklägers die von der Rechtsprechung geforderten Einzelheiten nicht gekannt hat[89].

---

[79] MünchKomm ZPO-*Rimmelspacher* Rdnr. 48.
[80] BAG AP § 518 Nr. 17 (*Mes*) für die mangelhafte Bezeichnung des angefochtenen Urteils.
[81] BAG AP § 518 Nr. 21 (*Mes*) = NJW 1973, 2318; AP § 518 Nr. 22; MünchKomm ZPO-*Rimmelspacher* Rdnr. 47; *Wiezorek/Rössler* Anm. B V; *Zöller/Schneider*[18] Rdnr. 37.
[82] *Vollkommer* Formenstrenge und prozessuale Billigkeit (1973), 378 ff.
[83] BAG AP § 518 Nr. 26; 47 = NJW 1983, 903 = MDR 1982, 965; BGH VersR 1983, 250; MünchKomm ZPO-*Rimmelspacher* Rdnr. 47; *Zöller/Schneider*[18] Rdnr. 37.
[84] BGHZ 21, 168 (Fn. 5); BAGE 21, 368; AP § 553 Nr. 5.

[85] BAG AP § 518 Nr. 18; BGH NJW 1974, 1658 = Betrieb 1813 = VersR 1100; AK-*Ankermann* Rdnr. 11.
[86] BGH NJW 1973, 1391 = VersR 250; BAG AP § 518 Nr. 18; AK-*Ankermann* Rdnr. 11; MünchKomm ZPO-*Rimmelspacher* Rdnr. 47.
[87] BGH LM § 139 Nr. 24 = NJW 1991, 2081 = MDR 1198 (für versehentlich nicht beigefügte Kopie des angefochtenen Urteils). A.A. wohl MünchKomm ZPO-*Rimmelspacher* Rdnr. 47.
[88] BGH MDR 1978, 308; AP § 518 Nr. 47 (Fn. 83); MünchKomm ZPO-*Rimmelspacher* Rdnr. 47.
[89] BAG AP § 553 Nr. 8 (kritisch *Mes*).

## III. Weitere Erfordernisse

### 1. Vorlegung der Urteilsausfertigung, Abs. 3.

Nach Abs. 3 soll das angefochtene Urteil in Ausfertigung oder beglaubigter Abschrift dem Berufungsgericht vorgelegt werden. Der ursprüngliche Zweck der Vorschrift bestand darin, dem Vorsitzenden eine angemessene Terminsbestimmung zu ermöglichen. Mit der Einführung des Beschlußverfahrens nach § 519b Abs. 2 ist dieser Zweck fortgefallen, da in dem für die Terminsbestimmung maßgeblichen Zeitpunkt die Akten der ersten Instanz längst vorliegen. Es besteht daher kaum Anlaß, auf die Innehaltung dieser **Sollvorschrift** Gewicht zu legen. Rechtsfolgen knüpfen sich an die Unterlassung der Beifügung des Urteils nicht. Infolgedessen kann auch eine einfache, d.h. nicht beglaubigte Urteilskopie vorgelegt werden. Dadurch wird das angefochtene Urteil ebenfalls i.S. von Abs. 2 Nr. 1 bezeichnet, so daß fehlende oder unrichtige Angaben in der Berufungsschrift unschädlich sind, → Rdnr. 15. Die Beglaubigung kann durch den eingelegenden Anwalt erfolgen[90]. Das Urteil ist nur »vorzulegen«, also mindestens auf Verlangen alsbald zurückzugeben.

25

### 2. Antrag auf Verhandlung vor der Kammer für Handelssachen

Soll die Berufung vor der Kammer für Handelssachen durchgeführt werden, so muß schon in der Berufungsschrift ein dahingehender Antrag gestellt werden, → vor § 511 Fn. 15. Fehlt ein solcher Antrag, so ist die Berufung vor der Zivilkammer zu verhandeln.

26

## IV. Anwendung der Vorschriften über vorbereitende Schriftsätze, Abs. 4.

Abs. 4 erklärt die allgemeinen Vorschriften über die vorbereitenden Schriftsätze (d.h. die §§ 130–133) auf die Berufungsschrift für anwendbar. Die Berufungsbegründung kann (was § 519 Abs. 2 S. 1 auch ausdrücklich vorsieht) bereits in der Berufungsschrift enthalten sein. Geschieht dies nicht, so führt das für den Berufungskläger zu keinen nachteiligen Rechtsfolgen; diese ergeben sich erst aus dem Ablauf der Begründungsfrist, § 519.

27

## V. Wirkungen der Berufungseinlegung

Die Einlegung der Berufung hat, auch wenn keine Zustellung (§ 519a) nachfolgt, die Wirkung, daß der Eintritt der Rechtskraft gehemmt wird, § 705 (sog. Suspensiveffekt); zur Frage, ob dies auch bei Unzulässigkeit der Berufung gilt, → § 519b Rdnr. 12 und § 705 Rdnr. 7. Weiter bewirkt die Einlegung der Berufung das Anhängigwerden der Sache in der Berufungsinstanz (Devolutiveffekt, → dazu Allg. Einl. vor § 511 Rdnr. 3). Diese Wirkung tritt dabei allerdings nur soweit ein, als der Rechtsmittelantrag reicht; soweit dieser nicht mehr erweitert werden kann, wird das angefochtene Urteil rechtskräftig (Näheres → § 519 Rdnr. 47ff.). Schließlich bewirkt die Berufungseinlegung den Beginn des Laufs der Berufungsbegründungsfrist, § 519 Abs. 2 S. 2.

28

## VI. Kosten und Gebühren

Die **Gerichtskosten** betragen nach KV Nr. 1020 das Eineinhalbfache der erstinstanzlichen Gebühr für das Verfahren im allgemeinen. Die Gebühr wird mit Einreichung der Berufungs-

29

---

[90] MünchKomm ZPO-*Rimmelspacher* Rdnr. 18.

schrift beim Berufungsgericht fällig (§ 61 GKG). Die Urteilsgebühr beträgt ebenso wie in der ersten Instanz (KV Nr. 1016) das Zweifache des sich aus § 11 Abs. 2 GKG ergebenden Betrags (KV Nr. 1026). Zu den Gerichtsgebühren bei Berufungsrücknahme → § 515 Rdnr. 27. Für die Bemessung des Streitwerts sind die Berufungsanträge maßgeblich. Ist kein Berufungsantrag gestellt, womit die Berufung unzulässig ist → § 519 Rdnr. 47, so bemessen sich die Gebühren nach der vollen Beschwer. Die Zustellung der Berufungsschrift an den Berufungsbeklagten, § 519a S. 1, hängt nicht davon ab, daß zunächst die Gebühr nach KV Nr. 1020 bezahlt ist. Die **Anwaltsgebühren** erhöhen sich in der Berufungsinstanz um drei Zehntel, § 11 Abs. 1 S. 4 BRAGO. Für die Bemessung des Streitwerts gilt Entsprechendes wie bei den Gerichtsgebühren, § 8 Abs. 1 S. 1 BRAGO.

### VII. Arbeitsgerichtliches Verfahren

30   § 518 gilt auch im arbeitsgerichtlichen Verfahren, § 64 Abs. 6 ArbGG. **Berufungsgericht** ist das Landesarbeitsgericht, § 8 Abs. 2 ArbGG. Ist beim LAG eine Fachkammer mit erweiterter Zuständigkeit gebildet, § 35 Abs. 3 S. 2 i.V. mit § 17 Abs. 2 S. 2 ArbGG, so ist dieses LAG auch dann Berufungsgericht, wenn es nicht das dem ArbG sonst übergeordnete LAG ist und beim Arbeitsgericht keine Fachkammer entschieden hat.

31   Die **Berufungsschrift** muß nach § 11 Abs. 2 ArbGG von einem bei irgendeinem deutschen Gericht zugelassenen Rechtsanwalt oder von einem zugelassenen Verbandsvertreter unterzeichnet sein. Es handelt sich hierbei ebenso wie in der ordentlichen Gerichtsbarkeit um eine Zulässigkeitsvoraussetzung für die Berufung. Dem Berufungsgericht obliegt insoweit die gleiche Prüfung von Amts wegen wie in der ordentlichen Gerichtsbarkeit, wo die Tatsache der Zulassung des Anwalts bei dem Berufungsgericht allerdings in der Regel gerichtsbekannt ist. Die **inhaltlichen Anforderungen an die Berufungsschrift** sind keine anderen als in der ordentlichen Gerichtsbarkeit; dies gilt insbesondere auch insoweit, als die Angabe einer ladungsfähigen Anschrift des Berufungsbeklagten nicht erforderlich ist, → Rdnr. 20. Wegen der **Gebühren** → vor § 511 Rdnr. 15.

## § 519   [Berufungsbegründung]

(1) Der Berufungskläger muß die Berufung begründen.

(2) Die Berufungsbegründung ist, sofern sie nicht bereits in der Berufungsschrift enthalten ist, in einem Schriftsatz bei dem Berufungsgericht einzureichen. Die Frist für die Berufungsbegründung beträgt einen Monat; sie beginnt mit der Einlegung der Berufung. Die Frist kann auf Antrag vom Vorsitzenden verlängert werden, wenn nach seiner freien Überzeugung der Rechtsstreit durch die Verlängerung nicht verzögert wird oder wenn der Berufungskläger erhebliche Gründe darlegt.

(3) Die Berufungsbegründung muß enthalten:
1. Die Erklärung, inwieweit das Urteil angefochten wird und welche Abänderungen des Urteils beantragt werden (Berufungsanträge);
2. die bestimmte Bezeichnung der im einzelnen anzuführenden Gründe der Anfechtung (Berufungsgründe) sowie der neuen Tatsachen, Beweismittel und Beweiseinreden, die die Partei zur Rechtfertigung ihrer Berufung anzuführen hat.

(4) In der Berufungsbegründung soll ferner der Wert des nicht in einer bestimmten Geldsumme bestehenden Beschwerdegegenstandes angegeben werden, wenn von ihm die Zulässigkeit der Berufung abhängt.

(5) Die allgemeinen Vorschriften über die vorbereitenden Schriftsätze sind auch auf die Berufungsbegründung anzuwenden.

Gesetzesgeschichte: Bis 1900 § 480 CPO. Änderungen: RGBl. 1923 I 9; 1924 I 135; 1933 I 780; BGBl. 1950 S. 455; 1976 I 3281.

| | |
|---|---|
| I. Allgemeines zur Berufungsbegründung | 1 |
| II. Form und Frist | 3 |
| 1. Form der Berufungsbegründung | 3 |
| 2. Begründungsfrist | 6 |
| a) Fristbeginn und Fristende | 6 |
| b) Fristverlängerung | 10 |
| aa) Zuständigkeit | 11 |
| bb) Antrag | 12 |
| cc) Verlängerungsgründe und Ermessen des Gerichts | 13 |
| dd) Entscheidung über den Antrag | 16 |
| ee) Verlängerung nach Fristablauf | 18 |
| ff) Abkürzung der Begründungsfrist | 19 |
| c) Keine Notfrist | 20 |
| III. Inhalt der Berufungsbegründung | 22 |
| 1. Berufungsanträge | 23 |
| a) Inhaltliche Anforderungen | 23 |
| b) Beschränkte Berufungsanträge | 27 |
| 2. Berufungsgründe | 29 |
| a) Auseinandersetzung mit dem angefochtenen Urteil | 29 |
| b) Umfang der Berufungsgründe | 31 |
| c) Bestimmtheit der Berufungsgründe | 34 |
| d) Bezugnahme auf andere Schriftsätze | 37 |
| e) Umfang der Überprüfungspflicht durch das Berufungsgericht | 39 |
| 3. Neue Tatsachen, Beweismittel und Beweiseinreden | 40 |
| 4. Sonstiger Inhalt der Berufungsbegründung, Abs. 4, 5 | 45 |
| IV. Wirkung von Unterlassung und Mängeln, Nachholung | 47 |
| 1. Berufungsanträge | 47 |
| 2. Berufungsgründe | 50 |
| 3. Neue Tatsachen, Beweismittel und Beweiseinreden | 51 |
| 4. Sonstiger Inhalt der Berufungsbegründung | 52 |
| V. Sonderfälle | 53 |
| VI. Arbeitsgerichtliches Verfahren | 54 |

## I. Allgemeines zur Berufungsbegründung[1]

Die Bestimmungen über die Berufungsbegründung bilden ein wesentliches Glied im Rahmen der Maßnahmen zur **Konzentration des Prozeßstoffes**. Für die in der ersten Instanz obsiegende Partei bildet die höhere Instanz unter allen Umständen eine schwere Last, die nur dadurch erleichtert werden kann, daß das Gesetz auf möglichste Abkürzung des Rechtsmittelzugs durch straffe Zusammenfassung des Prozeßstoffs Bedacht nimmt. Auf den Berufungskläger durch den Begründungszwang Druck auszuüben, ist um so mehr gerechtfertigt, als für die in der unteren Instanz unterlegene Partei ein gewisser Anreiz besteht, den Prozeß schleppend zu führen, und ist auch um so eher angängig, als sich gerade der Rechtsmittelkläger nach Abschluß der unteren Instanz und Kenntnis der Entscheidungsgründe des unteren Richters in der Regel von vornherein darüber im klaren sein muß, worauf er nunmehr sein Prozeßbegehren richten und was er zu dessen Stützung vorbringen will. Durch den Begründungszwang wird die in erster Instanz unterlegene Partei vor allem dazu angehalten, sorgfältig zu prüfen, ob überhaupt ein Rechtsmittel eingelegt und welche Anträge bejahendenfalls gestellt werden sollen. Demgemäß legt § 519 dem Berufungskläger die mit gewissen Verwirkungsfolgen

1

---

[1] *Literatur: Sell* Probleme der Rechtsmittelbegründung im Zivilprozeß, 1973; *Grunsky* ZZP 84 (1971), 129; *ders.* ZZP 88 (1975), 49; *Mittenzwei* MDR 1972, 468; *Gilles* AcP 177 (1977), 189.

§ 519 I, II    3. Buch. Rechtsmittel    124

verknüpfte Pflicht (prozessuale Last) auf, sich binnen Monatsfrist nach Einlegung der Berufung darüber zu erklären, inwieweit er Abänderung des angefochtenen Urteils begehrt, in welchen Punkten er das angefochtene Urteil im einzelnen beanstandet und was er an neuen Angriffs- bzw. Verteidigungsmitteln anzuführen hat.

2  Trotz der Begründungspflicht dient die Berufung nicht nur der Nachprüfung bestimmter von der Partei gerügter Punkte in rechtlicher und (oder) tatsächlicher Hinsicht, sondern stellt das Berufungsgericht vor die Aufgabe, den ihm vorgelegten **Streitstoff in seiner Gesamtheit** ohne Rücksicht auf die vom Berufungskläger vorgebrachten Rügen selbständig und nach allen Richtungen hin zu **würdigen**[2]. Die Begründungspflicht steht lediglich unter dem Gesichtspunkt der Konzentration: Der Berufungskläger, der sich nicht durch alsbaldige Kundgabe dessen, was er will und weshalb er es will, offen und bereitwillig in den Dienst der gemeinsamen erneuten Sachprüfung stellt, verwirkt sein Anrecht darauf. Die Pflicht des Berufungsgerichts, das angefochtene Urteil insgesamt zu überprüfen (dazu, ob und inwieweit der Berufungskläger sein Rechtsmittel auf einzelne Fragen beschränken kann, → Rdnr. 27) führt freilich dazu, daß die **Berufungsbegründung ihre Aufgabe nur unvollkommen erfüllen kann**. Sofern der Berufungskläger nur in einem Einzelpunkt eine formal ordnungsgemäße Begründung vorgetragen hat (mag das Urteil insoweit auch zutreffend sein), muß das Gericht den Rechtsstreit von Amts wegen in vollem Umfang neu entscheiden[3]. Dabei ist auch zu prüfen, ob das Urteil nicht einen Fehler zu Lasten des Berufungsbeklagten enthält, ohne daß dieser zur Nachprüfung dieser Frage Anschlußberufung einlegen muß[4].

## II. Form und Frist

### 1. Form der Berufungsbegründung

3  Die Berufungsbegründung muß **schriftlich** erfolgen, sei es in der Berufungsschrift, s. Abs. 2 S. 1, sei es innerhalb der Begründungsfrist in einem besonderen Schriftsatz, den das Gesetz »Berufungsbegründung« nennt, sei es schließlich in Nachträgen zu diesem Schriftsatz, sofern diese noch innerhalb der Begründungfrist beim Berufungsgericht eingehen. Nicht erforderlich ist, daß der Ausdruck »Berufungsbegründung« verwendet wird. Es reicht aus, daß der Wille zur Begründung klar zum Ausdruck kommt. Dies kann auch in einem Prozeßkostenhilfeantrag[5], in einer schriftlichen Stellungnahme des Berufungsklägers zu einem Prozeßkostenhilfeantrag des Berufungsbeklagten[6] oder in einem Antrag auf Einstellung der Zwangsvollstreckung[7] geschehen. Liegt in einem Schriftsatz der Sache nach eine Berufungsbegründung, so kann der Anwalt später nicht erklären, er habe keine Begründung abgeben wollen.

4  Hat die Partei die Berufung eingelegt, so kann der **Streitgehilfe** sie begründen und umgekehrt, → § 67 Rdnr. 13. Wegen der notwendigen **Streitgenossenschaft** → § 62 Rdnr. 28. Wird in der Berufungsbegründungsschrift erklärt, Berufungskläger sei nicht die Partei, die Berufung eingelegt hat, sondern ein Dritter, so ist bis zum Beweis des Gegenteils gleichwohl anzunehmen, daß die Berufungsbegründung vom Berufungskläger stammt[8].

5  Der Schriftsatz muß **von einem beim Berufungsgericht zugelassenen Rechtsanwalt eigenhändig unterzeichnet** sein[9] (→ dazu § 129 Rdnr. 8 ff.; dort insbesondere wegen des Erforder-

---
[2] *Grunsky* ZZP 84 (1971), 135 f.
[3] *Grunsky* ZZP 84 (1971), 136.
[4] *Grunsky* ZZP 84 (1971), 131 ff.
[5] *BGH* NJW-RR 1989, 184.
[6] A.A. *BGH* LM § 519 Nr. 36 = MDR 1958, 763 (inzwischen inhaltlich überholt).
[7] *BGH* FamRZ 1989, 849.
[8] *BGH* Warn. 1970 Nr. 247 = VersR 1971, 230 = WM 164.
[9] Ständige Rechtsprechung; s. insbesondere *BGHZ* 37, 156 = LM § 519 Nr. 45 = NJW 1962, 1724 = MDR 802 = VersR 671 = JR 461; 97, 251 = LM § 519 Nr. 83 =

nisses der Eigenhändigkeit und der Verwendung moderner schriftlicher Kommunikationsformen). Durch die Unterschrift zeigt der Anwalt, daß er für die Berufungsbegründung die Verantwortung übernimmt[10]. Nicht erforderlich ist, daß der Anwalt die Berufungsbegründungsschrift selbst verfaßt hat[11]. Die Rechtsprechung fordert, daß die Begründungsschrift eine selbständige Leistung des Anwalts darstellt; fehlt es daran erkennbar (insbesondere bei Unterzeichnung ohne vorherigem Durchlesen), so soll die Berufung unzulässig sein[12]; ein nur flüchtiges Durchlesen der von einem anderen verfaßten Begründungsschrift soll dagegen ausreichen[13]. Demgegenüber erscheint es zutreffend, auch die »blind« unterschriebene Berufungsbegründung ausreichen zu lassen; nicht anders als im materiellen Recht macht man sich damit den vorstehenden Text zu eigen[14]. Überdies ist die Grenzziehung zwischen einer »blinden« Unterschrift und einer Unterschrift nach flüchtigem Durchlesen wenig praktikabel. Trotz eigenhändiger Unterschrift durch einen Anwalt fehlt es dann an einer ordnungsmäßigen Berufungsbegründung, wenn sich der Anwalt gleichzeitig von dem Schriftsatz distanziert und die Übernahme der Verantwortung eindeutig ablehnt[15]; eine dahingehende spätere Erklärung des Anwalts macht die Berufung dagegen nicht unzulässig[16]. Die Unterschrift kann nicht dadurch ersetzt werden, daß in einem anderen, vom Anwalt unterzeichneten Schriftsatz, auf die nicht unterzeichnete Berufungsbegründung Bezug genommen wird[17]; als ausreichend ist die **Bezugnahme** jedoch dann angesehen worden, wenn der unterschriebene Schriftsatz mit der Berufungsbegründung fest verbunden ist[18]; zur Bezugnahme auf die nicht unterschriebene Berufungsbegründung → weiter § 129 Rdnr. 14. Entsprechendes wie bei der Bezugnahme auf die Berufungsbegründung in einem anderen unterschriebenen Schriftsatz muß dann gelten, wenn umgekehrt in der nicht unterzeichneten Begründungsschrift auf einen unterzeichneten Schriftsatz Bezug genommen wird. Auch hier liegt grundsätzlich keine ordnungsmäßige Berufungsbegründung vor.

## 2. Begründungsfrist

### a) Fristbeginn und Fristende

Die Begründungsfrist von einem Monat beginnt nach Abs. 2 S. 2 mit der **Einlegung der** 6 **Berufung** ohne Rücksicht darauf, ob in diesem Zeitpunkt die Partei bereits im Besitz einer vollständigen Ausfertigung des Urteils ist. Dies ist lediglich für den Beginn der Berufungsfrist maßgeblich, § 516, ändert aber nichts daran, daß eine schon davor eingelegte Berufung wirksam ist, → § 516 Rdnr.16, und den Beginn der Begründungsfrist auslöst. Der erste Tag der Begründungsfrist ist der der Berufungseinlegung nachfolgende; die Frist endet mit Ablauf des Tages, der dieselbe Zahl trägt wie der Tag der Berufungseinlegung, § 188 Abs. 2 BGB. Das Ende der Frist wird hinausgeschoben, wenn der letzte Tag ein Sonnabend, Sonntag oder allgemeiner Feiertag (→ dazu § 188 Rdnr. 3) ist, § 222 Abs. 2; es rückt vor, wenn der entsprechende Monatstag fehlt, § 188 Abs. 3 BGB. Näheres zur Berechnung der Frist →

---

NJW 1986, 1760 = MDR 667 = JZ 650; *BGH* LM § 519 Nr. 63 = Warn. 1971 Nr. 57 = MDR 576 = Betrieb 1415 = VersR 665; *BGH* VersR 1973, 636; 180, 331; *BGH* LM § 519 Nr. 95 = NJW 1989, 394 = MDR 147. A.A. *OLG Saarbrücken* NJW 1970, 434, wenn sich aus den Umständen des Einzelfalls eindeutig ergibt, daß die Begründungsschrift von einem Anwalt herrührt und dieser die Verantwortung dafür übernimmt. S. ferner *OLG Frankfurt* NJW 1977, 1246 = VersR 399: Unterschrift soll nicht erforderlich sein, wenn der Anwalt die Schrift persönlich zum Berufungsgericht bringt und sich die Abgabe bescheinigen läßt.

[10] *BGHZ* 97, 251 (Fn. 9).
[11] *BGHZ* 97, 251 (Fn. 9); LM § 519 Nr. 95 (Fn. 9); LM § 519 Nr. 100 = NJW 1989, 3022 = JZ 1131 = BB 1850.
[12] *BGH* LM § 519 Nr. 37; VersR 1962, 1204.
[13] *BGH* LM § 519 Nr. 100 (Fn. 11).
[14] Ebenso MünchKomm ZPO-*Rimmelspacher* Rdnr. 4.
[15] RGZ 65, 81; *BGH* LM § 519 Nr. 95 (Fn. 9).
[16] *BGH* LM § 519 Nr. 95 (Fn. 9).
[17] BGHZ 37, 156 (Fn. 9); 97, 251 (Fn. 9).
[18] *BGHZ* 97, 251 (Fn. 9).

§ 222 Rdnr. 3ff.; zum Einfluß der Gerichtsferien auf die Begründungsfrist → Rdnr. 20 und § 223 Rdnr. 14.

7   Die Begründungsfrist beginnt auch dann mit Einlegung der **Berufung** zu laufen, wenn diese **verspätet eingelegt** worden und damit unzulässig ist[19]. Auch der Antrag auf Wiedereinsetzung in den vorigen Stand gegen Versäumung der Berufungsfrist berührt den Beginn des Laufs der Begründungsfrist bei verspätet eingelegter Berufung nicht[20]. Ist die **Berufung** vor Eingang der Berufungsbegründung **als unzulässig verworfen** worden, so muß danach differenziert werden, ob Berufungsgericht das Oberlandes- oder das Landgericht war. Bei einer **Verwerfung durch das OLG** ist die Revision bzw. die sofortige Beschwerde statthaft (§§ 547, 519b Abs. 2). Macht der Berufungskläger von dieser Möglichkeit Gebrauch, so muß er die Berufung vorsorglich innerhalb der Frist des Abs. 2 begründen[21]. Wird der Verwerfungsbeschluß unter Wiedereinsetzung in den vorigen Stand gegen die Versäumung der Berufungsfrist aufgehoben, so ist dies für den Lauf der Begründungsfrist ebenfalls ohne Bedeutung[22]. War die **Verwerfung durch das LG** erfolgt, so ist dagegen kein Rechtsmittel gegeben. Legt der Berufungskläger gegen den Verwerfungsbeschluß Verfassungsbeschwerde ein, so braucht er die Berufung nicht innerhalb der Frist des Abs. 2 zu begründen; insoweit liegen die Dinge anders als bei einem in der ZPO vorgesehenen Rechtsmittel[23]. Wird der Verfassungsbeschwerde stattgegeben, so beginnt die Begründungsfrist in entsprechender Anwendung von § 249 Abs. 1 mit der Entscheidung des BVerfG neu zu laufen[24]; eine Wiedereinsetzung in den vorigen Stand wegen Versäumung der Begründungsfrist ist nicht erforderlich.

8   Ein **Prozeßkostenhilfeantrag** berührt den Lauf der Begründungsfrist nicht[25]. Insoweit kommt allenfalls eine Wiedereinsetzung in den vorigen Stand in Betracht.

9   Bei **mehrfacher Berufungseinlegung**, → § 518 Rdnr. 9ff., ist für die Berechnung der Begründungsfrist die letzte Berufung maßgeblich, und zwar ohne daß die frühere Berufung zurückgenommen werden muß[26]. Dies gilt auch dann, wenn die erste Berufung von der Partei, die zweite dagegen von ihrem Streithelfer (oder umgekehrt) eingelegt wird[27].

b) Fristverlängerung

10  Nach Abs. 2 S. 3 kann die **Berufungsbegründungsfrist verlängert** werden. Zuständig dafür ist der Vorsitzende, → Rdnr. 11. Voraussetzung für die Verlängerung ist ein Antrag des Berufungsklägers, → Rdnr. 12, sowie die freie Überzeugung des Vorsitzenden, daß die Verlängerung zu keiner Verzögerung des Rechtsstreits führt bzw. der Berufungskläger erhebliche Gründe darlegt, → Rdnr. 13ff.

---

[19] *BGH* LM § 236 (D) Nr. 3 = Warn. 1971 Nr. 98 = NJW 1217 = MDR 566 = Betrieb 1254 = VersR 739; VersR 1977, 137; NJW 1989, 1155; MünchKomm ZPO-*Rimmelspacher* Rdnr. 8; *Zöller/Schneider*[18] Rdnr. 14.
[20] *BGH* NJW 1989, 1155.
[21] *RGZ* 158, 195; *BGH* LM § 519 Nr. 56 = Warn. 1967 Nr. 91 = MDR 438 = VersR 665; VersR 1963, 1188; 1986, 788; 1986, 892: MünchKomm ZPO-*Rimmelspacher* Rdnr. 11; AK-*Ankermann* Rdnr. 4.
[22] *BGH* Warn. 1971 Nr. 98 = NJW 1217 = MDR 566. War die Begründungsfrist bei Erlaß des Verwerfungsbeschlusses schon abgelaufen, so bezieht sich die Wiedereinsetzung nicht ohne weiteres auch auf die Versäumung der Begründungsfrist (*BGH* aaO).
[23] *BVerfGE* 74, 220, 226f. = NJW 1987, 1191.
[24] MünchKomm ZPO-*Rimmelspacher* Rdnr. 11; *Zöller/Schneider*[18] Rdnr. 14.
[25] *BGHZ* 7, 280 = LM § 544 Nr. 2 = NJW 1953, 504; *BAG* AP § 233 Nr. 7 (*Pohle*) = SAE 1960, 122; MünchKomm ZPO-*Rimmelspacher* Rdnr. 10.
[26] *BGH* LM § 67 Nr. 11 = NJW 1985, 1480 = MDR 751.
[27] *BGH* (Fn. 26).

### aa) Zuständigkeit

Die Verlängerung muß vom **Vorsitzenden** gewährt werden. Die Frist ist auch durch die Verfügung des Vorsitzenden eines nicht zur Entscheidung berufenen Senats wirksam verlängert[28]. Ein Gerichtsbeschluß ist nicht erforderlich. War die Sache bereits in diesem Stadium dem Einzelrichter zugewiesen (→ dazu § 524 Rdnr. 5), so ist auch die durch ihn verfügte Fristverlängerung wirksam[29]. Bei Verhinderung des Vorsitzenden ist der stellvertretende Vorsitzende zuständig. Dagegen ist die Verlängerung durch ein anderes Mitglied des Spruchkörpers unwirksam; dies gilt auch für den Berichterstatter. Die Zuständigkeit bezieht sich nicht nur auf die dem Antrag stattgebende, sondern auch auf die ihn ablehnende Entscheidung[30]. 11

### bb) Antrag

Die Fristverlängerung setzt einen **Antrag** voraus. Außer vom Berufungskläger kann dieser auch vom Streithelfer gestellt werden; eine daraufhin gewährte Verlängerung kommt auch der Partei zugute[31]. Dabei spielt es auch keine Rolle, ob der Streithelfer selbst Berufung eingelegt oder nur einen »isolierten« Verlängerungsantrag gestellt hat. Der Antrag muß **schriftlich** gestellt werden[32] und unterliegt dem **Anwaltszwang**[33], d. h. er muß von einem beim Berufungsgericht zugelassenen Anwalt unterschrieben sein. **Inhaltlich** muß erkennbar sein, daß eine Verlängerung der Begründungsfrist erstrebt wird; das ist dann nicht der Fall, wenn der Berufungskläger nur darum bittet, im Falle des Scheiterns von Vergleichsverhandlungen die Begründung später ergänzen zu können[34]. Zur Darlegung eines Verlängerungsgrundes in dem Antrag → Rdnr. 13. Wird die Frist trotz Fehlens eines ordnungsmäßigen Antrags verlängert, so ist die Verlängerung wirksam[35]. Nicht erforderlich ist, daß der Antrag ein konkretes Datum angibt, bis zu dem die Begründungsfrist verlängert werden soll. Wird eine längere Frist bewilligt als beantragt, so gilt die bewilligte Frist[36]. Weiter ist die Verlängerung auch dann wirksam, wenn der Vorsitzende zu Unrecht davon ausging, es sei ein Antrag gestellt worden oder wenn der Antrag unwirksam war[37]. Haben beide Parteien selbständig Berufung eingelegt, so kann die auf Antrag einer Partei bewilligte Fristverlängerung auch für die Gegenpartei wirksam sein; Voraussetzung ist dabei freilich, daß sich aus der Verlängerungsverfügung eindeutig ergibt, daß sie für beide Parteien gelten soll[38]. Entsprechendes muß bei Streitgenossen gelten, von denen nur einer Verlängerung beantragt hat. 12

### cc) Verlängerungsgründe und Ermessen des Vorsitzenden

Während die Bewilligung der Fristverlängerung früher allein im Ermessen des Vorsitzenden stand, ohne daß weitere Tatbestandsvoraussetzungen gefordert wurden, ist nach der 13

---

[28] BGHZ 37, 125 = LM § 519 Nr. 44 (*Johannsen*) = JZ 1963, 289 (*Henckel*) = NJW 1962, 1396 = MDR 645 = DRiZ 329 = VersR 760; MünchKomm ZPO-*Rimmelspacher* Rdnr. 15.
[29] MünchKomm ZPO-*Rimmelspacher* Rdnr. 15.
[30] *Demharter* MDR 1986, 797; MünchKomm ZPO-*Rimmelspacher* Rdnr. 15; *Baumbach/Lauterbach/Albers*[51] Rdnr. 11; *Zimmermann*[2] Rdnr. 10; a. A. *Zöller/Stephan*[18] § 225 Rdnr. 2 a.
[31] BGH LM § 67 Nr. 10 = NJW 1982, 2069 = MDR 744 = JZ 429.
[32] BGHZ 93, 300 = LM § 519 Nr. 80 = NJW 1985, 1558 = MDR 574.
[33] BGHZ 93, 300 (Fn. 32); AK-*Ankermann* Rdnr. 6;

*Baumbach/Lauterbach/Albers*[51] Rdnr. 9; MünchKomm ZPO-*Rimmelspacher* Rdnr. 14; *Wieczorek/Rössler* Anm. C III a.
[34] BGH LM § 519 Nr. 106/107 = NJW 1990, 2628 = MDR 1003 = BB 1798.
[35] BGZ 93, 300 (Fn. 32); LM § 554 Nr. 3 = NJW 1953, 1705.
[36] BAGE 11, 251 = AP § 91a Nr. 10 = NJW 1962, 125; AP § 626 BGB Druckkündigung Nr. 8 = NJW 1962, 1413 = MDR 607.
[37] BGH LM § 544 Nr. 3 = NJW 1953, 1705 = BB 722; BGHZ 93, 300, 304 (Fn. 32).
[38] BGH VersR 1972, 1128.

Neufassung von Abs. 2 S. 3 durch die Vereinfachungsnovelle (BGBl. 1976 I 3281) erforderlich, daß nach freier Überzeugung des Vorsitzenden der Rechtsstreit durch die Verlängerung entweder nicht verzögert wird oder der Berufungskläger erhebliche **Gründe** dafür darlegt, daß die Begründung nicht innerhalb der Monatsfrist erfolgt. Diese Gründe müssen grundsätzlich in dem Antrag dargelegt (nicht auch glaubhaft gemacht) werden, doch reicht es aus, wenn sie bis zur Entscheidung über den Antrag nachgereicht werden. Die Darlegung derartiger Gründe ist jedoch nicht Zulässigkeitsvoraussetzung für den Verlängerungsantrag. Der Vorsitzende kann dem Antrag auch ohne Darlegung von Verlängerungsgründen stattgeben, was in der Praxis auch häufig geschieht. Die Verlängerung kann vom Berufungsbeklagten weder angefochten werden, noch stellt sie einen Revisionsgrund dar.

14  Auch wenn die Voraussetzungen einer Fristverlängerung gegeben sind, hat der Berufungskläger i. d. R. **keinen Anspruch darauf, daß dem Antrag stattgegeben wird**[39]. Ob dem Antrag stattgegeben wird, unterliegt grundsätzlich dem freien, nicht nachprüfbaren Ermessen des Vorsitzenden. Nur bei Vorliegen eines Wiedereinsetzungsgrundes gegen die Versäumung der Berufungsfrist hat der Berufungskläger Anspruch auf Verlängerung; eine Ablehnung des Antrags wäre in diesem Fall ermessensfehlerhaft[40]. Obwohl auch bei Darlegung eines Verlängerungsgrundes kein Anspruch auf Gewährung der Verlängerung besteht, darf der Berufungskläger doch davon ausgehen, daß seinem Antrag in diesem Fall stattgegeben wird[41]. Geschieht dies nicht, so ist Wiedereinsetzung in den vorigen Stand gegen die Versäumung der Begründungsfrist zu gewähren, → Rdnr. 21.

15  »**Erhebliche Gründe**« i. S. von Abs. 2 S. 3 sind insbesondere Arbeitsüberlastung, Urlaub, Krankheit, Personalknappheit oder die Notwendigkeit, sich noch Material zu beschaffen. Als ausreichender Grund ist es weiter anzusehen, wenn in einem schwierigen Fall zunächst ein Gutachten eingeholt werden soll, wobei es unerheblich ist, ob es sich um ein Rechtsgutachten oder um ein technisches Gutachten handelt. Der Grund kann sowohl in der Person des Anwalts als auch in der Partei selbst liegen (wenn diese z. B. urlaubsbedingt verhindert ist, den Anwalt hinreichend zu informieren). Ein geplanter Urlaub oder eine Kur brauchen nicht deshalb verschoben oder gar abgebrochen zu werden, weil anderenfalls die Begründungsfrist nicht eingehalten werden kann. Als ausreichender Grund ist die Notwendigkeit einer Rücksprache des Anwalts mit der Partei zumindest dann angesehen worden, wenn der Anlaß dafür erst aus den Gerichtsakten ersichtlich geworden ist[42]; aber auch darüber hinaus wird die Notwendigkeit einer Rücksprache in der Praxis regelmäßig als hinreichender Grund angesehen. Nicht ausreichend ist dagegen das Einverständnis des Gegners[43]. Andererseits ist das fehlende Einverständnis des Gegners bei einer erstmaligen Verlängerung unerheblich; zur mehrmaligen Verlängerung → Rdnr. 16.

### dd) Entscheidung über den Antrag

16  Über den Antrag entscheidet allein der Vorsitzende, → Rdnr. 11. Er ist dabei **an den Antrag nicht gebunden,** d. h. er kann sowohl eine kürzere als auch eine längere Frist als beantragt gewähren. Bei Gewährung einer kürzeren als der beantragten Frist ist der Antrag im übrigen stillschweigend abgelehnt worden und nicht etwa behält sich der Vorsitzende insoweit noch

---

[39] AK-*Ankermann* Rdnr. 8.
[40] AK-*Ankermann* Rdnr. 8.
[41] BVerfGE 79, 372 = NJW 1989, 1147; BGH VersR 1985, 972; LM § 233 (Ff) Nr. 11 = NJW 1991, 1359 = MDR 1094; LM § 233 (Ff) Nr. 12 = MDR 1993, 174 = NJW 134.
[42] BGH LM § 233 (Ff) Nr. 11 (Fn. 41).
[43] *Baumbach/Lauterbach/Albers*[51] Rdnr. 11.

eine weitere Entscheidung vor[44]. Maßgeblich ist allein der Inhalt der Verfügung, und zwar auch dann, wenn diese eine kürzere Fristverlängerung enthält als ursprünglich vom Vorgesetzten telefonisch zugesagt war[45]. War in der Ausfertigung eine längere Frist aufgeführt als in der Urschrift der Verfügung, so gilt dann die längere Frist, wenn der Berufungskläger auf die Übereinstimmung von Ausfertigung und Urschrift vertrauen durfte[46]. Im umgekehrten Fall gilt dagegen unabhängig von Vertrauensschutzgrundsätzen die längere Frist. Die Frist kann auch nach Tagen und Stunden verlängert werden[47]. Auch eine **mehrmalige Fristverlängerung** ist möglich, wobei erneut der Vorsitzende zuständig ist, und es nicht etwa eines Gerichtsbeschlusses bedarf; zum arbeitsgerichtlichen Verfahren → Rdnr. 55. In diesem Fall ist jedoch die vorherige Anhörung des Berufungsbeklagten (nicht dagegen auch seine Zustimmung) erforderlich, § 225 Abs. 2. Eine ohne Anhörung verfügte erneute Verlängerung ist gleichwohl wirksam, → § 225 Rdnr. 3. Wegen der **Berechnung der verlängerten Frist** → § 224 Rdnr. 15. Durch die Gerichtsferien wird die verlängerte Frist gehemmt, und zwar auch dann, wenn bis zu einem bestimmten in die Gerichtsferien fallenden Tag verlängert worden ist[48].

Die Fristverlängerung bedarf einer **ausdrücklichen Verfügung** des Vorsitzenden; bloßes   17
Schweigen auf den Antrag genügt nicht[49]. Die Verlängerung muß schriftlich erfolgen und vom Vorsitzenden unterschrieben werden[50]. Kann der Berufungskläger jedoch nicht erkennen, daß es an einer formgerechten Verfügung fehlt (z. B. bei einer formlosen Mitteilung, → sogleich), darf er auf die Verlängerung vertrauen[51]. Zur Wirksamkeit der Fristverlängerung ist erforderlich, daß diese dem Berufungskläger mitgeteilt wird. Dabei reicht eine **formlose Mitteilung** aus[52] (telefonisch, mündlich), → weiter § 224 Rdnr. 10. Ob die Mitteilung erfolgt ist, ist in der Revisionsinstanz von Amts wegen zu beachten[53]. Zur Frage, ob die Mitteilung vor Ablauf der Berufungsbegründungsfrist erfolgen muß, → Rdnr. 18. Gegen die Entscheidung über den Verlängerungsantrag ist **kein Rechtsmittel** gegeben. Weder kann der Berufungsbeklagte rügen, es habe kein Verlängerungsgrund bestanden, noch kann der Berufungskläger seinen Antrag durch ein Rechtsmittel weiterverfolgen, § 225 Abs. 3. War die Begründungsfrist bei Ablehnung des Antrags allerdings noch nicht abgelaufen, so kann der Berufungskläger den Antrag erneuern.

### ee) Verlängerung nach Fristablauf

Erhebliche Schwierigkeiten haben sich bei der Frage ergeben, ob eine Verlängerung der   18
Frist noch nach ihrem Ablauf möglich ist. Die Rechtsprechung hatte dies zunächst verneint, d. h. sie verlangte, daß die Fristverlängerung dem Berufungskläger vor Fristablauf bekanntgegeben wird[54]; es sollte auch nicht ausreichen, daß die Verfügung vor Fristablauf in den Geschäftslauf gegeben ist[55]. Dem konnte deswegen nicht zugestimmt werden, weil die Partei nicht unter der Zeitspanne leiden darf, die das Gericht für seine Entscheidung benötigt.

---

[44] *BGH* LM § 519 Nr. 97 = NJW-RR 1989, 1278.
[45] *LAG Baden-Württemberg* Betrieb 1960, 1368.
[46] *BGH* LM § 127 BGB Nr. 2; LM § 554 Nr. 30 = MDR 1963, 588 = VersR 536 = Warn. Nr. 72; *BAG* AP § 38 BetrVG 1972 Nr. 5; BayObLGZ 1969, 182 = Rpfleger 356.
[47] *BAGE* 4, 316 = AP § 519 Nr. 5 (*Pohle*) = NJW 1957, 1142.
[48] *BGH* LM § 519 Nr. 65 = Warn. 1973 Nr. 198 = NJW 1973, 2110 = DRiZ 433 = Rpfleger 424 = Betrieb 2140 = MDR 1974, 34 = VersR 139 (Verlängerung bis 15. Sept.).
[49] *BGH* VersR 1958, 129; NJW-RR 1990, 67, 68.

[50] *BAG* AP § 21 MTB II Nr. 3.
[51] BGHZ 93, 300, 305 (Fn. 32); *BAG* AP § 21 MTB II Nr. 3.
[52] BGHZ 93, 300, 305 (Fn. 32); LM § 329 Nr. 2; § 519 Nr. 103 = NJW 1990, 1797 = MDR 718 = BB 881; *BAG* AP § 519 Nr. 28 = NJW 1974, 1350; a. A. (an der der Senat jedoch nicht festhält, s. *BGH* LM § 519 Nr. 103 ) *BGH* LM § 519 Nr. 99 = NJW-RR 1989, 1404.
[53] *BAG* AP § 75 HGB Nr. 3.
[54] S. insbesondere *BAG* AP § 518 Nr. 28 (*Vollkommer*); BGHZ 21, 43, 45.
[55] *BAG* Betrieb 1973, 928.

Inzwischen ist allgemein anerkannt, daß die Verlängerung der Frist auch noch nach deren Ablauf erfolgen kann, vorausgesetzt, der **Verlängerungsantrag ist davor** (auch noch am letzten Tag der Frist) **gestellt** worden[56]. Unter dieser Voraussetzung kann die Verlängerung auch noch mehrere Monate nach Ablauf der Begründungsfrist erfolgen[57]. Ein Anspruch auf Verlängerung besteht allerdings auch nach Ablauf der Begründungsfrist nicht, d. h. der Berufungskläger trägt das Risiko einer Ablehnung seines Antrags, womit die Berufung wegen Versäumung der Begründungsfrist unzulässig ist. Zur Möglichkeit einer Wiedereinsetzung in den vorigen Stand → Rdnr. 21. War der **Verlängerungsantrag erst nach Fristablauf gestellt** worden, so kommt eine Verlängerung der Frist nicht mehr in Betracht[58]. Eine gleichwohl gewährte Verlängerung ist unwirksam und berührt die mit Fristablauf eingetretene Rechtskraft des Urteils nicht[59]. Dabei ist es auch unerheblich, ob der Berufungsbeklagte vom Zeitpunkt der Antragstellung Kenntnis hatte; auch wenn er irrig meinte, der Antrag sei rechtzeitig gestellt worden, ändert dies an der Unwirksamkeit der gewährten Fristverlängerung nichts. Die sich daraus ergebende Unzulässigkeit der Berufung ist in der Revisionsinstanz von Amts wegen zu beachten, → § 559 Rdnr. 15. Der verspätete Verlängerungsantrag kann jedoch in einen Wiedereinsetzungsantrag umgedeutet werden[60].

### ff) Abkürzung der Begründungsfrist

19 Eine Abkürzung der Frist durch das Gericht oder den Vorsitzenden ist **ausgeschlossen**. Dies gilt auch dann, wenn die Frist zuvor verlängert worden war; die gewährte Verlängerung kann nicht nachträglich wieder abgekürzt werden[61]. Im Wege einer Parteivereinbarung ist eine Abkürzung dagegen möglich, § 224 Abs. 1, wenn dies auch kaum je praktisch werden wird.

### c) Keine Notfrist

20 Die Berufungsbegründungsfrist ist keine Notfrist, d. h. sie wird durch die Gerichtsferien gehemmt, § 223 Abs. 1, sofern es sich nicht um eine Feriensache handelt, § 223 Abs. 2. Dazu, daß sich die in der unteren Instanz erfolgte Erklärung zur Feriensache nicht auf die Berufungsinstanz miterstreckt, → § 223 Rdnr. 73. Fällt die Begründungsfrist in einer nicht als Feriensache bezeichneten Sache ganz oder teilweise in die Gerichtsferien, so ist ihr Lauf insoweit gehemmt. Die Hemmung tritt auch dann ein, wenn der Ablauf einer bewilligten Fristverlängerung in die Gerichtsferien fällt[62]; wegen der Berechnung der nach Ende der Ferien weiterlaufenden Frist → § 223 Rdnr. 14.

21 Obwohl die Begründungsfrist keine Notfrist ist, ist in § 233 Abs. 1 gegen ihren Ablauf die **Wiedereinsetzung in den vorigen Stand** zugelassen, → § 233 Rdnr. 7. Ein Wiedereinsetzungsgrund wird insbesondere dann angenommen, wenn der Berufungskläger rechtzeitig einen ersten Verlängerungsantrag gestellt und einen Verlängerungsgrund dargelegt hat[63]; dem steht

---

[56] *BGHZ* 83, 217 = LM § 519 Nr. 77 (*Steffen*) = NJW 1982, 1651 = MDR 637 = JZ 565 = BB 1141; *BAGE* 32, 71, 72 ff. = AP § 66 ArbGG 1979 Nr. 1 = NJW 1980, 309; AP § 237 ZPO 1977 Nr. 10; *Baumbach/Lauterbach/Albers*[51] Rdnr. 9; AK-*Ankermann* Rdnr. 9; Münch-Komm ZPO-*Rimmelspacher* Rdnr. 18; *Zöller/Schneider*[18] Rdnr. 21.
[57] *BGHZ* 102, 37 = LM § 225 Nr. 3 = NJW 1988, 268 = MDR 400 = WM 72 = JR 280 (*Teubner*).
[58] *BGHZ* 116, 277 = LM § 519 Nr. 110 = NJW 1992, 842 = MDR 407 = BB 602 = ZIP 130; *Teubner* JR 1988, 281; *Zöller/Schneider*[18] Rdnr. 21.
[59] *BGHZ* 116, 377 (Fn. 58); a. A. noch *BGHZ* 102, 37 (Fn. 57), doch hält der Senat an dieser Entscheidung nicht fest (s. *BGHZ* 116, 377, 379).
[60] *Vollkommer* DRiZ 1969, 244.
[61] *OLG Hamburg* MDR 1952, 561; *OLG Schleswig* SchlHA 1976, 28.
[62] *BGH* LM § 519 Nr. 13; zum Fristablauf bei Verlängerung bis zu einem bestimmten Tag → Fn. 48.
[63] *BVerfGE* 79, 372 = NJW 1989, 1147; *BGH* VersR 1985, 972; LM § 233 (Ff) Nr. 11 (Fn. 41) und 12 (Fn. 41).

auch nicht entgegen, daß die Partei trotz Vorliegens eines Verlängerungsgrundes keinen Anspruch auf Fristverlängerung hat, → Rdnr. 14. Die Partei braucht sich auch vor Ablauf der Begründungsfrist nicht danach zu erkundigen, ob der Antrag rechtzeitig eingegangen ist und ob ihm voraussichtlich stattgegeben wird[64]. Zur Anfechtbarkeit des die Wiedereinsetzung versagenden Beschlusses → § 519b Rdnr. 35.

### III. Inhalt der Berufungsbegründung

Nach Abs. 3 muß die Berufungsbegründung die **Berufungsanträge**, → Rdnr. 23 ff., die **Berufungsgründe**, → Rdnr. 29 ff., sowie die **Angabe der neuen Tatsachen, Beweismittel und Beweiseinreden** enthalten, die die Partei zur Rechtfertigung ihrer Berufung anzuführen hat, → Rdnr. 40 ff. Nur die Berufungsanträge sowie die Berufungsgründe sind in dem Sinne wesentlich, daß bei ihrem Fehlen ein die Unzulässigkeit bewirkender Mangel der Begründung vorliegt; die Ankündigung des neuen tatsächlichen Vorbringens ist dagegen nur in der schwächeren Bedeutung wesentlich, daß sich an die Unterlassung nach § 527 die Zurückweisung als verspätet knüpfen kann, → Rdnr. 42. Was darüber hinaus gefordert wird, → Rdnr. 45, ist rein vorbereitender Inhalt. Zu den Sonderfällen der §§ 511 a Abs. 2, 513 → Rdnr. 53. 22

#### 1. Berufungsanträge

##### a) Inhaltliche Anforderungen

Die Berufungsanträge bestimmen die Grenzen der erneuten Verhandlung des Rechtsstreits, § 536. Sie müssen **bestimmt** sein[65]. Insoweit gelten dieselben Kriterien wie bei der Bestimmtheit des Klageantrags, → dazu § 253 Rdnr. 44 ff. Soweit ein Klageantrag ausnahmsweise nicht bestimmt zu sein braucht, Näheres → § 253 Rdnr. 81 ff., wirkt sich dies auch auf die Berufungsanträge aus. Will der Kläger etwa einen höheren als den ihm in erster Instanz zuerkannten Schmerzensgeldanspruch weiterverfolgen, so genügt es auch in der Berufungsinstanz, daß er die Größenordnung seiner Vorstellungen ohne genaue Bezifferung angibt. Entsprechendes gilt für den Beklagten, der auf eine Herabsetzung des zugesprochenen Schmerzensgeldes abzielt[66]. 23

Je nach dem Inhalt der Berufungsanträge kann sich das Rechtsmittel noch jetzt als **unzulässig** erweisen. Wird etwa bei an sich der Höhe nach ausreichender Beschwer eine Abänderung des angefochtenen Urteils nur hinsichtlich eines Betrags verlangt, der unter der Berufungssumme liegt, so ist die Berufung als unzulässig zu verwerfen[67], → § 511a Rdnr. 5. Unzulässig soll weiter die Berufung dann sein, wenn der in erster Instanz unterlegene Kläger den dort gestellten Antrag nicht weiterverfolgt, sondern im Wege der **Klageänderung** ausschließlich einen neuen Antrag stellt[68]; insoweit soll es an der erforderlichen Geltendmachung der Beschwer, → Allg. Einl. vor § 511 Rdnr. 72, fehlen. Dazu, daß dem nicht zugestimmt werden kann → Allg. Einl. vor § 511 Rdnr. 73. Nicht erforderlich ist, daß der Berufungsantrag zur Sache selbst gestellt wird; sofern der Berufungskläger letztlich auf eine Abänderung des 24

---

[64] *BGH* LM § 519 Nr. 78 = NJW 1983, 1741 = MDR 663 = BB 2018; *BAGE* 49, 319 = AP § 233 Nr. 10 = NJW 1986, 603.
[65] *BGH* LM § 519 Nr. 88 = NJW 1987, 1335 = MDR 579 (Unzulässigkeit der Berufung bei Antrag auf Herabsetzung der in erster Instanz ausgeurteilten Summe ohne summenmäßige Angabe).
[66] Insofern nicht unbedenklich *BGH* LM § 519 Nr. 88 (Fn. 65).
[67] *OLG Düsseldorf* NJW 1971, 147.
[68] *BGH* LM § 264 Nr. 10 = NJW-RR 1987, 249 = MDR 318 = BB 157; MünchKomm ZPO-*Rimmelspacher* Rdnr. 25. Weit. Nachw. → Allg. Einl. vor § 511 Fn. 108.

angefochtenen Urteils abzielt, ist der Berufungsantrag auch dann zulässig, wenn lediglich **Aufhebung des angefochtenen Urteils und Zurückverweisung** beantragt wird[69]. Praktikabel ist ein solcher Antrag allerdings deswegen nicht, weil das Berufungsgericht frei darin ist, ob es von einer Zurückverweisungsmöglichkeit Gebrauch macht, § 540, weshalb es sich empfiehlt, in der Sache selbst zumindest einen Hilfsantrag zu stellen. Ein **Antrag nur im Kostenpunkt** genügt nicht[70].

25   Eines **förmlichen Antrags**, d. h. eines ausdrücklichen, von dem übrigen Inhalt der Begründungsschrift abgesonderten Antrags, bedarf es nicht. Es genügt, wenn aus dem Inhalt der Schrift, z. B. aus den gesamten gegen das angefochtene Urteil gerichteten Ausführungen, eindeutig zu entnehmen ist, in welchem Umfang und mit welchem Ziel das Urteil angefochten wird[71]. Geht aus dem Inhalt der Schrift hervor, daß das Urteil auf jeden Fall in seinem ganzen Umfang angefochten wird, dann sind die Anträge auch dann noch bestimmt, wenn Unklarheit darüber besteht, ob außerdem eine Klageerweiterung beabsichtigt ist[72]. Ist der Berufungsbegründung eindeutig zu entnehmen, daß der Anspruch jedenfalls zu einem bestimmten Teil verfolgt wird, ist die Berufung insoweit auch dann zulässig, wenn die Berufungsanträge im übrigen unklar sind[73]. Sind mehrere zu einer Gesamtsumme zusammengefaßte Ansprüche im Streit, so muß der Berufungskläger, der nur wegen eines Teilbetrags Berufung eingelegt hat, darlegen, auf welchen Anspruch sich die Berufung bezieht; geschieht dies nicht, so ist die Berufung als unzulässig zu verwerfen[74]. Anders wenn die Klage in erster Instanz wegen Fehlens eines bestimmten Antrags abgewiesen wird und der Kläger in der Berufungsinstanz denselben Antrag weiterverfolgt; wird der Antrag hier nicht noch präzisiert, so ist die Berufung zwar zulässig, aber nicht begründet[75]. An einem bestimmten Berufungsantrag fehlt es, wenn bei Berufungseinlegung angekündigt wird, »gegebenenfalls« werde die Berufung nur auf einen Teil der Beschwer erstreckt, und die Begründung zum Umfang der Anfechtung dann nichts enthält[76]. Erst recht ist die Berufung dann unzulässig, wenn in der Berufungsschrift der Umfang der Anfechtung vorbehalten wird, die Berufungsbegründung dann aber nicht ergibt, welche Punkte angegriffen werden sollen[77]. Wird das ursprüngliche Klagebegehren in der Berufungsbegründung beschränkt, so kann darin eine teilweise Klagerücknahme liegen[78]; Voraussetzung dafür ist allerdings, daß der ursprüngliche Berufungsantrag später nicht noch erweitert werden kann, dazu → Rdnr. 47 ff.

26   Die Berufungsbegründung enthält (ebenso wie die Klageschrift) nicht nur die Ankündigung des demnächst in der mündlichen Verhandlung zu stellenden Antrags, sondern den **Antrag selbst**. Die spätere Verlesung eines beschränkten Antrags ist demgemäß eine teilweise Berufungsrücknahme[79], → § 515 Rdnr. 4. Zur späteren Erweiterung der Berufungsanträge → Rdnr. 48 f.

---

[69] *BAGE* 17, 313 = NJW 1966, 269 (zum Revisionsantrag des Beklagten); *OLG Schleswig* SchlHA 1966, 168; *Wieczorek/Rössler* Anm. D I a. A.A. *BGH* VersR 1985, 1164; 1987, 101; *OLG Hamburg* NJW 1987, 783; MünchKomm ZPO-*Rimmelspacher* Rdnr. 26; *Zöller/Schneider*[18] Rdnr. 28; s. weiter *BGH* LM § 546 Nr. 120 = NJW 1987, 3264.

[70] *RG* JW 1926, 253.

[71] Einhellige Meinung; s. in diesem Sinn aus jüngster Zeit *BGH* VersR 1982, 974; LM § 519 Nr. 109 = NJW 1992, 698 = MDR 609 = ZIP 512; AK-*Ankermann* Rdnr. 12; *Zöller/Schneider*[18] Rdnr. 32.

[72] *BGH* JZ 1951, 84; LM § 519 Nr. 109 (Fn.71).

[73] *BGH* LM § 519 Nr. 69 = NJW 1975, 2013 = MDR 1012; *Thomas/Putzo*[18] Rdnr. 18.

[74] AK-*Ankermann* Rdnr. 12; MünchKomm ZPO-*Rimmelspacher* Rdnr. 27; *Rosenberg/Schwab/Gottwald*[15] § 137 II 2a; a. A. *BGHZ* 20, 219 = LM § 519 Nr. 25 (*Delbrück*) = NJW 1956, 870 = VersR 292; *Baumbach/Lauterbach/Albers*[51] Rdnr. 18; *Zöller/Schneider*[18] Rdnr. 32.

[75] *BGH* LM § 209 BEG Nr. 39/40 = MDR 1961, 37 = ZZP 74 (1961), 224; MünchKomm ZPO-*Rimmelspacher* Rdnr. 27. Die in → Fn. 74 angeführte Entscheidung verwechselt beide Fallgestaltungen miteinander.

[76] *KG* OLGZ 1975, 53.

[77] *LAG Hamm* LAGE § 519 Nr. 5.

[78] S. *Batsch* NJW 1974, 299; kritisch *Karmasin* NJW 1974, 982.

[79] MünchKomm ZPO-*Rimmelspacher* Rdnr. 33.

## b) Beschränkte Berufungsanträge

Die Berufung kann beschränkt eingelegt werden. Bei einem **teilurteilsfähigen Teil des Streitgegenstands** ist das selbstverständlich[80]. Weiter kann die Berufung bei der **Aufrechnung** auf die Forderung oder die Gegenforderung beschränkt werden[81]. Sind **Grund und Betrag** einer Forderung im Streit, so kann die Berufung auf den Grund oder den Betrag beschränkt eingelegt werden[82]. Dagegen soll es nicht möglich sein, die Berufung auf **einzelne Urteilselemente** zu beschränken[83]. Das kann nicht überzeugen. Es ist kein vernünftiger Grund erkennbar, der das Gericht zwingen könnte, über Fragen zu entscheiden, die keine Partei zur Nachprüfung stellt[84]. So ist es etwa möglich, daß sich der Beklagte nicht mehr gegen das Entstehen der Forderung wendet, sondern nur noch geltend macht, sie sei wieder erloschen (Erfüllung) oder könne doch zumindest nicht mehr durchgesetzt werden (Verjährung). Selbstverständlich kann eine derartige Beschränkung der Berufung nur insoweit in Betracht kommen, als es sich um für den Berufungskläger ungünstige Teile des angefochtenen Urteils handelt. Soweit das Urteil für den Berufungskläger dagegen günstig ist (z. B. Bejahung der Forderungsentstehung, gleichwohl Klageabweisung wegen Verjährung) kann er die ihm günstigen Aussagen nicht dadurch der Beurteilung durch das Berufungsgericht entziehen, daß er die Berufung auf das ihm ungünstige Urteilselement beschränkt[85]. Insoweit braucht der Berufungsbeklagte auch nicht etwa Anschlußberufung einzulegen. Das Problem der Beschränkbarkeit der Berufung ist eng mit der Frage verknüpft, ob ein Rechtsmittel auf einzelne Urteilselemente beschränkt zugelassen werden kann, → § 546 Rdnr. 25 ff. bzw. ob bei Aufhebung des angefochtenen Urteils einzelne Urteilselemente ausgenommen werden können, → § 564 Rdnr. 3 ff. Auf den **Streitwert** wirkt sich eine derartige Beschränkung der Berufung nicht aus.

27

Soweit danach eine beschränkte Einlegung der Berufung möglich ist, muß der Berufungskläger den Rahmen eindeutig abstecken, innerhalb dessen er eine Nachprüfung des Urteils anstrebt. **Im Zweifel ist die Berufung nicht auf eine einzelne Frage beschränkt**[86], so daß das Urteil insgesamt nachzuprüfen ist. Insbesondere kann eine Beschränkung nicht daraus hergeleitet werden, daß in der Berufungsbegründung nur einzelne Fragen angeschnitten werden. Ist die Berufung wirksam beschränkt, so muß der Berufungsbeklagte **Anschlußberufung** einlegen, wenn er das Urteil in einem ihm ungünstigen Punkt angreifen will; dies gilt jedoch nicht bei der Beschränkung der Berufung auf ein einzelnes Urteilselement, → Rdnr. 27.

28

## 2. Berufungsgründe

### a) Auseinandersetzung mit dem angefochtenen Urteil

Nach Abs. 3 Nr. 2 Halbs. 1 hat der Berufungskläger die im einzelnen anzuführenden **Gründe der Anfechtung (Berufungsgründe) bestimmt zu bezeichnen.** Dazu ist grundsätzlich eine Auseinandersetzung mit dem angefochtenen Urteil erforderlich. Der Zweck dieses Erfordernisses liegt darin, daß der Berufungskläger die Chancen bei einer Weiterverfolgung

29

---

[80] AK-*Ankermann* Rdnr. 13; MünchKomm ZPO-*Rimmelspacher* Rdnr. 30.
[81] MünchKomm ZPO-*Rimmelspacher* Rdnr. 30.
[82] MünchKomm ZPO-*Rimmelspacher* Rdnr. 30.
[83] *Sell* (Fn. 1), 140; *Gilles* AcP 177 (1977), 189, 237 ff.; MünchKomm ZPO-*Rimmelspacher* Rdnr. 31; Zöller/ Schneider[18] Rdnr. 29; *Thomas/Putzo*[18] Rdnr. 26.
[84] Für eine Beschränkbarkeit der Anfechtung auf einzelne Urteilselemente *Grunsky* ZZP 84 (1971), 129; *ders.* ZZP 88 (1975), 60; zustimmend AK-*Ankermann* Rdnr. 13 und grundsätzlich auch OLG Bamberg NJW 1979, 2316.
[85] Im Ergebnis zutreffend OLG Bamberg NJW 1979, 2316.
[86] AK-*Ankermann* Rdnr. 13.

der Sache gründlich durchdenkt und außerdem das Berufungsgericht den Prozeßstoff in den wesentlichen Punkten aufbereitet erhält. Aus der Notwendigkeit, sich mit dem angefochtenen Urteil auseinanderzusetzen, ist gefolgert worden, daß es dann an einer ordnungsmäßigen Berufungsbegründung fehlen muß, wenn das **Urteil** noch gar **nicht zugestellt** ist, weshalb der Berufungskläger die Urteilsgründe nicht kennt[87]; eine Ausnahme soll insoweit nur dann gelten, wenn sich die Berufung ausschließlich auf neue Tatsachen oder Beweismittel stützt[88]. Dem kann schon deswegen nicht zugestimmt werden, weil damit bei fehlender Zustellung des Urteils die Partei keine Möglichkeit hätte, eine zulässige Berufung einzulegen; eben das muß sie aber nach § 516 tun, wenn sie vermeiden will, daß das verkündete Urteil rechtskräftig wird. Bei einem noch nicht zugestellten Urteil reicht es demnach aus (ist andererseits aber auch erforderlich), daß in der Berufungsbegründung zu den von der Partei aufgrund der mündlichen Verhandlung vermuteten Urteilgründen Stellung genommen wird[88a].

30   Eine Auseinandersetzung mit dem angefochtenen Urteil ist weiter insoweit nicht erforderlich (weil sinnvoll nicht möglich), als in der Berufungsinstanz ein **neuer Gegenstand** eingeführt wird (Klageänderung, Widerklage, Aufrechnung). Die Gründe dafür brauchen nicht in der Frist des Abs. 2 S. 2 vorgetragen zu werden[89]; auch der Antrag kann noch nach Ablauf der Berufungsbegründungsfrist gestellt werden[90]. Davon zu trennen ist die Frage, ob eine Berufungseinlegung allein zum Zweck der Klageänderung überhaupt zulässig ist oder ob die erstinstanzlichen Anträge nicht wenigstens teilweise weiterverfolgt werden müssen, → Rdnr. 24 und Allg. Einl. vor § 511 Rdnr. 73. Geht man mit der h. M. davon aus, daß die erstinstanzlichen Anträge wenigstens teilweise weiterverfolgt werden müssen, dann ist insoweit eine Berufungsbegründung erforderlich; nur eine Begründung für den neuen Antrag reicht dann nicht aus[91]. Schließlich braucht sich der Berufungskläger mit dem angefochtenen Urteil dann nicht auseinanderzusetzen, wenn er die Berufung ausschließlich auf neue **Tatsachen oder Beweismittel** stützt. Hier wird das erstinstanzliche Urteil nicht als unrichtig angegriffen, weshalb sich eine Auseinandersetzung mit ihm erübrigt, → weiter Rdnr. 41.

### b) Umfang der Berufungsgründe

31   Die Berufungsgründe müssen sich bei **teilbarem Streitgegenstand** auf alle Teile des Urteils erstrecken, hinsichtlich derer Abänderung beantragt ist, widrigenfalls die Berufung für den nicht begründeten Teil unzulässig ist[92]; erreicht der allein begründete Teil nicht die Berufungssumme, so ist die Berufung insgesamt unzulässig[93]. Bei einer Mehrheit von Ansprüchen müssen die Berufungsgründe auch dann grundsätzlich jeden von ihnen erfassen, wenn der eine Anspruch vom anderen abhängt[94]. Infolgedessen müssen sich die Berufungsgründe etwa auch auf den Zinsanspruch erstrecken[95]. Eine Ausnahme kann nur insoweit anerkannt werden, als sich der abhängige Anspruch bei Zuerkennung des ihn präjudizierenden Anspruchs

---

[87] *LAG Nürnberg* LAGE § 519 Nr. 2; *LAG Köln* LAGE § 519 Nr. 6; *Zöller/Schneider*[18] Rdnr. 33; MünchKomm ZPO-*Rimmelspacher* Rdnr. 43.
[88] *LAG Nürnberg* und *LAG Köln* (beide Fn. 87).
[88a] Zutreffend jetzt *LAG Frankfurt* LAGE § 519 Nr. 7 mit zust. Anm. *Vogg*; BAG AP § 112 BetrVG 1972 Nr. 68 = ZIP 1993, 1403, 1405 f. = BB 1807 = Betrieb 2034.
[89] BGH LM § 519 Nr. 93 = NJW-RR 1988, 1465 = MDR 658.
[90] MünchKomm ZPO-*Rimmelspacher* Rdnr. 38.
[91] BGH NJW 1992, 3243 = WM 2076.
[92] BGHZ 22, 278 = LM § 519 Nr. 28 = NJW 1957, 424 = JZ 225; WM 1977, 941; LM § 519 Nr. 102 = NJW 1990, 1184 = MDR 712 = BB 1094; BGH EWiR 1993, 515; NJW 1993, 3073; *Müller-Rabe* NJW 1990, 284; MünchKomm ZPO-*Rimmelspacher* Rdnr. 40. Dies gilt auch dann, wenn ein in erster Instanz abgewiesener Hauptantrag in der Berufungsinstanz nurmehr als Hilfsantrag weiterverfolgt wird (*BGHZ* 22, 278).
[93] BGH LM § 546 Nr. 14; BB 1976, 815; MünchKomm ZPO-*Rimmelspacher* Rdnr. 40.
[94] Mißverständlich MünchKomm ZPO-*Rimmelspacher* Rdnr. 40.
[95] *Müller-Rabe* NJW 1990, 284; *Zöller/Schneider*[18] Rdnr. 38. In der Praxis wird die Berufung bei fehlender Begründung hinsichtlich des Zinsanspruchs allerdings i. d. R. nicht als unzulässig verworfen.

gewissermaßen »von selbst ergibt« (z. B. 4% Rechtshängigkeitszinsen). Demgegenüber stellt der *BGH* neuerdings darauf ab, ob mit der Begründung hinsichtlich eines Anspruchs im Falle des Erfolgs der Berufung das angefochtene Urteil auch für den abhängigen Anspruch keine tragfähige Begründung mehr enthält[96]. Damit bräuchte die Begründung sich nie auf abhängige Ansprüche mitzuerstrecken, vorausgesetzt, der Hauptanspruch ist abgewiesen. Zum Umfang der Begründungspflicht bei einer mit einer Weiterbeschäftigungs- oder (und) Lohnzahlungsklage gekoppelten Kündigungsschutzklage → Rdnr. 56 f. Soweit bei der **Aufrechnung** die Berufung nicht auf eine der beiden Forderungen beschränkt ist, → Rdnr. 27, muß sich die Begründung auf beide Forderungen erstrecken[97].

Befaßt sich die Begründung nur mit Streitpunkten, hinsichtlich derer der Berufungskläger **nicht beschwert** ist, so ist die Berufung unzulässig[98]. Dies gilt sowohl bei einer Mehrheit von Ansprüchen wie bei Klage und Widerklage, soweit sich nicht die Tatbestände decken[99], wie endlich auch bei für ein Teilurteil geeigneten Teilen eines Anspruchs. Bei Beschränkung der Berufung auf einzelne Urteilselemente, → Rdnr. 27, muß sich die Begründung gerade auf das angegriffene Urteilselement beziehen. 32

Dagegen braucht sich die Berufungsbegründung nicht auf alle **einzelnen Streitpunkte**, → § 537 Rdnr. 12, zu beziehen[100]. Waren in erster Instanz mehrere in Betracht kommende Anspruchsgrundlagen verneint worden, so braucht die Berufungsbegründung nicht auf alle Anspruchsgrundlagen einzugehen; liegt hinsichtlich einer von ihnen eine ausreichende Begründung vor, so muß das Berufungsgericht auch auf die anderen Anspruchsgrundlagen eingehen[101]. Soweit die Klage dagegen aus mehreren Gründen abgewiesen worden ist, von denen nach Ansicht des Vorderrichters jeder für sich allein die Klageabweisung trägt, muß die Berufungsbegründung auf jeden dieser Punkte eingehen[102]. Eine ordnungsgemäße Berufungsbegründung setzt nicht voraus, daß sich der Berufungskläger mit allen Punkten auseinandersetzt, die einem Erfolg seines Begehrens hinderlich sein könnten. Den Erfordernissen des Abs. 2 Nr. 2 ist vielmehr schon dann Genüge getan, wenn der Berufungskläger zu den Gründen Stellung nimmt, aus denen er in erster Instanz unterlegen ist[103]. Hat das Untergericht die Klage also aus formellen Gründen als unzulässig abgewiesen, so braucht die Berufungsbegründung nichts zur Begründung der Klage zu enthalten, sondern kann sich darauf beschränken darzulegen, weshalb die Klage doch zulässig sein soll[104]. 33

### c) Bestimmtheit der Berufungsgründe

Die Berufungsgründe müssen konkret und bestimmt sein. Eine allgemeine Angabe der Richtpunkte, auf die hin die Anfechtung des Urteils erfolgen soll, genügt nicht[105]. Ebenso nicht allgemein gehaltene formelhafte Wendungen[105a]. Der Berufungskläger muß vielmehr 34

---

[96] *BGH* LM § 519 Nr. 111/112 = NJW 1992, 1989 = MDR 706.
[97] *Müller-Rabe* NJW 1990, 286.
[98] *BAG* AP § 519 Nr. 6 (*Hofmann*) = BB 1958, 84.
[99] S. *RG* JW 1937, 2786 (Unterlassungs- und Schadensersatzanspruch aufgrund desselben Tatbestands).
[100] *BGH* NJW 1985, 2828; MünchKomm ZPO-*Rimmelspacher* Rdnr. 41. A.A. *BGH* LM § 519 Nr. 58 = Warn 1967 Nr. 271 = NJW 1968, 396 = JZ 136 = MDR 215 = WM 96, wo allerdings übersehen wird, daß nicht einer, sondern mehrere Ansprüche geltend gemacht wurden (zutreffend *Schwab* ZZP 84 -1971-, 446).
[101] A.A. *BGH* LM § 519 Nr. 61 = NJW 1971, 807 = MDR 465 = JR 147 = Warn Nr. 41 = ZZP 84 (1971), 443 (abl. *Schwab*) = AP § 519 Nr. 24 (abl. *Grunsky*). Die Entscheidung wird im Schrifttum überwiegend abgelehnt: *Dehner* NJW 1971, 1565; *Mittenzwei* MDR 1972, 470; *Gilles* AcP 177 (1977), 197; *E. Schneider* MDR 1985, 21; AK-*Ankermann* Rdnr. 19; MünchKomm ZPO-*Rimmelspacher* Rdnr. 41; *Thomas/Putzo*[18] Rdnr. 24.
[102] *BGH* LM § 519 Nr. 102 (Fn. 92); *OLG Stuttgart* NJW 1969, 938; MünchKomm ZPO-*Rimmelspacher* Rdnr. 41.
[103] *BGH* NJW 1975, 1032.
[104] *BGH* NJW 1975, 1032; *OLG Düsseldorf* OLGZ 1966, 431; MünchKomm ZPO-*Rimmelspacher* Rdnr. 41; *Baumbach/Lauterbach/Albers*[51] Rdnr. 26.
[105] *BGH* VersR 1976, 588.
[105a] *OLG Frankfurt* FamRZ 1993, 717.

deutlich darlegen, worin er den Fehler des angefochtenen Urteils sieht. Allein aus der Berufungsbegründung muß sich ergeben, auf welche Gesichtspunkte der Berufungskläger seinen Standpunkt stützt, insbesondere welche tatächlichen oder rechtlichen Erwägungen zur Unrichtigkeit des angefochtenen Urteils führen sollen[106]. Nicht erforderlich ist jedoch, daß die Berufungsgründe rechtlich zutreffend oder auch nur schlüssig sind[107].

35 Beanstandet der Berufungskläger **tatsächliche Feststellungen** in dem angefochtenen Urteil, so muß er diese genau bezeichnen und den Grund, weshalb er sie für fehlerhaft hält, im einzelnen angeben. Allgemeingehaltene Rügen (das Parteivorbringen sei nicht vollständig berücksichtigt oder der Sachverhalt sei nicht hinreichend aufgeklärt worden) genügen den Anforderungen nicht. Ein nach Ansicht des Berufungsklägers in erster Instanz zu Unrecht übergangenes Beweisangebot ist in der Berufungsbegründungsschrift zu erneuern; ein allgemeiner Verweis auf das erstinstanzliche Vorbringen reicht nicht aus[108]. Rügt der Berufungskläger die Nichtheranziehung von Akten, so muß er im einzelnen angeben, in welcher Richtung diese den Sachverhalt aufklären können[109]. Sollen Zeugen vernommen werden, so muß konkret angegeben werden, inwieweit ihre Aussage die Unrichtigkeit des angefochtenen Urteils ergeben soll; die bloße Angabe, »eine Vernehmung der Zeugen werde die Unrichtigkeit des Urteils ergeben«, reicht nicht aus[110]. Wird die Verletzung der §§ 139, 278 Abs. 3 gerügt, muß angegeben werden, welcher Vortrag wegen Nichtaufklärung unterlassen worden ist[111]. Soweit der Berufungskläger einen **Verfahrensfehler** rügt, entsprechen die Anforderungen einer Berufungsbegründung weitgehend denen, die § 554 Abs. 3 Nr. 3b für eine Verfahrensrüge in der Revisionsbegründung aufstellt. Soweit die Rüge des Berufungsklägers diesen Anforderungen entspricht, genügt sie als Berufungsbegründung immer. Im Gegensatz zur Revisionsrüge brauchen die Berufungsgründe jedoch keine angeblich verletzte Rechtsnorm anzugeben. Stützt der Berufungskläger sich nur auf neue Tatsachen und Beweismittel, so muß er diese bezeichnen, → Rdnr. 41.

36 Bekämpft der Berufungskläger die **rechtliche Auffassung** des erstinstanzlichen Urteils, so muß er seine Rechtsansicht darlegen. Was dazu gehört, ist im wesentlichen nach den Grundsätzen zu beurteilen, die die Praxis zu § 554 Abs. 3 Nr. 3a entwickelt hat[112], → dort Rdnr. 7. Ebenso wie dort ist die Benennung bestimmter Paragraphen nicht erforderlich, wie umgekehrt etwa die allgemeine Rüge »Verletzung des materiellen Rechts« oder eines bestimmten Paragraphen ohne nähere Angaben nicht ausreicht[113]. Die Ausführungen des Berufungsklägers müssen erkennen lassen, in welchem Streitpunkt er die Ansicht des ersten Richters bekämpft und welcher Rechtsansicht er selbst ist[114]. Der allgemeine Satz, das Berufungsgericht wolle die Rechtsauffassung des ersten Richters nachprüfen, genügt ebensowenig wie eine allgemeine Wendung über die Entwicklung des Rechts (»entspricht nicht dem modernen Rechtsverständnis«). Die bloße Bezugnahme auf das erstinstanzlich Vorgetragene oder dessen einfache Wiederholung stellt keine ausreichende Berufungsbegründung dar[115], und zwar auch dann nicht, wenn nur eine einzelne Rechtsfrage im Streit ist[116].

---

[106] *RGZ* 144, 6, 7; *BGH* LM § 519 Nr. 59 = MDR 1968, 1001; WM 1979, 619; LM § 519 Nr. 79.
[107] *BGH* VersR 1977, 152; WM 1979, 619; Münch-Komm ZPO-*Rimmelspacher* Rdnr. 42.
[108] *BGHZ* 35, 103 = LM § 186 (E) Nr. 8 = NJW 1961, 1458 = MDR 667 (dagegen *Ordemann* JR 1964, 295); *BGH* LM § 519 Nr. 106/107 = NJW 1990, 2628 = MDR 1004 = BB 1798.
[109] *BGH* LM § 519 Nr. 24.
[110] *BGH* FamRZ 1970, 15.
[111] *BGH* NJW-RR 1988, 477, 478.
[112] *BAG* AP § 519 Nr. 2 (*Pohle*).
[113] AK-*Ankermann* Rdnr. 18.
[114] *Zöller/Schneider*[18] Rdnr. 35; s. weiter *BGH* LM § 519 Nr. 106/107 (Fn. 108): Bei Bekämpfung der rechtlichen Ansicht des Untergerichts müsse der Berufungskläger deutlich machen, »in welche Richtung« seine Einwendungen gehen.
[115] *BGH* LM § 519 Nr. 106/107 (Fn. 108); *BGH* FamRZ 1993, 46; AK-*Ankermann* Rdnr. 18.
[116] *BGH* LM § 519 Nr. 38 = NJW 1959, 885 = MDR 387 = VersR 359; LM § 519 Nr. 73 = NJW 1981, 1620 = MDR 656 = FamRZ 534.

### d) Bezugnahme auf andere Schriftstücke

Hinsichtlich der Bezugnahme auf andere Schriftstücke ist die Rechtsprechung verhältnismäßig großzügig. Nicht ausreichend ist allerdings eine bloße Bezugnahme auf **erstinstanzliche Schriftsätze**, → Rdnr. 36. Auch wenn der Berufungskläger seinen damaligen Vortrag wiederholen will, muß er ihn erneut ausformulieren. Werden mehrere **Parallelprozesse** geführt, bei denen die Berufung an denselben Spruchkörper geht, so ist es zulässig, daß die Berufungsbegründungen aufeinander Bezug nehmen, sofern eine Abschrift des die eigentliche Begründung enthaltenden Schriftsatzes miteingereicht wird[117]. Dies gilt auch dann, wenn auf einer Seite in den Verfahren nicht dieselben Personen beteiligt sind[118]. Wird dagegen keine Abschrift miteingereicht, so reicht die Bezugnahme auf die Berufungsbegründung für den anderen Prozeß nicht aus[119]. Dagegen soll es zulässig sein, daß die Partei mit einem Schriftsatz die Berufung für zwei zwischen denselben Parteien anhängige Prozesse begründet[120]. Weiter ist eine Bezugnahme auf die Berufungsbegründung im Verfahren der einstweiligen Verfügung als ausreichend angesehen worden, sofern eine Abschrift der Begründung beigefügt wurde[121]. In besonders weitem Umfang läßt die Rechtsprechung eine Bezugnahme auf das für die Berufungsinstanz eingereichte **Prozeßkostenhilfegesuch** zu[122]. Erforderlich ist jedoch, daß das Prozeßkostenhilfegesuch sich bei den Akten befindet und hinsichtlich der Berufungsgründe die Anforderungen einer Berufungsbegründungsschrift erfüllt[123]. Dagegen braucht es im übrigen nicht den Anforderungen einer Berufungsbegründungsschrift gerecht zu werden (z. B. keinen Berufungsantrag enthalten). Ist das Prozeßkostenhilfegesuch von der Partei selbst oder von ihrem erstinstanzlichen Anwalt unterzeichnet worden, so reicht eine Bezugnahme nicht aus[124]; ebenso nicht, wenn das Prozeßkostenhilfegesuch von einem beim Berufungsgericht nicht zugelassenen Anwalt verfaßt ist[125]. Das gleiche gilt dann, wenn auf eine dem Prozeßkostenhilfegesuch beigefügte, zwar vom Anwalt stammende, jedoch nicht unterzeichnete Anlage verwiesen wird[126]. Entsprechendes wie für das Prozeßkostenhilfegesuch muß für eine Stellungnahme zum Prozeßkostenhilfegesuch des Berufungsbeklagten sowie für einen **Antrag auf Einstellung der Zwangsvollstreckung** gelten; auch insoweit ist es zulässig, in der Berufungsbegründungsschrift hinsichtlich der Berufungsgründe auf den Antrag zu verweisen. Als ausreichend ist weiter die Bezugnahme auf einen Prozeßkostenhilfe gewährenden Beschluß des Berufungsgerichts angesehen worden[126a]. Nicht ausreichend ist dagegen i. d. R. die Bezugnahme auf ein eingereichtes oder noch einzureichendes **Rechtsgutachten**[127]; dem steht entgegen, daß das Gutachten nicht vom zweitinstanzlichen Anwalt verfaßt und unterzeichnet ist. Dagegen ist die **Bezugnahme auf Anlagen** als zulässig angesehen worden, und zwar auch dann, wenn die Bezugnahme auf eine Vielzahl von Urkunden erfolgt, wobei diese jedoch übersichtlich geordnet sein müssen[127a].

---

[117] *BAGE* 17, 186 = AP § 519 Nr. 17 (*Pohle*) = MDR 1965, 944 = BB 1150; AP § 519 Nr. 20 (*Wieczorek*); BB 1969, 275.
[118] *BAGE* 17, 186 (Fn. 117).
[119] *BGH* LM § 519 Nr. 52 = Warn. 1965 Nr. 265 = MDR 1966, 665 = VersR 192; *BAG* AP § 519 Nr. 20 (*Wieczorek*).
[120] *BGH* LM § 519 Nr. 47 = MDR 1963, 483 = VersR 368.
[121] *BGHZ* 13, 244 = LM § 519 Nr. 18 = NJW 1954, 1566 = JZ 644 = BB 699.
[122] *RGZ* 145, 266; *BGH* LM § 519 Nr. 5, 11; § 48 EheG Nr. 14; VersR 1957, 642; *BAGE* 8, 346 = AP § 519 Nr. 12 (*Pohle*) = MDR 1960, 441 = SAE 94; *BAG* AP § 233 Nr. 27 (*Pohle*); § 554 Nr. 14. Dazu, daß das Prozeßkostenhilfegesuch u. U. selbst die Begründungsschrift sein kann, → Rdnr. 3; in diesem Fall stellt sich das Problem der Bezugnahme nicht.
[123] *BAGE* 8, 346 (Fn. 122); *BGH* LM § 519 Nr. 5.
[124] *RGZ* 145, 270; *BGHZ* 7, 170, 172 f. = LM § 519 Nr. 9 = NJW 1953, 259; LM § 519 Nr. 21, 73 (Fn. 116), 118 = NJW 1993, 3333.
[125] *BGHZ* 7, 170, 171 (Fn. 124); *BGH* FamRZ 1970, 15.
[126] *BGH* LM § 519 Nr. 37 = MDR 1959, 281 = BB 248.
[126a] *BGH* LM § 519 Nr. 118 (Fn. 124).
[127] *RGZ* 146, 250; 164, 390; *BGH* LM § 209 BEG = VersR 1963, 665; *BGH* MDR 1963, 484.
[127a] *BGH* NJW 1993, 1866 = MDR 684 = LM § 519 Nr. 115.

§ 519 III                    3. Buch. Rechtsmittel

38   Soweit eine **Bezugnahme** zulässig ist, muß sie **ausdrücklich erklärt** werden. Was in einem nicht in Bezug genommenen Prozeßkostenhilfeantrag, Einstellungsantrag nach § 719 oder dergleichen ausgeführt ist, kann nicht ohne weiteres als Berufungsbegründung gelten[128]. Dies ist nur dann möglich, wenn das Schriftstück alle Voraussetzungen einer Berufungsbegründungsschrift erfüllt und damit als solche angesehen werden kann, → Rdnr. 3. Sofern die Begründungsschrift den Anforderungen des Abs. 3 genügt, kann in ihr natürlich auf sonstige, dem Gericht vorliegende Schriftsätze und Unterlagen Bezug genommen werden.

### e) Umfang der Überprüfungspflicht durch das Berufungsgericht

39   Das Erfordernis der Angabe von Berufungsgründen ist ein rein formales. Ob das Vorbringen in tatsächlicher und rechtlicher Hinsicht beachtlich ist, spielt keine Rolle, → Rdnr. 34. Es genügt jede ernstlich gemeinte Angabe, um die Verwerfung als unzulässig abzuwenden. Entspricht in dieser Hinsicht die Berufungsbegründung den Erfordernissen des Abs. 3 Nr. 2, so ist damit – vorbehaltlich der Beschränkungen bei verspätetem Vorbringen neuer Tatsachen und Beweismittel – der Weg für die in tatsächlicher und rechtlicher Beziehung **unbeschränkte erneute sachliche Prüfung** des gesamten Streitstoffs in den durch die Berufungsanträge gezogenen Grenzen eröffnet, → auch Rdnr. 2. Der Berufungskläger ist auch nicht daran gehindert, sein Vorbringen später zu ergänzen[129]. Der Umstand, daß der Berufungskläger sich bei seinen Rügen auf die tatsächliche Seite beschränkt hat, engt also das Berufungsgericht in der rechtlichen Würdigung nicht ein, wie umgekehrt sich daraus, daß der Berufungskläger nur die Rechtsauffassung des ersten Richters beanstandet hat, für das Berufungsgericht hinsichtlich der Tatsachen keine Beschränkungen ergeben. Zur Möglichkeit einer Beschränkung der Berufung → Rdnr. 27ff.

### 3. Neue Tatsachen, Beweismittel und Beweiseinreden

40   Der Berufungskläger hat nach Abs. 3 Nr. 2 in der Berufungsbegründung weiter die neuen Tatsachen, Beweismittel und Beweiseinreden zu bezeichnen, die er zur Rechtfertigung der Berufung anführen will. Wegen des Vorbringens neuer Tatsachen usw. zur Stützung neuer Ansprüche (Klageänderung) s. § 530. Die Vorschrift des Abs. 3 Nr. 2 hat hinsichtlich der neuen Tatsachen usw. mit Rücksicht auf die sich daran anknüpfenden Verwirkungsfolgen einen doppelten Inhalt:

41   Beanstandet der Berufungskläger das Urteil im übrigen nicht, stützt er vielmehr sein Begehren nach Abänderung des angefochtenen Urteils lediglich auf neue Tatsachen, Beweismittel oder Beweiseinreden, so muß er diese **in der Begründungsschrift bezeichnen**, widrigenfalls die Berufung mangels ordnungsmäßiger Begründung ohne sachliche Nachprüfung als unzulässig verworfen werden muß. Andererseits reicht die Angabe der neuen Tatsachen usw. in diesem Fall als Berufungsbegründung aus; einer Auseinandersetzung mit dem angefochtenen Urteil bedarf es darüber hinaus nicht[130]. Dazu, daß bei Begründung der Berufung mit neuen Tatsachen usw. die Prüfung des Berufungsgerichts nicht auf diese beschränkt ist, → Rdnr. 39.

42   Im übrigen, d.h. wenn die Berufungsbegründung nach ihrem sonstigen Inhalt den Erfordernissen des Abs. 3 genügt, begründet die Nr. 2, Schlußhalbs. nur die unter der Sanktion einer

---

[128] *RGZ* 145, 175; *BGH* LM § 519 Nr. 2 = NJW 1951, 442; VersR 1957, 642.

[129] *BGH* LM § 519 Nr. 79 = NJW 1984, 177 = MDR 310 = BB 437 = ZIP 1983, 1510; *Rosenberg/Schwab/Gottwald*[15] § 137 II 2c; MünchKomm ZPO-*Rimmelspa-*cher Rdnr. 45; *Wieczorek/Rössler* Anm. D II; *Gilles* AcP 177 (1977), 221ff.

[130] *RGZ* 143, 291, 294; *BGH* LM § 519 Nr. 57 = NJW 1967, 1843 = MDR 755 = Warn. Nr. 134; MünchKomm ZPO-*Rimmelspacher* Rdnr. 45.

möglichen Zurückweisung als verspätet stehende **Obliegenheit zur schriftsätzlichen Ankündigung** des Vorbringens. Die Zulässigkeit der Berufung wird dadurch nicht berührt. Hat also z.B. der Berufungskläger in der Begründungsschrift das Urteil lediglich mit Rechtsausführungen bekämpft, so ist, wenn das Berufungsgericht diesen nicht folgt und weiter vorgebrachte neue Tatsachen oder Beweismittel als verspätet zurückgewiesen werden, die Berufung als unbegründet zurückzuweisen, und nicht etwa als unzulässig zu verwerfen.

Als Streitstoff in den Prozeß eingeführt wird das neue Vorbringen nach allgemeinen Grundsätzen erst durch den Vortrag in der mündlichen Verhandlung bzw. die Bezugnahme, § 137 Abs. 3. Die Sonderregeln in den Fällen der Entscheidung ohne mündliche Verhandlung bzw. nach Lage der Akten werden dadurch nicht berührt. 43

Eine **Negativerklärung des Inhalts, daß neue Tatsachen usw. nicht vorgebracht werden**, ist in jedem Fall ohne rechtliche Bedeutung. Sie genügt nicht als Berufungsbegründung in dem Sinne, daß das Urteil nur wegen der von dem ersten Richter vertretenen Rechtsansicht oder Beweiswürdigung beanstandet werde. Andererseits verliert der Berufungskläger durch eine derartige Äußerung nicht die Befugnis, in den sich aus §§ 527 ff. ergebenden Grenzen später gleichwohl neue Tatsachen vorzubringen. 44

### 4. Sonstiger Inhalt der Berufungsbegründung, Abs. 4, 5

Weiter soll in der Berufungsbegründung der **Wert des Beschwerdegegenstandes** (→ dazu § 511a Rdnr. 22 ff.) angegeben werden, sofern der Beschwerdegegenstand nicht in einer bestimmten Geldsumme besteht. Die Zulässigkeit der Berufung hängt von dieser Angabe nicht ab. Bis zur Entscheidung über die Berufung kann die Angabe nachgeholt werden, → § 519b Rdnr. 25. Gleiches gilt für die Glaubhaftmachung, § 511a Abs. 1 S. 2. 45

Nach Abs. 5 sind die allgemeinen **Bestimmungen über die vorbereitenden Schriftsätze**, §§ 129 ff., auf die Berufungsbegründung anwendbar. 46

## IV. Wirkung von Unterlassung und Mängeln, Nachholung

### 1. Berufungsanträge

Nach Abs. 3 Nr. 1 sind die Berufungsanträge ein wesentliches Formalerfordernis der Berufungsbegründung. Liegen demnach bei Ablauf der Begründungsfrist zulässige Berufungsanträge (dazu → Rdnr. 23 ff.) nicht vor, so fehlt es an einer der gesetzlichen Form genügenden Berufungsbegründung, womit die Berufung als unzulässig zu verwerfen ist, § 519b Abs. 1. Eine Heilung des Mangels nach § 295 kommt nicht in Betracht, → § 295 Rdnr. 19. 47

Eine weitergehende Wirkung hat der Fristablauf der h.M. zufolge nicht. Insbesondere soll er einer nachträglichen **Erweiterung der Berufungsanträge** nicht im Wege stehen, wobei allerdings verlangt wird, daß sich die Erweiterung im Rahmen der Berufungsbegründung hält[131]. Demgemäß hat es die Rechtsprechung für möglich erachtet, daß die zunächst wegen 48

---

[131] *BGHZ* 7, 143 = LM § 518 Nr. 3 = NJW 1952, 1295; 12, 52, 67 = NJW 1954, 554, 557; 91, 154, 159f.; LM § 519 Nr. 41; NJW 1983, 1063; 1985, 3079; NJW-RR 1988, 66; *Rosenberg/Schwab/Gottwald*[15] § 137 II 2b; MünchKomm *ZPO-Rimmelspacher* Rdnr. 34; *Zöller/* *Schneider*[18] Rdnr. 31; *Thomas/Putzo*[18] Rdnr. 19. *Sell* (Fn. 1), 18 ff. Noch weitergehend (uneingeschränkte Erweiterungsmöglichkeit bis an die Grenze der Beschwer) *Gilles* AcP 177 (1977), 189, 213 ff.; → weiter § 705 Rdnr. 4.

Nichterreichung der Berufungssumme unzulässige Berufung durch Erweiterung des Berufungs- (nicht dagegen auch des Klage)antrags zulässig wird[132]. Die Erweiterung könnte ferner auch dann erfolgen, wenn der zunächst weiter gestellte Berufungsantrag später eingeschränkt worden ist[133] oder wenn die Sache nach Zurückverweisung erneut ans Berufungsgericht gelangt ist[134]. Weiter würde aus der Möglichkeit der Erweiterung der Berufungsanträge folgen, daß auch der zunächst nicht angefochtene Teil des Urteils nicht rechtskräftig wird; im Einzelfall könnte allenfalls mit der Konstruktion geholfen werden, in der Beschränkung der Anträge im übrigen einen Berufungsverzicht zu sehen, → § 514 Rdnr. 13 ff.

49   Der **h.M.** kann **nicht zugestimmt** werden[135]. Sie verkennt die selbständige Bedeutung des Berufungsantrags, indem sie das Gewicht ganz auf die Berufungsbegründung verschiebt. Wenn das Gesetz es dem Berufungskläger zumutet, sich innerhalb einer Frist darüber klar zu werden, ob er das Urteil überhaupt anfechten will, so muß es ihm auch möglich sein, mit Ablauf der Begründungsfrist endgültig zu erklären, inwieweit er eine Abänderung des Urteils erstrebt. Die h.M. führt zu der unannehmbaren Konsequenz, daß der Gegner das Urteil auch insoweit, als es nicht angefochten worden ist, nur vorläufig vollstrecken kann, wodurch er gemäß § 717 Abs. 2 Gefahr läuft, dem Berufungskläger schadensersatzpflichtig zu werden. Es geht nicht an, daß der Berufungskläger auf diese Art durch Teilanfechtung das gesamte Urteil in der Schwebe halten kann; → weiter § 534 Rdnr. 1. Irgendwelche schutzwürdigen Interessen des Berufungsklägers verlangen ebenfalls nicht die Zulassung einer nachträglichen Erweiterung der zunächst gestellten Anträge. Nach Ablauf der Berufungsbegründungsfrist ist deshalb eine Erweiterung der Berufungsanträge grundsätzlich nicht mehr möglich. Der nicht angefochtene Urteilsteil ist damit rechtskräftig geworden, a.A. → § 705 Rdnr. 4. Dies muß auch dann gelten, wenn die Gründe für die Antragserweiterung erst nach Ablauf der Begründungsfrist entstanden sind[136]. Auch hier kann die Rechtskraft des nicht angefochtenen Urteilsteils nicht nachträglich wieder beseitigt werden. Der Berufungskläger ist hier darauf verwiesen, von den allgemeinen Möglichkeiten Gebrauch zu machen, die sich aus den zeitlichen Grenzen der Rechtskraft ergeben (neue Klage oder Vollstreckungsgegenklage).

### 2. Berufungsgründe

50   Enthält die Begründungsschrift keine Berufungsgründe, Abs. 3 Nr. 2 (→ Rdnr. 29 ff.), so ist die Berufung ebenfalls als unzulässig zu verwerfen. Wegen des Fehlens einer Begründung hinsichtlich einzelner Ansprüche oder Anspruchsteile → Rdnr. 31.

### 3. Neue Tatsachen, Beweismittel und Beweiseinreden

51   Die Nichtanführung neuer Tatsachen usw. stellt sich nur dann als fehlende Berufungsbegründung dar, wenn die Berufung nicht schon anderweit ausreichend begründet ist. Im übrigen steht die Nichtankündigung neuen Vorbringens nur unter der Rechtsfolge einer eventuellen Zurückweisung als verspätet, → Rdnr. 42. In der Geltendmachung sonstiger neuer Angriffs- und Verteidigungsmittel und in der Erweiterung des Angriffs selbst (Klage, Widerklage), wird der Berufungskläger durch § 519 nicht beschränkt.

---

[132] Nachw. → Allg. Einl. vor § 511 Rdnr. 28.
[133] *BGH* NJW-RR 1988, 66.
[134] *BGH* LM § 536 Nr. 9; MDR 1968, 135.
[135] Näheres s. *Grunsky* NJW 1966, 1392; *ders.* ZZP 88 (1975), 49, 51 ff. Ablehnend gegenüber der h.M. auch AK-*Ankermann* Rdnr. 16.
[136] A.A. MünchKomm ZPO-*Rimmelspacher* Rdnr. 35.

### 4. Sonstiger Inhalt der Berufungsbegründung

Die Nichtbeachtung der Vorschriften der Abs. 4 und 5 hat keine Wirkungen. Das Gericht ist 52 insbesondere nicht befugt, etwa lediglich wegen Fehlens einer Angabe über den Wert des Beschwerdegegenstandes die Nichterreichung der Berufungssumme anzunehmen, → § 511a Rdnr. 24.

## V. Sonderfälle

Besonderheiten ergeben sich für die Ausnahmefälle, in denen die **Zulässigkeit der Berufung** 53 **von einer bestimmten Rüge abhängt.** Hierher gehört zunächst der Fall des § 511a Abs. 2; hier hat der Berufungskläger bei Nichterreichung der Berufungssumme darzulegen, daß es sich um eine Wohnraummietstreitigkeit i.S. dieser Vorschrift handelt. Entsprechendes gilt für das nach § 513 berufungsfähige Versäumnisurteil, wo die Berufung nur darauf gestützt werden kann, es habe keine Versäumnis vorgelegen, → § 513 Rdnr. 6ff. Der Berufungskläger darf sich hier nicht mit der Behauptung begnügen, es habe keine Versäumnis vorgelegen; die Berufung ist vielmehr nur dann ordnungsmäßig begründet, wenn im einzelnen dargelegt wird, warum der Berufungskläger den Termin nicht wahrgenommen hat[137]. Dies muß schon in der Berufungsbegründungsschrift geschehen und kann nicht bis zur Entscheidung über die Zulässigkeit der Berufung nachgeholt werden[138]. Entsprechendes gilt für § 511a Abs. 2; auch hier muß der Charakter der Streitigkeit als Wohnraummietstreitigkeit schon in der Berufungsbegründung dargelegt werden.

## VI. Arbeitsgerichtliches Verfahren

Im arbeitsgerichtlichen Verfahren gilt § 519 ebenfalls, § 66 Abs. 6 ArbGG i.V. mit § 519. 54 Die Berufungsbegründungsfrist beträgt dabei jetzt ebenfalls einen Monat ab Einlegung der Berufung, § 66 Abs. 1 S. 1 ArbGG (anders bis zur Beschleunigungsnovelle 1979: Zwei Wochen). Anders als in der ordentlichen Gerichtsbarkeit ist in § 66 Abs. 2 S. 2 ArbGG eine zwingende Berufungsbeantwortungsfrist von einem Monat ab Zustellung der Berufungsbegründung an den Berufungsbeklagten vorgeschrieben, → dazu § 520 Rdnr. 14.

Eine Besonderheit gilt hinsichtlich der **Verlängerung der Begründungsfrist.** Anders als in 55 der ordentlichen Gerichtsbarkeit, → Rdnr. 16, kann die Frist nur einmal verlängert werden, § 66 Abs. 1 S. 4 ArbGG. Dabei ist jedoch keine Höchstdauer vorgesehen. Eine weitere Verlängerung ist auch im Einverständnis des Berufungsbeklagten nicht zulässig.

Wird eine **Kündigungsschutzklage zusammen mit einer Weiterbeschäftigungsklage** erho- 56 ben, so soll es als Berufungsbegründung ausreichen, wenn der in erster Instanz unterlegene Arbeitnehmer das Kündigungsschutzbegehren begründet, ohne in der Berufungsbegründung auf den Weiterbeschäftigungsanspruch einzugehen[139]; ebenso bei der Berufung des Arbeitgebers nach Stattgeben der Kündigungsschutz- und der Weiterbeschäftigungsklage[140]. Zumindest letzteres erscheint problematisch[141]: Trotz Erfolgs der Kündigungsschutzklage ist der Weiterbeschäftigungsanspruch nicht ohne weiteres zu bejahen. Wird die Berufung des Arbeitgebers gegen das der Klage stattgebende Urteil hinsichtlich des Kündigungsschutzbegeh-

---

[137] *BGH* LM § 513 Nr. 1 = NJW 1967, 728.
[138] AK-*Ankermann* Rdnr. 23; MünchKomm ZPO-*Rimmelspacher* Rdnr. 46; a. A. Voraufl.
[139] *BAG* AP § 626 BGB Nr. 96 = BB 1988, 1120 = NZA 1987, 808; a.A. noch *BAG* AP § 1 KSchG 1969 Nr. 10 = NZA 1986, 600.
[140] *BAG* AP § 626 BGB Nr. 96 (Fn. 139).
[141] S. *Grunsky*[6] § 64 Rdnr. 27.

rens zurückgewiesen, so kann das LAG auf den Weiterbeschäftigungsanspruch nur dann eingehen, wenn die Berufung insoweit begründet worden ist.

57 Entsprechendes wie bei der Weiterbeschäftigungsklage muß bei der mit einer Kündigungsschutzklage gekoppelten **Lohnzahlungsklage** gelten, sofern der Lohnzahlungsanspruch sich auf einen Zeitraum bezieht, in dem das Arbeitsverhältnis aufgrund der Kündigung schon beendet sein sollte. Soweit dagegen Lohnzahlung für einen früheren Zeitraum begehrt wird, muß sich die Berufungsbegründung auf jeden Fall auch auf den Zahlungsanspruch beziehen; geschieht dies nicht, ist die Berufung insoweit unzulässig.

## § 519 a [Zustellung von Berufungsschrift und -begründung]

**Die Berufungsschrift und die Berufungsbegründung sind der Gegenpartei zuzustellen. Mit der Zustellung der Berufungsschrift ist der Zeitpunkt mitzuteilen, in dem die Berufung eingelegt ist. Die erforderliche Zahl von beglaubigten Abschriften soll der Beschwerdeführer mit der Berufungsschrift oder der Berufungsbegründung einreichen.**

Gesetzesgeschichte: Bis 1900 § 481 CPO. Änderungen: RGBl. 1909 S. 475 [§ 510]; 1924 I 135; BGBl. 1976 I 3281.

### I. Die Beifügung von Abschriften, S. 3.

1 Da die Zustellung sowohl der Berufungsschrift wie der Berufungsbegründung von Amts wegen erfolgt (→ Rdnr. 2 ff.), verbleiben die Urschriften bei den Gerichtsakten und der Berufungsbeklagte erhält eine nach § 210 von der Geschäftsstelle beglaubigte Abschrift. Nach S. 3 soll jedoch der Berufungskläger (hier ungenau als Beschwerdeführer bezeichnet, s. auch § 553 a Abs. 2 S. 3) die erforderliche Anzahl beglaubigter Abschriften mit der Berufungsschrift bzw. der Begründung einreichen. Wegen der Beglaubigung durch den einreichenden Anwalt → § 210 Rdnr. 2. Sind Abschriften nicht oder ohne Beglaubigung eingereicht, so hat sie die Geschäftsstelle anzufertigen bzw. zu beglaubigen; weitere Folgen hat die Unterlassung nicht[1]. Für von der Geschäftsstelle angefertigte Abschriften werden nach KV Nr. 1900 Nr. 1 b Schreibauslagen erhoben.

### II. Zustellung der Berufungsschrift und der Berufungsbegründung, S. 1, 2.

2 Die Zustellung der Berufungsschrift und der Berufungsbegründung sowie etwaiger innerhalb der Begründungsfrist eingehender Nachträge[2] an den Berufungsbeklagten geschieht **von Amts wegen**. S. 1 sieht das nach der Vereinfachungsnovelle (BGBl. 1976 I 3281) zwar nicht mehr ausdrücklich vor, doch bedeutet dies wegen § 270 in der Sache keine Änderung. Die Zustellung ist rein informatorischer Art und nicht etwa Wirksamkeitsvoraussetzung für die Berufungseinlegung bzw. -begründung[3]; das Fehlen einer wirksamen Zustellung kann nach § 295 geheilt werden[4]. Der Amtsbetrieb gilt ebenfalls für die weiteren Schriftsätze, § 270. Der Zustellungsempfänger bestimmt sich nach § 176, und, sofern ein Prozeßbevollmächtigter

---

[1] RGZ 145, 233, 237.
[2] *Baumbach/Lauterbach/Albers*[51] Rdnr. 1; a.A. *OLG Königsberg* JW 1928, 76; *OLG Celle* JW 1932, 667.
[3] BGHZ 65, 114 = LM § 518 Abs. 2 Ziff. 1 Nr. 6 = NJW 1976, 108 = MDR 137 = JZ 68; *BGH* NJW-RR 1991, 510, 511; MünchKomm ZPO-*Rimmelspacher* Rdnr. 1.
[4] BGHZ 50, 397, 400; 65, 114 (Fn. 3).

des Berufungsbeklagten für die Berufungsinstanz noch nicht bestellt ist, nach § 210a, → § 176 Rdnr. 27 und weiter § 520 Rdnr. 5.

Die Zustellung der in § 519a genannten Schriftsätze hat mangels gegenteiliger Vorschrift nach §§ 208ff. **förmlich** zu geschehen. Durch die Form der einfachen Mitteilung kann aber der Berufungsbeklagte niemals als beschwert angesehen werden. 3

Standen dem Berufungskläger in erster Instanz **Streitgenossen** gegenüber, so hat die Zustellung an alle Streitgenossen zu erfolgen, zu deren Gunsten das Urteil ergangen ist, sofern die Berufung nicht nur gegenüber einzelnen Streitgenossen eingelegt worden ist, → § 518 Rdnr. 19. Dabei spielt es keine Rolle, ob es sich um eine einfache oder um eine notwendige Streitgenossenschaft handelt. Hat einer von mehreren Streitgenossen Berufung eingelegt, so hat die Zustellung auch an die übrigen Streitgenossen, gegen die das Urteil erging, zu erfolgen, → § 63 Rdnr. 2. War ein **Streitgehilfe** auf Seiten des Berufungsklägers aufgetreten, so sind die von der Partei eingereichten Schriften auch ihm und die von ihm eingereichten auch der Partei zuzustellen, → § 67 Rdnr. 19. Einem Streitgehilfen auf Seiten des Berufungsbeklagten sind die Berufungsschrift sowie die Berufungsbegründung ebenfalls zuzustellen. 4

Eine **Frist für die Zustellung** der Berufungsschrift und der Begründung ist nicht vorgeschrieben. Die Geschäftsstelle hat sie alsbald nach der Einreichung von sich aus zu bewirken, und zwar mit Rücksicht auf § 522a Abs. 2 möglichst schnell. Keinesfalls geht es an, sie deshalb aufzuschieben, weil der Berufungskläger die Abschrift des Urteils oder den Nachweis der Urteilszustellung, § 518 Abs. 3, oder die beglaubigten Abschriften nicht vorgelegt hat. Aus der Verzögerung kann aber der Berufungsbeklagte niemals einen besonderen Beschwerdegrund herleiten, auch wenn er dabei um die Möglichkeit des Gehörs bei der Entscheidung über die Verwerfung der Berufung als unzulässig, § 519b Abs. 2 S. 2, gebracht sein sollte. Das Berufungsgericht kann die Berufung nicht etwa aus diesem Grund als unzulässig verwerfen, denn sie ist mit der Einreichung in der gesetzlichen Form eingelegt bzw. ordnungsmäßig begründet worden. 5

Mit Rücksicht auf § 522a Abs. 2 ist mit der Zustellung der Berufungsschrift dem Berufungsbeklagten der **Zeitpunkt der Berufungseinlegung mitzuteilen**, S. 2. Eine entsprechende Mitteilung an den Berufungskläger ist nicht vorgeschrieben; auf Verlangen ist ihm indessen mit Rücksicht auf § 519 Abs. 2 S. 2, Halbs. 2 eine Bescheinigung über den Zeitpunkt zu erteilen[5]. In entsprechender Anwendung von S. 2 ist dem Berufungsbeklagten auch die Verlängerung der Berufungsbegründungsfrist mitzuteilen[6]. 6

### III. Arbeitsgerichtliches Verfahren

Im arbeitsgerichtlichen Verfahren ergeben sich keine Besonderheiten. Dies gilt namentlich auch für die Beifügung der erforderlichen Zahl von Abschriften und der sich an die Unterlassung knüpfenden Verpflichtung zur Tragung der dadurch anfallenden Schreibgebühren, → Rdnr. 1. 7

---

[5] *Baumbach/Lauterbach/Albers*[51] Rdnr. 3.
[6] MünchKomm ZPO-*Rimmelspacher* Rdnr. 2; *Wieczorek/Rössler* Anm. B.

## § 519 b [Prüfung der Zulässigkeit]

(1) Das Berufungsgericht hat von Amts wegen zu prüfen, ob die Berufung an sich statthaft und ob sie in der gesetzlichen Form und Frist eingelegt und begründet ist. Mangelt es an einem dieser Erfordernisse, so ist die Berufung als unzulässig zu verwerfen.

(2) Die Entscheidung kann ohne mündliche Verhandlung durch Beschluß ergehen; sie unterliegt in diesem Falle der sofortigen Beschwerde, sofern gegen ein Urteil gleichen Inhalts die Revision zulässig wäre.

Gesetzesgeschichte: Bis 1900 § 497 CPO. Änderungen: RGBl. 1898 S. 256 (§ 535); 1924 I 135; BGBl. 1950 S. 455.

| | |
|---|---|
| I. Die Prüfung der Zulässigkeit der Berufung | 1 |
| II. Gegenstand der Prüfung | 4 |
| III. Die Entscheidung über die Zulässigkeit der Berufung | 11 |
|   1. Verwerfung als unzulässig | 11 |
|     a) Kennzeichnung der Verwerfung | 11 |
|     b) Folgen für die Rechtskraft des angefochtenen Urteils | 12 |
|     c) Wiederholung der Berufung | 13 |
|     d) Teilverwerfung | 14 |
|     e) Rechtskraft der Verwerfungsentscheidung | 15 |
|   2. Entscheidung durch Beschluß, Abs. 2 | 17 |
|     a) Die verschiedenen Möglichkeiten der Beschlußentscheidung | 19 |
|     b) Zeitpunkt der Beschlußfassung | 22 |
|       aa) Mit Berufungseinlegung endgültig feststehende Zulässigkeitsmängel | 23 |
|       bb) Mit Ablauf der Begründungsfrist feststehende Zulässigkeitsmängel | 24 |
|       cc) Erst bei Beschlußfassung feststehende Zulässigkeitsmängel | 25 |
|     c) Frühere mündliche Verhandlung | 26 |
|   3. Entscheidung durch Urteil | 27 |
|   4. Bindung und Anfechtung | 29 |
|     a) Bindung | 29 |
|       aa) Entscheidung durch Urteil | 29 |
|       bb) Entscheidung durch Beschluß | 30 |
|     b) Anfechtung | 33 |
|       aa) Entscheidung durch Urteil | 33 |
|       bb) Entscheidung durch Beschluß | 35 |
|       cc) Beschwerdegericht | 38 |
|       dd) Wiedereinsetzung in den vorigen Stand | 39 |
|       ee) Unrichtige Entscheidungsform | 41 |
| IV. Kammer für Handelssachen | 42 |
| V. Kosten und Gebühren | 43 |
| VI. Arbeitsgerichtliches Verfahren | 44 |
|   1. Besetzung des Gerichts | 45 |
|   2. Revisionsbeschwerde | 46 |
|   3. Besetzung des BAG | 50 |

## I. Prüfung der Zulässigkeit der Berufung

1 § 519 b beruht, wie die parallelen §§ 341, 554a, 569, 574 auf der in → Allg. Einl. vor § 511 Rdnr. 8 ff. dargelegten Unterscheidung von Voraussetzungen der Zulässigkeit des Rechtsmittels und solchen seiner Begründetheit. Die Zulässigkeit der Berufung ist nach Abs. 1 S. 1 **von Amts wegen zu prüfen**, da der Instanzenzug im öffentlichen Interesse geregelt ist. Eine sachliche Entscheidung über die Berufung ohne Prüfung oder unter Offenlassung der Zulässigkeit des Rechtsmittels ist nach h. M. unzulässig, → Einl. Rdnr. 326; zu Bedenken gegen die h. M. → Allg. Einl. vor § 511 Rdnr. 8. Im Interesse der Beschleunigung und Ökonomie des Verfahrens ist die Entscheidung ohne mündliche Verhandlung zugelassen. Über das Wesen der Prüfung von Amts wegen → vor § 128 Rdnr. 91 ff. Danach hat das Berufungsgericht die Parteien zwar auf etwaige Bedenken gegen die Zulässigkeit des Rechtsmittels hinzuweisen, nicht aber den Sachverhalt selbst aufzuklären. Eine Einführung von Tatsachen, die zugunsten

der Zulässigkeit der Berufung sprechen, darf das Gericht nicht von sich aus vornehmen; dagegen kann es gegen den Widerspruch der Parteien Tatsachen in das Verfahren einführen, aus denen sich die Unzulässigkeit der Berufung ergeben kann, → vor § 128 Rdnr. 95. Die Einwilligung oder Nichtrüge des Berufungsbeklagten ist insoweit ohne Bedeutung. Ein Geständnis der in Betracht kommenden Tatsachen ist frei zu würdigen und bindet das Gericht nicht, → § 288 Rdnr. 17 f.

Der Berufungskläger hat die für die Zulässigkeit des Rechtsmittels erforderlichen Tatsachen darzutun und gegebenenfalls zu **beweisen**[1]. Sie müssen zur vollen Überzeugung des Gerichts vorliegen[2]. Lediglich für die Berufungssumme genügt nach § 511a Abs. 1 S. 1 Glaubhaftmachung. Hinsichtlich des Beweisverfahrens hält die Rechtsprechung den **Freibeweis** zur Feststellung der für die Zulässigkeit der Berufung relevanten Tatsachen für zulässig[3]. Dem kann nicht zugestimmt werden[4]. Insoweit greifen die allgemeinen Bedenken gegen den Freibeweis durch, dazu → vor § 355 Rdnr. 21 ff. Die Beweislast des Berufungsklägers wird auch nicht dadurch berührt, daß Unklarheiten über die Zulässigkeit der Berufung im Bereich des Gerichts entstanden sind, → § 516 Rdnr. 3 für die Rechtzeitigkeit der Berufungseinlegung. Die gegenteilige Meinung[5] verkennt, daß es nicht um eine Korrektur des Fehlers zu Lasten des Gerichts geht, sondern daß die Folgen der Beweislastumkehr (und um eine solche würde es sich handeln) vom Berufungsbeklagten zu tragen wären, den seinerseits für die Unaufklärbarkeit keinerlei Verantwortung trifft. 2

Ebenso wie die Zulässigkeit der Berufung ist auch die **Zulässigkeit der Anschlußberufung** von Amts wegen zu prüfen, → § 522a Rdnr. 22. 3

## II. Gegenstand der Prüfung

Die genaue Bestimmung der nach § 519b zu prüfenden Punkte ist deshalb von besonderer Wichtigkeit, weil nach § 547 bei Unzulässigkeit der Berufung die Revision ohne Rücksicht auf den Wert des Beschwerdegegenstandes und ohne Zulassung durch das Berufungsgericht zulässig ist. Die Prüfung von Amts wegen erstreckt sich über den Wortlaut von Abs. 1 S. 2 hinaus nicht nur auf die Statthaftigkeit der Berufung sowie ihre form- und fristgerechte Einlegung bzw. Begründung; auch das Vorliegen der **sonstigen Zulässigkeitsvoraussetzungen** ist von Amts wegen zu prüfen[6]. Im einzelnen sind dies (→ auch Allg. Einl. vor § 511 Rdnr. 10 ff.): 4

Ob die Berufung »**an sich statthaft**« ist, d. h. ob sie gegen ein der Berufung unterliegendes Urteil gerichtet ist und ob der Berufungskläger aktiv (→ § 511 Rdnr. 9 ff.) sowie der Berufungsbeklagte passiv (→ § 511 Rdnr. 11 ff.) legitimiert ist (→ zur Statthaftigkeit eines Rechtsmittels Allg. Einl. vor § 511 Rdnr. 10 ff.). Wegen der notwendigen Streitgenossenschaft → § 62 Rdnr. 38 ff. und wegen des Streitgehilfen → § 71 Rdnr. 9. 5

In der Person des Berufungsklägers muß eine **Beschwer** vorliegen, → Allg. Einl. vor § 511 Rdnr. 70 ff. Soweit die Zulässigkeit der Berufung von der **Berufungssumme** abhängig ist, § 511a Abs. 1, ist ihr Vorhandensein ebenfalls von Amts wegen zu prüfen; wegen des Umfangs und des Wertes des Beschwerdegegenstandes → § 511a Rdnr. 6 ff. Zum maßgebli- 6

---

[1] *BAG* AP § 519 Nr. 1 (*Jauernig*) = NJW 1965, 931; BAGE 22, 119 = AP § 519b Nr. 6 (*Wieczorek*) = NJW 1969, 2221 = BB 1177 = Betrieb 1900 = MDR 1970, 177 = VersR 71; AK-*Ankermann* Rdnr. 3a; Zöller/Schneider[18] § 518 Rdnr. 20.
[2] *BGH* LM § 284 Nr. 1 = NJW 1987, 2875 = MDR 1988, 136 = EWiR 1987, 1137 (*Ulrich*); MDR 1992, 1181 = NJW-RR 1338; MünchKomm ZPO-*Rimmelspacher* Rdnr. 4.
[3] *BGH* LM § 284 Nr. 1 (Fn. 2); MDR 1992, 1181 (Fn. 2).
[4] Ablehnend auch MünchKomm ZPO-*Rimmelspacher* Rdnr. 5.
[5] *BGH* NJW 1981, 1673, 1674 (für Rechtzeitigkeit des Einspruchs gegen ein Versäumnisurteil); AK-*Ankermann* Rdnr. 3a; MünchKomm ZPO-*Rimmelspacher* Rdnr. 6.
[6] MünchKomm ZPO-*Rimmelspacher* Rdnr. 3.

chen Zeitpunkt, in dem die Beschwer vorliegen bzw. die Berufungssumme erreicht sein muß, → Allg. Einl. vor § 511 Rdnr. 24 ff. Zum Fehlen eines Rechtsschutzbedürfnisses für die Berufung → Allg. Einl. vor § 511 Rdnr. 14.

7 Die Wahrung der gesetzlichen **Form** (§ 518) der Berufungseinlegung, und zwar sowohl hinsichtlich des Inhalts der Berufungsschrift, → § 518 Rdnr. 13 ff., als auch ihrer Einreichung beim Berufungsgericht, → § 518 Rdnr. 1 ff. Ebenso die Wahrung der **Frist** des § 516. Sind von derselben Partei mehrere Berufungen gegen das Urteil eingelegt worden, so kann keine von ihnen nach § 519 b als unzulässig verworfen werden: Der Berufungskläger begehrt auch hier nur eine einmalige Nachprüfung des Urteils, → § 518 Rdnr. 10. Ist gegen den Ablauf der Berufungsfrist **Wiedereinsetzung in den vorigen Stand** beantragt, so gehört die Entscheidung darüber zu derjenigen über die Zulässigkeit der Berufung[7]; sie hat daher auch in dem Verfahren nach § 519 b Abs. 2 zu erfolgen, → § 238 Rdnr. 5 und u. Rdnr. 20.

8 Es muß eine form- und fristgerechte **Berufungsbegründung** vorliegen, § 519. Zur Wiedereinsetzung in den vorigen Stand gilt Entsprechendes wie bei Versäumung der Berufungsfrist, → Rdnr. 7. Sofern ausnahmsweise eine bestimmte Rüge erhoben sein muß (→ § 519 Rdnr. 53), ist auch deren Vorliegen von Amts wegen zu prüfen.

9 Hinzukommt endlich, den Prozeßhindernissen entsprechend, als Zulässigkeitshindernis der **Verzicht auf die Berufung** (wobei auch dann nach § 519 b zu verfahren ist, wenn der Verzicht erst nach Berufungseinlegung erklärt worden ist[8], → dazu § 514 Rdnr. 6). Dazu, ob und unter welchen Voraussetzungen der Verzicht von Amts wegen oder nur auf Einrede des Berufungsbeklagten zu beachten ist, → § 514 Rdnr. 19 ff.

10 Für die **Zulässigkeit der Berufung** unerheblich ist die Zustellung der Berufungs- und der Begründungsschrift (→ § 519 a Rdnr. 2), die Einhaltung der Einlassungsfrist (§ 520 Abs. 2) und die Beiladung von Streitgenossen (§ 63). Zum Verfahren bei Antrag des Berufungsklägers auf Entscheidung durch die Kammer für Handelssachen, ohne daß die Voraussetzungen für deren Zuständigkeit vorliegen, → Rdnr. 42. Zur Berufungseinlegung während der Unterbrechung oder Aussetzung des Verfahrens → § 249 Rdnr. 17.

### III. Die Entscheidung über die Zulässigkeit der Berufung

#### 1. Verwerfung als unzulässig

##### a) Kennzeichnung der Verwerfung

11 Ergibt sich bei der Prüfung der Zulässigkeitserfordernisse ein Mangel, so ist die **Berufung »als unzulässig«** zu verwerfen. Dies ist, um den Gegensatz zur Zurückweisung als unbegründet zum Ausdruck zu bringen (wichtig wegen § 547, → Rdnr. 4), durch die Fassung des Tenors erkennbar zu machen, die zweckmäßigerweise im Anschluß an den Wortlaut von Abs. 1 S. 2 auf Verwerfung der Berufung »als unzulässig« lautet. Dabei ist es unerheblich, ob es sich um einen der in Abs. 1 S. 1 aufgeführten oder um einen sonstigen Zulässigkeitsmangel handelt. Der Charakter der Entscheidung kann aber auch durch andere Formulierungen ausreichend gekennzeichnet werden (Verwerfung als »verspätet«, »nicht formgerecht«, »unwirksam«, »mangels Beschwer«, »Nichterreichung der Berufungssumme« usw.). Zur Frage der Anfechtbarkeit einer Verwerfung als unzulässig aus einem Grund, der in Wirklichkeit zur Unbegründetheit der Berufung führt, → Rdnr. 33.

---

[7] *BGH* VersR 1985, 1143.

[8] *BGHZ* 27, 60 = LM § 519 b Nr. 11 = NJW 1958, 868 = MDR 512.

### b) Folgen für die Rechtskraft des angefochtenen Urteils

Der Zeitpunkt der Verwerfung der Berufung bzw. des Rechtskräftigwerdens der Verwerfungsentscheidung ist für die Rechtskraft des angefochtenen Urteils ohne Bedeutung. Zwar hat zunächst auch eine rechtzeitig eingelegte unzulässige Berufung die Hemmung des Eintritts der Rechtskraft des angefochtenen Urteils in dem Sinne zur Folge, daß bis zur Entscheidung über die Berufung kein Rechtskraftzeugnis ausgestellt werden kann (anders bei Versäumung der Berufungsfrist, da hier die Rechtskraft mit Fristablauf eingetreten war, § 705 S. 1, und nicht nachträglich wieder beseitigt werden kann). Mit der Verwerfung der Berufung als unzulässig ist jedoch nachträglich erwiesen, daß der Suspensiveffekt nicht eingetreten war, so daß nunmehr feststeht, daß das Urteil mit Ablauf der Berufungsfrist rechtskräftig geworden war, Näheres → § 705 Rdnr. 6ff. (teilweise abweichend). Praktische Rechtsfolgen ergeben sich aus dem unterschiedlichen Verständnis vom Zeitpunkt des Eintritts der Rechtskraft freilich kaum.

### c) Wiederholung der Berufung

Bis zum Ablauf der Berufungsfrist kann die **Berufung nach ihrer Verwerfung als unzulässig wiederholt** werden[9], → weiter § 518 Rdnr. 11. Dabei ist es unerheblich, ob die Verwerfungsentscheidung ihrerseits schon rechtskräftig ist[10] oder noch angefochten werden kann bzw. schon angefochten ist. In der zweiten Berufung muß der Berufungskläger den Fehler vermeiden, der zur Verwerfung der ersten Berufung geführt hat, widrigenfalls die zweite Berufung bei Rechtskraft der Verwerfungsentscheidung ebenfalls als unzulässig verworfen werden muß, Näheres → Rdnr. 15. War gegen das angefochtene Urteil vor wirksamer Zustellung Berufung eingelegt und diese wegen Versäumung der Begründungsfrist verworfen worden, so kann die Berufung innerhalb der Rechtsmittelfrist wiederholt werden[11]. Zur Wiederholung der Berufung nach Rücknahme → § 515 Rdnr. 19 und vor Entscheidung über die erste Berufung → § 518 Rdnr. 9.

### d) Teilverwerfung

Bezieht sich der Mangel nur auf einen **teilurteilsfähigen Teil der Berufung**, so ist diese nur insoweit zu verwerfen[12]. Erreicht der an sich zulässige Teil jedoch nicht die Berufungssumme, so ist die Berufung insgesamt unzulässig, → § 519 Fn. 93. Eine Teilverwerfung kommt auch bei der Berufung mehrerer bzw. gegen mehrere **Streitgenossen** in Betracht. Der Sache nach handelt es sich dabei um mehrere Berufungen, wobei jede für sich den Zulässigkeitsanforderungen genügen muß. Anders bei der Berufung eines Streithelfers und der Partei; hier liegt nur eine Berufung vor, → § 516 Rdnr. 11. War die Berufung bei der **Aufrechnung** nicht auf eine der beiden Forderungen beschränkt, weshalb sich die Berufungsbegründung auf beide Forderungen erstrecken mußte, → § 519 Rdnr. 31, kommt ebenfalls eine Teilverwerfung in Betracht. Die Teilverwerfung kann nach Abs. 2 ohne mündliche Verhandlung durch Beschluß erfolgen[13], doch steht es dem Gericht auch frei, die Verwerfung in dem Urteil auszusprechen, das über den zulässigen Teil der Berufung entscheidet. Für die Zulässigkeit der Revision nach § 547 ist es unerheblich, in welcher Form die Teilverwerfung erfolgt ist.

---

[9] *BGH* LM § 322 Nr. 89 = NJW 1981, 1962 = MDR 1007; LM § 519b Nr. 39 = NJW 1991, 1116 = MDR 795.
[10] *BGH* LM § 519b Nr.39 (Fn. 9).
[11] *BGH* LM § 519b Nr. 39 (Fn. 9); MünchKomm ZPO-*Rimmelspacher* Rdnr. 13.
[12] MünchKomm ZPO-*Rimmelspacher* Rdnr. 9.
[13] *BAG* AP § 72 ArbGG Divergenzrevision Nr. 29 (*Pohle*) = NJW 1967, 460 = BB 121.

### e) Rechtskraft der Verwerfungsentscheidung

**15** Die Verwerfungsentscheidung erwächst in Rechtskraft, wenn sie nicht angefochten wird[14]. Durch die Verwerfung wird klargestellt, daß die Berufung wegen eines bestimmten Mangels unzulässig war. Wird die Berufung anschließend wiederholt, → Rdnr. 13, so kann sie nur dann Erfolg haben, wenn der der ersten Berufung anhaftende Mangel vermieden wird[15]. Anderenfalls ist sie entweder wegen Rechtskraft der Verwerfungsentscheidung oder (sofern insoweit noch keine Rechtskraft eingetreten ist) in entsprechender Anwendung von § 318 als unzulässig zu verwerfen[16].

**16** Die Verwerfungsentscheidung erledigt den **gesamten** dem Berufungsgericht vorliegenden **Prozeßstoff**. Dies gilt auch im Hinblick auf eine vor Erlaß der Verwerfungsentscheidung erfolgte Wiederholung der Berufung, → § 518 Rdnr. 9f. (wegen der Wiederholung nach bereits erfolgter Verwerfung → Rdnr. 13). Will der Berufungskläger in einem solchen Fall geltend machen, er habe die Berufung form- und fristgerecht wiederholt, so kann er dies nur dadurch tun, daß er gegen die Verwerfungsentscheidung ein Rechtsmittel einlegt[17]. Zu den statthaften Rechtsmitteln → Rdnr. 35.

### 2. Entscheidung durch Beschluß, Abs. 2

**17** Nach Abs. 2 kann (nicht muß) die Entscheidung über die Zulässigkeit **ohne mündliche Verhandlung durch Beschluß** ergehen. Ob eine mündliche Verhandlung durchgeführt werden soll (und dann durch Urteil entschieden wird), steht im Ermessen des Berufungsgerichts. Es handelt sich um einen Fall der freigestellten mündlichen Verhandlung, → dazu § 128 Rdnr. 21 ff. Dazu, ob trotz eines früheren mündlichen Verhandlungstermins durch Beschluß entschieden werden kann, → Rdnr. 26. Der Beschluß ergeht durch die Kammer bzw. den Senat, und nicht etwa durch den Vorsitzenden allein. Der Einzelrichter kann die Entscheidung nur bei Einverständnis der Parteien treffen, § 524 Abs. 4.

**18** Die aus dem Wortlaut von Abs. 1 nicht eindeutig zu beantwortende Frage, ob im Beschlußverfahren nur über die in Abs. 1 genannten oder über **alle Zulässigkeitsvoraussetzungen** entschieden werden darf, ist im letztgenannten Sinne zu beantworten. Auch bei den übrigen Zulässigkeitsmängeln ist die Berufung als unzulässig zu verwerfen. Dann ist es auch gerechtfertigt, Abs. 2 in allen Fällen anzuwenden, in denen die Unzulässigkeit der Berufung in Frage steht[18].

### a) Die verschiedenen Möglichkeiten der Beschlußentscheidung

**19** Das Berufungsgericht hat sich zunächst darüber **schlüssig zu werden, ob es von der Befugnis des Abs. 2 Gebrauch machen**, also ohne mündliche Verhandlung entscheiden will. Immer dann, wenn die Zulässigkeitsvoraussetzungen offensichtlich gegeben sind, ist es überflüssig und demgemäß unzweckmäßig, die Zulässigkeit der Berufung vorab durch Beschluß festzustellen (dazu, daß eine Entscheidung durch Beschluß auch bei Bejahung der Zulässigkeit möglich ist, → Rdnr. 21). Die Feststellung kann hier vielmehr unbedenklich den Gründen des demnächst ergehenden Endurteils vorbehalten werden. Es besteht daher auch kein Anlaß für

---

[14] BGH LM § 322 Nr. 89; § 519b Nr. 39 (beide Fn. 9).
[15] BGH LM § 322 Nr. 89 (Fn. 9).
[16] Jauernig MDR 1982, 286; MünchKomm ZPO-*Rimmelspacher* Rdnr. 13.
[17] BGH LM § 233 (Ga) Nr. 5 = Warn. 1966 Nr. 25 = NJW 930 = MDR 494 = VersR 366.
[18] BGHZ 27, 60, 62 = LM § 519b Nr. 11 = NJW 1958, 868 (für Rechtsmittelverzicht); MünchKomm ZPO-*Rimmelspacher* Rdnr. 12.

den Vorsitzenden, alle, auch die zweifelsfreien Fragen, dem Kollegium vor der Terminsbestimmung bzw. vor der Zuweisung an den Einzelrichter vorzulegen. Andererseits wird sich die Entscheidung im Beschlußwege dann nicht empfehlen, wenn die Zweifelhaftigkeit der Sachlage eine mündliche Verhandlung und Erörterung mit den Parteien zweckdienlich erscheinen läßt. Praktisch wird daher die Beschlußfassung nach Abs. 2 im allgemeinen nur dann angebracht sein, wenn die Unzulässigkeit der Berufung deutlich zutage liegt, oder es sich darum handelt, im Interesse baldiger Klarstellung der Zulässigkeitsfrage (insbesondere bei Vorliegen eines Wiedereinsetzungsantrags, → Rdnr. 20) eine positive Feststellung zu treffen.

Auch wenn das Gericht das Beschlußverfahren nach Abs. 2 wählt, haben die Parteien 20 Anspruch auf **rechtliches Gehör**[19]. Das Gericht muß ihnen Gelegenheit zur schriftlichen Äußerung geben. Dagegen kann es nicht von sich aus Beweise über die Zulässigkeit der Berufung erheben. Bei Zweifeln an der Zulässigkeit hat es vielmehr nur den Berufungskläger aufzufordern, seinerseits die erforderlichen Beweise anzutreten. Solange eine fehlende Zulässigkeitsvoraussetzung noch eintreten kann, darf die Berufung nicht verworfen werden. Liegt gegen die Versäumung der Berufungs- bzw. der Berufungsbegründungsfrist deshalb ein **Wiedereinsetzungsantrag** vor, so kommt eine Verwerfung nur dann in Betracht, wenn der Wiedereinsetzungsantrag spätestens gleichzeitig (dies kann in einem einheitlichen Beschluß erfolgen) zurückgewiesen wird[20]. Entsprechendes gilt für einen rechtzeitig gestellten, bei Ablauf der Berufungsbegründungsfrist aber noch nicht beschiedenen Verlängerungsantrag für die Begründungsfrist[21], → § 519 Rdnr. 18. Bedarf es nach Lage des Falles der Entscheidung nur über das Vorhandensein eines bestimmten Zulässigkeitserfordernisses (z. B. die Wahrung einer der Fristen, insbesondere im Zusammenhang mit einem Wiedereinsetzungsantrag), so ist es statthaft, den bejahenden Ausspruch auf diesen Punkt zu beschränken (z. B. Beschluß, daß die Berufungsfrist gewahrt ist)[22].

Der nach Abs. 2 ergehende Beschluß kann die **Zulässigkeit der Berufung** nicht nur **verneinen**, sondern **auch bejahen**[23]. Letzteres spielt in der Praxis freilich keine nennenswerte Rolle. Zur Frage der Bindung des Gerichts an den die Zulässigkeit bejahenden Beschluß, → Rdnr. 30. Der die Berufung verwerfende Beschluß schließt die Berufungsinstanz ab, → Rdnr. 29 ff. Bei bloßer Teilverwerfung, → Rdnr. 14, bleibt die Sache jedoch im übrigen beim Berufungsgericht anhängig. Der im positiven Sinne ergehende Beschluß spricht sich dagegen ebenso wie ein Zwischenurteil nach § 303 nur über einzelne Urteilselemente aus. Die Zulässigkeit der Berufung steht damit noch nicht endgültig fest. Abgesehen davon, daß sich der Beschluß auf einzelne Zulässigkeitsvoraussetzungen beschränken kann, → Rdnr. 20, ist es denkbar, daß die Zulässigkeit noch nachträglich entfällt (z. B. nachträglicher Rechtsmittelverzicht, → Allg. Einl. vor § 511 Rdnr. 22). Wegen der Bindung an die Entscheidung und ihrer Anfechtbarkeit → Rdnr. 29 ff.

### b) Zeitpunkt der Beschlußfassung

Für die Beschlußfassung ist ein **Zeitpunkt im Gesetz nicht bestimmt**. Die Gründe, aus denen 22 die Berufung als unzulässig verworfen werden kann, sind teils solche, die bereits zur Zeit der Berufungseinlegung endgültig feststehen, womit kein Grund vorliegt, die Entscheidung darüber aufzuschieben, teils solche, die bis zum Ende der Begründungsfrist insofern in der Schwebe sind, als sie sich erst dann entscheiden oder bis dahin eine Nachholung noch möglich

---

[19] BGH VersR 1982, 246; NJW 1994, 392.
[20] BGH NJW-RR 1988, 581.
[21] MünchKomm ZPO-*Rimmelspacher* Rdnr. 7.
[22] *Thomas/Putzo*[18] Rdnr. 4.

[23] *Rosenberg/Schwab/Gottwald*[15] § 139 I 1 a; Münch-Komm ZPO-*Rimmelspacher* Rdnr. 12; *Baumbach/Lauterbach/Albers*[51] Rdnr. 6.

ist, teils schließlich solche, für die der Zeitpunkt der Entscheidung auch dann maßgebend ist, wenn diese erst später ergeht.

### aa) Mit Berufungseinlegung endgültig feststehende Zulässigkeitsmängel

**23** Die Punkte, die für die Frage maßgebend sind, ob die Berufung **an sich statthaft** ist, → Rdnr. 5 und Allg. Einl. vor § 511 Rdnr. 10 ff., sowie die **Form und Rechtzeitigkeit der Einlegung der Berufung**, sind sofort nach Einlegung der Berufung entscheidungsreif; dies ist der dafür maßgebende Zeitpunkt, → Allg. Einl. vor § 511 Rdnr. 17 ff. Über einen Wiedereinsetzungsantrag ist spätestens im Augenblick der Beschlußfassung zu entscheiden, → Rdnr. 20. Daß in Zukunft vielleicht ein Wiedereinsetzungsantrag gestellt wird, ist dagegen kein Hindernis für eine sofortige Verwerfung der Berufung. Wird dem späteren Wiedereinsetzungsantrag stattgegeben, so ist damit die Verwerfungsentscheidung gegenstandslos, → § 238 Rdnr. 7. Zur Möglichkeit, die verspätete Berufung als unselbständige Anschlußberufung aufrechtzuerhalten, → aber § 522a Rdnr. 7. Weiter steht das **Fehlen einer Beschwer** schon bei Einlegung der Berufung endgültig fest, → Allg. Einl. vor § 511 Rdnr. 24.

### bb) Mit Ablauf der Begründungsfrist feststehende Zulässigkeitsmängel

**24** Über das Vorliegen einer ordnungsmäßigen **Berufungsbegründung** sowie über das Vorhandensein der **Berufungssumme** (hierfür sind die Berufungsanträge maßgeblich, → § 511a Rdnr. 19, und der Wert des Beschwerdegegenstandes braucht erst in der Begründungsschrift angegeben zu werden, → Rdnr. 25) kann im negativen Sinn erst nach Ablauf der Begründungsfrist entschieden werden. Da innerhalb der Begründungsfrist noch Nachträge zulässig sind, ist insoweit nicht schon die Einreichung der zunächst noch nicht hinreichenden Berufungsbegründung, sondern erst der Ablauf der Begründungsfrist maßgeblich. Zum **Wiedereinsetzungsantrag** gilt dasselbe wie bei der Berufungsfrist, → Rdnr. 23.

### cc) Erst bei Beschlußfassung feststehende Zulässigkeitsmängel

**25** Nach Ablauf der Berufungsbegründungsfrist kann die Berufung insbesondere noch wegen eines erst jetzt erklärten **Verzichts** auf das Rechtsmittel unzulässig werden. Weiter kann der Wert des **Beschwerdegegenstandes** auch noch nach Ablauf der Begründungsfrist angegeben und glaubhaft gemacht werden, solange die Beschlußfassung nicht erfolgt ist. Eine derartige Glaubhaftmachung ist ebenso zu berücksichtigen, wie wenn sie schon innerhalb der Begründungsfrist erfolgt wäre. Da aber nach Ablauf der Begründungsfrist jederzeit die Beschlußfassung erfolgen kann, ist es zweckmäßig, Angaben und Glaubhaftmachung spätestens bis zu diesem Zeitpunkt zu unterbreiten. Ein Hinausschieben der Beschlußfassung aus diesem Grund ist ausgeschlossen.

### c) Frühere mündliche Verhandlung

**26** Ist über die Zulässigkeit der Berufung mündlich verhandelt worden, so kann die Entscheidung nicht mehr durch Beschluß, sondern nur noch durch Urteil ergehen, → Rdnr. 27. Dies gilt auch dann, wenn Gegenstand der Verhandlung neben der Zulässigkeit der Berufung auch deren Begründetheit war, und zwar selbst dann, wenn in einem späteren Termin nur noch über die Begründetheit verhandelt wurde. War Gegenstand der früheren mündlichen Verhandlung dagegen ausschließlich die Begründetheit der Berufung, so kann noch ein Beschluß nach Abs. 2 ergehen[24]. Dabei spielt es keine Rolle, ob die Zulässigkeit erst nach dem Verhandlungstermin entfallen ist (z.B. durch einen erst später erklärten Rechtsmittelverzicht) oder von Anfang an fehlte. Da durch die Verhandlung allein über die Begründetheit der Berufung der Eindruck erweckt sein kann, daß das Gericht deren Zulässigkeit als problemlos ansieht, muß vor dem Verwerfungsbeschluß besonders darauf geachtet werden, daß den Parteien das rechtliche Gehör gewährt wird, → Rdnr. 20.

### 3. Entscheidung durch Urteil

Ist über die Zulässigkeit der Berufung kein Beschluß ergangen, so ist die Entscheidung nach den allgemeinen Regeln aufgrund mündlicher Verhandlung durch Urteil zu treffen, und zwar entweder durch **Zwischenurteil nach § 303**, → § 303 Rdnr. 5, oder (was die Regel ist) im **Endurteil**. Dieses kann entweder die Berufung als unzulässig verwerfen (in diesem Fall ist auf die Begründetheit nicht einzugehen) oder die Zulässigkeit bejahen und gleichzeitig über die Begründetheit der Berufung entscheiden. Im letztgenannten Fall reicht es aus, wenn die Zulässigkeit in den Entscheidungsgründen bejaht wird (eventuell sogar dadurch konkludent, daß sich die Entscheidungsgründe ausschließlich mit der Begründetheit befassen).

27

Bei Terminsversäumung einer oder beider Parteien kann die Entscheidung nach Maßgabe der §§ 251a, 331a als **Entscheidung nach Lage der Akten** ergehen; zur Verwerfung der Berufung bei Säumnis einer Partei → weiter § 542 Rdnr. 4, 7. Bei der **Entscheidung ohne mündliche Verhandlung** nach § 128 Abs. 2 wird praktisch nur die die Zulässigkeit der Berufung bejahende Feststellung in den Entscheidungsgründen in Betracht kommen.

28

### 4. Bindung und Anfechtung

#### a) Bindung

##### aa) Entscheidung durch Urteil

Das Berufungsgericht ist an seine Entscheidung über die Zulässigkeit der Berufung gebunden, wobei es gleichgültig ist, ob durch Urteil oder Beschluß entschieden worden ist und ob die Zulässigkeit bejaht oder verneint worden ist. Für das **Urteil** ergibt sich die Bindung unmittelbar aus § 318. Insoweit bestehen keine Meinungsverschiedenheiten[25]. Das Urteil befindet jedoch nur über die derzeitige Sach- und Rechtslage, d.h. eine Bejahung der Zulässigkeit hindert eine spätere Verwerfung der Berufung dann nicht, wenn diese inzwischen unzulässig geworden ist[26]. Die spätere Verwerfung kann auch dann durch Beschluß geschehen, wenn die Zulässigkeit der Berufung zunächst durch Urteil (d.h. durch Zwischenurteil nach § 303, → Rdnr. 27) bejaht worden war. Ist die Berufung durch Urteil als unzulässig verworfen worden, so ist damit der Rechtsstreit für die Berufungsinstanz abgeschlossen. Will der Berufungskläger geltend machen, das Rechtsmittel sei nachträglich zulässig geworden, so ist dies nur durch Einlegung der Revision möglich; einschlägige Fallgestaltungen erscheinen insoweit freilich kaum vorstellbar. Zur Wiedereinsetzung in den vorigen Stand nach Verwerfung der Berufung → Rdnr. 39f.

29

---

[24] *BGH* LM § 519b Nr. 28 = NJW 1979, 1891 = MDR 836; *Rosenberg/Schwab/Gottwald*[15] § 139 I 1a; MünchKomm ZPO-*Rimmelspacher* Rdnr. 12.
[25] AK-*Ankermann* Rdnr. 9; *Baumbach/Lauterbach/*

*Albers*[51] Rdnr. 8; MünchKomm ZPO-*Rimmelspacher* Rdnr. 13.
[26] AK-*Ankermann* Rdnr. 9; MünchKomm ZPO-*Rimmelspacher* Rdnr. 13.

§ 519 b III  3. Buch. Rechtsmittel  152

bb) **Entscheidung durch Beschluß**

30  Im selben Umfang wie an ein Urteil ist das Berufungsgericht an die Zulässigkeitsentscheidung dann gebunden, wenn diese als **Beschluß** ergangen ist. Der Beschluß hat dieselbe Funktion wie ein Urteil gleichen Inhalts, weshalb er in entsprechender Anwendung von § 318 ebenso wie ein Urteil bindet[27], → auch § 329 Rdnr. 22. Infolgedessen ist das Berufungsgericht auch an den die **Zulässigkeit der Berufung bejahenden Beschluß** gebunden[28]. Dem läßt sich auch nicht entgegenhalten, es gehe nicht an, daß das Berufungsgericht gezwungen sei, in der Sache auch dann selbst zu entscheiden, wenn es sich inzwischen von der Unzulässigkeit der Berufung überzeugt hat[29]. Abgesehen davon, daß dies auch gegen die Bindung an ein die Zulässigkeit der Berufung bejahendes Zwischenurteil gelten müßte, wird damit die Aufgabe der Bindungswirkung verkannt; mit der genannten Argumentation ließe sich jede Bindung an eine die Instanz nicht abschließende Entscheidung nach § 318 verneinen. Bei **nachträglicher Unzulässigkeit** gilt Entsprechendes wie bei Bejahung der Zulässigkeit durch Zwischenurteil, → Rdnr. 29.

31  Für den die **Berufung als unzulässig verwerfenden Beschluß** vertritt die inzwischen h. M. zu Recht den Standpunkt, daß das Berufungsgericht daran uneingeschränkt gebunden ist[30]. Die früher verschiedentlich gemachten Ausnahmen (Verwerfungsbeschluß ist ohne jede Prüfung ergangen und offensichtlich fehlerhaft[31]; Fristversäumung wurde zu Unrecht angenommen[32]) können inzwischen als überholt angesehen werden. Eine Bindung an den Beschluß entfällt auch nicht dann, wenn die Berufung aus einem in der Sphäre des Gerichts liegenden Fehler (z. B. Einordnung der Berufungsbegründung in falscher Akte) als unzulässig verworfen worden ist[33]; der richtige Rechtsbehelf ist hier der Antrag auf Wiedereinsetzung in den vorigen Stand.

32  Für die Bindung an den Beschluß spielt es keine Rolle, ob der Mangel in der Zugrundelegung eines unrichtigen Sachverhalts oder in einer fehlerhaften Subsumtion besteht. **Mängel des Verwerfungsbeschlusses** können nur im Beschwerdeweg geltend gemacht werden. Zur Wiedereinsetzung in den vorigen Stand gegen die Versäumung einer Frist und die Folgen für den Verwerfungsbeschluß → Rdnr. 39 f. Eine Berichtigung des Beschlusses nach § 319 ist zulässig[34].

b) **Anfechtung**

aa) **Entscheidung durch Urteil**

33  Das die **Zulässigkeit verneinende Urteil des Oberlandesgerichts** unterliegt unabhängig von der Höhe der Beschwer bzw. einer Zulassung durch das Oberlandesgericht der Revision, § 547; Einzelheiten → dort. Das gilt auch für ein die Wiedereinsetzung in den vorigen Stand versagendes Urteil[35]. Ist die Berufung aus einem Grund als unzulässig verworfen worden, der

---

[27] AK-*Ankermann* Rdnr. 9; MünchKomm ZPO-*Rimmelspacher* Rdnr. 13; *Jauernig* MDR 1982, 286; a. A. *Bauer* NJW 1991, 1711, 1713 f.
[28] *BVerfGE* 8, 253 = NJW 1958, 2001 = JZ 1959, 59 (*Baur*) = MDR 21; BGH LM § 238 Nr. 2 = NJW 1954, 880 = JZ 448; *BAGE* 3, 193 = NJW § 554 a Nr. 2 = NJW 1957, 478; AK-*Ankermann* Rdnr. 9; MünchKomm ZPO-*Rimmelspacher* Rdnr. 13.
[29] So aber *Baumbach/Lauterbach/Albers*[51] Rdnr. 8; dagegen AK-*Ankermann* Rdnr. 9.
[30] BGH NJW 1973, 1197; LM § 519 b Nr. 26 = MDR 1974, 1015; *BAGE* 23, 276 = AP § 519 b Nr. 7 (*Grunsky*) = NJW 1971, 1823; AK-*Ankermann* Rdnr. 9; *Baum-*

*bach/Lauterbach/Albers*[51] Rdnr. 8; *Thomas/Putzo*[18] Rdnr. 6; *Jauernig* MDR 1982, 286.
[31] *BAGE* 22, 119 = AP § 519 b Nr. 6 = MDR 1970, 177.
[32] OLG Frankfurt NJW 1970, 715.
[33] So aber *Zöller/Schneider*[18] Rdnr. 10; dagegen AK-*Ankermann* Rdnr. 9.
[34] OLG Düsseldorf JMBl.NRW 1951, 172; OLG Hamm FamRZ 1986, 1136.
[35] BGHZ 47, 289 = LM § 519 b Nr. 20 (*Rietschel*) = NJW 1967, 1566 = MDR 756; BAG AP § 232 Nr. 5 (*Pohle*).

in Wirklichkeit zur Unbegründetheit gehört (z. B. bei Zurückweisung von Vorbringen als verspätet), so greift § 547 deshalb nicht ein, weil der Instanzenzug durch den Grundsatz der Meistbegünstigung nicht über das hinaus erweitert wird, was bei richtiger Behandlung durch das Gericht an Rechtsmitteln statthaft gewesen wäre, → Allg. Einl. vor § 511 Rdnr. 52. Ist gegen einen die Berufung nach früherem DDR-Recht trotz mündlicher Verhandlung als unzulässig verwerfenden Beschluß Revision eingelegt worden, so ist diese als sofortige Beschwerde nach Abs. 2 zu behandeln[36]. Gegen das die Berufung verwerfende **Urteil des Landgerichts** ist kein Rechtsmittel gegeben, und zwar auch nicht bei schweren Fehlern. Zur Möglichkeit, das Urteil durch Wiedereinsetzung in den vorigen Stand zu beseitigen, → Rdnr. 40.

Das die **Zulässigkeit der Berufung bejahende selbständige Urteil** ist ein Zwischenurteil nach § 303 und als solches nicht selbständig anfechtbar. Der Nachprüfung durch das Revisionsgericht unterliegt es nur bei Revision gegen das Endurteil[37]. Das gleiche gilt hinsichtlich der die Wiedereinsetzung gegen die Versäumung der Berufungs- oder der Berufungsbegründungsfrist zulassenden Urteile, § 238 Abs. 2 S. 1. Das die Zulässigkeit der Berufung bejahende Urteil kann nur unter den allgemeinen Voraussetzungen für die Statthaftigkeit der Revision mitangefochten werden; § 547 privilegiert nur das die Berufung verwerfende Urteil. Erst recht kommt eine selbständige Anfechtung der durch Urteil erfolgten Bejahung der Zulässigkeit der Berufung dann nicht in Betracht, wenn die Entscheidung über die Zulässigkeit in den Gründen des Endurteils, → Rdnr. 27, enthalten ist. 34

### bb) Entscheidung durch Beschluß

Der Beschluß nach Abs. 2 unterliegt der sofortigen Beschwerde, sofern gegen ein Urteil gleichen Inhalts die Revision zulässig wäre, Abs. 2, 2. Halbs.. Die sofortige Beschwerde findet daher nur statt gegen die **Zulässigkeit der Berufung verneinende Beschlüsse der Oberlandesgerichte**, und zwar ohne Rücksicht auf die Höhe der Beschwer und ohne Zulassung, § 547. Ebenso dann, wenn der Beschluß Wiedereinsetzung in den vorigen Stand gegen Versäumung der Berufungs- oder -begründungsfrist versagt[38], → weiter bei Fn. 35. Auch in nichtvermögensrechtlichen Streitigkeiten, insbesondere in Ehesachen, ist die sofortige Beschwerde ohne Zulassung statthaft. 35

Der die **Zulässigkeit der Berufung bejahende Beschluß des Oberlandesgerichts** ist nicht anfechtbar, da ein Urteil gleichen Inhalts nicht der Revision unterliegt, → Rdnr. 34. Gleiches gilt für Beschlüsse, durch die Wiedereinsetzung in den vorigen Stand gewährt wird. Der in dem nicht selbständig anfechtbaren Beschluß des Oberlandesgerichts enthaltene Ausspruch der Zulässigkeit der Berufung (insbesondere auch der die Wiedereinsetzung gewährende Beschluß) kann aber mit der Revision gegen das demnächst ergehende Berufungsurteil nach § 548 zur Nachprüfung des Revisionsgerichts gebracht werden, ebenso wie der in einem Zwischenurteil nach § 303 enthaltene gleiche Ausspruch, → Rdnr. 34; den Beschluß anders als das Zwischenurteil zu behandeln, besteht kein Anlaß[39]. 36

Der über die Zulässigkeit der Berufung entscheidende **Beschluß des Landgerichts** kann unabhängig davon nicht angefochten werden, ob er die Zulässigkeit bejaht oder verneint 37

---

[36] *BGH* LM § 519b Nr. 41 = MDR 1992, 72 = BB 524.
[37] *RGZ* 136, 275.
[38] *BGHZ* 21, 147 = LM § 1042d Nr. 1 = NJW 1956, 1518; *BGH* VersR 1967, 349; *BAG* AP § 77 ArbGG Nr. 7 = NJW 1960, 2212.

[39] *RGZ* 167, 215; *OGHZ* 4, 18; *BGHZ* 6, 370 = LM § 548 Nr. 1 = NJW 1952, 1137; AK-*Ankermann* Rdnr. 11; *Baumbach/Lauterbach/Albers*[51] Rdnr. 12.

hat⁴⁰; ebenso der Beschluß, der die Wiedereinsetzung in den vorigen Stand versagt⁴¹. Hier wäre gegen ein entsprechendes Urteil kein Rechtsmittel gegeben, → Rdnr. 33. Mangels Statthaftigkeit eines Rechtsmittels gegen das Berufungsurteil kann der die Zulässigkeit der Berufung bejahende Beschluß auch nicht inzidenter mitüberprüft werden. Bei einem die Berufung als unzulässig verwerfenden Beschluß des Bezirksgerichts in der ehemaligen DDR ist die sofortige Beschwerde nur dann zulässig, wenn das Bezirksgericht an Stelle des OLG und nicht des LG entschieden hat, was sich wiederum nach den Zuständigkeitskriterien der §§ 71, 23 GVG bestimmt⁴¹ᵃ.

### cc) Beschwerdegericht

**38** Beschwerdegericht ist nach § 133 Nr. 2 GVG in der Regel der Bundesgerichtshof. Die Beschwerden gegen Beschlüsse der bayerischen Oberlandesgerichte sind beim BayObLG oder bei dem OLG, dessen Beschluß angefochten wird⁴², einzulegen. Wegen der Zulässigkeit neuen Vorbringens in der Beschwerdeinstanz → § 570 Rdnr. 5. Erweist sich der angefochtene Beschluß zwar als fehlerhaft, ist er jedoch aus anderen als vom Gericht angenommenen Gründen im Ergebnis zutreffend, so ist die sofortige Beschwerde zurückzuweisen⁴³. Zum Anwaltszwang → § 569 Rdnr. 8. Er gilt auch in solchen Verfahren, die in erster Instanz vor den Kreisgerichten in der ehemaligen DDR nicht als Anwaltsprozesse zu führen waren; die sofortige Beschwerde nach Abs. 2 kann nur durch einen beim BGH zugelassenen Anwalt wirksam eingelegt werden⁴⁴. Die sofortige Beschwerde nach Abs. 2 bedarf für ihre Zulässigkeit keiner Begründung⁴⁵.

### dd) Wiedereinsetzung in den vorigen Stand

**39** Will der Berufungskläger geltend machen, er sei an der Einhaltung der Berufungs- bzw. der Berufungsbegründungsfrist ohne sein Verschulden gehindert gewesen, so muß er in der Berufungsinstanz Wiedereinsetzung in den vorigen Stand beantragen; mit der sofortigen Beschwerde nach Abs. 2 können Wiedereinsetzungsgründe nicht geltend gemacht werden⁴⁶; ebenso nicht mit der Revision gegen ein die Berufung verwerfendes Urteil. Gegen die die Wiedereinsetzung versagende Entscheidung muß ihrerseits Beschwerde eingelegt werden; anderenfalls ist das Beschwerdegericht wegen der Rechtskraft der die Wiedereinsetzung versagenden Entscheidung an diese Entscheidung gebunden⁴⁷. War die Berufung wegen Versäumung einer Frist als unzulässig verworfen worden, obwohl die Frist noch lief (Verfahrensunterbrechung, Verlängerung der Begründungsfrist), so ist dem Berufungskläger in der Rechtsmittelinstanz Wiedereinsetzung gegen die angebliche Versäumung zu gewähren⁴⁸.

---

⁴⁰ *OLG Nürnberg* MDR 1952, 367; *OLG Hamburg* MDR 1968, 157; *OLG München* MDR 1971, 588; *OLG Frankfurt* MDR 1988, 503; MünchKomm ZPO-*Rimmelspacher* Rdnr. 14; AK-*Ankermann* Rdnr. 11.
⁴¹ *OLG Hamburg* MDR 1968, 157.
⁴¹ᵃ *BGH* MDR 1993, 78 = WM 176 = VersR 376 = LM Art. 8 EinigungsV Nr. 12.
⁴² *BGH* LM § 7 EGZPO Nr. 6 = NJW 1962, 1617 = MDR 984 = VersR 813; VersR 1969, 804.
⁴³ *BGH* LM § 519b Nr. 12 = NJW 1959, 724 = MDR 475 = BB 248; VersR 1982, 240; *Baumbach/Lauterbach/Albers*⁵¹ Rdnr. 14.
⁴⁴ *BGH* NJW 1991, 2492 = MDR 898 = BB 1523 = ZIP 897 = EWiR 827 (*Messer*); MünchKomm ZPO-*Rimmelspacher* Rdnr. 21; *Baumbach/Lauterbach/Albers*⁵¹ Rdnr. 13; a. A. *Bergerfurth* DtZ 1992, 15.
⁴⁵ *RGZ* 152, 316, 318f.; *BAG* AP § 519 Nr. 19 (*Wieczorek*).
⁴⁶ *BGH* LM § 238 Nr. 9 = Warn. 1967 Nr. 178 = MDR 1967, 998 = NJW 1968, 107 = JR 424; VersR 1967, 1005; LM § 238 Nr. 13 = NJW 1982, 887 = MDR 392 = BB 705; *Rosenberg/Schwab/Gottwald*¹⁵ § 139 I 1b; *Zöller/Schneider*¹⁸ Rdnr. 17.
⁴⁷ *BGH* LM § 238 Nr. 11 = Warn. 1972 Nr. 221 = NJW 1973, 50 = MDR 126 = VersR 31; LM § 238 Nr. 13 (Fn. 46); MünchKomm ZPO-*Rimmelspacher* Rdnr. 17; *Zöller/Schneider*¹⁸ Rdnr. 17.
⁴⁸ *OLG Köln* OLGZ 1973, 41 = VersR 161.

Mit Wiedereinsetzung in den vorigen Stand **entfällt der die Berufung verwerfende Beschluß** ohne weiteres; es bedarf keiner Aufhebung, wenn sich eine solche auch als zulässig und zweckmäßig anbietet[49]. Gleiches gilt für das die Berufung verwerfende Urteil. Ohne Bedeutung ist weiter, ob die Wiedereinsetzung von dem Gericht gewährt wird, das die Verwerfungsentscheidung erlassen hat, oder ob die Wiedereinsetzung in der höheren Instanz erfolgt. 40

### ee) Unrichtige Entscheidungsform

Ist die die Zulässigkeit der Berufung verneinende oberlandesgerichtliche Entscheidung aufgrund mündlicher Verhandlung fehlerhafterweise durch Beschluß erlassen oder ohne mündliche Verhandlung durch Urteil, so sind nach dem unter → Allg. Einl. vor § 511 Rdnr. 37 ff. Dargelegten sowohl die Revision wie auch die sofortige Beschwerde gegeben. Eine die Berufung verwerfende Entscheidung des Landgerichts ist dagegen deshalb auch in diesen Fällen unanfechtbar, weil der Grundsatz der Meistbegünstigung den Instanzenzug nicht erweitert, → Allg. Einl. vor § 511 Rdnr. 52. Zur Wiederaufnahme des Verfahrens gegen rechtskräftige Beschlüsse → vor § 578 Rdnr. 38 ff. 41

## IV. Kammer für Handelssachen

Wird eine Berufung, die nicht Handelssache ist, durch den Antrag des Berufungsklägers vor die Kammer für Handelssachen gebracht, so ist die Berufung nicht als unzulässig zu verwerfen, sondern auf Antrag oder von Amts wegen die Verweisung an die Zivilkammer auszusprechen. Das gleiche gilt, wenn vor der Zivilkammer ein Antrag auf Verweisung an die Kammer für Handelssachen gestellt wird. Nach § 100 GVG gelten insoweit die unter → § 281 Rdnr. 62 ff. dargestellten Grundsätze entsprechend. 42

## V. Kosten und Gebühren

Wegen der Kostenentscheidung s. § 97 Abs. 1. Die allgemeine Verfahrensgebühr (KV Nr. 1020) fällt auch bei Verwerfung der Berufung durch Beschluß in voller Höhe an; für den Verwerfungsbeschluß selbst entsteht dagegen deswegen keine weitere Gebühr, weil im Kostenverzeichnis insoweit kein Gebührentatbestand vorgesehen ist. Erfolgt die Verwerfung durch Urteil, so fällt die Gebühr nach KV Nr. 1024ff. an. Wird die Berufung in dem die Berufungsinstanz abschließenden Endurteil nur teilweise verworfen, → Rdnr. 14, so entsteht keine besondere Gebühr für die Verwerfungsentscheidung. Bei Bejahung der Zulässigkeit der Berufung fällt unabhängig davon keine besondere Gebühr an, ob die Entscheidung durch Urteil oder durch Beschluß ergeht. Für die Anwaltsgebühren gehört die Entscheidung über die Zulässigkeit der Berufung zum Rechtszug; es fällt keine besondere Gebühr an. 43

## VI. Arbeitsgerichtliches Verfahren

§ 519b gilt auch im arbeitsgerichtlichen Verfahren, §§ 64 Abs. 6, 70 ArbGG. Die unter → Rdnr. 1–41 dargelegten Grundsätze greifen daher auch hier Platz. Zu dem nach Abs. 2 ergehenden Beschluß sind jedoch einige **Besonderheiten** hervorzuheben. 44

---

[49] *BGHZ* 45, 380, 384; *BGH* LM § 519b Nr. 9; § 238 Nr. 9 (Fn. 46); *VersR* 1967, 1095; 1982, 95; Münch- Komm ZPO-*Rimmelspacher* Rdnr. 17; AK-*Ankermann* Rdnr. 16; *Zöller/Schneider*[18] Rdnr. 28.

## 1. Besetzung des Gerichts

45  Der Beschluß ergeht durch die Kammer und nicht etwa nach § 53 Abs. 1 ArbGG durch den Vorsitzenden allein, § 66 Abs. 2, 2. Halbs. ArbGG[50]. Obwohl dort nur von der Verwerfung der Berufung die Rede ist, erläßt die Kammer auch den Beschluß, durch den die Zulässigkeit der Berufung festgestellt wird. Wegen der Rechtsmittelbelehrung → § 329 Rdnr. 92.

## 2. Revisionsbeschwerde

46  Der Beschluß unterliegt wie im ordentlichen Verfahren der sofortigen Beschwerde, die in der Überschrift zu § 77 ArbGG als **Revisionsbeschwerde** bezeichnet wird. Am Charakter des Rechtsmittels als sofortige Beschwerde ändert diese abweichende Bezeichnung nichts.

47  Gegenüber dem ordentlichen Verfahren ist die Revisionsbeschwerde nur **eingeschränkt zulässig**. Sie muß vom LAG wegen der Bedeutung der Rechtssache zugelassen worden sein, § 77 S. 1 ArbGG. Fehlt es an der Zulassung, so ist die Revisionsbeschwerde auch dann unzulässig, wenn das LAG die Bedeutung der Rechtssache gar nicht geprüft hat[51]. Die Zulassung der Revisionsbeschwerde kann nur wegen der Bedeutung der Rechtssache, und nicht auch wie bei der Revision, § 72 Abs. 2 Nr. 2 ArbGG, wegen Divergenz erfolgen. Eine wegen Divergenz erfolgte Zulassung wäre wirkungslos[52]. Die in § 77 S. 1 ArbGG verlangte »Bedeutung der Rechtssache« ist gleichbedeutend mit der »grundsätzlichen Bedeutung« i. S. von § 72 Abs. 2 Nr. 1 ArbGG. Gegen die Nichtzulassung ist keine Nichtzulassungsbeschwerde gegeben[53]. Da die sofortige Beschwerde gegen einen Beschluß, der Wiedereinsetzung in den vorigen Stand wegen Versäumung der Berufungs- oder der Berufungsbegründungsfrist versagt hat, unter denselben Voraussetzungen zulässig ist wie gegen den die Berufung verwerfenden Beschluß, → Rdnr. 33, muß die sofortige Beschwerde im arbeitsgerichtlichen Verfahren auch hier vom LAG wegen der Bedeutung der Sache zugelassen worden sein[54].

48  Die Beschränkung der Anfechtbarkeit nach § 77 ArbGG gilt nur für den die Berufung verwerfenden Beschluß. Ein **Urteil** ist dagegen nach den allgemeinen Voraussetzungen mit der Revision anfechtbar. Da § 547 im arbeitsgerichtlichen Verfahren nicht anwendbar ist,→ § 547 Rdnr. 9, muß die Revision jedoch nach § 72 ArbGG vom LAG (bzw. auf Nichtzulassungsbeschwerde hin vom BAG) zugelassen worden sein. Die erweiterte Anfechtungsmöglichkeit eines die Berufung verwerfenden Urteils gegenüber einem Beschluß gleichen Inhalts (Divergenzzulassung sowie Statthaftigkeit der Nichtzulassungsbeschwerde) ist nicht verfassungswidrig[55].

49  Für die Revisionsbeschwerde besteht **Anwaltszwang**, sofern sie beim BAG eingelegt wird, § 11 Abs. 2 S. 1 ArbGG. Bei Einlegung beim LAG kann die Beschwerde dagegen auch von einem Verbandsvertreter unterzeichnet sein, § 11 Abs. 2 S. 2 ArbGG. Eine Einlegung zu Protokoll der Geschäftsstelle des LAG ist nicht möglich[56].

## 3. Besetzung des BAG

50  Über die Revisionsbeschwerde entscheidet das BAG nach § 77 S. 2 ArbGG **ohne Zuziehung der ehrenamtlichen Richter**. Dies gilt auch dann, wenn die Entscheidung aufgrund mündlicher Verhandlung ergeht[57].

---

[50] *Oetker* NZA 1989, 201, 204.
[51] *BAG* AP § 77 ArbGG Nr. 12 (*Baumgärtel*) = NJW 1965, 1981 = BB 949.
[52] A. A. *Germelmann/Matthes/Prütting* § 77 Rdnr. 7.
[53] *BAG* AP § 77 ArbGG 1979 Nr. 1; *Germelmann/Matthes/Prütting* § 77 Rdnr. 9.
[54] *BAG* AP § 77 ArbGG Nr. 12; *Germelmann/Matthes/Prütting* § 77 Rdnr. 3.
[55] *BVerfG* AP § 77 ArbGG Nr. 19.
[56] *Germelmann/Matthes/Prütting* § 77 Rdnr. 12.
[57] *Germelmann/Matthes/Prütting* § 77 Rdnr. 14.

## § 520 [Terminsbestimmung; Einlassungsfrist]

(1) Wird die Berufung nicht als unzulässig verworfen, so ist der Termin zur mündlichen Verhandlung zu bestimmen und den Parteien bekanntzumachen. Von der Bestimmung eines Termins zur mündlichen Verhandlung kann zunächst abgesehen werden, wenn zur abschließenden Vorbereitung eines Haupttermins ein schriftliches Vorverfahren erforderlich erscheint.

(2) Der Vorsitzende oder das Berufungsgericht kann dem Berufungsbeklagten eine Frist zur schriftlichen Berufungserwiderung und dem Berufungskläger eine Frist zur schriftlichen Stellungnahme auf die Berufungserwiderung setzen. Im Falle des Absatzes 1 Satz 2 wird dem Berufungsbeklagten eine Frist von mindestens einem Monat zur schriftlichen Berufungserwiderung gesetzt. § 277 Abs. 1 Satz 1, Abs. 2, 4 gilt entsprechend.

(3) Mit der Bekanntmachung nach Abs. 1 Satz 1 oder der Fristsetzung zur Berufungserwiderung nach Abs. 2 Satz 2 ist der Berufungsbeklagte darauf hinzuweisen, daß er sich vor dem Berufungsgericht durch einen bei diesem Gericht zugelassenen Rechtsanwalt vertreten lassen muß. Auf die Frist, die zwischen dem Zeitpunkt der Bekanntmachung des Termins und der mündlichen Verhandlung liegen muß, sind die Vorschriften des § 274 Abs. 3 entsprechend anzuwenden.

Gesetzesgeschichte: Bis 1900 § 481 CPO. Änderungen: RGBl. 1909 S. 475; 1923 I 9; 1924 I 135; BGBl. 1976 I 3281; 1990 I 2847.

| | | | |
|---|---|---|---|
| I. Allgemeines | 1 | 3. Übergang zu schriftlichem Vorverfahren | 8 |
| 1. Vereinfachungsnovelle | 1 | | |
| 2. Keine Verwerfung der Berufung durch Beschluß | 3 | III. Durchführung eines schriftlichen Vorverfahrens | 9 |
| II. Sofortige Terminsbestimmung, Abs. 1 S. 1 | 4 | 1. Anordnung des Vorverfahrens | 9 |
| 1. Terminsbestimmung | 4 | 2. Terminsbestimmung | 12 |
| 2. Fristsetzung | 7 | IV. Arbeitsgerichtliches Verfahren | 14 |

## I. Allgemeines

### 1. Vereinfachungsnovelle

§ 520 ist durch die Vereinfachungsnovelle mit Wirkung ab 1. VII. 1977 entscheidend geändert worden. Während davor ohne weiteres sofort Termin zur mündlichen Verhandlung zu bestimmen war, hat das Berufungsgericht jetzt die Wahl zwischen sofortiger Terminsanberaumung und der Durchführung eines schriftlichen Vorverfahrens vor Anberaumung des Termins, Abs. 1. Die Regelung entspricht im wesentlichen der des § 272 Abs. 2 für das erstinstanzliche Verfahren. 1

Ob sich das Berufungsgericht für eine sofortige Terminsanberaumung oder für die Durchführung eines schriftlichen Vorverfahrens entscheidet, steht im **Ermessen des Gerichts**. Obwohl Abs. 1 im Gegensatz zu § 272 Abs. 2 die Entscheidung darüber nicht ausdrücklich dem Vorsitzenden zuweist, kann dieser die Wahl ohne Hinzuziehung der übrigen Mitglieder des Gerichts treffen. Ein Regel-Ausnahmeverhältnis zwischen sofortiger Terminsanberaumung und der Durchführung eines schriftlichen Vorverfahrens sieht Abs. 1 nicht vor. Die Wahl braucht nicht begründet zu werden. Das Ermessen ist ebenso wie bei § 272 Abs. 2 nicht 2 nachprüfbar[1]. Über den **Zeitpunkt**, in dem sich das Gericht für oder gegen eine sofortige Terminsanberaumung entscheidet, besagt Abs. 1 nichts. Es empfiehlt sich auf jeden Fall, den Ablauf der Berufungsbegründungsfrist abzuwarten. Erst dann steht fest, in welchem Umfang das Urteil angefochten wird, und auf welche Erwägungen sich der Berufungskläger stützt, Näheres → § 519 Rdnr. 47 ff. Abs. 1 schreibt weiter keine bestimmte Form vor, in der die Entscheidung zu treffen ist. Wegen der unterschiedlichen Rechtsfolgen muß jedoch eindeutig zum Ausdruck gebracht werden, für welche Alternative sich das Gericht entschieden hat. Zur Durchführung eines schriftlichen Vorverfahrens nach vorheriger Terminsanberaumung → Rdnr. 7.

### 2. Keine Verwerfung der Berufung durch Beschluß

3   Gemeinsame Voraussetzung für beide Möglichkeiten ist, daß die Berufung nicht gemäß § 519b Abs. 2 durch Beschluß als unzulässig verworfen wird, Abs. 1 S. 1. Dagegen muß die Zulässigkeit der Berufung noch nicht feststehen. Auch wenn das Gericht zunächst nur über die Zulässigkeit der Berufung verhandeln will, kann es ebenfalls ein schriftliches Vorverfahren durchführen. Allerdings werden allein die Zulässigkeitsprobleme i. d. R. nicht so schwer zu entscheiden sein, als daß ein Vorverfahren zweckmäßig wäre. Die Anordnung eines schriftlichen Vorverfahrens ist kein Hindernis dafür, die Berufung später gleichwohl durch Beschluß als unzulässig zu verwerfen.

## II. Sofortige Terminsbestimmung, Abs. 1 S. 1

### 1. Terminsbestimmung

4   Das Berufungsgericht kann sofort Termin zur mündlichen Verhandlung bestimmen. Dies geschieht von Amts wegen durch den Vorsitzenden. Der Termin ist den Parteien bekanntzumachen, dazu → Rdnr. 5. Vorher bedarf es der Entschließung, ob die Beweise, deren Erhebung nach der Berufungsbegründung erforderlich erscheint, zu dem Verhandlungstermin bereitzustellen, also etwa die benannten Zeugen zu laden sind. Die Mitteilung hierüber ergeht an die Parteien zweckmäßig gleichzeitig mit der Terminbekanntgabe. Der Termin hat unter Wahrung der Ladungs-, § 217, sowie der Einlassungsfrist, Abs. 3 S. 2 i. V. mit § 274 Abs. 3, so früh wie möglich stattzufinden, § 272 Abs. 3.

5   Der Termin ist den Parteien **bekanntzumachen**, Abs. 1 S. 1. Der Zustellungsempfänger bestimmt sich nach § 176, und, sofern ein Prozeßbevollmächtigter für die Berufungsinstanz noch nicht bestellt ist, nach § 210a (arg. § 520 Abs. 3 S. 1, der nur bei Anwendung der letzteren Vorschrift einen Sinn hat). Wegen der Zustellung bei Streitgenossenschaft und Streithilfe gilt das unter → § 519a Rdnr. 4 Ausgeführte entsprechend.

6   In der Bekanntmachung ist der Berufungsbeklagte darauf hinzuweisen, daß er sich durch einen **beim Berufungsgericht zugelassenen Rechtsanwalt** vertreten lassen muß, Abs. 3 S. 1[2]. Im Gegensatz zur früheren Fassung von § 520 ist dieser Hinweis jetzt zwingend vorgeschrieben. Weiter ist die Einschränkung weggefallen, daß der Hinweis dann entbehrlich ist, wenn die Terminsbekanntmachung einem Rechtsanwalt zugestellt wird. Zumindest bei der Zustellung an den erstinstanzlichen Anwalt ist der Hinweis demnach erforderlich[3]. Erfolgt die

---

[1] MünchKomm ZPO-*Rimmelspacher* Rdnr. 2.
[2] Eine Besonderheit galt nach EV Anl. I Kap. III Sachgeb. A Abschn. III Nr. 5b für das Gebiet der ehemaligen DDR. Danach war jeder in diesem Gebiet zugelassene Rechtsanwalt bei allen Bezirksgerichten vertretungsbefugt. Mit der Errichtung von Land- und Oberlandesgerichten ist diese Besonderheit inzwischen weggefallen, § 17 Nr. 1d RpflAnpG (G. v. 26. VI. 1992, BGBl. I 1147).
[3] MünchKomm ZPO-*Rimmelspacher* Rdnr. 4.

Zustellung dagegen an einen vom Berufungsbeklagten bereits für die Berufungsinstanz bestellten Anwalt, § 210a Abs. 1 S. 3, so hat der Hinweis keine Funktion mehr und kann deshalb weggelassen werden. Fehlt der Hinweis, so kann gegen den im Termin nicht erschienenen bzw. anwaltlich nicht vertretenen Berufungsbeklagten kein Versäumnisurteil ergehen, § 523 i.V. mit §§ 335 Abs. 2 Nr. 4, 276 Abs. 2[4].

### 2. Fristsetzung

Trotz sofortiger Anberaumung eines Termins kann (nicht »muß«) das Gericht (oder der Vorsitzende allein) den Parteien (oder nur dem Berufungsbeklagten) nach Abs. 2 S. 1 eine **Frist** zur Berufungserwiderung bzw. zur Stellungnahme auf die Berufungserwiderung **setzen**. Zur Länge der Frist besagt Abs. 2 S. 1 nichts. Das Gericht kann sie anhand der Umstände des Einzelfalls nach seinem Ermessen festsetzen. Aus Abs. 2 S. 2 kann gefolgert werden, daß die Frist auch kürzer als ein Monat sein kann. Eine so kurze Frist wird jedoch nur in einfach gelagerten Fällen vertretbar sein; → weiter § 527 Rdnr. 14. Die Frist kann nach § 224 Abs. 2 verlängert werden. Der dahingehende Antrag muß jedoch vor Fristablauf gestellt werden[5]; ist dies geschehen, so kann die Verlängerung auch noch nach Fristablauf bewilligt werden; insoweit gilt Entsprechendes wie bei der Verlängerung der Berufungsbegründungsfrist, → § 519 Rdnr. 18. Die **Folgen der Fristversäumung** bestimmen sich nach § 527 i.V. mit § 296 Abs. 1, 4, → § 527 Rdnr. 14 ff. Darüber ist der Berufungsbeklagte zu belehren, Abs. 2 S. 3 i.V. mit § 277 Abs. 2. Eine Belehrung auch des Berufungsklägers ist zwar nicht ausdrücklich vorgeschrieben, aus Gründen der Gleichbehandlung beider Parteien aber gleichwohl geboten, → § 277 Rdnr. 27. In der Berufungserwiderung bzw. in der Stellungnahme dazu haben die Parteien ihre Angriffs- und Verteidigungsmittel insoweit vorzubringen, als dies einer sorgfältigen und verfahrensfördernden Prozeßführung entspricht, Abs. 2 S. 3 i.V. mit § 277 Abs. 1 S. 1, Abs. 4. Zum Fall, daß die Frist nur zur Stellungnahme zu bestimmten Punkten gesetzt worden ist, → § 527 Rdnr. 17.

### 3. Übergang zu schriftlichem Vorverfahren

Das Gericht ist **an die Terminsbestimmung nicht gebunden**. Zeigt sich vor Beginn des Termins, daß die Durchführung eines schriftlichen Vorverfahrens zweckmäßig ist, so kann der Termin nach § 227 aufgehoben und das Vorverfahren nach Abs. 1 S. 2 eingeleitet werden. Man wird jedoch verlangen müssen, daß sich neue Gesichtspunkte für das Vorverfahren ergeben haben; anderenfalls liegen keine »erheblichen Gründe« für die Aufhebung des Termins vor, was nach § 227 Abs. 1 erforderlich ist. Zur entsprechenden Frage im erstinstanzlichen Verfahren → § 272 Rdnr. 13.

## III. Durchführung eines schriftlichen Vorverfahrens, Abs. 1 S. 2

### 1. Anordnung des Vorverfahrens

Wird der Termin zur mündlichen Verhandlung nicht gleich bestimmt, so ist ein schriftliches Vorverfahren durchzuführen, wodurch die Erledigung des Verfahrens in einem Termin (sog. Haupttermin) ermöglicht werden soll, Abs. 1 S. 2. In diesem Fall muß dem Berufungsbeklag-

---

[4] *Baumbach/Lauterbach/Albers*[51] Rdnr. 8; Münch-Komm ZPO-*Rimmelspacher* Rdnr. 4.

[5] *OLG Koblenz* NJW 1989, 986.

ten eine **Frist von mindestens einem Monat für die Berufungserwiderung** gesetzt werden, Abs. 2 S. 2. Die Frist kann später verlängert werden, § 224 Abs. 2. Bei der Frage, ob dies auch noch nach Ablauf der ursprünglich gesetzten Frist möglich ist, gilt Entsprechendes wie bei der Verlängerung der Berufungsbegründungsfrist, → Rdnr. 7 und § 519 Rdnr. 18. Ob das Gericht auch dem **Berufungskläger** eine Frist zur Stellungnahme auf die Berufungserwiderung setzen will, steht in seinem Ermessen, Abs. 2 S. 1. Die Fristsetzung kann erst nach Eingang der Berufungserwiderung erfolgen[6]; zur entsprechenden Rechtslage in erster Instanz → § 276 Rndr. 48. Anders als die Berufungserwiderungsfrist für den Berufungsbeklagten beträgt die Mindestdauer der dem Berufungskläger gesetzten Frist nicht einen Monat, sondern lediglich zwei Wochen, Abs. 2 S. 3 i.V. mit § 277 Abs. 4. Auch diese Frist kann nachträglich verlängert werden.

10   Bei der Fristsetzung ist der Berufungsbeklagte auf die Notwendigkeit hinzuweisen, sich durch einen beim Berufungsgericht zugelassenen **Rechtsanwalt vertreten zu lassen**, Abs. 3 S. 1. Das unter → Rdnr. 6 Ausgeführte gilt entsprechend. Fehlt der Hinweis, so kann eine verspätet abgegebene Stellungnahme nicht nach § 527 i.V. mit § 296 Abs. 1, 4 zurückgewiesen werden. Die Notwendigkeit eines Hinweises auf das Erfordernis einer Vertretung durch einen Anwalt folgt auch aus Abs. 2 S. 3 i.V. mit § 277 Abs. 2, der insoweit im Berufungsverfahren keine eigenständige Funktion hat.

11   Die **Folgen der Fristversäumung** bestimmen sich nach § 527 i.V. mit § 296 Abs. 1, 4; → dazu § 527 Rdnr. 14 ff. Die nach Ablauf der Frist vorgebrachten Angriffs- und Verteidigungsmittel können danach zurückgewiesen werden. Dagegen ist kein Versäumnisurteil gegen den Berufungsbeklagten möglich. § 331 Abs. 3, der beim Vorverfahren in erster Instanz ein Versäumnisurteil ohne mündliche Verhandlung vorsieht, wenn der Beklagte nicht innerhalb von zwei Wochen anzeigt, daß er sich gegen die Klage verteidigen will, ist im Berufungsverfahren nicht anwendbar. Es gibt hier keine dem § 276 Abs. 1 S. 1 vergleichbare Vorschrift[7]. Die dem Berufungsbeklagten nach Abs. 2 S. 2 zu setzende Frist bezieht sich nicht auf die Frage, ob sich die Partei in zweiter Instanz überhaupt verteidigen will (davon geht § 520 als selbstverständlich aus), sondern allein darauf, wie die Verteidigung konkret geführt werden soll.

## 2. Terminsbestimmung

12   Nach Eingang der Stellungnahme, für die den Parteien (bzw. einer von ihnen) eine Frist nach Abs. 2 gesetzt worden ist bzw. nach fruchtlosem Verstreichen der Frist, ist Termin zur mündlichen Verhandlung zu bestimmen. Es gilt Entsprechendes wie unter → Rdnr. 4 ausgeführt, mit der Besonderheit, daß auf die Notwendigkeit einer Anwaltsvertretung nicht mehr hingewiesen zu werden braucht; dieser Hinweis muß bereits mit der Fristsetzung nach Abs. 2 S. 2 erfolgen, → Rdnr. 10; er braucht nicht wiederholt zu werden. War der Hinweis bei der Fristsetzung dagegen nicht erfolgt, so muß er bei der Terminsbestimmung gegeben werden, widrigenfalls gegen den Berufungsbeklagten kein Versäumnisurteil ergehen kann, → Rdnr. 6.

13   Ebenso wie im Fall des Abs. 1, → Rdnr. 4, ist ein **möglichst früher Termin** festzusetzen, wobei die Ladungsfrist (§ 217) gewahrt sein muß; ebenso die Einlassungsfrist, Abs. 3 S. 2 i.V. mit § 274 Abs. 3. Der Termin kann auch schon vor Ablauf der den Parteien gesetzten Frist bestimmt werden, sofern er nur auf einen erst danach liegenden Zeitpunkt festgelegt wird und sichergestellt ist, daß die Einlassungsfrist gewahrt ist; → auch § 276 Rdnr. 49.

---

[6] MünchKomm ZPO-*Rimmelspacher* Rdnr. 8.   [7] MünchKomm ZPO-*Rimmelspacher* Rndr. 9.

## IV. Arbeitsgerichtliches Verfahren

Für das arbeitsgerichtliche Verfahren enthält § 66 ArbGG eine Sonderregelung, die § 520 weitgehend (aber nicht vollständig[8], → Rdnr. 15) unanwendbar macht. Anders als im ordentlichen Verfahren hat das Gericht keine Wahl zwischen einer sofortigen Terminsbestimmung und der Durchführung eines schriftlichen Vorverfahrens. Die **Terminsbestimmung** muß vielmehr **unverzüglich** erfolgen. Die Durchführung eines schriftlichen Vorverfahrens ist auch dann ausgeschlossen, wenn ein derartiges Verfahren zweckmäßig erscheint. Eine **Berufungsbeantwortungsfrist** ist in § 66 Abs. 1 S. 2 ArbGG zwingend vorgeschrieben, braucht also nicht vom Gericht gesetzt zu werden. Die Frist beträgt einen Monat ab Zustellung der Berufungsbegründung, kann aber auf Antrag (allerdings nicht mehrfach) verlängert werden, § 66 Abs. 1 S. 4 ArbGG. Bei verspäteter Berufungsbeantwortung ist das Vorbringen des Berufungsbeklagten grundsätzlich als verspätet zurückzuweisen, § 67 Abs. 2 ArbGG, → § 527 Rdnr. 31. Auf die Berufungsbeantwortungsfrist (und zwar einschließlich der Rechtsfolgen bei ihrer Versäumung[9]) ist der Berufungsbeklagte hinzuweisen, § 66 Abs. 1 S. 3 ArbGG. Die Terminsbestimmung kann bereits vor Vorliegen der Berufungsbeantwortung erfolgen[10]. 14

Soweit § 66 ArbGG keine Sonderregelung enthält, ist § 520 über § 64 Abs. 6 ArbGG auch im arbeitsgerichtlichen Verfahren anwendbar. Konkret bedeutet dies zunächst, daß das Gericht dem Berufungskläger nach Eingang der Berufungsbeantwortung, → Rdnr. 9, eine Frist zur Stellungnahme dazu setzen kann, § 520 Abs. 2 S. 1. Weiter muß der Berufungsbeklagte auf den **Vertretungszwang hingewiesen** werden, Abs. 3 S. 1. Inhaltlich ist der Hinweis der weitergehenden Vertretungsmöglichkeit nach § 11 Abs. 2 ArbGG (Vertretung durch jeden in Deutschland zugelassenen Anwalt oder durch einen Verbandsvertreter) anzupassen. 15

weitergeht, muß jede Partei Berufung einlegen können. Aus diesem Grund hat das Gesetz die Anschließung auch für den Fall zugelassen, daß eine Partei auf die Berufung verzichtet oder die Berufungsfri

## § 521 [Anschlußberufung]

**(1) Der Berufungsbeklagte kann sich der Berufung anschließen, selbst wenn er auf die Berufung verzichtet hat oder wenn die Berufungsfrist verstrichen ist.**

**(2) Die Vorschriften über die Anfechtung des Versäumnisurteils durch Berufung sind auch auf seine Anfechtung durch Anschließung anzuwenden.**

Gesetzesgeschichte: Bis 1900 § 482 CPO. Änderung: BGBl. 1950 S. 455.

| | | | | |
|---|---|---|---|---|
| I. Allgemeines zur Anschlußberufung | 1 | 5. Parteien der Anschlußberufung | | 15 |
| II. Voraussetzungen der Anschließung | 4 | 6. Verzicht auf die Berufung | | 18 |
| 1. Beschwer | 4 | 7. Verzicht auf die Anschlußberufung | | 21 |
| 2. Gegenstand der Anschlußberufung | 10 | III. Anschließung an die Anschlußberufung | | 22 |
| a) Verfolgte Ansprüche | 10 | IV. Versäumnisurteil | | 23 |
| b) Notwendigkeit der Anschlußberufung | 12 | V. Kosten und Gebühren | | 24 |
| 3. Zeitpunkt der Anschlußberufung | 13 | VI. Arbeitsgerichtliches Verfahren | | 26 |
| 4. Bedingte Anschlußberufung | 14 | | | |

[8] So aber MünchKomm ZPO-*Rimmelspacher* Rdnr. 1; *Germelmann/Matthes/Prütting* § 66 Rdnr. 4.
[9] *Germelmann/Matthes/Prütting* § 66 Rdnr. 21.
[10] *Germelmann/Matthes/Prütting* § 66 Rdnr. 39.

## I. Allgemeines zur Anschlußberufung[1]

1 Sofern das Urteil beide Parteien beschwert, kann jede von ihnen unabhängig von der anderen bis zum Ablauf der Berufungsfrist, → § 516 Rdnr. 4 ff., Berufung durch Einreichung einer Berufungsschrift einlegen. Auch in diesem Fall liegt nur eine einheitliche Streitsache vor. Einer Verbindung nach § 147, die bei gleichzeitigen Berufungen gegen verschiedene Urteile zulässig und im Falle des § 517 S. 2 vorgeschrieben ist, bedarf es nicht[2]; sofern die Voraussetzungen des § 301 vorliegen, kann weiter über jede der beiden Berufungen durch Teilurteil entschieden werden[3]. Der Berufungsbeklagte kann aber auch von einer selbständigen Berufung Abstand nehmen und sich damit begnügen, sich der vom Gegner eingelegten **Berufung anzuschließen**. Diese Möglichkeit besteht nach Abs. 1 auch dann, wenn er auf die Berufung verzichtet hat (§ 514) oder wenn die Berufungsfrist (§ 516) verstrichen ist.

2 Die gesetzliche **Regelung der Anschlußberufung ist unglücklich** und hat die h. M. dazu geführt, Ergebnisse zu vertreten, die sich mit wesentlichen Grundsätzen des Rechtsmittelrechts nicht vereinbaren lassen, → Rdnr. 4 ff. Sind in erster Instanz beide Parteien teilweise unterlegen, so kann jede von ihnen gegen das Urteil Berufung einlegen (vorausgesetzt, die Berufungssumme, § 511a, ist erreicht). Nun wird es häufig vorkommen, daß sich eine der Parteien mit dem Urteil zufriedengeben möchte, sofern auch der Gegner die Sache auf sich beruhen läßt. Legt dieser seinerseits ein Rechtsmittel ein, ist inzwischen für den Gegner aber die Berufungsfrist abgelaufen, so wäre es unbillig, diesem die Möglichkeit abzuschneiden, jetzt auch seinerseits eine Abänderung des Urteils anzustreben. Nachdem der Streit ohnehin weitergeht, muß jede Partei Berufung einlegen können. Aus diesem Grund hat das Gesetz die Anschließung auch für den Fall zugelassen, daß eine Partei auf die Berufung verzichtet oder die Berufungsfrist hat verstreichen lassen[4]. Damit ist das Gesetz jedoch insofern über das Ziel hinausgeschossen, als dem dargelegten Anliegen auch dadurch Genüge getan wäre, daß für die friedfertige Partei von der Kenntniserlangung des gegnerischen Rechtsmittels an eine neue Berufungsfrist zu laufen beginnt und die Partei weiter von den Folgen ihres Rechtsmittelverzichts freigestellt wird[5]. Hätte sich der Gesetzgeber zu dieser Lösung entschlossen, anstatt eine zeitlich unbefristete Anschlußberufung zuzulassen (Näheres → Rdnr. 13), so wären zahlreiche Mißverständnisse über das Wesen und die Voraussetzungen der Anschlußberufung nicht aufgekommen (zur Befristung des Anschlußrechtsmittels bei der Revision → § 556 Rdnr. 9 f.).

3 Ob die Anschlußberufung als **Rechtsmittel** anzusehen ist oder nicht, ist streitig. Die h. M. verneint die Rechtsmittelqualität; sie sieht in der Anschlußberufung lediglich die Möglichkeit, innerhalb einer fremden Berufung angriffsweise einen Antrag stellen zu können[6]. Zur Begründung ihrer Auffassung verweist die h. M. u. a. darauf, die Anschlußberufung sei trotz Erklärung eines Rechtsmittelverzichts zulässig; außerdem eröffne sie kein neues Verfahren vor der höheren Instanz, sondern setze vielmehr voraus, daß bereits ein vom Gegner in Gang gesetztes Rechtsmittelverfahren anhängig ist[7]. Diese Argumente sind rein begrifflicher Art,

---

[1] Literatur: *Walsmann* Die Anschlußberufung (1928); *Fenn* Die Anschlußbeschwerde im Zivilprozeß und im Verfahren der freiwilligen Gerichtsbarkeit (1961); *Klamaris* Das Rechtsmittel der Anschlußberufung (1975); *Baur* Ist die Anschlußberufung (Anschlußrevision) ein Rechtsmittel? in Festschrift f. Fragistas (1966), 359; *Fenn* ZZP 89 (1976), 121; *ders.* FamRZ 1976, 259; *Gilles* ZZP 91 (1978), 128; *ders.* ZZP 92 (1979) 152.

[2] S. *RGZ* 144, 188.

[3] *Rosenberg/Schwab/Gottwald*[15] § 138 vor I; *Thomas/Putzo*[18] Rdnr. 1.

[4] Zum Zweck der Anschlußberufung *Baur* (Fn. 1), 365; *Pohle* JZ 1964, 463; *Klamaris* (Fn. 1), 59 ff.; *Gilles* ZZP 92 (1979), 163 ff.; MünchKomm ZPO-*Rimmelspacher* Rdnr. 2 ff.

[5] Grundsätzlich zustimmend AK-*Ankermann* Rdnr. 1.

[6] *Walsmann* (Fn. 1), 120 ff.; *Fenn* (Fn. 1), 76 ff.; *ders.* FamRZ 1976, 261; *Baumbach/Lauterbach/Albers*[51] Rdnr. 3; *Thomas/Putzo* Rdnr. 1. Aus der umfangreichen Rechtsprechung s. in diesem Sinne zuletzt *BGHZ* 80, 146, 148 = NJW 1981, 1790; 83, 371, 376 = LM § 521 Nr. 13 = NJW 1982, 1708, 1709 = MDR 843 = JZ 512; LM § 521 Nr. 24 = NJW 1991, 2569 = MDR 1992, 76.

[7] S. insbesondere *Fenn* (Fn. 1), 78 ff.

...halb vieles für die Einordnung der Anschlußberufung als Rechtsmittel spricht[8]. Letzten ... kann die Frage jedoch dahingestellt bleiben. Die zur Lösung anstehenden Einzelfragen ... keinesfalls von der Einordnung der Anschlußberufung als Rechtsmittel oder der ... ig einer derartigen Einordnung abhängig gemacht werden, → Allg. Einl. vor § 511 ... eider hat die h.M. auch insoweit andere Wege eingeschlagen (Einzelheiten → im ... Zum Unterschied zwischen selbständiger und unselbständiger Anschließung → ... f. Zu Besonderheiten der Anschlußberufung im Verbundverfahren → § 629a

### ...gen der Anschließung

...oll eine Abänderung des erstinstanzlichen Urteils zugunsten des  4
...führt werden. Sie muß wie jede Berufung auf **Abänderung der**
...chtskraft unterliegenden Ausspruchs des Gerichts, gerichtet
...nlsgründe soll eine Anschließung des Berufungsbeklagten nicht
...nn, er erstrebt statt Abweisung der Klage als derzeit unbegründet eine
...sung[11]. Gegen diese Rechtsprechung gelten die unter → Allg. Einl. vor
...5 ff. vorgebrachten Einwände entsprechend; sie verkennt, daß die Entschei-
...nde für den Umfang der materiellen Rechtskraft von ausschlaggebender Bedeutung

Die Anschlußberufung setzt nach h.M. **keine Beschwer** voraus[12]. Daraus wird gefolgert,  5
daß sie auch zum ausschließlichen Zweck der Erweiterung des Klageantrags[13], zur Geltendmachung neuer Ansprüche[14], zur Erhebung einer Widerklage[15] oder um einen Antrag bezüglich der vorläufigen Vollstreckbarkeit des ersten Urteils zu stellen[16] zulässig sein soll. Weiter soll es möglich sein, trotz § 99 Abs. 1 eine ausschließlich den Kostenpunkt betreffende Anschlußberufung einzulegen[17], → § 99 Rdnr. 3; näher dazu → Rdnr. 7. Schließlich soll das Erfordernis der Berufungssumme nicht bestehen[18].

---

[8] Dafür sprechen sich aus *Baur* (Fn. 1); *Klamaris* (Fn. 1), 126ff.; *Gilles* ZZP 92 (1979), 163ff.; *Rosenberg/Schwab/Gottwald*[15] § 138 I 3.

[9] Zutreffend AK-*Ankermann* Rdnr. 2; MünchKomm ZPO-*Rimmelspacher* Rdnr. 5; s. weiter *Jauernig*[23] § 72 VI.

[10] *BGH* LM Art. 34 GG Nr. 42 = NJW 1958, 868 = MDR 491 = VersR 320; *BSG* AP § 556 Nr. 3; *Baumbach/Lauterbach/Albers*[51] Rdnr. 11; MünchKomm ZPO-*Rimmelspacher* Rdnr. 15; *Zöller/Schneider*[18] Rdnr. 21; *Rosenberg/Schwab/Gottwald*[15] § 138 IV 5; *Klamaris* (Fn. 1), 214; *Gilles* ZZP 92 (1979), 160.

[11] *BGHZ* 24, 279 = LM § 723 BGB Nr. 4 = NJW 1957, 1279 = ZZP 71 (1958), 120; *Zöller/Schneider*[18] Rdnr. 29.

[12] *RGZ* 156, 242; *BGHZ* 4, 229, 234 = LM § 92 Nr. 1 = NJW 1952, 384; *BGH* ZZP 71 (1958), 84; 89 (1976), 199, 200; NJW 1980, 702; *Baumbach/Lauterbach/Albers*[51] Rdnr. 10; MünchKomm ZPO-*Rimmelspacher* Rdnr. 20; *Zöller/Schneider*[18] Rdnr.22; *Jauernig*[23] § 72 VI; *Schilken* Rdnr. 886; *Fenn* ZZP 89 (1976), 121; *Rosenberg/Schwab/Gottwald*[15] § 138 IV 2.

[13] *KG* VersR 1969, 190 (Übergang von Feststellungs- zu Leistungsklage); MünchKomm ZPO-*Rimmelspacher* Rdnr. 20; *Zöller/Schneider*[18] Rdnr. 22.

[14] *RGZ* 156, 242; *BGHZ* 4, 229, 234 (Fn. 12); *OLG Saarbrücken* OLGZ 1988, 235; *Baumbach/Lauterbach/Albers*[51] Rdnr. 10; MünchKomm ZPO-*Rimmelspacher* Rdnr. 20.

[15] *RGZ* 156, 242; *BGHZ* 4, 229, 234 (Fn. 12); *Baumbach/Lauterbach/Albers*[51] Rdnr. 11; a.A. *BGHZ* 24, 279 (Fn. 11).

[16] *KG* NJW 1961, 2357; *LG Mönchengladbach* NJW 1965, 49; *Thomas/Putzo*[18] Rdnr. 11; a.A. AK-*Ankermann* Rdnr. 4a; MünchKomm ZPO-*Rimmelspacher* Rdnr. 18; → weiter Rdnr. 7.

[17] *RGZ* 156, 242; *BGHZ* 17, 392 = NJW 1955, 1394 = JZ 581 = MDR 151; ZZP 71 (1958), 368; *Thomas/Putzo*[18] Rdnr. 11; *Zöller/Schneider*[18] Rdnr. 24; *Rosenberg/Schwab/Gottwald*[15] § 138 IV 3.

[18] *RGZ* 137, 232; *BGHZ* 4, 229, 234 (Fn. 12); LM § 556 Nr. 4; AK-*Ankermann* Rdnr. 6; *Baumbach/Lauterbach/Albers*[51] Rdnr. 8; MünchKomm ZPO-*Rimmelspacher* Rdnr. 20; *Rosenberg/Schwab/Gottwald*[15] § 138 IV 4; *Klamaris* (Fn. 1), 235ff.; *Gilles* ZZP 92 (1979), 160f.

6   Geht man von dem unter → Rdnr. 2 dargestellten Zweck des § 521 Abs. 1 aus, so sieht man, daß die h.M. bei der Zulassung der Anschlußberufung erheblich zu weit geht. Die Möglichkeit einer Anschlußberufung schützt den Berufungsbeklagten lediglich gegen eine voreilige Aufgabe seines Berufungsrechts, will dieses aber nicht etwa erweitern. Ist dies richtig, so müssen der Anschlußberufung grundsätzlich dieselben Grenzen gezogen sein wie einer selbständigen Berufung. Aus diesem Grund ist auch bei der Anschlußberufung eine **Beschwer erforderlich**[19]. Etwas anderes ergibt sich auch nicht aus dem Grundsatz der **Waffengleichheit der Parteien**[20]. Gedacht wird dabei an die Möglichkeit, daß der Berufungskläger den Streitgegenstand im Wege der Klageänderung oder durch Erhebung einer Widerklage zulässigerweise ändert; hier müsse der Berufungsbeklagte angemessen reagieren können, und zwar unabhängig davon, ob er beschwert ist (z.B. Berufung des in erster Instanz unterlegenen Klägers unter Erweiterung der Klage auf einen bisher nicht eingeklagten Forderungsteil; angebliche Notwendigkeit, daß der Beklagte im Berufungsverfahren negative Feststellungsklage dahingehend erheben kann, daß dem Kläger auch über das jetzt Eingeklagte nichts zusteht). Von diesem Ansatzpunkt her läßt sich die h.M. schon deswegen nicht begründen, weil das Erfordernis einer Beschwer damit nicht generell, sondern allenfalls dann verneint werden kann, wenn der Berufungskläger den Streitgegenstand jetzt verändert. Ist dies nicht der Fall (der abgewiesene Kläger verfolgt die Forderung nur im selben Umfang wie in erster Instanz), so besteht kein Anlaß, dem bisher obsiegenden Berufungsbeklagten Möglichkeiten einzuräumen, die der Berufungskläger nicht hat. Dies wäre seinerseits ein Verstoß gegen den Grundsatz der Waffengleichheit. Aber auch dann, wenn der Streitgegenstand in der Berufungsinstanz durch den Berufungskläger verändert wird, ist es nicht zwingend geboten, die Anschlußberufung trotz Fehlens einer Beschwer des Berufungsbeklagten zuzulassen. Dieser mag in dem angesprochenen Beispiel seine negative Feststellungsklage in erster Instanz erheben. Wenn der Kläger nur bei Vorliegen einer Beschwer die Klage in der Berufungsinstanz erweitern kann (eine Berufung des obsiegenden Klägers nur zum Zwecke der Klageerweiterung ist unzulässig, → Allg. Einl. vor § 511 Rdnr. 74), muß der Beklagte ebenfalls eine derartige Sperre hinnehmen. Selbst wenn man insoweit aber anderer Ansicht sein wollte, läßt sich daraus nicht die allgemeine Aussage herleiten, daß bei der Anschlußberufung generell von der Notwendigkeit einer Beschwer abzusehen sei.

7   Die vorstehend begründete Ablehnung der h.M. bedeutet nicht, daß damit auch alle die unter → Rdnr. 5 dargestellten Konsequenzen unrichtig sind. Zur **Erweiterung der Klage**, zum Zweck der Geltendmachung neuer Anträge oder zur Erhebung einer Widerklage ist die Anschlußberufung allerdings nur insoweit zulässig, als dieses Ziel auch durch selbständige Berufung erreicht werden könnte[21], Näheres dazu → § 530 Rdnr. 1 ff. Ein Antrag bezüglich der **vorläufigen Vollstreckbarkeit** des angefochtenen Urteils ist nach § 714 Abs. 1 »vor Schluß der mündlichen Verhandlung« zu stellen. Damit ist die erstinstanzliche Verhandlung gemeint, so daß eine Anschlußberufung allein zu diesem Zweck ohnehin keinen Erfolg haben kann[22]. Aber auch wenn man eine nachträgliche Antragstellung für zulässig hält, → § 714 Rdnr. 3, bedarf es dazu keiner Anschlußberufung; über die vorläufige Vollstreckbarkeit ist vielmehr von Amts wegen zu entscheiden[23]. Auch hinsichtlich der **Kostenentscheidung** besteht kein Bedürfnis für eine darauf beschränkte Anschlußberufung; insoweit ist das

---

[19] So überzeugend *Baur* (Fn. 1), 368 ff. und im Anschluß an ihn *Klamaris* (Fn. 1), 235 ff.; *Gilles* ZZP 92 (1979), 160 f., 181 ff.; *Merle* ZZP 83 (1970), 451; AK-*Ankermann* Rdnr. 3.
[20] So aber *Fenn* ZZP 89 (1976), 121 und ihm folgend *Rosenberg/Schwab/Gottwald*[15] § 138 IV 2; MünchKomm ZPO-*Rimmelspacher* Rdnr. 20.
[21] *Baur* (Fn. 1), 370 f.
[22] OLG Karlsruhe NJW-RR 1989, 1470; Zöller/*Herget*[18] § 714 Rdnr. 1.
[23] AK-*Ankermann* Rdnr. 4a; MünchKomm ZPO-*Rimmelspacher* Rdnr. 18.

angefochtene Urteil ebenfalls (und zwar ohne eine Begrenzung durch das Verbot der reformatio in peius) von Amts wegen zu überprüfen, → § 536 Rdnr. 15[24]. Ob man daraus die Unzulässigkeit einer entsprechenden Anschlußberufung herleiten will[25], kann dahingestellt bleiben; zumindest hat der Berufungsbeklagte das Gericht auf die Notwendigkeit einer Entscheidung der Kostenfrage hingewiesen. Für eine Verwerfung der Anschlußberufung als unzulässig besteht kein sinnvoller Anlaß.

Zuzustimmen ist der h.M.[26] in der Annahme, daß die **Berufungssumme** nicht erreicht werden muß. Durch das Erfordernis der Berufungssumme soll erreicht werden, daß die Arbeitskraft des Berufungsgerichts nicht durch Kleinigkeiten gebunden wird. Muß sich das Gericht wegen der Berufung aber ohnehin mit der Sache befassen, dann kann es auch über einen kleinen Betrag mitentscheiden, der für sich allein die Eröffnung der Berufungsinstanz nicht gerechtfertigt hätte. Die Anschlußberufung ist auch wegen bloßer Nebenforderungen zulässig, die sich nach § 4 Abs. 1, 1. Halbs. auf den Streitwert nicht auswirken (wichtig vor allem für Anschlußberufungen nur wegen der Zinshöhe). 8

Soweit man für die Anschlußberufung eine Beschwer verlangt, → Rdnr. 6, muß ebenso wie bei der Berufung, → Allg. Einl. vor § 511 Rdnr. 72 ff., hinzukommen, daß der Berufungsbeklagte mit der Anschlußberufung die **Beschwer geltend macht**. Die Beschwer für sich allein reicht für die Zulässigkeit der Anschlußberufung nicht aus[27]. Ist der Beklagte also in erster Instanz teilweise unterlegen, so kann er Anschlußberufung nicht allein zu dem Zweck einlegen, Widerklage zu erheben, → Allg. Einl. vor § 511 Rdnr. 75. 9

## 2. Gegenstand der Anschlußberufung

### a) Verfolgte Ansprüche

Gegenstand der Anschlußberufung können auch andere Ansprüche bilden, als die mit der Berufung verfolgten[28]. Der Berufungskläger kann die Anschließungsmöglichkeit nicht dadurch beschränken, daß er seine erstinstanzlichen Anträge nur eingeschränkt weiterverfolgt. Insbesondere muß zwischen dem Gegenstand der Berufung und dem der Anschlußberufung keine Konnexität bestehen[29]. Infolgedessen kann die Anschließung z.B. bei einer Berufung nur hinsichtlich der Klage allein die Widerklage betreffen[30]. Voraussetzung für die Anschließung ist jedoch, daß die Entscheidung über die Ansprüche in ein und demselben Urteil erster Instanz ergangen ist; gleichgestellt sind vorangegangene Entscheidungen, die nach § 512 der Beurteilung des Berufungsgerichts unterliegen. Soweit dagegen über Ansprüche in einer selbständig anfechtbaren Vorentscheidung entschieden worden ist (§§ 301, 302, 304), können sie nicht über eine Anschlußberufung in das Berufungsverfahren einbezogen werden[31]. Hat der Berufungskläger auf die Berufung bezüglich eines von mehreren selbständigen Ansprüchen bzw. eines teilurteilsfähigen Anspruchsteils verzichtet und ist infolgedessen die Berufung insoweit unzulässig (zum Teilverzicht → § 514 Rdnr. 17f.), so kann hinsichtlich dieses Urteilsteils auch keine Anschlußberufung eingelegt werden[32]. Zu den Parteien der Anschlußberufung → Rdnr. 15 ff. 10

Ist in erster Instanz ein **Teilurteil** ergangen, gegen das Berufung eingelegt worden ist, so kann der in erster Instanz noch anhängige Teil nicht im Wege der Anschlußberufung in die 11

---

[24] Zutreffend *Gilles* ZZP 92 (1979), 158f.; *Musielak* Festschrift f. Schwab (1990), 356f.; AK-*Ankermann* Rdnr. 5; MünchKomm ZPO-*Rimmelspacher* Rdnr. 17.
[25] So *Musielak* (Fn. 24), 357.
[26] Nachw. → Fn. 18.
[27] *Gilles* ZZP 92 (1979), 200ff.
[28] *Klamaris* (Fn. 1), 209ff.; *Fenn* FamRZ 1976, 263.

[29] MünchKomm ZPO-*Rimmelspacher* Rdnr. 15; AK-*Ankermann* Rdnr. 8.
[30] *Klamaris* (Fn. 1), 210.
[31] BGH NJW 1983, 1317, 1318; MünchKomm ZPO-*Rimmelspacher* Rdnr. 13.
[32] RGZ 55, 276f.; OLG München VersR 1968, 1072; a.A. MünchKomm ZPO-*Rimmelspacher* Rdnr. 10.

Berufungsinstanz gezogen werden[33]. Liegen die Voraussetzungen einer mittels Anschlußberufung vorzunehmenden Klageerweiterung vor (→ Rdnr. 7), so darf sich die Erweiterung nicht auf einen bereits rechtskräftig abgewiesenen Teilanspruch beziehen[34]. Ist die Abweisung des Teilanspruchs noch nicht rechtskräftig geworden, so kann seinetwegen eine Anschlußberufung auch noch dann eingelegt werden, wenn in der Berufungsinstanz nurmehr ein Nachverfahren nach § 302 anhängig ist[35].

### b) Notwendigkeit der Anschlußberufung

12    Eine Anschlußberufung ist nur dann erforderlich, wenn der Berufungsbeklagte **mehr** erreichen will **als die bloße Zurückweisung der Berufung**[36]. Dies ist immer dann (aber nicht nur dann) der Fall, wenn der Berufungsbeklagte seine erstinstanzlichen Anträge ändern will[37]. Nicht nur um bloße Abwehr der Berufung des Beklagten, sondern um eine Klageänderung geht es, wenn der in erster Instanz siegreiche Kläger Zahlung jetzt nicht mehr an sich, sondern an einen Zessionar verlangt; dazu bedarf es einer Anschlußberufung[38]. Eine reine Klarstellung des erstinstanzlichen Antrags ohne inhaltliche Abänderung erfordert dagegen keine Anschlußberufung[39]. Da das Berufungsgericht durch den Inhalt der Berufungsbegründung in seiner Prüfungsbefugnis nicht eingeschränkt wird, sondern das angefochtene Urteil vollinhaltlich zu überprüfen hat, → § 519 Rdnr. 39, kann der Berufungsbeklagte ohne Anschlußberufung auf Punkte des erstinstanzlichen Urteils eingehen, die in der Berufungsbegründung nicht angesprochen worden sind (insbesondere auch auf solche, die in erster Instanz zugunsten des Berufungsklägers entschieden worden sind). Bei einer nur beschränkten Berufungseinlegung, → § 519 Rdnr. 27 ff., bedarf es allerdings dann einer Anschlußberufung, wenn der Berufungsbeklagte eine Abänderung des nicht angefochtenen Urteilsteils erreichen will.

### 3. Zeitpunkt der Anschlußberufung

13    Die Anschlußberufung ist auch **nach Ablauf der Berufungsfrist zulässig**, Abs. 1. Die einzige zeitliche Schranke besteht darin, daß noch neuer Streitstoff in den Prozeß eingeführt werden können muß. Im übrigen ist es gleichgültig, in welchem Stadium sich das Verfahren befindet. Eine Anschlußberufung ist also auch nach Erlaß eines Vorbehalts-[40], § 302, Teil-, § 301, oder Grundurteils, § 304 möglich. Mit Erlaß des die Berufung als unzulässig verwerfenden Beschlusses, § 519b Abs. 2, entfällt dagegen die Möglichkeit einer Anschlußberufung[41]; ebenso mit **Schluß der mündlichen Verhandlung**, auf die hin das die Instanz beendende Berufungsurteil ergeht[42]; nach diesem Zeitpunkt kann auch eine davor eingelegte Anschlußberufung nicht mehr erweitert werden[43]. Um die Möglichkeit der Einlegung einer Anschlußberufung zu schaffen, braucht die mündliche Verhandlung nicht wiedereröffnet zu werden[44]. War die

---

[33] BGHZ 30, 213; AK-*Ankermann* Rdnr. 8; *Baumbach/Lauterbach/Albers*[51] Rdnr. 3; *Zöller/Schneider*[18] Rdnr. 13. A.A. (aber überholt) BGH NJW 1954, 640.
[34] BGH LM § 521 Nr. 10 = NJW 1961, 1813 = MDR 933 = BB 1068.
[35] BGHZ 37, 131 = LM § 302 Nr. 11 (*Johannsen*) = NJW 1962, 1249 = MDR 733 = BB 1177; *Klamaris* (Fn. 1), 203 f.
[36] BGH LM § 521 Nr. 11 = MDR 1978, 398 = ZZP 91 (1978), 314 (*Grunsky*); LM § 521 Nr. 23 = NJW 1991, 3029; *Walsmann* (Fn. 1), 122.
[37] BGH LM § 521 Nr. 11 (Fn. 36).
[38] *Grunsky* ZZP 91 (1978), 316; MünchKomm ZPO-*Rimmelspacher* Rdnr. 15; a.A. BGH LM § 521 Nr. 11 (Fn. 36); AK-*Ankermann* Rdnr. 7.

[39] BGH LM § 521 Nr. 23 (Fn. 36).
[40] BGHZ 37, 131 (Fn. 35).
[41] *Klamaris* (Fn. 1), 204 f.; AK-*Ankermann* Rdnr. 10; *Baumbach/Lauterbach/Albers*[51] Rdnr. 12.
[42] BGH LM § 521 Nr. 18 = NJW 1984, 2951 = MDR 1014; BGHZ 83, 371, 375 ff. = LM § 521 Nr. 13 = NJW 1982, 1708 = MDR 843 = JZ 512; BGHZ 37, 131, 133 (Fn. 35); *Fenn* (Fn. 1), 103 ff.; *Klamaris* (Fn. 1), 203; *Rosenberg/Schwab/Gottwald*[15] § 138 V; AK-*Ankermann* Rdnr. 10; MünchKomm ZPO-*Rimmelspacher* Rdnr. 34.
[43] BGH LM § 521 Nr. 18 (Fn. 42).
[44] BGH ZZP 74 (1961), 454, 455; *Rosenberg/Schwab/Gottwald*[15] § 138 V; MünchKomm ZPO-*Rimmelspacher* Rdnr. 34.

Wiedereröffnung jedoch aus einem anderen Grund erfolgt, so kann auch jetzt noch Anschlußberufung eingelegt werden[45]. Weiter kann die Anschlußberufung nach Aufhebung des Berufungsurteils in der Revisionsinstanz und Zurückverweisung eingelegt werden[46]. Das Recht zur Anschlußberufung kann nicht verwirkt werden[47] (wohl aber ist ein Verzicht möglich, → Rdnr. 21). Weiter kann die Anschlußberufung nicht als verspätet zurückgewiesen werden[48]; dies scheitert daran, daß sie kein Angriffs- oder Verteidigungsmittel i. S. der §§ 296, 527, 528 ist, sondern selbst den Angriff darstellt. Wegen des dem Schluß der mündlichen Verhandlung entsprechenden Zeitpunkts bei Entscheidung ohne mündliche Verhandlung, § 128 Abs. 2, → § 128 Rdnr. 94.

### 4. Bedingte Anschlußberufung

Die Anschlußberufung kann auch für den Fall bedingt eingelegt werden, daß dem in erster Linie gestellten Antrag, die Berufung als unzulässig zu verwerfen oder als unbegründet zurückzuweisen, nicht entsprochen wird[49]. Auch von anderen innerprozessualen Vorgängen kann die Erhebung der Anschlußberufung abhängig gemacht werden. Soweit in erster Instanz neue Ansprüche bedingt geltend gemacht werden können, → § 260 Rdnr. 15ff., oder eine bedingte Widerklage zulässig ist, → § 33 Rdnr. 26ff., kann dies mit der sich aus § 530 Abs. 1 ergebenden Einschränkung auch im Wege einer bedingten Anschließung erfolgen[50]. Als unzulässig muß eine Bedingung angesehen werden, wonach die Erhebung der Anschlußberufung von der Beurteilung einer einzelnen Rechtsfrage abhängt[51]. Anderenfalls hätte es der Berufungsbeklagte in der Hand, die Bedingung so zu formulieren, daß die Anschlußberufung nur für den Fall erhoben werden soll, daß sie Erfolg hat, was mit dem Grundsatz der Waffengleichheit nicht vereinbar wäre[52]. Unzulässig ist bei einfacher Streitgenossenschaft weiter die Erhebung einer Anschlußberufung unter der Bedingung, daß das Verfahren gegen einen anderen Streitgenossen mit einem bestimmten Ergebnis endet[53]. **14**

### 5. Parteien der Anschlußberufung

Parteien des Anschlußberufungsverfahrens sind dieselben wie die des Berufungsverfahrens, nur mit umgekehrter Rollenverteilung. **Anschlußberechtigt** ist demnach nur der Berufungsbeklagte[54]. Eine auf seiten des Berufungsklägers stehende Partei kann sich der Berufung nicht anschließen[55]. Der den Berufungsbeklagten unterstützende Nebenintervenient kann sich im Rahmen des § 67 der Berufung anschließen[56], d.h. der Berufungsbeklagte muß seinerseits noch anschließungsbefugt sein (daran fehlt es etwa, wenn die Partei auf das Recht zur Anschließung wirksam verzichtet hat, → Rdnr. 21). **Anschlußberufungsbeklagter** ist der Berufungskläger. Dies gilt auch dann, wenn die Berufung vom Nebenintervenienten eingelegt **15**

---

[45] *AK-Ankermann* Rdnr. 10; MünchKomm ZPO-*Rimmelspacher* Rdnr. 34.
[46] RGZ 110, 231; BGH MDR 1963, 205; *AK-Ankermann* Rdnr. 10; MünchKomm ZPO-*Rimmelspacher* Rdnr. 34; *Klamaris* (Fn. 1), 204.
[47] *Klamaris*(Fn. 1) 205; MünchKomm ZPO-*Rimmelspacher* Rdnr.36.
[48] BGHZ 83, 371, 376 (Fn. 42).
[49] RGZ 142, 307, 311; BGH LM § 521 Nr. 16 = NJW 1984, 1240 = MDR 569; *AK-Ankermann* Rdnr. 12; *Baumbach/Lauterbach/Albers*[51] Rdnr. 4; MünchKomm ZPO-*Rimmelspacher* Rdnr. 27ff.; *Zöller/Schneider*[18] Rdnr. 10; *Fenn* (Fn. 1), 140ff.; *Klamaris* (Fn. 1), 252ff.

[50] S. *Walsmann* (Fn. 1), 152f., 202; MünchKomm ZPO-*Rimmelspacher* Rdnr. 31.
[51] *AK-Ankermann* Rdnr. 12 gegen BGH LM § 521 Nr. 16 (Fn. 49).
[52] Zutreffend MünchKomm ZPO-*Rimmelspacher* Rdnr. 30.
[53] BGH LM § 521 Nr. 21 = NJW-RR 1989, 1099 = MDR 899 = BB 1227 = WM 997.
[54] MünchKomm ZPO-*Rimmelspacher* Rdnr. 23.
[55] OVG Lüneburg NJW 1968, 422.
[56] MünchKomm ZPO-*Rimmelspacher* Rdnr. 24; *Klamaris* (Fn. 1), 188.

worden ist, → § 67 Rdnr. 16[57]; die Berufung ist auch hier eine solche der Hauptpartei und nicht etwa wird der Nebenintervenient neben der unterstützten Partei ebenfalls Berufungskläger.

16 Bei **einfacher Streitgenossenschaft** kann sich nur der Streitgenosse der Berufung anschließen, gegen den sich diese richtet[58]. Hat von mehreren einfachen Streitgenossen nur einer Berufung eingelegt, so kann sich eine Anschlußberufung nur gegen ihn, und nicht auch gegen die übrigen Streitgenossen richten[59]. Ist die Berufung von allen Streitgenossen eingelegt worden, so kann die Anschlußberufung sich gleichwohl nur gegen einzelne von ihnen richten; eine Erstreckung auf alle Streitgenossen ist nicht notwendig[60]. Bei **notwendiger Streitgenossenschaft** kann Anschlußberufung auch von bzw. gegen den Streitgenossen eingelegt werden, der nach dem unter → § 62 Rdnr. 38 ff. Dargelegten Partei der Rechtsmittelinstanz ist[61].

17 Am Verfahren bisher **nicht beteiligte Dritte** können nicht Anschlußberufung einlegen. Auch kann sich die Anschlußberufung nicht gegen sie richten[62]. Bei einer Partei kraft Amts gilt dies auch dann, wenn die Klage im Wege der unselbständigen Anschlußberufung auf den Amtsträger persönlich erstreckt werden soll[63]. Erfolgt die Erstreckung auf den Dritten dagegen mittels einer selbständigen Anschlußberufung, so gelten die Grundsätze für eine Parteierweiterung im Berufungsverfahren[64], → § 263 Rdnr. 117 f.

## 6. Verzicht auf die Berufung

18 Ein Verzicht auf die Berufung, § 514, steht der Anschlußberufung nicht entgegen, Abs. 1. Zur Frage, ob auch auf das Recht zur Anschließung verzichtet werden kann, → Rdnr. 21. Auch die **Zurücknahme** der selbständigen eigenen Berufung, § 515, schließt die spätere Anschließung an die Berufung des Gegners nicht aus[65]; sie ist nur ein Absehen von der Weiterverfolgung des eingelegten Rechtsmittels, dem Verzicht gegenüber also ein bloßes minus. Ein etwa nach § 515 Abs. 3 erlassener Beschluß ist insoweit unerheblich. Ein **Verzicht des Berufungsklägers auf den Klageanspruch**, § 306, oder dessen **Anerkenntnis**, § 307, schließen als solche die Anschlußberufung nicht aus[66]; → weiter § 522 Rdnr. 5.

19 Daraus, daß die Anschlußberufung auch noch nach Ablauf der Berufungsfrist zulässig ist, → Rdnr. 13, folgt, daß es für die Anschließung kein Hindernis bilden kann, wenn die **eigene Berufung des Anschlußklägers als unzulässig verworfen** worden ist[67]. Die Verwerfung bewirkt nur, daß die durch die Berufungseinlegung herbeigeführte Hemmung der Rechtskraft rückwirkend beseitigt wird und es bei dem Lauf der Berufungsfrist bewendet, → § 519b Rdnr. 12, die jedoch für die Anschließung ohne Bedeutung ist. Das Ergebnis folgt ferner daraus, daß eine als unzulässig verworfene Anschlußberufung wiederholt werden kann, → § 522a Rdnr. 24. Erforderlich ist allerdings, daß bei der Wiederholung der Mangel vermieden wird, der zur Verwerfung der ersten Anschlußberufung geführt hat; anderenfalls steht die

---

[57] MünchKomm ZPO-*Rimmelspacher* Rdnr. 25; a.A. *Klamaris* (Fn. 1), 197 f. und Voraufl.
[58] BGH LM § 521 Nr. 24 = NJW 1991, 2569 = MDR 1992, 76; MünchKomm ZPO-*Rimmelspacher* Rdnr. 24; AK-*Ankermann* Rdnr. 9; *Thomas/Putzo*[18] Rdnr. 7.
[59] BGH LM § 521 Nr. 4; ZZP 70 (1957), 81; MünchKomm ZPO-*Rimmelspacher* Rdnr. 15; *Thomas/Putzo*[18] Rdnr. 8; *Fenn* (Fn. 1), 91; *Klamaris* (Fn. 1), 196 f.
[60] MünchKomm ZPO-*Rimmelspacher* Rdnr. 25.
[61] *Thomas/Putzo*[18] Rdnr. 8; *Klamaris* (Fn. 1), 190 f., 197.
[62] BGH LM § 521 Nr. 4; Nr. 20 = NJW-RR 1989, 441 = MDR 522; MünchKomm ZPO-*Rimmelspacher* Rdnr. 26; *Zöller/Schneider*[18] Rdnr. 11.
[63] BGH LM § 521 Nr. 22 = NJW-RR 1991, 510 = MDR 422 = ZIP 42 = WM 383 = EWiR 203 (*Pape*).
[64] MünchKomm ZPO-*Rimmelspacher* Rdnr. 26.
[65] OLG Stuttgart NJW 1960, 1161; MünchKomm ZPO-*Rimmelspacher* Rdnr. 33; *Fenn* (Fn. 1), 120 f.
[66] OLG Frankfurt NJW 1957, 1641; *Wieczorek/Rössler* Anm. B II b 1; a.A. *Baumbach/Lauterbach/Albers*[51] Rdnr. 13.
[67] RGZ 110, 231, 232 ff.; MünchKomm ZPO-*Rimmelspacher* Rdnr. 33.

Rechtskraft der Verwerfungsentscheidung der Wiederholung der Anschlußberufung entgegen, → § 519b Rdnr. 15.

Die **Zurückweisung der Berufung als unbegründet** schließt dagegen eine Anschlußberufung derselben Partei wegen der Bindung des Berufungsgerichts an sein Urteil, § 318, aus[68], es sei denn, daß sich die Anschließung auf andere Ansprüche bezieht[69]. Ebenso ist, wenn das Berufungsgericht ein Teilurteil erlassen hat, von da an wegen § 318 eine Anschließung wegen der erledigten Ansprüche oder Teile von solchen unzulässig.

### 7. Verzicht auf die Anschlußberufung

Ein **Verzicht auf das Anschließungsrecht ist zulässig** und macht eine gleichwohl eingelegte Anschlußberufung unzulässig; insoweit besteht heute Einigkeit[70]. Umstritten ist jedoch, von welchem **Zeitpunkt** an der Verzicht wirksam erklärt werden kann. Vertreten werden insoweit die allgemeine Anwendbarkeit der Grundsätze des § 514[71] (d.h. der Verzicht wäre auch schon vor Einlegung der Berufung wirksam, → § 514 Rdnr. 7 ff.), erst nach Einlegung der Berufung[72] oder gar erst nach Ablauf der Berufungsbegründungsfrist[73]. Vom Zweck der Anschlußberufung her muß zumindest die erste Auffassung ausgeschieden werden: Der Berufungsbeklagte soll nach Einlegung des gegen ihn gerichteten Rechtsmittels einen neuen Entschluß über die Fortführung des Verfahrens fassen können; dazu muß er zunächst wissen, daß das Verfahren überhaupt weitergeht. Die bloße Tatsache der Berufungseinlegung ist für den Berufungsbeklagten insoweit aber immer noch wenig aussagekräftig, als er damit noch nicht weiß, in welchem Umfang und mit welchen Anträgen der Berufungskläger das Verfahren weiterzuführen gedenkt. Eben das kann für die Entscheidung zugunsten einer Anschlußberufung aber eine entscheidende Rolle spielen. Infolgedessen wird man auf den Ablauf der Berufungsbegründungsfrist abzustellen haben. Erst jetzt (genauer gesagt, erst ab Zustellung der Berufungsbegründung, § 519a S. 1) hat der Berufungsbeklagte den Überblick darüber, worum es im Berufungsverfahren noch geht. Zum Verzicht auf Anschlußrechtsmittel im Verbundverfahren → § 629 Rdnr. 19.

### III. Anschließung an die Anschlußberufung

Die Frage der Anschließung des Berufungsklägers an die Anschlußberufung (**Gegenanschließung**) liegt grundsätzlich ebenso wie die der Wider-Widerklage, dazu → § 33 Rdnr. 25; sie wäre eine nachträgliche Änderung der Berufungsanträge. Soweit man dies mit der h. M. im Einzelfall für zulässig hält, → § 519 Rdnr. 47 ff., besteht für eine Gegenanschließung kein Bedürfnis[74]. Lehnt man dagegen mit der hier vertretenen Auffassung die Möglichkeit einer Erweiterung der Berufungsanträge nach Ablauf der Berufungsbegründungsfrist ab, → § 519 Rdnr. 49, oder liegen auch nach h. M. die Voraussetzungen für eine Antragserweiterung nicht vor (vor allem, weil die Berufungsbegründung den neuen Antrag nicht mitumfaßt, → § 519 Rdnr. 48[75]), so muß man eine Anschließung des Berufungsklägers an die Anschlußberufung

---

[68] MünchKomm ZPO-*Rimmelspacher* Rdnr. 33; Thomas/Putzo[18] Rdnr. 11.
[69] RGZ 49, 396, 398; *Fenn* (Fn. 1), 121.
[70] AK-*Ankermann* Rdnr. 15; *Baumbach/Lauterbach/Albers*[51] Rdnr. 13; MünchKomm ZPO-*Rimmelspacher* Rdnr. 32; *Fenn* FamRZ 1976, 264; *Klamaris* (Fn. 1), 255 ff.; *Gilles* ZZP 92 (1979), 182. A.A. noch (heute aber überholt) *Walsmann* (Fn. 1), 131 ff.
[71] OLG Hamm FamRZ 1979, 944; *Baumbach/Lauterbach/Albers*[51] Rdnr. 13.
[72] AK-*Ankermann* Rdnr. 15; *Klamaris* (Fn. 1), 258 ff.;

*Fenn* FamRZ 1976, 264; *Gilles* ZZP 92 (1979), 182; so auch Voraufl..
[73] MünchKomm ZPO-*Rimmelspacher* Rdnr. 32; so wohl auch (wenn auch nicht ganz klar) OLG München NJW-RR 1993, 778, 779.
[74] Insoweit zutreffend BGHZ 88, 360 = LM § 521 Nr. 15 = NJW 1984, 437 = MDR 309 = JZ 476 (abl. *Fenn* = ZZP 97 (1984), 476 (abl. *Grunsky*); LM § 521 Nr. 19 = NJW 1986, 1494 = MDR 658; AK-*Ankermann* Rdnr. 13.
[75] So im Falle BGHZ 88, 360 (Fn. 74).

des Berufungsbeklagten für zulässig halten. Dafür spricht dann ein dringendes praktisches Bedürfnis: Es geht nicht an, den Berufungskläger, der sich teilweise mit dem Urteil abfinden wollte, daran auch dann festzuhalten, wenn der Berufungsbeklagte seinerseits diesen Urteilsteil über eine Anschlußberufung in die höhere Instanz bringt[76]. Zur Gegenanschließung im Verbundverfahren → § 629a Rdnr. 11. Hat der Berufungskläger sein Rechtsmittel wirksam auf eine einzelne Frage beschränkt, die in erster Instanz zu seinen Ungunsten beantwortet worden ist, → § 519 Rdnr. 27, und der Berufungsbeklagte wegen einer anderen Frage Berufung eingelegt, so bedarf es i. d.R. keiner Anschließung an die Anschlußberufung seitens des Berufungsklägers; nur dann, wenn der Berufungsbeklagte die Anschlußberufung seinerseits wirksam auf eine einzelne Frage beschränkt hat, kann sich theoretisch die Notwendigkeit einer weiteren Anschließung ergeben. Wegen der selbständigen Anschließung → § 522 Rdnr. 13.

## IV. Versäumnisurteil

23   Im Falle des Versäumnisurteils ist nach Abs. 2 und § 513 die in erster Instanz säumige Partei zur Anschließung nur berechtigt, wenn der Einspruch nicht statthaft ist (§ 345) und die Anschließung sich darauf stützt, daß ein Fall der Versäumung nicht vorgelegen habe, s. § 513 Abs. 2. Wird aber das nach § 345 erlassene Versäumnisurteil von der säumigen Partei selbst nach § 513 Abs. 2 mit der Berufung angefochten, so ist die Anschließung unbeschränkt. Im ersten Fall wird die nichtsäumige Partei allerdings keinen Anlaß zur Berufung, und im zweiten keinen zur Anschließung haben, weshalb Abs. 2 kaum praktische Bedeutung hat. Ergeht ein Urteil teilweise als kontradiktorisches, im übrigen dagegen als Versäumnisurteil, so liegen in Wirklichkeit zwei selbständige Urteile vor, deren Anfechtbarkeit getrennt zu bestimmen ist; eine Anschließung der säumigen Partei auf die Berufung des Gegners gegen die kontradiktorische Entscheidung ist unter den Voraussetzungen des § 513 Abs. 2 gleichwohl möglich[77].

## V. Kosten und Gebühren

24   Hinsichtlich der Kosten ist die Anschlußberufung wie ein selbständiges Rechtsmittel zu behandeln. Ergeht sowohl über die Berufung als auch über die Anschlußberufung eine gerichtliche Entscheidung, so sind die Kosten des Berufungsverfahrens nach §§ 97 Abs. 1, 92 anteilmäßig zu quoteln, → § 97 Rdnr. 4f. Zur Kostentragungspflicht bei Unzulässigkeit der Anschlußberufung wegen Zurücknahme oder Verwerfung der Hauptberufung, § 522 Abs. 1, → § 97 Rdnr. 5. Für die Anschlußberufung kann Prozeßkostenhilfe gewährt werden; dabei ist die Erfolgsaussicht zu prüfen; § 119 S. 2 kommt dem Berufungsbeklagten deshalb nicht zugute, weil er wegen des mit der Anschlußberufung verfolgten Begehrens in erster Instanz unterlegen ist.

25   Der **Streitwert des Berufungsverfahrens** ergibt sich nach § 19 Abs. 2 GKG aus einer Addition der Haupt- und der Anschlußberufung, und zwar unabhängig davon, ob es sich um eine selbständige oder unselbständige Anschlußberufung handelt[78].

---

[76] A.A. *BGHZ* 88, 360 (Fn. 74); 91, 154, 160; *BGH LM* § 521 Nr. 19 (Fn. 74). Im Schrifttum wird diese Rechtsprechung ganz überwiegend abgelehnt; s. etwa *Fenn*; *Grunsky* (beide Fn. 74); MünchKomm ZPO-*Rimmelspacher* Rdnr. 12; *Jauernig*[23] § 72 VI; s. weiter AK-*Ankermann* Rdnr. 13; *Zöller/Schneider*[18] Rdnr. 12.

[77] MünchKomm ZPO-*Rimmelspacher* Rdnr. 41.

[78] *BGHZ* 72, 339 = LM § 19 GKG 1975 Nr. 3 = NJW 1979, 878 = MDR 287 = BB 297.

## VI. Arbeitsgerichtliches Verfahren

Die §§ 521–522 a gelten über § 66 Abs. 6 ArbGG im **Urteilsverfahren** ohne Einschränkungen auch im arbeitsgerichtlichen Verfahren. Irgendwelche Besonderheiten bestehen nicht. Im **Beschlußverfahren** ist nach inzwischen wohl einhelliger Auffassung eine unselbständige Anschlußbeschwerde zulässig[79]; die frühere anderslautende Rechtsprechung[80] ist überholt.

26

## § 522 [Unwirksamwerden der Anschließung; selbständige Anschließung]

(1) Die Anschließung verliert ihre Wirkung, wenn die Berufung zurückgenommen oder als unzulässig verworfen wird.

(2) Hat der Berufungsbeklagte innerhalb der Berufungsfrist sich der erhobenen Berufung angeschlossen, so wird es so angesehen, als habe er die Berufung selbständig eingelegt.

Gesetzesgeschichte: Bis 1900 § 483 CPO. Änderungen: BGBl. 1950 S. 455.

| | |
|---|---|
| I. Die unselbständige Anschließung 1 | II. Die selbständige Anschließung, |
| 1. Zurücknahme der Berufung 3 | Abs. 2      9 |
| 2. Verwerfung der Berufung 4 | 1. Voraussetzungen      11 |
| 3. Entsprechende Anwendung von Abs. 1      5 | 2. Prozessuale Behandlung      12 |
| 4. Kosten der Anschließung bei Unwirksamwerden nach Abs. 1      6 | 3. Anschließung an die Anschlußberufung      13 |
| 5. Teilurteil      7 | III. Arbeitsgerichtliches Verfahren      14 |
| 6. Wirkungslosigkeit der Anschlußberufung      8 | |

## I. Die unselbständige Anschließung[1]

Die unselbständige Anschließung, Abs. 1, ist nach h. M. kein Rechtsmittel; sie soll nur das Recht des Anschlußberufungsklägers bedeuten, innerhalb einer fremden Berufung durch Anträge die Grenzen der neuen Verhandlung zu erweitern, → § 521 Rdnr. 3.

1

Die Anschließung ist **von der Berufung prozessual abhängig**, soweit Abs. 2 nicht eine Ausnahme begründet. Diese **Akzessorietät** rechtfertigt sich aus dem unter → § 521 Rdnr. 2 dargestellten Zweck der Anschlußberufung. Von dem Augenblick an, in dem der Berufungsbeklagte nicht mehr befürchten muß, daß das erstinstanzliche Urteil zu seinem Nachteil abgeändert wird, kann es ihm zugemutet werden, daß auch er sich mit dem Urteil abfindet. Daß er dazu grundsätzlich bereit war, hat er dadurch bewiesen, daß er keine selbständige Berufung eingelegt hat. Es besteht kein Anlaß, ihn von den Folgen dieses Entschlusses freizustellen. Infolgedessen verliert die bereits erklärte Anschließung kraft Gesetzes ihre Wirkung, wenn:

2

---

[79] *BAGE* 55, 20 = AP § 87 BetrVG 1972 Nr. 3; *Grunsky*[6] § 87 Rdnr. 4; *Germelmann/Matthes/Prütting* § 89 Rdnr. 32 (jeweils mit weit. Nachw.).

[80] *BAG* AP § 89 ArbGG Nr. 3, 8; § 94 ArbGG Nr. 4.
[1] Literatur → § 521 Fn. 1.

## 1. Zurücknahme der Berufung

3  Die Berufung wirksam zurückgenommen wird, § 515. Dies gilt auch dann, wenn die Berufung schon vor Einlegung der Anschlußberufung zurückgenommen worden ist, ohne daß der Berufungsbeklagte davon Kenntnis hatte². In diesem Fall ist die Anschlußberufung von Anfang an wirkungslos. Wird die Zurücknahme der Berufung nach Beginn der mündlichen Verhandlung erklärt, so liegt in der Einwilligung des Berufungsbeklagten, § 515 Abs. 1, ein Verzicht auf die bereits erhobene Anschließung sowie darüber hinaus generell auf das Anschließungsrecht³. Voraussetzung für das Unwirksamwerden der Anschlußberufung ist die vollständige Rücknahme der Berufung; eine Teilrücknahme hat auf die Wirksamkeit der Anschlußberufung keine Auswirkungen⁴ (insbesondere nicht in der Form einer Teilunwirksamkeit). Verweigert der Berufungsbeklagte die Einwilligung in die Berufungszurücknahme (oder erteilt er sie nur hinsichtlich eines Teils der Berufung), so bleiben die Anschließung und das Anschließungsrecht unberührt.

## 2. Verwerfung der Berufung

4  Die Berufung als unzulässig verworfen wird, → dazu § 519b Rdnr. 11 ff. Hierher gehört auch der Fall, daß der Berufungskläger auf die Berufung verzichtet⁵ (zum Verzicht auf den Klageanspruch nach § 306 → Rdnr. 5). Ebenso wie bei der Rücknahme der Berufung, → Rdnr. 3, muß auch die Verwerfung die Berufung insgesamt erfassen; eine bloße Teilverwerfung, → § 519b Rdnr. 14, hat auf die Wirksamkeit der Anschlußberufung keinen Einfluß. Ob die Anschlußberufung wirklich unwirksam geworden ist, steht nicht schon mit der Verwerfungsentscheidung, sondern erst mit deren Rechtskraft fest⁶. Unerheblich ist es dabei, ob man die Wirkungslosigkeit erst mit Rechtskraft der Verwerfungsentscheidung eintreten läßt oder meint, mit der Rechtskraft trete die bereits davor vorhandene Unwirksamkeit nur zutage. Auf jeden Fall kann das Berufungsgericht nach Erlaß seiner Verwerfungsentscheidung solange über die Anschlußberufung nicht verhandeln und entscheiden, als diese Entscheidung nicht aufgehoben und die Sache an das Berufungsgericht zurückverwiesen worden ist. Wird die Berufung durch Teilurteil, → Rdnr. 7, als **unbegründet** oder wegen Versäumnis des Berufungsklägers zurückgewiesen, so behält die Anschließung ihre Wirkung⁷.

## 3. Entsprechende Anwendung von Abs. 1

5  Vom Zweck der unselbständigen Anschlußberufung her ergibt sich, daß Abs. 1 dann entsprechend anzuwenden ist, wenn über den Verfahrensgegenstand aus anderen Gründen keine die Rechtsstellung des Berufungsbeklagten verschlechternde Sachentscheidung mehr gefällt werden kann⁸. Dies ist dann der Fall, wenn nicht die Berufung, sondern die **Klage zurückgenommen** wird⁹; ebenso bei **übereinstimmender Erledigungserklärung**¹⁰. In beiden

---

² BGHZ 17, 398 = LM § 556 Nr. 5 (*Johannsen*) = NJW 1955, 1187 = JZ 503; AK-*Ankermann* Rdnr. 2; *Rosenberg/Schwab/Gottwald*¹⁵ § 138 II 1a.
³ AK-*Ankermann* Rdnr. 2.
⁴ MünchKomm ZPO-*Rimmelspacher* Rdnr. 3.
⁵ *Habscheid* und *Lindacher* NJW 1964, 2396; AK-*Ankermann* Rdnr. 3; a. A. MünchKomm ZPO-*Rimmelspacher* Rdnr. 4 (erst mit Verwerfungsentscheidung).
⁶ *Gilles* ZZP 92 (1979), 169 Fn. 59.
⁷ BGH LM § 521 Nr. 18 = NJW 1984, 2951 = MDR 1014; *Fenn* (§ 521 Fn. 1), 131; *Rosenberg/Schwab/Gottwald*¹⁵ § 138 II 1a; AK-*Ankermann* Rdnr. 3.
⁸ S. zum Folgenden insbesondere *Habscheid* und *Lindacher* NJW 1964, 1295 sowie *Gilles* ZZP 92 (1979), 152, 163 ff.
⁹ *Habscheid* und *Lindacher* NJW 1964, 2396; *Gilles* ZZP 92 (1979), 169; AK-*Ankermann* Rdnr. 5; MünchKomm ZPO-*Rimmelspacher* Rdnr. 3.
¹⁰ OLG München MDR 1984, 320; AK-*Ankermann* Rdnr. 5; MünchKomm ZPO-*Rimmelspacher* Rdnr. 3; *Habscheid* und *Lindacher* NJW 1964, 2395; *Gilles* ZZP 92 (1979), 169. A.A. BGH LM § 522 Nr. 4 = Warn. 1963, Nr. 202 = NJW 1964, 108 = JZ 66 = MDR 143; BGH LM § 519b Nr. 34 = MDR 1985, 125 = NJW 1986, 852; *Baumbach/Lauterbach/Albers*⁵¹ Rdnr. 2; *Zöller/Schneider*¹⁸ Rdnr. 2; *Klamaris* (§ 521 Fn. 1), 265.

Fällen ist das Verfahren in der Hauptsache beendet und kann zu keiner dem Berufungsbeklagten ungünstigen Hauptsacheentscheidung mehr führen. Daß bei der Kostenentscheidung nach § 91 a der letzte Stand der Hauptsache zu berücksichtigen ist, spielt dabei keine Rolle[11]. Auch bei einem **Vergleich** ist das Verfahren beendet, weshalb die Anschlußberufung ebenfalls unwirksam wird[12] (a. A. Voraufl.). Voraussetzung ist insoweit allerdings, daß der Vergleich den gesamten Streitgegenstand erfaßt; ein bloßer Teilvergleich läßt die Anschlußberufung dagegen nicht unwirksam werden. Dagegen besteht kein Anlaß, die Wirkungen der Anschlußberufung auch dann entfallen zu lassen, wenn sich der Berufungskläger dem Begehren des Gegners unterwirft (der Beklagte **anerkennt**, der Kläger **verzichtet**, §§ 306, 307)[13]. Das daraufhin über die Berufung entscheidende Urteil ist ein Sachurteil, so daß die Situation dieselbe ist, wie wenn die Berufung aus einem anderen Grund als unbegründet zurückgewiesen wird, → Rdnr. 4. Auch die **einseitige Erledigungserklärung** berührt die Wirksamkeit der Anschlußberufung nicht[14]; hier ist über den Streitgegenstand in der Sache zu entscheiden, → § 91a Rdnr. 41 ff.

### 4. Kosten der Anschließung bei Unwirksamwerden nach Abs. 1

Wer bei Unwirksamwerden der Anschlußberufung nach Abs. 1 deren Kosten zu tragen hat, ist gesetzlich nicht geregelt. Einzelheiten (einschließlich der dabei anzustellenden Differenzierungen) → § 97 Rdnr. 5 und weiter → § 515 Rdnr. 25.

6

### 5. Teilurteil

Aus der Abhängigkeit der unselbständigen Anschließung von der Berufung folgt, daß über die Anschließung nicht vor der Entscheidung über die Berufung in der Sache durch Teilurteil entschieden werden kann[15] (zu einer vorherigen Verwerfung der Anschlußberufung als unzulässig → § 522a Rdnr. 23). Dagegen ist ein Teilurteil über die Anschlußberufung dann zulässig, wenn zumindest gleichzeitig ein solches über die Hauptberufung ergeht[16]. Von diesem Moment an steht fest, daß die Berufung nicht insgesamt zurückgenommen bzw. als unzulässig verworfen wird. Weiter ist ein Teilurteil über die Anschlußberufung dann als zulässig angesehen worden, wenn sich diese nur auf die vorläufige Vollstreckbarkeit des erstinstanzlichen Urteils bezieht[17] (zur Frage der Zulässigkeit einer derartigen Anschlußberufung → § 521 Rdnr. 7). Dem dürfte insofern zuzustimmen sein, als die Entscheidung über die vorläufige Vollstreckbarkeit ihrer Natur nach sofort getroffen werden muß (s. § 718 Abs. 1). Zu beachten bleibt allerdings, daß das Teilurteil in diesem Fall auflösend bedingt ist. Kommt es letztlich zu keiner Sachentscheidung über die Berufung (zu den einzelnen Gründen dafür → Rdnr. 3–5), so entfällt das Urteil über die Vollstreckbarkeit. Abgesehen von den dargestellten Sonderfällen ist daran festzuhalten, daß über die unselbständige Anschlußberufung

7

---

[11] A.A. Zöller/Schneider[18] Rdnr. 2; BGH LM § 519b Nr. 34 (Fn. 10).
[12] BAGE 28, 107, 111 ff. = AP § 522 Nr. 1 (Walchshöfer) = NJW 1976, 2143 = SAE 1977, 23 (Grunsky); Gilles ZZP 92 (1979), 169; AK-Ankermann Rdnr. 5; MünchKomm ZPO-Rimmelspacher Rdnr. 3; Zöller/Schneider[18] Rdnr. 3; Thomas/Putzo[18] Rdnr. 3.
[13] Gilles ZZP 92 (1979), 170; MünchKomm ZPO-Rimmelspacher Rdnr. 4. A. A. Habscheid und Lindacher NJW 1964, 2396 f.; s. weiter AK-Ankermann Rdnr. 5.
[14] Gilles ZZP 92 (1979), 170; MünchKomm ZPO-Rimmelspacher Rdnr. 4. A.A. AK-Ankermann Rdnr. 5.

[15] RGZ 159, 293, 294f.; BGHZ 20, 311 = LM § 522 Nr. 3 (Johannsen) = NJW 1956, 1030 = VersR 340 = ZZP 69 (1956), 268; BAG AP § 301 Nr. 2 (Grunsky); Fenn NJW 1962, 1826; AK-Ankermann Rdnr. 6; Baumbach/Lauterbach/Albers[51] Rdnr. 3; MünchKomm ZPO-Rimmelspacher § 521 Rdnr. 40; Thomas/Putzo[18] § 521 Rdnr. 13; Klamaris (§ 521 Fn. 1), 265 f.
[16] OLG Celle NJW-RR 1986, 357.
[17] KG NJW 1961, 2357 = JR 1962, 103; LG Mönchengladbach NJW 1965, 49.

§ 522 I, II                    3. Buch. Rechtsmittel                              174

vor Entscheidung über wenigstens einen Teil der Hauptberufung kein Teilurteil ergehen darf[18]. Ist umgekehrt die Berufung, nicht aber auch die Anschlußberufung entscheidungsreif, so steht einem Teilurteil nichts entgegen[19].

### 6. Wirkungslosigkeit der Anschlußberufung

8   Unter den in → Rdnr. 3–5 dargestellten Voraussetzungen wird die Anschlußberufung **kraft Gesetzes wirkungslos**. Auf Antrag des Berufungsklägers kann dies durch Beschluß ausgesprochen werden[20]. Verfolgt der Berufungsbeklagte die Anschlußberufung trotz ihrer Wirkungslosigkeit weiter, so ist das Rechtsmittel auf Kosten des Berufungsbeklagten als unzulässig zu verwerfen[21]. Die Wirkungslosigkeit kann auch nicht dadurch abgewendet werden, daß über ein Wiedereinsetzungsgesuch geltend gemacht wird, den Berufungsbeklagten treffe an der Verwerfung der Berufung keine Schuld[22].

## II. Die selbständige Anschließung, Abs. 2.

9   Auf Abs. 2 kommt es erst dann an, wenn eine der in Abs. 1 genannten (oder eine ihnen gleichgestellte, → Rdnr. 5) Voraussetzungen gegeben ist, d. h. wenn die Berufung zurückgenommen oder als unzulässig verworfen wird. Bis zu diesem Zeitpunkt ist auch die selbständige Anschließung grundsätzlich als gewöhnliche Anschließung anzusehen[23]. Einer Entscheidung über die selbständige Anschlußberufung durch Teilurteil steht allerdings auch vor Entscheidung über die Hauptberufung nichts entgegen; die Unsicherheit, ob die Anschlußberufung noch unwirksam werden kann, besteht hier nicht.

10  Ist man mit der hier vertretenen Ansicht der Auffassung (→ § 521 Rdnr. 6), daß eine Anschlußberufung grundsätzlich nur insoweit zulässig ist, als selbständig Berufung eingelegt werden könnte, so ist § 522 Abs. 2 leicht verständlich: Die Vorschrift ist dahin zu verstehen, daß dem Beklagten, der sich vor Ablauf der Berufungsfrist angeschlossen hat, in jedem Fall der Vorteil gesichert sein soll, daß über die Anschließung ohne Rücksicht auf die Zurücknahme oder Verwerfung der gegnerischen Hauptberufung weiter verhandelt und entschieden wird[24]. Dagegen kommt die h. M. in Schwierigkeiten. Dadurch, daß sie es zuläßt, daß durch die Anschlußberufung Fragen zur Entscheidung gestellt werden, die dem Berufungsgericht mangels Beschwer nicht selbständig unterbreitet werden können, → § 521 Rdnr. 5, muß die h.M. § 522 Abs. 2 in dem Sinne restriktiv auslegen, daß die innerhalb der Berufungsfrist erhobene Anschlußberufung nach Zurücknahme oder Verwerfung der Hauptberufung nur dann zulässig bleibt, wenn mit ihr ein Ziel verfolgt wird, das zulässigerweise auch Gegenstand einer selbständigen Berufung sein könnte[25]. Anderenfalls käme man zu dem nicht hinnehmbaren Ergebnis, daß sich der Anschließende besser stellen kann, als hätte der Gegner keine Berufung eingelegt. Im Rahmen des § 522 Abs. 2 ist es demnach gleichgültig, in welchem Umfang man eine Anschlußberufung zuläßt. Das zunächst als unselbständige Anschlußberufung möglicherweise zulässige Rechtsmittel wird also dann unzulässig, wenn es sich etwa nur

---

[18] A. A. *OLG Celle* NJW 1962, 815 für eine durch unselbständige Anschlußberufung erhobene unzulässige negative Feststellungsklage. Dagegen zutreffend *Fenn* NJW 1962, 1826; MünchKomm ZPO-*Rimmelspacher* § 521 Rdnr. 40; AK-*Ankermann* Rdnr. 6.
[19] MünchKomm ZPO-*Rimmelspacher* § 521 Rdnr. 40.
[20] *Baumbach/Lauterbach/Albers*[51] Rdnr. 4; Münch-Komm ZPO-*Rimmelspacher* Rdnr. 5.
[21] *BGHZ* 100, 383 = LM § 515 Nr. 24 = NJW 1987, 3263 = MDR 829.

[22] *BGH* FamRZ 1981, 657, 659; *KG* DR 1941, 2293.
[23] *RGZ* 156, 240, 242; MünchKomm ZPO-*Rimmelspacher* Rdnr. 6; *Zöller/Schneider*[18] Rdnr. 7; *Thomas/Putzo*[18] Rdnr. 5.
[24] Ebenso wohl AK-*Ankermann* Rdnr. 7.
[25] MünchKomm ZPO-*Rimmelspacher* Rdnr. 9; *Baumbach/Lauterbach/Albers*[51] Rdnr. 5; *Thomas/Putzo*[18] Rdnr. 5; *Klamaris* (§ 521 Fn. 1), 251.

auf den Kostenpunkt bezieht (vorausgesetzt, eine derartige Anschließung ist nicht schon aus anderen Gründen unzulässig, → § 521 Rdnr. 7). Ebenso bei Fehlen einer Beschwer oder Nichterreichen der Berufungssumme[26]. Zur Zulässigkeit der unselbständigen Anschlußberufung in diesen Fällen → § 521 Rdnr. 6ff.

### 1. Voraussetzungen

Voraussetzung für die Anwendbarkeit von Abs. 2 ist, daß sich der Berufungsbeklagte innerhalb der Berufungsfrist in der in § 522a vorgeschriebenen Form der erhobenen Berufung angeschlossen hat. Dazu gehört auch, daß die Anschließung innerhalb der Begründungsfrist gemäß § 522a Abs. 2 begründet ist[27]. Ob die Einlegung der Anschlußberufung »innerhalb der Berufungsfrist« erfolgt ist, bestimmt sich nach der Person des Berufungsbeklagten (einschließlich der Verlängerung der Frist nach § 516 2. Halbs. bei Nichtzustellung des Urteils). **11**

### 2. Prozessuale Behandlung

Liegen die Voraussetzungen von Abs. 2 vor, so wird die Anschlußberufung durch die Zurücknahme oder Verwerfung der Hauptberufung nicht berührt. Fraglich ist, ob die Anschlußberufung rückwirkend dergestalt zu einer selbständigen Berufung wird, daß nunmehr ein vor der Anschließung erklärter, gemäß § 521 Abs. 1 bislang unschädlicher **Verzicht** jetzt wieder wirksam wird. Die Frage ist zu bejahen. § 521 Abs. 1 spricht den Berufungsbeklagten nur deswegen von den Verzichtsfolgen frei, weil er in seiner Erwartung enttäuscht wurde, der Rechtsstreit sei endgültig beendet. Nimmt der Gegner seine Berufung zurück oder wird diese als unzulässig verworfen, besteht kein Anlaß mehr, dem Anschließenden die Möglichkeit zu gewähren, das Urteil seinerseits doch noch anfechten zu können[28]. Die Anschlußberufung ist in diesem Fall als unzulässig zu verwerfen[29]. **12**

### 3. Anschließung an die Anschlußberufung

Abs. 2 ermöglicht es, daß Gegenstand der Berufungsinstanz nur noch die Anschließung ist. In diesem Fall kann der Berufungskläger (dessen Berufung zurückgenommen oder als unzulässig verworfen worden ist) sich der selbständigen Anschließung seinerseits anschließen[30]. Auf die Zurücknahme der selbständigen Anschlußberufung findet in diesem Fall § 515 entsprechende Anwendung[31]. Als mündliche Verhandlung i.S. des § 515 Abs. 1, bis zu der die Rücknahme ohne Zustimmung des nunmehrigen Berufungsbeklagten erfolgen kann, muß dabei die erste Verhandlung nach Rücknahme oder Verwerfung der Hauptberufung angesehen werden; eine vorherige mündliche Verhandlung bezog sich in erster Linie auf die Haupt- und nicht auf die Anschlußberufung[32]. **13**

---

[26] RGZ 156, 240, 243; MünchKomm-*Rimmelspacher* Rdnr. 9; *Thomas/Putzo*[18] Rdnr. 6; a.A. für die Beschwerdesumme *Gilles* ZZP 92 (1979), 180.
[27] RGZ 156, 240; BGHZ 100, 383, 386; *Baumbach/Lauterbach/Albers*[51] Rdnr. 5; a.A. *Rimmelspacher* JR 1988, 93, 96; MünchKomm ZPO-*Rimmelspacher* Rdnr. 10 (Begründung innerhalb der Frist des § 519 Abs. 2).
[28] *Fenn* (§ 521 Fn. 1), 138ff.; *Gilles* ZZP 92 (1979), 171 Fn. 82; *Klamaris* (§ 521 Fn. 1), 251; AK-*Ankermann* Rdnr. 8; MünchKomm ZPO-*Rimmelspacher* Rdnr. 9; *Zöller/Schneider*[18] Rdnr. 7.
[29] AK-*Ankermann* Rdnr. 8. A.A. *Gilles* ZZP 92 (1979), 171 Fn. 82 (automatisches Unwirksamwerden der Anschlußberufung).
[30] OLG Stuttgart NJW 1960, 1161; AK-*Ankermann* Rdnr. 9); *Baumbach/Lauterbach/Albers*[51] Rdnr. 5; *Zöller/Schneider*[18] Rdnr. 6.
[31] AK-*Ankermann* Rdnr. 9.
[32] *Fenn*(§ 521 Fn. 1), 133f.

### III. Arbeitsgerichtliches Verfahren

14 § 522 gilt im arbeitsgerichtlichen Verfahren uneingeschränkt, und zwar sowohl im Urteils- wie auch im Beschlußverfahren, → § 521 Rdnr. 26.

## § 522 a [Einlegung und Begründung der Anschließung]

(1) Die Anschließung erfolgt durch Einreichung der Berufungsanschlußschrift bei dem Berufungsgericht.
(2) Die Anschlußberufung muß vor Ablauf der Berufungsbegründungsfrist (§ 519 Abs. 2) und, sofern sie nach deren Ablauf eingelegt wird, in der Anschlußschrift begründet werden.
(3) Die Vorschriften des § 518 Abs. 2, 4, des § 519 Abs. 3, 5 und der §§ 519a, 519b gelten entsprechend.

Gesetzesgeschichte: Eingefügt durch Novelle 1924 (RGBl. 1924 I 135). Keine Änderungen.

| | | | |
|---|---|---|---|
| I. Allgemeines zur Form der Anschließung | 1 | b) Verlängerung der Begründungsfrist | 17 |
| II. Die Berufungsanschlußschrift | 2 | 2. Form und Inhalt | 18 |
| 1. Der notwendige Inhalt | 3 | 3. Bedeutung der einzelnen Begründungserfordernisse | 20 |
| a) Bezeichnung des angefochtenen Urteils | 4 | 4. Vorschriften über die vorbereitenden Schriftsätze | 21 |
| b) Erklärung der Anschließung | 5 | IV. Prüfung der Zulässigkeit der Anschlußberufung | 22 |
| c) Begründung der Anschlußberufung | 8 | 1. Voraussetzungen einer Verwerfung als unzulässig | 23 |
| d) Wiederholung der Anschließung | 9 | 2. Anfechtbarkeit | 25 |
| 2. Einreichung der Anschlußschrift | 10 | V. Nachträgliche Änderung der Anträge | 26 |
| 3. Geschäftliche Behandlung | 11 | VI. Arbeitsgerichtliches Verfahren | 28 |
| 4. Geltendmachung neuer Ansprüche | 13 | | |
| III. Die Begründung der Anschlußberufung | 15 | | |
| 1. Begründungsfrist | 15 | | |
| a) Differenzierung nach dem Zeitpunkt der Einlegung | 15 | | |

### I. Allgemeines zur Form der Anschließung[1]

1 Die Anschlußberufung erfolgt durch Einreichung einer Berufungsanschlußschrift, → Rdnr. 2 ff. Nach Abs. 3 i. V. mit § 519 Abs. 3 untersteht die Anschlußberufung hinsichtlich ihres Inhalts (Anträge und Begründung) denselben Formalerfordernissen wie die Hauptberufung. Das Bedürfnis nach Konzentration des Vorbringens ist bei der Anschlußberufung das gleiche wie bei der Hauptberufung. In der technischen Ausgestaltung der Regelung ergibt sich aber insofern ein Unterschied, als die Anschlußberufung an keine Frist gebunden ist, → § 521 Rdnr. 13. Wenn das Gesetz es dem Anschlußberufungsführer gestattet, mit der Einlegung der Anschlußberufung bis zum Schluß der mündlichen Verhandlung über die Hauptberufung

---
[1] S. dazu (alle § 521 Fn. 1) *Walsmann; Fenn*, 122 ff.; *Klamaris*, 215 ff.

zuzuwarten, so ist es nur billig, von ihm grundsätzlich gleichzeitig die Begründung für seine Anschließung zu verlangen. Anders bei der vor Ablauf der Begründungsfrist für die Hauptberufung eingelegten Anschlußberufung; hier muß dem Anschlußberufungsführer jedenfalls noch die Frist zur Verfügung stehen, die der Hauptberufungskläger für die Begründung seines Rechtsmittels hat; Näheres → Rdnr. 15.

## II. Die Berufungsanschlußschrift

Die Anschlußberufung erfolgt nach Abs. 1 durch Einreichung (→ Rdnr. 10) einer **Anschluß-** 2
**schrift** beim Berufungsgericht. Mündlich kann die Anschlußberufung nicht erhoben werden; → aber Rdnr. 10; ebenso nicht zu Protokoll der Geschäftsstelle. Ebenso wie die Berufungsschrift muß die Anschlußberufungsschrift von einem beim Berufungsgericht zugelassenen Rechtsanwalt unterzeichnet sein, → § 518 Rdnr. 21.

### 1. Der notwendige Inhalt

Die Erfordernisse der Anschlußschrift werden in Abs. 3 durch Bezugnahme auf § 518 3
Abs. 2, 4 geregelt. Im einzelnen bedeutet dies:

#### a) Bezeichnung des angefochtenen Urteils

In der Anschlußschrift muß das Urteil bezeichnet sein, gegen das sich die Anschlußberufung 4
richtet. Es gilt grundsätzlich Entsprechendes wie bei der Hauptberufung, → § 518 Rdnr. 14f. Die Bezeichnung braucht keine ausdrückliche zu sein; der zur Erklärung der Anschließung begrifflich notwendige Hinweis auf die vom Gegner eingelegte Berufung genügt zur Bestimmung des angefochtenen Urteil[2].

#### b) Erklärung der Anschließung

Die Partei muß weiter erklären, daß sie sich der vom Gegner eingelegten Berufung 5
anschließt. Dies braucht nicht ausdrücklich zu geschehen. Insbesondere ist die Verwendung des Begriffs »Anschlußberufung« nicht wesentlich[3]. Sofern das Begehren auf Abänderung des angefochtenen Urteils zugunsten des Berufungsbeklagten mit hinreichender Deutlichkeit erkennbar ist, schadet eine Bezeichnung als »Berufung«, »Revision«, »Beschwerde« oder die Verwendung eines sonstigen Begriffs nicht. Sofern der Berufungsbeklagte einen Antrag stellt, der nur bei einer Anschlußberufung Erfolg haben kann, kann diese damit auch konkludent eingelegt worden sein[4]. Erforderlich ist aber immer, daß der Berufungsbeklagte den Verfahrensgegenstand der Berufungsinstanz über das hinaus erweitern will, was bereits aufgrund der Hauptberufung zu entscheiden ist; die bloße Verteidigung gegen die Hauptberufung ist keine Anschlußberufung[5], und zwar unabhängig davon, ob sie der Berufungsbeklagte so bezeichnet. Bei Klageabweisung wegen einer Hilfsaufrechnung erfordert eine Anschlußberufung des Beklagten, daß er den Verfahrensgegenstand der Berufungsinstanz dadurch über das

---

[2] *RGZ* 156, 291, 295; *Klamaris* (§ 521 Fn. 1), 224; MünchKomm ZPO-*Rimmelspacher* Rdnr. 2.
[3] *RGZ* 142, 307, 311; 156, 291, 295; *Fenn* (§ 521 Fn. 1), 122f.; *Klamaris* (§ 521 Fn. 1), 223f.; *Rosenberg/Schwab/Gottwald*[15] § 138 V; MünchKomm ZPO-*Rimmelspacher* Rdnr. 2.

[4] *BGH* NJW-RR 1990, 318.
[5] *BGHZ* 109, 179, 187 = LM § 1 WEG Nr. 5 = NJW 1990, 447 = MDR 326; *BGH* NJW 1984, 2351; *Fenn* (§ 521 Fn. 1), 123; *Klamaris* (§ 521 Fn. 1), 222.

auf die Berufung des Klägers hin bereits Angefallene hinaus erweitert, daß er Abweisung der Klage wegen Nichtbestehens der Klageforderung beantragt[6].

6   Legt der Berufungsbeklagte nach Einlegung der Hauptberufung noch innerhalb der für ihn laufenden Berufungsfrist Berufung ein, so kann es sich sowohl um eine selbständige Berufung, wie auch um eine Anschlußberufung handeln. Zwar ist die Berufung nach § 522 Abs. 2 auf jeden Fall in dem Sinne selbständig, daß sie auch bei Zurücknahme der Hauptberufung oder deren Verwerfung als unzulässig ihre Wirksamkeit nicht verliert, doch ergeben sich hinsichtlich der Begründungsfrist Unterschiede, → Rdnr. 16. Dies kann es erforderlich machen, zu klären, ob Anschlußberufung eingelegt worden ist; zu diesem Zweck ist die Berufung des Berufungsbeklagten **auszulegen**, wobei alle im Zeitpunkt der Berufungseinlegung vorliegenden Umstände verwertet werden müssen[7].

7   Eine den Form- oder Fristerfordernissen nicht genügende Berufung muß vor ihrer Verwerfung als unzulässig daraufhin geprüft werden, ob sie nicht als zulässige Anschlußberufung angesehen werden kann. Dies kann im Wege einer **Umdeutung** nach § 140 BGB geschehen und wird i. d. R. deshalb anzunehmen sein, weil der Partei mit einer (wenn auch unselbständigen) Anschlußberufung mehr als mit einer unzulässigen Berufung gedient ist[8]. Bei einer Umdeutung ist es nicht erforderlich, daß der Berufungsbeklagte auf die gegnerische Berufung Bezug nimmt. Infolgedessen kann die Umdeutung auch dann erfolgen, wenn die Hauptberufung erst später als die in eine Anschlußberufung umgedeutete Berufung des späteren Berufungsbeklagten eingelegt worden ist. Anders ist es bei der ebenfalls denkbaren **Auslegung**; auf diesem Weg kann eine unzulässige Berufung zwar grundsätzlich ebenfalls als Anschlußberufung aufrechterhalten werden, doch bedarf es dann einer Bezugnahme auf die gegnerische Berufung[9]. Sofern die Voraussetzungen einer Umdeutung vorliegen, kann es in der Praxis dahingestellt bleiben, ob auch eine Auslegung zum selben Ergebnis führt, weshalb die Bezugnahme auf die Hauptberufung weitgehend keine Rolle spielt.

### c) Begründung der Anschlußberufung

8   Soweit die Anschlußberufung erst nach Ablauf der Begründungsfrist eingelegt wird, muß sie bereits in der Anschlußschrift begründet werden, Abs. 2. Geschieht dies nicht, ist die Anschlußberufung zwar unzulässig, kann aber jederzeit bis zum Schluß der mündlichen Verhandlung wiederholt werden, → Rdnr. 9. Näheres zur Begründung der Anschlußberufung → Rdnr. 15 ff.

### d) Wiederholung der Anschließung

9   Formelle Mängel der Anschließung können, da die Anschließung an keine Frist gebunden ist, → § 521 Rdnr. 13, durch mangelfreie Wiederholung des Anschlußakts behoben werden; dabei kommt auch eine Bezugnahme auf die erste Anschlußschrift in Betracht, → Rdnr. 24. Ob die Anschließung eine selbständige oder eine unselbständige ist, beurteilt sich dann nach dem zweiten Anschließungsakt. Zu den Auswirkungen der Wiederholungsmöglichkeit auf die Rechtzeitigkeit der Begründung der Anschließung → Rdnr. 15.

---

[6] *BGHZ* 109, 179, 187 (Fn. 5).
[7] *BGHZ* 100, 383 = LM § 515 Nr. 24 = NJW 1987, 3263 = MDR 829 = JR 1988, 113.
[8] *BGHZ* 100, 383, 387 f. (Fn. 7); *BGH* FamRZ 1987, 154.
[9] *RGZ* 165, 323, 335; *BGHZ* 100, 383, 387 (Fn. 7); *OLG Frankfurt* ZZP 73 (1960), 296, 298.

## 2. Einreichung der Anschlußschrift

Die Anschlußberufung geschieht durch **Einreichung der Anschlußschrift beim Berufungsgericht**, Abs. 1. Zur »Einreichung« → § 518 Rdnr. 6 und § 207 Rdnr. 9ff. Die Übergabe im Laufe der mündlichen Verhandlung ist eine Einreichung[10]. Allein eine mündliche Erklärung genügt dagegen nicht, und zwar auch dann nicht, wenn sie in der mündlichen Verhandlung abgegeben wird[11]. Auch die Protokollierung einer derartigen Erklärung macht diese nicht zu einer wirksamen Anschlußberufung[12]. Die neuerdings vertretene Gegenmeinung[13] mag rechtspolitisch einiges für sich haben, läßt sich mit dem eindeutigen Wortlaut von Abs. 1 aber nicht vereinbaren. Eine mündliche Erklärung wird allerdings dann als ausreichend angesehen, wenn die Partei zuvor einen den Anfordernissen einer Anschlußberufungsschrift genügenden Schriftsatz eingereicht hat, in dem sie sich ausdrücklich die Einlegung der Anschlußberufung vorbehalten hat[14]. Wird ein sich seinem Inhalt nach als Anschlußschrift darstellender Schriftsatz im Parteibetrieb zugestellt, so liegt darin nur die Ankündigung einer Anschlußberufung und nicht etwa eine formwidrige Anschließung, die als unzulässig zu verwerfen wäre. Nach Abs. 3 i. V. mit § 519a S. 3 soll der Anschlußberufungsführer die für die Zustellung, → Rdnr. 11, erforderliche Anzahl von Abschriften miteinreichen.

10

## 3. Geschäftliche Behandlung

Die Anschlußschrift ist nach Abs. 3 i. V. mit § 519a S. 1 der Gegenpartei **von Amts wegen zuzustellen**. Einzelheiten dazu (insbesondere bei Streitgenossenschaft und Streithilfe) → § 519a Rdnr. 2ff. Geschieht die Einreichung durch Übergabe der Schrift in der mündlichen Verhandlung, → Rdnr. 10, so macht die Übergabe der beglaubigten Abschrift an den anwesenden Gegner die Zustellung entbehrlich[15].

11

Nach § 519a S. 2 ist dem Gegner mit der Zustellung der Anschlußschrift der **Zeitpunkt mitzuteilen, in dem die Anschlußberufung eingelegt** worden ist. Dadurch soll der Gegner erkennen können, ob es sich um eine selbständige oder um eine unselbständige Anschlußberufung handelt. Wird mit der Anschlußberufung eine Erweiterung des Klageantrags vorgenommen, so soll hinsichtlich des neuen Begehrens nach § 65 Abs. 1 S. 3 GKG vor **Zahlung der Prozeßgebühr** keine gerichtliche Handlung vorgenommen werden.

12

## 4. Geltendmachung neuer Ansprüche

Wird in der Anschlußschrift ein neuer Anspruch geltend gemacht, → § 521 Rdnr. 5, so tritt dessen Rechtshängigkeit nach § 261 Abs. 2 mit der **Zustellung** ein, sofern die Anschlußschrift den Erfordernissen des § 253 Abs. 2 Nr. 2 entspricht, d. h. die bestimmte Angabe des Gegen-

13

---

[10] BGH LM § 826 BGB (Ge) Nr. 2; *Baur* ZZP 74 (1961), 210; *Fenn* (§ 521 Fn. 1), 122; *Klamaris* (§ 521 Fn. 1), 216.
[11] RG Warn. 1928 Nr. 151; BSG AP § 522a Nr. 3; *Rosenberg/Schwab/Gottwald*[15] § 138 V; *Baumbach/Lauterbach/Albers*[51] Rdnr. 2; AK-*Ankermann* Rdnr. 2; *Klamaris* (§ 521 Fn. 1), 216.
[12] BGH LM § 521 Nr. 20 = NJW-RR 1989, 441 = MDR 522 = WM 503; BAGE 36, 169, 173ff. = AP § 522a Nr. 6 = NJW 1982, 1175; AK-*Ankermann* Rdnr. 2; *Baumbach/Lauterbach/Albers*[51] Rdnr. 2. A.A. BSG 28, 31 = AP § 522a Nr. 5 unter Hervorhebung von Besonderheiten des sozialgerichtlichen Verfahrens. Wird eine schriftlich eingelegte und begründete Anschlußberufung im Rahmen der schriftlichen Anschließungsgründe erweitert, so soll allerdings eine Antragstellung zu Protokoll ausreichen (BGH LM § 297 Nr. 2 = NJW 1993, 269 = MDR 174 = BB 1992, 2464).
[13] MünchKomm ZPO-*Rimmelspacher* Rdnr. 5.
[14] BGHZ 33, 169 = LM § 522a Nr. 7 (*Johannsen*) = ZZP 74 (1961), 205 (abl. *Baur*) = NJW 1961, 28 = MDR 37 = JZ 59; OLG Schleswig SchlHA 1690, 260; AK-*Ankermann* Rdnr. 2; *Baumbach/Lauterbach/Albers*[51] Rdnr. 2; *Thomas/Putzo*[18] Rdnr. 3; *Zöller/Schneider*[18] Rdnr. 4. A. A. *Baur* ZZP 74 (1961), 209; *Klamaris* (§ 521 Fn. 1), 217.
[15] BGH FamRZ 1965, 555; MünchKomm ZPO-*Rimmelspacher* Rdnr. 7.

standes und des Grundes des erhobenen Anspruchs und einen bestimmten Antrag enthält. Dabei genügt eine hinreichend bestimmte Verweisung auf den bereits vorliegenden Prozeßstoff. Soweit dabei eine Frist zu wahren oder die Verjährung zu unterbrechen ist, ist in entsprechender Anwendung der §§ 270 Abs. 3, 693 Abs. 2 im Falle demnächstiger Zustellung eine Rückwirkung auf den Zeitpunkt der Einreichung anzunehmen.

14 Erfolgt die Erhebung der Anschlußberufung durch **Überreichung der Anschlußschrift in der mündlichen Verhandlung** oder durch **mündliche Erklärung der davor schriftlich vorbehaltenen Anschließung**, → Rdnr. 10, so tritt die Rechtshängigkeit eines neu erhobenen Anspruchs erst in diesem Augenblick ein. Insbesondere scheidet eine Rückwirkung auf den Zeitpunkt aus, in dem sich die Partei die Anschlußberufung schriftsätzlich vorbehalten hat. Darin liegt noch keine endgültige Anschließungserklärung, womit es an einer Vergleichbarkeit mit der in §§ 270 Abs. 3, 693 Abs. 2 geregelten Fallgestaltung fehlt.

### III. Die Begründung der Anschlußberufung

#### 1. Begründungsfrist

##### a) Differenzierung nach dem Zeitpunkt der Einlegung

15 Die Anschlußberufung muß begründet werden, wobei hinsichtlich der Frist, innerhalb derer dies zu geschehen hat, Abs. 2 eine Differenzierung trifft. Wird die Anschlußberufung erst nach Ablauf der Begründungsfrist (gemeint ist die Begründungsfrist für die Hauptberufung) eingelegt, so muß sie bereits in der Anschlußschrift begründet werden, während die Begründung anderenfalls (d.h. bei Einlegung der Anschlußberufung innerhalb der Begründungsfrist) bis zum Ablauf der Begründungsfrist erfolgen muß. Diese Regelung ist nicht sinnvoll[16]: Da die Anschlußberufung bis zum Schluß der mündlichen Verhandlung eingelegt werden kann, → § 521 Rdnr. 13, ist eine verspätete Begründung als zulässige Wiederholung der Anschlußberufung anzusehen[17], weshalb zumindest im praktischen Ergebnis die Begründung jederzeit nachgeholt werden kann. Dabei macht es keinen Unterschied, ob die Anschlußberufung vor oder nach Ablauf der Begründungsfrist eingelegt worden ist. Aus dem Gesagten folgt, daß eine Verwerfung der Anschlußberufung als unzulässig wegen fehlender Begründung vor Schluß der mündlichen Verhandlung nicht in Betracht kommt, → Rdnr. 24.

16 Wird die Anschlußberufung **innerhalb der für die Partei laufenden Berufungsfrist eingelegt**, d.h. handelt es sich um eine selbständige Anschlußberufung, § 522 Abs. 2, dann ist sie innerhalb der Frist des § 519 Abs. 2 zu begründen; zur Fristverlängerung → Rdnr. 17. Geschieht das nicht, so wird die zunächst selbständige damit zur unselbständigen Anschlußberufung[18]. Als solche kann sie noch innerhalb der Frist des § 522a Abs. 2, und damit praktisch bis zum Schluß der mündlichen Verhandlung, → Rdnr. 15, begründet werden. Infolgedessen darf die Anschlußberufung nicht davor wegen Versäumung der Begründungsfrist als unzulässig verworfen werden.

---

[16] Zutreffende Kritik bei MünchKomm ZPO-*Rimmelspacher* Rdnr. 13.
[17] *RGZ* 170, 18, 19; *BGH* LM § 522a Nr. 2 = NJW 1954, 109; *BAGE* 20, 261 = AP § 522a Nr. 4 (*Baumgärtel/Scherf*) = NJW 1968, 957 = MDR 529; AK-*Ankermann* Rdnr. 4; MünchKomm ZPO-*Rimmelspacher* Rdnr. 13; Zöller/Schneider[18] Rdnr. 12; Thomas/Putzo[18] Rdnr. 8.
[18] MünchKomm ZPO-*Rimmelspacher* Rdnr. 13.

## b) Verlängerung der Begründungsfrist

Die dem Berufungskläger gewährte Verlängerung der Begründungsfrist kommt ohne weiteres auch dem Anschlußkläger zugute[19]. Daraus ergibt sich, daß die auf Antrag des Berufungsklägers ergehende Verlängerungsverfügung auch dem Anschlußkläger zuzustellen ist[20]. Dagegen kann der Anschlußberufungskläger nicht von sich aus eine Verlängerung der Begründungsfrist beantragen[21], da § 519 Abs. 2 unter den in § 522a Abs. 3 in Bezug genommenen Vorschriften nicht aufgeführt ist. Der Grund dafür besteht darin, daß der Anschlußberufungskläger mit der Einlegung der Anschlußberufung an eine bestimmte Frist nicht gebunden ist und daher ohnehin mit der Einlegung solange zuwarten kann, bis er in der Lage ist, gleichzeitig die Begründung zu geben. Sofern der Berufungsbeklagte die Anschlußberufung allerdings als selbständige durchgeführt wissen will, kann er eine Verlängerung seiner eigenen (nicht der für den Gegner laufenden) Begründungsfrist beantragen[22].  **17**

## 2. Form und Inhalt

Die Anschlußberufungsbegründung muß **schriftlich** erfolgen[23]. Insoweit gelten dieselben Voraussetzungen wie für die Anschlußschrift, → Rdnr. 10.  **18**

Die Begründungsschrift muß bestimmte **Anträge** enthalten und die **Gründe** bezeichnen, aus denen das erste Urteil beanstandet wird, Abs. 3 i.V. mit § 519 Abs. 3. Letzteres gilt selbstverständlich nur insoweit, als sich der Anschlußkläger gegen das erste Urteil wendet, nicht dagegen auch bei der nach h.M. zulässigen Anschließung zwecks Geltendmachung neuer Ansprüche im Wege der Klageerweiterung oder einer Widerklage[24], → § 521 Rdnr. 5. Eine schriftliche Darlegung der Gründe erübrigt sich auch dann, wenn diese bereits in der mündlichen Verhandlung mit dem Gericht erörtert worden sind[25]. Schließlich müssen die zur Rechtfertigung der Anschlußberufung dienenden **neuen Tatsachen**, Beweismittel und Beweiseinreden angeführt werden, aber auch hier nur dann, wenn das angefochtene Urteil beanstandet wird.  **19**

## 3. Bedeutung der einzelnen Begründungserfordernisse

Ebenso wie bei der Hauptberufung sind die Anträge und die Berufungsgründe **Zulässigkeitsvoraussetzungen**[26] (→ aber auch Rdnr. 24), während die Unterlassung der Angabe neuer Tatsachen usw. lediglich die Verwirkungsfolge des § 527 hat, d.h. daß das Gericht unter den dort näher bezeichneten Voraussetzungen das neue Vorbringen zwar unberücksichtigt zu lassen hat, daß dies die Anschlußberufung aber nicht unzulässig macht[27]. Im einzelnen gilt insoweit das zu →§ 519 Rdnr. 22 ff. Dargelegte entsprechende. Wird die Anschlußberufung in  **20**

---

[19] BGHZ 100, 383, 384 (Rn. 7); *Rosenberg/Schwab/Gottwald*[15] § 138 VI; AK-*Ankermann* Rdnr. 4; *Baumbach/Lauterbach/Albers*[51] Rdnr. 5; *Wieczorek/Rössler* Anm. B III; *Zöller/Schneider*[18] Rdnr. 11; *Klamaris* (§ 521 Fn. 1), 234 f.
[20] AK-*Ankermann* Rdnr. 4; *Zöller/Schneider*[18] Rdnr. 11.
[21] *Rosenberg/Schwab/Gottwald*[15] § 138 VI; AK-*Ankermann* Rdnr. 4; *Baumbach/Lauterbach/Albers*[51] Rdnr. 5.
[22] *Rimmelspacher* JR 1988, 93, 96 Fn. 20; MünchKomm ZPO-*Rimmelspacher* Rdnr. 13. A.A. OLG Köln JMBlNRW 1975, 265; AK-*Ankermann* Rdnr. 4; *Baumbach/Lauterbach/Albers*[51] Rdnr. 5.

[23] MünchKomm ZPO-*Rimmelspacher* Rdnr. 12.
[24] BAGE 8, 16, 17; *Baumbach/Lauterbach/Albers*[51] Rdnr. 4; *Thomas/Putzo*[18] Rdnr. 9; *Klamaris* (§ 521 Fn. 1), 230 f.
[25] BGH LM § 826 BGB (Ge) Nr. 2 = NJW 1954, 600; *Rosenberg/Schwab/Gottwald*[15] § 138 VI; *Thomas/Putzo*[18] Rdnr. 9. A.A. BAGE 5, 347, 350 ff. = NJW 1958, 357; *Klamaris* (§ 521 Fn. 1), 230; *Gilles* ZZP 92 (1979), 156; AK-*Ankermann* Rdnr. 5. S. auch MünchKomm ZPO-*Rimmelspacher* Rdnr. 10 (wenigstens stichwortartige schriftliche Angabe der Anschlußberufungsgründe).
[26] MünchKomm ZPO-*Rimmelspacher* Rdnr. 20.
[27] MünchKomm ZPO-*Rimmelspacher* Rdnr. 11.

der mündlichen Verhandlung durch Überreichung der Anschlußschrift eingelegt, → Rdnr. 10, so wird die Schrift häufig nicht mehr enthalten können als die in der Sitzung selbst niedergeschriebenen Anträge, und das genügt auch, → Rdnr. 19; Beanstandungen des angefochtenen Urteils können alsbald mündlich vorgetragen werden, und der Mangel einer schriftlichen Ankündigung der vorzubringenden neuen Tatsachen usw. ist praktisch unschädlich, da, wenn der Anschlußkläger die neuen Tatsachen usw. in der mündlichen Verhandlung vorträgt, ein in Verschleppungsabsicht vorgenommenes oder sonst schuldhaftes Zurückhalten des neuen Vorbringens kaum in Frage kommen kann.

#### 4. Vorschriften über die vorbereitenden Schriftsätze

21   Nach Abs. 3 i.V. mit § 519 Abs. 5 gelten auch für die gesonderte Begründungsschrift die allgemeinen Vorschriften über die vorbereitenden Schriftsätze. Die Begründungsschrift ist ebenso wie die Anschlußschrift beim Berufungsgericht einzureichen. Wegen der Einreichung, der Beifügung der erforderlichen Zahl von Abschriften und der Zustellung von Amts wegen gilt das zu → Rdnr. 10 ff. Ausgeführte entsprechend.

### IV. Prüfung der Zulässigkeit der Anschlußberufung

22   Die Anschlußberufung ist ebenso wie die Hauptberufung von Amts wegen zunächst auf ihre Zulässigkeit hin zu prüfen, Abs. 3 i.V. mit § 519b Abs. 1, → § 519b Rdnr. 1; → ferner wegen der Zulässigkeitsvoraussetzungen § 521 Rdnr. 4 ff. und wegen der unselbständigen Anschließung → § 522 Rdnr. 1 ff. Die Entscheidung über die Zulässigkeit kann nach § 519b Abs. 2 ohne mündliche Verhandlung durch Beschluß erfolgen.

#### 1. Voraussetzungen einer Verwerfung als unzulässig

23   Wird die **Hauptberufung als unzulässig verworfen**, so bedarf es bei der unselbständigen Anschlußberufung nicht ebenfalls einer Verwerfung. Die Anschlußberufung wird vielmehr nach § 522 Abs. 1 automatisch unwirksam, d.h. es bedarf insoweit keinerlei Entscheidung. Dies steht allerdings einer rein deklaratorischen Feststellung der Unwirksamkeit der Anschlußberufung nicht entgegen; zur Anfechtbarkeit einer solchen Feststellung → Rdnr. 25. Eine Verwerfung der Anschlußberufung kommt etwa dann in Betracht, wenn die Anschlußberufung wegen des von ihr verfolgten Zieles unzulässig ist, sich also etwa ausschließlich gegen die Gründe des angefochtenen Urteils (→ § 521 Fn. 10) oder gegen einen Dritten richtet[28], → § 521 Rdnr. 17. Soweit die Anschlußberufung unzulässig ist, kann dies auch vor Entscheidung über die Hauptberufung durch **Teilurteil bzw. -beschluß** ausgesprochen werden. Die Gründe, die ein Teilurteil über die Anschlußberufung vor Entscheidung über die Hauptberufung ausschließen, → § 522 Rdnr. 7, gelten bei einer Verwerfung als unzulässig nicht. Insbesondere ist es unerheblich, daß die Anschlußberufung möglicherweise später noch nach § 522 Abs. 1 unwirksam geworden wäre; dies ist für eine Verwerfung kein Hindernis.

24   Dagegen muß man es als unzulässig ansehen, die Anschlußberufung vor der Entscheidung über die Hauptberufung wegen eines **Formmangels** oder wegen **mangelnder Begründung** als unzulässig zu verwerfen[29]. Auch wenn das Vorliegen einer ordnungsgemäßen Anschlußberufungsbegründung in dem sich aus § 522a Abs. 2 ergebenden Zeitpunkt Zulässigkeitsvoraus-

---

[28] *BGH* LM § 521 Nr. 22 = NJW-RR 1991, 510 = MDR 422.
[29] *BGH* LM § 522a Nr. 2; *Walsmann* (§ 521 Fn. 1),  209; *Klamaris* (§ 521 Fn. 1), 266 f.; AK-*Ankermann* Rdnr. 6.

setzung ist, ist doch eine Nachbesserung (die sich rechtlich als Wiederholung der Anschließung darstellt) auch nach diesem Zeitpunkt solange möglich, wie nicht die Hauptberufung ihrerseits verworfen oder die mündliche Verhandlung über sie geschlossen ist,→ Rdnr. 15. Daß jedenfalls die unselbständige Anschließung bis zu diesem Zeitpunkt wiederholt werden kann, folgt aus dem unter→ § 519b Rdnr. 13 Dargelegten. Aus § 139 folgt für den Richter die Pflicht, den Anschlußberufungskläger auf formale Mängel hinzuweisen und ihm dadurch die Möglichkeit zu geben, den Mangel durch Wiederholung der Anschließung zu beseitigen[30].

## 2. Anfechtbarkeit

Die die Anschlußberufung als unzulässig verwerfende Entscheidung ist ebenso wie die 25 Verwerfung der Hauptberufung anfechtbar, → dazu § 519b Rdnr. 33 ff. Bei Verwerfung durch Urteil des OLG ist demnach gemäß §§ 545 Abs. 1, 547 die Revision zulässig, während bei einer Verwerfung durch Beschluß die sofortige Beschwerde gegeben ist, Abs. 3 i.V. mit §§ 519b Abs. 2, 547. Dagegen ist die Verwerfung der Anschlußberufung durch das Landgericht unabhängig davon unanfechtbar, ob sie in Urteils- oder Beschlußform erfolgt ist, → § 519b Rdnr. 33, 37. Die dargestellten Grundsätze gelten auch dann, wenn das OLG die Anschlußberufung nicht als unzulässig verworfen, sondern nach § 522 Abs. 1 ihre **Wirkungslosigkeit festgestellt** hat[31]. Von den Rechtsfolgen her ist das deshalb geboten, weil es für den Anschlußberufungskläger in der Sache praktisch keinen Unterschied macht, ob sein Rechtsmittel verworfen wird oder unwirksam ist. Dabei kann es auch keinen Unterschied machen, ob die Voraussetzungen einer unmittelbaren oder entsprechenden Anwendung von § 522 Abs. 1 vorliegen; auch wenn die Entscheidung zutreffend ist, schließt das ihre Anfechtbarkeit nicht aus[32].

## V. Nachträgliche Änderung der Anträge

Der Anschlußberufungskläger kann seine Anträge auf jeden Fall bis zum Schluß der 26 mündlichen Verhandlung über die Hauptberufung abändern bzw. erweitern. Das ergibt sich daraus, daß er bis zu diesem Zeitpunkt Anschlußberufung einlegen kann, → § 521 Rdnr. 13, und die Möglichkeit hat, einen bisher nicht gestellten Antrag nachzuholen, → Rdnr. 24. Insoweit gelten die Beschränkungen, die für eine Erweiterung der Berufungsanträge bestehen, → § 519 Rdnr. 48 f., für den Anschlußberufungskläger nicht. Ist über die Hauptberufung vorab durch Teilurteil entschieden, → § 522 Rdnr. 7, so können die Anschlußberufungsanträge anschließend nur noch nach denselben Grundsätzen wie bei einer Hauptberufung geändert werden.

Die Anschlußberufung kann in entsprechender Anwendung von § 515 **zurückgenommen** 27 werden. Ab Verhandlung des Berufungsklägers zur Anschlußberufung bedarf es dessen Zustimmung für die Rücknahme, und zwar gilt dies auch für die unselbständige Anschlußberufung[33]. Durch das Zustimmungserfordernis wird das Recht des Berufungsklägers geschützt, sich seinerseits der Anschlußberufung anschließen zu können, → § 521 Rdnr. 22. Die Kosten der Anschlußberufung trägt in entsprechender Anwendung von § 515 Abs. 3 der Berufungsbeklagte[34].

---

[30] AK-*Ankermann* Rdnr. 6; offengelassen in *BGHZ* 4, 58, 59.
[31] *BGH* LM § 519b Nr. 34 = NJW 1986, 853; LM § 567 Nr. 23 = NJW 1990, 840 = MDR 144; *BAGE* 28, 107, 109 ff. = NJW 1976, 2143; MünchKomm ZPO-*Rimmelspacher* Rdnr. 21.
[32] A.A. *BGH* FamRZ 1981, 657, 658; LM § 519b Nr. 34 (Fn. 31); § 567 Nr. 23 (Fn. 31). Dagegen zutreffend MünchKomm ZPO-*Rimmelspacher* Rdnr. 21.
[33] MünchKomm ZPO-*Rimmelspacher* Rdnr. 17; a.A. *Fenn* (§ 521 Fn. 1), 129 ff.; *Klamaris* (§ 521 Fn. 1), 264 Fn. 20.
[34] *BGHZ* 4, 229, 239 f. = LM § 92 Nr. 1 = NJW 1952, 384.

### VI. Arbeitsgerichtliches Verfahren

28 Für das arbeitsgerichtliche Verfahren ergeben sich keine Abweichungen, und zwar unabhängig davon, ob im Urteils- oder im Beschlußverfahren zu entscheiden ist.

## § 523 [Verfahren im allgemeinen]

**Auf das weitere Verfahren sind die im ersten Rechtszug für das Verfahren vor den Landgerichten geltenden Vorschriften entsprechend anzuwenden, soweit sich nicht Abweichungen aus den Vorschriften dieses Abschnitts ergeben.**

Gesetzesgeschichte: Bis 1900 § 845 CPO. Keine inhaltlichen Änderungen.

### I. Vorschriften für das Berufungsverfahren

1 Die Vorschriften des ersten Buches der ZPO (§§ 1–252) gelten unmittelbar auch für die Berufungsinstanz[1], namentlich der Grundsatz der Mündlichkeit, § 128, mit den sich aus §§ 128 Abs. 2, 251a ergebenden Einschränkungen sowie die Vorbereitung der mündlichen Verhandlung nach §§ 129ff. Im übrigen sind die Bestimmungen über das landgerichtliche Verfahren erster Instanz entsprechend anzuwenden, soweit sich nicht Abweichungen aus den Vorschriften über die Berufung ergeben. Dabei macht es keinen Unterschied, ob sich diese Bestimmungen in der ZPO oder in anderen Gesetzen finden. Dazu gehören auch die Vorschriften über die besonderen Prozeßarten. Unerheblich ist, ob Berufungsgericht das Land- oder das Oberlandesgericht ist. Wegen des einzelrichterlichen Verfahrens s. § 524. Zur Anwendbarkeit von § 295 im Berufungsverfahren → § 558 Rdnr. 1.

### II. Arbeitsgerichtliches Verfahren

2 Auf das arbeitsgerichtliche Berufungsverfahren sind grundsätzlich die Vorschriften der ZPO über die Berufung, d.h. diejenigen im 1. Abschnitt des 3. Buches (§§ 511–544) sowie die in § 523 in Bezug genommenen Vorschriften über das landgerichtliche Verfahren erster Instanz entsprechend anzuwenden, § 64 Abs. 6 S. 1 ArbGG. Unrichtig wäre es, aus dem Wort »entsprechend« zu folgern, daß, soweit § 523 auf die Vorschriften über das erstinstanzliche Verfahren verweist, an die Stelle der Vorschriften über das landgerichtliche Verfahren diejenigen über das Arbeitsgerichtsverfahren zu setzen wären[2]; von diesem Standpunkt aus würde § 64 Abs. 6 S. 2 (Unanwendbarkeit der Vorschriften über das Verfahren vor dem Einzelrichter) deshalb keinen Sinn haben, weil es ein derartiges Verfahren im erstinstanzlichen arbeitsgerichtlichen Verfahren gar nicht gibt. Soweit sich aus dem ArbGG Besonderheiten für die Berufung ergeben, werden diese bei den einzelnen Paragraphen behandelt.

## § 523a (aufgehoben)

Gesetzesgeschichte s. bei § 524.

---

[1] MünchKomm ZPO-*Rimmelspacher* Rdnr. 3.      [2] *Grunsky*[6] § 64 Rdnr. 18.

## § 524 [Einzelrichter]

(1) Zur Vorbereitung der Entscheidung kann der Vorsitzende oder in der mündlichen Verhandlung das Berufungsgericht die Sache dem Einzelrichter zuweisen. Einzelrichter ist der Vorsitzende oder ein von ihm zu bestimmendes Mitglied des Berufungsgerichts, in Sachen der Kammern für Handelssachen der Vorsitzende.

(2) Der Einzelrichter hat die Sache so weit zu fördern, daß sie in einer mündlichen Verhandlung vor dem Berufungsgericht erledigt werden kann. Er kann zu diesem Zweck einzelne Beweise erheben; dies darf nur insoweit geschehen, als es zur Vereinfachung der Verhandlung vor dem Berufungsgericht wünschenswert und von vornherein anzunehmen ist, daß das Berufungsgericht das Beweisergebnis auch ohne unmittelbaren Eindruck von dem Verlauf der Beweisaufnahme sachgemäß zu würdigen vermag.

(3) Der Einzelrichter entscheidet
1. über die Verweisung nach § 100 in Verbindung mit den §§ 97 bis 99 des Gerichtsverfassungsgesetzes;
2. bei Zurücknahme der Klage oder der Berufung, Verzicht auf den geltend gemachten Anspruch oder Anerkenntnis des Anspruchs;
3. bei Säumnis einer Partei oder beider Parteien;
4. über die Kosten des Rechtsstreits nach § 91 a;
5. über den Wert des Streitgegenstandes;
6. über Kosten, Gebühren und Auslagen.

(4) Im Einverständnis der Parteien kann der Einzelrichter auch im übrigen entscheiden.

Gesetzesgeschichte: Als § 523 a durch Novelle 1924 (RGBl. 1924 I 135) eingefügt. Änderung: BGBl. 1974 I 3651. Der alte § 524 (bis 1900 § 486 CPO) war durch die Novelle 1924 aufgehoben worden.

| | | | |
|---|---|---|---|
| I. Verhältnis zu §§ 348–350; Anwendungsbereich | 1 | IV. Entscheidungsbefugnis des Einzelrichters | 15 |
| II. Zuweisung an den Einzelrichter | 2 | 1. Die Fälle des Abs. 3 | 16 |
|   1. Person des Einzelrichters | 2 |   a) Verweisung des Rechtsstreits, Abs. 3 Nr. 1 | 17 |
|   2. Die Zuweisung | 3 |   b) Zurücknahme der Klage oder Berufung, Verzicht und Anerkenntnis, Abs. 3 Nr. 2 | 18 |
| III. Die Befugnisse des Einzelrichters | 7 |   c) Sonstige Fälle | 19 |
|   1. Vorbereitung der Sache | 8 | 2. Ermächtigung durch die Parteien, Abs. 4 | 20 |
|   2. Beweiserhebung | 9 | 3. Entscheidungsbefugnis kraft Sachzusammenhang | 21 |
|     a) Allgemeines | 9 | V. Arbeitsgerichtliches Verfahren | 23 |
|     b) Voraussetzungen | 10 | | |
|   3. Zurückgabe an das Kollegium | 14 | | |

## I. Verhältnis zu §§ 348–350; Anwendungsbereich

Für die Verhandlung und Entscheidung des Rechtsstreits vor dem Einzelrichter gilt an Stelle der §§ 348–350 der durch Gesetz vom 20. XII. 1974 eingefügte § 524, der den früheren § 523 a ersetzt hat. Hauptcharakteristikum der geltenden Regelung ist es, daß die Zuweisung an den Einzelrichter im Berufungsverfahren i.d.R. lediglich zur **Vorbereitung der Entscheidung** erfolgt, → Rdnr. 7 ff., während im erstinstanzlichen Verfahren der Einzelrichter im Regelfall entscheidet, § 348 Abs. 1. Zur Entscheidungsbefugnis des Einzelrichters im Berufungsverfahren → Rdnr. 15 ff. Die Regelung des § 524 gilt unabhängig davon, ob Berufungsgericht das Land- oder das Oberlandesgericht ist. In Baulandsachen ist § 524 nicht anwendbar, d. h. hier kann ein Einzelrichter auch nicht zur bloßen Vorbereitung der Entscheidung bestellt werden[1]. Im übrigen ist § 524 in allen Berufungsverfahren anwendbar, d. h. auch in Arrest- und einstweiligen Verfügungssachen sowie in Ehesachen. Auch soweit in der Berufungsinstanz neue Ansprüche geltend gemacht werden, gelten nicht die §§ 348 ff., sondern allein § 524. Zur Stellung des Einzelrichters als Repräsentant des Prozeßgerichts gilt Entsprechendes wie in erster Instanz, → dazu § 348 Rdnr. 1. Zur Frage der Anwendbarkeit von § 524 im Beschwerdeverfahren → § 573 Rdnr. 2.

## II. Zuweisung an den Einzelrichter

### 1. Person des Einzelrichters

2   Zur Person des Einzelrichters sieht Abs. 1 S. 2 vor, daß jedes Mitglied des Kollegiums Einzelrichter sein kann. Zweckmäßigerweise erfolgt die Übertragung auf den Berichterstatter, doch ist dies nicht notwendig, was sich schon daraus ergibt, daß der Vorsitzende selbst Einzelrichter sein kann. Ob man die nach § 21g Abs. 2 GVG aufgestellten Grundsätze auch für die Bestimmung des Einzelrichters maßgeblich sein läßt[2], ist deswegen von untergeordnetem Interesse, weil Abweichungen von diesen Grundsätzen aus sachlichen Gründen weitgehend zulässig sind[3] und davon ausgegangen werden kann, daß die Übertragung auf einen anderen Richter als den Vorsitzenden selbst oder den Berichterstatter (soweit sie in der Praxis überhaupt vorkommt) nur aus solchen Gründen erfolgt. Bei Kammern für Handelssachen gilt die Besonderheit, daß nur der Vorsitzende Einzelrichter sein kann, Abs. 1 S. 2. Die Person des Einzelrichters kann jederzeit aus sachlichen Gründen geändert werden[4]. Sofern man § 21g Abs. 2 GVG für anwendbar hält, gelten die danach aufgestellten Grundsätze auch für die Änderung des Einzelrichters[5], wobei sich allerdings in den praktischen Ergebnissen erneut kaum Auswirkungen ergeben dürften. Eine Bekanntgabe der Person des Einzelrichters an die Parteien ist nicht erforderlich[6].

### 2. Die Zuweisung

3   Ob die Sache dem Einzelrichter zugewiesen wird, steht im **Ermessen** des Vorsitzenden bzw. (nach Beginn der mündlichen Verhandlung) des Gerichts. Die Parteien haben weder ein Recht darauf, daß die Sache vor dem Einzelrichter verhandelt wird[7], noch daß andererseits das Berufungsgericht in seiner vollen Besetzung tätig wird. Infolgedessen brauchen die Parteien vor der Entscheidung über die Zuweisung nicht angehört zu werden[8]. Zur Änderung der Entscheidung über die Zuweisung → Rdnr. 5. In der Regel wird sich die Zuweisung insbesondere dann empfehlen, wenn eine umfangreiche Beweisaufnahme erforderlich ist (wobei freilich Voraussetzung ist, daß das Berufungsgericht das Beweisergebnis voraussichtlich ohne unmittelbaren Eindruck von der Beweisaufnahme würdigen kann, Abs. 2 S. 2, 2. Halbs.), während die Zuweisung unzweckmäßig ist, wenn der Schwerpunkt des Rechtsstreits in reinen Rechtsfragen liegt.

---

[1] BGHZ 86, 104 = LM § 157 BBauG Nr. 11 = NJW 1983, 1793 = MDR 291.
[2] So MünchKomm ZPO-*Rimmelspacher* Rdnr. 6; → weiter § 348 Rdnr. 33.
[3] *Zöller/Gummer*[18] § 21g GVG Rdnr. 2.
[4] *Zöller/Schneider*[18] Rdnr. 10; AK-*Ankermann*

Rdnr. 4. Weitergehend *Baumbach/Lauterbach/Albers*[51] Rdnr. 6 (uneingeschränkte Änderungsmöglichkeit).
[5] So MünchKomm ZPO-*Rimmelspacher* Rdnr. 6.
[6] *Baumbach/Lauterbach/Albers*[51] Rdnr. 5.
[7] MünchKomm ZPO-*Rimmelspacher* Rdnr. 3.
[8] *Thomas/Putzo*[18] Rdnr. 2.

Außerhalb der mündlichen Verhandlung erfolgt die Zuweisung an den Einzelrichter durch den **Vorsitzenden**. Ab Beginn der mündlichen Verhandlung ist dagegen das **Berufungsgericht** für die Zuweisung zuständig, und zwar gilt dies auch dann, wenn die Zuweisung erst nach Beendigung eines Termins der mündlichen Verhandlung erfolgt; der Vorsitzende kann die Zuweisung jetzt nicht mehr alleine vornehmen[9]. Dagegen bestimmt der Vorsitzende die Person des Einzelrichters unabhängig davon allein, durch wen die Zuweisung erfolgt ist, Abs. 1 S. 2. 4

Die Zuweisung kann **in jedem Stadium des Berufungsverfahrens** erfolgen. Daß schon ein mündlicher Verhandlungstermin vor dem Berufungsgericht stattgefunden hat, ist kein Hindernis für die Zuweisung an den Einzelrichter, sondern berührt lediglich die Zuständigkeit für die Zuweisungsentscheidung, → Rdnr. 4. Eine erfolgte Zuweisung kann **jederzeit wieder aufgehoben** werden[10]. Die Zuständigkeit ist dabei entsprechend der Zuweisung an den Einzelrichter zu beurteilen: Bis zum Beginn der mündlichen Verhandlung kann die Aufhebung durch den Vorsitzenden allein, anschließend dagegen nur noch durch das Berufungsgericht erfolgen[11]. Der Einzelrichter kann dagegen die Zuweisung nicht aufheben. Eine **Wiederholung der Zuweisung** ist jederzeit möglich[12], und zwar sowohl nach Rückgabe der Sache an das Berufungsgericht durch den Einzelrichter, als auch nach Zurückweisung durch das Revisionsgericht. Es ist auch nicht erforderlich, daß sich eine neue Prozeßsituation ergeben hat. Vielmehr reicht es aus, daß das Gericht eine weitere Vorbereitung der Entscheidung durch den Einzelrichter für zweckmäßig hält. 5

Seitens des Vorsitzenden erfolgt die Zuweisung bzw. ihre Aufhebung (→ Rdnr. 5) durch **Verfügung**, seitens des Berufungsgerichts durch **Beschluß**. Die Verfügung muß schriftlich erfolgen[12a]; sie ist den Parteien gemäß § 329 Abs. 2 S. 1 formlos mitzuteilen; der Beschluß ist zu verkünden, § 329 Abs. 1. Dagegen braucht den Parteien nicht mitgeteilt zu werden, welche Person zum Einzelrichter bestimmt worden ist. Eine Anfechtung findet nicht statt[13]. Auch gegen das Unterbleiben einer Zuweisung an den Einzelrichter ist kein Rechtsmittel gegeben. 6

## III. Die Befugnisse des Einzelrichters

Im Gegensatz zum erstinstanzlichen Verfahren, § 348 Abs. 1, hat der Einzelrichter im Berufungsverfahren die Sache i.d.R. nicht selbst zu entscheiden, sondern nur die **Entscheidung des Gerichts vorzubereiten**, Abs. 2 S. 1. Zur Entscheidungsbefugnis des Einzelrichters → Rdnr. 15ff. 7

### 1. Vorbereitung der Sache

Aufgabe des Einzelrichters ist die Vorbereitung der Sache, so daß diese in einer mündlichen Verhandlung entschieden werden kann, Abs. 2 S. 1. Die Vorschrift entspricht § 349 Abs. 1 S. 1; das dazu Ausgeführte, → § 349 Rdnr. 3ff., gilt im Rahmen von § 524 Abs. 2 S. 1 entsprechend. Der Einzelrichter kann alle vorbereitenden Maßnahmen nach § 273 und das 8

---

[9] *Baumbach/Lauterbach/Albers*[51] Rdnr. 4; AK-*Ankermann* Rdnr. 5.
[10] *E. Schneider* DRiZ 1978, 335; *Wieczorek/Rössler* Anm. B I, *Zöller/Schneider*[18] Rdnr. 12. Einschränkend (aber wohl rein terminologisch) MünchKomm ZPO-*Rimmelspacher* Rdnr. 4 (Widerruf der Zuweisung, wenn das Gericht die weitere Vorbereitung der Entscheidung durch den Einzelrichter nicht mehr für erforderlich hält).
[11] A.A. *E. Schneider* DRiZ 1978, 335; MünchKomm ZPO-*Rimmelspacher* Rdnr. 4 (Widerruf immer nur durch das Berufungsgericht).
[12] AK-*Ankermann* Rdnr. 6; MünchKomm ZPO-*Rimmelspacher* Rdnr. 5.
[12a] MünchKomm ZPO-*Rimmelspacher* Rdnr. 3; offengelassen in *BGH* NJW 1993, 600 = MDR 269 = LM § 295 Nr. 36.
[13] MünchKomm ZPO-*Rimmelspacher* Rdnr. 3; *Wieczorek/Rössler* Anm. B.

persönliche Erscheinen der Parteien, § 141 Abs. 1, anordnen. Er hat die Sach- und Rechtslage mit den Parteien zu erörtern. Er muß sich um eine gütliche Beilegung des Rechtsstreits bemühen. Erforderlichenfalls hat er nach § 139 Hinweise zu geben. In der mündlichen Verhandlung hat er uneingeschränkt die Stellung des Prozeßgerichts, weshalb insbesondere Dispositionsakte der Parteien über das Verfahren nicht anders als vor dem Kollegium wirksam sind. Vor dem Einzelrichter kann der Rechtsstreit vor allem durch Prozeßvergleich beendet werden. Der Einzelrichter kann weiter die Geltendmachung neuer Ansprüche zulassen (einschließlich der Erhebung einer Widerklage oder der Geltendmachung der Aufrechnung, § 530 Abs. 1, 2). Dagegen wird über die Zulassung von Angriffs- und Verteidigungsmitteln bzw. ihre Zurückweisung als verspätet, §§ 527, 528, im Endurteil entschieden, so daß der Einzelrichter darüber nicht endgültig befindet; er kann jedoch in der Verhandlung eine vorläufige Entscheidung treffen, sofern dies für die weitere Ausgestaltung der Verhandlung erforderlich ist. Ob es bei dieser Entscheidung bleibt, hat das Kollegium bei der Fällung des Urteils zu beschließen.

### 2. Beweiserhebung

#### a) Allgemeines

9   Unter gewissen Voraussetzungen, → Rdnr. 10 ff., kann (nicht: muß) der Einzelrichter »einzelne Beweise erheben«, Abs. 2 S. 2. Dies darf nicht dahingehend verstanden werden, als ob immer noch Beweiserhebungen übrig bleiben müssen, die vom Berufungsgericht durchzuführen sind. Der Einzelrichter kann vielmehr (insbesondere in sog. Punktesachen) alle Beweise erheben[14]. Die Gegenansicht wäre völlig unpraktikabel und würde die Möglichkeit einer Einschaltung des Einzelrichters zweckwidrig beeinträchtigen (wenn z.B nur ein einziger, aber umfangreicher Beweis zu erheben ist oder wenn in Punktesachen einzelne Punkte geradezu »künstlich« herausgenommen und bei dem Kollegium belassen werden müßten). Unerheblich ist es, ob der Beweisbeschluß vom Einzelrichter oder vom Berufungsgericht erlassen worden ist. Bei der Beweisaufnahme stehen dem Einzelrichter alle damit zusammenhängenden Befugnisse zu. Beispielhaft seien erwähnt die Anordnung eines Auslagenvorschusses, § 379, und die Entscheidung über die Rechtmäßigkeit einer Zeugnisverweigerung, § 387, → weiter Rdnr. 21. Weiter kann der Einzelrichter einen Zeugen beeiden bzw. von der **Beeidigung** absehen[15]. Zwar kommt es bei der Beeidigung häufig für eine Würdigung auf den unmittelbaren Eindruck des Berufungsgerichts von dem Zeugen bzw. Sachverständigen an, was im Einzelfall eine Wiederholung der Beweisaufnahme erforderlich machen kann, → Rdnr. 11, doch ist das kein Hindernis für den Einzelrichter, eine von ihm zulässigerweise durchgeführte Beweiserhebung mit einer Beeidigung abzuschließen. Unerheblich ist, welcher Art das Beweismittel ist. Der Einzelrichter kann sowohl einen Zeugen- wie auch Sachverständigen-, Augenscheins- oder Urkundenbeweis erheben. Zurückhaltung ist bei einer Parteivernehmung deshalb geboten, weil es dabei in besonderem Maße auf den persönlichen Eindruck des Berufungsgerichts ankommt. Eine generelle Unzulässigkeit der Parteivernehmung durch den Einzelrichter folgt daraus jedoch nicht[16]. Auch beim Sachverständigenbeweis kann es sich wegen der Schwierigkeit der Beweiswürdigung im Einzelfall verbieten, die Beweisaufnahme dem Einzelrichter zu übertragen[16a].

---

[14] *Baumbach/Lauterbach/Albers*[51] Rdnr. 8; a.A. *Pantle* NJW 1991, 1279, 1280. S. ferner MünchKomm ZPO-*Rimmelspacher* Rdnr. 12 (Durchführung der gesamten Beweisaufnahme sei nur »in äußerst seltenen Fällen zulässig«).

[15] A.A. für die Anordnung der Beeidigung *Zöller/Schneider*[18] Rdnr. 25, MünchKomm ZPO-*Rimmelspacher* Rdnr. 12.

[16] A.A. MünchKomm ZPO-*Rimmelspacher* Rdnr. 12.

[16a] S. *BGH* LM § 286 (B) Nr. 98 (*Grunsky*) = NJW 1994, 801 = MDR 303 für Arzthaftungsprozeß.

## b) Voraussetzungen

Die Beweiserhebung durch den Einzelrichter ist nur dann statthaft, wenn dies zur Vereinfachung der Verhandlung vor dem Berufungsgericht wünschenswert und außerdem anzunehmen ist, daß für die Beweiswürdigung ein unmittelbarer Eindruck des Berufungsgerichts vom Verlauf der Beweisaufnahme nicht erforderlich ist, Abs. 2 S. 2, 2. Halbs.. Da es sich bei der Beweiserhebung durch den Einzelrichter um eine gravierende Ausnahme vom Unmittelbarkeitsgrundsatz handelt (insoweit liegen die Dinge anders als im erstinstanzlichen Verfahren, wo der Einzelrichter auch die Entscheidung fällt), sind die erwähnten Einschränkungen ernst zu nehmen. Das Auseinanderfallen der die Entscheidung fällenden Richter und des die Beweisaufnahme durchführenden Richters ist leicht geeignet, in den Parteien vermeidbares Mißtrauen an der Seriosität der Beweiswürdigung hervorzurufen. Eine **Vereinfachung der Verhandlung vor dem Berufungsgericht** liegt nicht schon darin, daß zwei Richter sich die Teilnahme an der Beweiserhebung ersparen. Erforderlich ist vielmehr, daß zur Durchführung der Beweisaufnahme ein neuer Termin notwendig ist. Ist die Sache schon so weit gefördert, daß sie trotz einer notwendigen weiteren Beweisaufnahme voraussichtlich in einem Termin zu Ende gebracht werden kann, so hat das Berufungsgericht den Beweis zu erheben. Der Einzelrichter kann jedoch die Erhebung der notwendigen Beweise anordnen und braucht nicht etwa soviel davon zurückzustellen, als er meint, daß das Gericht in einem Termin erledigen kann. Ob die Beweiserhebung durch den Einzelrichter die Verhandlung vor dem Berufungsgericht vereinfacht, beantwortet sich nach der Verfahrenslage vor Durchführung der Beweisaufnahme; eine danach zulässige Beweisaufnahme wird nicht dadurch unzulässig, daß sich später herausstellt, daß sie ohne Zeitverlust auch vom Gericht insgesamt hätte durchgeführt werden können. Der geforderte Vereinfachungseffekt kann bei einem umfangreichen Beweisthema auch dann gegeben sein, wenn nur ein einziges Beweismittel auszuschöpfen ist.

Voraussetzung für die Beweiserhebung durch den Einzelrichter ist weiter, daß anzunehmen ist, daß das Berufungsgericht das Beweisergebnis ohne unmittelbaren eigenen Eindruck von der Beweisaufnahme **sachgemäß würdigen** kann, Abs. 2 S. 2. Auch hier kommt es allein auf die Lage vor der Beweiserhebung an. Zeigt sich während der Beweisaufnahme, daß alle Richter einen unmittelbaren Eindruck benötigen, so ist die Beweisaufnahme gleichwohl durchzuführen und nicht etwa abzubrechen. Die Beweisaufnahme muß dann vor dem Berufungsgericht erforderlichenfalls wiederholt werden. Auf den unmittelbaren Eindruck aller Mitglieder des Gerichts kommt es insbesondere bei einer Parteivernehmung an, die deshalb i.d.R. (aber nicht ausnahmslos, → Rdnr. 9) vom Einzelrichter nicht durchgeführt werden darf. Die Glaubwürdigkeit eines vom Einzelrichter vernommenen Zeugen kann das Berufungsgericht nur dann verneinen, wenn der Einzelrichter seinen Eindruck von der Glaubwürdigkeit im Protokoll niedergelegt hat; anderenfalls ist die Beweisaufnahme vor dem Berufungsgericht zu wiederholen[17]. Da für die Bejahung der Glaubwürdigkeit nichts anderes gelten kann (zur parallelen Problematik der Wiederholung einer erstinstanzlichen Zeugenvernehmung in der Berufungsinstanz → § 526 Rdnr. 3f.), muß der Einzelrichter seinen Eindruck von der Glaubwürdigkeit des Zeugen immer ins Protokoll aufnehmen. Zur Zeugenvernehmung, bei der von vornherein mit der Notwendigkeit einer Beeidigung zu rechnen ist, → Rdnr. 9.

Soweit nach dem unter → Rdnr. 10f. Ausgeführten eine Beweisaufnahme vor dem Einzelrichter unstatthaft ist, bedeutet dies nur, daß die Beweisaufnahme vom Berufungsgericht durchzuführen ist. Dagegen ist es i.d.R. noch Sache des Einzelrichters, im Rahmen seiner

---

[17] *BGH* LM § 286 (B) Nr. 89 = NJW 1992, 1966 = MDR 609.

Vorbereitung der Entscheidung, den erforderlichen Beweisbeschluß zu erlassen[18]; hält das Kollegium die Beweisaufnahme für überflüssig, so kann es den Beschluß wieder aufheben.

13 Die Voraussetzungen für eine Beweiserhebung durch den Einzelrichter sind zwingend. Liegen sie nicht vor, so bedeutet eine gleichwohl durchgeführte Beweisaufnahme einen **Verfahrensfehler**, der zur Aufhebung des Berufungsurteils in der Revisionsinstanz führen kann; der Verstoß kann jedoch nach § 295 geheilt werden[19]. Soweit das Berufungsgericht allerdings die Glaubwürdigkeit eines Zeugen ohne hinreichende Unterlagen beurteilt hat, → Rdnr. 11, handelt es sich nicht um einen Verfahrensfehler, sondern um eine **fehlerhafte Beweiswürdigung**, die einer Heilung nach § 295 nicht offen steht[20].

### 3. Zurückgabe an das Kollegium

14 Hat der Einzelrichter die Sache so weit vorbereitet, daß sie seiner Ansicht nach in einem weiteren mündlichen Verhandlungstermin erledigt werden kann, so hat er sie dem **Vorsitzenden zur Terminsbestimmung vorzulegen**. Damit ist seine Tätigkeit beendet. Ist das Kollegium der Auffassung, daß noch weitere Beweise zu erheben sind, so hat es die Beweisaufnahme durchzuführen. Eine »Inpflichtnahme« des Einzelrichters zur Erhebung anderer als von ihm für notwendig erachteter Beweise kommt nicht in Betracht[21]. Hält umgekehrt der Einzelrichter weitere Beweise für erforderlich, während das Kollegium der Auffassung ist, die Sache sei hinreichend vorbereitet, so kann es die Sache dem Einzelrichter entziehen, → Rdnr. 5.

## IV. Entscheidungsbefugnis des Einzelrichters

15 In gewissem Rahmen ist der Einzelrichter auch zur abschließenden **Entscheidung des Rechtsstreits** befugt. Abs. 3 zählt dabei die Fälle auf, in denen die Entscheidungsbefugnis unabhängig von einem Einverständnis der Parteien besteht (und auch nicht im Einverständnis der Parteien beseitigt oder eingeschränkt werden kann). Abgesehen vom Versäumnisurteil gegen den Berufungsbeklagten, Abs. 3 Nr. 3, handelt es sich um Entscheidungen, die nicht aufgrund einer Sachprüfung des eigentlichen Berufungsbegehrens ergehen. Über diese Fälle hinaus kann der Einzelrichter den Rechtsstreit dann entscheiden, wenn er dazu das Einverständnis der Parteien erhalten hat, Abs. 4. Soweit die Voraussetzungen für eine Entscheidung durch den Einzelrichter nur hinsichtlich eines teilurteilsfähigen Teils des Streitgegenstandes vorliegen, kann insoweit eine Entscheidung durch ihn ergehen. Vor allem dann, wenn es sich nur um einen unwesentlichen Teil des Streitgegenstandes handelt, und wenn die Entlastung des Kollegiums durch eine Entscheidung des Einzelrichters über diesen Teil gering wäre, kann das Kollegium den Rechtsstreit aber auch insgesamt entscheiden. Zum Erlaß eines Zwischenurteils durch den Einzelrichter → Rdnr. 20.

### 1. Die Fälle des Abs. 3

16 In den in Abs. 3 aufgeführten Fällen entscheidet der Einzelrichter immer allein. Es steht nicht in seinem Ermessen, ob er statt dessen die Entscheidung lieber vom Kollegium gefällt sehen möchte[22]. Dieses kann die Sache jedoch jederzeit wieder an sich ziehen, → Rdnr. 5, und

---

[18] *Baumbach/Lauterbach/Albers*[51] Rdnr. 8.
[19] BGHZ 86, 104 (Fn. 1); LM § 286 (B) Nr. 89 (Fn. 17); *Baumbach/Lauterbach/Albers*[51] Rdnr. 8; AK-Ankermann Rdnr. 11. A.A. *Werner* und *Pastor* NJW 1975, 331 (zu §§ 348, 349).
[20] BGH LM § 286 (B) Nr. 89 (Fn. 17); *Pantle* NJW 1991, 1279.
[21] *Zöller/Schneider*[18] Rdnr. 20.
[22] MünchKomm ZPO-*Rimmelspacher* Rdnr. 13.

dadurch die Entscheidungsbefugnis zurückerhalten. Die Aufzählung in Abs. 3 ist abschließend (zur Entscheidungsbefugnis kraft Sachzusammenhangs → aber Rdnr. 21). Sie entspricht in Einzelheiten dem in § 349 Abs. 2 enthaltenen Katalog, bleibt dahinter aber in wesentlichen Punkten zurück. Im einzelnen geht es um folgende Entscheidungen:

a) **Verweisung des Rechtsstreits, Abs. 3 Nr. 1**

Verweisung des Rechtsstreits nach § 100 GVG i. V. mit §§ 97–99 GVG, Nr. 1, d. h. von der Zivilkammer an die Kammer für Handelssachen und umgekehrt. Die Vorschrift betrifft nur vor dem Landgericht anhängige Berufungsverfahren (beim Oberlandesgericht gibt es keine Senate für Handelssachen). Andere Verweisungen haben dagegen unabhängig davon durch das Kollegium zu erfolgen, ob sie nach § 17a Abs. 2 GVG in einen anderen Rechtsweg oder nach § 281 an ein anderes Gericht der ordentlichen Gerichtsbarkeit erfolgen[23] (weitergehend § 349 Abs. 2 Nr. 1).   17

b) **Zurücknahme der Klage oder Berufung, Verzicht und Anerkenntnis, Abs. 3 Nr. 2**

Die Vorschrift entspricht mit der Besonderheit § 349 Abs. 2 Nr. 4, daß auch der Beschluß über die Berufungszurücknahme, § 515 Abs. 3 S. 2, 3, durch den Einzelrichter ergeht.   18

c) **Sonstige Fälle**

Säumnis einer oder beider Parteien, Nr. 3, Kosten des Rechtsstreits bei übereinstimmender Erklärung der Erledigung der Hauptsache, Nr. 4, Streitwertfestsetzung, Nr. 5, sowie über Kosten, Gebühren und Auslagen, Nr. 6. Diese Fallgestaltungen entsprechen den Nr. 5, 6, 11 und 12 von § 349 Abs. 2; Näheres → § 349 Rdnr. 21 ff., 24, 29 und 30.   19

**2. Ermächtigung durch die Parteien, Abs. 4**

Über den Katalog des Abs. 3 hinaus können die Parteien den Einzelrichter zur Entscheidung ermächtigen, Abs. 4. Die Vorschrift entspricht § 349 Abs. 3; → dazu § 349 Rdnr. 41 ff. Ob in erster Instanz das Urteil vom Kollegium oder vom Einzelrichter erlassen worden ist, ist unerheblich[24]. Ob der Einzelrichter von der Ermächtigung Gebrauch macht, steht in seinem Ermessen; er kann auch das Kollegium entscheiden lassen[25]. Die Parteien haben keinen Anspruch auf Entscheidung durch den Einzelrichter, und zwar auch dann nicht, wenn die Entscheidung durch das Kollegium mit einer Verzögerung verbunden ist. Die Ermächtigung kann sich auf einen Teil des Streitgegenstandes beschränken. Möglich ist weiter, daß die Parteien den Einzelrichter nur zur Entscheidung über eine Frage ermächtigen, die Gegenstand eines Zwischenurteils sein kann. Fehlt es an einer Einschränkung der Ermächtigung, so bezieht sich diese auf alle Entscheidungen bis zur instanzbeendenden Endentscheidung[26], nicht dagegen auch auf das weitere Verfahren nach Zurückverweisung der Sache durch das Revisionsgericht[27]. Für den **Widerruf der Ermächtigung** gilt § 128 Abs. 2 S. 1 entsprechend, d. h. der Widerruf ist nur bei einer wesentlichen Änderung der Prozeßlage (→ dazu § 128   20

---

[23] AK-*Ankermann* Rdnr. 13; *Baumbach/Lauterbach/Albers*[51] Rdnr. 10; MünchKomm ZPO-*Rimmelspacher* Rdnr. 14. A.A. für Verweisung nach § 281 *Zöller/Schneider*[18] Rdnr. 75.
[24] MünchKomm ZPO-*Rimmelspacher* Rdnr. 15; *Baumbach/Lauterbach/Albers*[51] Rdnr. 13.
[25] *Zöller/Schneider*[18] Rdnr. 35.
[26] OLG Köln JMBlNRW 1972, 228; OLG Karlsruhe OLGZ 1973, 374; AK-*Ankermann* Rdnr. 15; a.A. *Zöller/Schneider*[18] Rdnr. 33 (nur nächste Sachentscheidung).
[27] AK-*Ankermann* Rdnr. 15.

Rdnr. 73) möglich[28]. Die Ermächtigung durch die Parteien muß neben der Zuweisung, →
Rdnr. 2 ff., vorliegen, ersetzt diese also nicht. Entscheidet ein Mitglied des Berufungsgerichts
ohne Zuweisung der Sache an ihn als Einzelrichter, so liegt auch bei Einverständnis der
Parteien der absolute Revisionsgrund des § 551 Nr. 1 vor; eine Heilung nach § 295 Abs. 1 ist
nicht möglich[28a].

### 3. Entscheidungsbefugnis kraft Sachzusammenhang

21   Über Abs. 3, 4 hinaus kann der Einzelrichter kraft Sachzusammenhang Entscheidungen treffen, die mit seinen Funktionen so eng verbunden sind, daß sie davon sinnvollerweise nicht getrennt werden können. Im Ansatz besteht darüber Einigkeit[29], wobei die Konkretisierung dieser Entscheidungsbefugnis freilich Schwierigkeiten macht. Soweit im Rahmen der dem Einzelrichter obliegenden Beweiserhebung Maßnahmen zu treffen sind, kann er diese allein anordnen (z.B. Zwischenurteil über die Zeugnisverweigerung, § 387; Zwangsmaßnahmen nach §§ 390, 409; Entscheidung über die Ablehnung eines Sachverständigen, § 406; zur Beeidigung → Rdnr. 9). Weiter ist der **Einzelrichter zuständig** für die Zulassung bzw. Zurückweisung eines Nebenintervenienten, § 71, für die Verbindung oder Trennung mehrerer Sachen, §§ 145, 147, Erklärung zur Feriensache, § 200 Abs. 4 GVG[30] sowie zur Vorlage an das BVerfG nach Art. 100 im Rahmen der Entscheidungsbefugnis des Einzelrichters[31]. Zur Zulassung neuer Ansprüche → Rdnr. 8. Dagegen muß in folgenden Fällen die **Zuständigkeit des Kollegiums** angenommen werden: Aussetzung des Verfahrens[32] (keine »Förderung« des Rechtsstreits), Anordnung des Ruhens des Verfahrens nach § 251 Abs. 3[33] (aus demselben Grund), Entscheidung über die Wiedereinsetzung in den vorigen Stand[34]; Entscheidung nach Lage der Akten, § 251a.

22   Über einen **Prozeßkostenhilfeantrag** kann der Einzelrichter dann entscheiden, wenn sich der Antrag auf einen Verfahrensabschnitt bezieht, für den der Einzelrichter entscheidungsbefugt ist[35] (also insbesondere im Fall des Abs. 4). Im übrigen ist dagegen das Kollegium zuständig. In dessen alleinige Zuständigkeit fallen weiter alle Entscheidungen im Rahmen der Zwangsvollstreckung (§§ 718, 888, 890) sowie im Verfahren des einstweiligen Rechtsschutzes[36] (die Möglichkeit, in derartigen Verfahren einen Einzelrichter nach § 524 zu bestellen, ist zwar an sich gegeben, aber wohl nur theoretisch).

### V. Arbeitsgerichtliches Verfahren

23   § 524 findet im arbeitsgerichtlichen Verfahren **keine Anwendung**, § 64 Abs. 6 S. 2. Die Verhandlung und Entscheidung hat vor der Kammer stattzufinden. Die in erster Instanz bestehenden Möglichkeiten von Verhandlung und Entscheidung durch den Vorsitzenden allein, § 55 ArbGG, gibt es in der Berufungsinstanz nur eingeschränkt (§ 64 Abs. 7 ArbGG erklärt nur einzelne der in § 55 enthaltenen Fälle für in der Berufungsinstanz entsprechend anwendbar).

---

[28] *BGHZ* 105, 270 = LM § 524 Nr. 3 = NJW 1989, 229 = MDR 242 = JZ 102.
[28a] *BGH* NJW 1993, 600 (Fn. 12a).
[29] AK-*Ankermann* Rdnr. 12a; MünchKomm ZPO-*Rimmelspacher* Rdnr. 16 sowie besonders ausführlich *Zöller/Schneider*[18] Rdnr. 47 ff.
[30] *OLG Karlsruhe* Justiz 1984, 16; MünchKomm ZPO-*M. Wolf* § 200 GVG Rdnr. 27.
[31] *BVerfGE* 8, 248, 251 ff. = NJW 1959, 140.
[32] MünchKomm ZPO-*Rimmelspacher* Rdnr. 18; AK-*Ankermann* Rdnr. 13; a.A. *Zöller/Schneider*[18] Rdnr. 65.

[33] AK-*Ankermann* Rdnr. 13; a. A. MünchKomm ZPO-*Rimmelspacher* Rdnr. 17.
[34] MünchKomm ZPO-*Rimmelspacher* Rdnr. 18; a.A. AK-*Ankermann* Rdnr. 12a; *Wieczorek/Rössler* Anm. D II.
[35] MünchKomm ZPO-*Rimmelspacher* Rdnr. 17; *Zöller/Schneider*[18] Rdnr. 62.
[36] MünchKomm ZPO-*Rimmelspacher* Rdnr. 18.

## § 525 [Neue Verhandlung]

**Vor dem Berufungsgericht wird der Rechtsstreit in den durch die Anträge bestimmten Grenzen von neuem verhandelt.**

Gesetzesgeschichte: Bis 1900 § 487 CPO. Keine Änderungen.

### I. Die neue Verhandlung

Die Berufung führt – ihre Zulässigkeit vorausgesetzt – zu einer **neuen Verhandlung des** 1 **Rechtsstreits**, die aber eine solche zweiter Instanz sein soll. Zu den Auswirkungen von § 525 auf den Gegenstand und die Charakterisierung des Berufungsverfahrens → Allg. Einl. vor § 511 Rdnr. 6 f. Die §§ 525–533 regeln die Grenzen der erneuten Verhandlung.

#### 1. Gegenstand des Berufungsverfahrens

Den Verfahrensgegenstand in der Berufungsinstanz bestimmen einerseits die Klage und das 2 darauf ergangene Urteil, andererseits die Berufungsanträge, → Rdnr. 5; zum Gegenstand des Berufungsverfahrens ferner → Allg. Einl. vor § 511 Rdnr. 6. Dies gilt auch für Ehesachen. Die Berufungsanträge müssen sich im Rahmen der Klage- oder Widerklageanträge halten, soweit es sich nicht um eine Erweiterung oder Änderung der Ansprüche nach §§ 263, 264, 530 handelt, die aber, abgesehen von den in § 264 geregelten Fallgestaltungen, Einwilligung des Gegners oder Sachdienlichkeit voraussetzen.

#### 2. Prozeßstoff

Den Prozeßstoff bildet derjenige der ersten Instanz, soweit er nach § 526 vorgetragen bzw. 3 in Bezug genommen wird, → § 526 Rdnr. 1. Die Parteien können dieses Material der ersten Instanz aber durch **neues Vorbringen** ergänzen, soweit nicht die §§ 527 ff. Schranken ziehen. Diese Vorschriften beruhen auf dem Gedanken, daß die Parteien Angriffs- und Verteidigungsmittel, die ihnen in erster Instanz schon vor dem Schluß der mündlichen Verhandlung abgeschnitten waren, im Berufungsverfahren nicht mehr vorbringen dürfen, § 528, daß weiter im Berufungsverfahren der Prozeßstoff nach den in § 527 enthaltenen Grundsätzen zügig vorzutragen ist, widrigenfalls eine Zurückweisung als verspätet erfolgen muß, und daß schließlich Prozeßhandlungen, die bereits in erster Instanz eine endgültige Wirkung hatten, diese behalten, §§ 532 f. Innerhalb dieser Grenzen können die Parteien hinsichtlich der in erster Instanz verhandelten und entschiedenen Ansprüche grundsätzlich alle Angriffs- und Verteidigungsmittel vorbringen, die ihnen erst durch den Schluß der mündlichen Verhandlung abgeschnitten wurden (vorausgesetzt, die Ansprüche sind auch Gegenstand des Berufungsverfahrens). Insbesondere sind Prozeßstoff auch solche Tatsachen, die erstmals in der Berufungsinstanz vorgetragen sind (sei es, daß sie erst nach Abschluß der ersten Instanz entstanden sind, sei es, daß sie seinerzeit zwar schon vorlagen, von der Partei aber nicht in das Verfahren eingeführt worden waren).

#### 3. Entscheidungsgrundlagen des Berufungsgerichts

Auf der dargestellten Grundlage hat das Berufungsgericht zu entscheiden. Es hat im 4 Rahmen der Berufungsanträge alle Ansprüche zu erledigen, die Gegenstand des ersten Urteils waren oder in der Berufungsinstanz zulässigerweise neu erhoben sind, und in Bezug auf diese

Ansprüche alle einzelnen Streitpunkte, → dazu § 537 Rdnr. 1 ff. Eine Zurückverweisung statt eigener Entscheidung steht ihm nur in engen Grenzen zu, §§ 538, 539. Das Berufungsgericht hat bei seiner Entscheidung selbständig und ohne an die rechtlichen Gesichtspunkte der Parteien oder des ersten Richters gebunden zu sein, den Prozeßstoff nach allen Richtungen neu zu prüfen. Insbesondere hat es, wie außer Streit steht, die Anwendung des richterlichen Ermessens in vollem Umfang nachzuprüfen und nach seinem Ermessen zu entscheiden (insoweit anders als das Revisionsgericht, → §§ 549, 550 Rdnr. 20. Zur Frage, ob in erster Instanz durchgeführte Beweiserhebungen wiederholt werden müssen, → § 526 Rdnr. 4 ff. Über das Verbot der Abänderung zu Ungunsten des Berufungsklägers, sog. Verbot der reformatio in peius, und seine Ausnahmen → § 536 Rdnr. 4 ff.

## II. Anträge

5   Die Berufungs- und Anschließungsanträge müssen aus der Berufungs- oder Begründungsschrift bzw. der Anschluß- oder Anschlußbegründungsschrift, gegebenenfalls bei späterer Änderung der Anträge (→ dazu § 519 Rdnr. 47 ff.), aus einem Schriftsatz oder einer Protokollanlage verlesen werden. Etwaige Unklarheiten sind nach § 139 zu beseitigen. Ein bedingter Berufungsantrag ist nur in denselben Grenzen wie ein bedingter Klageantrag (→ § 260 Rdnr. 15 ff.) zulässig. Dagegen wird eine bedingte Berufungseinlegung überwiegend als unzulässig angesehen, → § 518 Rdnr. 17. Zur bedingten Anschließung → § 521 Rdnr. 14. Näheres zum Umfang der Anfallwirkung → § 537 Rdnr. 2 ff.

## III. Arbeitsgerichtliches Verfahren

6   Im arbeitsgerichtlichen Verfahren gelten keine Besonderheiten. Auch dort dient die Berufung der Neuverhandlung und -entscheidung des Rechtsstreits in den Grenzen der Berufungsanträge sowohl in tatsächlicher als auch in rechtlicher Hinsicht. Dies gilt auch für die die Berufung ersetzende Beschwerde im Beschlußverfahren, § 87 ArbGG.


## § 526   [Vortrag der Parteien]

(1) Bei der mündlichen Verhandlung haben die Parteien das durch die Berufung angefochtene Urteil sowie die dem Urteil vorausgegangenen Entscheidungen nebst den Entscheidungsgründen und den Beweisverhandlungen insoweit vorzutragen, als dies zum Verständnis der Berufungsanträge und zur Prüfung der Richtigkeit der angefochtenen Entscheidung erforderlich ist.

(2) Im Falle der Unrichtigkeit oder Unvollständigkeit des Vortrags hat der Vorsitzende dessen Berichtigung oder Vervollständigung, nötigenfalls unter Wiedereröffnung der Verhandlung zu veranlassen.

Gesetzesgeschichte: Bis 1900 § 488 CPO. Keine Änderungen.

| | | | |
|---|---|---|---|
| I. Vortrag des Urteils | 1 | 2. Wiederholung erstinstanzlicher Beweisaufnahme | 4 |
| II. Vortrag der Beweisverhandlungen | 3 | a) Herrschende Meinung | 4 |
| 1. Unmittelbare Bedeutung der Vorschrift | 3 | b) Eigene Auffassung | 6 |

| III. Vortrag in der mündlichen Verhandlung | | 2. Entscheidung ohne mündliche Verhandlung | 8 |
| --- | --- | --- | --- |
| 1. Gang der mündlichen Verhandlung | 7 | IV. Arbeitsgerichtliches Verfahren | 9 |
| | 7 | | |

## I. Vortrag des Urteils

Die Grundlage der erneuten Verhandlung bildet das Urteil der ersten Instanz und der darin abgeurteilte Prozeßstoff, der aus dem Tatbestand des Urteils und denjenigen Protokollen und Akten, auf die er Bezug nimmt, § 313 Abs. 2 S. 2, zu entnehmen ist. Nach der ursprünglichen Grundauffassung des Gesetzes ist aber die Berücksichtigung des Urteils um der Mündlichkeit willen bedingt durch den Vortrag seitens der Parteien in der mündlichen Verhandlung[1]. Eine praktische Bedeutung kommt diesem Satz aber nicht zu, da die ausdrückliche oder stillschweigende, zumindest ergänzende Bezugnahme nach § 137 Abs. 3 S. 1 den mündlichen Vortrag ersetzt[2]. Bei Zweifeln ist nach § 139 eine Klarstellung herbeizuführen. Im Tatbestand des Berufungsurteils bedarf es keiner ausdrücklichen Feststellung des Vortrags; es genügt, wenn der Tatbestand erkennen läßt, daß die Parteien den Prozeßstoff nach Maßgabe des erstinstanzlichen Urteils vorgetragen bzw. in Bezug genommen haben[3]. 1

Mit dem Vortrag bzw. der Bezugnahme auf den Tatbestand ist auch das darin beurkundete **Parteivorbringen aus der ersten Instanz** für die Berufungsinstanz vorgebracht, auch wenn die Partei daneben nicht mehr ausdrücklich darauf zurückkommt. Die erstinstanzlichen Angriffs- und Verteidigungsmittel wirken insoweit im Berufungsverfahren fort. Insbesondere brauchen Gegenrechte nicht erneut vorgebracht zu werden[4]. Zur Notwendigkeit der erneuten Stellung eines Beweisantrags → Rdnr. 6. 2

## II. Vortrag der Beweisverhandlungen

### 1. Unmittelbare Bedeutung der Vorschrift

Die Parteien haben weiter die erstinstanzlichen Beweisverhandlungen vorzutragen, soweit es in der Berufungsverhandlung darauf ankommt, Abs. 1. Dabei reicht auch insoweit eine Bezugnahme aus[5]. Der Begriff »Beweisverhandlungen« ist dabei ebenso wie bei § 285 Abs. 2, d.h. im Sinne der erzielten Beweisergebnisse aufgrund der nach der Beweisaufnahme über deren Ergebnis durchgeführten Verhandlung, § 285 Abs. 1, zu verstehen. 3

### 2. Wiederholung erstinstanzlicher Beweisaufnahme[6]

#### a) Herrschende Meinung

Abs. 1 besagt lediglich, daß die sog. Beweisverhandlungen, → dazu Rdnr. 3, vorzutragen sind. Die Vorschrift enthält dagegen unmittelbar nichts zu der Frage, ob und inwieweit eine in erster Instanz durchgeführte Beweisaufnahme vom Berufungsgericht wiederholt werden muß. Die h.M. wendet insoweit § 398 Abs. 1 an, d.h. sie gesteht dem Berufungsgericht ein 4

---

[1] S. *RGZ* 54, 7.
[2] AK-*Ankermann* Rdnr. 1.
[3] *RGZ* 102, 328.
[4] *BGH* LM § 273 BGB Nr. 41 = NJW-RR 1986, 991 = ZIP 787 (Zurückbehaltungsrecht); LM § 222 BGB Nr. 10 = MDR 1989, 445 = NJW 1990, 326 (Verjährung); *Zöl*ler/*Schneider*[18] § 537 Rdnr. 1; a.A. MünchKomm ZPO-*Rimmelspacher* § 525 Rdnr. 3.
[5] AK-*Ankermann* Rdnr. 2.
[6] Literatur: *E. Schneider* NJW 1974, 841; *Nasall* ZZP 98 (1985), 313.

Ermessen zu[7], so auch → § 398 Rdnr. 17. Der Schwerpunkt der Problematik liegt damit auf der Frage, wann sich das Ermessen des Berufungsgerichts auf Null reduziert, weshalb es zu einer Wiederholung der Beweisaufnahme verpflichtet ist. Dabei ist in der neueren Rechtsprechung eine Tendenz zu einer derartigen Pflicht des Berufungsgerichts verstärkt festzustellen.

5   Bejaht wird eine Pflicht zur erneuten Zeugenvernehmung dann, wenn das Berufungsgericht die **Glaubwürdigkeit des Zeugen anders als das erstinstanzliche Gericht würdigen will**[8]. Dabei soll es ausreichen, daß das Berufungsgericht begründete Zweifel an der erstinstanzlichen Beweiswürdigung hat[9], oder daß es der Aussage des Zeugen für die Würdigung der Aussage eines anderen Zeugen eine andere Bedeutung als das erstinstanzliche Gericht beimessen will[10]. Hat das erstinstanzliche Gericht bei widersprechenden Aussagen keinem Zeugen geglaubt, so kann das Berufungsgericht einem Zeugen nur nach erneuter Vernehmung glauben[11]. Schließt sich das Berufungsgericht dagegen der Würdigung des Untergerichts an, so soll eine erneute Vernehmung nicht erforderlich sein; insoweit soll es beim Ermessen des Berufungsgerichts bewenden. Weiter ist eine Pflicht zur Wiederholung der Beweisaufnahme dann bejaht worden, wenn das Berufungsgericht die **Aussage des Zeugen inhaltlich anders verstehen will** als das erstinstanzliche Gericht[12], oder wenn Zweifel daran bestehen, ob die Protokollierung der Aussage vollständig und zutreffend erfolgt ist[13]. Das Berufungsgericht soll ferner dann zu einer erneuten Beweiserhebung verpflichtet sein, wenn das erstinstanzliche Gericht die Aussage deshalb gar nicht gewürdigt hat, weil es sie zu Unrecht für unerheblich gehalten hat[14]. Zu wiederholen ist die Beweisaufnahme schließlich dann, wenn sie in erster Instanz unter einem nicht nach § 295 geheilten Verfahrensmangel leidet[15] oder wenn auch das erstinstanzliche Gericht zu einer Wiederholung verpflichtet gewesen wäre[16].

### b) Eigene Auffassung

6   Der h.M. muß widersprochen werden[17]. Auch wenn in der jüngsten Rechtsprechung eine Pflicht zur Wiederholung der Beweisaufnahme immer weitergehend bejaht worden ist, womit sich in den praktischen Folgerungen die Kritik an der h.M. weniger auswirkt als früher, muß doch der grundsätzliche Ansatz der h.M. abgelehnt werden. Eine sinnvolle Beweiswürdigung ist ohne unmittelbaren Eindruck des Gerichts nicht möglich. Schlechthin unhaltbar ist es, wenn die h.M. das Berufungsgericht für befugt hält, den Beweis ohne neue Beweiserhe-

---

[7] *Nasall* ZZP 98 (1985), 313, 315 ff. (mit Begründung aus der Gesetzesgeschichte); *E. Schneider* NJW 1974, 841; *Baumbach/Lauterbach/Albers*[51] Rdnr. 5; MünchKomm ZPO-*Rimmelspacher* § 525 Rdnr. 15; *Zöller/Schneider*[18] Rdnr. 3; *Zimmermann*[2] Rdnr. 2; *Rosenberg/Schwab/Gottwald*[15] § 139 IV 1b; *Jauernig*[23] § 73 V; *Schilken* Rdnr. 905. Aus der ständigen Rechtsprechung s.i.S. der h.M. zuletzt *BGH* LM § 398 Nr. 17 = MDR 1985, 390 = NJW-RR 1986, 284; LM § 398 Nr. 19 = MDR 1985, 748 = JZ 640 = NJW-RR 1986, 285; LM § 398 Nr. 22 = NJW 1987, 3205 = BB 2052 = MDR 1988, 42; LM § 398 Nr. 26 = NJW 1991, 1183; LM § 398 Nr. 27 = NJW-RR 1991, 829 = MDR 670; LM § 398 Nr. 28 = NJW 1991, 3285; NJW 1993, 668 = MDR 475 = LM § 318 Nr. 18. Nachw. zur älteren Rechtsprechung s. Vorauff. Fn. 3. Eine Begründung für die Anwendbarkeit von § 398 ist in der Rechtsprechung nie gegeben worden.

[8] *BGH* LM § 398 Nr. 11 = NJW 1982, 108; *LM* § 398 Nr. 15 = VersR 1984, 582; LM § 398 Nr. 22 (Fn. 7); LM § 398 Nr. 27 (Fn. 7); LM § 398 Nr. 28 (Fn. 7); LM § 823 (Dc) BGB Nr. 183 = NJW-RR 1993, 213; *BGH* NJW-RR 1993, 510 = LM § 398 Nr. 33; MünchKomm ZPO-*Rimmelspacher* § 525 Rdnr. 16.

[9] *BGH* LM § 398 Nr. 9 = MDR 1979, 310.

[10] *BGH* LM § 398 Nr. 16 = NJW 1985, 3078 = MDR 566.

[11] *BGH* LM § 398 Nr. 28 (Fn. 7).

[12] *BGH* LM § 398 Nr. 17 (Fn. 7); LM § 398 Nr. 26 (Fn. 7); beide zur Problematik eines vom Wortsinn des Protokolls abweichenden Verständnisses der Aussage. S. weiter *BGH* NJW 1993, 668 = MDR 475.

[13] *BGH* LM § 398 Nr. 13 = NJW 1982, 1052 = WM 16.

[14] *BGH* NJW 1982, 108; *LM* § 398 Nr. 20 = NJW 1986, 2885; a.A. noch *BGH* NJW 1972, 584.

[15] *BGH* LM § 189 GVG Nr. 1 = NJW 1987, 260 = MDR 225 = JZ 103 (Nichtvereidigung eines Dolmetschers).

[16] *BGH* LM § 398 Nr. 17 (Fn. 7): Anhaltspunkte für neue Erkenntnisse des schon vernommenen Zeugen.

[17] Zustimmend zu den folgenden Ausführungen AK-*Ankermann* Rdnr. 12 f.; *Wieczorek/Rössler* Anm. A II.

bung gleich wie das erstinstanzliche Gericht zu würdigen, während eine abweichende Würdigung nur bei Wiederholung der Beweisaufnahme zulässig sein soll. Die Notwendigkeit einer Beweisaufnahme kann nicht davon abhängen, wie der erst zu erhebende Beweis gewürdigt wird. Der Grundsatz der Unmittelbarkeit der Beweisaufnahme, § 355, verlangt vielmehr, daß jede Beweiserhebung grundsätzlich erneut durchzuführen ist. Auch § 398 kann die h. M. nicht stützen. Wenn es dort heißt, daß das Gericht nach seinem Ermessen die wiederholte Vernehmung eines Zeugen anordnen kann, so betrifft dies nicht den Fall, daß inzwischen ein anderes Gericht mit der Sache befaßt ist[18]. In der Praxis führt der hier vertretene Standpunkt deswegen zu keiner Lawine von Beweisaufnahmen vor den Berufungsgerichten, weil die Parteien häufig mit einer urkundenbeweislichen Verwertung der erstinstanzlichen Beweisaufnahme einverstanden sind, wogegen keine Bedenken bestehen. Sofern jedoch nur eine Partei auf einer erneuten Beweisaufnahme besteht (dazu muß ein Beweisantrag gestellt werden; der Antrag aus erster Instanz wirkt für die Berufungsinstanz nicht fort[19]), muß diese erfolgen, sofern auch das Berufungsgericht die Beweistatsache für entscheidungserheblich hält. Über die Anordnung nachträglicher Beeidigung eines in erster Instanz vernommenen Zeugen → § 391 Rdnr. 16.

## III. Vortrag in der mündlichen Verhandlung

### 1. Gang der mündlichen Verhandlung

Auch in der Berufungsinstanz beginnt die mündliche Verhandlung mit der Stellung der Anträge, §§ 137 Abs. 1, 297, woran sich, soweit nicht über die Zulässigkeit der Berufung bereits ein bejahender Beschluß nach § 519b Abs. 2 ergangen ist (→ dazu § 519b Rdnr. 21), die Darlegung der Zulässigkeit des Rechtsmittels anschließt. Hierauf folgt, regelmäßig eingeleitet durch den Vortrag oder die Bezugnahme auf das Urteil und die Beweisaufnahme erster Instanz, die Erörterung des Sach- und Streitverhältnisses nach der tatsächlichen und rechtlichen Seite. Die Gestaltung der Verhandlung im einzelnen, insbesondere eine etwaige Verteilung des Vortrags auf die Parteien, gehört zu der dem Vorsitzenden obliegenden Sachleitung, § 136. In der Praxis erfolgt ein ausdrücklicher Vortrag der Parteien oder auch nur eine Bezugnahme häufig nicht. Statt dessen legt der Vorsitzende seine Auffassung zu dem Rechtsstreit dar, die anschließend mit den Parteien erörtert wird.

7

### 2. Entscheidung ohne mündliche Verhandlung

In den Fällen des § 128 Abs. 2 und des § 251a ergeht die Entscheidung nicht aufgrund einer vorherigen mündlichen Verhandlung, → § 128 Rdnr. 56ff. und § 251a Rdnr. 20; für einen Vortrag oder eine Bezugnahme auf das erstinstanzliche Urteil ist also kein Raum. Das Urteil und der darin abgeurteilte Prozeßstoff, wie er sich aus dem Tatbestand und den in ihm in Bezug genommenen Schriftsätzen, Protokollen und Akten ergibt, sind vielmehr ohne weiteres Prozeßstoff der Rechtsmittelinstanz. Wegen der Berücksichtigung des in der Berufungsinstanz schriftsätzlich Angekündigten gilt das unter → § 128 Rdnr. 89 und → § 251a Rdnr. 12ff. Ausgeführte entsprechend; → auch § 542 Rdnr. 20.

8

---

[18] A.A. von der Entstehungsgeschichte des § 526 her *Nasall* ZZP 98 (1985), 316f. Dieser historische Ansatz kann angesichts der Bedeutung der Unmittelbarkeit der Beweisaufnahme heute aber nicht mehr maßgeblich sein.

[19] *BGHZ* 35, 103, 106f. = NJW 1961, 1458; Münch-Komm ZPO-*Rimmelspacher* § 525 Rdnr. 3; *Wieczorek/Rössler* Anm. A.

## IV. Arbeitsgerichtliches Verfahren

9   Im arbeitsgerichtlichen Verfahren gilt § 526 entsprechend, § 64 Abs. 6 S. 1 ArbGG. Auch für die Grundsätze, nach denen eine erstinstanzliche Beweiserhebung zu wiederholen ist, → Rdnr. 4 ff., gelten keine Besonderheiten.

## § 527   [Zurückweisung verspäteten Vorbringens]

**Werden Angriffs- oder Verteidigungsmittel entgegen § 519 oder § 520 Abs. 2 nicht rechtzeitig vorgebracht, so gilt § 296 Abs. 1, 4 entsprechend.**

Gesetzesgeschichte: Bis 1933 regelte § 527 (bis 1900: § 489 CPO) die Klageänderung in der Berufungsinstanz, die nur bei Einwilligung des Gegners möglich war. Die Vorschrift ist durch die Nov. 1933 (RGBl. I 780) ersatzlos gestrichen worden (zur Klageänderung in der Berufungsinstanz → jetzt § 530 Rdnr. 1 ff.). Der dadurch freigewordene § 527 wurde durch die Vereinfachungsnovelle (BGBl. 1976 I 3281) zur Regelung der Voraussetzungen, unter denen verspätetes Vorbringen zurückgewiesen werden kann, besetzt; s. zu diesem Komplex weiter § 528. Beide Vorschriften ersetzen zusammen § 529 Abs. 1–3 a. F. (bis 1900: § 491 CPO. Änderungen RGBl. 1898 S. 256; 1924 I 135; 1933 I 780; BGBl. 1950 S. 455).

| | |
|---|---|
| I. Allgemeines zur Zurückweisung von Angriffs- und Verteidigungsmitteln in der Berufungsinstanz | 1 |
| 1. Verschärfung durch die Vereinfachungsnovelle | 1 |
| 2. Verhältnis von § 527 zu anderen Vorschriften | 3 |
| a) Verhältnis zu § 528 | 3 |
| b) Verhältnis zu § 296 Abs. 1 und 2 | 4 |
| II. Nicht zugelassenes Vorbringen | 5 |
| 1. Prozeßstoff in der Berufungsinstanz | 5 |
| 2. Begriff des »Angriffs- und Verteidigungsmittels« | 6 |
| 3. Fehlende Anführung in der Berufungsbegründung | 9 |
| a) Verhältnis von § 527 zu den Anforderungen an die Berufungsbegründung | 9 |
| b) Inhaltliche Anforderungen an die Berufungsbegründung | 10 |
| c) Rechtsausführungen | 11 |
| d) Erweiterung der Berufungsanträge | 12 |
| 4. Nichteinhaltung einer nach § 520 Abs. 2 gesetzten Frist | 14 |
| 5. Geltung von § 523 i. V. mit § 296 Abs. 1 und 2 | 16 |
| a) Zurückweisung wegen Fristversäumung | 16 |
| b) Zurückweisung wegen Verletzung der allgemeinen Prozeßförderungspflicht | 18 |
| III. Voraussetzungen der Nichtzulassung | 19 |
| 1. Verzögerung der Erledigung des Rechtsstreits | 20 |
| 2. Fehlen eines Entschuldigungsgrundes | 23 |
| 3. Kein Ermessensspielraum des Berufungsgerichts | 25 |
| IV. Die Entscheidung über die Zulassung | 27 |
| 1. Form und Inhalt der Entscheidung | 27 |
| 2. Anfechtung | 28 |
| V. Arbeitsgerichtliches Verfahren | 31 |

## I. Allgemeines zur Zurückweisung von Angriffs- und Verteidigungsmitteln in der Berufungsinstanz[1]

### 1. Verschärfung durch die Vereinfachungsnovelle

Ebenso wie in erster Instanz muß der Rechtsstreit auch in der Berufungsinstanz beschleunigt werden, wozu Vorschriften erforderlich sind, die die Parteien zum rechtzeitigen Vorbringen ihrer Angriffs- und Verteidigungsmittel anhalten. Diese Aufgabe übernehmen weitgehend die §§ 527–529. Darüber hinaus sind über § 523 die Vorschriften des § 296 Abs. 1 und 2 auch im Berufungsverfahren anwendbar, → Rdnr. 16 ff.  1

Durch die Vereinfachungsnovelle (BGBl. 1976 I 3281) ist die **Zulässigkeit neuen Vorbringens wesentlich eingeschränkt** worden. Während es nach § 529 Abs. 2 a. F. bei Verzögerung des Prozesses durch neues Vorbringen darauf ankam, daß die Partei in Verschleppungsabsicht oder doch wenigstens grob nachlässig gehandelt hatte, ist das Vorbringen nach § 528 Abs. 1 n. F. schon dann als verspätet zurückzuweisen, wenn der Partei in erster Instanz dafür eine Frist gesetzt war und sie deren Versäumung nicht »genügend entschuldigt« (vorausgesetzt, die Zulassung des Vorbringens würde die Erledigung des Rechtsstreits verzögern). Eine Verschärfung ist weiter hinsichtlich solchen Vorbringens eingetreten, das in erster Instanz zu Recht zurückgewiesen worden ist. Nach der Neuregelung ist derartiges Vorbringen in der Berufungsinstanz ausgeschlossen, § 528 Abs. 3, während es früher zuzulassen war, sofern es keine Verzögerung der Entscheidung bewirkte und weder Verschleppungsabsicht noch grobe Nachlässigkeit vorlag, § 529 Abs. 2 S. 2 a. F. In **Ehesachen** gelten die §§ 527, 528 nicht, § 615 Abs. 2, → dazu § 615 Rdnr. 6; eine Zurückweisung ist hier nur nach § 615 Abs. 1 möglich, der freilich gegenüber § 528 Abs. 2 i. V. mit § 282 Abs. 1, 2 kaum Besonderheiten aufweist, → § 615 Rdnr. 1. Die **Übergangsvorschriften** für die Anwendbarkeit von §§ 527, 528 spielen inzwischen keine Rolle mehr; → dazu Voraufl. Rdnr. 2.  2

### 2. Verhältnis von § 527 zu anderen Vorschriften

#### a) Verhältnis zu § 528

Das Verhältnis von § 527 zu § 528 ist dahingehend zu verstehen, daß es bei der letztgenannten Vorschrift darum geht, unter welchen Voraussetzungen eine in erster Instanz unterlaufene Säumnis im Berufungsrechtszug ungeschehen gemacht werden kann. Demgegenüber betrifft § 527 die Frage, welche Anforderungen an die Parteien im Berufungsverfahren zu stellen sind und welche Folgen eine hier begangene Säumnis hat. Die Trennlinie verläuft dabei nicht danach, ob es sich um neues Vorbringen oder um ein Vorbringen handelt, das bereits in erster Instanz vorgebracht worden war. Zwar betrifft § 528 Abs. 1, 2 im Gegensatz zu § 527 nur die Nichtzulassung von **neuen Angriffs- und Verteidigungsmitteln**, doch darf dies nicht dahingehend verstanden werden, daß darin eine abschließende Regelung für neues Vorbringen liegt. § 527 ist insoweit vielmehr ebenfalls einschlägig. Zum einen bezieht sich § 528 nämlich nur auf solche in erster Instanz nicht vorgetragene Angriffs- und Verteidigungsmittel, die dort wenigstens hätten vorgetragen werden können. An dieser Voraussetzung fehlt es, wenn eine Tatsache erst nach Schluß der mündlichen Verhandlung in erster Instanz entstanden ist. Derartige Tatsachen sind im Berufungsverfahren immer zu berücksichtigen, sofern sie dort vorgetragen werden; daß die Erledigung des Rechtsstreits sich dadurch verzögert, ist unerheblich. Weiter erfaßt § 528 solches Vorbringen nicht, das in erster Instanz vom Stand-  3

---

[1] Literatur: *M. Wolf* ZZP 94 (1981), 310.

punkt des Untergerichts aus deswegen nicht vorgetragen werden mußte, weil es als unerheblich angesehen wurde, während sich die Partei im Berufungsverfahren darauf stützen will. Eine Zurückweisung nach § 528 kommt hier ebenfalls nicht in Betracht, wohl aber nach § 527: Wenn § 528 im konkreten Fall die Möglichkeit eröffnet, das Angriffs- und Verteidigungsmittel in der Berufungsinstanz geltend zu machen, so bedeutet das nicht, daß die Partei mit dem Vortrag beliebig lange zuwarten kann, will sie nicht eine Zurückweisung nach § 527 bzw. nach §§ 523, 296 (dazu → Rdnr. 4) riskieren[2]. § 527 betrifft demnach sämtliche Angriffs- und Verteidigungsmittel, während § 528 Abs. 1, 2 für die Zulassung einiger in erster Instanz nicht vorgetragener Angriffs- und Verteidigungsmittel weitere Voraussetzungen aufstellt.

### b) Verhältnis zu § 296 Abs. 1 und 2

**4** § 527 regelt die Prozeßförderungspflicht für das Berufungsverfahren nicht abschließend, sondern nur insoweit, als der Berufungskläger seine Angriffs- und Verteidigungsmittel in der Berufungsbegründung, § 519 Abs. 3, bzw. der ihm nach § 520 Abs. 2 gesetzten Frist zur Stellungnahme auf die Berufungserwiderung vorzubringen hat, während für den Berufungsbeklagten eine ihm gesetzte Frist zur Berufungserwiderung maßgeblich ist, § 520 Abs. 2. Soweit das Gericht von der Möglichkeit des Setzens von Fristen keinen Gebrauch gemacht hat, → § 520 Rdnr. 7, regelt § 527 demnach nur die Obliegenheit des Berufungsklägers zum Vorbringen seiner Angriffs- und Verteidigungsmittel in der Berufungsbegründung. Die bestehenden Lücken werden dadurch geschlossen, daß **§ 296 Abs. 1 und 2 über § 523 im Berufungsverfahren entsprechend anzuwenden** sind[3]. Die §§ 527, 528 sind also nicht etwa für das Berufungsverfahren eine abschließende Regelung. Zu den sich daraus ergebenden Folgerungen → Rdnr. 16 ff.

## II. Nicht zugelassenes Vorbringen

### 1. Prozeßstoff in der Berufungsinstanz

**5** Der Grundsatz, daß Angriffs- und Verteidigungsmittel in der Berufungsinstanz neu vorgebracht werden können, ist in der Neufassung der §§ 527, 528 zwar nicht mehr ausdrücklich enthalten (anders noch § 529 Abs. 1 a. F.), gilt jedoch nach wie vor. Prozeßstoff in der Berufungsinstanz ist derjenige der ersten Instanz sowie das neue Vorbringen, soweit es nach § 528 zulässig ist, → § 525 Rdnr. 3. In erster Instanz bereits Vorgetragenes kann im Berufungsrechtszug grundsätzlich uneingeschränkt wiederholt werden (Ausnahmen bilden in erster Instanz zu Recht zurückgewiesene Angriffs- und Verteidigungsmittel, § 528 Abs. 3). Soll es vom Berufungsgericht jedoch berücksichtigt werden, so muß es grundsätzlich erneut vorgetragen werden[4]. Rechtsgeschäftliche Dispositionsakte (Anerkenntnis, Verzicht) wirken jedoch in der Berufungsinstanz fort und sind von Amts wegen zu beachten. Zur Wirksamkeit eines in erster Instanz erklärten Geständnisses s. § 532; zur Wirkung eines erstinstanzlichen Geständnisses bei Säumnis des Gegners in der Berufungsinstanz → § 542 Rdnr. 10. Angriffs- und Verteidigungsmittel können in der Berufungsinstanz nicht anders als in der ersten Instanz (s. § 296 a) grundsätzlich bis zum Schluß der mündlichen Verhandlung, auf die das Urteil ergeht, vorgebracht werden. Wegen des dem Schluß der mündlichen Verhandlung entspre-

---

[2] MünchKomm ZPO-*Rimmelspacher* Rdnr. 7.
[3] *BGH* NJW 1987, 501, 502 = MDR 229; MünchKomm ZPO-*Rimmelspacher* Rdnr. 7.
[4] MünchKomm ZPO-*Rimmelspacher* § 525 Rdnr. 3.

chenden Zeitpunkts bei der Entscheidung nach § 128 Abs. 2 → § 128 Rdnr. 94. Ob das Urteil in erster Instanz ein Voll- bzw. Teilendurteil oder ein berufungsfähiges Zwischenurteil (§§ 280 Abs. 2, 302, 304) war, spielt keine Rolle.

### 2. Begriff des »Angriffs- oder Verteidigungsmittels«

§ 527 betrifft (ebenso wie § 528) die Frage, wann »Angriffs- bzw. Verteidigungsmittel« 6 zurückzuweisen sind. Ohne Bedeutung ist dabei, ob es sich um ein in der Berufungsinstanz erstmals vorgebrachtes Angriffs- bzw. Verteidigungsmittel handelt, oder ob die Partei erstinstanzliches Vorbringen wiederholt, → Rdnr. 3. Angriffs- und Verteidigungsmittel sind alle Rechtsbehelfe der Parteien, die dem Zweck inhaltlicher Beeinflussung der Entscheidung über die geltend gemachten Ansprüche dienen. Dazu gehören nicht nur die vom Gesetz selbst als Beispiele hervorgehobenen Behauptungen, Bestreiten, Einwendungen, Einreden, Beweismittel und Beweiseinreden (§ 282 Abs. 1), sondern auch rechtsgeschäftliche Erklärungen prozessualer oder zugleich auch materiellrechtlicher Art wie Anerkenntnis, Verzicht, Anfechtung, Genehmigung der Prozeßführung usw. Eine Sonderregelung enthält § 529 für Rügen, die die Zulässigkeit der Klage betreffen; sie können nicht als Verteidigungsmittel nach §§ 527, 528 zurückgewiesen werden. Wegen weiterer Einzelheiten → § 296 Rdnr. 36 ff.; der Begriff »Angriffs- bzw. Verteidigungsmittel« ist im Berufungsverfahren nicht anders als im erstinstanzlichen Verfahren zu verstehen[5].

Dagegen ist in dem **Angriff selbst kein Angriffsmittel** zu sehen, weshalb insoweit eine 7 Zurückweisung als verspätet ausscheidet, → § 296 Rdnr. 39. Klageänderung[6], insbesondere eine Erweiterung der Klage[7], Widerklage[8] und die Stellung der Berufungsanträge fallen daher nicht unter den Begriff Angriffs- und Verteidigungsmittel; ebenso nicht die Aufgliederung eines ursprünglich in unzulässiger Form geltend gemachten Teilanspruchs[9]. Soweit § 530 keine Sonderregelungen enthält, gelten in der Berufungsinstanz die Grundsätze der ersten Instanz, § 523. Eine Klageänderung ist demnach in dem von §§ 263, 264 bestimmten Rahmen zulässig (Näheres → § 530 Rdnr. 1 ff.). Über den Parteiwechsel in der Berufungsinstanz → § 264 Rdnr. 117 f.

Streitig ist, ob die **Aufrechnung** ein Verteidigungsmittel des Beklagten ist und damit als 8 verspätet zurückgewiesen werden kann[10] oder ob sie (vergleichbar der Widerklage) einen selbständigen Angriff darstellt, weshalb eine Zurückweisung als verspätet ausscheidet[11]. Für die Berufungsinstanz ist die Frage durch § 530 Abs. 2 im letztgenannten Sinn beantwortet; danach ist die Aufrechnung schon dann zuzulassen, wenn das Gericht ihre Geltendmachung im anhängigen Verfahren für sachdienlich hält.

### 3. Fehlende Anführung in der Berufungsbegründung

#### a) Verhältnis von § 527 zu den Anforderungen an die Berufungsbegründung

Ein Angriffs- oder Verteidigungsmittel ist zunächst dann unter den in § 296 Abs. 1 geregel- 9 ten Voraussetzungen[12] nicht zuzulassen, wenn es entgegen § 519 nicht rechtzeitig vorge-

---

1393 = LM § 528 Nr. 47; a. A. *OLG Köln* JMBlNRW 1961, 53 für nachträgliche Substantiierung.
[10] So *BGHZ* 91, 293, 303 = NJW 1984, 1964, 1967; *Weth* (Fn. 5), 71 ff.; → weiter § 296 Rdnr. 37.
[11] *Hermisson* NJW 1983, 2230; MünchKomm ZPO-*Rimmelspacher* § 530 Rdnr. 6.
[12] Näheres → Rdnr. 19 ff.

[5] Ausführlich zu dem Begriff insbesondere *Weth* Die Zurückweisung verspäteten Vorbringens im Zivilprozeß (1988), 67 ff.
[6] *BGH* NJW 1982, 1533, 1534.
[7] *BGH* LM § 322 Nr. 21; NJW 1986, 2257, 2258.
[8] *BGH* NJW 1981, 1217; 1982, 1533, 1534.
[9] *BGH* VersR 1962, 1086; MDR 1993, 471 = NJW

bracht worden ist, d. h. wenn es nicht in der Berufungsbegründung enthalten war, § 519 Abs. 3 Nr. 2. Nach § 519 Abs. 3 Nr. 2 hat der Berufungskläger die neuen Tatsachen, Beweismittel und Beweiseinreden, die er zur Rechtfertigung seiner Berufung anzuführen hat, in der Berufungsbegründung anzugeben. Entsprechendes gilt nach § 522a Abs. 3 für den Berufungsanschlußkläger. Voraussetzung für die Anwendbarkeit von § 527 i. V. mit § 296 Abs. 1 ist, daß in der Berufungsbegründung wenigstens so viel angegeben ist, daß die Anforderungen des § 519 Abs. 3 Nr. 2 erfüllt sind, → dazu § 519 Rdnr. 40ff.; anderenfalls ist die Berufung bereits unzulässig. Da die Anforderungen an die Berufungsbegründung insoweit nicht sehr hoch sind, ist es durchaus möglich, daß es trotz Zulässigkeit der Berufung zu einem nach § 527 zu sanktionierenden verspäteten Vorbringen des Berufungsklägers kommt[13].

### b) Inhaltliche Anforderungen an die Berufungsbegründung

10 § 527 verlangt nicht, daß der Berufungskläger sämtliche Angriffs- bzw. Verteidigungsmittel, die im weiteren Verlauf des Berufungsverfahrens erheblich werden, schon in der Berufungsbegründung vorbringt. Bei Tatsachen, die erst nach der Einreichung der Begründungsschrift entstehen, ist dies ohnehin nicht möglich. Aber auch bei schon früher entstandenen Tatsachen oder vorliegenden Beweismitteln ist es für den Berufungskläger häufig nicht vorhersehbar, daß es darauf ankommt. Nur von daher macht es einen Sinn, daß sich § 527 ausdrücklich auch auf die Replik des Berufungsklägers, § 520 Abs. 2, bezieht. Hier zeigt sich klar, daß es im weiteren Verlauf des Verfahrens zulässig sein kann, Angriffs- und Verteidigungsmittel vorzubringen, die nicht schon dadurch ausgeschlossen sind, daß der Berufungskläger sie nicht schon in der Berufungsbegründung vorgebracht hat. In **entsprechender Anwendung von § 277 Abs. 1 S. 1** ist darauf abzustellen, daß der Vortrag in der Berufungsbegründung den Anforderungen einer sorgfältigen und auf Förderung des Verfahrens bedachten Prozeßführung entsprechen muß[14]; zur Konkretisierung der danach zu stellenden Anforderungen → § 277 Rdnr. 4ff. Zur Verfassungswidrigkeit einer gleichwohl erfolgten Zurückweisung → Rdnr. 19.

### c) Rechtsausführungen

11 § 527 betrifft nur Tatsachen, Beweismittel und Beweiseinreden, nicht dagegen auch die Berufungsgründe, soweit diese in rein rechtlichen Gesichtspunkten bestehen. Ob zutreffend subsumiert ist, hat das Berufungsgericht ohnehin von Amts wegen zu prüfen, ohne an die vom Berufungskläger geltend gemachten Gründe gebunden zu sein, → § 519 Rdnr. 2, weshalb der Berufungskläger jederzeit in Gestalt einer Darlegung seiner eigenen Rechtsauffassung eine Anregung an das Berufungsgericht geben kann, den Sachverhalt unter einem bestimmten rechtlichen Blickwinkel zu prüfen; eine Zurückweisung als verspätet kommt insoweit nicht in Betracht[15].

---

[13] MünchKomm ZPO-*Rimmelspacher* Rdnr. 19.
[14] S. MünchKomm ZPO-*Rimmelspacher* Rdnr. 19, der auf § 277 jedoch nur im Zusammenhang mit der Berufungsreplik eingeht. Die Vorschrift muß jedoch auch schon für die Berufungsbegründung herangezogen werden.

[15] AK-*Ankermann* Rdnr. 14; *Zöller/Schneider*[18] Rdnr. 7; → für das erstinstanzliche Verfahren § 296 Rdnr. 42 und allgemein dazu, daß Rechtsausführungen keine Angriffs- oder Verteidigungsmittel sind, *Weth* (Fn. 5), 90ff.

### d) Erweiterung der Berufungsanträge

§ 527 gilt nur insoweit, als es sich um die eigentlichen Berufungsangriffe, d. h. um Beanstandungen des erstinstanzlichen Urteils handelt, nicht dagegen auch für das Vorbringen, durch das in der Berufungsinstanz zulässigerweise neu gestellte Anträge gestützt werden, → Rdnr. 7. Dies hat Auswirkungen auch auf die Erweiterung der ursprünglich gestellten Berufungsanträge. Geht man mit der h. M. davon aus, daß die Berufungsanträge nachträglich erweitert werden können, → § 519 Rdnr. 47 ff., so handelt es sich dabei um eine **Erweiterung des Angriffs selbst** und nicht etwa um ein neues Angriffs- bzw. Verteidigungsmittel. Dies bedeutet, daß der Berufungskläger insoweit auch neue Tatsachen und Beweismittel vorbringen kann. Dem steht auch nicht entgegen, daß die Erweiterung der Berufungsanträge nur im Rahmen der Berufungsbegründung zulässig sein soll, → § 519 Rdnr. 48. Das kann nicht bedeuten, daß der Berufungskläger hinsichtlich der Einzelheiten für die erst später erfolgte Erweiterung in der Berufungsbegründung bereits dieselbe Sorgfalt aufbringen muß wie für den ursprünglichen Berufungsantrag. Insoweit sind die sich in entsprechender Anwendung von § 277 Abs. 1, → Rdnr. 10, ergebenden Anforderungen geringer. Soweit danach neue Angriffs- oder Verteidigungsmittel vorgetragen werden können, steht dem auch nicht entgegen, daß diese auch für den ursprünglichen Berufungsantrag relevant sind, dort aber wegen Verspätung nicht mehr berücksichtigt werden konnten[16]. Dann müssen die Mittel aber auch bei der Entscheidung über den zunächst gestellten Antrag berücksichtigt werden; eine »gespaltene« Zulassung wäre nicht sinnvoll, → § 296 Rdnr. 54.

Das Problem der Zulassung von Angriffs- und Verteidigungsmitteln bei einer Erweiterung der Berufungsanträge stellt sich allerdings nur dann, wenn man mit der h. M. der Ansicht ist, daß der einmal gestellte Berufungsantrag nachträglich erweitert werden kann. Von der hier vertretenen Gegenansicht aus, → § 519 Rdnr. 49, ist dagegen klar, daß § 519 Abs. 3 Nr. 2 und damit auch § 527 das gesamte Vorbringen des Berufungsklägers in der Berufungsinstanz betreffen.

### 4. Nichteinhaltung einer nach § 520 Abs. 2 gesetzten Frist

Ein Angriffs- oder Verteidigungsmittel ist weiter dann nur unter den in § 296 Abs. 1 geregelten Voraussetzungen zuzulassen, wenn die Partei es nicht innerhalb einer ihr vom Berufungsgericht nach § 520 Abs. 2 gesetzten Frist vorgebracht hat. Dabei macht es keinen Unterschied, ob die Frist dem Berufungsbeklagten für die **Berufungserwiderung** oder dem Berufungskläger für die **Replik** gesetzt worden ist. Die Beschränkung der Zulassung gilt ferner gleichermaßen, wenn das Gericht zunächst ein schriftliches Vorverfahren nach § 520 Abs. 1 S. 2, wie wenn sofort Termin zur mündlichen Verhandlung bestimmt worden ist. In beiden Fällen ermöglicht § 520 Abs. 2 eine Fristsetzung, deren Versäumung unabhängig davon zu denselben Rechtsfolgen führt, ob die Frist nach sofortiger Terminsbestimmung oder im Rahmen eines schriftlichen Vorverfahrens gesetzt worden war. Eine Zurückweisung des Vorbringens setzt jedoch voraus, daß die Frist nicht unangemessen kurz festgesetzt war. Im schriftlichen Vorverfahren muß die Frist zur Berufungserwiderung mindestens einen Monat betragen, § 520 Abs. 2 S. 2. Im übrigen enthält § 520 Abs. 2 zur Dauer der Fristen nichts, doch muß das Gericht darauf achten, daß die Partei voraussichtlich in der Lage sein wird, die Stellungnahme bis zum Fristablauf abzugeben. War die Frist zu kurz bemessen, so ist ein danach vorgebrachtes Angriffs- oder Verteidigungsmittel ohne weiteres zuzulassen, und

---
[16] A.A. AK-*Ankermann* Rdnr. 12.

15 zwar unabhängig davon, zu welchem Zeitpunkt es geltend gemacht wird; die Frist verlängert sich nicht etwa automatisch auf die angemessene Mindestdauer[17], → auch § 296 Rdnr. 35.

15 Die Beschränkungen bei der Zulassung des Vorbringens setzen voraus, daß das Angriffs- oder Verteidigungsmittel »**nicht rechtzeitig**« vorgebracht wird. Sofern die Frist nicht unangemessen kurz festgelegt war, → Rdnr. 14, muß das Vorbringen innerhalb der vom Berufungsgericht bestimmten Frist erfolgen. Dabei ist es gleichgültig, ob die Partei innerhalb der Frist überhaupt keine Stellungnahme abgegeben hat oder ob in der Stellungnahme lediglich das nachgeschobene Angriffs- oder Verteidigungsmittel nicht vorgebracht war. War der Partei, was zulässig ist, → Rdnr. 16, die Frist lediglich zur Stellungnahme zu einem bestimmten Punkt gesetzt worden, so braucht sie nur die sich darauf beziehenden Angriffs- oder Verteidigungsmittel geltend zu machen. Ihr sonstiges Vorbringen kann nicht nach §§ 527, 296 Abs. 1 zurückgewiesen werden. Im übrigen gilt für den **Inhalt der Stellungnahme** § 277 Abs. 2 entsprechend[18]. Der Berufungsbeklagte muß in der Berufungserwiderung auf die Berufungsbegründung eingehen (insbesondere auch auf darin enthaltenes neues Vorbringen). Ebensowenig wie die Berufungsbegründung, → Rdnr. 10, brauchen die Berufungserwiderung und die Replik aber alles zu enthalten, was sich im weiteren Verlauf des Berufungsverfahrens als entscheidungserheblich erweist. Wird die Frist versäumt, so ist das Vorbringen unabhängig davon nicht rechtzeitig, aus welchem Grund es nicht vor Fristablauf vorgebracht worden ist. Das Fehlen eines Verschuldens ist im Rahmen von § 296 Abs. 1 zu berücksichtigen, → Rdnr. 20 ff.

### 5. Geltung von § 523 i. V. mit § 296 Abs. 1 und 2

#### a) Zurückweisung wegen Fristversäumung

16 § 527 regelt die Zurückweisung von verspätet vorgebrachten Angriffs- oder Verteidigungsmitteln für die Berufungsinstanz **nicht abschließend**. Daneben ist über § 523 vielmehr § 296 Abs. 1 und 2 unmittelbar anwendbar. Hat das Berufungsgericht nach § 520 Abs. 2 keine Fristen gesetzt, so ist dies dem Berufungsbeklagten gegenüber überhaupt die einzige Möglichkeit einer Zurückweisung seines Vorbringens als verspätet. Weiter ist die Anwendbarkeit von § 296 Abs. 1 und 2 über § 523 dann wichtig, wenn es um Angriffs- und Verteidigungsmittel geht, die erst nach den von § 527 erfaßten Fristen entstanden sind, oder wenn Angriffs- oder Verteidigungsmittel angesichts der Prozeßlage zunächst nicht vorgebracht zu werden brauchten (entsprechende Anwendung von § 277 Abs. 1, → Rdnr. 10, 15), sich die Lage später aber ändert.

17 Als Frist, die eine Partei versäumt haben kann, weshalb ihr Vorbringen nach §§ 523, 296 Abs. 1 zurückzuweisen ist, kommt nur die nach § 273 Abs. 2 Nr. 1 gesetzte **Frist zur Erklärung über bestimmte erklärungsbedürftige Punkte** in Betracht. Über § 523 ist § 273 auch im Berufungsverfahren anwendbar. Die anderen Fristen des § 296 Abs. 1 beziehen sich nicht auch auf das Berufungsverfahren. Insoweit enthält § 520 Abs. 2 für die Fristsetzung eine Sonderregelung, wobei die Sanktion für die Fristversäumung aus § 527 folgt.

#### b) Zurückweisung wegen Verletzung der allgemeinen Prozeßförderungspflicht

18 § 527 nimmt lediglich auf § 296 Abs. 1 und 4 Bezug, nicht dagegen auch auf § 296 Abs. 2. Nach dieser Vorschrift können in erster Instanz Angriffs- und Verteidigungsmittel zurückge-

---

[17] MünchKomm ZPO-*Rimmelspacher* Rdnr. 19; *Wieczorek/Rössler* Anm. A IV.

[18] MünchKomm ZPO-*Rimmelspacher* Rdnr. 19, 20.

wiesen werden, die i. S. des § 282 Abs. 1, 2 nicht rechtzeitig vorgebracht bzw. mitgeteilt worden sind, sofern die Zulassung die Erledigung des Rechtsstreits verzögern würde und die Verspätung auf grober Nachlässigkeit beruht. Über § 523 gilt das auch in der Berufungsinstanz. Ein praktisches Bedürfnis dafür besteht insbesondere dann, wenn der Partei vom Berufungsgericht keine Frist nach § 520 Abs. 2 oder nach § 273 Abs. 2 Nr. 1, → Rdnr. 17, gesetzt worden ist. Wollte man hier § 296 nicht anwenden, so könnte der Berufungsbeklagte seine Verteidigung ohne jede Einschränkung bis zum Schluß der mündlichen Verhandlung vorbringen, und auch der Berufungskläger wäre nur insoweit beschränkt, als ihm gegenüber eine Frist läuft (Berufungsbegründungs-, Replik- oder Erklärungsfrist nach § 273 Abs. 2 Nr. 1).

### III. Voraussetzungen der Nichtzulassung

Die entsprechende Anwendung von § 296 Abs. 1, 4 bedeutet, daß entweder der Rechtsstreit in der Berufungsinstanz durch die Zulassung des Vorbringens nicht verzögert werden darf, → Rdnr. 20 ff., oder die Partei die Verspätung genügend entschuldigt, → Rdnr. 23 f. Liegt keine dieser Voraussetzungen vor, so darf das Vorbringen nicht zugelassen werden. Das Gericht hat insoweit keinen Ermessensspielraum, → Rdnr. 25. Würde die Zulassung umgekehrt zu keiner Verzögerung des Rechtsstreits führen oder ist die Verspätung entschuldigt, so muß das Gericht das Vorbringen zulassen. Auch insoweit besteht kein Ermessensspielraum des Gerichts. Die Rechtskraft des Urteils steht der Berücksichtigung des verspäteten Vorbringens in einem weiteren Verfahren entgegen, → § 296 Rdnr. 125; der Ausschluß ist also endgültig und kann nicht etwa auf dem Umweg über einen zweiten Prozeß ungeschehen gemacht werden. **Verfassungsrechtlich** ist diese Einschränkung der Zulassung des Vorbringens unbedenklich[19]. Insbesondere gebietet es der Anspruch auf Gewährung rechtlichen Gehörs nicht, daß auch schuldhaft verspätetes Vorbringen zuzulassen ist[20]. Eine andere Frage ist es, daß die konkrete Anwendung der Präklusionsvorschriften im Einzelfall verfassungswidrig sein kann (insbesondere wegen Verstoßes gegen Art. 103 Abs. 1 GG). Insoweit gilt für die Berufungsinstanz nichts anderes als für das erstinstanzliche Verfahren; Einzelheiten (einschließlich der umfangreichen einschlägigen Rechtsprechung des BVerfG) → § 296 Rdnr. 11 ff. Einen Verstoß gegen Art. 103 Abs. 1 GG hat das BVerfG zutreffend darin gesehen, daß ein Vorbringen nach §§ 527, 520 Abs. 2 zurückgewiesen wurde, das zwar erst nach Ablauf der gesetzten Frist erfolgt ist, das jedoch nach dem Maßstab einer sorgfältigen Prozeßführung, § 277 Abs. 1, bei der damaligen Prozeßlage noch nicht in das Verfahren eingeführt zu werden brauchte[21].

19

#### 1. Verzögerung der Erledigung des Rechtsstreits

Das Angriffs- oder Verteidigungsmittel ist dann zuzulassen, wenn dadurch die Erledigung des Rechtsstreits nicht verzögert würde. Dabei spielt es keine Rolle, ob die Partei an der Verspätung ein Verschulden trifft. Selbst bei grober Nachlässigkeit oder gar vorsätzlicher Verspätung ist das Vorbringen zuzulassen, sofern sich dadurch die Erledigung des Rechtsstreits nicht verzögert. Der **Verzögerungsbegriff** bestimmt sich im Berufungsverfahren nach denselben Kriterien wie in der ersten Instanz, d. h. als maßgeblich wird angesehen, ob der Rechtsstreit bei Zulassung des Vorbringens länger dauern würde als bei dessen Zurückwei-

20

---

[19] Ausführlich zur Verfassungsmäßigkeit der Zurückweisungsvorschriften *Weth* (Fn. 5), 9 ff.; → weiter § 296 Rdnr. 8 ff.

[20] *BVerfGE* 36, 29 = NJW 1974, 133; 69, 145, 149 = NJW 1985, 1150; 75, 302, 315; 81, 97, 105.

[21] *BVerfG* NJW 1991, 2275, 2276.

sung[22] (sog. absoluter Verzögerungsbegriff; demgegenüber stellt der relative oder hypothetische Verzögerungsbegriff darauf ab, ob das Verfahren nicht auch bei rechtzeitigem Vorbringen genausolange gedauert hätte); Einzelheiten zu den Voraussetzungen einer Verzögerung → § 296 Rdnr. 60 ff.

21 Ebenso wie in der ersten Instanz, → § 296 Rdnr. 71 f., scheidet eine Zurückweisung des Vorbringens dann aus, wenn die Verzögerung nicht ausschließlich auf dem Verhalten der Partei, sondern auch darauf beruht, daß das Gericht seinerseits das Verfahren nicht hinreichend fördert. Insbesondere muß es im Rahmen des ihm zumutbarerweise Möglichen die durch den verspäteten Vortrag drohende Verzögerung durch **vorbereitende Maßnahmen nach § 273** zu vermeiden versuchen. Einzelheiten zu Art und Umfang der zu treffenden Maßnahmen → § 273 Rdnr. 5 ff. Eine trotz nicht hinreichender Vorbereitung seitens des Gerichts erfolgte Zurückweisung des Angriffs- oder Verteidigungsmittels verstößt gegen Art. 103 Abs. 1 GG[23]. Dagegen ist eine Zurückweisung dann geboten, wenn zwar nicht das verspätete Vorbringen selbst zu einer Verzögerung führt, im Hinblick darauf aber eine weitere Beweiserhebung erforderlich wäre, die ihrerseits verzögerlich wirken würde[24] (sog. **mittelbare Verzögerung**); → auch § 296 Rdnr. 68 f., wo allerdings die Zurückweisungsmöglichkeit verneint wird.

22 Eine Verzögerung der Entscheidung scheidet aus, wenn neu vorgetragene Tatsachen vom Gegner **zugestanden oder nicht bestritten** werden[25]. Dies gilt auch dann, wenn aufgrund der neuen Prozeßlage weitere Beweiserhebungen erforderlich werden, die nicht sofort durchgeführt werden können[26]. Darin liegt kein Widerspruch zu der unter → Rdnr. 21 vertretenen Auffassung zur mittelbaren Verzögerung; wenn sich die Parteien über eine Tatsache einig sind, ist die Zurückweisung nicht im selben Maße geboten, wie wenn insoweit Streit besteht; → weiter Rdnr. 25. Da die Notwendigkeit eines Zulassens des neuen Vorbringens weitgehend davon abhängt, wie sich der Gegner dazu stellt, was für die Partei jeweils nicht mit hinreichender Sicherheit vorhersehbar ist, stellt es ein großes Risiko dar, sich Prozeßmaterial für die zweite Instanz »aufheben« zu wollen. Ein Anwalt, der der Partei in diese Richtung zielende Anregungen gibt, läuft ein erhebliches Haftungsrisiko.

### 2. Fehlen eines Entschuldigungsgrundes

23 Neben der Verzögerung der Entscheidung setzt die Nichtzulassung weiter voraus, daß die **Verspätung nicht genügend entschuldigt** ist, § 527 i.V. mit § 296 Abs. 1. Dabei reicht jeder Verschuldensgrad, also insbesondere auch nur leichte Fahrlässigkeit, aus. Nicht erforderlich ist demnach, daß die Partei durch ein unabwendbares Ereignis daran gehindert war, ihr Angriffs- oder Verteidigungsmittel früher vorzubringen. Das Verschulden des Anwalts ist der Partei nach § 85 Abs. 2 zuzurechnen, → § 296 Rdnr. 83. Ob ein Verschulden vorliegt, entscheidet das Gericht nicht nach seiner »freien Überzeugung«; nach § 296 Abs. 1 ist die freie Überzeugung nur für die Annahme einer Verzögerung der Erledigung des Rechtsstreits, nicht dagegen auch für das Verschulden maßgeblich; → § 296 Rdnr. 89. Erforderlichenfalls ist über das Vorliegen eines Entschuldigungsgrundes also Beweis zu erheben. Das Gericht kann Glaubhaftmachung des Entschuldigungsgrundes verlangen, § 296 Abs. 4. Ist dies geschehen, so muß das Vorbringen zugelassen werden; eine Zurückweisung darf nicht etwa deswegen

---

[22] So vor allem die ständige Rechtsprechung des BGH (vor allem *BGHZ* 75, 139, 141; 76, 133, 135; 83, 310, 313; 86, 31, 34; 86, 198, 202).
[23] Ständige Rechtsprechung des BVerfG; s. zuletzt *BVerfGE* 81, 264, 273; NJW 1992, 680.
[24] *BGHZ* 83, 310, 312 = NJW 1982, 1535; 86, 198, 201 = NJW 1983, 1495; *Weth* (Fn. 5), 251 ff.; MünchKomm ZPO-*Prütting* § 296 Rdnr. 102.
[25] *BAG* Betrieb 1961, 920; MünchKomm ZPO-*Rimmelspacher* Rdnr. 24; → auch § 296 Rdnr. 56.
[26] MünchKomm ZPO-*Rimmelspacher* Rdnr. 24.

erfolgen, weil der Entschuldigungsgrund nicht voll nachgewiesen ist. Dies gilt auch dann, wenn das Gericht die Glaubhaftmachung eines Entschuldigungsgrundes nicht ausdrücklich verlangt hat, die Partei aber von sich aus die Verspätung glaubhaft entschuldigt hat. Die Beweislast für den Entschuldigungsgrund trägt die Partei[27], wobei der Beweis jedoch nicht zur vollen Überzeugung des Gerichts, sondern nur bis zur Glaubhaftmachung erbracht werden muß.

Ob ein Verschulden vorliegt, entscheidet sich anhand der **Umstände des Einzelfalls**; Näheres → § 296 Rdnr. 83 ff. Es wird nicht dadurch ausgeschlossen, daß das Gericht einen nach § 139 gebotenen Hinweis unterlassen hat. War die Frist objektiv zu kurz bemessen, so kommt eine Zurückweisung schon deshalb nicht in Betracht, ohne daß es noch einer besonderen Entschuldigung bedarf, → Rdnr. 14. Weiter darf das Vorbringen dann nicht zurückgewiesen werden, wenn die Partei entgegen § 520 Abs. 2 S. 3 i. V. mit § 277 Abs. 2, → § 520 Rdnr. 7, über die Folgen der Fristversäumung nicht belehrt worden ist. 24

### 3. Kein Ermessensspielraum des Berufungsgerichts

Liegen die Voraussetzungen von § 527 i. V. mit § 296 Abs. 1 bzw. von § 523 i. V. mit § 296 Abs. 1, → Rdnr. 16, vor, so darf das Gericht da Vorbringen nicht zulassen. Insoweit hat es **keinen Ermessensspielraum**. Ob die Voraussetzungen für eine Zurückweisung vorliegen, hat das Gericht von Amts wegen zu prüfen. Eines Antrags des Gegners bedarf es nicht. Streitig ist, ob dann etwas anderes gilt, wenn der Gegner der Zulassung zustimmt. Entgegen einer teilweise vertretenen Auffassung[28] wird man hier keine Zurückweisungspflicht bejahen müssen. Die Beschleunigung des Verfahrens, die durch § 296 Abs. 1 erreicht werden soll, dient in erster Linie dem Interesse der Parteien, womit man diesen die Möglichkeit einräumen sollte, insoweit übereinstimmend zu disponieren; da es jedoch auch um das Allgemeininteresse an einer zügigen Rechtspflege geht, bietet es sich an, in diesem Fall ein Zulassungsermessen, nicht aber eine entsprechende Pflicht des Gerichts anzunehmen, → § 296 Rdnr. 91[29]. 25

In den Fällen des § 523 i. V. mit § 296 Abs. 2 (**Verletzung der allgemeinen Prozeßförderungspflicht** in der Berufungsinstanz), → Rdnr. 16, ist das Berufungsgericht dagegen nicht zur Zurückweisung verpflichtet[30]. Insoweit hat es einen **Ermessensspielraum**, § 296 Rdnr. 110 ff. Sind beide Parteien sich darin einig, daß das Vorbringen zugelassen werden soll, so wird das Ermessen i. d. R. in diesem Sinne auszuüben sein. 26

## IV. Die Entscheidung über die Zulassung

### 1. Form und Inhalt der Entscheidung

Die Entscheidung über die Zulassung oder Nichtzulassung eines verspätet vorgetragenen Angriffs- oder Verteidigungsmittels wird normalerweise in den **Entscheidungsgründen des Berufungsurteils** enthalten sein, doch kann auch ein besonderer Beschluß ergehen[31]. Letzteres wird allerdings kaum je zweckmäßig sein; Voraussetzung für den Erlaß eines Beschlusses ist, daß das Berufungsgericht schon jetzt abschließend beurteilen kann, ob es bei der Zulassung des Vorbringens zu einer Verzögerung des Verfahrens kommt[32]. Die Nichtzulassung 27

---

[27] MünchKomm ZPO-*Rimmelspacher* Rdnr. 31.
[28] *Weth* (Fn. 5), 287; MünchKomm ZPO-*Prütting* § 296 Rdnr. 175.
[29] Für eine Zulassungspflicht E. *Schneider* NJW 1979, 2506; Zöller/*Schneider*[18] § 528 Rdnr. 35.
[30] BGH NJW 1981, 1218; Zöller/*Stephan*[18] § 296 Rdnr. 30; a. A. *Weth* (Fn. 5), 291 ff.; MünchKomm ZPO-*Prütting* § 296 Rdnr. 177.
[31] BAG AP § 313 Nr. 1 (*Pohle*); a. A. MünchKomm ZPO-*Rimmelspacher* Rdnr. 38; → auch § 296 Rdnr. 124.
[32] Warum dies immer erst bei Verhandlungsschluß beurteilt werden kann, weshalb ein vorheriger Beschluß

muß begründet werden[33], um so die Entscheidung in der Revisionsinstanz nachprüfbar zu machen, → Rdnr. 28. Die Begründung muß sich auch darauf erstrecken, daß durch Zulassung des Vorbringens die Entscheidung des Rechtsstreits verzögert würde. Hierzu kann die Feststellung erforderlich sein, daß das Vorbringen vom Gegner bestritten worden ist, → Rdnr. 22. Im Falle der Zurückweisung muß das Verschulden der Partei nicht positiv dargelegt werden; wohl aber muß sich die Begründung darauf erstrecken, warum sich das Gericht nicht vom Fehlen eines Verschuldens überzeugen konnte. Das Fehlen einer Begründung stellt für sich allein zwar keinen Verstoß gegen Art. 103 Abs. 1 GG dar, kann im Einzelfall aber zu der Annahme führen, daß der Partei das rechtliche Gehör nicht gewährt worden ist[34].

### 2. Anfechtung

28 Sofern das Urteil der Revision unterliegt, kann mit dieser die **Nichtzulassung** gerügt werden. Dabei sind jedoch die Grenzen zu beachten, die für jede Revisionsrüge maßgeblich sind. Insbesondere ist das Revisionsgericht an die tatsächlichen Feststellungen des Berufungsurteils gebunden. Die Rüge kann auch darauf gestützt werden, daß die Zurückweisung nicht begründet worden ist, weshalb eine Überprüfung des Urteils insoweit nicht möglich ist[35]. Die Frage, ob eine Verzögerung der Erledigung des Rechtsstreits eingetreten wäre, ist als Tatsachenfrage grundsätzlich in der Revisionsinstanz nicht nachprüfbar; etwas anderes gilt nur insoweit, als es darum geht, ob das Berufungsgericht den Rechtsbegriff der Verzögerung verkannt hat[36]. Soweit die Zurückweisung des Vorbringens in einem Beschluß erfolgt ist, → Rdnr. 27, kann dieser nicht selbständig angefochten werden, sondern unterliegt nach § 548 nur der Überprüfung im Revisionsverfahren gegen das Berufungsurteil.

29 Sofern der Rechtsweg erschöpft ist, kann die Nichtzulassung durch **Verfassungsbeschwerde** angegriffen werden (insbesondere unter dem Blickwinkel einer Verletzung des Anspruchs auf rechtliches Gehör). Allerdings bedeutet nicht jede unrichtige Anwendung einer Präklusionsvorschrift eine Verletzung von Art. 103 Abs. 1 GG; erforderlich ist vielmehr, daß gerade eine verfassungsrechtlich gebotene Anhörung unterblieben ist[37].

30 Die **Zulassung** des verspäteten Vorbringens ist immer **unanfechtbar**[38], → § 296 Rdnr. 129. Die Aufhebung und Zurückverweisung der Sache mit dem Ziel, ein vom Berufungsgericht für erheblich erachtetes und möglicherweise sogar durch Beweisaufnahme aufgeklärtes Vorbringen wieder auszuschalten, wäre ein so befremdliches Ergebnis, daß es nicht als im Sinne des Gesetzes und noch dazu einer auf Prozeßbeschleunigung hinzielenden Vorschrift liegend angesehen werden könnte.

### V. Arbeitsgerichtliches Verfahren

31 § 527 gilt im arbeitsgerichtlichen Verfahren grundsätzlich **entsprechend**. Soweit § 67 ArbGG eine Sonderregelung enthält, bezieht sich diese nur auf das in § 528 geregelte Vorbringen neuer Tatsachen und Beweismittel, berührt also die Anwendbarkeit von § 527

---

nicht zulässig sein soll (so MünchKomm ZPO-*Rimmelspacher* Rdnr. 38), ist nicht ersichtlich.
[33] *BGHZ* 31, 210, 214 = *NJW* 1960, 572; *BGH* NJW-RR 1991, 767, 768; AK-*Ankermann* Rdnr. 33; MünchKomm ZPO-*Rimmelspacher* Rdnr. 38; Zöller/Schneider[18] Rdnr. 26.
[34] *BVerfGE* 81, 97, 106 = *NJW* 1990, 566.
[35] *RG* JW 1929, 103; Rosenberg/Schwab/Gottwald[15] § 139 IV 2f; MünchKomm ZPO-*Rimmelspacher* Rdnr. 40; Zöller/Schneider[18] Rdnr. 26.

[36] *BGHZ* 31, 210, 214.
[37] *BVerfGE* 75, 302.
[38] *BGH* LM § 529 Nr. 17 = *NJW* 1960, 100 = MDR 212 = JR 222 = ZZP 73 (1960), 291; *BGH* LM § 528 Nr. 10 = *NJW* 1981, 928; 1991, 1896 = MDR 1201: Rosenberg/Schwab/Gottwald[15] § 139 IV 2f; AK-*Ankermann* Rdnr. 32; Baumbach/Lauterbach/Albers[51] Rdnr. 7; MünchKomm ZPO-*Rimmelspacher* Rdnr. 39; Zöller/Schneider[18] Rdnr. 26.

nur eingeschränkt. Zum Verhältnis von § 527 zu § 528 → Rdnr. 3. Eine Besonderheit gilt im arbeitsgerichtlichen Verfahren allerdings insoweit, als die Berufung kraft Gesetzes (d. h. nicht erst auf eine richterliche Fristsetzung hin) innerhalb eines Monats nach Zustellung der Berufungsbegründung beantwortet werden muß, § 66 Abs. 1 S. 2 ArbGG, → § 520 Rdnr. 14. Über die Rechtsfolge einer **Versäumung der Berufungsbeantwortungsfrist** besagt § 66 ArbGG nichts. Sie findet sich für neues Vorbringen in § 67 Abs. 2 ArbGG, wonach das Vorbringen zurückgewiesen werden muß, sofern es die Erledigung des Rechtsstreits verzögert und die Verspätung verschuldet ist[39].

Im Berufungsverfahren kann das Gericht den Parteien **Fristen zur Erklärung über bestimmte Punkte** setzen, § 64 Abs. 7 i. V. mit § 56 Abs. 1 Nr. 1 ArbGG, deren Versäumung ebenfalls zur Zurückweisung verspäteten Vorbringens führt, § 56 Ab. 2 ArbGG. Im übrigen gilt im arbeitsgerichtlichen Verfahren auch in der Berufungsinstanz die **allgemeine Prozeßförderungspflicht**. Bei deren Verletzung ist die Zurückweisung des Vorbringens nach § 67 Abs. 1 S. 3 ArbGG i. V. mit § 528 Abs. 2 zwar obligatorisch, steht also anders als in der ordentlichen Gerichtsbarkeit, → Rdnr. 26, nicht im Ermessen des LAG, doch reicht einfaches Verschulden nicht aus; es muß vielmehr grobe Nachlässigkeit vorliegen[40]. 32

## § 528 [Neues Vorbringen]

(1) Neue Angriffs- und Verteidigungsmittel, die im ersten Rechtszug entgegen einer hierfür gesetzten Frist (§ 273 Abs. 2 Nr. 1, § 275 Abs. 1 Satz 2, § 276 Abs. 1 Satz 2, Abs. 3, § 277) nicht vorgebracht worden sind, sind nur zuzulassen, wenn nach der freien Überzeugung des Gerichts ihre Zulassung die Erledigung des Rechtsstreits nicht verzögern würde oder wenn die Partei die Verspätung genügend entschuldigt. Der Entschuldigungsgrund ist auf Verlangen des Gerichts glaubhaft zu machen.

(2) Neue Angriffs- und Verteidigungsmittel, die im ersten Rechtszug entgegen § 282 Abs. 1 nicht rechtzeitig vorgebracht oder entgegen § 282 Abs. 2 nicht rechtzeitig mitgeteilt worden sind, sind nur zuzulassen, wenn ihre Zulassung nach der freien Überzeugung des Gerichts die Erledigung des Rechtsstreits nicht verzögern würde oder wenn die Partei das Vorbringen im ersten Rechtszug nicht aus grober Nachlässigkeit unterlassen hatte.

(3) Angriffs- und Verteidigungsmittel, die im ersten Rechtszug zu Recht zurückgewiesen worden sind, bleiben ausgeschlossen.

Gesetzesgeschichte: Der in § 528 geregelte Komplex war bis zur Vereinfachungsnovelle (BGBl. 1976 I 3281) in § 529 Abs. 1, 2 geregelt. Weiteres zur Gesetzesgeschichte → bei § 527. § 528 a.F. gilt in veränderter Form als § 529 weiter; Einzelheiten zur Gesetzesgeschichte → dort.

| I. Allgemeines | 1 | II. Nichtzulassung nach Abs. 2 | 4 |
|---|---|---|---|
| 1. Übersicht | 1 | 1. Nicht rechtzeitiges Vorbringen in erster Instanz | 5 |
| 2. Neue Angriffs- und Verteidigungsmittel | 2 | 2. Verzögerung der Erledigung des Rechtsstreits | 8 |
| 3. Grundsätzliche Zulässigkeit neuen Vorbringens | 3 | 3. Grobe Nachlässigkeit | 9 |
| | | 4. Freie Überzeugung des Gerichts | 10 |

---

[39] S. *Grunsky*[6] § 66 Rdnr. 7; *Germelmann/Matthes/Prütting* § 66 Rdnr. 24.

[40] *Germelmann/Matthes/Prütting* § 67 Rdnr. 17 f.

§ 528 I    3. Buch. Rechtsmittel

| | |
|---|---|
| III. Nichtzulassung nach Abs. 1 | 11 |
| IV. In erster Instanz zurückgewiesene Angriffs- und Verteidigungsmittel, Abs. 3 | 12 |
| 1. Auslegung von Abs. 3 | 12 |
| 2. Verfassungsgemäßheit von Abs. 3 | 17 |
| V. Die Entscheidung über die Zulassung | 18 |
| VI. Arbeitsgerichtliches Verfahren | 19 |

## I. Allgemeines[1]

### 1. Übersicht

1   § 528 regelt die Frage, **inwieweit ein in erster Instanz nicht rechtzeitig vorgebrachtes Angriffs- oder Verteidigungsmittel** (sei es, daß es dort gar nicht vorgebracht, sei es, daß es als verspätet zurückgewiesen worden ist) im Berufungsverfahren nachgeholt werden kann. Über das Verhältnis zu § 527 → dort Rdnr. 3. Bei einem in erster Instanz nicht vorgebrachten Angriffs- oder Verteidigungsmittel wird danach differenziert, ob der Partei eine Frist für das Vorbringen gesetzt war oder nicht. Bejahendenfalls ist das Vorbringen nur dann zuzulassen, wenn dies zu keiner Verzögerung bei der Erledigung des Rechtsstreits führt oder wenn die Verspätung genügend entschuldigt wird, Abs. 1. War dagegen keine Frist gesetzt worden, so reicht einfaches Verschulden für die Zurückweisung nicht aus; die Verspätung muß hier auf grober Nachlässigkeit beruhen, Abs. 2. Zum Eheverfahren, wo § 528 nach § 615 Abs. 2 nicht anwendbar ist, → § 615 Rdnr. 6.

### 2. Neue Angriffs- und Verteidigungsmittel

2   Gemeinsame Voraussetzung für die Anwendbarkeit von Abs. 1 und Abs. 2 ist, daß es sich um »neue« Angriffs- bzw. Verteidigungsmittel handelt (zum Begriff »Angriffs- und Verteidigungsmittel« → § 527 Rdnr. 6ff.). Sonstiges Vorbringen ist allenfalls nach § 527 bzw. nach §§ 523, 296 Abs. 1 und 2 zurückzuweisen (es sei denn, es ist bereits in erster Instanz zu Recht zurückgewiesen worden, Abs. 3, dazu → Rdnr. 12ff.). Ein Vorbringen ist dann neu, wenn es in erster Instanz nicht vorgetragen war, wobei es nicht darauf ankommt, ob die Partei ein Verschulden daran trifft, daß der Vortrag erst in der Berufungsinstanz erfolgt. Neben Tatsachen, die erst nach der letzten mündlichen Verhandlung erster Instanz entstanden sind, ist neu auch solches Vorbringen, das in erster Instanz zwar objektiv schon vorlag, aber nicht geltend gemacht wurde. Ob das Vorbringen schon in erster Instanz erfolgt ist, ergibt sich aus dem Tatbestand des angefochtenen Urteils, § 314. Weist dieser das Vorbringen nicht aus, so muß die Partei den Tatbestand nach § 320 berichtigen lassen, widrigenfalls ihr Vorbringen als neu anzusehen ist[2]. Neu ist auch der Vortrag, der in erster Instanz in einem nicht nach § 283 nachgelassenen oder in einem nachgelassenen Schriftsatz enthalten ist, der seinerseits jedoch nicht innerhalb der vom Gericht gesetzten Frist eingereicht worden ist[3]. Hat das erstinstanzliche Gericht allerdings das Vorbringen gleichwohl berücksichtigt, § 283 S. 2, so ist das Vorbringen in der Berufungsinstanz nicht mehr neu. Daß die Partei ein Vorbringen in der ersten Instanz hat fallen lassen, schließt ein abermaliges Vorbringen in der Berufungsinstanz zwar nicht aus, doch ist es dann ein neues und untersteht damit den Beschränkungen nach

---

[1] Literatur: M. Wolf ZZP 94 (1981), 310; Weth Die Zurückweisung verspäteten Vorbringens im Zivilprozeß (1988), 95 ff.
[2] BAGE 8, 156 = AP § 611 BGB Ärzte, Gehaltsansprüche Nr. 3 = NJW 1960, 166 = MDR 81.
[3] BGH NJW 1979, 2109; LM § 224 Nr. 8 = NJW 1983, 2030 = MDR 838 = BB 1503; MünchKomm ZPO-Rimmelspacher Rdnr. 3.

Abs. 1 und 2⁴. Dies gilt auch dann, wenn es in erster Instanz »auf Probe« vorgebracht und nach einem Hinweis des Gerichts auf die gebotene Zurückweisung wieder fallen gelassen worden ist⁵. Neu ist ein Vorbringen auch dann, wenn es in erster Instanz so unvollständig war, daß es dort nicht verwertet werden konnte (z. B. mangels Substantiierung⁶ oder bei erst jetzt erfolgter Angabe der ladungsfähigen Anschrift eines benannten Zeugen⁷). Schließlich gehört hierhin noch alles Vorbringen, dessen Verwertung für das erstinstanzliche Gericht kraft Gesetzes ausgeschlossen war (z.B. nach §§ 230, 356, 379)⁸. Soweit eine Tatsache oder ein Beweismittel erst nach Schluß der Verhandlung in erster Instanz entstanden ist, kommt eine Zurückweisung nach § 528 nicht in Betracht, wohl aber eine solche nach § 527, → § 527 Rdnr. 3, oder nach §§ 523, 296 Abs. 1 bzw. 2.

### 3. Grundsätzliche Zulässigkeit neuen Vorbringens

Im Gegensatz zu § 529 Abs. 1 a. F. ist im Gesetz jetzt nicht mehr ausdrücklich vorgesehen, daß Angriffs- und Verteidigungsmittel, die im ersten Rechtszug nicht geltend gemacht worden sind, im Berufungsverfahren grundsätzlich vorgebracht werden können. Gleichwohl hat sich an der Rechtslage insoweit nichts geändert. Angriffs- und Verteidigungsmittel können in der Berufungsinstanz neu vorgebracht werden (sog. **Novenrecht**). Dieser Grundsatz erfährt im Interesse der Konzentration des Prozeßstoffs zwar weitgehende Einschränkungen, doch gilt nach wie vor, daß Prozeßstoff des Berufungsverfahrens die Sach- und Rechtslage bei Schluß der mündlichen Verhandlung in der Berufungsinstanz ist und die Parteien deshalb bis zu diesem Zeitpunkt neue Angriffs- und Verteidigungsmittel vortragen können, → auch § 527 Rdnr. 5. Eine Nichtzulassung kommt nur unter den in §§ 527, 528 geregelten Voraussetzungen sowie nach §§ 523, 296 Abs. 1 und 2, → § 527 Rdnr. 16 ff., in Betracht. 3

## II. Nichtzulassung nach Abs. 2

War der Partei für das Vorbringen in erster Instanz **keine Frist gesetzt** worden, so kommt es zunächst darauf an, ob das Vorbringen bzw. die vorherige Mitteilung durch vorbereitenden Schriftsatz von der Partei nach § 282 Abs. 1, 2 erwartet werden mußte. War es mit einer »nach der Prozeßlage sorgfältigen und auf Förderung des Verfahrens bedachten Prozeßführung« (§ 282 Abs. 1) vereinbar, das Vorbringen zurückzuhalten, so ist es ohne weiteres zuzulassen. Anderenfalls darf die Zulassung entweder zu keiner Verzögerung führen oder die Unterlassung in erster Instanz nicht auf grober Nachlässigkeit beruhen. 4

### 1. Nicht rechtzeitiges Vorbringen in erster Instanz

Das neue Vorbringen muß in erster Instanz entgegen § 282 Abs. 1 nicht rechtzeitig vorgebracht oder entgegen § 282 Abs. 2 **nicht rechtzeitig mitgeteilt** worden sein. Letzteres kann allerdings nicht praktisch werden⁹: Ist das Vorbringen in erster Instanz trotz der nicht rechtzeitigen schriftsätzlichen Mitteilung zugelassen worden, so ist es für das Berufungsverfahren nicht neu, → Rdnr. 1; war es dagegen zurückgewiesen worden, so richtet sich seine 5

---

⁴ *OLG München* NJW 1972, 2047; *Michalski* NJW 1991, 2069, 2070; *Weth* (Fn. 1), 98 ff.; *Baumbach/Lauterbach/Albers*⁵¹ Rdnr. 10; MünchKomm ZPO-*Rimmelspacher* Rdnr. 3.
⁵ *Weth* (Fn. 1), 98 ff.; MünchKomm ZPO-*Rimmelspacher* Rdnr. 4. Dazu, ob ein solches »Vorbringen auf Probe« zulässig ist, ist damit nichts gesagt; s. dazu *Weth* aaO.

⁶ *OLG München* ZZP 82 (1969), 156; s. weiter *BGHZ* 91, 293 (Substantiierung einer Aufrechnung).
⁷ *OLG Köln* MDR 1972, 332.
⁸ *Weth* (Fn. 1), 106 ff.; MünchKomm ZPO-*Rimmelspacher* Rdnr. 4.
⁹ MünchKomm ZPO-*Rimmelspacher* Rdnr. 16.

Zulassung im Berufungsverfahren gemäß Abs. 3 danach, ob die Zurückweisung zu Recht oder zu Unrecht erfolgt ist, → Rdnr. 12 ff.

6  Von einem nicht rechtzeitigen Vorbringen in erster Instanz kann dann nicht gesprochen werden, wenn das Vorbringen für den seinerzeitigen, inzwischen geänderten Streitgegenstand **nicht entscheidungserheblich** war[10]. Weiter kann man es der Partei nicht vorwerfen, wenn sie die **Rechtslage ebenso beurteilt hat wie das erstinstanzliche Gericht** und ihr Vorbringen deshalb beschränkt hat; die in erster Instanz obsiegende Partei ist deswegen zumindest im Rahmen von Abs. 2 nie daran gehindert, im Berufungsverfahren neue Angriffs- und Verteidigungsmittel vorzubringen[11]. An diesem zu § 529 Abs. 2 a.F. anerkannten Ergebnis[12] hat sich durch die Neufassung von § 528 nichts geändert. Die Partei braucht sich auch nicht vorhalten zu lassen, es sei für sie zweifelsfrei erkennbar gewesen, daß es auf bestimmte Tatsachen bzw. Beweismittel ankommt[13]; anderenfalls würde man von der Partei verlangen, klüger zu sein als das Gericht. Eine neu vorgetragene Tatsache ist weiter dann zuzulassen, wenn für sie in erster Instanz noch keine Beweismittel vorhanden waren[14]; ebenso dann, wenn die Partei aufgrund des Verhaltens des Gerichts darauf vertraute, sie habe sich vollständig erklärt[15].

7  Die Frage, inwieweit **prozeßtaktische Erwägungen** es rechtfertigen, in erster Instanz Prozeßmaterial zurückzuhalten, wird am ehesten im Eheverfahren praktisch, → hierzu § 615 Rdnr. 2. Auch in anderen Prozessen kann es aber durchaus sachgemäß sein, mit ehrenkränkendem Vorbringen (Vorwurf sittenwidrigen Verhaltens, Einwand der Arglist u. ä.) zunächst in der Erwartung zurückzuhalten, das sonstige Vorbringen werde zum Obsiegen genügen. Daraus allein, daß sich diese Erwartung nicht bestätigt, kann nicht der Schluß gezogen werden, daß die Partei das Vorbringen nicht i.S. von § 282 Abs. 1 rechtzeitig vorgetragen hat[16]. Anders ist es dann, wenn der erste Richter in der Verhandlung zum Ausdruck gebracht hatte, daß das bisher Vorgetragene zur Stützung des Begehrens nicht ausreicht. Zulässig muß es sein, daß die Partei »anrüchige« Verteidigungsmittel (vor allem die Verjährungseinrede) zunächst zurückhält und erst dann vorbringt, wenn sie merkt, daß ihr sonstiges Vorbringen nicht ausreicht[17]. Keine Berücksichtigung verdienen dagegen prozeßtaktische Erwägungen, die darauf abzielen, die erste Instanz mit Rücksicht auf die zu erwartende völlige Ausschöpfung des Rechtswegs abzukürzen und das Schwergewicht des Streits von vornherein in die Berufungsinstanz zu verlagern. Eine Konkretisierung des Grenzverlaufs zwischen legitimer Prozeßtaktik und zurückweisungsbedrohtem Zurückhalten von möglichem Vorbringen ist nur schwer möglich. Die Partei muß sich des Risikos bewußt sein, daß das Berufungsgericht die eingeschlagene Taktik nicht mitmacht und das Vorbringen als verspätet zurückweist.

### 2. Verzögerung der Erledigung des Rechtsstreits

8  Ein in erster Instanz nicht rechtzeitig vorgebrachtes Angriffs- oder Verteidigungsmittel ist zuzulassen, wenn dadurch die Erledigung des Rechtsstreits nicht verzögert wird. Inwieweit dies der Fall ist, bestimmt sich nach denselben Kriterien wie bei § 527 i.V. mit § 296 Abs. 1; das unter → § 527 Rdnr. 20 ff. Ausgeführte gilt entsprechend. Ohne Bedeutung ist, ob das Verfahren insgesamt (d.h. in erster und zweiter Instanz zusammen) ebenso lange gedauert

---

[10] BGHZ 12, 49, 52 (zu § 529 Abs. 2 a.F.).
[11] AK-*Ankermann* Rdnr. 12; MünchKomm ZPO-*Rimmelspacher* Rdnr. 19; *Wieczorek/Rössler* Anm. C III.
[12] RG JW 1938, 1248; 1939, 769; BGH VersR 1956, 794.
[13] So aber BGH LM § 550 Nr. 5; VersR 1968, 581; MünchKomm ZPO-*Rimmelspacher* Rdnr. 19.
[14] BGH LM § 529 Nr. 27 = Warn. 1971 Nr. 82 = NJW 1040 = MDR 573 = JR 377.

[15] BGH LM § 528 Nr. 40 = NJW-RR 1991,701 = MDR 523.
[16] Zur Zulässigkeit prozeßtaktisch bedingter Zurückhaltung von Vorbringen s. AK-*Ankermann* Rdnr. 8. Für strengere Anforderungen demgegenüber *Zöller/Schneider*[18] Rdnr. 26.
[17] Speziell zur Verjährungseinrede s. AK-*Ankermann* Rdnr. 9; a.A. *Zöller/Schneider*[18] Rdnr. 26 und grundsätzlich auch → § 277 Rdnr. 13.

hätte, wie wenn das Vorbringen schon in erster Instanz gebracht worden wäre und dort zu einer Beweisaufnahme geführt hätte; maßgeblich ist allein, daß das Verfahren bei Zulassung des Vorbringens jetzt länger als bei dessen Zurückweisung dauern würde, → § 527 Rdnr. 20. Es steht nicht im Belieben der Parteien, den Schwerpunkt des Verfahrens dadurch in die zweite Instanz zu verlagern, daß die erste Instanz praktisch »ausgehungert« wird; zur Frage, wann prozeßtaktische Erwägungen dieser Art einer Zulassung des neuen Vorbringens nicht entgegenstehen, → Rdnr. 7.

### 3. Grobe Nachlässigkeit

Trotz Verzögerung der Entscheidung ist das neue Vorbringen dann zuzulassen, wenn die Partei es im ersten Rechtszug nicht aus grober Nachlässigkeit unterlassen hatte. Eine Zurückweisung des Vorbringens setzt kumulativ voraus, daß die Zulassung die Erledigung des Rechtsstreits verzögert und außerdem grobe Nachlässigkeit zu bejahen ist[18]. Grobe Nachlässigkeit, d. h. ein grob fahrlässiges Prozeßverhalten (Näheres → § 296 Rdnr. 105 ff.), ist bejaht worden, wenn die Partei in zweiter Instanz das Gegenteil dessen behauptet, was sie in erster Instanz vorgetragen hatte[19]; ebenso wenn der Beweispflichtige in erster Instanz eine erforderliche ärztliche Untersuchung verweigert hat und diese nunmehr beantragt[20], oder wenn er einen Beweisantrag nicht gestellt hat, obwohl er in erster Instanz auf die Notwendigkeit hingewiesen worden ist[21]. Weiter ist grobe Nachlässigkeit dann zu bejahen, wenn es die Partei trotz vorhandener Sachkenntnis in erster Instanz unterlassen hat, alle ihr günstigen Tatsachen vorzutragen, deren rechtliche Bedeutung nur sie erkennen konnte[22]; zu dem Fall, daß die Partei wegen der ihr bekannten Rechtsauffassung des Gerichts davon ausgehen durfte, die Tatsache sei nicht entscheidungserheblich, → Rdnr. 6.

9

### 4. Freie Überzeugung des Gerichts

Ob die Voraussetzungen für eine Zulassung gegeben sind, entscheidet das Gericht nach seiner freien Überzeugung, → dazu § 527 Rdnr. 23. In entsprechender Anwendung von § 527 i. V. mit § 296 Abs. 4 wird man dem Gericht die Befugnis zusprechen müssen, von der Partei Glaubhaftmachung dafür zu verlangen, daß die Voraussetzungen für die Zulassung des neuen Vorbringens vorliegen[23]. Bejaht das Gericht das Vorliegen dieser Voraussetzungen, so muß es das Vorbringen zulassen, während es anderenfalls das Vorbringen zurückweisen muß. Ein Ermessen steht dem Gericht insoweit nicht zu (anders als bei Zurückweisung nach § 523 i. V. mit § 296 Abs. 2, → § 527 Rdnr. 26). In der Praxis kann sich das Gericht freilich dadurch einen gewissen Spielraum verschaffen, daß es einen der zahlreichen unbestimmten Rechtsbegriffe, die bei § 528 Abs. 2 eine Rolle spielen, im Einzelfall i. S. eines angestrebten Ergebnisses auslegt.

10

### III. Nichtzulassung nach Abs. 1

War der Partei in erster Instanz für das Vorbringen vom Gericht eine **Frist gesetzt** worden, so muß sie sich eine Zurückweisung als verspätet eher gefallen lassen. Infolgedessen ist neues Vorbringen hier nicht erst bei grober Nachlässigkeit, sondern schon bei einfachem Verschul-

11

---

[18] BGHZ 83, 198, 203; NJW 1989, 717; NJW-RR 1991, 701.
[19] OLG Celle MDR 1962, 222.
[20] OLG München NJW 1966, 1169.
[21] BGH LM § 528 Nr. 39 = NJW 1991, 493 = MDR

223 (im konkreten Fall lehnte der BGH eine grobe Nachlässigkeit wegen der Besonderheiten des Falls – vor allem hohe Kosten der Beweisaufnahme – allerdings ab).
[22] LG Köln VersR 1965, 912 (Bundesbahn).
[23] AK-Ankermann Rdnr. 13.

den (→ dazu § 527 Rdnr. 23 f.) zurückzuweisen. Das Gericht kann Glaubhaftmachung des Entschuldigungsgrundes verlangen, Abs. 1 S. 2; es gilt Entsprechendes wie bei § 527; → dort Rdnr. 23. Im übrigen gilt nichts anderes als bei Abs. 2; insbesondere scheidet eine Zurückweisung dann aus, wenn die Zulassung die Entscheidung des Rechtsstreits nicht verzögert. Weiter muß man ebenso wie bei Abs. 2, → Rdnr. 6, das Vorbringen trotz Versäumens der vom Gericht gesetzten Frist dann zulassen, wenn die Partei letztlich in erster Instanz doch obsiegt hat, es also auf das unterlassene Vorbringen im Ergebnis nicht ankam; man kann nicht von einem Verschulden der Partei sprechen, wenn sie die Rechtslage von Anfang an ebenso beurteilt hat, wie es dann später auch das erstinstanzliche Gericht getan hat. Etwas anderes kann allenfalls dann angenommen werden, wenn das unterlassene Vorbringen zu einem eindeutig sicheren Ergebnis i. S. der Partei geführt hätte (wenn etwa das Untergericht in einer umstrittenen Rechtsfrage i. S. der Partei entschieden hat, während deren Obsiegen bei rechtzeitigem Tatsachenvortrag bzw. Beweisangebot unproblematisch gewesen wäre). Hatte das Untergericht der in erster Instanz obsiegenden Partei eine Frist gesetzt, bei deren Einhaltung es auf die umstrittene Rechtsfrage nicht mehr ankommt, so kann die Partei ihr Vorbringen nurmehr unter den in Abs. 1 geregelten Voraussetzungen nachschieben.

## IV. In erster Instanz zurückgewiesene Angriffs- und Verteidigungsmittel, Abs. 3

### 1. Auslegung von Abs. 3

12   Angriffs- oder Verteidigungsmittel, die in erster Instanz zu Recht zurückgewiesen worden sind, bleiben für das Berufungsverfahren ausgeschlossen, Abs. 3. Das Berufungsgericht hat keine Möglichkeit, das Vorbringen zuzulassen, und zwar gilt dies auch dann, wenn die Zulassung zu keiner Verzögerung führen würde[24]; zur verfassungsrechtlichen Problematik → Rdnr. 17. Das Berufungsgericht hat lediglich zu überprüfen, ob die Zurückweisung in erster Instanz zu Recht erfolgt ist. Maßgeblich ist dabei die Sachlage in der ersten Instanz. War das Vorbringen dort mit der zutreffenden Begründung zurückgewiesen worden, seine Zulassung verzögere die Entscheidung, so hilft es der Partei nichts, wenn die Zulassung in der Berufungsinstanz zu keinem Zeitverlust führen würde. Ob die Voraussetzungen für eine Zurückweisung in erster Instanz gegeben waren, hat das Berufungsgericht von Amts wegen zu überprüfen, wobei in entsprechender Anwendung von Abs. 1, 2 seine freie Überzeugung maßgeblich ist. Die für das Berufungsgericht maßgebliche Fragestellung geht dabei dahin, ob in erster Instanz ein **Präklusionstatbestand objektiv vorlag**, während es unerheblich ist, ob das Untergericht bei der seinerzeitigen Prozeßlage vom Vorliegen eines solchen Tatbestands ausgehen konnte oder gar mußte. Insbesondere für das Vorbringen eines Entschuldigungsgrundes im Rahmen von § 296 Abs. 1 sowie von Gründen, die gegen die vom Untergericht bejahte Annahme einer groben Nachlässigkeit nach § 296 Abs. 2 sprechen, ergibt sich schon aus Art. 103 Abs. 1 GG, daß die Partei die Möglichkeit haben muß, das Versäumnis nachträglich zu erklären[25]. Insoweit muß die Partei auch die Möglichkeit haben, neue Tatsachen vorzutragen, die gegen die Annahme eines Präklusionsgrundes sprechen[26]. Fraglich kann allenfalls sein, ob das Berufungsgericht auch Entschuldigungstatsachen berücksichtigen muß, die die Partei bei gehöriger Sorgfalt schon in erster Instanz hätte vorbringen und dadurch die Zurückweisung des Vorbringens vermeiden können[27]. Die Frage ist deswegen zu bejahen,

---

[24] *BGHZ* 76, 133, 137; AK-*Ankermann* Rdnr. 15; MünchKomm ZPO-*Rimmelspacher* Rdnr. 27; *Weth* (Fn. 1), 16.
[25] *BVerfGE* 75, 183, 191 = NJW 1987, 2003 für eine in erster Instanz unverschuldet unterlassene Entschuldigung im Rahmen von § 296 Abs. 1.
[26] *BGH* LM § 296 Nr. 20 = MDR 1985, 403 = NJW 1986, 134 (für gegen die Annahme einer groben Nachlässigkeit sprechende Tatsachen).
[27] Offengelassen in *BGH* LM § 296 Nr. 20 (Fn. 26).

weil die Zurückweisung an das verspätete Vorbringen und nicht an die verspätete Entschuldigung anknüpft[28]. Insoweit handelt es sich allerdings um eine Frage des einfachen Rechts; Art. 103 Abs. 1 GG würde einer Auslegung von § 528 Abs. 3, wonach auch der Entschuldigungsgrund rechtzeitig vorgebracht werden muß, nicht entgegenstehen.

Die Maßgeblichkeit des objektiven Vorliegens eines Präklusionsgrundes bedeutet nicht nur, daß die Partei die Versäumnis nachträglich erklären und dadurch die Zulassung des Vorbringens erreichen kann. Das Berufungsgericht muß vielmehr auch umgekehrt prüfen, ob eine in erster Instanz erfolgte, aber **fehlerhaft begründete Zurückweisung nicht im Ergebnis doch gerechtfertigt** war. Ist die Zurückweisung etwa damit begründet worden, ein Verschulden liege darin, daß ein Schriftsatz per Post anstatt durch persönliche Übergabe eingereicht worden ist, so steht das einer Bestätigung der Zurückweisung mit der Begründung nicht entgegen, der Schriftsatz sei so spät zur Post gegeben worden, daß er bei normalem Postlauf nicht mehr rechtzeitig ankommen konnte. 13

Da das Berufungsgericht in eigener Verantwortung das Vorliegen eines Präklusionsgrundes feststellen muß, ist das **Fehlen einer Begründung für die Zurückweisung** in dem angefochtenen Urteil **unerheblich**. Darin liegt nicht etwa schon für sich allein ein zur Zulassung zwingender Fehler des Untergerichts. 14

War die Zurückweisung nach der freien Überzeugung des Berufungsgerichts zu Unrecht erfolgt, so muß das **Vorbringen jetzt zugelassen werden**. Eine Zurückweisung nach § 528 Abs. 1, 2 kommt nicht in Betracht, wohl dagegen eine nach § 527, sofern das Angriffs- oder Verteidigungsmittel in der Berufungsinstanz nicht rechtzeitig vorgebracht worden ist, → § 527 Rdnr. 3. Das Vorbringen muß nach § 519 Abs. 3 Nr. 2 in der Berufungsbegründung enthalten sein, widrigenfalls es nach § 527 i. V. mit § 296 Abs. 1 zurückzuweisen ist. Kann das Berufungsgericht nicht zu seiner freien Überzeugung feststellen, ob die Zurückweisung zu Recht erfolgt ist, so muß es das Vorbringen auch dann zulassen, wenn es von der Unrechtmäßigkeit der Zurückweisung nicht überzeugt ist[29]. Die Beweislast liegt insoweit bei der von der Zurückweisung begünstigten Partei. Soweit das Gericht unabhängig von einem Antrag der Partei einen Ermessensspielraum hat, muß es diesen auch dann ausnutzen, wenn ein entsprechender Antrag der Partei in erster Instanz verspätet gestellt worden ist[30]. Ist ein an sich verspätetes und deshalb zu Recht zurückgewiesenes Vorbringen in der Berufungsinstanz unstreitig, so muß es zugelassen werden[31]. 15

Abs. 3 regelt die Behandlung eines in erster Instanz – sei es zu Recht oder zu Unrecht – zurückgewiesenen Angriffs- oder Verteidigungsmittels. Davon ist die Frage zu trennen, welche Bedeutung es hat, wenn ein **verspätetes Vorbringen zu Unrecht zugelassen** worden ist. Einigkeit besteht insoweit dahingehend, daß eine unberechtigte Zulassung in erster Instanz vom Berufungsgericht nicht korrigiert werden kann; das Vorbringen ist definitiv in das Verfahren eingeführt worden und muß vom Berufungsgericht bei seiner Entscheidungsfindung nicht anders berücksichtigt werden, als wenn es rechtzeitig vorgebracht worden wäre[32], → auch § 527 Rdnr. 30 (vorbehaltlich einer Zurückweisung nach § 527). Entsprechendes gilt dann, wenn das Berufungsgericht das Vorbringen entgegen § 528 Abs. 3 zugelassen hat. Dies stellt keinen Revisionsgrund dar[33]. Die Interessenlage ist insoweit keine andere als bei unberechtigter Zulassung des Vorbringens in erster Instanz. 16

---

[28] MünchKomm ZPO-*Rimmelspacher* Rdnr. 32.
[29] *Zöller/Schneider*[18] Rdnr. 41.
[30] *BGH* LM § 286 (E) Nr. 22 = NJW 1992, 1459 (zur Anordnung des Erscheinens eines Sachverständigen nach § 411 Abs. 3).
[31] MünchKomm ZPO-*Rimmelspacher* Rdnr. 37; → weiter § 527 Rdnr. 22.

[32] MünchKomm ZPO-*Rimmelspacher* Rdnr. 30.
[33] *BGH* LM § 528 Nr. 43 = NJW 1991, 1896 = MDR 1201; *Wieczorek/Rössler* Anm. E; a.A. *Zöller/Schneider*[18] Rdnr. 47.

## 2. Verfassungsgemäßheit von Abs. 3.

17   Abs. 3 führt insoweit zu widersprüchlich anmutenden Ergebnissen, als die Partei, die in erster Instanz ihr Angriffs- oder Verteidigungsmittel überhaupt noch vorgebracht hat, damit aber zu Recht zurückgewiesen worden ist, auch in der Berufungsinstanz präkludiert ist, während die Partei, die in erster Instanz gar nicht vorgetragen hat, nur unter den weniger strengen Voraussetzungen der Abs. 1 und 2 mit einer Zurückweisung als verspätet rechnen muß. Dies kann eine Partei, die in erster Instanz mit einer Zurückweisung rechnen muß, dazu veranlassen, sich das Vorbringen für die Berufungsinstanz aufzusparen und in erster Instanz nicht mehr vorzutragen (»**Flucht in die Berufung**«). Durch Auslegung von § 528 läßt sich dieses Ergebnis nicht vermeiden. Verfassungsrechtlich läßt sich insoweit an einen Verstoß gegen den Gleichheitsgrundsatz, Art. 3 Abs. 1 GG, denken. Weiter ist die Verfassungsmäßigkeit von Abs. 3 deshalb angezweifelt worden, weil danach eine Zurückweisung von Angriffs- und Verteidigungsmitteln unabhängig von einer Verzögerung des Verfahrens zwingend geboten ist, → Rdnr. 12, worin ein Verstoß gegen Art. 103 Abs. 1 GG gesehen worden ist, → vor § 128 Rdnr. 34. Das BVerfG hat die Vorschrift sowohl als mit Art. 3 Abs. 1 GG als auch mit Art. 103 Abs. 1 GG vereinbar angesehen[34]. Das Erfordernis einer Verzögerung kann auch nicht über eine verfassungskonforme Auslegung als ungeschriebenes Tatbestandsmerkmal von Abs. 3 angesehen werden[35]. Von der Problematik der Verfassungsmäßigkeit des Abs. 3 ist die Frage zu trennen, ob die Anwendung der Vorschrift im Einzelfall nicht gegen Art. 103 Abs. 1 GG verstößt; → Rdnr. 12.

## V. Die Entscheidung über die Zulassung

18   Für Form und Inhalt der Entscheidung über die Zulassung gilt Entsprechendes wie bei § 527, → Rdnr. 27; ebenso für die Überprüfung der Nichtzulassung in der Revisionsinstanz, → § 527 Rdnr. 28, oder auf eine Verfassungsbeschwerde hin, → § 527 Rdnr. 29. Eine zu Unrecht erfolgte Zulassung ist dagegen unanfechtbar, → § 527 Rdnr. 30, und zwar gilt dies auch dann, wenn entgegen Abs. 3 ein in erster Instanz zu Recht zurückgewiesenes Vorbringen vom Berufungsgericht zugelassen worden ist, → Rdnr. 16.

## VI. Arbeitsgerichtliches Verfahren

19   Für das arbeitsgerichtliche Verfahren enthält § 67 ArbGG eine eigenständige Regelung für die Zulassung neuer Angriffs- und Verteidigungsmittel, wobei allerdings § 528 Abs. 2 und 3 für entsprechend anwendbar erklärt werden, § 67 Abs. 1 S. 3 ArbGG. § 67 Abs. 1 S. 1, 2 ArbGG entspricht § 528 Abs. 1 mit der Besonderheit, daß den Parteien im arbeitsgerichtlichen Verfahren nicht im selben Maße wie in der ordentlichen Gerichtsbarkeit Fristen gesetzt werden können. Soweit ein Vorbringen danach zulässig ist und auch nicht an der entsprechenden Anwendung von § 528 Abs. 2 oder 3 scheitert, muß es in der Berufungsbegründung bzw. Berufungsbeantwortung vorgebracht werden, § 67 Abs. 2 S. 1 ArbGG; bei späterem Vorbringen ist das Angriffs- oder Verteidigungsmittel nur dann zuzulassen, wenn es entweder erst später entstanden ist oder seine Zulassung zu keiner Verzögerung führt oder schließlich die Verspätung auf keinem Verschulden der Partei beruht, § 67 Abs. 2 S. 2 ArbGG. Zwischen

---

[34] *BVerfGE* 55, 72 = NJW 1981, 271 = MDR 190 = ZZP 94 (1981), 339; s.weiter *BGHZ* 76, 133 = NJW 1980, 945 = JZ 322 = MDR 393. Ausführlich zur Vereinbarkeit von Abs. 3 mit Art. 103 Abs. 1 GG *Weth* (Fn. 1), 16 ff.

[35] So aber *Leipold* ZZP 93 (1980), 237, 253 f.; dagegen *BGHZ* 76, 133, 141 (Fn. 34); *Waldner* NJW 1984, 1925; *Weth* (Fn. 1), 19; MünchKomm ZPO-*Rimmelspacher* Rdnr. 27.

Abs. 1 und Abs. 2 von § 67 ArbGG besteht kein rechtlich gebotenes Rangverhältnis in dem Sinne, daß zunächst geprüft werden muß, ob das Vorbringen nach Abs. 1 zulässig ist. Kommt eine Zurückweisung sowohl nach Abs. 1 als auch nach Abs. 2 in Betracht, so kann das Landesarbeitsgericht die Zurückweisung sofort auf Abs. 2 stützen, ohne zunächst klären zu müssen, ob nicht schon Abs. 1 eingreift[36]

## § 529 [Rügen der Unzulässigkeit der Klage]

(1) Verzichtbare Rügen, die die Zulässigkeit der Klage betreffen und die entgegen § 519 oder § 520 Abs. 2 nicht rechtzeitig vorgebracht werden, sind nur zuzulassen, wenn die Partei die Verspätung genügend entschuldigt. Dasselbe gilt für verzichtbare neue Rügen, die die Zulässigkeit der Klage betreffen, wenn die Partei sie im ersten Rechtszug hätte vorbringen können.

(2) In Streitigkeiten über vermögensrechtliche Ansprüche prüft das Berufungsgericht die ausschließliche Zuständigkeit oder die Zuständigkeit des Arbeitsgerichts nicht von Amts wegen; eine Rüge des Beklagten ist ausgeschlossen, wenn er im ersten Rechtszug ohne die Rüge zur Hauptsache verhandelt hat und dies nicht genügend entschuldigt.

(3) Das Berufungsgericht prüft nicht von Amts wegen, ob eine Familiensache vorliegt. Die Rüge ist ausgeschlossen, wenn sie nicht bereits im ersten Rechtszug erhoben worden ist und dies nicht genügend entschuldigt wird.

(4) § 528 Abs. 1 Satz 2 gilt entsprechend.

Gesetzesgeschichte: Bis zur Vereinfachungsnovelle (BGBl. 1976 I 3281) war die Frage der Nachprüfbarkeit von Zulässigkeitsvoraussetzungen für die Klage in der Berufungsinstanz in § 528 (bis 1900 § 490 CPO; Änderungen RGBl. 1898 S. 256; 1924 I 135; 1933 I 821) geregelt. Durch die Vereinfachungsnovelle ist die Bestimmung als § 529 neu gefaßt worden. Abs. 3 ist durch G. v. 20. II. 1986 (BGBl. I 301) eingefügt worden; Abs. 3 a.F. wurde zu Abs. 4.

| | |
|---|---|
| I. Allgemeines | 1 |
| II. Verzichtbare Zulässigkeitsvoraussetzungen in der Berufungsinstanz, Abs. 1 | 2 |
| 1. Unverzichtbare Zulässigkeitsvoraussetzungen | 2 |
| 2. Verzichtbare Zulässigkeitsvoraussetzungen | 3 |
| a) Rügen, die schon in erster Instanz vorgebracht werden konnten | 3 |
| b) Neu entstandene Rügen | 7 |
| c) Rechtzeitige Geltendmachung in der Berufungsinstanz | 8 |
| d) Rechtsfolge | 9 |
| III. Ausschließliche Zuständigkeit und Zuständigkeit des Arbeitsgerichts | 10 |
| 1. Verhältnis zu § 17a Abs. 5 GVG | 10 |
| 2. Ausschließliche Zuständigkeit | 11 |
| a) Vermögensrechtliche Ansprüche | 11 |
| b) Erfaßte Zuständigkeitsformen | 12 |
| c) Rügelose Verhandlung in erster Instanz | 13 |
| d) Keine Prüfung von Amts wegen | 16 |
| IV. Familiensachen, Abs. 3 | 17 |
| V. Arbeitsgerichtliches Verfahren | 18 |

---

[36] *Grunsky*[6] § 67 Rdnr. 2; *Germelmann/Matthes/Prütting* § 67 Rdnr. 3.

## I. Allgemeines

1 § 529 behandelt die Frage, inwieweit **Zulässigkeitsvoraussetzungen für die Klage** in der Berufungsinstanz nachgeprüft werden können und schränkt die Nachprüfbarkeit erheblich ein. Er gilt ohne Rücksicht auf die Parteistellung in der Berufungsinstanz und auch für die Widerklage, → § 296 Rdnr. 120. Abs. 1 behandelt die verzichtbaren Zulässigkeitsvoraussetzungen, wobei entsprechend der Regelung in den §§ 527, 528 danach unterschieden wird, ob es sich um eine in der Berufungsinstanz neu erhobene Rüge handelt (Abs. 1 S. 2) oder ob die Rüge in der Berufungsinstanz früher hätte vorgebracht werden sollen (Abs. 1 S. 1); Näheres zum Verhältnis dieser beiden Zulassungsbeschränkungen → Rdnr. 3ff. In Abs. 2 wird die Nachprüfbarkeit einer ausschließlichen Zuständigkeit und der Zuständigkeit der Gerichte für Arbeitssachen eingeschränkt. Beide Zuständigkeitsformen sind nicht verzichtbar, weshalb insoweit Abs. 1 nicht eingreift und es einer besonderen Regelung bedurfte, sofern die Zuständigkeit nicht unbeschränkt nachprüfbar sein sollte. Entsprechendes gilt für die Abgrenzung der Zuständigkeit des Familiengerichts gegenüber dem Streitgericht, woraus Abs. 3 die Konsequenz einer nur eingeschränkten Nachprüfbarkeit der Zuständigkeit des Familiengerichts zieht, Näheres → Rdnr. 17.

## II. Verzichtbare Zulässigkeitsvoraussetzungen in der Berufungsinstanz, Abs. 1

### 1. Unverzichtbare Zulässigkeitsvoraussetzungen

2 Abs. 1 betrifft nur verzichtbare Zulässigkeitsvoraussetzungen. Unverzichtbare Zulässigkeitsvoraussetzungen können dagegen (ebenso wie in der ersten Instanz, → § 282 Rdnr. 33) jederzeit geltend gemacht werden (vorbehaltlich der in Abs. 2 geregelten Ausnahmen) und sind vom Gericht von Amts wegen zu beachten[1], → § 559 Rdnr. 14. Es sind dies insbesondere die mangelnde Partei- und Prozeßfähigkeit, § 56 Abs. 1, die gesetzliche Vertretung, die anderweitige Rechtshängigkeit, → § 261 Rdnr. 52, die materielle Rechtskraft, → § 322 Rdnr. 21, sowie die ordnungsmäßige Klageerhebung, Einzelheiten → § 253 Rdnr. 171ff. Die Unzuständigkeit des Gerichts ist in erster Instanz zwar insoweit unverzichtbar, als die Parteien darüber keine Vereinbarung treffen können, doch entzieht Abs. 2 die Zuständigkeitsfrage weitgehend einer Nachprüfbarkeit in der Berufungsinstanz. Hinzukommt jetzt noch, daß § 17a Abs. 5 GVG die Rechtswegfrage bei einem in der Hauptsache ergangenen und angefochtenen Urteil einer Überprüfung durch das Rechtsmittelgericht gänzlich entzieht; zur Bedeutung dieser Vorschrift für die Tragweite von Abs. 2 → Rdnr. 10.

### 2. Verzichtbare Zulässigkeitsvoraussetzungen

#### a) Rügen, die schon in erster Instanz vorgebracht werden konnten

3 Bei den verzichtbaren Zulässigkeitsvoraussetzungen (es handelt sich um die Prozeßkostensicherheit bei ausländischem Kläger, §§ 110, 113, die Prozeßkostenerstattung nach Klagerücknahme, § 269 Abs. 4, sowie die Einrede des Schiedsvertrags, § 1027a) geht es insbesondere darum, die Zulassung solcher Rügen zu beschränken, die schon in erster Instanz vorgebracht werden konnten, Abs. 1 S. 2. Dies ist immer dann der Fall, wenn der Zulässigkeitsmangel seinerzeit schon bestand, mochte ihn der der Beklagte auch nicht kennen (zur Geltendma-

---

[1] *Zöller/Schneider*[18] Rdnr. 3; MünchKomm ZPO-*Rimmelspacher* Rdnr. 5.

chung eines erst nach Abschluß der ersten Instanz entstandenen verzichtbaren Zulässigkeitsmangels → Rdnr. 7). Die Rüge ist in der Berufungsinstanz nur dann nachholbar, wenn die Unterlassung in erster Instanz »**genügend entschuldigt**« ist, d. h. wenn die Partei daran kein Verschulden trifft, und sei es auch nur in der Form der einfachen Fahrlässigkeit[2]. Der Entschuldigungsgrund ist auf Verlangen des Gerichts glaubhaft zu machen, Abs. 4 i. V. mit § 528 Abs. 1 S. 2. Ohne Bedeutung ist, ob die Entscheidung des Rechtsstreits durch die Zulassung der Rüge verzögert wird[3]. Selbst wenn die Zulassung der Rüge das Verfahren beschleunigen würde (bei offenkundiger Begründetheit der Rüge), ist der Beklagte mit der Rüge präkludiert.

War die **Klage in erster Instanz als** zwar zulässig, aber **unbegründet abgewiesen** worden, so kann es dem Beklagten nicht als Verschulden angerechnet werden, wenn er in erster Instanz die Zulässigkeitsrüge nicht erhoben hat; er mußte die Möglichkeit haben, den für ihn günstigen Abweisungsgrund in der Hauptsache zu verfolgen, was bei einer Geltendmachung des Zulässigkeitsmangels ausgeschlossen gewesen wäre. Eine Notwendigkeit, den Mangel auch bei dieser Fallgestaltung schon in erster Instanz geltend zu machen[4], kann nicht anerkannt werden. Die Beschleunigung des Verfahrens ist kein Selbstzweck. Der Beklagte muß die Möglichkeit haben, ein definitives Obsiegen anzustreben, anstatt sich mit Abweisung der Klage als unzulässig abspeisen zu lassen. Aus demselben Grund muß man im Rahmen des § 529 mit dem Vorwurf eines Verschuldens auch dann vorsichtig sein, wenn der Klage in erster Instanz stattgegeben worden ist. Zumindest dann, wenn sich der Beklagte mit beachtlichen Gründen gegen die Begründetheit der Klage gewehrt hat, kann man es ihm nicht vorwerfen, wenn er den Zulässigkeitsmangel nicht gerügt hat[5], was für ihn ja bedeutet hätte, sich den erhofften Sieg in der Sache selbst zu verbauen. 4

Die **Nichtzulassung der Rüge ist zwingend**, weshalb der Beklagte die Rüge bei schuldhaftem Nichtvorbringen in erster Instanz auch nicht im Einverständnis mit dem Kläger nachholen kann[6]. Erst recht wird die Rüge nicht dadurch beachtlich, daß der Gegner die verspätete Geltendmachung nicht rügt[7]. Vollends ausgeschlossen ist es, daß die Partei nur für die erste Instanz auf die Rüge verzichtet, sich dagegen die Geltendmachung für die Berufungsinstanz vorbehält[8]. In derartigen Fällen kann sich die Notwendigkeit einer Zulassung der Rüge allerdings häufig aus den unter → Rdnr. 4 dargelegten Gründen ergeben. Die Einrede der Unzuständigkeit des Gerichts ist in den Fällen des § 39 durch die inzwischen eingetretene Zuständigkeit ausgeschlossen, → § 39 Rdnr. 13; auf ein Verschulden des Beklagten kommt es hier nicht an. Gleiches gilt nach § 17a Abs. 5 GVG für die Rechtswegzuständigkeit, die in der Rechtsmittelinstanz nicht mehr nachgeprüft wird, → Rdnr. 10. 5

Die Rüge ist bei Verschulden der Partei unabhängig davon nicht zuzulassen, ob in erster Instanz vom Gericht eine **Frist für die Geltendmachung** gesetzt worden war. Auch wenn das nicht der Fall ist, ist (anders als bei § 528 Abs. 2) die Rüge nicht erst bei grober Nachlässigkeit, sondern schon bei einfachem Verschulden ausgeschlossen. Abs. 1 S. 2 gilt auch dann, wenn in erster Instanz nur über die Zulässigkeit der Klage verhandelt und entschieden ist, sowie dann, wenn der Beklagte in erster Instanz nicht erschienen war. 6

---

[2] MünchKomm ZPO-*Rimmelspacher* Rdnr. 9.
[3] MünchKomm ZPO-*Rimmelspacher* Rdnr. 10.
[4] So aber AK-*Ankermann* Rdnr. 4; MünchKomm ZPO-*Rimmelspacher* Rdnr. 13 und wohl auch *Zöller/ Schneider*[18] Rdnr. 6. Wie hier *Wieczorek/Rössler* Anm. A I 6.
[5] A.A. AK-*Ankermann* Rdnr. 4; *Baumbach/Lauterbach/Albers*[51] Rdnr. 5.
[6] AK-*Ankermann* Rdnr. 4; *Zöller/Schneider*[18] Rdnr. 6; MünchKomm ZPO-*Rimmelspacher* Rdnr. 15.

A.A. für § 528 a. F. *BGHZ* 37, 264, 267 = LM § 110 Nr. 5 = NJW 1962, 345 = MDR 302; *BGH* LM § 528 Nr. 2; *OLG Frankfurt* NJW 1969, 380 (alle zur Einrede der mangelnden Sicherheitsleistung für die Prozeßkosten); für § 529 n. F. so auch *Wieczorek/Rössler* Anm. A I b.
[7] AK-*Ankermann* Rdnr. 4; a. A. zu § 528 a. F. *BGHZ* 37, 264, 267 (Fn. 6).
[8] *OLG Frankfurt* NJW 1969, 380; AK-*Ankermann* Rdnr. 4; *Zöller/Schneider*[18] Rdnr. 6; MünchKomm ZPO-*Rimmelspacher* Rdnr. 12.

### b) Neu entstandene Rügen

**7** Ein erst nach Abschluß der ersten Instanz entstandener verzichtbarer Zulässigkeitsmangel kann in der Berufungsinstanz immer geltend gemacht werden; eine Nichtzulassung kommt hier nur nach Abs. 1 S. 1 in Betracht. An verzichtbaren Zulässigkeitsmängeln können in der Berufungsinstanz neu entstehen der des Schiedsvertrags, sofern dieser nachträglich abgeschlossen worden ist[9], sowie der der mangelnden Sicherheit für die Prozeßkosten, wenn die Voraussetzungen der §§ 111, 112 Abs. 3 erst nach Abschluß der ersten Instanz eintreten[10]. Hat sich jedoch bereits in erster Instanz gezeigt, daß die Sicherheit nicht ausreicht, so kann die Erhöhung nicht erst in der Berufungsinstanz verlangt werden[11]. Da bei der Festsetzung der Höhe der Sicherheitsleistung auch die Kosten eines möglichen Berufungsverfahrens zu berücksichtigen sind, → § 112 Rdnr. 6, kann die Rüge der mangelnden Sicherheit für die Berufungsinstanz nicht erst im Berufungsverfahren erstmals geltend gemacht werden[12].

### c) Rechtzeitige Geltendmachung in der Berufungsinstanz

**8** Ist eine die Zulässigkeit der Klage betreffende Rüge nach dem unter → Rdnr. 2–7 Ausgeführten in der Berufungsinstanz zuzulassen, so soll dies möglichst schnell geschehen. Dies ist der Sinn des nicht sehr klar gefaßten Abs. 1 S. 1. Danach ist die Rüge nur dann zuzulassen, wenn sie **entweder in der Berufungsbegründung**, § 519 Abs. 3 Nr. 2, oder innerhalb einer der Partei vom Gericht **nach § 520 Abs. 2 gesetzten Frist** vorgebracht wird. Bei späterem Vorbringen ist die Rüge nur dann zuzulassen, wenn die Partei an der Verspätung kein Verschulden trifft, wobei der Entschuldigungsgrund auf Verlangen des Gerichts glaubhaft zu machen ist, Abs. 4 i. V. mit § 528 Abs. 1 S. 2. Soweit die Rüge erst nach der Berufungsbegründung bzw. Ablauf der gemäß § 520 Abs. 2 gesetzten Frist entstanden ist (zu denkbaren Fallgestaltungen → Rdnr. 7), muß sie auf jeden Fall zugelassen werden. Eine Geltendmachung in der Berufungsbegründung kommt nur dann in Betracht, wenn der Klage in erster Instanz zumindest teilweise stattgegeben worden war und der Beklagte dagegen Berufung eingelegt hat. Ist dagegen der Kläger Berufungsführer, so kann die Rüge des Beklagten nur dann nach Abs. 1 S. 1 zurückgewiesen werden, wenn das Gericht dem Beklagten eine Frist nach § 520 Abs. 2 gesetzt hat. Ist dies nicht geschehen, so hat der Beklagte die die Zulässigkeit betreffende Rüge vor der Verhandlung zur Hauptsache vorzubringen; § 282 Abs. 3 S. 1 gilt über § 523 auch im Berufungsverfahren[13]. Bei späterem Vorbringen kann die Rüge nur dann zugelassen werden, wenn die Verspätung entschuldigt wird, § 296 Abs. 3.

### d) Rechtsfolge

**9** Wenn die Vorausetzungen für eine Zulassung der Rüge nicht erfüllt sind, muß die Rüge zurückgewiesen werden; das Berufungsgericht hat insoweit keinen **Ermessensspielraum**. Für Form und Wirkungen der Entscheidung über die Zulassung gilt Entsprechendes wie bei § 527, → § 527 Rdnr. 27. Anders als bei Zulassung sonstiger Angriffs- und Verteidigungsmittel, →

---

[9] A.A. MünchKomm ZPO-*Rimmelspacher* Rdnr. 11, da der Schiedsvertrag nach § 261 Abs. 3 Nr. 2 nicht mehr zur Unzuständigkeit des staatlichen Gerichts führen könne. Ohne daß dies hier ausgeführt werden kann, dürften die besseren Gründe dafür sprechen, den Parteien die Möglichkeit eines Schiedsvertrags auch noch nach Eintritt der Rechtshängigkeit zuzugestehen.

[10] MünchKomm ZPO-*Rimmelspacher* Rdnr. 11; → auch § 111 Rdnr. 1.

[11] *BGH* NJW 1981, 2646 = ZIP 780; *Zöller/Schneider*[18] Rdnr. 2; *Johannsen* in Anm. zu *BGH* LM § 110 Nr. 5; offengelassen in *BGHZ* 37, 264, 267 (Fn. 6).

[12] *BGH* LM § 274 Abs. 1 Nr. 5 = Warn. 1970 Nr. 180 = NJW 1791 = MDR 1004 = Betrieb 1783 = WM 1248.

[13] MünchKomm ZPO-*Rimmelspacher* Rdnr. 8.

§ 527 Rdnr. 30, § 528 Rdnr. 18, kann die Revision jedoch auch darauf gestützt werden, daß die Rüge zu Unrecht zugelassen worden ist[14].

### III. Ausschließliche Zuständigkeit und Zuständigkeit des Arbeitsgerichts, Abs. 2

#### 1. Verhältnis zu § 17a Abs. 5 GVG

Nach Abs. 2 wird die ausschließliche Zuständigkeit und die Zuständigkeit des Arbeitsgerichts in vermögensrechtlichen Streitigkeiten nicht von Amts wegen, sondern nur auf eine entsprechende Rüge des Beklagten hin geprüft, wobei dieser die Rüge grundsätzlich schon in erster Instanz erhoben haben muß (es sei denn, die Unterlassung ist genügend entschuldigt). Durch § 17a Abs. 5 GVG, der § 529 Abs. 2 als zeitlich späteres Gesetz vorgeht, ist die Vorschrift praktisch nur noch für die ausschließliche Zuständigkeit von Bedeutung. Für die **Zuständigkeit der Arbeitsgerichte** schließt § 17a Abs. 5 GVG jetzt eine Nachprüfung der Rechtswegzuständigkeit bei Entscheidungen in der Hauptsache aus. Dies gilt für alle Rechtswege gleichermaßen und damit auch für das Verhältnis der ordentlichen Gerichtsbarkeit zur Arbeitsgerichtsbarkeit. Danach wird die Zuständigkeitsfrage im Berufungsverfahren auch dann nicht überprüft, wenn der Beklagte in erster Instanz die Unzuständigkeit der ordentlichen Gerichte gerügt hatte. Weiter spielt es im Gegensatz zu Abs. 2 keine Rolle, ob es sich um eine vermögensrechtliche oder um eine nichtvermögensrechtliche Streitigkeit handelt. Obwohl § 17a Abs. 5 GVG von einer »Entscheidung in der Hauptsache« spricht, ist die Rechtswegfrage auch dann einer Nachprüfung entzogen, wenn die Klage wegen Fehlens einer anderen Prozeßvoraussetzung als unzulässig abgewiesen worden, dabei aber (ebenso wie notwendigerweise bei einem Urteil in der Sache selbst) die Zulässigkeit des Rechtswegs ausdrücklich oder konkludent bejaht worden ist[15]. Hat das erstinstanzliche Gericht bei einer Abweisung der Klage als unzulässig dagegen die Rechtswegzuständigkeit offengelassen, so kann diese in der Berufungsinstanz nachgeprüft werden. Insoweit bleibt Abs. 2 anwendbar, d. h. der Beklagte muß die fehlende Zuständigkeit rügen und grundsätzlich auch schon in der ersten Instanz gerügt haben. Eine Abweisung der Klage wegen fehlender Rechtswegzuständigkeit der ordentlichen Gerichte ist nach § 17a Abs. 2 GVG nicht mehr möglich (auch ohne Antrag des Klägers erfolgt von Amts wegen eine Verweisung), weshalb sich die Frage nach der Bedeutung von Abs. 2 bei einem Prozeßurteil wegen Zuständigkeit der Arbeitsgerichte nicht stellt.

10

#### 2. Ausschließliche Zuständigkeit

##### a) Vermögensrechtliche Ansprüche

Die Rüge der Unzuständigkeit wegen einer anderweitigen ausschließlichen Zuständigkeit ist insoweit unverzichtbar, als es sich um nichtvermögensrechtliche Ansprüche handelt oder ein ausschließlicher Gerichtsstand eine Zuständigkeitsvereinbarung ausschließt, § 40 Abs. 2. In diesen Fällen hat der Beklagte an sich das Recht, die Unzuständigkeit in der Berufungsinstanz ohne Einschränkung geltend zu machen und das Gericht die Pflicht, die Unzuständigkeit von Amts wegen zu beachten, → Rdnr. 2. Davon macht Abs. 2 indessen für Rechtsstreitigkei-

11

---

[14] *BGH* LM § 529 Nr. 38 = NJW 1985, 743 = MDR 207; MünchKomm ZPO-*Rimmelspacher* Rdnr. 18.

[15] MünchKomm ZPO-*M. Wolf* § 17a GVG Rdnr. 25.

ten über vermögensrechtliche Ansprüche Ausnahmen. Für nichtvermögensrechtliche Ansprüche bleibt es dagegen bei der Regel der Prüfung von Amts wegen. Zur Abgrenzung der vermögensrechtlichen von nichtvermögensrechtlichen Ansprüchen → § 1 Rdnr. 42 ff. und § 511 a Rdnr. 6 f.

### b) Erfaßte Zuständigkeitsformen

12 Abs. 2 gilt nicht für die **örtliche Zuständigkeit**. Hier schließt schon § 512 a eine Überprüfung der Zuständigkeitsfrage aus, und zwar gilt dies auch bei einer auschließlichen örtlichen Zuständigkeit, → § 512 a Rdnr. 2. Ob die Zuständigkeit in erster Instanz gerügt worden ist, spielt dabei keine Rolle. Ebenfalls nicht unter Abs. 2 fällt die **internationale Zuständigkeit**[16]; sie ist unabhängig von einer Rüge des Beklagten in jeder Phase des Verfahrens von Amts wegen zu prüfen, → Einl. Rdnr. 776. Abs. 2 betrifft insbesondere die **sachliche Zuständigkeit**, d. h. das Verhältnis des Amtsgerichts zum Landgericht, wobei sich wiederum aus § 10 eine wesentliche Einschränkung dahingehend ergibt, daß das die sachliche Zuständigkeit bejahende Urteil des Landgerichts insoweit der Anfechtung schlechthin entzogen ist, Näheres → § 10 Rdnr. 2 ff. Weiter gilt Abs. 2 für die Fälle der sog. **Gerichtseinteilung**[17]. So, wenn in erster Instanz ein nicht zum Patentgericht bestelltes Landgericht entschieden hat[18], wenn die Entscheidung einer für Kartellsachen zuständigen Kammer obgelegen hätte[19] oder wenn das Gericht entgegen § 96 Abs. 2 GWB über eine kartellrechtliche Vorfrage selbst entschieden hat, anstatt das Verfahren auszusetzen[20] oder wenn schließlich anstelle einer normalen Zivilkammer die Kammer für Baulandsachen entschieden hat[21]; ebenso, wenn es darum geht, ob die Sache an das zuständige Landwirtschaftsgericht abzugeben war[22]. Zum **Verhältnis der freiwilligen zur ordentlichen Gerichtsbarkeit** → im übrigen Einl. Rdnr. 450 ff. Aus dem dort Gesagten ergibt sich, daß Abs. 2 i. d. R. anzuwenden ist, wenn das Verfahren der ordentlichen Gerichtsbarkeit eingeschlagen worden ist, → Einl. Rdnr. 457[23]. Dies gilt unabhängig davon, ob in beiden Fällen dasselbe Gericht zuständig ist oder ob im Einzelfall die sachliche oder örtliche Zuständigkeit von der Wahl des Verfahrens abhängt. Abs. 2 greift jedoch nicht ein, wenn das Verfahren der freiwilligen Gerichtbarkeit nicht als Eröffnung eines Rechtswegs verstanden werden kann (dazu → Einl. Rdnr. 456). In diesem Fall kann der Beklagte die Zuständigkeit des ordentlichen Gerichts auch in der Berufungsinstanz rügen, ohne daß eine erstinstanzliche Rüge erforderlich ist. Zur **Rechtswegzuständigkeit** → Rdnr. 10. Nicht anwendbar ist Abs. 2 auf die **funktionelle Zuständigkeit**[24] (Näheres zu diesem Begriff → § 1 Rdnr. 120 ff.) sowie für die Zuständigkeit in **Binnenschiffahrtssachen**[25] und auf das Verhältnis der **Kammer für Handelssachen** zur Zivilkammer[26].

### c) Rügelose Verhandlung in erster Instanz

13 Soweit Abs. 2 eingreift, kann der Beklagte die Zuständigkeit in der Berufungsinstanz dann nicht mehr rügen, wenn er in erster Instanz ohne Rüge zur Hauptsache mündlich verhandelt

---

[16] MünchKomm ZPO-*Rimmelspacher* Rdnr. 23.
[17] MünchKomm ZPO-*Rimmelspacher* Rdnr. 22.
[18] *BGHZ* 8, 16 = LM § 51 PatG Nr. 1 = NJW 1953, 179 = JZ 113.
[19] *BGHZ* 36, 105 = LM § 1 GWB Nr. 1–2 (*Löscher*) = NJW 1962, 247 = MDR 111 = BB 7 = Betrieb 26; *OLG Köln* GRUR 1961, 146.
[20] *BGHZ* 37, 194 = LM § 1 GWB Nr. 4 = JZ 1963, 408.
[21] *BGHZ* 40, 148 = LM § 157 BBauG Nr. 2 = NJW 1964, 200 = MDR 34 = BB 1963, 1355; ebenso für den umgekehrten Fall (Entscheidung einer Baulandsache durch die allgemeine Zivilkammer) *KG* OLGZ 1972, 292.
[22] *OLG Koblenz* MDR 1968, 677; *Wieczorek/Rössler* Anm. B I; AK-*Ankermann* Rdnr. 8; a. A. *OLG Celle* MDR 1976, 586; MünchKomm ZPO-*Rimmelspacher* Rdnr. 23.
[23] A. A. MünchKomm ZPO-*Rimmelspacher* Rdnr. 23.
[24] MünchKomm ZPO-*Rimmelspacher* Rdnr. 23.
[25] *BGHZ* 45, 237, 242 = NJW 1966, 1511; 63, 228 = NJW 1975, 218; *BGH* VersR 1971, 816 = MDR 993.
[26] *OLG Zweibrücken* JZ 1989, 106; *Gaul* JZ 1984, 564.

hat und ihn an der Unterlassung ein Verschulden trifft; zum Verschulden gilt Entsprechendes wie bei Abs. 1, → Rdnr. 3. Hat der Beklagte dagegen die Rüge erhoben, so bleibt sie ihm für die Berufungsinstanz auch dann erhalten, wenn er zur Hauptsache verhandelt oder die Rüge entgegen § 282 Abs. 3 erst nach der Verhandlung zur Hauptsache vorgebracht hatte[27]. Eine Nichtzulassung der verspätet vorgetragenen Rüge ist in erster Instanz nicht möglich, da dies nach § 296 Abs. 3 nur für verzichtbare Zulässigkeitsrügen vorgesehen ist, wozu die in Abs. 2 erfaßten Rügen nicht gehören; infolgedessen wird dem Beklagten die Rüge auch nicht nach § 528 Abs. 2 in der Berufungsinstanz abgeschnitten. Wird in der Berufungsinstanz ein **Anspruch neu erhoben**, → § 530 Rdnr. 1 ff., so kann der Beklagte die Zulässigkeit selbstverständlich jederzeit rügen; eine Rüge in erster Instanz war hier gar nicht möglich.

Voraussetzung für den Ausschluß der Zulässigkeitsrüge ist es, daß das erstinstanzliche 14 Gericht seine **Zuständigkeit bejaht** hat. Im Falle der Verneinung kann sich der Beklagte in dem vom Kläger angestrengten Berufungsverfahren auch dann auf die fehlende Zuständigkeit berufen, wenn er in der ersten Instanz keine dahingehende Rüge erhoben hatte[28].

Die Beschränkungen der Rügemöglichkeiten gelten auch dann, wenn über die Zuständig- 15 keit durch **Zwischenurteil nach § 280** entschieden worden ist[29]. Weiter ist es ohne Bedeutung, ob das Berufungsgericht in der Sache selbst entscheidet oder ob es nach §§ 538, 539 an das Gericht des ersten Rechtszugs **zurückverweist**[30]. Im Falle der Entscheidung nach Lage der Akten und derjenigen ohne mündliche Verhandlung, § 128 Abs. 2, steht die schriftsätzliche Erörterung zur Hauptsache dem mündlichen Verhandeln gleich. Das Ausbleiben im Verhandlungstermin hat als solches keine Präklusionswirkungen.

### d) Keine Prüfung von Amts wegen

Durch die jetzt geltende Fassung von Abs. 2 ist klargestellt, daß trotz in erster Instanz 16 erhobener Zulässigkeitsrüge die Zuständigkeit in der Berufungsinstanz nicht von Amts wegen geprüft wird. Der Beklagte muß die Zuständigkeit vielmehr erneut rügen. Ist die Klage in erster Instanz allerdings wegen der ausschließlichen Zuständigkeit eines anderen Gerichts als unzulässig abgewiesen worden, so hat das Berufungsgericht die Zuständigkeit von Amts wegen nachzuprüfen. In diesem Fall trifft der Zweck der Vorschrift (die Sachentscheidung soll nicht wegen anderer Beurteilung der Zuständigkeitsfrage aufgehoben werden) nicht zu. Eine Prüfung von Amts wegen erfolgt weiter dann, wenn in der Berufungsinstanz ein neuer Anspruch erhoben worden ist[31].

## IV. Familiensachen, Abs. 3

Abs. 3 (eingefügt durch G. v. 20. II. 1986) enthält für die Abgrenzung zwischen dem Streit- 17 und dem Familiengericht eine inhaltlich Abs. 2 entsprechende Regelung: Auch hier muß die Zuständigkeitsrüge bereits in erster Instanz erhoben worden sein und im Berufungsverfahren wiederholt werden. Im Beschwerdeverfahren gilt die Vorschrift entsprechend[32]. Unerheblich ist, ob das Amts- oder Landgericht in einer Familiensache als Streitgericht entschieden hat oder ob umgekehrt das Familiengericht in einer Sache entschieden hat, die nicht in seine

---

[27] *BGHZ* 14, 72, 76 = NJW 1954, 1568; *BAG* AP § 528 Nr. 1 (beide zu § 528 a.F.); AK-*Ankermann* Rdnr. 9; MünchKomm ZPO-*Rimmelspacher* Rdnr. 26; *Wieczorek/Rössler* Anm. B IV b.
[28] *BGH* NJW-RR 1990, 1408; *Wieczorek/Rössler* Anm. B III; *Zöller/Schneider*[18] Rdnr. 11; *Baumbach/Lauterbach/Albers*[51] Rdnr. 6.
[29] *BGHZ* 14, 72, 75 = NJW 1954, 1568.
[30] *BGH* LM § 528 Nr. 6 = NJW 1960, 1951 = MDR 838 = VersR 717.
[31] *BAGE* 20, 39; 15, 292, 295; MünchKomm ZPO-*Rimmelspacher* Rdnr. 24.
[32] *OLG Düsseldorf* FamRZ 1986, 1009.

§ 529 IV—§ 530                    3. Buch. Rechtsmittel                                224

Zuständigkeit gehört[33]. Ebenso wie bei Abs. 2, → Rdnr. 13, ist es nicht erforderlich, daß die Rüge vor der Verhandlung zur Hauptsache erhoben wird; sie kann noch bis zum Schluß der mündlichen Verhandlung geltend gemacht werden[34]. Sofern die Rüge erhoben worden war, muß sie bis zum Schluß der mündlichen Verhandlung aufrechterhalten worden sein; ist dies nicht der Fall, ist die Zuständigkeit im Berufungsverfahren nicht mehr nachprüfbar[35]. Zur Frage, ob das Oberlandesgericht für die Zulassung der Revision im Hinblick auf die unterschiedliche Regelung von § 546 Abs. 1 und § 621d Abs. 1 trotz seiner Bindung in der Zuständigkeitsfrage überprüfen muß, ob materiell eine Familiensache vorliegt, → § 621d Rdnr. 2. Voraussetzung für die Anwendbarkeit von Abs. 3 ist, daß die Rüge schon in erster Instanz hätte erhoben werden können; daran fehlt es, wenn es sich um einen erst in der Berufungsinstanz erhobenen Anspruch handelt; hier ist von Amts wegen zu prüfen, ob es sich um eine Familiensache handelt[36].

### V. Arbeitsgerichtliches Verfahren

18   Im arbeitsgerichtlichen Verfahren gelten die **Abs. 1 und 4** über § 64 Abs. 6 S. 1 ArbGG entsprechend, und zwar auch in der Beschwerdeinstanz des Beschlußverfahrens.

19   **Abs. 2** hatte in dem durch die Vereinfachungsnovelle eingefügten § 67a ArbGG eine wörtlich übereinstimmende Parallelvorschrift. Durch G. v. 17. XII. 1990 (BGBl. I 2809) ist die Vorschrift neugefaßt und bei § 65 ArbGG mitaufgenommen worden; § 67a ArbGG ist aufgehoben. Die Neufassung beruht auf der Neuregelung der Rechtswegzuständigkeit im Rechtsmittelverfahren, § 17a Abs. 5 GVG, → Rdnr. 10. Nach § 65 ArbGG wird vom Berufungsgericht nicht geprüft, ob der Rechtsweg und die Verfahrensart (d.h. Urteils- oder Beschlußverfahren) zulässig sind und ob das erstinstanzliche Gericht seine Zuständigkeit zu Unrecht bejaht hat. Bei alledem ist es unerheblich, ob der Beklagte den Mangel in erster Instanz gerügt hat. Auch wenn er dies getan hat, ändert dies am Ausschluß einer Überprüfung durch das Berufungsgericht nichts. In der Beschwerdeinstanz des Beschlußverfahrens gilt die Regelung entsprechend, § 88 ArbGG.

## § 530   [Neue Ansprüche]

(1) **Die Erhebung einer Widerklage ist nur zuzulassen, wenn der Gegner einwilligt oder das Gericht die Geltendmachung des mit ihr verfolgten Anspruchs in dem anhängigen Verfahren für sachdienlich hält.**

(2) **Macht der Beklagte die Aufrechnung einer Gegenforderung geltend, so ist die hierauf gegründete Einwendung nur zuzulassen, wenn der Kläger einwilligt oder das Gericht die Geltendmachung in dem anhängigen Verfahren für sachdienlich hält.**

Gesetzesgeschichte: Bis zur Vereinfachungsnovelle (BGBl. 1976 I 3281) galten die beiden Absätze von § 530 als § 529 Abs. 4, 5; zur Gesetzesgeschichte von § 529 a.F. → bei § 527. Eine inhaltliche Änderung ist durch die Vereinfachungsnovelle nicht erfolgt.

| | |
|---|---|
| I. Neue Ansprüche und Widerklage in der Berufungsinstanz    1 | b) Zulassung als sachdienlich    9 |
| 1. Begriff der Klageänderung    2 | c) Weiteres Verfahren    10 |
| 2. Verhältnis zu § 528    5 | d) Überprüfung der Zulassungsentscheidung in der Revisionsinstanz    11 |
| 3. Zulassung der Geltendmachung neuer Ansprüche    7 | |
| a) Einwilligung des Gegners    8 | II. Aufrechnung, Abs. 2    12 |
| | 1. Anwendungsbereich von Abs. 2    12 |

---
[33] MünchKomm ZPO-*Rimmelspacher* Rdnr. 33.
[34] *Baumbach/Lauterbach/Albers*[51] Rdnr. 12.
[35] *OLG Zweibrücken* NJW 1989, 1614.
[36] *BGH* LM § 745 BGB Nr. 22 = NJW 1993, 3326.

Grunsky XII/1993

| | | | |
|---|---|---|---|
| 2. Verhältnis zu § 528 | 15 | 4. Zulassungsvoraussetzungen | 19 |
| 3. Geltendmachung der Aufrechnung | 16 | a) Einwilligung des Klägers | 19 |
| | | b) Sachdienlichkeit | 20 |
| a) Berufen auf die Gegenforderung | 16 | 5. Das weitere Verfahren | 21 |
| b) »Neue« Aufrechnung | 17 | III. Arbeitsgerichtliches Verfahren | 23 |

## I. Neue Ansprüche und Widerklage in der Berufungsinstanz

Seit der Novelle 1933 können neue Ansprüche bei Sachdienlichkeit auch in der Berufungsinstanz ohne Einwilligung des Prozeßgegners geltend gemacht werden. Soweit es sich um die **Erhebung neuer Ansprüche durch den Kläger** handelt, finden nach § 523 die für die erste Instanz geltenden Vorschriften entsprechende Anwendung. Für die Widerklage ist ein inhaltlich übereinstimmender Grundsatz in § 530 Abs. 1 enthalten. 1

### 1. Begriff der Klageänderung

Der Begriff der Klageänderung ist in der Berufungsinstanz kein anderer als in erster Instanz, Näheres → § 264 Rdnr. 25 ff. Zur Frage, ob darunter auch die nachträgliche objektive Klagenhäufung fällt, → § 264 Rdnr. 11; zur Parteiänderung in der Berufungsinstanz → § 264 Rdnr. 117 f. Zur Änderung des Klagegrundes → § 264 Rdnr. 31 ff. Vom Gesetz nicht als Klageänderung behandelt werden die in § 264 geregelten Fallgestaltungen; sie sind also ohne Rücksicht auf die Einwilligung des Beklagten und ohne Prüfung der Sachdienlichkeit schlechthin zuzulassen. Davon zu trennen ist die Frage, ob eine Zurückweisung als verspätet in Betracht kommt,→ dazu Rdnr. 5. Wegen der Widerklage s. § 33 und zur Zulässigkeit einer eventuell erhobenen Widerklage → § 33 Rdnr. 26 ff. Soweit über §§ 263 f. bzw. § 530 Abs. 1 hinausgehende Sondervorschriften gelten, bleiben diese unberührt. Die Zwischenfeststellungsklage, § 256 Abs. 2, ist daher ohne Rücksicht auf Einwilligung und Sachdienlichkeit stets zugelassen[1], → § 256 Rdnr. 141. Dazu, daß in Ehesachen neue Klagegründe ohne die sich aus §§ 263, 530 Abs. 1 ergebenden Beschränkungen in der Berufungsinstanz geltend gemacht werden können, → § 611 Rdnr. 9. 2

»Neu« sind Ansprüche, über die im angefochtenen Urteil nicht erkannt ist, mögen sie in erster Instanz überhaupt nicht geltend gemacht, wieder zurückgenommen oder übergangen worden sein, → § 321 Rdnr. 14. Waren sie in erster Instanz sachlich oder aus prozessualen Gründen, z. B. wegen anderweitiger Rechtshängigkeit, zurückgewiesen worden, so bedarf es in jedem Fall der Anfechtung mittels Berufung; eine einfache Wiederholung unter dem Gesichtspunkt eines angeblich neuen Anspruchs ist demgegenüber nicht zulässig. War dagegen der Anspruch in erster Instanz in (angeblich) unzulässiger Weise erhoben und deshalb nicht beschieden worden, so steht dies der fehlerfreien Wiederholung als neuer Anspruch nicht entgegen. 3

Die **sachliche Zuständigkeit des Landgerichts** als Berufungsgericht wird durch die Zulassung neuer Ansprüche nicht berührt, d. h. die Entscheidung ergeht in jedem Fall als zweitinstanzliche, niemals als erstinstanzliche. Ein Rechtsmittel gegen das landgerichtliche Urteil ist damit immer ausgeschlossen[1a]. 4

---

[1] *BGHZ* 53, 92 = LM § 529 Nr. 26 = NJW 1970, 425 = MDR 322 = BB 152; AK-*Ankermann* Rdnr. 2; *Zöller/Schneider*[18] Rdnr. 2.

[1a] *BGH* NJW-RR 1994, 61.

§ 530 I    3. Buch. Rechtsmittel    226

## 2. Verhältnis zu § 528

5   Im Wege der Klageänderung oder der Widerklage im Berufungsverfahren neu geltend gemachte Ansprüche sind **keine Angriffs- oder Verteidigungsmittel**, sondern der Angriff selbst, → § 527 Rdnr. 7. Dies bedeutet, daß eine Zurückweisung als verspätet nicht in Betracht kommt. Insbesondere spielt es insoweit keine Rolle, ob es zur Verzögerung der Erledigung des Rechtsstreits kommt; dieser Gesichtspunkt kann allenfalls im Rahmen der Sachdienlichkeit für die Zulassung des neuen Anspruchs eine Rolle spielen, → Rdnr. 9. Zur Präklusion von Vorbringen, das als Angriffs- oder Verteidigungsmittel bei einem zugelassenen neuen Anspruch vorgetragen wird, → Rdnr. 10. Im Falle des § 264 Nr. 1 handelt es sich allerdings nach inzwischen einhelliger Meinung um keine Klageänderung; insoweit wird kein neuer Anspruch geltend gemacht, → § 264 Rdnr. 51. Daraus folgt, daß die Ergänzung bzw. Berichtigung tatsächlicher Ausführungen nach § 528 als verspätet zurückgewiesen werden kann[2].

6   **Einreden** fallen mit Ausnahme der Aufrechnung, → Rdnr. 12 ff., immer unter § 528, und zwar unabhängig davon, ob es sich um Einreden im materiellrechtlichen oder weitergehend um prozessuale Einreden handelt; zum Unterschied zwischen dem prozessualen und dem materiellen Einredebegriff → § 146 Rdnr. 4. Dies gilt namentlich auch für die Geltendmachung eines Zurückbehaltungsrechts[3]. Zur Abgrenzung von Aufrechnung gegenüber der Geltendmachung unselbständiger Rechnungsposten → Rdnr. 16.

## 3. Zulassung der Geltendmachung neuer Ansprüche

7   Wird ein neuer Anspruch im Rahmen der Berufung oder im Wege einer Anschlußberufung, sei es vom Kläger mittels Klageänderung oder -erweiterung, sei es vom Beklagten mittels Widerklage, in den Prozeß eingeführt, so ist er nach Abs. 1 nur dann zuzulassen, wenn entweder der Gegner einwilligt oder das Gericht die Zulassung für sachdienlich hält.

### a) Einwilligung des Gegners

8   Die unwiderlegliche Vermutung der Einwilligung nach § 267 gilt auch hier, und zwar nicht nur für die Klageänderung, sondern ebenso für die Widerklage[4]. Aus Abs. 1 ergibt sich das zwar nicht unmittelbar, doch ist eine Differenzierung zwischen Klageänderung und Widerklage von der Interessenlage her nicht vertretbar. Auch § 268 ist entsprechend anwendbar, d.h. die das Vorliegen eines neuen Anspruchs verneinende bzw. das Vorliegen der Einwilligung bejahende Entscheidung ist der Anfechtung entzogen[5]. Für die Klageänderung folgt dies unmittelbar aus § 523, für die Widerklage entsprechend aus der sachlichen Übereinstimmung von § 530 Abs. 1 mit § 263.

### b) Zulassung als sachdienlich

9   Der neue Anspruch ist weiter dann zuzulassen, wenn das Berufungsgericht die Klageänderung bzw. die Widerklage in dem anhängigen Verfahren für sachdienlich hält. Wegen des Begriffs der Sachdienlichkeit → § 263 Rndr. 12 ff. Allerdings wird das Gericht im allgemeinen

---

[2] MünchKomm ZPO-*Rimmelspacher* § 523 Rdnr. 7.
[3] S. *RGZ* 63, 402; JW 1911, 752. A.A. *OLG Celle* OLGZ 1972, 477 für den Fall, daß gegen eine Geldforderung aus einer Gegenforderung, die ebenfalls auf Geld gerichtet ist, ein Zurückbehaltungsrecht geltend gemacht wird; dies wirke wie eine Aufrechnung, weshalb allein § 530 Abs. 2 anwendbar sei; → weiter Rdnr. 13.
[4] MünchKomm ZPO-*Rimmelspacher* Rdnr. 14.
[5] MünchKomm ZPO-*Rimmelspacher* Rdnr. 4.

hier einen strengen Maßstab anlegen müssen, da die Zulassung des neuen Anspruchs für den Gegner den Verlust einer Tatsacheninstanz bedeutet. Der **Verlust einer Tatsacheninstanz** schließt die Bejahung der Sachdienlichkeit zwar nicht aus[6], kann im Einzelfall aber dazu führen, daß die Klageänderung dem Beklagten nicht zumutbar ist[7], → § 263 Rdnr. 24. Dies ist insbesondere dann anzunehmen, wenn der Streitstoff bei dem neuen Anspruch erheblich von dem bisherigen Streitstoff abweicht. Je weitgehender der neue Streitstoff von dem bisherigen abweicht, um so schutzwürdiger ist das Interesse des Beklagten daran, zwei Tatsacheninstanzen zur Verfügung zu haben. Unerheblich ist demgegenüber das Interesse des Klägers daran, ein Berufungsurteil zu erhalten und damit eine weitere Kontrolle des Sachverhalts auszuschließen[8]. Die Sachdienlichkeit kann auch deshalb zu verneinen sein, weil sich anderenfalls die **Erledigung des Rechtsstreits verzögert**[9]. Ob die Möglichkeit der Klageänderung bzw. zur Erhebung der Widerklage schon in erster Instanz gegeben war, ist unerheblich[10]; der Gesichtspunkt eines Verschuldens spielt im Gegensatz zur Zurückweisung verspäteten Vorbringens keine Rolle. Keine Rolle spielt es weiter, wenn der Kläger die Klageänderung schon in erster Instanz versucht hat, diese dort aber nicht zugelassen worden ist; dies steht einer Klageänderung im Berufungsverfahren nicht entgegen, sofern das Berufungsgericht die Sachdienlichkeit bejaht. Wegen des Interesses an niedrigen Prozeßkosten kann die Sachdienlichkeit nicht verneint werden[11]; ebensowenig kann sie damit begründet werden, daß die Erhöhung des Streitwertes die Möglichkeit zur Einlegung der Revision eröffnet[12]. Voraussetzung für die Bejahung der Sachdienlichkeit ist es schließlich, daß das Berufungsgericht über das neue Begehren selbst entscheiden kann und die Sache nicht an das erstinstanzliche Gericht zurückverweisen müßte[13].

### c) Weiteres Verfahren

Hat der Gegner in die Geltendmachung des neuen Anspruchs **eingewilligt oder hat sie das Gericht als sachdienlich zugelassen**, so kann das zur Begründung vorgetragene tatsächliche Vorbringen nicht wegen Verspätung nach § 528 zurückgewiesen werden[14]. Die **Zurückweisung** kann auch nicht nach § 527 i.V. mit §§ 519, 520 Abs. 2 erfolgen; für die Geltendmachung neuer Ansprüche gilt § 527 nicht[15]. Dies ergibt sich daraus, daß die Notwendigkeit einer den Anforderungen von § 519 Abs. 3 Nr. 2 genügenden Begründung für die Klageänderung bzw. Widerklage nicht gilt[16]. Damit kann auch keine Frist nach § 520 Abs. 2 zur Berufungserwiderung gesetzt werden. Dagegen ist eine Zurückweisung nach § 523 i.V. mit § 296 Abs. 1 und 2 wegen verspäteten Vorbringens, nachdem die Klage zulässigerweise geändert bzw. die Widerklage erhoben war, sehr wohl möglich; zur Anwendbarkeit von § 296 Abs. 1 und 2 im Berufungsverfahren → § 527 Rdnr. 16ff. Hat der Gegner nicht **eingewilligt oder verneint das Gericht die Sachdienlichkeit**, so ist der neue Anspruch nicht zu beachten. Bei der Klageänderung ergeht die Entscheidung auf der Grundlage der bisherigen

10

---

[6] *BGHZ* 1, 65, 73 = NJW 1951, 311; LM § 263 Nr. 6 = MDR 1983, 1017 = WM 1162; NJW 1985, 1784; 1985, 1841, 1842; MünchKomm ZPO-*Rimmelspacher* § 523 Rdnr. 5.
[7] *Rosenberg/Schwab/Gottwald*[15] § 101 II b; MünchKomm ZPO-*Rimmelspacher* § 523 Rdnr. 5; OGHZ 1, 59, 61. A.A. (der Verlust der Tatsacheninstanz ist immer unerheblich) BGHZ 1, 65, 73; AK-*Ankermann* Rdnr. 7.
[8] *BGH* LM § 263 Nr. 6 (Fn. 6).
[9] A.A. *BGH* VersR 1963, 1078; WM 1972, 512; AK-*Ankermann* Rdnr. 7.
[10] *BGH* LM § 529 Nr. 34 = NJW 1977, 49 = MDR 310; *BGH* NJW-RR 1990, 505, 506; AK-*Ankermann* Rdnr. 7; MünchKomm ZPO-*Rimmelspacher* § 523 Rdnr. 6; *Rosenberg/Schwab/Gottwald*[15] § 101 II 2 b.
[11] RG JW 1926, 928; AK-*Ankermann* Rdnr. 7.
[12] *BGH* LM § 529 Nr. 1; AK-*Ankermann* Rdnr. 7.
[13] *BGH* MDR 1983, 1018 = NJW 1984, 1552; MünchKomm ZPO-*Rimmelspacher* § 523 Rdnr. 5.
[14] *BGH* LM § 264 Nr. 6; AK-*Ankermann* Rdnr. 10; *Wieczorek/Rössler* Anm. A III; *Baumbach/Lauterbach/Albers*[51] Rdnr. 2.
[15] AK-*Ankermann* Rdnr. 10.
[16] *BGH* LM § 519 Nr. 93 = NJW-RR 1988, 1465 = MDR 658.

Klageanträge; sofern die Berufung danach keinen Erfolg haben kann, ist sie als unbegründet zurückzuweisen. Bei Nichtzulassung der Widerklage ist diese als unzulässig abzuweisen; nicht etwa erfolgt in entsprechender Anwendung von § 281 eine Verweisung an das erstinstanzlich zuständige Gericht[17].

### d) Überprüfung der Zulassungsentscheidung in der Revisionsinstanz

11   In der Revisionsinstanz kann die **Verweigerung der Zulassung** als sachdienlich nur daraufhin überprüft werden, ob das Berufungsgericht den Begriff der Sachdienlichkeit richtig erkannt und die ihm eingeräumten Ermessensgrenzen nicht überschritten hat[18], → § 268 Rdnr. 7. Um diese Überprüfung zu ermöglichen, muß die Nichtzulassung in revisiblen Sachen begründet werden. Ist die Zulassung zu Unrecht verweigert worden, so soll das Revisionsgericht den neuen Anspruch dann als zugelassen behandeln und sachlich über ihn entscheiden können, wenn der vom Berufungsgericht festgestellte Sachverhalt auch zur Entscheidung über den neuen Anspruch ausreicht[19]. Bei **Zulassung** der Klageänderung oder Widerklage ist das Revisionsgericht nach § 523 i. V. mit § 268 gebunden; insoweit kann das Berufungsurteil nicht angefochten werden[20]. Dabei ist es unerheblich, ob das Berufungsgericht den Begriff der Sachdienlichkeit verkannt hat. Entsprechendes gilt, wenn das Berufungsgericht davon ausgegangen ist, es liege gar keine Klageänderung vor, § 268.

## II. Aufrechnung, Abs. 2[21]

### 1. Anwendungsbereich von Abs. 2

12   Die Aufrechnung ist nach ihrer Ausgestaltung im BGB nicht Geltendmachung eines Anspruchs, sondern ein **reines Verteidigungsmittel**, → § 145 Rdnr. 30. Wenn für die Aufrechnung gleichwohl in Abweichung von §§ 527, 528, → § 527 Rdnr. 8, eine dem Abs. 1 entsprechende Regelung getroffen ist, so war dafür die Erwägung maßgebend, daß die Aufrechnung mit der Geltendmachung der Gegenforderung im Wege einer Widerklage nicht nur praktisch-wirtschaftlich, sondern wegen der Rechtskrafterstreckung auf die Gegenforderung, § 322 Abs. 2, auch rechtlich eng verwandt ist[22].

13   Abs. 2 gilt nur für die Aufrechnung, nicht dagegen auch für die **Geltendmachung eines Zurückbehaltungsrechts**[23]; bei diesem handelt es sich um ein reines Verteidigungsmittel, das nicht von der Rechtskraft der Entscheidung erfaßt wird. Einschlägig ist insoweit nicht Abs. 2, sondern allein § 528. Wird dieselbe Forderung zur Aufrechnung und zur Zurückbehaltung verwendet, so muß das Gericht zunächst klären, was der Sache nach gemeint ist. Maßgeblich ist insoweit nicht der vom Beklagten verwandte Begriff, sondern die rechtliche Einordnung des von ihm Gemeinten. Bei Gleichartigkeit der Forderungen handelt es sich i. d. R. um eine

---

[17] *BGHZ* 33, 398, 400; MünchKomm ZPO-*Rimmelspacher* Rdnr. 19.
[18] *BGHZ* 5, 373, 378; LM § 529 Nr. 34 = NJW 1977, 49 = MDR 310; Baumbach/Lauterbach/Albers[51] Rdnr. 7; MünchKomm ZPO-*Rimmelspacher* Rdnr. 19.
[19] So für eine Widerklage *BGHZ* 33, 398 = LM § 529 Nr. 19 (*Johannsen*) = ZZP 74 (1961), 213 (*Schwab*) = NJW 1961, 362 = MDR 220; zustimmend AK-*Ankermann* Rdnr. 11; MünchKomm ZPO-*Rimmelspacher* Rdnr. 19.
[20] MünchKomm ZPO-*Rimmelspacher* Rdnr. 18 (für Widerklage).

[21] Literatur: *Stölzel* Aufrechnung in der Berufungsinstanz (1915); *Oertmann* LZ 1932, 407; *E. Schneider* MDR 1975, 979.
[22] *BGH* LM § 530 Nr. 3 = NJW-RR 1990, 1470 = WM 1938 = MDR 1991, 227; *BGH* NJW 1992, 2575, 2576 (Fn. 28).
[23] *RG* DR 1939, 1885; *E. Schneider* MDR 1975, 979, 980; AK-*Ankermann* Rdnr. 15; MünchKomm ZPO-*Rimmelspacher* Rdnr. 22.

Aufrechnung. Will der Beklagte gleichwohl nur ein Zurückbehaltungsrecht geltend machen, so würde dieses praktisch doch wie eine Aufrechnung wirken, weshalb Abs. 2 zum Zuge kommt[24].

Vom Wortlaut des Abs. 2 her gilt die Vorschrift nur für die **vom Beklagten erklärte** **Aufrechnung**. Für eine ausnahmsweise vom Kläger erklärte Aufrechnung soll Abs. 2 dagegen nicht gelten; insoweit soll es sich um ein Angriffs- bzw. Verteidigungsmittel handeln, das nach den allgemeinen Vorschriften als verspätet zurückgewiesen werden kann[25]. Maßgeblich muß insoweit sein, ob die Entscheidung über die Gegenforderung in Rechtskraft erwächst; ist dies der Fall, dann ergibt sich aus der engen Nachbarschaft zwischen Widerklage und Aufrechnung, → Rdnr. 12, daß auch bei einer vom Kläger erklärten Aufrechnung Abs. 2 eingreift. Entgegen dem *BGH*[26] gilt dies vor allem bei der auf eine Aufrechnung gestützten Vollstreckungsgegenklage, § 767[27]; zur Rechtsraftwirkung eines solchen Urteils → § 322 Rdnr. 177. Zur Rechtskrafterstreckung bei einer vom Kläger erklärten Aufrechnung → im übrigen § 322 Rdnr. 178. Unanwendbar ist Abs. 2 dagegen bei einer von einem Dritten erklärten Aufrechnung; insoweit gilt nicht Abs. 2, sondern ausschließlich § 528[28].

14

## 2. Verhältnis zu § 528

Abs. 2 ist gegenüber § 528 eine Sonderbestimmung, die die Anwendbarkeit von § 528 ausschließt[29]. Unabhängig davon, ob man die Aufrechnung sonst als Angriffs- bzw. Verteidigungsmittel, das wegen verspäteten Vorbringens zurückgewiesen werden kann, einstuft oder in ihr einen selbständigen Angriff sieht, der von den Präklusionsvorschriften nicht erfaßt wird, → dazu § 296 Rdnr. 37, ist die Frage durch Abs. 2 für die Berufungsinstanz im letztgenannten Sinne beantwortet[30]. Eine Zurückweisung als verspätet nach § 528 kommt also nicht in Betracht. Das Berufungsgericht kann allenfalls die Sachdienlichkeit der Geltendmachung der Gegenforderung verneinen. Im übrigen gilt für die Präklusion dasselbe wie bei Abs. 1, → dazu Rdnr. 10.

15

## 3. Geltendmachung der Aufrechnung

### a) Berufen auf die Gegenforderung

Abs. 2 setzt voraus, daß der Beklagte die **Aufrechnung geltend macht**, d. h. sich auf eine nach Maßgabe der §§ 387 ff. BGB wirksame Tilgung der Klageforderung beruft. Dabei ist es unerheblich, ob er eine bereits vor dem Prozeß oder außerhalb von diesem vollzogene Aufrechnung behauptet oder ob er diese erst jetzt im Berufungsverfahren erklärt. Gleichgültig ist ferner, ob die Aufrechnung zur Begründung oder zur Abwehr der Berufung geltend gemacht wird, und abweichend von §§ 145, 302, ob die Gegenforderung mit der Klageforderung in rechtlichem Zusammenhang steht[31]; → weiter Rdnr. 20. Von Abs. 2 wird auch die sog. Verrechnung, nicht dagegen auch die Geltendmachung unselbständiger Rechnungspo-

16

---

[24] *OLG Celle* OLGZ 1972, 477; AK-*Ankermann* Rdnr. 15.
[25] *BGH* LM § 530 Nr. 3 (Fn. 22); AK-*Ankermann* Rdnr. 13; *Baumbach/Lauterbach/Albers*[51] Rdnr. 4; *Zöller/Schneider*[18] Rdnr. 9; *Wieczorek/Rössler* Anm. C.
[26] LM § 530 Nr. 3 (Fn. 22); zustimmend *Baumbach/Lauterbach/Albers*[51] Rdnr. 4.
[27] Zutreffend MünchKomm ZPO-*Rimmelspacher* Rdnr. 20.

[28] *BGH* LM § 51 Nr. 24 = NJW 1992, 2575 = MDR 911 = WM 1922.
[29] *BGH* LM § 530 Nr. 2 = NJW-RR 1987, 1196 = MDR 1019 = JZ 992.
[30] Dazu, ob aus Abs. 2 Folgerungen für die Einordnung der Aufrechnung auch über das Berufungsverfahren hinaus gezogen werden können, s. MünchKomm ZPO-*Rimmelspacher* Rdnr. 6.
[31] *Baumbach/Lauterbach/Albers*[51] Rdnr. 4.

sten erfaßt³². Maßgeblich für die Abgrenzung ist dabei die materiellrechtliche Einordnung³³; was sich danach als Aufrechnung darstellt, wird durch Abs. 2 geregelt, während es sich im übrigen um ein Verteidigungsmittel handelt, auf das die Präklusionsvorschriften anwendbar sind.

### b) »Neue« Aufrechnung

17   Voraussetzung für die Anwendbarkeit von Abs. 2 ist, daß die Aufrechnung neu ist, d. h. erstmals in der Berufungsinstanz geltend gemacht wird. Das ergibt sich zwar nicht unmittelbar aus dem Wortlaut von Abs. 2, wohl aber aus dem Sinnzusammenhang: Die Aufrechnung wird wie eine Widerklage behandelt, bei der Abs. 1 eindeutig nur solche Widerklagen erfaßt, die nicht schon in erster Instanz erhoben worden sind. War vom Beklagten in erster Instanz zwar das Bestehen einer Gegenforderung erwähnt worden, ohne daß eine Aufrechnung erklärt worden ist, so handelt es sich im Berufungsverfahren um eine neue Aufrechnung³⁴. Ebenso dann, wenn die Aufrechnung zunächst zwar geltend gemacht, anschließend aber wieder fallengelassen worden ist³⁵, oder wenn die Aufrechnung in erster Instanz als verspätet zurückgewiesen worden ist³⁶. Wird in der Berufungsinstanz eine andere Forderung als in erster Instanz zur Aufrechnung gestellt, so ist diese ebenfalls neu³⁷; ob eine Änderung in der Begründung die Forderung dabei zu einer anderen macht, ist nach denselben Gesichtspunkten zu beurteilen wie bei der Klageänderung, → dazu § 264 Rdnr. 31 ff.

18   Nicht neu ist die Aufrechnung dann, wenn sie in erster Instanz bereits erklärt worden war. Dabei spielt es keine Rolle, ob es bei einer Eventualaufrechnung zu einer Entscheidung über die Gegenforderung gekommen ist; auch wenn die Klage wegen Nichtbestehens der Klageforderung abgewiesen worden ist, kann der Beklagte in der Berufungsinstanz seine Gegenforderung ohne die in Abs. 2 enthaltenen Beschränkungen weiterverfolgen³⁸. Nicht neu ist die Aufrechnung weiter dann, wenn sie in erster Instanz zwar vorgebracht, mangels Substantiierung der Gegenforderung aber nicht berücksichtigt worden ist³⁹; die Sanktion für die fehlende Substantiierung ergibt sich hier allein aus den Präklusionsbestimmungen. Unerheblich ist es dabei, ob das Gericht nach § 139 einen Hinweis auf die fehlende Substantiierung hätte geben müssen⁴⁰. Erforderlich ist dabei allerdings, daß die Gegenforderung wenigstens soweit individualisiert war, daß über sie eine rechtskraftfähige Entscheidung hätte ergehen können; fehlt es daran, so war die Gegenforderung gar nicht Gegenstand des erstinstanzlichen Verfahrens, womit ihre Geltendmachung im Berufungsverfahren neu ist. War in erster Instanz eine Gegenforderung gegenüber einer von mehreren eingeklagten Forderungen zur Aufrechnung geltend gemacht worden, so ist die Aufrechnung nicht neu und kann daher ohne weiteres in der Berufungsinstanz auch gegenüber einer anderen eingeklagten Forderung aufgerechnet werden.

---

[32] MünchKomm ZPO-*Rimmelspacher* Rdnr. 21.
[33] S. dazu *Erman/H. P. Westermann*, BGB⁹, vor § 387 Rdnr. 2.
[34] BGH WM 1976, 583, 584; MünchKomm ZPO-*Rimmelspacher* Rdnr. 26; AK-*Ankermann* Rdnr. 14.
[35] *Zöller/Schneider*¹⁸ Rdnr. 18.
[36] *OLG Frankfurt* NJW 1971, 148; a. A. *OLG Celle* NJW 1965, 1338; MünchKomm ZPO-*Rimmelspacher* Rdnr. 27.
[37] MünchKomm ZPO-*Rimmelspacher* Rdnr. 26.
[38] BGH LM § 607 BGB Nr. 54 = NJW 1983, 931 = MDR 205; AK-*Ankermann* Rdnr. 12; MünchKomm ZPO-*Rimmelspacher* Rdnr. 27; *Zöller/Schneider*¹⁸ Rdnr. 18.
[39] *OLG Saarbrücken* MDR 1981, 679; *E. Schneider* MDR 1975, 979 und 1008; *ders.* MDR 1990, 1123; *Zöller/Schneider*¹⁸ Rdnr. 18; AK-*Ankermann* Rdnr. 14; *Baumbach/Lauterbach/Albers*⁵¹ Rdnr. 5; MünchKomm ZPO-*Rimmelspacher* Anm. C; a. A. BGH LM § 529 Nr. 32 = MDR 1975, 1008; *Wieczorek/Rössler* OLG Düsseldorf MDR 1990, 833.
[40] AK-*Ankermann* Rdnr. 14.

## 4. Zulassungsvoraussetzungen

### a) Einwilligung des Klägers

Die Aufrechnung ist ohne weitere Voraussetzungen dann zuzulassen, wenn der Kläger einwilligt. Bei widerspruchsloser Verhandlung über die Gegenforderung ist in entsprechender Anwendung von § 267 die Einwilligung anzunehmen[41]. Darauf ist der Kläger erforderlichenfalls nach § 139 hinzuweisen[42]. Ob sich die Erledigung des Prozesses verzögert und inwieweit der für die Gegenforderung maßgebliche Sachverhalt von dem für die Klageforderung relevanten abweicht, spielt bei Einwilligung des Klägers keine Rolle. Für eine Mißbrauchskontrolle bei Verweigerung der Einwilligung mit der Rechtsfolge, daß die Einwilligung als erteilt gilt[43], besteht kein Anlaß. Die möglicherweise einschlägigen Fallgestaltungen lassen sich dadurch erfassen, daß die Aufrechnung als sachdienlich zugelassen wird,→ Rdnr. 20 bei Fn. 49.

19

### b) Sachdienlichkeit

Obwohl bei Abs. 2 die Verzögerung der Erledigung des Rechtsstreits grundsätzlich unerheblich ist (es gilt Entsprechendes wie für die Klageänderung, → Rdnr. 9), wird Sachdienlichkeit stets dann anzunehmen sein, wenn die zur Aufrechnung gestellte Gegenforderung spruchreif ist, der Prozeß also nicht verzögert wird[44]. Dagegen reicht es für die Annahme der Sachdienlichkeit nicht ohne weiteres aus, daß die Forderungen in rechtlichem Zusammenhang stehen[45]. Andererseits ist der Zusammenhang beider Forderungen aber ein für die Sachdienlichkeit sprechendes (wenn auch nicht allein ausschlaggebendes) Kriterium[46]. Der Umstand, daß der Beklagte die Möglichkeit hatte, die Aufrechnung schon in erster Instanz geltend zu machen, schließt die Annahme der Sachdienlichkeit nicht aus. Andererseits wird, wenn die Aufrechnungsmöglichkeit erst in zweiter Instanz eingetreten ist (Entstehung bzw. Fälligwerden der Gegenforderung erst nach Abschluß der erstinstanzlichen mündlichen Verhandlung; Aufrechnung gegenüber einer in der Berufungsinstanz erfolgten Erweiterung der Klageforderung) die Interessenlage in aller Regel zur Bejahung der Sachdienlichkeit führen[47]; anderenfalls würde man dem Beklagten die nach materiellem Recht bestehende Aufrechnungsmöglichkeit praktisch versagen. Etwas anderes kann aber dann gelten, wenn der Beklagte sich die Gegenforderung erst während des Berufungsverfahrens abtreten läßt und dadurch ein völlig neuer Prozeßstoff eingeführt wird[48]. Nimmt der Kläger erst in zweiter Instanz vom Urkundenprozeß Abstand, → § 596 Rdnr. 1, und leitet damit den Rechtsstreit in das ordentliche Verfahren über, so kann die Sachdienlichkeit der anschließend vom Beklagten erklärten Aufrechnung nur in ganz besonderen Fällen verneint werden[49]; anderenfalls könnte der Kläger die Aufrechnungsmöglichkeit praktisch blockieren. Ist die Gegenforderung

20

---

[41] BGH WM 1990, 1938, 1940; MünchKomm ZPO-*Rimmelspacher* Rdnr. 28; Zöller/*Schneider*[18] Rdnr. 17; *Baumbach/Lauterbach/Albers*[51] Rdnr. 6; *Rosenberg/ Schwab/Gottwald*[15] § 105 III 1b.
[42] *E. Schneider* MDR 1975, 979; Zöller/*Schneider*[18] Rdnr. 17.
[43] MünchKomm ZPO-*Rimmelspacher* Rdnr. 28, 30.
[44] Zöller/*Schneider*[18] Rdnr. 21; AK-*Ankermann* Rdnr. 9; a.A. MünchKomm ZPO-*Rimmelspacher* Rdnr. 30.
[45] BGH LM § 529 Nr. 22 = Warn. 1966 Nr. 36 = NJW 1029 = JZ 319 = MDR 397 = Betrieb 396; *Rosenberg/ Schwab/Gottwald*[15] § 105 III 1b; AK-*Ankermann* Rdnr. 9; Zöller/*Schneider*[18] Rdnr. 20.

[46] MünchKomm ZPO-*Rimmelspacher* Rdnr. 29.
[47] Für eine Berücksichtigung des Zeitpunkts der Entstehung der Aufrechnungslage auch AK-*Ankermann* Rdnr. 9; Zöller/*Schneider*[18] Rdnr. 23; a.A. MünchKomm ZPO-*Rimmelspacher* Rdnr. 29.
[48] BGHZ 5, 373, 377; AK-*Ankermann* Rdnr. 9; Zöller/ *Schneider*[18] Rdnr. 22.
[49] BGHZ 29, 337 = LM § 596 Nr. 1 = NJW 1959, 886 = MDR 478 = BB 461; Zöller/*Schneider*[18] Rdnr. 32. Anders in der Begründung MünchKomm ZPO-*Rimmelspacher* Rdnr. 28 (Rechtsmißbräuchlichkeit der Verweigerung der Einwilligung durch den Beklagten).

anderweitig rechtshängig, so steht dies zwar einer aufrechnungsweisen Geltendmachung nicht entgegen, → § 145 Rdnr. 43, doch wird die Sachdienlichkeit hier i. d. R. zu verneinen sein.

### 5. Das weitere Verfahren

21   Wird die **Aufrechnung zugelassen**, so hat das Gericht über die Gegenforderung zu verhandeln. Es kann, wenn die Gegenforderung nicht in rechtlichem Zusammenhang mit der Klageforderung steht, nunmehr von der Möglichkeit einer Abtrennung und eines Vorbehaltsurteils nach § 302 Gebrauch machen, → § 145 Rdnr. 71 und § 302 Rdnr. 10. Dieser Fall kann auch dann praktisch werden, wenn das Gericht die Aufrechnung wegen Sachdienlichkeit zugelassen hatte, nämlich dann, wenn sich erst nach der Zulassung im weiteren Verlauf des Verfahrens herausstellt, daß die Entscheidung eine umfangreiche Verhandlung und Beweisaufnahme erfordert. Hier mag sich zwar nachträglich gezeigt haben, daß die Sachdienlichkeit zu Unrecht bejaht worden ist, doch kann das Berufungsgericht die Zulassung aus diesem Grund nicht etwa widerrufen. In entsprechender Anwendung von § 268 ist die Zulassung nicht anfechtbar[50].

22   Wird die **Aufrechnung zurückgewiesen**, so erfolgt keine Verhandlung über die Gegenforderung. Die Zurückweisung ist insofern endgültig, als die Geltendmachung der Aufrechnung in der Revisionsinstanz nicht nachgeholt werden kann, → § 561 Rdnr. 4. Bei Nichtzulassung ergeht über die Gegenforderung keine Entscheidung, weshalb der Beklagte die nicht berücksichtigte Gegenforderung in einem neuen Verfahren geltend machen kann[51]. Soweit trotz Nichtzulassung in dem Berufungsurteil Ausführungen über den Bestand der Gegenforderung enthalten sind, gelten diese als nicht geschrieben[52]. Zur Anfechtung der Nichtzulassung gilt das unter → Rdnr. 11 Ausgeführte entsprechend. Um dem Revisionsgericht die Überprüfung der Nichtzulassung zu ermöglichen, muß diese in revisiblen Sachen begründet werden[53].

## III. Arbeitsgerichtliches Verfahren

23   Klageänderung, Widerklage und Aufrechnung sind in der zweiten Instanz des arbeitsgerichtlichen Berufungsverfahrens unter denselben Voraussetzungen wie in der ordentlichen Gerichtsbarkeit zulässig[54]. Insbesondere gilt § 530 Abs. 2 für die Aufrechnung unabhängig davon, ob man sie sonst als Verteidigungsmittel einstuft[55]. Eine Zurückweisung als verspätet nach § 67 ArbGG kommt insoweit nicht in Betracht; es kann allenfalls die Sachdienlichkeit der Zulassung verneint werden.

24   Im **Beschlußverfahren** enthält § 87 Abs. 2 S. 3 i. V. mit § 81 Abs. 3 ArbGG für die Antragsänderung eine Sonderregelung, die allerdings der Sache nach im wesentlichen mit den in der ordentlichen Gerichtsbarkeit geltenden Grundsätzen übereinstimmt (Zulässigkeit der Antragsänderung bei Zustimmung der übrigen Beteiligten oder Zulassung als sachdienlich). Soweit die Frage eines Widerantrags oder einer Aufrechnung im Beschlußverfahren praktisch wird, muß die für die Antragsänderung geltende Regelung entsprechend angewandt werden.

---

[50] *BGH* LM § 529 Nr. 4 und Nr. 33 = MDR 1976, 395 = BB 206; MünchKomm ZPO-*Rimmelspacher* Rdnr. 32.
[51] *BGH* NJW-RR 1987, 1196; *Grunsky* JZ 1965, 397; *Zöller/Schneider*[18] Rdnr. 26; *Baumbach/Lauterbach/Albers*[51] Rdnr. 7.
[52] *BGH* NJW 1984, 128; *Zöller/Schneider*[18] Rdnr. 25.
[53] *Zöller/Schneider*[18] Rdnr. 24.
[54] *Grunsky*[6] § 67 Rdnr. 4; *Germelmann/Matthes/Prütting* § 67 Rdnr. 6 und 9.
[55] *Germelmann/Matthes/Prütting* § 67 Rdnr. 6.

## § 531 [Verlust des Rügerechts]

**Die Verletzung einer das Verfahren des ersten Rechtszugs betreffenden Vorschrift kann in der Berufungsinstanz nicht mehr gerügt werden, wenn die Partei das Rügerecht bereits im ersten Rechtszuge nach der Vorschrift des § 295 verloren hat.**

Gesetzesgeschichte: Bis 1900 § 492 CPO, anschließend bis zur Vereinfachungsnovelle (BGBl. 1976 I 3281) § 530, ab 1.7. 1977 in unveränderter Form § 531. Der bis zur Vereinfachungsnovelle geltende frühere § 531, demzufolge in erster Instanz nicht erfolgte Erklärungen über Tatsachen, Urkunden und Anträge auf Parteivernehmung in der Berufungsinstanz nachgeholt werden konnten, ist durch die Vereinfachungsnovelle ersatzlos entfallen. Das sieht die Vereinfachungsnovelle zwar nicht ausdrücklich vor (in ihr ist nur geregelt, daß der bisherige § 530 zu § 531 wird), doch ergibt sich das aus dem Zusammenhang mit § 528 a.F.; es besteht kein Anlaß, unterbliebene Erklärungen über die in § 531 a.F. erwähnten Punkte anders als sonstiges neues Vorbringen zu behandeln.

1. § 531 steht in engem Zusammenhang mit §§ 528, 529 und will sicherstellen, daß sich die  1
Partei mögliche Rügen nicht für die zweite Instanz »aufhebt« und dadurch das erstinstanzliche Verfahren entwertet. § 531 spricht dies für die **Rüge von Prozeßmängeln** ausdrücklich aus. Voraussetzung ist, daß das Rügerecht in erster Instanz nach § 295 nicht mehr bestanden hat, d.h. es muß sich insbesondere um einen verzichtbaren Verfahrensfehler gehandelt haben; Einzelheiten zur Abgrenzung der verzichtbaren von den unverzichtbaren Verfahrensfehlern → § 295 Rdnr. 4 ff. Daß § 295 auch selbständig für das Verfahren der zweiten Instanz gilt, ergibt sich aus § 523; → auch § 558. Die Verzichtbarkeit eines Verfahrensfehlers bestimmt sich dabei nach denselben Kriterien wie in erster Instanz. Es besteht kein Anlaß, die Grenzziehung in zweiter anders als in erster Instanz vorzunehmen.

Von den durch § 531 geregelten Verfahrensfehlern sind die **Zulässigkeitsvoraussetzungen**  2
**der Klage** zu unterscheiden. Für sie gilt nicht § 531, sondern in erster Instanz § 296 Abs. 3 und in der Berufungsinstanz § 529[1].

2. Für das **arbeitsgerichtliche Verfahren** ergeben sich keine Besonderheiten. § 531 gilt dort  3
über § 64 Abs. 6 ArbGG entsprechend.

## § 532 [Gerichtliches Geständnis]

**Das im ersten Rechtszug abgelegte gerichtliche Geständnis behält seine Wirksamkeit auch für die Berufungsinstanz.**

Gesetzesgeschichte: Bis 1900 § 494 CPO. Änderung: BGBl. 1950 S. 455.

### 1. Geständnis

Das gerichtliche Geständnis, → § 288 Rdnr. 1 ff., wirkt auch in der Berufungsinstanz fort,  1
selbst wenn es mit Beschränkung auf die erste Instanz erklärt worden ist, → § 288 Rdnr. 10. Unerheblich ist, ob das Geständnis ausdrücklich erklärt worden ist oder aus dem Gesamtverhalten der Partei in erster Instanz folgt, → § 288 Rdnr. 10. Ob sich das erstinstanzliche Vorbringen als Geständnis darstellt oder ob das Untergericht zu Unrecht von einem Geständnis ausgegangen ist, unterliegt dagegen der Nachprüfung durch das Berufungsgericht[1]. Der **Widerruf des Geständnisses** ist nach Maßgabe des § 290 auch noch in der Berufungsinstanz

---

[1] MünchKomm ZPO-*Rimmelspacher* Rdnr. 4.    [1] AK-*Ankermann* Rdnr. 1; *Baumbach/Lauterbach/ Albers*[51] Rdnr. 2.

§ 532–§ 533  3. Buch. Rechtsmittel

möglich[2], und zwar auch dann, wenn der Widerrufsgrund der Partei schon in erster Instanz bekannt war; allerdings kann der Widerruf nach §§ 527, 528 Abs. 2 oder nach §§ 523, 296 Abs. 2 präkludiert sein[3]; → auch § 290 Rdnr. 6. Denkbar ist weiter, daß in der bisherigen Nichtausübung des Widerrufsrechts ein stillschweigend erklärter Verzicht darauf gesehen werden kann[4]; in der Annahme eines Verzichts ist allerdings Vorsicht geboten; normalerweise wird die Partei keinen Anlaß haben, ihr Widerrufsrecht definitiv aufzugeben.

2 § 532 bewahrt die Wirkungen eines in erster Instanz erklärten Geständnisses auch für die Berufungsinstanz. Dagegen gilt die Vorschrift nicht für ein **in zweiter Instanz erklärtes Geständnis**. Hier greifen über § 523 die §§ 288 ff. unmittelbar ein. Nicht anwendbar ist § 532 weiter auf ein **außergerichtliches Geständnis**, → § 288 Rdnr. 24. Dessen Wirkung sowie sein Widerruf unterliegen auch in der Berufungsinstanz (zur ersten Instanz → § 290 Rdnr. 9) der freien Würdigung des Gerichts[5]. Zur Bedeutung von § 532 im berufungsinstanzlichen Versäumnisverfahren → § 542 Rdnr. 10.

### 2. Nichtbestreiten

3 Für das Nichtbestreiten, § 138 Abs. 3, gilt § 532 nicht[6]. Solange die Partei die gegnerische Behauptung nicht bestreitet, ist die Tatsache zwar auch in der Berufungsinstanz zugrundezulegen, doch kann das Bestreiten jederzeit nachgeholt werden. Eine Grenze wird insoweit nur durch die Präklusionsvorschriften wegen verspäteten Vorbringens gezogen, die jedoch mit § 532 nichts zu tun haben.

### 3. Arbeitsgerichtliches Verfahren

4 Im arbeitsgerichtlichen Verfahren bestehen keine Besonderheiten. Im Urteilsverfahren gilt § 532 uneingeschränkt. Im Beschlußverfahren ist für die Anwendbarkeit der Bestimmung dagegen schon deswegen kein Raum, weil das Gericht dort an das Geständnis ohnehin nicht gebunden ist[7].

## § 533 [Parteivernehmung]

(1) **Das Berufungsgericht darf die Vernehmung oder Beeidigung einer Partei, die im ersten Rechtszuge die Vernehmung abgelehnt oder die Aussage oder den Eid verweigert hatte, nur anordnen, wenn es der Überzeugung ist, daß die Partei zu der Ablehnung oder Weigerung genügende Gründe hatte und diese Gründe seitdem weggefallen sind.**

(2) **War eine Partei im ersten Rechtszug vernommen und auf ihre Aussage beeidigt, so darf das Berufungsgericht die eidliche Vernehmung des Gegners nur anordnen, wenn die Vernehmung oder Beeidigung im ersten Rechtszuge unzulässig war.**

Gesetzesgeschichte: Bis 1900 § 495 CPO. Änderung: RGBl. 1933 I 780.

---

[2] *OLG Hamm* NJW 1955, 873; AK-*Ankermann* Rdnr. 1; MünchKomm ZPO-*Rimmelspacher* Rdnr. 3; *Zöller/Schneider*[18] Rdnr. 2.
[3] MünchKomm ZPO-*Rimmelspacher* Rdnr. 3.
[4] MünchKomm ZPO-*Rimmelspacher* Rdnr. 3; *Zöller/Schneider*[18] Rdnr. 2.
[5] MünchKomm ZPO-*Rimmelspacher* Rdnr. 4.
[6] AK-*Ankermann* Rdnr. 2; *Baumbach/Lauterbach/Albers*[51] Rdnr. 2; MünchKomm ZPO-*Rimmelspacher* Rdnr. 6; a. A. *OLG München* MDR 1984, 321.
[7] *Grunsky*[6] § 83 Rdnr. 6; *Germelmann/Matthes/Prütting* § 83 Rdnr. 93.

| | | | |
|---|---|---|---|
| I. Nachträgliche Vernehmung oder Beeidigung der Partei, Abs. 1 | 1 | c) Ausbleiben im Vernehmungstermin | 6 |
| 1. Zweck der Norm | 1 | 3. Verweigerung des Eides | 7 |
| 2. Voraussetzungen einer Parteivernehmung | 2 | 4. Parteivernehmung über den Verbleib einer Urkunde | 8 |
| a) Notwendigkeit einer Parteivernehmung | 3 | II. Vernehmung und Beeidigung des Gegners, Abs. 2 | 9 |
| b) Ablehnungsgründe | 4 | III. Arbeitsgerichtliches Verfahren | 12 |

## I. Nachträgliche Vernehmung oder Beeidigung der Partei, Abs. 1

### 1. Zweck der Norm

Hat eine Partei ihre vom Gegner beantragte Vernehmung nach § 446 abgelehnt oder ihre Aussage verweigert (wobei es unerheblich ist, ob die Vernehmung nach §§ 445, 447 oder 448 angeordnet war), so hat das Gericht nach § 446 bzw. § 453 Abs. 2 unter Berücksichtigung der gesamten Sachlage, insbesondere der für die Weigerung vorgebrachten Gründe, nach freier Überzeugung zu entscheiden, welche Schlüsse es hinsichtlich des Beweisthemas aus der Weigerung ziehen will. § 533 will verhindern, daß die Partei, die aus dem inzwischen ergangenen erstinstanzlichen Urteil ersehen hat, welche ihr ungünstigen Schlüsse aus der Ablehnung oder Aussageverweigerung gezogen sind, jetzt zur Erlangung eines obsiegenden Urteils Gewissensbedenken zurückstellt, die sie in erster Instanz von der Aussage abgehalten hatten. Demgegenüber steht die Konzentration des Verfahrens im ersten Rechtszug und die Beschleunigung des Gesamtverfahrens[1] allenfalls an zweiter Stelle. Ihr könnte durch Anwendung der normalen Präklusionsvorschriften Rechnung getragen werden. Wenn sich der Gesetzgeber damit nicht begnügt, so zeigt dies, daß er bei der Parteivernehmung Besonderheiten anerkennt, die ihrerseits nur darin liegen können, daß der besonderen psychologischen Situation der Partei Rechnung getragen werden soll.

### 2. Voraussetzungen einer Parteivernehmung

Das Gericht darf die Partei, deren Vernehmung in erster Instanz beantragt bzw. angeordnet war, im Falle des Widerrufs ihrer Ablehnung nur vernehmen, wenn es der Überzeugung ist, daß die Partei in erster Instanz für ihre Entschließung **genügende Gründe** hatte und die Gründe **seitdem fortgefallen** sind. Voraussetzung für die Anwendbarkeit von Abs. 1 ist, daß es um **dasselbe Beweisthema** wie in erster Instanz geht[2]. Hinsichtlich eines anderen Beweisthemas ist das Berufungsgericht bei der Anordnung einer Parteivernehmung nicht eingeschränkt.

#### a) Notwendigkeit einer Parteivernehmung

Die Anwendbarkeit von Abs. 1 setzt voraus, daß aufgrund des in der Berufungsinstanz zur Beurteilung stehenden Streitstoffes die **Parteivernehmung an sich geboten** ist[3]. Nimmt also der Gegner den in erster Instanz nach § 445 gestellten Antrag auf Parteivernehmung zurück, so kommt eine nachträgliche Parteivernehmung nach § 445 nicht in Betracht. Ebenso schei-

---

[1] Darin sieht MünchKomm ZPO-*Rimmelspacher* Rdnr. 1 den Zweck der Vorschrift.
[2] MünchKomm ZPO-*Rimmelspacher* Rdnr. 3.
[3] AK-*Ankermann* Rdnr. 1.

det die Nachholung der Vernehmung aus, wenn das Berufungsgericht aufgrund der von ihm erhobenen anderweitigen Beweise die Beweisfrage für hinreichend geklärt erachtet oder in Würdigung der Verhandlung und Beweisaufnahme dazu gelangt, den Gegner zur Parteivernehmung nach § 448 zuzulassen. Bei dieser Würdigung muß selbstverständlich die Tatsache der in erster Instanz erfolgten Ablehnung einer Parteivernehmung außer Betracht bleiben, denn nach dem § 533 zugrundeliegenden Gedanken darf das Berufungsgericht aus der Ablehnung für die Partei ungünstige Schlüsse eben nur dann ziehen, wenn es die Gründe selbständig gewürdigt hat.

### b) Ablehnungsgründe

4   Die Partei mußte für ihre Ablehnung der Parteivernehmung in erster Instanz genügende Gründe haben, die **inzwischen weggefallen** sind. Es ist Sache der Partei darzulegen, auf welchen Gründen ihr seinerzeitiger Entschluß beruhte und weshalb sie den Entschluß nunmehr nicht mehr glaubt, aufrechterhalten zu sollen. Eine Beweisaufnahme hierüber ist zwar theoretisch möglich, wird aber kaum praktisch werden, da es sich dabei nur um frühere Äußerungen der Partei über ihren Entschluß handeln kann und derartige Äußerungen unter dem Gesichtspunkt der Glaubwürdigkeit regelmäßig keinen größeren Wert haben werden als die dem Gericht unmittelbar gegebene Aufklärung. Zu weit geht es allerdings, dem Erfordernis des Wegfalls der ursprünglichen Ablehnungsgründe jede praktische Bedeutung abzusprechen[4]. Allein die Tatsache, daß die Partei sich umbesonnen hat, ist kein Wegfall der Ablehnungsgründe. Erforderlich ist vielmehr, daß sich die Situation objektiv geändert hat (die Partei wollte etwa eine ehrenrührige Tatsache verbergen, → Rdnr. 5, die inzwischen ohnehin bekannt geworden ist). Ist dies nicht der Fall, muß sich die Partei an ihrem ursprünglichen Entschluß festhalten lassen.

5   Voraussetzung für die nachträgliche Zulassung zur Parteivernehmung ist, daß das Gericht zur der Überzeugung gelangt, daß die Partei vom Standpunkt einer redlichen Prozeßführung seinerzeit einen **als stichhaltig anzuerkennenden Grund zu der Weigerung** hatte. Ist das nicht der Fall, ist also der Verdacht, daß die Partei in erster Instanz mit der Wahrheit über ihr ungünstige Tatsachen zurückhalten wollte, nicht voll ausgeräumt, so hat die nachträgliche Parteivernehmung zu unterbleiben. Als Weigerungsgründe kommen etwa in Betracht, daß die Partei Betriebsgeheimnisse oder ehrenrührige Tatsachen nicht offenbaren wollte. Weiter kannn es ausreichend sein, daß die Partei damit rechnete, in erster Instanz auch ohne Parteivernehmung zu obsiegen[5]; insoweit muß der Partei ein gewisser Spielraum für prozeßtaktische Erwägungen zugestanden werden, → auch § 528 Rdnr. 7.

### c) Ausbleiben im Vernehmungstermin

6   War die Partei in erster Instanz in dem Vernehmungstermin ausgeblieben und hatte das Untergericht daraus Schlüsse i. S. einer Aussageverweigerung gezogen, § 454 Abs. 1, so hat das Berufungsgericht zunächst aufgrund der Darlegungen der Partei (und zwar ohne Bindung an die Auffassung des ersten Urteils) darüber zu befinden, ob es sich diese Schlußfolgerungen zueigen macht, d. h. ob es auch seinerseits die Terminsversäumung als Weigerung auffaßt[6]; erst wenn dies zu bejahen ist, sind die unter → Rdnr. 5 dargestellten Erwägungen anzustellen.

---

[4] So aber MünchKomm ZPO-*Rimmelspacher* Rdnr. 4.
[5] *Wieczorek/Rössler* Anm. A I b; a. A. MünchKomm ZPO-*Rimmelspacher* Rdnr. 5.
[6] MünchKomm ZPO-*Rimmelspacher* Rdnr. 3.

### 3. Verweigerung des Eides

Die für die Ablehnung der Parteivernehmung maßgeblichen Grundsätze geltend für eine Verweigerung der Beeidigung der Aussage entsprechend; insoweit kann auf die Ausführungen unter → Rdnr. 1 ff. verwiesen werden. 7

### 4. Parteivernehmung über den Verbleib einer Urkunde

Abs. 1 gilt entsprechend für den Fall der Parteivernehmung über den Verbleib einer Urkunde, § 426[7]. 8

## II. Vernehmung und Beeidigung des Gegners, Abs. 2.

Abs. 2 will den mißlichen Weiterungen entgegenwirken, die sich daraus ergeben können, daß Eid gegen Eid steht (gegenseitige Strafanzeigen usw.). Deshalb ordnet Abs. 2 an, daß, wenn in erster Instanz eine Partei eidlich vernommen worden ist, in der Berufungsinstanz nicht die andere über dasselbe Beweisthema eidlich vernommen werden darf. Die uneidliche Vernehmung der anderen Partei ist dagegen nicht ausgeschlossen[8]. Ebenso wenig ist das Berufungsgericht bei der Würdigung der vor ihm erfolgten uneidlichen Aussage der einen Partei und der erstinstanzlichen eidlichen Aussage des Gegners beschränkt[9]. 9

Eine Ausnahme gilt dann, wenn die in erster Instanz erfolgte **eidliche Vernehmung unzulässig war**[10] (etwa wegen Unzulässigkeit der Vernehmung wegen Verkennung der Beweislast im Fall des § 445 oder unrichtiger Auswahl der zu vernehmenden Partei[11]; weiter gehört hierher der Fall der Unzulässigkeit der Vereidigung, z.B. nach § 452 Abs. 4). Der der Vorschrift zugrundeliegende Gedanke besteht darin, daß in Fällen dieser Art dem Gegner aus dem unrichtigen Vorgehen des erstinstanzlichen Gerichts kein prozessualer Nachteil erwachsen darf[12]. 10

Wird die Partei unter **Verstoß gegen Abs. 2** vereidigt, so ist dies kein Hindernis dafür, den Eid bei der Beweiswürdigung zu berücksichtigen[13]. Daß die Vereidigung nicht hätte erfolgen dürfen, schließt nicht aus, daß das Gericht aus dem Eid Schlüsse zieht. 11

## III. Arbeitsgerichtliches Verfahren

Die Grundsätze der Parteivernehmung gelten auch im arbeitsgerichtlichen Verfahren, → § 445 Rdnr. 12. Damit ist § 533 zumindest im Urteilsverfahren entsprechend anwendbar. Im Beschlußverfahren sind die §§ 445–449 dagegen unanwendbar[14], weshalb es zu den in § 533 geregelten Fallgestaltungen bei richtigem Vorgehen des Arbeitsgerichts nicht kommen kann. 12

---

[7] MünchKomm ZPO-*Rimmelspacher* Rdnr. 8.
[8] MünchKomm ZPO-*Rimmelspacher* Rdnr. 9; *Zöller/Schneider*[18] Rdnr. 2.
[9] MünchKomm ZPO-*Rimmelspacher* Rdnr. 9.
[10] AK-*Ankermann* Rdnr. 2; *Baumbach/Lauterbach/Albers*[51] Rdnr. 4; MünchKomm ZPO-*Rimmelspacher* Rdnr. 10; *Zöller/Schneider*[18] Rdnr. 2.
[11] S. *RGZ* 145, 271, 273.
[12] MünchKomm ZPO-*Rimmelspacher* Rdnr. 10.
[13] MünchKomm ZPO-*Rimmelspacher* Rdnr. 11; a.A. *Baumbach/Lauterbach/Albers*[51] Rdnr. 5.
[14] *Grunsky*[6] § 83 Rdnr. 28.

## § 534 [Vorläufige Vollstreckbarkeit]

**(1) Ein nicht oder nicht unbedingt für vorläufig vollstreckbar erklärtes Urteil des ersten Rechtszugs ist, soweit es durch die Berufungsanträge nicht angefochten wird, auf Antrag von dem Berufungsgericht durch Beschluß für vorläufig vollstreckbar zu erklären. Die Entscheidung kann ohne mündliche Verhandlung ergehen; sie ist erst nach Ablauf der Berufungsbegründungsfrist zulässig.**
**(2) Eine Anfechtung der Entscheidung findet nicht statt.**

Gesetzesgeschichte: Bis 1900 § 596 CPO. Änderungen: RGBl. 1924 I 135; BGBl. 1976 I 3281.

| | | | |
|---|---|---|---|
| I. Erklärung der vorläufigen Vollstreckbarkeit | | 3. Verfahren und Entscheidung | 5 |
| | 1 | a) Verfahren | 5 |
| 1. Funktion der Vorschrift | 1 | b) Form und Inhalt der Entscheidung | 6 |
| 2. Voraussetzungen der Vollstreckbarkeitserklärung | 2 | c) Unanfechtbarkeit | 7 |
| a) Keine Vollstreckbarkeitserklärung im angefochtenen Urteil | 2 | d) Kosten und Gebühren | 8 |
| b) Abtrennbarer Urteilsteil | 3 | II. Arbeitsgerichtliches Verfahren | 9 |
| c) Antrag | 4 | | |

### I. Erklärung der vorläufigen Vollstreckbarkeit

#### 1. Funktion der Vorschrift

1   Nach h. M. kann der Berufungskläger seinen zunächst gestellten **Berufungsantrag nachträglich erweitern** (→ dazu § 519 Rdnr. 48), so daß das angefochtene Urteil auch hinsichtlich des einstweilen nicht angefochtenen Teils nicht in Rechtskraft erwächst, womit die Ausstellung eines Teilrechtskraftzeugnisses ausscheiden würde. Damit ist der Berufungskläger auch hinsichtlich des nicht angefochtenen Teils für die Vollstreckung darauf angewiesen, daß das Urteil für vorläufig vollstreckbar erklärt wird. In diesem Sinne versteht die h. M. § 534[1], der die vorläufige Vollstreckbarkeit für den nicht angefochtenen Teil des erstinstanzlichen Urteils auch dann vorsieht, wenn das Urteil in erster Instanz nicht oder nicht unbedingt für vorläufig vollstreckbar erklärt worden ist. Ist man dagegen mit der unter → § 519 Rdnr. 49 vertretenen Ansicht der Auffassung, daß der einmal gestellte Berufungsantrag grundsätzlich nicht erweitert werden kann, so verringert sich damit der Anwendungsbereich des § 534 erheblich, da das angefochtene Urteil in vielen Fällen teilrechtskräftig wird und insoweit endgültig vollstreckt werden kann. Etwas anderes gilt dann, wenn der Berufungskläger damit rechnen muß, daß der Berufungsbeklagte Anschlußberufung einlegt, was lediglich dann möglich ist, wenn dieser durch das angefochtene Urteil ebenfalls beschwert ist, → § 521 Rdnr. 6. In diesem Fall wird auch der nicht angefochtene Teil des Urteils einstweilen nicht rechtskräftig. Ist der Klage dagegen in voller Höhe stattgegeben oder ist sie ganz abgewiesen worden, so wird der nicht angefochtene Teil sofort rechtskräftig, womit eine Erklärung seiner vorläufigen Vollstreckbarkeit nach § 534 nicht mehr erforderlich ist. Auch von dieser Auffassung her sollte einem nach § 534 gestellten Antrag jedoch deswegen stattgegeben werden, weil die Partei anderenfalls das Opfer dogmatischer Meinungsverschiedenheiten werden kann[2]. Wegen der vorläufigen Vollstreckbarkeit des angefochtenen Teils → § 714 Rdnr. 3 und § 718 Abs. 1.

---

[1] MünchKomm ZPO-*Rimmelspacher* Rdnr. 1; *Thomas/Putzo*[18] Rdnr. 1; *Waltermann* NJW 1992, 159, 160 f.

[2] AK-*Ankermann* Rdnr. 1.

## 2. Voraussetzungen der Vollstreckbarkeitserklärung

### a) Keine Vollstreckbarkeitserklärung im angefochtenen Urteil

Die Anwendung von § 534 Abs. 1 setzt zunächst voraus, daß das angefochtene Urteil entweder gar nicht (§ 712) oder nur bedingt (d. h. unter der Bedingung einer Sicherheitsleistung, §§ 709, 712 Abs. 2 S. 2) oder unter Gewährung einer Abwendungsbefugnis (§§ 711, 712 Abs. 1 S. 1) für vorläufig vollstreckbar erklärt worden ist. In den letztgenannten Fallgestaltungen wird durch die Vollstreckbarkeitserklärung seitens des Berufungsgerichts (soweit diese reicht) die Bedingung beseitigt und eine geleistete Sicherheit frei. § 534 Abs. 1 gilt auch dann, wenn die Vollstreckbarkeitserklärung zu Unrecht unterblieben ist[3] oder wenn ein sie betreffender Antrag übergangen oder abgelehnt worden ist. Liegen die Voraussetzungen einer Ergänzung des Urteils hinsichtlich der Vollstreckbarkeitserklärung nach §§ 716, 321 vor, so hat die die Partei die Wahl zwischen einem Antrag nach § 321 an das erstinstanzliche Gericht und einem solchen nach § 534 beim Berufungsgericht[4]. Es besteht auch kein Hindernis, beide Anträge parallel zu stellen; eine Art Rechtshängigkeitssperre besteht insoweit nicht. Mit Stattgeben eines der beiden Anträge hat sich der andere erledigt. Bedurfte das Urteil keiner Vollstreckbarkeitserklärung, wie etwa bei Arrestbefehlen oder einstweiligen Verfügungen, so ist für die Anwendung von § 534 kein Raum. Ob die Berufung zulässig ist, spielt für § 534 keine Rolle. Enthält das klageabweisende Urteil keinen Ausspruch über die vorläufige Vollstreckbarkeit der Kostenentscheidung, so kann, wenn das Urteil nur hinsichtlich eines Teilbetrags angefochten ist, in sinngemäßer Anwendung von § 534 die Kostenentscheidung insoweit für vorläufig vollstreckbar erklärt werden, als die Kostenquote eindeutig bestimmbar ist und von der Entscheidung des Berufungsgerichts nicht beeinflußt wird[5].

### b) Abtrennbarer Urteilsteil

Voraussetzung für die Anwendbarkeit von § 534 ist weiter, daß ein quantitativer Teil des Urteils (→ § 301 Rdnr. 4 ff.) weder durch Berufung noch durch Anschlußberufung angefochten ist. Ein angefochtener Teil des Urteils kann auch dann nicht nach § 534 für vorläufig vollstreckbar erklärt werden, wenn die Berufung offenkundig keine Erfolgsaussichten hat. Da die Berufungsanträge erst in der Berufungsbegründung enthalten sein müssen, § 519 Abs. 3 Nr. 1, kann über den Antrag nach § 534 Abs. 1 erst nach Ablauf der Begründungsfrist entschieden werden, Abs. 1 S. 2, 2. Halbs.. Wird das Urteil nach Erklärung der vorläufigen Vollstreckbarkeit gemäß § 534 Abs. 1 durch Anschlußberufung oder Anschließung des Berufungsklägers an eine Anschlußberufung des Berufungsbeklagten (→ dazu § 521 Rdnr. 22) in weiterem Umfang angefochten, so bleibt die nach Abs. 1 ausgesprochene Vollstreckbarkeitserklärung bestehen[6]. Sie ist auch nicht etwa ohne weiteres aufzuheben; es kann allenfalls Einstellung der Zwangsvollstreckung nach §§ 719 Abs. 1, 707 angeordnet werden, → auch Rdnr. 6. War die Erweiterung der Anfechtung des erstinstanzlichen Urteils dagegen schon vor der Entscheidung über den Antrag nach Abs. 1 erfolgt, so muß dieser für erledigt erklärt werden, widrigenfalls er abzuweisen ist[7].

---

[3] MünchKomm ZPO-*Rimmelspacher* Rdnr. 6; *Wieczorek/Rössler* Anm. A II c.
[4] MünchKomm ZPO-*Rimmelspacher* Rndr. 6.
[5] *KG* ZZP 53 (1928), 92; *E. Schneider* DRiZ 1979, 44, 45 f., AK-*Ankermann* Rdnr. 4; MünchKomm ZPO-*Rimmelspacher* Rdnr. 7; *Wieczorek/Rössler* Anm. A III b; *Zöller/Schneider*[18] Rdnr. 6. A. A. *OLG Schleswig* MDR 1985, 679; *Baumbach/Lauterbach/Albers*[51] Rdnr. 2; *Thomas/Putzo*[18] Rdnr. 3.
[6] AK-*Ankermann* Rdnr. 2; MünchKomm ZPO-*Rimmelspacher* Rdnr. 8.
[7] MünchKomm ZPO-*Rimmelspacher* Rdnr. 8.

c) Antrag

4   Die Erklärung der vorläufigen Vollstreckbarkeit des angefochtenen Urteils kann nur auf Antrag hin erfolgen. **Antragsberechtigt** ist nicht nur der Berufungsbeklagte, sondern auch der Berufungskläger[8], was dann praktische Bedeutung hat, wenn die Klage in erster Instanz teilweise abgewiesen worden ist und insoweit vom Kläger Berufung eingelegt worden ist, während der Beklagte seine Teilverurteilung nicht anficht. Der Antrag braucht nicht in der mündlichen Verhandlung gestellt zu werden. Betrifft er nur einen Teil des nicht angefochtenen Urteilsteils, so ist das Berufungsgericht daran gebunden und kann nicht etwa eine weitergehende Vollstreckbarerklärung aussprechen[9]. Dem Antrag ist ohne weiteres stattzugeben; insbesondere braucht er nicht begründet zu werden[10]; schon gar nicht ist erforderlich, daß der Antragsteller darlegt, ihm entstehe ohne die Vollstreckung ein schwer ersetzbarer Nachteil. Zur Frage, ob Sicherheitsleistung angeordnet werden kann, → Rdnr. 6.

### 3. Verfahren und Entscheidung

a) Verfahren

5   Die Entscheidung über den Antrag kann **ohne mündliche Verhandlung** ergehen, Abs. 1 S. 2, 1. Halbs., doch steht es im Ermessen des Gerichts, ob es eine mündliche Verhandlung anberaumen will. Eine solche kann sich dann anbieten, wenn das Gericht schnell feststellen will, ob Anschlußanträge gestellt werden. Abgesehen davon ist die Durchführung einer mündlichen Verhandlung kaum je zweckmäßig, weil dem Antrag ohne weiteres stattzugeben ist, → Rdnr. 4, der Gegner sich also praktisch nicht verteidigen kann. Gleichwohl muß dem Gegner auch bei Entscheidung ohne mündliche Verhandlung das rechtliche Gehör gewährt werden[11]. Eine **Unterbrechung oder Aussetzung des Verfahrens** bezieht sich auch auf den Antrag nach § 534 Abs. 1[12], weshalb darüber keine Entscheidung ergehen kann. Die Entscheidung kann auch vom **Einzelrichter** getroffen werden[13].

b) Form und Inhalt der Entscheidung

6   Die Vollstreckbarkeit ist unbedingt, d. h. **ohne Anordnung einer Sicherheit** nach §§ 709, 712 Abs. 2 S. 2 zu erklären[14]. Eine Abwendungsbefugnis des Schuldners durch Sicherheitsleistung kann nicht vorgesehen werden[15]. Der Beschluß hindert nicht die Anschließung hinsichtlich des bisher nicht angefochtenen Teils; zu den Auswirkungen einer späteren Anfechtung auf die Vollstreckbarkeitserklärung → Rdnr. 3. Die Vollstreckbarkeitserklärung erfolgt durch Beschluß, Abs. 1 S. 1, und zwar auch dann, wenn nach Durchführung einer mündlichen Verhandlung entschieden wird.

---

[8] *OLG Hamm* NJW-RR 1990, 1470; *KG* MDR 1988, 240; *Waltermann* NJW 1992, 159; *Baumbach/Lauterbach/Albers*[51] Rdnr. 2; *MünchKomm ZPO-Rimmelspacher* Rdnr. 9; *Thomas/Putzo*[18] Rdnr. 2; *Zöller/Schneider*[18] Rdnr. 2. A.A. *OLG Hamm* NJW-RR 1987, 832.
[9] *MünchKomm ZPO-Rimmelspacher* Rdnr. 11.
[10] *MünchKomm ZPO-Rimmelspacher* Rdnr. 11.
[11] *MünchKomm ZPO-Rimmelspacher* Rdnr. 13.
[12] *AK-Ankermann* Rdnr. 2; *MünchKomm ZPO-Rimmelspacher* Rdnr. 14; *Wieczorek/Rössler* Anm. A I a. A.A. *E. Schneider* DRiZ 1979, 44; *Zöller/Schneider*[18] Rdnr. 7.
[13] *Baumbach/Lauterbach/Albers*[51] Rdnr. 4; *MünchKomm ZPO-Rimmelspacher* Rdnr. 16; *Wieczorek/Rössler* Anm. A III c; *Zöller/Schneider*[18] Rdnr. 12.
[14] *MünchKomm ZPO-Rimmelspacher* Rdnr. 16.
[15] *Baumbach/Lauterbach/Albers*[51] Rdnr. 4; *MünchKomm ZPO-Rimmelspacher* Rdnr. 16.

## c) Unanfechtbarkeit

Die Entscheidung ist unanfechtbar, Abs. 2, und zwar auch bei Ablehnung des Antrags[16]. 7
Dies gilt auch dann, wenn statt durch Beschluß durch Urteil entschieden worden ist[17]. Bei späterer Änderung der Sachlage (die Berufung ist etwa teilweise zurückgenommen worden) kann die Vollstreckbarkeit auf einen neuen Antrag hin trotz früherer Ablehnung erklärt werden[18], und zwar nicht nur wegen des Urteilsteils, auf den sich der frühere Antrag nicht bezog. Ist letzteres aber richtig, so wird man auch ohne Veränderung der Sachlage eine jederzeitige Erneuerung des Antrags für zulässig halten müssen[19]. Darin liegt keine Aushöhlung von Abs. 2[20]. Zu den Folgen einer Erweiterung der Berufungsanträge nach Erlaß der Vollstreckbarkeitserklärung → Rdnr. 3.

## d) Kosten und Gebühren

Eine **Gerichtsgebühr** entsteht durch den Beschluß nicht. Wegen der **Anwaltsgebühren** s. 8
§§ 49 Abs. 2, 37 Nr. 7 BRAGO. Soweit das Urteil nicht angefochten ist, erhält der Anwalt nach § 49 Abs. 2 BRAGO drei Zehntel der vollen Gebühr. Dies gilt unabhängig davon, ob der Antrag vom Berufungsbeklagten oder vom Berufungskläger (→ Rdnr. 4) gestellt worden ist. Wird der Verfahrensgegenstand in der Berufungsinstanz später durch Erweiterung der Berufungsanträge (vorausgesetzt, man hält dies für zulässig, → § 519 Rdnr. 47ff.) oder im Wege der Anschlußberufung erweitert, so ist die Gebühr nach § 49 Abs. 2 BRAGO gemäß § 37 Nr. 7 BRAGO auf die Prozeß- und Verhandlungsgebühr anzurechnen[21]. Wegen der anfallenden Anwaltsgebühren muß der Beschluß nach Abs. 1 eine **Kostenentscheidung** enthalten[22]. Die Bewilligung von **Prozeßkostenhilfe** umfaßt den Antrag nach § 534 mit[23].

## II. Arbeitsgerichtliches Verfahren

§ 534 gilt auch im arbeitsgerichtlichen Verfahren. Da die berufungsfähigen Urteile der 9
Arbeitsgerichte jedoch ohnehin kraft Gesetzes grundsätzlich vorläufig vollstreckbar sind, § 62 Abs. 1 ArbGG, beschränkt sich seine Anwendbarkeit auf die Fälle, in denen die vorläufige Vollstreckbarkeit nach § 62 Abs. 1 S. 2 ArbGG auf Antrag des Beklagten ausgeschlossen worden ist. Im **Beschlußverfahren** gilt § 534 in vermögensrechtlichen Streitigkeiten ebenfalls, nicht dagegen in nichtvermögensrechtlichen Streitigkeiten; insoweit ist der erstinstanzliche Beschluß nicht vorläufig vollstreckbar, § 85 Abs. 1 S. 1 ArbGG, womit § 534 nicht anwendbar ist.

## § 535 (aufgehoben)

§ 535 ist in der Nov. 1924 in § 519b als dessen Abs. 1 übernommen.

---

[16] Zöller/Schneider[18] Rdnr. 13.
[17] MünchKomm ZPO-Rimmelspacher Rdnr. 18; Zöller/Schneider[18] Rdnr. 13.
[18] MünchKomm ZPO-Rimmelspacher Rdnr. 18.
[19] AK-Ankermann Rdnr. 5; Baumbach/Lauterbach/Albers[51] Rdnr. 5.
[20] So aber MünchKomm ZPO-Rimmelspacher Rdnr. 26.
[21] MünchKomm ZPO-Rimmelspacher Rdnr. 19.
[22] OLG Hamm NJW 1972, 2314; OLG Schleswig SchlHA 1980, 188; AK-Ankermann Rdnr. 5; MünchKomm ZPO-Rimmelspacher Rndr. 17; Zöller/Schneider[18] Rdnr. 14.
[23] OLG Celle JW 1926,849; MünchKomm ZPO-Rimmelspacher Rdnr. 17; Zöller/Schneider[18] Rdnr. 16.

## § 536 [Abänderung des angefochtenen Urteils]

Das Urteil des ersten Rechtszuges darf nur insoweit abgeändert werden, als eine Abänderung beantragt ist.

Gesetzesgeschichte: Bis 1900 § 498 CPO. Keine Änderung

| | |
|---|---|
| I. Grenzen der Abänderbarkeit 1 | d) Klagehäufung 11 |
| 1. Verbesserungsverbot 3 | e) Aufrechnung 12 |
| 2. Verschlechterungsverbot 4 | f) Grundurteil 13 |
| a) Bedeutung des Umfangs der Rechtskraft 5 | g) Zurückbehaltungsrecht 14 |
| b) Verhältnis von Prozeß- und Sachurteil 6 | II. Ausnahmen 15 |
| | III. Rechtsfolgen 16 |
| c) Auswechseln der Entscheidungsgründe 8 | IV. Arbeitsgerichtliches Verfahren 17 |

### I. Grenzen der Abänderbarkeit

1  § 536 i. V. mit § 525 **begrenzt den Devolutiveffekt der Berufung**, d. h. er bestimmt, in welchen Grenzen dem Berufungsgericht eine Abänderungsbefugnis hinsichtlich des angefochtenen Urteils zusteht. Maßgeblich sind die am Schluß der mündlichen Berufungsverhandlung[1] zulässigerweise gestellten Berufungs- bzw. Anschließungsanträge (→ §§ 519 Rdnr. 47 ff.; 521 Rdnr. 14; 525 Rdnr. 5), deren Sinn gegebenenfalls durch Auslegung festzustellen ist (→ vor § 128 Rdnr. 192 ff.). Nach Zurückverweisung durch das Revisionsgericht sind die Anträge am Schluß der erneuten Verhandlung vor dem Berufungsgericht maßgeblich[2]. Nicht angefochtene Teile der Entscheidung erster Instanz binden das Berufungsgericht in derselben Weise wie ein von ihm selbst erlassenes Teilurteil (§ 318). Die Frage, welche Teile des erstinstanzlichen Urteils der Anfechtung entzogen werden können, entspricht dem Problem, inwieweit das Berufungsgericht die Aufhebung des angefochtenen Urteils auf die als unrichtig erkannten Urteilsteile beschränken kann, → § 564 Rdnr. 2 ff. Soweit dies möglich ist, kann die Anfechtung von vornherein beschränkt werden.

2  Die Bindung des Berufungsgerichts an die gestellten Anträge steht in engem Zusammenhang mit der **Dispositionsmaxime**. Ob man § 536 dabei als Ausfluß der Dispositionsmaxime ansieht[3] oder ob man in ihm einen »Baustein« sieht, aus dem sich die Dispositionsmaxime erst im Wege einer Abstraktion ergibt[4], ist unerheblich. Bei beiden Sichtweisen bestehen keine Bedenken dagegen, die Grundsätze für die Bindung an den Klageantrag (Einzelheiten → § 308 Rdnr. 2 ff.) auch auf die Anträge im Berufungsverfahren zu übertragen. Inhaltlich hat § 536 eine **doppelte Bedeutung**: Zum einen darf dem Berufungskläger nicht mehr zugesprochen werden als er im Berufungsverfahren beantragt hat (»Verbesserungsverbot«, → Rdnr. 3) und zum anderen ist eine Abänderung zum Nachteil des Berufungsklägers (»Verschlechterungsverbot«, → Rdnr. 4 ff.) verboten. Die wesentlichen Probleme liegen dabei beim Verschlechterungsverbot.

---

[1] S. *RGZ* 56, 31, 34; AK-*Ankermann* Rdnr. 2; Münch-Komm ZPO-*Rimmelspacher* Rdnr. 7.
[2] *BGH* LM § 536 Nr. 9 = NJW 1963, 444; AK-*Ankermann* Rdnr. 2; MünchKomm ZPO-*Rimmelspacher* Rdnr. 7; *Zöller/Schneider*[18] Rdnr. 1.

[3] *Fenn* Die Anschlußbeschwerde im Zivilprozeß und im Verfahren der Freiwilligen Gerichtsbarkeit (1961), 62 ff.
[4] So MünchKomm ZPO-*Rimmelspacher* Rdnr. 4.

## 1. Verbesserungsverbot

Bei der Abänderung des angefochtenen Urteils darf nicht zugunsten des Berufungsklägers 3 über seine in der Berufungsinstanz gestellten Anträge hinausgegangen werden (Verbesserungsverbot; keine reformatio in melius). Insoweit entspricht § 536 der Regel des § 308; das unter → § 308 Rdnr. 2ff. Ausgeführte gilt entsprechend. Über die Anträge darf auch insoweit nicht hinausgegangen werden, als Umstände vorliegen, die bei weitergehendem Antrag von Amts wegen zur totalen Aufhebung des angefochtenen Urteils führen müßten. Ist etwa das Verfahren durch Vergleich oder Klagerücknahme abgeschlossen worden und anschließend gleichwohl noch ein Urteil ergangen, so darf nur insoweit abgeändert werden, als dies beantragt worden ist. Ficht der Beklagte seine Verurteilung nur teilweise an, so darf das Berufungsgericht die Klage auch dann nicht insgesamt abweisen, wenn es eine Prozeßvoraussetzung für nicht gegeben erachtet[5]. Ebenso wie bei § 308, → § 308 Rdnr. 4, steht § 536 nicht nur einer Aufhebung insoweit entgegen, als dem Berufungskläger mehr als beantragt zugesprochen wird; dem Berufungskläger darf auch nichts anderes als beantragt zugesprochen werden[6]. Dagegen besteht kein Hindernis, der Berufung nur teilweise stattzugeben; zur Abgrenzung zwischen einem aliud und einem minus → § 308 Rdnr. 6ff. So kann etwa das zur Leistung verurteilende Urteil auf Berufung des Beklagten hin in ein Feststellungsurteil ohne Verstoß gegen § 536 abgeändert werden[7]. Hervorzuheben ist, daß es innerhalb der Grenzen der Anträge zur Prüfung der vorausgegangenen Entscheidungen (§ 512) oder der einzelnen tatsächlichen Feststellungen besonderer Anträge nicht bedarf, → § 512 Rdnr. 1. Das Verbesserungsverbot gilt auch in **Ehesachen**[8]; dort darf das Urteil ebenfalls nur in den Grenzen der Berufungsanträge zugunsten des Berufungsklägers abgeändert werden. Eine Ausnahme wird insoweit jedoch für den öffentlichrechtlichen Versorgungsausgleich gemacht[9].

## 2. Verschlechterungsverbot

Eine Änderung zum Nachteil des Berufungsklägers (**reformatio in peius**) ist untersagt. Das 4 Äußerste, was dem Berufungskläger widerfahren kann, ist, daß es bei dem angefochtenen Urteil verbleibt[10]. Dies beruht darauf, daß das Rechtsmittel ebenso wie die Klage einseitiger Angriff ist und daß den Angreifer als solchen nicht mehr treffen darf als die Zurückweisung seines Angriffs. Letztlich beruht diese Regelung auf der Bindung des Gerichts durch die Anträge (Dispositionsmaxime, → auch Rdnr. 2)[11]. Wie in erster Instanz aber der Beklagte eine Verurteilung des Klägers durch Erhebung einer Widerklage herbeiführen kann, so kann es der Berufungsbeklagte durch seine Anschließung erreichen, daß das erstinstanzliche Urteil zu seinen Gunsten und damit zum Nachteil des Berufungsklägers abgeändert wird. Das Verschlechterungsverbot gilt auch in Ehesachen[12]; zu Einschränkungen bei Entscheidungen zum Versorgungsausgleich → § 621e Rdnr. 12.

---

[5] MünchKomm ZPO-*Rimmelspacher* Rdnr. 11.
[6] AK-*Ankermann* Rdnr. 3.
[7] MünchKomm ZPO-*Rimmelspacher* Rdnr. 7.
[8] MünchKomm ZPO-*Rimmelspacher* Rdnr. 5.
[9] BGHZ 92, 5, 8ff. = NJW 1984, 2879.
[10] Zum Verbot der reformatio in peius s. inbesondere *Schultzenstein* ZZP 31 (1903), 1; *Kapsa* Das Verbot der reformatio in peius im Zivilprozeß (1976); s. weiter *Melissinos* Die Bindung des Gerichts an die Parteianträge nach § 308 I ZPO (1982), 167ff.

[11] *Fenn* (Fn. 3), 62ff.; *Rosenberg/Schwab/Gottwald*[15] § 140 II 2. Gegen eine Herleitung des Verbots der reformatio in peius unmittelbar aus der Bindung des Gerichts an die Berufungsanträge *Kapsa* (Fn. 10), 50ff., der letztlich jedoch gleichwohl in der Bindung an die Anträge eine gesetzliche Wertung sieht, die einer reformatio in peius entgegensteht.
[12] MünchKomm ZPO-*Rimmelspacher* Rdnr. 5; *Kapsa* (Fn. 10), 80.

## a) Bedeutung des Umfangs der Rechtskraft

5   Ob eine reformatio in peius vorliegt, bestimmt sich insbesondere aus einem Vergleich des Umfangs der Rechtskraft beider Urteile[13]. Außerdem liegt eine unzulässige reformatio in peius dann vor, wenn dem Berufungskläger eine andere günstige Rechtsfolge (vor allem Gestaltungs- und Tatbestandswirkung sowie die innerprozessuale Bindungswirkung, § 318) durch das Berufungsurteil entzogen werden soll[14]. Die von der h.M. vertretene Auffassung zum Umfang der materiellen Rechtskraft ist erheblich zu eng (Näheres → Allg. Einl. vor § 511 Rdnr. 95 ff.). Infolgedessen ergibt sich auch für die Auslegung von § 536, daß der h.M. in weitem Umfang nicht gefolgt werden kann. Im einzelnen ist das Verschlechterungsverbot wie folgt zu konkretisieren.

## b) Verhältnis von Prozeß- und Sachurteil

6   Im Verhältnis von Prozeß- und Sachurteil nimmt auch die h.M. an, daß unterschiedliche Rechtskraftwirkungen vorliegen, → § 322 Rdnr. 136 ff. Dabei kann jedoch nicht davon gesprochen werden, daß die Rechtskraft des klageabweisenden Sachurteils notwendigerweise weiter reicht als die eines Prozeßurteils. Es kann lediglich gesagt werden, daß der Umfang der Rechtskraft ein anderer ist (→ Allg. Einl. vor § 511 Rdnr. 97). Daraus folgt, daß die Ersetzung eines Prozeßurteils durch ein Sachurteil und umgekehrt grundsätzlich als Verstoß gegen das Verbot der reformatio in peius anzusehen ist. Von diesem Grundsatz ist in Übereinstimmung mit der h.M. insoweit eine Ausnahme zu machen, als bei einer **Berufung des Klägers** gegen ein Prozeßurteil das Berufungsgericht nicht daran gehindert ist, die Klage als unbegründet abzuweisen[15]. Weiter kann die Klage nach Zurückverweisung in der unteren Instanz als unbegründet abgewiesen werden[16]. Obwohl dem Urteil damit ein anderer rechtskräftiger Inhalt gegeben wird und sich der Kläger dabei häufig (nicht aber immer, → Allg. Einl. vor § 511 Rdnr. 97) schlechter stellen wird als bisher, ist dem zuzustimmen. Dadurch, daß der Kläger das Prozeßurteil anficht, zeigt er, daß er weiterhin ein Sachurteil begehrt; dann kann er sich nicht beschweren, wenn ein solches ergeht, mag es die Klage auch abweisen[17]. Legt umgekehrt der **Beklagte** gegen das Prozeßurteil Berufung ein (zur Beschw1n dtesem Fall → Allg. Einl. vor § 511 Rdnr. 97), s4es selbstverständlich, daß das Prozeßurteil in ein klageabweisendes Sachurteil abgeändert werden kann. Es ist jedoch auch weiter zulässig, das angefochtene Urteil aufzuheben und die Sache nach § 538 zurückzuverweisen[18]. Die sich damit eröffnende Möglichkeit, daß der Klage nach Zurückverweisung stattgegeben wird, ist deshalb kein Verstoß gegen § 536, weil der Beklagte ja selbst durch Einlegung seiner Berufung zu verstehen gegeben hat, daß er auf einer Sachprüfung besteht. Ist vom Kläger gegen ein **klageabweisendes Sachurteil** Berufung eingelegt worden, so kann dieses sowohl nach der hier

---

[13] *Blomeyer*² § 99 I 1; AK-*Ankermann* Rdnr. 1; MünchKomm ZPO-*Rimmelspacher* Rdnr. 13; *Kapsa* (Fn. 10), 117f. Gegen einen Zusammenhang zwischen dem Umfang der materiellen Rechtskraft und dem Verbot der reformatio in peius *Gilles* Rechtsmittel im Zivilprozeß (1972), 82ff.

[14] *Kapsa* (Fn. 10), 118f.; MünchKomm ZPO-*Rimmelspacher* Rdnr. 15f.

[15] BGHZ 23, 36 = LM § 540 Nr. 4 (*Pagendarm*) = NJW 1957, 539; BGH NJW 1970, 1683, 1684; 1989, 393, 394; BAGE 18, 29 = AP § 565 Nr. 11 (*Bötticher*); *Bötticher* ZZP 65 (1952) 464; *Schwab* ZZP 74 (1961), 215; *Bettermann* ZZP 88 (1975), 387; *Kapsa* (Fn. 10), 120ff.; *Arens* AcP 161 (1961), 186; *Rosenberg/Schwab/Gottwald*¹⁵ § 140 II 2d; *Blomeyer*² § 99 II 1; *Jauernig*²³ § 72

VIII; *Schilken* Rdnr. 890; AK-*Ankermann* Rdnr. 5; *Baumbach/Lauterbach/Albers*⁵¹ Rdnr. 9; MünchKomm ZPO-*Rimmelspacher* Rdnr. 22; *Thomas/Putzo*¹⁸ Rdnr. 8; *Zöller/Schneider*¹⁸ Rdnr. 14; *Wieczorek/Rössler* Anm. D I. A.A. noch (inzwischen aber überholt) RGZ 70, 179, 184; *Baur* JZ 1954, 327; *Bettermann* DVBl. 1961, 73.

[16] BGHZ 23, 36, 50 (Fn. 15); AK-*Ankermann* Rdnr. 5; MünchKomm ZPO-*Rimmelspacher* Rdnr. 22.

[17] *Blomeyer*² § 99 II 1; AK-*Ankermann* Rdnr. 5.

[18] BGH LM § 536 Nr. 8 = MDR 1962, 976 = ZZP 76 (1963), 114; MünchKomm ZPO-*Rimmelspacher* Rdnr. 22; *Thomas/Putzo*¹⁸ Rdnr. 8; *Wieczorek/Rössler* Anm. D I; *Rosenberg/Schwab/Gottwald*¹⁵ § 140 II 2d; *Bettermann* ZZP 88 (1975), 387; a.A. *Kapsa* (Fn. 10), 162.

vertretenen Auffassung als auch nach der h. M. durch ein Prozeßurteil ersetzt werden[19]. Im übrigen gilt das unter → Rdnr. 8 Auszuführende auch für die Ersetzung eines Prozeßurteils durch ein Sachurteil und umgekehrt.

Ist die Klage durch Sachurteil **als teilweise unbegründet abgewiesen** worden und hat nur der Kläger dagegen Berufung eingelegt, so wird weitgehend die Auffassung vertreten, die Klage sei dann gänzlich abzuweisen (also auch hinsichtlich des in erster Instanz zugesprochenen Teils), wenn sich im Berufungsverfahren erweist, daß eine unverzichtbare **Prozeßvoraussetzung fehlt**[20]. Dem kann nicht gefolgt werden[21]: Begnügt sich der Kläger mit seinem Teilerfolg, so ist das Urteil trotz des unverzichtbaren Verfahrensmangels zweifellos wirksam; damit ist nicht einzusehen, wieso die fehlende Prozeßvoraussetzung auch zu einer Abweisung des Klageteils führen soll, der nicht angefochten worden ist. Nachdem der unverzichtbare Verfahrensmangel durch den Eintritt der formellen Rechtskraft geheilt wird, muß dem Verbot der reformatio in peius Vorrang zuerkannt werden. Dabei ist auch nicht etwa bei jeder Prozeßvoraussetzung abzuwägen, ob sie oder das Verbot der reformatio in peius größeres Gewicht hat[22]. Ist die angefochtene Entscheidung dagegen wegen schwerster Mängel unwirksam, so steht das Verbot der reformatio in peius einer Abänderung zu Lasten des Berufungsklägers deswegen nicht entgegen, weil das Urteil gar keine Wirkungen hat, die dem Kläger entzogen werden könnten[23]. Ob Entsprechendes auch bei Vorliegen eines Wiederaufnahmegrundes zu gelten hat[24], erscheint fraglich; das Urteil ist hier nicht unwirksam; es ist Sache des Beklagten, ob er den Wiederaufnahmegrund geltend machen will; allerdings wird man es ihm zugestehen müssen, dies schon im Berufungsverfahren zu tun; in diesem Fall kann die Klage insgesamt als unzulässig abgewiesen werden, ohne daß darin ein Verstoß gegen § 536 liegt.

### c) Auswechseln der Entscheidungsgründe

Da die h. M. der Ansicht ist, daß die Entscheidungsgründe nicht in Rechtskraft erwachsen, verneint sie konsequenterweise einen Verstoß gegen das Verbot der reformatio in peius, wenn der Tenor der Berufungsentscheidung mit dem des angefochtenen Urteils übereinstimmt, die Entscheidung jetzt aber von anderen Gründen getragen wird[25]. Dies soll auch dann gelten, wenn das Berufungsgericht die Klage als endgültig unbegründet abweist, während in erster Instanz die Abweisung nur als zur Zeit unbegründet erfolgt war[26]. Weiter ist es als zulässig angesehen worden, daß das Berufungsgericht Vorsatz statt wie in erster Instanz Fahrlässigkeit des Beklagten annimmt[27].

---

[19] AK-*Ankermann* Rdnr. 5; MünchKomm ZPO-*Rimmelspacher* Rdnr. 23; *Kapsa* (Fn. 10), 147.
[20] RGZ 143, 130; BGHZ 18, 98, 106; OLG Köln NJW 1967, 114; *Bötticher* ZZP 65 (1952), 467f.; *Mattern* in Anm. zu LM § 536 Nr. 10; *Zöller/Schneider*[18] Rdnr. 13; offengelassen in BGH LM § 56 Nr. 11 = NJW 1970, 1683 = JR 1971, 159 (*Berg*).
[21] Zutreffend *Blomeyer*[2] § 99 II 2; *Jauernig*[23] § 72 VIII; AK-*Ankermann* Rdnr. 5; *Wieczorek/Rössler* Anm. D II; MünchKomm ZPO-*Rimmelspacher* Rdnr. 23; *Thomas/Putzo*[18] Rdnr. 5; *Zimmermann*[2] Rdnr. 10 und im wesentlichen auch BGH LM § 521 Nr. 19 = NJW 1986, 1494 = MDR 658.
[22] MünchKomm ZPO-*Rimmelspacher* Rdnr. 23; offengelassen in BGH LM § 521 Nr. 19 (Fn. 21).
[23] OLG Hamm NJW 1972, 2047; AK-*Ankermann* Rdnr. 5; MünchKomm ZPO-*Rimmelspacher* Rdnr. 34; *Wieczorek/Rössler* Anm. D II.

[24] So beiläufig BGH LM § 251 Nr. 19 (Fn. 21).
[25] BGH LM § 322 Nr. 2; VersR 1961, 374; MünchKomm ZPO-*Rimmelspacher* Rdnr. 14; *Baumbach/Lauterbach/Albers*[51] Rdnr. 5; *Thomas/Putzo*[18] Rdnr. 3; *Rosenberg/Schwab/Gottwald*[15] § 140 II 2 vor a; *Kapsa* (Fn. 10), 153 f.
[26] BGHZ 104, 212 = NJW 1988, 1982; OLG Stuttgart NJW 1970, 569; OLG Düsseldorf MDR 1983, 413; MünchKomm ZPO-*Rimmelspacher* Rdnr. 14; *Thomas/Putzo*[18] Rdnr. 8; *Zöller/Schneider*[18] Rdnr. 5; *Zimmermann*[2] Rdnr. 6; *Kapsa* (Fn. 10), 153 f.; *Walchshöfer* Festschrift f. Schwab (1990), 521, 531 f.; *Rosenberg/Schwab/Gottwald*[15] § 140 II 2 e. Demgegenüber bejahen eine unzulässige reformatio in peius AK-*Ankermann* Rdnr. 9; *Baumbach/Lauterbach/Albers*[51] Rdnr. 4; *Wieczorek/Rössler* Anm. C III.
[27] BGH LM § 322 Nr. 2.

9   Der h. M. kann weitgehend nicht gefolgt werden. Ausgangspunkt müssen die unter → Allg. Einl. vor § 511 Rdnr. 95 ff. gemachten Ausführungen zur Beschwer sein. Danach ist die Begründung beim **klagestattgebenden Urteil** grundsätzlich ohne Einfluß auf die Beschwer. Etwas anderes gilt nur in den wenigen Fällen, in denen sich je nach der Begründung unterschiedliche Vollstreckungsmöglichkeiten ergeben (→ Allg. Einl. vor § 511 Rdnr. 96). Im Hinblick auf § 850f Abs. 2 geht es deshalb nicht an, daß das Berufungsgericht auf eine nur vom Beklagten eingelegte Berufung hin Vorsatz statt Fahrlässigkeit annimmt[28]. Dagegen ist es bei einem einheitlichen Anspruch zulässig, daß das Berufungsgericht die verschiedenen Rechnungsposten anders bewertet als das erstinstanzliche Gericht, sofern sich nur die Gesamtsumme nicht ändert[29]. Dies ist insbesondere bei Schadensersatzansprüchen wichtig. Anders ist die Rechtslage dagegen, wenn sich die Rechnungsposten auf unterschiedliche Ansprüche beziehen, → Rdnr. 11.

10  Beim **klageabweisenden Urteil** besteht dagegen für jede Partei ein Anspruch darauf, daß die Abweisung nur aus einem bestimmten, von der Partei bezeichneten Grund erfolgt, → Allg. Einl. vor § 511 Rdnr. 95 ff. Sofern die Partei auf einem bestimmten Abweisungsgrund besteht, bedeutet es einen Verstoß gegen das Verbot der reformatio in peius, wenn das Berufungsgericht die Klageabweisung anders als das erstinstanzliche Gericht begründet. Dies ist nur dann statthaft, wenn der Berufungsbeklagte Anschlußberufung eingelegt hat. Entsprechend dem zu → Fn. 15 Dargelegten ist davon jedoch für den Fall eine Ausnahme zu machen, daß der in erster Instanz abgewiesene Kläger seinen Anspruch in der Berufungsinstanz weiterverfolgt (d. h. nicht nur eine Auswechselung des Abweisungsgrundes anstrebt). Damit hat er zu erkennen gegeben, daß er eine Entscheidung über sämtliche Tatbestandsmerkmale herbeiführen möchte, womit er sich nicht beschweren kann, wenn die Entscheidung an einem anderen Punkt als in erster Instanz zu seinen Ungunsten ausfällt. Ist die Vindikationsklage also in erster Instanz mit der Begründung abgewiesen worden, der Kläger sei nicht Eigentümer der vindizierten Sache, und beantragt der Kläger in zweiter Instanz weiterhin Verurteilung des Beklagten, so darf die Klage nunmehr mit der Begründung abgewiesen werden, der Beklagte habe den Besitz gar nicht inne. Hat der Kläger dagegen in zweiter Instanz beantragt, die Klage wegen Fehlens einer Prozeßvoraussetzung abzuweisen, so läge in einem Berufungsurteil mit dem geschilderten Inhalt ein Verstoß gegen das Verbot der reformatio in peius.

### d) Klagehäufung

11  Werden mit der Klage mehrere Ansprüche geltend gemacht, so gilt das Verbot der reformatio in peius für jeden von ihnen[30]. Dies gilt auch dann, wenn die Ansprüche auf einem einheitlichen Klagegrunde beruhen (z. B. Verdienstausfall und Schmerzensgeld aus demselben Unfall)[31]. Das Berufungsgericht kann also bei einer nur vom Kläger eingelegten Berufung nicht den Verdienstausfall zugunsten des Schmerzensgeldes kürzen[32]. Entsprechendes gilt, wenn ein zunächst einheitlicher Anspruch durch Teilabtretung aufgespalten worden ist und beide Teile vom selben Kläger in einer Klage geltend gemacht werden[33]. Dagegen können unselbständige Rechnungsposten innerhalb eines einheitlichen Anspruchs gekürzt werden,

---

[28] *Kapsa* (Fn. 10), 155; a. A. *BGH* LM § 322 Nr. 2; *Baumbach/Lauterbach/Albers*[51] Rdnr. 5.
[29] *BGH* LM § 536 Nr. 6; *BGH* VersR 1961, 374 (Schmerzensgeld); AK-*Ankermann* Rdnr. 4; MünchKomm ZPO-*Rimmelspacher* Rdnr. 8; *Rosenberg/Schwab/Gottwald*[15] § 140 II 2 a.

[30] MünchKomm ZPO-*Rimmelspacher* Rdnr. 9; *Kapsa* (Fn. 10), 154 f.
[31] Wie Fn. 30; a. A. *OLG Karlsruhe* NJW 1956, 1245.
[32] A. A. *OLG Karlsruhe* NJW 1956, 1245.
[33] *BGH* LM § 46 AVG Nr. 1; *Kapsa* (Fn. 10), 155; MünchKomm ZPO-*Rimmelspacher* Rdnr. 9.

solange nur der Gesamtbetrag nicht unter dem in erster Instanz Zugesprochenen bleibt³³ᵃ. Bei **Zinsen** gilt dies in dem Sinn, daß das Berufungsgericht bei einer vom Beklagten eingelegten Berufung einen höheren Zinssatz als in erster Instanz zusprechen kann, sofern nur der Gesamtbetrag der zugesprochenen Zinsen nicht überschritten wird³³ᵇ. Bei niedrigerer Hauptforderung oder kürzerer Zinsdauer kann das Berufungsgericht demnach dem Kläger auch ohne Anschlußberufung einen höheren Zinssatz zusprechen. Entsprechendes gilt für eine längere Zinsdauer, sofern die Hauptforderung oder der Zinssatz niedriger als in erster Instanz angesetzt werden. Bei **Haupt- und Hilfsantrag** ist das Berufungsgericht an die vom Kläger festgelegte Reihenfolge gebunden³⁴. Ist dem Hauptantrag stattgegeben worden, so fällt ohne Rechtsmittel des Klägers der Hilfsantrag in der Berufungsinstanz nicht an, → § 537 Rdnr. 10, womit sich die Frage einer reformatio in peius zu Lasten des Beklagten nicht stellt³⁵. War der Hauptantrag abgewiesen und dem Hilfsantrag stattgegeben worden, so bedeutet es keine reformatio in peius, wenn auf das Rechtsmittel des Klägers hin dem Hauptantrag stattgegeben, dafür aber die Verurteilung aus dem Hilfsantrag aufgehoben wird³⁶, → ferner § 537 Rdnr. 9. Bei Berufung des Beklagten gegen eine Verurteilung aus dem Hilfsantrag fällt der Hauptantrag in der Berufungsinstanz bei Berufung nur durch den Beklagten nicht an, → § 537 Rdnr. 9, womit schon aus diesem Grund keine Verurteilung aus dem Hauptantrag erfolgen darf³⁷.

### e) Aufrechnung

Macht der Beklagte im Wege der Aufrechnung eine Gegenforderung geltend, so bedeutet dies wegen der erweiterten Rechtskraftwirkung des § 322 Abs. 2, daß in dem Verfahren nunmehr zwei Ansprüche anhängig sind und daß sich das Verbot der reformatio in peius auf beide bezieht³⁸. Im einzelnen bedeutet dies folgendes: Ist die Klage wegen der vom Beklagten erklärten Hilfsaufrechnung abgewiesen worden, und hat gegen das Urteil lediglich der Beklagte Berufung eingelegt, so muß das Berufungsgericht vom Bestehen der Gegenforderung ausgehen³⁹. Erachtet das Berufungsgericht also die Klageforderung in Übereinstimmung mit dem angefochtenen Urteil für begründet, die Gegenforderung dagegen für unbegründet, so hat es die Berufung des Beklagten zurückzuweisen und darf nicht etwa der Klage stattgeben⁴⁰. Legt der Kläger gegen ein die Klage wegen der Aufrechnung abweisendes Urteil Berufung ein, so darf die Klage nicht mehr wegen Nichtbestehens der Klageforderung abgewiesen werden⁴¹. Das Berufungsgericht muß hier vom Bestand der Klageforderung ausgehen; kommt es also zum Ergebnis, daß die Gegenforderung nicht besteht, so muß es der Klage ohne erneute Prüfung der Klageforderung stattgeben. Unabhängig davon, ob der

12

---

³³ᵃ *BGHZ* 119, 62, 64f. (für Enteignungsentschädigung).
³³ᵇ BGH ZIP 1993, 948, 952.
³⁴ RGZ 152, 292, 296.
³⁵ A.A. *Kapsa* (Fn. 10), 147f., der davon ausgeht, daß der Hilfsantrag auf die Berufung des Beklagten hin in der Berufungsinstanz erwächst und es als zulässig ansieht, wenn dem Hilfsantrag stattgegeben wird.
³⁶ *Blomeyer*² § II IV 2a; *Kapsa*(Fn. 10), 148f.
³⁷ Zweifelnd *Kapsa* (Fn.10), 149f., der dahin tendiert, eine Verurteilung nach dem Hauptantrag dann zuzulassen, wenn dies den Beklagten objektiv nicht stärker als das angefochtene Urteil belastet.
³⁸ S. dazu insbesondere *v. Gerkan* ZZP 75 (1962), 214; *Kapsa* (Fn. 10), 156ff.
³⁹ *BGHZ* 36, 316 = LM § 387 BGB Nr. 37 (*Rietschel*) = NJW 1962, 907 = JZ 607 = MDR 395 = BB 349;

*Rosenberg/Schwab/Gottwald*¹⁵ § 140 II 2b; AK-*Ankermann* Rdnr. 8; *Thomas/Putzo*¹⁸ Rdnr. 4; *Kapsa* (Fn. 10), 157f. A.A. MünchKomm ZPO-*Rimmelspacher* Rdnr. 33 von einem eingeschränkten Verständnis des Rechtskraftumfangs bei § 322 Abs. 2 aus (keine Rechtskraft auch zugunsten des Beklagten).
⁴⁰ So im Ergebnis trotz des anderen Ansatzes (→ Fn. 39) auch MünchKomm ZPO-*Rimmelspacher* Rdnr. 33.
⁴¹ *BGHZ* 109, 179, 188f. = NJW 1990, 447 = WM 30; BGH WM 1972, 53; 1993, 141, 142; RGZ 161, 171; *Rosenberg/Schwab/Gottwald*¹⁵ § 140 II 2b; *Baumbach/Lauterbach/Albers*⁵¹ Rdnr. 4; *Thomas/Putzo*¹⁸ Rdnr. 4; *Zöller/Schneider*¹⁸ Rdnr. 5 und im Ergebnis auch MünchKomm ZPO-*Rimmelspacher* Rdnr. 34; *Reinicke* NJW 1967, 517. A.A. (inzwischen aber überholt) *BGHZ* 16, 394 = LM § 711 BGB Nr. 1 = NJW 1955, 825 = BB 365.

Kläger oder Beklagte Berufung eingelegt hat, hat der Berufungsbeklagte natürlich jeweils die Möglichkeit, durch Anschlußberufung auch die Forderung zum Gegenstand des Berufungsverfahrens zu machen, die allein auf die Berufung hin nicht überprüft werden darf.

### f) Grundurteil

13   Hat sich das Untergericht auf eine Vorabentscheidung über den Grund beschränkt (§ 304), so darf das Berufungsgericht grundsätzlich nicht zur Leistung verurteilen[42]. Eine Ausnahme gilt insoweit jedoch nach § 538 Abs. 1 Nr. 3, → § 538 Rdnr. 25. Sofern im angefochtenen Grundurteil Ausführungen über die Anspruchshöhe enthalten sind, stellt es keinen Verstoß gegen das Verbot der reformatio in peius dar, wenn das Berufungsgericht diese Ausführungen beseitigt[43]; insoweit ist das Untergericht im Betragsverfahren ohnehin nicht gebunden, → § 304 Rdnr. 50, weshalb der Partei durch die Beseitigung der einschlägigen Ausführungen keine Rechtsposition entzogen wird.

### g) Zurückbehaltungsrecht

14   Bei einer Verurteilung zur Leistung Zug um Zug ist es selbstverständlich, daß die Klage auf eine vom Kläger eingelegte Berufung hin nicht mehr abgewiesen werden kann und daß eine Berufung des Beklagten nicht zu einer unbedingten Verurteilung führen kann[44].

## II. Ausnahmen

15   Von der Bindung an die Berufungsanträge gelten Ausnahmen für alle die Entscheidungen, die **von den Anträgen der Parteien unabhängig** sind und selbst gegen ihren übereinstimmenden Antrag zu erfolgen haben. Dahin gehört zunächst die **Kostenentscheidung**[45], → § 308 Rdnr. 13. Insoweit ist keine Anschlußberufung erforderlich. Die Kostenentscheidung kann auch zu Lasten eines am Verfahren nicht mehr beteiligten Streitgenossen abgeändert werden[46]. Nicht vom Verbot der reformatio in peius erfaßt werden ferner **Urteilsberichtigungen** nach § 319[47] sowie eine reine Berichtigung der Parteibezeichnung.

## III. Rechtsfolgen

16   Hat das Berufungsgericht infolge eines Verstoßes gegen § 536 dem Berufungskläger etwas nicht Beantragtes zugesprochen oder hat es das angefochtene Urteil zu seinen Ungunsten abgeändert, so ist dies nach h.M. **in der Revisionsinstanz von Amts wegen zu berücksichtigen**[48].

---

[42] MünchKomm ZPO-*Rimmelspacher* Rdnr. 36.
[43] RG JW 1927, 1637; MünchKomm ZPO-*Rimmelspacher* Rdnr. 36.
[44] RGZ 85, 120; AK-*Ankermann* Rdnr. 9; *Reinicke* NJW 1967, 517; *Kapsa* (Fn. 10), 145.
[45] BGH WM 1981, 46, 48; BAG AP § 616 BGB Nr. 27; § 67 HGB Nr. 2; AK-*Ankermann* Rdnr. 10; MünchKomm ZPO-*Rimmelspacher* Rdnr. 39; *Thomas/Putzo*[18] Rdnr. 9; *Zöller/Schneider*[18] Rdnr. 11; *Wieczorek/Rössler* Anm. E; a.A. *Kirchner* NJW 1972, 2296f.; *Kapsa* (Fn. 10), 164ff.
[46] BGH NJW 1981, 2380; Baumbach/Lauterbach/Albers[51] Rdnr. 8.
[47] BGH VersR 1962, 964; MünchKomm ZPO-*Rimmelspacher* Rdnr. 38.
[48] BGHZ 36, 316, 319 (Fn. 39); *Thomas/Putzo*[18] Rdnr. 6.

## IV. Arbeitsgerichtliches Verfahren

§ 536 gilt auch im arbeitsgerichtlichen Verfahren, und zwar sowohl hinsichtlich des Verbesserungs- als auch hinsichtlich des Verschlechterungsverbotes. Auch im Beschlußverfahren darf die Entscheidung bei Fehlen eines entsprechenden Antrags nicht zugunsten und ohne Anschlußbeschwerde, → § 521 Rdnr. 26, nicht zu Ungunsten des Beschwerdeführers abgeändert werden[49]. 17

## § 537 [Gegenstand der Verhandlung und Entscheidung]

Gegenstand der Verhandlung und Entscheidung des Berufungsgerichts sind alle einen zuerkannten oder aberkannten Anspruch betreffenden Streitpunkte, über die nach den Anträgen eine Verhandlung und Entscheidung erforderlich ist, selbst wenn über diese Streitpunkte im ersten Rechtszuge nicht verhandelt oder nicht entschieden ist.

Gesetzesgeschichte: Bis 1900 § 499 CPO. Änderung: RGBl. 1933 I 780.

| | | | | |
|---|---|---|---|---|
| I. Gegenstand der Berufungsverhandlung | | 1 | II. Das Urteil des Berufungsgerichts | 13 |
| 1. Ansprüche | | 2 | 1. Unbegründete Berufung | 14 |
| a) Teilurteil | | 3 | 2. Unzulässige Berufung | 15 |
| b) Übergangene Ansprüche | | 4 | 3. Begründete Berufung | 16 |
| c) Präjudizialität | | 5 | 4. Urteilsformen | 19 |
| d) Zwischenurteil | | 6 | 5. Vorläufige Vollstreckbarkeit | 20 |
| e) Vorbehaltsurteil | | 7 | 6. Kostenentscheidung | 21 |
| f) Haupt- und Hilfsantrag | | 8 | III. Arbeitsgerichtliches Verfahren | 22 |
| 2. Streitpunkte | | 12 | | |

## I. Gegenstand der Berufungsverhandlung

§ 537 regelt innerhalb der durch die Berufungsanträge, § 536, gezogenen Schranken die Devolutivwirkung der Berufung und unterscheidet hierbei zwischen »Ansprüchen« und »Streitpunkten«. Für Ansprüche wird den Parteien grundsätzlich das Recht auf zwei Instanzen gewährt (ausgenommen von in der Berufungsinstanz zulässigerweise neu geltend gemachten Ansprüchen, → § 530 Rdnr. 4, 9), während über die einzelnen Streitpunkte vom Berufungsgericht unabhängig davon zu verhandeln und zu entscheiden ist, ob dies auch schon in erster Instanz geschehen ist. Insoweit besteht kein Anspruch darauf, daß sich mit der Sache zwei Instanzen befassen. Dabei kommt es anders als bei neuen Ansprüchen nicht darauf an, ob der Gegner der Einbeziehung des Streitpunktes zustimmt oder das Berufungsgericht dies für sachdienlich hält. Zur Einschränkung der Prüfungsbefugnis des Berufungsgerichts durch die Notwendigkeit der Einholung eines Rechtsentscheids in Wohnraummietstreitigkeiten → zu § 541. Weiter wird die Prüfungsbefugnis des Berufungsgerichts hinsichtlich einzelner Streitpunkte durch die Präklusionsvorschriften eingeschränkt (insbesondere durch § 528 Abs. 3). 1

---

[49] *Kapsa* (Fn. 10), 87.

## 1. Ansprüche

2   Ansprüche sind auch bei § 537, nicht anders als sonst im Prozeßrecht, nicht i.S. des materiellrechtlichen Anspruchsbegriffs zu verstehen. Maßgeblich ist vielmehr der **Streitgegenstandsbegriff**, → dazu Einl. Rdnr. 263 ff. Der Streitgegenstand des Verfahrens ist von den sich darauf beziehenden Streitpunkten i.S. der unter → Rdnr. 1 dargestellten Differenzierung zu unterscheiden.

### a) Teilurteil

3   Sind Ansprüche oder Teile davon, die in erster Instanz geltend gemacht waren, nicht Gegenstand des angefochtenen Urteils, so unterliegen sie grundsätzlich nicht der Prüfung des Berufungsgerichts, sollten sich die Berufungsanträge unzulässigerweise auch darauf erstrecken. Dies gilt insbesondere dann, wenn in erster Instanz zulässigerweise ein Teilurteil erlassen worden ist; die dadurch nicht erledigten Ansprüche oder Anspruchsteile sind nicht Gegenstand des Berufungsverfahrens[1]. Dies gilt auch dann, wenn sich aus der Begründung des Berufungsurteils ergibt, daß der noch in erster Instanz anhängige Anspruch bzw. Anspruchsteil ebenso beschieden werden wird[2]. Zur Rechtslage bei Erlaß eines unzulässigen Teilurteils → § 540 Rdnr. 7. Dagegen ist es zulässig, daß der restliche Anspruch im Einverständnis beider Parteien der Berufungsinstanz zur Entscheidung unterbreitet wird[3]; dabei reicht die rügelose Einlassung des Berufungsbeklagten aus[4].

### b) Übergangene Ansprüche

4   Hat das erstinstanzliche Gericht einen Anspruch versehentlich übergangen, so ist das Urteil auf Antrag einer Partei nach § 321 zu ergänzen. Ein Rechtsmittel ist insoweit nicht zulässig, → § 321 Rdnr. 14 (dort auch zur Möglichkeit, den übergangenen Anspruch durch Klageänderung dem Berufungsgericht zu unterbreiten). Hat das Untergericht den Anspruch deswegen bewußt nicht mitbeschieden, weil es eine Entscheidung darüber für nicht geboten hielt (es hat z.B. nach Ansicht des Berufungsklägers zu Unrecht angenommen, die Klage sei insoweit zurückgenommen worden), so kann der Anspruch über die Berufung in die zweite Instanz gebracht werden[5]; anderenfalls hätte die Partei keinerlei Möglichkeit, den übergangenen Anspruch bescheiden zu lassen.

### c) Präjudizialität

5   Das Berufungsgericht kann weiter dann über den noch in erster Instanz anhängigen Teil des Rechtsstreits entscheiden, wenn der in die zweite Instanz gelangte Anspruch für den Rest präjudiziell ist und das Berufungsgericht die Klage insoweit abweist[6]. Hierher gehört weiter

---

[1] *BGHZ* 30, 213 = LM § 537 Nr. 9 (*Johannsen*) = NJW 1959, 1824 (*Schwab*) = MDR 746 = VersR 650; *BGH* VersR 1977, 430; LM § 537 Nr. 12 = MDR 1983, 1014; *BGHZ* 97, 280, 281 = LM § 305 BGB Nr. 40 = NJW 1986, 2108 = MDR 930; *BAGE* 14, 217 = AP § 138 BGB Nr. 25 (*Zöllner*); *Rosenberg/Schwab/Gottwald*[15] § 139 III 3a; *Baumbach/Lauterbach/Albers*[51] Rdnr. 3; MünchKomm ZPO-*Rimmelspacher* Rdnr. 8; *Thomas/Putzo*[18] Rdnr. 2.

[2] *BGHZ* 30, 213 (Fn. 1); *BGH* NJW 1983, 1311, 1313; MünchKomm ZPO-*Rimmelspacher* Rdnr. 9.

[3] *BGHZ* 97, 280 (Fn. 1); *OLG Düsseldorf* VersR 1989, 705; AK-*Ankermann* Rdnr. 14; *Baumbach/Lauterbach/Albers*[51] Rdnr. 4; *Thomas/Putzo*[18] Rdnr. 2; *Zöller/Schneider*[18] Rdnr. 8.

[4] *BGHZ* 8, 383, 386 = LM § 537 Nr. 2 (*Lersch*) = NJW 1953, 702; LM § 303 Nr. 4; *Baumbach/Lauterbach/Albers*[51] Rdnr. 4.

[5] MünchKomm ZPO-*Rimmelspacher* Rdnr. 7; *Wieczorek/Rössler* Anm. C I; *Zöller/Schneider*[18] Rdnr. 3.

[6] *BGH* LM § 537 Nr. 8 = NJW 1959, 1827 = MDR 909 = ZZP 73 (1960), 176; *Wieczorek/Rössler* Anm. D II; *Zöller/Schneider*[18] Rdnr. 7; s. weiter AK-*Ankermann* Rdnr. 8, wo allerdings nur die Verneinung des präjudiziel-

die Stufenklage, § 254; wird der Auskunfts- bzw. Rechnungslegungsanspruch abgewiesen, so kann das Berufungsgericht den in erster Instanz noch anhängigen Herausgabeanspruch mitabweisen[7]. Ob Entsprechendes auch bei Abweisung der Unterlassungsklage für den Schadensersatzanspruch gilt[8], hängt davon ab, wie man das Verhältnis dieser beiden Ansprüche zueinander versteht, → dazu § 322 Rdnr. 219. Soweit in der Literatur gegen die Erstreckung der Entscheidungsbefugnis des Berufungsgerichts auf noch in erster Instanz anhängige Ansprüche Bedenken geltend gemacht werden[9], sind diese nicht gerechtfertigt. Es ist nicht einzusehen, weshalb das erstinstanzliche Verfahren weitergeführt werden soll, wenn sein Ausgang infolge des Abhängigkeitsverhältnisses zum bereits entschiedenen Prozeßteil von vornherein feststeht[10]. War in erster Instanz über den noch anhängigen Anspruch inzwischen zugunsten des Klägers entschieden worden, so ist dieses Urteil vom Berufungsgericht aufzuheben[11]; dogmatisch mag sich eine auflösende Bedingung für das zweite Urteil begründen lassen[12], doch ist es im Interesse der Rechtssicherheit vorzuziehen, das Urteil ausdrücklich aufzuheben.

### d) Zwischenurteil

Hat das erstinstanzliche Gericht ein Zwischenurteil nach § 280 erlassen, so erwächst der Rechtsstreit nur hinsichtlich des Zwischenstreits in die Berufung; das Berufungsgericht hat also nicht etwa über alle Prozeßvoraussetzungen zu entscheiden[13], → weiter § 538 Rdnr. 17; schon gar nicht kann es in der Sache selbst entscheiden, → § 280 Rdnr. 20. **6**

### e) Vorbehaltsurteil

Beim Vorbehaltsurteil nach § 302 gilt Entsprechendes wie beim Teilurteil, → Rdnr. 3. In der Berufungsinstanz fällt also nur die Klageforderung, nicht dagegen auch die Gegenforderung an, → § 302 Rdnr. 18. Ebenso wie beim Teilurteil wird man es dagegen als zulässig ansehen müssen, daß die Gegenforderung im Einverständnis beider Parteien in die Berufungsinstanz gebracht wird. Bei einem **unzulässigen Vorbehaltsurteil** kann das Berufungsgericht auch über die Gegenforderung entscheiden[14]; diese stellt hier nur einen einzelnen Streitpunkt, nicht dagegen einen selbständigen Anspruch dar. **7**

### f) Haupt- und Hilfsantrag

Hat der Kläger in erster Instanz einen Haupt- und einen Hilfsantrag gestellt, so richtet sich der Umfang der Anfallwirkung allein nach den **Anträgen des Berufungsklägers**[15]. Im einzelnen bedeutet dies: **8**

---

len Rechtsverhältnisses durch Zwischenurteil erwähnt ist; bei einem entsprechenden Teilurteil (z. B. Eigentumsfeststellungs- und Herausgabeklage) kann nichts anders gelten.
[7] *BGH* LM § 537 Nr. 8 (Fn. 6); *BGHZ* 30, 213, 214 (Fn. 1); 94, 268, 275 = NJW 1985, 2405, 2407; AK-*Ankermann* Rdnr. 9; MünchKomm ZPO-*Rimmelspacher* Rdnr. 10; *Zöller/Schneider*[18] Rdnr. 7; *Grunsky* JZ 1970, 226.
[8] Bejahend *BGHZ* 30, 213, 216 (Fn. 1); LM § 16 UWG Nr. 14; *BAGE* 21, 237, 247 = NJW 1969, 678; AK-*Ankermann* Rdnr. 10; MünchKomm ZPO-*Rimmelspacher* Rdnr.10.
[9] S. insbesondere *Mattern* JZ 1960, 385; gegen die Entscheidungsbefugnis bei bloßer Präjudizialität auch MünchKomm ZPO-*Rimmelspacher* Rdnr. 9. S. weiter *Rosenberg/Schwab/Gottwald*[15] § 139 III 3c: An sich sei die Entscheidungsbefugnis des Berufungsgerichts systemwidrig, rechtfertige sich aber durch das Interesse der Parteien und den Grundsatz der Prozeßökonomie.
[10] S. inbesondere *Blomeyer*[2] § 99 IV.
[11] MünchKomm ZPO-*Rimmelspacher* Rdnr. 9.
[12] So *Mattern* JZ 1960, 385, 386.
[13] *BGHZ* 27, 15, 26 = LM § 538 Nr. 8 = NJW 1958, 747 = MDR 412 = JZ 576 = BB 393 = ZPP 71 (1958), 456; *BAGE* 19, 146 = AP § 275 Nr. 2 (*Jauernig*) = NJW 1967, 648.
[14] AK-*Ankermann* Rdnr. 12; MünchKomm ZPO-*Rimmelspacher* Rdnr. 17.
[15] S. dazu und zum Folgenden insbesondere *Brox* in »Recht im Wandel« (Festschrift 150 Jahre C. Heymanns Verlag, 1965), 129; *Merle* ZZP 83 (1970), 436, 447 ff.

**9** Hat das erstinstanzliche Gericht den **Hauptantrag abgewiesen und dem Hilfsantrag stattgegeben** und legt dagegen nur der **Beklagte** Berufung ein, so kann das Berufungsgericht auch dann nicht über den Hauptantrag entscheiden, wenn es den Hilfsantrag gerade deshalb für unbegründet hält, weil seiner Ansicht nach dem Hauptantrag stattzugeben war[16]. Will der Kläger nicht Gefahr laufen, gar nichts zu erhalten, so muß er seinerseits Anschlußberufung einlegen. Legt nur der **Kläger** gegen das Urteil Berufung ein, so wird der Hilfsantrag damit in der Berufungsinstanz insoweit – aber auch nur insoweit – anhängig, als die Verurteilung aus dem Hilfsantrag bei einem Erfolg der Berufung aufzuheben ist[17], → auch § 536 Rdnr. 11; anderenfalls hätte der Kläger für beide Ansprüche einen vollstreckbaren Titel erhalten. Weist das Berufungsgericht die Sache dagegen nach § 538 an die erste Instanz zurück, so darf es die Verurteilung aus dem Hilfsantrag nicht aufheben, doch ist diese dadurch auflösend bedingt, daß dem Hauptantrag später doch noch stattgegeben wird[18].

**10** Das erstinstanzliche Gericht hat dem **Hauptantrag stattgegeben** und ist infolgedessen auf den Hilfsantrag nicht eingegangen. Legt der Beklagte dagegen Berufung ein und hält das Berufungsgericht diese für begründet, so darf es gleichwohl auf den Hilfsantrag nicht eingehen[19]. Der Kläger kann jedoch für den Fall der Begründetheit der Berufung hilfsweise Anschlußberufung einlegen[20].

**11** Hat sich der erste Richter unzulässigerweise darauf beschränkt, den **Hauptanspruch abzuweisen, ohne auf den Hilfsantrag einzugehen**, und ohne daß das Urteil nur als Teilurteil über den Hauptanspruch zu verstehen ist, so ist das Urteil grundsätzlich nach § 321 zu ergänzen[21], → Rdnr. 4. Ist dies wegen Versäumung der Frist des § 321 Abs. 2 nicht mehr möglich, so ist damit die Rechtshängigkeit des Hilfsantrags zwar erloschen, doch kann der Anspruch im Wege der Klageänderung noch in die Berufungsinstanz gebracht werden[22]; → auch § 321 Rdnr. 14.

## 2. Streitpunkte

**12** Ist nach Maßgabe der unter → Rdnr. 2–11 dargelegten Grundsätze ein Anspruch oder ein Teil eines solchen in die zweite Instanz gelangt, so erstreckt sich die Verhandlung und Entscheidung des Berufungsgerichts auf sämtliche diesen Anspruch betreffenden Streitpunkte, auch wenn über einzelne von ihnen in erster Instanz nicht verhandelt oder nicht entschieden worden ist[23]. Zwischen Streitpunkten zur Zulässigkeit und zur Begründetheit der Klage ist dabei nicht zu differenzieren; beide sind gleichermaßen Gegenstand des Berufungsverfahrens. Streitpunkte sind nicht nur die selbständigen Angriffs- und Verteidigungsmittel, sondern das **gesamte tatsächliche Vorbringen** (auch der Beweisantritt und die Erklärung über Tatsachen und Beweismittel), **das zur Begründung oder Zurückweisung der Berufungsanträge**

---

[16] Einhellige Meinung; s. etwa *BGHZ* 41, 38 = LM § 537 Nr. 20 (*Johannsen*) = NJW 1964, 722 = JZ 229 = MDR 313 = BB 533; *Brox* (Fn. 15), 130ff.; *Merle* ZZP 83 (1970), 448; *Rosenberg/Schwab/Gottwald*[15] § 139 III 2; AK-*Ankermann* Rdnr. 15; MünchKomm ZPO-*Rimmelspacher* § 536 Rdnr. 26; *Wieczorek/Rössler* Anm. C III; *Baumbach/Lauterbach/Albers*[51] Rdnr. 6.

[17] *Brox* (Fn. 15), 136; *Merle* ZZP 83 (1970), 454ff.; AK-*Ankermann* Rdnr. 15, MünchKomm ZPO-*Rimmelspacher* § 536 Rdnr. 26; *Wieczorek/Rössler* Anm. C I.

[18] *BGHZ* 106, 219 = LM § 559 Nr. 23 = NJW 1989, 1486 = MDR 432 = JR 328 (*Orfanides*); *Brox* (Fn. 15), 137ff.; *Merle* ZZP 83 (1970), 456; MünchKomm ZPO-*Rimmelspacher* § 536 Rdnr. 26.

[19] So überzeugend *Brox* (Fn. 15), 133ff. und ferner *Merle* ZZP 83 (1970), 447ff.; MünchKomm ZPO-*Rim-*

*melspacher* § 536 Rdnr. 28. A.A. *BGHZ* 41, 38, 41 = LM § 537 Nr. 10 = NJW 1964, 772; BGH LM § 566 BGB Nr. 30 = NJW-RR 1990, 518 = MDR 711; LM § 260 Nr. 17 (*Grunsky*) = NJW 1992, 117 = MDR 46 = BB 1991, 2391; AK-*Ankermann* Rdnr. 15; *Baumbach/Lauterbach/Albers*[51] Rdnr. 6; *Wieczorek/Rössler* Anm. C I; *Zöller/Schneider*[18] Rdnr. 11.

[20] *Brox* (Fn. 15), 133ff.; MünchKomm ZPO-*Rimmelspacher* Rdnr. 28. A. A. *Merle* ZZP 83 (1970), 451ff..

[21] MünchKomm ZPO-*Rimmelspacher* § 536 Rdnr. 27.

[22] *Rosenberg/Schwab/Gottwald*[15] § 139 III 3b; MünchKomm ZPO-*Rimmelspacher* § 536 Rdnr. 27; *Wieczorek/Rössler* Anm. C III.

[23] BGH LM § 222 BGB Nr. 10 = NJW 1990, 326 = MDR 1989, 445; MünchKomm ZPO-*Rimmelspacher* Rdnr. 20.

dient, einschließlich derjenigen Punkte, die in erster Instanz den Gegenstand eines prozessualen Zwischenurteils gebildet haben. Dazu gehört auch der Klagegrund im Verhältnis zu den Einreden, der demnach auch dann nachzuprüfen ist, wenn die Berufung des Beklagten nur auf die Verwerfung von Einreden gestützt wird[24]. Eine in erster Instanz erhobene Einrede braucht in zweiter Instanz nicht erneuert zu werden, sondern wirkt fort[25]; → auch § 526 Rdnr. 2. Eine Einschränkung des Prüfungsumfangs erfolgt auch nicht durch das Erfordernis der Angabe von Berufungsgründen, § 519 Abs. 3 Nr. 2; diese sind lediglich Zulässigkeitsvoraussetzung für die Berufung, beschränken aber nicht etwa den Verhandlungs- und Entscheidungsstoff[26], → § 519 Rdnr. 39. Ein in erster Instanz selbständig geltend gemachter Anspruch, der in zweiter Instanz nicht weiterverfolgt wird, kann dort noch als Streitpunkt eine Rolle spielen[27]. Die Nachprüfung hat zur Voraussetzung allerdings, daß die Klärung der Streitpunkte zur Entscheidung über die Berufungsanträge erforderlich ist. Dadurch kann der Streitstoff erheblich enger werden als in erster Instanz, sich umgekehrt aber auch wesentlich erweitern, wenn das Berufungsgericht etwa den vom Untergericht für durchschlagend erachteten Klageabweisungsgrund anders beurteilt. Dadurch kann sich die Sachverhandlung praktisch ganz in die zweite Instanz verlagern. Dem kann auch nicht durch eine Zurückverweisung über die in §§ 538, 539 geregelten Fallgestaltungen hinaus begegnet werden. Nach geltendem Recht gibt es keine Garantie einer zweimaligen Verhandlung und Entscheidung sämtlicher Streitpunkte[28].

## II. Das Urteil des Berufungsgerichts

Auf der dargestellten Grundlage ergeht das Urteil des Berufungsgerichts, für das hinsichtlich der Entscheidungsreife, der Berücksichtigung neu entstandener Tatsachen, des anzuwendenden Rechts, der Reihenfolge der Abweisungsgründe usw. uneingeschränkt die zu → § 300 Rdnr. 1ff. dargestellten Grundsätze gelten. Dem Berufungsgericht obliegt dabei auch die Nachprüfung des freien Ermessens des ersten Richters, → § 525 Rdnr. 3, und zwar nicht nur i. S. einer Rechtskontrolle auf eventuelle Ermessensfehler hin. Das Berufungsgericht hat vielmehr sein eigenes Ermessen an die Stelle des Ermessens des erstinstanzlichen Gerichts zu setzen. 13

### 1. Unbegründete Berufung

Das Berufungsurteil hat auf **Zurückweisung der Berufung** als unbegründet zu lauten, wenn das Berufungsgericht im Ergebnis ebenso zu entscheiden hat wie das erste Gericht. Dies gilt auch dann, wenn ein erstinstanzliches Prozeßurteil bestätigt wird; unzulässig ist hier nur die Klage, nicht dagegen die Berufung. Unerheblich ist, ob das Berufungsgericht dem Untergericht in der Begründung beitritt; maßgeblich ist allein die Übereinstimmung beider Instanzen im Ergebnis. Diese kann auch dann vorliegen (d. h. die Berufung ist zurückzuweisen), wenn das Untergericht den Rechtsstreit nach Auffassung des Berufungsgerichts zwar unrichtig entschieden hat, sich die Rechtslage inzwischen jedoch geändert hat. Zur Kostenentscheidung in diesem Fall → § 97 Rdnr. 10ff. 14

---

[24] MünchKomm ZPO-*Rimmelspacher* Rdnr. 21.
[25] *BGH* LM § 273 BGB Nr. 41 = NJW-RR 1986, 991 = ZIP 787 (Zurückbehaltungsrecht); LM § 222 BGB Nr. 10 (Fn. 23; Verjährung); a. A. MünchKomm ZPO-*Rimmelspacher* Rdnr. 21.
[26] *Müller-Rabe* NJW 1990, 283, 287ff.
[27] *OLG München* OLGZ 1966, 180, 181 (Klage und Widerklage in einem Abrechnungsverhältnis; in erster Instanz Abweisung der Klage und Stattgeben der Widerklage; Berufung des Klägers nur wegen der Widerklage, die mit Rechnungsposten bekämpft wird, die dem Kläger in erster Instanz abgesprochen worden sind).
[28] MünchKomm ZPO-*Rimmelspacher* Rdnr. 20.

## 2. Unzulässige Berufung

15   Ist die Berufung (nicht die Klage) unzulässig, so ist sie als unzulässig zu verwerfen, § 519b Abs. 1. Zumeist wird dies nach § 519b Abs. 2 durch Beschluß erfolgen, doch ist das Berufungsgericht nicht daran gehindert, eine mündliche Verhandlung anzuberaumen, woraufhin die Verwerfung durch Urteil zu erfolgen hat, → § 519b Rdnr. 17.

## 3. Begründete Berufung

16   Gelangt das Berufungsgericht in der Sache zu einer im Sinne des Berufungsklägers von dem angefochtenen Urteil abweichenden Entscheidung, so ist die Berufung begründet. Dies kann vor allem dann der Fall sein, wenn das erstinstanzliche Urteil inhaltlich unrichtig oder prozessual unzulässig war. Denkbar ist aber auch, daß sich die Rechtslage durch inzwischen neu eingetretene Tatsachen oder eine Änderung des anzuwendenden Rechts zugunsten des Berufungsklägers geändert hat. Maßgebend ist ebenso wie in erster Instanz, → § 300 Rdnr. 20ff., die Sach- und Rechtslage bei Schluß der mündlichen Verhandlung. Eine Veränderung der Sachlage kann auch darin bestehen, daß ein vorausgegangenes Zwischen- (§ 280) oder Grundurteil (§ 304) inzwischen aufgehoben worden ist. In allen diesen Fällen ist das angefochtene Urteil aufzuheben und zugleich selbst über die Klage zu entscheiden (es sei denn, der Rechtsstreit erledigt sich jetzt ohne Urteil). Bei nur teilweiser Begründetheit der Berufung steht es dem Berufungsgericht frei, ob es das erstinstanzliche Urteil ganz aufhebt und neu faßt, oder ob es das Urteil teilweise bestehen läßt und es nur hinsichtlich des Rests abändert. Auf die Kostenentscheidung wirkt sich das nicht aus; sie hat in beiden Fällen über die Kosten beider Instanzen zu ergehen. Zu einer Zurückverweisung in die erste Instanz, d. h. zu einer rein kassatorischen Entscheidung, kommt es nur in den Ausnahmefällen der §§ 538, 539, → § 538 Rdnr. 1.

17   Hat das Untergericht die **Klage aus prozessualen und aus materiellen Gründen abgewiesen**, so kann das Berufungsgericht nach h. M. die Berufung nicht unter Offenlassen der Zulässigkeit der Klage deshalb als unbegründet zurückweisen, weil die Klage auf jeden Fall unbegründet ist; das Berufungsgericht müsse vielmehr zunächst die Zulässigkeit der Klage klären[29]; anderenfalls würde in zweiter ebenso wie schon in erster Instanz ein unzulässiges Urteil mit unbestimmtem Inhalt ergehen, → § 322 Rdnr. 147ff. Verneint das Berufungsgericht die Zulässigkeit der Klage, so sei die Berufung zurückzuweisen. Bejaht es dagegen die Zulässigkeit, so sei das angefochtene Urteil aufzuheben und in der Sache zu entscheiden, wobei die Klage dann aus denselben Gründen wie vom Untergericht als unbegründet abgewiesen werden kann.

18   Die dargestellte **h. M. übersieht**[30], daß Unzulässigkeit und Unbegründetheit der Klage nicht starr voneinander getrennt sind, → Allg. Einl. vor § 511 Rdnr. 8. Zutreffender Ansicht nach kann bei Klageabweisung zugleich aus prozessualen und aus materiellen Gründen genausowenig von einer Unbestimmtheit des Urteilsinhalts gesprochen werden, wie wenn die Abweisung aus mehreren prozessualen oder aus mehreren materiellrechtlichen Gründen erfolgt[31]. Für die Auslegung von § 537 bedeutet dies, daß auch das Berufungsgericht die Zulässigkeit der Klage in der Regel dahingestellt sein lassen kann[32].

---

[29] *RGZ* 158, 145, 155; AK-*Ankermann* Rdnr. 18; Baumbach/Lauterbach/Albers[51] Rdnr. 10; Wieczorek/Rössler Anm. E.

[30] Gegen sie auch MünchKomm ZPO-*Rimmelspacher* Rdnr. 24.

[31] S. dazu insbesondere *Rimmelspacher* Zur Prüfung von Amts wegen im Zivilprozeß (1966), 51ff.; *Grunsky* ZZP 80 (1967), 55.

[32] Zu Ausnahmen s. *Grunsky* ZZP 80 (1967), 70ff.

## 4. Urteilsformen

Bei seiner Entscheidung stehen dem Berufungsgericht alle Urteilsformen zu Verfügung[33]. Es kann insbesondere bei wechselseitiger Berufung über das Rechtsmittel der einen Partei durch **Teilurteil** entscheiden (zu Besonderheiten bei der unselbständigen Anschlußberufung → § 522 Rdnr. 7). In einem Teilurteil kann aber die gänzliche Aufhebung des angefochtenen Urteils nicht ausgesprochen werden. Zulässig ist weiter ein **Grundurteil** nach § 304; in diesem kann jedoch das angefochtene (einen Betrag zusprechende) Endurteil noch nicht aufgehoben werden; das ist erst in dem die Berufungsinstanz abschließenden Betragsurteil möglich; anderenfalls hätte der Kläger keinerlei Verurteilung des Beklagten mehr, obwohl die Unrichtigkeit des angefochtenen Urteils hinsichtlich der Höhe der Verurteilung noch nicht feststeht. Zulässig ist es dagegen, ein kombiniertes Grund- und Teilurteil zu erlassen, in dem über einen Teil der Klageforderung auch der Höhe nach entschieden wird (sei es zusprechend, sei es abweisend). Weiter kann das Berufungsgericht ein **Zwischenurteil** nach § 280 bzw. § 303 sowie ein **Vorbehaltsurteil**, § 302 (→ § 302 Rdnr. 10) erlassen, wenn die jeweiligen Voraussetzungen vorliegen.

19

## 5. Vorläufige Vollstreckbarkeit

**Berufungsurteile der Oberlandesgerichte** sind von Amts wegen ohne Anordnung einer Sicherheitsleistung für vorläufig vollstreckbar zu erklären, § 708 Nr. 10. Dies gilt auch dann, wenn die Revision nicht zugelassen und überdies keine Partei mit mehr als 60000,– DM beschwert ist; obwohl hier kein weiteres Rechtsmittel statthaft ist, wird das Berufungsurteil nicht schon mit seiner Verkündung rechtskräftig, → § 708 Rdnr. 25. Anders ist es bei **Berufungsurteilen der Landgerichte**; diese werden sofort rechtskräftig, → § 705 Rdnr. 2, weshalb keine Entscheidung über die vorläufige Vollstreckbarkeit zu ergehen braucht.

20

## 6. Kostenentscheidung

Abgesehen von den auch in erster Instanz geltenden Ausnahmen (Zwischenurteil, → § 91 Rdnr. 6; Teilurteil, → § 91 Rdnr. 7; Grundurteil, → § 304 Rdnr. 42; nicht dagegen Vorbehaltsurteil, → § 302 Rdnr. 12) muß das Berufungsurteil eine Kostenentscheidung enthalten. Bei Zurückweisung oder Verwerfung der Berufung als unzulässig bezieht sich diese nach § 97 Abs. 1 nur auf die Kosten des Berufungsverfahrens, während für die erste Instanz die Kostenentscheidung des angefochtenen Urteils maßgeblich bleibt. Wird das angefochtene Urteil dagegen aufgehoben oder abgeändert, so hat die Kostenentscheidung über die Kosten beider Instanzen zu ergehen. Zu der inhaltlichen Besonderheit nach § 97 Abs. 2 (Obsiegen aufgrund neuen Vorbringens, das schon in erster Instanz hätte geltend gemacht werden können) → § 97 Rdnr. 10 ff.

21

## III. Arbeitsgerichtliches Verfahren

§ 537 gilt ohne Einschränkungen auch im arbeitsgerichtlichen Verfahren, und zwar sowohl im Urteils- als auch im Beschlußverfahren.

22

---

[33] MünchKomm ZPO-*Rimmelspacher* Rdnr. 22.

## § 538 [Notwendige Zurückverweisung]

(1) Das Berufungsgericht hat die Sache, insofern ihre weitere Verhandlung erforderlich ist, an das Gericht des ersten Rechtszuges zurückzuverweisen:
1. wenn durch das angefochtene Urteil ein Einspruch als unzulässig verworfen ist;
2. wenn durch das angefochtene Urteil nur über die Zulässigkeit der Klage entschieden ist;
3. wenn im Falle eines nach Grund und Betrag streitigen Anspruchs durch das angefochtene Urteil über den Grund des Anspruchs vorab entschieden oder die Klage abgewiesen ist, es sei denn, daß der Streit über den Betrag des Anspruchs zur Entscheidung reif ist;
4. wenn das angefochtene Urteil im Urkunden- oder Wechselprozeß unter Vorbehalt der Rechte erlassen ist;
5. wenn das angefochtene Urteil ein Versäumnisurteil ist.

(2) Im Falle der Nummer 2 hat das Berufungsgericht die sämtlichen Rügen zu erledigen.

Gesetzesgeschichte: Bis 1900 § 500 CPO. Änderungen: RGBl. 1898 S. 256; 1924 I 135; BGBl. 1950 S. 455; 1976 I 3281.

| | |
|---|---|
| I. Allgemeines zur Zurückverweisung  1 | 3. Bejahung des Anspruchs dem Grunde nach in der Berufungsinstanz  23 |
| II. Notwendigkeit weiterer Verhandlung  3 | 4. Mitentscheidung über den Betrag  24 |
| 1. Der Grundsatz  3 | VI. Vorbehaltsurteil im Urkunden- oder Wechselprozeß, Abs. 1 Nr. 4  28 |
| 2. Klageänderung  4 | VII. Versäumnisurteil, Abs. 1 Nr. 5  30 |
| III. Verwerfung des Einspruchs gegen Versäumnisurteil, Abs. 1 Nr. 1  7 | VIII. Die Entscheidung über die Zurückverweisung  31 |
| IV. Abweisung der Klage als unzulässig, Abs. 1 S.  8 | 1. Zurückverweisung durch Endurteil  31 |
| 1. Entscheidung nur über die Zulässigkeit der Klage  8 | 2. Nachholung der Zurückverweisung  34 |
| a) Unmittelbarer Anwendungsbereich der Vorschrift  8 | IX. Das weitere Verfahren  35 |
| b) Sonstige Hindernisse für eine Entscheidung in der Sache  12 | 1. Fortsetzung der erstinstanzlichen Verhandlung  35 |
| c) Abweisung als unbegründet  13 | 2. Bindung des erstinstanzlichen Gerichts  36 |
| 2. Entscheidung des Berufungsgerichts  14 | 3. Selbstbindung des Berufungsgerichts  37 |
| 3. Erledigung sämtlicher Rügen, Abs. 2  16 | X. Kosten  38 |
| V. Grundurteil, Abs. 1 Nr. 3  18 | XI. Arbeitsgerichtliches Verfahren  39 |
| 1. Nach Grund und Betrag streitiger Anspruch  19 | |
| 2. Vorabentscheidung durch Grundurteil oder Klageabweisung  21 | |

## I. Allgemeines zur Zurückverweisung

**1**   Von dem Grundsatz, daß das Berufungsgericht den ganzen Rechtsstreit verhandeln und in der Sache selbst zu entscheiden hat, → § 537 Rdnr. 16, gelten nur die in den **§§ 538, 539 enthaltenen Ausnahmen**. Im Verfahren des einstweiligen Rechtsschutzes (Arrest, einstweilige Verfügung) scheidet eine Zurückverweisung i.d.R. wegen der besonderen Eilbedürftigkeit aus, → § 922 Rdnr. 30. Dagegen gelten die §§ 538, 539 auch in Ehe- und Kindschaftssachen[1]. In den Fällen des § 538 muß die Zurückverweisung unabhängig von den Anträgen und Erklärungen der Parteien von Amts wegen ausgesprochen werden[2]; in denen des § 539 steht sie dagegen im Ermessen des Berufungsgerichts. Der als Mußvorschrift formulierte § 538 wird aber durch § 540 abgeschwächt, wonach das Berufungsgericht bei Sachdienlichkeit von einer Zurückverweisung absehen und selbst entscheiden kann. Von einer Zurückverweisung kann ferner dann abgesehen werden, wenn die Parteien darauf verzichten[3]. Bindende Wirkung für das Berufungsgericht hat eine derartige Vereinbarung allerdings nicht. Trotz der Vereinbarung steht es dem Gericht vielmehr frei, die Sache zurückzuverweisen. Umgekehrt ist das Einverständnis der Parteien mit einer Zurückverweisung über die Fallgestaltungen der §§ 538, 539 hinaus unerheblich; trotz des Einverständnisses muß das Berufungsgericht hier selbst entscheiden[4]. Erst recht kann das Berufungsgericht die Zurückverweisung nicht aus bloßen Zweckmäßigkeitsgründen vornehmen, ohne daß die Voraussetzungen der §§ 538, 539 erfüllt sind[5].

Die Fälle des § 538 haben gemeinsam, daß das angefochtene Urteil (abgesehen von der 2 unter → Rdnr. 18 behandelten Fallgestaltung) den geltend gemachten Anspruch **sachlich nicht erledigt**. Sie umfassen jedoch keineswegs alle Fälle einer rein prozessualen Entscheidung, Näheres → Rdnr. 12. Wird die Berufung nach § 519b als unzulässig verworfen, so ist das Verfahren, soweit es noch nicht erledigt ist, damit kraft Gesetzes in erster Instanz fortzuführen; einer Zurückverweisung bedarf es insoweit nicht.

## II. Notwendigkeit weiterer Verhandlung

### 1. Der Grundsatz

Gemeinsame Voraussetzung aller Fälle des § 538 ist, daß noch eine weitere Verhandlung 3 der Sache erforderlich ist. Darunter ist eine Verhandlung zu verstehen, die sich auf einen anderen Prozeßstoff als den in der angefochtenen Entscheidung erledigten bezieht. Nach § 538 ist von der Zurückverweisung also – abgesehen von der rein positivrechtlichen Ausnahme im Schlußhalbsatz von Nr. 3 (→ Rdnr. 18 ff.) – dann abzusehen, wenn schon bei Beschränkung auf den in der ersten Instanz abgeurteilten Prozeßstoff die Streitsache endgültig spruchreif ist[6]. Das Berufungsgericht muß also in der Sache selbst entscheiden, wenn es wegen eines prozessualen Mangels zur Klageabweisung gelangt[7] oder den Anspruch im Fall der Nr. 3 für unbegründet hält[8]. Von einer Zurückverweisung ist weiter dann abzusehen, wenn nur noch über die Kosten zu entscheiden ist (z.B. nach übereinstimmender Erledigungserklärung). Liegen diese Voraussetzungen nicht vor, so kann die Zurückverweisung allenfalls nach § 540 unterbleiben. Das Erfordernis der weiteren Verhandlung soll verhindern, daß die Hauptsache nur in der zweiten Instanz verhandelt wird; dagegen hat es nicht den Sinn, daß eine Zurückverweisung nur dann zu geschehen hat, wenn es tatsächlich noch einer weiteren umfangreichen Verhandlung bedarf. Das Berufungsgericht muß daher etwa, wenn die vom Richter erster Instanz ausgesprochene Prozeßabweisung in zweiter Instanz aufgehoben wird, die Sache auch dann zurückverweisen, wenn in erster Instanz schon zur Hauptsache verhandelt

---

[1] MünchKomm ZPO-*Rimmelspacher* Rdnr. 4.
[2] *RGZ* 101, 43, 44; *Rosenberg/Schwab/Gottwald*[15] § 140 IV 1.
[3] *BGH* LM § 538 Nr. 11 = Warn. 1967 Nr. 80 = MDR 757 = BB 651; *Baumbach/Lauterbach/Albers*[51] Rdnr. 2.
[4] *Rosenberg/Schwab/Gottwald*[15] § 140 IV vor 1; MünchKomm ZPO-*Rimmelspacher* Rdnr. 3; *Thomas/Putzo*[18] Rdnr. 2.

[5] *RG* HRR 1931 Nr. 1255; *BGH* VersR 1962, 252; *Baumbach/Lauterbach/Albers*[51] Rdnr. 2; MünchKomm ZPO-*Rimmelspacher* Rdnr. 3.
[6] AK-*Ankermann* Rdnr. 3; *Thomas/Putzo*[18] Rdnr. 5.
[7] AK-*Ankermann* Rdnr. 3; MünchKomm ZPO-*Rimmelspacher* Rdnr. 5; *Thomas/Putzo*[18] Rdnr. 6.
[8] *RGZ* 61, 409, 410 ff.; MünchKomm ZPO-*Rimmelspacher* Rdnr. 17.

worden war. Davon ist auch dann keine Ausnahme zu machen, wenn das Berufungsgericht die Sache materiell für spruchreif, z.B. die Klage für unbegründet, hält; insoweit ist der erstinstanzliche Streitstoff nicht an das Berufungsgericht gelangt und § 538 untersagt ihm ein weiteres Eingehen auf die Sache[9].

### 2. Klageänderung

4   Eine Ausnahme von der Zurückverweisungspflicht ist dann zu machen, wenn in der Berufungsinstanz über einen zulässigerweise erst jetzt erhobenen Anspruch zu verhandeln und entscheiden ist (→ dazu § 530 Rdnr. 1ff.)[10]. In diesem Fall hat das Berufungsgericht auch dann über die Sache selbst zu entscheiden, wenn an sich die Voraussetzungen des § 538 vorliegen. Dadurch, daß eine Klageänderung auch noch in zweiter Instanz zulässig ist, zeigt das Gesetz, daß es dem Beklagten nicht unter allen Umständen zwei Tatsacheninstanzen zur Verfügung stellen will (allerdings kann der Verlust einer Tatsacheninstanz dazu führen, daß die Sachdienlichkeit der Klageänderung verneint wird, → § 530 Rdnr. 9). Von daher muß das Berufungsgericht auch dann auf jeden Fall zur Sache entscheiden, wenn es sich bei dem angefochtenen Urteil um eines der in § 538 vorgesehenen handelt. Dadurch, daß dieses Urteil zu einem anderen Streitgegenstand ergangen ist, kann es auf das jetzt in zweiter Instanz einzuschlagende Verfahren keinen Einfluß mehr haben. Dies gilt auch dann, wenn der Kläger in zweiter Instanz die Hauptsache gegen den Widerspruch des Beklagten für erledigt erklärt; darin liegt ebenfalls eine Klageänderung (str.; → § 91a Rdnr. 39).

5   Das unter → Rdnr. 4 Ausgeführte gilt dann, wenn durch die Klageänderung der bisherige Streitgegenstand fallengelassen und durch einen neuen ersetzt worden ist. Weiter hat das Berufungsgericht dann in vollem Umfang in der Sache selbst zu entscheiden, wenn in erster Instanz ein Urteil ergangen ist, das nicht unter § 538 fällt und der neue Anspruch im Wege einer zulässigen **Klageerweiterung** in das Verfahren eingeführt wird. Wird das erstinstanzliche Urteil dagegen von § 538 erfaßt und in zweiter Instanz durch Klageerweiterung ein weiterer Anspruch geltend gemacht, so kann die Zurückverweisung hinsichtlich des Teils geboten sein, über den in erster Instanz entschieden worden ist, während das Berufungsgericht im übrigen in der Sache zu entscheiden hat, → Rdnr. 31.

6   Entsprechendes wie für die Klageänderung gilt wegen der in § 530 erfolgten Gleichstellung für die **Widerklage** und für die **Aufrechnung**. Auch insoweit hat das Berufungsgericht über die neu eingeführten Ansprüche selbst zu entscheiden und kann die Sache nicht zurückverweisen.

### III. Verwerfung des Einspruchs gegen Versäumnisurteil, Abs. 1 Nr. 1

7   Wird das Endurteil, durch das nach § 341 der Einspruch als unzulässig verworfen wird, bestätigt, die Berufung also zurückgewiesen, so bedarf es keiner weiteren Verhandlung, womit eine Zurückverweisung ausscheidet, → Rdnr. 3. Dagegen ist sie erforderlich, wenn die Berufung begründet ist, weil der Einspruch entgegen der Annahme des Untergerichts zulässig war; die Verhandlung und Entscheidung über die Zulässigkeit des Einspruchs berührt den Prozeßstoff zur Sache selbst nicht. Dasselbe gilt, wenn ein in erster Instanz durch Endurteil zurückgewiesener Antrag auf Wiedereinsetzung gegen die Versäumung der Einspruchsfrist in der Berufungsinstanz für begründet erklärt wird[11]. Dagegen scheidet eine entsprechende

---

[9] *RGZ* 12, 378; *JW* 1938, 1848.
[10] *RGZ* 158, 145, 153f.; *BGH* LM § 256 Nr. 126 = NJW 1984, 1552 = MDR 1983, 1018; AK-*Ankermann* Rdnr. 4; MünchKomm ZPO-*Rimmelspacher* Rdnr. 6.
[11] *RGZ* 12, 373f.; *Rosenberg/Schwab/Gottwald*[15] § 140 IV 1a; MünchKomm ZPO-*Rimmelspacher* Rdnr. 8; *Baumbach/Lauterbach/Albers*[51] Rdnr. 5.

Anwendung der Vorschrift dann aus, wenn das Versäumnisurteil auf den Einspruch hin nach § 343 S. 1 aufrechterhalten worden und gegen dieses Urteil Berufung eingelegt worden ist[12]. Hier kann eine Zurückverweisung allenfalls nach § 539 erfolgen.

## IV. Abweisung der Klage als unzulässig, Abs. 1 Nr. 2

### 1. Entscheidung nur über die Zulässigkeit der Klage

#### a) Unmittelbarer Anwendungsbereich der Vorschrift

In Nr. 2 wird vorausgesetzt, daß das Untergericht nur über die Zulässigkeit der Klage, nicht 8 dagegen auch zur Sache selbst entschieden hat. Eine Entscheidung in der Sache selbst steht der Zurückverweisung auch dann entgegen, wenn sie unzulässig war; zur Hilfsbegründung zur Sache selbst bei Abweisung der Klage als unzulässig → Rdnr. 15. Ob das angefochtene Urteil aufgrund einer **abgesonderten Verhandlung nach § 280** ergangen ist, ist unerheblich[13]. Die Zurückverweisung hat auch dann zu erfolgen, wenn in erster Instanz neben der Zulässigkeit auch über die Begründetheit der Klage verhandelt worden ist. Maßgeblich ist nicht, was die Parteien vortragen konnten, sondern allein worüber entschieden worden ist. Ein Vortrag und eine eventuelle Verhandlung auch über die Begründetheit ändern nichts daran, daß nur über die Zulässigkeit entschieden worden ist, die Begründetheitsfrage letztlich also keine Rolle gespielt hat, weshalb die Verhandlung darüber nicht dieselbe Richtigkeitsgewähr bietet, wie wenn das Gericht auch über die Begründetheit entscheidet.

Voraussetzung für die Anwendbarkeit von Abs. 1 Nr. 2 ist, daß die Klage als unzulässig 9 abgewiesen worden ist. Dagegen greift die Vorschrift bei einem die **Zulässigkeit der Klage bejahenden Zwischenurteil**, § 280, nicht ein[14]. Ein derartiges Urteil kann zwar ebenfalls mit der Berufung angefochten werden, § 280 Abs. 2, doch fällt hier in der Berufungsinstanz ohnehin nur die Zulässigkeitsfrage an; hinsichtlich der Begründetheit verbleibt der Rechtsstreit in der ersten Instanz, womit eine Entscheidung in der Sache selbst durch das Berufungsgericht ohnehin ausscheidet und sich eine Zurückverweisung erübrigt[15], → auch § 280 Rdnr. 20.

Durch die 1976 erfolgte Neufassung von Nr. 2 ist klargestellt, daß die Zurückverweisung 10 unabhängig davon erfolgen muß, welche Prozeßvoraussetzung das erstinstanzliche Gericht verneint hat. Die Vorschrift **gilt für alle Prozeßvoraussetzungen**. Während die frühere Fassung davon sprach, daß das angefochtene Urteil nur über »prozessuale Einreden« entschieden hat, ist jetzt allein maßgeblich, daß die Zulässigkeit der Klage verneint worden ist. Keine Rolle spielt es dabei, ob die Abweisung als unzulässig auf Rüge des Beklagten oder von Amts wegen erfolgt ist[16]. Der Rechtsstreit ist auch dann zurückzuverweisen, wenn der Beklagte den Zulässigkeitsmangel hätte rügen müssen, das Gericht die Klage aber ohne diese Rüge als unzulässig abgewiesen hat. Erforderlich ist jedoch, daß der die Abweisung tragende Grund richtigem Verständnis nach die Zulässigkeit der Klage betrifft. Ob das angefochtene Urteil den Abweisungsgrund richtig einordnet, ist demgegenüber ohne Bedeutung[17]. Eine irrtümli-

---

[12] MünchKomm ZPO-*Rimmelspacher* Rdnr. 8; a. A. OLG *München* NJW-RR 1989, 255, 256.
[13] *RGZ* 70, 179, 186 ff.; *BGHZ* 27, 15, 26 ff. = NJW 1958, 747; *KG* MDR 1961, 328; *Rosenberg/Schwab/ Gottwald*[15] § 140 IV 1b; *Baumbach/Lauterbach/Albers*[51] Rdnr. 6; *Zöller/Schneider*[18] Rdnr. 10. A. A. *Rimmelspacher* Zur Prüfung von Amts wegen im Zivilprozeß (1966), 203 ff.; MünchKomm ZPO-*Rimmelspacher* Rdnr. 9, 10.

[14] AK-*Ankermann* Rdnr. 9; a. A. MünchKomm ZPO-*Rimmelspacher* Rdnr. 9; *Thomas/Putzo*[18] Rdnr. 8.
[15] *BGHZ* 27, 15, 26 f.; *Rosenberg/Schwab/Gottwald*[15] § 140 IV 1b.
[16] *Baumbach/Lauterbach/Albers*[51] Rdnr. 6; *Zöller/ Schneider*[18] Rdnr. 12.
[17] AK-*Ankermann* Rdnr. 9a.

che Tenorierung der Klageabweisung als unzulässig ermöglicht ebensowenig eine Zurückverweisung, wie es ihr umgekehrt entgegensteht, wenn bei Fehlen einer Zulässigkeitsvoraussetzung diese irrtümlich zur Abweisung als unbegründet verwandt wird (vorausgesetzt, daß im übrigen zur Begründetheit keine Ausführungen gemacht worden sind, → Rdnr. 15). Zur entsprechenden Frage der Statthaftigkeit der Revision bei Verwerfung der Berufung als unzulässig → § 547 Rdnr. 5.

11  Bei Abweisung wegen **Fehlens eines Rechtsschutzbedürfnisses** oder Feststellungsinteresses ist Nr. 2 zumindest entsprechend anwendbar[18], ohne daß es darauf ankommt, ob man der Auffassung ist, das Rechtsschutzbedürfnis müsse unter allen Umständen vor einem Eingehen auf die Sache selbst geprüft werden, → dazu § 256 Rdnr. 120. Selbst wenn man meint, das Gericht könne das Vorliegen des Rechtsschutzbedürfnisses dahingestellt sein lassen und die Klage aus einem materiellrechtlichen Grund abweisen, ändert dies nichts daran, daß die Klageabweisung häufig allein auf das Fehlen des Rechtsschutzbedürfnisses gestützt wird. Dies läßt es vom Zweck des § 538 her geboten erscheinen, bei Verneinung des Rechtsschutzbedürfnisses das Berufungsgericht zur Zurückverweisung zu zwingen. Eine Ausnahme kann allenfalls dann anerkannt werden, wenn das angefochtene Urteil die Klageabweisung außerdem auf materiellrechtliche Gründe gestützt hat, → Rdnr. 15. Ob die Abweisung wegen Fehlens eines Rechtsschutzbedürfnisses aufgrund einer abgesonderten Verhandlung stattgefunden hat, spielt (ebenso wie bei sonstigen Prozeßvoraussetzungen, → Rdnr. 8) keine Rolle[19].

### b) Sonstige Hindernisse für eine Entscheidung in der Sache

12  Nr. 2 beruht auf der Erwägung, daß dem Kläger bei einer unberechtigten Abweisung der Klage als unzulässig nicht dadurch eine Instanz genommen werden soll, daß das Berufungsgericht zur Sache entscheidet. Ein **Eingehen auf die Sache unterbleibt** jedoch nicht nur bei Abweisung als unzulässig. Das Gericht kann sich auch aus anderen Gründen daran gehindert sehen, über die Begründetheit der Klage zu entscheiden. Soweit das Gericht hier eine Entscheidung fällt und dagegen die Berufung gegeben ist, ist Nr. 2 entsprechend anzuwenden. So, wenn durch Urteil festgestellt worden ist, daß das Verfahren durch Vergleich beendet worden ist, während das Berufungsgericht das Vorliegen eines wirksamen Vergleichs verneint[20]. An einer Prüfung der materiellen Rechtslage fehlt es auch dann, wenn das erstinstanzliche Gericht der Klage ohne Sachprüfung stattgegeben hat; hier ist Nr. 2 ebenfalls entsprechend anzuwenden[21].

### c) Abweisung als unbegründet

13  Sofern das erstinstanzliche Gericht die Klage als unbegründet abgewiesen hat, ist Nr. 2 auch dann nicht entsprechend anwendbar, wenn der eigentliche Schwerpunkt des Falls an

---

[18] Wie hier *BAG* Betrieb 1965, 152; AP § 256 Nr. 45 (*Wieczorek*); KG MDR 1962, 328; *OLG Frankfurt* NJW 1962, 1920; *OLG Koblenz* NJW-RR 1989, 510; AK-*Ankermann* Rdnr. 11; *Wieczorek/Rössler* Anm. C II; *Zöller/Schneider*[18] Rdnr. 14; *Olschewski* NJW 1971, 551. A.A. RGZ 145, 152; *OLG Hamburg* FamRZ 1966, 110.
[19] A.A. MünchKomm ZPO-*Rimmelspacher* Rdnr. 11.
[20] *BAG* AP § 794 Nr. 17 (*Schumann*) = NJW 1969, 2221 = BB 1224 = Betrieb 1945; s. weiter *BGH* LM § 794 Abs. 1 Ziff. 1 Nr. 8 (Abweisung einer Widerklage als unzulässig wegen Erlöschens der Rechtshängigkeit der Hauptsache durch Vergleich). A.A. MünchKomm ZPO-*Rimmelspacher* Rdnr. 14 von seinem hier nicht geteilten, → Rdnr. 8, Ausgangspunkt aus, daß Nr. 2 nur bei abgesonderter Verhandlung über die Zulässigkeit nach § 280 anwendbar ist.
[21] *LG Nürnberg-Fürth* NJW 1976, 633 (für unwirksames Anerkenntnis); zustimmend *Prütting* DRiZ 1977, 78f.; *Baumbach/Lauterbach/Albers*[51] Rdnr. 7; *Thomas/Putzo*[18] Rdnr. 9. A.A. MünchKomm ZPO-*Rimmelspacher* Rdnr. 14.

einem anderen Punkt liegt, auf den das Untergericht von seinem Standpunkt aus nicht einzugehen brauchte. So hat das Berufungsgericht insbesondere auch dann in der Sache selbst zu entscheiden, wenn die Klage in erster Instanz zu Unrecht wegen Verjährung abgewiesen worden ist[22]; ebenso bei Abweisung wegen Fehlens der Aktivlegitimation[23]. Eine Ausnahme ist auch nicht etwa bei Abweisung der Klage in erster Instanz als zur Zeit unbegründet anzuerkennen; folgt das Berufungsgericht dem nicht (weil etwa inzwischen die fehlende Fälligkeit eingetreten ist), so hat es selbst zu entscheiden und kann die Sache nicht zurückverweisen[24]. Dies gilt auch dann, wenn die Abweisung als derzeit unbegründet darauf beruht, daß ein Schiedsgutachten noch nicht vorliegt[25].

## 2. Entscheidung des Berufungsgerichts

Hatte das Untergericht den prozessualen Mangel bejaht und demnach die **Klage durch Endurteil abgewiesen** und wird dieses Urteil in der Berufungsinstanz bestätigt, so ist die Berufung als unbegründet zurückzuweisen. Verneint das Berufungsgericht dagegen den Mangel, so ist das angefochtene Urteil aufzuheben und die Sache zurückzuverweisen (es sei denn, das Berufungsgericht macht von der Möglichkeit nach § 540 Gebrauch). Dies gilt auch dann, wenn der Mangel in zweiter Instanz geheilt ist (z. B. durch Genehmigung der Prozeßführung oder Erteilung der bisher fehlenden Prozeßführungsbefugnis)[26].

14

Hatte das Untergericht dem die Klage als unzulässig abweisenden Urteil eine **Hilfsbegründung** beigefügt, wonach die Klage auf jeden Fall **unbegründet** sei, so wird dadurch die Zurückverweisung deshalb entbehrlich und überdies auch unzulässig, weil damit eine Entscheidung in der Sache selbst ergangen ist[27]. Dies gilt unabhängig davon, ob man mit der h. M. der Auffassung ist, eine Klage könne nicht zugleich aus prozessualen und aus materiellen Gründen abgewiesen werden oder ob man ein derartiges Nebeneinander für zulässig hält (→ dazu § 537 Rdnr. 17). Der Umstand, daß das Urteil wegen angeblicher Unbestimmtheit seines Inhalts nach h.M. nicht von Bestand sein können soll, zwingt nicht dazu, die Hilfsbegründung als überhaupt nicht vorhanden zu betrachten; hier ist allein entscheidend, daß das Untergericht eine sachliche Prüfung der Klage vorgenommen hat[28].

15

## 3. Erledigung sämtlicher Rügen, Abs. 2

Hat das angefochtene Urteil nur über die Zulässigkeit der Klage entschieden, so hat das Berufungsgericht sämtliche Rügen zu erledigen, Abs. 2. Anders als in der früheren Fassung von Abs. 2 ist nicht mehr die Rede davon, alle »prozeßhindernden Einreden« seien zu erledigen. Abs. 2 ist insoweit dem Wortlaut von Abs. 1 Nr. 2 und § 282 Abs. 3 angepaßt worden, wo durch die Vereinfachungsnovelle der Ausdruck »prozeßhindernde Einreden«

16

---

[22] *BGHZ* 50, 25 = LM § 538 Nr. 12 (*Rietschel*) = NJW 1968, 1234 = MDR 576 = JZ 473; LM § 2332 BGB Nr. 9 = NJW 1985, 2945; *Rosenberg/Schwab/Gottwald*[15] § 140 IV 1 b; *Baumbach/Lauterbach/Albers*[51] Rdnr. 8; MünchKomm ZPO-*Rimmelspacher* Rdnr. 14; *Thomas/Putzo*[18] Rdnr. 10. A.A. *OLG Braunschweig* MDR 1975, 671; *OLG Hamm* MDR 1977, 585; *Zöller/Schneider*[18] Rdnr. 14.
[23] *BGH* NJW 1975, 1785; *Baumbach/Lauterbach/Albers*[51] Rdnr. 8; MünchKomm ZPO-*Rimmelspacher* Rdnr. 14; *Thomas/Putzo*[18] Rdnr. 10. A.A. *OLG Nürnberg* MDR 1968, 1017.
[24] MünchKomm ZPO-*Rimmelspacher* Rdnr. 14. A.A. *Walchshöfer* Festschrift f. Schwab (1990), 521, 530f.

[25] MünchKomm ZPO-*Rimmelspacher* Rdnr. 14; *Thomas/Putzo*[18] Rdnr. 10. A.A. *Walchshöfer* (Fn. 24), 521, 530f.; AK-*Ankermann* Rdnr. 11; *Baumbach/Lauterbach/Albers*[51] Rdnr.7; *Zöller/Schneider*[18] Rdnr. 14.
[26] *OLG Hamburg* SA 54, 511; *KG* Rsp 33, 62.
[27] AK-*Ankermann* Rdnr. 10; MünchKomm ZPO-*Rimmelspacher* Rdnr. 14. A.A. (fakultative Zurückverweisungsmöglichkeit) *Wieczorek/Rössler* Anm. C I; *Zöller/Schneider*[18] Rdnr. 11; *Rosenberg/Schwab/Gottwald*[15] § 140 IV 1 b.
[28] *RGZ* 158, 145, 155f.

ebenfalls ersetzt worden ist und von Rügen des Beklagten gesprochen wird. Wenn jetzt darauf abgestellt wird, daß alle »Rügen« zu erledigen sind, so ist das insofern mißverständlich, als dadurch der Eindruck erweckt werden könnte, daß nur über solche Zulässigkeitsvoraussetzungen zu entscheiden sei, die in erster oder zweiter Instanz vom Beklagten als fehlend gerügt worden sind[29]. Demgegenüber ist festzuhalten, daß Abs. 2 auf eine Entscheidung über die Zulässigkeit insgesamt abzielt[30]. Soweit es sich um von Amts wegen zu berücksichtigende Zulässigkeitsvoraussetzungen handelt, sind diese unabhängig von einer Rüge des Beklagten mitzuerledigen. War die Klage in erster Instanz als unzulässig abgewiesen worden, so darf das Berufungsgericht die Sache nur dann zurückverweisen, wenn es zu dem Ergebnis kommt, daß die Klage auch aus keinem anderen als dem vom erstinstanzlichen Gericht angeführten Grund unzulässig ist. Dazu, daß das Berufungsgericht selbst zu entscheiden hat, ob ein Abweisungsgrund die Zulässigkeit oder die Begründetheit betrifft, → Rdnr. 10.

17  Hält das erstinstanzliche Gericht die Klage für zulässig, so kann es dies nach abgesonderter Verhandlung durch **Zwischenurteil** aussprechen, § 280 Abs. 2. Ist durch das Zwischenurteil über die Zulässigkeit nicht insgesamt, sondern nur über einzelne Zulässigkeitsvoraussetzungen entschieden worden (was auch nach der Vereinfachungsnovelle zulässig ist, → § 280 Rdnr. 14), so war schon nach der alten Fassung streitig, ob das Berufungsgericht auch in diesem Fall alle Prozeßvoraussetzungen zu erledigen hat oder sich seine Entscheidungsbefugnis auf die in dem angefochtenen Urteil beschiedenen Prozeßvoraussetzungen beschränkt[31]. Die Frage wird durch die Neufassung von Abs. 2 nicht berührt. Für eine Beschränkung der Entscheidungsbefugnis des Berufungsgerichts spricht entscheidend, daß über die weiteren Zulässigkeitsvoraussetzungen nach wie vor das erstinstanzliche Gericht entscheiden muß, der Rechtsstreit also insoweit gar nicht in der Berufungsinstanz anhängig ist, → § 537 Rdnr. 6. Damit muß sich die Entscheidungsbefugnis des Berufungsgerichts auf die beschiedenen Prozeßvoraussetzungen beschränken[32]; Abs. 2 gilt hier nicht (→ auch § 280 Rndr. 20).

## V. Grundurteil, Abs. 1 Nr. 3.

18  Nr. 3 erfaßt sowohl den Fall, daß das erstinstanzliche Gericht über den Grund des Anspruchs durch **Grundurteil** nach § 304 vorabentschieden hat, wie auch den der **Klageabweisung**, obwohl letzterer strenggenommen deswegen aus dem Rahmen des § 538 herausfällt, weil der Klageanspruch hier im Gegensatz zu den sonstigen Fallgestaltungen des Abs. 1 sachlich erledigt ist, → Rdnr. 2.

### 1. Nach Grund und Betrag streitiger Anspruch

19  Es muß in der Berufungsinstanz ein nach Grund und Betrag streitiger Anspruch vorliegen, → dazu § 304 Rdnr. 4ff.; sofern § 304 nicht anwendbar ist, greift § 538 Abs. 1 Nr. 3 grundsätzlich nicht ein. Der Streit über Grund und Betrag muß schon in erster Instanz bestanden haben[33]. Die Zurückverweisung ist danach unzulässig, wenn erst in zweiter Instanz **von der Feststellungs- zur Leistungsklage übergegangen** wird[34]; hier muß das Berufungsgericht über

---

[29] Der mißverständliche Ausdruck »Rügen, die die Zulässigkeit der Klage betreffen«, wird auch in § 282 Abs. 2 verwendet, wo es auf eine Rüge des Beklagten ebenfalls nicht ankommt, → § 282 Rdnr. 33.
[30] So auch MünchKomm ZPO-*Rimmelspacher* Rdnr. 12.
[31] So die h.M.; s. insbesondere *BGHZ* 27, 15 = LM § 538 Nr. 8 = NJW 1958, 747 = MDR 412 = JZ 576 = BB 393 = ZZP 71 (1958), 456; *BAGE* 19, 146 = AP § 275

Nr. 2 (*Jauernig*) = NJW 1967, 648 (dazu *Lindacher* 1389) = MDR 435.
[32] Ebenso *BGH* NJW-RR 1986, 61, 62; AK-*Ankermann* Rdnr. 9; *Zöller/Schneider*[18] Rdnr. 28. A. A. MünchKomm ZPO-*Rimmelspacher* Rdnr. 12.
[33] *RGZ* 97, 98; AK-*Ankermann* Rdnr. 12; *Zöller/Schneider*[18] Rdnr. 16; *Thomas/Putzo*[18] Rdnr. 11. A. A. *Baumbach/Lauterbach/Albers*[51] Rdnr. 11.
[34] AK-*Ankermann* Rdnr. 14; *Wieczorek/Rössler*

den Betrag selbst entscheiden. Entsprechendes gilt, wenn neben der Feststellungsklage nunmehr auch eine Leistungsklage erhoben wird oder wenn eine Leistungsklage durch eine andere ersetzt wird[35]. Dabei kommt es nicht darauf an, ob die Klageänderung mit oder nach §§ 263, 264 Nr. 2, 3 ohne Einwilligung des Beklagten vorgenommen worden ist. Weiter ist es ohne Bedeutung, ob das Berufungsgericht sofort ein Endurteil oder seinerseits zunächst nur ein Grundurteil erläßt. Daß das Berufungsgericht in diesen Fällen nicht zurückverweisen darf ergibt sich daraus, daß es über neue, zulässigerweise erst in der Berufungsinstanz erhobene Ansprüche grundsätzlich selbst zu entscheiden hat, → Rdnr. 4. Es besteht kein Anlaß, von diesem Grundsatz dann eine Ausnahme zu machen, wenn der neue Anspruch ausnahmsweise nach Grund und Betrag streitig ist. Nur in dem Fall, daß der Betrag bei gleichbleibender Begründung erhöht wird (z. B. Erweiterung des in erster Instanz geltend gemachten Teilbetrags), hat sich die Zurückverweisung auch auf den neu hinzugetretenen Betrag mitzuerstrecken[36]. Bei **Klagehäufung** ist für jeden Anspruch gesondert zu klären, ob eine Zurückverweisung zu erfolgen hat, → auch Rdnr. 31. Ist etwa eine Feststellungsklage in erster Instanz mit einer Leistungsklage verbunden gewesen und ist hinsichtlich letzterer eine Zurückverweisung geboten, so darf sich diese auf die Feststellungsklage grundsätzlich nicht miterstrecken[37].

**Entsprechend anwendbar** ist Abs. 1 Nr. 3, wenn das erstinstanzliche Gericht eine **Stufen-** 20 **klage**, § 254, ganz abgewiesen hat, das Berufungsgericht hingegen dem Rechnungslegungsanspruch stattgegeben hat[38], → auch § 254 Rdnr. 39. Ebenso, wenn die Parteien den Rechtsstreit im Berufungsverfahren hinsichtlich des Auskunfts- und Rechnungslegungsbegehrens übereinstimmend für erledigt erklären und der Kläger jetzt seinen Zahlungsantrag beziffert; in diesem Fall muß das Berufungsgericht jedoch über den Grund des Zahlungsanspruchs selbst entscheiden und kann nur hinsichtlich der Höhe zurückverweisen[39].

### 2. Vorabentscheidung durch Grundurteil oder Klageabweisung

Voraussetzung für die Anwendbarkeit von Abs. 1 Nr. 3 ist weiter, daß entweder eine 21 Vorabentscheidung durch Grundurteil, § 304, vorliegt, in der der Anspruch dem Grunde nach bejaht worden ist, oder daß deswegen eine Klageabweisung ergangen ist, weil der Grund des Anspruchs verneint worden ist. War abgesonderte Verhandlung über den Grund angeordnet worden, so ergeben sich keine Schwierigkeiten; hier ist Abs. 1 Nr. 3 immer anwendbar. Da aber die Anwendung von § 304 – und folglich auch die von § 538 Abs. 1 Nr. 3 – nicht davon abhängt, daß eine abgesonderte Verhandlung angeordnet worden ist[40], → § 304 Rdnr. 7, und da in jedem Prozeß das Gericht die Klage, wenn es sie schon dem Grunde nach für unbegründet hält, ohne Erörterung des Betrags abweist, ist bei klageabweisenden Urteilen die Zurückverweisung stets zulässig und (abgesehen von der Möglichkeit nach § 540) notwendig, wenn bereits in erster Instanz, → Rdnr. 19, Grund und Betrag streitig waren und das Urteil wegen des fehlenden Grundes ergangen ist[41]. So, wenn etwa wegen fehlender Aktivlegitimation,

---

Anm. D I. A.A. *RGZ* 77, 396, 398f.; *OLG Frankfurt* NJW-RR 1987, 1536; *OLG Hamm* OLGZ 1988, 468, 469; *Baumbach/Lauterbach/Albers*[51] Rdnr. 11; Münch-Komm ZPO-*Rimmelspacher* Rdnr. 19; *Thomas/Putzo*[18] Rdnr. 12a; *Zöller/Schneider*[18] Rdnr. 20.

[35] *BGH* WM 1973, 296, 298; AK-*Ankermann* Rdnr. 14.

[36] MünchKomm ZPO-*Rimmelspacher* Rdnr. 19; AK-*Ankermann* Rdnr. 16.

[37] *BGH* VersR 1962, 252; LM § 538 Nr. 23 = NJW 1988, 1984 = MDR 400; MünchKomm ZPO-*Rimmelspacher* Rdnr. 20; *Wieczorek/Rössler* Anm. D I; AK-*Ankermann* Rdnr. 14. A.A. *OLG Düsseldorf* MDR 1985, 61;

*Zöller/Schneider*[18] Rdnr. 20; *Baumbach/Lauterbach/Albers*[51] Rdnr. 11.

[38] *BGH* LM § 538 Nr. 17 = NJW 1979, 925, 926; LM § 525 Nr. 6 = NJW 1985, 862 = MDR 840; LM § 254 Nr. 14 = NJW 1991, 1893 = MDR 670; *BGH* NJW-RR 1987, 1029; MünchKomm ZPO-*Rimmelspacher* Rdnr. 19; *Zöller/Schneider*[18] Rdnr. 21.

[39] *BGH* LM § 254 Nr. 14 (Fn.38); MünchKomm ZPO-*Rimmelspacher* Rdnr. 19; *Zöller/Schneider*[18] Rdnr. 21.

[40] *RGZ* 73, 65, 66; a.A. MünchKomm ZPO-*Rimmelspacher* Rdnr. 16.

[41] *Rosenberg/Schwab/Gottwald*[15] § 140 IV 1c; *Thomas/Putzo*[18] Rdnr. 12; AK-*Ankermann* Rdnr. 13.

Nichtzustandekommen eines Vertrags oder fehlenden Verschuldens bei einem Schadensersatzanspruch abgewiesen worden ist; anders dagegen bei Abweisung mangels Entstehens eines Schadens[42].

22    Nicht unter Abs. 1 Nr. 3 fällt es, wenn das **Untergericht über Grund und Betrag entschieden hatte**, das Berufungsgericht aber zunächst nur über den Grund entscheiden will. Hier kann das Berufungsgericht ein Grundurteil erlassen, → § 304 Rdnr. 10, muß dann aber anschließend selbst über den Betrag entscheiden. Eine Zurückverweisung kommt hier nicht in Betracht.

### 3. Bejahung des Anspruchs dem Grunde nach in der Berufungsinstanz

23    Erachtet das Berufungsgericht den Anspruch für unbegründet, und sei es auch nur wegen begründeter Aufrechnung, → § 304 Rdnr. 21, so hat es die Klage abzuweisen bzw. die Berufung zurückzuweisen. Für eine Zurückverweisung ist hier kein Raum. Zur Zurückverweisung kommt es nur dann, wenn das Berufungsgericht den **Grund des Anspruchs bejaht** und ausschließlich zur Verhandlung und Entscheidung über den Betrag. Das Berufungsgericht kann sich der Entscheidung, ob der Grund zu bejahen ist, demnach nicht entziehen. Es muß die Verhandlung über den Grund im Ganzen erledigen und insbesondere, wie sonst auch, → § 537 Rdnr. 12, über alle denkbaren Klagegründe sowie alle Einwendungen und Einreden entscheiden[43]. Das Berufungsgericht darf sich nicht darauf beschränken, das angefochtene Urteil aufzuheben und die Sache zurückzuverweisen; es muß vielmehr ein Grundurteil nach § 304 erlassen[44]. Hatte das Untergericht durch Grundurteil entschieden, so bedarf es bei Zurückweisung der Berufung deshalb keiner ausdrücklichen Zurückverweisung, weil der Rechtsstreit im übrigen ohnehin in erster Instanz anhängig geblieben war[45]. Ein Ausspruch der Zurückverweisung kann aus Gründen der Klarstellung jedoch gleichwohl ratsam sein.

### 4. Mitentscheidung über den Betrag

24    Nach Abs. 1 Nr. 3 hat die Zurückverweisung im Interesse der Prozeßbeschleunigung zu unterbleiben, wenn der **Streit über den Betrag zur Entscheidung reif** ist. Das Berufungsgericht hat also in jedem Fall vor Ausspruch der Zurückverweisung den Streitstoff auf etwaige Entscheidungsreife hinsichtlich des Betrags zu prüfen. Liegt Entscheidungsreife vor, so muß das Gericht auch über den Betrag entscheiden; es steht nicht etwa in seinem Ermessen, ob es gleichwohl zurückverweisen will.

25    An sich setzt die Entscheidung des Berufungsgerichts über den Betrag voraus, daß der Rechtsstreit auch bezüglich des Betrags in die zweite Instanz gelangt ist. Dies ist dann der Fall, wenn das Untergericht die **Klage wegen Verneinung des Grundes abgewiesen** hatte; hier ist das Verfahren für die erste Instanz abgeschlossen. Gegenstand der Berufungsinstanz ist nicht nur der Grund des Anspruchs, sondern auch die Höhe des Betrags. Handelt es sich bei dem angefochtenen Urteil dagegen um ein den Grund des Anspruchs bejahendes Zwischenurteil nach § 304, so ist der Streit über den Betrag an sich nicht in die zweite Instanz erwachsen, → Rdnr. 23. Gleichwohl hat das Berufungsgericht bei Entscheidungsreife auch hier über den Betrag mitzuentscheiden[46]. Dabei handelt es sich um eine auf Zweckmäßigkeitserwägungen

---

[42] *RGZ* 59, 427; *Baumbach/Lauterbach/Albers*[51] Rdnr. 11.
[43] *Baumbach/Lauterbach/Albers*[51] Rdnr. 12.
[44] *BGH* LM § 538 Nr. 15 = NJW 1978, 1430 = MDR 837 = BB 827; *Baumbach/Lauterbach/Albers*[51] Rdnr. 12; AK-*Ankermann* Rdnr. 13.
[45] *RGZ* 70, 182, 183; AK-*Ankermann* Rdnr. 13; *Zöller/Schneider*[18] Rdnr. 24; *Bettermann* ZZP 88 (1975), 390f.
[46] *BGH* NJW 1986, 182; *OLG Koblenz* MDR 1992, 805; AK-*Ankermann* Rdnr. 20; *Baumbach/Lauterbach/Albers*[51] Rdnr. 14; MünchKomm ZPO-*Rimmelspacher* Rdnr. 21. A. A. *Bettermann* ZZP 88 (1975), 394f.

beruhende, an sich nicht in das System passende Ausnahmevorschrift. Es ist auch nicht erforderlich, daß der Streit über den Betrag durch Anschließungsanträge besonders in das Berufungsverfahren eingeführt wird[47].

Voraussetzung für eine Entscheidung des Berufungsgerichts auch über den Betrag ist, daß der Streit auch insoweit **entscheidungsreif** ist. Die Entscheidungsreife muß im Zeitpunkt der Entscheidung über den Grund bestehen. Unstatthaft ist es, die Verhandlung weiter auszudehnen, um die Entscheidungsreife auch bezüglich des Betrags herbeizuführen. Im wesentlichen kommen daher nur die Fälle in Betracht, daß der Betrag nunmehr außer Streit steht[48] oder daß ein für die Überzeugung des Gerichts ausreichender Urkundenbeweis geführt ist (z. B. durch Vorlegung der Quittung über die Arztkosten oder mit den inzwischen nach § 304 Abs. 2 Halbs. 2 durchgeführten Beweisverhandlungen vor dem Untergericht)[49], oder daß das Berufungsgericht schließlich die Voraussetzungen für eine Schätzung nach § 287 Abs. 1 S. 1 für gegeben erachtet[50]. Auf jeden Fall müssen die Parteien Gelegenheit gehabt haben, ihre Einwendungen bezüglich der Höhe des Anspruchs erschöpfend geltend zu machen. Zu diesem Zweck empfiehlt es sich unbedingt, die Parteien über den beabsichtigten Erlaß einer Betragsentscheidung nicht im Zweifel zu lassen. 26

Liegt Entscheidungsreife nur bezüglich eines **Teils des Anspruchs** vor, so kann (→ § 301 Rdnr. 15) das Berufungsgericht insoweit über den Betrag durch Teilurteil erkennen und den Rechtsstreit im übrigen zurückverweisen. Es steht ihm aber auch frei, die Sache insgesamt zurückzuverweisen und vom Erlaß eines Teilurteils Abstand zu nehmen. 27

## VI. Vorbehaltsurteil im Urkunden- oder Wechselprozeß, Abs. 1 Nr. 4.

Nr. 4 greift ein, wenn das Gericht erster Instanz im Urkunden- oder Wechselprozeß den Beklagten unter Vorbehalt seiner Rechte verurteilt hat, § 599, und dieses Urteil vom Berufungsgericht bestätigt wird. Die Zurückverweisung ist dabei allerdings deshalb ein rein formaler, inhaltlich bedeutungsloser Akt, weil das Nachverfahren durch das Vorbehaltsurteil ohnehin nach wie vor in erster Instanz anhängig ist[51]. Wenn dagegen das Berufungsgericht unter Abänderung des angefochtenen Urteils den Anspruch selbst für unbegründet (§ 597 Abs. 1) oder die gewählte Prozeßart für unstatthaft (§ 597 Abs. 2) erklärt und hiernach die Klage unter Aufhebung des erstinstanzlichen Urteils abweist, so ist für eine weitere Verhandlung und damit für eine Zurückverweisung kein Raum. Hat das Untergericht die Klage aufgrund des § 597 Abs. 1 oder 2 abgewiesen, so kommt, wenn das Berufungsgericht den Anspruch für begründet und den Urkundenprozeß für statthaft erachtet und deswegen unter Vorbehalt der Rechte verurteilt, Abs. 1 Nr. 4, entsprechend zur Anwendung; anderenfalls ginge dem Beklagten für das Nachverfahren eine Instanz verloren, → § 600 Rdnr. 14[52]. Dagegen greift Abs. 1 Nr. 4 nicht ein, wenn das Urteil im Falle des § 599 Abs. 1 keinen Vorbehalt enthielt und dieser erst im Berufungsurteil ausgesprochen wurde[53]. Wegen der Zuständigkeit für das Nachverfahren in diesen Fällen → § 600 Rdnr. 14. Hat der Kläger in der Berufungsinstanz nach § 596 vom Urkundenprozeß Abstand genommen (zu dieser Möglich- 28

---

[47] *RGZ* 132, 103, 104f.; MünchKomm ZPO-*Rimmelspacher* Rdnr. 21.
[48] *OLG Frankfurt* NJW-RR 1986, 1350, 1353.
[49] *RGZ* 113, 261, 264; MünchKomm ZPO-*Rimmelspacher* Rdnr. 21.
[50] MünchKomm ZPO-*Rimmelspacher* Rdnr. 21.
[51] AK-*Ankermann* Rdnr. 21.
[52] *BGH* LM § 774 BGB Nr. 20 = NJW-RR 1988, 61 = MDR 227; *OLG München* OLGZ 1966, 34; NJW-RR 1987, 1024; *Baumbach/Lauterbach/Albers*[51] Rdnr. 9; MünchKomm ZPO-*Rimmelspacher* Rdnr. 23; *Thomas/Putzo*[18] Rdnr. 14; *Zöller/Schneider*[18] Rdnr. 26; *Rosenberg/Schwab/Gottwald*[15] § 140 IV 1d. A.A. RGZ 57, 184, 185; AK-*Ankermann* Rdnr. 21; *Wieczorek/Rössler* Anm. E I.
[53] A.A. AK-*Ankermann* Rdnr. 21.

keit → § 596 Rdnr. 5), so ist für eine Zurückverweisung deshalb kein Raum, weil die Abstandnahme sachlich einer Klageänderung gleichsteht[54].

29  Nr. 4 gilt entsprechend für das **Vorbehaltsurteil nach § 302**[55]. Ficht der Beklagte seine in erster Instanz erfolgte Vorbehaltsverurteilung an, so darf das Berufungsgericht bei unbegründeter Berufung nicht über die Gegenforderung mitentscheiden[56]. Insoweit ist der Rechtsstreit in erster Instanz anhängig geblieben. Nicht anders als beim Grundurteil, → Rdnr. 23, und beim Vorbehaltsurteil nach § 599, → Rdnr. 28, ist es jedoch auch beim Vorbehaltsurteil nach § 302 zu empfehlen, aus Gründen der Klarstellung die Zurückverweisung auszusprechen. Bei vorbehaltloser Verurteilung in erster Instanz hat das Berufungsgericht über beide Forderungen zu entscheiden; es kann zwar ein Vorbehaltsurteil nach § 302 erlassen, → § 302 Rdnr. 10, muß dann aber selbst das Nachverfahren durchführen[57] (zur entsprechenden Frage beim Grundurteil → Rdnr. 22). War die Klage wegen Nichtbestehens der Klageforderung in erster Instanz abgewiesen worden und bejaht das Berufungsgericht das Vorliegen der Klageforderung, so hat es ein Vorbehaltsurteil zu erlassen und den Rechtsstreit zur Entscheidung über die Gegenforderung zurückzuverweisen[58]. Anders, wenn die Aufrechnung erst in zweiter Instanz erklärt worden ist; hier kommt eine Zurückverweisung nicht in Betracht[59].

## VII. Versäumnisurteil, Abs. 1 Nr. 5

30  Über den Begriff des Versäumnisurteils → vor § 330 Rdnr. 23 ff.; zur nur beschränkten Möglichkeit einer Berufung gegen ein Versäumnisurteil → § 513 Rdnr. 4 ff. Ist die Klage bei Säumnis des Beklagten nach § 331 Abs. 1 abgewiesen worden, so findet Abs. 1 Nr. 5 keine Anwendung; das Berufungsgericht hat hier vielmehr nach § 537 die Sache in vollem Umfang zu verhandeln und zu entscheiden[60]. Bei Erlaß eines Anerkenntnisurteils ohne wirksames Anerkenntnis ist Abs. 1 Nr. 5 entsprechend anwendbar[61].

## VIII. Die Entscheidung über die Zurückverweisung

### 1. Zurückverweisung durch Endurteil

31  Das Berufungsurteil, das die Zurückverweisung ausspricht, ist ein **Endurteil**, das das Verfahren für die Berufungsinstanz erledigt und nach den Voraussetzungen der §§ 545 ff. der Revision unterliegt[62]; zur Beschwer → Allg. Einl. vor § 511 Rdnr. 79. Die Revision kann auch darauf gestützt werden, daß die Zurückverweisung deshalb unzulässig war, weil die Voraussetzungen von Abs. 1 Nr. 1–5 nicht vorlagen[63]. Lag dagegen ein Zurückverweisungsgrund vor, so steht es dem Berufungsgericht nach § 540 weitgehend frei, ob es zurückverweist oder in der Sache selbst entscheidet; die Wahl ist dabei grundsätzlich nicht revisibel, → § 540

---

[54] AK-*Ankermann* Rdnr. 21; *Baumbach/Lauterbach/Albers*[51] Rdnr. 9; MünchKomm ZPO-*Rimmelspacher* Rdnr. 22; *Thomas/Putzo*[18] Rdnr. 14; *Zöller/Schneider*[18] Rdnr. 26. A.A. KG JW 1931, 2039; OLG Schleswig SchlHA 1966, 88.
[55] OLG Düsseldorf MDR 1973, 586; *Bettermann* ZZP 88 (1975), 365, 396 ff.; AK-*Ankermann* Rdnr. 22; *Baumbach/Lauterbach/Albers*[51] Rdnr. 9; MünchKomm ZPO-*Rimmelspacher* Rdnr. 24. A.A. *Wieczorek/Rössler* Anm. E II.
[56] OLG Düsseldorf MDR 1973, 586; *Bettermann* ZZP 88 (1975), 396.
[57] AK-*Ankermann* Rdnr. 22.
[58] OLG Düsseldorf MDR 1973, 586. Für die Möglichkeit einer Zurückverweisung auch *Bettermann* ZZP 88 (1975), 398 f. A.A. (Entscheidung des Berufungsgerichts auch über die Gegenforderung) MünchKomm ZPO-*Rimmelspacher* Rdnr. 24.
[59] AK-*Ankermann* Rdnr. 22; *Wieczorek/Rössler* Anm. E II.
[60] AK-*Ankermann* Rdnr. 23; *Baumbach/Lauterbach/Albers*[51] Rdnr. 10.
[61] OLG München MDR 1991, 795; *Baumbach/Lauterbach/Albers*[51] Rdnr. 10; MünchKomm ZPO-*Rimmelspacher* Rdnr. 25; *Thomas/Putzo*[18] Rdnr. 15. A.A. AK-*Ankermann* Rdnr. 23.
[62] RGZ 102, 217, 218; AK-*Ankermann* Rdnr. 24; MünchKomm ZPO-*Rimmelspacher* Rdnr. 29; *Zöller/Schneider*[18] Rdnr. 3.
[63] AK-*Ankermann* Rdnr. 24.

Rdnr. 3. Zur Zurückverweisung durch das Revisionsgericht an das erstinstanzliche Gericht→ § 565 Rdnr. 26. Liegen die Voraussetzungen für eine Zurückverweisung nur für einen **Teil des Klageanspruchs** oder nur für die Klage oder Widerklage vor, so hat die Zurückverweisung insoweit zu erfolgen[64]; da das Berufungsgericht den Rechtsstreit im übrigen selbst zu entscheiden hat, kann es hier allerdings nach § 540 sachdienlich sein, von der Zurückverweisung abzusehen. Bei untrennbarem Gesamtzusammenhang muß der Rechtsstreit insgesamt zurückverwiesen werden[65].

Die Zurückverweisung erfolgt an das erstinstanzliche Gericht. Welcher Spruchkörper dort zu entscheiden hat, richtet sich nach dem Geschäftsverteilungsplan. Anders als bei der Zurückverweisung durch das Revisionsgericht, § 565 Abs. 1 S. 2, besteht keine Möglichkeit, die Sache an einen **anderen Spruchkörper** als denjenigen zu verweisen, der das angefochtene Urteil erlassen hat[66].  32

Das zurückverweisende Urteil hat **keine Nebenentscheidungen** zu enthalten. Die Kostenentscheidung ist dem Schlußurteil vorzubehalten, → § 97 Rdnr. 7. Eine Entscheidung über die vorläufige Vollstreckbarkeit kommt deshalb nicht in Betracht, weil das Urteil keinen vollstreckungsfähigen Inhalt hat, → § 708 Rdnr. 12.  33

### 2. Nachholung der Zurückverweisung

Eine Nachholung der unterbliebenen Zurückverweisung im Wege des **Ergänzungsurteils** nach § 321 ist ausgeschlossen[67]. Hat das Berufungsgericht von der Möglichkeit einer Zurückverweisung keinen Gebrauch gemacht, so hat es das Verfahren selbst zu Ende zu führen. Etwas anderes gilt nur bei Fallgestaltungen, bei denen die Zurückverweisung deshalb rein deklaratorisch gewesen wäre, weil der Rest des Verfahrens ohnehin in erster Instanz anhängig geblieben ist, → Rdnr. 23, 28, 29. Das Unterlassen eines Zurückverweisungsausspruchs ändert daran nichts.  34

## IX. Das weitere Verfahren

### 1. Fortsetzung der erstinstanzlichen Verhandlung

Die neue Verhandlung erster Instanz ist keine Fortsetzung der Berufungsverhandlung, sondern eine solche der ersten Instanz. Nach Rechtskraft der Zurückverweisung erfolgt nach §§ 216, 497 Terminsbestimmung von Amts wegen. Die bisherigen erstinstanzlichen Verhandlungsergebnisse bleiben bestehen und brauchen nicht etwa wiederholt zu werden (es sei denn, das Verfahren ist nach § 539 aufgehoben worden, → § 539 Rdnr. 17f.).  35

### 2. Bindung des erstinstanzlichen Gerichts

Obwohl es an einer § 565 Abs. 2 entsprechenden ausdrücklichen Vorschrift fehlt, ist das erstinstanzliche Gericht an das zurückverweisende Urteil des Berufungsgerichts gebunden[68]. Dies folgt zwar nicht aus § 318, denn dieser gilt nur für die in derselben Instanz erlassenen  36

---

[64] MünchKomm ZPO-*Rimmelspacher* Rdnr. 26; *Baumbach/Lauterbach/Albers*[51] Rdnr. 4.
[65] *Baumbach/Lauterbach/Albers*[51] Rdnr. 4.
[66] *Thomas/Putzo*[18] Rdnr. 3; MünchKomm ZPO-*Rimmelspacher* Rdnr. 27; *Baumbach/Lauterbach/Albers*[51] Rdnr. 4.
[67] A. A. *Baumbach/Lauterbach/Albers*[51] Rdnr. 4.

[68] BGHZ 25, 200, 203 = NJW 1958, 59 = JZ 277; 51, 131, 135; AK-*Ankermann* Rdnr. 5; *Baumbach/Lauterbach/Albers*[51] Rdnr. 3; MünchKomm ZPO-*Rimmelspacher* Rdnr. 30; *Thomas/Putzo*[18] § 539 Rdnr. 14; *Zöller/Schneider*[18] Rdnr. 7; *Rosenberg/Schwab/Gottwald*[15] § 140 IV 4.

Urteile, → § 318 Rdnr. 4, wohl aber aus der formellen Rechtskraft des Berufungsurteils und aus der Stellung des im Instanzenzug untergeordneten Gerichts. Diese Bindung bezieht sich aber nur auf das, worüber das Berufungsgericht entschieden hat, z.B. auf den Grund des Anspruchs im Gegensatz zum Betrag, und nicht auch auf etwaige weitergehende, zu der zurückverwiesenen Sache angestellte Erwägungen. Die Bindung ist auch hier – ebenso wie bei § 565 Abs. 2 – auf die rechtliche Beurteilung zu beschränken, um den Richter der ersten Instanz nicht unangemessen weit zu binden. Außerdem ist das Untergericht an seine eigenen Zwischenurteile gebunden, soweit diese nicht mitaufgehoben worden sind[69]. Im übrigen hat das Untergericht für die weitere Verhandlung freie Hand. Das Verbot der reformatio in peius gilt allerdings auch für das Untergericht, → § 539 Rdnr. 20. Die den Grund des Anspruchs bejahende Entscheidung steht deshalb nach erfolgter Zurückverweisung etwa einer Prozeßabweisung durch das erstinstanzliche Gericht entgegen, →§ 536 Rdnr. 7.

### 3. Selbstbindung des Berufungsgerichts

37 Gelangt die Sache von neuem in die Berufungsinstanz, so ist das Berufungsgericht an seine frühere Entscheidung nach § 318 gebunden[70]. Es gilt Entsprechendes wie bei der Selbstbindung des Revisionsgerichts, → dazu § 565 Rdnr. 17f. Hatte gegen das zurückverweisende Berufungsurteil keine Partei Revision eingelegt, so ist das Revisionsgericht ebenfalls an die Rechtsauffassung des Berufungsgerichts gebunden, sofern die Sache später in die Revision geht[71]. Die Bindung des Berufungsgerichts an seine Rechtsauffassung in der zurückverweisenden Entscheidung ist vom Revisionsgericht dabei von Amts wegen zu beachten[72].

### X. Kosten

38 Hinsichtlich der **Gerichtsgebühren** bildet das weitere Verfahren erster Instanz mit dem früheren Verfahren vor dem Untergericht eine Instanz (§ 33 GKG), nicht aber die spätere Berufung gegen das nach der Zurückverweisung erlassene Endurteil mit der früheren Berufungsinstanz[73]. Für die **Anwaltsgebühren**, mit Ausnahme der Prozeßgebühr, gilt dagegen das Verfahren vor dem Untergericht als neue Instanz. Eine neue Prozeßgebühr fällt deswegen nicht an, weil die Zurückverweisung dazu nach § 15 Abs. 1 S. 2 BRAGO an ein Gericht erfolgen müßte, das bisher mit der Sache noch nicht befaßt war, was bei § 538 aber nicht möglich ist, → Rdnr. 32. In den Fällen einer bloß klarstellenden Zurückverweisung, in denen das Verfahren ohnehin noch teilweise in der ersten Instanz anhängig geblieben war, → Rdnr. 23, 28, 29, ist das weitere Verfahren für die Anwaltsgebühren keine neue Instanz[74].

### XI. Arbeitsgerichtliches Verfahren

39 Im Gegensatz zu § 539 (→ dort Rdnr. 21ff.) gilt § 538 auch im arbeitsgerichtlichen Verfahren[75]. Dies beschränkt sich allerdings auf das Urteilsverfahren. Im Beschlußverfahren ist eine

---

[69] MünchKomm ZPO-*Rimmelspacher* Rdnr. 30.
[70] RG Warn. 1934, 351; BGHZ 25, 200, 203 (Fn. 68); 51, 131, 135; NJW 1992, 2831 = WM 1920 = MDR 1180 = ZIP 1993, 295 = LM § 318 Nr. 17; AK-*Ankermann* Rdnr. 5; *Baumbach/Lauterbach/Albers*[51] Rdnr. 3; MünchKomm ZPO-*Rimmelspacher* Rdnr. 31; *Rosenberg/Schwab/Gottwald*[15] § 140 IV 4; a.A. *Tiedtke* ZIP 1993, 252.
[71] BGHZ 25, 200 (Fn.68); MünchKommm ZPO-*Rimmelspacher* Rdnr. 32.
[72] BGH NJW 1992, 2831 (Fn. 70).
[73] OLG Köln Rpfleger 1963, 362; MünchKomm ZPO-*Rimmelspacher* Rdnr. 32.
[74] MünchKomm ZPO-*Rimmelspacher* Rdnr. 32.
[75] BAGE 5, 139, 143 = AP § 322 Nr. 2; 12, 75, 81 = AP § 5 KSchG Nr. 3; 38, 55, 60 = AP § 68 ArbGG 1979 Nr. 1; *Grunsky*[6] § 68 Rdnr. 2; Germelmann/Matthes/Prütting § 68 Rdnr. 8.

Zurückverweisung vom Landesarbeitsgericht an das Arbeitsgericht nach § 91 Abs. 1 S. 2 ArbGG nicht zulässig. Auch für das Urteilsverfahren ergeben sich gewisse Besonderheiten. Zunächst scheidet Abs. 1 Nr. 4 deswegen aus, weil im arbeitsgerichtlichen Verfahren ein Urkunden- oder Wechselprozeß nichts statthaft ist, § 46 Abs. 2 S. 2 ArbGG.

Für Abs. 1 Nr. 3 (**Grundurteil**) ist im arbeitsgerichtlichen Verfahren ebenfalls kein Raum. Die erste Alternative (Erlaß eines Grundurteils nach § 304) kann deswegen nicht praktisch werden, weil ein Grundurteil nicht selbständig angefochten werden kann, § 61 Abs. 3 ArbGG, → § 511 Rdnr. 13. Eine Zurückverweisung kommt aber auch dann nicht in Betracht, wenn das Arbeitsgericht die Klage abgewiesen hat, während das Landesarbeitsgericht den Anspruchsgrund bejaht. Der Sache nach wäre eine solche Entscheidung ein die Instanz beendendes Grundurteil und würde damit § 61 Abs. 3 ArbGG widersprechen[76]. 40

Im Hinblick auf die besondere **Beschleunigungsbedürftigkeit** des arbeitsgerichtlichen Verfahrens, § 9 Abs. 1 ArbGG, kann es in weiterem Umfang als im ordentlichen Verfahren sachdienlich sein, daß das Berufungsgericht von der nach § 540 gegebenen Möglichkeit einer eigenen Entscheidung unter Absehen von einer Zurückverweisung Gebrauch macht[77]. 41

## § 539 [Zurückverweisung wegen Verfahrensmängeln]

**Leidet das Verfahren des ersten Rechtszugs an einem wesentlichen Mangel, so kann das Berufungsgericht unter Aufhebung des Urteils und des Verfahrens, soweit das letztere durch den Mangel betroffen wird, die Sache an das Gericht des ersten Rechtszuges zurückverweisen.**

Gesetzesgeschichte: Bis 1900 § 501 CPO. Änderung: BGBl. 1950 S. 455.

| | | | |
|---|---|---|---|
| I. Die Mängel | 1 | ee) Urteilsformen | 10 |
| 1. Verfahrens- und Urteilsfindungsmängel | 1 | ff) Sonstige Urteilsmängel | 11 |
| 2. Verfahrensmängel | 2 | II. Zurückverweisungsermessen | 12 |
| a) Standpunkt des Untergerichts | 2 | 1. Ermessensspielraum des Berufungsgerichts | 12 |
| b) Wesentlichkeit des Verfahrensmangels | 3 | 2. Rechtsmittel | 15 |
| c) Einzelne Verfahrensmängel | 5 | III. Die Zurückverweisung | 16 |
| aa) Absolute Revisionsgründe | 6 | IV. Das weitere Verfahren | 19 |
| bb) Rechtliches Gehör | 7 | V. Arbeitsgerichtliches Verfahren | 21 |
| cc) Beweisverfahren | 8 | | |
| dd) Anträge | 9 | | |

## I. Die Mängel

### 1. Verfahrens- und Urteilsfindungsmängel

§ 539 gestattet die Zurückverweisung, wenn das Verfahren an einem wesentlichen Mangel 1 leidet. Es muß sich um einen Verfahrensmangel (error in procedendo) handeln. Im Gegensatz dazu stehen **Mängel in der Urteilsfindung** (error in iudicando), also der unrichtige Inhalt eines

---

[76] *Grunsky*[6] § 68 Rdnr. 4. A.A. Germelmann/Matthes/Prütting § 68 Rdnr. 18.

[77] *Grunsky*[6] § 68 Rdnr. 5; Germelmann/Matthes/Prütting § 68 Rdnr. 21.

prozeßordnungsmäßig erlassenen Urteils, → § 559 Rdnr. 8f. Sie rechtfertigen auch bei greifbarer Gesetzeswidrigkeit die Zurückverweisung nicht[1]; hier hat das Berufungsgericht den Fehler des erstinstanzlichen Gerichts selbst zu korrigieren. Es kommt auch nicht etwa eine entsprechende Anwendung von § 539 in Betracht[2]. Dies gilt etwa bei der Verkennung der Beweislast[3] oder bei der unrichtigen Auslegung eines Vertrags[4]. Noch weniger ist ein Verfahrensmangel dann gegeben, wenn sich die materielle Rechtslage durch einen nachträglichen Vorgang, wie etwa eine rückwirkende Anfechtung, nach Abschluß der ersten Instanz geändert hat.

### 2. Verfahrensmängel

#### c) Standpunkt des Untergerichts

2   Ob ein Verfahrensmangel vorliegt, beurteilt sich vom materiellrechtlichen Standpunkt des Untergerichts aus[5]. Trotz Unrichtigkeit des materiellrechtlichen Ausgangspunktes liegt dann kein Verfahrensfehler vor, wenn das erstinstanzliche Gericht von seinem Standpunkt aus verfahrensrechtlich ordnungsmäßig vorgegangen ist (z.B. keine Beweise erhoben hat, die seiner Rechtsansicht nach nicht entscheidungserheblich waren). Daß das erstinstanzliche Gericht von seinem Standpunkt aus den Rechtsstreit möglicherweise nicht vollständig verhandelt hat, kann der beschwerten Partei zwar unter Umständen praktisch eine Instanz nehmen, doch stellt das für sich allein keinen Verfahrensfehler dar. Anderenfalls wäre eine Zurückverweisung praktisch immer möglich, wenn der Rechtsstreit unter Zugrundelegung der Rechtsansicht des Berufungsgerichts in der ersten Instanz nicht erschöpfend verhandelt worden ist.

#### b) Wesentlichkeit des Verfahrensmangels

3   Voraussetzung für die Möglichkeit einer Zurückverweisung ist ein »wesentlicher« Verfahrensmangel. Dazu reicht es aus, daß der Mangel für den Inhalt des angefochtenen Urteils ursächlich geworden ist[6]; Das **Urteil muß auf dem Verfahrensmangel beruhen**. Verfahrensmängel die sich auf den Inhalt des Urteils nicht ausgewirkt haben, rechtfertigen die Zurückverweisung dagegen nicht[7]. Eine Ausnahme gilt insoweit jedoch für die in § 551 enthaltenen Mängel, → dazu Rdnr. 6. Nicht erforderlich ist, daß sich der Verfahrensfehler als besonders schwerwiegend darstellt[8]. Ein wesentlicher Verfahrensmangel soll auch dann vorliegen, wenn der Verstoß so erheblich ist, daß das Verfahren keine ordnungsmäßige Grundlage für die erstinstanzliche Entscheidung darstellt[9]. Ob daraus konkrete Folgerungen hergeleitet werden

---

[1] MünchKomm ZPO-*Rimmelspacher* Rdnr. 5.
[2] *BGH* NJW 1975, 1785, 1786; *OLG Schleswig* FamRZ 1988, 736; MünchKomm ZPO-*Rimmelspacher* Rdnr. 5.
[3] *BGH* LM § 539 Nr. 15 = NJW-RR 1988, 831 = BB 799; AK-*Ankermann* Rdnr. 5.
[4] *BGH* LM § 539 Nr. 21 = ZZP 106 (1993), 241 (*Rimmelspacher*) = NJW 1993, 538 = MDR 267.
[5] *BGHZ* 18, 107 = LM § 539 Nr. 5 (*Johannsen*) = NJW 1955, 1358 = JZ 548; LM § 539 Nr. 6; *BGHZ* 31, 358, 362 = LM § 539 Nr. 8 = NJW 1960, 669; *BGHZ* 86, 218, 221 = LM § 277 Nr. 1 = NJW 1983, 822; LM § 32 Nr. 12 = NJW 1986, 2436; LM § 539 Nr. 15 = NJW-RR 1988, 831 = ZIP 1000 = BB 799 = WM 1031; LM § 313 BGB Nr. 128 = NJW-RR 1990, 340; LM HaftpflG 1978 Nr. 14 = NJW-RR 1990, 1500 = MDR 1991, 228; LM § 539 Nr. 19 = NJW 1991, 704; NJW 1993, 538 = MDR 267; JZ 1993, 954, 955; *E.Schneider* MDR 1973, 449; AK-*Ankermann* Rdnr. 2; *Thomas/Putzo*[18] Rdnr. 3; *Zöller/Schneider*[18] Rdnr. 3; *Rosenberg/Schwab/Gottwald*[15] § 140 IV 2a. A.A. (Maßgeblichkeit des Standpunkts des Berufungsgerichts) MünchKomm ZPO-*Rimmelspacher* Rdnr. 6.
[6] *Thomas/Putzo*[18] Rdnr. 5; AK-*Ankermann* Rdnr. 3.
[7] *BGHZ* 31, 358, 364 (Fn. 5); LM § 539 Nr. 16 = NJW-RR 1990, 480 = MDR 413.
[8] MünchKomm ZPO-*Rimmelspacher* Rdnr. 7.
[9] *BGH* LM § 539 Nr. 6 = NJW 1957, 714 = ZZP 70 (1957), 470; *Rosenberg/Schwab/Gottwald*[15] § 140 IV 2b; *Baumbach/Lauterbach/Albers*[51] Rdnr. 3. Kritisch dazu MünchKomm ZPO-*Rimmelspacher* Rdnr. 7.

können, erscheint fraglich. Letztlich bedeutet jeder Verfahrensmangel, der sich auf den Inhalt des Urteils ausgewirkt hat, daß es an einer ordnungsgemäßen Grundlage der Entscheidung fehlt. Auf ein **Verschulden** des erstinstanzlichen Richters kommt es nicht an; entscheidend ist allein, daß objektiv ein wesentlicher Verfahrensmangel vorliegt[10].

Unerheblich ist, ob der Mangel nach § 295 **heilbar** war; auch ein heilbarer Verfahrensmangel kann i.S. von § 539 wesentlich sein[11]. Ist allerdings Heilung eingetreten, so hat sich der Mangel damit erledigt und kann sich auf das weitere Verfahren nicht mehr auswirken, womit auch eine Zurückverweisung ausscheidet. 4

### c) Einzelne Verfahrensmängel

Grundsätzlich kann jeder Verfahrensfehler nach § 539 zur Zurückverweisung führen. Eine erschöpfende Behandlung der in Betracht kommenden Verfahrensfehler ist an dieser Stelle weder möglich noch erforderlich. Im Folgenden können nur einige in der Rechtsprechung entschiedene Fallgestaltungen angeführt werden. Wegen weiterer Einzelheiten ist auf die Darstellung der jeweils verletzten Bestimmung zu verweisen. 5

#### aa) Absolute Revisionsgründe

Obwohl sich ein absoluter Revisionsgrund häufig inhaltlich nicht auf das angefochtene Urteil auswirkt, → § 551 Rdnr. 1, rechtfertigen alle in § 551 enthaltenen Mängel eine Zurückverweisung[12]. Wenn der Gesetzgeber in § 551 bestimmte Verfahrensverstöße als so gravierend einstuft, daß er meint, das Berufungsurteil beruhe auf keiner hinreichenden Verfahrensgrundlage, dann muß Entsprechendes auch dann angenommen werden, wenn der Mangel statt in zweiter schon in erster Instanz vorliegt. Eine Zurückverweisung ist also nach § 539 möglich, wenn statt der Kammer der Einzelrichter entschieden hat[13] (oder umgekehrt[14]), oder wenn ein Richter wegen Gesetzwidrigkeit des Geschäftsverteilungsplans nicht zur Entscheidung berufen war[15]. Ebenso bei Mitwirkung eines ausgeschlossenen oder mit Erfolg abgelehnten Richters[16] sowie bei nicht ordnungsmäßiger Vertretung einer Partei[17] oder Verletzung der Vorschriften über die Öffentlichkeit der Verhandlung. 6

#### bb) Rechtliches Gehör

Die Verletzung des Anspruchs auf rechtliches Gehör stellt einen wesentlichen Verfahrensmangel dar, der zur Zurückverweisung berechtigt[18]. Von großer praktischer Bedeutung ist dies insbesondere bei der Verletzung von Verfahrensvorschriften, die eine Konkretisierung von Art. 103 Abs. 1 GG darstellen, wie die Präklusionsvorschriften[19], die richterliche Hin- 7

---

[10] *LG Stuttgart* ZZP 69 (1956), 444; AK-*Ankermann* Rdnr. 4; *Zöller/Schneider*[18] Rdnr. 2.
[11] AK-*Ankermann* Rdnr. 2.
[12] *BGH* LM § 565 Abs. 3 Nr. 17 = NJW 1992, 2099 = MDR 840; *Baumbach/Lauterbach/Albers*[51] Rdnr. 4; *Zöller/Schneider*[18] Rdnr. 4; *Rosenberg/Schwab/Gottwald*[15] § 140 IV 2b. A.A. MünchKomm ZPO-*Rimmelspacher* Rdnr. 8 (zwischen § 551 und § 539 bestünden keine Beziehungen).
[13] *OLG Schleswig* SchlHA 1982, 198; NJW 1988, 69; *Seidel* ZZP 99 (1986), 64, 87 ff. S. weiter *OLG Nürnberg* NJW-RR 1993, 573 (Übertragung an den Einzelrichter,

ohne daß die Voraussetzungen von § 348 Abs. 1 vorliegen).
[14] *OLG Koblenz* MDR 1986, 153.
[15] *BayObLG* DRiZ 1980, 72, 73.
[16] MünchKomm ZPO-*Rimmelspacher* Rdnr. 10.
[17] *BGH* LM § 565 Abs. 3 Nr. 17 (Fn. 12).
[18] *OLG Frankfurt* NJW-RR 1992, 62; *OLG Celle* VersR 1993, 629; MünchKomm ZPO-*Rimmelspacher* Rdnr. 14.
[19] *BGHZ* 86, 218, 221 = NJW 1983, 822; *OLG Stuttgart* NJW-RR 1986, 1062.

weispflicht nach § 139[20], das Verbot einer Überraschungsentscheidung, § 278 Abs. 3[21], sowie das Gebot, tatsächliches und rechtliches Vorbringen der Partei effektiv zu berücksichtigen.

### cc) Beweisverfahren

8  Ein wesentlicher Verfahrensfehler kann darin liegen, daß angebotene Beweise nicht erhoben worden sind[22] oder daß umgekehrt ein Beweis unzulässigerweise erhoben worden ist[23]. Weiter gehören hierher ein Verstoß gegen den Grundsatz der Parteiöffentlichkeit, § 357 Abs. 1[24], die Verkennung des Eingreifens von § 287[25], eine Behinderung der Partei bei Ausübung ihres Fragerechts nach § 397[26] sowie schwere Fehler bei der Beweiswürdigung[27].

### dd) Anträge

9  Eine Zurückverweisung kommt weiter dann in Betracht, wenn das Untergericht unter Verstoß gegen § 308 etwas nicht Beantragtes zugesprochen hat[28] oder wenn es bei Eventualaufrechnung die Klage wegen der Aufrechnung ohne Entscheidung über die Klageforderung abgewiesen hat[29]; ebenso bei Klageabweisung unter Außerachtlassung eines Verweisungsantrags. Hat das Untergericht nicht alle zulässigerweise gestellten Anträge beschieden, so ist das Urteil nach § 321 zu ergänzen; eine Zurückverweisung kommt insoweit nicht in Betracht. Wohl dagegen bei fehlerhafter Nichtzulassung einer Klageänderung.

### ee) Urteilsformen

10  Ein die Zurückverweisung ermöglichender Verfahrensmangel kann darin liegen, daß das erstinstanzliche Gericht eine Urteilsform gewählt hat, deren Voraussetzungen nicht vorlagen. Von praktischer Bedeutung ist das insbesondere bei einem unzulässigen Teilurteil[30], gilt weiter aber auch bei unzulässigen Vorbehalts-, Grund- oder Zwischenurteilen. Weiter gehört hierher der Fall einer Entscheidung nach Lage der Akten, ohne daß die Voraussetzungen von § 251a Abs. 2 vorliegen, oder einer Entscheidung während der Unterbrechung des Verfahrens, → § 249 Rdnr. 28. Zum Erlaß eines Anerkenntnisurteils ohne wirksames Anerkenntnis → § 528 Rdnr. 30.

### ff) Sonstige Urteilsmängel

11  Im Zusammenhang mit dem Erlaß und der Abfassung des Urteils kommen als Verfahrensmängel in Betracht Mängel der Verkündung, Verkündung in einem Verkündungstermin, ohne daß das Urteil schon in vollständiger Form abgefaßt ist, § 310 Abs. 2, die falsche Bezeichnung eines Richters, → § 313 Rdnr. 15, unklare Angaben der Parteien, soweit dies nicht vom

---

[20] *BGH* LM § 50 Nr. 41 = NJW-RR 1988, 477; § 539 Nr. 18 = NJW-RR 1991, 256 = MDR 140; *OLG Frankfurt* NJW 1989, 722.
[21] *OLG Köln* ZIP 1989, 604; *OLG Hamm* MDR 1993, 270.
[22] *BGH* NJW 1951, 481, 482; 1957, 714; 1984, 2888, 2889; *OLG Frankfurt* NJW 1986, 855.
[23] *OLG Saarbrücken* OLGZ 1984, 122. A. A. Münch-Komm ZPO-*Rimmelspacher* Rdnr. 20.
[24] *OLG Köln* MDR 1973, 856 (unangemessen kurzfristige Anberaumung eines Beweistermins).

[25] *OLG Zweibrücken* NJW-RR 1989, 221, 222.
[26] *OLG Naumburg* JW 1926, 855.
[27] *BGH* LM § 539 Nr. 6 (Fn. 9); *OLG Düsseldorf* OLGZ 1970, 170.
[28] *RGZ* 110, 140; *Rosenberg/Schwab/Gottwald*[15] § 140 IV 2b.
[29] *BGHZ* 31, 358, 363 (Fn. 5).
[30] *OLG Frankfurt* MDR 1983, 498.

Berufungsgericht berichtigt werden kann, → § 313 Rdnr. 13 ff., Abfassung in abgekürzter Form, ohne daß die Zulässigkeitsvoraussetzungen vorliegen, → § 313 b Rdnr. 22, das gänzliche Fehlen eines Tatbestandes oder eine solche Mangelhaftigkeit, daß der Inhalt des erstinstanzlichen Vorbringens, soweit darüber entschieden ist, daraus nicht entnommen werden kann, → § 313 Rdnr. 56, sowie das Fehlen von Entscheidungsgründen, → § 313 Rdnr. 66. Kein Verfahrensmangel i. S. von § 539 ist dagegen das Fehlen einer Zustellung des Urteils; dies wirkt sich lediglich auf die Berufungsfrist aus, → § 516 Rdnr. 12 ff.

## II. Zurückverweisungsermessen

### 1. Ermessensspielraum des Berufungsgerichts

Liegt ein wesentlicher Verfahrensmangel vor, so kann das Berufungsgericht nach seinem freien Ermessen, anstatt selbst unter Behebung des Mangels zu entscheiden, die Sache unter Aufhebung des angefochtenen Urteils und des Verfahrens zur Entscheidung an die erste Instanz zurückverweisen. Die Zurückverweisung steht im **Ermessen des Berufungsgerichts**, auch wenn es aufgrund der Verhandlung die Sache selbst entscheiden könnte. Bei der Ausübung seines Ermessens hat das Berufungsgericht den Vorteil der vollen Wahrung des Instanzenzugs (vor allem bei umfangreicher Neuverhandlung) gegen den Nachteil der mit der Zurückverweisung verbundenen Verzögerung der Erledigung des Rechtsstreits abzuwägen[31]. Der mit der Zurückverweisung für die Parteien notwendig verbundene Aufwand an Zeit und Kosten spricht im allgemeinen dafür, von der Befugnis des § 539 nur maßvoll Gebrauch zu machen[32]. Es kann also nicht davon gesprochen werden, daß die Zurückverweisung die Regel bilden muß[33]. Umgekehrt geht es zu weit, die Zurückverweisung auf sog. »Notfälle« zu beschränken[34]. Unangemessen ist die Zurückverweisung dann, wenn das Berufungsgericht schon aus Rechtsgründen aufgrund des Klagevortrags zur Abweisung gelangt[35]. Darüber hinaus ist bei Entscheidungsreife in aller Regel von einer Zurückverweisung abzusehen. Für eine Entscheidung in der Sache selbst kann weiter das Einverständnis der Parteien damit sprechen[36]. 12

Ist das Verfahren infolge des Verfahrensfehlers **teilweise in der ersten Instanz und teilweise in der Berufungsinstanz anhängig**, so muß das Berufungsgericht zurückverweisen. Dies gilt etwa dann, wenn in erster Instanz über eine Widerklage in der irrigen Annahme nicht entschieden worden ist, diese sei zurückgenommen worden[37] oder wenn unzulässigerweise, → § 301 Rdnr. 11, über einen einzelnen Klagegrund ein Teilurteil erlassen worden ist, → § 540 Rdnr. 7. Bei einem unzulässigen Vorbehalts-, Grund- oder Zwischenurteil gilt Entsprechendes. 13

Eine ausdrückliche **Rüge des Verfahrensmangels** ist (anders als bei der Revision, § 559 Abs. 2 S. 2) nicht erforderlich. Das Berufungsgericht hat die wesentlichen Mängel des Verfahrens vielmehr von Amts wegen zu berücksichtigen. Das Unterlassen einer Rüge kann allerdings zur Heilung des Mangels nach § 295 geführt haben, → Rdnr. 4. Die Zurückverweisung setzt ferner **keinen Antrag** voraus; das Berufungsgericht hat vielmehr von Amts wegen darüber zu entscheiden, ob es zurückverweist oder in der Sache selbst entscheidet[38]. Zur 14

---

[31] MünchKomm ZPO-*Rimmelspacher* Rdnr. 28; *Thomas/Putzo*[18] Rdnr. 1.
[32] *RG* JW 1936, 3543; *BGHZ* 31, 358, 362 (Fn. 5); LM § 539 Nr. 15 (Fn. 5): »strenger Maßstab«.
[33] So aber *OLG Braunschweig* NdsRpfl. 1964, 199.
[34] So aber *RG* HRR 1939 Nr. 488.
[35] *BGH* ZZP 70 (1957), 468; *OLG Köln* MDR 1959, 134.
[36] *BGH* MDR 1967, 757.
[37] *OLG Düsseldorf* OLGZ 1965, 186.
[38] MünchKomm ZPO-*Rimmelspacher* Rdnr. 31.

Bedeutung eines Antrags auf Zurückverweisung bzw. auf Entscheidung in der Sache selbst für die Beschwer → Allg. Einl. vor § 511 Rdnr. 79.

## 2. Rechtsmittel

15  Die Entscheidung des Berufungsgerichts unterliegt wie sonst (→ §§ 549, 550 Rdnr. 20) der **Nachprüfung des Revisionsgerichts** nur hinsichtlich der Voraussetzungen und Grenzen des Ermessens[39]. Die Revision gegen ein zurückverweisendes Urteil kann also darauf gestützt werden, daß das erstinstanzliche Verfahren entgegen der Annahme des Berufungsgerichts nicht an einem wesentlichen Mangel gelitten hat[40], oder daß der Mangel nicht das Verfahren, sondern nur die Urteilsfindung betreffe, → Rdnr. 1. Dagegen kann eine nur unzweckmäßige Ermessensausübung nicht gerügt werden[41]. Hat das Berufungsgericht sein Ermessen dagegen gar nicht ausgeübt, so begründet dies die Revision; ebenso bei einem Fehlgebrauch des Ermessens[41a]. Soweit die Entscheidung des Berufungsgerichts über die Zurückverweisung in der Revisionsinstanz nachprüfbar ist, muß sie **begründet** werden; anderenfalls ist eine Überprüfung nicht möglich[42]. Das Fehlen einer solchen Begründung stellt einen mit der Revision angreifbaren Verfahrensverstoß dar[43]. Da die Ermessensentscheidung des Berufungsgerichts auch davon abhängt, ob die Sache trotz des vom erstinstanzlichen Gericht begangenen Verfahrensverstoßes entscheidungsreif ist, → Rdnr. 12, kann das Berufungsgericht gezwungen sein, zumindest insoweit zur Sache selbst Ausführungen zu machen[44]. Diese sind in der Revisionsinstanz ebenfalls nachprüfbar, wobei das Berufungsgericht allerdings nicht nach § 565 Abs. 2 gebunden ist[45].

## III. Die Zurückverweisung

16  Die Zurückverweisung erfolgt durch Endurteil; Einzelheiten → § 538 Rdnr. 31 ff. Das erstinstanzliche **Urteil** muß dabei jeweils **aufgehoben** werden. Bezieht sich der Verfahrensmangel nur auf einen Teil des angefochtenen Urteils, so kann die Aufhebung und Zurückverweisung auf diesen Teil beschränkt werden, → § 538 Rdnr. 31.

17  Neben dem angefochtenen Urteil muß außerdem das **Verfahren erster Instanz aufgehoben** werden, soweit es durch den Mangel betroffen wird. Dies ist dann nicht der Fall, wenn der Verfahrensverstoß allein in der Wahl einer falschen Urteilsform, → Rdnr. 10, oder in einem sonstigen Urteilsmangel, → Rdnr. 11, liegt. Hier reicht es aus, das erstinstanzliche Urteil aufzuheben; vor dem Untergericht bedarf es dann grundsätzlich keiner neuen mündlichen Verhandlung, → Rdnr. 19. Eine nur **teilweise Aufhebung des Verfahrens** soll wegen der Einheit der mündlichen Verhandlung, → § 296a Rdnr. 3, nur in der Weise möglich sein, daß die Grenze entweder sachlich gezogen wird (also das Verfahren insoweit aufgehoben wird, als es einen zum Erlaß eines Teilurteils geeigneten Gegenstand betrifft, z. B. einen von mehreren Ansprüchen), oder daß die Aufhebung zeitlich begrenzt wird (indem z. B. ein in erster Instanz erlassenes Zwischen- oder Teilurteil die Grenze bildet)[46]. Soweit einzelne Verfahrensteile eindeutig abtrennbar sind, wird man eine teilweise Aufhebung des Verfahrens auch über die

---

[39] *BGH* LM § 540 Nr. 7 = NJW 1969, 1669 = MDR 996.
[40] *RGZ* 90, 239; *BGH* LM § 539 Nr. 6 = NJW 1957, 714 = ZZP 70 (1957), 470.
[41] MünchKomm ZPO-*Rimmelspacher* Rdnr. 34; *Thomas/Putzo*[18] Rdnr. 12.
[41a] *BGH* NJW 1993, 2318 = MDR 901 = BB 1692 = LM § 537 Nr. 20.

[42] *BGHZ* 23, 36, 50; LM § 256 Nr. 16; § 540 Nr. 7 (Fn. 39); *Rosenberg/Schwab/Gottwald*[15] § 140 IV 2 e.
[43] *BGHZ* 23, 36, 50; LM § 540 Nr. 7 (Fn. 39).
[44] *BGH* ZZP 70 (1957), 466.
[45] *BGHZ* 31, 358, 363 (Fn. 5); LM § 539 Nr. 13 = NJW 1984, 495 = MDR 1983, 749.
[46] AK-*Ankermann* Rdnr. 10.

genannten Abgrenzungen hinaus für zulässig ansehen müssen; → weiter § 590 Rdnr. 5. Ist etwa nur eine bestimmte Beweisaufnahme fehlerhaft gewesen, so reicht es aus, daß diese wiederholt wird, während der Rest des Verfahrens unberührt gelassen werden kann. Die Aufhebung und Zurückverweisung darf immer nur soweit erfolgen, als die Sache beim Berufungsgericht anhängig war; also nicht auch insoweit, als der Berufungskläger in erster Instanz obsiegt hat[47]. Dabei ist es auch gleichgültig, ob es sich um einen von Amts wegen zu berücksichtigenden Mangel handelt; das Verbot der reformatio in peius steht einer weitergehenden Aufhebung entgegen, → § 536 Rdnr. 7.

Eine bestimmte äußere **Form für die Aufhebung des Verfahrens** ist nicht vorgeschrieben. 18 Insbesondere braucht sie nicht im Tenor des Berufungsurteils zu erfolgen. Auch ohne ausdrücklichen Ausspruch kann sie sich aus den Gründen ergeben, aus denen das erstinstanzliche Urteil aufgehoben und die Sache zurückverwiesen worden ist. Daraus kann im Einzelfall durch Auslegung des Berufungsurteils auch gefolgert werden, ob das Verfahren ganz oder nur teilweise aufgehoben worden ist.

### IV. Das weitere Verfahren

Zum Verfahren der ersten Instanz nach der Zurückverweisung und die Bindung des 19 Untergerichts an die Rechtsauffassung des Berufungsgerichts → § 538 Rdnr. 35ff. Ist **lediglich das Urteil** und nicht auch das Verfahren **aufgehoben** worden, → Rdnr. 17, so ist das Urteil unter Vermeidung des Mangels erneut zu erlassen; einer erneuten mündlichen Verhandlung bedarf es nur dann, wenn das Gericht infolge eines Wechsels in der Besetzung oder aus einem sonstigen Grunde nicht in der Lage ist, aufgrund der früheren Verhandlung neu zu entscheiden. Eine Bindung an die frühere Beschlußfassung besteht, da das Urteil aufgehoben ist, für das Untergericht auch dann nicht, wenn das Urteil nur wegen Mängel der Verkündung oder der Nichtbeachtung der Form des § 310 Abs. 2 aufgehoben worden ist.

Soweit auch das **erstinstanzliche Verfahren aufgehoben** worden ist, muß die Verhandlung 20 wiederholt werden. Frühere Geständnisse kommen nicht mehr als gerichtliche in Betracht, sondern sind frei zu würdigen. Der erste Richter ist insoweit gebunden, als er kein Urteil erlassen darf, das den Berufungskläger schlechter stellt als das in der Berufungsinstanz aufgehobene[48]; es wäre unverständlich, wollte man das Verbot der reformatio in peius nur in der Berufungsinstanz und nicht auch nach Zurückverweisung beachten; damit würde der Berufungskläger letztlich doch Gefahr laufen, daß die Entscheidung zu seinen Ungunsten abgeändert wird.

### V. Arbeitsgerichtliches Verfahren

Eine Zurückverweisung der Sache wegen eines Mangels im Verfahren des Arbeitsgerichts 21 ist im Urteilsverfahren nach § 68 ArbGG nicht zulässig. Im Beschlußverfahren steht (ebenso wie in den Fällen des § 538, → § 538 Rdnr. 39) § 91 Abs. 1 S. 2 ArbGG einer Zurückverweisung entgegen. Eine Zurückverweisung muß aber dann möglich sein, wenn der in erster Instanz unterlaufene verfahrensrechtliche **Fehler in der Berufungsinstanz nicht mehr korrigiert werden kann**[49]. § 68 ArbGG geht davon aus, daß der Mangel vom Berufungsgericht behoben werden kann, weshalb es keiner Zurückverweisung bedarf. Ist diese Annahme nicht

---

[47] Unrichtig *OLG Düsseldorf* NJW 1976, 114.
[48] *BGH* LM § 565 Abs. 1 Nr. 11 = NJW-RR 1989, 1404 = MDR 979 = FamRZ 957; *Kapsa* Das Verbot der reformatio in peius im Zivilprozeß (1976), 134ff.; *Bötti-

cher* ZZP 65 (1952), 465. A.A. *E. Schneider* MDR 1978, 529; *Zöller/Schneider*[18] Rdnr. 33.
[49] *Grunsky*[6] § 68 Rdnr. 7; *Germelmann/Matthes/Prütting* § 68 Rdnr. 5.

gerechtfertigt, so muß die Zurückverweisung möglich sein; anderenfalls würde der Mangel endgültig Bestand haben, was von § 68 ArbGG nicht bezweckt wird. In diesem Sinne hat das BAG entschieden, daß eine Zurückverweisung zulässig ist, wenn es der Arbeitnehmer bei der Kündigungsschutzklage unterlassen hat, den nach § 6 S. 1 KSchG in erster Instanz erforderlichen Feststellungsantrag zu stellen und ihn das Arbeitsgericht darauf entgegen § 6 S. 2 KSchG nicht hingewiesen hat[50]. Entsprechendes soll für die Entscheidung über den Antrag auf nachträgliche Zulassung einer verspäteten Kündigungsschutzklage gelten, § 5 Abs. 1 KSchG; nach § 5 Abs. 4 S. 1 KSchG hat darüber das Arbeitsgericht zu entscheiden, und zwar soll das auch dann gelten, wenn der Antrag erst im Berufungsverfahren gestellt wird; infolgedessen wird auch hier trotz § 68 ArbGG eine Zurückverweisung befürwortet[51].

22  Über den unter → Rdnr. 21 dargestellten Rahmen hinaus kann eine Zurückverweisung nicht zugelassen werden, und zwar auch nicht bei **schwersten Verfahrensmängeln**[52]. Den Gesichtspunkt des Verlustes einer Instanz hat das ArbGG nicht für so schwerwiegend erachtet, um darauf eine Zurückverweisungsmöglichkeit gründen zu können. Dies gilt unabhängig davon, ob das angefochtene Urteil zugunsten des Arbeitnehmers oder des Arbeitgebers ergangen ist[53]. Auch das Fehlen von Entscheidungsgründen berechtigt nicht zur Zurückverweisung[54]; ebenso nicht die Zustellung des Urteils erst später als zwölf Monate nach seiner Verkündung[55]. Das Berufungsgericht hat hier selbst zu verhandeln und zu entscheiden.

23  Soweit nach dem unter → Rdnr. 21 Ausgeführten trotz § 68 ArbGG eine Zurückverweisung in Betracht kommt, ist das Landesarbeitsgericht dazu **verpflichtet**. Anders als in der ordentlichen Gerichtsbarkeit, → Rdnr. 12, besteht kein Ermessensspielraum; die Möglichkeit einer Zurückverweisung hängt ja gerade davon ab, daß eine Entscheidung in der Sache selbst durch das Berufungsgericht nicht möglich ist.

24  Über § 68 ArbGG hinaus hat § 65 ArbGG die Rüge von **Mängeln im Verfahren bei der Berufung ehrenamtlicher Richter** sowie die Geltendmachung von Umständen, die die Berufung eines ehrenamtlichen Richters zu seinem Amt ausgeschlossen hätten, schlechthin ausgeschaltet. Die Vorschrift bezieht sich nur auf Verstöße gegen die §§ 20–23 ArbGG. Im übrigen kann die nicht vorschriftsmäßige Besetzung des Gerichts gerügt werden, aber nur mit dem Ziel der Wiederholung des Verfahrens in der Berufungsinstanz, nicht dagegen mit dem einer Zurückverweisung[56].

## § 540 [Eigene Sachentscheidung]

**In den Fällen der §§ 538, 539 kann das Berufungsgericht von einer Zurückverweisung absehen und selbst entscheiden, wenn es dies für sachdienlich hält.**

Gesetzesgeschichte: Bis 1900 § 502 CPO. Änderungen: RGBl. 1924 I 135; BGBl. 1950 S. 455.

---

[50] *BAGE* 12, 75 = AP § 5 KSchG Nr. 3 = NJW 1962, 1587 = BB 1963, 394.
[51] *LAG Düsseldorf/Köln* BB 1975, 139; *Germelmann/ Matthes/Prütting* § 68 Rdnr. 5. Bedenken dagegen bei *Grunsky*[6] § 68 ArbGG Rdnr. 7; *KR-Friedrich*[3] § 5 KSchG Rdnr. 167 (Aussetzung des Berufungsverfahrens bis zur Entscheidung über den Antrag durch das Arbeitsgericht).
[52] *Grunsky*[6] § 68 Rdnr. 6; *Germelmann/Matthes/ Prütting* § 68 Rdnr. 4.
[53] *BAGE* 7, 99 = AP § 68 ArbGG Nr. 3 = NJW 1959, 958 = MDR 148; *Grunsky*[6] § 68 Rdnr. 6; *Germelmann/ Matthes/Prütting* Rdnr. 4. A.A. *LAG Tübingen* AP § 68 ArbGG Nr. 1 (Untersagung der Zurückverweisung lediglich im Interesse des Arbeitnehmers).
[54] *Germelmann/Matthes/Prütting* § 68 Rdnr. 4.
[55] *BAGE* 38, 55 = AP § 68 ArbGG 1979 Nr. 1.
[56] *Germelmann/Matthes/Prütting* § 65 Rdnr. 5, 6.

## I. Allgemeines

### 1. Anwendungsbereich

§ 540 hat praktische Bedeutung nur für die Fallgestaltungen des § 538. Dort ist die 1
Zurückverweisung vom Wortlaut der Bestimmung her grundsätzlich zwingend vorgeschrieben. Demgegenüber steht die Zurückverweisung bei § 539 ohnehin im Ermessen des Berufungsgerichts, → § 539 Rdnr. 12, d.h. § 540 gibt ihm keine Befugnis, die es nicht nach § 539 ohnehin schon hat[1].

§ 540 geht davon aus, daß der Rechtsstreit durch die Berufung grundsätzlich in vollem 2
Umfang (bzw. beim Teilurteil im Umfang der von dem Teilurteil erfaßten Ansprüche oder Anspruchsteile) in die Berufungsinstanz erwachsen ist. Dazu ist erforderlich, daß das angefochtene Urteil ein den eigentlichen Sachstreit erschöpfendes bzw. ein auf die Frage des Anspruchsgrundes beschränktes klageabweisendes **Endurteil** ist. Hat das erstinstanzliche Gericht dagegen ein **Zwischenurteil** (§§ 280, 302, 599) erlassen, so bleibt der Rechtsstreit im übrigen in der unteren Instanz anhängig. Hier kann das Berufungsgericht den Rechtsstreit auch dann nicht abschließend selbst entscheiden, wenn es dies für sachdienlich hält[2]. Dagegen kann das Berufungsgericht beim **Grundurteil** (§ 304) schon nach dem Wortlaut von § 538 Abs. 1 Nr. 3 bei Entscheidungsreife über den Betrag den Rechtsstreit insgesamt erledigen, → dazu § 538 Rdnr. 25. Dabei handelt es sich jedoch um eine systemwidrige Ausnahmevorschrift, aus der nicht etwa geschlossen werden kann, daß das Berufungsgericht auch bei sonstigen erstinstanzlichen Zwischenurteilen bei Sachdienlichkeit den Rechtsstreit insgesamt entscheiden kann. Auch beim Grundurteil ermöglicht § 538 Abs. 1 Nr. 3 nicht in allen Fällen eine Entscheidung des Berufungsgerichts auch über den Betrag. Voraussetzung dafür ist vielmehr Entscheidungsreife; fehlt es daran, so kann das Berufungsgericht die Sache nicht seinerseits entscheidungsreif machen, sondern hat sie zurückzuverweisen[3].

### 2. Ermessen des Berufungsgerichts

Nach § 540 »kann« das Berufungsgericht von einer Zurückverweisung absehen, wenn es 3
dies für sachdienlich hält. Ihm steht insoweit, ebenso wie bei § 539, → § 539 Rdnr. 12, ein Ermessen zu. Eine Überprüfung des Ermessens durch das Revisionsgericht ist im selben Umfang wie bei § 539 möglich, → § 539 Rdnr. 15. Will das Berufungsgericht von der Möglichkeit des § 540 Gebrauch machen, so empfiehlt sich ein Hinweis an die Parteien darauf, weil diese anderenfalls möglicherweise mit einer Zurückverweisung rechnen und deshalb nicht alle ihre Angriffs- und Verteidigungsmittel vorbringen; das Unterlassen eines derartigen Hinweises kann ein die Revision begründender Verfahrensfehler sein.

Sein Ermessen gestattet es dem Berufungsgericht auch, bei gegebener Sachlage hinsichtlich 4
eines entscheidungsreifen Teils des geltend gemachten Anspruchs seinerseits durch **Teilurteil** in der Sache selbst zu entscheiden und den Rechtsstreit im übrigen an die erste Instanz zurückzuverweisen[4]. Entsprechendes gilt für den Erlaß eines Grundurteils[5] sowie eines Vorbehaltsurteils, § 302. Zu unzulässigen Teil-, Grund- und Vorbehaltsurteilen in erster Instanz → Rdnr. 7.

---

[1] *Bettermann* ZZP 88 (1975), 392.
[2] *Bettermann* ZZP 88 (1975), 392 ff.; AK-*Ankermann* Rdnr. 4; *Wieczorek/Rössler* Anm. A I; *Zöller/Schneider*[18] Rdnr. 4; *Rosenberg/Schwab/Gottwald*[15] § 140 IV 5. A.A. *Baumbach/Lauterbach/Albers*[51] Rdnr. 2; MünchKomm ZPO-*Rimmelspacher* Rdnr. 3.
[3] A.A. AK-*Ankermann* Rdnr. 4, wenn die Entscheidungsreife mit geringem Aufwand herbeigeführt werden kann.
[4] AK-*Ankermann* Rdnr. 5; *Baumbach/Lauterbach/Albers*[51] Rdnr. 2; MünchKomm ZPO-*Rimmelspacher* Rdnr. 8; *Wieczorek/Rössler* Anm. A II.
[5] MünchKomm ZPO-*Rimmelspacher* Rdnr. 8.

## II. Die Sachdienlichkeit

5  Das Berufungsgericht kann die erforderliche weitere Verhandlung und Entscheidung selbst übernehmen, wenn es dies für sachdienlich hält. Maßgebend dafür ist der Gesichtspunkt der **Prozeßökonomie**. Die eigene Entscheidung durch das Berufungsgericht ist dann sachdienlich, wenn auf diese Weise der Rechtsstreit, ohne daß den Parteien aus dem Verlust einer Tatsacheninstanz ein ins Gewicht fallender Nachteil erwächst, schneller zum Abschluß gebracht wird. Voraussetzung ist jedoch, daß der Rechtsstreit in vollem Umfang in der Berufungsinstanz anhängig geworden ist; § 540 erweitert den Umfang der Anhängigkeit nicht, → Rdnr. 2.

6  Eine eigene Entscheidung durch das Berufungsgericht ist insbesondere dann sachdienlich, wenn es sich nur noch um eine verhältnismäßig einfache, ohne umfängliche Beweisaufnahme zu erledigende Frage handelt, oder wenn der noch anstehende Fragenkomplex mit dem bereits verhandelten Prozeßstoff in so engem Zusammenhang steht, daß eine Zerreißung unzweckmäßig erscheint. Letzteres kann z.B. dann zutreffen, wenn die Würdigung des Anspruchs unter dem Gesichtspunkt der Zulässigkeit des Rechtswegs im wesentlichen schon die materielle Würdigung des Anspruchs selbst enthält. Die eigene Entscheidung wird weiter z.B. dann sachdienlich sein, wenn die Sache vollständig aufgeklärt ist[6], mag das erstinstanzliche Gericht auch nicht ordnungsmäßig besetzt gewesen sein[7]. Sachdienlichkeit kann weiter dann vorliegen, wenn Klage und Widerklage in Zusammenhang stehen, insbesondere wenn ein nach Grund und Betrag streitiger Anspruch zur Aufrechnung gestellt und hinsichtlich des überschießenden Betrags widerklagend geltend gemacht ist. Auch wenn die Sachdienlichkeit wesentlich von der Prozeßökonomie mitbestimmt wird, → Rdnr. 5, besteht für das Berufungsgericht kein Hindernis, die Sachdienlichkeit einer eigenen Entscheidung auch dann zu bejahen, wenn der Verfahrensaufwand zwar nicht geringer als bei Zurückverweisung in erster Instanz ist, die Parteien dadurch aber insofern einen schnelleren Abschluß des Verfahrens erreichen, als sich keine weitere Tatsacheninstanz anschließen kann. Dies gilt insbesondere bei einer entsprechenden Stellungnahme der Parteien, → Rdnr. 8.

7  Ist in erster Instanz ein **unzulässiges Teilurteil** erlassen worden (z.B. über einen einzelnen Klagegrund, → § 301 Rdnr. 11), so darf das Berufungsgericht nicht selbst entscheiden[8]. Die Tatsache, daß das Teilurteil nicht hätte ergehen dürfen, ändert nichts daran, daß der Rechtsstreit im übrigen weiter in erster Instanz anhängig ist und daß für das Berufungsgericht nach geltendem Recht keine Möglichkeit besteht, diesen Rest zu sich »hinaufzuholen«. Eine Ausnahme wird man allenfalls dann zulassen können, wenn sich die Parteien darüber einig sind, das gesamte Verfahren in zweiter Instanz zu erledigen. Entsprechendes gilt für ein unzulässiges Vorbehaltsurteil nach § 302, → auch § 302 Rdnr. 17, und ein unzulässiges Grundurteil nach § 304.

8  Für die Bejahung oder Verneinung der Sachdienlichkeit spielt die **Stellungnahme der Partei** eine wesentliche Rolle. Regen die Parteien übereinstimmend die Erledigung der Sache durch das Berufungsgericht an, so zwingt dies zwar nicht dazu, von einer Zurückverweisung abzusehen, kann und muß aber vom Berufungsgericht als einer von mehreren Gesichtspunkten bei der Beantwortung der Sachdienlichkeitsfrage berücksichtigt werden[9]. Ein durchschlagender Grund, sich einer solchen Anregung zu verschließen, dürfte nur selten bestehen. Insbesondere muß hier der Gesichtspunkt einer Entlastung des Berufungsgerichts weitgehend zurücktreten[10]. Legen die Parteien umgekehrt übereinstimmend Wert auf eine Zurückver-

---

[6] *OLG Frankfurt* NJW 1962, 1920.
[7] *BGH* NJW-RR 1991, 472; *OLG München* MDR 1955, 426; *Zöller/Schneider*[18] Rdnr. 6.
[8] *Mattern* JZ 1960, 385, 390f.; *Rosenberg/Schwab/Gottwald*[15] § 140 IV 2b. A.A. *BGH* LM § 540 Nr. 5 = NJW 1960, 339 = MDR 219; *OLG Hamm* VersR 1992, 208; *Blomeyer*[2] § 99 III; MünchKomm ZPO-*Rimmelspacher* § 539 Rdnr. 29; *Zöller/Schneider*[18] Rdnr. 6.
[9] *BGH* MDR 1967, 757; *Rosenberg/Schwab/Gottwald*[15] § 140 IV 5; MünchKomm ZPO-*Rimmelspacher* Rdnr. 7; *Zöller/Schneider*[18] Rdnr. 5.
[10] A.A. *Zöller/Schneider*[18] Rdnr. 5.

weisung, um zwei Tatsacheninstanzen zur Verfügung zu haben, so ist dies ein (erneut nicht allein ausschlaggebender) Gesichtspunkt gegen eine Entscheidung durch das Berufungsgericht.

Hebt das Revisionsgericht das Berufungsurteil auf und liegt einer der Gründe vor, die dem Berufungsgericht nach §§ 539, 540 einen Ermessensspielraum in der Frage gewähren, ob es selbst entscheiden oder die Sache an das Landgericht zurückverweisen will, so kann das **Revisionsgericht unmittelbar an das Landgericht zurückverweisen**[11], → auch § 565 Rdnr. 26. 9

### III. Arbeitsgerichtliches Verfahren

§ 540 gilt auch im arbeitsgerichtlichen **Urteilsverfahren**, § 64 Abs. 6 S. 1 ArbGG[12]. Zur Bedeutung des Beschleunigungsgrundsatzes für die Annahme der Sachdienlichkeit einer Entscheidung durch das Landesarbeitsgericht → § 538 Rdnr. 41. Im **Beschlußverfahren** ist § 540 deswegen nicht anwendbar, weil eine Zurückverweisung nach § 91 Abs. 1 S. 2 ArbGG ohnehin nicht in Betracht kommt, das Landesarbeitsgericht also unabhängig von Sachdienlichkeitserwägungen auf jeden Fall selbst entscheiden muß. 10

## § 541 [Rechtsentscheid]

(1) Will das Landgericht als Berufungsgericht bei der Entscheidung einer Rechtsfrage, die sich aus einem Mietverhältnis über Wohnraum ergibt oder den Bestand eines solchen Mietvertragsverhältnisses betrifft, von einer Entscheidung des Bundesgerichtshofes oder eines Oberlandesgerichts abweichen, so hat es vorab eine Entscheidung des im Rechtszug übergeordneten Oberlandesgerichts über die Rechtsfrage (Rechtsentscheid) herbeizuführen; das gleiche gilt, wenn eine solche Rechtsfrage von grundsätzlicher Bedeutung ist und sie durch Rechts-entscheid noch nicht entschieden ist. Dem Vorlagebeschluß sind die Stellungnahmen der Parteien beizufügen. Will das Oberlandesgericht von einer Entscheidung des Bundesgerichtshofes oder eines anderen Oberlandesgerichts abweichen, so hat es die Rechtsfrage dem Bundesgerichtshof zur Entscheidung vorzulegen. Über die Vorlage ist ohne mündliche Verhandlung zu entscheiden. Die Entscheidung ist für das Landgericht bindend.

(2) Sind in einem Land mehrere Oberlandesgerichte errichtet, so können die Rechtssachen, für die nach Absatz 1 die Oberlandesgerichte zuständig sind, von den Landesregierungen durch Rechtsverordnung einem der Oberlandesgerichte oder dem Obersten Landesgericht zugewiesen werden, sofern die Zusammenfassung der Rechtspflege in Mietsachen, insbesondere der Sicherung einer einheitlichen Rechtsprechung, dienlich ist. Die Landesregierungen können die Ermächtigung auf die Landesjustizverwaltungen übertragen.

Gesetzesgeschichte: Bis 1900 § 503 CPO (Anhängigbleiben in der Berufungsinstanz, soweit dem Beklagten Verteidigungsmittel vorbehalten worden sind). Weggefallen durch Nov. 1924. Durch Art. 1 Nr. 39 RpflVereinfG v. 17. XII. 1900 (BGBl. I 2847) ist die freie Stelle neu besetzt worden. Die Bestimmung ist wörtlich von Art. III des 3. MietrechtsänderungsG v. 21. XII. 1967 (BGBl. I 1248) übernommen worden.

| | | | |
|---|---|---|---|
| I. Funktion des Rechtsentscheids | 1 | 2. Rechtsfrage aus einem Wohnraummietverhältnis | 4 |
| II. Anwendungsbereich | 2 | a) Wohnraummietverhältnis | 4 |
| 1. Landgericht als Berufungsgericht | 2 | b) Rechtsfrage | 7 |

---

[11] *Rosenberg/Schwab/Gottwald*[15] § 146 II 2 a.

[12] *Grunsky*[6] § 68 Rdnr. 5; *Germelmann/Matthes/Prütting* § 68 Rdnr. 21.

| | |
|---|---|
| aa) Abgrenzung gegenüber Tatfragen | 7 |
| bb) Entscheidungserheblichkeit | 8 |
| cc) Klärungsfähigkeit | 11 |
| 3. Vorlagegründe | 12 |
| a) Divergenzvorlage | 13 |
| b) Grundsatzvorlage | 15 |
| III. Vorlageverfahren | 17 |
| 1. Vorlagebeschluß | 17 |
| 2. Adressatengericht | 18 |
| 3. Inhalt des Vorlagebeschlusses | 19 |
| 4. Stellungnahme der Parteien | 22 |
| 5. Abänderbarkeit und Unwirksamwerden | 23 |
| IV. Verfahren des Oberlandesgerichts | 25 |
| 1. Eigene Entscheidung des OLG | 25 |
| a) Prüfungspunkte | 25 |
| b) Verfahren und Entscheidung | 26 |
| c) Entscheidungsinhalt | 29 |
| d) Bindungswirkung | 31 |
| 2. Vorlage an den Bundesgerichtshof | 33 |
| a) Vorlagevoraussetzungen | 33 |
| b) Vorlageverfahren und Entscheidung des BGH | 35 |
| V. Kosten | 37 |

## I. Funktion des Rechtsentscheids

1   § 541 knüpft daran an, daß nach § 23 Nr. 2a GVG (i. d. F. v. 11. I. 1993, BGBl. I. 50) für Streitigkeiten über Ansprüche aus einem Mietverhältnis über Wohnraum oder über den Bestand eines solchen Mietverhältnisses ausschließlich die Amtsgerichte zuständig sind. Berufungsgericht ist damit das Landgericht, § 72 GVG, gegen dessen Entscheidung kein weiteres Rechtsmittel statthaft ist. Um in der sozial besonders sensiblen Materie des Wohnraummietrechts die **Einheitlichkeit der Rechtsprechung** zu sichern und einer Auseinanderentwicklung der Rechtsprechung der einzelnen Landgerichte entgegenzuwirken, verpflichtet § 541 das Landgericht unter gewissen Voraussetzungen zur Einholung einer Entscheidung des Oberlandesgerichts über einzelne Rechtsfragen, wobei das Oberlandesgericht seinerseits gehalten sein kann, die Rechtsfrage dem BGH vorzulegen. Rechtssystematisch erreicht § 541 sein angestrebtes Ziel anders als in Kindschaftssachen und in den von den Familiengerichten entschiedenen Sachen, wo zwar ebenfalls in erster Instanz das Amtsgericht zuständig ist, §§ 23a Nr. 1, 23b GVG, als Berufungsgericht aber nicht das Land-, sondern das Oberlandesgericht zuständig ist, § 119 Abs. 1 Nr. 1 GVG, womit unter den allgemeinen Voraussetzungen der §§ 545 ff. auch die Revision statthaft ist. Demgegenüber zeichnet sich der Rechtsentscheid dadurch aus, daß die Berufung zwar nicht an das Oberlandesgericht geht, dieses aber einzelne Fragen (nicht dagegen den Rechtsstreit insgesamt) für das Landgericht bindend entscheidet. Da die Sache letztlich vom Landgericht entschieden wird, wird der Rechtsentscheid mangels Devolutiveffekts nicht als Rechtsmittel eingestuft[1], woraus freilich keine praktischen Folgerungen abgeleitet werden können, → Allg. Einl. vor § 511 Rdnr. 5.

## II. Anwendungsbereich

### 1. Landgericht als Berufungsgericht

2   Das **Landgericht** muß als Berufungsgericht mit dem Rechtsstreit befaßt sein. Soweit im Gebiet der ehemaligen DDR die Gerichtsverfassung noch nicht umgestellt ist, hat das Bezirksgericht als Berufungsgericht (Einigungsvertrag Anl. I Kapitel III Sachgeb. A Abschn. III lit. h) den Rechtsentscheid einzuholen. Zur Zuständigkeit der besonderen Senate bei den Bezirksgerichten an Stelle der Oberlandesgerichte → Rdnr. 18. Das Amtsgericht kann keinen Rechts-

---
[1] *Thomas/Putzo*[18] Rdnr. 1.

entscheid einholen, und zwar auch dann nicht, wenn schon in erster Instanz offenkundig ist, daß es um eine Frage von grundsätzlicher Bedeutung geht und das Landgericht die Frage dem Oberlandesgericht vorlegen muß.

Ein Rechtsentscheid kommt nur dann in Betracht, wenn der Rechtsstreit beim Landgericht als **Berufungsgericht** anhängig ist. Im Beschwerdeverfahren hat das Landgericht keinen Rechtsentscheid einzuholen, sondern in der Sache selbst zu entscheiden[2]. Insbesondere scheidet eine Vorlage an das Oberlandesgericht trotz Entscheidungserheblichkeit einer Wohnraummietrechtsfrage in Beschwerdeverfahren nach § 91a Abs. 2[3] sowie im Prozeßkostenhilfeverfahren[4] aus.

### 2. Rechtsfrage aus einem Wohnraummietverhältnis

#### a) Wohnraummietverhältnis

Das Gesetz zur Entlastung der Rechtspflege v. 11.I. 1993 (BGBl. I 50) hat die Zuständigkeitsbestimmung für Streitigkeiten über Wohnraummietverhältnisse insoweit geändert, als § 29a nurmehr die örtliche Zuständigkeit regelt, während sich die sachliche Zuständigkeit des Amtsgerichts jetzt generell aus **§ 23 Nr. 2a GVG** ergibt. Alle Streitigkeiten, die unter die letztgenannte Vorschrift fallen (aber auch nur solche, → Rdnr. 6), werden auch von § 541 erfaßt. Demgegenüber greift § 29a insoweit über § 541 hinaus, als der Rechtsentscheid nur bei Wohnraummietrechtsfragen in Betracht kommt, während die örtliche Zuständigkeit nach § 29a sämtliche Mietrechtsstreitigkeiten über Räume erfaßt (also auch Geschäftsraummiete).

Vorlagefähig sind nur **Rechtsfragen aus dem Wohnraummietrecht**, nicht dagegen sonstige Rechtsfragen, mögen sie sich auch in einem Verfahren stellen, in dem es um Wohnraummiete geht. So kann etwa nicht vorgelegt werden wegen allgemeiner Fragen über das Zustandekommen von Verträgen oder aus dem allgemeinen Schuldrecht[5]; ebenso nicht wegen öffentlichrechtlicher Vorfragen[6]. **Verfahrensrechtliche Fragen** sind grundsätzlich nicht vorlagefähig. Eine Ausnahme gilt jedoch insoweit, als es sich um verfahrensrechtliche Normen handelt, die spezifisch für Wohnraummietstreitigkeiten gelten (§§ 29a, 93b, 308a, 1025a ZPO, 23 Abs. 1 Nr. 2 GVG)[7]. Nicht vorlagefähig sind dagegen Rechtsfragen zum Rechtsentscheidsverfahren[8]. Streitig ist, ob es sich um eine speziell wohnraummietrechtliche Frage handeln muß[9], oder ob auch **Fragen des allgemeinen Mietrechts** vorlagefähig sind, soweit sie sich im Rahmen eines Wohnraummietrechtsstreits stellen[10]. Die besseren Gründe sprechen für eine weitergehende Vorlagefähigkeit. Beschränkt man die Vorlagefähigkeit auf Fragen des spezifischen Wohnraummietrechts, bestünde die Gefahr einer Zersplitterung der Rechtsprechung des allgemeinen Mietrechts, soweit dieses für Wohnraummietstreitigkeiten einschlägig ist. Das Landgericht würde insoweit jeweils als letzte Instanz entscheiden, ohne einen Rechtsentscheid einholen zu können. Höchstrichterliche Rechtsprechung zum allgemeinen Mietrecht

---

[2] *Zöller/Schneider*[18] Rdnr. 3; *Thomas/Putzo*[18] Rdnr. 6. Teilweise weitergehend MünchKomm ZPO-*Rimmelspacher* Rdnr. 3, wobei jedoch unklar bleibt, an welche Fallgestaltungen gedacht wird.

[3] *BayObLG* NJW-RR 1987, 1301; MünchKomm ZPO-*Rimmelspacher* Rdnr. 4.

[4] MünchKomm ZPO-*Rimmelspacher* Rdnr. 4.

[5] *OLG Hamm* NJW-RR 1989, 1290 (Schadensersatzfrage); *BayObLG* NJW 1988, 1796.

[6] *KG* NJW-RR 1992, 147 (Dauer der Befristung der Zweckbestimmung von öffentlich gefördertem Wohnraum nach § 88a II 2. WoBauG).

[7] MünchKomm ZPO-*Rimmelspacher* Rdnr. 9. Weitergehend *BGHZ* 89, 275 = LM 3. MietRÄndG Nr. 5 = NJW 1984, 1615: »Enger innerer Sachzusammenhang mit einer Rechtsfrage des materiellen Wohnraummietrechts« soll ausreichen.

[8] *BayObLG* NJW 1988, 1796, 1797; MünchKomm ZPO-*Rimmelspacher* Rdnr. 10; *Baumbach/Lauterbach/Albers*[51] Rdnr. 5.

[9] So *BayObLG* NJW 1988, 1796; *Landfermann* NJW 1985, 2609, 2613 f.

[10] So *OLG Karlsruhe* NJW 1985, 142; ZMR 1989, 90; *Baumbach/Lauterbach/Albers*[51] Rdnr. 5; MünchKomm ZPO-*Rimmelspacher* Rdnr. 8; *Thomas/Putzo*[18] Rdnr. 8; *Zöller/Schneider*[18] Rdnr. 11.

könnte nur noch in Fällen der Geschäftsraummiete ergehen, was die Gefahr in sich bergen würde, daß sich Geschäfts- und Wohnraummiete auseinander entwickeln.

6 Die Funktion des Rechtsentscheidsverfahrens besteht darin, die Einheitlichkeit der Rechtsprechung in Wohnraummietstreitigkeiten zu sichern, → Rdnr. 1, die angesichts des beim Landgericht endenden Instanzenzugs sonst gefährdet wäre. Von daher beschränkt sich der Anwendungsbereich des Rechtsentscheidverfahrens auf solche Verfahren, bei denen sich die **Zuständigkeit des Amtsgerichts aus § 23 Nr. 2a GVG ergibt**. Soweit sich Wohnraummietrechtsfragen dagegen in sonstigen Verfahren stellen, kann das Landgericht auch als Berufungsgericht keinen Rechtsentscheid einholen. So etwa nicht im Verfahren des Vermieters gegen einen Bürgen für den Mieter[11] oder bei Klagen, deren Erfolg vom Bestehen oder Nichtbestehen eines Wohnraummietverhältnisses abhängt (z.B. entsprechende Bedingung in einem Kaufvertrag über Möbel).

### b) Rechtsfrage

#### aa) Abgrenzung gegenüber Tatfragen

7 Ein Rechtsentscheid kann nur wegen einer Rechtsfrage eingeholt werden, Abs. 1 S. 1. Dagegen sind Tatsachen dem Rechtsentscheidsverfahren nicht zugänglich. Die Abgrenzung hat nach denselben Kriterien wie im Revisionsverfahren zu erfolgen, → §§ 549, 550 Rdnr. 21 ff. Ein Rechtsentscheid kommt danach für die Beweiswürdigung nicht in Betracht; weiter nicht für die Auslegung von Willenserklärungen. Ebenso wie bei der Revision, → §§ 549, 550 Rdnr. 40 ff., ist dabei allerdings die Einschränkung zu machen, daß bei häufig wiederkehrenden **typischen Vertragsklauseln** die Einheitlichkeit der Rechtsanwendung gesichert sein muß, weshalb für die Auslegung derartiger Klauseln ein Rechtsentscheid eingeholt werden kann[12]. Liegen die sonstigen Voraussetzungen des § 541 vor, so muß das Landgericht einen Rechtsentscheid einholen; es steht nicht in seinem Ermessen, die Klausel selbst auszulegen. Bei **unbestimmten Rechtsbegriffen** (Treu und Glauben, gute Sitten, Verwirkung, Rechtsmißbrauch) muß zwischen der rechtlichen Bedeutung des Begriffs einerseits und andererseits der Frage unterschieden werden, ob die tatsächlichen Voraussetzungen des Begriff erfüllt sind. Ersteres ist rechtsentscheidfähig, letzteres dagegen nicht; zur entsprechenden Problematik bei der Revision → §§ 549, 550 Rdnr. 28 ff.

#### bb) Entscheidungserheblichkeit

8 Obwohl sich dies aus dem Wortlaut von § 541 Abs. 1 nicht unmittelbar ergibt, besteht Einigkeit darüber, daß ein Rechtsentscheid nur dann eingeholt werden kann, wenn die Rechtsfrage im konkreten Verfahren entscheidungserheblich ist, d.h. wenn der **Inhalt des Berufungsurteils** je nach der Antwort auf die Rechtsfrage **unterschiedlich ausfällt**[13]. Ist dies nicht der Fall (weil die Klage z.B. aus einem anderen Grund ohnehin abzuweisen ist), so darf ein Rechtsentscheid auch in einer noch so wichtigen Frage des Wohnraummietrechts nicht ergehen. Ob sich der Inhalt des Berufungsurteils ändert, richtet sich nach den allgemeinen Kriterien zur Bestimmung des Urteilsinhalts (insbesondere für den Umfang der Rechtskraft)[14].

---

[11] MünchKomm ZPO-*Rimmelspacher* Rdnr. 2. A.A. OLG Zweibrücken WuM 1990, 8.
[12] *BGHZ* 84, 345 = NJW 1982, 2186 = MDR 925; MünchKomm ZPO-*Rimmelspacher* Rdnr. 6. A.A. *OLG Frankfurt* ZMR 1981, 178.
[13] MünchKomm ZPO-*Rimmelspacher* Rdnr. 13; *Zöller/Schneider*[18] Rdnr. 19.
[14] S. BayObLG NJW-RR 1989, 1291: Unerheblichkeit, ob die Klage mangels Rechtsschutzbedürfnisses als unzulässig oder wegen inzwischen erfolgter Erfüllung als

Hängt die Entscheidungserheblichkeit vom **Ergebnis einer Beweisaufnahme** ab, so wird 9
überwiegend angenommen, daß gleichwohl ein Rechtsentscheid einzuholen ist[15]; erst nach
Klärung der Rechtsfrage sei die Beweisaufnahme durchzuführen[16]. In dieser Allgemeinheit
kann dem nicht zugestimmt werden. Zumindest dann, wenn die Beweisaufnahme ohne
Schwierigkeiten sofort durchgeführt werden kann und mit keinen weiteren Kosten verbunden ist (die Beweisgebühr ist etwa ohnehin schon angefallen), wäre es wenig sinnvoll, das
möglicherweise überflüssige, umständliche und zeitraubende Rechtsentscheidsverfahren
durchzuführen, anstatt vorab zu klären, ob es auf die Rechtsfrage überhaupt ankommt. Aber
auch darüber hinaus muß man dem Landgericht an dieser Stelle einen Ermessensspielraum
zubilligen. Dabei können die Kosten einer Beweisaufnahme für die Vorschaltung des Rechtsentscheidsverfahrens sprechen, doch geht es zu weit, derartige Kosten generell als Hindernis
für eine sofortige Beweisaufnahme anzusehen. Neben der Sache liegt das Argument, das
Ergebnis einer Beweisaufnahme sei nicht vorhersehbar[17]. Das ist zwar richtig, doch gilt für
das Rechtsentscheidsverfahren nichts anderes. Letztlich kann es – wenn auch mit erheblicher
Zeitverzögerung – doch zu der Beweisaufnahme kommen. Sofern die Parteien übereinstimmend eine sofortige Beweisaufnahme wünschen, muß das Landgericht diese auf jeden Fall
zunächst durchführen und darf nicht etwa ohne Beweisaufnahme einen Rechtsentscheid
einholen. Umgekehrt ist das Landgericht auch dann gebunden, wenn die Parteien darin
übereinstimmen, daß zunächst ein Rechtsentscheid einzuholen ist.

Ob die Rechtsfrage entscheidungserheblich ist, beantwortet sich nach der **Rechtsansicht des** 10
**Landgerichts**[18]. Etwas anderes gilt nur dann, wenn die vom Landgericht zugrundegelegte
Auffassung offensichtlich unhaltbar ist[19]. Dazu, daß das Landgericht in dem Vorlagebeschluß
die Entscheidungserheblichkeit der Vorlagefrage begründen muß, → Rdnr. 21.

### cc) Klärungsfähigkeit

Die Einholung eines Rechtsentscheids setzt voraus, daß die Rechtsfrage in unterschied- 11
lichem Sinne beantwortet werden kann. Daran fehlt es, wenn das Landgericht und das
Oberlandesgericht an eine **Entscheidung des BVerfG gebunden** sind[20]. Eine Bindung kann
sich weiter aus der **Rechtskraft** eines zwischen den Parteien in einem früheren Verfahren
ergangenen Urteils über ein präjudizielles Rechtsverhältnis ergeben. Hier ist die Einholung
eines Rechtsentscheids ebenfalls unzulässig.

### 3. Vorlagegründe

Das Landgericht hat die Sache nach Abs. 1 S. 1 dann dem Oberlandesgericht vorzulegen, 12
wenn es entweder von einer Entscheidung des BGH oder eines Oberlandesgerichts abweichen
will, dazu → Rdnr. 13 f., oder wenn die Rechtsfrage von grundsätzlicher Bedeutung und
bisher noch nicht durch Rechtsentscheid entschieden ist, → Rdnr. 15 f. In anderen Fällen ist
die Vorlage an das Oberlandesgericht unzulässig (z.B. Abweichung von der Entscheidung
eines Landgerichts, ohne daß die Rechtsfrage grundsätzliche Bedeutung hätte). Liegen die

---

unbegründet abgewiesen wird (ablehnend gegen die Entscheidung *Zöller/Schneider*[18] Rdnr. 23).
[15] *BGHZ* 101, 244 = NJW 1987, 2372 = MDR 929; *BayObLG* NJW 1987, 1950, 1951; MünchKomm ZPO-*Rimmelspacher* Rdnr. 13; *Zöller/Schneider*[18] Rdnr. 26.
[16] MünchKomm ZPO-*Rimmelspacher* Rdnr. 13.
[17] So *Zöller/Schneider*[18] Rdnr. 26.
[18] *BayObLGZ* 1987, 36, 38 = NJW 1987, 1950; 1989, 319, 321 = NJW-RR 1989, 1291; NJW-RR 1991, 461,

462; *Baumbach/Lauterbach/Albers*[51] Rdnr. 9; MünchKomm ZPO-*Rimmelspacher* Rdnr. 21; *Thomas/Putzo*[18] Rdnr. 9. Offengelassen in *BGHZ* 89, 313, 318; 92, 363, 367; NJW 1990, 3142, 3143.
[19] *BayObLGZ* 1987, 36 (Fn. 18); *Baumbach/Lauterbach/Albers*[51] Rdnr. 9; *Thomas/Putzo*[18] Rdnr. 9.
[20] *OLG Frankfurt* NJW 1988, 2248; MünchKomm ZPO-*Rimmelspacher* Rdnr. 20.

Vorlagevoraussetzungen vor, so ist das Landgericht **zur Vorlage verpflichtet**[21]. Entscheidet es die Rechtsfrage gleichwohl selbst, so ist das Urteil zwar wirksam, doch ist bei willkürlicher Nichtvorlage das Recht der Parteien auf den gesetzlichen Richter (Art. 101 Abs. 1 S. 2 GG) verletzt, worauf eine Verfassungsbeschwerde gestützt werden kann[22]. Hätte das Landgericht zwar einen Rechtsentscheid einholen müssen, ohne daß die Nichteinholung auf Willkür beruht, so liegt darin kein Verstoß gegen Art. 101 Abs. 1 S. 2 GG[22a].

### a) Divergenzvorlage

13   Eine Vorlagepflicht besteht dann, wenn das Landgericht **von einer Entscheidung des Bundesgerichtshofs oder eines Oberlandesgerichts abweichen will**, Abs. 1 S. 1. Den Oberlandesgerichten gleichgestellt sind in den neuen Bundesländern die besonderen Senate bei den Bezirksgerichten, in deren Bezirk die Landesregierung ihren Sitz hat, EV Anl. I Kap. III Sachgeb. A. Abschn. III Nr. 1 k. Die Abweichung von der Entscheidung eines solchen Senats begründet ebenfalls eine Vorlagepflicht. Nicht erforderlich ist, daß die Entscheidung veröffentlicht ist. Bei Abweichung von der Entscheidung eines anderen Gerichts (insbesondere Amts- oder Landgericht) besteht keine Vorlagepflicht und auch keine Vorlagemöglichkeit (es sei denn, die Voraussetzungen einer Grundsatzvorlage, → Rdnr. 15 ff., sind erfüllt). Dies gilt auch für die Abweichung von einer Entscheidung des Bundesverfassungsgerichts (zur Bindung des Landgerichts an eine BVerfG-Entscheidung → Rdnr. 11). Liegen widersprechende Entscheidungen mehrerer Oberlandesgerichte vor, so weicht das Landgericht notwendigerweise von einer dieser Entscheidungen ab, weshalb es vorlegen muß (es sei denn, ein Oberlandesgericht hat die die Divergenz begründende Entscheidung inzwischen aufgegeben)[23]. Besteht zwar eine Divergenz zu einem Oberlandesgericht, dagegen Übereinstimmung mit einer Entscheidung des BGH, so kommt eine Vorlage nicht in Betracht[24]. Bei mehreren Entscheidungen des BGH ist die letzte maßgeblich[25].

14   Der **Begriff der Abweichung** bestimmt sich nach denselben Grundsätzen wie bei der Divergenzrevision, → § 546 Rdnr. 14 ff. Bei der Entscheidung, von der abgewichen wird, **muß es sich um keinen Rechtsentscheid handeln**; auch sonstige Entscheidungen begründen die Vorlagepflicht, sofern sie auf der Vorlagefrage beruhen[26]. Dies entspricht der allgemein anerkannten Rechtslage bei der Divergenzrevision, → § 546 Rdnr. 12; für eine andere Beurteilung beim Rechtsentscheid sind keine Gründe ersichtlich. Insbesondere kommt es von dem hier vertretenen Standpunkt aus zu keiner nennenswerten Mehrbelastung der Vorlagegerichte; einschlägige Fallgestaltungen dürften selten sein. Aus dem Gesagten folgt, daß eine Vorlagepflicht auch bei Abweichung von einem OLG- bzw. BGH-Urteil besteht, das vor Schaffung des Rechtsentscheidsverfahrens ergangen ist[27] (vorausgesetzt, die seinerzeit entschiedene Rechtsfrage ist heute noch entscheidungserheblich).

---

[21] MünchKomm ZPO-*Rimmelspacher* Rdnr. 23; *Zöller/Schneider*[18] Rdnr. 27.
[22] *BVerfGE* 76, 93, 96 = NJW 1988, 1015; *BVerfG* NJW 1989, 3007.
[22a] BVerfGE 87, 282.
[23] MünchKomm ZPO-*Rimmelspacher* Rdnr. 17.
[24] *OLG Hamm* NJW-RR 1988, 145; *Thomas/Putzo*[18] Rdnr. 11.
[25] *Baumbach/Lauterbach/Albers*[51] Rdnr. 3; a.A. *Zöller/Schneider*[18] Rdnr. 34 (Vorlagepflicht).

[26] *BGHZ* 89, 275 = LM MietRÄndG Nr. 5 = NJW 1984, 1615 (Beschwerdeentscheidung in Prozeßkostenhilfeverfahren); *OLG Hamm* WuM 1991, 248; *Baumbach/Lauterbach/Albers*[51] Rdnr. 3; *Thomas/Putzo*[18] Rdnr. 11; *Zöller/Schneider*[18] Rdnr. 36. A. A. MünchKomm ZPO-*Rimmelspacher* Rdnr. 14; *Landfermann* NJW 1985, 2609, 2614. Offengelassen in *BGHZ* 101, 244, 248 (Fn. 15).
[27] *OLG Hamm* WuM 1985, 214.

### b) Grundsatzvorlage

Das Landgericht muß weiter dann einen Rechtsentscheid einholen, wenn die Rechtsfrage grundsätzliche Bedeutung hat und noch nicht durch Rechtsentscheid entschieden worden ist. Eine **grundsätzliche Bedeutung** ist dann anzunehmen, wenn die Rechtsfrage in einer unbestimmten Vielzahl von künftigen Fällen entscheidungserheblich sein wird, d. h. die Rechtsfrage darf sich insbesondere nicht auf das Verhältnis der konkreten Prozeßparteien beschränken, Näheres → § 546 Rdnr. 5. Eine übereinstimmende Meinung im Schrifttum steht der Annahme einer grundsätzlichen Bedeutung nicht entgegen[28], ohne daß es dabei eine Rolle spielt, ob sich das Landgericht dieser Meinung anschließen oder ihr widersprechen will. 15

Trotz grundsätzlicher Bedeutung der Rechtsfrage besteht dann weder eine Vorlagepflicht noch ein Vorlagerecht, wenn die **Frage bereits durch Rechtsentscheid entschieden** ist. Anders als bei der Divergenzvorlage, → Rdnr. 14, muß die Entscheidung hier in der Form eines Rechtsentscheids ergangen sein. Bei sonstigen Entscheidungen muß das Landgericht bei grundsätzlicher Bedeutung auch dann vorlegen, wenn die Entscheidung von einem Oberlandesgericht oder dem BGH stammt. Handelt es sich dagegen um einen Rechtsentscheid, so ist es unerheblich, ob er von einem Oberlandesgericht oder vom BGH erlassen worden ist. Liegt ein Rechtsentscheid vor, so kommt eine Vorlage nur dann in Betracht, wenn das Landgericht davon abweichen will. Will es die Frage dagegen im selben Sinne beantworten, so kann es auch dann nicht vorlegen, wenn der vorliegende Rechtsentscheid im Schrifttum angegriffen worden ist oder wenn andere Landgerichte wegen einer geplanten Abweichung vorgelegt haben. Sind in einem Verfahren mehrere Fragen von grundsätzlicher Bedeutung entscheidungserheblich, wobei über einzelne bereits ein Rechtsentscheid vorliegt, so ist die Vorlage auf die übrigen Fragen zu beschränken. 16

## III. Vorlageverfahren

### 1. Vorlagebeschluß

Die Vorlage erfolgt durch Beschluß, Abs. 1 S. 2, der von Amts wegen ergeht. Eine vorherige mündliche Verhandlung ist nicht erforderlich, andererseits aber auch nicht untersagt (Abs. 1 S. 4 steht dem nicht entgegen; die Vorschrift bezieht sich nur auf das Verfahren des Oberlandesgerichts). Hat eine mündliche Verhandlung stattgefunden, so ist der Beschluß zu verkünden, § 329 Abs. 1 S. 1. Eine Zustellung ist nicht erforderlich, da die Voraussetzungen von § 329 Abs. 3 nicht vorliegen. Ebenso wie bei einem Vorlagebeschluß ohne mündliche Verhandlung reicht die formlose Mitteilung an die Parteien aus, § 329 Abs. 2 S. 1. Den Parteien ist vor Erlaß des Beschlusses rechtliches Gehör zu gewähren[29]. Der Beschluß ist nicht anfechtbar; ebenso nicht die Ablehnung des Landgerichts, einen Rechtsentscheid einzuholen[30]. Zum Inhalt des Vorlagebeschlusses → Rdnr. 19ff. 17

### 2. Adressatengericht

Die Vorlage erfolgt an das dem Landgericht übergeordnete **Oberlandesgericht** bzw. an den besonderen Senat des Bezirksgerichts, Einigungsvertrag Anl. I Kapitel III Sachgeb. A Abschn. III lit. 1 Abs. 3 Nr. 4. Soweit in einem Bundesland mehrere Oberlandesgerichte bestehen, 18

---

[28] *BayObLG* NJW-RR 1988, 1293; MünchKomm ZPO-*Rimmelspacher* Rdnr. 18; Thomas/Putzo[18] Rdnr. 12.

[29] MünchKomm ZPO-*Rimmelspacher* Rdnr. 25.
[30] *OLG Hamm* NJW-RR 1988, 1481.

kann die Zuständigkeit durch Rechtsverordnung auf eines von ihnen bzw. auf das Oberste Landesgericht konzentriert werden, Abs. 2. Dies ist in folgenden Bundesländern geschehen: Bayern (VO v. 17. II. 1987, GVBl. 1987 S. 33 i. V. m. VO v. 2. II 1988, GVBl. 1988 S. 6, 97 – BayObLG), Nordrhein-Westfalen (VO v. 1. VII. 1980, GVBl. 1980 S. 700 – OLG Hamm). In Niedersachsen ist die ursprüngliche Alleinzuständigkeit des OLG Oldenburg durch VO v. 9. X. 1980 (GVBl. 1980 S. 383) wieder aufgehoben worden. Legt das Landgericht die Frage bei einem unzuständigen Oberlandesgericht vor, so hat dieses die Sache von Amts wegen an das zuständige Gericht abzugeben und die Vorlage nicht etwa als unzulässig zurückzuweisen.

### 3. Inhalt des Vorlagebeschlusses

19    In dem Vorlagebeschluß muß die **Rechtsfrage**, → Rdnr. 7, genau **formuliert** werden, und zwar losgelöst vom konkreten Sachverhalt. Weiter muß das Landgericht die **Vorlagevoraussetzungen darlegen**, d. h. es muß begründen, worin es die grundsätzliche Bedeutung der Frage sieht bzw. von welcher Entscheidung eine Oberlandesgerichts bzw. des BGH es abweichen will; diese Entscheidung muß genau angegeben werden (Datum, Aktenzeichen), wobei im Falle einer Veröffentlichung die Angabe der Fundstelle ausreichen muß. Nicht erforderlich ist, daß die Entscheidung dem Vorlagebeschluß beigefügt wird. Bei der **Divergenzvorlage** muß das Landgericht darlegen, daß und in welchem Sinne es abweichen will. Dabei reicht es aus, daß es sein geplantes Ergebnis mitteilt; die dazu führenden rechtlichen Erwägungen brauchen in dem Vorlagebeschluß nicht ausgeführt zu werden. Liegen mehrere untereinander divergierende oberlandesgerichtliche Entscheidungen vor, so muß das Landgericht auf jeden Fall von einer von ihnen abweichen, womit es nicht erforderlich ist, den eigenen Standpunkt darzulegen[31].

20    Bei der **Grundsatzvorlage** muß das Landgericht darlegen, worin es die grundsätzliche Bedeutung der Frage sieht. Nicht erforderlich (wenn auch zweckmäßig) ist die Darstellung der eigenen Auffassung des Landgerichts; möglicherweise hat es sich noch gar keine eigene Meinung gebildet. Anders als bei der Divergenzvorlage ist dies bei der Grundsatzvorlage nicht erforderlich. Von Ausführungen über die grundsätzliche Bedeutung der Frage kann dann abgesehen werden, wenn die Erfüllung dieser Voraussetzung offenkundig ist[32]. Darüber hinaus wird man es für zulässig ansehen müssen, daß das Oberlandesgericht bei nicht ausreichender Darlegung der grundsätzlichen Bedeutung in dem Vorlagebeschluß diese seinerseits bejaht, wozu es i. d. R. aus eigener Sachkenntnis in der Lage ist. Es wäre wenig sinnvoll, wenn das Oberlandesgericht die Sache ohne Erlaß eines Rechtsentscheids an das Landgericht zurückgibt, das seinerseits verpflichtet wäre, erneut vorzulegen.

21    Sowohl bei der Divergenz- als auch bei der Grundsatzvorlage muß das Landgericht die **Entscheidungserheblichkeit der Vorlagefrage darlegen**. Dazu, daß insoweit der Standpunkt des Landgerichts maßgeblich ist, → Rdnr. 10. Ebenso wie bei der grundsätzlichen Bedeutung, → Rdnr. 20, wird man dem Oberlandesgericht bei nicht hinreichender Darlegung seitens des Landgerichts zugestehen müssen, die Entscheidungserheblichkeit seinerseits zu beurteilen, sofern ihm dies möglich ist. Anderenfalls muß das Oberlandesgericht vor einer endgültigen Ablehnung eines Rechtsentscheids das Landgericht auffordern, zur Entscheidungserheblichkeit ergänzende Ausführungen zu machen. Kommt das Landgericht dem nicht nach, so kann das Oberlandesgericht keine Entscheidung treffen; zur Verpflichtung des Landgerichts, die Frage nach Zurückweisung der Vorlage erneut vorzulegen, → Rndr. 29.

---

[31] *BGHZ* 103, 91, 93 = NJW 1988, 904.    [32] *BayObLG* NJW 1981, 580, 581.

## 4. Stellungnahme der Parteien

Vor Erlaß des Vorlagebeschlusses ist den Parteien Gelegenheit zu einer Stellungnahme zu geben; dies folgt schon aus dem Recht auf Gewährung rechtlichen Gehörs. Die Stellungnahmen sind dem Vorlagebeschluß beizufügen, Abs. 1 S. 2, und vom Oberlandesgericht bei seiner Entscheidung zu berücksichtigen. Für die Stellungnahme kann den Parteien eine Frist gesetzt werden, die aber keine Präklusionswirkung hat; nachträglich eingereichte Stellungnahmen sind dem Vorlagebeschluß ebenfalls beizufügen bzw. (sofern der Beschluß schon an das Oberlandesgericht abgegangen ist) nachzureichen[33]. Dies gilt auch dann, wenn die Partei eine frühere Stellungnahme ergänzt. Gibt eine Partei innerhalb einer ihr gesetzten Frist keine Stellungnahme ab, hat der Vorlagebeschluß gleichwohl zu ergehen. Hat es das Landgericht unterlassen, eine Stellungnahme der Parteien einzuholen, so liegt darin zwar ein Verfahrensfehler, der jedoch dadurch geheilt werden kann, daß das Oberlandesgericht den Parteien Gelegenheit zur Äußerung gibt[34].

22

## 5. Abänderbarkeit und Unwirksamwerden

Bis zum Erlaß des Rechtsentscheids durch das Oberlandesgericht kann das Landgericht seinen Vorlagebeschluß aufheben oder abändern[35]. Eine Bindung nach § 318 tritt nicht ein. Insbesondere steht es dem Landgericht frei, seine Rechtsmeinung zu ändern (z. B. hinsichtlich einer zunächst geplanten Abweichung bei Divergenzvorlage), und zwar unabhängig davon, ob eine Partei nachträglich noch eine Stellungnahme abgegeben hat oder sich der Streitstand anderweitig geändert hat. Hat das Landgericht den Vorlagebeschluß aufgehoben, so kann kein Rechtsentscheid mehr ergehen[36]; dies gilt auch dann, wenn das Oberlandesgericht meint, die Vorlagevoraussetzungen seien nach wie vor gegeben.

23

Keiner Abänderung des Vorlagebeschlusses bedarf es dann, wenn die **Vorlagevoraussetzungen nachträglich wegfallen**. Hier wird der Rechtsentscheid auch ohne Aufhebung des Vorlagebeschlusses unzulässig[37]. Ein gleichwohl noch ergehender Rechtsentscheid (weil etwa das Oberlandesgericht von der neuen Situation keine Kenntnis hatte) ist unwirksam. Insbesondere begründet er in künftigen Verfahren keine Verpflichtung zur Divergenzvorlage. An einschlägigen Fallgestaltungen sind zu erwähnen: Nachträglicher Erlaß einer bindenden Entscheidung des Bundesverfassungsgerichts, → Rdnr. 11; Beendigung des Verfahrens durch Verzichts- oder Anerkenntnisurteil; Beendigung des Verfahrens durch Vergleich oder Klagerücknahme[38]; ebenso bei übereinstimmender Erledigungserklärung[39]; Ergehen eines Rechtsentscheids zu derselben Frage in einem anderen Verfahren[40]; Wegfall der Entscheidungserheblichkeit der Rechtsfrage (z. B. wegen eines zwischenzeitlichen Geständnisses oder des Eintritts neuer Tatsachen). In allen diesen Fallgestaltungen ist der Vorlagebeschluß nachträglich weggefallen. Das Oberlandesgericht hat keinerlei Entscheidung mehr zu treffen.

24

---

[33] MünchKomm ZPO-*Rimmelspacher* Rdnr. 25.
[34] *OLG Karlsruhe* NJW 1990, 581.
[35] MünchKomm ZPO-*Rimmelspacher* Rdnr. 29.
[36] MünchKomm ZPO-*Rimmelspacher* Rdnr. 29.
[37] MünchKomm ZPO-*Rimmelspacher* Rdnr. 21.
[38] *Baumbach/Lauterbach/Albers*[51] Rdnr. 7.
[39] *BayObLG* NJW-RR 1992, 341 (unter Aufgabe von *BayObLG* NJW 1981, 580); *OLG Hamm* NJW-RR 1992, 146.
[40] *BGH* MDR 1994, 301; *OLG Frankfurt* WuM 1984, 9.

## IV. Verfahren des Oberlandesgerichts

### 1. Eigene Entscheidung des OLG

#### a) Prüfungspunkte

25 Das Oberlandesgericht hat die **Zulässigkeit** (i.S. des Vorliegens der Vorlagevoraussetzungen) **der Vorlage zu prüfen**. Neben seiner Zuständigkeit und der Anhängigkeit des Rechtsstreits beim Landgericht als Berufungsgericht sind dies insbesondere: Ein § 23 Nr. 2a GVG unterfallender Rechtsstreit, → Rdnr. 4, Einordnung der vorgelegten Frage als Rechtsfrage aus einem Wohnraummietverhältnis, → Rdnr. 5 ff., Entscheidungserheblichkeit, → Rdnr. 8 ff., und Klärungsfähigkeit der Rechtsfrage, → Rdnr. 11, Vorhandensein eines Vorlagegrundes (geplante Abweichung, → Rdnr. 13 ff., oder grundsätzliche Bedeutung, ohne daß die Frage bereits durch Rechtsentscheid entschieden ist, → Rdnr. 15 f.) sowie Form, → Rdnr. 17, und Inhalt, → Rdnr. 19 ff., der Vorlageentscheidung. Für die Entscheidungserheblichkeit hat das Oberlandesgericht grundsätzlich vom Rechtsstandpunkt des Landgerichts auszugehen, → Rdnr. 10. Fehlt es bei einer Divergenzvorlage entgegen der Ansicht des Landgerichts an einer vorlagefähigen Abweichung, so kann die Vorlage wegen grundsätzlicher Bedeutung der Rechtsfrage gleichwohl zulässig sein[41]. Entsprechendes gilt im umgekehrten Fall (Grundsatzvorlage ohne grundsätzliche Bedeutung der Frage oder Vorliegen eines Rechtsentscheids), wobei allerdings erforderlich ist, daß sich dem Vorlagebeschluß eine Abweichungsabsicht des Landgerichts entnehmen läßt[42]. Zum Vorgehen des Oberlandesgerichts bei Unzulässigkeit der Vorlage → Rdnr. 29.

#### b) Verfahren und Entscheidung

26 Das Oberlandesgericht entscheidet **ohne mündliche Verhandlung**, Abs. 1 S. 4. Es steht auch nicht in seinem Ermessen, ob es eine mündliche Verhandlung durchführen will. Eine erneute Anhörung der Parteien ist grundsätzlich nicht erforderlich; dem **Anspruch auf rechtliches Gehör** ist durch die Einholung der Stellungnahme der Parteien durch das Landgericht Genüge getan, → Rdnr. 22. Etwas anderes gilt dann, wenn das Oberlandesgericht die Vorlage als unzulässig ansehen will oder wenn es seine Entscheidung auf Erwägungen zu stützen gedenkt, die vor dem Landgericht noch nicht angesprochen worden sind. Hier muß den Parteien Gelegenheit zu einer weiteren Stellungnahme gegeben werden.

27 Die Entscheidung des Oberlandesgerichts ergeht als «**Rechtsentscheid**», Abs. 1 S. 2. Da keine mündliche Verhandlung vorausgegangen ist, → Rdnr. 26, ist der Rechtsentscheid am ehesten mit einem Beschluß vergleichbar[43]. Die wichtigste Wirkung des Rechtsentscheids ist die Bindung des Landgerichts, Abs. 1 S. 5. Das Oberlandesgericht ist in entsprechender Anwendung von § 318 an seinen Rechtsentscheid gebunden. Dagegen erwächst dieser nicht in Rechtskraft (weder formelle noch materielle) und stellt auch keinen vollstreckbaren Titel dar. Gegen den Rechtsentscheid ist kein Rechtsmittel gegeben[44]. Das Oberlandesgericht kann ein solches auch nicht etwa wegen grundsätzlicher Bedeutung der Frage zulassen. Zur Vorlage an den BGH wegen einer vom Oberlandesgericht geplanten Abweichung → Rdnr. 33 ff.

---

[41] *BayObLG* WuM 1987, 344, 345; MünchKomm ZPO-*Rimmelspacher* Rdnr. 19.
[42] *OLG Stuttgart* MDR 1989, 546, 547; MünchKomm ZPO-*Rimmelspacher* Rdnr. 19.
[43] MünchKomm ZPO-*Rimmelspacher* Rdnr. 33.
[44] *Baumbach/Lauterbach/Albers*[51] Rdnr. 12; MünchKomm ZPO-*Rimmelspacher* Rdnr. 35.

Der Rechtsentscheid braucht vom Oberlandesgericht den Parteien nicht zugestellt zu werden. Dies geschieht durch das Landgericht, das den Parteien vor Erlaß des Berufungsurteils Gelegenheit für eine Stellungnahme dazu geben muß[45].

28

### c) Entscheidungsinhalt

Ist die **Vorlage unzulässig** (zu den Zulässigkeitsvoraussetzungen → Rdnr. 25), so lehnt das Oberlandesgericht den Erlaß eines Rechtsentscheids ab und gibt die Sache an das Landgericht zurück[46]. Dies geschieht durch einfache Rückgabe unter Angabe des Unzulässigkeitsgrundes. Eine ausdrückliche Verwerfung der Vorlage als unzulässig ist nicht erforderlich. Wird der Erlaß des Rechtsentscheids deswegen abgelehnt, weil der Vorlagebeschluß inhaltlich nicht den Anforderungen entsprach (mangelnde Darlegung der Rechtsfrage oder ihrer Entscheidungserheblichkeit; unzureichende Begründung der grundsätzlichen Bedeutung; fehlende Darlegung der geplanten Abweichung), während die Vorlagevoraussetzungen in Wirklichkeit vorliegen, so muß das Landgericht einen erneuten (diesmal ordnungsmäßigen) Vorlagebeschluß fassen. Es kann sich nicht etwa auf den Standpunkt stellen, die Vorlageproblematik habe sich damit erledigt und die Frage jetzt selbst entscheiden.

29

Bei **Zulässigkeit der Vorlage** entscheidet das Oberlandesgericht die Frage durch Rechtsentscheid. Zweckmäßigerweise geschieht dies in der Form eines verallgemeinerungsfähigen Rechtssatzes, vergleichbar einer Gesetzesformulierung oder einem Leitsatz. Der vom Oberlandesgericht vertretene Rechtssatz muß in dem Rechtsentscheid begründet werden. Das Oberlandesgericht hat darauf zu achten, daß der Rechtsentscheid inhaltlich mit der Vorlagefrage übereinstimmt. Insbesondere darf der Entscheid auch dann nicht über die Vorlagefrage hinausgehen, wenn sich an diese Frage offenkundig Folgeprobleme von grundsätzlicher Bedeutung anknüpfen. Ist die Vorlage nur teilweise zulässig (bei mehreren Vorlagefragen), so ist der Rechtsentscheid auf den zulässigen Teil zu begrenzen, während im übrigen das unter → Rdnr. 29 Ausgeführte gilt.

30

### d) Bindungswirkung

Das **Landgericht** ist an den Rechtsentscheid gebunden, Abs. 1 S. 5, d. h. es darf die Vorlagefrage bei dem von ihm zu erlassenden Berufungsurteil nicht anders als das Oberlandesgericht beantworten. Die Bindungswirkung beschränkt sich grundsätzlich auf den Tenor des Entscheids, wobei dessen Tragweite jedoch unter Heranziehung der Gründe zu ermitteln ist[47]. Die Bindungswirkung bedeutet nicht, daß das Landgericht seine Entscheidung notwendigerweise auf die Vorlagefrage stützen muß; es steht ihm vielmehr frei, seine ursprüngliche Meinung über die Entscheidungserheblichkeit der Frage zu ändern[48]. Die Bindungswirkung beschränkt sich auf das Verfahren, in dem der Rechtsentscheid eingeholt worden ist. Ist das Landgericht auch in anderen Verfahren mit derselben Frage konfrontiert, dann steht es ihm frei, die Rechtslage anders zu beurteilen. Es muß dann freilich wegen geplanter Abweichung von dem Rechtsentscheid die Frage erneut dem Oberlandesgericht vorlegen. Dasselbe gilt für andere Landgerichte. Lehnt das Oberlandesgericht den Erlaß eines Rechtsentscheids ab, → Rdnr. 29, so knüpft sich daran keinerlei Bindungswirkung[49].

31

---

[45] MünchKomm ZPO-*Rimmelspacher* Rdnr. 35.
[46] MünchKomm ZPO-*Rimmelspacher* Rdnr. 34.
[47] OLG Frankfurt MDR 1985, 939. Weitergehend (= Bindung auch an die tragenden Gründe) MünchKomm ZPO-*Rimmelspacher* Rdnr. 43. Zur vergleichbaren Problematik des Umfangs der Rechtskraftwirkung → § 322 Rdnr. 179 ff.

[48] OLG Karlsruhe WuM 1981, 173, 174; MünchKomm ZPO-*Rimmelspacher* Rdnr. 43.
[49] MünchKomm ZPO-*Rimmelspacher* Rdnr. 43; Zöller/Schneider[18] Rdnr. 78.

**32** Die Bindungswirkung beschränkt sich auf das Landgericht. Das **Amtsgericht** ist nur dann gebunden, wenn die Sache nach §§ 538, 539 zurückverwiesen wird, → § 538 Rdnr. 36. In anderen Verfahren ist das Amtsgericht in seiner Entscheidung frei. Ihm steht kein Vorlagerecht zu, → Rdnr. 2. Der Notwendigkeit der Einheitlichkeit der Rechtsprechung wird insoweit dadurch Rücksicht getragen, daß die Berufung bei Abweichung von der Entscheidung eines Oberlandesgerichts oder des Bundesgerichtshofes nach § 511a Abs. 2 auch ohne Erreichen der Berufungssumme statthaft ist, → § 511a Rdnr. 36ff.

### 2. Vorlage an den Bundesgerichtshof

#### a) Vorlagevoraussetzungen

**33** Das Oberlandesgericht hat die Rechtsfrage nur dann seinerseits dem Bundesgerichtshof vorzulegen, wenn es von einer Entscheidung des Bundesgerichtshofs oder eines anderen Oberlandesgerichts abweichen will, Abs. 1 S. 3. Nur wegen grundsätzlicher Bedeutung der Frage kann das Oberlandesgericht die Vorlage nicht an den Bundesgerichtshof weiterleiten. Betrifft die Abweichung nur eine von mehreren Fragen, die das Landgericht dem Oberlandesgericht vorgelegt hat, so ist die Vorlage an den BGH auf diese Frage zu beschränken, während der Rechtsentscheid im übrigen vom Oberlandesgericht ergeht. Von einer **eigenen Entscheidung** kann das Oberlandesgericht jederzeit abweichen, hier ist eine Vorlage an den BGH nicht zulässig. Nicht ausdrücklich geregelt ist die Frage, was bei Abweichung von der Entscheidung eines anderen Senats desselben Oberlandegerichts gilt. Grundsätzlich ist hier eine Vorlagepflicht zu bejahen[50]. Dafür spricht neben einer Analogie zu § 72 Abs. 2 Nr. 2 ArbGG (Zulassung der Revision auch bei Abweichung von einer anderen Kammer desselben Landesarbeitsgerichts) auch der Zweck des Rechtsentscheids, zu einer einheitlichen Rechtsprechung zu führen. Da es innerhalb der Oberlandesgerichte bei unterschiedlicher Rechtsprechung verschiedener Senate keinen Weg zur Vereinheitlichung der divergierenden Auffassungen gibt, muß das angestrebte Ziel durch Einschaltung des BGH erreicht werden. In entsprechender Anwendung von § 132 Abs. 3 S. 1 GVG ist die Vorlage jedoch dann nicht zulässig, wenn der Senat, von dessen Entscheidung abgewichen werden soll, auf Anfrage des grundsätzlich vorlagepflichtigen Senats erklärt, an seiner Auffassung nicht festzuhalten[51]; hier kann das OLG ohne Vorlage von der früheren Entscheidung abweichen. Weiter ist in entsprechender Anwendung von § 132 Abs. 3 S. 2 GVG eine Vorlagepflicht dann nicht gegeben, wenn der Senat, von dessen Entscheidung abgewichen werden soll, wegen einer Änderung des Geschäftsverteilungsplans mit der Rechtsfrage nicht mehr befaßt werden kann[52].

**34** Ebenso wie bei der Vorlage des Landgerichts an das Oberlandesgericht, → Rdnr. 14, braucht es sich bei der Entscheidung, von der abgewichen werden soll, um **keinen Rechtsentscheid** zu handeln[53]. Die **vorgelegte Rechtsfrage** muß mit derjenigen identisch sein, die das Landgericht dem Oberlandesgericht vorgelegt hat[54]. Das Oberlandesgericht darf die Frage weder inhaltlich verändern noch erweitern, und zwar auch dann nicht, wenn es meint, das Landgericht hätte die Frage anders bzw. weiter fassen müssen. In diesem Fall kann das Oberlandesgericht die Sache allenfalls an das Landgericht zurückgeben, → Rdnr. 29.

---

[50] MünchKomm ZPO-*Rimmelspacher* Rdnr. 36; *Zöller/Schneider*[18] Rdnr. 54. A.A. *Thomas/Putzo*[18] Rdnr. 16.
[51] *Zöller/Schneider*[18] Rdnr. 54.
[52] MünchKomm ZPO-*Rimmelspacher* Rdnr. 36.
[53] BGHZ 89, 275 (Fn. 26); *Baumbach/Lauterbach/Albers*[51] Rdnr. 11; a.A. MünchKomm ZPO-*Rimmelspacher* Rdnr. 36.
[54] BGHZ 79, 288 = NJW 1981, 1040; NJW 1989, 29.

### b) Vorlageverfahren und Entscheidung des BGH

Das **Oberlandesgericht** muß seine Vorlage begründen und insbesondere die beabsichtigte 35
Divergenz darlegen[55]. Eine erneute Stellungnahme der Parteien braucht nicht eingeholt zu
werden, doch sind die vom Landgericht eingeholten Stellungnahmen, → Rdnr. 22, an den
BGH weiterzuleiten.

Für das **Verfahren beim BGH** gilt Entsprechendes wie bei einem Rechtsentscheidsverfahren 36
vor dem Oberlandesgericht, → dazu Rdnr. 26. Eine mündliche Verhandlung findet nicht statt,
Abs. 1 S. 4. Ist die **Vorlage zulässig**, so erläßt der BGH den Rechtsentscheid anstelle des
OLG[56]. Das OLG ist mit der Frage nicht weiter befaßt. Das Landgericht ist an den Rechtsentscheid ebenso wie an einen vom Oberlandesgericht erlassenen gebunden, Näheres →
Rdnr. 31. Der Rechtsentscheid des BGH ist nicht anfechtbar[57]. Eine eventuelle Verfassungsbeschwerde hat sich nicht gegen den Rechtsentscheid, sondern gegen das Berufungsurteil des
Landgerichts zu richten, das seinerseits auf dem Rechtsentscheid beruht[58]. Bei **Unzulässigkeit
der Vorlage** (diese kann sich sowohl daraus ergeben, daß die Vorlage des Landgerichts an das
Oberlandesgericht unzulässig ist, als auch daraus, daß die Voraussetzungen für eine weitere
Vorlage an den BGH nicht vorliegen) lehnt der BGH den Erlaß eines Rechtsentscheids ab. Je
nachdem, auf welcher Stufe die Unzulässigkeit beruht, hat dann das Oberlandesgericht den
Rechtsentscheid zu erlassen oder das Landgericht in seinem Berufungsurteil die Frage selbst
zu entscheiden.

### V. Kosten

Das Rechtsentscheidsverfahren stellt innerhalb des beim Landericht anhängigen Beru- 37
fungsverfahrens einen rein justizinternen Vorgang dar, der weder besondere Gerichts- noch
Anwaltsgebühren entstehen läßt. Infolgedessen hat der Rechtsentscheid keine Kostenentscheidung zu enthalten. Eventuelle Auslagen der Parteien sind Bestandteil der Kosten des
Berufungsverfahrens.

## § 542 [Versäumnisverfahren]

(1) Erscheint der Berufungskläger im Termin zur mündlichen Verhandlung nicht, so ist
seine Berufung auf Antrag durch Versäumnisurteil zurückzuweisen.

(2) Erscheint der Berufungsbeklagte nicht und beantragt der Berufungskläger gegen ihn
das Versäumnisurteil, so ist das tatsächliche mündliche Vorbringen des Berufungsklägers als
zugestanden anzunehmen. Soweit es den Berufungsantrag rechtfertigt, ist nach dem Antrag
zu erkennen; soweit dies nicht der Fall ist, ist die Berufung zurückzuweisen.

(3) Im übrigen gelten die Vorschriften über das Versäumnisverfahren im ersten Rechtszug
sinngemäß.

Gesetzesgeschichte: Bis 1900 § 504 CPO. Änderung: BGBl. 1976 I 3281.

| | | | |
|---|---|---|---|
| I. Allgemeines | 1 | III. Säumnis des Berufungsbeklagten, Abs. 2 | 6 |
| II. Säumnis des Berufungsklägers, Abs. 1 | 3 | 1. Zulässigkeit der Berufung | 7 |
| | | 2. Zulässigkeit der Klage | 8 |

---

[55] MünchKomm ZPO-*Rimmelspacher* Rdnr. 38.
[56] MünchKomm ZPO-*Rimmelspacher* Rdnr. 41.
[57] MünchKomm ZPO-*Rimmelspacher* Rdnr. 39;
*Baumbach/Lauterbach/Albers*[51] Rdnr. 12.
[58] *Zöller/Schneider*[18] Rdnr. 74.

## § 542 I, II    3. Buch. Rechtsmittel

| | | | |
|---|---|---|---|
| 3. Schlüssigkeit der Berufung | 9 | IV. Entsprechende Anwendung der §§ 330 ff., Abs. 3 | 17 |
| a) Wiederholung alten Vorbringens | 10 | V. Kosten und Gebühren | 19 |
| b) Neues Vorbringen | 11 | VI. Entscheidung nach Lage der Akten | 20 |
| c) Kein Beweisantritt | 12 | VII. Arbeitsgerichtliches Verfahren | 21 |
| d) Neue Ansprüche | 13 | | |
| e) Die Entscheidung | 14 | | |

## I. Allgemeines

1   Durch die Vereinfachungsnovelle ist das Versäumnisverfahren in der Berufungsinstanz weitgehend **dem erstinstanzlichen Versäumnisverfahren angepaßt** worden. Während früher bei Säumnis des Berufungsbeklagten ein Versäumnisurteil nur dann ergehen konnte, wenn das festgestellte Sachverhältnis dem nicht entgegenstand, ist jetzt ebenso wie bei § 331 dem Antrag des Berufungsklägers ohne weiteres stattzugeben, sofern sein tatsächliches Vorbringen dies rechtfertigt. Ob dieses Vorbringen mit den vom Untergericht festgestellten Tatsachen übereinstimmt, ist unerheblich. Gleiches gilt für die Parteirolle in der ersten Instanz. An die Stelle von Kläger und Beklagter in erster Instanz treten im Berufungsverfahren der Berufungskläger und der Berufungsbeklagte. Wegen der Besonderheiten in **Ehesachen** → § 612 Rdnr. 11 ff.; das dort Ausgeführte gilt in Kindschaftssachen entsprechend, § 640 Abs. 1, → § 640 Rdnr. 46.

2   Voraussetzung für die Anwendbarkeit von § 542 ist, daß der Rechtsstreit in der Berufungsinstanz anhängig ist. Ist das erstinstanzliche Urteil nur **teilweise angefochten** worden, → § 519 Rdnr. 27 f., so kann über den nicht angefochtenen Teil kein Versäumnisurteil ergehen[1].

## II. Säumnis des Berufungsklägers, Abs. 1

3   Versäumt der Berufungskläger den Termin zur mündlichen Verhandlung, so wird entsprechend der Regelung des § 330 die **Berufung durch Versäumnisurteil als unbegründet zurückgewiesen**. Voraussetzung dafür ist ein dahingehender **Antrag** des Berufungsbeklagten, Abs. 1. Wird dieser nicht gestellt, so kann das Berufungsgericht ebenso wie das erstinstanzliche Gericht nach Aktenlage entscheiden, einen neuen Termin anberaumen oder das Ruhen des Verfahrens anordnen, → vor § 330 Rdnr. 19 f. Das Urteil ist wie das Versäumnisurteil nach § 330, → § 330 Rdnr. 1, ein in der Sache selbst entscheidendes Urteil, das die unselbständige Anschließung nicht hinfällig macht[2], → § 522 Rdnr. 4. Die Entscheidung über die vorläufige Vollstreckbarkeit ergibt sich aus § 708 Nr. 2 bzw. Nr. 10.

4   Voraussetzung für den Erlaß des Versäumnisurteils ist die **Zulässigkeit der Berufung**[3]; dies entspricht der Rechtslage bei § 330 hinsichtlich der Zulässigkeit der Klage, → § 330 Rdnr. 11. Zur Frage, ob auch die Klage zulässig sein muß, → Rdnr. 5. Ist die Berufung unzulässig, so ist sie trotz Säumnis des Berufungsklägers nach § 519b zu verwerfen, womit eine unselbständige Anschließung ihre Wirkung verliert, § 522 Abs. 1. Die Verwerfungsentscheidung ist kein Versäumnisurteil[4] und kann mit denselben Rechtsmitteln angefochten werden, als wenn der Berufungskläger nicht säumig gewesen wäre, Näheres → § 519b Rdnr. 33 ff. Soweit der Berufungsbeklagte ein Interesse an der Zulässigkeit der Berufung hat (vor allem wegen der

---

[1] *OLG Schleswig* SchlHA 1966, 14; MünchKomm ZPO-*Rimmelspacher* Rdnr. 2; *Zöller/Schneider*[18] Rdnr. 12.
[2] *AK-Ankermann* Rdnr. 4; MünchKomm ZPO-*Rimmelspacher* Rdnr. 8.
[3] Einhellige Meinung; s. etwa AK-*Ankermann* Rdnr. 2;

*Baumbach/Lauterbach/Albers*[51] Rdnr. 2; MünchKomm ZPO-*Rimmelspacher* Rdnr. 3; *Thomas/Putzo*[18] Rdnr. 1; *Wieczorek/Rössler* Anm. B I; *Zöller/Schneider*[18] Rdnr. 4; *Rosenberg/Schwab/Gottwald*[15] § 141 I.
[4] *BGH* LM § 338 Nr. 2; NJW 1969, 845; BAGE 17, 323, 326.

Wirksamkeit einer unselbständigen Anschlußberufung), steht es ihm frei, in diesem Sinne vorzutragen[5]; insoweit hat er Anspruch auf Gewährung rechtlichen Gehörs. Wegen der unterschiedlichen Rechtsfolgen hinsichtlich der gegen das Urteil statthaften Rechtsbehelfe darf das Berufungsgericht nicht dahingestellt sein lassen, ob es die Berufung als unzulässig nach § 519b Abs. 2 verwirft oder durch Versäumnisurteil nach § 542 Abs. 1 zurückweist.

Von der **Zulässigkeit** der Berufung ist die **der Klage** zu trennen. Nach h. M. ist sie vom Berufungsgericht ebenfalls von Amts wegen zu prüfen, wobei die Klage im Falle ihrer Unzulässigkeit durch unechtes Versäumnisurteil abzuweisen sein soll[6]. Dem kann nicht zugestimmt werden[7]. Ist der Beklagte in erster Instanz verurteilt worden, so gehört die Frage der Zulässigkeit der Klage zur Begründetheit der Berufung. Bleibt der Kläger in der Berufungsverhandlung aus, so ist das angefochtene Urteil bei Schlüssigkeit der Berufung durch Versäumnisurteil nach Abs. 2 aufzuheben und die Klage abzuweisen, → Rdnr. 14. Hat bei teilweiser Klageabweisung der Kläger Berufung eingelegt, so ist die Berufung im Falle seiner Säumnis nach Abs. 1 zurückzuweisen; dagegen braucht er nicht zu befürchten, daß er ohne Anschlußberufung des Beklagten auch mit dem Teil abgewiesen wird, hinsichtlich dessen er in erster Instanz Erfolg gehabt hat, Näheres → § 536 Rdnr. 7. 5

### III. Säumnis des Berufungsbeklagten, Abs. 2

Das Verfahren bei Säumnis des Berufungsbeklagten ist durch die **Vereinfachungsnovelle** in entscheidenden Punkten geändert worden. Im Gegensatz zu § 542 a. F. kommt es für den Erlaß eines Versäumnisurteils nicht mehr darauf an, daß das tatsächliche mündliche Vorbringen des Berufungsklägers dem vom Untergericht festgestellten Sachverhalt nicht widerspricht. Das tatsächliche Vorbringen des Berufungsklägers ist vielmehr vollinhaltlich als zugestanden anzusehen, Abs. 2 S. 1. 6

#### 1. Zulässigkeit der Berufung

Ebenso wie bei Säumnis des Berufungsklägers, → Rdnr. 4, muß die Berufung zulässig sein. Ist dies nicht der Fall, so ist sie trotz Säumnis des Berufungsbeklagten als unzulässig zu verwerfen. Dabei handelt es sich um kein Versäumnis-, sondern um ein streitiges Urteil (sog. **unechtes Versäumnisurteil**, → vor § 330 Rdnr. 29), gegen das nicht der Einspruch, sondern bei Erlaß durch das Oberlandesgericht nach § 547 die Revision statthaft ist. Erfolgt die Verwerfung der Berufung durch das Landgericht, so ist dagegen kein Rechtsmittel bzw. Rechtsbehelf statthaft, → § 519b Rdnr. 33. 7

#### 2. Zulässigkeit der Klage

Anders als bei Säumnis des Berufungsklägers, → Rdnr. 5, muß bei Säumnis des Berufungsbeklagten die Klage zulässig sein[8]. Ist die **Klage in erster Instanz abgewiesen** worden und im Berufungsverfahren der Beklagte säumig, so kann die Berufung nur dann Erfolg haben, wenn die Klage zulässig ist. Dies hat das Berufungsgericht ebenso wie das erstinstanzliche Gericht, → § 331 Rdnr. 19, von Amts wegen zu prüfen. Insoweit greift die Geständnisfiktion des Abs. 2 S. 1 nicht ein. Ist zwar die Berufung, nicht dagegen die Klage zulässig, so ist die 8

---

[5] AK-*Ankermann* Rdnr. 4.
[6] *BGH* LM § 554a Nr. 9 = NJW 1961, 829; LM § 331 Nr. 1 = NJW 1961, 2207; ZIP 1986, 740 = NJW-RR 1041; AK-*Ankermann* Rdnr. 3; *Baumbach/Lauterbach/ Albers*[51] Rdnr. 3; *Thomas/Putzo*[18] Rdnr. 3; *Wieczorek/*

*Rössler* Anm. B II, III; *Zöller/Schneider*[18] Rdnr. 8; *Rosenberg/Schwab/Gottwald*[15] § 141 II.
[7] Wie hier auch MünchKomm ZPO-*Rimmelspacher* Rdnr. 7.
[8] MünchKomm ZPO-*Rimmelspacher* Rdnr. 11.

§ 542 III 3. Buch. Rechtsmittel

Berufung durch streitiges Urteil zurückzuweisen[9]; dies gilt auch dann, wenn die Klage in erster Instanz als unbegründet abgewiesen worden war; die Ersetzung des Sachurteils durch ein Prozeßurteil stellt keinen Verstoß gegen ds Verbot der reformatio in peius dar, → § 536 Rdnr. 6. Ist der **Klage in erster Instanz stattgegeben** worden und der Kläger im Berufungsverfahren als Berufungsbeklagter säumig, so ist der Berufung stattzugeben und die Klage durch Prozeßurteil abzuweisen. Dabei handelt es sich um kein Versäumnis-, sondern um ein kontradiktorisches Urteil[10], → vor § 330 Rdnr. 27.

### 3. Schlüssigkeit der Berufung

9   Abs. 2 bestimmt als Versäumnisfolge die **Fiktion des Geständnisses** der tatsächlichen Behauptungen des Berufungsklägers. Ob dieser in dem Verfahren Kläger oder Beklagter ist, ist unerheblich; maßgeblich ist allein die Stellung als Berufungskläger. Zu Besonderheiten im Eheverfahren → § 612 Rdnr. 13.

### a) Wiederholung alten Vorbringens

10   Soweit der Berufungskläger altes Vorbringen aus der ersten Instanz wiederholt, ist dieses **der Berufungsentscheidung uneingeschränkt zugrunde zu legen**, es sei denn, es handelt sich um Tatsachen, bei denen ein das Gericht bindendes Geständnis nicht möglich ist. Da die in erster Instanz vorgebrachten Tatsachen aus dem Tatbestand des angefochtenen Urteils hervorgehen, brauchen sie abweichend von § 335 Abs. 1 Nr. 3 dem Berufungsbeklagten vorher nicht mittels Schriftsatzes mitgeteilt zu werden. Ohne Bedeutung ist, ob das Untergericht die Tatsache als entscheidungserheblich angesehen und bejahendenfalls dem angefochtenen Urteil zugrundegelegt hat. Es kommt auch nicht darauf an, ob das Untergericht wegen der bei ihm gegebenen Prozeßlage von der Unrichtigkeit der Behauptung des Berufungsklägers ausgehen mußte. Erst recht ist es unerheblich, ob die Tatsache in erster Instanz bestritten war. Selbst der Ausgang einer **Beweisaufnahme in erster Instanz** spielt keine Rolle; die Behauptung ist dem Berufungsurteil auch dann zugrunde zu legen, wenn die Beweisaufnahme eindeutig das Gegenteil ergeben hat[11]. Die Unerheblichkeit der Behauptung kann bei Säumnis des Berufungsbeklagten auch nicht mit § 138 Abs. 1 begründet werden (Verletzung der Wahrheitspflicht). Die Lage ist insoweit keine andere, als wenn der Beklagte in erster Instanz in einem Termin säumig ist, der nach einer Beweiserhebung liegt, die zu einem für den Beklagten günstigen Ergebnis geführt hat; hier ergeht ebenfalls ein Versäumnisurteil gegen den Beklagten, ohne daß dem das Ergebnis der Beweisaufnahme entgegensteht, → § 332 Rdnr. 1. Schließlich ist ein **Geständnis des Berufungsklägers in erster Instanz** kein Hindernis dafür, die davon abweichende Behauptung in zweiter Instanz bei Säumnis des Berufungsbeklagten gegen diesen zu verwenden. § 532 steht dem nicht entgegen[12]. Diese Vorschrift erweitert die Wirkungen eines Geständnisses nicht über das hinaus, was in erster Instanz gilt, wo das Geständnis des Klägers bei späterer Säumnis des Beklagten ja ebenfalls kein Hindernis für ein Versäumnisurteil ist, → § 332 Rdnr. 1. Unabhängig davon, welche Bedeutung man einem erstinstanzlichen Geständnis des Berufungsklägers beimißt, steht auf jeden Fall das erstinstanzliche Nichtbestreiten einem Nachholen in zweiter Instanz im Rahmen der Schlüssigkeitsprüfung nach § 542 Abs. 2 nicht entgegen[13].

---

[9] MünchKomm ZPO-*Rimmelspacher* Rdnr. 11.
[10] *Zöller/Schneider*[18] Rdnr. 10; a. A. MünchKomm ZPO-*Rimmelspacher* Rdnr. 11.
[11] *Baumbach/Lauterbach/Albers*[51] Rdnr. 5.
[12] Str.; wie hier AK-*Ankermann* Rdnr. 6; Münch-

Komm ZPO-*Rimmelspacher* Rdnr. 15; a. A. *Baumbach/Lauterbach/Albers*[51] Rdnr. 5; *Wieczorek/Rössler* Anm. D I; *Zöller/Schneider*[18] Rdnr. 16.
[13] MünchKomm ZPO-*Rimmelspacher* Rdnr. 15.

### b) Neues Vorbringen

Neues Vorbringen darf dem Versäumnisurteil nur dann zugrundegelegt werden, wenn es **11** dem Berufungsbeklagten rechtzeitig mitgeteilt worden ist, §§ 132 Abs. 1, 335 Abs. 1 Nr. 3, 542 Abs. 3[14]. In diesem Rahmen ist **neues Vorbringen uneingeschränkt zu berücksichtigen.** Insbesondere kommt eine Zurückweisung als verspätet nach § 528 Abs. 1, 2 nicht in Betracht[15]. Dadurch, daß die Behauptung des Berufungsklägers ohne weiteres als zugestanden gilt, tritt keine Verzögerung des Rechtsstreits ein, was nach § 528 Abs. 1, 2 aber Voraussetzung für eine Nichtzulassung des Vorbringens ist. Soweit das Vorbringen dagegen schon in erster Instanz zu Recht zurückgewiesen worden ist, bleibt es nach § 528 Abs. 3 auch bei Säumnis des Berufungsbeklagten weiter ausgeschlossen[16]. Ob die Zurückweisung zu Recht erfolgt ist, hat das Berufungsgericht von Amts wegen zu prüfen, → § 528 Rdnr. 12, weshalb es insoweit an das Vorbringen des Berufungsbeklagten nicht gebunden ist.

### c) Kein Beweisantritt

Im Gegensatz zu Abs. 2 a.F. braucht der Berufungskläger für seine Behauptungen keinen **12** Beweis anzutreten[17]. Er braucht sich auch nicht mit der Beweiswürdigung des angefochtenen Urteils auseinanderzusetzen.

### d) Neue Ansprüche

Macht der Berufungskläger im Wege der Klageänderung neue Ansprüche geltend (ein- **13** schließlich der Erhebung einer Widerklage oder der Erklärung einer Aufrechnung, → § 530 Rdnr. 12), so setzt der Erlaß eines Versäumnisurteils auf jeden Fall rechtzeitige Mitteilung voraus, § 335 Abs. 1 Nr. 3. Das Berufungsgericht hat das neue Begehren zunächst unter dem Gesichtspunkt der Sachdienlichkeit zu prüfen, §§ 263, 523, 530. Eine Fiktion der Einwilligung des Berufungsbeklagten kommt nicht in Betracht[18]. Ob der Berufungsbeklagte gegen das Versäumnisurteil voraussichtlich Einspruch einlegen wird, ist für die Bejahung der Sachdienlichkeit unerheblich[19]. Bejaht das Berufungsgericht die Sachdienlichkeit, so hat es, wenn im übrigen die Voraussetzungen dafür gegeben sind, das Versäumnisurteil zu erlassen. Verneint es die Sachdienlichkeit, so hat es so zu entscheiden, als ob der neue Anspruch nicht erhoben worden wäre. Bei nicht sachdienlicher Aufrechnung ergeht keine ausdrückliche Entscheidung über die Gegenforderung; die Aufrechnung wird lediglich nicht berücksichtigt. War die Einwilligung des Berufungsbeklagten bereits in einem vorausgegangenen Termin erklärt worden, so ist selbstverständlich kein Raum mehr für eine Zurückweisung mangels Sachdienlichkeit; ebenso nicht, wenn das Berufungsgericht die Sachdienlichkeit schon durch Zwischenurteil (→ § 268 Rdnr. 1) bejaht hat.

### e) Die Entscheidung

Rechtfertigt das tatsächliche mündliche Vorbringen des Berufungsklägers den Berufungs- **14** antrag (d.h. ist der Berufungsantrag schlüssig), so ist das angefochtene Urteil durch Versäum-

---

[14] AK-*Ankermann* Rdnr. 7; *Baumbach/Lauterbach/Albers*[51] Rdnr. 5; MünchKomm ZPO-*Rimmelspacher* Rdnr. 12.
[15] Einhellige Meinung; s. etwa MünchKomm ZPO-*Rimmelspacher* Rdnr. 12; *Zöller/Schneider*[18] Rdnr. 16.
[16] *Baumbach/Lauterbach/Albers*[51] Rdnr. 6; MünchKomm ZPO-*Rimmelspacher* Rdnr. 12; *Zöller/Schnei-*

*der*[18] Rdnr. 16. A.A. AK-*Ankermann* Rdnr. 6; *Wieczorek/Rössler* Anm. D II.
[17] AK-*Ankermann* Rdnr. 6.
[18] AK-*Ankermann* Rdnr. 7; MünchKomm ZPO-*Rimmelspacher* Rdnr. 16; *Zöller/Schneider*[18] Rdnr. 17.
[19] A.A. AK-*Ankermann* Rdnr. 7.

nisurteil aufzuheben und **entsprechend dem Berufungsantrag zu erkennen**, Abs. 2 S. 2, 1. Halbs.. War also der Klage in erster Instanz stattgegeben worden und ist der Kläger als Berufungsbeklagter säumig, so ist auf die Berufung des Beklagten hin das erstinstanzliche Urteil aufzuheben und die Klage abzuweisen. Ist nicht sofort Termin zur mündlichen Verhandlung bestimmt, sondern statt dessen die Durchführung eines schriftlichen Vorverfahrens angeordnet worden, § 520 Abs. 1 S. 2, so ist gleichwohl in mündlicher Verhandlung zu entscheiden. Ein Versäumnisurteil ohne mündliche Verhandlung, wie es § 331 Abs. 3 für das erstinstanzliche Verfahren vorsieht, ist im Berufungsverfahren deshalb nicht möglich, weil § 276 hier nicht anwendbar ist, → § 520 Rdnr. 11. Das Urteil fällt als Versäumnisurteil unter § 708 Nr. 2. Nach Abs. 3 i. V. mit § 338 unterliegt es dem **Einspruch**, → weiter Rdnr. 17. Die Revision ist nur im Falle des § 513 Abs. 2 statthaft. Die Wertgrenze des § 546 Abs. 1 S. 1 gilt dabei nach §§ 566, 513 Abs. 2 S. 2 nicht[20], d. h. das zweite Versäumnisurteil ist auch dann mit der Revision anfechtbar, wenn die Beschwer des Berufungsbeklagten sechzigtausend Mark nicht übersteigt. Infolgedessen braucht die Beschwer nicht nach § 546 Abs. 2 S. 1 festgesetzt zu werden.

15    Rechtfertigt das tatsächliche Vorbringen des Berufungsbeklagten die Berufungsanträge nicht, so ist die **Berufung zurückzuweisen**, Abs. 2 S. 2, 2. Halbs.. Dieses Urteil ist ebenso wie das die Berufung als unzulässig verwerfende Urteil, → Rdnr. 7, ein unechtes Versäumnisurteil, gegen das der Einspruch nicht gegeben ist. Das Urteil kann unter den allgemeinen Voraussetzungen mit der Revision angefochten werden. Hat das Berufungsgericht zu Unrecht statt eines Versäumnisurteils ein unechtes Versäumnisurteil gegen den Berufungskläger erlassen, so hat das Revisionsgericht die Sache an das Berufungsgericht zurückzuverweisen, wenn der Berufungsbeklagte das Vorbringen des Berufungsklägers bestritten hat[21]; anderenfalls würde der Berufungsbeklagte die Möglichkeit verlieren, daß dem bestrittenen Vortrag des Berufungsklägers nachgegangen wird.

16    Rechtfertigt das tatsächliche Vorbringen des Berufungsklägers den Berufungsantrag nur **teilweise**, so ist der Berufung insoweit stattzugeben, während sie im übrigen durch unechtes Versäumnisurteil zurückzuweisen ist[22]. Dies kann in einer einheitlichen Entscheidung erfolgen, wobei jedoch klargestellt werden muß, daß der Sache nach zwei inhaltlich verschiedene Entscheidungen vorliegen.

### IV. Entsprechende Anwendung der §§ 330 ff., Abs. 3

17    Soweit in den Abs. 1 und 2 keine besondere Regelung des Versäumnisverfahrens in der Berufungsinstanz enthalten ist, gelten die Vorschriften über das Versäumnisverfahren in erster Instanz entsprechend, Abs. 3. Dies gilt insbesondere für die Zulässigkeit (§ 338) und die Wirkung (§ 342) des **Einspruchs**, und zwar einschließlich der Regelung über die Einspruchsfrist (§ 339) sowie die einzuhaltende Form (§ 340). Verwirft das Berufungsgericht den Einspruch ohne mündliche Verhandlung nach § 341 Abs. 2 als unzulässig, so ist dagegen die sofortige Beschwerde gegeben, sofern gegen ein Urteil gleichen Inhalts die Revision statthaft wäre (§§ 341 Abs. 2 S. 2, 567 Abs. 4 S. 2). Übersteigt die Beschwer des Einspruchsführers 60 000,– DM, so kann das Revisionsgericht die Annahme der sofortigen Beschwerde nicht nach § 554b mangels grundsätzlicher Bedeutung der Sache ablehnen[23]; die Rechtslage ist insoweit anders, als wenn das Oberlandesgericht über eine sofortige Beschwerde gegen die Verwerfung des Einspruchs durch das Landgericht entscheidet, § 568a.

---

[20] *BGH* LM § 513 Nr. 5 = NJW 1979, 166 = MDR 127.
[21] *BGH* NJW 1986, 3085; *BAG* NJW 1989, 61, 62 f.; 1989, 733, 734 f.
[22] MünchKomm ZPO-*Rimmelspacher* Rdnr. 14; *Zöller/Schneider*[18] Rdnr. 15.
[23] *BGH* LM § 567 Nr. 10 = NJW 1978, 1437 = MDR 556 = BB 331.

Entsprechend anzuwenden sind weiter die Vorschriften, die trotz Nichterscheinens einer 18
Partei den Erlaß eines Versäumnisurteils ausschließen, d.h. vor allem §§ 335, 337. Im Falle
des § 335 Abs. 1 Nr. 3 ist der Erlaß eines Versäumnisurteils jedoch dann nicht ausgeschlossen,
wenn es sich bei dem tatsächlichen mündlichen Vorbringen um Vorbringen handelt, das schon
in erster Instanz vorgetragen worden war, → Rdnr. 10. Zur Entscheidung nach Lage der
Akten → Rdnr. 20.

## V. Kosten und Gebühren

Beim echten Versäumnisurteil fällt auch in der Berufungsinstanz **keine Urteilsgebühr** an, 19
KV Nr. 1024, 1025. Anders beim unechten Versäumnisurteil, → Rdnr. 7, 15; dort entsteht die
normale Urteilsgebühr, KV Nr. 1025. Der **Anwalt** erhält im Gegensatz zur ersten Instanz die
volle Verhandlungsgebühr, sofern der Berufungskläger ein Versäumnisurteil beantragt, § 33
Abs. 1 S. 2 Nr. 2 BRAGO. Wird dagegen ein Versäumnisurteil gegen den Berufungskläger
beantragt, so entsteht nur die halbe Verhandlungsgebühr, § 33 Abs. 1 S. 1 BRAGO. Dies gilt
auch dann, wenn der Antrag auf Erlaß des Versäumnisurteils zurückgewiesen wird; § 33
Abs. 1 BRAGO stellt allein darauf ab, daß eine nichtstreitige Verhandlung stattgefunden hat.
Zu den Anwaltsgebühren bei Einspruch gegen das Versäumnisurteil s. § 38 BRAGO.

## VI. Entscheidung nach Lage der Akten

Die Entscheidung nach Lage der Akten ist in der Berufungsinstanz unter den gleichen 20
Voraussetzungen statthaft wie in erster Instanz, Abs. 3 i.V. mit §§ 251a, 331a, → weiter
§ 526 Rdnr. 8. Ein Berufungsurteil nach Lage der Akten darf nur dann ergehen, wenn in der
Berufungsinstanz in einem früheren Termin mündlich verhandelt worden ist, § 331a S. 2 i.V.
mit § 251a Abs. 2 S. 1. Dies gilt jedoch dann nicht, wenn die Berufung als unzulässig
verworfen wird[24] (zur Frage, ob bei unzulässiger Klage überhaupt eine Entscheidung nach
Lage der Akten ergehen darf, → § 331a Rdnr. 14).

## VII. Arbeitsgerichtliches Verfahren

Im arbeitsgerichtlichen Verfahren gilt § 542 ebenfalls, § 64 Abs. 6 S. 1 ArbGG. Wegen der 21
sich aus § 64 Abs. 7 i.V. mit § 59 ArbGG ergebenden Besonderheiten des Versäumnisverfahrens → §§ 339 Rdnr. 15, 340 Rdnr. 25 ff. Im Beschlußverfahren ist § 542 deswegen nicht
anwendbar, weil dort schon in erster Instanz kein Versäumnisverfahren zulässig ist[25]

## § 543 [Tatbestand und Entscheidungsgründe]

(1) Im Urteil kann von der Darstellung des Tatbestandes und, soweit das Berufungsgericht
den Gründen der angefochtenen Entscheidung folgt und dies in seinem Urteil feststellt, auch
von der Darstellung der Entscheidungsgründe abgesehen werden.

(2) Findet gegen das Urteil die Revision statt, so soll der Tatbestand eine gedrängte
Darstellung des Sach- und Streitstandes auf der Grundlage der mündlichen Vorträge der
Parteien enthalten. Eine Bezugnahme auf das angefochtene Urteil sowie auf Schriftsätze,

---

[24] *RGZ* 159, 357, 361 f.; MünchKomm ZPO-*Rimmelspacher* Rdnr. 20.

[25] *Grunsky*[6] § 83 Rdnr. 8.

Protokolle und andere Unterlagen ist zulässig, soweit hierdurch die Beurteilung des Parteivorbringens durch das Revisionsgericht nicht wesentlich erschwert wird.

Gesetzesgeschichte: Bis 1900 § 500 CPO. Änderung: BGBl. 1976 I 3281.

| | | | | |
|---|---|---|---|---|
| I. Verhältnis zu §§ 313 ff. | 1 | III. Revisible Urteile, Abs. 2 | | 7 |
| II. Unanfechtbare Berufungsurteile, Abs. 1 | 3 | 1. Tatbestand | | 7 |
| | | 2. Entscheidungsgründe | | 11 |
| 1. Tatbestand | 3 | IV. Arbeitsgerichtliches Verfahren | | 12 |
| 2. Entscheidungsgründe | 5 | | | |

## I. Verhältnis zu §§ 313 ff.

1   Für Form und Inhalt des Berufungsurteils gelten über § 523 die **§§ 313 ff. entsprechend**, und zwar auch insoweit, als dort Erleichterungen gegenüber der Normalform vorgesehen sind[1]. Grundsätzlich muß das Berufungsurteil die in § 313 Abs. 1 Nr. 1–6 vorgesehenen Angaben enthalten. Soweit § 543 keine Besonderheiten für den Tatbestand und die Entscheidungsgründe vorsieht, gelten die Abs. 2 und 3 von § 313. Bei einem entsprechenden Verzicht der Parteien ist § 313a Abs. 1 auch für das Berufungsurteil anwendbar[2], → § 313a Rdnr. 3. Weiter ist § 313b anwendbar. In den Fällen des § 313a Abs. 2 muß auch das Berufungsurteil auf jeden Fall einen Tatbestand und Entscheidungsgründe enthalten. Obwohl § 543 im Gegensatz zu § 313a Abs. 2 keinen Katalog von Sachen enthält, bei denen Tatbestand und Entscheidungsgründe unerläßlich sind, können Berufungsurteile in den in § 313a Abs. 2 vorgesehenen Fallgestaltungen nicht in der Form des § 543 Abs. 1 abgefaßt werden[3]. Dieselben Gründe, die für die erste Instanz dazu geführt haben, daß auf Tatbestand und Entscheidungsgründe nicht verzichtet werden kann, gelten für die Berufungsinstanz ebenso.

2   Über die in den §§ 313 ff. enthaltenen Erleichterungen hinaus schwächt § 543 die Anforderungen an Form und Inhalt des Berufungsurteils weiter erheblich ab. Dies dient der Entlastung der Berufungsgerichte. Für die Parteien ist die Regelung insofern zumutbar, als über die in Abs. 1 vorgesehene Rückkoppelung an das angefochtene Urteil sichergestellt ist, daß sie ersehen können, von welchem Tatbestand das Berufungsgericht ausgegangen ist und auf welchen rechtlichen Erwägungen das Berufungsurteil beruht. § 543 ist auf die Beschwerdeentscheidung entsprechend anwendbar[4].

## II. Unanfechtbare Berufungsurteile, Abs. 1

### 1. Tatbestand

3   Soweit gegen das Berufungsurteil die Revision nicht stattfindet (d. h. vor allem bei sämtlichen Berufungsurteilen des Landgerichts) braucht das Urteil keinen Tatbestand zu enthalten. Anders als in der ersten Instanz, § 313a Abs. 1, ist dazu keine Verzichtserklärung der Parteien erforderlich. Unerheblich ist auch, ob über **neues Vorbringen** mitzuentscheiden war[5]; wird neues Vorbringen zurückgewiesen, so muß dies jedoch begründet werden, →

---

[1] MünchKomm ZPO-*Rimmelspacher* Rdnr. 1; Zöller/Schneider[18] Rdnr. 2.
[2] *Thomas/Putzo*[18] Rdnr. 1; a.A. Wieczorek/Rössler Anm. A I.
[3] *Wieczorek/Rössler* Anm. A I. A.A. MünchKomm ZPO-*Rimmelspacher* Rdnr. 6; AK-*Ankermann* Rdnr. 4.
[4] MünchKomm ZPO-*Rimmelspacher* Rdnr. 2; *Thomas/Putzo*[18] Rdnr. 1.
[5] *Wieczorek/Rössler* Anm. BII. A. A. *Baumbach/Lauterbach/Albers*[51] Rdnr. 3; MünchKomm ZPO-*Rimmelspacher* Rdnr. 6.

§ 528 Rdnr. 18 i.V. mit § 527 Rdnr. 27. Ob die Berufung Erfolg hat oder zurückgewiesen wird, spielt ebenfalls keine Rolle. Bei Verwerfung der Berufung als unzulässig durch Urteil, → § 519b Rdnr. 17, muß das Urteil allerdings einen Tatbestand enthalten, der sich jedoch auf die Darstellung der Tatsachen beschränken kann, aus denen sich die Unzulässigkeit der Berufung ergibt. Weiter ist ein Tatbestand in den **Fällen des § 313a Abs. 2** zumindest dann erforderlich, wenn das Berufungsurteil auf neuem Vorbringen beruht[6] (dazu, ob in den Fällen des § 313a Abs. 2 das Berufungsurteil nicht ohnehin immer einen Tatbestand enthalten muß, → Rdnr. 1). Schließlich ist ein Tatbestand dann erforderlich, wenn das Berufungsgericht über **neue Ansprüche** (einschließlich einer neu geltend gemachten Aufrechnung) entschieden hat[7]; anderenfalls gäbe es für die Entscheidung über den neu geltend gemachten Anspruch überhaupt keinen Tatbestand. Das Berufungsgericht kann sich in diesem Fall jedoch auf einen Tatbestand hinsichtlich des neuen Anspruchs beschränken; soweit das Berufungsurteil dagegen auch über Ansprüche entscheidet, die bereits Gegenstand des angefochtenen Urteils waren, kann von der Darstellung des Tatbestandes nach Abs. 1 abgesehen werden.

Soweit das Berufungsurteil nach dem unter → Rdnr. 3 Ausgeführten einen Tatbestand enthalten muß oder das Berufungsgericht von der Möglichkeit des Abs. 1 keinen Gebrauch macht, kann in entsprechender Anwendung von Abs. 2 S. 2 auf die dort genannten Unterlagen **Bezug genommen** werden. Insbesondere in den Fällen des § 313a Abs. 2, und dort vor allem bei Nr. 4, ist jedoch streng darauf zu achten, daß durch die Bezugnahme die Verständlichkeit des Urteils nicht leidet.   4

## 2. Entscheidungsgründe

Das Berufungsurteil braucht die Entscheidungsgründe insoweit nicht darzustellen, als es   5
dem angefochtenen Urteil folgt; zu den Auswirkungen auf § 551 Nr. 7 → § 551 Rdnr. 32. Maßgeblich ist dabei (anders als bei § 563) die **Übereinstimmung in den Gründen** und nicht im Ergebnis; kommt das Berufungsgericht also aufgrund anderer rechtlicher Erwägungen als das Untergericht zum selben Ergebnis wie dieses, so muß es die Entscheidungsgründe darstellen[8]. Ebenso, wenn das Berufungsgericht eine im angefochtenen Urteil geäußerte Rechtsansicht zwar billigt, jedoch deshalb zu einem abweichenden Ergebnis kommt, weil es von einem anderen Sachverhalt ausgeht. Für das Untergericht war die Rechtsansicht nicht entscheidungserheblich, weshalb es auf die Darstellung möglicherweise nicht die erforderliche Sorgfalt verwendet hat. Ohne Bedeutung ist, ob die Rechtsansicht des Untergerichts vom Berufungskläger als fehlerhaft gerügt worden ist. Weicht das Berufungsgericht nur teilweise von den Gründen des angefochtenen Urteils ab, so kann es sich damit begnügen, die Abweichung darzustellen und zu begründen[9]. Soweit das Berufungsurteil zu **neuem Vorbringen** Stellung nimmt, müssen die Entscheidungsgründe dargestellt werden[10]. Eine Bezugnahme auf die Entscheidungsgründe des angefochtenen Urteils scheidet hier schon deswegen aus, weil dieses Urteil zu dem neuen Vorbringen nichts enthalten kann. Eine bloße Bezugnahme auf die Gründe des angefochtenen Urteils stellt in diesem Fall für sich allein zwar keine Verletzung des Anspruchs der Partei auf rechtliches Gehör dar, doch kann im Einzelfall gefolgert werden, das Berufungsgericht habe das neue Vorbringen nicht zur Kenntnis genommen oder bei seiner Entscheidung nicht in Erwägung gezogen, was einen Verstoß gegen Art. 103 Abs. 1 GG

---

[6] *Baumbach/Lauterbach/Albers*[51] Rdnr. 3; *Zöller/Schneider*[18] Rdnr. 7.
[7] MünchKomm ZPO-*Rimmelspacher* Rdnr. 6.
[8] MünchKomm ZPO-*Rimmelspacher* Rdnr. 7.
[9] MünchKomm ZPO-*Rimmelspacher* Rdnr. 7.
[10] *BGH* LM § 543 Nr. 2 = NJW 1980, 2418 = MDR 734; *BayVerfGH* NJW-RR 1991, 895.

bedeutet[11]. Eine Entscheidung über **neue Ansprüche** muß vom Berufungsgericht ebenfalls begründet werden[12]; auch dazu kann das angefochtene Urteil nichts enthalten.

6   Voraussetzung für ein Absehen der Darstellung der Entscheidungsgründe ist, daß das Berufungsgericht in seinem Urteil **feststellt, es folge den Gründen der angefochtenen Entscheidung**. Diese Feststellung muß ausdrücklich erfolgen.

### III. Revisible Urteile, Abs. 2

#### 1. Tatbestand

7   Wenn das Berufungsurteil der Revision unterliegt, **muß es einen Tatbestand enthalten**. Zwar enthält § 543 keine dahingehende ausdrückliche Anordnung (Abs. 2 regelt nur die Frage, was der Tatbestand zu enthalten hat, ohne einen solchen vorzuschreiben), doch kann das Revisionsgericht seine Aufgabe nur dann erfüllen, wenn das Berufungsgericht einen Tatbestand enthält, aus dem sich ergibt, von welchen tatsächlichen Voraussetzungen das Gericht ausgegangen ist, § 561 Abs. 1 S. 1. Enthält ein revisibles Berufungsurteil keinen Tatbestand, so ist es im Revisionsverfahren grundsätzlich aufzuheben[13]; etwas anderes gilt nur dann, wenn sich der Sach- und Streitstand aus den Entscheidungsgründen mit hinreichender Klarheit ergibt[14], d. h. der Tatbestand muß von den Entscheidungsgründen nicht unbedingt äußerlich getrennt werden.

8   Ob das Urteil der Revision unterliegt, entscheidet sich danach, ob der Wert der Beschwer für eine Partei 60000,- DM übersteigt oder ob die Revision vom Berufungsgericht zugelassen worden ist. Ob die Sache bei einer Beschwer von mehr als 60000,- DM grundsätzliche Bedeutung hat und voraussichtlich vom Revisionsgericht zur Entscheidung angenommen wird, § 554b, ist nicht vom Berufungsgericht zu entscheiden. Bei einer 60000,- DM übersteigenden Beschwer muß das Berufungsurteil deshalb immer einen Tatbestand enthalten. Sind durch das Berufungsurteil beide Parteien beschwert, so muß sich der Tatbestand wegen der Möglichkeit einer Anschlußrevision auch dann auf alle Ansprüche bzw. Anspruchsteile beziehen, wenn der Wert der Beschwer nur für eine Partei 60000,- DM übersteigt.

9   Der Tatbestand soll eine gedrängte Darstellung des **Sach- und Streitstandes** enthalten, Abs. 2 S. 1. Der Sache nach entspricht dies § 313 Abs. 2 S. 1, Näheres → § 313 Rdnr. 27ff. Anders als § 313 Abs. 2 S. 1 sieht § 543 Abs. 2 S. 1 zwar nicht ausdrücklich vor, daß die Anträge der Parteien im Tatbestand hervorzuheben sind, doch bedeutet dies in der Sache keine Abweichung. Auch im Berufungsurteil muß der Tatbestand die Anträge enthalten. Zum Aufbau des Tatbestandes im Berufungsurteil → § 313 Rdnr. 46.

10  Eine **Bezugnahme** auf das angefochtene Urteil, Schriftsätze der Parteien sowie Protokolle und andere Unterlagen ist zwar zulässig, doch ist Voraussetzung dafür, daß hierdurch die Beurteilung des Parteivorbringens für das Revisionsgericht nicht wesentlich erschwert wird, Abs. 2 S. 2. Ob das Berufungsgericht von der Möglichkeit einer Bezugnahme Gebrauch macht, steht in seinem Ermessen (anders in erster Instanz, wo die Bezugnahme i. d. R. erfolgen soll, § 313 Abs. 2 S. 2). Eine bloße Bezugnahme auf den Tatbestand des angefochtenen Urteils reicht nicht aus; zumindest muß das Berufungsgericht klarstellen, daß sich am Sachverhalt in der Berufungsinstanz nichts geändert hat. Soweit der Tatbestand des angefochte-

---

[11] S. *BayVerfGH* NJW-RR 1991, 895.
[12] MünchKomm ZPO-*Rimmelspacher* Rdnr. 7.
[13] *BGHZ* 73, 248, 250ff. = LM § 543 Nr. 1 = NJW 1979, 927 = MDR 485 = JZ 312; LM § 313 Abs. 2 Nr. 8 = NJW 1991, 3038; *BAG* NJW 1982, 1832; 1988, 843; s. weiter *BGH* LM § 543 Nr. 7 = NJW 1985, 1784 = MDR 570 (Berufungsurteil ohne Tatbestand und Entscheidungsgründe, das lediglich auf das angefochtene Urteil und die Schriftsätze verweist).
[14] *BGH* LM § 313 Abs. 2 Nr. 8 (Fn. 13); MünchKomm ZPO-*Rimmelspacher* Rdnr. 3.

nen Urteils den Sachverhalt nur ungenau wiedergibt oder das Berufungsgericht von einem anderen Sachverhalt ausgeht, ist die Bezugnahme zwar gleichwohl zulässig, doch muß das Berufungsgericht den unklaren Punkt klarstellen bzw. seine Abweichung offenlegen. Zu den bezugnahmefähigen Unterlagen gehört auch ein früheres Berufungs-[15] bzw. Revisionsurteil[16] in derselben Sache. Werden in Bezug genommene Unterlagen nach Abschluß der Instanz an die Partei zurückgegeben, so soll dies zu einem Mangel im Tatbestand führen, der die Revision begründet[17], es sei denn, die Unterlagen werden im Revisionsverfahren wieder eingereicht und ihre Vollständigkeit und Identität sind unbestritten[18]. Die Bezugnahme muß nicht ausdrücklich erfolgen[19]. Insbesondere bei Schriftsätzen der Parteien kann i. d. R. davon ausgegangen werden, daß sie Gegenstand der mündlichen Verhandlung waren und vom Berufungsgericht auch ohne ausdrückliche Bezugnahme berücksichtigt worden sind[20].

### 2. Entscheidungsgründe

Für die Entscheidungsgründe gilt auch bei einem der Revision unterliegenden Urteil das unter → Rdnr. 5 Ausgeführte. Anders als beim Tatbestand bedarf das Revisionsgericht insoweit keiner »Hilfestellung«. Ob das Berufungsgericht auf den festgestellten Sachverhalt das Recht richtig angewandt hat, muß das Revisionsgericht ohnehin unabhängig davon überprüfen, wie das angefochtene Urteil begründet worden ist. **11**

### IV. Arbeitsgerichtliches Verfahren

§ 543 gilt im arbeitsgerichtlichen Verfahren entsprechend[21], und zwar auch für die Beschwerdeentscheidung im Beschlußverfahren nach § 91 ArbGG[22]. Soweit es für das Vorliegen einer Divergenz auf den Inhalt des Berufungsurteils ankommt, ist dieses bei zustimmender Verweisung auf das angefochtene Urteil so zu lesen, als enthalte es selbst die gebilligten Ausführungen[23]. **12**

## § 544 [Prozeßakten]

(1) Die Geschäftsstelle des Berufungsgerichts hat innerhalb vierundzwanzig Stunden, nachdem die Berufungsschrift eingereicht ist, von der Geschäftsstelle des Gerichts des ersten Rechtszugs die Prozeßakten einzufordern.

(2) Nach Erledigung der Berufung sind die Akten der Geschäftsstelle des Gerichts des ersten Rechtszugs nebst einer beglaubigten Abschrift des in der Berufungsinstanz erlassenen Urteils zurückzusenden.

Gesetzesgeschichte: Bis 1900 § 501 CPO. Änderungen: RGBl. 1909 S. 475; 1927 I 175, 334.

---

[15] *BGH* NJW 1981, 1045, 1046.
[16] *BAG* AP § 543 Nr. 8 = NJW 1989, 1627.
[17] *BGHZ* 80, 64 = NJW 1981, 1621 = MDR 645 = JZ 487.
[18] *BGH* LM § 543 Nr. 5 = NJW 1982, 2071 = MDR 731.
[19] AK-*Ankermann* Rdnr. 9.
[20] *BGH* LM § 276 BGB (Cc) Nr. 32 = NJW 1992, 2148 = BB 1454 = ZIP 987 = WM 1269.
[21] *Germelmann/Matthes/Prütting* § 69 Rdnr. 10.
[22] *Grunsky*⁶ § 91 Rdnr. 3; *Germelmann/Matthes/Prütting* § 91 Rdnr. 6.
[23] *BAG* BB 1978, 453.

## 1. Einforderung der Prozeßakten, Abs. 1

1  Innerhalb von vierundzwanzig Stunden nach Berufungseinlegung muß die Geschäftsstelle des Berufungsgerichts beim Untergericht die Prozeßakten einfordern. Die »vierundzwanzig Stunden« sind dabei i. S. des Ablaufs des nächsten Arbeitstags zu verstehen; dagegen kommt es nicht auf den exakten Ablauf von vierundzwanzig Stunden an. Bei einer am Freitag um 10 h eingereichten Berufungsschrift müssen die Akten also bis Ablauf des folgenden Montags eingefordert werden. Unerheblich ist, ob die Berufung zulässig ist; selbst bei offenkundiger Unzulässigkeit hat die Geschäftsstelle des Berufungsgerichts nach Abs. 1 zu verfahren. Die Einforderung hat auch dann zu erfolgen, wenn der Prozeß in der unteren Instanz noch nicht erledigt ist (Teil-, Grund-, Vorbehalts- oder Zwischenurteil nach § 280). Einer Mitteilung über die Einlegung der Berufung bedarf es bei der Akteneinforderung nicht, da die Gefahr der Erteilung eines Rechtskraftzeugnisses wegen § 706 ohnehin nicht besteht. An eine verspätete Einforderung knüpfen sich keine prozessualen Sanktionen.

2  Das Gericht des ersten Rechtszugs ist zur unverzüglichen Übersendung der Prozeßakten verpflichtet, und zwar unabhängig davon, ob das erstinstanzliche Verfahren bereits abgeschlossen ist, → Rdnr. 1. Es kann nicht etwa das erstinstanzliche Verfahren zunächst zu Ende führen. Eine Berichtigung des Urteils nach §§ 319, 320 kann es allerdings zunächst noch vornehmen; ebenso eine Ergänzung nach § 321, sofern dazu kein neuer Termin zur mündlichen Verhandlung erforderlich ist. Eine genaue Frist, innerhalb derer die Übersendung zu erfolgen hat, sieht Abs. 1 nicht vor. Zu übersenden sind die Originalakten und nicht etwa nur Kopien. Will das Untergericht über den bei ihm noch anhängigen Teil des Verfahrens vor Abschluß des Berufungsverfahrens weiterverhandeln, so muß es von den Akten für sich eine Kopie anfertigen[1].

## 2. Zurücksendung der Akten, Abs. 2

3  Die nach Erledigung der Berufung zurückzusendenden Akten sind grundsätzlich nur die der unteren Instanz. Dazu, welche zweitinstanzlichen Bestandteile der Akten beim Berufungsgericht verbleiben und welche an das Untergericht zu senden sind, s. § 4 Abs. 6 und 7 AktO. Bleibt die Urschrift des Berufungsurteils beim Berufungsgericht, so ist den Akten nach Abs. 2 eine beglaubigte Abschrift des Urteils beizufügen. Sie muß das gesamte Urteil umfassen, insbesondere den Vermerk über die Verkündung (§ 315 Abs. 3), etwaige Berichtigungen (§§ 319, 320) und Ergänzungen (§ 321), und wenn schon eine vollstreckbare Ausfertigung erteilt worden ist, auch die Bemerkung hierüber (§§ 724, 734). Von der Rücksendung an sind alle Ausfertigungen des Urteils von dem Urkundsbeamten der Geschäftsstelle des Gerichts erster Instanz zu erteilen, → § 317 Rdnr. 11 und § 706 Rdnr. 4. Wird die Berufungsinstanz nicht durch Erlaß eines Berufungsurteils, sondern in anderer Weise erledigt (Vergleich, übereinstimmende Erledigungserklärung, Berufungsrücknahme), so ist eine beglaubigte Abschrift des Beendigungsakts mitzuübersenden (Vergleich, Beschluß nach § 91a bzw. § 515 Abs. 3).

## 3. Arbeitsgerichtliches Verfahren

4  Im Urteilsverfahren gilt § 544 nach § 64 Abs. 6 ArbGG und im Beschlußverfahren nach §§ 87 Abs. 2 S. 1, 64 Abs. 6 ArbGG entsprechend. Daß sich die Aufzählung der im Beschlußverfahren anwendbaren Vorschriften in § 87 Abs. 2 S. 1 ArbGG auf die Einforderung der Prozeßakten nicht mitbezieht, kann der entsprechenden Anwendung von § 544 nicht entgegenstehen.

---

[1] MünchKomm ZPO-*Rimmelspacher* Rdnr. 1.

*Zweiter Abschnitt*

# Revision[1]

## Vorbemerkungen

I. Allgemeiner Charakter der Revision ... 1
  1. Revision als Rechtsmittel ... 1
  2. Der Zweck der Revision ... 4
  3. Das Verfahren ... 7

II. Revisionsgerichte ... 9
III. Beschränkungen, insbesondere Revisionssumme ... 11
IV. Kosten und Gebühren ... 14

## I. Allgemeiner Charakter der Revision

### 1. Die Revision als Rechtsmittel

In der Revisionsinstanz ist die Nachprüfung des angefochtenen Urteils zwar auf die rechtliche Seite des Berufungsurteils beschränkt, → § 561 Rdnr. 2 ff., doch gilt dies nicht i. S. der Nichtigkeitsbeschwerde des ehemaligen preußischen Rechts[2], bei der lediglich darüber entschieden wurde, ob eine bestimmte zu formulierende Rüge der Partei, ein bestimmtes Gesetz sei verletzt, begründet war. Die ZPO unterstellt vielmehr – von der grundsätzlichen Auffassung ausgehend, daß die richtige Anwendung des Gesetzes eine der Parteidisposition entzogene Aufgabe des Gerichts ist – das **gesamte Urteil der Nachprüfung des Revisionsgerichts**, § 559 Abs. 2 S. 1. Die Rügen der Partei sind insoweit nur unverbindliche Anregungen[3]. Dieser Charakter der Revision wird durch den Begründungszwang zwar insofern eingeschränkt, als das Revisionsgericht bei Verfahrensmängeln an die Revisionsrügen gebunden ist, § 559 Abs. 2 S. 2, doch ist das Berufungsurteil im übrigen uneingeschränkt nachzuprüfen. 1

Die Revision ist ein **echtes Rechtsmittel**, d. h. ein Rechtsbehelf der beschwerten Partei zur Beseitigung eines ihr ungünstigen Urteils. Ebenso wie die Berufung hat sie sowohl den Devolutiv- als auch den Suspensiveffekt (→ Allg. Einl. vor § 511 Rdnr. 3). Unabhängig davon, daß es im Revisionsverfahren auch um die Herstellung und Bewahrung der Rechtseinheit geht, d. h. um Aspekte, die über die Interessen der Parteien hinausreichen, Näheres → Rdnr. 4 ff., unterliegt es allein der Entscheidung der beschwerten Partei, ob sie von der Möglichkeit der Durchführung eines Revisionsverfahrens Gebrauch macht. Eine Beseitigung von Berufungsurteilen auf Betreiben staatlicher Stellen oder an dem Verfahren nicht beteiligter Dritter gibt es nach geltendem Recht auch bei einem noch so großem Allgemeininteresse an der höchstrichterlichen Klärung einer bestimmten Rechtsfrage nicht[4]. Die Parteien haben es auch in der Hand, ein eingeleitetes Revisionsverfahren durch Rücknahme der Revision zu 2

---

[1] Literatur: *Schwinge* Grundlagen des Revisionsrechts[2] (1960); *Kuchinke* Grenzen der Nachprüfbarkeit tatrichterlicher Würdigung und Feststellungen in der Revisionsinstanz (1964); *H. E. Henke* Die Tatfrage (1966); *Baring* und *Pohle* Gutachten zum 44. Deutschen Juristentag (1962); *Gilles* Rechtsmittel im Zivilprozeß (1972); *Rimmelspacher* ZZP 84 (1971), 41; *Martin* Prozeßvoraussetzungen und Revision (1974) (dazu *Rimmelspacher* ZZP 88–1975–, 245); *Gottwald* Die Revisionsinstanz als Tatsacheninstanz (1975); *Prütting* Die Zulassung der Revision (1977); *Schlosser* Neues Revisionsrecht in der Bewährung (1983). Rechtsvergleichend zum U.S.-amerikanischen Recht *Vollkommer* JZ 1964, 152.
[2] VO v. 14. XII. 1833; 21. VII. 1846; 24. VI. 1867.
[3] *Gilles* (Fn. 1), 85.
[4] Anders etwa im französischen und im italienischen Recht, wo der Generalstaatsanwalt beim Kassationsgerichtshof die Revision unter bestimmten Voraussetzungen »im Interesse des Gesetzes« durchführen kann (Art. 618–1 Nouveau code de procédure civile; Art. 363 codice di procedura civile).

beenden, ohne daß dem ein Allgemeininteresse an der Klärung einer Rechtsfrage entgegensteht; dies gilt selbst dann, wenn die Rechtsfrage dem Großen Senat oder den Vereinigten Großen Senaten, § 132 GVG, vorgelegt worden ist und dort bereits die Entscheidung weitestgehend vorbereitet ist[5].

3   Die **Entscheidung des Revisionsgerichts** beschränkt sich nicht auf die Kassation des Berufungsurteils. Erscheint der Rechtsstreit zur Entscheidung reif, so hat das Revisionsgericht in der Sache selbst zu erkennen, § 565 Abs. 3; anderenfalls hat es den Rechtsstreit unter Aufhebung des Berufungsurteils zur anderweitigen Verhandlung und Entscheidung an das Berufungsgericht zurückzuverweisen, § 565 Abs. 1.

### 2. Der Zweck der Revision

4   Sehr umstritten ist der Zweck der Revision. Einigkeit besteht im wesentlichen lediglich darin, daß ein Spannungsverhältnis zwischen der **Einzelfallgerechtigkeit** einerseits und andererseits der **Wahrung der Rechtseinheit** sowie der **Rechtsfortbildung** gegeben ist. Dagegen hat man bis heute keine Einigkeit darüber erzielt, welcher dieser Zwecke überwiegt und in Kollisionsfällen Vorrang beanspruchen kann. Verschiedentlich wird danach unterschieden, ob es um die Beseitigung materieller Fehler oder um Verfahrensmängel geht; im erstgenannten Fall soll die Bewahrung der Rechtseinheit im Vordergrund stehen, während die Revision aus prozessualen Gründen in erster Linie dem Parteiinteresse dienen soll[6]. Diese Differenzierung kann nicht überzeugen. Hält man bei der Revision aus materiellrechtlichen Gründen die Wahrung der Rechtseinheit für entscheidend, so ist nicht einzusehen, weshalb man bei prozessualen Verstößen nicht auf das Interesse des Staates an einer einheitlichen Handhabung seiner Verfahrensgesetze abstellt. Man muß die Revision deshalb als ein einheitliches Gebilde verstehen[7]. Nicht überzeugen kann weiter eine zeitliche Aufspaltung, wonach bis zur Eröffnung der Revisionsinstanz das Allgemeininteresse überwiegt, während in dem einmal eröffneten Verfahren die Parteiinteressen dominieren sollen[8]. Damit läßt sich nicht erklären, daß es allein Sache der Parteien ist, ob es zu einem Revisionsverfahren kommt, → Rdnr. 2, d. h. schon vor Eröffnung des Verfahrens wird das Allgemeininteresse hinter die Entscheidung der beschwerten Partei zurückgestellt.

5   Dafür, den Zweck der Revision in der **Herstellung der Einzelfallgerechtigkeit** zu sehen, spricht entscheidend, daß die Durchführung des Revisionsverfahrens ganz von den Parteien abhängt, → Rdnr. 2. Ein noch so eklatantes Allgemeininteresse an der höchstrichterlichen Klärung einer Rechtsfrage kann dann nicht befriedigt werden, wenn die beschwerte Partei keine Revision einlegt, wozu sie nicht verpflichtet ist. Da es dem Staat jedoch nicht möglich ist, für jeden Rechtsstreit eine dritte Instanz zur Verfügung zu stellen, kann die gerechte Fallentscheidung durch die Revision nur unter bestimmten Voraussetzungen erreicht werden, nämlich insbesondere dann, wenn ein allgemeines Interesse an einheitlicher Auslegung einer materiellrechtlichen Vorschrift oder an gleichförmiger Handhabung prozessualer Normen besteht. Die die Zulässigkeit der Revision beschränkenden Vorschriften sprechen demnach nicht dagegen, daß der Hauptzweck der Revision in der gerechten Entscheidung des Einzelfalls liegt[9], sondern besagen lediglich, daß dieser Zweck nur unter bestimmten Voraussetzungen ein drittinstanzliches Verfahren eröffnet. Dieses Verhältnis der Einzelfallgerechtigkeit gegenüber der Wahrung der Rechtseinheit und der Rechtsfortbildung wird verkannt, wenn

---

[5] S. etwa den Verfahrensverlauf in *BAG* AP § 611 BGB Haftung des Arbeitnehmers Nr. 86a, 86b.
[6] So insbesondere *Schwinge* (Fn. 1), 26ff. m.w.N.; *Bettermann* NJW 1954, 1309.
[7] Zutreffend *Gilles* (Fn. 1), 78.
[8] So *Prütting* (Fn. 1), 84ff.
[9] Ebenso *Gilles* (Fn. 1), 62 Fußn. 120.

man letztere als den Hauptzweck der Revision hinstellt, wie dies häufig geschieht[10]. Das Gesagte gilt sowohl für die Zulassungs- als auch für die Wertrevision.

Die hier vertretene Auffassung vom Zweck der Revision bedeutet nicht, daß bei der Auslegung revisionsrechtlicher Normen die Einzelfallgerechtigkeit in stärkerem Maße zu berücksichtigen ist als die Wahrung der Rechtseinheit. Da die Einzelfallgerechtigkeit nur dann eine Überprüfung des Berufungsurteils rechtfertigt, wenn gleichzeitig Allgemeininteressen auf dem Spiel stehen, sind diese bei der Auslegung revisionsrechtlicher Vorschriften maßgeblich heranzuziehen. Es muß immer gefragt werden, ob die Überprüfung des Urteils in einer bestimmten Richtung nicht den von den §§ 546, 554b gezogenen Rahmen sprengt, innerhalb dessen die gerechte Fallentscheidung nur verwirklicht werden soll.

### 3. Das Verfahren

Das Verfahren folgt mit gewissen Abweichungen bezüglich der Begründung des Rechtsmittelurteils im allgemeinen den Grundsätzen, die für die Berufung gelten, §§ 557, 566. Eine Besonderheit bilden die Entscheidungen des **Großen Senats** für Zivilsachen und der **Vereinigten Großen Senate**, §§ 132, 138 GVG. Der Große Zivilsenat entscheidet, wenn in einer Rechtsfrage ein Zivilsenat des BGH von einer Entscheidung eines anderen Zivilsenats abweichen will, § 132 Abs. 2 GVG. Dagegen sind die Vereinigten Großen Senate dann zuständig, wenn die Abweichung sich in Zivilsachen auf eine Entscheidung eines Strafsenats bezieht, § 132 Abs. 2 GVG. Außerdem kann (nicht muß[11]) der erkennende Senat in einer Rechtsfrage grundsätzlicher Bedeutung die Entscheidung des Großen Senats herbeiführen, wenn nach seiner Auffassung die Fortbildung des Rechts oder die Sicherung einer einheitlichen Rechtsprechung dies erfordern, § 132 Abs. 4 GVG. An die Entscheidung des Großen Senats bzw. der Vereinigten Großen Senate ist der erkennende Senat gebunden, § 138 Abs. 1 S. 3 GVG. Darin liegt (genausowenig wie bei § 565 Abs. 2) kein Verstoß gegen die Garantie der richterlichen Unabhängigkeit[12].

Soweit ein oberster Gerichtshof des Bundes von der Entscheidung eines anderen obersten Gerichtshofs abweichen will, entscheidet der **Gemeinsame Senat der obersten Gerichtshöfe des Bundes**, § 2 RsprEinhG (→ Einl. Rdnr. 188), dessen Entscheidung für das erkennende Gericht bindend ist, § 16 RsprEinhG.

### II. Revisionsgerichte

Revisionsgericht ist für Zivilsachen der **Bundesgerichtshof**, § 133 Nr. 1 GVG. In arbeitsrechtlichen Streitigkeiten entscheidet über die Revision das **Bundesarbeitsgericht**, §§ 8 Abs. 3, 72 Abs. 1 ArbGG.

Nach § 8 EGGVG kann durch die Gesetzgebung eines Landes, in dem mehrere Oberlandesgerichte errichtet werden, die Entscheidung der zur Zuständigkeit des Bundesgerichtshofes gehörenden Revisionen einem **obersten Landesgericht** zugewiesen werden (mit Ausnahme der Rechtsstreitigkeiten, in denen für die Entscheidung Bundesrecht in Betracht kommt, es sei denn, daß es sich im wesentlichen um Rechtsnormen handelt, die in den Landesgesetzen enthalten sind, § 8 Abs. 2 EGGVG). Von den Bundesländern, in denen mehrere Oberlandes-

---

[10] So inbesondere *Schwinge*(Fn. 1), 26ff.; *Henke* (Fn. 1), 191ff.; s. ferner *Kissel* Der dreistufige Aufbau in der ordentlichen Gerichtsbarkeit (1972), 85ff.; *Rosenberg/Schwab/Gottwald*[15] § 134 II 2. Für Gleichrangigkeit von Einzelfallgerechtigkeit und Wahrung der Rechtseinheit *Pohle* (Fn. 1), 12ff.

[11] *Kissel* GVG (1981) § 137 Rdnr. 8. A.A. im Hinblick auf die verfassungsrechtliche Garantie des gesetzlichen Richters (Art. 101 Abs. 1 S. 2 GG) MünchKomm ZPO-*M. Wolf* § 132 GVG Rdnr. 27.

[12] *BGHZ* 3, 308, 315; MünchKomm ZPO-*M. Wolf* § 138 GVG Rdnr. 5.

gerichte bestehen (Baden-Württemberg, Bayern, Niedersachsen, Nordrhein-Westfalen) hat lediglich Bayern ein oberstes Landesgericht errichtet (Bayerisches Oberstes Landesgericht mit Sitz in München, bayerisches G. zur Ausführung des Gerichtsverfassungsgesetzes und von Verfahrensgesetzen des Bundes v. 23. VI. 1981, BayRS 300 -1—1- J). Zum Verfahren beim obersten Landesgericht s. § 7 EGZPO. In arbeitsrechtlichen Streitigkeiten besteht die Möglichkeit der Errichtung eines obersten Landesgerichts mangels einer entsprechenden gesetzlichen Ermächtigungsgrundlage nicht.

### III. Beschränkungen, insbesondere Revisionssumme

11  Die Revision findet gegen **Endurteile der Oberlandesgerichte** in der Berufungsinstanz statt, § 545 Abs. 1. Um den BGH vor Überlastungen zu schützen, hängt die Zulässigkeit der Revision in der ordentlichen Gerichtsbarkeit (zur Arbeitsgerichtsbarkeit → Rdnr. 12) in vermögensrechtlichen Streitigkeiten teilweise davon ab, daß eine bestimmte Revisionssumme erreicht ist. Seit der letzten Änderung von § 546 Abs. 1 durch G. v. 17. XII. 1990 (BGBl. I 2847) beträgt die Revisionssumme 60.000,— DM, wobei maßgeblich seit der Umgestaltung des Revisionsrechts durch G. v. 8. VII. 1975 (BGBl. I 1863) die Höhe der Beschwer und nicht mehr der Beschwerdewert ist (über das Verhältnis beider Begriffe zueinander → § 511a Rdnr. 11). Beträgt die Beschwer mehr als 60.000,— DM, ist die Revision zwar grundsätzlich statthaft, doch kann das Revisionsgericht die Annahme ablehnen, wenn die Sache keine grundsätzliche Bedeutung hat, § 554b Abs. 1, Näheres → § 554b Rdnr. 3ff. Übersteigt die Beschwer 60.000,— DM nicht, so ist die Revision nur bei Zulassung durch das Oberlandesgericht statthaft, § 546 Abs. 1 S. 1. Soweit die Revision nur aufgrund einer Zulassung durch das Oberlandesgericht statthaft ist, ist dieses nach § 546 Abs. 1 S. 2 zur Zulassung verpflichtet, wenn die Sache entweder grundsätzliche Bedeutung hat, oder wenn das Urteil des Oberlandesgerichts von einer Entscheidung des BGH oder des Gemeinsamen Senats der obersten Gerichtshöfe des Bundes abweicht. Insgesamt ist das derzeitige Revisionssystem in der ordentlichen Gerichtsbarkeit wenig überzeugend[13]. Die Differenzierung nach der Höhe der Beschwer wirkt willkürlich und erklärt sich nur daraus, daß der Gesetzgeber mit der früheren Beschwerdewertrevision nicht völlig brechen wollte. Ebenso wie in der Arbeitsgerichtsbarkeit → Rdnr. 12, sollte die Revision auch in der ordentlichen Gerichtsbarkeit ganz i. S. eines Zulassungsrechtsmittels wegen grundsätzlicher Bedeutung der Sache umgestellt werden.

12  In der **Arbeitsgerichtsbarkeit** gibt es seit der Neufassung des ArbGG durch G. v. 2. VII. 1979 (BGBl. I 853, berichtigt S. 1036) keine revisionssumme mehr. Die Höhe des Streitgegenstandes ist für die Statthaftigkeit der Revision ebenso unerheblich wie die Höhe der Beschwer und des Beschwerdegegenstandes. Voraussetzung für die Statthaftigkeit der Revision ist immer deren Zulassung, die entweder vom Landesarbeitsgericht wegen grundsätzlicher Bedeutung der Sache oder Abweichung von bestimmten Entscheidungen, § 72 Abs. 1, 2 ArbGG, oder auf Nichtzulassungsbeschwerde hin vom Bundesarbeitsgericht ausgesprochen wird, § 72a ArbGG. Fehlt es an einer ausdrücklichen Zulassung, so ist die Revision immer unstatthaft. Einzelheiten zum Revisionssystem in der Arbeitsgerichtsbarkeitt → § 546 Rdnr. 44ff.

13  In der ordentlichen Gerichtsbarkeit ist die Revision weiter dadurch eingeschränkt, daß die Gesetzesverletzung, auf der das angefochtene Urteil beruht, auf einem Gebiet begangen sein muß, auf dem ein Bedürfnis für die Einheit der Rechtsprechung besteht. Dies ist nur dann der Fall, wenn das verletzte Gesetz ein **Bundesgesetz** oder ein Landesgesetz ist, dessen **Geltungs-**

---

[13] Kritisch auch AK-*Ankermann* Rdnr. 5.

bereich über den Bezirk eines Oberlandesgerichts hinaus reicht, § 549 Abs. 1. Anders ist die Rechtslage in der Arbeitsgerichtsbarkeit; dort reicht die Verletzung jedweder Rechtsnorm aus, → §§ 549, 550 Rdnr. 58 ff.

## IV. Kosten und Gebühren

Die **Gerichtskosten** erhöhen sich in der Revisionsinstanz auf das Doppelte (KV Nr. 1030). 14
Bei Ablehnung der Annahme der Revision durch den Bundesgerichtshof (§§ 554 b, 566 a Abs. 3 S. 1) ermäßigt sich die Gerichtsgebühr auf die Hälfte (KV Nr. 1032). Zu den Gerichtsgebühren für das Revisionsverfahren in der Arbeitsgerichtsbarkeit s. § 12 Abs. 3 ArbGG. Bei den **Anwaltsgebühren** erhöht sich die Prozeßgebühr um 10/10 (§ 11 Abs. 2 S. 4 BRAGO), beträgt insgesamt also 20/10. Die übrigen Gebühren erhöhen sich um 3/10 (§ 11 Abs. 1 S. 3 BRAGO) und betragen demnach 13/10. Die Erhöhung der Anwaltsgebühren gilt auch in Arbeitssachen, § 62 Abs. 1 BRAGO, und zwar auch für die Rechtsbeschwerde im Beschlußverfahren, § 62 Abs. 2 BRAGO.

## § 545 [Statthaftigkeit der Revision]

(1) Die Revision findet gegen die in der Berufungsinstanz von den Oberlandesgerichten erlassenen Endurteile nach Maßgabe der folgenden Vorschriften statt.
(2) Gegen Urteile, durch die über die Anordnung, Abänderung oder Aufhebung eines Arrestes oder einer einstweiligen Verfügung entschieden wird, ist die Revision nicht zulässig. Dasselbe gilt für Urteile über die vorzeitige Besitzeinweisung im Enteignungsverfahren oder im Umlegungsverfahren.

Gesetzesgeschichte: Bis 1900 § 507 CPO. Änderungen: RGBl. 1910 S. 767; BGBl. 1950 S. 455; 1975 I 1863.

| | |
|---|---|
| I. Die revisiblen Urteile 1 | II. Nicht revisible Urteile, Abs. 2 5 |
| 1. Oberlandesgerichtliche Urteile 1 | 1. Einstweiliger Rechtsschutz 5 |
| 2. Endurteile 2 | 2. Vorzeitige Besitzeinweisung 8 |
| a) Instanzbeendende Urteile 2 | III. Familiensachen 9 |
| b) Zwischenurteile des Berufungsgerichts 3 | IV. Beschwer 10 |
| | V. Arbeitsgerichtliches Verfahren 11 |
| 3. Versäumnisurteile 4 | 1. Urteilsverfahren 11 |
| | 2. Beschlußverfahren 12 |

## I. Die revisiblen Urteile

### 1. Oberlandesgerichtliche Urteile

In den §§ 545–547 werden die Voraussetzungen geregelt, unter denen die Revision »an 1 sich statthaft« i. S. des § 554 a ist; zum Begriff der Statthaftigkeit → Allg. Einl. vor § 511 Rdnr. 10 f. Die Revision findet danach nur statt gegen Endurteile der **Oberlandesgerichte** in der Berufungsinstanz. Da oberlandesgerichtliche Urteile immer Berufungsurteile sind, § 119 Abs. 1 GVG, hat Abs. 1 in diesem Punkt keine eigenständige Bedeutung. Gleichgestellt sind den Oberlandesgerichten die Bezirksgerichte in den neuen Bundesländern (EV Anl. I Kap III Sachgeb. A Abschn. III Nr. 1b), gegen deren Urteile in Berufungsverfahren die Revision an den BGH demnach nach den sonstigen Grundsätzen ebenfalls statthaft ist. Gegen **landgericht-**

liche Berufungsurteile ist die Revision nie statthaft; ebenso nicht gegen erstinstanzliche Urteile der Amts- bzw. Kreisgerichte. Gegen ein erstinstanzliches Urteil des Landgerichts bzw. des Bezirksgerichts ist zwar nicht die Revision, unter den in § 566a geregelten Voraussetzungen aber die Sprungrevision zulässig, Näheres → § 566a Rdnr. 2ff.

### 2. Endurteil

#### a) Instanzbeendende Urteile

2   Als Endurteil i.S. von Abs. 1 sind zunächst alle Urteile zu verstehen, die für das Oberlandesgericht die Berufungsinstanz beendet haben. Dies ist auch dann der Fall, wenn der Rechtsstreit nicht endgültig erledigt, sondern im übrigen noch in erster Instanz anhängig ist. Dies ist dann der Fall, wenn das Landgericht ein Teil-, Vorbehalts-, Grund- oder Zwischenurteil nach § 280 erlassen hat. Alle diese Urteile sind selbständig anfechtbar, wobei der Rechtsstreit jedoch nur hinsichtlich der entschiedenen Frage beim Oberlandesgericht anhängig wird, → § 537 Rdnr. 3ff. Hat das Oberlandesgericht auf ein nichtberufungsfähiges Zwischenurteil sachlich entschieden, so ist die Revision dagegen nicht statthaft[1]; insoweit erfolgt eine Nachprüfung nur nach § 548. Ein die Berufungsinstanz beendendes Urteil ist auch eine nach §§ 538, 539 erfolgte Zurückverweisung an das erstinstanzliche Gericht[2], → auch § 538 Rdnr. 31. Ebenso ein Urteil, durch das der Rechtsstreit an ein Gericht der freiwilligen Gerichtsbarkeit abgegeben wird[3].

#### b) Zwischenurteile des Berufungsgerichts

3   Soweit Urteile selbständig anfechtbar sind, obwohl die Instanz für das das Urteil erlassende Gericht noch nicht beendet ist (§§ 280 Abs. 2 S. 1, 302 Abs. 3, 304 Abs. 2), handelt es sich zwar an sich um kein Endurteil, so daß vom Wortlaut des Abs. 1 her die Revision nicht statthaft wäre. Insoweit gehen jedoch die die selbständige Anfechtbarkeit anordnenden Vorschriften vor. Erläßt das Oberlandesgericht etwa ein Grundurteil nach § 304, so ist dieses mit der Revision nach den allgemeinen Grundsätzen anfechtbar. Wird keine Revision eingelegt, so ist bei einer Revision gegen das Betragsurteil das Grundurteil auch nicht mehr nach § 548 zu überprüfen.

### 3. Versäumnisurteile

4   Versäumnisurteile der Oberlandesgerichte können nur nach Maßgabe des § 513 mit der Revision angefochten werden, § 566.

## II. Nicht revisible Urteile, Abs. 2

### 1. Einstweiliger Rechtsschutz

5   Urteile, durch die über die Anordnung, Abänderung oder Aufhebung eines Arrestes oder einer einstweiligen Verfügung entschieden wird, sind mit Rücksicht auf ihre nur provisorische

---

[1] *BGHZ* 102, 232 = NJW 1988, 1733 = MDR 298.
[2] *BGHZ* 97, 287, 290 = NJW 1986, 1994; AK-*Ankermann* Rdnr. 2; MünchKomm ZPO-*Walchshöfer* Rdnr. 3; *Zöller/Schneider*[18] Rdnr. 3.
[3] *BGHZ* 97, 287 (Fn. 2).

Bedeutung der Revision allgemein entzogen, Abs. 2. **Rechtspolitisch** ist das deswegen **nicht unbedenklich**, weil dadurch Materien, die in der Praxis im wesentlichen im Verfahren des einstweiligen Rechtsschutzes endgültig entschieden werden, ohne daß es zu einem Hauptsacheverfahren kommt (insbesondere wettbewerbsrechtliche Streitigkeiten), praktisch aus der Revision herausgefallen sind, was teilweise zu einer Rechtszersplitterung in diesen Bereichen geführt hat.

Der Ausschluß der Revision gilt unabhängig davon, welcher materiellrechtliche Anspruch 6 durch die Maßnahme des einstweiligen Rechtsschutzes geschützt werden soll und auf welche gesetzliche Grundlage sich die Maßnahme stützt[4]. Insbesondere gilt Abs. 2 auch für die auf Erfüllung gerichtete sog. Leistungsverfügung (→ dazu vor § 935 Rdnr. 31 ff.). Ebenso für einstweilige Verfügungen zur Durchsetzung eines Gegendarstellungsanspruchs nach den landesrechtlichen Pressegesetzen[5] sowie für einstweilige Anordnungen in Entschädigungssachen[6]. Maßgebend ist der Gegenstand des Urteils, nicht sein Inhalt; danach ist die Revision auch dann ausgeschlossen, wenn in einer Arrest- oder Verfügungssache die Berufung als unzulässig verworfen worden ist[7]. Dies wurde durch den 1950 neu eingefügten Abs. 3 von § 547 klargestellt. Dieser Abs. ist durch G. v. 27. XI. 1964 zwar wieder gestrichen worden, doch beruht dies auf einem Redaktionsversehen, weshalb bis zur Neufassung von § 547 im Jahre 1975 Einigkeit darüber bestand, daß das die Berufung in Arrest- oder Verfügungssachen als unzulässig verwerfende Urteil weiterhin nicht der Revision unterlag (→ 19. Aufl. § 545 II). An diesem Ergebnis hat sich auch dadurch nichts geändert, daß nach § 547 jetzt bei Verwerfung der Berufung als unzulässig die Revision »stets« stattfindet. Damit ist lediglich gesagt, daß es nicht auf den Wert der Beschwer oder eine Zulassung der Revision ankommt. In Arrest- und Verfügungssachen ist die Revision selbst bei ausdrücklicher Zulassung durch das Berufungsgericht unzulässig[8].

Die Unzulässigkeit der Revision nach Abs. 2 S. 1 beschränkt sich auf Urteile, bei denen die 7 Anordnung, Abänderung oder Aufhebung eines Arrestes oder einer einstweiligen Verfügung **unmittelbarer Verfahrensgegenstand** ist. Handelt es sich dagegen nur um eine Vorfrage im Rahmen eines anderen Verfahrens, so ist die Revision nach den allgemeinen Grundsätzen zulässig. So etwa bei einem Schadensersatzanspruch nach § 945[9] oder einem Regreß des Mandanten gegen den Anwalt; ebenso bei einem Urteil, das über die Anerkennung und Vollstreckung eines ausländischen Arrestbefehls entscheidet[10].

## 2. Vorzeitige Besitzeinweisung

Die Einfügung von Abs. 2 S. 2 durch G. v. 8. VII. 1975 (BGBl. I 1863) bestätigt eine schon 8 davor bestehende Rechtsprechung[11], wonach in entsprechender Anwendung von Abs. 2 a.F. bei vorzeitiger Besitzeinweisung in Enteignungs- oder Umlegungsverfahren (§§ 116, 77 BauGB) die Revision nicht statthaft ist. In anderen Fällen einer Entscheidung über eine nur vorläufige Maßnahme ist Abs. 2 nicht entsprechend anwendbar. Dies gilt insbesondere auch dann, wenn die Vorläufigkeit im materiellen Recht beruht, wie etwa bei Besitzschutzansprüchen.

---

[4] MünchKomm ZPO-*Walchshöfer* Rdnr. 13.
[5] So für § 11 BadWürtt. Landespressegesetz *BGH* LM BadWürtt. LandespresseG Nr. 2 = Warn. 1965 Nr. 80 = NJW 1230 = MDR 568 = BB 563; MünchKomm ZPO-*Walchshöfer* Rdnr. 13.
[6] *BGH* LM § 209 BEG Nr. 27 = MDR 1960, 121.
[7] *BGH* LM § 545 Nr. 19 = NJW 1968, 699 = MDR 228; LM § 519b Nr. 35 = NJW 1984, 2368 = MDR 1985, 130; *OLG Frankfurt* OLGZ 1965, 193; AK-*Ankermann* Rdnr. 5; *Baumbach/Lauterbach/Albers*[51] Rdnr. 4;

MünchKomm ZPO-*Walchshöfer* Rdnr. 13; Zöller/*Schneider*[18] Rdnr. 9.
[8] *BAG* AP § 72 ArbGG 1979 Nr. 2 = NJW 1984, 254; MünchKomm ZPO-*Walchshöfer* Rdnr. 13.
[9] *Baumbach/Lauterbach/Albers*[51] Rdnr. 4; MünchKomm ZPO-*Walchshöfer* Rdnr. 14.
[10] *BGHZ* 74, 278, 280 = NJW 1980, 528; *Baumbach/Lauterbach/Albers*[51] Rdnr. 4; MünchKomm ZPO-*Walchshöfer* Rdnr. 14.
[11] *BGHZ* 43, 168.

## III. Familiensachen

**9** In Familiensachen gelten die Sondervorschriften der §§ 621 d, 629 a. Bei Verwerfung der Berufung als unzulässig ist die Berufung allerdings ebenso wie in sonstigen Verfahren, § 547, stets zulässig, § 621 d Abs. 2.

## IV. Beschwer

**10** Als Rechtsmittel setzt die Revision eine Beschwer voraus. Insoweit gilt das unter → Allg. Einl. vor § 511 Rdnr. 70 ff. Ausgeführte. Bei den auf Zurückverweisung lautenden Urteilen nach §§ 538, 539 ist die Partei beschwert, die einen auf endgültige Erledigung des Prozesses abzielenden Antrag gestellt hatte, → Allg. Einl. vor § 511 Rdnr. 79. Ist über eine unzulässige Berufung sachlich entschieden worden und das Urteil auf die unselbständige Anschlußberufung des Gegners hin zum Nachteil des Berufungsklägers abgeändert worden, so ist dieser beschwert und kann mit der Revision die Verwerfung seiner eigenen Berufung beantragen, womit die auf der Anschlußberufung beruhende Schlechterstellung nach § 522 Abs. 1 entfällt[12]. Eine Verletzung des Verbots der reformatio in peius (§ 536) kann nur von der dadurch benachteiligten Partei gerügt werden[13]. Für die **subjektive Berechtigung zur Revision** gilt dasselbe wie bei der Berufung, → § 511 Rdnr. 8 ff. War die Berufung vom Streithelfer eingelegt worden, → § 511 Rdnr. 10, so bleibt die Partei gleichwohl für die Revision legitimiert (und umgekehrt). Wegen der Streitgenossenschaft → § 62 Rdnr. 38 ff.

## V. Arbeitsgerichtliches Verfahren

### 1. Urteilsverfahren

**11** Im arbeitsgerichtlichen Verfahren unterliegen die Endurteile (zu diesem Begriff → Rdnr. 2 f.) der Landesarbeitsgerichte (dabei handelt es sich immer um Berufungsurteile) dann der Revision, wenn diese entweder vom Landesarbeitsgericht oder auf Nichtzulassungsbeschwerde hin vom BAG zugelassen worden ist, § 72 Abs. 1 ArbGG. Zu den Zulassungsvoraussetzungen → § 546 Rdnr. 47 ff. Zur Sprungrevision gegen Urteile der Arbeitsgerichte, § 76 ArbGG, → § 566 a Rdnr. 19 ff. Gegen Urteile im Verfahren des einstweiligen Rechtsschutzes ist die Revision ebenso wie in der ordentlichen Gerichtsbarkeit, → Rdnr. 5 ff., nicht statthaft, § 72 Abs. 4 ArbGG. Die Vorschrift stimmt wörtlich mit Abs. 2 S. 1 überein.

### 2. Beschlußverfahren

**12** Im Beschlußverfahren entspricht die **Rechtsbeschwerde**, §§ 92 ff. ArbGG, der Revision im Urteilsverfahren. Sie muß ebenfalls ausdrücklich zugelassen werden (sei es vom Landesarbeitsgericht, sei es auf eine Nichtzulassungsbeschwerde hin vom BAG), Einzelheiten → § 546 Rdnr. 65. Zur Sprungrechtsbeschwerde s. § 96 a ArbGG.

---

[12] *BGH* LM § 545 Nr. 1 = JZ 1956, 179 (*Bohne*) = FamRZ 19 = ZZP 69 (1956), 37.

[13] *Baumbach/Lauterbach/Albers*[51] Rdnr. 3.

# § 546 [Zulassung der Revision, Revisionssumme]

(1) In Rechtsstreitigkeiten über vermögensrechtliche Ansprüche, bei denen der Wert der Beschwer sechzigtausend Deutsche Mark nicht übersteigt, und über nichtvermögensrechtliche Ansprüche findet die Revision nur statt, wenn das Oberlandesgericht sie in dem Urteil zugelassen hat. Das Oberlandesgericht läßt die Revision zu, wenn
1. die Rechtssache grundsätzliche Bedeutung hat oder
2. das Urteil von einer Entscheidung des Bundesgerichtshofes oder des Gemeinsamen Senats der obersten Gerichtshöfe des Bundes abweicht und auf dieser Abweichung beruht.
Das Revisionsgericht ist an die Zulassung gebunden.
(2) In Rechtsstreitigkeiten über vermögensrechtliche Ansprüche setzt das Oberlandesgericht den Wert der Beschwer in seinem Urteil fest. Das Revisionsgericht ist an die Wertfestsetzung gebunden, wenn der festgesetzte Wert der Beschwer sechzigtausend Deutsche Mark übersteigt.

Gesetzesgeschichte: Bis 1900 § 508 CPO. Änderungen: RGBl. 1898 S. 256; 1905 S. 536; 1910 S. 767; 1924 I 135; 1933 I 821; BGBl. 1950 S. 455; 1964 I 933; 1975 I 1863; 1990 I 2847.

| | |
|---|---|
| I. Überblick über Zulassungs- und Wertrevision | 1 |
| II. Die Zulassungsrevision | 2 |
|   1. Pflicht zur Zulassung | 2 |
|   2. Zulassung wegen grundsätzlicher Bedeutung | 4 |
|     a) Über den Einzelfall hinausgehende Bedeutung | 5 |
|     b) Klärungsbedürftige Rechtsfrage | 6 |
|     c) Klärungsfähige Rechtsfrage | 9 |
|     d) Entscheidungserheblichkeit | 10 |
|   3. Zulassung wegen Abweichung von einer anderen Entscheidung | 11 |
|     a) Die Divergenzentscheidung | 12 |
|     b) Die Abweichung | 14 |
|   4. Form der Zulassung | 18 |
|     a) Zulassung im Urteil | 18 |
|     b) Berichtigung und Ergänzung des Urteils | 19 |
|   5. Bindung des Revisionsgerichts | 21 |
|     a) Bindung an die Zulassung | 21 |
|     b) Bindung an die Nichtzulassung | 23 |
|   6. Wirkung der Zulassung | 24 |
|     a) Statthaftigkeit der Revision | 24 |
|     b) Beschränkung der Zulassung | 25 |
|       aa) Teilurteilsfähiger Teil des Rechtsstreits | 26 |
|       bb) Zwischenurteilsfähiger Teil des Rechtsstreits | 28 |
|       cc) Einzelne Angriffs- oder Verteidigungsmittel | 29 |
|       dd) Ausspruch der Beschränkung | 30 |
| III. Die Wertrevision | 31 |
|   1. Wert der Beschwer über 60.000,– DM | 31 |
|   2. Vermögensrechtliche Streitigkeiten | 34 |
|     a) Beschränkung der Wertrevision auf vermögensrechtliche Streitigkeiten | 34 |
|     b) Zusammentreffen von vermögensrechtlichen und nichtvermögensrechtlichen Ansprüchen | 35 |
|   3. Festsetzung des Wertes der Beschwer | 36 |
|     a) Festsetzung im Berufungsurteil | 36 |
|     b) Genauigkeit der Festsetzung | 37 |
|     c) Teilweises Obsiegen | 38 |
|     d) Anwendbarkeit der §§ 3–9 | 39 |
|     e) Bindung des Revisionsgerichts an die Wertfestsetzung | 42 |
| IV. Arbeitsgerichtliches Verfahren | 44 |
|   1. Eigenständige Regelung | 44 |
|   2. Überblick über das Revisionssystem in der Arbeitsgerichtsbarkeit | 45 |
|   3. Zulassung der Revision | 47 |
|     a) Durch das Landesarbeitsgericht | 47 |
|       aa) Wegen grundsätzlicher Bedeutung der Rechtssache | 47 |
|       bb) Divergenzzulassung | 48 |
|       cc) Die Zulassungsentscheidung | 50 |

| | | | |
|---|---|---|---|
| b) Durch das Bundesarbeitsgericht | 51 | dd) Einlegung und Begründung der Nichtzulassungsbeschwerde | 55 |
| aa) Nichtzulassungsbeschwerde | 51 | ee) Verfahren und Entscheidung des BAG | 60 |
| bb) Nichtzulassung trotz grundsätzlicher Bedeutung | 52 | ff) Kosten | 64 |
| | | 4. Rechtsbeschwerde im Beschlußverfahren | 65 |
| cc) Nichtzulassung trotz Divergenz | 54 | V. Entschädigungssachen | 66 |

## I. Überblick über Zulassungs- und Wertrevision

1   Durch G. v. 8. VII. 1975 (BGBl. I 1863) ist die Statthaftigkeit der Revision wesentlich umgestaltet worden. Dabei ging es im wesentlichen darum, den BGH weiter zu entlasten. Dies ist vor allem dadurch geschehen, daß die **Revisionssumme in vermögensrechtlichen Streitigkeiten** von 25.000,– DM zunächst auf 40.000,– DM und inzwischen durch G. v. 17. XII. 1990 (BGBl. I 2847) auf 60.000,– DM angehoben ist, wobei im Gegensatz zur bis 1975 geltenden Regelung nicht mehr der Beschwerdewert, sondern allein der Wert der Beschwer maßgeblich ist (zum Unterschied beider Begriffe → § 511a Rdnr. 11). Die Notwendigkeit einer Beschwer von mehr als 60.000,– DM gilt für alle Verfahren, in denen der Schluß der letzten mündlichen Tatsachenverhandlung oder der ihm entsprechende Zeitpunkt im schriftlichen Verfahren (→ § 128 Rdnr. 94) nicht vor dem 1. IV. 1991 liegt, → weiter Rdnr. 31. Liegt der Zeitpunkt vor diesem Datum, dann beträgt die Revisionssumme weiterhin 40.000,– DM. Auch wenn die Revisionssumme erreicht ist, bedeutet dies nicht, daß der BGH gehalten ist, über die Revision in der Sache zu entscheiden. Fehlt es an einer grundsätzlichen Bedeutung der Rechtssache, so kann das Revisionsgericht die Annahme der Revision ablehnen, Näheres → bei § 554b; zur Ablehnung der Sprungsrevision mangels grundsätzlicher Bedeutung → § 566a Rdnr. 9. In **nichtvermögensrechtlichen Streitigkeiten** hängt die Zulässigkeit der Revision immer von einer Zulassung ab (es sei denn, § 547 greift ein). Dagegen bestehen keine verfassungsrechtlichen Bedenken[1]. Der Wert der Beschwer ist in nichtvermögensrechtlichen Streitigkeiten unerheblich. Zur Abgrenzung vermögensrechtlicher von nichtvermögensrechtlichen Streitigkeiten → § 1 Rdnr. 43 ff.

## II. Die Zulassungsrevision

### 1. Pflicht zur Zulassung

2   In vermögensrechtlichen Streitigkeiten, bei denen der Wert der Beschwer 60.000,– DM nicht übersteigt, sowie in allen nichtvermögensrechtlichen Streitigkeiten ist die Revision abgesehen vom Sonderfall des § 547 nur bei Zulassung durch das OLG statthaft, Abs. 1 S. 1. Die Zulassung erfolgt dabei, wenn die Rechtssache grundsätzliche Bedeutung hat, oder wenn das OLG von einer Entscheidung des BGH oder des Gemeinsamen Senats der obersten Gerichtshöfe des Bundes abweicht. Liegt eine dieser Voraussetzungen vor, so ist das **OLG zur Zulassung verpflichtet**[2], und zwar von Amts wegen; ein Antrag ist nicht erforderlich[3]. Die

---

[1] *BVerfGE* 19, 32 = NJW 1966, 339 = MDR 300 = FamRZ 89; *BGH* LM § 546 Nr. 53 = NJW 1966, 352 = MDR 124 = Warn. 1965 Nr. 228 = ZZP 80 (1967), 125 (*Kuchinke*).
[2] *Prütting* Die Zulassung der Revision (1977), 241 ff.;
*Baumbach/Lauterbach/Albers*[51] Rdnr. 15; AK-*Ankermann* Rdnr. 7.
[3] AK-*Ankermann* Rdnr. 12; *Baumbach/Lauterbach/Albers*[51] Rdnr. 15; *Zöller/Schneider*[18] Rdnr. 41.

Zulassung muß auch dann erfolgen, wenn die Partei erklärt hat, sie werde keine Revision einlegen. Eine Ausnahme muß jedoch dann gelten, wenn die Partei schon vor Erlaß des Berufungsurteils einen wirksamen Rechtsmittelverzicht hinsichtlich der Revision abgegeben hat (→ dazu § 514 Rdnr. 2). Obwohl das Berufungsgericht bei der Zulassung der Revision keinen Ermessensspielraum hat, sind die Zulassungsvoraussetzungen insofern nicht ganz exakt umschrieben, als der Begriff der »grundsätzlichen Bedeutung« ein unbestimmter Rechtsbegriff ist, bei dessen Konkretisierung im Einzelfall sowohl eine Bejahung als auch eine Verneinung der Zulassungsvoraussetzungen vertretbar ist[4].

Abgesehen von den in Abs. 1 S. 2 vorgesehenen Voraussetzungen **darf das OLG die** 3 **Revision nicht zulassen** (z. B. keine Zulassung wegen Abweichung von einer OLG-Entscheidung oder einer Entscheidung des BAG). Eine gleichwohl erfolgte Zulassung ist unwirksam und macht die Revision nicht statthaft, → Rdnr. 22. Bei Abweichung von einem nicht divergenzfähigen Urteil wird die Rechtssache jedoch häufig grundsätzliche Bedeutung haben. Ist die Zulassung in einem solchen Fall wegen Divergenz erfolgt, so ist die Revision gleichwohl statthaft, sofern der BGH die grundsätzliche Bedeutung bejaht. Von der Frage der Wirkungen einer Zulassung der Revision aus einem in § 546 nicht vorgesehenen Zulassungsgrund ist der Fall zu unterscheiden, daß das OLG zu Unrecht das Vorliegen einer grundsätzlichen Bedeutung oder einer Abweichung i. S. des Abs. 1 S. 2 Nr. 2 bejaht, → dazu Rdnr. 21.

### 2. Zulassung wegen grundsätzlicher Bedeutung

Die Zulassung ist bei grundsätzlicher Bedeutung der Rechtssache auszusprechen, Abs. 1 4 S. 2 Nr. 1. Durch diese Beschränkung soll alle nicht unbedingt im Interesse der Rechtseinheit und der Rechtsfortbildung notwendige Arbeit vom Revisionsgericht ferngehalten werden. Die Zulassung kommt nur dann in Betracht, wenn es sich entweder um eine nichtvermögensrechtliche Streitigkeit handelt oder wenn der Wert der Beschwer 60.000,– DM nicht übersteigt. Bei höherer Beschwer kann das Revisionsgericht durch eine Zulassung der Revision nicht gebunden werden; ob eine grundsätzliche Bedeutung der Rechtssache vorliegt, ist hier vom Revisionsgericht nach § 554b selbst zu entscheiden[5].

### a) Über den Einzelfall hinausgehende Bedeutung

Eine grundsätzliche Bedeutung[6] liegt nur dann vor, wenn dem Rechtsstreit eine über den 5 Einzelfall hinausgehende allgemeine Bedeutung zukommt[7]. In der Regel wird die grundsätzliche Bedeutung darin liegen, daß eine klärungsbedürftige Rechtsfrage zu entscheiden ist; notwendig ist dies jedoch nicht[8]. Eine große wirtschaftliche Bedeutung kann ausreichen[9]. Voraussetzung dafür ist allerdings auch hier, daß ein Allgemeininteresse besteht[10]; allein der Umstand, daß für den Revisionskläger die wirtschaftlichen Auswirkungen der Entscheidung die Grenze der Revisionssumme überschreiten oder sogar ruinös sein können, verleiht der

---

[4] AK-*Ankermann* Rdnr. 7.
[5] *BGH* LM § 546 Nr. 95 = NJW 1980, 786 = MDR 381; MünchKomm ZPO-*Walchshöfer* Rdnr. 70.
[6] Zum Begriff der grundsätzlichen Bedeutung s. ausführlich *Prütting* (Fn. 2), 101 ff.
[7] MünchKomm ZPO-*Walchshöfer* Rdnr. 37; *Weyreuther* Revisionszulassung und Nichtzulassungsbeschwerde in der Rechtsprechung der obersten Bundesgerichte (1971) Rdnr. 60.

[8] So aber *Prütting* (Fn. 2), 176 ff.; MünchKomm ZPO-*Walchshöfer* Rdnr. 40; *Rosenberg/Schwab/Gottwald*[15] § 142 I 1 a; s. weiter *Weyreuther* (Fn 7) Rdnr. 60.
[9] *BGHZ* 2, 396, 397; *BGH* BB 1978, 1694; *BAGE* 2, 26 = NJW 1955, 1128 = JZ 549 (*Baur*); AK-*Ankermann* Rdnr. 8; *Baumbach/Lauterbach/Albers*[51] Rdnr.10.
[10] AK-*Ankermann* Rdnr. 8.

Rechtssache keine grundsätzliche Bedeutung[11]. Für die Annahme einer grundsätzlichen Bedeutung reicht es nicht aus, daß sich dieselbe Rechtsfrage auch noch in anderen Rechtsstreitigkeiten stellt. Erforderlich ist vielmehr, daß dies in einer **unbestimmten Vielzahl** denkbar ist[12]. Dagegen reicht es nicht aus, daß etwa Parallelprozesse anhängig sind oder demnächst anhängig werden können.

### b) Klärungsbedürftige Rechtsfrage

6   Soweit die grundsätzliche Bedeutung darin liegt, daß eine Rechtsfrage zu klären ist, → Rdnr. 5, muß diese klärungsbedürftig sein[13]. Dies ist insbesondere dann der Fall, wenn die Frage in der Rechtsprechung unterschiedlich beantwortet wird, ohne daß die Voraussetzungen einer Divergenzzulassung vorliegen (Unterschiede innerhalb der Instanzgerichte). Weiter kann sich die Klärungsbedürftigkeit aus einer Auseinandersetzung im Schrifttum ergeben. Denkbar ist weiter vor allem bei neuen Gesetzen, daß es zu einer Rechtsfrage bisher noch gar keine Stellungnahmen gibt, aber abzusehen ist, daß die Frage in Zukunft immer wieder auftauchen wird. Soweit bereits eine **BGH-Entscheidung vorliegt**, ist Klärungsbedürftigkeit dann zu bejahen, wenn entweder die Instanzgerichte dem BGH weitgehend nicht folgen oder wenn im Schrifttum Bedenken gegen den BGH geäußert worden sind[14]. Dabei ist allerdings Voraussetzung, daß man ernsthaft unterschiedlicher Auffassung sein kann; nicht jeder rein ideologische oder von einseitiger Interessenvertretung geprägte Widerspruch gegen den BGH zwingt das OLG zur Zulassung der Revision wegen grundsätzlicher Bedeutung. Weiter muß bei Vorliegen einer BGH-Entscheidung verlangt werden, daß sich entweder neue Argumente ergeben haben, oder daß sich der »Chor der Widersprechenden« wesentlich vergrößert hat. Allein daraus, daß ein einzelner Autor bzw. Instanzgericht seine vom BGH abweichende, bereits beschiedene Auffassung wiederholt, kann keine Klärungsbedürftigkeit hergeleitet werden. Dagegen kann sich die Notwendigkeit einer Zulassung der Revision daraus ergeben, daß neue Argumente zwar zu keinem anderen Ergebnis führen, sich wohl aber im dogmatischen Ansatz grundlegend vom BGH unterscheiden und sich daraus in anderen Fragen unterschiedliche Folgen ergeben können. Will das OLG seinerseits von der Entscheidung des BGH abweichen, so muß es die Revision auf jeden Fall nach Abs. 1 S. 2 Nr. 2 zulassen. Die Frage, inwieweit eine grundsätzliche Bedeutung bei Vorliegen einer BGH-Entscheidung zu bejahen ist, stellt sich nur dann, wenn das OLG dem BGH folgt.

7   Die grundsätzliche Bedeutung der Rechtsfrage setzt voraus, daß sich die Frage voraussichtlich in Zukunft wieder stellen wird. Bei **auslaufenden Vorschriften** ist keine Klärungsbedürftigkeit gegeben[15] (es sei denn, daß noch ein nennenswerter Bestand an nach altem Recht zu entscheidenden Fällen vorhanden ist). Dies gilt auch dann, wenn die Frage besonders umstritten und rechtsdogmatisch interessant war.

8   Unerheblich ist, ob es sich um eine **Frage des materiellen Rechts oder des Verfahrensrechts** handelt; auch verfahrensrechtliche Fragen können klärungsbedürftig sein[16]. Weiter kann die klärungsbedürftige Frage isoliert betrachtet in einen **anderen Rechtsweg gehören** (z. B. eine verwaltungsrechtliche Frage in einem Amtshaftungsprozeß).

---

[15] *Weyreuther* (Fn. 7) Rdnr. 85; *Rosenberg/Schwab/Gottwald*[15] § 142 I 1 a; *Baumbach/Lauterbach/Albers*[51] Rdnr. 11.
[16] *BGH* LM § 219 BEG Nr. 9; *Weyreuther* (Fn. 7) Rdnr. 64; *Prütting* (Fn. 2), 188 f.; AK-*Ankermann* Rdnr. 8 a.

[11] BGHZ 2, 396, 398; *BGH* BB 1978, 1694.
[12] MünchKomm ZPO-*Walchshöfer* Rdnr. 37.
[13] Ausführlich dazu *Prütting* (Fn. 2), 134 ff.
[14] MünchKomm ZPO-*Walchshöfer* Rdnr. 36.

### c) Klärungsfähige Rechtsfrage

Für die Annahme einer grundsätzlichen Bedeutung der Rechtssache ist weiter erforderlich, 9
daß die Rechtsfrage in der Revisionsinstanz überhaupt geklärt werden kann[17]. Daran fehlt es, wenn es sich um nicht revisibles Recht handelt[18] oder wenn auf die Frage gar nicht eingegangen werden kann (etwa wegen einer Selbstbindung des Revisionsgerichts nach früherer Aufhebung in derselben Sache, → § 565 Rdnr. 17, oder wegen Bindung an ein rechtskräftiges Urteil). Hierher gehört auch der Fall, daß die Frage darin besteht, ob ein nachkonstitutionelles Gesetz verfassungswidrig ist[19]; dies kann vom Revisionsgericht nicht beantwortet werden.

### d) Entscheidungserheblichkeit

Die Rechtsfrage muß schließlich entscheidungserheblich sein[20]. Danach scheidet bei einer 10
Alternativbegründung eine Zulassung aus, sofern nur bei einer der beiden Begründungen keine grundsätzliche Bedeutung vorliegt.

## 3. Zulassung wegen Abweichung von einer anderen Entscheidung

Die Revision ist weiter dann zuzulassen, wenn das OLG **von einer Entscheidung des** 11
**Bundesgerichtshofs oder des Gemeinsamen Senats der obersten Gerichtshöfe des Bundes abweicht**. Es handelt sich um einen besonderen Fall der Zulassung wegen grundsätzlicher Bedeutung[21]; die grundsätzliche Bedeutung wird hier unwiderleglich vermutet.

### a) Die Divergenzentscheidung

Die Entscheidung, von der das OLG abweicht (Divergenzentscheidung), muß entweder 12
vom **BGH** oder vom **Gemeinsamen Senat der obersten Gerichtshöfe des Bundes** erlassen worden sein. In welcher Form (Urteil oder Beschluß) die Entscheidung ergangen ist, spielt keine Rolle[22]. Beim BGH reicht auch die Entscheidung eines Strafsenats aus[23]. Die Entscheidung braucht nicht veröffentlicht zu sein[24]. Weiter macht es keinen Unterschied, ob es sich um eine Entscheidung in derselben Sache oder um eine in einer anderen Sache ergangene Entscheidung handelt[25]. Unerheblich ist, ob sich die Abweichung auf eine Frage des materiellen Rechts oder des Verfahrensrechts bezieht[26]. Bei einer Entscheidung des Gemeinsamen Senats ist nicht erforderlich, daß in dem seinerzeitigen Verfahren eine der betroffenen Entscheidungen vom BGH stammt. Zur Zulassung verpflichtet nur die Abweichung von der jeweils letzten einschlägigen Entscheidung; eine inzwischen aufgegebene Entscheidung scheidet aus[27]. Hat das OLG nicht behebbare Zweifel, ob es von einer Entscheidung des BGH abweicht, so kann es die Revision zulassen[28].

---

[17] *Weyreuther* (Fn. 7) Rdnr. 68ff.; *Prütting* (Fn. 2), 127ff.; AK-*Ankermann* Rdnr. 8a; MünchKomm ZPO-*Walchshöfer* Rdnr. 18.
[18] *Prütting* (Fn. 2), 127f.
[19] MünchKomm ZPO-*Walchshöfer* Rdnr. 38.
[20] *Prütting* (Fn. 2), 129f.; MünchKomm ZPO-*Walchshöfer* Rdnr. 39.
[21] *Weyreuther* (Fn. 7) Rdnr. 93; *Prütting* (Fn. 2), 222f.; *Rosenberg/Schwab/Gottwald*[15] § 142 I 1b; MünchKomm ZPO-*Walchshöfer* Rdnr. 41; *Zöller/Schneider*[18] Rdnr. 37.
[22] *Weyreuther* (Fn. 7) Rdnr. 100; AK-*Ankermann* Rdnr. 9; MünchKomm ZPO-*Walchshöfer* Rdnr. 42; *Zöller/Schneider*[18] Rdnr. 38.

[23] MünchKomm ZPO-*Walchshöfer* Rdnr. 42.
[26] *Baumbach/Lauterbach/Albers*[51] Rdnr. 12; *Zöller/Schneider*[18] Rdnr. 38.
[27] BAG AP § 72 ArbGG Divergenzrevision Nr. 10; *Weyreuther* (Fn. 7) Rdnr. 104; MünchKomm ZPO-*Walchshöfer* Rdnr. 43; AK-*Ankermann* Rdnr. 11.
[28] BGHZ 36, 56 = LM § 546 Nr. 42 (*Rietschel*) = NJW 1962, 299 = MDR 208 = JZ 165 = ZZP 75 (1962), 127; *Rosenberg/Schwab/Gottwald*[15] § 142 I 1b; MünchKomm ZPO-*Walchshöfer* Rdnr. 44; *Thomas/Putzo*[18] Rdnr. 20; *Zöller/Schneider*[18] Rdnr. 39.

**13** Bei **Abweichung von sonstigen Entscheidungen** besteht keine Zulassungspflicht nach Abs. 1 S. 2 Nr. 2. Dies gilt insbesondere auch für Entscheidungen des Reichsgerichts, anderer oberster Gerichte des Bundes (vor allem des BAG), des BVerfG[29], des EuGH sowie anderer Oberlandesgerichte. In diesen Fällen wird jedoch i. d.R. eine grundsätzliche Bedeutung der Sache anzunehmen und die Revision deswegen zuzulassen sein[30]. Zur Wirkung der Zulassung wegen Abweichung von einer nicht divergenzfähigen Entscheidung → Rndr. 3.

### b) Die Abweichung

**14** Das OLG muß von der Entscheidung des BGH bzw. des Gemeinsamen Senats **abweichen**. Daran knüpfen sich verschiedene Fragen. Nicht erforderlich ist, daß die Abweichung **dieselbe Gesetzesbestimmung** betrifft; es reicht aus, daß beiden Bestimmungen der gleiche Rechtsgrundsatz zugrundeliegt[31]. Dies ist etwa im Verhältnis von § 717 Abs. 2 zu § 945 der Fall. Weiter muß die Revision auch dann zugelassen werden, wenn sich die Abweichung auf eine Entscheidung bezieht, die zu einem inzwischen aufgehobenen oder geänderten Gesetz ergangen ist, sofern der Rechtsgrundsatz in das »Nachfolgegesetz« übernommen worden ist[32].

**15** Das Hauptproblem bei Abs. 1 S. 2 Nr. 2 besteht darin, wann von einer »**Abweichung**« gesprochen werden kann. Dies ist selbstverständlich dann nicht der Fall, wenn in der Divergenzentscheidung die Rechtsfrage zwar behandelt, jedoch offengelassen worden ist[33]. Die **h. M. legt den Begriff der Abweichung eng aus**. Eine Abweichung wird nur dann bejaht, wenn beide Urteile auf der unterschiedlichen Beantwortung der Rechtsfrage beruhen, d.h. wenn eines der beiden Urteile bei anderer Beantwortung der Rechtsfrage im Tenor anders ausgefallen wäre[34]. Daraus wird gefolgert, daß ein Abweichen nur in der **Hilfsbegründung** die Zulassung der Revision nicht erfordert[35]; ebenso wenn mehrere Begründungen gleichrangig nebeneinander gebracht werden (**Alternativbegründung**)[36] oder wenn sich die Abweichung bei Aufhebung des angefochtenen Urteils und Zurückverweisung der Sache nur auf die vom BGH gegebenen **Richtlinien für das weitere Verfahren** bezieht[37]. Weiter wird eine Abweichung dann verneint, wenn der BGH eine Rechtsfrage zwar klar beantwortet, dabei jedoch erklärt hat, es käme im konkreten Fall auf sie nicht an[38]. Für die arbeitsgerichtliche Divergenzrevision, bei der es ebenfalls auf eine zwischen zwei Entscheidungen bestehende Abweichung ankommt, → Rndr. 48, verlangt das BAG[39], daß beide Entscheidungen einen **abstrakten Rechtssatz** aufstellen, der die jeweilige Entscheidung trägt und die voneinander abweichen. In der ordentlichen Gerichtsbarkeit ist dies zwar grundsätzlich ebenfalls erforderlich, spielt praktisch aber insofern kaum eine Rolle, als der BGH an die Zulassung bzw. Nichtzulassung gebunden ist, → Rndr. 21 ff., weshalb eine Kontrolle daraufhin, ob beide Entscheidun-

---

[29] *BAG* AP § 72a ArbGG 1979 Divergenz Nr. 26 = NJW 1991, 2100.
[30] *Tiedemann* MDR 1977, 813, 814; MünchKomm ZPO-*Walchshöfer* Rdnr. 42.
[31] *BGHZ* 9, 179 = LM § 1542 RVO Nr. 4 = NJW 1953, 821 = BB 416; *Prütting* (Fn. 2), 219 f.; *E. Schneider* NJW 1977, 1043; *Zöller/Schneider*[18] Rdnr. 38; *Baumbach/Lauterbach/Albers*[51] Rdnr. 12; MünchKomm ZPO-*Walchshöfer* Rdnr. 44. Näheres zur Frage, wann *derselbe* Rechtsgrundsatz vorliegt, bei *Hanack* Der Ausgleich divergierender Entscheidungen in der obersten Gerichtsbarkeit (1962), 154 ff.
[32] *BAGE* 1, 232.
[33] *BAG* AP § 72 ArbGG Divergenzrevision Nr. 30; *Weyreuther* (Fn. 7) Rdnr. 128.
[34] *BAG* AP § 72 ArbGG Divergenzrevision Nr. 23 = NJW 1963, 1643 = BB 859; *Weyreuther* (Fn.7) Rdnr. 123 ff.; *Rosenberg/Schwab/Gottwald*[15] § 142 I 1 b; AK-*Ankermann* Rdnr. 11; *Baumbach/Lauterbach/Albers*[51] Rdnr. 13.
[35] *BGH* NJW 1958, 1051; AK-*Ankermann* Rdnr. 11; *Baumbach/Lauterbach/Albers*[51] Rdnr. 13; MünchKomm ZPO-*Walchshöfer* Rdnr. 43; *Thomas/Putzo*[18] Rdnr. 21.
[36] AK-*Ankermann* Rdnr. 11; *Baumbach/Lauterbach/Albers*[51] Rdnr. 13; *Thomas/Putzo*[18] Rdnr. 21.
[37] *BGH* NJW 1954, 1933; 1958, 1051; *Baumbach/Lauterbach/Albers*[51] Rdnr. 13; MünchKomm ZPO-*Walchshöfer* Rdnr. 43; *Thomas/Putzo*[18] Rdnr. 21.
[38] *Thomas/Putzo*[18] Rdnr. 21.
[39] *BAGE* 41, 188 = AP § 72a ArbGG 1979 Divergenz Nr. 11; AP § 72a ArbGG 1979 Divergenz Nr. 22.

gen voneinander abweichende abstrakte Rechtssätze enthalten, nicht möglich ist. Demgegenüber ist im arbeitsgerichtlichen Verfahren eine Nichtzulassungsbeschwerde vorgesehen, § 72a ArbGG. Allein dort spielt die »Rechtssatzproblematik« eine praktische Rolle, → dazu Rdnr. 57.

Eine **Stellungnahme zur h.M.** muß vom Zweck der Divergenzzulassung ausgehen, der darin besteht, die Einheitlichkeit der obergerichtlichen Rechtsprechung sicherzustellen. Von daher ergibt sich, daß der h.M. insofern zuzustimmen ist, als es um die **Entscheidung des OLG** geht. Insoweit ergibt sich schon aus dem Wortlaut von Abs. 1 S. 2 Nr. 2, daß das Urteil auf der Abweichung beruhen muß, woran es dann fehlt, wenn es wegen einer Alternativ- oder Hilfsbegründung auch ohne die Abweichung im Ergebnis gleich ausgefallen wäre. Auch vom Zweck der Divergenzzulassung ist die Zulassung der Revision hier nicht geboten. Solange das OLG aus seiner abweichenden Rechtsansicht keine Konsequenzen zieht, ist es nicht erforderlich, daß sich der BGH mit der Rechtsfrage erneut befaßt. Bei mehreren Begründungen ist die Revision demnach nur dann zuzulassen, wenn bei allen das Ergebnis tragenden Begründungen eine Abweichung vorliegt. 16

Nicht gefolgt werden kann der h.M. dagegen insoweit, als es um die **Divergenzentscheidung**, d.h. um die Entscheidung geht, von der das OLG abweicht. Insoweit ist der Wortlaut von Abs. 1 S. 2 Nr. 2 kein Hindernis dafür, eine Zulassungspflicht des OLG zu bejahen. Das »Beruhen« bezieht sich nur auf das angefochtene Urteil und nicht auch auf die Divergenzentscheidung. Damit kann auf den Zweck der Divergenzzulassung zurückgegriffen werden. Von wesentlicher Bedeutung ist insoweit, daß es für die Praxis kaum eine Rolle spielt, in welcher Form der BGH eine Ansicht geäußert hat. Sie pflegt sich an Hilfs- oder Alternativbegründungen genauso zu halten wie an Begründungen, die für die Formulierung des Tenors entscheidend sind. Häufig werden Begründungen, die für das Ergebnis ohne Bedeutung sind, eben deshalb besonders ernst genommen, weil sie den Eindruck erwecken, der BGH halte seine Ansicht für so wichtig, daß er sie auf jeden Fall – d.h. ohne daß es für die Entscheidung erforderlich gewesen wäre – äußern wollte. Dies bedeutet, daß eine Abweichung in einer von mehreren Begründungen, bei denen jede für sich allein das Ergebnis trägt, das OLG zur Zulassung der Revision verpflichtet[40]. Dabei ist es unerheblich, ob es sich um eine Hilfs- oder Alternativbegründung handelt. Die Zulassung der Revision ist weiter dann geboten, wenn sich die Abweichung nur auf Hinweise für die Weiterbehandlung einer zurückverwiesenen Sache oder auf Ausführungen bezieht, auf die es für den BGH im Ergebnis nicht ankam. Der hier vertretenen Ansicht kann nicht entgegengehalten werden, sie werde dem Selbstverständnis des Revisionsgerichts nicht gerecht, das manchmal nur vorläufige, noch nicht endgültig geklärte Meinungen äußern wolle[41]. Maßgeblich ist nicht das Selbstverständnis des BGH, sondern der Empfängerhorizont der Praxis. Die Nichtzulassung der Revision ist lediglich dann geboten, wenn sich die Abweichung auf ein als solches erkennbares obiter dictum bezieht, d.h. auf Ausführungen in der Entscheidung des BGH, mit denen dieser erkennbar die Praxis nicht beeinflussen wollte. Dabei ist die Grenze nicht immer eindeutig zu ziehen, weshalb man dem OLG insofern einen gewissen Beurteilungsspielraum zugestehen muß. 17

---

[40] So auch im Gegensatz zur älteren Rechtsprechung BAG AP § 72a ArbGG 1979 Divergenz Nr. 2 (*Grunsky*) = NJW 1981, 366; AP § 72a ArbGG 1979 Divergenz Nr. 7; zustimmend *Grunsky*[6] § 72 Rdnr. 37; *Germelmann/Matthes/Prütting* § 72 Rdnr. 21.

[41] So AK-*Ankermann* Rdnr. 11.

### 4. Form der Zulassung

#### a) Zulassung im Urteil

**18** Die Zulassung erfolgt im Urteil des OLG, Abs. 1 S. 1. Der Ausspruch gehört an sich in den Tenor, doch reicht eine eindeutige Zulassung in den Entscheidungsgründen ebenfalls aus[42]. Die Zulassung braucht nicht selbständig verkündet zu werden[43], und zwar auch dann nicht, wenn sie in den Urteilsgründen erfolgt ist[44]. Eine Begründung der Zulassung ist nicht erforderlich[45], empfiehlt sich zur Klarstellung aber insbesondere dann, wenn die Zulassung beschränkt wird, → dazu Rdnr. 25 ff. In das Protokoll braucht die Zulassung nicht aufgenommen zu werden[46].

#### b) Berichtigung und Ergänzung des Urteils

**19** Enthält das Urteil des OLG keine Aussage über die Zulassung, ist die Revision nicht zugelassen. Eine ausdrückliche Entscheidung ist insoweit nicht erforderlich[47]. Eine nachträgliche Zulassung der Revision durch **Ergänzung des Urteils** nach § 321 kommt nicht in Betracht[48]; es würde sich dabei nicht um die Ausfüllung einer Lücke, sondern um eine inhaltliche Abänderung des Urteils handeln.

**20** Eine **Berichtigung des Urteils** nach § 319 ist unter den dort geregelten Voraussetzungen zulässig[49], was allerdings deswegen nur selten praktische Bedeutung hat, weil kaum je eine »offenbare Unrichtigkeit« gegeben ist, → auch § 319 Rdnr. 6. Insbesondere reicht das bloße Schweigen des OLG über die Zulassung nicht aus; darin liegt die stillschweigende Nichtzulassung, → Rdnr. 19. Die Anwendbarkeit von § 319 kann im konkreten Fall auch nicht damit begründet werden, die grundsätzliche Bedeutung der Sache oder das Vorliegen einer zulassungspflichtigen Divergenz seien offenkundig. Eine Ausnahme erscheint allenfalls insoweit denkbar, als sich das Berufungsgericht in seinem Urteil ausdrücklich mit der divergenzfähigen Entscheidung auseinandergesetzt hat und ihr nicht gefolgt ist. Im übrigen ist Voraussetzung für eine Berichtigung, daß das OLG die Zulassung beschlossen hat, und daß sich dies aus dem Gesamtzusammenhang des Urteils oder den Vorgängen bei seinem Erlaß oder seiner Verkündung ergibt[50]. Dies ist dann der Fall, wenn die Zulassung zwar mitverkündet, in die schriftliche Urteilsabfassung aber nicht mitaufgenommen worden ist[51]. Ebenso dann, wenn die Revision für eine Partei zugelassen worden ist, sich aus dem übrigen Urteil aber ergibt, daß die

---

[42] *BGHZ* 20, 188, 189 = NJW 1956, 830; *BAGE* 56, 179 = AP § 611 BGB Bühnenengagementsvertrag Nr. 33; AP §§ 22, 23 BAT 1975 Nr. 122; *Weyreuther* (Fn. 7) Rdnr. 164; *Baumbach/Lauterbach/Albers*[51] Rdnr. 19; MünchKomm ZPO-*Walchshöfer* Rdnr. 48; *Zöller/Schneider*[18] Rdnr. 51.

[43] *RGZ* 162, 124; *BGHZ* 44, 395; *Weyreuther* (Fn. 7) Rdnr. 166; *Lange* RdA 1975, 106; *Rosenberg/Schwab/Gottwald*[15] § 142 I 1 d.

[44] A.A. *BAGE* 2, 358 = AP § 319 Nr. 3; 56, 179 (Fn. 42); AP §§ 22, 23 BAT 1975 Nr. 122; § 92 ArbGG Nr. 13; dagegen ausführlich *Lange* RdA 1975, 106.

[45] MünchKomm ZPO-*Walchshöfer* Rdnr. 47; *Zöller/Schneider*[18] Rdnr. 52.

[46] *Weyreuther* (Fn. 7) Rdnr. 167.

[47] MünchKomm ZPO-*Walchshöfer* Rdnr. 49.

[48] *BGHZ* 20, 188, 189 = NJW 1956, 840; 44, 395 = NJW 1966, 931 = JZ 277 = MDR 499; LM § 321 Nr. 8 = NJW 1981, 1755 = MDR 571 = FamRZ 445; *BAG* AP § 321 Nr. 1; AK-*Ankermann* Rdnr. 18; MünchKomm ZPO-*Walchshöfer* Rdnr. 50, *Thomas/Putzo*[18] Rdnr. 24; *Zöller/Schneider*[18] Rdnr. 55; *Rosenberg/Schwab/Gottwald*[15] § 142 I 1 d; *Zeiss*[8] Rdnr. 693. A.A. *Baumbach/Lauterbach/Albers*[51] Rdnr. 21; *Jauernig*[23] § 74 II 3; *Walter* ZZP 97 (1984), 484; → weiter § 321 Rdnr. 11 (i.S. einer Anwendbarkeit von § 321).

[49] *BGHZ* 20, 188 = NJW 1956, 830; 78, 22 = LM § 319 Nr. 10 (*Weber*) = NJW 1980, 2813 = JZ 816; AK-*Ankermann* Rdnr. 18; *Baumbach/Lauterbach/Albers*[51] Rdnr. 20; MünchKomm ZPO-*Walchshöfer* Rdnr. 51; *Thomas/Putzo*[18] Rdnr. 23; *Zöller/Schneider*[18] Rdnr. 54; *Wieczorek/Rössler* Anm. B II c 1.

[50] *BGHZ* 20, 188, 191; 78, 22 (Fn. 49); AK-*Ankermann* Rdnr. 18; MünchKomm ZPO-*Walchshöfer* Rdnr. 51.

[51] *BAGE* 9, 205, 207 = AP § 319 Nr. 4.

Gegenpartei gemeint ist[52]. Schließlich ist aus der Rechtsprechung noch die Fallgestaltung zu erwähnen, daß an einem Tag über denselben Sachverhalt in mehreren Verfahren verhandelt und entschieden worden ist und die Revision nur in einem der Urteile nicht zugelassen wurde[53]. Kein Fall des § 319 ist es, wenn nur in den Entscheidungsgründen und nicht auch im Tenor die Zulassung ausgesprochen worden ist; dies stellt eine wirksame Zulassung dar, → Rdnr. 18, weshalb das Urteil keine Unrichtigkeit enthält.

### 5. Bindung des Revisionsgerichts

#### a) Bindung an die Zulassung

Das Revisionsgericht ist an die Zulassung gebunden, Abs. 1 S. 3. Dies gilt unabhängig vom Wert der Beschwer bzw. dem Beschwerdewert. Insbesondere kann der Beschwerdewert auch unter der Berufungssumme liegen; § 511a Abs. 1 ist bei der Zulassungsrevision nicht anwendbar[54]; zur entsprechenden Anwendbarkeit von § 511a bei der Wertrevision → Rdnr. 32. Die Bindung des Revisionsgerichts greift auch bei einer **gesetzwidrigen Zulassung** ein; gerade dort wird sie überhaupt erst sinnvoll. So ist das Revisionsgericht etwa gebunden, wenn es auf die Rechtsfrage im Ergebnis nicht ankommt oder wenn sie nicht revisibel ist[55]; im letztgenannten Fall ist die Revision zwar statthaft hat, kann aber deswegen keinen Erfolg haben, weil die Rechtsfrage trotz der Zulassung der Revision irrevisibel bleibt[56]. Das Revisionsgericht ist auch dann gebunden, wenn das OLG den Begriff der grundsätzlichen Bedeutung eklatant verkannt hat[57] oder wenn es wegen einer in Wirklichkeit nicht bestehenden Abweichung von einer BGH-Entscheidung die Revision zugelassen hat. Dadurch, daß die Rechtsfrage nach Erlaß des Berufungsurteils durch Gesetzesänderung bedeutungslos geworden ist, entfällt die Bindung nicht[58].

21

Voraussetzung für die Bindung des Revisionsgerichts ist jedoch, daß das OLG einen der Zulassungsgründe des Abs. 1 S. 2 als gegeben angesehen hat. Erfolgt die Zulassung dagegen aus einem **im Gesetz nicht vorgesehenen Grund**, so ist das Revisionsgericht daran nicht gebunden[59]. Hierher gehört insbesondere der Fall, daß die Zulassung mit der Abweichung von einem nicht divergenzfähigen Urteil begründet wird; hier kann allerdings der BGH die Revision wegen grundsätzlicher Bedeutung als statthaft ansehen, → Rdnr. 3. Weiter entfällt eine Bindung dann, wenn die Zulassung in einer **unzulässigen Form** erfolgt (Ergänzungsurteil nach § 321[60], → Rdnr. 19; Zulassung in einem selbständigen Beschluß statt im Urteil); ebenso in den Fällen des § 545 Abs. 2, → § 545 Rdnr. 6, sowie bei sonstiger gesetzlicher Unanfechtbarkeit der Entscheidung, → Rdnr. 24. Schließlich scheidet eine Bindung dann aus, wenn das OLG den Wert der Beschwer auf mehr als 60.000,— DM festgesetzt und gleichwohl die Revision zugelassen hat[61]; hierdurch kann dem Revisionsgericht nicht die ihm nach § 554b zustehende Beurteilungsbefugnis genommen werden. Zur Frage, was zu gelten hat, wenn das

22

---

[52] BGH VersR 1981, 548, 549.
[53] BGHZ 78, 22, 23 (Fn. 49).
[54] BGHZ 109, 163 = LM § 839 BGB (Cb) Nr.73 = NJW 1990, 836 = MDR 318.
[55] BGH LM § 546 Nr. 94 = MDR 1980, 203.
[56] BGH LM § 546 Nr. 94 (Fn. 55); MünchKomm ZPO-*Walchshöfer* Rdnr. 66.
[57] BAGE 21, 80.
[58] BGH LM § 546 Nr. 29 = MDR 1958, 333 = ZZP 71 (1958), 360 für Gesetzesänderung nach Einlegung der

Revision; für eine davor liegende Gesetzesänderung kann nichts anderes gelten, sofern sie nur nach der Urteilsfällung erfolgt ist.
[59] BGH LM § 546 Nr. 76 = NJW 1970, 1549 = MDR 746 (Zulassung, damit mehrere dasselbe Ereignis betreffende Prozesse gleich entschieden werden).
[60] BGHZ 44, 395 (Fn. 48).
[61] BGH LM § 546 Nr. 95 = NJW 1980, 786 = MDR 381.

OLG die Beschwer zu Unrecht mit weniger als 60.000,- DM angesetzt und die Revision zugelassen hat, → Rdnr. 43.

### b) Bindung an die Nichtzulassung

23 Obwohl § 546 darüber unmittelbar nichts aussagt, ist das Revisionsgericht auch an die Nichtzulassung gebunden, wobei es keinen Unterschied macht, ob das Berufungsgericht die Bedeutung der Sache falsch beurteilt oder sich darüber gar keine Gedanken gemacht hat. Gegen die Nichtzulassung ist kein Rechtsmittel gegeben. Insbesondere gibt es, anders als in der Arbeitsgerichtsbarkeit (→ Rdnr. 51 ff.), nicht die Möglichkeit einer Nichtzulassungsbeschwerde. Lediglich in Entschädigungssachen ist die Nichtzulassung der Revision durch sofortige Beschwerde anfechtbar (§ 220 Abs. 1 BEG), die durch einen beim BGH zugelassenen Anwalt eingelegt werden muß[62]. Im übrigen ist der BGH auch bei offensichtlich rechtswidriger Nichtzulassung gebunden und darf die Revision nicht als zulässig ansehen. Bei **willkürlicher Nichtzulassung** ist allerdings Art. 101 Abs. 1 S. 2 GG verletzt, was mit der Verfassungsbeschwerde geltend gemacht werden kann[63].

### 6. Wirkung der Zulassung

#### a) Statthaftigkeit der Revision

24 Die Wirkung der Zulassung besteht darin, daß die Revision statthaft ist. Damit ist die Zulässigkeit der Revision freilich noch nicht bejaht. Es kann ein sonstiger Zulässigkeitsmangel bestehen (Form- bzw. Fristfehler, Fehlen einer Beschwer, Rechtsmittelverzicht, gesetzliche Unanfechtbarkeit der Entscheidung[64]) Die Zulassung bezieht sich nur auf die Entscheidung des OLG, in der sie ausgesprochen worden ist. Führt die Revision zur Aufhebung des angefochtenen Urteils und Zurückverweisung, so bezieht sich die Zulassung im ersten Berufungsurteil nicht auch auf das spätere zweite Berufungsurteil. Auch das Urteil, das ein revisibles Berufungsurteil im Wiederaufnahmeverfahren aufhebt, ist seinerseits nur revisibel, wenn es selbst den Zulassungsausspruch enthält[65]. Bei einem Teilurteil erfaßt die Zulassung auch die Kostenentscheidung im späteren Schlußurteil[66].

#### b) Beschränkung der Zulassung

25 Die Zulassung der Revision kann in verschiedener Hinsicht beschränkt werden, was sich insbesondere dann anbietet, wenn der Rechtsstreit nicht insgesamt, sondern nur in einzelnen Teilen grundsätzliche Bedeutung hat. Dem entspricht es, daß der BGH bei der Wertrevision die Annahme nach § 554b beschränken kann, → § 554b Rdnr. 8 f. Die Kriterien, nach denen die Zulassung beschränkt werden kann, müssen dieselben wie bei der Beschränkung der Annahme sein.

---

[62] *BGH* MDR 1964, 306.
[63] *BVerfG* FamRZ 1991, 295; *E. Schneider* NJW 1977, 1043; *Zöller/Schneider*[18] Rdnr. 53; *Thomas/Putzo*[18] Rdnr. 30; *Krämer* FamRZ 1980, 975. A.A. AK-*Ankermann* Rdnr. 19; MünchKomm ZPO-*Walchshöfer* Rdnr. 73.
[64] *BGH* NJW 1988, 49, 50 f.; ZIP 1992, 579; *BAGE* 42, 294 = NJW 1984, 254; *Baumbach/Lauterbach/Albers*[51] Rdnr. 22; MünchKomm ZPO-*Walchshöfer* Rdnr. 64; *Prütting* (Fn. 2), 260 f.
[65] *RGZ* 153, 388; HRR 1942 Nr. 802; *BGHZ* 47, 21 = LM § 547 Abs. 1 Nr. 14 (*Johannsen*) = NJW 1967, 1084 = MDR 395 = FamRZ 212.
[66] *BGH* LM § 546 Nr. 18.

### aa) Teilurteilsfähiger Teil des Rechtsstreits

Eine Beschränkung der Zulassung ist insoweit zulässig, als über den Teil, für den die 26 Revision zugelassen wird, ein Teilurteil ergehen kann. Bei **mehreren selbständigen Ansprüchen** sind von der Zulassung solche Ansprüche auszunehmen, auf die sich die zu entscheidende grundsätzliche Rechtsfrage bzw. die Divergenz nicht bezieht[67]. Etwas anderes gilt nur dann, wenn die Ansprüche voneinander präjudiziell abhängig sind[68]; hier muß die Revision in vollem Umfang zugelassen werden. Bei **einfacher Streitgenossenschaft** kann die Zulassung auf einzelne Streitgenossen beschränkt werden[69], nicht dagegen bei notwendiger Streitgenossenschaft[70]; hier kann die Revision nur von allen oder gegen alle gemeinsam eingelegt werden. Die Zulassung kann weiter auf **Klage oder Widerklage** beschränkt werden[71].

Eine Beschränkung ist weiter dann möglich, wenn das OLG zwar über einen einheitlichen 27 Anspruch entscheidet, aber nur ein **teilurteilsfähiger Anspruchsteil** von der grundsätzlichen Rechtsfrage betroffen wird[72] oder wenn das Berufungsgericht nur der Entscheidung über die Anschlußberufung grundsätzliche Bedeutung beimißt[73]. Sind beide Parteien beschwert, so kann die Zulassung auf eine Partei beschränkt werden[74]. In diesem Fall kann die andere Partei auch nicht Anschlußrevision einlegen[75]; anderenfalls wäre die Beschränkung der Zulassung weitgehend wirkungslos.

### bb) Zwischenurteilsfähiger Teil des Rechtsstreits

Die Zulassung kann weiter auf einen Teil des Rechtsstreits beschränkt werden, über den ein 28 Zwischenurteil ergehen könnte. Dies gilt für die **Zulässigkeit der Klage**, § 280[76]; dagegen soll die Beschränkung deshalb nicht auf die Zulässigkeit der Berufung zulässig sein, weil ein die Zulässigkeit bejahendes Zwischenurteil (§ 303) nicht selbständig anfechtbar ist[77]. Das überzeugt deswegen nicht, weil die selbständige Anfechtbarkeit eines hypothetischen Zwischenurteils kein sinnvolles Kriterium für die Beschränkbarkeit der Zulassung ist. Wenn die Beschränkung sogar auf einzelne Angriffs- oder Verteidigungsmittel erfolgen kann, über die keinerlei selbständige Entscheidung zulässig ist, → Rdnr. 29, dann kann es nicht darauf ankommen, ob ein zulässiges Zwischenurteil selbständig anfechtbar wäre. Bezieht sich die grundsätzliche Bedeutung bei einem **nach Grund und Betrag streitigen Anspruch** nur auf den Grund oder nur auf den Betrag, so kann die Zulassung entsprechend beschränkt werden[78]. Bei der **Aufrechnung** kann die Zulassung auf die Entscheidung über den Bestand der Forderung bzw. der Gegenforderung beschränkt werden[79]. In allen diesen Fällen ist es vom Zweck der

---

[67] BGHZ 48, 134 = LM § 546 Nr. 59 (*Rietschel*) = NJW 1967, 2312 = MDR 756; LM § 219 BEG Nr. 22; LM § 556 Nr. 10 = NJW 1968, 1476 = MDR 832; *Prütting* (Fn. 2), 229 ff.; MünchKomm ZPO-*Walchshöfer* Rdnr. 54; *Zöller/Schneider*[18] Rdnr. 46.
[68] MünchKomm ZPO-*Walchshöfer* Rdnr. 54; AK-*Ankermann* Rdnr. 15.
[69] BGH LM § 546 Nr. 9; BAGE 2, 331 = AP § 72 ArbGG Nr. 38 (*Pohle*) = NJW 1956, 808; *Weyreuther* (Fn. 7) Rdnr. 49; *Tiedtke* WM 1977, 66, 669; MünchKomm ZPO-*Walchshöfer* Rdnr. 56.
[70] MünchKomm ZPO-*Walchshöfer* Rdnr. 56.
[71] *Tiedtke* WM 1977, 666, 672; MünchKomm ZPO-*Walchshöfer* Rdnr. 55.
[72] *Weyreuther* (Fn. 7) Rdnr. 48; *Grunsky* ZZP 84 (1971), 129; *Rosenberg/Schwab/Gottwald*[15] § 142 I 1 c: ; MünchKomm ZPO-*Walchshöfer* Rdnr. 57.

[73] BAGE 2, 326 = AP § 72 ArbGG Nr. 45 (*Pohle*); *Weyreuther* (Fn. 7) Rdnr. 48.
[74] BGH LM § 546 Nr. 15; § 556 Nr. 10; BGH FamRZ 1970, 589.
[75] So aber BGH FamRZ 1970, 589; *Rosenberg/Schwab/Gottwald*[15] § 142 I 1 c.
[76] BGH WM 1987, 1353, 1354; LM § 546 Nr. 120 = NJW 1987, 3264 = MDR 921; LM § 322 Nr. 126 = NJW 1990, 1795 = MDR 607.
[77] BGH LM § 546 Nr. 120 (Fn. 76).
[78] BGHZ 76, 397 = AP § 546 Nr. 105 a = NJW 1980, 1579 = MDR 663; LM § 546 Nr. 109 = NJW 1982, 2380 = MDR 1983, 127.
[79] BGHZ 53, 152 = LM § 546 Nr. 74 (*Rietschel*) = NJW 1970, 609 = MDR 406 = BB 348 = JZ 504 (*Pawlowski*); *Tiedtke* WM 1977, 666, 676.

Zulassung her geboten, alle nicht im Interesse der Rechtseinheit und Rechtsfortbildung erforderliche Arbeit vom Revisionsgericht fernzuhalten. Da sich dieser Zweck ohne Schwierigkeiten erreichen läßt, muß die Zulassung in dem angeführten Sinn beschränkt werden können.

### cc) Einzelne Angriffs- oder Verteidigungsmittel

29  Weitgehend unklar ist, inwieweit die Beschränkung auf einzelne Angriffs- oder Verteidigungsmittel erfolgen kann. Grundsätzlich bejaht die Rechtsprechung zwar eine solche Beschränkungsmöglichkeit, macht dabei aber die Einschränkung, es müsse sich um einen »tatsächlich und rechtlich selbständigen und abtrennbaren Teil des Gesamtstreitstoffs« handeln[80]. Bejaht worden ist die Beschränkungsmöglichkeit beim Einwand des Mitverschuldens[81], wobei es sogar zulässig sein soll, die Revision bei mehreren in Betracht kommenden Obliegenheitsverletzungen des Geschädigten nur wegen einzelner von ihnen zuzulassen[82]. Weiter soll die Zulassung auf die Verjährung[83] oder ein Zurückbehaltungsrecht[84] beschränkt werden können. Dagegen wird eine Beschränkung auf eine einzelne Rechtsfrage[85] bzw. Anspruchsgrundlage[86] als unzulässig angesehen. Insgesamt erscheint es richtig, auch in den zuletzt genannten Fallgestaltungen eine Beschränkung der Zulassung für möglich zu halten. Dafür sprechen praktische Erwägungen (Entlastung des Revisionsgerichts), ohne daß dem zwingende Gründe entgegenstehen[87]. Insbesondere ist nicht ersichtlich, weshalb die Beschränkungsmöglichkeit davon abhängen soll, daß über den abgetrennten Teil des Gesamtstreitstoffs eine selbständige Entscheidung in Gestalt eines Teil- oder Zwischenurteils hätte ergehen können[88]. Zwischen beiden Fragen besteht kein notwendiger Zusammenhang.

### dd) Ausspruch der Beschränkung

30  Soweit nach dem Ausgeführten eine Beschränkung der Zulassung möglich ist, muß diese im Berufungsurteil unmißverständlich zum Ausruck kommen[89]. Die Beschränkung kann sich dabei auch bei einer im Tenor ohne Einschränkung ausgesprochenen Zulassung aus den Entscheidungsgründen ergeben[90]. Allein aus der Begründung für die Zulassung kann allerdings i. d. R. nicht auf eine Beschränkung geschlossen werden[91]. Im Einzelfall kann sich aus einer Auslegung des angefochtenen Urteils jedoch von der Begründung für die Zulassung her deren Beschränkung ergeben; dies bietet sich insbesondere dann an, wenn die grundsätzliche

---

[80] *BGHZ* 53, 152 (Fn. 79); *BGH* NJW 1984, 615; 1987, 3264.
[81] *BGHZ* 76, 397 (Fn. 78).
[82] *BGH* NJW 1981, 287 (Beschränkung auf Verletzung der Anschnallpflicht ohne Zulassung der Revision auch wegen Mitverschulden an der Unfallentstehung).
[83] AK-*Ankermann* Rdnr. 16; MünchKomm ZPO-*Walchshöfer* Rdnr. 58.
[84] AK-*Ankermann* Rdnr. 16.
[85] *BGHZ* 101, 276, 278 = NJW 1987, 2586 (fehlende Vertretungsbefugnis einer Partei); *BAG* AP § 626 BGB Nr. 89 = NJW 1986, 2271 (Beschränkung der Überprüfung einer Kündigung wegen fehlender Beteiligung des Personalrats).
[86] *BGH* NJW 1984, 615; 1993, 655, 656; AK-*Ankermann* Rdnr. 16; MünchKomm ZPO-*Walchshöfer* Rdnr. 59. A. A. *Prütting* (Fn. 2), 232ff.

[87] Ausführlich *Grunsky* ZZP 84 (1971), 129; s. weiter AK-*Ankermann* Rdnr. 16; *Prütting* (Fn. 2), 232ff. Aus der Rechtsprechung s. *BGH* NJW 1993, 1855: Zulassung nur für nachbarrechtlichen Ausgleichsanspruch und nicht auch für Schadensersatzanspruch; sowohl das OLG als auch der BGH sehen die Beschränkung offenbar ohne weiteres als zulässig an.
[88] So aber die Rechtsprechung; s. *BGH* NJW 1980, 1579; 1984, 615; 1987, 2586; 1987, 3264; *BAG* NJW 1986, 2271.
[89] *BGHZ* 48, 134 (Fn. 67); *BGH* NJW 1984, 615; MünchKomm ZPO-*Walchshöfer* Rdnr. 62.
[90] *BGHZ* 48, 134, 136 (Fn. 67); *BGH* NJW 1988, 1778; 1989, 774; 1990, 1795, 1796.
[91] *BGH* NJW 1982, 1940; 1984, 615; 1988, 1210.

Rechtsfrage bei einer Mehrheit von Ansprüchen nur bei einem entscheidungserheblich ist[92]. Bei einem einheitlichen Anspruch kann sich aus der Begründung der Zulassung ebenfalls eine Beschränkung ergeben, sofern die Rechtsfrage nur für einen klar abtrennbaren Teil des Anspruchs erheblich ist (z.B. einer von mehreren Schadensposten). Ist die Zulassung zur Klärung einer grundsätzlichen Rechtsfrage ausgesprochen worden, so wirkt sie i.d.R. nur zugunsten der Partei, zu deren Ungunsten das Berufungsgericht die Frage beantwortet hat[93]. Fehlt es an einer eindeutigen Beschränkung, so ist das Urteil in vollem Umfang nachprüfbar[94]. Ebenso, wenn eine ausgesprochene Beschränkung unwirksam ist[95]; die Zulassung ist hier nicht etwa in vollem Umfang unwirksam[96].

## III. Die Wertrevision

### 1. Wert der Beschwer über 60.000,– DM

In vermögensrechtlichen Streitigkeiten ist die Revision dann ohne Zulassung statthaft, wenn der Wert der Beschwer 60.000,– DM übersteigt, wobei das Revisionsgericht jedoch seinerseits die Möglichkeit hat, die Annahme der Revision bei Fehlen einer grundsätzlichen Bedeutung abzulehnen, § 554b. Durch Art. 10 Abs. 2 S. 1 G. v. 17. XII. 1990 (BGBl. I 2847) ist die Höhe der erforderlichen Beschwer mit Wirkung v. 1. IV. 1991 von mehr als 40.000,– DM auf mehr als 60.000,– DM heraufgesetzt worden. Dies gilt für alle Verfahren, in denen die mündliche Verhandlung, auf die das anzufechtende Urteil ergangen ist, nach dem 1. IV. 1991 geschlossen worden ist. Bei einer früher geschlossenen mündlichen Verhandlung ist dagegen der bisherige Wert der Beschwer maßgeblich. Diese Übergangsregelung ist nicht deshalb verfassungswidrig, weil auf diese Art die Revisionsmöglichkeit während des Laufens des Verfahrens entfallen kann[97]. Zur rechtspolitischen Kritik am Abstellen auf den Wert der Beschwer → vor § 545 Rdnr. 11. 31

Im Gegensatz zur Rechtslage bei der Berufung, § 511a Abs. 1 S. 1, kommt es auf den **Wert der Beschwer und nicht den des Beschwerdegegenstandes** an. Maßgeblich ist demnach nicht, in welcher Höhe der Revisionskläger Abänderung des Berufungsurteils anstrebt, sondern allein, inwieweit das Berufungsurteil den Revisionskläger beschwert. Näheres zur Unterscheidung des Wertes der Beschwer und des Beschwerdegegenstandes → § 511a Rdnr. 11ff. Bei einer 60.000,– DM übersteigenden Beschwer ist die Revision auch dann zulässig, wenn Abänderung des angefochtenen Urteils nur in einem unter dieser Grenze liegendem Umfang beantragt wird. Eine Ausnahme muß in entsprechender Anwendung von § 511a Abs. 1 S. 1 dann gelten, wenn der Beschwerdewert 1.500,– DM nicht übersteigt[98]. Wenn hier schon die Berufung unzulässig ist, wäre es unangebracht, wollte man die Revision zulassen. Maßgebli- 32

---

[92] BGHZ 48, 134; 101, 276, 279; BGH NJW 1989, 774; 1990, 1795.
[93] BGHZ 7, 62 = LM § 546 Nr. 10 = NJW 1952, 1215; BGH LM § 10 WZG Nr. 11; AK-*Ankermann* Rdnr. 14; *Zöller/Schneider*[18] Rdnr. 44. A.A. *Tiedtke* WM 1977, 666, 673; *Prütting* (Fn. 2), 231f.; *Baumbach/Lauterbach/Albers*[51] Rdnr. 18.
[94] BGH LM § 546 Nr. 38a = MDR 1960, 286 = ZZP 93 (1960), 462; BGH VersR 1980, 265; FamRZ 1981, 340; BGH LM § 10 WZG Nr. 11; MünchKomm ZPO-*Walchshöfer* Rdnr. 62; *Zöller/Schneider*[18] Rdnr. 50.

[95] BGH NJW 1982, 2188; 1983, 622; 1984, 615; MünchKomm ZPO-*Walchshöfer* Rdnr. 61; *Baumbach/Lauterbach/Albers*[51] Rdnr. 16.
[96] MünchKomm ZPO-*Walchshöfer* Rdnr. 61.
[97] BGH LM § 546 Nr. 140 = NJW 1992, 2640 = MDR 999.
[98] AK-*Ankermann* § 554b Rdnr. 3; *Baumbach/Lauterbach/Albers*[51] Rdnr. 24. A.A. MünchKomm ZPO-*Walchshöfer* Rdnr. 6; *Zöller/Schneider*[18] Rdnr. 12.

cher Zeitpunkt für den Wert der Beschwer ist der Erlaß des Berufungsurteils, → Allg. Einl. vor § 511 Rdnr. 24 ff. Zur Höhe der Beschwer bei einem Teil- bzw. Zwischenurteil → Rdnr. 41.

33   Der Wert der Beschwer kann begrifflich **niemals größer sein als der Streitgegenstand der Berufungsinstanz**. Dies ist der unmittelbare Gegenstand der Entscheidung, ohne Rücksicht auf den tatsächlichen oder rechtlichen Einfluß des Urteils auf andere Rechtsverhältnisse. Unerheblich ist, wie hoch der Streitgegenstand in erster Instanz war; ebenso kommt es nicht auf den Wert der Beschwer bzw. den Beschwerdewert bei Anfechtung des erstinstanzlichen Urteils an. Veränderungen des Streitgegenstandes während des Berufungsverfahrens (Geltendmachung neuer Ansprüche, Teilvergleich oder teilweise Zurücknahme der Berufung) sind zu berücksichtigen. Einzelheiten zur Höhe der Beschwer → § 511 a Rdnr. 11 ff.

### 2. Vermögensrechtliche Streitigkeiten

#### a) Beschränkung der Wertrevision auf vermögensrechtliche Streitigkeiten

34   Die Revisionssumme ist nur in Rechtsstreitigkeiten über vermögensrechtliche Ansprüche von Bedeutung. Bei nichtvermögensrechtlichen Streitigkeiten spielt der Wert der Beschwer keine Rolle. Hier ist die Revision immer nur bei Zulassung durch das OLG zulässig. Für die Abgrenzung beider Kategorien gilt das unter → § 1 Rdnr. 42 ff. Ausgeführte. Bei Urteilen, die nur über die Zulässigkeit der Klage entscheiden, ist die Natur des Klageanspruchs maßgeblich, bei Feststellungsklagen die Natur des Rechtsverhältnisses, dessen Bestehen oder Nichtbestehen festgestellt werden soll. Zu den Rechtsfolgen bei irrtümlicher Einordnung des Rechtsstreits als vermögensrechtlich bzw. nichtvermögensrechtlich, → Rdnr. 42.

#### b) Zusammentreffen von vermögensrechtlichen und nichtvermögensrechtlichen Ansprüchen

35   Werden in einem Verfahren vermögensrechtliche und nichtvermögensrechtliche Ansprüche geltend gemacht, so wird die Revision für die nichtvermögensrechtlichen Ansprüche nicht dadurch zulässig, daß der vermögensrechtliche Anspruch die Revisionssumme erreicht[99]. Etwas anderes gilt lediglich dann, wenn der nichtvermögensrechtliche Anspruch von dem vermögensrechtlichen präjudiziell abhängt und dieser die Revisionssumme erreicht[100]. Ist umgekehrt der vermögensrechtliche von dem nichtvermögensrechtlichen Anspruch abhängig und wird die Revision für diesen zugelassen, so erstreckt sich die Zulassung auch auf den vermögensrechtlichen Anspruch[101], → auch § 511 a Rdnr. 7. Wird die Revision in diesem Fall nicht zugelassen, so ist sie für den vermögensrechtlichen Anspruch auch dann nicht zulässig, wenn dieser die Revisionssumme erreicht.

---

[99] *BGHZ* 35, 302 = AP § 546 Nr. 41 (*Johannsen*) = NJW 1961, 1811 = MDR 838 = FamRZ 432 = ZZP 74 (1961), 395 = JZ 1962, 336.
[100] *BGHZ* 35, 302, 306 (Fn. 99); *Zöller/Schneider*[18] Rdnr. 8.
[101] *RGZ* 164, 287 und weiter *BGHZ* 35, 302, 306 (Fn. 99).

## 3. Festsetzung des Wertes der Beschwer

### a) Festsetzung im Berufungsurteil

Der Wert der Beschwer ist vom Oberlandesgericht in seinem Urteil festzusetzen, Abs. 3 S. 1. Dadurch soll erreicht werden, daß sofort Klarheit über die Statthaftigkeit der Revision besteht. Ob die Festsetzung im Tenor oder in den Urteilsgründen erfolgt, ist unerheblich[102]. Enthält das Urteil keine Wertfestsetzung, so kann es dann **nach § 319 berichtigt** werden, wenn der Wert zwar vom OLG festgesetzt, versehentlich aber nicht in das Urteil aufgenommen worden ist[103]. Ist auch die Beschlußfassung unterblieben, so ist das Urteil auf Antrag jeder Partei **nach § 321 zu ergänzen**[104]. Zwar handelt es sich bei der Festsetzung des Wertes der Beschwer um keinen »Haupt- oder Nebenanspruch«, doch ist eine Entscheidung insoweit zwingend vorgeschrieben. Die Rechtslage ist anders als bei der Zulassung der Revision, wo das Fehlen eines Ausspruchs als stillschweigende Nichtzulassung zu bewerten ist, → Rdnr. 19. Im übrigen kann das Revisionsgericht bei Fehlen einer Festsetzung des Wertes der Beschwer diese selbst bewerten[105]; insoweit kann nichts anderes gelten, als wenn die Beschwer zu niedrig festgesetzt worden ist, → Rdnr. 43. Ist zwar nicht der Wert der Beschwer, wohl aber der Streitwert festgesetzt worden (und sei es auch in einem gesonderten Beschluß), und ist eine Partei in vollem Umfang unterlegen, so stellt die Streitwertfestsetzung (abgesehen von darin eventuell enthaltenen nichtvermögensrechtlichen Ansprüchen) gleichzeitig die Festsetzung des Wertes der Beschwer dar.

36

### b) Genauigkeit der Festsetzung

Die Funktion der Festsetzung des Wertes der Beschwer besteht allein darin klarzustellen, ob die Revision statthaft ist. Dazu ist lediglich erforderlich, die Beschwer **auf weniger oder auf mehr als 60.000,– DM** festzusetzen, während es auf die exakte Höhe der Beschwer nicht ankommt[106]. Dies gilt grundsätzlich auch dann, wenn sich die Höhe der Beschwer aus der Addition mehrerer Ansprüche ergibt. Eine Besonderheit besteht nur dann, wenn in der Beschwer nichtvermögensrechtliche Ansprüche enthalten sind; diese dürfen bei der Festsetzung der Beschwer nicht mitberücksichtigt werden, da die Revision insoweit durch die Höhe der Beschwer nicht statthaft werden kann, → Rdnr. 34. Im übrigen ist es bei einer Festsetzung der Beschwer von weniger als 60.000,– DM für das OLG gegenüber dem Revisionsgericht ein nobile officium, die Festsetzung zumindest dann exakt vorzunehmen und zu begründen, wenn Unklarheiten bestehen können. Insoweit ist das Revisionsgericht nicht gebunden, → Rdnr. 43, muß den Wert der Beschwer also nachprüfen, wozu es in der Lage sein muß, überhaupt sinnvoll eine eigene Berechnung anstellen zu können. Liegt der Streitwert in der Berufungsinstanz allerdings eindeutig unter 60.000,– DM, so ist eine exakte Darlegung des Wertes der Beschwer überflüssig.

37

---

[102] MünchKomm ZPO-*Walchshöfer* Rdnr. 25; *Zöller/Schneider*[18] Rdnr. 19.
[103] MünchKomm ZPO-*Walchshöfer* Rdnr. 26.
[104] *Baumbach/Lauterbach/Albers*[51] Rdnr. 25. A.A. MünchKomm ZPO-*Walchshöfer* Rdnr. 26; *Zöller/Schneider*[18] Rdnr. 19.

[105] BGH LM § 546 Nr. 133 = NJW 1991, 847; *Baumbach/Lauterbach/Albers*[51] Rdnr. 9; *Zöller/Schneider*[18] Rdnr. 19.
[106] Kritisch zu dieser verbreiteten Praxis AK-*Ankermann* Rdnr. 5; MünchKomm ZPO-*Walchshöfer* Rdnr. 27.

c) **Teilweises Obsiegen**

38   Sind **beide Parteien** durch das Berufungsurteil **beschwert**, so muß die Beschwer für jede Partei gesondert festgesetzt werden[107]. Wie hoch die Gesamtbeschwer beider Parteien ist, spielt demgegenüber keine Rolle. Liegt die Beschwer nur für eine Partei über 60.000,- DM, so ist damit nicht auch die Revision der anderen Partei statthaft[108]. Will das OLG die Gefahr widersprechender Urteile über verschiedene Anspruchsteile vermeiden, so muß es für die Partei mit der 60.000,- DM nicht übersteigenden Beschwer die Revision zulassen. Voraussetzung dafür ist freilich das Vorliegen eines Zulassungsgrundes; allein das Bestreben, eine einheitliche Entscheidung zu ermöglichen, führt nicht zur Bejahung der grundsätzlichen Bedeutung i. S. von Abs. 1 S. 2 Nr. 1. Ist die Revision bei der geringer beschwerten Partei nicht zugelassen worden, so kann diese im Falle einer Revision des Gegners jedoch zumindest in gewissen Fallgestaltungen Anschlußrevision einlegen, ohne daß dem die Nichterreichung des Wertes der Beschwer entgegensteht, → § 556 Rdnr. 7. Eine Annahme der Revision durch das Revisionsgericht scheidet dagegen aus[109]. Bei Zulassung der Revision ist das Revisionsgericht daran gebunden, Abs. 1 S. 3, während es die Revision der mit mehr als 60.000,- DM beschwerten Partei nach § 554b ablehnen kann. Die Zulassung zugunsten der anderen Partei ändert an der Ablehnungsmöglichkeit nichts. Durch die Ablehnung entfällt die Bindung an die Revisionszulassung nicht, so daß erneut die Gefahr divergierender Entscheidungen über verschiedene Anspruchsteile besteht.

d) **Anwendbarkeit der §§ 3—9**

39   Der Wert der Beschwer bestimmt sich gemäß § 2 nach den §§ 3—9. Maßgeblich ist also in erster Linie das freie Ermessen des Berufungsgerichts. Wird im Berufungsverfahren über **mehrere Ansprüche** entschieden, so erfolgt nach § 5 eine Zusammenrechnung, und zwar gilt dies auch dann, wenn die Ansprüche untereinander in keinem rechtlichen Zusammenhang stehen. Dazu, daß bei **Klage und Widerklage** entgegen dem Wortlaut von § 5, 2. Halbs. die Beschwer dann zu addieren ist, wenn in beiden Punkten dieselbe Partei beschwert ist, → § 511a Rdnr. 31. Bei **Streitgenossen** ist die Beschwer nach § 5, 1. Halbs. ebenfalls durch Addieren der Beschwer aller Streitgenossen zu ermitteln (es sei denn, die geltend gemachten Ansprüche sind wirtschaftlich identisch, → § 5 Rdnr. 10). Liegt die Summe über 60.000,- DM, so kann Revision auch ein einzelner Streitgenosse einlegen, dessen Beschwer für sich allein niedriger liegt[110]. Zur **Aufrechnung** → § 511a Rdnr. 16f. Hat das Berufungsgericht die zur Aufrechnung gestellte Gegenforderung nur als Rechnungsposten im Rahmen einer Abrechnung gewürdigt, so ist über die Gegenforderung keine rechtskräftige Entscheidung ergangen, weshalb sich die Beschwer des Beklagten bei Verneinung der Gegenforderung nicht erhöht[111]. Zur Höhe der Beschwer bei **Zug-um-Zug-Verurteilung** → Allg. Einl. vor § 511 Rdnr. 79. Zu § 7 (**Grunddienstbarkeit**) → § 511a Rdnr. 34.

40   Hinsichtlich der **Nebenforderungen** gilt das zu → § 4 Ausgeführte. Soweit sie zur Anrechnung kommen, → § 4 Rdnr. 30, gilt dies auch für die seit der Klageerhebung erwachsenen Beträge. Sie sind insbesondere dann zu berücksichtigen, wenn nach Erledigung der Hauptforderung (etwa durch Vergleich oder rechtskräftiges Urteil) nur noch über die bisherige Neben-

---

[107] MünchKomm ZPO-*Walchshöfer* Rdnr. 28; Thomas/*Putzo*[18] Rdnr. 11.
[108] AK-*Ankermann* Rdnr. 5; MünchKomm ZPO-*Walchshöfer* Rdnr. 28; Thomas/*Putzo*[18] Rdnr. 28.
[109] *Lässig* NJW 1977, 2212; MünchKomm ZPO-*Walchshöfer* Rdnr. 28.

[110] BGH LM § 546 Nr. 101 = NJW 1981, 578 = MDR 398; LM § 546 Nr. 111 = NJW 1984, 927 = MDR 33; MünchKomm ZPO-*Walchshöfer* Rdnr. 17.
[111] BGH LM § 322 Nr. 131 = NJW 1992, 317 = MDR 73.

forderung entschieden ist. Sind mehrere selbständige Ansprüche geltend gemacht, so verlieren die Zinsen auch dann den Charakter als Nebenforderung, wenn der andere Anspruch noch nicht erledigt ist[112]. Ebenso bei Zinsen eines Gesamtkapitals, die neben einem restlichen Teilbetrag des Kapitals geltend gemacht werden[113]. Was für die als Nebenforderung eingeklagten Kosten gilt, gilt erst recht für die **Kosten des Rechtsstreits** selbst. Die Kosten, die in der zweiten Instanz Gegenstand einer Anschlußberufung waren (dazu, ob eine solche Anschlußberufung überhaupt zulässig ist, → § 521 Rdnr. 5, 7) bleiben danach für den Wert der Beschwer außer Betracht[114]. Dazu, ob sich der Wert bei der **einseitigen Erledigungserklärung** nach den aufgelaufenen Kosten oder nach dem Wert der Hauptsache bestimmt, → § 511a Rdnr. 13.

Bei einem **Teil- und anschließenden Schlußurteil** ist die Höhe der Beschwer jeweils gesondert zu ermitteln und im Berufungsurteil festzusetzen. Ob die Revision statthaft ist, bestimmt sich für beide Urteile jeweils gesondert[115]. Zum **Grundurteil** → § 511a Rdnr. 12. Bei einer **Zurückverweisung nach §§ 538, 539** bestimmt sich die Höhe der Beschwer nach den von den Parteien zur Hauptsache gestellten Anträgen[116], ohne daß es eine Rolle spielt, daß das Berufungsgericht diese Anträge in der Hauptsache nicht negativ beschieden hat. 41

### e) Bindung des Revisionsgerichts an die Wertfestsetzung

In der Frage nach der Bindung des Revisionsgerichts an die Wertfestsetzung im Berufungsurteil muß nach Abs. 2 S. 2 danach differenziert werden, ob die festgesetzte Beschwer 60.000,- DM übersteigt oder nicht. Hat das OLG die **Beschwer auf mehr als 60.000,- DM festgesetzt**, so ist das Revisionsgericht daran gebunden, Abs. 2 S. 2, und zwar auch bei offenkundiger Fehlerhaftigkeit. Hier kann das Revisionsgericht allenfalls nach § 554b die Annahme der Revision verweigern. Die Bindungswirkung bezieht sich nur auf die Statthaftigkeit der Revision und hindert das Revisionsgericht nicht daran, auch dann einen niedrigeren Streitwert festzusetzen, wenn das Berufungsurteil im vollen Umfang der Beschwer angefochten worden ist[117]. Hat das Berufungsgericht einen **nichtvermögensrechtlichen Streit irrtümlich als vermögensrechtlich eingestuft** und den Wert der Beschwer mit mehr als 60.000,- DM festgesetzt, weshalb es von der zulassungsfreien Statthaftigkeit der Revision ausging, so ist § 554b entsprechend anzuwenden, d. h. das Revisionsgericht prüft die grundsätzliche Bedeutung der Rechtssache; hinsichtlich der bei § 554b eine Rolle spielenden Erfolgsaussicht der Revision, → § 554b Rdnr. 6, wird vom Revisionsgericht dabei nur das Vorliegen einer Abweichung berücksichtigt[118]. Im umgekehrten Fall (ein vermögensrechtlicher Fall ist vom Berufungsgericht als nichtvermögensrechtlich angesehen worden, weshalb keine Festsetzung der Beschwer erfolgt ist) ist das Revisionsgericht an die Zulassung der Revision gebunden[119]; bei Nichtzulassung hat das Revisionsgericht den Wert der Beschwer zu ermitteln; liegt diese unter 60.000,- DM, ist die Revision nicht statthaft; bei einer höheren Beschwer hat das Revisionsgericht nach § 554b zu verfahren. 42

Ist die **Beschwer auf nicht mehr als 60.000,- DM festgesetzt** worden, so tritt für das Revisionsgericht keine Bindung ein. Es kann hier auf Antrag des Revisionsklägers die Wert- 43

---

[112] RGZ 60, 112; → weiter § 4 Rdnr. 32.
[113] BGHZ 26, 174, 175 = NJW 1958, 342.
[114] RGZ 133, 288.
[115] MünchKomm ZPO-*Walchshöfer* Rdnr. 22; → weiter § 511a Rdnr. 11.
[116] MünchKomm ZPO-*Walchshöfer* Rdnr 23; *Zöller/Schneider*[18] Rdnr. 12.
[117] BGH LM § 3 Nr. 61 = MDR 1982, 737; *Baumbach/Lauterbach/Albers*[51] Rdnr. 26; MünchKomm ZPO-*Walchshöfer* Rdnr. 30; *Lappe* NJW 1983, 1472.

[118] BGHZ 90, 1 = LM § 546 Nr. 115 = NJW 1984, 1188 = FamRZ 371; LM § 546 Nr. 119 = NJW 1986, 3143 = MDR 838; LM § 546 Nr. 135 = NJW-RR 1991, 1215 = MDR 1992, 77.
[119] *Baumbach/Lauterbach/Albers*[51] Rdnr. 22; MünchKomm ZPO-*Walchshöfer* Rdnr. 68. A.A. *E. Schneider* MDR 1981, 972.

festsetzung überprüfen, wenn die Partei in der Revisionsbegründung die Unrichtigkeit der Wertfestsetzung rügt, § 554 Abs. 4, → dazu § 554 Rdnr. 17. Hält das Revisionsgericht die Wertfestsetzung für unrichtig, so greift § 554b ein, d.h. bei Fehlen einer grundsätzlichen Bedeutung der Sache kann die Annahme der Revision abgelehnt werden. Soweit das Revisionsgericht die Wertfestsetzung des OLG bestätigt (oder eine gebotene Korrektur nicht ausreichen würde, um die 60.000,- DM-Grenze zu überschreiten), kann es die Revision auch dann nicht annehmen, wenn es eine grundsätzliche Bedeutung bejaht; insoweit ist es an die Nichtzulassung der Revision gebunden, → Rdnr. 23. Der Antrag auf Heraufsetzung der Beschwer kann auf neue Tatsachen gestützt werden, die glaubhaft zu machen sind[120]. Er muß von einem beim Revisionsgericht zugelassenen Rechtsanwalt gestellt werden[121]. Ob er auch schon vor Einlegung der Revision gestellt werden kann, um deren Statthaftigkeit zu klären[122], erscheint fraglich. Der Sache nach würde es sich dabei um eine Beschwer gegen die Wertfestsetzung handeln, was allgemein für nicht möglich gehalten wird[123]. Letztlich kann die Frage jedoch deshalb offenbleiben, weil ein derartiger Antrag im Hinblick auf das Laufen der Revisionsfrist kaum praktikabel erscheint. Bis über ihn entschieden wird, ist die Revisionsfrist i.d.R. abgelaufen. Ob dagegen Wiedereinsetzung in den vorigen Stand zu gewähren ist, ist zumindest zweifelhaft. An einen von ihm erlassenen Beschluß über die Festsetzung der Beschwer ist das Revisionsgericht nicht gebunden. Es kann die Beschwer sowohl auf Gegenvorstellung des Revisionsklägers nachträglich auf mehr als 60.000,- DM heraufsetzen[124] als auch die Revision trotz ursprünglicher Festsetzung einer für die Statthaftigkeit der Revision ausreichenden Beschwer wegen Nichterreichens der erforderlichen Beschwer als unzulässig verwerfen[125].

## IV. Arbeitsgerichtliches Verfahren

### 1. Eigenständige Regelung

44   Durch G. v. 21. V. 1979 (BGBl. I 545) ist die Statthaftigkeit der Revision im arbeitsgerichtlichen Verfahren grundlegend neu geregelt worden. Gegenüber § 546 enthalten die §§ 72, 72a ArbGG eine eigenständige Regelung, die die Statthaftigkeitsvoraussetzungen abschließend festsetzt und einen **Rückgriff auf die §§ 545 ff. grundsätzlich ausschließt**[126]; zur entsprechenden Anwendung von §§ 566, 513 Abs. 2 auf ein zweites Versäumnisurteil → aber § 566 Rdnr. 16. Für Urteile in Arrest- und Verfügungssachen enthält § 72 Abs. 4 eine mit § 545 Abs. 2 S. 1 wörtlich übereinstimmende Regelung. Dagegen fehlt es an einer Parallelbestimmung zu § 547, weshalb die Revision auch bei Verwerfung der Berufung als unzulässig nur bei Zulassung statthaft ist, → § 547 Rdnr. 9.

### 2. Überblick über das Revisionssystem in der Arbeitsgerichtsbarkeit

45   Im Gegensatz zur ordentlichen Gerichtsbarkeit ist die Revision in der Arbeitsgerichtsbarkeit als **reine Zulassungsrevision** ausgestaltet. Die Zulassung wird dabei entweder wegen grundsätzlicher Bedeutung der Sache oder wegen Abweichung von bestimmten Entscheidungen vom Landesarbeitsgericht, § 72 Abs. 1, 2 ArbGG, oder auf eine Nichtzulassungsbe-

---

[120] *BGH* LM § 546 Nr. 102 = NJW 1981, 579 = MDR 391.
[121] *BGH* LM § 546 Nr. 126 = NJW 1989, 3226 = MDR 992.
[122] So MünchKomm ZPO-*Walchshöfer* Rdnr. 32.
[123] MünchKomm ZPO-*Walchshöfer* Rdnr. 31; *Arnold* JR 1975, 490.
[124] MünchKomm ZPO-*Walchshöfer* Rdnr. 34.
[125] *BGH* WM 1992, 628.
[126] *BAGE* 53, 396 = AP § 566 Nr. 3.

schwerde hin vom Bundesarbeitsgericht ausgesprochen, § 72 a ArbGG. Ohne eine Zulassung ist die Revision nie statthaft (zur Revision gegen ein zweites Versäumnisurteil → aber § 566 Rdnr. 16). Insbesondere spielt der Wert der Sache keinerlei Rolle, und zwar weder in Gestalt des Streitwertes, noch des Wertes der Beschwer oder des Beschwerdewertes. Soweit einzelne Rechtssachen im Rahmen der Nichtzulassungsbeschwerde zulassungsprivilegiert sind, § 72 a Abs. 1 ArbGG, hat dies mit dem Wert der Sache nichts zu tun, sondern beruht allein darauf, daß der Gesetzgeber diese Sachen als besonders wichtig eingestuft hat, → Rdnr. 52 f.

Die **wichtigsten Neuerungen** durch G. v. 21. V. 1979 bestehen in der ersatzlosen Streichung der Streitwertrevision, in der Umgestaltung der Divergenzrevision von einer automatischen Statthaftigkeit der Revision zu einem bloßen (wenn auch obligatorischen) Zulassungsgrund sowie in der Schaffung einer Nichtzulassungsbeschwerde (mit allerdings nur stark eingeschränkten Beschwerdegründen, → Rdnr. 52 f.). Zum alten Revisionssystem in der Arbeitsgerichtsbarkeit, das heute keine Bedeutung mehr hat, → Voraufl. Rdnr. 32 ff. 46

### 3. Zulassung der Revision

#### a) Durch das Landesarbeitsgericht

##### aa) Wegen grundsätzlicher Bedeutung der Sache

Das Landesarbeitsgericht muß die Revision zulassen, wenn die Rechtssache grundsätzliche Bedeutung hat, § 72 Abs. 2 Nr. 1 ArbGG. Dies entspricht der Regelung in § 546 Abs. 1 S. 2 Nr. 1, weshalb insoweit für den Begriff der grundsätzlichen Bedeutung auf die Ausführungen unter → Rdnr. 4 ff. verwiesen werden kann. 47

##### bb) Divergenzzulassung

Nach § 72 Abs. 2 Nr. 2 ArbGG muß das LAG die Revision weiter dann zulassen, wenn es von einer Entscheidung des BAG, des Gemeinsamen Senats der obersten Gerichtshöfe des Bundes oder, sofern in der Rechtsfrage noch keine Entscheidung des BAG ergangen ist, von einer Entscheidung eines anderen LAG oder einer anderen Kammer desselben LAG abweicht und seine Entscheidung auf dieser Abweichung beruht. Zur Abweichung und zur Frage, inwieweit die beiden Entscheidungen auf der Abweichung beruhen müssen, → Rdnr. 14 ff. Im Unterschied zur ordentlichen Gerichtsbarkeit zwingt nicht nur die Abweichung von einer Entscheidung des Revisionsgerichts bzw. des Gemeinsamen Senats, sondern unter gewissen Voraussetzungen auch von Entscheidungen der zweiten Instanz zur Zulassung der Revision. Die **Abweichung von einer Entscheidung eines LAG bzw. einer anderen Kammer desselben LAG** zwingt nur dann zur Zulassung der Revision, wenn noch keine Entscheidung des BAG zu der Rechtsfrage ergangen ist. Liegt eine Entscheidung des BAG vor und schließt sich das LAG ihr an, so braucht es trotz Abweichung von einer LAG-Entscheidung nicht die Revision zuzulassen. Will es dem BAG dagegen nicht folgen, so muß es die Zulassung schon deshalb aussprechen, ohne daß es darauf ankommt, ob außerdem eine Abweichung von einer LAG-Entscheidung vorliegt. Soweit die Abweichung von einer LAG Entscheidung ausreicht, ist die Revision auch dann zuzulassen, wenn dagegen Revision eingelegt und darüber noch nicht entschieden ist[127]. Ebenso wenn gegen die LAG-Entscheidung Verfassungsbeschwerde eingelegt oder Wiederaufnahmeklage erhoben worden ist. War die LAG-Entscheidung jedoch 48

---

[127] *BAGE* 5, 313, 314.

aufgehoben worden, ist sie nicht mehr existent und zwingt nicht zur Zulassung. Dies gilt auch dann, wenn die Aufhebung (insbesondere in einem Revisionsverfahren) aus einem Grund erfolgt ist, der mit der Frage, bei der die Abweichung besteht, nichts zu tun hat. Ferner zwingt die Abweichung von einem LAG-Urteil dann nicht zur Zulassung der Revision, wenn das Urteil in der Revisionsinstanz aus sonstigen Gründen entfällt (z. B. Vergleich, Rücknahme der Klage). Ein Vorlagebeschluß an den Großen Senat des BAG ist keine Entscheidung des BAG, d. h. bis zur Entscheidung des Großen Senats muß die Revision bei Abweichung von einer LAG-Entscheidung zugelassen werden[128].

49 Eine **Abweichung von Entscheidungen anderer Gerichte** zwingt nicht zur Zulassung der Revision. Dies gilt insbesondere auch für Entscheidungen des BGH, anderer oberster Gerichtshöfe des Bundes sowie eines OLG. Zur Aweichung von einer Entscheidung des BVerfG → Rdnr. 13.

### cc) Die Zulassungsentscheidung

50 Zur **Form der Zulassung** (einschließlich einer eventuellen Berichtigung oder Ergänzung des Berufungsurteils) → Rdnr. 18 ff. Das BAG ist **an die Zulassung gebunden**, § 72 Abs. 3 ArbGG, → Rdnr. 21 f. Dagegen ist die Nichtzulassung im Gegensatz zur ordentlichen Gerichtsbarkeit, → Rdnr. 23, wegen der Möglichkeit einer Nichtzulassungsbeschwerde nicht bindend. Zur Wirkung der Zulassung (einschließlich der Möglichkeit ihrer Beschränkung) → Rdnr. 24 ff.

### b) Durch das Bundesarbeitsgericht

#### aa) Nichtzulassungsbeschwerde

51 Gegen die Nichtzulassung der Revision steht einer durch das Berufungsurteil beschwerten Partei die Nichtzulassungsbeschwerde an das BAG zu, § 72a ArbGG. Sie zielt darauf ab, die Zulassung der Revision durch das BAG zu erhalten. Die Beschwerde ist unabhängig davon gegeben, ob das LAG die Zulassung ausdrücklich verweigert oder dazu gar nicht Stellung genommen hat. An der Notwendigkeit einer Zulassung ändert § 72a ArbGG nichts. Eine ohne Zulassung eingelegte Revision ist auch dann nicht statthaft, wenn ein Zulassungsgrund vorliegt, der über eine Nichtzulassungsbeschwerde zur Zulassung hätte führen müssen. Vor allem kann die Nichtzulassung nicht mit der Revision selbst gerügt werden. Die Partei muß zunächst das Verfahren nach § 72a ArbGG durchführen. Hat das LAG die Revision nur beschränkt zugelassen, → Rdnr. 25 ff., so kann hinsichtlich des übrigen Teils Nichtzulassungsbeschwerde eingelegt werden. Über die Möglichkeit der Nichtzulassungsbeschwerde muß die Partei nach § 9 Abs. 5 ArbGG belehrt werden[129].

#### bb) Nichtzulassung trotz grundsätzlicher Bedeutung

52 Obwohl durch die Nichtzulassungsbeschwerde die Zulassungsentscheidung des LAG überprüft werden soll, ist das BAG nicht in allen Fällen zur Zulassung verpflichtet, in denen das LAG die Zulassung hätte aussprechen müssen. Dies ist nur bei der Divergenzzulassung der Fall. Dagegen kann die Verneinung der grundsätzlichen Bedeutung nur in Ausnahmefällen

---

[128] *BAGE* 52, 394 = AP § 72a ArbGG 1979 Divergenz Nr. 18.
[129] *Frohner* BB 1980, 1164; *Germelmann/Matthes/*
*Prütting* Rdnr. 4; a. A. *BAGE* 33, 79 = AP § 72a ArbGG 1979 Nr. 5 (*Leipold*).

mit der Nichtzulassungsbeschwerde gerügt werden. Liegt keiner dieser in § 72a Abs. 1 ArbGG enumerativ aufgezählten Ausnahmefälle (zu diesen → Rdnr. 53) vor, kann die Nichtzulassungsbeschwerde ausschließlich auf eine Divergenz gestützt werden. Dies gilt auch dann, wenn es sich um eine Rechtssache von überragender Bedeutung handelt oder wenn verfassungsrechtlich relevante Verfahrensverstöße gerügt werden[130].

Auf die grundsätzliche Bedeutung der Rechtssache kann die Nichtzulassungsbeschwerde nur in den in § 72a Abs. 1 Nr. 1–3 ArbGG aufgeführten Ausnahmefällen gestützt werden, d. h. im wesentlichen in Rechtsstreitigkeiten über das **Bestehen oder Nichtbestehen sowie über die Auslegung eines Tarifvertrags**; hinzukommen noch Rechtsstreitigkeiten aus unerlaubten Handlungen im Zusammenhang mit Arbeitskämpfen oder der Vereinigungsfreiheit[131]. Es handelt sich um dieselben Fälle, bei denen nach § 64 Abs. 3 Nr. 2 ArbGG die Berufung immer zugelassen werden muß, → § 511a Rdnr. 43. Der Gesetzgeber hat diesen Fällen besondere Bedeutung beigemessen, die eine gegenüber sonstigen Fällen erweiterte Statthaftigkeit der Revision erforderlich macht. Obwohl die vom Gesetzgeber getroffene Auswahl nicht überzeugt (es liegt etwa auf der Hand, daß Rechtsstreitigkeiten über die Rechtmäßigkeitsvoraussetzungen von Arbeitskämpfen mindestens dieselbe Bedeutung wie die in § 72a Abs. 1 ArbGG privilegierten Fälle haben), ist sie nicht verfassungswidrig[132]. Anders als bei der Berufung, die in den privilegierten Fällen immer zugelassen werden muß, ist die Zulassung der Revision nicht immer geboten. Erforderlich ist vielmehr eine grundsätzliche Bedeutung der Sache. Die Privilegierung besteht im Rahmen von § 72a Abs. 1 ArbGG nur darin, daß die Nichtzulassungsbeschwerde auf eine grundsätzliche Bedeutung gestützt werden kann. Wird diese auch vom BAG verneint, so bleibt es dabei, daß die Revision nicht statthaft ist. 53

### cc) Nichtzulassung trotz Divergenz

Auf die Abweichung von einer divergenzfähigen Entscheidung, → Rdnr. 48f., kann die Nichtzulassungsbeschwerde immer gestützt werden; zu den Anforderungen an die Begründung der Nichtzulassungsbeschwerde in diesem Fall → Rdnr. 57. Ob die Abweichung dem LAG bewußt gewesen ist, spielt keine Rolle. Die Nichtzulassungsbeschwerde kann sowohl darauf gestützt werden, das LAG habe eine divergierende Entscheidung übersehen, als auch darauf, die in die Überlegung des LAG einbezogene Entscheidung weiche entgegen dessen Ansicht doch von der anderen Entscheidung ab. 54

### dd) Einlegung und Begründung der Nichtzulassungsbeschwerde

Die Nichtzulassungsbeschwerde ist **beim BAG einzulegen**, § 72a Abs. 2 S. 1 ArbGG. Eine beim LAG eingelegte Beschwerde wahrt die Frist nicht[133]. Die Einlegung muß **schriftlich** erfolgen, § 72a Abs. 2 S. 1 ArbGG, wobei die Beschwerdeschrift nach § 11 Abs. 2 ArbGG von einem Rechtsanwalt unterzeichnet sein muß. Die **Beschwerdefrist** beträgt einen Monat ab Zustellung des in vollständiger Form abgefaßten Urteils, § 72a Abs. 2 S. 1 ArbGG. Dabei handelt es sich um eine Notfrist, gegen deren Versäumung Wiedereinsetzung in den vorigen Stand gewährt werden kann. Der Beschwerdeschrift soll eine Ausfertigung oder beglaubigte 55

---

[130] BAG AP § 72a ArbGG 1979 Nr. 4 und 24 (Verletzung des Anspruchs auf den gesetzlichen Richter bzw. auf Gewährung rechtlichen Gehörs).
[131] Einzelheiten zu den privilegierten Fällen s. Grunsky[6] § 72a Rdnr. 6–6b; Germelmann/Matthes/Prütting § 72a Rdnr. 6ff.
[132] BAG AP § 72a ArbGG 1979 Grundsatz Nr. 8, 9; BVerfG AP § 72a ArbGG 1979 Nr. 9.
[133] BAGE 34, 237 = AP § 72a ArbGG 1979 Nr. 7.

Abschrift des Urteils beigefügt werden, gegen das Revision eingelegt werden soll, § 72a Abs. 2 S. 2 ArbGG; dies ist jedoch keine Voraussetzung für die Zulässigkeit der Beschwerde. Die Einlegung der Beschwerde hat **aufschiebende Wirkung**, § 72a Abs. 4 S. 1 ArbGG, und zwar im Falle einer Beschwer beider Parteien auch für den Urteilsteil, hinsichtlich dessen keine Nichtzulassungsbeschwerde eingelegt worden ist[134].

56   Die Beschwerde muß innerhalb einer Notfrist von zwei Monaten nach Zustellung des in vollständiger Form abgefaßten Urteils (nicht: ab Einlegung der Beschwerde) **begründet** werden, § 72a Abs. 3 S. 1 ArbGG. Die **Begründungsfrist** kann nicht verlängert werden; dagegen ist Wiedereinsetzung in den vorigen Stand möglich. Wird Wiedereinsetzung gewährt, soll der Partei ab Zustellung des Wiedereinsetzungsbeschlusses zur Begründung eine Frist von einem Monat unabhängig davon zur Verfügung stehen, wann das Urteil zugestellt worden ist[135].

57   In der Begründung müssen die Voraussetzungen für eine Zulassung der Revision dargelegt werden, § 72a Abs. 3 S. 2 ArbGG. Soweit die Nichtzulassungsbeschwerde darauf gestützt wird, die Rechtssache habe **grundsätzliche Bedeutung**, sind deren Voraussetzungen, → Rdnr. 4ff., in der Beschwerdebegründung darzulegen. Bei der **Divergenzzulassung** muß dargelegt werden, von welcher Entscheidung das LAG abgewichen ist. Dazu muß die Entscheidung so genau bezeichnet werden, daß sie ohne Schwierigkeiten individualisiert werden kann. Nicht erforderlich ist, daß die Entscheidung der Beschwerdebegründung beigefügt wird. Da das BAG in ständiger Rechtsprechung davon ausgeht, von einer Abweichung könne nur dann gesprochen werden, wenn beide Entscheidungen einen **abstrakten Rechtssatz** aufstellen, die untereinander abweichen[136], verlangt es für die Begründung der Nichtzulassungsbeschwerde die Darlegung der in den beiden Entscheidungen aufgestellten und voneinander abweichenden abstrakten Rechtssätze[137].

58   Im Gegensatz zur Revisionsbegründung, § 554 Abs. 3 S. 1, ist für die Begründung der Nichtzulassungsbeschwerde ein **Rechtsmittelantrag** nicht vorgeschrieben. Der Beschwerdeführer braucht also nicht anzugeben, in welchem Umfang er die Revisionszulassung erstrebt. Im Zweifel soll die Zulassung im vollen Umfang der Beschwer erreicht werden. Wird die Zulassung nur für einen beschränkungsfähigen Teil (dazu → Rdnr. 25ff.) beantragt, so ist das BAG daran gebunden, kann die Revision also nicht etwa uneingeschränkt zulassen.

59   Soweit die Nichtzulassungsbeschwerde nicht form- und fristgerecht eingelegt oder nicht ordnungsmäßig begründet ist, ist sie **als unzulässig zu verwerfen**. Dabei wirken die ehrenamtlichen Richter nur dann mit, wenn sich die Unzulässigkeit daraus ergibt, daß die Voraussetzungen einer grundsätzlichen Bedeutung nicht dargelegt sind, § 72a Abs. 5 S. 3 ArbGG. Im übrigen erfolgt die Verwerfung nur durch die Berufsrichter. Mit der Verwerfung der Nichtzulassungsbeschwerde als unzulässig wird das Urteil des LAG rechtskräftig.

### ee) Verfahren und Entscheidung des BAG

60   Ob das BAG eine **mündliche Verhandlung** durchführen will, steht in seinem Ermessen, § 72a Abs. 5 S. 2 ArbGG. Sieht es davon ab, so muß es dem Beschwerdegegner Gelegenheit zu einer schriftlichen Stellungnahme geben. In einer mündlichen Verhandlung können die Parteien Dispositionsakte über den Streitgegenstand treffen (z.B. Vergleich). Gegenstand der mündlichen Verhandlung ist im übrigen aber nur die Nichtzulassungsbeschwerde.

---

[134] *Grunsky*[6] § 72a Rdnr. 13; *Germelmann/Matthes/Prütting* § 72a Rdnr. 30.
[135] *BAGE* 43, 297 = AP § 72a ArbGG 1979 Nr. 18.
[136] *BAGE* 41, 118 = AP § 72a ArbGG 1979 Divergenz Nr. 11; AP § 72a ArbGG 1979 Divergenz Nr. 22.
[137] *BAG* AP § 72a ArbGG 1979 Nr. 1 und 3; AP § 72a ArbGG 1979 Grundsatz Nr. 1.

Ist die Nichtzulassungsbeschwerde begründet, so ist das **BAG zur Zulassung der Revision** 61
**verpflichtet.** Es hat insoweit keinen Ermessensspielraum. Es kann jedoch ebenso wie das LAG
die Zulassung beschränken. Bezieht sich eine Divergenz nur auf einen von mehreren Ansprüchen, so muß die Zulassung auf diesen Anspruch beschränkt werden[138]. Liegt eine Divergenz
vor, so hat das BAG nicht zu überprüfen, ob das LAG-Urteil in dem Sinne darauf beruht, daß
das Ergebnis möglicherweise i. S. von § 563 auch aus anderen Gründen folgt; die Revision ist
hier vielmehr ohne weiteres zuzulassen[139].

Die Entscheidung des BAG ergeht als **Beschluß**, der kurz zu begründen ist, § 72a Abs. 5 62
S. 4 ArbGG (es sei denn, die Begründung wäre nicht geeignet, zur Klärung beizutragen, wann
eine grundsätzliche Bedeutung der Sache bzw. eine zulassungspflichtige Divergenz vorliegt,
§ 72a Abs. 5 S. 5 ArbGG). Gegen den Beschluß ist kein Rechtsmittel gegeben. Unabhängig
davon, ob eine mündliche Verhandlung stattgefunden hat, → Rdnr. 60, ergeht die Entscheidung unter **Hinzuziehung der ehrenamtlichen Richter**, § 72a Abs. 5 S. 2 ArbGG; zur Besetzung bei Verwerfung der Nichtzulassungsbeschwerde als unzulässig → Rdnr. 59.

Bei Zurückweisung der Nichtzulassungsbeschwerde wird das Urteil des LAG rechtskräftig, 63
§ 72a Abs. 5 S. 6 ArbGG. Wird der Beschwerde dagegen stattgegeben, so beginnt mit der
Zustellung des Beschlusses die **Revisionsfrist zu laufen**, § 72a Abs. 5 S. 6 ArbGG. Darüber
muß der Beschwerdeführer allerdings nach § 9 Abs. 5 ArbGG belehrt werden[140], widrigenfalls der Lauf der Revisionsfrist nicht beginnt. In diesem Fall bestimmt sich die Revisionsfrist
nach § 9 Abs. 5 S. 4 ArbGG.

### ff) Kosten

Bei Ablehnung der Beschwerde trägt der Beschwerdeführer die **Kosten** nach § 97 Abs. 1. 64
Wird die Revision zugelassen, so sind die Kosten des Beschwerdeverfahrens Teil der Kosten
des Revisionsverfahrens und von der Partei zu tragen, der die Kosten der Revision auferlegt
werden[141]. Wird die Revision allerdings trotz Zulassung nicht eingelegt, so hat der Beschwerdeführer die Kosten zu tragen[142]. Die **Gerichtsgebühr** beträgt bei Erfolglosigkeit der Beschwerde 8/10 der Gebühr der Tabelle der Anlage 2 des GKG (GV Nr. 2301). Zur Höhe der
**Rechtsanwaltsgebühren** fehlt es an einer gesetzlichen Regelung. In entsprechender Anwendung von § 114 Abs. 3 BRAGO erhält der Anwalt die Hälfte der um drei Zehntel erhöhten
Gebühren aus § 31 BRAGO[143]. Der **Streitwert** bestimmt sich nach der Höhe der Beschwer
bzw. bei nur beschränkt eingelegter Nichtzulassungsbeschwerde nach dem Teil des Urteils,
für den die Zulassung der Revision beantragt ist.

### 4. Rechtsbeschwerde im Beschlußverfahren

Der Revision im Urteilsverfahren entspricht im Beschlußverfahren die Rechtsbeschwerde, 65
§§ 92a ff ArbGG. Ihre Statthaftigkeit setzt ebenfalls voraus, daß sie ausdrücklich zugelassen
worden ist. Die Voraussetzungen der Zulassung entsprechen denen des § 72 Abs. 2, 3
ArbGG, der in § 92 Abs. 1 S. 2 ArbGG für entsprechend anwendbar erklärt wird. Das LAG
muß die Rechtsbeschwerde also bei grundsätzlicher Bedeutung der Sache sowie bei Abweichung von einer divergenzfähigen Entscheidung (dazu → Rdnr. 48 f.) zulassen. Gegen die

---

[138] *BAG* AP § 72a ArbGG 1979 Nr. 8.
[139] *Grunsky* Festschrift f. Hilger und Stumpf (1983), 261.
[140] *Grunsky*[6] § 72a Rdnr. 29.
[141] *BAGE* 36, 66, 72 = AP § 72a ArbGG 1979 Nr. 11.
[142] *Grunsky*[6] § 72a Rdnr. 32; *Germelmann/Matthes/ Prütting* § 72a Rdnr. 45.
[143] *LAG Köln* LAGE § 114 BRAGO Nr. 3; *LAG Baden-Württemberg* LAGE § 114 BRAGO Nr. 4.

Nichtzulassung ist nach § 92a ArbGG die Nichtzulassungsbeschwerde an das BAG gegeben, die jedoch i. d. R. nur auf eine Divergenz und nicht auch auf grundsätzliche Bedeutung gestützt werden kann. Letztere führt nur in Streitigkeiten über die Tariffähigkeit und Tarifzuständigkeit einer Vereinigung (§ 97 ArbGG) zur Zulassung der Revision, § 92a S. 1 ArbGG. Für das Verfahren vor dem BAG gilt § 72a Abs. 2–5 ArbGG entsprechend, § 92a S. 2 ArbGG; Näheres → Rdnr. 55 ff.

### V. Entschädigungssachen

66    In Entschädigungssachen nach dem BEG ist die Revision i. d. R. nur bei ausdrücklicher Zulassung statthaft. Ohne Zulassung ist die Revision nur zulässig, wenn es um die Unzulässigkeit des Rechtswegs oder der Berufung geht, § 221 Abs. 1 BEG. Zulassungsgründe sind nach § 219 Abs. 2 BEG grundsätzliche Bedeutung der Rechtssache, das Ergehen einer Entscheidung des BGH zwecks Fortbildung des Rechts oder Sicherung einer einheitlichen Rechtsprechung sowie Streit darüber, ob das Land, gegen das der Entschädigungsanspruch gerichtet ist, zu Recht als zuständig in Anpruch genommen wird. Über die Zulassung muß das Urteil des OLG einen ausdrücklichen Ausspruch enthalten, und zwar auch im Falle der Nichtzulassung, § 219 Abs. 3 S. 1 BEG. Gegen die Nichtzulassung ist die sofortige Beschwerde an den BGH gegeben, § 220 BEG.

## § 547    [Unzulässigkeit der Berufung]

**Die Revision findet stets statt, soweit das Berufungsgericht die Berufung als unzulässig verworfen hat.**

Gesetzesgeschichte: Bis 1900 § 509 CPO. Änderungen: BGBl. 1961 I 1221; 1964 I 933; 1969 I 1141; 1975 I 1863.

### I. Allgemeines

1    Dadurch, daß nach § 547 die Revision bei Verwerfung der Berufung immer statthaft ist, soll der Partei eine **zweite Tatsacheninstanz gesichert** werden[1]. Die Notwendigkeit dazu besteht nur bei **Verneinung der Zulässigkeit der Berufung**; ist die Zulässigkeit dagegen bejaht worden, so eröffnet § 547 keine Revisionsmöglichkeit[2]; hier ist die Revision nur unter den Voraussetzungen von § 546 statthaft. Weiter ist § 547 dann nicht anwendbar, wenn nicht die Berufung, sondern die Klage als unzulässig abgewiesen worden ist[3]. In Arrest- und einstweiligen Verfügungssachen ist § 547 nicht anwendbar; § 545 Abs. 2 geht vor, → § 545 Rdnr. 6.

### II. Verwerfung der Berufung als unzulässig

2    Bei Verwerfung der Berufung als unzulässig ist die **Revision stets zulässig**. Das Revisionsgericht kann die Annahme der Revision auch nicht nach § 554b ablehnen. Dies gilt gleicherma-

---

[1] Kritisch zur rechtspolitischen Berechtigung dieses Zwecks AK-*Ankermann* Rdnr. 1.
[2] *Baumbach/Lauterbach/Albers*[51] Rdnr. 3.
[3] *BGH* LM § 546 Nr. 125 = NJW 1989, 3225 = MDR 903 = ZZP 102 (1989), 469 (*Grunsky*) (neuer Sachantrag einer am Berufungsverfahren nicht mehr beteiligten Partei).

ßen in vermögens- wie in nichtvermögensrechtlichen Angelegenheiten. Es bedarf hier weder einer Zulassung, noch muß der Wert der Beschwer 60.000,- DM übersteigen. § 511a Abs. 1 ist ebenfalls nicht entsprechend anzuwenden, d. h. die Revision ist auch dann statthaft, wenn die Berufung nur wegen eines Beschwerdewertes von weniger als 1.500,- DM als unzulässig verworfen worden ist[4]. Praktische Bedeutung kann das allerdings nur dann haben, wenn der Beschwerdewert der Berufung insgesamt über 1.500,- DM lag und die Verwerfung der Berufung sich auf einen Teil des Beschwerdewertes beschränkt (zur teilweisen Verwerfung → Rdnr. 4). Ist die Berufung dagegen deshalb als unzulässig verworfen worden, weil der Beschwerdewert unter dem von § 511a Abs. 1 geforderten Betrag blieb, so kann der Berufungskläger dagegen zwar mit der Begründung Revision einlegen, das Berufungsgericht habe den Beschwerdewert falsch ermittelt, doch kann das Berufungsurteil dann nicht über § 547 angegriffen werden, wenn sich die Partei nicht gegen den vom Berufungsgericht zugrundegelegten Beschwerdewert wendet. Wird die Berufung in einem Punkt als unzulässig verworfen, der gar nicht Gegenstand des Berufungsverfahrens war, so soll die Revision ebenfalls nach § 547 zulässig sein[5].

Voraussetzung für die Anwendbarkeit von § 547 ist, daß die Verwerfung der Berufung in einem **vom Oberlandesgericht (bzw. Bezirksgericht) erlassenen Endurteil** erfolgt ist. Gegen ein Berufungsurteil des Landgerichts gibt es auch dann keine Revision, wenn es die Berufung als unzulässig verwirft. Ist die Berufung vom Oberlandesgericht durch Beschluß nach § 519b Abs. 2 verworfen worden, so ist dagegen nach § 519b Abs. 2, 2. Halbs. i. V. mit § 547 die sofortige Beschwerde statthaft, → § 519b Rdnr. 35.  **3**

Bei **teilweiser Verwerfung der Berufung** kann mit der Revision lediglich die Verwerfung der Berufung als unzulässig angegriffen werden, während im übrigen die Revision nur nach §§ 546, 554b statthaft ist[6]. Unerheblich ist dabei, ob die Verwerfung in einem gesonderten Teilurteil oder in dem Urteil ausgesprochen wird, das über den zulässigen Teil der Berufung entscheidet, → § 519b Rdnr. 14. Wird die von der Partei eingelegte Berufung als unzulässig verworfen, dagegen die vom Streithelfer für die Partei eingelegte Berufung als unbegründet zurückgewiesen, so steht der Partei nach § 547 die Revision zu, die im Falle der Begründetheit zur Aufhebung des Berufungsurteils insgesamt führt[7].  **4**

Aus welchem Grund die Zulässigkeit der Berufung verneint worden ist, spielt keine Rolle. § 547 gilt für **alle Zulässigkeitsmängel**. Neben Mängeln bei der Einhaltung von Form und Frist kommt insbesondere die Verwerfung wegen eines Rechtsmittelverzichts, wegen Nichterreichung des nach § 511a Abs. 1 erforderlichen Beschwerdewertes oder mangels Beschwer des Berufungsklägers[8] in Betracht. Maßgeblich ist nicht, ob das Berufungsgericht seine Entscheidung als Verwerfung oder Zurückweisung der Berufung als unbegründet deklariert, sondern allein, ob der das Berufungsurteil tragende Grund richtiger Ansicht nach die Berufung unzulässig oder unbegründet sein läßt[8a], → weiter § 519b Rdnr. 33. Bei Zurückweisung der Berufung als unbegründet ist die Revision auch dann nicht nach § 547 statthaft, wenn das Urteil auf den Hauptpunkt des Streits nicht eingeht (z. B. Klageabweisung wegen Stundung statt wegen Nichtbestehens der Forderung).  **5**

§ 547 gilt auch bei **Verwerfung der Anschlußberufung** als unzulässig[9]. Die bloße Feststellung, es liege keine Anschließung vor, ist keine Verwerfung einer Anschlußberufung[10]. Auf den Fall, daß der **Einspruch gegen ein Versäumnisurteil** als unzulässig verworfen wird, das  **6**

---

[4] *BGH* LM § 511a Nr. 29 = NJW 1991, 703 = MDR 328.
[5] *BGH* LM § 511a Nr. 29 (Fn. 4).
[6] *BGHZ* 15, 5, 8 = NJW 1954, 1888.
[7] *BGH* LM § 67 Nr. 10 = NJW 1982, 2069 = MDR 744 = JZ 429.

[8] *BGH* NJW 1988, 3208.
[8a] *BGH* NJW 1993, 3073 = LM § 547 Nr. 11.
[9] *BGH* NJW 1980, 2313, 2314.
[10] *Baumbach/Lauterbach/Albers*[51] Rdnr. 3.

seinerseits die Berufung als unzulässig verworfen hatte, bezieht sich § 547 nicht[11]. Weiter ist die Vorschrift nicht anwendbar, wenn eine gegen ein Berufungsurteil des OLG gerichtete **Restitutionsklage** als unzulässig abgewiesen worden ist[12]; hier ist die Revision nur unter den Voraussetzungen der §§ 546, 554b statthaft.

### III. Verhandlung und Entscheidung des Revisionsgerichts

7   Im Falle des § 547 kann die Revision nur darauf gestützt werden, daß das Berufungsgericht die Berufung zu Unrecht als unzulässig verworfen hat. Dies muß in der **Revisionsbegründung** zum Ausdruck gebracht werden[13]. Geschieht das nicht, so ist die Revision mangels hinreichender Begründung unzulässig.

8   Ist die **Revision begründet**, so hebt das Revisionsgericht das angefochtene Urteil auf und verweist den Rechtsstreit an das Berufungsgericht zurück. Unter den Voraussetzungen von § 565 Abs. 3 kann es aber auch in der Sache selbst entscheiden[14], und zwar unabhängig davon, ob gegen ein Sachurteil des OLG die Revision statthaft gewesen wäre[15]. Eine Zurückverweisung in die erste Instanz scheidet naturgemäß aus. Ist die Berufung nach Ansicht des Revisionsgerichts nur teilweise zulässig gewesen, so hat es der Revision nur insoweit stattzugeben (z. B. Fehlen einer Berufungsbegründung nur für einen von mehreren Klageansprüchen).

### IV. Arbeitsgerichtliches Verfahren

9   Im arbeitsgerichtlichen Verfahren gilt § 547 nicht[16]. Die Revision ist hier auch bei Verwerfung der Berufung als unzulässig nur unter den Voraussetzungen von §§ 72, 72a ArbGG statthaft; Näheres → § 546 Rdnr. 44ff.

## § 548   [Vorentscheidungen der Vorinstanz]

Der Beurteilung des Revisionsgerichts unterliegen auch diejenigen Entscheidungen, die dem Endurteil vorausgegangen sind, sofern sie nicht nach den Vorschriften dieses Gesetzes unanfechtbar sind.

Gesetzesgeschichte: Bis 1900 § 510 CPO. Änderung: RGBl. 1910 S. 767.

### I. Allgemeines

1   Durch § 548 werden Entscheidungen, die dem Endurteil des Berufungsgerichts vorausgegangen sind, im Rahmen des Revisionsverfahrens der Überprüfung durch das Revisionsgericht unterstellt. Die Vorschrift entspricht der korrespondierenden Regelung für das Beru-

---

[11] *BGH* LM § 341 Nr. 1; MünchKomm ZPO-*Walchshöfer* Rdnr. 6.
[12] *BGHZ* 47, 21, 24 = NJW 1967, 1084 = MDR 395; *BGH* LM § 591 Nr. 2 = NJW 1982, 2071 = MDR 838.
[13] *BGH* FamRZ 1990, 282; *Thomas/Putzo*[18] Rdnr. 1.
[14] *BGH* MDR 1976, 469; AK-*Ankermann* Rdnr. 3; MünchKomm ZPO-*Walchshöfer* Rdnr. 13; *Zöller/Schneider*[18] Rdnr. 3. A.A. *Bettermann* ZZP 88 (1975), 404ff.; s. weiter *BGHZ* 4, 58

[15] AK-*Ankermann* Rdnr. 3.
[16] *BAGE* 53, 396 = AP § 566 Nr. 3 (*Walchshöfer*) = MDR 1987, 523; *Grunsky*[6] § 72 Rdnr. 9; Germelmann/Matthes/Prütting § 72 Rdnr. 4; *Baumbach/Lauterbach/Albers*[51] Rdnr. 1. A.A. *Walchshöfer* in Anm. zu *BAG* AP § 566 Nr. 3; MünchKomm ZPO-*Walchshöfer* Rdnr. 3.

fungsverfahren in § 512 mit der im Revisionsverfahren geltenden Besonderheit, daß eine Revisionsrüge erforderlich ist[1], während die Überprüfung im Berufungsverfahren ohne besondere Rüge erfolgt. Voraussetzung für die Überprüfbarkeit der Vorentscheidungen ist die **Statthaftigkeit der Revision**, die sich vor allem nach §§ 546, 554b bestimmt. Bei einer nicht statthaften Revision können die Vorentscheidungen ebensowenig wie das Endurteil überprüft werden. Voraussetzung für einen Erfolg der Revision ist weiter, daß das **Endurteil auf der Vorentscheidung beruht**. Insoweit ist § 563 einschlägig, d.h. die Revision ist zurückzuweisen, wenn das Endurteil trotz der bei der Vorentscheidung vorliegenden Gesetzesverletzung im Endergebnis richtig ist.

## II. Überprüfbare Vorentscheidungen

Überprüfbar sind zunächst **Zwischenurteile nach § 303**, nicht dagegen selbständig anfechtbare Zwischenurteile, → Rdnr. 4. Weiter sind überprüfbar Beweisbeschlüsse, § 355 Abs. 2, sowie prozeßleitende Anordnungen des Berufungsgerichts. Wegen weiterer Einzelheiten → § 512 Rdnr. 2, 3.  2

## III. Nicht überprüfbare Vorentscheidungen

### 1. Unanfechtbare Vorentscheidungen

Ebenso wie das Berufungsgericht ist das Revisionsgericht an diejenigen Vorentscheidungen gebunden, die unanfechtbar sind. Das sind zunächst die ausdrücklich vom Gesetz für unanfechtbar erklärten Entscheidungen, → § 512 Rdnr. 6 und die dort aufgeführten Fälle. Weiter gehören hierher die Entscheidungen, die an sich der Beschwerde unterliegen würden, ihr aber durch § 567 Abs. 4 S. 1 entzogen sind[2]. Dadurch sollen die erfaßten Entscheidungen jeder Nachprüfung entzogen werden und nicht etwa die Nachprüfung vom Beschwerde- in das Revisionsverfahren verschoben werden. Unerheblich ist es bei § 567 Abs. 4, ob die Entscheidung in einem besonderen Beschluß oder inkorrekterweise in den Gründen des Endurteils getroffen worden ist; durch die Nichtbeachtung der Beschlußform wird der Revisionskläger angesichts der ohnehin bestehenden Unanfechtbarkeit nicht beschwert[3]. Das Revisionsgericht ist demnach etwa an die Entscheidung des Berufungsgerichts gebunden, in der dieses das Bestehen eines Zeugnisverweigerungsrechts anerkannt hat (die Entscheidung ist nach § 567 Abs. 4 i.V. mit § 387 Abs. 3 unanfechtbar)[4]. Weiter kann das Revisionsgericht nicht nachprüfen, ob die Ablehnung eines Richters oder Sachverständigen zutreffenderweise für unbegründet erklärt worden ist (§§ 46 Abs. 2, 406 Abs. 5)[5]. Die Beschränkung der Nachprüfbarkeit gilt auch dann, wenn der Revisionskläger geltend macht, er werde durch die Nichtzulassung eines Beweismittels der einzigen Möglichkeit beraubt, eine ihm günstige Tatsache zu beweisen[6]. Die Bindung des Revisionsgerichts beschränkt sich aber auf die Vorentscheidung selbst; die Folgerungen, die das Berufungsgericht aus der durch die Vorentscheidung geschaffenen Prozeßlage für die Endentscheidung gezogen hat, unterliegen dagegen der Nachprüfung des Revisionsgerichts[7]. Die unanfechtbare Ablehnung eines Vertagungsgesuchs (§ 227 Abs. 2  3

---

[1] AK-*Ankermann* Rdnr. 1; MünchKomm ZPO-*Walchshöfer* Rdnr. 1.
[2] MünchKomm ZPO-*Walchshöfer* Rdnr. 6; *Zöller/Schneider*[17] Rdnr. 3.
[3] *RGZ* 106, 57; *BGH* LM § 252 Nr. 1; § 404 Nr. 3; *Baumbach/Lauterbach/Albers*[51] Rdnr. 3; MünchKomm ZPO-*Walchshöfer* Rdnr. 6.
[4] *BGH* LM § 548 Nr. 6 = MDR 1966, 915.
[5] *BGHZ* 28, 302 = LM § 404 Nr. 4 (*Werthauer*) = NJW 1959, 434 = MDR 196.
[6] *BGH* LM § 548 Nr. 6 = MDR 1966, 915.
[7] *RGZ* 160, 157; *BGH* § 548 Nr. 2; *Baumbach/Lauterbach/Albers*[51] Rdnr. 4; *Thomas/Putzo*[18] Rdnr. 1; AK-*Ankermann* Rdnr. 2.

S. 3) oder die Zurückweisung eines Parteivertreters (§ 157 Abs. 2 S. 2) stehen daher der Nachprüfung des Endurteils unter dem Gesichtspunkt der Versagung des rechtlichen Gehörs nicht entgegen.

### 2. Selbständig anfechtbare Entscheidungen

4   Ebenso wie im Berufungsverfahren, → § 512 Rdnr. 5, unterliegen auch im Revisionsverfahren solche Vorentscheidungen nicht der Überprüfung durch das Revisionsgericht, die selbständig angefochten werden können. Insoweit kann auf → § 512 Rdnr. 5 verwiesen werden. Praktische Bedeutung hat das vor allem für Zwischenurteile nach § 280, Vorbehaltsurteile nach §§ 302, 599 und Grundurteile nach § 304. Dabei spielt es keine Rolle, ob diese Entscheidungen schon rechtskräftig sind; auch wenn dies nicht der Fall ist, scheidet eine Überprüfung aus. Ist allerdings beim selben Senat gegen die Vorentscheidung Revision eingelegt worden, über die noch nicht entschieden ist, so können die Verfahren nach § 147 verbunden werden.

### IV. Arbeitsgerichtliches Verfahren

5   Im arbeitsgerichtlichen Verfahren ist § 548 nach § 72 Abs. 5 ArbGG mit der Maßgabe entsprechend anwendbar, daß das Grundurteil (§ 304) nicht selbständig anfechtbar ist, § 61 Abs. 3 ArbGG, weshalb es bei Anfechtung des Endurteils der Überprüfung durch das Revisionsgericht unterliegt.

## § 549   [Revisionsgründe]

(1) Die Revision kann nur darauf gestützt werden, daß die Entscheidung auf der Verletzung des Bundesrechts oder einer Vorschrift beruht, deren Geltungsbereich sich über den Bezirk eines Oberlandesgerichts hinaus erstreckt.

(2) Das Revisionsgericht prüft nicht, ob das Gericht des ersten Rechtszuges sachlich oder örtlich zuständig war, ob die Zuständigkeit des Arbeitsgerichts begründet war oder ob eine Familiensache vorliegt.

Gesetzesgeschichte: Bis 1900 § 511 CPO. Änderungen: RGBl. 1922 I 821; BGBl. 1950 S. 455; 1975 I 1863; 1976 I 3281; 1986 I 301.

## § 550   [Gesetzesverletzung]

Das Gesetz ist verletzt, wenn eine Rechtsnorm nicht oder nicht richtig angewendet worden ist.

Gesetzesgeschichte: Bis 1900 § 512 CPO. Keine Änderung.

| | | | |
|---|---|---|---|
| I. Allgemeines zu §§ 549–551 | 1 | 2. Bundesrecht | 5 |
| II. Das revisible Recht | 2 | 3. Sonstiges revisibles Recht | 8 |
| 1. Begriff des Rechts, der Vorschrift | | III. Nicht revisibles Recht | 10 |
| und des Gesetzes | 2 | 1. Innerstaatliches Recht | 10 |

| | | | | |
|---|---|---|---|---|
| 2. Ausländisches Recht | 11 | cc) Individualverträge | 36 |
| a) Keine Überprüfung durch das Revisionsgericht | 11 | dd) Allgemeine Geschäftsbedingungen und Formularverträge | 40 |
| b) Ermittlung des anwendbaren Rechts | 13 | ee) Satzungen juristischer Personen | 42 |
| c) Verletzung der Ermittlungspflicht | 14 | ff) Prozeßhandlungen | 44 |
| 3. Europäisches Gemeinschaftsrecht | 15 | gg) Gerichtliche Entscheidungen und Verwaltungsakte | 46 |
| IV. Gesetzesverletzung | 16 | 4. Ursächlichkeit der Gesetzesverletzung | 47 |
| 1. Maßgeblicher Zeitpunkt | 17 | a) Zusammenhang mit dem Umfang der Beschwer | 47 |
| 2. Ermessen des Berufungsgerichts | 20 | b) Verfahrensverstoß | 48 |
| 3. Tat- und Rechtsfrage | 21 | c) Verletzung materiellrechtlicher Beurteilungsnormen | 50 |
| a) Notwendigkeit und Methode der Abgrenzung | 21 | V. Zuständigkeitsprüfung, § 549 Abs. 2 | 51 |
| b) Feststellung des Bestehens eines Rechtssatzes | 24 | 1. Örtliche Zuständigkeit | 52 |
| c) Erfahrungssätze und Denkgesetze | 25 | 2. Sachliche Zuständigkeit | 53 |
| d) Subsumtion der festgestellten Tatsachen | 27 | 3. Zuständigkeit des Arbeitsgerichts | 54 |
| aa) Rechtliche Einordnung der Tatsachen | 27 | 4. Familiensache | 55 |
| bb) Unbestimmte Rechtsbegriffe und Generalklauseln | 28 | 5. Sonstige Zuständigkeitsformen | 56 |
| e) Auslegung von Willenserklärungen | 33 | VI. Arbeitsgerichtliches Verfahren | 57 |
| aa) Feststellung des Erklärten | 34 | 1. Verletzung einer Rechtsnorm | 58 |
| bb) Rechtliche Einordnung des Erklärten | 35 | 2. Zuständigkeitsprüfung, § 73 Abs. 2 i. V. mit § 65 ArbGG | 61 |

## I. Allgemeines zu §§ 549–551

In den §§ 549–551 ist als Voraussetzung eines Erfolgs einer statthaften Revision das **Erfordernis einer kausalen Gesetzesverletzung** unter Beschränkung auf bestimmte Rechtsnormen aufgestellt. Fehlt es daran, so ist die Revision zwar zulässig, aber unbegründet[1]. Der Begründungszwang, § 554, steht dem nicht entgegen; unzulässig ist die Revision nur dann, wenn keinerlei verletzte Rechtsnorm bezeichnet ist. Eingeschränkt wird die für einen Erfolg der Revision erforderliche Kausalität der Gesetzesverletzung dadurch, daß bei den absoluten Revisionsgründen, § 551, die Ursächlichkeit unwiderleglich vermutet wird, → § 551 Rdnr. 1. Abgesehen von diesen Fällen muß das angefochtene Urteil jedoch im Ergebnis auf der Gesetzesverletzung beruhen oder wenigstens beruhen können. Ob tatsächlich Ursächlichkeit besteht, kann im Falle der Zurückverweisung der Sache erst vom Berufungsgericht geklärt werden. Steht dagegen schon in der Revisionsinstanz fest, daß das Gesetz zwar verletzt worden ist, sich dies aber auf das Ergebnis nicht ausgewirkt hat, so ist die Revision zurückzuweisen, § 563, → weiter Rdnr. 47 ff.

1

---

[1] *Rosenberg/Schwab/Gottwald*[15] § 143 II 4; MünchKomm ZPO-*Walchshöfer* § 549 Rdnr. 1. A.A. *Bettermann* ZZP 77 (1964), 30 (unzulässig).

## II. Das revisible Recht

### 1. Begriff des Rechts, der Vorschrift und des Gesetzes

2    Recht und Vorschrift i. S. von § 549 sowie Gesetz i. S. von § 550 ist nach § 12 EGZPO **jede Rechtsnorm**, d. h. jede Norm, die nach den öffentlichrechtlichen Normen, die im Bund und seinen Ländern über die Quellen des objektiven Rechts bestehen oder bestanden haben, in gültiger Weise geschaffen ist, also jede Anordnung, die auf die Entstehung einer bindenden Rechtsregel gerichtet und von einem staatsrechtlich dazu befugten rechtsetzenden Organ in der dafür vorgeschriebenen Form erlassen ist. Hierzu gehört auch das Besatzungsrecht, → Rdnr. 6, sowie der normative Teil von Tarifverträgen, → Rdnr. 58. Zur Frage, ob Allgemeine Geschäftsbedingungen und privatrechtliche Satzungen juristischer Personen als Vorschriften bzw. Gesetze i. S. der §§ 549, 550 anzusehen sind, → Rdnr. 4. Ob das Gesetz verfassungsrechtlich formell und inhaltlich ordnungsmäßig zustandegekommen ist, spielt im Rahmen der §§ 549, 550 insofern eine Rolle, als das Revisionsgericht bei Verneinung der Verfassungsmäßigkeit die Norm dem BVerfG vorlegen muß, Art. 100 Abs. 1 GG, die Norm also der Revision zunächst nicht zum Erfolg verhelfen kann.

3    Unerheblich ist, ob es sich um ein Gesetz im formellen Sinn handelt und ob es dem bürgerlichen oder dem öffentlichen Recht angehört. Revisibel sind demnach auch innerstaatlich in Kraft gesetzte Staatsverträge des Reichs, des Bundes und der Länder[2] sowie der ehemaligen DDR, soweit sie nach dem Einigungsvertrag weitergelten. Revisibel sind weiter allgemeine Regeln des Völkerrechts (Art. 25 GG), Rechtsverordnungen sowie das Gewohnheitsrecht[3]. Ebenso Verwaltungsanordnungen und Richtlinien, sofern sie nicht nur verwaltungsintern wirken, sondern sich aus ihnen Ansprüche Dritter ergeben[4].

4    Den **Gegensatz zum Gesetz** bilden nicht nur die Tatsachen des konkreten Einzelfalls, sondern auch solche allgemeine Sätze, die nicht den Charakter von Rechtssätzen haben, wie die Verkehrssitte und Handelsgebräuche[5], → § 293 Rdnr. 30a, Erfahrungssätze, das Bestehen einer betrieblichen Übung sowie als anerkannte Regeln der Technik ergangene Bestimmungen privater Gremien[6], sofern diese durch eine behördliche Genehmigung nicht Rechtssatzcharakter erhalten haben. Keinen Normcharakter haben ferner von Privaten oder Behörden aufgestellte Tabellen wie etwa die Tabelle von *Sanden-Danner-Küppersbusch* zur Nutzungsentschädigung bei Kraftfahrzeugen oder die Unterhaltstabellen einzelner Oberlandesgerichte; anders dagegen Tabellen mit Gesetzeskraft (z. B. die Tabelle zu § 850c). Keine Rechtsnormen sind weiter Allgemeine Geschäftsbedingungen sowie Satzungen juristischer Personen des Privatrechts[7], → auch § 293 Rdnr. 30a; deren Auslegung kann zwar unter gewissen Voraussetzungen vom Revisionsgericht überprüft werden, → Rdnr. 40ff., doch bedeutet ihre Verletzung keine Verletzung eines Gesetzes i. S. von § 550.

### 2. Bundesrecht

5    Anders als im arbeitsgerichtlichen Verfahren, → Rdnr. 58, kann die Revision nicht auf die Verletzung einer beliebigen Rechtsnorm gestützt werden. § 549 Abs. 1 beschränkt die Revisibilität vielmehr auf die Verletzung von Bundesrecht sowie von Vorschriften, deren Geltungs-

---

[2] *Rosenberg/Schwab/Gottwald*[15] § 143 I 1; MünchKomm ZPO-*Walchshöfer* Rdnr. 6; s. weiter *BGHZ* 60, 68.
[3] *BGH* LM § 549 Nr. 72 = NJW 1965, 1862 = MDR 731 = BB 85.
[4] *BGH* LM § 549 Nr. 46 = MDR 1958, 669 (Richtlinien über die Gewährung von Ministerialzulagen); LM § 549 Nr. 81 = MDR 1970, 210 = Betrieb 485 (Richtlinien zur Gewährung von Flutschadensbeihilfen).
[5] *BGH* LM § 284 BGB Nr. 1; MünchKomm ZPO-*Walchshöfer* Rdnr. 8.
[6] *BVerwG* NJW 1962, 506.
[7] MünchKomm ZPO-*Walchshöfer* § 549 Rdnr. 8.

bereich über einen Oberlandesgerichtsbezirk hinausreicht. Nur insoweit besteht ein Bedürfnis, die Einheitlichkeit der Rechtsprechung zu wahren.

Bundesrecht ist immer revisibel, auch wenn sich sein Geltungsbereich ausnahmsweise nicht über einen Oberlandesgerichtsbezirk hinaus erstreckt[8]. **Früheres Recht**, d. h. Recht aus der Zeit vor Inkrafttreten des GG, ist dann Bundesrecht geworden, wenn sein Gegenstand in die ausschließliche Gesetzgebungskompetenz des Bundes (Art. 73 GG) fällt, Art. 124 GG. Bei Gegenständen der konkurrierenden Gesetzgebung des Bundes (Art. 74 GG) ist die Eigenschaft als Bundesrecht dann zu bejahen, wenn es innerhalb einer oder mehrerer Besatzungszonen einheitlich gegolten hatte, oder wenn es sich um Recht handelt, durch das nach dem 8. Mai 1945 früheres Reichsrecht abgeändert worden ist, Art. 125 GG. Unerheblich ist der formelle Charakter des Rechts (formelles Gesetz, Rechtsverordnung, Staatsvertrag) sowie das erlassende Organ. Es kann sich um früheres Reichsrecht handeln (einschließlich solchen Rechts, das durch die Reichsverfassung aus Gesetzen des Norddeutschen Bundes als Reichsrecht übernommen worden ist), aber auch um Landesrecht, das früheres Reichsrecht abgeändert hat. **Besatzungsrecht** ist dann Bundesrecht, wenn es dies wäre, sofern es von einer deutschen Stelle erlassen worden wäre[9].

Revisibles Bundesrecht sind weiter alle Vorschriften, die von den zuständigen **Organen der Bundesrepublik** erlassen worden sind. Neben dem Grundgesetz und allen vom Bundestag verabschiedeten noch geltenden Gesetzen gehören dazu die von der Bundesregierung oder einem Bundesminister erlassenen Rechtsverordnungen (Art. 80 GG) sowie die von der Bundesrepublik abgeschlossenen und als innerstaatliches Recht in Kraft gesetzten Staatsverträge. Die **allgemeinen Regeln des Völkerrechts** (Art. 25 GG) sind ebenfalls Bundesrecht.

### 3. Sonstiges revisibles Recht

Für anderes als Bundesrecht regelt § 549 Abs. 1 die Revisibilität abschließend. Erforderlich ist danach, daß es sich um eine Vorschrift handelt, deren Geltungsbereich sich über den Bezirk eines Oberlandesgerichts hinaus erstreckt. Damit wird insbesondere **Landesrecht** in Bundesländern mit mehreren Oberlandesgerichten erfaßt. Erforderlich ist, daß die Norm aufgrund eines einzigen Gesetzgebungsaktes in mehr als einem Oberlandesgerichtsbezirk[10], oder daß bei einem nur in einem einzigen OLG-Bezirk geltenden Landesgesetz aufgrund einer bewußten Übereinstimmung mit anderen Landesgesetzen eine einheitliche Regelung geschaffen werden sollte (vor allem bei der Ausfüllung von Rahmenvorschriften des Bundes, Art. 75 GG)[11]. Revisibel ist ferner ausländisches Recht, sofern es in Deutschland als Partikularrecht über mehr als einen Oberlandesgerichtsbezirk hinaus gilt bzw. auf den konkreten Einzelfall noch anwendbar ist[12]; zum ausländischen Recht → im übrigen Rdnr. 11 ff.

DDR-Recht ist seit dem 3. X. 1990 revisibel[13]. Dies gilt zunächst für **DDR-Recht**, das nach Art. 9 Einigungsvertrag als Bundesrecht fortgilt, als auch für solches DDR-Recht, das als Landesrecht fortgilt. Im letztgenannten Fall ist jeweils die Voraussetzung einer Geltung über den Bezirk eines Oberlandesgerichts (Bezirksgerichts) hinaus erfüllt. Außer Kraft getretenes DDR-Recht, das auf den zur Entscheidung anstehenden Sachverhalt noch anwendbar ist, ist ebenfalls revisibel[14].

---

[8] *BVerwG* NJW 1989, 3168; *Baumbach/Lauterbach/Albers*[51] § 549 Rdnr. 10.
[9] *BVerwG* NJW 1989, 3168; MünchKomm ZPO-*Walchshöfer* § 549 Rdnr. 3.
[10] *BGH* NJW 1989, 107, 108; *Wieczorek/Rössler* § 549 Anm. B I b 1.
[11] *BGHZ* 34, 375, 377 = NJW 1961, 1157; *BGH* LM § 549 Nr. 98 = NJW-RR 1988, 1021 = MDR 577; MünchKomm ZPO-*Walchshöfer* § 549 Rdnr. 4.

[12] *BGHZ* 92, 326, 328 f. = NJW 1985, 1289 (franz. code civil).
[13] *Oetker* JZ 1992, 608, 613 f.
[14] *BGHZ* 120, 10, 15 = LM Art. 232 EGBGB 1986 Nr. 3 = NJW 1993, 259 = MDR 91 = JZ 664 (*Westen*) = WM 2144 = ZIP 1992, 1787; BGH ZIP 1993, 955, 959; JZ 1994, 301, 302; *Oetker* JZ 1992, 608, 613 f. Wohl a. A. (aber inzwischen ausdrücklich aufgegeben) *BGH* WM 1991, 1558.

## III. Nicht revisibles Recht

### 1. Innerstaatliches Recht

10 Soweit die unter → Rdnr. 2—9 dargelegten Voraussetzungen von Abs. 1 nicht erfüllt sind, ist das angeblich verletzte Recht nicht revisibel, d. h. die Verletzung einer derartigen Vorschrift kann der Revision nicht zum Erfolg verhelfen. Dies gilt insbesondere für **Landesrecht, das nicht über die Grenzen eines Oberlandesgerichtsbezirks hinaus gilt** (es sei denn, es liegt eine bewußte Übereinstimmung mit sonstigem Landesrecht vor, das in einem anderen Oberlandesgerichtsbezirk gilt, → Rdnr. 8), d. h. für Landesrecht in Bundesländern, in denen nur ein Oberlandesgericht (Bezirksgericht) besteht. Nicht revisibel sind ferner **Gemeindesatzungen**[15] sowie örtliches Gewohnheitsrecht (Observanz). Soweit innerstaatliches Recht danach nicht revisibel ist, bedeutet dies nicht, daß es vom Revisionsgericht nicht selbst angewendet und ausgelegt werden kann, → weiter § 562 Rdnr. 2. Hat das Berufungsgericht **nicht revisibles Landesrecht übersehen** und infolgedessen nicht gewürdigt, so ist es vom Revisionsgericht seiner Entscheidung zugrundezulegen[16]; hier handelt es sich nicht darum, daß das Revisionsgericht die Auslegung nicht revisiblen Rechts durch das Berufungsgericht korrigiert (es sei denn, das Berufungsgericht wollte durch Nichterwähnung der Vorschrift zum Ausdruck bringen, daß diese auf den entschiedenen Fall nicht anwendbar ist[17]). Weiter ist nicht revisibles Recht in der Revisionsinstanz dann selbständig auszulegen und anzuwenden, wenn es erst nach **Beendigung der Berufungsinstanz erlassen** worden ist[18], → weiter Rdnr. 17. Auch hier liegt in der Anwendung der Vorschrift keine Korrektur einer vom Berufungsgericht vorgenommenen Anwendung der Vorschrift. Zur Verletzung revisiblen Rechts durch Anwendung nichtrevisiblen Rechts → § 562 Rdnr. 3.

### 2. Ausländisches Recht[19]

#### a) Keine Überprüfung durch das Revisionsgericht

11 Ausländisches Recht ist **nicht revisibel**[20]. Dies gilt auch dann, wenn das deutsche internationale Privatrecht das ausländische Recht für anwendbar erklärt oder wenn die ausländische Gesetzeslage (wie beim Einheitsrecht) mit der deutschen übereinstimmt[21]. Auch auf allgemeine Rechtsgrundsätze hin können ausländische Vorschriften nicht überprüft werden. Die Auslegung ausländischer Allgemeiner Geschäftsbedingungen ist ebenfalls nicht revisibel[22]. Unerheblich ist, ob die Anwendung ausländischen Rechts von den Parteien vereinbart worden ist; Art. 36 EGBGB (einheitliche Auslegung der für vertragliche Schuldverhältnisse geltenden Vorschriften) hat daran nichts geändert. Ist eine Willenserklärung nach ausländischem Recht auszulegen, so unterliegen die angewandten Auslegungsgrundsätze nicht der

---

[15] BGHZ 97, 231, 235 = NJW 1986, 2640, 2641.
[16] BGHZ 24, 159, 164 = NJW 1957, 1192; BGH NJW-RR 1993, 13; *Leipold* ZZP 81 (1968), 72; MünchKomm ZPO-*Walchshöfer* § 549 Rdnr. 11; s. weiter zum ausländischen Recht BGHZ 40, 197, 201 = NJW 1964, 203 = MDR 134 = BB 13.
[17] BGHZ 21, 214, 217 = LM § 549 Nr. 35 = ZZP 71 (1958), 444.
[18] BGH LM § 549 Nr. 29 = ZZP 69 (1956), 189 = WM 1956, 387.
[19] Literatur: *Steindorff* JZ 1963, 200; *Schütze* NJW 1970, 1585; *Fastrich* ZZP 97 (1984), 423; *Kerameus* ZZP 99 (1986), 166; *Gottwald* IPrax 1988, 210.

[20] BGHZ 48, 214, 216; BGH NJW 1988, 647; 1988, 3090, 3091; *Rosenberg/Schwab/Gottwald*[15] § 143 II 2; *Baumbach/Lauterbach/Albers*[51] § 549 Rdnr. 6; MünchKomm ZPO-*Walchshöfer* § 549 Rdnr. 12; *Schack* Internationales Zivilverfahrensrecht (1991) Rdnr. 646.
[21] BGH NJW 1959, 1873; AK-*Ankermann* Rdnr. 8; *Baumbach/Lauterbach/Albers*[51] § 549 Rdnr. 6.
[22] BGHZ 49, 356, 362 f. = LM § 823 BGB (F) Nr. 24 = NJW 1968, 1567; 104, 178, 181 = NJW 1988, 3090; 112, 204 = LM § 13 AGBGB Nr. 24/25/26 = NJW 1991, 36 = MDR 144 = BB 1990, 2288 = ZIP 1348. Dagegen kann das Revisionsgericht nachprüfen, ob es sich um ausländische oder inländische AGB handelt (BGHZ 112, 204).

Überprüfung durch das Revisionsgericht[23]. Weiter ist das ausländische Recht auch dann nicht revisibel, wenn sich nach ihm von Amts wegen zu berücksichtigende **Prozeßvoraussetzungen** bestimmen[24]. Zur Anwendbarkeit von übersehenem oder nach Abschluß des Berufungsverfahrens neu in Kraft getretenen ausländischem Recht gilt das unter → Rdnr. 10 Ausgeführte entsprechend. Keine Frage des ausländischen, sondern des inländischen Rechts (und damit revisibel) ist es, ob das ausländische Recht dem deutschen **ordre public** widerspricht und damit nicht anwendbar ist[25]. Nachprüfbar ist weiter, ob die Gegenseitigkeit i. S. von § 328 Abs. 1 Nr. 5 verbürgt ist[26].

Da ausländisches Recht nicht revisibel ist, wird überwiegend angenommen, daß das Berufungsgericht nicht **offenlassen darf, ob ausländisches oder deutsches Recht anwendbar** ist[27]. Dem kann nicht gefolgt werden. Wenn beide in Betracht kommenden Rechtsordnungen zum selben Ergebnis führen, kann in der Berufungsinstanz (ebenso wie in der Revisionsinstanz, wo man sich über das Ergebnis einig ist[28], → § 563 Rdnr. 3) offenbleiben, ob deutsches oder ausländisches Recht anzuwenden ist. Wird das Urteil angefochten, so darf es vom Revisionsgericht nur am deutschen Recht gemessen werden; kommt das Revisionsgericht dabei zu dem Ergebnis, daß das Urteil vom deutschen Recht her anders lauten müßte, so ist es aufzuheben bzw. nach § 563 zu bestätigen, sofern der Rechtsstreit entscheidungsreif und das angefochtene Urteil im Ergebnis richtig ist[29]. 12

### b) Ermittlung des anwendbaren Rechts

Nicht um die Auslegung ausländischen Rechts, sondern um die des **deutschen Kollisionsrechts** geht es bei der Frage, welches Recht im konkreten Fall anwendbar ist. Dies ist revisibel[30], und zwar auch dann, wenn sich die Anwendbarkeit deutschen Rechts aus einer im ausländischen Recht enthaltenen Zurückverweisung ergibt; insoweit ist das ausländische Recht in der Revisionsinstanz überprüfbar[31]. Verweist dagegen das maßgebliche ausländische Recht nicht auf deutsches Recht zurück, sondern auf ein anderes ausländisches Recht weiter, so ist es nicht revisibel[32]. 13

### c) Verletzung der Ermittlungspflicht

Hat das Berufungsgericht den **Inhalt des ausländischen Rechts nicht hinreichend ermittelt**, so stellt dies einen Verfahrensfehler dar, der mit der Revision gerügt werden kann[33], → auch § 293 Rdnr. 66. So etwa, wenn das Berufungsgericht den Inhalt des ausländischen Rechts 14

---

[23] *BGH* VersR 1959, 331 = WM 816.
[24] *BGHZ* 27, 47 = LM § 549 Nr. 43 = NJW 1958, 830 = MDR 415 = FamRZ 216 = JZ 1959, 411 (*Zweigert*) (internationale Zuständigkeit in Ehesachen); *BGH* LM § 562 Nr. 10 = Warn. 1965 Nr. 148 = NJW 1666 = JZ 580 = MDR 903 = WM 824 = ZZP 79 (1966), 450 (Parteifähigkeit). A. A. *Schack* (Fn. 20) Rdnr. 647.
[25] *OGHZ* 4, 251 = NJW 1951, 73; *Baumbach/Lauterbach/Albers*[51] § 549 Rdnr. 6; MünchKomm ZPO-*Walchshöfer* § 549 Rdnr. 13.
[26] *RGZ* 115, 105.
[27] *BGH* LM Art. 39 WG Nr. 2 = Warn. 1962 Nr. 224 = NJW 1963, 252 = MDR 113 = JZ 214; LM § 551 Ziff. 7 Nr. 17 = NJW 1988, 3097 = WM 1463; LM § 293 Nr. 15 = NJW 1991, 2214 = MDR 794 = WM 837; *Baumbach/Lauterbach/Albers*[51] § 549 Rdnr. 7; *Zöller/Schneider*[18] § 549 Rdnr. 10.
[28] S. zuletzt *BGH* LM § 293 Nr. 15 (Fn. 27) mit weit. Nachw..

[29] *Soergel/Kegel*[11] vor Art. 7 EGBGB Rdnr. 117; *Schack* (Fn. 20) Rdnr. 648.
[30] MünchKomm ZPO-*Walchshöfer* § 549 Rdnr. 13; *Thomas/Putzo*[18] § 549 Rdnr. 10; *Rosenberg/Schwab/Gottwald*[15] § 143 II 2.
[31] *RGZ* 136, 361, 362; *BGHZ* 28, 375, 380 f.; 45, 351 = NJW 1966, 2270 = WM 1014 = Betrieb 1353; MünchKomm ZPO-*Walchshöfer* § 549 Rdnr. 13.
[32] *BGHZ* 45, 351 (Fn. 31).
[33] *BGH* IPRax 1981, 130, 134; *BGH* NJW 1988, 647; LM § 293 Nr. 16 = NJW-RR 1991, 1211; LM § 106 KO Nr. 9 = NJW 1992, 2026 = MDR 765; LM § 293 Nr. 18 (*Th. Pfeiffer*) = NJW 1992, 3106 = MDR 899, MünchKomm ZPO-*Walchshöfer* § 549 Rdnr. 13; *Baumbach/Lauterbach/Albers*[51] § 549 Rdnr. 8; *Schack* (Fn. 20) Rdnr. 649.

ohne Einholung eines Gutachtens als nicht feststellbar behandelt hat[34], oder wenn es die ausländische Rechtspraxis nicht behandelt hat[35] oder wenn es nur allgemein auf »Rechtsgrundlagen« des ausländischen Rechts Bezug genommen hat[36]. In allen diesen Fällen liegt ein Verstoß gegen die aus § 293 folgende Ermittlungspflicht vor; Näheres zu dieser Pflicht → § 293 Rdnr. 31 ff.

### 3. Europäisches Gemeinschaftsrecht

15   Über die Auslegung des europäischen Gemeinschaftsrechts entscheidet nach Art. 177 Abs. 3 EWG-Vertrag der Gerichtshof der Europäischen Gemeinschaften (EuGH). Insoweit kann das Revisionsgericht der Revision also nicht deshalb stattgeben, weil das Berufungsgericht das Gemeinschaftsrecht nicht richtig angewandt hat. Es muß die Frage vielmehr nach **Art. 177 Abs. 3 EWG-Vertrag** dem EuGH vorlegen, der sie im Wege einer sog. Vorabentscheidung beantwortet, Näheres → § 148 Rdnr. 187 ff. An die Entscheidung des EuGH ist das Revisionsgericht und im Falle einer Aufhebung des Berufungsurteils und Zurückverweisung auch das Berufungsgericht gebunden. Für andere Verfahren besteht zwar keine Bindung, doch braucht die Frage dem EuGH nicht erneut vorgelegt zu werden, wenn sie im Sinne der EuGH beantwortet wird[37]. Ob sich das Berufungsgericht an die Entscheidung des EuGH gehalten hat, kann das Revisionsgericht überprüfen und verneinendenfalls der Revision stattgeben, ohne erneut vorlegen zu müssen. Weiter hat das Revisionsgericht zu prüfen, ob das nationale Recht durch eine vorrangige Bestimmung des Gemeinschaftsrechts verdrängt worden ist[38]. Eine Vorlagepflicht an den EuGH besteht weiter hinsichtlich der Auslegung des EuGVÜ, → Einl. Rdnr. 809. Für die Frage der Nachprüfbarkeit der Auslegung des EuGVÜ durch das Revisionsgericht und die Bindung an die Entscheidung des EuGH gilt Entsprechendes wie bei der Vorabentscheidung nach Art. 177 Abs. 3 EWG-Vertrag.

## IV. Gesetzesverletzung

16   Eine Gesetzesverletzung liegt nach § 550 dann (und nur dann) vor, wenn eine **Rechtsnorm nicht oder nicht richtig angewandt worden ist**. Zusammen mit der aus § 561 folgenden Bindung des Revisionsgerichts an den vom Berufungsgericht festgestellten Sachverhalt ergibt dies, daß die Revisionsinstanz nur eine reine Rechtskontrolle ermöglicht[39]. Zu der damit notwendigen Trennung zwischen Tat- und Rechtsfragen → Rdnr. 21 ff.

### 1. Maßgeblicher Zeitpunkt

17   Vom Revisionsgericht sind alle revisiblen Rechtsnormen nachzuprüfen, die auf den konkreten Sachverhalt anwendbar sind. Insbesondere kann aus dem Begriff »Nachprüfung« ebenso wie daraus, daß § 550 von einer »Gesetzesverletzung« spricht, nicht gefolgert werden, daß bei der Überprüfung des Berufungsurteils nur dasjenige Recht kontrolliert wird, das zur Zeit des Erlasses des Berufungsurteils galt[40]. Es kommt nur darauf an, ob objektiv eine Rechtsverletzung vorliegt und nicht darauf, ob dem Berufungsgericht ein subjektiver Verstoß zur Last fällt. Das Revisionsgericht hat vielmehr das bei der Verkündung seiner Entscheidung geltende

---

[34] *BGH* NJW 1964, 2012.
[35] *BGH* NJW 1976, 1588.
[36] *BGH* LM § 293 Nr. 18 (Fn. 33).
[37] *EuGH* NJW 1982, 1205.

[38] *BVerfGE* 31, 45.
[39] MünchKomm ZPO-*Walchshöfer* § 550 Rdnr. 1.
[40] So aber die ältere Rechtsprechung (zuletzt *BGHZ* 7, 161, 165).

Recht anzuwenden und auf dieser Grundlage das angefochtene Urteil zu überprüfen[41]. Im Falle einer zwischenzeitlichen **Gesetzesänderung** kann die Revision also auch dann Erfolg haben, wenn das Berufungsurteil bei der seinerzeitigen Rechtslage zutreffend war. Umgekehrt ist es auch möglich, daß ein fehlerhaftes Berufungsurteil durch eine Gesetzesänderung »in die Rechtmäßigkeit hineinwächst« und der Revision deshalb der Erfolg versagt bleibt.

Voraussetzung für eine Berücksichtigung der Gesetzesänderung durch das Revisionsgericht ist jedoch, daß das abzuurteilende **Rechtsverhältnis von dem neuen Gesetz erfaßt werden soll**[42], d.h. das Gesetz muß Rückwirkung haben. Ist dies nicht der Fall, so hat das Revisionsgericht das alte Recht anzuwenden. Daß dieses nicht mehr gilt, ändert nichts daran, daß es nach wie vor revisibel ist; maßgeblich ist insoweit allein, daß es auf den konkreten Sachverhalt noch anwendbar ist[43]. Das Gesetz kann auch schon vor Eintritt der Rechtshängigkeit außer Kraft getreten sein. In derartigen Fällen wird zwar häufig die grundsätzliche Bedeutung der Rechtssache fehlen, weshalb die Revision nicht zuzulassen ist, → § 546 Rdnr. 7. Ist sie aber statthaft, so hat das Revisionsgericht auch das inzwischen nicht mehr geltende Recht anzuwenden. Für den konkreten Fall gilt es eben doch noch. 18

Betrifft die Gesetzesänderung eine **Prozeßvoraussetzung**, so soll die Gesetzesänderung auf jeden Fall berücksichtigt werden müssen[44]. Dem kann in dieser Allgemeinheit nicht zugestimmt werden. Auch bei Prozeßvoraussetzungen muß vielmehr danach differenziert werden, ob das neue Gesetz auf den zu entscheidenden Sachverhalt schon anwendbar sein soll oder nicht; verneinendenfalls bestimmt sich das Vorliegen der Prozeßvoraussetzung nach dem alten Recht (z.B. bei Änderung von Zuständigkeitsvorschriften). 19

## 2. Ermessen des Berufungsgerichts

Von einer Gesetzesverletzung kann nur dann gesprochen werden, wenn es um einen Rechtssatz geht, den anzuwenden das Berufungsgericht verpflichtet war. Soweit das Gericht dagegen einen Ermessensspielraum hatte, kommt in der Revisionsinstanz nur eine eingeschränkte Überprüfung in Betracht[45]. Vor allem kann das Revisionsgericht nicht sein eigenes Ermessen an die Stelle des Berufungsgerichts setzen[46]. Überprüfbar ist dagegen, ob das Berufungsgericht zu Unrecht angenommen hat, ihm stehe ein Ermessensspielraum zu bzw. umgekehrt, es habe einen solchen Spielraum nicht. Weiter hat das Revisionsgericht das angefochtene Urteil auf Ermessensfehler (Ermessensmißbrauch) hin zu überprüfen. Um dem Revisionsgericht diese Überprüfung möglich zu machen, muß das Berufungsurteil erkennen lassen, welche Grundlagen für die Ermessensausübung maßgeblich waren; fehlt es daran, so liegt ein zur Aufhebung des Urteils führender Verfahrensfehler vor[47]. Speziell zur Überprüfung der Sachdienlichkeit bei der Klageänderung → § 268 Rdnr. 7. Keine Rolle spielt es, ob das Ermessen auf einer materiellrechtlichen oder einer verfahrensrechtlichen Bestimmung beruht[48]. Von der Frage der Ermessensausübung ist die andere zu unterscheiden, ob durch die Art der Ermessensausübung eine Prozeßlage geschaffen wird, in der das angefochtene Urteil 20

---

[41] *BGHZ* 9, 101 = LM § 549 Nr. 17 (*Johannsen*) = NJW 1953, 941 = JZ 381 = MDR 356 = VersR 286 = JR 227; *BGHZ* 26, 239, 240; 36, 348; 37, 233, 236; 104, 215, 221; LM § 549 Nr. 42; 84; AK-*Ankermann* § 550 Rdnr. 17; *Baumbach/Lauterbach/Albers*[51] Rdnr. 5; MünchKomm ZPO-*Walchshöfer* § 549 Rdnr. 7; *Thomas/Putzo*[18] Rdnr. 7; *Rosenberg/Schwab/Gottwald*[15] § 143 VIII; *Jauernig*[23] § 74 VI 2.

[42] *BGH* LM § 549 Nr. 42; *BGHZ* 36, 348 = LM § 549 Nr. 61 (*Johannsen*) = NJW 1962, 961 = MDR 392.

[43] *BGHZ* 10, 367; 24, 253, 255; 89, 226, 233; 92, 326, 329; LM Art. 232 EGBGB 1986 Nr. 3 (Fn. 14); MünchKomm ZPO-*Walchshöfer* § 549 Rdnr. 7; *Rosenberg/Schwab/Gottwald*[15] § 143 VIII.

[44] *BAG* AP § 549 Nr. 5; *BGHZ* 99, 207, 209 = NJW 1987, 1145.

[45] Eingehend dazu *Behrens* Die Nachprüfbarkeit zivilrechtlicher Ermessensentscheidungen (1979).

[46] *Behrens* (Fn. 45), 43 ff.; *Rosenberg/Schwab/Gottwald*[15] § 143 V 3.

[47] *BGH* LM § 286 (C) Nr. 10.

[48] *Rosenberg/Schwab/Gottwald*[15] § 143 V 3.

nicht ergehen durfte, weshalb es auf einem Verfahrensmangel beruht (z. B. Versagung des rechtlichen Gehörs durch Ablehnung eines Vertagungsantrags, → vor § 128 Rdnr. 32). Zur Überprüfung unbestimmter Rechtsbegriffe durch das Revisionsgericht → Rdnr. 28 ff.

### 3. Tat- und Rechtsfrage[49]

#### a) Notwendigkeit und Methode der Abgrenzung

21   Den Gegensatz zur Gesetzesverletzung stellt die Zugrundlegung unrichtigen tatsächlichen Prozeßstoffs dar. Die **Notwendigkeit einer Trennung von Tat- und Rechtsfrage** ergibt sich aus § 550 i. V. mit § 561. Danach bilden die im Tatbestand des Berufungsurteils festgestellten Tatsachen die Urteilsgrundlage für das Revisionsgericht, das an die Feststellung der Wahrheit oder Unwahrheit tatsächlicher Behauptungen gebunden ist, sofern nicht das Verfahren bei dieser Feststellung mangelhaft war, → dazu § 561 Rdnr. 2 ff. Die Notwendigkeit einer Grenzziehung wird auch nicht dadurch berührt, daß die Praxis des BGH insoweit pragmatisch verfährt und sich weniger an theoretisch-dogmatischen Abgrenzungskriterien ausrichtets[50]. Dies spricht nicht so sehr gegen die Notwendigkeit der Abgrenzung als vielmehr dafür, daß entscheidendes Kriterium nicht eine dogmatische Leitlinie sein kann, → weiter Rdnr. 23.

22   Eine überzeugende **Trennung** von Tat- und Rechtsfrage ist trotz zahlreicher dem Thema gewidmeten Arbeiten **bisher nicht gelungen**. Im wesentlichen stehen sich **zwei methodische Ansätze** gegenüber. Die sicher anstrebenswerte »Ideallösung« besteht darin, die logische Unvereinbarkeit von Tat- und Rechtsfrage nachzuweisen und ein Kriterium aufzuzeigen, anhand dessen sich im Einzelfall bestimmen läßt, welche Kategorie einschlägig ist[51]. Dies setzt voraus, daß sich das natürliche Begriffssystem, mit dessen Hilfe Tatsachen ausgedrückt werden, von der zur Bestimmung von Rechtsbegriffen verwendeten Rechtssprache unterscheidet. Das Problematische dieser Ansicht liegt auf der Hand. Das natürliche und das rechtliche Begriffssystem sind nicht so sehr voneinander unterschieden, daß in jedem Einzelfall eine klare Zuordnung vorgenommen werden könnte[52]. Aus diesem Grund wird die logische Trennbarkeit von der Gegenmeinung geleugnet. Da die §§ 550, 561 die Unterscheidung jedoch eindeutig zugrundelegen, muß nach einem anderen Kriterium gesucht werden. Hierbei liegt es nahe, vom Zweck der §§ 550, 561 auszugehen. Wenn das Revisionsgericht an die Tatsachenfeststellungen des Berufungsgerichts gebunden ist und nurmehr überprüfen darf, ob das Recht auf diese Tatsachen richtig angewandt worden ist, so beruht dies darauf, daß für das Revisionsverfahren die Wahrung der Rechtseinheit und die Rechtsfortbildung eine maßgebliche Rolle spielen, → vor § 545 Rdnr. 4 ff. Während die Tatsachen in jedem Fall anders liegen (kein Sachverhalt ist bis in alle Einzelheiten wiederholbar), stellen sich die Rechtsfragen immer wieder, weshalb sie in der Revisionsinstanz nachprüfbar sein müssen, da nur so die für die Rechtseinheit und Rechtssicherheit unverzichtbare Leitbildfunktion erfüllt werden kann. Damit liegt es nahe, alles das als revisibel (d. h. als Rechtsfrage) anzusehen, was auch für andere Fälle von Bedeutung werden kann[53].

---

[49] Literatur: *Kuchinke* Grenzen der Nachprüfbarkeit tatrichterlicher Würdigung und Feststellungen in der Revisionsinstanz (1964); *Henke* Die Tatfrage (1966); *ders.* ZZP 81 (1968), 196, 321; *Gottwald* Die Revisionsinstanz als Tatsacheninstanz (1975), 138 ff.; *Scheuerle* AcP 157 (1958), 1; *Mitsopoulos* ZZP 81 (1968), 251; *Nierwetberg* JZ 1983, 237.

[50] S. AK-*Ankermann* § 550 Rdnr. 1; MünchKomm ZPO-*Walchshöfer* § 550 Rdnr. 4.

[51] In diese Richtung insbesondere *Scheuerle* AcP 157 (1958), 1; *Henke* (Fn. 49), 138 ff.; *ders.* ZZP 81 (1968), 196 ff., 321 ff.; *Mitsopoulos* ZZP 81 (1968), 251; *Gottwald* (Fn. 49), 138 ff.

[52] S. *Kuchinke* (Fn. 49), 82 ff.

[53] So insbesondere *Schwinge* Grundlagen des Revisionsrechts[2] (1960), 48 ff.; *Kuchinke* (Fn. 49), 58 ff.; s. weiter AK-*Ankermann* § 550 Rdnr. 1; *Zöller/Schneider*[18] § 550 Rdnr. 1.

Für welche der dargestellten Grundpositionen man sich entscheidet, ist letztlich von 23
untergeordneter Bedeutung. Dies deshalb, weil man den **Zweck der Revisionsbeschränkungen** auch dann berücksichtigen muß, wenn man der Auffassung ist, Tat- und Rechtsfrage seien logisch voneinander trennbar. Auch bei diesem Ausgangspunkt sind Rechtsfragen dann nicht revisibel, wenn ihnen keine Leitbildfunktion zukommt[54]. Im praktischen Ergebnis stimmen die verschiedenen Meinungen deshalb weitgehend miteinander überein. Im Folgenden wird ebenfalls davon ausgegangen, daß nur solche Fragen revisibel sind, deren Beantwortung Richtlinien für künftige Fallgestaltungen abgeben kann.

### b) Feststellung des Bestehens eines Rechtssatzes

Revisibel ist die Feststellung des Berufungsgerichts, daß ein von ihm seiner Entscheidung 24
zugrundegelegter Rechtssatz besteht[55] oder nicht besteht (vorausgesetzt, es handelt sich um revisibles Recht; anderenfalls ist das Revisionsgericht nach § 562 gebunden, → § 562 Rdnr. 1). Dies gilt auch für Gewohnheitsrecht[56]. Weiter hat das Revisionsgericht zu prüfen, ob ein Rechtssatz noch gilt[57] und ob er verneinendenfalls für den konkreten Sachverhalt nicht doch noch anwendbar ist, → Rdnr. 18.

### c) Erfahrungssätze und Denkgesetze

Als revisibel wird ferner die Feststellung eines sog. **Erfahrungssatzes** und seiner Tragweite 25
angesehen[58], wobei es unerheblich ist, ob das Berufungsgericht darüber Beweis erhoben oder die Beweiserhebung als überflüssig angesehen hat. Praktische Bedeutung hat dies insbesondere im Zusammenhang mit dem Anscheinsbeweis, der ja auf Erfahrungssätzen beruht, → § 286 Rdnr. 87ff. Hält man diese für revisibel, wird die Anwendung oder Ablehnung eines Anscheinsbeweises in der Revisionsinstanz überprüfbar. Im Ergebnis ist es zutreffend, Erfahrungssätze als überprüfbar anzusehen, doch bedeutet dies nicht, daß es sich dabei um Rechtsnormen handelt. Erfahrungssätze sind vielmehr nur Hilfsmittel für die Gesetzesauslegung[59]; verletzt ist nicht der Erfahrungssatz, sondern das Gesetz, für dessen Auslegung es auf den Erfahrungssatz ankommt. Dieses Gesetz muß revisibel sein. Beim Anscheinsbeweis ist verletzte Rechtsnorm § 286, → dazu § 286 Rdnr. 99: Wenn das Berufungsgericht einen bestehenden Erfahrungssatz nicht herangezogen hat oder sein Urteil auf einem in Wirklichkeit nicht bestehenden Erfahrungssatz beruht, so handelt es sich um eine fehlerhafte Beweiswürdigung.

Im gleichen Sinne wie ein Erfahrungssatz ist auch die **Bedeutung des allgemeinen Sprachge**- 26
**brauchs** revisibel[60]. Auch hier ist richtiger Ansicht nach die Norm verletzt, die mit Hilfe des Sprachgebrauchs auszulegen war[61]. Schließlich gilt Gleiches auch für die Verletzung von **Denkgesetzen**, d. h. der allgemeinen Regeln der Logik[62]. Ebenso wie bei den Erfahrungssätzen sind die Normen verletzt, die mit Hilfe der Denkgesetze auszulegen waren, und nicht etwa sind die Denkgesetze ihrerseits revisible Normen[63].

---

[54] Zutreffend *Henke* (Fn. 49), 266ff.; *ders.* ZZP 81 (1968), 321ff.
[55] *AK-Ankermann* § 550 Rdnr. 3; MünchKomm ZPO-*Walchshöfer* § 550 Rdnr. 5.
[56] *BGH* LM § 361 PatG Nr. 2 = Warn. 1965 Nr. 130 = NJW 1862 = MDR 731 = GRUR 1966, 50 (*Fischer*).
[57] S. *BGHZ* 100, 340, 342 für Rechtsverordnung.
[58] *OGHZ* 3, 376; *BAGE* 17, 1, 3; *Baumbach/Lauterbach/Albers*[51] § 550 Rdnr. 8.
[59] *Henke* ZZP 81 (1968), 220ff.; *Gottwald* (Fn. 49), 162ff.; *AK-Ankermann* § 550 Rdnr. 4.

[60] *BGH* LM § 133 BGB (Fb) Nr. 4; § 133 BGB (C) Nr. 17.
[61] *Henke* ZZP 81 (1968), 224.
[62] S. dazu *Klug* Die Verletzung von Denkgesetzen als Revisionsgrund, Festschrift f. Möhring (1965), 363; s. auch die dort auf S. 367ff. vorgenommene Einteilung der wichtigsten Arten einer Verletzung von Denkgesetzen.
[63] *Henke* ZZP 81 (1968), 222ff.; *AK-Ankermann* § 550 Rdnr. 5; so wohl auch *Gottwald* (Fn. 49), 145ff.

### d) Subsumtion der festgestellten Tatsachen

#### aa) Rechtliche Einordnung der Tatsachen

27  Die Subsumtion der vom Berufungsgericht festgestellten Tatsachen unter die einschlägigen Rechtsnormen ist revisibel[64]. Hier liegt gerade der Schwerpunkt der Überprüfung des angefochtenen Urteils. So hat das Revisionsgericht etwa zu überprüfen, ob die festgestellten Tatsachen Besitz oder Eigentum ergeben oder ob zwischen einem bestimmten Verhalten und einem eingetretenen Schaden Kausalität i. S. von § 249 BGB besteht. Bei **Verträgen** muß das Revisionsgericht prüfen, ob die festgestellten Tatsachen zu einem Vertragsschluß geführt haben und wie der Vertrag rechtlich einzuordnen ist[65] (vorausgesetzt, die Entscheidung des Falls hängt davon ab). Für die Frage der Nachprüfung ist es gleichgültig, ob die einzelne Rechtsnorm für die Auslegung einen größeren oder geringeren Spielraum läßt; zu den speziellen Problemen der Subsumtion unter unbestimmte Rechtsbegriffe → Rdnr. 28 ff.

#### bb) Unbestimmte Rechtsbegriffe und Generalklauseln

28  Bei unbestimmten Rechtsbegriffen (wie etwa wichtiger Grund, Arglist, grobe Fahrlässigkeit, Fehlen oder Wegfall eines Interesses) und Generalklauseln (gute Sitten, Treu und Glauben) ist die Subsumtion des Sachverhalts auf jeden Fall insoweit revisibel, als es darum geht, ob das Berufungsgericht den **Rechtsbegriff verkannt** hat[66]. Hat der Vorderrichter also etwa eine Sittenwidrigkeit mit der Begründung bejaht, die Sittenwidrigkeit bestimme sich ausschließlich nach den Maßstäben eines bestimmten religiösen Bekenntnisses, so hat er damit gezeigt, daß er von einem unrichtigen Begriff der Sittenwidrigkeit ausgegangen ist. Dies kann mit der Revision gerügt werden.

29  Problematisch ist dagegen die Frage, ob die **Subsumtion des konkreten Sachverhalts** unter den richtig verstandenen Begriff revisibel ist. Grundsätzlich ist dies deshalb zu bejahen, weil jede Subsumtionstätigkeit des Vorderrichters der Kontrolle durch das Revisionsgericht unterliegt[67]. Hierbei müssen jedoch von der Funktion der Revision her Einschränkungen gemacht werden: Soweit die Subsumtion vom konkreten, unwiederholbaren Sachverhalt des Einzelfalls abhängt und deshalb nicht geeignet sein kann, für künftige Fälle eine Leitbildfunktion zu erfüllen, ist das Revisionsgericht an das angefochtene Urteil gebunden, ohne daß es darauf ankommt, ob man vom theoretischen Ausgangspunkt her der Auffassung ist, es handele sich um eine Rechts- oder um eine Tatfrage[68].

30  Einzelheiten aus der unübersehbaren Rechtsprechung können hier nicht dargelegt werden. Insoweit muß auf die **Kommentierung der jeweiligen Vorschriften** verwiesen werden, in denen ein unbestimmter Rechtsbegriff enthalten ist. Nur beispielhaft seien erwähnt: Ob eine Fahrlässigkeit als grob oder leicht zu bewerten ist, ist Sache des Tatrichters[69]. Ebenso die Schadensschätzung nach § 287, → § 287 Rdnr. 34. Beim Mitverschulden soll die Frage, ob § 254 BGB überhaupt eingreift, in der Revisionsinstanz nachgeprüft werden, während die Bestimmung der genauen Haftungsquoten als nicht überprüfbar angesehen wird[70]. Ob eine Handlung den guten Sitten oder Treu und Glauben entspricht, wird insoweit vom Revisionsgericht nachgeprüft, als es um die Subsumtion der vom Berufungsgericht festgestellten

---

[64] S. dazu insbesondere *Gottwald* (Fn. 49), 155 ff.
[65] *BAGE* 18, 87, 89 (Arbeitsvertrag oder selbständiger Handelsvertretervertrag); *RGZ* 100, 280 (Lieferungs- oder Kommissionsgeschäft); *BGHZ* 35, 69 (öffentlich-rechtlicher oder privatrechtlicher Vertrag).
[66] AK-*Ankermann* § 550 Rdnr. 7.
[67] *Henke* (Fn. 49), 227 ff.
[68] *Henke* (Fn. 49), 258 ff.; a. A. *Gottwald* (Fn. 49), 161 f.
[69] *BGHZ* 10, 14 = LM § 932 BGB Nr. 2 = NJW 1953, 1139 = VersR 335; *BAGE* 9, 247.
[70] *BGHZ* 108, 386, 392.

Tatsachen unter die jeweilige gesetzliche Generalklausel geht[71] · Dabei muß allerdings dann eine Ausnahme gemacht werden, wenn bei der Subsumtion örtliche Sitten eine ausschlaggebende Rolle spielen[72].

Die für die Nachprüfbarkeit in der Revisionsinstanz bei unbestimmten Rechtsbegriffen und 31 Generalklauseln von der Rechtsprechung praktizierten Einschränkungen rechtfertigen sich damit, daß es so sehr auf die Umstände des Einzelfalls ankommt, daß der Entscheidung **keine Richtlinienfunktion** zukommen kann[73]. Mit der Revision kann allerdings gerügt werden, das Berufungsgericht habe bei seiner Subsumtion nicht alle entscheidungserheblichen Tatsachen berücksichtigt[74].

Soweit die Subsumtion des Sachverhalts nach dem Gesagten in der Revisionsinstanz 32 nachprüfbar ist, kommt es nicht darauf an, ob das vom Berufungsgericht gefundene **Ergebnis** »**vertretbar**« ist. Ist das Revisionsgericht anderer Ansicht als das Berufungsgericht, so hat es die angefochtene Entscheidung auch dann aufzuheben, wenn diese nicht offenkundig unrichtig ist. Die vor allem vom BAG vertretene Gegenansicht, wonach das Berufungsgericht einen gewissen Beurteilungsspielraum hat, in den das Revisionsgericht nicht eingreifen darf[75], verkennt, daß es gerade in Fällen, in denen sich mehrere Lösungen anbieten und gleichermaßen vertretbar sind, darauf ankommt, daß das Revisionsgericht seiner Aufgabe, Richtlinien zu setzen, nachkommt[76]. Ebenso wie bei der Anwendbarkeit von neuen Gesetzen, die nach Abschluß des Berufungsverfahrens ergangen sind, → Rdnr. 17, geht es nicht darum, das Berufungsgericht zu schelten bzw. es gegen Angriffe des Rechtsmittelführers in Schutz zu nehmen, sondern allein darum, der Praxis Maßstäbe zu geben, an denen sie sich orientieren kann.

### e) Auslegung von Willenserklärungen[77]

Erhebliche Schwierigkeiten macht die Trennung von Tat- und Rechtsfrage bei der Ausle- 33 gung von Willenserklärungen, wobei die Lösung in besonderem Maße von der Funktion des Revisionsverfahrens beeinflußt wird, Richtlinien zur Wahrung der Rechtseinheit und der Rechtsfortbildung zu entwickeln.

### aa) Feststellung des Erklärten

Von der Auslegung der Erklärung, d.h. der Ermittlung ihres rechtlichen Inhalts, ist die 34 Feststellung dessen zu unterscheiden, was erklärt ist. Dies ist eine **reine Tatsache**. Der Wortlaut der auszulegenden Erklärung steht also für das Revisionsgericht ebenso fest[78] wie der innere Wille des Erklärenden[79], die von ihm verfolgten Absichten sowie ob und inwieweit Willensmängel vorliegen[80]. Weiter kann das Revisionsgericht nicht überprüfen, unter wel-

---

[71] RGZ 146, 26, 32 (§ 242 BGB); BGH LM § 138 BGB (Cd) Nr. 2; BGH NJW 1991, 353, 354 (§ 138 BGB); RGZ 58, 219, 220 (§ 826 BGB).
[72] Henke (Fn. 49), 273ff.; ders. ZZP 81 (1968), 325ff. A. A. Gottwald (Fn. 49), 161.
[73] In diesem Sinne insbesondere Henke (Fn. 49), 279ff.; s. weiter AK-Ankermann § 550 Rdnr. 7.
[74] BAGE 16, 72, 76; AP § 626 BGB Nr.7, 38; § 124a GewO Nr. 2; BGH LM § 626 BGB Nr. 33 = NJW-RR 1992, 992 = MDR 654 (zum wichtigen Grund für eine fristlose Kündigung); BGH NJW 1983, 622, 623; NJW-RR 1991, 1240, 1241 (zum Mitverschulden); BAG NJW 1968, 1799 (zur Abgrenzung zwischen grober und leichter Fahrlässigkeit); BGHZ 3, 162, 175; 6, 62; 76, 283 (Angemessenheit von Schmerzensgeld).

[75] BAGE 4, 192; 14, 177; 26, 36; 26, 345; 26, 358; 32, 203, 206; AP § 38 BetrVG 1972 Nr. 3; § 103 BetrVG 1972 Nr. 7; zustimmend Germelmann/Matthes/Prütting § 73 Rdnr. 7.
[76] Zutreffend Henke (Fn. 49), 228ff.; s. ferner Grunsky[6] § 93 Rdnr. 4.
[77] S. außer den in Fn. 49 Genannten noch Danz Auslegung der Rechtsgeschäfte[3] (1911), 196ff.; Manigk RG-Praxis im deutschen Rechtsleben, Bd. 6 (1929), 94ff.; May NJW 1983, 980.
[78] Kuchinke (Fn. 49), 158; Gottwald (Fn. 49), 234.
[79] BAGE 4, 360; 22, 424; AP § 133 BGB Nr. 30; Gottwald (Fn. 49), 234.
[80] AK-Ankermann § 550 Rdnr. 11; Baumbach/Lauterbach/Albers[51] § 550 Rdnr. 4.

chen für die Auslegung vielleicht erheblichen Begleitumständen die Erklärung abgegeben worden ist[81] und ob der Erklärende diese Umstände kannte. Dagegen ist es eine nachprüfbare Rechtsfrage, ob eine Willenserklärung wegen Eindeutigkeit nicht auslegungsfähig ist[82].

### bb) Rechtliche Einordnung des Erklärten

35   Die Frage der rechtlichen Einordnung des Erklärten ist Rechtsfrage und als solche in der Revisionsinstanz nachprüfbar[83]. Stehen also der Wortlaut der Erklärung sowie der von den Parteien verfolgte Zweck fest, so ist es Sache des Revisionsgerichts, die rechtliche Qualifizierung vorzunehmen. Dies gilt sowohl für die rechtliche Einordnung eines Vertrags (Kauf oder Miete) oder einer einseitigen Willenserklärung (Rücktritt oder Anfechtung) als auch dafür, ob die Erklärung überhaupt eine Willenserklärung darstellt.

### cc) Individualverträge

36   Bei Individualverträgen (zur Abgrenzung von anderen Verträgen → Rdnr. 40) geht die ständige Rechtsprechung davon aus, daß das **Revisionsgericht an die Auslegung des Berufungsgerichts gebunden** ist; eine revisionsgerichtliche Überprüfung soll nur insoweit erfolgen, als es darum geht, ob gesetzliche (§§ 133, 157 BGB) oder allgemein anerkannte Auslegungsregeln, Denkgesetze bzw. Erfahrungssätze verletzt worden sind oder das Berufungsgericht im Zusammenhang mit der Auslegung einen Verfahrensfehler begangen hat (z. B. Nichterhebung eines Beweises über einen auslegungserheblichen Umstand)[84]. Ein solcher Verstoß gegen Auslegungsregeln liegt auch dann vor, wenn eine Auslegung überhaupt nicht erfolgt ist[85] oder wenn wesentlicher Auslegungsstoff außer acht gelassen worden ist[86]; ebenso wenn die Auslegung in sich widersprüchlich ist[87]. Dieselben Grundsätze sollen auch gelten, wenn es um eine ergänzende Auslegung geht[88]; als Verstoß gegen Auslegungsgrundsätze ist es in diesem Zusammenhang angesehen worden, wenn das Berufungsgericht zu Unrecht die Voraussetzungen für eine ergänzende Vertragsauslegung angenommen hat[89].

37   Entsprechendes wie bei der Auslegung von Individualverträgen muß für die **Auslegung einseitiger Willenserklärungen** gelten, wobei es unerheblich ist, ob es um die Ausübung eines Gestaltungsrechts oder um sonstige einseitige Willenserklärungen geht (z. B. Vertragsangebot; letztwillige Verfügung)[90].

38   Im **Ergebnis** kann der Rechtsprechung zur Auslegung von Individualverträgen nur **eingeschränkt zugestimmt** werden. Wenn das Revisionsgericht, wie dargelegt (→ Fn. 86), überprüfen kann und muß, ob aller Auslegungsstoff berücksichtigt worden ist, dann ist es inkonsequent, es nicht auch für verpflichtet zu halten, zu prüfen, ob der Auslegungsstoff richtig verwertet worden ist. Es geht nicht nur um eine irgendwie geartete Berücksichtigung. Erforderlich ist vielmehr, daß aus den Umständen zutreffende Schlüsse gezogen werden. Wollte man aber auch diesen Schritt tun, wäre man praktisch bei der uneingeschränkten Nachprüf-

---

[81] *BAGE* 4, 360; AP § 133 BGB Nr. 30 (*Kuchinke*), 33 (*Henckel*).
[82] *BGHZ* 32, 60, 63; *BGH* NJW-RR 1991, 51; AK-*Ankermann* § 550 Rdnr. 12; MünchKomm ZPO-*Walchshöfer* § 550 Rdnr. 15; a. A. *BAG* AP § 133 BGB Nr. 34.
[83] AK-*Ankermann* § 550 Rdnr. 11; *Kuchinke* (Fn. 49), 145 f.; *Gottwald* (Fn. 49), 234.
[84] S. aus der unübersehbaren Rechtsprechung zuletzt *BGH* LM § 286 (C) Nr. 25 = NJW 1992, 1967 = MDR 804; LM § 765 BGB Nr. 81 = NJW 1992, 1446 = MDR 961 = BB 878; LM § 133 (C) BGB Nr. 78 = NJW 1992, 2817 = MDR 1993, 45.
[85] *BGHZ* 16, 11; 32, 60 = LM § 1967 BGB Nr. 1 (*Mattern*) = NJW 1960, 960 = MDR 483.
[86] *BAG* AP § 133 BGB Nr. 32; *BGH* LM § 133 (C) BGB Nr. 78 (Fn. 84).
[87] *BGH* FamRZ 1980, 1104.
[88] *BAGE* 4, 360, 365.
[89] *BAG* AP § 157 BGB Nr. 3.
[90] S. *BayObLG* FamRZ 1985, 1287, 1289.

barkeit der durch das Berufungsgericht vorgenommenen Auslegung angelangt[91]. Dies spricht dafür, bei nichttypischen Willenserklärungen überhaupt jede Überprüfung der Auslegung abzulehnen. Da das Revisionsgericht gerade wegen der Atypizität der auszulegenden Willenserklärung insoweit auch keine Leitbildfunktion ausüben kann, ist es mit dem System der Revision vereinbar, das Revisionsgericht in diesem Bereich als uneingeschränkt gebunden anzusehen[92].

Soweit die Auslegung nichttypischer Verträge und Willenserklärungen als revisibel angesehen wird, kann sie vom **Revisionsgericht selbst** vorgenommen werden, es sei denn, daß für die Auslegung noch weitere tatsächliche Umstände ermittelt werden müssen[93]. In diesem Fall muß das Revisionsgericht die Sache zurückverweisen. 39

### dd) Allgemeine Geschäftsbedingungen und Formularverträge

Im Gegensatz zu den nichttypischen Individualverträgen bejaht die Rechtsprechung bei sog. »typischen Erklärungssachverhalten«[94] die unbeschränkte Nachprüfung der Auslegung durch das Revisionsgericht. Von praktischer Bedeutung ist dies zunächst bei allgemeinen Geschäftsbedingungen. Legt ein Unternehmen für seine Leistungen AGB zugrunde und erstreckt sich der Tätigkeitsbereich des Unternehmens über mehrere OLG-Bezirke, so ist es möglich, daß die AGB von verschiedenen Oberlandesgerichten unterschiedlich ausgelegt werden. Da dies der durch die Revision verfolgten Tendenz zur Wahrung der Rechtseinheit widerspricht, wird heute allgemein angenommen, daß AGB vom Revisionsgericht frei ausgelegt werden können[95]. AGB werden also i. S. des Revisionsrechts wie Rechtsnormen behandelt. Wegen der Nichtüberprüfbarkeit von ausländischem Recht durch das Revisionsgericht[96] ist die Kontrolle der Auslegung ausländischer AGB in der Revisionsinstanz ebenfalls ausgeschlossen[97]; überprüfbar ist dagegen, ob es sich um ausländische oder um inländische AGB handelt[98]. Gleiches wie für AGB gilt für Formularverträge; deren Auslegung ist ebenfalls vom Revisionsgericht uneingeschränkt zu überprüfen[99]. 40

Erforderlich ist jedoch, daß die AGB ebenso wie Formularverträge **in mehr als nur einem OLG-Bezirk** zur Anwendung kommen[100]; anderenfalls kann es zu keiner widersprechenden Auslegung durch mehrere Oberlandesgerichte kommen. Unerheblich ist in diesem Zusammenhang, ob bereits Rechtsprechung zu den AGB aus einem anderen OLG-Bezirk vorliegt; es reicht aus, daß die AGB in mehreren OLG-Bezirken verwendet werden. Werden in anderen OLG-Bezirken allerdings von anderen Unternehmen gleichlautende AGB verwendet, so soll das Revisionsgericht ebenfalls die Auslegung selbständig vornehmen können[101], es sei denn, daß die AGB gerade in dem entscheidungserheblichen Punkt nicht übereinstimmen[102]. Ist in den AGB eine wirksame **Gerichtsstandsklausel** enthalten, → § 38 Rdnr. 10, so sind alle 41

---

[91] Zur Testamentsauslegung s. MünchKomm BGB-*Leipold*² § 2085 Rdnr. 84. Die dort vorgetragenen Bedenken gelten für die Vertragsauslegung ebenso.
[92] A.A. trotz Übereinstimmung im Ausgangspunkt AK-*Ankermann* § 550 Rdnr. 12.
[93] *BGHZ* 65, 107, 112; LM § 133 (B) BGB Nr. 30 = NJW 1988, 2878, 2879; LM § 286 (A) Nr. 59 = NJW 1991, 1180 = MDR 671; LM § 256 Nr. 168 = NJW 1992, 436 = MDR 297; LM § 766 BGB Nr. 22 = NJW 1992, 1448 = BB 164; *BAGE* 16, 215, 225; AP § 550 Nr. 21; *Gottwald* (Fn. 49), 235 ff.
[94] Ausdruck nach *Kuchinke* (Fn. 49), 172.
[95] S. aus der jüngeren Rechtsprechung etwa *BGHZ* 104, 292, 293 = NJW 1988, 2888; *BGH* NJW 1970, 321; 1992, 1236, 1237. Das Schrifttum stimmt dem zu; s. *Thomas/Putzo*¹⁸ § 550 Rdnr. 7; *Rosenberg/Schwab/Gottwald*¹⁵ § 143 I 5.
[96] → Rdnr. 11.
[97] *BGH* LM § 549 Nr. 73; § 549 Nr. 97 = MDR 1986, 582; *BGHZ* 104, 178, 181 = NJW 1988, 3090; 112, 204 (Fn. 22).
[98] *BGHZ* 112, 204 (Fn. 22).
[99] *BGHZ* 98, 256 = LM § 1 AGBG Nr. 6 = NJW 1987, 319; 105, 24, 27 = NJW 1988, 2536; *BGH* ZIP 1993, 436, 437.
[100] *BGHZ* 7, 365; LM § 549 Nr. 15; *Rosenberg/Schwab/Gottwald*¹⁵ § 143 I 5.
[101] *BGHZ* 6, 373 = LM § 549 Nr. 11 = NJW 1952, 1994 = VersR 277; *BGH* NJW 1961, 212.
[102] *BGH* LM § 549 Nr. 15.

Rechtsstreitigkeiten um die Auslegung der AGB von ein und demselben OLG zu entscheiden, womit der für die selbständige Auslegung durch das Revisionsgericht maßgebliche Gesichtspunkt entfällt; hier kann das Revisionsgericht die Auslegung nur in demselben Umfang nachprüfen wie bei Individualverträgen[103].

### ee) Satzungen juristischer Personen

42  Im gleichen Sinne wie AGB werden Satzungen juristischer Personen behandelt; deren Auslegung durch das Berufungsgericht ist vom Revisionsgericht ebenfalls uneingeschränkt zu überprüfen. Dies gilt für die Satzung einer AG[104], eines rechtsfähigen[105] ebenso wie eines nichtrechtsfähigen[106] Vereins, einer Stiftung[107], einer Gewerkschaft[108] sowie den Gesellschaftsvertrag bei einer GmbH[109]. Bei GmbH-Gesellschaftsverträgen unterscheidet die Rechtsprechung danach, ob die konkrete Klausel körperschafts- oder individualrechtlichen Inhalts ist; letzterenfalls unterliegt die Auslegung des Gesellschaftsvertrags nicht der Nachprüfung durch das Revisionsgericht[110]. Dagegen werden **Gesellschaftsverträge von Personenhandelsgesellschaften** als nichttypische Individualverträge verstanden und die Nachprüfung ihrer Auslegung nur in dem unter → Rdnr. 36 ff. dargelegten Umfang zugelassen[111]. Lediglich bei der Publikums-KG werden die Grundsätze der Satzungen juristischer Personen angewandt[112].

43  Voraussetzung für eine Nachprüfung der Auslegung durch das Revisionsgericht ist jedoch immer, daß die Satzung nicht nur auf Rechtsverhältnisse einwirkt, die alle vom selben OLG entschieden werden; es ist also erforderlich, daß entweder die Mitglieder der juristischen Person ihren Wohnsitz in verschiedenen OLG-Bezirken haben[113] oder daß sich der Tätigkeitsbereich der juristischen Person auf mehrere OLG-Bezirke erstreckt. Enthält die Satzung eine wirksame Gerichtsstandsklausel, ist ebenso wie bei AGB, → Rdnr. 41, sichergestellt, daß alle Rechtsstreitigkeiten vom selben OLG entschieden werden, womit kein Bedürfnis für eine Nachprüfbarkeit der Auslegung durch das Revisionsgericht besteht.

### ff) Prozeßhandlungen

44  Eine besondere Behandlung erfährt nach h. M. die Auslegung von **Prozeßhandlungen**, die in der Revisionsinstanz auch dann **uneingeschränkt nachgeprüft** wird, wenn es sich um keine typischen Erklärungen handelt[114]. Auch das Schrifttum steht überwiegend auf diesem Standpunkt[115], → auch vor § 128 Rdnr. 194. Eine uneingeschränkte Überprüfbarkeit soll sogar

---

[103] *BGH* LM § 549 Nr. 66 = NJW 1963, 2227 = MDR 997 = JZ 757 = JR 1964, 63.
[104] *BGHZ* 9, 279 = LM § 114 AktG Nr. 2 = NJW 1953, 1021 = JZ 413 = MDR 415 = BB 336; *BGH* ZIP 1993, 1709, 1711.
[105] *RG* Warn. 1937 Nr. 127; *BGHZ* 47, 172, 179 f.; 96, 245, 250; 113, 237.
[106] *BGHZ* 21, 370 = LM § 25 BGB Nr. 1 = NJW 1956, 1793 = JZ 1957, 122.
[107] *BGH* LM § 85 BGB Nr. 1 = NJW 1957, 708.
[108] *BAGE* 16, 329 = AP § 2 TVG Tarifzuständigkeit Nr. 1 = NJW 1965, 887 = BB 31 = Betrieb 479.
[109] *BGHZ* 14, 25, 36 f. = LM § 17 GmbHG Nr. 2 = NJW 1954, 1401; 116, 359, 364 = LM § 34 GmbH Nr. 15 = NJW 1992, 892 = MDR 355 = ZIP 237; *BayObLG* NJW-RR 1993, 494, 495.
[110] *BGH* LM § 549 Nr. 25 = MDR 1954, 734 (Pensionszusage an Gesellschafter).

[111] *BGH* WM 1959, 1396; 1964, 199.
[112] *BGH* NJW-RR 1989, 993, 994.
[113] *Thomas/Putzo*[18] § 550 Rdnr. 8.
[114] Aus der reichhaltigen Rechtsprechung s. neben der grundlegenden Entscheidung *BGHZ* 4, 328, 334 = LM § 253 Nr. 2 = NJW 1952, 545 = JZ 234 neuerdings *BGHZ* 109, 19, 22 = LM § 847 BGB Nr. 81 = NJW 1990, 441 (Verzicht auf prozessuale Einrede); LM § 78 Nr. 41 = NJW 1991, 1175 = MDR 676 (Berufungseinlegung für eigene Praxis des Anwalts oder für einen vertretenen Anwalt); LM § 138 Nr. 30 = NJW 1991, 1683 = MDR 791 = LM § 123 BGB Nr. 74 = NJW 1992, 2346 = MDR 645 (beide zum Geständnis); LM § 85 = NJW 1992, 311 = MDR 519 = VersR 374 (Prozeßantrag); *BGHZ* 115, 286 = LM § 377 HGB Nr. 36 = NJW 1992, 566 = MDR 231 = JZ 588 = BB 23 = ZIP 477 (Klageänderung); *BGH* NJW 1985, 2335 (Berufungsverzicht).

dann gelten, wenn die auszulegende Erklärung in einem anderen Verfahren abgegeben worden ist, solange in diesem nicht eine rechtskraftfähige Entscheidung über die Erklärung ergangen ist[116]. Dagegen sollen **Parteivereinbarungen mit prozessualen Wirkungen** (etwa der Schiedsvertrag[117]) in der Revisionsinstanz nicht frei auslegbar sein. Soweit die Prozeßhandlung auch materiellrechtlichen Inhalt hat und es um dessen Tragweite geht, soll die Nachprüfung nur in dem Umfang möglich sein, wie wenn das Rechtsgeschäft außerprozessual vorgenommen worden wäre[118].

Die dargestellte, von den sonstigen Grundsätzen abweichende **Behandlung der Prozeßhandlungen ist abzulehnen**. Es ist kein Grund ersichtlich, der es rechtfertigen könnte, verfahrensrechtliche Erklärungen anders zu behandeln als materiellrechtliche Willenserklärungen[119]. Eine Ausnahme ist lediglich dann geboten, wenn die Erklärung einen von Amts wegen zu berücksichtigenden Punkt betrifft, sich also insbesondere auf das Vorliegen einer unverzichtbaren Prozeßvoraussetzung bezieht[120] (zum Umfang der Prüfung von Amts wegen in der Revisionsinstanz → § 559 Rdnr. 12 ff. und zur Frage, ob das Revisionsgericht insoweit nicht an den vom Berufungsgericht festgestellten Sachverhalt gebunden ist, → § 561 Rdnr. 14 f.). Ist diese Voraussetzung nicht erfüllt, so kann das Revisionsgericht allenfalls prüfen, ob die vom Berufungsgericht vertretene Auslegung in Widerspruch zu Auslegungsregeln steht, → Rdnr. 36 ff., es sei denn, es handelt sich um eine vertypte Erklärung (etwa ein in mehreren OLG-Bezirken einheitlich verwendetes Formular zur Erteilung der Prozeßvollmacht). Weiter kann das Revisionsgericht selbstverständlich solche Prozeßhandlungen ohne Einschränkung selbständig auslegen, die erst für die Revisioninstanz bedeutsam geworden (etwa Umfang eines Verzichts auf die Revision) oder gar erst im Revisionsverfahren abgegeben worden sind (Auslegung der Revisionsanträge oder einer Erklärung als Rücknahme der Revision).

45

### g) Gerichtliche Entscheidungen und Verwaltungsakte

Die h. M. befürwortet weiter für die Revisionsinstanz die freie Auslegung gerichtlicher Entscheidungen und sonstiger gerichtlicher Akte. Ebenso wie das Revisionsgericht das seiner Überprüfung unterliegende angefochtene Urteil auszulegen hat, so soll es auch dann, wenn ein Urteil oder eine andere Entscheidung zu würdigen ist (z. B. bei der Bestimmung des Rechtskraftumfangs) dessen Sinn und Tragweite selbst feststellen[121]. Gleiches soll für Akte anderer Behörden gelten[122]. Eine überzeugende Begründung für diese Ansicht fehlt bisher; sie läßt sich auch kaum finden[123]. Eine andere (zu bejahende) Frage ist es, ob ein behördlicher Akt, nachdem die Auslegung erfolgt ist, als Verwaltungsakt, öffentlichrechtlicher oder privatrechtlicher Vertrag, Satzung oder sonstwie einzustufen ist. Dabei handelt es sich um das Problem der rechtlichen Einordnung der festgestellten Tatsachen, → Rdnr. 27.

46

---

[115] *Baumbach/Lauterbach/Albers*[51] § 550 Rdnr. 5; MünchKomm ZPO-*Walchshöfer* § 550 Rdnr. 9; *Thomas/Putzo*[18] § 550 Rdnr. 4; *Zöller/Schneider*[18] § 550 Rdnr. 11; *Rosenberg/Schwab/Gottwald*[15] § 143 I 6; *Kuchinke* (Fn. 49), 169 ff.
[116] BGH LM § 549 Nr. 50 = NJW 1959, 2119 = JZ 776 = MDR 997.
[117] BGHZ 24, 15, 19 = NJW 1957, 791.
[118] BGH MDR 1968, 576; BAGE 3, 116, 118 f.; AP § 133 BGB Nr. 32 (alle zum Prozeßvergleich).
[119] Gegen die von der h. M. vorgenommene Differenzierung auch *Gottwald* (Fn. 49), 240.
[120] In diesem Sinne offenbar auch *Kuchinke* (Fn. 49), 171.

[121] RGZ 58, 423; BGH NJW 1983, 2773, 2774 (beide für Pfändungsbeschluß); LM § 580 Ziff. 6 Nr. 2 = NJW 1988, 1914, 1915 = MDR 566 (Urteil); *Baumbach/Lauterbach/Albers*[51] § 550 Rdnr. 3; MünchKomm ZPO-*Walchshöfer* § 550 Rdnr. 8; *Thomas/Putzo*[18] § 550 Rdnr. 5.
[122] BGHZ 3, 1, 15; 86, 104, 110 = NJW 1983, 1793, 1794 (Auslegung eines Verwaltungsaktes); BGHZ 13, 133, 134 = NJW 1954, 1035; LM § 1018 BGB Nr. 5 (Auslegung eines Grundbucheintrags).
[123] S. die Kritik bei *Kuchinke* (Fn. 49), 169 ff., der die h. M. durch Gewohnheitsrecht rechtfertigen möchte. Skeptisch gegenüber der h. M. auch *Gottwald* (Fn. 49), 237 ff.; AK-*Ankermann* § 550 Rdnr. 15.

## 4. Ursächlichkeit der Gesetzesverletzung

### a) Zusammenhang mit dem Umfang der Beschwer

47 Die angefochtene Entscheidung muß auf der Verletzung der revisiblen Rechtsnorm beruhen, § 549 Abs. 1[124], d.h. die angefochtene Entscheidung müßte ohne die Gesetzesverletzung für den Revisionskläger günstiger ausfallen. Dabei sind **dieselben Kriterien wie bei der Beschwer**, → Allg. Einl. vor § 511 Rdnr. 70ff., maßgeblich: Wenn durch Vermeidung des Fehlers die Beschwer des Revisionsklägers nicht wenigstens teilweise unterblieben wäre, ist die Revision zurückzuweisen. Hätte die fehlerhafte Entscheidung dagegen dazu geführt, daß der Revisionskläger weniger als geschehen beschwert wäre, so ist die Revision begründet. Daraus folgt, daß entgegen der h. M. auch die bloße Auswechselung der Begründung bei einer klageabweisenden Berufungsentscheidung die Revision begründet sein lassen kann; zur entsprechenden Problematik bei der Beschwer → Allg. Einl. vor § 511 Rdnr. 90ff.

### b) Verfahrensverstoß

48 Hat das Berufungsgericht einen nach § 554 Abs. 3 Nr. 3b ordnungsgemäß gerügten Verfahrensverstoß begangen, so ist das Revisionsgericht i.d.R. nicht in der Lage, von sich aus festzustellen, wie das Urteil ohne den Fehler ausgefallen wäre. Insbesondere bei Fehlern im Zusammenhang mit der Feststellung des entscheidungserheblichen Sachverhalts (z.B. bei einer nicht durchgeführten Beweisaufnahme) kann das Revisionsgericht nicht klären, welcher Sachverhalt sich ohne den Fehler ergeben hätte[125]. Will man Verfahrenfehler als Revisionsgrund nicht praktisch ausschließen, muß die Revision schon dann begründet sein, wenn nur die **Möglichkeit** besteht, daß das Revisionsurteil ohne den Gesetzesverstoß anders ausgefallen wäre[126]. Diese Möglichkeit kann nur selten ausgeschlossen werden. So reicht es etwa aus, daß bei der Beratung eine nicht zur Entscheidung berufene Person, ohne sich an der Abstimmung oder auch nur an der Beratung zu beteiligen, anwesend war; die Mitglieder des Gerichts können dadurch in der Äußerung ihrer Meinung oder in ihrem Abstimmungsverhalten vielleicht gehemmt werden[127].

49 Liegt ein **absoluter Revisionsgrund**, § 551, vor, so wird die Kausalität des Verfahrensfehlers für den Entscheidungsinhalt unwiderleglich vermutet. Das Revisionsgericht hat sich hier nicht zu fragen, wie das Berufungsurteil ohne den Fehler ausgefallen wäre[128]. Selbst wenn das Revisionsgericht sicher ist, daß die Verletzung der Rechtsnorm sich auf den Entscheidungsinhalt nicht ausgewirkt hat, muß es das angefochtene Urteil aufheben. Da das Revisionsgericht nicht feststellen kann, wie ohne den Verfahrensverstoß hätte entschieden werden müssen, kommt eine Entscheidung in der Sache selbst nicht in Betracht; die Sache muß vielmehr an das Berufungsgericht zurückverwiesen werden[129].

### c) Verletzung materiellrechtlicher Beurteilungsnormen

50 Bei der Verletzung materiellrechtlicher Beurteilungsnormen stellt sich, anders als bei Verfahrensverstößen, nicht das Problem, daß das Revisionsgericht nicht beurteilen kann, wie das Urteil ohne den Fehler ausgefallen wäre. Hier ist deswegen grundsätzlich in der Sache

---

[124] Dazu insbesondere *Rimmelspacher* ZZP 84 (1971), 41.
[125] *Rimmelspacher* ZZP 84 (1971), 52f.
[126] MünchKomm ZPO-*Walchshöfer* § 549 Rdnr. 16; *Thomas/Putzo*[18] § 549 Rdnr. 12; *Rimmelspacher* ZZP 84 (1971), 52f.
[127] BAGE 19, 285 = AP § 193 GVG Nr. 2 (*Wieczorek*) = NJW 1967, 1581 = MDR 621 = Betrieb 736.
[128] Eingehend dazu *Rimmelspacher* ZZP 84 (1971), 53ff.
[129] *Rimmelspacher* ZZP 84 (1971), 73.

selbst zu entscheiden, sei es, daß nach § 565 Abs. 3 Nr. 1 das angefochtene Urteil aufgehoben, sei es, daß es nach § 563 als im Ergebnis richtig bestätigt wird[130]. Etwas anderes gilt nur dann, wenn außerdem ein Verfahrensverstoß begangen worden ist. Bei der Prüfung, wie das Urteil ohne Verletzung des materiellen Rechts ausgefallen wäre, ist nicht entscheidend, wie das Berufungsgericht bei Vermeidung des Fehlers tatsächlich entschieden hätte, sondern ausschließlich, wie zutreffenderweise hätte entschieden werden müssen[131].

## V. Zuständigkeitsprüfung, § 549 Abs. 2

Im Interesse einer Beschleunigung des Verfahrens und angesichts der Gleichwertigkeit der Gerichte schließt Abs. 2 die Überprüfung der Zuständigkeit des erstinstanzlichen Gerichts für gewisse (nicht für alle) Zuständigkeitsformen aus. Durch die Vereinfachungsnovelle (BGBl. 1976 I 3281) und G. v. 20. II. 1986 (BGBl. I 301) ist die Überprüfung der Zuständigkeit in der Revisionsinstanz erheblich eingeschränkt worden. Hinzukommt, daß die Zulässigkeit des Rechtswegs nach § 17a Abs. 5 GVG im Revisionsverfahren nicht überprüfbar ist, was im Rahmen von Abs. 2 für das Verhältnis gegenüber der Arbeitsgerichtsbarkeit relevant ist, → Rdnr. 54. Gegen den Ausschluß der Zuständigkeitsüberprüfung durch § 549 Abs. 2 bestehen keine verfassungsrechtlichen Bedenken[132]. 51

### 1. Örtliche Zuständigkeit

Die örtliche Zuständigkeit ist nicht nur dann unüberprüfbar, wenn das erstinstanzliche Gericht sich zu Unrecht als örtlich zuständig angesehen hat, sondern auch dann, wenn die Klage wegen fehlender Zuständigkeit als unzulässig abgewiesen worden ist. Hat das Berufungsgericht die örtliche Zuständigkeit verneint, wegen der Zuständigkeitsfrage aber die Revision zugelassen, so kann die Frage gleichwohl nicht nachgeprüft werden; die Revision ist dann zwar zulässig, aber unbegründet[133]. Der Ausschluß der Nachprüfbarkeit gilt auch in nichtvermögensrechtlichen Streitigkeiten. 52

### 2. Sachliche Zuständigkeit

Neben der örtlichen Zuständigkeit ist auch die sachliche Zuständigkeit der Nachprüfung in der Revisionsinstanz entzogen, wobei es ebenfalls unerheblich ist, ob die Zuständigkeit bejaht oder verneint worden ist. Ob es sich um eine vermögens- oder um eine nichtvermögensrechtliche Streitigkeit handelt, ist unerheblich. Die Regelung ist deswegen von nur eingeschränkter praktischer Bedeutung, weil die irrige Bejahung der sachlichen Zuständigkeit durch das Landgericht ohnehin nicht angefochten werden kann, § 10, während eine Entscheidung des Amtsgerichts nicht in die Revisionsinstanz gelangen kann. Damit bleibt nur der Fall, daß das Landgericht seine Zuständigkeit verneint hat. Unerheblich ist, ob das Berufungsgericht die Entscheidung des Landgerichts bestätigt oder aufgehoben hat; in beiden Fällen ist die Frage der sachlichen Zuständigkeit der Nachprüfung in der Revisioninstanz entzogen. Zur sachlichen Zuständigkeit gehört auch die Frage, ob das **Landwirtschaftsgericht** oder das Prozeßgericht zuständig ist; eine Nachprüfung in der Revisionsinstanz ist durch § 549 Abs. 2 ausgeschlossen[134]. Hat dagegen das Landgericht in einer Landwirtschaftssache durch Urteil entschieden, während beim Oberlandesgericht statt des zuständigen Zivilsenats der Landwirt- 53

---

[130] *Rimmelspacher* ZZP 84 (1971), 61 ff.
[131] *Blomeyer*² § 104 IV 1b.
[132] *BGH* LM § 549 Nr. 99 = NJW 1988, 3267 = MDR 839.
[133] *BGH* LM § 549 Nr. 99 (Fn. 132); LM § 546 Nr. 94 = MDR 1980, 203 = ZZP 93 (1980), 331 (*Waldner*).
[134] *BGHZ* 114, 277 = LM § 48 LwVG Nr. 3 = NJW 1991, 3280 = MDR 1167.

schaftssenat entschieden hat, so kann dies in der Revisionsinstanz gerügt werden, ohne daß dem § 549 Abs. 2 entgegensteht[135].

### 3. Zuständigkeit des Arbeitsgerichts

54 Der in § 549 Abs. 2 vorgesehene Ausschluß einer Überprüfung der Zuständigkeit daraufhin, ob nicht die Zuständigkeit des Arbeitsgerichts begründet war, ist deswegen gegenstandslos geworden, weil nach § 17a Abs. 5 GVG die Rechtswegzuständigkeit (wozu auch die Abgrenzung der ordentlichen Gerichtsbarkeit gegenüber der Arbeitsgerichtsbarkeit gehört) in Rechtsmittelinstanzen ohnehin nicht mehr überprüft wird. Wegen Einzelheiten → § 529 Rdnr. 10.

### 4. Familiensachen

55 Nicht überprüft wird in der Revisionsinstanz schließlich, ob es sich um eine Familiensache handelt und demzufolge das Familiengericht entscheiden mußte. Unerheblich ist, ob das Berufungsgericht den Charakter der Streitigkeit als Familiensache bejaht oder verneint hat. Hat das Oberlandesgericht die Frage, ob eine Familiensache vorliegt, allerdings offengelassen, so hat das Revisionsgericht trotz § 549 Abs. 2 zu beurteilen, ob eine Familiensache vorliegt und die Revision deshalb nach § 621d Abs. 1 einer Zulassung bedarf[136], → weiter § 621d Rdnr. 2.

### 5. Sonstige Zuständigkeitsformen

56 Alle anderen Zuständigkeitsformen (bis auf die Rechtswegzuständigkeit, § 17a Abs. 5 GVG) sind in der Revisionsinstanz uneingeschränkt nachprüfbar. Dies gilt konkret vor allem für die internationale[137] und die funktionale Zuständigkeit[138]. Nachprüfbar ist weiter, ob die deutsche Gerichtsbarkeit gegeben ist[139].

## VI. Arbeitsgerichtliches Verfahren

57 Für das arbeitsgerichtliche Verfahren wird § 549 Abs. 1 durch § 73 Abs. 1 ArbGG ersetzt, der insofern nicht glücklich gefaßt ist, als er den Anschein erweckt, als wolle er die Revisionsgründe erschöpfend regeln, was bedeuten würde, daß das angefochtene Urteil immer auf der Gesetzesverletzung beruhen muß. Obwohl § 551 im ArbGG nicht ausdrücklich für anwendbar erklärt wird, besteht Einigkeit darüber, daß § 551 auch im arbeitsgerichtlichen Verfahren gilt[140].

### 1. Verletzung einer Rechtsnorm

58 Anders als in der ordentlichen Gerichtsbarkeit, → Rdnr. 5 ff., kann die Revision im arbeitsgerichtlichen Verfahren auf die **Verletzung jeder Rechtsnorm** gestützt werden. Weder muß es

---

[135] *BGH* § 119 GVG Nr. 34 = NJW-RR 1992, 1152 = MDR 610.
[136] *BGH* LM § 549 Nr. 100 = NJW 1988, 2380 = MDR 1043 = FamRZ 1036 (*Jauernig*).
[137] *BGHZ* 44, 46 = LM § 512a Nr. 4 = NJW 1965, 1665 = MDR 723 = JZ 1966, 237; LM § 549 Nr. 90 = NJW 1978, 2202; § 23 Nr. 7 = NJW 1991, 3092 = MDR 988.

[138] MünchKomm ZPO-*Walchshöfer* § 549 Rdnr. 19; AK-*Ankermann* § 549 Rdnr. 10.
[139] MünchKomm ZPO-*Walchshöfer* § 549 Rdnr. 19.
[140] *Grunsky*⁶ § 73 Rdnr. 2; *Germelmann/Matthes/Prütting* § 73 Rdnr. 1.

sich um Bundesrecht noch um eine Vorschrift handeln, deren Geltungsbereich über einen LAG-Bezirk hinausreicht. Die Revision kann demgemäß ohne die in § 549 Abs. 1 enthaltenen Einschränkungen auch auf die Verletzung landesrechtlicher Vorschriften[141] sowie ausländischen Rechts[142] gestützt werden. Revisibel ist weiter der normative Teil eines **Tarifvertrags**[143]. Das Revisionsgericht kann demnach den normativen Teil eines Tarifvertrags selbständig auslegen. Weiter hat es zu überprüfen, ob ein Vertrag rechtlich als Tarifvertrag einzuordnen ist[144]. Dagegen sind die schuldrechtlichen Bestimmungen eines Tarifvertrags keine Rechtsnormen. Sie können vom Revisionsgericht wie Verträge nachgeprüft werden. Dabei können die Grundsätze über die Auslegung typischer Erklärungssachverhalte, → Rdnr. 40f., von Bedeutung sein. Voraussetzung ist dabei jedoch, daß sich der Anwendungsbereich des Tarifvertrags über den Bereich eines LAG hinaus erstreckt[145].

Auch **Betriebsvereinbarungen** haben normative Wirkung[146] und sind damit revisibel, d. h. sie sind vom Revisionsgericht selbständig auszulegen[147]. Soweit Betriebsvereinbarungen dagegen das Verhältnis zwischen Arbeitgeber und Betriebsrat regeln, handelt es sich um eine rein schuldrechtliche Vereinbarung; das Rechtsbeschwerdegericht kann die Auslegung insoweit nur nach den Grundsätzen nachprüfen, die für den schuldrechtlichen Teil von Tarifverträgen gelten[148], → Rdnr. 58. 59

Bei der **Auslegung von Arbeitsverträgen** muß ebenso wie bei sonstigen Verträgen, → Rdnr. 36ff., differenziert werden. Für Individualverträge gilt das unter → Rdnr. 36–39 Ausgeführte. Dagegen ist die Auslegung von typischen Verträgen in der Revisionsinstanz überprüfbar, → Rdnr. 40f. Dies gilt für Arbeitsverträge, deren Inhalt einem Tarifvertrag entnommen ist[149] oder die als Formular- oder Musterverträge von einem Verband oder einem Arbeitgeber aufgestellt worden sind, der derartige Verträge in großer Zahl abschließt[150]. Weiter gehören hierher Arbeitsverträge, die von einem großen Arbeitgeber immer wieder einheitlich abgeschlossen werden, ohne daß ein echtes Aushandeln des Vertragsinhalts erfolgt[151]. 60

## 2. Zuständigkeitsprüfung, § 73 Abs. 2 i.V.mit § 65 ArbGG

Die in § 549 Abs. 2 enthaltenen Einschränkungen für die Überprüfung der Zuständigkeit durch das Revisionsgericht gelten im arbeitsgerichtlichen Verfahren nicht. Insoweit enthält das ArbGG in § 73 Abs. 2 i.V. mit § 65 ArbGG eine Sonderregelung für das Urteilsverfahren. Im Beschlußverfahren gilt nach § 93 Abs. 2 i.V. mit § 65 ArbGG Entsprechendes. Zum Inhalt des damit maßgeblichen § 65 ArbGG → § 529 Rdnr. 19. 61

## § 551 [Absolute Revisionsgründe]

Eine Entscheidung ist stets als auf einer Verletzung des Gesetzes beruhend anzusehen:
1. wenn das erkennende Gericht nicht vorschriftsmäßig besetzt war;
2. wenn bei der Entscheidung ein Richter mitgewirkt hat, der von der Ausübung des

---

[141] *BAGE* 4, 347 = AP § 73 ArbGG Nr. 1 = JZ 1958, 252; *Grunsky*[6] § 73 Rdnr. 5; *Germelmann/Matthes/Prütting* § 73 Rdnr. 5.
[142] *BAGE* 27, 99 = AP Internationales Privatrecht Arbeitsrecht Nr. 12; *Grunsky*[6] § 73 Rdnr. 8.
[143] *BAG* § 1 TVG Auslegung Nr. 121; *Grunsky*[6] § 73 Rdnr. 9; *Germelmann/Matthes/Prütting* § 73 Rdnr. 11.
[144] *BAG* AP § 1 TVG Nr. 17.
[145] *BAG* AP § 549 Nr. 1 (*Pohle*).

[146] *Hess/Schlochauer/Glaubitz* BetrVerfG[3] (1986) § 77 Rdnr. 8.
[147] *BAGE* 16, 58; 27, 178 = AP § 77 BetrVG 1972 Auslegung Nr. 1; *Grunsky*[6] § 73 Rdnr. 87.
[148] *Grunsky*[6] § 73 Rdnr. 11.
[149] *BAGE* 8, 91, 96; AP § 1 TVG Tarifverträge, Rundfunk Nr. 1.
[150] *BAGE* 6, 280 = AP § 64 ArbGG Nr. 17.
[151] *BAGE* 4, 340 = AP § 1 TOA Nr. 7; 6, 122.

Richteramts kraft Gesetzes ausgeschlossen war, sofern nicht dieses Hindernis mittels eines Ablehnungsgesuchs ohne Erfolg geltend gemacht ist;

3. wenn bei der Entscheidung ein Richter mitgewirkt hat, obgleich er wegen Besorgnis der Befangenheit abgelehnt und das Ablehnungsgesuch für begründet erklärt war;

4. wenn das Gericht seine Zuständigkeit oder Unzuständigkeit mit Unrecht angenommen hat;

5. wenn eine Partei in dem Verfahren nicht nach Vorschrift der Gesetze vertreten war, sofern sie nicht die Prozeßführung ausdrücklich oder stillschweigend genehmigt hat;

6. wenn die Entscheidung aufgrund einer mündlichen Verhandlung ergangen ist, bei der die Vorschriften über die Öffentlichkeit des Verfahrens verletzt sind;

7. wenn die Entscheidung nicht mit Gründen versehen ist.

Gesetzesgeschichte: Bis 1900 § 513 CPO. Keine Änderungen.

| | | | |
|---|---|---|---|
| I. Absolute Revisionsgründe | 1 | 5. Nicht ordnungsmäßige Vertretung | 16 |
| 1. Unwiderlegliche Vermutung der Ursächlichkeit | 1 | a) Anwendungsbereich | 16 |
| 2. Verhältnis zu den Zulässigkeitsvoraussetzungen für die Revision | 2 | b) Rügebefugnis | 20 |
| | | c) Prüfung von Amts wegen | 21 |
| II. Die einzelnen absoluten Revisionsgründe | 3 | 6. Öffentlichkeit des Verfahrens | 22 |
| | | 7. Fehlen von Entscheidungsgründen | 25 |
| 1. Nicht vorschriftsmäßige Besetzung des Gerichts | 3 | a) Unvollständige Gründe | 27 |
| a) Anforderungen nach dem DRiG und dem GVG | 3 | b) Undeutliche und lückenhafte Gründe | 29 |
| b) Überbesetzung des Spruchkörpers | 5 | c) Inhaltsleere Redensarten | 30 |
| c) Geschäftsverteilung | 6 | d) Unterschriftsmängel | 31 |
| d) Einzelrichter | 7 | e) Bezugnahme auf andere Entscheidungen | 32 |
| e) Physische Gebrechen eines Richters | 8 | f) Verspätete Begründung | 33 |
| f) »Erkennendes« Gericht | 9 | aa) Gleichstellung mit Fehlen der Gründe | 33 |
| g) Verfahrensrüge | 10 | bb) Besonderheiten bei Antrag auf Tatbestandsberichtigung | 36 |
| 2. Ausgeschlossener Richter | 11 | g) Tatbestandsmangel | 37 |
| 3. Abgelehnter Richter | 12 | h) Rechtsfolgen des Fehlens der Gründe | 38 |
| 4. Zuständigkeitsmängel | 13 | III. Arbeitsgerichtliches Verfahren | 39 |

## I. Absolute Revisionsgründe

### 1. Unwiderlegliche Vermutung der Ursächlichkeit

1   Grundsätzlich hat das Revisionsgericht in Würdigung des konkreten Falls darüber zu entscheiden, ob das angefochtene Urteil auf der Gesetzesverletzung beruht, → §§ 549, 550 Rdnr. 47ff. Bei den in § 551 aufgeführten Verletzungen gilt dagegen eine unbedingte, keinen Gegenbeweis zulassende, also unwiderlegliche Vermutung für die Ursächlichkeit. Maßgeblicher Gesichtspunkt für die Aufstellung des Katalogs absoluter Revisionsgründe[1] war die Erwägung, daß bei den in § 551 angeführten Verfahrensfehlern eine Nachprüfung des Urteils

---

[1] S. dazu insbesondere *Henckel* ZZP 77 (1964), 344ff.; *Rimmelspacher* ZZP 84 (1971), 41, 53ff.

auf seine Richtigkeit hin nur sehr schwer möglich ist und das Revisionsgericht übermäßig belastet würde[2]. § 563 ist auf absolute Revisionsgründe demnach nicht anwendbar[3]. Darüber hinaus ist es bei einigen in § 551 angeführten Verfahrensfehlern so, daß sie das Urteil inhaltlich häufig überhaupt nicht beeinflussen (etwa bei Ziff. 1 oder 6), so daß die Untergerichte nur dadurch zur Einhaltung der Verfahresregeln angehalten werden können, daß der Gesetzgeber die Aufhebung des Urteils unabhängig davon anordnet, ob es inhaltlich unrichtig ist. Dagegen ist die Schwere des Fehlers ohne Bedeutung dafür, ob ein Verfahrensfehler einen absoluten oder einen nur relativen Revisionsgrund darstellt[4]. Infolgedessen geht es nicht an, die Verletzung des Anspruchs auf rechtliches Gehör deshalb zum absoluten Revisionsgrund zu erklären, weil der Anspruch verfassungsrechtlich geschützt ist[5].

### 2. Verhältnis zu den Zulässigkeitsvoraussetzungen der Revision

Hauptcharakteristikum der absoluten Revisionsgründe ist es, daß es auf die Ursächlichkeit 2 des Verfahrensverstoßes für den Urteilsinhalt nicht ankommt. Abgesehen davon gelten für die absoluten Revisionsgründe die allgemeinen Regeln. Das bedeutet einmal, daß das Vorliegen eines absoluten Revisionsgrundes nur dann geprüft werden kann, **wenn die Revision zulässig ist**; die Geltendmachung eines absoluten Revisionsgrundes kann nicht dazu führen, sonst nicht revisible Urteile der Nachprüfung durch das Revisionsgericht zu unterwerfen[6]. Ferner ist auch bei zulässiger Revision das Vorliegen eines absoluten Revisionsgrundes grundsätzlich nicht von Amts wegen, sondern nur bei Vorliegen einer **Revisionsrüge** (§ 554 Abs. 3 Nr. 2b) zu prüfen[7]. Soweit der absolute Revisionsgrund allerdings das Vorhandensein einer Prozeßvoraussetzung betrifft, nimmt die h. M. an, daß insoweit sein Vorliegen von Amts wegen zu prüfen ist[8]. Dem ist mit der Einschränkung zuzustimmen, daß es sich um eine unverzichtbare Prozeßvoraussetzung handeln muß.

## II. Die einzelnen absoluten Revisionsgründe

### 1. Nicht vorschriftsmäßige Besetzung des Gerichts

#### a) Anforderungen nach dem DRiG und dem GVG

Die vorschriftsmäßige Besetzung des erkennenden Gerichts umfaßt zunächst die **Befähi-** 3 **gung zum Richteramt**, § 5ff. DRiG, sowie die ordnungsmäßige Ernennung als Richter, §§ 8ff. DRiG. Dabei ist insbesondere zu erwähnen, daß nach § 29 S. 1 DRiG an der Entscheidung nicht mehr als zwei Richter auf Probe mitwirken dürfen. Diese durch G. v. 11. I. 1993 (BGBl. I 50) getroffene Regelung ist zeitlich bis 28. II. 1998 befristet; anschließend gilt § 29 S. 1 DRiG wieder in seiner früheren Fassung, wonach nur ein Richter auf Probe mitwirken darf. Zur vorschriftsmäßigen Besetzung des Gerichts gehört weiter seine Besetzung mit einer bestimm-

---

[2] Kritisch zu diesem üblichen Verständnis der absoluten Revisionsgründe *Bettermann* ZZP 88 (1975), 365, 378ff.
[3] *Baumbach/Lauterbach/Albers*[51] Rdnr. 1; *Thomas/Putzo*[18] Rdnr. 1.
[4] *Henckel* ZZP 77 (1964), 345f.; a.A. *Rimmelspacher* ZZP 84 (1971), 59.
[5] *Henckel* ZZP 77 (1964), 345.
[6] BGHZ 2, 278 = NJW 1951, 802; 39, 333, 335; BAG AP § 72 ArbGG Divergenzrevision Nr. 20 (*Pohle*); AK-*Ankermann* Rdnr. 1; *Baumbach/Lauterbach/Albers*[51] Rdnr. 2; MünchKomm ZPO-*Walchshöfer* Rdnr. 2.

[7] BGHZ 41, 253; BAGE 11, 276 = AP § 551 Nr. 3 = NJW 1962, 318 = JZ 544 = MDR 150; *Heussner* NJW 1961, 1189 (alle zur nicht vorschriftsmäßigen Besetzung des Gerichts); AK-*Ankermann* Rdnr. 1; MünchKomm ZPO-*Walchshöfer* Rdnr. 3; *Thomas/Putzo*[18] Rdnr. 1; *Zöller/Schneider*[18] Rdnr. 1.
[8] BAGE 11, 276, 277 (Fn. 7); MünchKomm ZPO-*Walchshöfer* Rdnr. 3; *Thomas/Putzo*[18] Rdnr. 1; *Zöller/Schneider*[18] Rdnr. 1.

ten **Zahl von Richtern** (§§ 22, 75, 105, 122, 132 Abs. 5, 139 GVG), ferner die **Bildung von Kammern und Senaten** (§§ 60, 116, 130 GVG), d. h. die Bestimmung des Vorsitzenden, der Mitglieder, der Vertreter und die Reihenfolge, in der letztere heranzuziehen sind. Ein Richter auf Probe kann nicht zum Vorsitzenden bestellt werden, § 28 Abs. 2 S. 2 DRiG.

4   Ein **Vorsitzender Richter** kann mehreren Spruchkörpern vorsitzen[9]. Dabei soll es jedoch erforderlich sein, daß er sich mit den in beiden Spruchkörpern anfallenden Sachen so befaßt, daß er einen »**richtunggebenden Einfluß**« auf die Rechtsprechung ausübt[10], wobei es auf die konkreten Verhältnisse des Einzelfalls ankommt[11]. Zur Ausübung des richtunggebenden Einflusses soll es erforderlich sein, daß der Vorsitzende mindestens 75% der anfallenden Geschäfte selbst erledigt[12]. Diese Rechtsprechung erscheint bedenklich: Der Vorsitzende ist ein Richter wie jeder andere auch, der lediglich im organisatorischen Bereich eine Sonderstellung genießt, nicht aber dazu da ist, die Beisitzer zu lenken[13]. Unzulässig ist es, für einen Spruchkörper mehrere Vorsitzende zu bestellen[14]. Eine **Vertretung des Vorsitzenden** (§ 21f. Abs. 2 GVG) ist nach der Rechtsprechung nur insoweit zulässig, als dadurch der richtunggebende Einfluß des Vorsitzenden auf die Rechtsprechung des Senats nicht beeinträchtigt wird. Dies bedeutet insbesondere, daß die Vertretung entweder nur vorübergehend erfolgen darf[15], wobei darauf abgestellt wird, daß die Wiederaufnahme des Dienstes nicht zweifelhaft erscheint[16], oder daß sich die Vertretung umfangmäßig auf nicht mehr als 25% der anfallenden Geschäfte bezieht[17]. Soweit eine Verhinderung des Vorsitzenden nicht vorliegt, darf er sich nicht vertreten lassen; tut er es gleichwohl, liegt der absolute Revisionsgrund nach Ziff. 1 vor[18].

### b) Überbesetzung des Spruchkörpers

5   Besondere Schwierigkeiten bereitet das Problem der Überbesetzung von Spruchkörpern. Nach der Rechtsprechung des BVerfG ist das Gericht dann nicht mehr vorschriftsmäßig besetzt, wenn die Zahl der ordentlichen Mitglieder es gestattet, daß zwei voneinander verschiedene Spruchgruppen Recht sprechen[19]. Dies bedeutet, daß der Senat bzw. die Kammer aus nicht mehr als fünf ordentlichen Mitgliedern bestehen darf[20]. Bis zu dieser Grenze ist gegen eine Überbesetzung der Spruchkörper nichts einzuwenden. Haben an der Entscheidung Richter mitgewirkt, die an der mündlichen Verhandlung nicht teilgenommen hatten (s. § 309), so ist dies ein absoluter Revisionsgrund nach Ziff. 1[21]. War bei der Beratung entgegen § 193 GVG eine nicht zur Entscheidung berufene Person zugegen, so wird sich auf jeden Fall kaum je ausschließen lassen, daß dadurch der Entscheidungsinhalt beeinflußt worden ist[22]; im

---

[9] MünchKomm ZPO-*M. Wolf* § 59 GVG Rdnr. 7.
[10] *BGHZ* 9, 291 = LM § 115 GVG Nr. 1 = NJW 1953 1302; 10, 130 = LM § 115 GVG Nr. 2 = NJW 1953, 2392; 37, 210 = LM § 115 GVG Nr. 4 = NJW 1962, 1570 = MDR 717; 49, 64, 66 = NJW 1968, 501.
[11] *BGHZ* 9, 291; 10, 130 (beide Fn. 10).
[12] *BGHZ* 37, 210 (Fn. 10). Dies soll auch dann gelten, wenn der OLG-Präsident den Vorsitz innehat (*BGHZ* 49, 64 = LM § 115 GVG Nr. 6 = NJW 1968, 501 = JZ 567 = DRiZ 105); unschädlich ist es, wenn der Vorsitzende ständig teilweise verhindert ist und deshalb eine ständige Vertreterregelung getroffen wird, sofern sich diese nur auf höchstens 25% der anfallenden Geschäfte bezieht (*BGH* LM § 551 Ziff. 1 Nr. 51 = NJW 1970, 901 = MDR 499 = JZ 376).
[13] Zutreffend *Vollkommer* Rpfleger 1968, 303; Vorbehalte gegen die Rechtsprechung auch bei MünchKomm ZPO-*M. Wolf* § 59 GVG Rdnr. 8.
[14] *BGHZ* 15, 135 = LM § 66 GVG Nr. 3 = NJW 1955, 103.

[15] *BGHZ* 10, 130; 15, 135 (Fn. 14); 16, 254 = § 66 GVG Nr. 4 = NJW 1955, 587 = JZ 246; *BGH* NJW 1989, 843.
[16] *BGH* NJW 1989, 843.
[17] *BGH* LM § 551 Ziff. 1 Nr. 51 (Fn. 12).
[18] MünchKomm ZPO-*M. Wolf* § 21f. GVG Rdnr. 7.
[19] *BVerfGE* 17, 294 = NJW 1964, 1020 (*Arndt*) = JZ 1965, 57 (*Kern*); 18, 65 = NJW 1964, 1667; NJW 1965, 1219; s. ferner *BGH* LM Art. 101 GG Nr. 12 = Warn. 1965 Nr. 145 = NJW 1715 = MDR 734.
[20] *BGH* LM Art. 101 GG Nr. 11 = Warn. 1965 Nr. 97 = NJW 1434 = MDR 643 = DRiZ 239; a. A. noch *BGH* LM § 551 Ziff. 1 Nr. 11.
[21] *OGHZ* 1, 289; AK-*Ankermann* Rdnr. 2; MünchKomm ZPO-*Walchshöfer* Rdnr. 8; → weiter § 309 Rdnr. 15.
[22] So auch *BAGE* 19, 285 = NJW 1967, 1581; AK-*Ankermann* Rdnr. 2.

## c) Geschäftsverteilung

Der absolute Revisionsgrund der Ziff. 1 liegt immer dann vor, wenn das **Recht auf den gesetzlichen Richter** (Art. 101 Abs. 1 S. 2 GG) verletzt worden ist, weshalb die dazu ergangene Rechtsprechung des BVerfG heranzuziehen ist[24]. Hat ein anderer Senat oder eine andere Kammer als der nach dem **Geschäftsverteilungsplan** zuständige Spruchkörper entschieden, bedeutet dies, daß das Gericht nur dann nicht vorschriftsmäßig besetzt war, wenn willkürlich gegen den Geschäftsverteilungsplan verstoßen worden ist; ein irrtümlicher Verstoß ist kein absoluter Revisionsgrund[25]; das BVerfG nimmt hier auch keinen Verstoß gegen Art. 101 Abs. 1 S. 2 GG an[26]. Von dem Verstoß gegen einen ordnungsgemäßen Geschäftsverteilungsplan ist der Fall zu unterscheiden, daß der Geschäftsverteilungsplan nicht den gesetzlichen Anforderungen entspricht. Dies führt ebenfalls zur Annahme eines absoluten Revisionsgrundes nach Ziff. 1[27], wobei jedoch keine Willkür erforderlich ist, sondern der objektive Verstoß gegen die gesetzlichen Grundsätze ausreicht[28]. Für die **interne Geschäftsverteilung nach § 21g GVG** gilt Entsprechendes wie für den Geschäftsverteilungsplan: Bei willkürlicher Verletzung des Mitwirkungsplans sowie bei einem fehlerhaften Plan ist der absolute Revisionsgrund des § 551 Ziff. 1 gegeben[29]. Soweit nach dem Gesagten ein absoluter Revisionsgrund in Betracht kommt, ist maßgeblich der Geschäftsverteilungs- bzw. Mitwirkungsplan im Zeitpunkt der Entscheidungsfällung[30] und nicht etwa der bei Anhängigmachung der Sache.

## d) Einzelrichter

Der absolute Revisionsgrund der Ziff. 1 liegt weiter dann vor, wenn der Einzelrichter eine Entscheidung gefällt hat, zu der er nicht berufen war[31]. Entscheidet dagegen umgekehrt an Stelle des Einzelrichters das Kollegium, so liegt darin zwar ein Verfahrensfehler[32], → § 348 Rdnr. 1, nicht aber ein absoluter Revisionsgrund[33]. Ebenso wie bei der Teilnahme einer unbefugten Person an der Beratung, → Rdnr. 5, wird sich freilich in der Regel nicht mit Sicherheit ausschließen lassen, daß das Urteil bei einer Entscheidung durch den Einzelrichter inhaltlich anders ausgefallen wäre.

---

[23] Bejahend MünchKomm ZPO-*M. Wolf* § 193 GVG Rdnr. 3; a.A. AK-*Ankermann* Rdnr. 2; MünchKomm ZPO-*Walchshöfer* Rdnr. 8.

[24] Ausführliche Darstellungen finden sich bei *M. Wolf* Gerichtsverfassungsrecht aller Verfahrenszweige[6] § 7; *Schilken* Gerichtsverfassungsrecht[2] (1994) § 16.

[25] *BGH* NJW 1976, 1688 für die § 511 Ziff 1 entsprechende Vorschrift des § 41p Abs. 3 Ziff. 1 PatG; s. weiter *BVerwG* NJW 1987, 2031; 1988, 1339; 1991, 1370 für § 133 Ziff. 1 VwGO und unmittelbar zu § 551 Ziff. 1 AK-*Ankermann* Rdnr. 2; MünchKomm ZPO-*Walchshöfer* Rdnr. 9.

[26] *BVerfGE* 29, 45, 48.

[27] *BVerwG* NJW 1988, 1339; *Baumbach/Lauterbach/Albers*[51] Rdnr. 4; MünchKomm ZPO-*Walchshöfer* Rdnr. 9; *Thomas/Putzo*[18] Rdnr. 2.

[28] *BGH* BB 1993, 811, 814 = NJW 1596 = ZIP 613 = WM 972 = Betrieb 979 = MDR 573 = JZ 733 = LM § 579 Nr. 9 (für die interne Geschäftsverteilung innerhalb des Spruchkörpers nach § 21g GVG). A.A. *BVerwG* NJW 1988, 1339.

[29] *BGH* BB 1993, 811, 814 (Fn. 28); MünchKomm ZPO-*M. Wolf* § 21g GVG Rdnr. 10.

[30] *BVerwG* NJW 1991, 1370; MünchKomm ZPO-*M. Wolf* § 21e GVG Rdnr. 66.

[31] *BGHZ* 105, 270 = LM § 524 Nr. 3 = NJW 1989, 229 = MDR 242 = JZ 102; *BGH* NJW 1993, 600 = MDR 269 (beide zu § 524; zur letztgenannten Entscheidung → auch § 524 Rdnr. 20); *Baumbach/Lauterbach/Albers*[51] Rdnr. 6; MünchKomm ZPO-*Walchshöfer* Rdnr. 8.

[32] *OLG Köln* MDR 1976, 409.

[33] *Baumbach/Lauterbach/Albers*[51] Rdnr. 6.

### e) Physische Gebrechen eines Richters

8   Das Verfahren vor einem Richter, der infolge physischer Gebrechen gehindert ist, die ihm obliegenden Funktionen des Wahrnehmens und Beurteilens ordnungsmäßig auszuüben, ist mangelhaft. Der Mangel fällt aber nicht notwendig unter Ziff. 1. Die Rechtsprechung differenziert vielmehr. Bei **Blindheit** des Richters soll kein absoluter Revisionsgrund vorliegen, sondern das Urteil nach dem allgemeinen Grundsatz des § 549 nur dann aufgehoben werden, wenn die Blindheit die konkrete Entscheidung beeinflußt hat, was insbesondere bei Einnahme eines Augenscheins[34] oder bei der Verwendung von Skizzen in der Verhandlung angenommen wird. Beim Augenschein wird man noch die Einschränkung machen müssen, daß gerade optische Eindrücke maßgeblich sind. Sonstige Augenscheinsbeweise (Hören, Riechen usw.) können auch von einem blinden Richter ordnungsmäßig bewertet werden. Bei **Geisteskrankheit** eines Richters liegt nicht notwendigerweise ein absoluter Revisionsgrund vor[35]. Je nach der Art und der Schwere der Krankheit kann der Richter durchaus in der Lage sein, seine rechtsprechende Funktion ordnungsmäßig auszuüben. Ist das allerdings nicht der Fall, so liegt eine unwiderlegbare Vermutung dafür nahe, daß das Urteil inhaltlich durch die Krankheit beeinflußt worden ist. Bei **Taubheit** des Richters muß ein absoluter Revisionsgrund schon deshalb bejaht werden, weil hier eine ordnungsmäßige mündliche Verhandlung nicht stattfinden kann[36]. Dagegen kann **Stummheit** zumindest dann nicht als absoluter Revisionsgrund anerkannt werden, wenn der betroffene Richter die Verhandlung nicht selbst leitet; daß er als beisitzender Richter in die Verhandlung nur schwer eingreifen kann, steht einer ordnungsmäßigen Ausübung seiner richterlichen Funktionen nicht entgegen. War ein Richter durch **Schlaf, Übermüdung oder Beschäftigung mit anderen Sachen** verhindert, den Vorgängen in der Verhandlung zu folgen, so ist das Gericht nicht mehr ordnungsmäßig besetzt gewesen[37]. Gleiches gilt, wenn ein Richter die Verhandlung, und sei es auch nur für kurze Zeit, verlassen hat[38].

### f) »Erkennendes« Gericht

9   Unter Ziff. 1 fällt nur die nicht vorschriftsmäßige Besetzung des erkennenden Gerichts. Der Urkundsbeamte der Geschäftsstelle gehört nicht zum erkennenden Gericht[39]; obwohl er nach §§ 159 Abs. 1 S. 2, 163 zur mündlichen Verhandlung hinzugezogen werden muß, hat er bei der Entscheidung nicht mitzuwirken. Nicht zum erkennenden Gericht gehören weiter der beauftragte und der ersuchte Richter. Bei einem Besetzungswechsel kommt es allein auf die Besetzung des Gerichts bei Fällung der Entscheidung an; kein absoluter Revisionsgrund liegt demgegenüber bei einer nicht vorschriftsmäßigen Besetzung bei einer Beweisaufnahme oder bei Verkündung des Urteils vor. In allen diesen Fällen greift nur die Regel des § 549 ein, d. h. es ist zu prüfen, ob die Entscheidung auf der Gesetzesverletzung beruht[40]. Ist im schriftlichen Verfahren entschieden worden, so ist maßgeblich die Besetzung des Gerichts in der Beratung, auf die hin das Urteil ergangen ist[41].

---

[34] *BGHZ* 38, 347, 348 f.; *BGHSt* 4, 191; 5, 354; 18, 51; s. weiter *BGHSt* 35, 164 (nicht vorschriftsmäßige Besetzung bei blindem Strafkammervorsitzenden, wobei der *BGH* jedoch stark auf die Besonderheiten des Strafverfahrens abstellt).
[35] A.A. *RG* JW 1928, 821.
[36] *Rosenberg/Schwab/Gottwald*[15] § 143 VII 1; MünchKomm ZPO-*Walchshöfer* Rdnr. 7; *Baumbach/Lauterbach/Albers*[51] Rdnr. 6.
[37] *BGH* NJW 1962, 2212; *BVerwG* AP § 551 Nr. 5; MünchKomm ZPO-*Walchshöfer* Rdnr. 7.
[38] *BAGE* 5, 170 = AP § 164 Nr. 1 = NJW 1958, 924; MünchKomm ZPO-*Walchshöfer* Rdnr. 7; *Baumbach/Lauterbach/Albers*[51] Rdnr. 6.
[39] *Baumbach/Lauterbach/Albers*[51] Rdnr. 7.
[40] *Baumbach/Lauterbach/Albers*[51] Rdnr. 7.
[41] *BGH* LM § 551 Ziff. 1 Nr. 48 = MDR 1968, 314.

## g) Verfahrensrüge

Die unvorschriftsmäßige Besetzung des Gerichts ist **nicht von Amts wegen zu prüfen**; es 10 muß vielmehr eine dahingehende Verfahrensrüge erhoben worden sein[42]. Dabei müssen **bestimmte Tatsachen** vorgetragen werden, aus denen sich die fehlerhafte Besetzung ergibt. Es reicht also beispielsweise nicht der Hinweis darauf aus, das Urteil sei nicht unter dem Vorsitz eines Richters am Oberlandesgericht erlassen worden; erforderlich ist vielmehr, daß angeführt wird, warum der Vorsitzende im konkreten Fall die Verhandlung selbst hätte leiten müssen[43]. Bei Mitwirkung eines Hilfsrichters muß der Revisionskläger Tatsachen angeben, aus denen folgt, daß die Mitwirkung vermeidbar gewesen wäre[44]. Soweit die Partei die gerichtsinternen Tatsachen nicht kennt, muß sie sich wenigstens um Kenntniserlangung bemüht haben, was in der Revisionsbegründung darzulegen ist[45]. Haben beide Parteien Revision eingelegt, aber nur eine von ihnen die nicht vorschriftsmäßige Besetzung des Gerichts gerügt, so soll das Urteil gleichwohl in vollem Umfang aufgehoben werden[46].

## 2. Ausgeschlossener Richter

Über die Mitwirkung eines kraft Gesetzes ausgeschlossenen Richters (§ 41) bei der Ent- 11 scheidung → § 41 Rdnr. 3ff., § 47 Rdnr. 4. Die Teilnahme eines solchen Richters bei der Verkündung des Urteils[47] oder bei der Beweisaufnahme fällt nicht unter Ziff. 2[48]; ebenso nicht die bloße Anberaumung eines Verhandlungstermins[49]. In allen diesen Fällen muß geprüft werden, ob das Urteil auf dem Verfahrensfehler beruht. Die Ausnahme, daß der Ausschließungsgrund nicht ohne Erfolg mittels eines Ablehnungsgesuchs geltend gemacht worden sein darf, bedeutet nicht nur den Ausschluß der Vermutung für die Ursächlichkeit, sondern den einer Gesetzesverletzung überhaupt, da nach rechtskräftiger Verwerfung des Ablehnungsgesuchs feststeht, daß ein Ausschließungsgrund gar nicht vorliegt, → § 46 Rdnr. 4. Wegen des Urkundsbeamten der Geschäftsstelle gilt das unter → Rdnr. 9 Ausgeführte entsprechend.

## 3. Abgelehnter Richter

Die Mitwirkung eines wegen **Besorgnis der Befangenheit** (§ 42) ablehnbaren Richters stellt 12 nach Ziff. 3 nur dann einen absoluten Revisionsgrund dar, wenn er mit Erfolg abgelehnt war, nicht dagegen auch dann, wenn das Ablehnungsgesuch zurückgewiesen oder darüber noch nicht entschieden war, → § 46 Rdnr. 2a. Weiter greift Ziff. 3 dann nicht ein, wenn sich der Befangenheitsgrund erst aus dem Berufungsurteil ergibt, ohne daß er davor geltend gemacht worden ist[50]. Unter der Mitwirkung ist auch hier wie bei Ziff. 2 (→ Rdnr. 11) nur die Mitwirkung bei der Entscheidung zu verstehen. Wegen des Urkundsbeamten der Geschäftsstelle → Rdnr. 9.

---

[42] *BGHZ* 41, 249, 253; LM § 551 Ziff. 1 Nr. 56 = NJW 1986, 2115 = MDR 829; MDR 1993, 1010; *BAGE* 11, 276 (Fn. 7); *Heussner* NJW 1961, 1189; MünchKomm ZPO-*Walchshöfer* Rdnr. 10.
[43] *BGH* LM § 551 Ziff. 1 Nr. 10.
[44] *BGH* LM § 551 Ziff. 1 Nr. 56 (Fn. 42).
[45] *BGH* LM § 551 Ziff. 1 Nr. 56 (Fn. 42).
[46] *BGH* LM § 551 Ziff. 1 Nr. 45 = Warn. 1965 Nr. 272 = NJW 1966, 933 = MDR 400; *BGHZ* 105, 270, 276 (Fn. 31); *Baumbach/Lauterbach/Albers*[51] Rdnr. 8; MünchKomm ZPO-*Walchshöfer* Rdnr. 10.

[47] *Baumbach/Lauterbach/Albers*[51] Rdnr. 9; MünchKomm ZPO-*Walchshöfer* Rdnr. 11.
[48] *Baumbach/Lauterbach/Albers*[51] Rdnr. 9; a.A. MünchKomm ZPO-*Walchshöfer* Rdnr. 11.
[49] *BGHSt* LM § 67 GVG Nr. 4; MünchKomm ZPO-*Walchshöfer* Rdnr. 11.
[50] *BGHZ* 120, 141 = NJW 1993, 400 = BB 521 = Betrieb 31 = ZIP 1992, 1728 = WM 2098.

## 4. Zuständigkeitsmängel

**13** Ein absoluter Revisionsgrund liegt weiter dann vor, wenn das Berufungsgericht seine Zuständigkeit oder Unzuständigkeit zu Unrecht angenommen hat, Ziff. 4. Diese Regelung erscheint aus verschiedenen Gründen **überflüssig bzw. überholt**[51]. Zum einen ist der Inhalt des angefochtenen Urteils immer in dem unter → §§ 549, 550 Rdnr. 48 dargelegten Sinn von der unrichtigen Beurteilung der Zuständigkeitsfrage abhängig[52], so daß das Urteil auch dann aufzuheben wäre, wenn kein absoluter Revisionsgrund vorliegen würde. Auf der anderen Seite paßt Ziff. 4 insofern nicht »in die Landschaft«, als die sich darin ausdrückende Bewertung der Zuständigkeitsvorschriften in auffälligem Gegensatz zu den Bestimmungen steht, die die Zuständigkeitsfrage einer Nachprüfung in der Rechtsmittelinstanz entziehen (§§ 10, 512a, 529 Abs. 2, 549 Abs. 2, 17a Abs. 5 GVG, 65 ArbGG). Die Vorschrift sollte ersatzlos gestrichen werden.

**14** Nachdem die örtliche und die sachliche Zuständigkeit durch die Neufassung von § 549 Abs. 2, → §§ 549, 550 Rdnr. 51ff., der Nachprüfung durch das Revisionsgericht ebenso entzogen ist wie die Rechtswegzuständigkeit, § 17a Abs. 5 GVG, ist der Anwendungsbereich von Ziff. 4 erheblich eingeschränkt. Die Bestimmung erfaßt nur noch die **internationale Zuständigkeit**[53] sowie die **funktionale Zuständigkeit**[54]. Dagegen bezieht sie sich nicht auf einen Verstoß gegen den Geschäftsverteilungsplan, → Rdnr. 6[55]; ebenso nicht auf die Entscheidung der Kammer für Handelssachen statt der Zivilkammer und umgekehrt[56]. Soweit es darum geht, ob das für Kartell- oder Patentsachen zuständige Landgericht entschieden hat, greift Nr. 4 zwar grundsätzlich ein, doch ist Voraussetzung, daß die Rüge nicht erstmalig in der Revisionsinstanz geltend gemacht wird.

**15** Soweit Ziff. 4 anwendbar ist, ist es gleichgültig, ob das Berufungsgericht seine **Zuständigkeit zu Unrecht bejaht oder verneint hat**. Bei Bejahung der Zuständigkeit ist keine ausdrückliche Entscheidung über die Zuständigkeit erforderlich; jede Entscheidung in der Sache selbst enthält eine Bejahung der Zuständigkeit.

## 5. Nicht ordnungsmäßige Vertretung

### a) Anwendungsbereich

**16** Eine Partei ist nicht nach den Vorschriften des Gesetzes vertreten, wenn das Urteil für oder gegen sie ergangen, d. h. auf ihren Namen erlassen ist, → § 313 Rdnr. 8ff., während entweder die Partei nicht prozeßfähig war oder ihrem Vertreter die Vertretungsmacht fehlte. Gleichgültig ist dabei, ob Prozeßhandlungen seitens der mangelhaft vertretenen Partei oder nur seitens des Gegners vorgenommen worden sind, ferner ob der für die Partei Handelnde als deren Vertreter aufgetreten ist oder sich als die Partei ausgegeben hat und schließlich, ob der Mangel von Anfang an vorlag oder erst im Laufe des Verfahrens auftrat. Es gehören hierher das eigene Auftreten der prozeßunfähigen Partei, die Prozeßführung eines Dritten, der sich als die Partei ausgibt, das Auftreten eines nicht legitimierten gesetzlichen Vertreters[57] oder eines solchen, dem die erforderliche Ermächtigung fehlt sowie ein Mangel bei der Bevollmächti-

---

[51] Kritisch auch AK-*Ankermann* Rdnr. 6.
[52] *Bettermann* ZZP 88 (1975), 378 ff.; AK-*Ankermann* Rdnr. 6.
[53] AK-*Ankermann* Rdnr. 6; MünchKomm ZPO-*Walchshöfer* Rdnr. 13.
[54] MünchKomm ZPO-*Walchshöfer* Rdnr. 13.
[55] MünchKomm ZPO-*Walchshöfer* Rdnr. 13; Thomas/Putzo[18] Rdnr. 7.

[56] *Baumbach/Lauterbach/Albers*[51] Rdnr. 11; Zöller/*Schneider*[18] Rdnr. 5.
[57] *BGH* LM § 112 AktG Nr. 6 = NJW-RR 1991, 926 = MDR 732 = BB 1071 = ZIP 796 = WM 943 (Vertretung der AG bei Klage eines Vorstandsmitglieds gegen die Gesellschaft durch Vorstand statt durch Aufsichtsrat).

gung des Vertreters. Weiter greift Ziff. 5 dann ein, wenn eine Partei entgegen einer zwingenden Vorschrift am Verfahren nicht beteiligt worden ist[58] oder wenn es an einer ordnungsgemäßen Ladung fehlt, weshalb die Partei in der Verhandlung nicht vertreten ist[59]. Das **Fehlen der Prozeßführungsbefugnis** wird ebenfalls als ein Fall von Ziff. 5 angesehen[60]. Das überzeugt deswegen nicht, weil das gegen einen nicht Prozeßführungsbefugten ergangene Urteil gegenüber dem Prozeßführungsbefugten nicht wirkt, weshalb kein Anlaß besteht, in seinem Interesse die unbedingte Möglichkeit zur Beseitigung des Urteils zu gewähren. Dabei kann es auch keine Rolle spielen, ob die Prozeßführungsbefugnis der Partei von vornherein fehlte oder erst im Laufe des Verfahrens verlorenging.

Nicht unter Ziff. 5 fällt es, wenn die Partei durch eine **zur Vertretung nicht befähigte Person** 17 vertreten war (z.B. durch einen beim Berufungsgericht nicht zugelassenen Anwalt); hier handelt es sich um die formwidrige Vornahme einer Prozeßhandlung; ein derartiger Mangel kann nur nach Maßgabe der allgemeinen Regel des § 549 gerügt werden. Der **Mangel der Parteifähigkeit** ist in Ziff. 5 deshalb nicht erwähnt, weil bei ihm die Ursächlichkeit der Gesetzesverletzung immer zweifellos ist.

Hat die Partei die Prozeßführung ausdrücklich oder stillschweigend **genehmigt**, so greift 18 Ziff. 5 nicht ein. Mit der Genehmigung ist der Mangel entfallen, d.h. es liegt auch kein relativer Revisionsgrund i.S. von § 549 Abs. 1 vor. Die Genehmigung kann noch in der Revisionsinstanz erteilt werden[61]. In diesem Fall fällt der zunächst gegebene absolute Revisionsgrund nachträglich weg. Näheres zur Genehmigung der Prozeßführung → § 56 Rdnr. 3, § 89 Rdnr. 13 f.

Ziff. 5 beruht auf der Erwägung, daß die Verhandlung wertlos ist, wenn nicht sichergestellt 19 ist, daß die Partei, um deren Rechte es in dem Verfahren geht, entweder selbst oder wenigstens durch einen dazu berufenen Vertreter Gelegenheit hatte, ihren Standpunkt darzulegen. Daraus kann gefolgert werden, daß die Vorschrift bei **völliger Versagung des rechtlichen Gehörs** entsprechend anwendbar ist[62]. Ist dagegen der Anspruch auf rechtliches Gehör nur in einzelnen Verfahrensabschnitten verletzt worden, so liegt kein absoluter Revisionsgrund vor[63]. Zur Frage einer Erweiterung des Instanzenzugs bei Verletzung des Anspruchs auf rechtliches Gehör → Allg. Einl. vor § 511 Rdnr. 66 f.

### b) Rügebefugnis

Problematisch ist, wer die Rüge der nicht ordnungsmäßigen Vertretung erheben kann. 20 Hierzu ist zunächst der **nicht ordnungsgemäß bestellte Vertreter** befugt, der im Interesse der Partei die Beseitigung des ergangenen Urteils fordern kann[64], ohne daß es darauf ankommt, ob er in der unteren Instanz gut- oder bösgläubig war. Erforderlich ist jedoch, daß die Partei durch das Urteil beschwert ist. Da das gegen die unvorschriftsmäßig vertretene Partei ergangene Urteil gegen diese grundsätzlich wirkt, → vor § 50 Rdnr. 13, § 249 Rdnr. 26 f., kann auch die **Partei selbst** bzw. ihr gesetzlicher Vertreter Revision einlegen, mit der sie den Fehler rügt. Fraglich ist, ob sich auch der **Gegner** auf die nicht ordnungsgemäße Vertretung berufen

---

[58] *BGH* LM § 66 GWB Nr. 1 = NJW 1984, 494 = MDR 119 (Nichtbeteiligung des Bundeskartellamtes entgegen § 66 Abs. 2 GWB).
[59] *BVerwGE* 66, 311; *BFH* 125, 28; s. weiter *BVerwG* NJW 1991, 583 (Ausbleiben einer Partei nach Aufhebung des Termins).
[60] *BGH* WM 1984, 1170; ZIP 1988, 446 (beide zum Erlaß eines Urteils gegenüber einer in Konkurs gefallenen Partei); AK-*Ankermann* Rdnr. 7; MünchKomm ZPO-

*Walchshöfer* Rdnr. 14; *Thomas/Putzo*[18] Rdnr. 8; *Zöller/Schneider*[18] Rdnr. 6.
[61] *RGZ* 126, 263; *BGHZ* 51, 27 = NJW 1969, 188; *BAG* AP § 50 Nr. 3 (*Schumann*).
[62] *Henckel* ZZP 77 (1964), 350 f. und wohl auch *BGH* LM § 66 GWB Nr. 1 (Fn. 58); a.A. AK-*Ankermann* Rdnr. 13; MünchKomm ZPO-*Walchshöfer* Rdnr. 22.
[63] *Henckel* ZZP 77 (1964), 344 ff.
[64] *Baumbach/Lauterbach/Albers*[51] Rdnr. 12.

kann[65]. Dagegen spricht, daß die ordnungsgemäße Vertretung ausschließlich im Interesse des Vertretenen erforderlich ist[66]. Da die von Ziff. 5 erfaßten Verfahrensmängel jedoch von Amts wegen zu berücksichtigen sind, → Rdnr. 21, es also unerheblich ist, woher das Gericht seine Zweifel an der ordnungsgemäßen Vertretung der Partei bezogen hat, kann auch der Gegner darauf hinweisen, daß das Verfahren insoweit an Mängeln leidet. Dagegen kann der in der Berufungsinstanz obsiegende Gegner nicht etwa deswegen Revision einlegen, weil die andere Partei nicht ordnungsmäßig vertreten war. Insoweit fehlt es an einer Beschwer; diese ergibt sich insbesondere nicht daraus, daß der Gegner mit einer Nichtigkeitsklage nach § 579 Abs. 1 Ziff. 4 rechnen muß[67]. In anderen Fällen einer Urteilsnichtigkeit ergibt sich aus dem Nichtigkeitsgrund auch keine Beschwer für die siegreiche Partei.

### c) Prüfung von Amts wegen

**21** Die Voraussetzungen der Ziff. 5 sind grundsätzlich deshalb auch ohne Revisionsrüge von Amts wegen zu prüfen, weil es sich bei ihnen um das Vorliegen unverzichtbarer Prozeßvoraussetzungen handelt[68], → § 529 Rdnr. 14. Etwas anderes gilt nur bei Verletzung des Anspruchs auf rechtliches Gehör, → Rdnr. 19; hier muß eine Verfahrensrüge erhoben werden.

### 6. Öffentlichkeit des Verfahrens

**22** Die Vorschriften über die Öffentlichkeit der Verhandlung, §§ 169 ff. GVG (→ vor § 128 Rdnr. 114 ff.) sind verletzt, wenn gegen das Gesetz durch das Gericht oder den Vorsitzenden die Öffentlichkeit entweder ausgeschlossen oder umgekehrt eine zwingend gebotene Ausschließung (§§ 170, 171 GVG) unterlassen worden ist[69]. Dabei reicht es aus, daß beim Verfahren über den Ausschluß der Öffentlichkeit die §§ 173 f. GVG verletzt sind, indem z. B. die nach § 174 Abs. 1 S. 3 GVG vorgeschriebene Begründung für den Ausschluß der Öffentlichkeit unterblieben ist[70]. Sinngemäß sollte aber der gesetzwidrige Ausschluß der Öffentlichkeit dann als unschädlich angesehen werden, wenn im konkreten Fall ohnehin keine Zuhörer anwesend waren oder Einlaß begehrten, wie umgekehrt der gesetzwidrige Nichtausschluß der Öffentlichkeit unschädlich ist, wenn kein Zuhörer anwesend war[71]. Anderenfalls bestünde die Gefahr einer erheblichen Verzögerung der Erledigung des Rechtsstreits. Auf jeden Fall ist zwischen dem Verstoß gegen die Vorschriften über die Öffentlichkeit und dem bloßen Mangel der Protokollierung zu unterscheiden. Ist entgegen § 160 Abs. 1 Ziff. 5 in dem Protokoll der Ausschluß der Öffentlichkeit nicht enthalten, obwohl er erfolgt war, so ist das Protokoll nach § 164 Abs. 1 zu berichtigen. Ziff. 6 greift hier nicht ein. Werden dagegen entgegen § 169 S. 2 GVG in der Verhandlung Ton-, Fernseh- oder Filmaufnahmen gemacht, so stellt dies nach Ziff. 6 einen absoluten Revisionsgrund dar[72].

**23** Wo der Ausschluß der Öffentlichkeit im **Ermessen des Gerichts** steht (§§ 171a, 171b Abs. 1 S. 1, 172 GVG) greift Ziff. 6 grundsätzlich nicht ein. Etwas anderes gilt jedoch dann, wenn das Gericht sein Ermessen fehlerhaft ausgeübt hat[73].

---

[65] Bejahend *RGZ* 126, 263; MünchKomm ZPO-*Walchshöfer* Rdnr. 14.
[66] *BGHZ* 63, 78, 79 = LM § 579 Nr. 5 (*Johannsen*) = NJW 1974, 2283 = MDR 1975, 44 = JZ 34 (für § 579 Abs. 1 Ziff. 4); AK-*Ankermann* Rdnr. 7; *Thomas/Putzo*[18] Rdnr. 9; *Zöller/Schneider*[18] Rdnr. 6.
[67] *BGHZ* 63, 78, 80 (Fn. 66); *Rimmelspacher* Zur Prüfung von Amts wegen im Zivilprozeß (1966), 216; *Bettermann* ZZP 82 (1969), 68 f. A.A. *RGZ* 126, 263.
[68] AK-*Ankermann* Rdnr. 7; MünchKomm ZPO-*Walchshöfer* Rdnr. 14; *Zöller/Schneider*[18] Rdnr. 6.
[69] *Baumbach/Lauterbach/Albers*[51] Rdnr. 13; Münch-

Komm ZPO-*Walchshöfer* Rdnr. 15; *Thomas/Putzo*[18] Rdnr. 11.
[70] *RGZ* 128, 216; MünchKomm ZPO-*Walchshöfer* Rdnr. 15.
[71] Ebenso MünchKomm ZPO-*M. Wolf* § 169 GVG Rdnr. 68. A.A. *Schilken* Gerichtsverfassungsrecht[2] (1994) Rdnr. 197; *Rosenberg/Schwab/Gottwald*[15] § 23 IV 4.
[72] *Schilken* (Fn. 71) Rdnr. 179.
[73] *Kissel* § 172 Rdnr. 16; MünchKomm ZPO-*M. Wolf* § 172 GVG Rdnr. 16.

Die Verletzung der Vorschriften über die Öffentlichkeit des Verfahrens ist nicht von Amts 24
wegen zu berücksichtigen; es bedarf vielmehr einer **Verfahrensrüge**[74]. Dagegen ist ein **Verzicht** auf die Einhaltung der §§ 169ff. GVG nicht möglich[75], → vor § 128 Rdnr. 130.

### 7. Fehlen von Entscheidungsgründen

Der Mangel, daß das Urteil nicht mit Gründen versehen ist, liegt nicht nur dann vor, wenn 25
dem Urteil ein die Entscheidungsgründe enthaltender Teil überhaupt fehlt, soweit er nach
§ 313 erforderlich ist, aber andererseits nicht schon dann, wenn die Gründe in irgendeiner
Beziehung lückenhaft oder unvollständig sind. Für die Annahme eines Verstoßes ist erforderlich und ausreichend, daß zu wesentlichen Streitpunkten, z. B. in Bezug auf einzelne Ansprüche oder einzelne Angriffs- oder Verteidigungsmittel, die **Erwägungen, die das Berufungsgericht zu seiner Entscheidung geführt haben, nicht erkennbar sind**[76].

Der absolute Revisionsgrund nach Ziff 7 ist **rein formaler Art**: Das angefochtene Urteil 26
enthält keine Begründung. Wie diese hätten lauten müssen und ob sie vom Revisionsgericht
hätte überprüft werden können, ist demgegenüber unerheblich. So reicht es etwa aus, daß
eine Beweiswürdigung gänzlich fehlt, → Rdnr. 27, ohne daß es eine Rolle spielt, daß das
Revisionsgericht die Beweiswürdigung durch das Berufungsgericht grundsätzlich hinzunehmen hat. Wäre nicht revisibles Recht anzuwenden gewesen (§ 562), so liegt bei Fehlen einer
Begründung ebenfalls ein absoluter Revisionsgrund vor[77]. Das Fehlen der Entscheidungsgründe muß bei dem angefochtenen Urteil vorliegen. Bezieht sich der Mangel dagegen auf
eine dem Urteil **vorausgegangene Entscheidung**, so ist nicht Ziff. 7 anwendbar, sondern
§ 549, d. h. es ist zu prüfen, ob das Urteil auf dem Mangel beruht[78].

#### a) Unvollständige Gründe

Ein Mangel der Gründe liegt zunächst dann vor, wenn die Gründe so unvollständig sind, 27
daß sie nicht ergeben, weshalb ein einzelnes Vorbringen (Angriffs- oder Verteidigungsmittel)
oder ein Antrag (z. B. ein Hilfsantrag) keine Berücksichtigung gefunden hat. Die Übergehung
offenkundig neben der Sache liegender Angriffs- oder Verteidigungsmittel fällt jedoch nicht
unter Ziffer 7[79]. Weiter reicht es für die Annahme eines absoluten Revisionsgrundes nicht aus,
daß die Entscheidungsgründe lückenhaft und unvollständig sind[80], → aber Rdnr. 19, oder sehr
knapp gefaßt sind[81]. Erforderlich ist vielmehr, daß die angeführten Gründe unter keinem
denkbaren Gesichtspunkt geeignet sind, den Tenor zu stützen. Ein Mangel nach Ziff. 7 liegt
weiter vor, wenn eine **Beweiswürdigung gänzlich fehlt**[82]; dagegen fällt die Unvollständigkeit
der Beweiswürdigung im einzelnen nicht unter Ziff. 7[83], sondern nur unter § 286, → § 286
Rdnr. 14. Eine aktenwidrige Annahme des Gerichts ist aber ein Mangel in der Urteilsfindung
und nicht nur eine unrichtige Beweiswürdigung[84]. Hat das Berufungsgericht ein **Ermessen**
ausgeübt, so muß das Urteil zwar erkennen lassen, welche Umstände für die Ermessensausü-

---

[74] MünchKomm ZPO-*M. Wolf* § 169 GVG Rdnr. 66.
[75] MünchKomm ZPO-*M. Wolf* § 169 GVG Rdnr. 28.
[76] BGHZ 39, 333 = LM § 41p PatG Nr. 1 = NJW 1963, 2272 = MDR 823 = BB 997 (mit weit Nachw. zur älteren Rechtsprechung, die dazu neigte, jede Unvollständigkeit unter Ziff. 7 zu stellen); BAG AP § 551 Nr. 9 (*Schumann*); *Rosenberg/Schwab/Gottwald*[15] § 143 VII 7.
[77] A. A. RG LZ 1928, 826; 1933, 1142; *Rosenberg/Schwab/Gottwald*[15] § 143 VII 7.
[78] AK-*Ankermann* Rdnr. 9; MünchKomm ZPO-*Walchshöfer* Rdnr. 16.

[79] RGZ 156, 119; BGHZ 39, 333, 339 (Fn. 76); BGH NJW 1983, 2318, 2320; *Rosenberg/Schwab/Gottwald*[15] § 143 VII 7; MünchKomm ZPO-*Walchshöfer* Rdnr. 17.
[80] BGHZ 39, 333, 338 (Fn. 76); *Rosenberg/Schwab/Gottwald*[15] § 143 VII 7.
[81] BGHZ 48, 222, 223; MünchKomm ZPO-*Walchshöfer* Rdnr. 19.
[82] BGHZ 39, 333, 337f. (Fn. 76).
[83] BGHZ 39, 333, 338 (Fn. 76).
[84] RGZ 149, 325; BGH NJW 1951, 275.

bung maßgeblich waren, → §§ 549, 550 Rdnr. 20, doch stellt ein Fehlen entsprechender Angaben keinen absoluten Revisionsgrund dar. Weiter greift Ziff. 7 dann nicht ein, wenn das Berufungsgericht zur Begründung seiner Auffassung lediglich auf nachprüfbare Rechtsprechung und Äußerungen im Schrifttum verweist[85].

28  Unerheblich für die Annahme des absoluten Revisionsgrundes nach Ziff. 7 ist die **Unrichtigkeit der Entscheidungsgründe**. Auch bei noch so offenkundiger Fehlerhaftigkeit liegt kein absoluter Revisionsgrund vor[86]; das Revisionsgericht hat vielmehr nach § 563 zu prüfen, ob die Entscheidung im Ergebnis letztlich nicht doch zutreffend ist. Weiter kommt es nicht darauf an, ob das Berufungsgericht seine Gründe in der **üblichen Form** dargestellt hat. Auch formal ungewöhnliche Begründungen (z. B. in Versen) können den Anforderungen genügen. Gleiches gilt dann, wenn der Tatbestand und die Entscheidungsgründe äußerlich nicht getrennt sind.

### b) Undeutliche und lückenhafte Gründe

29  Ein absoluter Revisionsgrund liegt weiter dann vor, wenn die Gründe so undeutlich oder lückenhaft sind, daß nicht erkennbar ist, auf welche rechtlichen oder tatsächlichen Erwägungen sich die Entscheidung stützt[87], oder wenn (namentlich beim Gegensatz von revisiblem und nichtrevisiblem Recht) nicht erkennbar ist, welche Norm angewandt worden ist[88]. Hierher gehört auch der Fall, daß das Berufungsgericht den zugesprochenen Schmerzensgeldbetrag wesentlich anders als das erstinstanzliche Gericht bemißt, ohne daß erkennbar wird, auf welchen Kriterien die Abweichung beruht[89]. Auch die **Unverständlichkeit** der angegebenen Gründe fällt unter Ziff. 7[90], nicht aber etwa jeder innere Widerspruch in der Begründung, und ebensowenig die Unverständlichkeit der Ausführungen in einem Sachverständigengutachten, dem das Gericht im Ergebnis folgt[91]. Läßt das Urteil nicht einmal den **Entscheidungsgegenstand erkennen**, so ist es ohne weiteres aufzuheben[92].

### c) Inhaltsleere Redensarten

30  Inhaltslose, leere Redensarten wie etwa, das Gericht »habe die Überzeugung gewonnen«, »nach Lage der Sache sei die Einrede unbegründet« oder »das Vorbringen genügt nicht den rechtlichen Anforderungen«, ohne daß dies jeweils im weiteren Verlauf der Gründe näher dargelegt wird, genügen nicht den Erfordernissen einer Urteilsbegründung, weshalb auch hier der absolute Revisionsgrund der Ziff. 7 vorliegt[93]. Die Gründe können auch nicht durch Einrücken des Wortlauts einer Gesetzesvorschrift ersetzt werden[94].

### d) Unterschriftsmängel

31  Der absolute Revisionsgrund nach Ziff. 7 soll auch dann vorliegen, wenn ein nicht verhinderter Richter, der an der Entscheidung mitgewirkt hat, entgegen § 315 Abs. 1 S. 1 das Urteil

---

[85] *BGH* LM § 319 BGB Nr. 30 = NJW 1991, 2761 = MDR 1169 = BB 1448.
[86] *BGH* NJW 1981, 1045, 1046; *Baumbach/Lauterbach/Albers*[51] Rdnr. 15.
[87] BGHZ 39, 333, 337 (Fn. 76).
[88] *BGH* LM § 551 Ziff. 7 = NJW 1988, 3097 = MDR 962 wenn nicht erkennbar ist, ob deutsches oder ausländisches Recht angewandt worden ist. Zur Frage, ob das Berufungsgericht dahingestellt sein lassen kann, welches Recht anwendbar ist, → §§ 549, 550 Rdnr. 12.

[89] *BGH* NJW 1989, 773.
[90] BGHZ 33, 333, 337 (Fn. 76).
[91] RG JW 1931, 1479.
[92] BGHZ 5, 240; BAG AP § 564 Nr. 1 (*Grunsky*).
[93] BGHZ 39, 333, 337 (Fn. 76); *Baumbach/Lauterbach/Albers*[51] Rdnr. 15.
[94] BGHZ 39, 333, 337 (Fn.76); OVG *Münster* NJW 1955, 1613.

nicht unterschreibt[95] oder wenn ein an der Entscheidung unbeteiligter Richter unterschrieben hat[96].

### e) Bezugnahme auf andere Entscheidungen

Eine Bezugnahme auf die **Gründe des erstinstanzlichen Urteils** ist nach § 543 Abs. 1 unter  32
der Voraussetzung zulässig, daß das Berufungsgericht diesen Gründen folgt und dies außerdem in seinem Urteil ausdrücklich feststellt, → § 543 Rdnr. 5. Fehlt es an dieser Feststellung, so liegt der absolute Revisionsgrund der Ziff. 7 vor. Sind im Berufungsverfahren neue Angriffs- oder Verteidigungsmittel vorgebracht worden, so scheidet eine Verweisung nach § 543 Abs. 1 deswegen aus, weil das erstinstanzliche Urteil dazu nichts enthalten kann; ebenso bei einer Entscheidung über in der Berufungsinstanz neu geltend gemache Ansprüche; → § 543 Rdnr. 5. Auf eine **frühere Entscheidung zwischen denselben Parteien** kann dann Bezug genommen werden, wenn sie Gegenstand der mündlichen Verhandlung gewesen ist[97]. Weiter ist eine Bezugnahme auf eine **gleichzeitig zwischen denselben Parteien ergehende Entscheidung** zulässig, wobei es unerheblich ist, welches der Urteile zuerst zugestellt wird[98]. Unzulässig ist dagegen eine Bezugnahme auf eine **Entscheidung, an der nicht ebenfalls die beiden Parteien beteiligt** waren, mag diese Entscheidung auch gleichzeitig mit der angefochtenen ergangen sein; die Beteiligung bloß einer Partei an beiden Verfahren macht die Bezugnahme nicht zulässig[99]. Unerheblich ist dabei, ob zwischen den Parteien der verschiedenen Verfahren eine enge Verbindung besteht (Ehegatten, Gesellschaft und Gesellschafter) oder die Partei anderweitig eine leichte Möglichkeit hat, die Gründe zur Kenntnis zunehmen (z. B. bei Veröffentlichung der in Bezug genommenen Entscheidung).

### f) Verspätete Begründung

#### aa) Gleichstellung mit Fehlen der Gründe

Die Entscheidungsgründe können auch dann fehlen, wenn sie verspätet abgefaßt werden[100], wobei jedoch nicht jeder Verstoß gegen § 315 Abs. 2 ausreicht[101]. Bis hierhin besteht  33
seit langem Einigkeit. Sehr umstritten war dagegen bis zur Entscheidung des Gemeinsamen Senats der Obersten Gerichtshöfe des Bundes[102], **bis zu welchem Zeitpunkt** die Entscheidungsgründe vorliegen mußten, um einen Verstoß gegen Ziff. 7 auszuschließen. Der **BGH** hatte die Grenze in ständiger Rechtsprechung bei **fünf Monaten nach Verkündung des Urteils** gezogen. Eine erst danach vorliegende Begründung wurde als nicht mehr ausreichend angesehen[103], während der absolute Revisionsgrund der Ziff. 7 dann nicht vorliegen sollte, wenn das vollständige Urteil den Parteien noch am letzten Tag der Fünfmonatsfrist zugestellt worden ist[104]. Eine maßgebliche Rolle spielt dabei die Erwägung, daß nach § 552 mit dem Ablauf von

---

[95] *BGH* LM § 315 Nr. 8 = NJW 1977, 765 = MDR 488; *Baumbach/Lauterbach/Albers*[51] Rdnr. 14, MünchKomm ZPO-*Walchshöfer* Rdnr. 18.

[96] *BFH* FamRZ 1989, 734, 735; MünchKomm ZPO-*Walchshöfer* Rdnr. 18; a. A. *Baumbach/Lauterbach/Albers*[51] Rdnr. 14.

[97] *BGHZ* 39, 333, 335 (Fn. 76) mit Nachw. aus der älteren Rechtsprechung; *BGH* NJW 1971, 39.

[98] *BGH* NJW 1971, 39.

[99] *BGH* LM § 551 Ziff. 7 Nr. 21 = NJW-RR 1991, 830.

[100] *BGHZ* 7, 155 = LM § 315 Nr. 1 (*Lersch*) = NJW 1952, 1335 = JZ 690; LM § 551 Ziff. 7 Nr. 13 = NJW 1984, 2828 = MDR 1985, 399; LM § 551 Ziff. 7 Nr. 14 = NJW 1986, 1958 = MDR 1987, 46; LM § 551 Ziff. 7 Nr. 15 = NJW 1987, 2446 = MDR 300; *GmS-OGB* ZIP 1993, 1341 = NJW 2603 AK-*Ankermann* Rdnr. 12; MünchKomm ZPO-*Walchshöfer* Rdnr. 16; *Thomas/Putzo*[18] Rdnr. 12; *Rosenberg/Schwab/Gottwald*[15] § 143 VII 7.

[101] *BAGE* 2, 194, 196 = AP § 60 ArbGG Nr. 1 (*Pohle*) = NJW 1956, 39; AP § 320 Nr. 1; *BGH* LM § 551 Ziff. 7 Nr. 13 (Fn. 100).

[102] (Fn. 100).

[103] *BGHZ* 7, 155; LM § 551 Ziff. 7 Nr. 13; 14; 15 (alle Fn. 100).

[104] *BGHZ* 32, 17 = LM § 551 Ziff. 7 Nr. 4 (*Fischer*) = NJW 1960, 866 = MDR 644 = ZZP 73 (1960), 468; LM § 1375 BGB Nr. 13 = NJW 1991, 1547 = MDR 343 = BB 311.

fünf Monaten nach Verkündung die Revisionsfrist auch dann zu laufen beginnt, wenn der Partei das vollständige Urteil noch nicht zugestellt worden ist. Die Partei soll nicht gehalten sein, ohne Kenntnis der Urteilsgründe »auf Verdacht« Revision einlegen zu müssen und außerdem die einmonatige Revisionsfrist als Überlegungsfrist voll zur Verfügung haben. Infolgedessen ist ein absoluter Revisionsgrund auch dann bejaht worden, wenn das Urteil im sechsten Monat nach Verkündung zugestellt worden ist[105]. Demgegenüber ist in den **anderen Gerichtsbarkeiten** die zeitliche Grenze für die Annahme eines absoluten Revisionsgrundes großenteils erst erheblich später als fünf Monate nach Urteilsverkündung gezogen worden[106]. Durch die Entscheidung des Gemeinsamen Senats der obersten Gerichtshöfe des Bundes[107] ist nunmehr für alle Gerichtsbarkeiten einheitlich entschieden worden, daß entsprechend der Rechtsprechung des BGH das Urteil spätestens fünf Monate nach seiner Verkündung in vollständiger Form vorliegen muß.

34   Eine **Stellungnahme zur Rechtsprechung** muß zumindest insoweit zustimmend ausfallen, als die **Fünfmonatsgrenze einer Obergrenze** darstellt, jenseits derer die verspätete Abfassung der Gründe mit deren Fehlen gleichgestellt werden muß. Man kann von der Partei in der Tat nicht erwarten, ohne Kenntnis der Urteilsgründe Revision einlegen zu müssen, und überdies (auch darin ist der Rechtsprechung zuzustimmen) muß die Partei die Revisionsfrist unverkürzt als Überlegungsfrist zur Verfügung haben. Entgegen der in der Vorauf. (→ § 551 Rdnr. 32) vertretenen Auffassung spielt es dabei auch keine Rolle, ob mit der Revision nur die rechtlichen Erwägungen des Berufungsurteils angegriffen werden sollen oder mit einer Verfahrensrüge geltend gemacht wird, dem Berufungsurteil lägen unrichtige Tatsachen zugrunde, → aber weiter Rdnr. 35. Diese Differenzierung beruhte darauf, daß seinerzeit die Revisionsfrist nicht spätestens nach fünf Monaten begann, womit die Partei nicht gezwungen war, spätestens nach sechs Monaten Revision einzulegen. Mit der Änderung von § 552 hat sich insoweit auch in dem hier untersuchten Zusammenhang die Interessenlage geändert.

35   Fraglich erscheint dagegen, ob die Fünfmonatsgrenze nicht noch zu hoch gegriffen ist und ein absoluter Revisionsgrund nicht schon früher angenommen werden muß. Dabei muß vom Zweck der Vorschriften ausgegangen werden, die die schriftliche Abfassung des Urteils innerhalb eines bestimmten Zeitraums fordern. Dieser liegt nicht nur in der Prozeßbeschleunigung, sondern vor allem auch darin sicherzustellen, daß die schriftlichen Urteilsgründe mit den vom Gericht bei der Verkündung als maßgeblich angesehenen übereinstimmen sollen[108]. Von daher liegt es nahe, einen absoluten Revisionsgrund schon bei **Fehlen der Entscheidungsgründe drei Monate nach Urteilsverkündung** anzunehmen. Dies läßt sich auf den Grundgedanken von § 320 Abs. 2 S. 3 stützen: Wenn dort eine Tatbestandsberichtigung nur innerhalb von drei Monaten nach Urteilsverkündung zugelassen wird, zeigt das Gesetz damit, daß es dem Gericht keine zeitlich weiterreichende Erinnerung an die Einzelheiten des Falls zutraut. Ein absoluter Revisionsgrund muß demnach schon dann angenommen werden, wenn seit Verkündung des Urteils drei Monate verstrichen sind. Eine Ausnahme gilt insoweit allerdings dann, wenn die Revision allein auf rechtliche Erwägungen gestützt und nicht auch der vom Berufungsgericht zugrundegelegte Tatbestand angegriffen wird. Im Unterschied zu den Tatsachen brauchen die rechtlichen Erwägungen in der schriftlichen Urteilsabfassung mit denen bei der Urteilsverkündung nicht übereinzustimmen. Dem Berufungsgericht steht es vielmehr frei, im schriftlichen Urteil andere Entscheidungsgründe als bei der Urteilsfällung heranzuzie-

---

[105] BGH LM § 551 Ziff. 7 Nr. 14; 15 (beide Fn. 100).
[106] BAGE 33, 208 = AP § 551 Nr. 10; AP §§ 22, 23 BAT 1975 Nr. 166 (kein absoluter Revisionsgrund bei Zustellung des Urteils innerhalb eines Jahres); BAGE 38, 55 = AP § 68 ArbGG 1979 Nr. 1 (absoluter Revisionsgrund bei Zustellung später als ein Jahr). Nachw. zur weiteren Rechtsprechung der anderen obersten Bundesgerichte s. in GmS-OGB (Fn. 100).
[107] (Fn. 100).
[108] Pohle in Anm. zu BAG AP § 60 ArbGG Nr. 1; Fischer in Anm. zu BGH LM § 551 Ziff. 7 Nr. 4; Habscheid NJW 1964, 631.

hen. In einem solchen Fall ist das Vorliegen eines absoluten Revisionsgrundes mit der Rechtsprechung erst dann zu bejahen, wenn seit der Urteilsverkündung fünf Monate verstrichen sind.

### bb) Besonderheiten bei Antrag auf Tatbestandsberichtigung

Unabhängig davon, ob man der unter → Rdnr. 35 vertretenen Auffassung zustimmt und einen absoluten Revisionsgrund schon dann annimmt, wenn die Urteilsgründe drei Monate nach Verkündung noch nicht vorliegen, stellt sich die Frage, ob die Dreimonatsgrenze nicht auf jeden Fall dann maßgeblich sein muß, wenn die Partei einen Antrag auf Tatbestandsberichtigung stellen wollte, wegen Ablaufs der Frist des § 320 Abs. 2 S. 3 daran aber gehindert war und der Antrag geeignet gewesen wäre, den Tatbestand in einem entscheidungserheblichen Punkt richtigzustellen[109]. Die zuletzt genannte Einschränkung, wonach es sich um einen entscheidungserheblichen Punkt handeln muß, zeigt jedoch, daß in Wirklichkeit kein absoluter Revisionsgrund vorliegt, sondern das Revisionsgericht überprüfen muß, ob sich die Zugrundelegung des unrichtigen Tatbestandes inhaltlich auf das angefochtene Urteil ausgewirkt hat[110]; → weiter § 320 Rdnr. 11.

36

### g) Tatbestandsmangel

Enthält das Berufungsurteil keinen Tatbestand, so liegt zwar kein absoluter Revisionsgrund nach Ziff. 7 vor[111]. Das Revisionsgericht kann dann jedoch das angefochtene Urteil nicht überprüfen, weshalb dieses grundsätzlich aufzuheben ist[112]; Näheres → § 543 Rdnr. 7. Zur Möglichkeit einer Bezugnahme auf den Tatbestand des erstinstanzlichen Urteils → § 543 Rdnr. 10.

37

### h) Rechtsfolgen des Fehlens der Gründe

Der absolute Revisionsgrund der Ziff. 7 führt nur dann zur Aufhebung des angefochtenen Urteils, wenn der Revisionskläger eine dahingehende **Rüge** erhoben hat. Das Revisionsgericht überprüft nicht etwa von Amts wegen, ob es an den Entscheidungsgründen fehlt bzw. diese zu spät, → Rdnr. 33 ff., abgefaßt worden sind. **Fehlt die Begründung nur teilweise**, so beschränkt sich Ziff. 7 auf diesen Teil, d. h. das Berufungsurteil ist dann nicht in vollem Umfang ohne Überprüfung der Ursächlichkeit aufzuheben. Dies gilt bei mehreren Ansprüchen ebenso wie bei einem teilbaren Anspruch (z. B. bei geltendgemachter Teilerfüllung, ohne daß die Urteilsgründe darauf eingehen), bei Fehlen einer Begründung nur zur Höhe des Anspruchs, nicht dagegen auch zu seinem Grund sowie im Falle der Aufrechnung bei Fehlen einer Begründung nur hinsichtlich der Klage- oder der Gegenforderung. Ob das angefochtene Urteil insgesamt aufzuheben ist, hängt davon ab, ob hinsichtlich des begründeten Urteilsteils eine nach § 549 Abs. 1 ursächliche Gesetzesverletzung vorliegt.

38

---

[109] Für die Annahme eines absoluten Revisionsgrundes BAGE 4, 81 = AP § 60 ArbGG Nr. 2 (Pohle) = NJW 1957, 1165 = SAE 1958, 104 (Bötticher); AK-Ankermann Rdnr. 23; Rosenberg/Schwab/Gottwald[15] § 142 VII 7.
[110] BGHZ 32, 17, 23 ff. (Fn. 104); MünchKomm ZPO-Walchshöfer Rdnr. 16.

[111] Baumbach/Lauterbach/Albers[51] Rdnr. 18; MünchKomm ZPO-Walchshöfer Rdnr. 21; Zöller/Schneider[18] Rdnr. 9.
[112] BGH LM § 313 Abs. 2 Nr. 8 = NJW 1991, 3038; MünchKomm ZPO-Walchshöfer Rdnr. 21.

## III. Arbeitsgerichtliches Verfahren

39 § 551 gilt auch im arbeitsgerichtlichen Verfahren[113], und zwar auch bei der Rechtsbeschwerde im Beschlußverfahren[114]. Zu beachten ist allerdings, daß dadurch nicht die Statthaftigkeit der Revision begründet wird. Dazu muß diese zugelassen sein, → § 546 Rdnr. 47 ff. Ist dies nicht geschehen, so kommt allenfalls eine Nichtigkeitsklage nach § 579 Abs. 1 in Betracht (z. B. bei nicht ordnungsgemäßer Besetzung des Berufungsgerichts). Ziff. 1 wird ergänzt durch §§ 73 Abs. 2, 65 ArbGG, wonach die Revision nicht auf **Mängel des Verfahrens bei der Berufung ehrenamtlicher Richter** gestützt werden kann. Entsprechendes gilt bei der Rechtsbeschwerde im Beschlußverfahren, §§ 93 Abs. 2, 65 ArbGG. Verstöße gegen die §§ 20–23, 37 ArbGG sind also keine Revisionsgründe. Ein absoluter Revisionsgrund liegt dagegen dann vor, wenn an der Entscheidung ein ehrenamtlicher Richter mitgewirkt hat, dessen Amtsperiode abgelaufen war; §§ 73 Abs. 2, 65 ArbGG finden in diesem Fall keine Anwendung[115]. Ebenso bei Mitwirkung eines zu Recht abgelehnten ehrenamtlichen Richters[116] oder bei Heranziehung unter willkürlicher Verletzung der nach § 31 ArbGG aufgestellten Liste[117].

40 Ein Fall der nicht vorschriftsmäßigen Besetzung des Gerichts ist es insbesondere, wenn der Vorsitzende außerhalb der gesetzlich geregelten Fallgestaltungen **ohne Hinzuziehung der ehrenamtlichen Richter** allein entscheidet[118]. Ist umgekehrt der Vorsitzende zur Alleinentscheidung befugt, steht dies einer Hinzuziehung der ehrenamtlichen Richter nicht entgegen[119], weshalb weder ein absoluter noch ein relativer Revisionsgrund vorliegt.

41 Bei **Ziff. 4**, → Rdnr. 13 ff., schließt § 73 Abs. 2 i. V. mit § 65 ArbGG eine Nachprüfung des Rechtswegs sowie die unrichtige Annahme der **Zuständigkeit** des Landesarbeitsgerichts aus. Für den Rechtsweg ergibt sich das bereits aus § 17a Abs. 5 GVG. Anders als nach § 73 Abs. 2 ArbGG a. F. erfaßt § 65 ArbGG von seinem Wortlaut her nicht nur die örtliche Zuständigkeit, sondern die Zuständigkeit insgesamt. Dabei muß man freilich (ebenso wie in der ordentlichen Gerichtsbarkeit, → Rdnr. 14) die **internationale Zuständigkeit** ausnehmen. Diese muß auch in der Arbeitsgerichtsbarkeit vom Revisionsgericht nachgeprüft werden. Ist die Zuständigkeit zu Unrecht verneint worden, so soll dies einer Nachprüfung in der Revisionsinstanz nicht entgegenstehen[120].

42 Wird die Partei nach § 11 ArbGG durch einen **Verbandsvertreter** vertreten, der dazu deshalb nicht befugt ist, weil die Partei nicht Mitglied des Verbandes ist, so soll ein absoluter Revisionsgrund nach **Ziff. 5** vorliegen[121]. Dem kann nicht zugestimmt werden[121a]. Ziff. 5 will die Partei dagegen schützen, nicht »vollwertig« vertreten zu sein. Die Verbandsmitgliedschaft hat auf die Qualität der Vertretung durch den Verbandsvertreter jedoch keinerlei Einfluß. Soweit der Vertretungsmangel andrerseits darauf beruht, daß die Partei den Verbandsvertreter nicht bevollmächtigt hat, oder daß die notwendige Ermächtigung des Verbandes fehlt[122], sind die Voraussetzungen eines absoluten Revisionsgrundes nach Ziff. 5 erfüllt.

43 Bei **Ziff. 7** ist im Zusammenhang mit der verspäteten Abfassung der Entscheidungsgründe, → Rdnr. 33 ff., zu berücksichtigen, daß die Revisionsfrist wegen Fehlens der Rechtsbehelfsbelehrung, § 9 Abs. 5 ArbGG, nicht schon nach fünf Monaten, sondern erst nach 17 Monaten

---

[113] *Grunsky*⁶ § 73 Rdnr. 2; *Germelmann/Matthes/Prütting* § 73 Rdnr. 1.
[114] *Grunsky*⁶ § 93 Rdnr. 1.
[115] *BAGE* 11, 119 = AP § 551 Nr. 2 (*Baumgärtel*) = NJW 1961, 1645.
[116] *Grunsky*⁶ § 65 Rdnr. 4; *Germelmann/Matthes/Prütting* § 65 Rdnr. 3.
[117] *Germelmann/Matthes/Prütting* § 73 Rdnr. 31.
[118] *Germelmann/Matthes/Prütting* § 73 Rdnr. 30.
[119] *Grunsky*⁶ § 55 Rdnr. 1.
[120] *BAGE* 36, 274 = AP § 48 ArbGG 1979 Nr. 1 (abl. *Grunsky*).
[121] *BAG* AP § 11 ArbGG Nr. 35 (*Grunsky*) = BB 1975, 1209; *Germelmann/Matthes/Prütting* § 73 Rdnr. 36.
[121a] Ebenso *Brehm* in Münchener Handbuch zum Arbeitsrecht (1993), § 379 Rdnr. 29.
[122] Dazu *Grunsky*⁶ § 11 Rdnr. 10.

beginnt, → § 552 Rdnr. 2. Insoweit ist die Partei im Gegensatz zur ordentlichen Gerichtsbarkeit also nicht gezwungen, bei noch fehlenden Entscheidungsgründen spätestens bis Ablauf des sechsten Monats nach Urteilsverkündung Revision einzulegen. Dies könnte dafür sprechen, die zeitliche Grenze, jenseits derer die verspätete Abfassung der Entscheidungsgründe einen absoluten Revisionsgrund darstellt, später als in der ordentlichen Gerichtsbarkeit zu ziehen. In diesem Sinne hatte das BAG[123] denn auch angenommen, daß Ziff.7 erst dann eingreift, wenn die Entscheidungsgründe ein Jahr nach Urteilsverkündung noch nicht vorliegen. Durch die Entscheidung des Gemeinsamen Senats der obersten Gerichtshöfe des Bundes[124] hat sich die Situation insofern aber geändert. Dadurch ist die Grenze für alle Rechtswege einheitlich auf fünf Monate nach Urteilsverkündung festgelegt worden. Inzwischen hat das BAG seine frühere Auffassung aufgegeben und sich auch für das arbeitsgerichtliche Verfahren der Entscheidung des Gemeinsamen Senats angeschlossen[125].

## § 552 [Revisionsfrist]

**Die Revisionsfrist beträgt einen Monat; sie ist eine Notfrist und beginnt mit der Zustellung des in vollständiger Form abgefaßten Urteils, spätestens aber mit dem Ablauf von fünf Monaten nach der Verkündung.**

Gesetzesgeschichte: Bis 1900 § 514 CPO. Änderungen: RGBl. 1905 S. 536; 1924 I 135; BGBl. 1976 I 3281; 1980 I 677.

### I. Revisionsfrist

§ 552 entspricht dem § 516; → die Bemerkungen dort. Voraussetzung für den Beginn des 1 Fristlaufs ist die Zustellung des vollständigen Urteils. Die Zustellung einer abgekürzten Urteilsausfertigung setzt die Revisionsfrist nicht in Lauf. Hat der Prozeßbevollmächtigte des Revisionsklägers fälschlicherweise den Empfang des vollständigen Urteils bescheinigt, während er in Wirklichkeit nur ein abgekürztes Urteil erhalten hat, so läuft die Revisionsfrist noch nicht[1]. Zum Beginn des Laufs der Revisionsfrist spätestens fünf Monate nach Urteilsverkündung → § 516 Rdnr. 12ff. und zu den Auswirkungen auf die Annahme eines absoluten Revisionsgrundes nach § 551 Ziff. 7 bei verspäteter Abfassung der Urteilsgründe → § 551 Rdnr. 33ff. Zur Sprungrevision → § 566a Rdnr. 8. Hat das Berufungsgericht ein **Ergänzungsurteil** nach § 321 erlassen, so gilt § 517 für die Revisionsfrist entsprechend[2]. Zu den Auswirkungen einer **Urteilsberichtigung**, § 319, auf die Revisionsfrist gilt Entsprechendes wie bei der Berufungsfrist, → § 516 Rdnr. 6.

### II. Arbeitsgerichtliches Verfahren

Im arbeitsgerichtlichen Verfahren beträgt die Revisionsfrist ebenfalls einen Monat, § 74 2 Abs. 1 S. 1 ArbGG. Gleiches gilt für die Rechtsbeschwerde im Beschlußverfahren, § 92 Abs. 2 S. 1 i. V. mit § 74 Abs. 1 S. 1 ArbGG. Die Frist beginnt jeweils mit Zustellung des vollständigen Urteils[3]; obwohl § 74 ArbGG dazu keine ausdrückliche Aussage enthält, ist

---

[123] Nachw. → Fn. 106.
[124] (Fn. 100).
[125] *BAG* NZA 1993, 1150.

[1] *BGH* LM § 198 Nr. 10.
[2] *RGZ* 151, 304, 306; *BGH* LM § 517 Nr. 1; MünchKomm ZPO-*Walchshöfer* Rdnr. 2.
[3] *Grunsky*[6] § 74 Rdnr. 1.

§ 552 in dem Sinne entsprechend anwendbar, daß die Frist grundsätzlich spätestens fünf Monate nach Urteilsverkündung beginnt[4]. Da es bei fehlender Zustellung des vollständigen Urteils jedoch an einer Rechtsmittelbelehrung fehlt, womit die Jahresfrist des § 9 Abs. 5 S. 4 ArbGG läuft, fragt sich, wie sich diese Frist zu der des § 552 verhält. Zutreffenderweise läßt die Rechtsprechung beide Fristen nebeneinander zur Geltung kommen, was bedeutet, daß das Urteil erst 17 Monate nach seiner Verkündung rechtskräftig wird[5], → weiter § 516 Rdnr. 18.

## § 553 [Revisionseinlegung]

(1) **Die Revision wird durch Einreichung der Revisionsschrift bei dem Revisionsgericht eingelegt. Die Revisionsschrift muß enthalten:**
1. **die Bezeichnung des Urteils, gegen das die Revision gerichtet wird;**
2. **die Erklärung, daß gegen dieses Urteil die Revision eingelegt werde.**

(2) **Die allgemeinen Vorschriften über die vorbereitenden Schriftsätze sind auch auf die Revisionsschrift anzuwenden.**

Gesetzesgeschichte: Bis 1900 § 515 CPO. Änderung: RGBl. 1905 S. 536.

## I. Einlegung der Revision

1   Die Einlegung der Revision erfolgt durch **Einreichung der Revisionsschrift** beim Revisionsgericht, d.h. normalerweise beim BGH. Zu Revisionen gegen Urteile bayerischer Oberlandesgerichte → Rdnr. 2. § 553 entspricht der für die Berufung in § 518 Abs. 1, 2 und 4 enthaltenen Regelung, weshalb auf die dortigen Ausführungen verwiesen werden kann, → § 518 Rdnr. 1–22, 27. Die Parallelvorschrift zu § 518 Abs. 3 enthält demgegenüber § 553a. Zur »Einreichung« → § 207 Rdnr. 9 ff.; zum Erfordernis der Unterschrift durch einen Rechtsanwalt → § 518 Rdnr. 21 und § 129 Rdnr. 8 ff. Der Anwalt muß beim Revisionsgericht zugelassen sein. Wegen des Beitritts eines Streitgehilfen in Verbindung mit der Einlegung der Revision → § 66 Rdnr. 7. Der Suspensiveffekt hinsichtlich der Vollstreckung ist durch §§ 708 Nr. 10, 712 Abs. 2 S. 2 weitgehend ausgeschlossen.

2   Richtet sich die Revision gegen ein Urteil eines **bayerischen Oberlandesgerichts**, so bestimmt sich das Adressatengericht nach § 7 EGZPO. Bei der Zulassungsrevision hat das OLG nach § 7 Abs. 1 S. 1 EGZPO auszusprechen, ob das BayObLG oder der BGH zuständig ist, → § 7 EGZPO Rdnr. 4[1]. Dagegen ist die Wertrevision sowie die Revision bei Verwerfung der Berufung als unzulässig, § 547, beim BayObLG einzulegen, das seinerseits darüber entscheidet, ob es selbst oder ob der BGH zuständig ist, § 7 Abs. 2 EGZPO, Einzelheiten → § 7 EGZPO Rdnr. 5 ff. Besonderheiten gelten bei Entschädigungs-[2] und in Baulandsachen[3]. Hier ist die Revision immer beim BGH einzulegen, → § 7 EGZPO Rdnr. 3. Soweit die Revision nach § 7 Abs. 2 EGZPO beim BayObLG eingelegt wird, kann dies durch jeden bei einem

---

[4] *Grunsky*[6] § 74 Rdnr. 1; *Germelmann/Matthes/Prütting* § 74 Rdnr. 5.
[5] *BAG* AP § 9 ArbGG 1979 Nr. 3 = NZA 1985, 195; *LAG München* BB 1987, 412; zustimmend *Grunsky*[6] § 9 Rdnr. 32. A.A. *Germelmann/Matthes/Prütting* § 9 Rdnr. 58: Die Jahresfrist des § 9 Abs. 5 S. 4 ArbGG soll § 552 verdrängen, weshalb Rechtskraft nach einem Jahr eintritt.

[1] Hat das OLG über die Zuständigkeit nicht mitentschieden, kann die Revision sowohl beim BayObLG als auch beim BGH eingelegt werden (*BGH* FamRZ 1981, 28).
[2] *BGH* LM § 189 BEG Nr. 1.
[3] *BGHZ* 46, 190 = NJW 1967, 105 = MDR 31.

(auch nichtbayerischen) Landgericht, Oberlandesgericht oder dem Bundesgerichtshof zugelassenen Rechtsanwalt geschehen, → § 8 EGZPO Rdnr. 1. Die Postulationsfähigkeit eines nicht beim BGH zugelassenen Anwalts endet mit Zustellung des Verweisungsbeschlusses des BayObLG an den BGH[4].

## II. Anwendung der Vorschriften über vorbereitende Schriftsätze

Abs. 2 entspricht dem Abs. 4 von § 518, → dazu § 518 Rdnr. 27. Die in Bezug genommenen Vorschriften sind die §§ 130–133.   3

## III. Arbeitsgerichtliches Verfahren

Für das arbeitsgerichtliche Verfahren ergeben sich keine Besonderheiten. Die Revision ist   4
beim BAG einzureichen, § 72 Abs. 5 ArbGG i. V. mit § 553 Abs. 1. Durch Einlegung beim LAG wird die Revisionsfrist nicht gewahrt[5]. Die Rechtsbeschwerde im Beschlußverfahren ist ebenfalls beim BAG einzulegen, § 92 Abs. 2 ArbGG i.V. mit §§ 72 Abs. 5 ArbGG, 553 Abs. 1. Zum erforderlichen Inhalt der Rechtsbeschwerdeschrift s. § 94 Abs. 2 S. 1 ArbGG. Zur Einlegung der Nichtzulassungsbeschwerde → § 546 Rdnr. 55.

## § 553 a [Zustellung der Revisionsschrift]

**(1) Mit der Revisionsschrift soll eine Ausfertigung oder beglaubigte Abschrift des angefochtenen Urteils vorgelegt werden.**
**(2) Die Revisionsschrift ist der Gegenpartei zuzustellen. Hierbei ist der Zeitpunkt mitzuteilen, in dem die Revision eingelegt ist. Die erforderliche Zahl von beglaubigten Abschriften soll der Beschwerdeführer mit der Revisionsschrift einreichen.**

Gesetzesgeschichte: Eingefügt durch Nov. 1905 (RGBl. 1905 S. 536). Änderungen: RGBl. 1924 I 135; BGBl. 1976 I 3281.

Abs. 1 entspricht dem § 518 Abs. 3; Näheres → § 518 Rdnr. 25. Die **Zustellung der**   1
**Revisionsschrift an den Gegner**, Abs. 2 S. 1, erfolgt nach Maßgabe der §§ 208 ff. Die Regelung entspricht § 519 a S. 1, → § 519 a Rdnr. 2 ff. Zur Zustellung der Revisionsbegründung an den Gegner → § 554 Rdnr. 19. Der Mitteilung des Zeitpunkts der Revisionseinlegung kommt hier im Vergleich zur Berufungseinlegung deshalb erhöhte Bedeutung zu, weil die Anschlußrevision innerhalb eines Monats nach Zustellung der Revisionsbegründung oder des Beschlusses über die Annahme der Revision nach § 554 b eingelegt werden muß, § 556 Abs. 1. Infolgedessen hat der Gegner ein Interesse daran, den Zeitpunkt der Revisionseinlegung zu kennen, um sich darauf einstellen zu können, bis wann er sich wegen der Anschlußrevision schlüssig werden muß. Erfolgt die Zustellung nicht, so ändert dies an der Wirksamkeit der Revisionseinlegung nichts. Ist der Zeitpunkt der Revisionseinlegung nicht mitgeteilt worden, so hat dies deshalb keine Bedeutung, weil für die Anschlußrevision der Zeitpunkt der Revisionsbegründung und nicht der der Revisionseinlegung maßgeblich ist, § 556 Abs. 1. Insbesondere kann die Unterlassung der Mitteilung des Zeitpunkts der Revisionseinlegung

---

[4] *BGH* LM § 78 Nr. 37 = NJW 1989, 3226 = MDR 992.     [5] *BAG* AP § 234 Nr. 12.

nicht etwa eine Wiedereinsetzung in den vorigen Stand wegen Versäumung der Frist für die Einlegung der Anschlußrevision begründen. Wegen der **Beifügung der erforderlichen Zahl beglaubigter Abschriften**, Abs. 2 S. 2, → § 519a Rdnr. 1.

2   § 553a gilt auch im **arbeitsgerichtlichen Verfahren**, § 72 Abs. 5 ArbGG, und zwar auch für die Rechtsbeschwerde im Beschlußverfahren, §§ 92 Abs. 2, 72 Abs. 5 ArbGG.

## § 554 [Revisionsbegründung]

(1) Der Revisionskläger muß die Revision begründen.

(2) Die Revisionsbegründung ist, sofern sie nicht bereits in der Revisionsschrift enthalten ist, in einem Schriftsatz bei dem Revisionsgericht einzureichen. Die Frist für die Revisionsbegründung beträgt einen Monat; sie beginnt mit der Einlegung der Revision und kann auf Antrag von dem Vorsitzenden verlängert werden.

(3) Die Revisionsbegründung muß enthalten:
1. die Erklärung, inwieweit das Urteil angefochten und dessen Aufhebung beantragt werde (Revisionsanträge);
2. in den Fällen des § 554b eine Darlegung darüber, ob die Rechtssache grundsätzliche Bedeutung hat;
3. die Angabe der Revisionsgründe, und zwar:
a) die Bezeichnung der verletzten Rechtsnorm;
b) insoweit die Revision darauf gestützt wird, daß das Gesetz in bezug auf das Verfahren verletzt sei, die Bezeichnung der Tatsachen, die den Mangel ergeben.

(4) Wenn in Rechtsstreitigkeiten über vermögensrechtliche Ansprüche der von dem Oberlandesgericht festgesetzte Wert der Beschwer sechzigtausend Deutsche Mark nicht übersteigt, und das Oberlandesgericht die Revision nicht zugelassen hat, soll in der Revisionsbegründung ferner der Wert der nicht in einer bestimmten Geldsumme bestehenden Beschwer angegeben werden.

(5) Die Vorschriften des § 553 Abs. 2 und des § 553a Abs. 2 Satz 1, 3 sind auf die Revisionsbegründung entsprechend anwendbar.

Gesetzesgeschichte: Bis 1900 § 516 CPO. Änderungen: RGBl. 1905 S. 536; 1910 S. 767; 1923 I 9; 1924 I 135; BGBl. 1950 S. 455; 1975 I 1863; 1990 I 2847.

| | | | |
|---|---|---|---|
| I. Der Begründungszwang | 1 | rücksichtigende prozessuale Mängel | 14 |
| II. Form und Frist der Begründung | 2 | d) Darlegung der grundsätzlichen Bedeutung | 15 |
| 1. Form | 2 | e) Ausnahmen vom Begründungszwang | 16 |
| 2. Frist | 3 | 2. Sonstiger Inhalt | 17 |
| III. Inhalt der Revisionsbegründung | 4 | a) Wert der Beschwer | 17 |
| 1. Wesentlicher Inhalt | 4 | b) Anwendung der Vorschriften über vorbereitende Schriftsätze | 18 |
| a) Revisionsanträge | 5 | | |
| b) Revisionsgründe | 6 | | |
| c) Verfahrensrügen | 9 | IV. Geschäftliche Behandlung der Revisionsbegründung | 19 |
| aa) Gesetzesverletzung in bezug auf das Verfahren | 10 | | |
| bb) Angabe der die Gesetzesverletzung begründenden Tatsachen | 12 | V. Nachträgliches Vorbringen | 20 |
| cc) Von Amts wegen zu be- | | 1. Nachschieben von Revisionsgründen | 20 |

|  |  |  |  |
|---|---|---|---|
| a) Vor Ablauf der Begründungsfrist | 20 | 3. Verhältnis der Revisionsbegründung zum Vorbringen in der mündlichen Verhandlung | 24 |
| b) Nach Ablauf der Begründungsfrist | 21 | VI. Arbeitsgerichtliches Verfahren | 25 |
| 2. Erweiterung der Revisionsanträge | 23 |  |  |

## I. Der Begründungszwang

Im Interesse einer Entlastung des Revisionsgerichts, das das angefochtene Urteil nicht von Amts wegen auf alle denkbaren Fehler hin überprüfen soll, muß die Revision begründet werden. Daneben dient die Begründungspflicht auch dem Interesse des Revisionsbeklagten, der wissen soll, in welchen Punkten er sich auf eine Verteidigung einzurichten hat. Die ordnungsgemäße Begründung ist Voraussetzung für die Zulässigkeit der Revision; fehlt es an der Begründung, so ist die Revision als unzulässig zu verwerfen, § 554a Abs. 2. Ähnlich wie bei der Berufung, → § 519 Rdnr. 2, kann die Begründungspflicht ihre Aufgabe insofern nur unvollkommen erfüllen, als das Revisionsgericht bei der Überprüfung des Urteils nicht an die vorgetragenen Gründe gebunden ist, § 559 Abs. 2 S. 1. Liegt eine formal ordnungsgemäße Begründung vor, so darf das Revisionsgericht die Revision nicht schon dann zurückweisen, wenn es das Urteil in diesem Punkt nicht für fehlerhaft hält. Es hat vielmehr von Amts wegen zu prüfen, ob nicht ein nicht geltend gemachter Mangel gegeben ist, → § 559 Rdnr. 19. Etwas anderes gilt nur für Verfahrensmängel; hier beschränkt sich die Überprüfung auf den in der Revisionsbegründung geltend gemachten Mangel, Abs. 3 Nr. 3b, → Rdnr. 22.  1

## II. Form und Frist der Begründung

### 1. Form

Die Revisionsbegründung muß **schriftlich** erfolgen; Näheres dazu → § 519 Rdnr. 3 ff. Sie kann bereits in der Revisionsschrift enthalten sein, Abs. 2 S. 1, was in der Praxis aber kaum je geschieht. Die Begründung muß von einem beim Revisionsgericht zugelassenen Rechtsanwalt eigenhändig unterzeichnet sein (→ dazu § 129 Rdnr. 8ff.). Ist die Revision nach § 7 Abs. 2 EGZPO beim **Bayerischen Obersten Landesgericht** eingelegt worden, → § 553 Rdnr. 2, so kann die Begründung durch jeden bei einem Landgericht, Oberlandesgericht oder dem Bundesgerichtshof zugelassenen Rechtsanwalt erfolgen, § 8 Abs. 1 EGZPO. Eine spätere Verweisung der Sache an den BGH berührt die Wirksamkeit der Revisionsbegründung nicht[1]. Insbesondere muß die Revision nicht durch einen beim BGH zugelassenen Rechtsanwalt erneut begründet werden. Zur Einreichung der Begründung → § 207 Rdnr. 9ff.; zur Streithilfe → § 67 Rdnr. 14 und zur notwendigen Streitgenossenschaft → § 62 Rdnr. 24.  2

### 2. Frist

Die Begründungsfrist von einem Monat, Abs. 2 S. 2, beginnt ebenso wie die Berufungsbegründungsfrist, → § 519 Rdnr. 6, mit der Einlegung des Rechtsmittels. Wegen der Berechnung der Frist gilt das unter → § 519 Rdnr. 6ff. Ausgeführte entsprechend. Speziell zur Begründungsfrist bei verspätet eingelegtem Rechtsmittel und beantragter Wiedereinsetzung  3

---
[1] *BGH* FamRZ 1981, 28; MünchKomm ZPO-*Walchshöfer* Rdnr. 5; Zöller/*Schneider*[18] Rdnr. 4.

in den vorigen Stand → § 519 Rdnr. 7. Zur Begründungsfrist bei Einlegung der Revision beim Bayerischen Obersten Landesgericht → § 7 EGZPO Rdr. 9, 11. Eine Besonderheit besteht bei der **Verlängerung der Begründungsfrist** insoweit, Abs. 2 S. 2, 2. Hs., als bei der Berufung die Verlängerung nur dann bewilligt werden kann, wenn dadurch entweder der Rechtsstreit nicht verzögert wird, oder wenn der Berufungskläger erhebliche Gründe für die Fristverlängerung darlegt, § 519 Abs. 2 S. 3. Für die Verlängerung der Revisionsbegründungsfrist muß keine dieser Voraussetzungen vorliegen. Es liegt allein im Ermessen des Vorsitzenden, ob er die beantragte Verlängerung bewilligt, wobei freilich zu betonen ist, daß bei der Ausübung des Ermessens die in § 519 Abs. 2 S. 3 genannten Kriterien eine wesentliche Rolle spielen werden. Die Begründungsfrist kann auch mehrfach verlängert werden[2]. Zur Verlängerung nach Fristablauf → § 519 Rdnr. 18. Wegen der Verlängerung der Begründungsfrist auf Antrag des Revisionsbeklagten → § 556 Rdnr. 9.

## III. Inhalt der Revisionsbegründung

### 1. Wesentlicher Inhalt

4   Als wesentlichen Inhalt verlangt Abs. 3 die Revisionsanträge und die Revisionsgründe. Liegt der Wert der Beschwer über 60.000,– DM, so muß weiter dargelegt werden, inwieweit die Rechtssache grundsätzliche Bedeutung hat, → Rdnr. 15. Anders als bei den Revisionsanträgen und den Revisionsgründen führen fehlende Angaben über die grundsätzliche Bedeutung der Sache jedoch nicht zur Unzulässigkeit der Revision, → Rdnr. 15.

#### a) Revisionsanträge

5   Die Revisionsanträge müssen klar angeben, ob das Urteil im ganzen oder nur in einzelnen Teilen und mit welchem Ziel angegriffen werden soll. Es gilt Entsprechendes wie bei den Berufungsanträgen, Näheres → § 519 Rdnr. 23 ff. Wird nur Aufhebung des angefochtenen Urteils und **Zurückverweisung der Sache beantragt**, so liegt darin ein ausreichender Revisionsantrag[3]; → auch § 519 Rdnr. 24. Die Situation ist insofern in der Revisionsinstanz mit der im Berufungsverfahren deshalb nicht ohne weiteres vergleichbar, weil das Berufungsgericht i. d.R. in der Sache selbst entscheidet, während das Revisionsgericht bei einem Erfolg der Revision die Sache normalerweise zurückzuverweisen hat, § 565 Abs. 1. Selbst wenn man einen Zurückverweisungsantrag als Berufungsantrag nicht ausreichen lassen wollte, könnte dies deshalb auf den Revisionsantrag nicht übertragen werden. Kein ausreichender Revisionsantrag ist es dagegen, wenn bei einer noch vom Erblasser eingelegten, aber nicht mehr begründeten Revision der Erbe nur den Antrag auf Vorbehalt der beschränkten Erbenhaftung stellt[4]. Zur **Beschränkung des Rechtsmittels** → § 519 Rdnr. 27 f.; es gelten dieselben Grundsätze wie bei der Beschränkung der Zulassung der Revision[5], Näheres → § 546 Rdnr. 25 ff. Zur nachträglichen **Erweiterung der ursprünglichen Revisionsanträge** → Rdnr. 23 und § 519 Rdnr. 48 f.

---

[2] MünchKomm ZPO-*Walchshöfer* Rdnr. 12.
[3] *BAGE* 17, 313 = AP § 59 PersVG Nr. 4 = NJW 1966, 269 = MDR 179; AK-*Ankermann* Rdnr. 4; *Baumbach/Lauterbach/Albers*[51] Rdnr 6; MünchKomm ZPO-*Walchshöfer* Rdnr. 16; *Zöller/Schneider*[18] Rdnr. 6.

[4] *BGHZ* 54, 204 = LM § 780 Nr. 6 = NJW 1970, 1742.
[5] MünchKomm ZPO-*Walchshöfer* Rdnr. 16.

### b) Revisionsgründe

Die Revisionsgründe entsprechen in ihren Anforderungen im wesentlichen den Berufungsgründen, weshalb das unter → § 519 Rdnr. 29 ff. Ausgeführte im Rahmen des § 554 entsprechend gilt. Auch wenn sich dies aus dem Wortlaut von Abs. 3 Nr. 3 nicht unmittelbar ergibt, muß sich die Revisionsbegründungsschrift mit der Begründung des angefochtenen Urteils auseinandersetzen[6]. Die Revisionsbegründung muß sich **auf alle Teile des Urteils erstrecken, hinsichtlich derer die Aufhebung beantragt wird**, widrigenfalls die Revision für den nichtbegründeten Teil unzulässig ist[7]. Dies gilt sowohl bei einer Mehrheit von Ansprüchen (auch als Haupt- und Hilfsantrag) wie bei Klage und Widerklage und bei einem teilurteilsfähigen Teil eines Anspruchs[8]. Dagegen braucht die Revisionsbegründung nicht auf alle einzelnen **Streitpunkte**, → § 537 Rdnr. 12, einzugehen, wozu auch die Vorentscheidungen i. S. von § 548 gehören.

Die Revisionsgründe umfassen zunächst in allen Fällen die **Bezeichnung der verletzten Rechtsnorm**, Abs. 3 Nr. 3 a. Dabei spielt es keine Rolle, ob materielle oder prozessuale Rügen erhoben werden. Auch bei rein materiellrechtlichen Revisionsangriffen muß der Revisionskläger genau angeben, welche Rechtsnorm das Berufungsgericht seiner Ansicht nach verletzt hat und warum das angefochtene Urteil deshalb unrichtig ist[9]. Wie bestimmt die Bezeichnung sein muß, läßt sich nur von Fall zu Fall bestimmen. Sicher ist es nicht immer erforderlich, daß Paragrahenzahlen genannt werden[10]. Dies ist dann nicht möglich, wenn die verletzte Rechtsnorm ein **allgemeiner Rechtsgrundsatz** ist, der aus dem Gesamtzusammenhang verschiedener Vorschriften oder Rechtsgrundsätze abgeleitet wird (z. B. culpa in contrahendo, positive Vertragsverletzung oder Vertrag mit Schutzwirkung für Dritte). Wird eine falsche Paragraphenzahl angegeben, so ist das dann unschädlich, wenn sich aus der Begründung im übrigen erkennen läßt, welche Rechtsnorm gemeint ist[11]. Nicht ausreichend sind **allgemein gehaltene Rügen** wie »das Urteil verstößt gegen Grundprinzipien des Kaufrechts«, » es ist unverständlich, wie das Berufungsgericht bei dem zu entscheidenden Sachverhalt zu der ausgesprochenen Rechtsfolge gekommen ist« oder »die Rechtsauffassung des Berufungsgerichts ist unhaltbar«. Wird die Revision auf eine **neue**, erst nach Abschluß des Berufungsverfahrens in Kraft getretene **Norm** gestützt, → §§ 549, 550 Rdnr. 17 ff., so muß sie gleichwohl als verletzte Rechtsnorm angegeben werden. Kann die Revision ausnahmsweise auf **neue Tatsachen** gestützt werden, → § 561 Rdnr. 11 ff., so sind diese in der Revisionsbegründung anzugeben und überdies darzulegen, warum sie zu einem anderen Ergebnis als dem des Berufungsurteils führen[12]. Ob das angefochtene Urteil im Ergebnis auf der Rechtsverletzung beruht, braucht in der Revisionsbegründung nicht dargelegt zu werden. Die Revision ist also nicht etwa deshalb unzulässig, weil in der Revisionsbegründung keine Ausführungen dazu enthalten sind, daß das angefochtene Urteil auch nicht aus anderen Gründen i. S. von § 563 richtig ist. Enthält das Berufungsurteil allerdings **mehrere Begründungen**, die voneinander unabhängig das Ergebnis tragen (sei es als Alternativ-, sei es als Haupt- und Hilfsbegründung), so muß sich die Revisionsbegründung auf alle Begründungen beziehen[13], womit auch jeweils die Angabe einer verletzten Rechtsnorm erforderlich ist. Eine **Verweisung auf andere Schriftsätze** reicht

---

[6] *BAG* AP § 554 Nr. 15.
[7] *BGH* LM § 519 Nr. 102 = NJW 1990, 1884 = MDR 712 = BB 1094; MünchKomm ZPO-*Walchshöfer* Rdnr. 20.
[8] *RGZ* 113, 166.
[9] *RGZ* 117, 170; *BGH* LM § 554 Nr. 22 = MDR 1959, 647 = VersR 597 = ZZP 73 (1960), 264; *BAG* AP § 611 BGB Akkordlohn Nr. 17.
[10] *BAGE* 1, 38.
[11] *BAGE* 4, 291 = AP § 161 Nr. 2 (*Baumgärtel*) = NJW 1957, 1492; MünchKomm ZPO-*Walchshöfer* Rdnr. 21.
[12] *BAG* AP § 554 Nr. 21 = NJW 1990, 2641.
[13] MünchKomm ZPO-*Walchshöfer* Rdnr. 20.

unter denselben Voraussetzungen wie bei der Berufungsbegründung aus, → dazu § 519 Rdnr. 37f.

8 Das Erfordernis der Angabe von Revisionsgründen ist ein **rein formales**. Ob die geltend gemachten Gründe im Ergebnis durchschlagen, ist für die Zulässigkeit der Revision ebenso unerheblich[14] wie die Frage, ob die bezeichnete Rechtsnorm revisibel ist[15]. Es genügt jede ernstlich gemeinte Angabe irgendeiner Rechtsnorm, um die Verwerfung als unzulässig abzuwenden, sofern die angeführte Norm zur Entscheidung des Falls irgendwie in Betracht kommt, → weiter Rdnr. 1.

c) **Verfahrensrügen**

9 Soweit die Revision auf die Verletzung verfahrensrechtlicher Rechtsnormen gestützt wird, müssen außer der Bezeichnung der verletzten Rechtsnorm die **Tatsachen** angegeben werden, **aus denen sich der Verfahrensverstoß ergeben soll**, Abs. 3 Nr. 3b (Verfahrensrüge). Geschieht dies nicht, so ist die Revision nicht ordnungsmäßig begründet und damit unzulässig (es sei denn, daß außerdem eine ordnungsmäßige Rüge hinsichtlich einer materiellen Rechtsverletzung vorliegt).

aa) **Gesetzesverletzung in Bezug auf das Verfahren**

10 Eine Gesetzesverletzung in Bezug auf das Verfahren liegt zunächst bei einem **unrichtigen Handeln des Gerichts** i.S. von § 295 vor. Hierunter fallen etwa die Besetzung des Gerichts, der Hergang der mündlichen Verhandlung, die Mündlichkeit und Öffentlichkeit der Verhandlung, die tatsächlichen Feststellungen des Urteils, soweit dabei die Rechtsnormen über die prozessuale Bedeutung von streitigem oder unstreitigem Vorbringen verletzt worden sind[16], ferner die Anordnung oder Ablehnung von Beweisaufnahmen sowie der Erlaß eines unzulässigen Teilurteils[17]. Ob es sich um einen absoluten oder nur um einen relativen Revisionsgrund handelt, spielt für die Notwendigkeit einer den Anforderungen von Abs. 3 Nr. 3b genügenden Rüge keine Rolle. Soweit der Verfahrensfehler darin besteht, daß der Tatbestand des Berufungsurteils unrichtig ist, kann dies nicht durch eine Verfahrensrüge, sondern nur durch einen Berichtigungsantrag nach § 320 geltend gemacht werden[18]. Weiter bilden Verfahrensmängel auch die im **Urteilsverfahren** begangenen, sofern sie nicht den Inhalt, sondern die für den Erlaß und die Abfassung des Urteils maßgebenden Vorschriften betreffen, wie etwa Mängel der Verkündung[19] oder der schriftlichen Abfassung, insbesondere des Tatbestandes oder der Begründung sowie die prozessuale Unzulässigkeit der Entscheidung[20]; → auch § 539 Rdnr. 11. Aber auch die Übergehung von Tatsachen, die nach dem Tatbestand oder dem Sitzungsprotokoll vorgebracht sind, s. § 561 Abs. 1 S. 1, sowie die Berücksichtigung nicht oder nicht ordnungsgemäß vorgetragener Tatsachen enthält als Verletzung des § 128 einen Mangel des Verfahrens. Die unzutreffende Beurteilung prozessualer Vorgänge der ersten Instanz ist dagegen ein inhaltlicher Mangel des Berufungsurteils und nicht etwa ein Verfahrensmangel[21].

---

[14] *BGH* NJW 1981, 1453; *Baumbach/Lauterbach/Albers*[51] Rdnr. 8.
[15] *BGH* LM § 546 Nr. 94 = MDR 1980, 203 = ZZP 93 (1980), 331 (*Waldner*).
[16] Das Gericht hat sich etwa zu Unrecht an tatsächliche Feststellungen eines Schiedsgerichts gebunden gefühlt (*BGHZ* 27, 249 = LM § 1041 Nr. 10 = NJW 1958, 1538 = MDR 682 = JZ 1959, 174 – dazu *Habscheid* –; a.A. *RGZ* 132, 330).

[17] *RGZ* 85, 217; *BGH* LM § 138 BGB (Cf) Nr. 1; → weiter § 301 Rdnr. 13.
[18] *BGH* WM 1962, 1289; *BAG* AP § 611 BGB Haftung des Arbeitnehmers Nr. 32; AP § 7 KSchG Nr. 1; Münch-Komm ZPO-*Walchshöfer* Rdnr. 23.
[19] *BGHZ* 41, 249, 254.
[20] S. *RGZ* 101, 149 (Sachentscheidung statt Zurückverweisung nach § 538); *Zöller/Schneider*[18] Rdnr. 11.
[21] *RGZ* 132, 330, 335; JW 1938, 3187.

Ein Verfahrensmangel liegt nicht schon ohne weiteres dann vor, wenn das Berufungsgericht bei der Auslegung einer Verfahrensnorm einen Irrtum begangen hat. Erforderlich ist vielmehr, daß sich der Irrtum auf das Verfahren des Gerichts bei der Urteilsfindung bezieht (**error in procedendo**)[22]. Soweit dagegen eine verfahrensrechtliche Norm falsch beurteilt worden ist, die den Inhalt des angefochtenen Urteils selbst bildet (error in iudicando), haben wir es mit keinem Verfahrensfehler zu tun[23], d. h. insoweit reicht die Angabe der verletzten Norm als Revisionsbegründung aus. Wollte man anderer Auffassung sein, so wäre jedes Prozeßurteil notwendigerweise die Folge eines Verfahrensverstoßes[24]; → weiter § 559 Rdnr. 8.

### bb) Angabe der die Gesetzesverletzung begründenden Tatsachen

Bei Verfahrensfehlern ist die Angabe der verletzten Rechtsnorm zwar ebenfalls erforderlich, Abs. 3 Nr. 3a, genügt aber zur Begründung der Revision nicht. Vielmehr bedarf es der Angabe von Tatsachen, die den Mangel ergeben und Ausführungen dazu, inwieweit der Fehler die Entscheidung des Berufungsgerichts beeinflußt hat, es sei denn, es ergibt sich schon aus der Art des Verfahrensmangels, daß das Urteil auf ihm beruhen kann[25]. Weiter sind Angaben zur Kausalität des Fehlers für den Urteilsinhalt bei absoluten Revisionsgründen nicht erforderlich; dort wird ja von der Kausalität gerade abgesehen, → § 551 Rdnr. 1. Die anzuführenden Tatsachen sind nicht die Tatsachen, die den Gegenstand des fehlerhaften Verfahrens bildeten, sondern diejenigen Vorgänge im Prozeß, in denen sich der Mangel vollzog, z. B. das Übergehen von rechtzeitigem Tatsachenvortrag, Anträgen oder Beweisantritten oder die Berücksichtigung von nur schriftsätzlich Angekündigtem.

Die die Gesetzesverletzung begründenden Tatsachen müssen **genau und bestimmt** angegeben werden. Wird die Verletzung von § 139 gerügt, so muß genau angegeben werden, wonach das Gericht hätte fragen sollen und was die Partei daraufhin vorgetragen hätte[26]. Wird die Nichtvernehmung eines Zeugen gerügt, so muß angegeben werden, welche entscheidungserheblichen Tatsachen bekundet werden sollten[27]. Bei Nichterhebung eines Abstammungsbeweises (§ 372a) muß angegeben werden, daß der Revisionskläger bei einer entsprechenden Beweisanordnung bereit gewesen wäre, an deren Ausführung mitzuwirken[28]. Die Fehlerhaftigkeit eines Gutachtens kann nur dadurch angegriffen werden, daß der Revisionskläger die Fehler genau bezeichnet[29]. Wird die Nichtberücksichtigung von Schriftstücken oder Akten eines anderen Verfahrens gerügt, so müssen diese samt den Tatsachen, auf die sie sich beziehen, genau angegeben werden[30], wobei bei umfangreichen Akten die einschlägigen Stellen bezeichnet werden müssen[31]; es ist nicht Aufgabe des Revisionsgerichts, umfangreiche Akten zu durchforsten. Zu den Erfordernissen einer Rüge, mit der die nicht vorschriftsmäßige Besetzung des Berufungsgerichts geltend gemacht werden soll, → § 551 Rdnr. 10. Das Übergehen eines Beweisangebots oder von Parteibehauptungen muß durch genaue Angabe des Schriftsatzes gerügt werden, in dem es enthalten sein soll[32]. Allgemeine Wendungen wie etwa die Bemerkung, der Kläger habe die öffentliche Zustellung der Klage sowie das Urteil erschlichen, genügen nicht[33], es sei denn, daß mit Rücksicht auf den geringen Umfang des

---

[22] *BFH* NJW 1971, 168.
[23] AK-*Ankermann* Rdnr. 7a.
[24] Ablehnend gegenüber dieser Konsequenz auch *Zöller/Schneider*[18] Rdnr. 11.
[25] *BGH* LM § 554 Nr. 23 = MDR 1961, 142; LM § 280 Nr. 6; *BAGE* 14, 1, 5; AP § 554 Nr. 13 (*Baumgärtel/Scherf*).
[26] *BGH* NJW-RR 1988, 208; MünchKomm ZPO-*Walchshöfer* Rdnr. 22; *Zöller/Schneider*[18] Rdnr. 14.
[27] *BGH* LM § 6 BEG Nr. 16; *BAG* AP § 322 Nr. 8.
[28] *BGH* LM § 1600o BGB Nr. 18 = NJW 1986, 2371 = MDR 831 = JZ 1987, 42.

[29] *BGHZ* 44, 75, 81.
[30] *BGH* LM § 280 Nr. 6 = NJW 1956, 1755 = VersR 661; *BAG* AP § 554 Nr. 3 (*Pohle*); *BAGE* 12, 328 = AP § 620 BGB Befristeter Arbeitsvertrag Nr. 22 = MDR 1962, 607.
[31] *BGH* LM § 280 Nr. 6; *BAGE* 12, 328 (beide Fn. 30).
[32] *BGHZ* 14, 205, 209f. = LM § 554 Nr. 10 = NJW 1954, 1522 = BB 698.
[33] *RGZ* 87, 5; 95, 72.

§ 554 III                   3. Buch. Rechtsmittel

Vortrags in der Tatsacheninstanz jeder Zweifel ausgeschlossen ist. Wendet sich der Revisionskläger dagegen, daß das Berufungsgericht die Sache nach § 539 an das erstinstanzliche Gericht zurückverwiesen hat, so muß im einzelnen dargelegt werden, warum das erstinstanzliche Verfahren keinen Fehler aufweist[34]. Wird umgekehrt gerügt, die Sache hätte zurückverwiesen werden müssen, so muß der Revisionskläger nicht nur genau darlegen, daß die Voraussetzungen von § 538 oder § 539 vorlagen, sondern überdies Tatsachen vortragen, aus denen sich ein Ermessensmißbrauch des Berufungsgerichts ergibt, → § 539 Rdnr. 15 und § 540 Rdnr. 3. Zur **Verfahrensrüge des Revisionsbeklagten** → § 559 Rdnr. 11.

cc) **Von Amts wegen zu berücksichtigende prozessuale Mängel**

14  Besonderheiten ergeben sich dann, wenn prozessuale Mängel des Verfahrens vom Revisionsgericht von Amts wegen zu berücksichtigen sind und zur Aufhebung des angefochtenen Urteils führen. Hier ist eine den Anforderungen von Abs. 3 Nr. 3b genügende Verfahrensrüge nicht erforderlich. Zu den einschlägigen Fallgestaltungen → § 559 Rdnr. 12 ff.

d) **Darlegung der grundsätzlichen Bedeutung**

15  Übersteigt der Wert der Beschwer in vermögensrechtlichen Steitigkeiten 60.000,– DM, so kann das Revisionsgericht die Annahme der Revision ablehnen, wenn die Rechtssache keine grundsätzliche Bedeutung hat, § 554b Abs. 1. Um dem Revisionsgericht eine Beurteilung der Frage zu ermöglichen, ob die erforderliche grundsätzliche Bedeutung vorliegt, hat die Revisionsbegründung darauf einzugehen, Abs. 3 Nr. 2. Dieses Erfordernis für eine ordnungsgemäße Revisionsbegründung ist dadurch weitgehend entwertet worden, daß dem BVerfG[35] zufolge die Revision auch dann angenommen werden muß, wenn es zwar an der grundsätzlichen Bedeutung fehlt, die Revision aber Aussicht auf Erfolg bietet, Näheres → § 554b Rdnr. 6. Von daher ist für die Annahme der Revision inzwischen weniger die grundsätzliche Bedeutung als vielmehr die Erfolgsaussicht maßgeblich geworden. Diese muß ihrerseits für die Zulässigkeit der Revision aber nicht dargelegt werden; fehlt es an entsprechenden Ausführungen, so muß der Revisionskläger zwar mit Nichtannahme der Revision rechnen, doch ist sein Rechtsmittel nicht etwa unzulässig. Fehlen Darlegungen zur grundsätzlichen Bedeutung, so wird dies trotz des Wortlauts von Abs. 3 Nr. 2 nicht als Zulässigkeitsmangel der Revision angesehen[36].

e) **Ausnahmen vom Begründungszwang**

16  Eine Ausnahme vom Erfordernis einer Begründung der Revision ist notwendigerweise dann anzuerkennen, wenn der im Scheidungsverfahren siegreiche Antragsteller die Revision zum Zweck der Rücknahme des Antrags oder des Verzichts einlegt, → Allg. Einl. vor § 511 Rdnr. 101 f. Erforderlich und genügend ist hier die Angabe des mit der Revision verfolgten Zwecks[37]. Diese ist aber nicht an die Begründungsfrist gebunden, sondern kann solange erfolgen, als die Revision noch nicht nach § 554a verworfen ist.

---

[34] BGH NJW 1984, 495.
[35] BVerfGE 54, 277 = NJW 1981, 39.
[36] MünchKomm ZPO-*Walchshöfer* Rdnr. 19; Baumbach/Lauterbach/Albers[51] Rdnr. 7; Thomas/Putzo[18] Rdnr. 4.
[37] RGZ 91, 365.

## 2. Sonstiger Inhalt

### a) Wert der Beschwer

Abs. 4 schreibt in Form einer Sollvorschrift vor, daß der Wert der Beschwer (nicht der Bechwerdewert; zum Unterschied → § 511a Rdnr. 11ff.) dann anzugeben ist, wenn das OLG ihn auf nicht mehr als 60.000,– DM festgesetzt und außerdem die Revision nicht zugelassen hat. Hier ist das Revisionsgericht an die Wertfestsetzung durch das OLG nicht gebunden, → § 546 Rdnr. 42, d. h. es hat zu prüfen, ob die Beschwer nicht doch 60.000,– DM übersteigt und die Revision damit nach § 554b angenommen werden kann. Die Angabe des Wertes der Beschwer ist keine Zulässigkeitsvoraussetzung der Revision; auch sonst knüpfen sich an die Nichtangabe des Wertes keine prozessualen Folgen[38]. Die Angabe kann bis zur Entscheidung des Revisionsgerichts nachgeholt werden.

17

### b) Anwendung der Vorschrift über vorbereitende Schriftsätze

Die entsprechende Anwendung des § 553 Abs. 2, die in Abs. 5 angeordnet ist, verweist auf die allgemeinen Vorschriften über die vorbereitenden Schriftsätze in den §§ 129ff. Revisionsrechtliche Besonderheiten ergeben sich daraus nicht.

18

## IV. Geschäftliche Behandlung der Revisionsbegründung

Die geschäftliche Behandlung der Revisionsbegründung folgt gemäß Abs. 5 dem § 553a Abs. 2 S. 1, 3. Es »sollen« demnach die erforderlichen beglaubigten Abschriften vom Revisionskläger eingereicht werden und die Begründung ist dem Revisionsbeklagten zuzustellen.

19

## V. Nachträgliches Vorbringen

### 1. Nachschieben von Revisionsgründen

### a) Vor Ablauf der Begründungsfrist

Bis zum Ablauf der Begründungsfrist können Revisionsgründe **jederzeit nachgeschoben** werden. Dies gilt sowohl für materiellrechtliche als auch für Verfahrensrügen. Wenn Abs. 3 verlangt, daß die Revisionsbegründung bestimmte Angaben enthalten muß, so bedeutet das nicht, daß alle diese Angaben in ein- und demselben Schriftsatz enthalten sein müssen. Zweck der Vorschrift ist es vielmehr allein, daß das Revisionsgericht bis zum Ablauf der Frist alle erforderlichen Angaben erhält. Auch die Revisionsanträge können in diesem Rahmen noch nachträglich gestellt werden; zur späteren Erweiterung der Revisionsanträge → Rdnr. 24. Wegen der Nachholbarkeit von zunächst fehlenden notwendigen Bestandteilen der Revisionsbegründung kann die Revision vor Ablauf der Begründungsfrist auch dann nicht wegen nicht ordnungsmäßiger Begründung nach § 554a als unzulässig verworfen werden, wenn nur eine den Anforderungen von Abs. 3 nicht genügende Revisionsbegründung vorliegt.

20

---

[38] *Baumbach/Lauterbach/Albers*[51] Rdnr. 15; Münch-Komm ZPO-*Walchshöfer* Rdnr. 24.

### b) Nach Ablauf der Begründungsfrist

21 Nach Ablauf der Begründungsfrist muß zwischen materiellrechtlichen Rügen und Verfahrensrügen differenziert werden. **Materiellrechtliche Rügen** (einschließlich ihnen gleichzustellender Rügen wegen Verletzung verfahrensrechtlicher Beurteilungsnormen, → Rdnr. 11) können deswegen bis zur Entscheidung des Revisionsgerichts jederzeit auch noch nach Ablauf der Begründungsfrist erhoben werden, weil das Revisionsgericht insoweit das Urteil ohnehin ohne Bindung an die Rügen zu überprüfen hat, → Rdnr. 1. Nachträgliche Rügen sind deshalb als bloße Anregungen der Partei zu würdigen. Auch wenn bisher nur ein Verfahrensverstoß ordnungsgemäß gerügt worden ist, können materielle Rügen jederzeit bis zur Entscheidung über die Revision nachgeschoben werden[39]. Soweit sich der nachgeschobene Grund auf einen anderen Teil des Streitgegenstandes als der vor Fristablauf vorgebrachte Grund bezieht, gilt Entsprechendes wie bei der Berufung, → dazu § 519 Rdnr. 31.

22 Verfahrensrügen können nach Ablauf der Begründungsfrist nicht mehr nachgeschoben werden[40]. Umstritten ist, ob zur Nachholung einer bestimmten Verfahrensrüge Wiedereinsetzung in den vorigen Stand gewährt werden kann. Die Rechtsprechung verneint die Frage[41]. Es ist jedoch nicht einzusehen, daß derjenige, der überhaupt keine Revisionsbegründung gegeben hat, besser gestellt werden soll als derjenige, der es nur unterlassen hat, einen bestimmten Mangel zu rügen. Mit der im Schrifttum h. M.[42] muß deshalb die Wiedereinsetzung in den vorigen Stand als zulässig angesehen werden, wobei bezüglich Form und Frist den Erfordernissen der §§ 234, 236 genügt sein muß.

### 2. Erweiterung der Revisionsanträge

23 Eine Erweiterung der Revisionsanträge wird von der h. M. für zulässig gehalten, sofern sie sich im Rahmen der ursprünglichen Revisionsbegründung hält[43]. Dem ist aus den unter → § 519 Rdnr. 49 zur Erweiterung der Berufungsanträge dargelegten Gründen zu widersprechen. Das dort Ausgeführte gilt für die Erweiterung der Revisionsanträge entsprechend.

### 3. Verhältnis der Revisionsbegründung zum Vorbringen in der mündlichen Verhandlung

24 Dazu, ob und inwieweit die Revisionsbegründung ein anderweitiges Vorbringen in der mündlichen Verhandlung ausschließt, → § 559 Rdnr. 10 ff.

## VI. Arbeitsgerichtliches Verfahren

25 § 554 gilt auch im arbeitsgerichtlichen Verfahren, § 72 Abs. 5 ArbGG, und zwar grundsätzlich auch für die **Rechtsbeschwerde im Beschlußverfahren**, §§ 92 Abs. 2, 72 Abs. 5 ArbGG, wobei § 94 Abs. 2 S. 2 ArbGG jedoch bestimmt, daß neben den Rechtsbeschwerdeanträgen und der Angabe der verletzten Bestimmungen angegeben werden muß, worin die Gesetzesverletzung bestehen soll. Dies geht insofern über die Anforderungen an eine Revi-

---

[39] AK-*Ankermann* Rdnr. 7; MünchKomm ZPO-*Walchshöfer* Rdnr. 20.
[40] RGZ 96, 292; JW 1936, 1841; AK-*Ankermann* Rdnr. 10; *Thomas/Putzo*[18] Rdnr. 15.
[41] RGZ 121, 5, 6; BAG AP § 72 ArbGG Divergenzrevision Nr. 18; 20 (*Pohle*); BAG NJW 1962, 2030; BVerwGE 28, 18.
[42] *Rosenberg* JZ 1953, 310; *Pentz* ZZP 76 (1963), 183; AK-*Ankermann* Rdnr. 10; *Thomas/Putzo*[18] Rdnr. 15;

*Grunsky*[6] § 74 Rdnr. 8; *Germelmann/Matthes/Prütting* Rdnr. 21; aus der Rechtsprechung ebenso OLG Hamburg JZ 1953, 308.
[43] BGHZ 12, 52, 67 f. = NJW 1954, 554; 91, 154, 159 = NJW 1984, 2831; NJW-RR 1988, 66; AK-*Ankermann* Rdnr. 4; MünchKomm ZPO-*Walchshöfer* Rdnr. 18; *Zöller/Schneider*[18] Rdnr. 7; *Rosenberg/Schwab/Gottwald*[15] § 142 III 4 b.

sionsbegründung hinaus, als es bei einer materiellrechtlichen Rüge nicht ausreicht, die verletzte Norm zu bezeichnen; es muß vielmehr auch dargelegt werden, wie die Norm richtig auszulegen ist (bzw. welche Norm anzuwenden gewesen wäre) und inwieweit sich das auf den Inhalt der Entscheidung auswirken muß[44]. Ein nachvollziehbarer Grund für diese erhöhten Anforderungen ist nicht ersichtlich.

Bei der **Verlängerung der Revisionsbegründungsfrist** besteht im arbeitsgerichtlichen Verfahren insofern eine Besonderheit, als die Frist nur einmal und auch nur bis zu höchstens einem Monat verlängert werden kann, § 74 Abs. 1 S. 2 ArbGG. Obwohl § 94 ArbGG für die Rechtsbeschwerde im Beschlußverfahren keine ausdrückliche Regelung enthält, kann die Begründungsfrist auch dort verlängert werden, wobei die Grenzen des § 74 Abs. 1 S. 2 ArbGG ebenfalls gelten[45]. 26

## § 554 a [Prüfung der Zulässigkeit]

**(1) Das Revisionsgericht hat von Amts wegen zu prüfen, ob die Revision an sich statthaft und ob sie in der gesetzlichen Form und Frist eingelegt und begründet ist. Mangelt es an einem dieser Erfordernisse, so ist die Revision als unzulässig zu verwerfen.**

**(2) Die Entscheidung kann ohne mündliche Verhandlung durch Beschluß ergehen.**

Gesetzesgeschichte: Eingefügt durch Nov. 1905 (RGBl. S. 536). Keine Änderungen.

Die Vorschrift entspricht der in § 519 b enthaltenen Regelung für die Überprüfung der Zulässigkeit der Berufung. Ein Unterschied besteht nur insoweit, als gegen die Verwerfung der Revision als unzulässig natürlich kein weiteres Rechtsmittel gegeben ist, weshalb es bei § 554a anders als in § 519b Abs. 2 an einer Bestimmung über die Anfechtung der Verwerfungsentscheidung fehlt. 1

### I. Gegenstand der Prüfung

Gegenstand der Prüfung (zur entsprechenden Problematik bei der Berufung → § 519b Rdnr. 4ff.) bildet zunächst die Frage, ob die Revision »**an sich statthaft**« ist. Dazu ist erforderlich, daß sie gegen ein der Revision unterliegendes Urteil gerichtet ist, → § 545 Rdnr. 1ff., daß der Revisionskläger durch das Berufungsurteil beschwert ist (und zwar nicht nur im Kostenpunkt), → Allg. Einl. vor § 511 Rdnr. 70ff., daß in vermögensrechtlichen Sachen entweder die Revision durch das Oberlandesgericht gemäß § 546 Abs. 2 zugelassen worden ist, → § 546 Rdnr. 2ff., oder der Wert der Beschwer auf mehr als 60.000,- DM festgesetzt worden ist, → § 546 Rdnr. 31ff., oder daß die Revision schließlich bei Verwerfung der Berufung als unzulässig gemäß § 547 ohne Rücksicht auf die Höhe der Beschwer statthaft ist. Zur Ablehnung der Annahme durch das Revisionsgericht mangels grundsätzlicher Bedeutung der Sache → § 554b Rdnr. 2ff. In nichtvermögensrechtlichen Sachen ist die Revision (abgesehen vom Fall des § 547) nur bei Zulassung durch das Oberlandesgericht statthaft, → § 546 Rdnr. 1. Weiter ist zu prüfen, ob die aktive und passive Legitimation für die Revisionsinstanz, insbesondere bei Streitgenossenschaft, gegeben ist, → § 511 Rdnr. 8ff.; § 62 Rdnr. 38ff. Zum Zulässigkeitshindernis eines **Rechtsmittelverzichts** → § 519b Rdnr. 9. 2

---

[44] *BAG* AP § 94 ArbGG 1979 Nr. 1.

[45] *Grunsky*[6] § 92 Rdnr. 9; *Germelmann/Matthes/Prütting* § 94 Rdnr. 11.

3   Des weiteren ist die **Rechtzeitigkeit** der Einreichung der Revision (§ 552) und der Begründung (§ 554 Abs. 2) zu prüfen. Zur Zulässigkeit der Revision gehört dagegen nicht, daß auch die Berufung zulässig war; dies ist ein Problem der Begründetheit der Revision[1] (a. A. Voraufl.). Daß die Zulässigkeit der Berufung auch in der Revisionsinstanz von Amts wegen zu prüfen ist, → § 559 Rdnr. 15, steht dem nicht entgegen. Zur Wiedereinsetzung in den vorigen Stand wegen Versäumung der genannten Fristen gilt das unter → § 519b Rdnr. 39 Ausgeführte entsprechend. Endlich ist zu prüfen, ob Revision und Begründung nach **Form und Inhalt** den Anforderungen der §§ 553, 554 Abs. 3 genügen. Wegen des notwendigen Inhalts der Begründung → § 554 Rdnr. 4ff.; zur Beachtlichkeit späterer Nachträge → § 554 Rdnr. 20ff.

4   Die **Beweislast** für die Zulässigkeit der Revision liegt beim Revisionskläger[2]. Kann die Unzulässigkeit also nicht ausgeschlossen werden, so ist ebenso nach § 554a zu verfahren wie wenn die Unzulässigkeit feststeht, → weiter § 519b Rdnr. 2 (einschließlich der Frage, ob zur Feststellung der zulässigkeitsrelevanten Tatsachen der Freibeweis zulässig ist).

## II. Die Entscheidung

5   Fehlt es an einem Zulässigkeitserfordernis, so ist die Revision **als unzulässig zu verwerfen**, Abs. 1 S. 2. Zur Teilverwerfung → § 519b Rdnr. 14. **Einzelne Revisionsrügen** (z. B. eine erst nach Ablauf der Revisionsbegründungsfrist erhobene Verfahrensrüge, → § 554 Rdnr. 22) können dagegen nicht als unzulässig verworfen werden. Ihre Unzulässigkeit führt nur dazu, daß sie bei der Entscheidung über die Revision nicht berücksichtigt werden. Dies kann (muß aber nicht) bedeuten, daß die Revision ihrerseits unzulässig ist.

6   Nach Abs. 2 kann die Entscheidung über die Zulässigkeit **ohne mündliche Verhandlung durch Beschluß** ergehen. Termin zur mündlichen Verhandlung wird erst bestimmt, wenn kein Verwerfungsbeschluß ergeht, § 555 Abs. 1. Das für die Berufung unter → § 519b Rdnr. 17ff. Ausgeführte gilt entsprechend. Der Beschluß kann nicht nur auf Verwerfung der Revision als unzulässig lauten, sondern auch die Zulässigkeit der Revision feststellen[3], → § 519b Rdnr. 32. Dies kann auch in der Form eines Zwischenurteils geschehen[4].

7   Wegen der **Bindung des Gerichts** an den Beschluß gilt das zu → § 519b Rdnr. 30ff. Ausgeführte; eine Abänderung aufgrund einer Gegenvorstellung der Partei ist demnach ausgeschlossen. Auch bei groben Verfahrensverstößen kann das Gericht den Beschluß nicht nachträglich abändern[5]. Unter den Voraussetzungen der §§ 579, 580 findet jedoch die Nichtigkeits- bzw. Restitutionsklage statt[6], → vor § 578 Rdnr. 40. Zur Frage der erneuten Einlegung der Revision → § 519b Rdnr. 13. Nach der Verwerfung als unzulässig ist für eine Prüfung der Frage, ob die Revision sachlich begründet ist, kein Raum mehr.

## III. Arbeitsgerichtliches Verfahren

8   Im **Urteilsverfahren** ist in § 74 Abs. 2 S. 2 ArbGG die Anwendbarkeit von § 554a Abs. 2 ausdrücklich vorgesehen, weshalb die Revision auch dort durch Beschluß ohne vorherige mündliche Verhandlung als unzulässig verworfen werden kann. Dabei sind die ehrenamtlichen Richter nicht hinzuzuziehen, § 74 Abs. 2 S. 3 ArbGG; entgegen dem Wortlaut der Bestimmung gilt dies auch dann, wenn durch den Beschluß die Zulässigkeit der Revision

---

[1] AK-*Ankermann* Rdnr. 2.
[2] *BAG* AP § 212a Nr. 1 (*Zeuner*).
[3] *BAGE* 2, 296 = AP § 554a Nr. 2 (*Pohle*) = NJW 1957, 478 = BB 113; *BGHZ* 9, 22, 24 = NJW 1953, 663; MünchKomm ZPO-*Walchshöfer* Rdnr. 8; Wieczorek/Rössler Anm. B III.
[4] *BAG* AP § 212a Nr. 2 (*Zeuner*).
[5] *BFH* BB 1979, 1234; MünchKomm ZPO-*Walchshöfer* Rdnr. 7.
[6] *BGH* LM § 578 Nr. 13 = NJW 1983, 883 = MDR 292.

bejaht wird[7]. Im **Beschlußverfahren** besteht die Möglichkeit einer Verwerfung der Rechtsbeschwerde durch Beschluß ohne mündliche Verhandlung ohnehin schon deswegen, weil keine mündliche Verhandlung erforderlich ist[8]. Nach § 94 Abs. 2 S. 3 i.V. mit § 74 Abs. 2 S. 3 ArbGG sind die ehrenamtlichen Richter erneut nicht hinzuzuziehen. Hat dagegen eine mündliche Verhandlung stattgefunden, so ergeht der Beschluß vom vollbesetzten Senat.

## § 554 b [Ablehnung der Annahme]

(1) In Rechtsstreitigkeiten über vermögensrechtliche Ansprüche, bei denen der Wert der Beschwer sechzigtausend Deutsche Mark übersteigt, kann das Revisionsgericht die Annahme der Revision ablehnen, wenn die Rechtssache keine grundsätzliche Bedeutung hat.

(2) Für die Ablehnung der Annahme ist eine Mehrheit von zwei Dritteln der Stimmen erforderlich.

(3) Die Entscheidung kann ohne mündliche Verhandlung durch Beschluß ergehen.

Gesetzesgeschichte: Eingefügt durch G. v. 8. VII. 1975 (BGBl. I 1863). Änderung: BGBl. 1990 I 2847.

| | |
|---|---|
| I. Anwendungsbereich 1 | 2. Die Entscheidung über die Annahme 11 |
| II. Annahme der Revision 3 | a) Annahme der Revision 11 |
|   1. Bei grundsätzlicher Bedeutung 3 | b) Ablehnung der Annahme 14 |
|   2. Ohne grundsätzliche Bedeutung 6 | c) Kostenentscheidung 17 |
|   3. Teilannahme 8 | IV. Arbeitsgerichtliches Verfahren 19 |
| III. Verfahren und Entscheidung 10 | |
|   1. Annahmeverfahren 10 | |

## I. Anwendungsbereich

Übersteigt in einer vermögensrechtlichen Streitigkeit der **Wert der vom Oberlandesgericht festgesetzten Beschwer 60.000,– DM**, so hängt die Statthaftigkeit der Revision nicht davon ab, daß diese im Berufungsurteil zugelassen worden ist. Das Revisionsgericht kann jedoch unter gewissen Voraussetzungen, → Rdnr. 6 f., die Annahme der Revision ablehnen. Dadurch soll das Revisionsgericht im Interesse einer Konzentration seiner Tätigkeit auf die Wahrung der Rechtseinheit und die Rechtsfortbildung arbeitsmäßig entlastet werden[1]. Maßgeblich ist allein der Wert der Beschwer, nicht dagegen der Umfang, in dem der Revisionskläger Abänderung des angefochtenen Urteils begehrt, Einzelheiten → § 546 Rdnr. 32. Zum Umfang der Bindung des Revisionsgerichts an die Festsetzung des Wertes der Beschwer durch das Oberlandesgericht → § 546 Rdnr. 42 f. Hat das Oberlandesgericht den Wert der Beschwer auf mehr als 60.000,– DM festgesetzt und gleichwohl die Revision zugelassen, so ist das Revisionsgericht daran nicht gebunden, sondern entscheidet nach § 554 b über die Annahme der Revision[2]. Die Annahme einer Sprungrevision kann unabhängig von der Höhe der Beschwer abgelehnt werden, wenn die Sache keine grundsätzliche Bedeutung hat, § 566 a Abs. 3; → dazu § 566 a Rdnr. 9. 1

---

[7] *Grunsky*[6] § 74 Rdnr. 14.
[8] *Grunsky*[6] § 95 Rdnr. 7.

[1] AK-*Ankermann* Rdnr. 1; MünchKomm ZPO-*Walchshöfer* Rdnr. 1.
[2] *BGH* LM § 546 Nr. 95 = NJW 1980, 786 = MDR 381; MünchKomm ZPO-*Walchshöfer* Rdnr. 2.

## § 554 b I, II    3. Buch. Rechtsmittel

**2**  Ist die **Berufung als unzulässig verworfen worden**, so ist die Revision immer statthaft, § 547. Eine Ablehnung der Annahme mangels grundsätzlicher Bedeutung kommt hier nicht in Betracht[3]. In **nichtvermögensrechtlichen Streitigkeiten** ist § 554b ebenfalls nicht anwendbar; abgesehen vom Fall des § 547 hängt die Statthaftigkeit der Revision hier immer von einer Zulassung durch das Oberlandesgericht ab, → § 546 Rdnr. 34. Zum Zusammentreffen von vermögensrechtlichen und nichtvermögensrechtlichen Ansprüchen in einem Verfahren → § 546 Rdnr. 35.

### II. Annahme der Revision

#### 1. Bei grundsätzlicher Bedeutung

**3**  Hat die Sache grundsätzliche Bedeutung, so **muß das Revisionsgericht die Revision annehmen**[4]. Insoweit hat es auch bei noch so großer Arbeitsbelastung keine Ablehnungsmöglichkeit. Der Begriff der grundsätzlichen Bedeutung ist derselbe wie in § 546 Abs. 1 Nr. 1; Einzelheiten → § 546 Rdnr. 4ff. Maßgeblicher Zeitpunkt für die Frage, ob eine grundsätzliche Bedeutung gegeben ist, ist der Augenblick, in dem über die Annahme entschieden wird[5]. Dies kann dann praktisch werden, wenn die grundsätzliche Bedeutung aus einer Divergenz folgt, → Rdnr. 4, die im Augenblick der Revisionseinlegung besteht, bei Entscheidung über die Annahme aber wegen einer zwischenzeitlichen höchstrichterlichen Entscheidung entfallen ist.

**4**  Bei einer **Divergenz** i. S. von § 546 Abs. 1 Nr. 2 (→ dazu § 546 Rdnr. 11ff.) ist eine Pflicht zur Annahme zwar nicht ausdrücklich vorgesehen, doch ist die grundsätzliche Bedeutung der Sache hier so gut wie immer zu bejahen[6]. Auch bei Abweichung von der Entscheidung eines Oberlandesgerichts oder eines anderen obersten Bundesgerichts ist i. d.R. eine grundsätzliche Bedeutung anzunehmen[7]; daß das Oberlandesgericht bei einer Beschwer von weniger als 60.000,– DM bei einer derartigen Divergenz nicht zur Zulassung der Revision nach § 546 Abs. 1 S. 2 Nr. 2 verpflichtet ist, → § 546 Rdnr. 13, steht der Annahme nicht entgegen, daß auch in derartigen Fällen zumindest eine grundsätzliche Bedeutung zu bejahen ist.

**5**  Zur **Darlegung der grundsätzlichen Bedeutung in der Revisionsbegründung** s. § 554 Abs. 3 Nr. 2. Fehlt es daran, so ist die Revision nicht allein deshalb unzulässig, → § 554 Rdnr. 15.

#### 2. Ohne grundsätzliche Bedeutung

**6**  Verneint das Revisionsgericht eine grundsätzliche Bedeutung der Sache, so »kann« es nach Abs. 1 die Annahme der Revision ablehnen. Dies spricht (und war vom Gesetzgeber auch so gedacht) für ein **Ermessen des Revisionsgerichts**. Durch die Rechtsprechung des BVerfG ist der Ermessensspielraum des Revisionsgerichts jedoch weitgehend eingeschränkt. Danach darf die Annahme der Revision trotz Fehlens einer grundsätzlichen Bedeutung dann nicht abgelehnt werden, wenn das Rechtsmittel **Aussicht auf Erfolg** hat[8]. Insbesondere ist es nicht zulässig, mittels Ablehnung erfolgversprechender Revisionen den Arbeitsanfall beim Revisionsgericht zu steuern[9]. Vor Ablehnung der Annahme muß sich das Revisionsgericht dem-

---

[3] MünchKomm ZPO-*Walchshöfer* Rdnr. 4; *Zöller/Schneider*[18] Rdnr. 1.
[4] *Baumbach/Lauterbach/Albers*[51] Rdnr. 3; *Zöller/Schneider*[18] Rdnr. 4.
[5] A.A. (Zeitpunkt der Einlegung der Revision) *Baumbach/Lauterbach/Albers*[51] Rdnr. 3.
[6] *Baumbach/Lauterbach/Albers*[51] Rdnr. 3; MünchKomm ZPO-*Walchshöfer* Rdnr. 11.
[7] MünchKomm ZPO-*Walchshöfer* Rdnr. 11.
[8] BVerfGE 49,148 = NJW 1979, 151 = JZ 20 (dazu *Grunsky* 129) = ZZP 92 (1979), 268 (*Prütting*); 50, 115, 121f.; 50, 287; 54, 277, 285ff. = ZZP 95 (1982), 67 (*Prütting*); 55, 205, 206; BVerfG ZIP 1990, 228, 229.
[9] BVerfGE 54, 277, 293.

nach mit den Revisionsrügen befassen, um die Erfolgsaussicht beurteilen zu können. Enthält das Berufungsurteil Fehler, so kann die Annahme der Revision dann gleichwohl abgelehnt werden, wenn das Urteil sich aus anderen Gründen als richtig darstellt, § 563[10]. Nicht erforderlich ist für die Pflicht zur Annahme der Revision, daß sich das Revisionsgericht über den Erfolg der Revision schon definitiv schlüssig geworden ist. Es reicht aus, daß eine ernsthafte Erfolgsaussicht besteht. Ist dies nur hinsichtlich eines Teils der Revision zu bejahen, so muß diese insoweit angenommen werden, während die Annahme im übrigen abgelehnt werden kann (Näheres zur Teilannahme → Rdnr. 8f.). Beschränkt sich die Erfolgsaussicht auf einen untergeordneten Nebenpunkt (z.B. Zinshöhe), so besteht keine Annahmepflicht[11]; die Annahme kann hier insgesamt abgelehnt werden[12].

Soweit die Rechtssache weder grundsätzliche Bedeutung noch die Revision Aussicht auf Erfolg hat, steht die Annahme der Revision im Ermessen des Revisionsgerichts. Hier ist verfassungsrechtlich weder die Annahme noch die Ablehnung der Annahme geboten. Nähere Kriterien darüber, nach welchen Maßstäben das Gericht sein Ermessen auszuüben hat, enthält § 554b nicht. Regelfall ist auch bei Fehlen einer grundsätzlichen Bedeutung die Annahme der Revision; für die Ablehnung der Annahme müssen besondere Gründe vorliegen[13]. An dieser Stelle (nicht dagegen auch bei erfolgversprechenden Revisionen, → Rdnr. 6) kann die Arbeitsbelastung des Gerichts eine Rolle spielen. Für die Annahme kann sprechen, daß das Berufungsurteil einen Fehler enthält, der sich zwar im Ergebnis wegen § 563 nicht auswirkt, den das Revisionsgericht aber als solchen aufzeigen will. Weiter kann sich die Annahme trotz fehlender Erfolgsaussicht dann anbieten, wenn nur ein Teil der Revision betroffen ist; hier kann die Annahme zwar auf den erfolgversprechenden Teil beschränkt werden, → Rdnr. 6, doch steht es dem Revisionsgericht frei, die Revision insgesamt anzunehmen. 7

### 3. Teilannahme

Die Annahme der Revision kann auf einen Teil des Verfahrensgegenstandes beschränkt werden. Dies ist bei allen teilurteilsfähigen selbständigen Ansprüchen oder Anspruchsteilen möglich[14]. Dabei ist es unerheblich, ob der angenommene Teil die Revisionswertgrenze von 60.000,- DM übersteigt[15]. Die Annahme kann auch auf eine Nebenforderung beschränkt werden (z.B. Zinsen). Soweit mehrere **Ansprüche materiellrechtlich voneinander abhängig** sind, kommt eine Teilannahme jedoch nicht in Betracht; hier darf die Revision nur entweder insgesamt angenommen oder abgelehnt werden[16]. Bei Streit über **Grund und Höhe** des Anspruchs kann die Annahme auf den Grund oder auf die Höhe beschränkt werden[17]. Weitere Beschränkungen der Annahme ergeben sich nach denselben Kriterien wie bei der Zulassung der Revision durch das Oberlandesgericht, → § 546 Rdnr. 25ff. 8

Haben **beide Parteien** Revision eingelegt, so kann eine angenommen, die andere dagegen abgelehnt werden[18]. Dabei muß jedoch dann eine Ausnahme gemacht werden, wenn die von den Parteien verfolgten Ansprüche materiellrechtlich voneinander abhängen, → Rdnr. 8. Das ist insbesondere dann der Fall, wenn bei einem einheitlichen Anspruch der Klage teilweise 9

---

[10] *BVerfGE* 50, 115, 121f.; MünchKomm ZPO-*Walchshöfer* Rdnr. 22.
[11] MünchKomm ZPO-*Walchshöfer* Rdnr. 12; AK-*Ankermann* Rdnr. 5.
[12] S. *BVerfGE* 50, 115, 122: Ob eine Annahmepflicht auch bei Erfolgsaussicht nur in unbedeutenden Nebenpunkten besteht, ist keine verfassungsrechtlich relevante Frage.
[13] *BVerfGE* 54, 277, 287.

[14] *BGHZ* 69, 93 = LM § 554b Nr. 3 = NJW 1977, 1639 (dazu *Lässig* 2212) = MDR 839 = JZ 724 = BB 119.
[15] *BGHZ* 69, 93 (Fn. 14).
[16] *Grunsky* ZPP 102 (1989), 473, 474; *Büttner* Festschrift f. Merz (1992), 17, 24 f.; *Baumbach/Lauterbach/Albers*[51] Rdnr. 5.
[17] *BGH* LM § 554b Nr. 6 = MDR 1979, 391 = ZZP 92 (1979), 462 (*Musielak*).
[18] MünchKomm ZPO-*Walchshöfer* Rdnr. 14.

§ 554 b II, III    3. Buch. Rechtsmittel

stattgegeben wurde und der Kläger in der Revisionsinstanz den abgewiesenen Teil weiterverfolgt, während der Beklagte Totalabweisung anstrebt. Zur Annahme der **Anschlußrevision**→ § 556 Rdnr. 7 ff.

### III. Verfahren und Entscheidung

#### 1. Annahmeverfahren

10   Über die Annahme kann aufgrund mündlicher Verhandlung durch Urteil oder **ohne mündliche Verhandlung** durch Beschluß entschieden werden, Abs. 3. Dies gilt sowohl für die die Annahme aussprechende als auch für die sie ablehnende Entscheidung. Der BGH entscheidet praktisch immer ohne mündliche Verhandlung durch Beschluß. Wird die Annahme durch Urteil ausgesprochen, so kann sich die Hauptsacheverhandlung zumindest dann nicht unmittelbar anschließen, wenn auch der Revisionsbeklagte beschwert ist; anderenfalls würde die Anschlußfrist in § 556 Abs. 1 unterlaufen werden. Dagegen kann man aus der Neufassung von § 556 Abs. 1, → § 556 Rdnr. 20, nicht folgern, daß die Annahme immer nur durch Beschluß ausgesprochen werden darf[19]. Den Parteien muß im Annahmeverfahren **rechtliches Gehör** gewährt werden[20].

#### 2. Die Entscheidung über die Annahme

##### a) Annahme der Revision

11   § 554 b geht als **Regelfall** davon aus, daß die Revision bei einer Beschwer von mehr als 60.000,– DM **statthaft** ist. Die Statthaftigkeit entfällt nur dann, wenn das Revisionsgericht in einer Entscheidung die Annahme ablehnt. Entscheidet sich das Gericht für die Annahme, so bedarf es keiner ausdrücklichen Entscheidung[21]; es reicht aus, daß Termin zur mündlichen Verhandlung anberaumt wird, sofern in diesem Termin nicht nur über die Annahme der Revision verhandelt werden soll. Im Interesse der Parteien ist es freilich zweckmäßig, eine Entscheidung über die Annahme zu treffen[22]. Allein in der Terminanberaumung liegt deswegen keine Annahme der Revision, weil der Termin auch nur für das Annahmeverfahren gedacht sein kann[23]. Ist auch der **Revisionsbeklagte beschwert**, weshalb er Anschlußrevision einlegen kann, so muß deshalb eine besondere Annahmeentscheidung ergehen, weil er anderenfalls die ihm durch § 556 Abs. 1 gewährte Anschließungsfrist nicht wahrnehmen könnte[24]. Für die Fälle einer nur einseitigen Beschwer bleibt es dagegen dabei, daß eine ausdrückliche Annahmeentscheidung nicht erforderlich ist.

12   Die Annahmeentscheidung braucht nicht begründet zu werden; sie **bindet das Revisionsgericht**, § 318[25]. Voraussetzung dafür ist eine **Stimmenmehrheit der Mitglieder des Revisionsgerichts**. Wird diese Mehrheit nicht erreicht, werden andererseits aber auch nicht zwei Drittel der Stimmen für eine Ablehnung der Annahme abgegeben (d. h. es stimmen zwei Mitglieder des Revisionsgerichts für die Annahme und drei für die Ablehnung), dann ist die Revision weder bindend angenommen noch abgelehnt. Das Verfahren ist weiterzuführen, doch kann die Annahme der Revision später noch abgelehnt werden.

---

[19] *BGH* NJW 1992, 3235, 3237; a. A. *Baumbach/Lauterbach/Albers*[51] Rdnr. 7; s. weiter *Büttner*(Fn. 16), 27 f.
[20] *Baumbach/Lauterbach/Albers*[51] Rdnr. 7; MünchKomm ZPO-*Walchshöfer* Rdnr. 6.
[21] MünchKomm ZPO-*Walchshöfer* Rdnr. 10; *Thomas/Putzo*[18] Rdnr. 11.
[22] MünchKomm ZPO-*Walchshöfer* Rdnr. 10.
[23] MünchKomm ZPO-*Walchshöfer* Rdnr. 20; *Thomas/Putzo*[18] Rdnr. 11.
[24] *Thomas/Putzo*[18] Rdnr.11; *Büttner* (Fn. 16), 27 f.
[25] *Baumbach/Lauterbach/Albers*[51] Rdnr. 7; a. A. AK-*Ankermann* Rdnr. 2; MünchKomm ZPO-*Walchshöfer* Rdnr. 19.

Eine die Annahme aussprechende Entscheidung steht einer **Verwerfung der Revision als** 13
**unzulässig** nicht entgegen. Dies gilt auch dann, wenn das Revisionsgericht die grundsätzliche Bedeutung der Sache nicht gerade bei einem Problem der Zulässigkeit der Revision gesehen hat. Wird in der Annahmeentscheidung dagegen (wogegen keine Bedenken bestehen) gleichzeitig die Zulässigkeit der Revision bejaht, so ist das Revisionsgericht selbstverständlich an einer späteren Verwerfung der Revision gehindert.

### b) Ablehnung der Annahme

Die Ablehnung erfordert eine Mehrheit von **zwei Dritteln** der Stimmen, Abs. 2. Diese 14
qualifizierte Mehrheit ist nur dann erforderlich, wenn die Sache keine grundsätzliche Bedeutung hat, d. h. wenn es vor allem um die Einschätzung der Erfolgsaussicht der Revision geht, →
Rdnr. 6. Handelt es sich dagegen darum, ob die Sache grundsätzliche Bedeutung hat und damit angenommen werden muß, → Rdnr. 3, ist die einfache Mehrheit maßgeblich. Eine **Frist**, innerhalb derer die Ablehnung erfolgen muß, sieht § 554b nicht vor. Im Regelfall wird die Ablehnung zwar in einem frühen Stadium ausgesprochen, doch ist das nicht nötig. Die Ablehnung kann auch noch nach Durchführung eines Termins zur mündlichen Verhandlung über die Revision erfolgen (es sei denn, daß zuvor schon über die Annahme im positiven Sinn entschieden worden ist, → Rdnr. 12).

Die die Ablehnung der Annahme aussprechende Entscheidung muß eine **Begründung** 15
enthalten, wobei es jedoch als ausreichend angesehen wird, wenn formelhaft auf die Rechtsprechung des BVerfG (→ dazu Rdnr. 6) Bezug genommen wird[26] (z. B. Ablehnung »gemäß § 554b, BVerfGE 54, 277«). Damit hat das Revisionsgericht gezeigt, daß es inbesondere auch die Erfolgsaussicht geprüft und verneint hat. Eine einzelfallbezogene Begründung dafür, warum es an einer Erfolgsaussicht fehlt, ist nicht erforderlich, und zwar auch nicht stichwortartig[27]. Um für die Partei nachvollziehbar zu sein und mögliche Mißverständnisse auszuschließen, müßte die Begründung praktisch den Anforderungen einer Urteilsbegründung entsprechen, womit der von § 554b angestrebte Entlastungszweck verfehlt würde. Eine auf den Einzelfall bezogene Begründung ist auch nicht etwa verfassungsrechtlich geboten[28]. Hält das Revisionsgericht das angefochtene Urteil zwar für fehlerhaft begründet, im Ergebnis aber gleichwohl für richtig, § 563, so kann es sich zwar anbieten, dies anzudeuten, doch besteht auch insoweit rechtlich kein Begründungszwang.

Die **Wirkung der Ablehnungsentscheidung** besteht darin, daß das angefochtene Urteil 16
rechtskräftig wird. Eine Entscheidung über die Revision ergeht nicht mehr, und zwar auch nicht in Gestalt einer Kostenentscheidung nach § 91a, wenn sich die Hauptsache vor der Entscheidung über die Annahme erledigt hat[29]. Das Revisionsgericht ist an die Ablehnung gebunden und kann sie nicht etwa auf Gegenvorstellung hin aufheben oder abändern[30]. Ein Rechtsmittel ist gegen die Ablehnungsentscheidung nicht gegeben.

---

[26] *BVerfGE* 50, 287, 289; *BVerfG* FamRZ 1989, 145; MünchKomm ZPO-*Walchshöfer* Rdnr. 23; *Wieczorek/ Rössler* Anm. B III b.
[27] Für die Notwendigkeit einer wenigstens knappen Einzelfallbegründung zumindest bei Prüfung verfassungsrechtlicher Fragen *Krämer* NJW 1981, 799; *Baumbach/ Lauterbach/Albers*[51] Rdnr. 7.

[28] *BVerfGE* 50, 287, 289 f.; *BVerfG* FamRZ 1989, 145.
[29] *BGH* LM § 91a Nr. 38 = NJW 1977, 1883 = MDR 912.
[30] *BGH* LM § 554b Nr. 8 = NJW 1981, 55 = MDR 26; AK-*Ankermann* Rdnr. 2; MünchKomm ZPO-*Walchshöfer* Rdnr. 30; *Thomas/Putzo*[18] Rdnr. 10; *Zöller/Schneider*[18] Rdnr. 1.

c) Kostenentscheidung

17  Bei **Annahme der Revision** ergeht deshalb keine Kostenentscheidung, weil damit über die Revision noch nicht entschieden ist[31]. Gerichtsgebühren entstehen durch die Annahmeentscheidung nicht. Bei **Ablehnung der Annahme** hat der Revisionskläger die Kosten des Revisionsverfahren nach § 97 Abs. 1 zu tragen[32] (dazu, wie sich das auf die Kosten der Anschlußrevision auswirkt, → § 556 Rdnr. 21). Deshalb muß die Ablehnungsentscheidung von Amts wegen, § 308 Abs. 2, eine Kostenentscheidung enthalten. Haben beide Parteien selbständig Revision eingelegt und ist keine davon angenommen worden, so sind die Kosten nach §§ 97 Abs. 1, 92 verhältnismäßig aufzuteilen[33]. Bei **Teilannahme**, → Rdnr. 8f., hat der Revisionskläger hinsichtlich des nicht angenommenen Teils die Kosten nach § 97 Abs. 1 zu tragen, was in einer besonderen Kostenentscheidung ausgesprochen, aber auch der Kostenentscheidung des Urteils über den angenommenen Teil der Revision vorbehalten bleiben kann[34].

18  Bei Ablehnung der Annahme ermäßigt sich bei den **Gerichtsgebühren** die Verfahrensgebühr auf die Hälfte (KV Nr. 1032), es sei denn, die Ablehnung erfolgt durch Urteil; hier fällt eine Gebühr nach KV Nr. 1036 an. Bei Teilannahme erfolgt für den nicht angenommenen Teil nach § 21 Abs. 2 GKG eine besondere Berechnung der Gerichtsgebühren. Für die **Anwaltsgebühren** gilt § 11 Abs. 1 BRAGO.

### IV. Arbeitsgerichtliches Verfahren

19  Im arbeitsgerichtlichen Verfahren ist für die Anwendung von § 554b deshalb kein Raum, weil es dort keine Annahmerevision gibt. Die Voraussetzungen für die Statthaftigkeit der Revision sind in §§ 72, 72a ArbGG abschließend geregelt, Näheres → § 546 Rdnr. 44ff., ohne daß dort die Möglichkeit der Ablehnung der Annahme einer an sich statthaften Revision vorgesehen ist. Entsprechendes gilt für die Rechtsbeschwerde im Beschlußverfahren.

## § 555 [Verhandlungstermin]

(1) Wird nicht durch Beschluß die Revision als unzulässig verworfen oder die Annahme der Revision abgelehnt, so ist der Termin zur mündlichen Verhandlung von Amts wegen zu bestimmen und den Parteien bekanntzumachen.

(2) Auf die Frist, die zwischen dem Zeitpunkt der Bekanntmachung des Termins und der mündlichen Verhandlung liegen muß, sind die Vorschriften des § 274 Abs. 3 entsprechend anzuwenden.

Gesetzesgeschichte: Bis 1900 § 517 CPO. Änderungen: RGBl. 1905 S. 536; BGBl. 1975 I 1863; 1976 I 3281.

### I. Terminsbestimmung

1  Die Anberaumung des Termins hat zu erfolgen, nachdem das Revisionsgericht die Revision nicht als unzulässig verworfen, § 554a, oder ihre Annahme abgelehnt hat, § 554b. Die Terminsbestimmung bedeutet jedoch nicht, daß die Zulässigkeit der Revision endgültig bejaht

---

[31] MünchKomm ZPO-*Walchshöfer* Rdnr. 16.
[32] *BGHZ* 80, 146 = NJW 1981, 1790 = MDR 683 = JZ 486; MünchKomm ZPO-*Walchshöfer* Rdnr. 26.
[33] MünchKomm ZPO-*Walchshöfer* Rdnr. 26.
[34] MünchKomm ZPO-*Walchshöfer* Rdnr. 16.

worden ist bzw. daß von der Möglichkeit einer Ablehnung der Annahme kein Gebrauch gemacht wird. Auch nach Durchführung eines mündlichen Verhandlungstermins kann die Revision noch als unzulässig verworfen (jetzt freilich durch Urteil) oder ihre Annahme abgelehnt werden, → § 554b Rdnr. 14. Anders als bei der Berufung, § 520, besteht nicht die Möglichkeit, vor der Terminsbestimmung ein schriftliches Vorverfahren durchzuführen[1].

Die Anberaumung geschieht durch den Vorsitzenden, § 216 Abs. 2, und wird den Prozeßbevollmächtigten der Parteien durch Zustellung von Amts wegen bekanntgemacht, § 329 Abs. 2 S. 2. Zur Person des Zustellungsempfängers → § 520 Rdnr. 5.

### II. Einlassungsfrist

Die **Einlassungsfrist** für den Revisionsbeklagten beträgt nach Abs. 2 i.V. mit § 274 Abs. 3 S. 1 mindestens zwei Wochen. Eine Abkürzung ist nach § 226 zwar möglich, dürfte aber kaum je praktisch werden. Für den Revisionskläger ist die **Ladungsfrist**, § 217, einzuhalten.

### III. Arbeitsgerichtliches Verfahren

Im arbeitsgerichtlichen Verfahren muß die Terminsbestimmung unverzüglich erfolgen, § 74 Abs. 2 S. 1 ArbGG. Dies entspricht der Regelung des § 66 Abs. 2 S. 1 ArbGG für das Berufungsverfahren, → dazu § 520 Rdnr. 14. Bei der Rechtsbeschwerde im Beschlußverfahren gilt § 74 Abs. 2 S. 1 ArbGG deswegen nicht, weil dort eine mündliche Verhandlung gar nicht erforderlich ist[2]. Dem Rechtsbeschwerdegericht steht es jedoch jederzeit frei, später eine mündliche Verhandlung durchzuführen und dafür einen Termin anzuberaumen.

## § 556  [Anschlußrevision]

(1) Der Revisionsbeklagte kann sich der Revision bis zum Ablauf eines Monats nach der Zustellung der Revisionsbegründung oder des Beschlusses über die Annahme der Revision (§ 554b) anschließen, selbst wenn er auf die Revision verzichtet hat.

(2) Die Anschließung erfolgt durch Einreichung der Revisionsanschlußschrift bei dem Revisionsgericht. Die Anschlußrevision muß in der Anschlußschrift begründet werden. Die Vorschriften des § 521 Abs. 2, der §§ 522, 553, des § 553a Abs. 2 S. 1, 3, des § 554 Abs. 3 und des § 554a gelten entsprechend. Die Anschließung verliert auch dann ihre Wirkung, wenn die Annahme der Revision nach § 554b abgelehnt wird.

Gesetzesgeschichte: Bis 1900 § 518 CPO. Änderungen: RGBl. 1905 S. 536; 1924 I 135; BGBl. 1950 S. 455; 1975 I 1863; 1990 I 2847.

| | |
|---|---|
| I. Allgemeines zur Anschlußrevision  1 | b) Wertrevision  6 |
| II. Unselbständige Anschlußrevision  2 | c) Verwerfung der Berufung als unzulässig  8 |
| 1. Begriff  2 | 4. Frist  9 |
| 2. Beschwer  3 | a) Zulassungsrevision  9 |
| 3. Statthaftigkeit  4 | b) Wertrevision  10 |
| a) Zulassung durch das Oberlandesgericht  5 | |

---

[1] MünchKomm ZPO-*Walchshöfer* Rdnr. 1; *Thomas/Putzo*[18] Rdnr. 1.

[2] *Grunsky*[6] § 95 Rdnr. 7.

| | | | |
|---|---|---|---|
| 5. Anschlußschrift | 11 | III. Selbständige Anschlußberufung | 18 |
| a) Einreichung beim Revisionsgericht | 11 | 1. Begriff | 18 |
| | | 2. Statthaftigkeit | 19 |
| b) Begründung | 13 | 3. Begründung | 20 |
| c) Darlegung der grundsätzlichen Bedeutung | 14 | IV. Kosten | 21 |
| 6. Verfahren und Entscheidung | 15 | V. Arbeitsgerichtliches Verfahren | 22 |
| a) Zulässigkeitsprüfung | 15 | | |
| b) Unwirksamwerden der Anschlußrevision | 16 | | |

## I. Allgemeines zur Anschlußrevision[1]

1   Beschwert das Berufungsurteil beide Parteien, so kann der Revisionsbeklagte, wenn er eine Abänderung zu Ungunsten des Revisionsklägers herbeiführen will, entweder selbständig Revision einlegen oder sich der gegen ihn gerichteten Revision anschließen. § 556 entspricht weitgehend den §§ 521–522a; das dort zur Anschlußberufung und zum Zweck von Anschlußrechtsmitteln Ausgeführte gilt für die Anschlußrevision entsprechend, soweit im Folgenden nicht auf Besonderheiten hingewiesen wird. Ebenso wie die Anschlußberufung kann die Anschlußrevision selbständig, → Rdnr. 18 ff., oder unselbständig, → Rdnr. 2 ff., sein. Zur Frage, ob die Anschlußrevision ein Rechtsmittel ist, → § 521 Rdnr. 3.

## II. Unselbständige Anschlußrevision

### 1. Begriff

2   Unselbständig ist die Anschlußrevision dann, wenn sie **nach Ablauf der für den Revisionsbeklagten laufenden Revisionsfrist eingelegt** wird. In diesem Fall verliert sie ihre Wirkung, wenn die Revision entweder zurückgenommen oder als unzulässig verworfen wird, §§ 556 Abs. 2 S. 3, 522 Abs. 1, oder wenn das Revisionsgericht nach § 554b die Annahme der Revision ablehnt, Abs. 2 S. 4. Voraussetzung für eine Anschlußrevision ist die **Anhängigkeit eines Revisionsverfahrens**[2]. Nach Zurücknahme der Revision, ihrer Nichtannahme nach § 554b oder ihrer Verwerfung als unzulässig kommt eine Anschlußrevision nicht mehr in Betracht. Ebenso nicht nach Erlaß des Revisionsurteils.

### 2. Beschwer

3   Im Gegensatz zur Anschlußberufung, → § 521 Rdnr. 4 ff., besteht bei der Anschlußrevision Einigkeit darüber, daß eine **Beschwer des Revisionsbeklagten** erforderlich ist[3]. Der Unterschied gegenüber der h. M. bei der Anschlußberufung erklärt sich daraus, daß im Revisionsverfahren keine neuen Ansprüche erhoben werden können, → § 561 Rdnr. 5 ff., weshalb es zu der bei der Anschlußberufung bejahten Möglichkeit einer Erweiterung des Klageantrags oder der Geltendmachung neuer Ansprüche ohnehin nicht kommen kann. Die **Höhe der Beschwer** braucht die Wertgrenze des § 554b nicht zu erreichen[4], → weiter Rdnr. 7. Eine

---

[1] Literatur → § 521 Fn. 1 und speziell zur Anschlußrevision H. *Schneider* Festschrift f. Baur (1981), 615; *Büttner* Festschrift f. Merz (1992), 17.
[2] MünchKomm ZPO-*Walchshöfer* Rdnr. 10.
[3] BGH LM § 556 Nr. 4 = JZ 1955, 218; AK-*Ankermann* Rdnr. 2; *Baumbach/Lauterbach/Albers*[51] Rdnr. 3;
MünchKomm ZPO-*Walchshöfer* Rdnr. 11; *Thomas/Putzo*[18] Rdnr. 3; *Wieczorek/Rössler* Anm. B II; *Rosenberg/Schwab/Gottwald*[15] § 144 II 4.
[4] BGH LM § 556 Nr. 4; BGH NJW 1968, 1476; AK-*Ankermann* Rdnr. 2; MünchKomm ZPO-*Walchshöfer* Rdnr. 11; *Thomas/Putzo*[18] Rdnr. 3.

**Beschwer durch das erstinstanzliche Urteil**, die nicht Gegenstand des Berufungsverfahrens war, kann mit der Anschlußberufung nicht geltend gemacht werden[5]; eine derartige Anschlußrevision ist unzulässig.

### 3. Statthaftigkeit

Die Statthaftigkeit der Anschlußrevision richtet sich grundsätzlich nach denselben Kriterien wie die der Revision, d. h. sie muß entweder vom Oberlandesgericht zugelassen worden sein oder der Wert der Beschwer muß mehr als 60.000,– DM betragen. 4

### a) Zulassung durch das Oberlandesgericht

Hat das Oberlandesgericht nach § 546 Abs. 1 für den Revisionsbeklagten die Revision zugelassen, so macht dies auch die Anschlußrevision statthaft, soweit die Zulassung reicht. Dagegen ist die Zulassung der Revision zugunsten des Revisionsklägers für die Statthaftigkeit der Anschlußrevision unerheblich. Wird bei einem einheitlichen teilbaren Anspruch der Klage in der Berufungsinstanz nur teilweise stattgegeben und die Revision zugelassen, so wird die Zulassung häufig zugunsten beider Parteien erfolgt sein, womit die Anschlußrevision statthaft ist. Ist die Zulassung dagegen nur zugunsten einer Partei erfolgt (weil die Sache nur hinsichtlich dieses Anspruchsteils grundsätzliche Bedeutung hat), so kann die andere Partei auch dann nicht Anschlußrevision einlegen, wenn es sich um einen einheitlichen Anspruch handelt. Die Rechtslage ist insoweit keine andere, als wenn es sich um mehrere selbständige Ansprüche handelt. Hier ist anerkannt, daß die Zulassung der Revision hinsichtlich eines Anspruchs keine sich auf einen anderen Anspruch beziehende Anschlußrevision ermöglicht[6] (es sei denn, die Beschwer des Revisionsbeklagten beträgt mehr als 60.000,– DM). 5

### b) Wertrevision

Beträgt die **Beschwer des Revisionsbeklagten mehr als 60.000,– DM**, so ist seine Anschlußrevision zwar an sich ohne weiteres statthaft, doch kann das Revisionsgericht die Annahme wegen Fehlens einer grundsätzlichen Bedeutung und hinreichender Erfolgsaussicht, → § 554b Rdnr. 6, ablehnen. Dies gilt auch dann, wenn die Hauptrevision angenommen wird[7] oder wegen Zulassung durch das Oberlandesgericht nach § 546 Abs. 1 statthaft ist. Dabei ist es unerheblich, ob sich die Anschlußrevision auf denselben Anspruch wie die Hauptrevision oder auf einen selbständigen Anspruch bezieht. Die Entscheidung über die Annahme bzw. Nichtannahme der Anschlußrevision braucht nicht in einem besonderen Beschluß zu erfolgen, sondern kann im Revisionsurteil über die Hauptrevision enthalten sein[8]. 6

Bei einer **Beschwer des Revisionsbeklagten von nicht mehr als 60.000,– DM** ist die Anschlußrevision ohne Zulassung durch das Oberlandesgericht an sich nicht statthaft. Wollte man diesen Ausgangspunkt konsequent durchhalten, ergäben sich jedoch nicht hinnehmbare Ergebnisse. Wird einer auf 100.000,– DM lautenden Klage in der Berufungsinstanz etwa zu 80.000,– DM stattgegeben und im übrigen abgewiesen, so könnte der Beklagte Revision einlegen, während der Kläger für eine Anschlußrevision auf eine Zulassung durch das Beru- 7

---

[5] *BGH* LM § 556 Nr. 14 = NJW 1983, 1858 = MDR 738.
[6] *BGH* NJW 1968, 1476; *BGHZ* 111, 158, 167; MünchKomm ZPO-*Walchshöfer* Rdnr. 12; *Thomas/Putzo*[18] Rdnr. 4; *Zöller/Schneider*[18] Rdnr. 1.

[7] *BGH* LM § 554b Nr. 18 = NJW-RR 1991, 576 = MDR 506; LM Art. 21 ScheckG Nr. 19 = NJW 1992, 3235 = ZIP 1934 = MDR 1993, 41; *Büttner* (Fn. 1), 20 ff.
[8] *BGH* LM Art. 21 ScheckG Nr. 19 (Fn. 7).

fungsgericht angewiesen wäre. Zumindest dann, wenn es sich um einen **einheitlichen Anspruch** handelt, ohne daß hinsichtlich der verschiedenen Anspruchsteile in Bezug auf die grundsätzliche Bedeutung der Sache Unterschiede bestehen, muß die Anschlußrevision des Klägers statthaft sein. Anders liegt es bei **mehreren selbständigen Ansprüchen**. Hier kann der Revisionsbeklagte bei einer Beschwer von nicht mehr als 60.000,- DM keine Anschlußrevision einlegen, sofern diese nicht vom Oberlandesgericht zugelassen worden ist. Dem steht nicht entgegen, daß die Höhe der Beschwer bei der Anschlußrevision die Wertgrenze des § 554b nicht zu erreichen braucht, → Rdnr. 3. Dies gilt lediglich unter dem Gesichtspunkt der Beschwer, besagt aber nichts zur Statthaftigkeit der Anschlußrevision.

### c) Verwerfung der Berufung als unzulässig

8   Ist die Revision deswegen statthaft, weil die **Berufung als unzulässig verworfen** worden ist, § 547, so kann der Revisionsbeklagte nur insoweit Anschlußrevision einlegen, als sich diese auf denselben Anspruch bezieht, hinsichtlich dessen die Berufung verworfen worden ist (es sei denn, die Wertgrenze des § 554b ist überschritten)[9]. Im Rahmen desselben Anspruchs ist die Anschlußrevision jedoch auch dann statthaft, wenn die Beschwer des Revisionsbeklagten die Grenze des § 554b nicht überschreitet[10]. Anderenfalls hätte der Revisionskläger die Chance, daß das Revisionsgericht in der Sache zu seinen Gunsten entscheidet, ohne daß es der Revisionsbeklagte erreichen könnte, eine materiellrechtliche Prüfung des Anspruchs zu seinen Gunsten zu erwirken. Eine derartig einseitige Risikoverteilung läßt sich nicht vom Zweck des § 547 her rechtfertigen.

### 4. Frist

#### a) Zulassungsrevision

9   Anders als die Anschlußberufung, → § 521 Rdnr. 13, kann die Anschlußrevision nicht bis zum Schluß der mündlichen Verhandlung eingelegt werden. Die Anschlußmöglichkeit ist vielmehr bis zum Ablauf eines Monats nach Zustellung der Revisionsbegründung, §§ 554 Abs. 3, 553a Abs. 2 S. 1, bzw. des Annahmebeschlusses, § 554b, befristet. War die **Revision vom Oberlandesgericht nach § 546 Abs. 1 zugelassen** worden, so kommt eine Annahme nach § 554b nicht in Betracht. In diesem Fall muß die Anschlußrevision innerhalb eines Monats nach Zustellung der Revisionsbegründung eingelegt werden (es sei denn, die Zulassung ist beschränkt und der Revisionskläger hinsichtlich des nicht zugelassenen Teils mit mehr als 60.000,- DM beschwert). Eine dem Revisionskläger nach § 554 Abs. 2 bewilligte Verlängerung der Revisionsbegründungsfrist kommt dem Revisionsbeklagten in dem Sinne zugute, daß die Frist für die Anschließung erst mit Zustellung der Begründungsschrift zu laufen beginnt. Die Monatsfrist beginnt auch dann mit Zustellung der Revisionsbegründung zu laufen, wenn der Revisionskläger die ihm zur Verfügung stehende Begründungsfrist nicht ausgeschöpft hat. Eine Verlängerung der Anschlußfrist ist nicht möglich; § 554 Abs. 2 S. 2 ist auch nicht entsprechend anwendbar. Der Revisionsbeklagte kann auch nicht seinerseits Verlängerung der Revisionsbegründungsfrist beantragen, um dadurch mittelbar die Anschlußfrist zu verlängern[11]. Gegen die Versäumung der Frist ist aber Wiedereinsetzung in den vorigen Stand möglich[12], → § 233 Rdnr. 8. Schiebt der Revisionskläger innerhalb der Revi-

---

[9] MünchKomm ZPO-*Walchshöfer* Rdnr. 14.
[10] AK-*Ankermann* Rdnr. 3; a. A. MünchKomm ZPO-*Walchshöfer* Rdnr. 14.
[11] *BGH* VersR 1977, 152; AK-*Ankermann* Rdnr. 4; MünchKomm ZPO-*Walchshöfer* Rdnr. 18.
[12] *RGZ* 156, 156; *BGH* NJW 1952, 425; AK-*Anker-*

sionsbegründungsfrist neue Revisionsgründe nach, → § 554 Rdnr. 20, so läuft ab Zustellung des neuen Begründungsschriftsatzes eine neue Anschlußfrist[13].

### b) Wertrevision

Beträgt die Beschwer des Revisionsklägers mehr als 60.000,– DM, so kann das Revisionsgericht die Annahme der Revision nach § 554b ablehnen, wenn das Verfahren keine grundsätzliche Bedeutung und die Revision keine Erfolgsaussicht hat. Der Nichtannahmebeschluß ergeht i.d.R. nicht innerhalb eines Monats nach Zustellung der Revisionsbegründung an den Revisionsbeklagten. Will man von diesem nicht erwarten, »auf Verdacht« Anschlußrevision einzulegen, was mit erheblichen Kosten verbunden ist, und das Risiko zu laufen, daß die Anschließung nach Abs. 2 S. 4 unwirksam wird, so darf man die Anschlußfrist hier nicht schon mit der **Zustellung** der Revisionsbegründung, sondern erst mit der **des Annahmebeschlusses** laufen lassen. Dies berücksichtigt Abs. 1 i.d.F. des G. v. 17. XII. 1990 (BGBl. I 2847)[14]. In Abs. 1 wird davon ausgegangen, daß ein positiver Annahmebeschluß ergeht. Obwohl dies bei der Wertrevision grundsätzlich nicht erforderlich ist (nur bei Ablehnung der Annahme ist ein Beschluß erforderlich), muß bei einer Beschwer beider Parteien durch das Berufungsurteil ein Annahmebeschluß ergehen[15]; anderenfalls könnte die Anschlußfrist bei der Wertrevision entweder nicht laufen oder es bliebe bei der Frist ab Zustellung der Revisionsbegründung mit allen ihren nicht sinnvollen Folgen, die durch die Neufassung von Abs. 1 gerade vermieden werden sollten.

10

### 5. Anschlußschrift

#### a) Einreichung beim Revisionsgericht

Die Anschließung hat durch Einreichung einer Anschlußschrift beim Revisionsgericht zu erfolgen, Abs. 2 S. 1. Für den **Inhalt der Anschlußschrift** gilt nach Abs. 2 S. 3 u.a. § 554 entsprechend, d.h. der Revisionsbeklagte muß das angefochtene Urteil bezeichnen und erklären, daß dagegen Anschlußrevision eingelegt wird. Unschädlich ist es, wenn der Begriff »Anschlußrevision« nicht verwandt wird, sofern inhaltlich nur klar zum Ausdruck gebracht wird, daß eine Abänderung des Berufungsurteils zugunsten des Revisionsbeklagten erreicht werden soll. Der bloße Antrag auf Zurückweisung der Revision stellt keine Anschlußrevision dar[16]. Die Anschließung kann auch hilfsweise für den Fall erklärt werden, daß die Revision Erfolg hat[17], → weiter § 521 Rdnr. 14. Im übrigen gilt Entsprechendes wie bei der Anschlußberufung, → § 522a Rdnr. 2ff. Zur Anschließung des Revisionsklägers an die Anschlußrevision des Revisionsbeklagten → § 521 Rdnr. 22.

11

Adressatengericht für die Anschlußrevisionsschrift ist das Revisionsgericht. Bei einer beim Bayerischen Obersten Landesgericht eingelegten Revision ist die Anschlußrevision so lange bei diesem Gericht einzulegen, als es nicht den BGH nach § 7 EGZPO für zuständig erklärt hat; anschließend muß die Anschlußrevision beim BGH eingelegt werden[18]. Zur »Einreichung« der Anschlußschrift → § 207 Rdnr. 11 ff.

12

---

mann Rdnr. 4; *Baumbach/Lauterbach/Albers*[51] Rdnr. 4; MünchKomm ZPO-*Walchshöfer* Rdnr. 18; *Thomas/Putzo*[18] Rdnr. 6; *Zöller/Schneider*[18] Rdnr. 4.
[13] AK-*Ankermann* Rdnr. 4; MünchKomm ZPO-*Walchshöfer* Rdnr. 18; *Zöller/Schneider*[18] Rdnr. 4.
[14] Zu den Schwierigkeiten, die sich aus der früheren Rechtslage von § 554b her ergaben, s. *H. Schneider* (Fn. 1), 617ff.

[15] *Thomas/Putzo*[18] § 554b Rdnr. 11; *Büttner* (Fn. 1), 27f.
[16] BGHZ 109, 179, 187 = LM § 1 WEG Nr. 5 = NJW 1990, 447 = MDR 326.
[17] BGH LM § 256 Nr. 171 = NJW 1992, 1897, 1898 = MDR 966.
[18] MünchKomm ZPO-*Walchshöfer* Rdnr. 17.

### b) Begründung

**13** Die Anschlußschrift muß bereits die Begründung für die Anschlußrevision enthalten, Abs. 2 S. 2. Die Begründung muß den Anforderungen des § 554 Abs. 3 genügen, d. h. sie muß die Anträge und die Revisionsgründe enthalten. Für eine Verfahrensrüge gelten die Anforderungen des § 554 Abs. 3 Nr. 3 b. Ebenso wie bei der Revisionsbegründung, → § 554 Rdnr. 20, schließt Abs. 2 S. 2 nicht aus, daß **Nachträge** innerhalb der Anschlußfrist eingereicht werden; es genügt, wenn bei Ablauf dieser Frist die Anschlußanträge nebst Begründung vorliegen[19]. Später sind Nachträge im selben Umfang wie nach Ablauf der Begründungsfrist bei der Revision beachtlich, → § 554 Rdnr. 21 ff. Gegen die Versäumung der Frist des Abs. 1 ist hinsichtlich der unterlassenen Begründung ebenso wie hinsichtlich der Einlegung der Anschlußrevision, → Rdnr. 9, Wiedereinsetzung in den vorigen Stand möglich[20].

### c) Darlegung der grundsätzlichen Bedeutung

**14** Da bei einer Beschwer des Revisionsbeklagten von mehr als 60.000,– DM die Annahme der Anschlußrevision wegen Fehlens einer grundsätzlichen Bedeutung und hinreichender Erfolgsaussicht abgelehnt werden kann, → Rdnr. 6 f., ist nach Abs. 2 S. 2 grundsätzlich auch § 554 Abs. 3 S. 2 anwendbar, d. h. der Revisionsbeklagte hat darzulegen, ob die Sache grundsätzliche Bedeutung hat. Ebenso wie bei der Revision, → § 554 Rdnr. 15, ist dieses Erfordernis durch die Rechtsprechung des BVerfG, wonach eine Ablehnung der Annahme bei Erfolgsaussicht nicht erfolgen darf, weitgehend entwertet. Fehlende Ausführungen zur grundsätzlichen Bedeutung machen die Anschlußrevision auf jeden Fall nicht unzulässig.

## 6. Verfahren und Entscheidung

### a) Zulässigkeitsprüfung

**15** Vorab hat das Revisionsgericht (ebenso wie bei der Revision, § 554a) von Amts wegen die Zulässigkeit der Anschlußrevision zu prüfen, Abs. 2 S. 3 i. V. mit § 554a. Wegen der Möglichkeit der Nachholung bisher fehlender Bestandteile der Anschlußschrift, → Rdnr. 13, kann die Zulässigkeit insoweit erst nach Ablauf der Anschlußfrist verneint werden, als es um Mängel der Anschlußschrift geht. Fehlt es dagegen etwa an einer Beschwer des Revisionsbeklagten, so kann die Anschlußrevision auch schon davor als unzulässig verworfen werden. Über die Zulässigkeit der Anschlußrevision kann ebenso wie über die der Revision durch **Beschluß** nach § 554a entschieden werden (und zwar auch in bejahendem Sinn).

### b) Unwirksamwerden der Anschlußrevision

**16** Ebenso wie die Anschlußberufung, § 522 Abs. 1, wird die Anschlußrevision dann unwirksam, wenn die Revision zurückgenommen oder als unzulässig verworfen wird, Abs. 2 S. 3 i. V. mit § 522 Abs. 1. Außerdem verliert die unselbständige Anschließung dann ihre Wirkung, wenn das Revisionsgericht die **Annahme der Revision nach § 554 b ablehnt**, Abs. 2 S. 4. Voraussetzung dafür ist, daß die Revision insgesamt nicht angenommen worden ist. Bei

---

[19] *BGH* LM § 556 Nr. 7 = Warn. 1961 Nr. 144 = NJW 1816 = MDR 928; AK-*Ankermann* Rdnr. 6; Münch-Komm ZPO-*Walchshöfer* Rdnr. 19; *Thomas/Putzo*[18] Rdnr. 6; *Wieczorek/Rössler* Anm. B II a 2; *Zöller/Schneider*[18] Rdnr. 9; *Rosenberg/Schwab/Gottwald*[15] § 144 II 2.

[20] MünchKomm ZPO-*Walchshöfer* Rdnr. 19; *Baumbach/Lauterbach/Albers*[51] Rdnr. 5. A.A. *Rosenberg/Schwab/Gottwald*[15] § 144 II 2.

teilweiser Annahme, → § 554b Rdnr. 8f., wird die Anschlußrevision nicht wirkungslos, und zwar auch dann nicht, wenn sie sich auf einen anderen Anspruch als der angenommene Teil der Revision bezieht[21]. Wird die Annahme der Revision abgelehnt, so hat das Revisionsgericht auch keine Möglichkeit, die Anschlußrevision wegen grundsätzlicher Bedeutung oder Erfolgsaussicht anzunehmen[22]. Die grundsätzliche Bedeutung bzw. Erfolgsaussicht der Anschlußrevision zwingt das Revisionsgericht auch nicht dazu, die Hauptrevision nur deshalb anzunehmen, um das Unwirksamwerden der Anschlußrevision zu verhindern[23].

Ist die Anschlußrevision unwirksam geworden, so braucht darüber **keine Entscheidung** zu ergehen. Wenn in dem Nichtannahmebeschluß nach § 554b ausgesprochen wird, daß damit die Anschlußrevision unwirksam geworden ist, so hat dies rein deklaratorische Wirkung. Auch ohne einen solchen Ausspruch ist die Anschlußrevision von Gesetzes wegen unwirksam geworden. 17

## III. Selbständige Anschlußrevision

### 1. Begriff

Durch die in Abs. 2 S. 3 enthaltene Verweisung auf § 522 ist auch dessen zweiter Absatz über die sog. selbständige Anschließung für anwendbar erklärt. Nach dem unter → § 522 Rdnr. 9ff. Dargelegten ist dies eine Anschließung, die innerhalb der Revisionsfrist eingelegt ist und ein Ziel verfolgt, das auch mit einer selbständigen Revision verfolgt werden könnte. Die selbständige Anschließung wird bei Zurücknahme, Verwerfung oder Nichtannahme der Hauptrevision nicht wirkungslos, § 522 Abs. 2. 18

### 2. Statthaftigkeit

Die Unabhängigkeit der Anschließung vom Schicksal der Hauptrevision setzt neben der Einhaltung der Revisionsfrist voraus, daß auch die sonstigen **Statthaftigkeitsvoraussetzungen für eine selbständige Revision** erfüllt sind. Die Revision muß demnach entweder vom Oberlandesgericht nach § 546 Abs. 1 zugelassen sein oder der Wert der Beschwer des Revisionsbeklagten muß 60.000,– DM übersteigen. Im letztgenannten Fall kann die Annahme ebenso wie bei einer Revision nach § 554b abgelehnt werden. Die Entscheidung über die Revision und die Anschlußrevision kann dabei gemeinsam getroffen werden. Die Annahme kann entweder auf die Revision oder (insoweit anders als bei der unselbständigen Anschlußrevision, → Rdnr. 16) die Anschlußrevision beschränkt werden. Hat der Revisionsbeklagte, der sich innerhalb der für ihn laufenden Revisionsfrist angeschlossen hat, bei einem Wert der Beschwer von mehr als 60.000,– DM in der Begründung der Anschließung nichts zur grundsätzlichen Bedeutung der Rechtssache, § 554 Abs. 3 Nr. 2, oder zu den Erfolgsaussichten dargelegt, so macht das die Anschließung als selbständige nicht etwa unzulässig, → § 554 Rdnr. 15. Die Anschließung hat hier nicht etwa nur die Wirkungen einer unselbständigen Anschließung (a. A. Voraufl.). 19

---

[21] *Büttner* (Fn. 1), 22f.; wohl a.A. (Wirksamkeit der Anschlußrevision nur dann, wenn derselbe Anspruch Gegenstand der Annahme und der Anschlußrevision ist); *BGH* WM 1990, 1756, 1757.

[22] *Büttner* (Fn. 1), 22.
[23] A. A. bei einem nicht abtrennbaren Streitstoff, der gleichermaßen Gegenstand der Revision und der Anschlußrevision ist, *Büttner* (Fn. 1), 23ff.

## 3. Begründung

**20** Im Gegensatz zur unselbständigen Anschließung, → Rdnr. 13, braucht eine innerhalb der Revisionsfrist eingelegte Anschließung nicht schon in der Anschlußschrift begründet zu werden. Der Anschlußkläger darf hier nicht schlechter gestellt werden, als hätte er selbständig Revision eingelegt. Der Frist kann nach § 554 Abs. 2 S. 2 verlängert werden[24]. Ist die Begründungsfrist für die Anschlußrevision verstrichen und ergeht anschließend hinsichtlich der Hauptrevision ein Annahmebeschluß, § 554b, so kann die Anschließung zwar nicht mehr als selbständige aufrechterhalten bleiben, wohl aber bei Begründung innerhalb eines Monats nach Zustellung des Annahmebeschlusses die Wirkungen einer unselbständigen Anschließung haben. Dies spricht dagegen, die Anschlußrevision als unzulässig zu verwerfen, bevor über die Annahme der Hauptrevision entschieden ist. Ist gleichwohl eine Verwerfung erfolgt, so steht dies einer erneuten Anschließung innerhalb der Frist des Abs. 1 nicht entgegen. Die Verwerfung bezieht sich nur auf die selbständige Anschließung und ist kein Hindernis für eine spätere unselbständige Anschließung.

## IV. Kosten

**21** Wird die Anschlußrevision als unzulässig verworfen oder als unbegründet zurückgewiesen, so trägt der Revisionsbeklagte anteilmäßig die Kosten, Einzelheiten (einschließlich der kostenrechtlichen Auswirkungen bei Verwerfung der Revision als unzulässig bzw. ihrer Rücknahme) → § 97 Rdnr. 5. Wird die Revision nicht angenommen, § 554b, und hatte der Revisionsbeklagte davor unselbständige Anschlußrevision eingelegt, die nach Abs. 2 S. 4 ihre Wirkung verliert, so tragen die Parteien die Kosten anteilmäßig nach dem Wert der Revision und der Anschlußrevision[25]. Solange die unselbständige Anschlußrevision vor dem Annahmebeschluß eingelegt werden mußte, → Rdnr. 10, war das für den Revisionsbeklagten insofern eine unbefriedigende Regelung, als er ein Kostenrisiko schon zu einem Zeitpunkt eingehen mußte, in dem er nicht wissen konnte, ob sein Rechtsmittel nicht wirkungslos werden wird. Nachdem die Frist für die Einlegung der Anschlußrevision inzwischen auf einen Monat nach Zustellung des Annahmebeschlusses verlängert worden ist, Abs. 1, braucht der Revisionsbeklagte das erwähnte Kostenrisiko nicht mehr zu laufen. Eben aus den Kostengründen empfiehlt es sich, bei der Annahmerevision mit der Einlegung der Anschlußrevision bis nach Ergehen des Annahmebeschlusses zu warten. Soweit die Anschlußrevision keinen eigenen Streitwert hat, kommt es zu keiner Kostenteilung[26].

## V. Arbeitsgerichtliches Verfahren

**22** Im arbeitsgerichtlichen **Urteilsverfahren** gilt § 556 ebenfalls, § 72 Abs. 5 ArbGG. War die Zulassung der Revision auf einzelne Ansprüche oder Anspruchsteile beschränkt, so kann der Rechtsstreit im übrigen auch nicht über eine unselbständige Anschlußrevision in die Revisionsinstanz gebracht werden; die Anschlußrevision ist insoweit nicht statthaft[27]. Ein Wirkungsloswerden der unselbständigen Anschlußrevision wegen Nichtannahme der Hauptrevision, Abs. 2 S. 4, ist im arbeitsgerichtlichen Verfahren deshalb nicht denkbar, weil § 554b dort nicht anwendbar ist. Ist zugunsten des Revisionsbeklagten die Revision nicht zugelassen

---

[24] MünchKomm ZPO-*Walchshöfer* Rdnr. 7.
[25] BGHZ (GSZ) 80, 145 = NJW 1981, 1790 = MDR 683 = JZ 486 = ZZP 95 (1982), 496 (*Prütting*).
[26] BGH LM § 4 Nr. 21 = NJW 1984, 2951 = MDR 1985, 51 (Nichtannahme der Revision bei unselbständiger Anschlußrevision nur hinsichtlich der Zinsen).
[27] BAGE 40, 250 = AP § 72 ArbGG 1979 Nr. 1.

worden, so muß er in entsprechender Anwendung von Abs. 1 die **Nichtzulassungsbeschwerde** entgegen dem Wortlaut von § 72a Abs. 2 ArbGG noch innerhalb eines Monats nach Zustellung der Revisionsbegründung einlegen können; es wäre nicht interessengerecht, den Revisionsbeklagten gerade bei der Nichtzulassungsbeschwerde zu zwingen, sich sofort darüber klar zu werden, ob er die Sache dann weiterverfolgen will, wenn der Gegner Revision einlegt. Insbesondere kann es ihm nicht zugemutet werden, die mit der Nichtzulassungsbeschwerde verbundenen Kosten zu einem Zeitpunkt aufzubringen, in dem noch unklar ist, ob es zu einem Revisionsverfahren kommt. Ist die Revision auch für den Gegner nicht zugelassen worden und hat dieser Nichtzulassungsbeschwerde eingelegt, so kann der zukünftige Revisionsbeklagte mit seiner eigenen Nichtzulassungsbeschwerde bis zur Einlegung der Revision und der Revisionsbegründung warten. Erst dann steht für ihn fest, ob und wogegen er sich verteidigen muß, was für die eigene Entscheidung maßgeblich ist, die Anschlußmöglichkeit auszuschöpfen.

Im **Beschlußverfahren** ist eine **Anschlußrechtsbeschwerde** ebenfalls zulässig, §§ 92 Abs. 2, 72 Abs. 5 ArbGG i. V. mit § 556, und zwar auch als unselbständige Anschlußrechtsbeschwerde[28].     23

## § 557 [Verfahren]

Auf das weitere Verfahren sind die im ersten Rechtszuge für das Verfahren von den Landgerichten geltenden Vorschriften entsprechend anzuwenden, soweit sich nicht Abweichungen aus den Vorschriften dieses Abschnitts ergeben.

Gesetzesgeschichte: Bis 1900 § 520 CPO. Keine Änderungen.

### I. Revisionsverfahren im allgemeinen

Die Vorschrift entspricht der in § 523 für das Berufungsverfahren enthaltenen Regelung, →    1
§ 523 Abs. 1. Die Abweichungen für das Revisionsverfahren ergeben sich aus den §§ 557a– 566a und, sofern eine **Entscheidung des Großen Senats** oder der Vereinigten Großen Senate notwendig wird, aus § 136 GVG, → vor § 545 Rdnr. 7. Wegen der **Prüfung von Amts wegen** in bezug auf Verfahrensmängel → § 559 Rdnr. 12ff. und wegen des **Versäumnisverfahrens** → § 566 Rdnr. 11ff. Zur entsprechenden Anwendung von § 517 (Revisionsfrist im Falle eines Ergänzungsurteils) → § 552 Rdnr. 1. Eine Entscheidung ohne mündliche Verhandlung, § 128 Abs. 2, ist rechtlich zulässig, → § 128 Rdnr. 61, praktisch aber selten. Ist die Sache in der Revisionsinstanz nur teilweise entscheidungsreif, so kann das Revisionsgericht unter denselben Voraussetzungen wie das erstinstanzliche Gericht ein Teil-, Zwischen-[1] oder Grundurteil erlassen. **Dispositionsakte** der Parteien sind insoweit möglich, als sie sich auf den bisherigen Streitgegenstand beziehen. So kann die Klage noch zurückgenommen werden. Weiter sind ein Vergleich, ein Anerkenntnis oder ein Verzicht zulässig; ebenso eine übereinstimmende oder einseitige Erledigungserklärung des Klägers (vorausgesetzt, das erledigende Ereignis ist unbestritten)[2]. Dagegen kann eine Klageänderung in der Revisionsinstanz nicht mehr erfolgen, → § 561 Rdnr. 5.

---

[28] *BAG* AP § 92 ArbGG 1979 Nr. 5; *Grunsky*[6] § 92 Rdnr. 5; *Germelmann/Matthes/Prütting* § 94 Rdnr. 17.

[1] *BAGE* 9, 324 = AP § 794 Nr. 8 = NJW 1960, 2211 = BB 1061; AP § 212a Nr. 1; Internationales Privatrecht Arbeitsrecht Nr.7.
[2] *BGHZ* 106, 359, 368.

## II. Arbeitsgerichtliches Verfahren

**2** Im arbeitsgerichtlichen Verfahren finden die Vorschriften der ZPO, d.h. diejenigen des 2. Abschnitts des 3. Buches und die in §§ 557 und 566 in Bezug genommenen Vorschriften über das landgerichtliche Verfahren erster bzw. zweiter Instanz entsprechende Anwendung; → dazu § 523 Rdnr. 2. Die sich aus §§ 72ff. ArbGG bzw. für das Rechtsbeschwerdeverfahren aus §§ 92ff. ArbGG ergebenden Abweichungen sind bei den einzelnen Paragraphen behandelt. Eine Entscheidung ohne mündliche Verhandlung ist hier anders als in erster Instanz zulässig, → § 128 Rdnr. 107; im Rechtsbeschwerdeverfahren nach §§ 92ff. ArbGG ist eine mündliche Verhandlung ohnehin nicht erforderlich, → § 128 Rdnr. 53.

**3** Für das Verfahren bei **Verkündung des Revisionsurteils** ist in § 75 Abs. 1 ArbGG eine Sonderregelung dahingehend getroffen, daß es der Anwesenheit der ehrenamtlichen Richter dabei nicht bedarf, sofern die Urteilsformel zu diesem Zeitpunkt vom Vorsitzenden und sämtlichen Richtern (einschließlich der ehrenamtlichen) unterschrieben vorliegt, → weiter § 310 Rdnr. 31. Durch § 75 Abs. 2 ArbGG ist klargestellt, daß damit die Vorschrift des § 315 Abs. 1 S. 1 über die Unterzeichnung des Urteils, d.h. des gesamten Urteils einschließlich Tatbestand und Entscheidungsgründen, nicht berührt wird. Der **Beschluß im Rechtsbeschwerdeverfahren**, § 96 ArbGG, braucht nicht verkündet zu werden[3], weshalb sich insofern aus § 75 ArbGG keine Besonderheiten ergeben.

## § 557 a [Einzelrichter]

**Die Vorschriften der §§ 348 bis 350 sind nicht anzuwenden.**

Gesetzesgeschichte: Eingefügt durch Nov. 1924 (RGBl. I 135). Keine Änderungen.

**1** Da die Revisionsinstanz keine Tatsacheninstanz ist, ist für das im wesentlichen der Sammlung des Prozeßstoffs dienende **Verfahren vor dem Einzelrichter kein Raum**. Dies gilt auch dann, wenn die Sache keine rechtlichen Schwierigkeiten aufweist. Insbesondere ist es unerheblich, ob die Parteien einer Entscheidung durch den Einzelrichter zustimmen. Eine durch den Einzelrichter ergangene Entscheidung würde nach § 579 Abs. 1 Nr. 1 der Nichtigkeitsklage unterliegen.

**2** Im **arbeitsgerichtlichen Verfahren** ist eine Entscheidung oder Vorbereitung der Entscheidung durch den Einzelrichter ohnehin nicht möglich, → vor § 348 Rdnr. 9. Statt dessen kann in gewissen Fällen der Vorsitzende die Entscheidung ohne Hinzuziehung der ehrenamtlichen Richter allein treffen, § 55 ArbGG. Diese Vorschrift gilt im Revisionsverfahren nicht, § 72 Abs. 6 ArbGG. Soweit der Vorsitzende nach § 53 Abs. 1 S. 1 ArbGG Beschlüsse und Verfügungen, die nicht aufgrund einer mündlichen Verhandlung ergehen, allein erläßt, gilt dies nach § 72 Abs. 6 ArbGG zwar auch im Revisionsverfahren, doch bedeutet dies nur, daß die ehrenamtlichen Richter nicht hinzuzuziehen sind; der Vorsitzende entscheidet also nicht etwa allein[1].

---

[3] *Grunsky*[6] § 96 Rdnr. 6; a.A. *Germelmann/Matthes/Prütting* § 96 Rdnr. 25 für den Fall, daß aufgrund mündlicher Verhandlung entschieden worden ist.

[1] BAGE 1, 13 = AP § 53 Nr. 1; *Grunsky*[6] § 72 Rdnr. 45; *Germelmann/Matthes/Prütting* § 72 Rdnr. 47.

## § 558 [Mängel des Berufungsverfahrens]

Die Verletzung einer das Verfahren der Berufungsinstanz betreffenden Vorschrift kann in der Revisionsinstanz nicht mehr gerügt werden, wenn die Partei das Rügerecht bereits in der Berufungsinstanz nach der Vorschrift des § 295 verloren hat.

Gesetzesgeschichte: Bis 1900 § 521 CPO. Keine Änderungen.

### I. Ordentliche Gerichtsbarkeit

Die Vorschrift entspricht § 531 für die Berufungsinstanz, → § 531 Rdnr. 1 f. Ist eine Verletzung von Verfahrensvorschriften schon in der **ersten Instanz** nach § 295 geheilt oder in der Berufungsinstanz nicht gerügt worden, so kann sie in der Revisionsinstanz nicht mehr geltend gemacht werden. War dagegen die Rüge der in der ersten Instanz begangenen Verletzung in der Berufungsinstanz ohne Erfolg, so kann sie in der Revisionsinstanz weiterverfolgt werden, wenn das Berufungsurteil darauf beruht[1]. Ist der Verfahrensverstoß in der **Berufungsinstanz** begangen worden, so kann dies nach § 558 in der Revisionsinstanz dann nicht mehr gerügt werden, wenn die Partei die Rüge nicht schon im Berufungsverfahren erhoben hat und der Mangel nach § 295 geheilt ist. Als selbstverständlich wird dabei vorausgesetzt, daß § 295 über § 523 im Berufungsverfahren anwendbar ist, → § 295 Rdnr. 19. Auf einen in der **Revisionsinstanz** begangenen Verfahrensfehler ist § 295 auf Grund des § 557 anwendbar[2].

### II. Arbeitsgerichtliches Verfahren

Für das arbeitsgerichtliche Verfahren ergeben sich keine Besonderheiten. § 558 gilt dort über § 72 Abs. 5 ArbGG entsprechend. Im Rechtsbeschwerdeverfahren, §§ 92 ff. ArbGG, gilt § 558 grundsätzlich ebenfalls. Denkbar ist allenfalls, daß der Kreis der nach § 295 heilbaren Verfahrensfehler im Beschlußverfahren enger zu ziehen ist als im Urteilsverfahren.

1

2

## § 559 [Umfang der Revisionsprüfung]

(1) Der Prüfung des Revisionsgerichts unterliegen nur die von den Parteien gestellten Anträge.
(2) Das Revisionsgericht ist an die geltend gemachten Revisionsgründe nicht gebunden. Auf Verfahrensmängel, die nicht von Amts wegen zu berücksichtigen sind, darf das angefochtene Urteil nur geprüft werden, wenn die Mängel nach den §§ 554, 556 gerügt worden sind.

Gesetzesgeschichte: Bis 1900 § 522 CPO. Änderungen: RGBl. 1905 S. 536; BGBl. 1975 I 1863.

| | | | |
|---|---|---|---|
| I. Allgemeines | 1 | III. Verfahrensrügen und materielle Rügen | 6 |
| II. Umfang der Prüfung | 2 | 1. Verfahrensrügen | 7 |
| 1. Anfallwirkung | 2 | 2. Materielle Rügen | 8 |
| 2. Bindung an die Anträge | 4 | | |

---

[1] AK-*Ankermann* Rdnr. 1; MünchKomm ZPO-*Walchshöfer* Rdnr. 3.

[2] MünchKomm ZPO-*Walchshöfer* Rdnr. 4.

| | | | |
|---|---|---|---|
| IV. Prüfung der Verfahrensrügen | 10 | b) Einzelheiten | 14 |
| 1. Notwendigkeit einer Rüge | 10 | aa) Prozeßvoraussetzungen | 14 |
| 2. Verfahrensrüge des Revisionsbeklagten | 11 | bb) Inhaltliche Unzulässigkeit des Berufungsurteils | 15 |
| 3. Von Amts wegen zu prüfende Verfahrensmängel | 12 | cc) Rechtsschutzbedürfnis | 18 |
| a) Allgemeines | 12 | V. Die sonstige Nachprüfung | 19 |
| | | VI. Arbeitsgerichtliches Verfahren | 20 |

## I. Allgemeines

1  § 559 ist durch G. v. 8. VII. 1975 zwar neu gefaßt worden, doch hat sich dadurch inhaltlich nichts geändert. Die Neufassung hat nur klarstellenden Charakter. Sie entspricht dem, was die ganz überwiegende Auffassung schon zur alten Fassung der Vorschrift vertreten hatte. Infolgedessen hat auch die ältere Rechtsprechung nach wie vor ihre Bedeutung nicht verloren. Kennzeichnend für den Umfang der Überprüfung des angefochtenen Urteils ist weiterhin, daß das Revisionsgericht zwar an die Anträge, grundsätzlich aber nicht an die vom Revisionskläger geltend gemachten **Revisionsgründe** gebunden ist, Abs. 2 S. 1. Zur Auswirkung dieser Regelung auf das Erfordernis der Revisionsbegründung und zum Nachschieben neuer Revisionsgründe → § 554 Rdnr. 1, 21 ff. Bei Verfahrensmängeln ist das Revisionsgericht dagegen an die erhobenen Rügen gebunden, es sei denn, es handelt sich um von Amts wegen zu berücksichtigende Mängel, Abs. 2 S. 2.

## II. Umfang der Prüfung

### 1. Anfallwirkung

2  Wenn Abs. 1 den Umfang der Prüfung nur hinsichtlich der Anträge der Parteien beschränkt, so wird dabei als selbstverständlich unterstellt, daß sich die Anträge in den Grenzen dessen bewegen, was in der Revisionsinstanz angefallen ist. Anders als bei der Berufung, wo in § 537 eine Regelung der Anfallwirkung vorliegt, fehlt es für die Revision an einer einschlägigen Bestimmung. Grundsätzlich sind dieselben Kriterien wie bei der Berufung maßgeblich, → dazu § 537 Rdnr. 2 ff. Gegenstand des Revisionsverfahrens kann der Rechtsstreit damit nur insoweit sein, als das Berufungsgericht darüber entschieden hat. Ist in der Berufungsinstanz etwa ein **Teilurteil** ergangen, so kann das Revisionsgericht nur über den entschiedenen Teil verhandeln und seinerseits entscheiden. Anders als bei der Berufung, → § 537 Rdnr. 3, ist es auch nicht zulässig, daß der vom Berufungsgericht noch nicht entschiedene Teil im Einverständnis beider Parteien dem Revisionsgericht zur Entscheidung unterbreitet wird; anderenfalls würden die besonderen Statthaftigkeitsvoraussetzungen bei der Revision umgangen werden können. Entsprechendes gilt bei einem **Vorbehaltsurteil nach § 302**; über die Gegenforderung hat hier das Berufungsgericht zu entscheiden, ohne daß die Möglichkeit eines einverständlichen »Hinaufholens« besteht. Zur Anfallwirkung bei **Haupt- und Hilfsantrag** → § 537 Rdnr. 8 ff.

3  Kann der noch in der Berufungsinstanz anhängige Teil des Rechtsstreits aufgrund der Entscheidung des Revisionsgerichts zwingend nur noch in einem Sinne entschieden werden, so kann die Entscheidung auch insoweit vom Revisionsgericht getroffen werden. Dies gilt etwa bei der erfolgreichen Revision des Beklagten gegen ein **Grundurteil**, § 304; hier kann das Revisionsgericht die Klage insgesamt abweisen[1]; ebenso bei der erfolgreichen Revision

---

[1] MünchKomm ZPO-*Walchshöfer* Rdnr. 3; Zöller/*Schneider*[18] Rdnr. 5.

gegen ein **Zwischenurteil** nach § 280. Ist die Revision dagegen erfolglos, so darf sich das Revisionsgericht weder beim Grundurteil mit der Höhe des Anspruchs[2] noch beim Zwischenurteil nach § 280 mit der Sache selbst befassen.

### 2. Bindung an die Anträge

Die Anträge der Parteien begrenzen die Prüfung des Revisionsgerichts und seine Befugnis, 4 das Urteil des Berufungsgerichts abzuändern. Unter diesen Anträgen sind die bis zum Schluß der mündlichen Verhandlung der Revisionsinstanz gemäß § 297 verlesenen Anträge zu verstehen, auch wenn sie von den in der Revisionsbegründung enthaltenen abweichen[3]. Ob der Antrag zulässig ist, spielt für § 559 Abs. 1 keine Rolle. Auch über einen unzulässigen (weil vielleicht erst nach Ablauf der Revisionsbegründungsfrist gestellten) Antrag muß entschieden werden, wobei das Revisionsgericht auf andere Ansprüche oder Anspruchsteile, auf die sich der Antrag nicht mitbezieht, nicht eingehen darf. Die Anträge binden das Revisionsgericht auch schon bei der **Annahmeentscheidung nach § 554 b**. Hat die Partei nur beschränkt Revision eingelegt und verneint das Revisionsgericht insoweit die grundsätzliche Bedeutung und die Erfolgsaussicht, so kann es die Revision nicht deswegen annehmen, weil bei einem anderen Anspruch, hinsichtlich dessen keine Revision eingelegt worden ist, die Annahmevoraussetzungen erfüllt wären. Das Revisionsgericht kann hier allerdings nach § 139 zu einem Hinweis verpflichtet sein (vorausgesetzt, der Antrag kann zulässigerweise noch erweitert werden).

Soweit danach selbständige Teile des Berufungsurteils unangefochten bleiben, steht dem 5 Revisionsgericht keine Nachprüfung zu. Weiter folgt aus Abs. 1, daß eine Abänderung zugunsten des Revisionsklägers ohne seinen Antrag (**reformatio in melius**, → § 536 Rdnr. 3) und zu seinen Ungunsten ohne Anschließung des Gegners (**reformatio in peius**, → § 536 Rdnr. 4ff.) nicht zulässig ist. Insoweit gelten die gleichen Grundsätze wie im Berufungsverfahren.

## III. Verfahrensrügen und materielle Rügen

Wegen der unterschiedlichen rechtlichen Behandlung der Verfahrensrügen und der sonstigen Revisionsgründe (sog. materielle Rügen bzw. Sachrügen) müssen beide Kategorien 6 voneinander abgegrenzt werden. **Praktische Rechtsfolgen** ergeben sich dabei nur hinsichtlich der Bindung des Revisionsgerichts an die vom Revisionskläger erhobenen Rügen. Dagegen ist das Revisionsgericht nicht etwa gehalten, erst die eine Kategorie zu behandeln, bevor es sich der anderen zuwendet[4].

### 1. Verfahrensrügen

Hinsichtlich der Revisionsgründe gilt eine Bindung des Revisionsgerichts nur für die Fälle, 7 in denen die Revision darauf gestützt wird, daß das Gesetz in Bezug auf das Verfahren verletzt sei. Hierher gehören alle Fälle, in denen das Berufungsgericht ein falsches Verfahren eingeschlagen hat, mag dies auf einer Verkennung von Verfahrensvorschriften oder auf einer falschen Beurteilung der Voraussetzungen für das einzuschlagende Verfahren beruhen, so daß z. B. eine falsche Anwendung der Vorschriften des BGB über den Wohnsitz oder über den

---

[2] MünchKomm ZPO-*Walchshöfer* Rdnr. 3.
[3] MünchKomm ZPO-*Walchshöfer* Rdnr. 7.
[4] Mißverständlich MünchKomm ZPO-*Walchshöfer*

Rdnr. 27: »Nach Prüfung der Verfahrensmängel und der Verfahrensrügen prüft das Revisionsgericht die vom Revisionskläger vorgetragenen Sachrügen.«

Erfüllungsort hierher gehört, sofern sie zur Verneinung der örtlichen oder internationalen Zuständigkeit geführt hat, sowie die falsche rechtliche Beurteilung des Anspruchs bei der Entscheidung, ob eine Klageänderung vorliegt. Zum Begriff der Verfahrensrüge → weiter § 554 Rdnr. 10.

### 2. Materielle Rügen

8   Den Gegensatz zu Verfahrensrügen bildet die **rechtliche Würdigung des zu beurteilenden Tatbestandes**, d.h. die Nachprüfung der angefochtenen Entscheidung darauf hin, ob die richtige Rechtsnorm richtig angewandt ist. Dabei ist es unerheblich, ob die Beurteilung, wie zumeist, aufgrund des materiellen Rechts zu erfolgen hat, oder ob der abzuurteilende Tatbestand prozeßrechtlicher Art ist[5]. Fälle dieser Art sind etwa rein prozeßrechtliche Klagen wie z.B. die Klage auf Erteilung der Vollstreckungsklausel, § 731, oder des Vollstreckungsurteils, §§ 722, 723. Weiter gehört hierher die Nichtberücksichtigung der materiellen Rechtskraft[6], → § 322 Rdnr. 226, der Bindung nach § 68[7], → § 68 Rdnr. 4, oder der Anerkennungsvoraussetzungen bei einem ausländischen Urteil, soweit dadurch der Ausgang des Rechtsstreits inhaltlich beeinflußt wird. Aber auch die falsche Beurteilung prozessualer Vorgänge, z.B. einer Klagerücknahme, bildet einen inhaltlichen Mangel des Urteils[8]; ebenso die unrichtige Beurteilung der Gültigkeit des einem Schiedsspruch zugrundeliegenden Schiedsvertrags. Weiter gehört hierher der Fall eines seiner Fassung nach unzulässigen Urteils, sei es, daß das Urteil auf eine dem geltenden Recht unbekannte Rechtsfolge erkannt hat[9], daß es die zu erbringende Leistung nicht eindeutig bestimmt[10], daß der Tenor des angefochtenen Urteils nicht mit den Gründen übereinstimmt[11] oder nicht erkennen läßt, über welche Ansprüche entschieden ist[12], oder daß ein Urteil dieser Art formal im geltenden Recht nicht vorgesehen ist (z.B. ein inhaltlich unzulässiges Zwischenurteil). Zum Verstoß gegen § 308 → Rdnr. 16. Kein Verfahrens-, sondern ein von Amts wegen zu beachtender materieller Mangel ist ferner ein Verstoß gegen die Grundsätze der Beweislastverteilung[13], → § 286 Rdnr. 55.

9   Insgesamt wäre es zumindest ungenau, wenn man die Grenze zwischen Verfahrensrügen und materiellen Rügen danach bestimmen wollte, ob Verletzung des materiellen Rechts oder des Prozeßrechts gerügt worden ist. Der Gegensatz beruht vielmehr darauf, ob die Normen über das **innezuhaltende Verfahren** (einschließlich seiner Voraussetzungen) oder die Normen über den **Inhalt der zu erlassenden Entscheidung** als verletzt bezeichnet werden.

### IV. Prüfung der Verfahrensrügen

#### 1. Notwendigkeit einer Rüge

10   Soweit Verfahrensrügen in dem unter → Rdnr. 6ff. bezeichneten Sinn erhoben werden, kann ihnen das Revisionsgericht grundsätzlich (zu Ausnahmen → Rdnr. 12ff.) nur dann nachgehen, wenn sie in der **Revisionsbegründungsschrift**, § 554 Abs. 2, oder in der **Anschlußschrift**, § 556 Abs. 2, oder in rechtzeitig eingereichten Nachträgen, → § 554 Rdnr. 20, vorgebracht sind. Zu den Anforderungen an eine ordnungsmäßige Verfahrensrüge → § 554

---

[5] S. dazu *Rimmelspacher* Zur Prüfung von Amts wegen im Zivilprozeß (1966), 138ff., 185ff.
[6] *Rimmelspacher* (Fn. 5), 138ff.
[7] RGZ 79, 81; 130, 297; BGHZ 16, 217, 228.
[8] RGZ 132, 330, 335; JW 1938, 3187.
[9] RGZ 144, 233 (unzulässige Verurteilung zur Teillöschung eines Warenzeichens).
[10] S. BGHZ 45, 287 = NJW 1966, 1755 = MDR 836 = JR 345.
[11] BAGE 19, 217 = AP Art. 9 GG Nr. 10 = NJW 1967, 843 = MDR 434 = BB 330.
[12] BAG AP § 564 Nr. 2 (*Grunsky*) = BB 1969, 1137.
[13] BGH LM § 559 Nr. 8; NJW 1978, 886.

Rdnr. 9 ff. In einem verspäteten Nachtrag zur Begründungsschrift oder gar erst in der mündlichen Verhandlung erhobene Verfahrensrügen sind unberücksichtigt zu lassen; ebensowenig ist das Revisionsgericht in der Lage, Verfahrensmängel, die nicht rechtzeitig ordnungsmäßig gerügt worden sind, von sich aus zur Aufhebung des angefochtenen Urteils zu verwenden, mögen sie auch noch so offenkundig und schwerwiegend sein. Der Unterlassung einer Rüge steht ihre Rücknahme gleich; diese ist jederzeit möglich[14]; insbesondere bedarf es auch nach Beginn der mündlichen Verhandlung nicht der Einwilligung des Revisionsbeklagten.

### 2. Verfahrensrüge des Revisionsbeklagten

Eine Verfahrensrüge kann in gewissen Fallgestaltungen auch vom Revisionsbeklagten erhoben weden (sog. **Gegenrüge**). Ein unabwendbares praktisches Bedürfnis dafür ergibt sich dann, wenn das Berufungsgericht unter Verletzung von Verfahrensvorschriften eine dem Revisionsbeklagten ungünstige Feststellung getroffen hat, ohne daß sich dies im Ergebnis ausgewirkt hätte, während in der Revisionsinstanz zu befürchten ist, daß das Gericht die fehlerhaft getroffenen Feststellungen gegen den Revisionsbeklagten verwendet; hier muß dieser die Möglichkeit haben, den Verfahrensfehler seinerseits zu rügen[15]. Dies muß durch eine den Anforderungen von § 554 Abs. 3 Nr. 3 b entsprechende Rüge geschehen[16], die bis zum Schluß der mündlichen Verhandlung erhoben werden kann[17]. Für die Möglichkeit einer Verfahrensrüge des Revisionsbeklagten besteht weiter dann eine Notwendigkeit, wenn der Klage in der Berufungsinstanz stattgegeben worden ist, obwohl der festgestellte Sachverhalt dazu nicht ausreichte und der Revisionsbeklagte (= Kläger) nunmehr geltend macht, das Berufungsgericht habe den Sachverhalt nicht ordnungsmäßig festgestellt[18]. Hier wird die Sache zwar häufig noch nicht entscheidungsreif sein, so daß zurückzuverweisen ist und der Revisionsbeklagte dann in der Unterinstanz seine Behauptungen vortragen kann[19], doch muß dem keineswegs so sein. Soweit der Revisionsbeklagte eine Gegenrüge erhebt, kann dies im Einzelfall für den Revisionskläger zu der Notwendigkeit führen, daraufhin seinerseits mit einer Verfahrensrüge zu reagieren, für die vor der Gegenrüge kein Anlaß bestand, die jetzt aber geboten ist. Eine derartige »**Gegengegenrüge**« kann ebenfalls bis zum Schluß der mündlichen Verhandlung erhoben werden. 11

### 3. Von Amts wegen zu prüfende Verfahrensmängel

#### a) Allgemeines

Von der Regel, daß die Nachprüfung von Verfahrensmängeln eine Rüge voraussetzt, bestehen wesentliche Ausnahmen[20]. In Abs. 2 S. 2 ist jetzt ausdrücklich vorgesehen, daß es von Amts wegen zu berücksichtigende Verfahrensmängel gibt, die auch ohne Verfahrensrüge 12

---

[14] *Baumbach/Lauterbach/Albers*[51] Rdnr. 6; Münch-Komm ZPO-*Walchshöfer* Rdnr. 22.
[15] BAGE 17, 236 = NJW 1965, 2268 = MDR 1024; BFH NJW 1971, 168; AK-*Ankermann* Rdnr. 9; *Baumbach/Lauterbach/Albers*[51] Rdnr. 4; MünchKomm ZPO-*Walchshöfer* Rdnr. 24; *Zöller/Schneider*[18] Rdnr. 12. A. A. *Rothe* Ehrengabef. B. Heusinger (1968), 264, der jedoch keine Möglichkeit zur Vermeidung des dann drohenden unhaltbaren Ergebnisses aufzeigt, daß der Revisionsbeklagte keinerlei Möglichkeit hat, die ihm ungünstige Feststellung zu beseitigen.
[16] BAGE 17, 236 (Fn. 15); AK-*Ankermann* Rdnr. 9; MünchKomm ZPO-*Walchshöfer* Rdnr. 23.
[17] BAGE 17, 236 (Fn. 15); BayObLG NJW 1967, 57; AK-*Ankermann* Rdnr. 9; *Baumbach/Lauterbach/Albers*[51] Rdnr. 4; MünchKomm ZPO-*Walchshöfer* Rdnr. 23; *Rimmelspacher* ZZP 84 (1971), 64 f.
[18] BayObLG NJW 1967, 57. A. A. *Baumgärtel* JR 1968, 303, der den Revisionsbeklagten auf eine Anschlußrevision verweist; es fehlt jedoch die Beschwer.
[19] Darauf stellt *Rothe* (Fn. 15), 265 f. ab.
[20] Zur Prüfung von Amts wegen in der Revisionsinstanz s. insbesondere *Rimmelspacher*(Fn. 5), 185 ff.; s. ferner *Martin* Prozeßvoraussetzungen und Revision (1974).

zu berücksichtigen sind. Offen bleibt dabei freilich, um was für Verfahrensmängel es sich dabei im einzelnen handelt.

13 Das Problem, welche Umstände von Amts wegen zu berücksichtigen sind, ist noch nicht hinreichend geklärt (Näheres → vor § 128 Rdnr. 91 ff.). Man wird darauf abstellen müssen, ob die zur Debatte stehende Voraussetzung im **öffentlichen Interesse** gefordert wird, oder ob es allein um die Interessen der Parteien geht[21]. Soweit ein öffentliches Interesse besteht, ist eine Berücksichtigung von Amts wegen auch noch in der Revisionsinstanz geboten. Werden dagegen nur die Interessen der Parteien tangiert, so besteht kein Anlaß, eine Überprüfung des Berufungsurteils auch ohne Revisionsrüge vorzunehmen, wobei es nicht darauf ankommt, ob sich die Urteilserlaßvoraussetzung auf eine Prozeßvoraussetzung oder auf das geltend gemachte materielle Recht bezieht[22]. Unter die Prüfung von Amts wegen fallen inbesondere die Mängel, die das Verfahren als Ganzes berühren oder nach dem Inhalt der vorinstanzlichen Entscheidung in der Revisionsinstanz fortwirken würden, wie Mängel hinsichtlich der Prozeßvoraussetzungen, soweit deren Vorliegen von Amts wegen zu prüfen ist, was nicht bei allen Prozeßvoraussetzungen der Fall ist (Näheres → vor § 128 Rdnr. 92). Eine umfassende Darstellung an dieser Stelle ist nicht möglich. Im Folgenden kann nur die Rechtsprechung zu den wichtigsten Einzelfragen nachgewiesen werden.

b) **Einzelheiten**

aa) **Prozeßvoraussetzungen**

14 Bei den meisten (aber nicht bei allen, → vor § 128 Rdnr. 92) Prozeßvoraussetzungen erfolgt eine Prüfung von Amts wegen, weshalb das Berufungsurteil insoweit auch ohne Verfahrensrüge zu überprüfen ist. Dies gilt zunächst für die **deutsche Gerichtsbarkeit**[23] und die **internationale Zuständigkeit**[24]. Unabhängig davon, ob man bei der internationalen Zuständigkeit generell eine Prüfung von Amts wegen befürwortet, ist sie auf jeden Fall im Anwendungsbereich des EuGVÜ geboten[25]; hier schreibt Art. 19 EuGVÜ vor, daß sich das angerufene Gericht von Amts wegen für unzuständig zu erklären hat. Die **Rechtswegzuständigkeit** wird nach § 17 a Abs. 5 GVG in der Revisionsinstanz gar nicht mehr geprüft, weshalb sich die Frage nach der Notwendigkeit einer Verfahrensrüge nicht mehr stellt. Auch die **örtliche und die sachliche Zuständigkeit** wird in der Revisionsinstanz nicht geprüft, § 549 Abs. 2 (→ dazu §§ 549, 550 Rdnr. 52 f.). Nach § 56 von Amts wegen zu berücksichtigen und damit auch ohne Verfahrensrüge zu prüfen sind die **Parteifähigkeit**[26] und die **Prozeßfähigkeit**[27]. Gleiches gilt für die **Postulationsfähigkeit**[28], die **Prozeßführungsbefugnis**[29], → vor § 50 Rdnr. 21, und die **gesetzliche Vertretung**[30]. Von Amts wegen zu berücksichtigen sind weiter

---

[21] S. *Grunsky* ZZP 80 (1967), 68 ff.; AK-*Ankermann* Rdnr. 5.
[22] *Grunsky* ZZP 80 (1967), 68 ff.
[23] BGHZ 34, 372 = NJW 1961, 1116; s. ferner *Martin* (Fn. 20), 62 ff.
[24] Str.; für eine Prüfung von Amts wegen BAGE 24, 411 = AP § 242 BGB Ruhegehalt Nr. 159 (*Grunsky/Wuppermann*); AP Internationales Privatrecht Arbeitsrecht Nr. 12 (*Beitzke*); BGH LM § 38 Nr. 8 = MDR 1969, 479; *Martin* (Fn. 20), 65 ff.; *Kropholler* Handbuch des Internationalen Zivilverfahrensrechts Bd. I (1982), Kap. III Rdnr. 226; MünchKomm ZPO-*Walchshöfer* Rdnr. 13; *Zöller/Geimer*[18] IZPR Rdnr. 94. A.A. noch BAG AP Internationales Privatrecht Arbeitsrecht Nr. 11; *Geimer* NJW 1971, 323, 324.
[25] BGHZ 109, 29, 31 = NJW 1990, 317 = BB 658.
[26] RGZ 86, 83; BGHZ 24, 91, 94; *Martin* (Fn. 20), 83. Ebenso, wenn ein am Rechtsstreit Unbeteiligter als Partei behandelt worden ist (*BGH* NJW 1993, 3067 = MDR 954).
[27] BGHZ 86, 184, 188 = NJW 1983, 996; *BGH* NJW 1969, 1574; 1970, 1683; BAGE 6, 76 = AP § 56 Nr. 1 (*Baumgärtel*) = NJW 1958, 1699.
[28] BGHZ 31, 279 = NJW 1960, 523.
[29] BGHZ 31, 279 = LM § 561 Nr. 26 = NJW 1960, 523 = MDR 296 = BB 223; *BGH* NJW-RR 1987, 57; NJW 1988, 1585, 1587.
[30] BGHZ 5, 240, 242 = NJW 1952, 818.

das **Vorliegen einer rechtskräftigen Entscheidung**[31], → § 322 Rdnr. 221, sowie **anderweitige Rechtshängigkeit**[32], → § 261 Rdnr. 52. Zum Rechtsschutzbedürfnis → Rdnr. 18.

### bb) Inhaltliche Unzulässigkeit des Berufungsurteils

Ebenso wie die Unzulässigkeit der Klage ist auch die **Unzulässigkeit der Berufung** von Amts wegen zu berücksichtigen[33], und zwar einschließlich der Frage, ob Wiedereinsetzung in den vorigen Stand gegen Versäumung der Berufungs- bzw. der Berufungsbegründungsfrist ordnungsmäßig erfolgt ist[34]. Von Amts wegen zu berücksichtigen ist weiter, ob ein **Einspruch** gegen ein vom Berufungsgericht erlassenes Versäumnisurteil[35] oder ein **Widerspruch nach § 1042 c**[36] zulässig war und ob das **Verfahren unterbrochen** war[37]. 15

Hinsichtlich der **Anträge** ist von Amts wegen zu prüfen, ob der Klageantrg im Berufungsverfahren hinreichend bestimmt war[38]. Gleiches gilt für die Berufungsanträge. Zur Auslegung durch das Revisionsgericht → §§ 549, 550 Rdnr. 44. Ein Verstoß gegen § 308 (**Bindung an die Anträge**) ist ebenfalls von Amts wegen zu berücksichtigen[39], wobei es unerheblich ist, ob es um den Klage- oder den Berufungsantrag geht. Zum Verstoß gegen das Verbot der reformatio in peius → § 536 Rdnr. 16. Hat das Berufungsgericht eine **Bindung an eine andere Entscheidung** nicht eingehalten, so ist dies von Amts wegen zu berücksichtigen. Dies gilt für die Rechtskraft des Urteils über ein vorgreifliches Rechtsverhältnis[40] ebenso wie für die Bindung aufgrund der Interventionswirkung[41] und für die Bindung des Berufungsgerichts nach Zurückverweisung durch das Revisionsgericht, § 565 Abs. 2[42]. 16

Hat das Berufungsgericht eine im konkreten Fall **unzulässige Urteilsform** verwendet, so ist dies von Amts wegen zu berücksichtigen. Für das Grundurteil nach § 304 ist das anerkannt[43], muß aber auch für sonstige Zwischenurteile und das Teilurteil gelten[44]. Ohne besondere Rüge muß vom Revisionsgericht weiter geprüft werden, ob die **Tragweite des Berufungsurteils bestimmbar ist**. Daran fehlt es, wenn das Urteil keinen Tatbestand enthält[45], → weiter § 543 Rdnr. 7, oder dieser widersprüchlich ist bzw. mit den Entscheidungsgründen nicht übereinstimmt[46]. Hierher gehört weiter der Fall, daß bei einer vom Beklagten erklärten Hilfsaufrechnung offenbleibt, ob die Klage wegen Nichtbestehens der Klageforderung oder wegen der Aufrechnung abgewiesen worden ist, → § 300 Rdnr. 18. 17

---

[31] *BGHZ* 36, 365, 367; *BGH* WM 1989, 1897, 1899.
[32] *BGH* NJW-RR 1990, 45 = ZIP 1989, 1407 = WM 1781.
[33] *BGHZ* 4, 389, 395; 6, 369, 370; 12, 161, 165; *BGH* NJW 1982, 1873; BAGE 17, 21; 17, 278.
[34] *BGHZ* 4, 389; 6, 369, 370; LM § 561 Nr. 30 = Warn. 1962 Nr. 275 = MDR 1963, 291; *BGH* NJW-RR 1992, 1338, 1339; BAG AP § 234 Nr. 4 = NJW 1962, 1933; BayObLGZ 1959, 167 = JZ 492 = MDR 767.
[35] RGZ 110, 169; *BGH* NJW 1976, 1940 = JZ 648; NJW 1981, 1673, 1674.
[36] *BGHZ* 21, 142 = LM § 1042d Nr. 1 = NJW 1956, 1518.
[37] RGZ 64, 361, 363.
[38] RGZ 151, 66; *BGHZ* 11, 181 = LM § 253 Nr. 9 = NJW 1954, 716; *BGHZ* 11, 194; BAGE 9, 273 = AP § 253 Nr. 2 = MDR 1960, 958; BAGE 24, 247.

[39] *BGH* NJW-RR 1989, 1087; 1990, 1095; LM § 823 (Dd) BGB Nr. 22 = NJW 1993, 925, 928.
[40] *BGH* WM 1989, 1897, 1899.
[41] *BGHZ* 16, 217, 228.
[42] RGZ 94, 13; *BGHZ* 3, 321, 324; LM § 318 Nr. 27 = NJW 1992, 2831 = MDR 1180.
[43] *BGH* NJW 1975, 1968; 1982, 1757, 1759.
[44] AK-*Ankermann* Rdnr. 6; MünchKomm ZPO-*Walchshöfer* Rdnr. 16.
[45] *BGHZ* 73, 248 = NJW 1979, 927; *BAGE* 36, 312 = AP § 543 Nr. 3; *BAG* NJW 1988, 843.
[46] *BGHZ* 5, 240, 245 = NJW 1952, 818; *BAGE* 19, 217, 229; AP § 72 ArbGG Beschwerdewertrevision Nr. 1 (*Grunsky*).

cc) Rechtsschutzbedürfnis

**18** Für das Rechtsschutzbedürfnis wird überwiegend angenommen, daß sein Vorliegen auch noch in der Revisioninstanz von Amts wegen zu prüfen ist[47], → auch vor § 128 Rdnr. 92. Ob dem zugestimmt werden kann, erscheint angesichts der Besonderheiten des Rechtsschutzbedürfnisses gegenüber anderen Prozeßvoraussetzungen, → vor § 253 Rdnr. 129 f., fraglich. Interessengerecht erscheint es, dem Revisionsgericht die Möglichkeit zu geben, das Fehlen eines Rechtsschutzbedürfnisses auch ohne eine dahingehende Verfahrensrüge zu berücksichtigen (d. h. die Tatsachen, aus denen sich das Fehlen ergibt, müssen in der Revisionsbegründung nicht nach § 554 Abs. 3 Nr. 3 b bezeichnet werden), ohne eine entsprechende Pflicht des Revisionsgerichts anzunehmen.

## V. Die sonstige Nachprüfung

**19** Im übrigen ist das Revisionsgericht bei der Überprüfung des angefochtenen Urteils frei, Abs. 2 S. 1. Soweit sich nicht aus dem zu → Rdnr. 12 ff. Dargelegten Einschränkungen ergeben, ist das **angefochtene Urteil von Amts wegen zu überprüfen**, d. h. die Anwendung des für den zu beurteilenden Tatbestand maßgeblichen Rechts nach allen Richtungen hin nachzuprüfen. Dabei müssen auch solche Fragen geprüft werden, die das Berufungsgericht von seinem Standpunkt aus nicht zu beantworten brauchte (z. B. Bescheidung eines Hilfsantrags, einer aufrechnungsweise geltend gemachten Gegenforderung oder des Bestands der Klageforderung, wenn das Berufungsgericht Verjährung angenommen hat)[48]. Ob der Mangel in der Revisionsbegründungsschrift gerügt worden ist, ist unerheblich, sofern diese nur irgend eine ordnungsmäßige Revisionsrüge enthält. Insbesondere reicht eine Verfahrensrüge aus, um eine uneingeschränkte materiellrechtliche Prüfung zu erreichen[49]. Folglich können die Parteien Revisionsgründe auch noch nach Ablauf der Begründungsfrist nachschieben, und zwar sowohl in einem weiteren Schriftsatz als auch in der mündlichen Verhandlung. Dabei handelt es sich nicht nur um unverbindliche Anregungen an das Revisionsgericht; dieses muß den Rügen vielmehr nachgehen und kann ihre Prüfung nicht deshalb ablehnen, weil die Rügen nicht schriftlich vorgebracht worden sind[50].

## VI. Arbeitsgerichtliches Verfahren

**20** Im arbeitsgerichtlichen Verfahren, wo § 559 ebenfalls gilt, § 72 Abs. 5 ArbGG, ergeben sich keine Besonderheiten. Auch im Rechtsbeschwerdeverfahren nach §§ 92 ff. ArbGG ist § 559 anwendbar. Insbesondere ist der Untersuchungsgrundsatz kein Hindernis dafür, daß ein Verfahrensfehler nur bei einer den Anforderungen von § 554 Abs. 3 Nr. 3 b genügenden Verfahrensrüge berücksichtigt wird[51]. Zu den Anforderungen an eine Sachrüge im Rechtsbeschwerdeverfahren → § 554 Rdnr. 25. Für die Prüfung, ob ein Schiedsspruch i. S. des § 110 Abs. 1 Nr. 2 ArbGG auf der Verletzung einer Rechtsnorm beruht, gilt § 559 entsprechend[52].

---

[47] *BGH* WM 1989, 927, 928; AK-*Ankermann* Rdnr. 6; *Baumbach/Lauterbach/Albers*[51] Rdnr. 7; MünchKomm ZPO-*Walchshöfer* Rdnr. 15.
[48] AK-*Ankermann* Rdnr. 4; MünchKomm ZPO-*Walchshöfer* Rdnr. 28.
[49] MünchKomm ZPO-*Walchshöfer* Rdnr. 27.
[50] S. *RGZ* 123, 38; 126, 264; 149, 165.
[51] *BAGE* 14, 117, 127 = AP § 37 BetrVerfG Nr. 8; AP § 92 ArbGG Nr. 2.
[52] *BAGE* 15, 87 = AP § 101 ArbGG Nr. 11 (*Schwab*) = MDR 1964, 88.

## § 560 [Vorläufige Vollstreckbarkeit]

Ein nicht oder nicht unbedingt für vollstreckbar erklärtes Urteil des Berufungsgerichts ist, soweit es durch die Revisionsanträge nicht angefochten wird, auf Antrag von dem Revisionsgericht durch Beschluß für vorläufig vollstreckbar zu erklären. Die Entscheidung kann ohne mündliche Verhandlung ergehen; sie ist erst nach Ablauf der Revisionsbegründungsfrist zulässig.

Gesetzesgeschichte: Bis 1900 § 523 CPO. Änderungen: BGBl. 1976 I 3281.

Die Vorschrift entspricht § 534 Abs. 1 für die Berufung, weshalb das dort Ausgeführte hier entsprechend gilt. Dies bedeutet, daß die Erklärung der vorläufigen Vollstreckbarkeit durch das Revisionsgericht nur dann in Betracht kommt, wenn in der Berufungsinstanz **beide Parteien teilweise unterlegen** sind. Greift hier zunächst nur eine Partei das Urteil an, so wird dieses wegen der Möglichkeit einer Anschlußrevision durch den Gegner auch hinsichtlich des einstweilig noch nicht angefochtenen Teils nicht rechtskräftig, weshalb die Vollstreckbarkeit nur eine vorläufige sein kann. Ist dagegen eine Partei in erster Instanz in vollem Umfang unterlegen und legt sie nur in beschränktem Umfang Revision ein, so wird der nicht angefochtene Teil mit Ablauf der Revisionsbegründungsfrist rechtskräftig, so daß für § 560 insoweit kein Anwendungsbereich mehr bleibt (a. A. die h. M.; Näheres → § 534 Rdnr. 1). Dadurch, daß Urteile der Oberlandesgerichte in vermögensrechtlichen Streitigkeiten nach § 708 Nr. 10 ohnehin ohne Sicherheitsleistung vorläufig vollstreckbar sind, wird der Anwendungsbereich von § 560 weiter eingeschränkt. Die Vorschrift spielt in der Praxis so gut wie keine Rolle. 1

Die **Entscheidung**, die ohne mündliche Verhandlung durch Beschluß ergehen kann, S. 2, 1. Hs., ist erst nach Ablauf der Revisionsbegründungsfrist zulässig, S. 2, 2. Hs.. Erst in diesem Augenblick steht fest, inwieweit das Urteil angefochten wird, § 554 Abs. 3 Nr. 1. Die Entscheidung kann auch dann nicht vor Ablauf der Revisionsbegründungsfrist ergehen, wenn die Revisionsanträge schon davor gestellt worden sind; bis zum Ablauf der Begründungsfrist können die Anträge jederzeit erweitert werden. 2

§ 560 gilt auch im **arbeitsgerichtlichen Verfahren**, ist jedoch auch dort deswegen ohne nennenswerte praktische Bedeutung, weil die Urteile der Landesarbeitsgerichte ohnehin ohne Sicherheitsleistung für vorläufig vollstreckbar zu erklären sind, §§ 64 Abs. 7, 62 Abs. 1 S. 1 ArbGG. Gleiches gilt für vermögensrechtliche Streitigkeiten im Beschlußverfahren, weshalb der das Beschwerdeverfahren abschließende Beschluß ebenfalls vorläufig vollstreckbar ist, womit § 560 keinen praktisch relevanten Anwendungsbereich hat. 3

## § 561 [Tatsächliche Grundlagen der Nachprüfung]

(1) Der Beurteilung des Revisionsgerichts unterliegt nur dasjenige Parteivorbringen, das aus dem Tatbestand des Berufungsurteils oder dem Sitzungsprotokoll ersichtlich ist. Außerdem können nur die im § 554 Abs. 3 Nr. 3 Buchstabe b erwähnten Tatsachen berücksichtigt werden.

(2) Hat das Berufungsgericht festgestellt, daß eine tatsächliche Behauptung wahr oder nicht wahr sei, so ist diese Feststellung für das Revisionsgericht bindend, es sei denn, daß in bezug auf die Feststellung ein zulässiger und begründeter Revisionsangriff erhoben ist.

Gesetzesgeschichte: Bis 1900 § 524 CPO. Änderungen: RGBl. 1905 S. 536; 1910 S. 767; 1924 I 135; BGBl. 1975 I 1863.

| | | | |
|---|---|---|---|
| I. Allgemeines | 1 | d) Wiederaufnahmerelevante Tatsachen | 16 |
| II. Der Prozeßstoff der Revisionsinstanz | 2 | e) Erfahrungssätze und Rechtssätze | 19 |
| 1. Der Grundsatz der Beschränkung | 2 | f) Prozeßbeendende Willenserklärungen | 20 |
| a) Aus dem Tatbestand des Berufungsurteils ersichtliches Vorbringen | 2 | g) Tatsachen bei zulässiger Klageänderung | 21 |
| b) Maßgeblicher Zeitpunkt | 4 | h) Nach Abschluß der Berufungsinstanz entstandene Tatsachen | 22 |
| c) Keine Erhebung neuer Ansprüche | 5 | 3. Folgen der Berücksichtigung neu vorgetragener Tatsachen | 27 |
| d) Änderung des anwendbaren Rechts | 10 | a) Pflicht zur Zulassung | 28 |
| 2. Ausnahmsweise Berücksichtigung neuer Tatsachen | 11 | b) Präklusionszeitpunkt | 29 |
| a) Tatsachen zur Begründung einer Verfahrensrüge | 12 | III. Bindung an die tatsächlichen Feststellungen, Abs. 2 | 31 |
| b) Verfahren in der Revisionsinstanz | 13 | IV. Eigene Tatsachenfeststellungen des Revisionsgerichts | 33 |
| c) Von Amts wegen zu prüfende Tatsachen | 14 | V. Arbeitsgerichtliches Verfahren | 37 |

## I. Allgemeines[1]

**1** § 561 spricht für die Revisionsinstanz zwei Grundsätze aus: Die **Beschränkung des Prozeßstoffes** auf die im Berufungsurteil festgestellten Tatsachen, wodurch neues Vorbringen tatsächlicher Art in der Regel ausgeschlossen ist, Näheres → Rdnr. 2 ff., und weiter die **Bindung an die tatsächlichen Feststellungen des Berufungsgerichts**, vorbehaltlich einer dabei unterlaufenen Gesetzesverletzung, → Rdnr. 31 f. Beide Grundsätze folgen nicht schon aus § 549, sondern stellen eine selbständige Ergänzung dieser Vorschrift dar.

## II. Der Prozeßstoff der Revisionsinstanz

### 1. Der Grundsatz der Beschränkung

#### a) Aus dem Tatbestand des Berufungsurteils ersichtliches Vorbringen

**2** Nach Abs. 1 S. 1 unterliegt der Beurteilung des Revisionsgerichts nur dasjenige Vorbringen, das aus dem **Tatbestand des Berufungsurteils** oder dem Sitzungsprotokoll ersichtlich ist. Dabei spielt es keine Rolle, ob das Berufungsgericht die Tatsachen bei seiner Entscheidung verwertet hat (es kam bei der Rechtsauffassung des Berufungsgerichts darauf möglicherweise nicht an). Dem Tatbestand des Berufungsurteils gleichgestellt sind Ausführungen zum Tatbestand in Vorentscheidungen, die nach § 548 der Überprüfung durch das Revisionsgericht unterliegen[2]. Nicht erforderlich ist, daß das Vorbringen in einem von den Entscheidungsgründen abgetrennten Tatbestand enthalten ist; der vom Berufungsgericht zugrundegelegte Tatbestand kann sich auch aus den Entscheidungsgründen ergeben[3]. Ausreichend ist weiter eine Bezugnahme auf Schriftsätze und andere Unterlagen, § 313 Abs. 2 S. 2[4] oder auf den Tatbe-

---

[1] Literatur: *Mattern* JZ 1963, 649; *Gottwald* Die Revisionsinstanz als Tatsacheninstanz (1975); *Martin* Prozeßvoraussetzungen und Revision (1974).
[2] MünchKomm ZPO-*Walchshöfer* Rdnr. 5; *Rosenberg/Schwab/Gottwald*[15] § 145 II 2.
[3] MünchKomm ZPO-*Walchshöfer* Rdnr. 3; *Thomas/Putzo*[18] Rdnr. 7.
[4] *BGH* LM § 314 Nr. 4 = NJW 1983, 885 = MDR 384 = WM 128 = ZIP 115; *BGH* NJW 1990, 2755.

stand des erstinstanzlichen Urteils, § 543 Abs. 2 S. 2. Das in Bezug genommene Vorbringen ist ebenfalls Prozeßstoff der Revisionsinstanz. Enthält das Berufungsurteil keinen Tatbestand, so ist es ohne weiteres aufzuheben[5]; hier kann das Revisionsgericht die Rechtsanwendung durch das Berufungsgericht nicht überprüfen, → § 543 Rdnr. 7. Zur negativen Beweiskraft des Tatbestandes → § 314 Rdnr. 8. Parteivorbringen, das sich aus dem **Sitzungsprotokoll** ergibt, ist ebenfalls Prozeßstoff des Revisionsverfahrens, Abs. 1 S. 1. Bei einem Widerspruch zwischen Tatbestand und Protokoll geht das Protokoll vor, § 314 S. 2. Einzelheiten zur Beweiskraft des Protokolls → § 159 Rdnr. 37ff. Zu den durch Verfahrensrügen vorgetragenen Tatsachen → Rdnr. 12.

Die unter → Rdnr. 2 dargestellte Beschränkung des Prozeßstoffs betrifft nur das tatsächliche Vorbringen der Parteien, nicht dagegen auch ihre **Rechtsausführungen**[6]. Insoweit ist das Revisionsgericht in der Überprüfung des Berufungsurteils nicht beschränkt und muß das angefochtene Urteil von Amts wegen umfassend überprüfen, → § 559 Rdnr. 19.

### b) Maßgeblicher Zeitpunkt

Für die Revisionsinstanz gilt sonach anders als in der ersten Instanz, → § 300 Rdnr. 20ff, und im Berufungsverfahren, → § 537 Rdnr. 13, der Grundsatz, daß die Urteilsgrundlage nicht durch den Zeitpunkt des Urteils, sondern durch den **Schluß des letzten Verhandlungstermins in der Berufungsinstanz** abgeschlossen wird (zum entsprechenden Zeitpunkt bei Entscheidung im schriftlichen Verfahren → § 128 Rdnr. 94). Dabei kommt es grundsätzlich nicht darauf an, ob die neu vorgetragenen Tatsachen zur Zeit der letzten mündlichen Verhandlung in der Berufungsinstanz schon vorgelegen haben oder ob sie erst danach eingetreten sind[7] (zu Ausnahmen → Rdnr. 22ff.). Dieser Unterschied ist lediglich für die durch die Rechtskraft bewirkte Präklusion von Bedeutung (dazu → § 322 Rdnr. 236ff.): Ist die Tatsache erst nach der letzten mündlichen Verhandlung in der Berufungsinstanz eingetreten, so kann sie in einem neuen Prozeß berücksichtigt werden, während die Partei anderenfalls damit endgültig präkludiert ist. Als neue Tatsache ist es auch anzusehen, wenn sich die materielle Rechtslage inzwischen durch **Ausübung eines Gestaltungsrechts oder Erhebung einer Einrede** verändert hat. Die erst nach Abschluß des Berufungsverfahrens erfolgte Anfechtung, Kündigung, Aufrechnung usw. können also in der Revisionsinstanz ebensowenig berücksichtigt werden[8] wie die Erhebung der Einrede der Verjährung[9] oder der Beschränkung der Erbenhaftung[10], → § 780 Rdnr. 5. Wenn bei der Einrede der Erbenhaftung im Falle des Todes des Beklagten nach Abschluß der Berufungsinstanz etwas anderes angenommen wird[11], so rechtfertigt sich dies nur deswegen, weil die neue Tatsache (= der Tod der Partei) unstreitig sein dürfte, → Rdnr. 24. Weiter kann ein Zurückbehaltungsrecht nicht erstmalig in der Revisionsinstanz geltend gemacht werden[12]. Zur Frage, inwieweit die Veränderung der Rechtslage in derartigen Fällen in einem neuen Prozeß berücksichtigt werden kann, → § 767 Rdnr. 30ff.

---

[5] MünchKom ZPO-*Walchshöfer* Rdnr. 4.
[6] *Baumbach/Lauterbach/Albers*[51] Rdnr. 2.
[7] RGZ 88, 375; 128, 66; BGH WM 1984, 1545; *BAGE* 2, 355 = AP § 9 MuSchG Nr. 9 = NJW 1956, 1124 = BB 562; *Baumbach/Lauterbach/Albers*[51] Rdnr. 4; MünchKomm ZPO-*Walchshöfer* Rdnr. 25; *Rosenberg/Schwab/Gottwald*[15] § 145 II 2.
[8] Zur umstrittenen Frage, ob die neue Rechtslage in diesen Fällen wenigstens in einem neuen Verfahren berücksichtigt werden kann, → § 767 Rdnr. 30ff.; das dort zur Vollstreckungsgegenklage des verurteilten Schuldners Ausgeführte gilt entsprechend für die Bestimmung der allgemeinen zeitlichen Grenzen der Rechtskraft.

[9] BGHZ 1, 234, 239; *Rosenberg/Schwab/Gottwald*[15] § 145 II 2; → aber auch Rdnr. 23.
[10] BGH LM § 780 Nr. 5 = NJW 1962, 1250 = MDR 568 = WM 644 = ZZP 75 (1962), 277; BGHZ 54, 205 = LM § 780 Nr. 6 (*Mattern*) = NJW 1970, 1742 = MDR 832 = WM 1171.
[11] Hier ist die Erhebung der Einrede der beschränkten Erbenhaftung in der Revisionsinstanz als zulässig angesehen worden (BGHZ 17, 72 = NJW 1955, 788).
[12] BGH WM 1964, 828.

c) **Keine Erhebung neuer Ansprüche**

5   Weiter ist in der Revisionsinstanz die Erhebung neuer Ansprüche grundsätzlich ausgeschlossen, und zwar auch in Ehesachen, → § 611 Rdnr. 11. Die Klage kann weder erweitert, noch sonstwie geändert werden[13], und zwar auch nicht mit Einwilligung des Beklagten. Dies gilt auch für **Klageänderungen**, die nach § 264 Nr. 2, 3 nicht als solche anzusehen sind[14], → § 264 Rdnr. 53. Zutreffend ist deshalb entschieden worden, daß es unzulässig ist, in der Revisionsinstanz von der Feststellungs- zur Leistungsklage überzugehen[15] (zum umgekehrten Fall des Übergangs von der Leistungs- zur Feststellungsklage → Rdnr. 7), den bisherigen Hilfsantrag zum Hauptantrag zu machen[16] oder eine **Zwischenfeststellungsklage** zu erheben[17]. Auch ein **Parteiwechsel** ist in der Revisionsinstanz unzulässig[18]. Dagegen soll eine bloße Berichtigung des Klageantrags genauso möglich bleiben[19] wie die Aufteilung der Klageforderung auf einzelne Ansprüche[20]. Unzulässig ist es hingegen, eine **Widerklage** erst in der Revisionsinstanz zu erheben[21].

6   Die Unzulässigkeit der Geltendmachung neuer Ansprüche in der Revisionsinstanz ergibt sich aus der Erwägung, daß sich die neuen Ansprüche i. d.R. nicht nur auf Tatsachen stützen, die das Berufungsgericht festgestellt hat, sondern daß darüber hinaus weitere Tatbestandsvoraussetzungen vorliegen müssen, die nach dem unter → Rdnr. 4 Ausgeführten in der Revisionsinstanz nicht erstmalig vorgetragen werden dürfen. Von dieser Begründung her ergeben sich gleichzeitig wichtige **Ausnahmen vom Verbot der Geltendmachung neuer Ansprüche** in der Revisionsinstanz.

7   Zunächst ist mit der Rechtsprechung die Zulässigkeit einer nach § 264 Nr. 2 erfolgten Klageänderung dann anzuerkennen, wenn lediglich eine **Beschränkung des Klageantrags** vorgenommen wird[22], → auch § 264 Rdnr. 53. Hier liegt in Wirklichkeit eine teilweise Klagerücknahme vor, die als solche auch noch in der Revisionsinstanz zulässig ist, → Rdnr. 20. Insoweit kommt es auch nicht darauf an, ob der vom Berufungsgericht festgestellte Sachverhalt zur Entscheidung über den weiter verfolgten Anspruchsteil ausreicht[23]; ist dies nicht der Fall, so muß die Sache zur weiteren Aufklärung des Sachverhalts zurückverwiesen werden. Zur **Erledigungserklärung** in der Revisionsinstanz → § 91a Rdnr. 51. Weiter wird man die Geltendmachung neuer Ansprüche insoweit zulassen müssen, als sie sich nur auf Tatsachen stützen, die entweder im Berufungsurteil festgestellt sind[24] oder die ausnahmsweise in der Revisionsinstanz neu vorgetragen werden dürfen[25]; → dazu Rdnr. 11 ff. Hier ist der

---

[13] OGHZ 2, 231; BGH LM § 146 KO Nr. 5; LM § 561 Nr. 27 = NJW 1961, 1467 = MDR 667 = ZZP 74 (1961), 383 = Warn. 1961 Nr. 110; BGHZ 105, 34, 35 f. = LM § 146 KO Nr. 15 = NJW 1989, 170; AK-*Ankermann* Rdnr. 12; Baumbach/Lauterbach/Albers[51] Rdnr. 5; MünchKomm ZPO-*Walchshöfer* Rdnr. 19; Zöller/Schneider[18] Rdnr. 10; Rosenberg/Schwab/Gottwald[15] § 145 II 1.
[14] Dazu ausführlich *Gottwald* (Fn. 1), 367 ff. Für § 264 Nr. 3 läßt BAGE 18, 8, und 20, 8, 9 ohne nähere Begründung eine Klageänderung in der Revisionsinstanz zu.
[15] BAGE 4, 149 = AP § 156 Nr. 6 (*Pohle*) = BB 1957, 968; BGHZ 105, 34 (Fn. 13).
[16] BGHZ 28, 131 = LM § 561 Nr. 20 (*Fischer*) = NJW 1958, 1867 = MDR 905; AK-*Ankermann* Rdnr. 12; MünchKomm ZPO-*Walchshöfer* Rdnr. 19.
[17] BGHZ 28, 131 = NJW 1958, 1867; NJW 1961, 777; BAG AP § 256 Nr. 1.
[18] RGZ 160, 204; OGHZ 2, 13; BGH WM 1982, 1170; näher s. *Gottwald* (Fn. 1), 375 f.
[19] BGH NJW 1962, 1441 = MDR 721 = BB 1139; *Gottwald* (Fn. 1), 361 f.
[20] RGZ 157, 329; BGH LM § 253 Nr. 8; BAGE 6, 321; AK-*Ankermann* Rdnr. 13.
[21] RGZ 126, 20; BGHZ 24, 279, 285 = NJW 1957, 1279; MünchKomm ZPO-*Walchshöfer* Rdnr. 23; *Gottwald* (Fn. 1), 369.
[22] BGH LM § 26 RLG Nr. 6; § 13 GmbHG Nr. 4; BAG AP § 133 f. GewO Nr. 20 (*Schumann*) (Übergang von der Leistungs- zur Feststellungsklage); BGH LM § 561 Nr. 29 = Warn. 1962 Nr. 97 = MDR 562 = BB 573 (dem Rechnungslegungsbegehren wurde in erster Instanz insoweit entsprochen, als es auf Auskunftserteilung gerichtet war; im Revisionsverfahren begehrte der Kläger nurmehr Vorlage von Abrechnungen); BGH LM § 561 Nr. 62 = NJW-RR 1991, 1136 (Übergang von uneingeschränktem auf eingeschränktes Unterlassungsgebot); s. weiter BGHZ 29, 28, 33; *Gottwald* (Fn. 1), 367 f.
[23] Wohl a. A. BGH LM § 561 Nr. 62 (Fn. 22).
[24] BGHZ 26, 31, 37 (Umstellung des Klageantrags auf Leistung an den Zessionar; zustimmend *Gottwald* – Fn. 1-, 362 f.); Warn. 1971 Nr. 254.
[25] S. *Mattern* JZ 1963, 650 Fn. 10; a. A. *Gottwald* (Fn. 1), 371 f.

Grund, der sonst die Geltendmachung neuer Ansprüche verbietet, nicht gegeben. In der Rechtsprechung ist weiter zugelassen worden, daß die Klage nach dem Tod des Klägers auf Leistung an seine Erben umgestellt wird[26]; dem wird man nur dann zustimmen können, wenn die Erbeneigenschaft unbestritten ist, → weiter Rdnr. 24. Ferner soll die Klage geändert werden können, soweit es sich nach Aufnahme des durch **Konkurseröffnung** über das Vermögen des Beklagten unterbrochenen Rechtsstreits nunmehr darum handelt, ob der Kläger berechtigt ist, am Konkurs teilzunehmen[27], → § 240 Rdnr. 21. Dagegen ist ein Übergang zur Klage auf Feststellung eines Absonderungsrechts in der Revisionsinstanz nicht mehr möglich[28]. Gleiches hat für die Geltendmachung sonstiger Vorrechte im Konkurs zu gelten.

Im Falle des **Todes des Beklagten** nach Abschluß der Berufungsinstanz kann der Erbe noch in der Revisionsinstanz den Antrag stellen, die Beschränkung seiner Haftung im Urteil aufzunehmen[29], → § 780 Rdnr. 5 u. o. Rdnr. 4. Dazu ist allerdings erforderlich, daß sich der Erbe gegen das Berufungsurteil wendet; er kann nicht ausschließlich zu dem Zweck Revision einlegen, ein Urteil mit dem Ausspruch der Beschränkung seiner Haftung zu erhalten[30]. Ist der Erbe bereit, das Urteil im übrigen zu akzeptieren, so muß er die Beschränkung seiner Haftung im Wege der Vollstreckungsgegenklage geltend machen[31], → § 767 Rdnr. 23. 8

Schließlich kann die Klage in der Revisionsinstanz noch in den **im Gesetz ausdrücklich vorgesehenen Fällen** der §§ 302 Abs. 4 S. 2 bis 4, 600 Abs. 2, 717 Abs. 2, 3 und 1042c Abs. 2 geändert werden; der in den genannten Vorschriften vorgesehene Bereicherungs- bzw. Schadensersatzanspruch kann auch noch in der Revisionsinstanz geltend gemacht werden[32], und zwar auch dann, wenn schon eine Geltendmachung in der Vorinstanz möglich gewesen wäre[33], → § 717 Rdnr. 38. Zur Stellung eines **Verweisungsantrags** in der Revisionsinstanz → § 281 Rdnr. 37. 9

#### d) Änderung des anwendbaren Rechts

Das in der Revisionsinstanz anzuwendende Recht muß nicht mit dem für die Berufungsinstanz maßgeblichen Recht identisch sein. Soweit neues Recht auf den zu beurteilenden Fall anwendbar ist, hat das Revisionsgericht die rechtliche Überprüfung des angefochtenen Urteils anhand des neuen Rechts vorzunehmen; Näheres → §§ 549, 550 Rdnr. 17ff. 10

### 2. Ausnahmsweise Berücksichtigung neuer Tatsachen

Von dem unter → Rdnr. 2ff. dargestellten Grundsatz gelten jedoch erhebliche Ausnahmen, die inzwischen so zahlreich geworden sind, daß von dem angeblichen Grundsatz in zentralen Fragen nicht mehr viel übrig geblieben ist. 11

#### a) Tatsachen zur Begründung einer Verfahrensrüge

Nach Abs. 1 S. 2 sind solche Tatsachen zu berücksichtigen, die nach § 554 Abs. 3 Nr. 3b in der Revisionsbegründungs- oder Anschlußschrift oder in rechtzeitigen Nachträgen zur Begründung einer Verfahrensrüge angegeben sind[34]. Nachträgliches Vorbringen solcher Tatsa- 12

---

[26] *BGH* WM 1965, 359.
[27] *BGH* LM § 146 KO Nr. 5 = BB 1954, 173 = ZZP 67 (1954), 301; *Gottwald* (Fn. 1), 363 f.; fraglich.
[28] *RG* JW 1932, 168; *Gottwald* (Fn. 1), 367; *Henckel* in Festschrift f. Michaelis (1972), 170; *Kuhn/Uhlenbruck* KO[10] § 146 Rdnr. 16b.
[29] *BGHZ* 17, 69 = NJW 1955, 788 = WM 1127.
[30] *BGH* LM § 780 Nr. 6 (*Mattern*) = NJW 1970, 1742 = MDR 832 = WM 1171; AK-*Ankermann* Rdnr. 13.
[31] *BGH* LM § 780 Nr. 6 (Fn. 30).
[32] MünchKomm ZPO-*Walchshöfer* Rdnr. 18; AK-*Ankermann* Rdnr. 13; *Zöller/Schneider*[18] Rdnr. 10.
[33] *RG* JR 1928, Nr. 798; *Mattern* JZ 1963, 650.
[34] Dazu *Gottwald* (Fn. 1), 185 ff.

chen nach Ablauf der Begründungsfrist ist nicht zulässig, → § 554 Rdnr. 22. Zu berücksichtigen sind weiter Tatsachen, mit denen der Revisionsbeklagte eine von ihm erhobene sog. Gegenrüge stützt[35], → § 559 Rdnr. 11.

### b) Verfahren in der Revisionsinstanz

13   Weiter dürfen Tatsachen vorgebracht werden, die das Verfahren in der Revisionsinstanz betreffen. Dazu gehören alle Tatsachen, die für die Zulässigkeit der Revision maßgeblich sind[36]; ebenso Tatsachen, die das Revisionsverfahren selbst betreffen, wie dessen Unterbrechung oder die Aufnahme gemäß §§ 239 ff.[37], die Erledigung des Rechtsstreits im Falle des § 619, die Voraussetzungen einer jetzt geforderten Sicherheitsleistung nach § 111 oder die Voraussetzungen einer jetzt anzuordnenden Aussetzung des Verfahrens[38]. Dagegen gehört hierher nicht der Fall, daß im Laufe der Revisionsinstanz ein außergerichtlicher Vergleich abgeschlossen wird[39]; durch diesen Vergleich fällt die Beschwer des Revisionsklägers nicht weg, so daß sein Rechtsmittel zulässig bleibt, → Allg. Einl. vor § 511 Rdnr. 24.

### c) Von Amts wegen zu prüfende Tatsachen

14   Soweit dem Revisionsgericht nach dem unter → § 559 Rdnr. 12 ff. Ausgeführten eine Prüfung von Amts wegen obliegt, soll es nicht an den im Berufungsurteil festgestellten Sachverhalt gebunden sein, weshalb neue Tatsachen insoweit auch in der Revisionsinstanz zu berücksichtigen sind[40]. Dabei wird jedoch grundsätzlich gefordert, daß die neu vorgetragenen Tatsachen im Zeitpunkt der letzten mündlichen Berufungsverhandlung bereits vorgelegen haben; erst danach entstandene Tatsachen können im anhängigen Verfahren nicht mehr berücksichtigt werden[41].

15   Gegen die dargestellte Auffassung ist einzuwenden, daß das Revisionsgericht auch hinsichtlich der von Amts wegen zu beachtenden Umstände an die im Berufungsurteil enthaltenen Tasachenfeststellungen gebunden ist[42]. Aus der Tatsache, daß ein Umstand von Amts wegen zu prüfen ist, kann nicht gefolgert werden, daß für ihn der Instanzenzug anders gestaltet ist als für die übrigen Erfolgsvoraussetzungen der Klage. Auch bei den von Amts wegen zu prüfenden Umständen muß der Rechtsstreit einmal sein Ende finden, wobei es dem Gesetzgeber freistand, einen neuen Tatsachenvortrag in der Revisionsinstanz auszuschließen. Von dieser Möglichkeit hat er in § 561 Gebrauch gemacht, ohne daß sich dieser Vorschrift etwas dafür entnehmen läßt, daß zwischen den von Amts wegen zu prüfenden Umständen und den sonstigen Tatsachen unterschieden werden sollte. Dagegen läßt sich auch nicht einwenden, bei Nichtberücksichtigung der von Amts wegen zu prüfenden Tatsachen könne das Revisionsgericht gezwungen sein, sehenden Auges schwere Mängel zu decken[43]. Das müßte hinsicht-

---

[35] MünchKomm ZPO-*Walchshöfer* Rdnr. 28.
[36] *BGHZ* 22, 370, 372; *Gottwald* (Fn. 1), 115; MünchKomm ZPO-*Walchshöfer* Rdnr. 27; *Rosenberg/Schwab/Gottwald*[15] § 145 II 3 c.
[37] *Mattern* JZ 1963, 650; *Rosenberg/Schwab/Gottwald*[15] § 145 II 3 c.
[38] *Mattern* JZ 1963, 650.
[39] *RGZ* 161, 350; JW 1936, 3543 (abl. *Jonas*); s. weiter *BAGE* 36, 112, 115 = NJW 1982, 788 (erstmaliger Vortrag eines früheren außergerichtlichen Vergleichs in der Revisionsinstanz).
[40] *BGHZ* 53, 128, 130 f. = NJW 1970, 1007; 83, 102 = NJW 1982, 1765; 85, 288, 290 = LM Art. 103 GG Nr. 25

= NJW 1983, 867 = MDR 381; AK-*Ankermann* Rdnr. 6; *Baumbach/Lauterbach/Albers*[51] Rdnr. 7; *Thomas/Putzo*[18] Rdnr. 9; *Gottwald* (Fn. 1), 253 ff.; *Martin* (Fn. 1), 129 ff.
[41] *BGHZ* 18, 98, 106; NJW 1988, 1585, 1586; *Arens* AcP 161 (1962), 211; *Thomas/Putzo*[18] Rdnr. 9. A. A. *Gottwald* (Fn. 1), 275 ff. und ohne nähere Begründung *BFH* NJW 1968, 910 (Prozeßvollmacht wird erst im Revisionsverfahren erteilt).
[42] S. in diesem Sinne insbesondere *Rimmelspacher* Zur Prüfung von Amts wegen im Zivilprozeß (1966), 41 ff., 194 ff.; *ders.* ZZP 88 (1975), 245.
[43] So aber AK-*Ankermann* Rdnr. 6.

lich sämtlicher (d. h. nicht nur von Amts wegen zu berücksichtigender) Tatsachen gelten und würde § 561 damit letztlich aushebeln.

### d) Wiederaufnahmerelevante Tatsachen

Die Frage, inwieweit von Amts wegen zu berücksichtigende Tatsachen in der Revisionsinstanz neu zu berücksichtigen sind, steht in engem Zusammenhang mit dem Problem, ob neu vorgetragene Tatsachen dann zu berücksichtigen sind, wenn sie einen **Wiederaufnahmegrund** darstellen können[44]. Dabei ist zu differenzieren. Bezieht sich der Wiederaufnahmegrund auf einen **von Amts wegen zu berücksichtigenden Umstand** und geht man trotz der unter → Rdnr. 15 geäußerten Bedenken davon aus, daß insoweit keine Bindung des Revisionsgerichts an die im Berufungsurteil festgestellten Tatsachen besteht, so kann die Partei neue Tatsachen vortragen, die einen Wiederaufnahmegrund ergeben. Das ist in allen Fällen des § 579 sowie bei § 580 Nr. 7a immer der Fall. Bei den übrigen Wiederaufnahmegründen hängt es davon ab, ob der Umstand, auf den sie sich im konkreten Fall beziehen, von Amts wegen zu berücksichtigen ist oder nicht. So kann etwa eine nachträglich gefundene Urkunde (§ 580 Nr. 7b) beweisen, daß die Partei entgegen der Annahme des Berufungsgerichts doch prozeßfähig ist (es handelt sich etwa um ein ärztliches Gutachten). In derartigen Fällen sind die neu vorgetragenen Tatsachen in der Revisionsinstanz zu berücksichtigen. Auch hier ist jedoch erforderlich, daß die Tatsachen bereits im Zeitpunkt der letzten mündlichen Tatsachenverhandlung vorgelegen haben[45]. 16

Bezieht sich der Wiederaufnahmegrund dagegen auf **nicht von Amts wegen zu berücksichtigende Umstände**, so besteht kein Anlaß, die neuen Tatsachen in weitergehendem Umfang zu berücksichtigen, als wenn die Tatsache keinen Wiederaufnahmegrund bildet[46]. Hier kann es der Partei zugemutet werden, mit ihrem Vorbringen in das Wiederaufnahmeverfahren verwiesen zu werden. Die Situation ist hier nicht anders, als wenn nach der letzten mündlichen Verhandlung in der Berufungsinstanz neue Tatsachen eintreten, die geeignet sind, das Berufungsurteil unrichtig erscheinen zu lassen. So wie die Partei hier grundsätzlich darauf angewiesen ist, diese Tatsachen in einem neuen Verfahren geltend zu machen, → Rdnr. 4, so muß sie sich auch mit ihren Wiederaufnahmegründen auf ein neues Verfahren verweisen lassen, sofern sich diese auf keinen von Amts wegen zu berücksichtigenden Umstand beziehen. 17

Die vorstehend vertretene Auffassung von der Berücksichtigung der Wiederaufnahmegründe im Revisionsverfahren **entspricht nicht voll der h.M.**. Das Reichsgericht nahm ursprünglich an, jeder Wiederaufnahmegrund sei im Revisionsverfahren zu berücksichtigen[47]. Heute wird überwiegend angenommen, daß alle in § 580 Abs. 1 bis 7a aufgeführten Restitutionsgründe zu berücksichtigen sind[48]. Demgegenüber werden bei dem Restitutionsgrund des § 580 Nr. 7b (Auffinden einer Urkunde) Einschränkungen gemacht. Hier soll maßgeblich sein, ob ohne Berücksichtigung der Urkunde in dem anhängigen Verfahren noch weitere unrichtige Urteile ergehen müßten[49]. Teilweise wird auch darauf abgestellt, ob bei Berücksichtigung der Urkunde vor dem Revisionsgericht eine Beweisaufnahme erforderlich würde[50] oder ob im Einzelfall ein besonderes Interesse der Allgemeinheit an einer Berücksichtigung 18

---

[44] Dazu besonders *Gottwald* (Fn. 1), 286 ff.
[45] A.A. *BGHZ* 18, 98, 106; dagegen überzeugend *Rimmelspacher* (Fn. 42), 215 ff.
[46] A.A. *Gottwald* (Fn. 1), 286 ff.
[47] *RG* DR 1944, 498; s. weiter *RGZ* 150, 395; 153, 68.
[48] *BGHZ* 3, 65 = LM § 580 Nr. 1a = NJW 1951, 923;
AK-*Ankermann* Rdnr. 9; *Rosenberg/Schwab/Gottwald*[15] § 145 II 3 f.
[49] *BGH* BB 1959, 461 = VersR 616; s. weiter *BGHZ* 5, 240. Generell für die Beachtlichkeit einer nachträglich aufgefundenen Urkunde *Gottwald* (Fn. 1), 294.
[50] AK-*Ankermann* Rdnr. 9.

der Tatsache besteht[51]. Dem letztgenannten Ansatz ist unter der Voraussetzung zuzustimmen, daß unter den besonderen Interessen der Allgemeinheit die von Amts wegen zu berücksichtigenden Umstände verstanden werden. Keineswegs reicht die bloße Prozeßwirtschaftlichkeit aus[52]. Würde die Nichtberücksichtigung der neu vorgetragenen Tatsache allerdings dazu führen, daß dem Urteil jede Rechtskraftwirkung versagt bliebe, so ist das Vorbringen zuzulassen[53].

### e) Erfahrungssätze und Rechtssätze

19  Keine eigentliche Ausnahme vom Grundsatz des § 561 ist es, daß in der Revisionsinstanz allgemeine Erfahrungssätze neu geltend gemacht und berücksichtigt werden können[54]. Ebenso sind Tatsachen zu berücksichtigen, die zur Feststellung des Bestehens oder des Inhalts eines **Rechtssatzes** dienen. Das gleiche ist für Tatsachen anzunehmen, die für die in der Revisionsinstanz zulässige **Auslegung von Willenserklärungen**, → §§ 549, 550 Rdnr. 33 ff., relevant sind[55].

### f) Prozeßbeendende Willenserklärungen

20  Willenserklärungen, die entweder die Revisionsinstanz oder das Verfahren im ganzen beenden, können auch noch in der Revisionsinstanz abgegeben werden und sind dort zu berücksichtigen. Zu erwähnen sind insbesondere die Zurücknahme der Revision oder der Klage, → § 269 Rdnr. 35, Verzicht und Anerkenntnis (§§ 306, 307) sowie der Abschluß eines Prozeßvergleichs[56] (zum außergerichtlichen Vergleich → Rdnr. 13). Zur Erledigungserklärung in der Revisionsinstanz → § 91a Rdnr. 51.

### g) Tatsachen bei zulässiger Klageänderung

21  Soweit in der Revisionsinstanz zulässigerweise neue Ansprüche geltend gemacht werden, → Rdnr. 7 ff., sind die zur Stützung dieser Ansprüche neu vorgetragenen Tatsachen zu berücksichtigen[57]. Dabei ist es grundsätzlich unerheblich, ob die Tatsachen schon vor Abschluß der Berufungsinstanz vorlagen oder erst danach entstanden sind.

### h) Nach Abschluß der Berufungsinstanz entstandene Tatsachen

22  Noch nicht hinreichend geklärt ist das Problem, inwieweit eine erst nach der letzten mündlichen Verhandlung in der Berufungsinstanz entstandene Tatsache im Revisionsverfahren zu berücksichtigen ist. Ausgangspunkt muß dabei sein, daß grundsätzlich nur das im Berufungsurteil oder im Sitzungsprotokoll ausgewiesene Parteivorbringen berücksichtigt werden kann, d.h. nach Abschluß des Berufungsverfahrens entstandene Tatsachen sind im Revisionsverfahren nicht mehr zu berücksichtigen, → Rdnr. 4. Dieser Grundsatz wird von der Rechtsprechung jedoch in verschiedener Hinsicht durchbrochen, ohne daß ein leitendes Prinzip für die Ausnahme ersichtlich wäre. So sollen vor allem **behördliche Akte**, durch die

---

[51] *BGHZ* 5, 240 = LM § 559 Nr. 2 = NJW 1952, 818; 18, 59 = LM § 580 Ziff. 7b Nr. 11 (*Johannsen*) = NJW 1955, 1359; *BGH* ZZP 69 (1956), 438; s. ferner *Mattern* JZ 1963, 652.
[52] *BGHZ* 28, 59, 60 (Fn. 51). Für eine Berücksichtigung der Möglichkeit einer endgültigen schnellen Erledigung dagegen AK-*Ankermann* Rdnr. 9.
[53] *BGHZ* 18, 98, 106; *BAG* AP § 611 BGB Lehrer, Dozenten Nr. 2; *Arens* AcP 161 (1962), 211.
[54] Dazu *Gottwald* (Fn. 1), 170 ff.
[55] S. *BGH* LM § 133 (A) BGB Nr. 2.
[56] *Gottwald* (Fn. 1), 381 ff.
[57] *Mattern* JZ 1963, 650.

sich die materielle Rechtslage nach Abschluß des Berufungsverfahrens verändert hat, in der Revisionsinstanz Berücksichtigung finden. So sind berücksichtigt worden die Veröffentlichung einer Klagepatentschrift[58], die Nichtigerklärung eines Patents[59], eine bindende Entscheidung über das Vorliegen eines Arbeitsunfalls[60], die Verleihung der Staatsangehörigkeit[61], Änderungen im Personenstand[62], die Erteilung einer landwirtschaftsgerichtlichen Genehmigung[63], die Aufhebung des Konkursverfahrens und die damit wiedererlangte Prozeßführungsbefugnis des Gemeinschuldners[64] sowie der Wegfall eines Aufrechnungsverbots durch Eröffnung des Konkursverfahrens[65].

Weiter ist der Eintritt neuer Tatsachen in folgenden Fallgestaltungen berücksichtigt worden: Eine erst während des Revisionsverfahrens erfolgte Anmeldung eines Konkursvorrechts[66]; Eintritt der Fälligkeit einer Forderung, sofern das Berufungsgericht den Fälligkeitstermin festgestellt hat[67]; Veränderung der Rechtslage infolge Zeitablaufs in Patentsachen[68]; Eintritt der Verjährung bei schon in Tatsacheninstanz erhobener Verjährungseinrede[69]; Erwerb der Parteifähigkeit eines Zusammenschlusses[70]; Entstehung eines Rechtsverhältnisses, das Gegenstand einer Feststellungsklage ist[71]. 23

Die genannten **Ausnahmen sind willkürlich**. Es ist nicht ersichtlich, inwieweit etwa behördliche Akte anders zu behandeln sein sollen als sonstige Tatsachen, die ebenfalls nach Abschluß des Berufungsverfahrens die Rechtslage verändert haben[72]. Dabei macht es auch keinen Unterschied, ob sich die Rechtslage rückwirkend verändert hat oder mit Wirkung nur ex nunc. Andererseits ist ein praktisches Bedürfnis für die Berücksichtigung der erwähnten Umstände in der Revisionsinstanz nicht zu verkennen. Sucht man nach einem leitenden Grundsatz, aus dem heraus sich die erwähnten Ausnahmen rechtfertigen lassen, so fällt auf, daß die **neuen Tatsachen hier nicht beweisbedürftig** sind. Besonders deutlich ist dies bei behördlichen Akten, deren Vorliegen und Inhalt in aller Regel nicht streitig sein wird. Dies legt es nahe, eine erst nach der letzten mündlichen Verhandlung in der Berufungsinstanz entstandene Tatsache immer dann im Revisionsverfahren zu berücksichtigen, wenn sie vom Gegner entweder zugestanden ist oder wegen Offenkundigkeit keines Beweises bedarf[73]. § 561 Abs. 1 bezweckt in erster Linie, das Revisionsgericht von der mit einer Beweiserhebung verbundenen Arbeit zu entlasten. Ist dies richtig, so müssen neue Tatsachen zugelassen werden, sofern sie im Einzelfall nicht beweisbedürftig sind. Es wäre unverständlicher Formalismus, wollte man die Partei auch hier, wo dem Revisionsgericht die Berücksichtigung der neuen Tatsachen keine nennenswerte Mehrarbeit macht, auf ein neues Verfahren verweisen. Für die hier vertretene Lösung spricht weiter, daß eine erst nach Abschluß der Revisionsin- 24

---

[58] BGHZ 3, 365, 367 f. = LM § 6 PatG Nr. 5 = NJW 1952, 302.
[59] BGH NJW 1988, 210.
[60] BGH LM § 638 RVO Nr. 3 = VersR 1980, 822 = MDR 925.
[61] BGHZ 53, 128, 131 = LM § 561 Nr. 18 (Johannsen) = NJW 1970, 1007 = MDR 309 = JZ 327 = FamRZ 139; BGH NJW 1977, 458.
[62] BGHZ 54, 135 (Anerkennung der Vaterschaft); BGH NJW 1983, 451, 452 f. (Eintragung als eheliches Kind).
[63] BGH LM § 561 Nr. 55 = MDR 1985, 394.
[64] BGH LM § 3 KO Nr. 2 = MDR 1981, 1012 = BB 1053.
[65] BGH LM § 387 BGB Nr. 53 = NJW 1975, 442 = MDR 383 = BB 297.
[66] BGH LM § 61 KO Nr. 2, 3 = NJW 1954, 31.
[67] RGZ 88, 178; BGH LM § 240 BGB Nr. 1.
[68] BGH LM § 561 Nr. 13 = NJW 1964, 590 = MDR 295 = Warn. Nr. 8.

[69] BGH LM § 561 Nr. 60 = NJW 1990, 2754 = MDR 1991, 47.
[70] BGHZ 51, 27 = NJW 1969, 188.
[71] BGH LM § 256 Nr. 125 = MDR 1983, 836.
[72] S. dazu und zum folgenden Mattern JZ 1963, 652 f., dem die Darstellung im wesentlichen folgt, und weiter Gottwald (Fn. 1), 306 ff.; zu den Einschränkungen, die Gottwald macht, → bei Fn. 74 ff.
[73] So Mattern JZ 1963, 652 f.; Blomeyer² § 104 VI 2 d; Rosenberg/Schwab/Gottwald¹⁵ § 145 II 3 g, h; BGHZ 53, 128, 131 f. (Fn. 61); BAGE 65, 147, 151 = NJW 1990, 2641. Ähnlich Gottwald (Fn. 2), der jedoch die Einschränkung macht, daß durch Berücksichtigung der Tatsache ein noch offener Streit erledigt werden müsse; → dazu bei Fn. 74. Offengelassen ist die Berücksichtigung unstreitiger Neutatsachen in BGH LM § 561 Nr. 39 = ZZP 87 (1984), 460 (Gottwald) und BGH NJW 1975, 442.

stanz eingetretene Änderung des auf den Fall anzuwendenden Rechts im Revisionsverfahren nach heute einhelliger Meinung zu berücksichtigen ist, → §§ 549, 550 Rdnr. 17ff. Damit kann die Aufgabe des Revisionsgerichts nicht mehr ausschließlich in einer Überprüfung des Berufungsurteils gesehen werden. Hat das Revisionsgericht aber der inzwischen eingetretenen Entwicklung Rechnung zu tragen, so ist nicht einzusehen, daß sich dies auf Veränderungen des anzuwendenden Rechts beschränken soll. Es ist auch nicht danach zu differenzieren, ob die Berücksichtigung der neuen Tatsache zu einer schnellen Erledigung des Streits beiträgt oder das Verfahren vielleicht im Gegenteil erheblich verlängert[74]. Die neue, nicht beweisbedürftige Tatsache ist auch dann zu berücksichtigen, wenn dadurch eine sonst mögliche abschließende Entscheidung hinausgeschoben wird[75]. Es geht um die inhaltliche Richtigkeit des Revisionsurteils und nicht um eine möglichst kurze Verfahrensdauer. Etwas anderes ist es, wenn eine unstreitige Tatsache dann nicht berücksichtigt wird, wenn es anderenfalls auf eine andere, bestrittene Tatsache ankommt, die wegen des Rechtsstandpunkts des Berufungsgerichts bisher nicht Gegenstand der Verhandlung war bzw. über die kein Beweis erhoben worden ist. Hier überwiegt das Interesse der Partei, zu deren Lasten die unstreitige Tatsache berücksichtigt würde. Man darf ihr nicht die Chance nehmen, ihren »Gegenangriff« zu führen[76].

25 Zu beachten ist jedoch, daß das Gesagte grundsätzlich nur für solche Tatsachen gilt, die erst **nach der letzten mündlichen Tatsachenverhandlung** entstanden sind[77]. Nur in diesem Fall kann die Partei die bisher nicht vorgetragenen Tatsachen in einem neuen Prozeß verwerten. Waren die Tatsachen dagegen schon während des Berufungsverfahrens gegeben, so ist die Partei mit ihnen präkludiert, → § 322 Rdnr. 228ff. Die Präklusion steht nicht zur Disposition der Parteien, kann also nicht dadurch ausgeschaltet werden, daß der neue Vortrag in der Revisionsinstanz nicht bestritten wird. Es spielt auch keine Rolle, ob die Tatsache bisher gar nicht vorgetragen oder bestritten worden ist. Eine Ausnahme gilt nur dann, wenn die Tatsachen einen Wiederaufnahmegrund darstellen. In diesem Fall sind sie, sofern sie nicht ohnehin in der Revisionsinstanz berücksichtigt werden müssen, → Rdnr. 16ff., zumindest dann heranzuziehen, wenn sie nicht beweisbedürftig sind.

26 Soweit nach dem Gesagten in der Revisionsinstanz neue Tatsachen berücksichtigt werden müssen, ist entgegen dem sonst geltenden Grundsatz, → Rdnr. 5, auch noch eine **Klageänderung zulässig**, sofern sich der neue Anspruch ausschließlich auf den im Berufungsurteil festgestellten Sachverhalt und die zu berücksichtigenden neuen Tatsachen stützt, → Rdnr. 7.

### 3. Folgen der Berücksichtigung neu vorgetragener Tatsachen

27 Soweit nach dem unter → Rdnr. 11ff. Ausgeführten in der Revisionsinstanz neue Tatsachen zu berücksichtigen sind, gilt im einzelnen folgendes. Zur Feststellung der Tatsachen und zur Form ihrer Geltendmachung → Rdnr. 33ff.

---

[74] Für eine dahingehende Differenzierung aber *Gottwald* (Fn. 1), 316, 321ff.
[75] S. etwa den Fall *BGH* LM § 387 BGB Nr. 53 (Fn. 65), wo infolge Konkurseröffnung ein Aufrechnungsverbot entfiel und damit die derzeit noch nicht zu beurteilende Gegenforderung in das Verfahren hineinbezogen wurde.
[76] Zutreffend *BGH* LM § 561 Nr. 39 (Fn. 73). Für eine Berücksichtigung der Interessen des Gegners weiter *Gottwald* (Fn. 1), 317f.; *ders.* ZZP 87 (1974), 462, 464. S. ferner *BGHZ* 53, 128, 132 (Fn. 61); LM § 387 BGB Nr. 53 (Fn. 65); *BGHZ* 104, 215, 221 = NJW 1988, 3092; LM § 561 Nr. 60 (Fn. 69), wo jeweils für den konkreten Fall festgestellt wird, daß keine Interessen des Gegners die Berücksichtigung der neuen Tatsache verbieten.
[77] A.A. *Gottwald* (Fn. 1), 315; *ders.* ZZP 87 (1974), 467.

### a) Pflicht zur Zulassung

Der Möglichkeit der Berücksichtigung neuer Tatsachen entspricht eine dahingehende **28** Pflicht des Revisionsgerichts[78]. Es kann nicht im Ermessen des Revisionsgerichts stehen, bei gleichliegenden Sachverhalten die Tatsachen einmal zuzulassen und einmal nicht. Dagegen spricht insbesondere die Erwägung, daß die Partei sich von der Revision möglicherweise nur deshalb einen Erfolg versprochen hat, weil sie darauf vertraut hat, neue Tatsachen geltend machen zu können. Im Interesse der Berechenbarkeit des Erfolgs der Revision muß die Partei von vornherein im Rahmen des Möglichen wissen, auf welches Tatsachenmaterial sie ihr Rechtsmittel stützen kann.

### b) Präklusionszeitpunkt

Soweit in der Revisionsinstanz Tatsachen zu berücksichtigen sind, die über den im Berufungsurteil festgestellten Sachverhalt hinausgehen, verschiebt sich damit auch der für die **29** Präklusion maßgebende Zeitpunkt. Während im Normalfall auf den Zeitpunkt der letzten mündlichen Verhandlung in der Berufungsinstanz abzustellen ist, → § 322 Rdnr. 237, ist jetzt zumindest dann der **Schluß der Revisionsverhandlung** maßgebend, wenn die Tatsachen nach Abschluß der Berufungsinstanz entstanden sind[79]. Dabei kommt es nicht darauf an, ob die Partei die neuen Tatsachen vorgetragen hat oder nicht[80]. Dies ist für den Umfang der Präklusion auch sonst nicht entscheidend, → § 322 Rdnr. 229. Weiter ist es ohne Bedeutung, warum die Geltendmachung im Einzelfall unterblieben ist. Soweit die in der Revisionsinstanz ausnahmsweise zu berücksichtigenden neu vorgetragenen Tatsachen bereits vor Abschluß der Berufungsinstanz eingetreten sind, ändert sich dagegen an dem für die Präklusion maßgebenden Zeitpunkt auch dann nichts, wenn die Berücksichtigung im Einzelfall unterblieben ist[81]. Hätte die Partei hier keine Revision eingelegt, so hätte sie die fraglichen Tatsachen in einem neuen Verfahren ebenfalls nicht verwerten können; dann kann nichts anderes gelten, sofern es in dem ersten Prozeß noch zu einem Revisionsverfahren gekommen ist. Hat das Revisionsgericht die Berücksichtigung der von der Partei vorgetragenen Tatsachen allerdings fehlerhafterweise unterlassen, so tritt insoweit keine Präklusion ein. Weiter ist die Partei dann nicht präkludiert, wenn das Revisionsgericht es zu Recht abgelehnt hat, die neu vorgetragenen Tatsachen zu berücksichtigen[82], es sei denn, die Tatsache war bereits bei Abschluß der Berufungsinstanz gegeben und damit mit Erlaß des Berufungsurteils präkludiert[83].

Das Gesagte gilt auch dann, wenn die fraglichen Tatsachen ein **Wiederaufnahmeverfahren 30 rechtfertigen**. Die Partei ist also grundsätzlich gehalten, einen Wiederaufnahmegrund im laufenden Verfahren vorzutragen, sofern dieser in der Revisionsinstanz zu berücksichtigen ist[84]. Unterläßt sie dies oder hält das Revisionsgericht den Grund für nicht gegeben, so kann darauf später kein selbständiges Wiederaufnahmeverfahren mehr gestützt werden; anders, wenn das Revisionsgericht die Berücksichtigung des Wiederaufnahmegrundes ablehnt, → bei Fn. 82.

---

[78] *Gottwald* (Fn. 1), 346ff.; AK-*Ankermann* Rdnr. 10. A.A. *Mattern* JZ 1963, 652, 653.
[79] *Mattern* JZ 1963, 653f.; a.A. *Gottwald* (Fn. 1), 356ff.; AK-*Ankermann* Rdnr. 10 (die Partei kann wählen, ob sie die Tatsache im anhängigen Verfahren oder mit einer neuen Klage geltend macht).
[80] A.A. *Gottwald* (Fn. 2), 358.
[81] *Mattern* JZ 1963, 654.
[82] *Gottwald* (Fn. 1), 356f.
[83] *Gottwald* (Fn. 1), 357.
[84] A.A. *Gottwald* (Fn. 1), 357f.: Wahlrecht der Partei.

## III. Bindung an die tatsächlichen Feststellungen, Abs. 2

31  Die Bindung des Revisionsgerichts an die tatsächlichen Feststellungen des Berufungsgerichts spricht Abs. 2 in einer sichtlich zu engen Fassung aus. Der Satz bezieht sich nicht nur auf die Wahrheit oder Unwahrheit tatsächlicher Behauptungen, § 286, sondern muß ebenso für die Fälle gelten, in denen das Berufungsgericht die Tatsache ohne Prüfung der Wahrheit feststellt, sei es, weil sie zugestanden oder offenkundig ist, oder weil sie als zugestanden gilt, §§ 138 Abs. 3, 239 Abs. 4, oder weil schließlich eine gesetzliche Vermutung für die Tatsache spricht[85]. Auch soweit die Wahrheit oder Unwahrheit festgestellt ist, ist es unerheblich, ob dies aufgrund freier Würdigung aufgenommener Beweise oder Schlußfolgerungen aus Indizien geschah oder ob das Berufungsgericht durch gesetzliche Beweisregeln, → § 286 Rdnr. 22ff., gebunden war. Ob die festgestellten Tatsachen für das Berufungsurteil tragend gewesen sind, ist unerheblich[86]. Keine Bindung tritt dagegen bei widersprüchlichen Feststellungen des Berufungsgerichts ein[87]; dies kann insbesondere dann praktisch werden, wenn zwischen dem Tatbestand des Berufungsurteils und darin in Bezug genommenen Schriftsätzen und sonstigen Unterlagen ein Widerspruch besteht. Zur Abgrenzung tatsächlicher Feststellungen von in der Revisionsinstanz nachprüfbaren Rechtsfragen → Rdnr. 21ff.

32  Die Feststellungen des Berufungsgerichts binden das Revisionsgericht dann nicht, wenn eine **Gesetzesverletzung in Bezug auf das Verfahren** bei der Feststellung vorliegt, die ordnungsmäßig gerügt ist, → § 554 Rdnr. 9ff. Hierher gehört die Berücksichtigung nicht vorgetragener Tatsachen, → § 128 Rdnr. 52, die Nichtberücksichtigung vorgetragener Tatsachen, das Übergehen von Beweisanträgen, die Berücksichtigung nicht ordnungsmäßig erhobener Beweise, eine Verletzung der Aufklärungspflicht nach § 139, → § 139 Rdnr. 36, oder eine Verkennung des Begriffs der Offenkundigkeit, → § 291 Rdnr. 9. Das Revisionsgericht ist an tatsächliche Feststellungen des Berufungsgerichts weiter dann nicht gebunden, wenn das Berufungsgericht gegen den Grundsatz verstoßen hat, sich seine Überzeugung aus dem gesamten Inhalt der Verhandlung und der Beweisaufnahme zu bilden, → § 286 Rdnr. 10. Weiter entfällt eine Bindung nach h.M., soweit das Revisionsgericht Umstände von Amts wegen zu berücksichtigen hat[88], → § 559 Rdnr. 12ff. und o. Rdnr. 14f., sowie dann, wenn die Tatsache nur für die Auslegung einer revisiblen Rechtsnorm von Bedeutung ist[89]. Soll etwa der Wille des Gesetzgebers als Auslegungskriterium herangezogen werden, so ist das Revisionsgericht nicht an die im Berufungsurteil enthaltene Feststellung gebunden, der Gesetzgeber habe dies oder jenes bezweckt.

## IV. Eigene Tatsachenfeststellungen des Revisionsgerichts

33  Soweit nach dem unter → Rdnr. 11ff., 32 Ausgeführten neue Tatsachen vom Revisionsgericht zu berücksichtigen sind, müssen diese **vorgetragen** und nach den allgemeinen Grundsätzen bewiesen werden. Mit Ausnahme der zur Begründung einer Verfahrensrüge dienenden Tatsachen (diese müssen nach § 554 Abs. 3 Nr. 3 b in der Revisionsbegründungsschrift vorgetragen werden) kann das Neuvorbringen bis zum Schluß der Revisionsverhandlung erfolgen[90].

---

[85] AK-*Ankermann* Rdnr. 14; *Baumbach/Lauterbach/Albers*[51] Rdnr. 12; MünchKomm ZPO-*Walchshöfer* Rdnr. 8.
[86] AK-*Ankermann* Rdnr. 14; MünchKomm ZPO-*Walchshöfer* Rdnr. 9; a.A. *BGH* NJW 1984, 2353, 2354.
[87] *BGH* WM 1988, 883; *Zöller/Schneider*[18] Rdnr. 11.
[88] MünchKomm ZPO-*Walchshöfer* Rdnr. 16.

[89] *RGZ* 92, 31; 115, 103; *BAG* NJW 1963, 76 (Tarifvertrag); *BGH* Warn. 1965 Nr. 130 (Bundesgewohnheitsrecht); *Gottwald* (Fn. 1), 104ff.
[90] *Mattern* JZ 1963, 654f.; *Gottwald* (Fn. 1), 345f.

Für die **Beweisbedürftigkeit** gelten die allgemeinen Grundsätze, d. h. das Revisionsgericht 34
ist grundsätzlich an ein Geständnis und an ein Nichtbestreiten gebunden. Etwas anderes gilt
nur dann, wenn es sich um einen von Amts wegen zu berücksichtigenden Umstand handelt;
hier besteht auch in den Tatsacheninstanzen keine Bindung des Gerichts, → § 288 Rdnr. 17.

Daß eine in der Revisionsinstanz zulässigerweise neu vorgetragene Tatsache beweisbedürf- 35
tig sein kann, besagt nichts darüber, welches Gericht die erforderliche **Beweisaufnahme**
durchzuführen hat. Da das Revisionsverfahren grundsätzlich von Beweisaufnahmen freizu-
halten ist, empfiehlt es sich häufig, die Sache an das Berufungsgericht zurückzuverweisen und
ihm die Tatsachenfeststellungen zu überlassen. Nur in diesem Sinne soll ein streitiger Wiederaufnahmegrund in der Revisionsinstanz berücksichtigt werden können[91]. Gleiches wird für
den Fall angenommen, daß in der Revisionsinstanz zulässigerweise neue Ansprüche erhoben
werden[92]. Dagegen soll das Revisionsgericht bei den von Amts wegen zu prüfenden Umständen sowie bei der Feststellung der Tatsachen, die sich auf das Verfahren in der Revisionsinstanz beziehen, die Beweisaufnahme selbst durchführen[93]. Demgegenüber erscheint es zutreffender, nur in der letztgenannten Fallgruppe (es handelt sich um die unter → Rdnr. 13 und
20 besprochenen Sachverhalte) eine Beweisaufnahme vor dem Revisionsgericht zuzulassen[94]. Wegen der größeren Sachnähe des Revisionsgerichts würde es eine überflüssige Er-
schwerung der Tatsachenfeststellungen bedeuten, wollte man hier einen Zwang zur Zurückverweisung annehmen. Bei der Feststellung von Prozeßvoraussetzungen und sonstiger von
Amts wegen zu berücksichtigender Umstände gilt diese Erwägung hingegen nicht, weshalb
hier in der Regel die Zurückverweisung vorzuziehen ist. Da es jedoch keine Vorschrift gibt,
die dem Revisionsgericht die Durchführung einer Beweisaufnahme untersagt, wird man dem
Revisionsgericht in allen in Betracht kommenden Fallgruppen einen **Ermessensspielraum**
zugestehen müssen[95], wonach das Gericht wenigstens kleinere Beweisaufnahmen selbst
durchführen kann. Die Beweisaufnahme kann dabei nach Maßgabe der §§ 372 Abs. 2, 375,
405, 434, 479 einem Mitglied des Gerichts oder einem anderen Gericht übertragen werden.

Für das **Beweisverfahren** gelten die allgemeinen Grundsätze, d. h. es hat eine Beweisauf- 36
nahme nach §§ 355 ff. durchgeführt zu werden[96]. Ob bei von Amts wegen zu berücksichtigenden Umständen **Freibeweis** zulässig ist, richtet sich nach denselben Grundsätzen wie in den
Tatsacheninstanzen[97]. Bejaht man dort die Möglichkeit eines Freibeweises, → dazu vor § 355
Rdnr. 7 ff., dann kann in der Revisionsinstanz nichts anderes gelten[98]. Lehnt man den Freibeweis dagegen insgesamt ab, so besteht keine Möglichkeit, für das Revisionsgericht eine
Ausnahme anzuerkennen. Vollends abzulehnen ist es, den Freibeweis im Revisionsverfahren
generell (d. h. auch über die von Amts wegen zu berücksichtigenden Umstände hinaus)
zuzulassen[99].

## V. Arbeitsgerichtliches Verfahren

Für das arbeitsgerichtliche Verfahren ergeben sich keine Besonderheiten. § 561 gilt dort 37
ebenfalls, und zwar einschließlich der Ausnahmen, unter denen in der Revisionsinstanz neue
Tatsachen zu berücksichtigen sind[100]. Auch für die Rechtsbeschwerde im Beschlußverfahren
gilt nichts anderes.

---

[91] *BGHZ* 3, 65, 68; 5, 240, 250; *Mattern* JZ 1963, 652.
[92] *Mattern* JZ 1963, 651.
[93] *BAGE* 24, 75, 79; *Mattern* JZ 1963, 650.
[94] Für eine Beweisaufnahme vor dem Revisionsgericht bei dieser Fallgruppe auch *Gottwald* (Fn. 1), 335.
[95] Zutreffend *Gottwald* (Fn. 1), 335 ff.; *Martin* (Fn. 1), 153 ff.
[96] MünchKomm ZPO-*Walchshöfer* Rdnr. 32; *Zöller/ Schneider*[18] Rdnr. 11; *Thomas/Putzo*[18] Rdnr. 14.

[97] So wohl auch MünchKomm ZPO-*Walchshöfer* Rdnr. 32; *Zöller/Schneider*[18] Rdnr. 11.
[98] *BGH* NJW 1992, 627, 628.
[99] So aber trotz dogmatischer Bedenken AK-*Anker-mann* Rdnr. 11; s. weiter *Werp* DRiZ 1975, 278.
[100] *Grunsky*[6] § 73 Rdnr. 28 ff.; Germelmann/Matthes/ Prütting § 75 Rdnr. 15 ff.

## § 562 [Nichtrevisibles Recht]

Die Entscheidung des Berufungsgerichts über das Bestehen und den Inhalt von Gesetzen, auf deren Verletzung die Revision nach § 549 nicht gestützt werden kann, ist für die auf die Revision ergehende Entscheidung maßgebend.

Gesetzesgeschichte: Bis 1900 § 525 CPO. Keine Änderungen.

## I. Bindung an nichtrevisibles Recht

1    Die Entscheidung des Berufungsgerichts (nicht dagegen auch eine nur beiläufige Bemerkung[1]) über das Bestehen und den Inhalt des nichtrevisiblen Rechts (→ §§ 549, 550 Rdnr. 10 ff.) ist wie eine tatsächliche Feststellung für das Revisionsgericht bindend. Es hat nicht zu prüfen, ob das nichtrevisible Recht richtig festgestellt ist[2], und ob es das Berufungsgericht richtig ausgelegt hat[3]. Nur die formale Frage der ordnungsmäßigen Begründung des Berufungsurteils ist nachzuprüfen, → § 551 Rdnr. 25 ff., wobei aber hinsichtlich der Erheblichkeit der Tatsachen die Auffassung des Berufungsgerichts maßgebend bleibt[4]. Die Bindung des Revisionsgerichts greift auch dann ein, wenn sich aus der Auslegung des ausländischen Rechts ergeben muß, ob eine von Amts wegen zu berücksichtigende Prozeßvoraussetzung vorliegt[5]. Seinem Wortlaut nach umfaßt § 562 nur die Frage nach dem Bestehen und dem Inhalt nichtrevisiblen Rechts, während die Vorschrift zur **Anwendbarkeit** des fraglichen Rechtssatzes nichts enthält. Es kann jedoch kein Zweifel daran bestehen, daß das Revisionsgericht auch insoweit an das Berufungsurteil gebunden ist. Die Anwendung bzw. Nichtanwendung nichtrevisiblen Rechts kann auch nicht dergestalt nach §§ 139, 286 gerügt werden, daß der Revisionskläger vorträgt, das Berufungsgericht habe die für die Frage der Anwendbarkeit erforderlichen tatsächlichen Feststellungen nicht fehlerfrei getroffen[6].

2    § 562 bedeutet nicht, daß sich das Revisionsgericht jeglicher Anwendung nichtrevisiblen Rechts zu enthalten hat (vgl. § 565 Abs. 4), → auch §§ 549, 550 Rdnr. 10. Hat das Berufungsgericht einen Sachverhalt festgestellt, diesen aber bei der Prüfung, ob nichtrevisibles Recht anzuwenden ist, übersehen, so kann das Revisionsgericht die Subsumtion selbst vornehmen[7]. Weiter kann das Revisionsgericht nichtrevisibles Recht anwenden, wenn dieses dem Berufungsgericht unbekannt geblieben ist[8]. Erforderlich ist jedoch immer, daß sich aus dem Berufungsurteil ergibt, daß die Nichtanwendung des nichtrevisiblen Rechts versehentlich unterblieben ist. Weiter hat das Revisionsgericht nichtrevisibles Recht dann anzuwenden, wenn es erst nach Abschluß des Berufungsverfahrens in Kraft getreten ist[9] (vorausgesetzt, das neue Recht ist auf den zu entscheidenden Sachverhalt schon anwendbar). § 562 hat insofern

---

[1] *RGZ* 61, 343, 348; *Baumbach/Lauterbach/Albers*[51] Rdnr. 2; MünchKomm ZPO-*Walchshöfer* Rdnr. 2.
[2] Z.B. hinsichtlich seiner Geltung, *RGZ* 93, 124.
[3] S. etwa *BGH* NJW 1992, 438, 439.
[4] *RGZ* 78, 155 f.
[5] BGHZ 21, 214 = LM § 549 Nr. 35 = NJW 1956, 1399 = JZ 759 (Zulässigkeit des Rechtswegs); NJW 1958, 830 = MDR 415 = JZ 1959, 411 (internationale Zuständigkeit); LM § 562 Nr. 10 = NJW 1965, 1666 (Parteifähigkeit); NJW 1992, 438, 439 (Umfang der Rechtskraft); MünchKomm ZPO-*Walchshöfer* Rdnr. 3; AK-*Ankermann* Rdnr. 1.
[6] BGHZ 3, 342; LM Art. 93 WG Nr. 2 = Warn. 1962 Nr. 224 = NJW 1963, 252 = MDR 113 = JZ 214; Münch-

Komm ZPO-*Walchshöfer* Rdnr. 5; *Thomas/Putzo*[18] Rdnr. 2. Anders, wenn das Berufungsgericht Tatsachen nicht ordnungsgemäß festgestellt hat, obwohl sie gerade bei der von ihm vertretenen Auslegung der Norm von Bedeutung sind (*BGH* LM § 102 BEG Nr. 8).
[7] BGHZ 24, 159 = LM § 562 Nr. 2 (*Johannsen*) = NJW 1957, 1192 = ZZP 71 (1958), 121; MünchKomm ZPO-*Walchshöfer* Rdnr. 8.
[8] BGHZ 40, 197 = LM § 562 Nr. 6 = NJW 1964, 203 = MDR 134 = BB 13; *Leipold* ZZP 81 (1968), 72 ff.
[9] BGHZ 36, 348 = LM § 549 Nr. 61 (*Johannsen*) = NJW 1962, 961 = MDR 392; LM § 549 Nr. 29; MünchKomm ZPO-*Walchshöfer* Rdnr. 8.

eine über § 549 hinausgehende Bedeutung, als jede, nicht nur die vom Revisionskläger begehrte Nachprüfung der Anwendung irrevisiblen Rechts ausgeschlossen ist. Auch der Revisionsbeklagte kann nicht geltend machen, das nichtrevisible Recht sei unrichtig angewandt worden.

## II. Verletzung revisiblen Rechts durch Anwendung nichtrevisiblen Rechts

Hat das Berufungsgericht nichtrevisibles Recht angewendet, so kann darin die Verletzung revisiblen Rechts liegen. Insoweit hat das Revisionsgericht eine Prüfungsbefugnis[10]. Hierher gehört insbesondere der Fall, daß statt des nichtrevisiblen Rechts revisibles Recht anzuwenden gewesen wäre, so daß seine Nichtanwendung selbst auf einer Verletzung revisibler Normen über die örtlichen oder zeitlichen Grenzen des anwendbaren Rechts beruht. So hat das Revisionsgericht namentlich zu prüfen, ob statt ausländischem nicht deutsches Recht anwendbar ist; insoweit geht es um die Anwendung der revisiblen deutschen Normen des internationalen Privatrechts, → §§ 549, 550 Rdnr. 13. Weiter ist nachzuprüfen, ob das Berufungsgericht bei der Ermittlung des Inhalts ausländischen Rechts den von § 293 gestellten Anforderungen für die Ermittlung gerecht geworden ist[11], → § 293 Rdnr. 67. Eine Verletzung revisiblen Rechts liegt weiter dann vor, wenn zwar die Anspruchsgrundlage nichtrevisibel ist, sich dabei aber eine Vorfrage stellt, die sich ihrerseits nach revisiblem Recht beantwortet[12]; stellt sich dagegen umgekehrt im Rahmen einer revisiblen Anspruchsgrundlage eine nichtrevisible Vorfrage, so ist das Revisionsgericht an das Berufungsurteil gebunden[13]. Revisibles Recht ist verletzt, wenn das Berufungsgericht nichtrevisibles Recht angewandt hat, das höherrangigem revisiblen Recht widerspricht[14] oder wenn das vom Berufungsgericht angewandte nichtrevisible Recht durch revisibles Recht außer Kraft gesetzt worden ist; ebenso wenn das Berufungsgericht angenommen hat, daß eine nichtrevisible Norm durch revisibles Recht aufgehoben oder ausgeschlossen ist[15]. Ist dagegen nichtrevisibles Recht durch neues nichtrevisibles Recht abgelöst worden, so ist das Revisionsgericht an das Berufungsurteil gebunden; die Verletzung der Grundsätze über die zeitlichen Geltungsgrenzen einer Norm macht die Frage nicht revisibel. Bei der Prüfung, ob revisibles Recht durch Anwendung nichtrevisiblen Rechts verletzt worden ist, hat das Revisionsgericht auf den Inhalt des nichtrevisiblen Rechts einzugehen und zu prüfen, ob es vom Berufungsgericht richtig ausgelegt worden ist[16].

3

## III. Arbeitsgerichtliches Verfahren

§ 562 ist im arbeitsgerichtlichen Verfahren deshalb nicht anwendbar, weil die Revision auf die Verletzung jedweder Rechtsnorm gestützt werden kann, → §§ 549, 550 Rdnr. 58, weshalb es gar kein nichtrevisibles Recht gibt. Dies gilt gleichermaßen für das Urteils- wie für das Beschlußverfahren.

4

---

[10] *Gottwald* IPRax 1988, 210; MünchKomm ZPO-*Walchshöfer* Rdnr. 6; *Thomas/Putzo*[18] Rdnr. 4.
[11] BGH NJW 1975, 2143; 1984, 2763, 2764; 1992, 3106; MünchKomm ZPO-*Walchshöfer* Rdnr. 6.
[12] BGH NJW 1992, 2769.
[13] BGH NJW 1992, 2769, 2770; *Rosenberg/Schwab/*

*Gottwald*[15] § 143 II 3; *Thomas/Putzo*[18] Rdnr. 1; MünchKomm ZPO-*Walchshöfer* Rdnr. 7.
[14] MünchKomm ZPO-*Walchshöfer* Rdnr. 6.
[15] BGH MDR 1967, 1004 = JR 184; *Sendler* MDR 1968, 579.
[16] BGHZ 28, 375, 381.

## § 563 [Zurückweisung der Revision]

**Ergeben die Entscheidungsgründe zwar eine Gesetzesverletzung, stellt die Entscheidung selbst aber aus anderen Gründen sich als richtig dar, so ist die Revision zurückzuweisen.**

Gesetzesgeschichte: Bis 1900 § 526 CPO. Keine Änderung.

### I. Zurückweisung der Revision

#### 1. Maßgeblichkeit des Ergebnisses

1   Die Revision ist begründet, wenn das angefochtene Urteil ganz oder teilweise auf der Verletzung revisiblen Rechts beruht, § 549 Abs. 1. Da aber die Revision ein echtes Rechtsmittel ist, das niemals zu einer Aufhebung des Berufungsurteils lediglich im Interesse des Gesetzes führen darf, → vor § 545 Rdnr. 2, ist sie trotz ursächlicher Gesetzesverletzung unbegründet, wenn der Revisionskläger durch das Urteil deshalb nicht benachteiligt ist, weil die **Entscheidung trotz der Gesetzesverletzung im Ergebnis zutreffend** ist. Ob man hier die Ursächlichkeit der Gesetzesverletzung für den Inhalt des Urteils verneint[1] oder meint, die Ursächlichkeit sei zwar gegeben, trete aber hinter den Gesichtspunkt der Richtigkeit des Ergebnisses zurück[2], wirkt sich in praktischen Rechtsfolgen nicht aus. Dagegen fehlt es nicht an einer Beschwer des Revisionsklägers[3]. Diese ergibt sich allein daraus, daß seinen Berufungsanträgen nicht oder nicht in vollem Umfang stattgegeben worden ist, → Allg. Einl. vor § 511 Rdnr. 78 ff.; auf welche Erwägungen das Berufungsgericht sein Ergebnis stützt, ist demgegenüber für die Annahme einer Beschwer unerheblich.

2   § 563 steht in engem Zusammenhang damit, daß das Revisionsgericht nach § 559 Abs. 2. S. 1 grundsätzlich verpflichtet ist, das angefochtene Urteil unter allen in Betracht kommenden rechtlichen Gesichtspunkten zu prüfen. Dies geschieht nicht nur in dem Sinn, daß das Urteil (abgesehen von Verfahrensrügen) auch auf nichtgerügte Mängel hin überprüft wird, sondern umgekehrt erstreckt sich die Prüfung auch darauf, ob nicht trotz eines vorhandenen Mangels das Urteil im Ergebnis aus einem vom Berufungsgericht übersehenen Gesichtspunkt richtig ist. Ob das Berufungsurteil in der Sache selbst entschieden oder die Klage durch Prozeßurteil als unzulässig abgewiesen hat, ist unerheblich. Soll ein Prozeßurteil durch ein klageabweisendes Sachurteil ersetzt werden (oder umgekehrt), so handelt es sich wegen der unterschiedlichen Urteilswirkungen um keinen Fall des § 563, d. h. hier kann die Revision nicht zurückgewiesen werden. Das Revisionsgericht muß die Sache entweder zurückverweisen oder nach § 565 Abs. 3 selbst entscheiden, → § 565 Rdnr. 22 ff.; → weiter Rdnr. 5.

3   Liegt der Fehler des Berufungsurteils in einer unrichtigen Anwendung des materiellen Rechts, so hat das Revisionsgericht die Revision dann zurückzuweisen, wenn der im Berufungsurteil festgestellte Sachverhalt eine Entscheidung dahingehend erlaubt, daß das angefochtene Urteil im Ergebnis richtig ist. Wird die Revision deswegen zurückgewiesen, so handelt es sich um eine Entscheidung in der Sache selbst, § 565 Abs. 3[4]. Kann diese Entscheidung nicht getroffen werden, so erfolgt Aufhebung des Urteils und Zurückverweisung der Sache, § 565 Abs. 1[5]. Ist zweifelhaft, welches von mehreren in Betracht kommenden Rechten anwendbar ist, so kann die Frage in der Revisionsinstanz dann dahingestellt bleiben, wenn das

---

[1] So *Rosenberg/Schwab/Gottwald*[15] § 143 VI 1; AK-Ankermann Rdnr. 1; *Gilles* Rechtsmittel im Zivilprozeß (1972), 82 ff.

[2] *Bettermann* ZZP 88 (1975), 372.

[3] *Bettermann* ZZP 88 (1975), 372.

[4] *Bettermann* ZZP 88 (1975), 375 ff.; s. ferner *Rimmelspacher* ZZP 84 (1971), 61 f.

[5] Näheres s. *Rimmelspacher* ZZP 84 (1971), 61 ff.

Rechtsverhältnis nach den verschiedenen Rechten gleich zu beurteilen ist[6]. Weiter kann es das Revisionsgericht offenlassen, ob überhaupt eine Rechtsverletzung vorliegt, sofern das Berufungsurteil auf jeden Fall aus sonstigen Gründen im Ergebnis richtig ist[7]. Voraussetzung für eine Aufhebung des Berufungsurteils und Zurückverweisung der Sache nach § 565 Abs. 1 ist, daß in der Berufungsinstanz entsprechende Tatsachen vorgetragen worden sind und daß, sofern darüber nach der vom Revisionsgericht vertretenen Auffassung eine Beweiserhebung erforderlich war, eine dahingehende Verfahrensrüge erhoben worden ist[8]. Anderenfalls ist das Revisionsgericht nach § 561 Abs. 1 an den Tatbestand des Berufungsurteils gebunden. Ob es vom Standpunkt des Berufungsgerichts aus auf die Tatsache ankam, ist unerheblich.

Enthält das Berufungsurteil einen ordnungsgemäß gerügten **Verfahrensfehler**, so gilt § 563 zwar ebenfalls[9] (sofern kein absoluter Revisionsgrund vorliegt, → Rdnr. 6), doch läßt sich kaum je sagen, zu welchem Ergebnis (insbesondere bei der Sachverhaltsfeststellung) das Berufungsgericht ohne den Fehler gekommen wäre. Das Berufungsurteil ist hier schon dann aufzuheben, wenn nur die Möglichkeit besteht, daß die Entscheidung bei ordnungsgemäßem Verfahren anders hätte ausfallen müssen[10].

4

## 2. Verbot der reformatio in peius

§ 563 beruht auf der Erwägung, daß es den Parteien in der Regel nur auf den Prozeßausgang als solchen ankommt, während es ihnen gleichgültig ist, wie das Ergebnis begründet wird[11]. Diese Voraussetzung trifft jedoch keineswegs immer zu. Häufig sind die Parteien wegen der unterschiedlichen Rechtskraftwirkung daran interessiert, ihr Ziel aus ganz genau bezeichneten Gründen zu erreichen, oder daß das Urteil, wenn es schon zu ihren Ungunsten ausfällt, in bestimmter Weise begründet wird. Soweit ein derartiger Anspruch besteht (Näheres dazu → Allg. Einl. vor § 511 Rdnr. 95 ff.) und die Partei auf seiner Erfüllung besteht, darf die Revision nicht mit der Begründung zurückgewiesen werden, das angefochtene Urteil sei im Ergebnis zutreffend. Darin würde ein Verstoß gegen das Verbot der reformatio in peius liegen[12], das von § 563 nicht angetastet wird[13]. Wegen der Einzelheiten (insbesondere zur Ersetzung eines Prozeßurteils durch ein Sachurteil) gelten die Ausführungen zu → § 536 Rdnr. 5 ff. entsprechend. Soweit in der Auswechselung der Entscheidungsgründe eine Verletzung des Verbots der reformatio in peius liegen würde, ist der Revision stattzugeben. Eine Zurückweisung der Revision nach § 563 scheidet in diesen Fällen aus. Zur Frage, ob das Revisionsgericht selbst ein Prozeßurteil durch ein klageabweisendes Sachurteil ersetzen kann (darin liegt kein Verstoß gegen das Verbot der reformatio in peius, → § 536 Rdnr. 6), oder ob es die Sache an das Berufungsgericht zurückverweisen muß, → § 565 Rdnr. 24. Aber auch in diesen Fällen ist vorauszusetzen, daß die angefochtene Entscheidung auf der Gesetzesverletzung beruht (§ 549 Abs. 1)[14]. Das die Berufung als unbegründet zurückweisende Urteil ist auch dann aufrechtzuerhalten, wenn das Revisionsgericht die Berufung für unzulässig erachtet; wegen der bei unzulässiger Berufung inzwischen durch den Ablauf der Berufungsfrist eingetretenen Rechtskraft der erstinstanzlichen Entscheidung ist der Revisionskläger hier nicht beschwert.

5

---

[6] *BGH* LM § 293 Nr. 15 = NJW 1991, 2214 = MDR 794 = WM 837; *Zöller/Schneider*[18] Rdnr. 4.
[7] A.A. *Zöller/Schneider*[18] Rdnr. 4.
[8] *Rimmelspacher* ZZP 84 (1971), 68 ff.
[9] *Bettermann* ZZP 88 (1975), 381 f.
[10] *Rimmelspacher* ZZP 84 (1971), 52 f.; *Rosenberg/Schwab/Gottwald*[15] § 143 VI 2.

[11] *Grunsky* ZZP 76 (1963), 177.
[12] Unrichtig *Gilles* (Fn. 1), 84 Fn. 224 a.
[13] MünchKomm ZPO-*Walchshöfer* Rdnr. 8; AK-*Ankermann* Rdnr. 2.
[14] BGHZ 4, 58, 60.

### 3. Absolute Revisionsgründe

**6** In den Fällen des § 551 ist § 563 nicht anwendbar[15]. Die Ursächlichkeit des Mangels für den Inhalt des Urteils wird hier unwiderleglich vermutet. Erweist sich die Revisionsrüge als begründet, so hat das Revisionsgericht das Berufungsurteil aufzuheben und die Sache zurückzuverweisen und darf nicht etwa prüfen, ob das Urteil im Ergebnis nicht doch richtig ist. Dies gilt auch im Fall des § 551 Nr. 7[16]; das Revisionsgericht hat hier nicht etwa die fehlenden Entscheidungsgründe nachzuliefern.

### II. Weitere Fälle einer Zurückweisung der Revision

**7** Außer im Fall des § 563 ist die Revision auch dann zurückzuweisen, wenn zwar eine **Gesetzesverletzung** vorliegt, dieser aber noch in der Revisionsinstanz selbst **abgeholfen** werden kann[17], oder wenn die vorliegende Gesetzesverletzung den Revisionskläger deshalb **nicht beschwert**, weil das falsche Urteil ihm noch zu günstig ist[18]; hier kann das angefochtene Urteil nur bei Anschlußrevision des Revisionsbeklagten abgeändert werden.

### III. Zurückweisungsentscheidung

**8** Die unbegründete Revision ist »zurückzuweisen« und nicht zu »verwerfen«, vgl. § 554a Abs. 1 S. 2. Dabei können **Berichtigungen des Berufungsurteils** vorgenommen werden, soweit dieses dadurch inhaltlich nicht abgeändert wird[19] (z. B. hinsichtlich der Parteibezeichnung, → § 313 Rdnr. 10). Eine Zurückverweisung findet bei unbegründeter Revision niemals statt. Wegen der Entscheidung über die **Kosten** → § 97 Rdnr. 1 ff.

### IV. Arbeitsgerichtliches Verfahren

**9** Im arbeitsgerichtlichen Verfahren gilt § 563 ebenfalls[20], und zwar auch bei der Rechtsbeschwerde im Beschlußverfahren[21].

## § 564 [Aufhebung des angefochtenen Urteils]

(1) Insoweit die Revision für begründet erachtet wird, ist das angefochtene Urteil aufzuheben.
(2) Wird das Urteil wegen eines Mangels des Verfahrens aufgehoben, so ist zugleich das Verfahren insoweit aufzuheben, als es durch den Mangel betroffen wird.

Gesetzesgeschichte: Bis 1900 § 527 CPO. Keine Änderung.

---

[15] MünchKomm ZPO-*Walchshöfer* Rdnr. 7; *Wieczorek/Rössler* Anm. B III a. Einschränkend *Bettermann* ZZP 88 (1975), 378 ff.
[16] A. A. *Bettermann* ZZP 88 (1975), 380 f.; offengelassen in *BGH* NJW 1981, 1045, 1046.
[17] MünchKomm ZPO-*Walchshöfer* Rdnr. 3; *Zöller/ Schneider*[18] Rdnr. 3.
[18] *Baumbach/Lauterbach/Albers*[51] Rdnr. 4; Münch-Komm ZPO-*Walchshöfer* Rdnr. 5; *Wieczorek/Rössler* Anm. B III d; *Zöller/Schneider*[18] Rdnr. 3.
[19] MünchKomm ZPO-*Walchshöfer* Rdnr. 6; *Wieczorek/Rössler* Anm. B I.
[20] *Germelmann/Matthes/Prütting* § 75 Rdnr. 28.
[21] *Grunsky*[6] § 96 Rdnr. 1; *Germelmann/Matthes/ Prütting* § 96 Rdnr. 2.

## I. Aufhebung des angefochtenen Urteils, Abs. 1

### 1. Notwendigkeit der Aufhebung

Soweit die Revision begründet ist (d.h. eine Gesetzesverletzung vorliegt und sich das Berufungsurteil auch nicht aus anderen Gründen als richtig darstellt, § 563) wird das angefochtene Urteil stets aufgehoben, um den **Weg zu einer neuen Entscheidung freizumachen**, die entweder das Berufungsgericht nach Zurückverweisung der Sache (→ § 565 Rdnr. 1f.) oder das Revisionsgericht selbst, → § 565 Rdnr. 21ff., zu erlassen hat. Voraussetzung für die Aufhebung ist, daß das Verfahren in der Revisionsinstanz entscheidungsreif ist, d.h. daß das Revisionsgericht abschließend beurteilen kann, daß die Revision Erfolg hat; Näheres zur Entscheidungsreife → § 300 Rdnr. 7ff. Daran fehlt es, wenn der Senat eine Rechtsfrage dem Großen Senat, dem Gemeinsamen Senat der obersten Gerichtshöfe des Bundes, dem Bundesverfassungsgericht oder dem Europäischen Gerichtshof vorlegen muß oder von einer Vorlagemöglichkeit Gebrauch machen will[1].

Aufgehoben wird jeweils das **Berufungsurteil** und die ihm vorangegangenen Entscheidungen des Berufungsgerichts, § 548, nicht dagegen das Urteil erster Instanz, und zwar auch dann nicht, wenn der Mangel des Berufungsurteils schon im erstinstanzlichen Urteil enthalten war. Eine Ausnahme gilt nur bei einer Entscheidung des Revisionsgerichts in der Sache selbst, § 565 Abs. 3. Stimmt diese inhaltlich mit dem erstinstanzlichen Urteil nicht überein, muß dieses aufgehoben werden.

### 2. Teilaufhebung

Nach Abs. 1 ist das Berufungsurteil nur insoweit aufzuheben, als die Revision für begründet erachtet wird. Ist diese Voraussetzung nur hinsichtlich eines Teils des angefochtenen Urteils gegeben, so hat lediglich eine Teilaufhebung zu erfolgen (zum Eheverfahren s. aber § 629c). Ist die Revision also bei **mehreren Ansprüchen** nur wegen eines von ihnen begründet, so ist das Urteil nur insoweit aufzuheben, während die Revision im übrigen zurückzuweisen ist. Gleiches gilt bei **Klage und Widerklage** sowie dann, wenn sich der Fehler nur auf einen zum Erlaß eines Teilurteils geeigneten Teil des Streitgegenstandes bezieht[2]. Hat der Kläger in der Berufungsinstanz einen **Haupt- und einen Hilfsantrag** gestellt, die beide abgewiesen worden sind, kann die Aufhebung des Urteils auf den Hilfsantrag beschränkt werden[3]. Weiteres zur Teilaufhebung bei Haupt- und Hilfsantrag → § 537 Rdnr. 8ff. Ferner kann die Aufhebung dergestalt beschränkt werden, daß von dem Berufungsurteil nur ein Teil aufrechterhalten wird, über den ein **Zwischenurteil** hätte ergehen können[4]. Dies bedeutet im Hinblick auf § 280, daß die Entscheidung über die Zulässigkeit der Klage aufrechterhalten bleiben kann und lediglich die zur Begründung gemachten Ausführungen aufgehoben werden. Ist ein Anspruch nach **Grund und Betrag** streitig, so kann sich die Aufhebung auf die zur Betragshöhe gemachten Ausführungen beschränken[5]. Bei der **Aufrechnung** kann sich die Aufhebung auf die Entscheidung über die Gegenforderung beschränken[6]. Ist der Beklagte also verurteilt worden, so kann das Revisionsgericht das Urteil insoweit bestehen lassen, als es den Bestand

---

[1] MünchKomm ZPO-*Walchshöfer* Rdnr. 2.
[2] MünchKomm ZPO-*Walchshöfer* Rdnr. 3.
[3] *BGH* LM § 301 Nr. 6 = NJW 1956, 1154 = JR 378 = ZZP 69 (1956), 297; *Baumbach/Lauterbach/Albers*[51] Rdnr. 3; MünchKomm ZPO-*Walchshöfer* Rdnr. 3.
[4] *Reinicke* NJW 1967, 513, 515; *Tiedtke* Die innerprozessuale Bindungswirkung von Urteilen der obersten Bundesgerichte (1976), 3ff.

[5] *BAGE* 12, 184 = AP § 66 BetrVG Nr. 20 = NJW 1962, 1637; *Tiedtke* (Fn. 4), 13; MünchKomm ZPO-*Walchshöfer* Rdnr. 3.
[6] MünchKomm ZPO-*Walchshöfer* Rdnr. 3; *Zöller/Schneider*[18] Rdnr. 1.

der Klageforderung bejaht und die Sache nur zur Entscheidung über die Gegenforderung zurückverweisen. Ist die Revision dagegen hinsichtlich der Klageforderung begründet, so muß das Berufungsurteil deshalb in vollem Umfang aufgehoben werden, weil anderenfalls über die nur hilfsweise geltend gemachte Gegenforderung entschieden wäre, bevor der Bestand der Klageforderung feststünde[7].

4 Fraglich ist, ob die Aufhebung des Berufungsurteils **über die genannten Fälle hinaus** beschränkt werden kann, d. h. ob dem Berufungsurteil durch Teilaufhebung ein Inhalt gegeben werden kann, der den Erlaß eines selbständigen Urteils nicht rechtfertigen könnte. Die h. M. lehnt dies grundsätzlich ab[8], macht dabei allerdings bei der Entscheidung über ein **Zurückbehaltungsrecht** eine Ausnahme; die Aufhebung soll auf das Zurückbehaltungsrecht beschränkt werden können, so daß die Verurteilung zur Leistungserbringung im übrigen bestehen bleibt[9]. Der letztgenannten Folgerung ist vorbehaltlos zuzustimmen. Es würde eine unnötige Verzögerung der Erledigung des Rechtsstreits bedeuten, wollte man die Sache in vollem Umfang zurückverweisen. Daß auf diese Art das Berufungsurteil im Ergebnis zu einem Zwischenurteil über einzelne Streitpunkte wird, kann nicht ausschlaggebend sein[10]. Entgegen der h. M. sprechen Praktikabilitätserwägungen auch über den Fall des Zurückbehaltungsrechts hinaus dafür, die Aufhebung des Berufungsurteils beschränken zu können[11]. Wenn ein Zwischenurteil über einzelne Angriffs- bzw. Verteidigungsmittel nicht zulässig ist, → § 303 Rdnr. 5, so nur deshalb, weil der Gesetzgeber glaubte, durch viele Zwischenurteile werde die Erledigung des Prozesses verzögert[12]. Dieser Grund liegt bei einer nur teilweisen Aufhebung eines angefochtenen Urteils eindeutig nicht vor; hier wird die Prozeßerledigung vielmehr im Gegenteil dadurch beschleunigt, daß Teile des Berufungsurteils aufrechterhalten bleiben[13]. Infolgedessen kann die Aufhebung neben der Frage nach einem Zurückbehaltungsrecht etwa auf die Verschuldensfrage (einschließlich eines Mitverschuldens), die Frage der Verjährung oder das Zustandekommen eines Vertrags beschränkt werden. Zu den Parallelproblemen der Beschränkung der Revisionszulassung bzw. der nur teilweisen Annahme der Revision nach § 554 b → § 546 Rdnr. 25 ff. und → § 554 b Rdnr. 8 f. Unabhängig davon, wie man die Frage einer Beschränkungsmöglichkeit beantworten will, muß die Antwort bei allen drei Vorschriften (§§ 546, 554 b, 564) gleich lauten. Es ist kein Gesichtspunkt erkennbar, der es rechtfertigen könnte, etwa die Beschränkungsmöglichkeit bei der Revisionszulassung anders als bei der Aufhebung des angefochtenen Urteils zu bestimmen.

5 Soweit nach dem Gesagten eine nur beschränkte Aufhebung möglich ist, darf das Revisionsgericht nicht das ganze Berufungsurteil aufheben[14]. Die Aufhebung hat sich vielmehr immer auf den Teil zu beschränken, auf den sich die vorliegenden Mängel des Berufungsurteils auswirken können. Ein **Ermessensspielraum des Revisionsgerichts** läßt sich auch nicht über eine Analogie zu § 301 Abs. 2 begründen[15]. Ob ein Teilurteil ergeht und der weitere Teil erst später entschieden wird, ist etwas qualitativ anderes als wenn es darum geht, ein bereits vorhandenes Urteil ganz oder nur teilweise aufzuheben. Im letztgenannten Fall hat der Revisionsbeklagte bereits eine Entscheidung zu seinen Gunsten erwirkt, die ihm insoweit nicht wieder genommen werden darf, als sie rechtlich nicht fehlerhaft ist.

---

[7] *Reinicke* NJW 1967, 520.
[8] *Reinicke* NJW 1967, 513; *Tiedtke* (Fn. 4), 15 ff.; AK-*Ankermann* Rdnr. 2; MünchKomm ZPO-*Walchshöfer* Rdnr. 4; *Wieczorek/Rössler* Anm. B III d.
[9] *BGHZ* 45, 287 = LM § 564 Nr. 3 = NJW 1966, 1755 = MDR 836 = JR 345. Zustimmend *Reinicke* NJW 1967, 513; *Grunsky* ZZP 84 (1971), 142 ff.; AK-*Ankermann* Rdnr. 2; MünchKomm ZPO-*Walchshöfer* Rdnr. 4; *Zöller/Schneider*[18] Rdnr. 1. A.A. *Tiedtke* (Fn. 4), 15 ff.
[10] A.A. *Tiedtke* (Fn. 4), 17 ff.

[11] Näheres s. *Grunsky* ZZP 84 (1971), 129, 142 ff.
[12] *Volkmar* JW 1924, 353; *Tiedtke* (Fn. 4), 18.
[13] Insoweit ebenso *Tiedtke* (Fn. 4), 19 f.
[14] A. A. *BGH* LM § 565 Abs. 1 Nr. 7 = Warn. 1966 Nr. 183 = NJW 2356 = JZ 1967, 98 = MDR 35; *Tiedtke* (Fn. 4), 13; *Zöller/Schneider*[18] Rdnr. 2; MünchKomm ZPO-*Walchshöfer* Rdnr. 5.
[15] So aber MünchKomm ZPO-*Walchshöfer* Rdnr. 5; *Zöller/Schneider*[18] Rdnr. 2.

## II. Aufhebung des Verfahrens, Abs. 2

Zur Aufhebung des Verfahrens und zur Möglichkeit einer nur teilweisen Aufhebung des Verfahrens → § 539 Rdnr. 17. Das dort zur Berufung Ausgeführte gilt für die Revision entsprechend. Auch hier kann nur das Verfahren des Berufungsgerichts aufgehoben werden; eine Aufhebung des Verfahrens erster Instanz gemäß § 539 ist nur als eigene Sachentscheidung des Revisionsgerichts gemäß § 565 Abs. 3 möglich, → § 565 Rdnr. 21 ff. Sind durch das Berufungsurteil beide Parteien beschwert und bezieht sich ein Verfahrensfehler auf das gesamte Berufungsverfahren, so ist dieses auch dann in vollem Umfang aufzuheben, wenn zwar beide Parteien Revision eingelegt haben, aber nur eine von ihnen den Verfahrensfehler gerügt hat[16]. 6

## III. Arbeitsgerichtliches Verfahren

Im arbeitsgerichtlichen Verfahren gilt § 564 uneingeschränkt[17], und zwar auch im Rechtsbeschwerdeverfahren, § 96 Abs. 1 S. 2 ArbGG. 7

## § 565 [Zurückverweisung und eigene Sachentscheidung]

(1) Im Falle der Aufhebung des Urteils ist die Sache zur anderweiten Verhandlung und Entscheidung an das Berufungsgericht zurückzuverweisen. Die Zurückverweisung kann an einen anderen Senat des Berufungsgerichts erfolgen.
(2) Das Berufungsgericht hat die rechtliche Beurteilung, die der Aufhebung zugrunde gelegt ist, auch seiner Entscheidung zugrunde zu legen.
(3) Das Revisionsgericht hat jedoch in der Sache selbst zu entscheiden:
1. wenn die Aufhebung des Urteils nur wegen Gesetzesverletzung bei Anwendung des Gesetzes auf das festgestellte Sachverhältnis erfolgt und nach letzterem die Sache zur Endentscheidung reif ist;
2. wenn die Aufhebung des Urteils wegen Unzuständigkeit des Gerichts oder wegen Unzulässigkeit des Rechtswegs erfolgt.
(4) Kommt in den Fällen der Nummern 1 und 2 für die in der Sache selbst zu erlassende Entscheidung die Anwendbarkeit von Gesetzen, auf deren Verletzung die Revision nach § 549 nicht gestützt werden kann, in Frage, so kann die Sache zur anderweiten Verhandlung und Entscheidung an das Berufungsgericht zurückverwiesen werden.

Gesetzesgeschichte: Bis 1900 § 528 CPO. Keine Änderung.

| | | | |
|---|---|---|---|
| I. Die Zurückverweisung | 1 | 2. Bindung an die rechtliche Beurteilung des Revisionsgerichts, Abs. 2 | 8 |
| 1. Die Zurückverweisung als Regel | 1 | a) Allgemeines zur Bindung | 8 |
| 2. Zurückverweisung an das Berufungsgericht | 2 | b) Beschränkung der Bindung auf den unmittelbaren Aufhebungsgrund | 10 |
| II. Das weitere Verfahren vor dem Berufungsgericht | 5 | c) Neue Ansprüche | 15 |
| 1. Neue Verhandlung | 6 | | |

---
[16] *BGH* LM § 551 Ziff. 1 Nr. 45 = Warn. 1965 Nr. 272 = NJW 1966, 933 = MDR 400; MünchKomm ZPO-*Walchshöfer* Rdnr. 8.

[17] *Germelmann/Matthes/Prütting* § 75 Rdnr. 30, 31.

d) Bindung an Vorentscheidungen 16
e) Selbstbindung des Revisionsgerichts 17
f) Bindung des Revisionsgerichts an frühere Entscheidungen des Berufungsgerichts 19
3. Anfechtbarkeit des neuen Urteils 20
III. Abschließende Entscheidung des Revisionsgerichts 21
1. Unrichtige Anwendung des Gesetzes auf das festgestellte Sachverhältnis 22
a) Festgestelltes Sachverhältnis 22
b) Endentscheidung 26
2. Aufhebung wegen Unzuständigkeit 28
IV. Anwendung nichtrevisiblen Rechts bei Entscheidung des Revisionsgerichts in der Sache selbst, Abs. 4 29
V. Kosten 30
VI. Arbeitsgerichtliches Verfahren 31

## I. Die Zurückverweisung

### 1. Die Zurückverweisung als Regel

1   Im Falle der Aufhebung des Berufungsurteils, § 564, gilt als Regel die Zurückverweisung an das Berufungsgericht[1]. Dabei ist es unerheblich, ob das angefochtene Urteil ganz oder nur teilweise, → § 564 Rdnr. 3 ff., aufgehoben wird[2]. Nur in den Fällen des Abs. 3 hat das Revisionsgericht selbst an Stelle des Berufungsgerichts zu entscheiden. Zur Zurückverweisung an das erstinstanzliche Gericht → Rdnr. 26.

### 2. Zurückverweisung an das Berufungsgericht

2   Die Zurückverweisung erfolgt im Regelfall an das Berufungsgericht. Welcher Senat dort entscheidet, richtet sich nach dem **Geschäftsverteilungsplan**[3]. In der Regel ist dies derselbe Senat, der das aufgehobene Urteil erlassen hat, so daß auch dieselben Richter wie früher wiederum entscheiden können, → § 41 Rdnr. 19. Hat sich der Geschäftsverteilungsplan des Berufungsgerichts inzwischen geändert, so entscheidet der jetzt zuständige Senat, ohne daß das Revisionsgericht eine ausdrückliche Zurückverweisung an diesen Senat vornimmt.

3   Die Zurückverweisung kann nach dem Ermessen des Revisionsgerichts auch an einen **anderen Senat** des Berufungsgerichts erfolgen, Abs. 1 S. 2, der sich dann ohne Rücksicht auf die Geschäftsverteilung der Verhandlung und Entscheidung zu unterziehen hat. Dagegen bestehen keine verfassungsrechtlichen Bedenken aus Art. 101 GG[4]. Der BGH macht von dieser Möglichkeit nur selten Gebrauch. In erster Linie bieten sich Verfahren an, bei denen der Eindruck entstehen kann, das Berufungsgericht habe sich innerlich schon so festgelegt, daß die Gefahr einer Voreingenommenheit besteht[5]. Auch in derartigen Fällen hat die Partei aber keinen Anspruch auf eine Zurückverweisung an einen anderen Senat. Erforderlichenfalls muß sie die Besorgnis der Befangenheit nach § 42 geltend machen. Richter, die an dem früheren Urteil mitgewirkt haben, sind auch dann für das weitere Verfahren nicht ausgeschlossen, wenn sie inzwischen in dem anderen Senat tätig sind, an den die Zurückverweisung erfolgt ist[6]. Der andere Senat, an den zurückverwiesen wird, muß vom Revisionsgericht genau bezeichnet werden[7]; eine Zurückverweisung an »einen anderen als den X. Senat« ist

---

[1] BAGE 17, 314; AK-*Ankermann* Rdnr. 1.
[2] MünchKomm ZPO-*Walchshöfer* Rdnr. 2.
[3] RG JW 1924, 965; *Baumbach/Lauterbach/Albers*[51] Rdnr. 2; MünchKomm ZPO-*Walchshöfer* Rdnr. 3.
[4] BVerfGE 20, 336 (zu § 354 StPO).
[5] AK-*Ankermann* Rdnr. 2.
[6] BVerwG NJW 1975, 1241; *Baumbach/Lauterbach/Albers*[51] Rdnr. 3; MünchKomm ZPO-*Walchshöfer* Rdnr. 3; *Rosenberg/Schwab/Gottwald*[15] § 146 II 2a. Rechtspolitische Bedenken dagegen bei AK-*Ankermann* Rdnr. 2.
[7] *Baumbach/Lauterbach/Albers*[51] Rdnr. 3.

unwirksam; in einem solchen Fall richtet sich die Zuständigkeit nach dem Geschäftsverteilungsplan, → Rdnr. 2. Soweit eine Zurückverweisung an einen bestimmten anderen Senat erfolgt ist, ist es dagegen unerheblich, ob er nach dem Geschäftsverteilungsplan zuständig ist[8]. An welchen Senat das Revisionsgericht zurückverweist, steht in seinem Ermessen; es ist nicht gehalten, einen nach dem Geschäftsverteilungsplan möglichst sachnahen Senat zu wählen, wenn dies im Regelfall auch naheliegt. Werden durch spätere Änderungen des Geschäftverteilungsplans anhängige Sachen auf einen anderen Senat übertragen, so sind die nach § 565 Abs. 1 S. 2 zurückverwiesenen Sachen nicht ausgenommen[9].

Eine Zurückverweisung an ein **anderes Oberlandesgericht** ist nicht zulässig. Zur Zurück- 4 verweisung an das erstinstanzliche Gericht → Rdnr. 26. Handelt es sich bei dem unter Zurückverweisung an einen anderen Senat aufgehobenen Urteil um ein **Teilurteil** des Berufungsgerichts, so hat dieser Senat auch den vom Berufungsgericht noch nicht entschiedenen Teil des Rechtsstreits mitzuerledigen[10]. Dies muß unabhängig davon gelten, ob zwischen den beiden Teilen ein enger Zusammenhang besteht oder es sich um Teile handelt, die miteinander rechtlich nichts zu tun haben.

## II. Das weitere Verfahren vor dem Berufungsgericht

Durch die Zurückverweisung kehrt die Sache zu neuer Verhandlung und Entscheidung in 5 die Berufungsinstanz zurück. Abgesehen von der Bindung des Berufungsgerichts an die rechtliche Beurteilung durch das Revisionsgericht, → Rdnr. 8ff., folgt das Verfahren **denselben Regeln wie die erste Berufungsverhandlung**. Das Revisionsurteil muß entsprechend § 526 vorgetragen bzw. nach § 137 Abs. 3 in Bezug genommen werden.

### 1. Neue Verhandlung

Die Parteien können **neue Anträge** stellen, neue Ansprüche geltend machen[11], die Klage 6 ändern, **neue Tatsachen und Beweismittel** vorbringen, früher nicht bestrittene Behauptungen nunmehr bestreiten oder Anschlußberufung einlegen. Bei alledem gelten dieselben Grenzen, die von den §§ 527 ff. gezogen werden[12]. Wird aufgrund der neuen Verhandlung eine von der früheren abweichende tatsächliche Feststellung getroffen, mit der sich die Grundlage für die rechtliche Beurteilung verschiebt, so ist das Berufungsgericht für diese völlig frei[13]. Aber auch ohne neue tatsächliche Feststellungen ist das Berufungsgericht bei der rechtlichen Wertung frei und nicht etwa an seine frühere Rechtsansicht in dem aufgehobenen Urteil gebunden[14]; eine Bindung tritt lediglich nach Abs. 2 ein, Näheres dazu → Rdnr. 8ff. Außerdem gilt das **Verbot der reformatio in peius**, und zwar in einem zweifachen Sinn. Zunächst darf das Berufungsgericht das angefochtene erstinstanzliche Urteil selbstverständlich nach der Zurückverweisung genausowenig wie in der ersten Berufungsverhandlung zu Lasten des Berufungsklägers abändern. Außerdem ist das Berufungsgericht ebenso wie davor das Revisionsgericht an das Verbot der reformatio in peius in dem Sinne gebunden, daß es den Berufungs-

---

[8] *BGH* NJW 1986, 2886; *Baumbach/Lauterbach/Albers*[51] Rdnr. 3.
[9] *RG* JW 1938, 1915.
[10] *RGZ* 152, 251, 262; *BGH* LM § 765 BGB Nr. 1; *Baumbach/Lauterbach/Albers*[51] Rdnr. 3; *Thomas/Putzo*[18] Rdnr. 1; *Zöller/Schneider*[18] Rdnr. 1; *Rosenberg/Schwab/Gottwald*[15] § 146 II 2a.
[11] *BGH* WM 1962, 117; NJW 1963, 444; MünchKomm ZPO-*Walchshöfer* Rdnr. 6; *Thomas/Putzo*[18] Rdnr. 2; *Rosenberg/Schwab/Gottwald*[15] § 146 III 1.
[12] *AK-Ankermann* Rdnr. 4; MünchKomm ZPO-*Walchshöfer* Rdnr. 6; *Zöller/Schneider*[18] Rdnr. 2; *Tiedtke* Die innerprozessuale Bindungswirkung von Urteilen der obersten Bundesgerichte (1976), 158.
[13] *BGH* VersR 1968, 610; *Otto* Die Präklusion (1970), 60ff.; *Tiedtke* (Fn. 12), 158ff.
[14] *BGH* LM § 565 Abs. 2 Nr. 12 = NJW 1969, 661 = MDR 563; *Zöller/Schneider*[18] Rdnr. 3.

kläger nicht schlechter stellen darf als in dem ersten Berufungsurteil[15]; → auch § 539 Rdnr. 20.

7   Soweit Vorgänge der ersten Instanz für die Berufungsinstanz bindend sind (z.B. ein Geständnis, § 532, oder eine zu Recht erfolgte Zurückweisung verspäteten Vorbringens, § 528 Abs. 3), besteht die Bindung fort. Tragen die Parteien nichts Neues vor, so verbleibt es bei den früheren tatsächlichen Feststellungen und behält eine **frühere Beweisaufnahme** ihre Wirkung[16], es sei denn, daß auch das Verfahren aufgehoben worden ist, → § 539 Rdnr. 17. Das Berufungsgericht kann den Beweis jedoch anders würdigen als davor[17]. Ob ein Zeuge erneut zu vernehmen ist, richtet sich nach § 398[18]. Dies gilt auch dann, wenn in der Berufungsinstanz ein anderer Richter mitwirkt als früher[19]. War die Zurückverweisung dagegen an einen anderen Senat erfolgt, → Rdnr. 3, so sind die Beweise grundsätzlich neu zu erheben. Die Lage ist hier mit der vergleichbar, daß es um die Wiederholung erstinstanzlicher Beweisaufnahmen in der Berufungsinstanz geht, → § 526 Rdnr. 4ff. Hatte das Berufungsgericht in dem früheren Verfahren ein Angriffs- oder Verteidigungsmittel **als verspätet zurückgewiesen**, so hat es bei erneutem Vorbringen nach dem nunmehrigen Stand des Rechtsstreits zu prüfen, ob die dafür erforderlichen Voraussetzungen gegeben sind.

## 2. Bindung an die rechtliche Beurteilung des Revisionsgerichts, Abs. 2[20]

### a) Allgemeines zur Bindung

8   Das Berufungsgericht ist nach Abs. 2 an die rechtliche Beurteilung des Revisionsgerichts gebunden, soweit sie der Aufhebung zugrunde liegt, → dazu Rdnr. 10ff. Das ist, obwohl es an sich schon aus dem Verhältnis der Instanzgerichte zueinander folgen würde, abweichend von §§ 538ff. ausdrücklich hervorgehoben, weil es sich hier nicht wie sonst um die Entscheidung als Ganzes, sondern nur um die rechtliche Beurteilung handelt, also nur um ein Element der Entscheidung. Die Bindung des Berufungsgerichts bezieht sich an sich nur auf die »rechtliche Beurteilung« der Sache. Soweit das Revisionsgericht jedoch ausnahmsweise Tatsachen festzustellen hat, dazu → § 561 Rdnr. 33ff., ist das Berufungsgericht daran ebenfalls gebunden[21]. Ob die Beurteilung des Revisionsgerichts zutrifft oder nicht, ob sie auf erschöpfender Heranziehung aller einschlägigen Rechtssätze beruht oder etwa Bestimmungen des revisiblen oder nichtrevisiblen Rechts übersehen worden sind, ist unerheblich[22]; zu eventuellen Einschränkungen der Bindung → Rdnr. 10ff. Ist nach erfolgter Zurückverweisung eine **Änderung der Rechtsprechung des Revisionsgerichts** eingetreten, so muß das Berufungsgericht dann gleichwohl gebunden sein, wenn im Falle einer erneuten Revision auch das Revisionsgericht an seine frühere Entscheidung gebunden ist, → dazu Rdnr. 18; ist dagegen das Revisionsgericht dahingehend frei, daß es seine inzwischen geänderte Auffassung anwenden kann, dann muß diese Möglichkeit auch schon das Berufungsgericht haben[23]. Ob die Zurückverweisung an denselben oder an einen anderen Senat erfolgt ist, spielt für die Bindung nach Abs. 2 keine Rolle[24]. Hat sich nach Zurückverweisung das auf den Fall **anwendbare Recht geändert**, so

---

[15] *BGH* LM § 565 Abs. 1 Nr. 11 = NJW-RR 1989, 1404 = MDR 979 = FamRZ 957; *Baumbach/Lauterbach/Albers*[51] Rdnr. 9; *Thomas/Putzo*[18] Rdnr. 11.
[16] *BAG* AP § 565 Nr. 10 (*Pohle*); *Baumbach/Lauterbach/Albers*[51] Rdnr. 8; *Rosenberg/Schwab/Gottwald*[15] § 146 III 1.
[17] *BAG* AP § 565 Nr. 10; *Rosenberg/Schwab/Gottwald*[15] § 146 III 1.
[18] *Pohle* in Anm. zu *BAG* AP § 565 Nr. 10.
[19] *BAG* AP § 565 Nr. 10
[20] Zur Bindungswirkung nach Abs. 2 s. *Schönke* Die Bindung des Berufungsgerichts an das Urteil des Revisionsgerichts gemäß § 565 Abs. 2 ZPO (1934); *Bettermann* DVBl. 1955, 22; *H. Schröder* in Festschrift f. A. Nikisch (1958), 205; *Götz* JZ 1959, 681; *Bötticher* MDR 1961, 805; *Tiedtke* (Fn. 12); *ders.* JZ 1978, 626; *ders.* ZIP 1993, 252.
[21] *Tiedtke* (Fn. 12), 147ff.
[22] RGZ 74, 220f.; 76, 189f.
[23] Auf den engen Zusammenhang der genannten Fragen weist zutreffend *Tiedtke* (Fn. 12), 166ff. hin.
[24] *BVerwG* WM 1966, 1139.

entfällt die Bindung[25]; hier bewendet es bei dem allgemeinen Grundsatz, daß die Gesetzeslage im Zeitpunkt des Erlasses des Urteils maßgebend ist, → § 300 Rdnr. 25 ff.

Wurde das Urteil wegen eines **Mangels im Verfahren** aufgehoben, so ist in Bezug auf das Verfahren die rechtliche Beurteilung durch das Revisionsgericht bindend[26], während das Berufungsgericht im übrigen (d. h. insbesondere bei der materiellrechtlichen Beurteilung) frei ist[27]. Soweit das Revisionsgericht dagegen eine **für die materielle Entscheidung maßgebende Rechtsnorm** formuliert, insbesondere eine Tatsache für entscheidungserheblich erklärt hat, fällt dem Berufungsgericht nunmehr nur noch die Feststellung der Tatsachen und deren Subsumtion unter die vom Revisionsgericht festgestellte Norm zu, es sei denn, das Revisionsgericht hat die Subsumtion schon selbst vorgenommen, → §§ 549, 550 Rdnr. 27 ff. Die Parteien sind aber im Vorbringen neuer Angriffs- und Verteidigungsmittel nicht beschränkt, → Rdnr. 6. Die Bindung an die Rechtsauffassung des Revisionsurteils entfällt dann, wenn das Berufungsgericht einen anderen als den vom Revisionsgericht zugrundegelegten Tatbestand feststellt[28]. Dabei macht es keinen Unterschied, ob die neu festgestellten Tatsachen schon früher vorlagen oder erst nach Aufhebung des ersten Berufungsurteils eingetreten sind. Die Bindung des Berufungsgerichts beschränkt sich auf Rechtssätze und erstreckt sich nicht etwa auch auf Erfahrungssätze und technische Regeln, die das Revisionsgericht seinem Urteil zugrundegelegt hat[29]. 9

### b) Beschränkung der Bindung auf den unmittelbaren Aufhebungsgrund

Der Aufhebung zugrunde liegt nur die rechtliche Würdigung des Revisionsgerichts, welche die **Beurteilung seitens des Berufungsgerichts mißbilligt** und daher die Aufhebung des Berufungsurteils unmittelbar herbeigeführt hat[30]. Eine nur mittelbar zugrunde gelegte rechtliche Beurteilung führt i. d. R. nicht zu einer Bindung. Das Berufungsgericht soll nur seinen Fehler nicht wiederholen. Soweit das Revisionsgericht das **Berufungsurteil billigt**, ist das Berufungsgericht dagegen nicht gebunden[31]. Dies gilt auch dann, wenn das Revisionsgericht Revisionsrügen ausdrücklich als unbegründet zurückgewiesen hat[32]. Der Gegenmeinung kann mit der h. M.[33] deshalb nicht gefolgt werden, weil die Billigung für die Aufhebung des Berufungsurteils nicht entscheidungserheblich war, somit für das Revisionsgericht kein Anlaß bestand, seine entsprechenden Ausführungen mit derselben Sorgfalt abzufassen wie in den Teilen, in denen es das Berufungsurteil mißbilligt[34]. Eine Bindung des Berufungsgerichts an die dem ersten Berufungsurteil zustimmenden Passagen des Revisionsurteils kann auch nicht dadurch herbeigeführt werden, daß das Revisionsgericht erklärt, einzelne Fragen »abschließend« zu beurteilen[35]. Das Revisionsgericht kann den Umfang der sich aus § 565 Abs. 2 ergebenden Bindung nicht von Fall zu Fall selbst festlegen. Daraus ergeben sich deshalb kaum praktische Schwierigkeiten, weil es das Revisionsgericht weitgehend in der Hand hat, solche Teile des 10

---

[25] BGHZ 8, 256, 259; *Schönke* (Fn. 20), 65; *Schröder* (Fn. 20), 223; *Tiedtke* (Fn. 12), 165 f.; MünchKomm ZPO-*Walchshöfer* Rdnr. 11; *Thomas/Putzo*[18] Rdnr. 6; *Rosenberg/Schwab/Gottwald*[15] § 146 III 3c.
[26] BGHZ 3, 320, 326.
[27] BGHZ 3, 320, 326; *OLG Hamm* NJW 1988, 496, 498; *Baumbach/Lauterbach/Albers*[51] Rdnr. 4; *Zöller/Schneider*[18] Rdnr. 3; MünchKomm ZPO-*Walchshöfer* Rdnr. 12; *Rosenberg/Schwab/Gottwald*[15] § 146 III 3a.
[28] BGH NJW 1985, 2029, 2030; MünchKomm ZPO-*Walchshöfer* Rdnr. 15; *Baumbach/Lauterbach/Albers*[51] Rdnr. 5; *Thomas/Putzo*[18] Rdnr. 6; *Rosenberg/Schwab/Gottwald*[15] § 146 III 2c; *Tiedtke* (Fn. 12), 158 ff.
[29] BGH LM § 144 Nr. 7 = NJW 1982, 1049 = MDR 399 = BB 400; *Baumbach/Lauterbach/Albers*[51] Rdnr. 4.

[30] BGHZ 3, 320, 326; 6, 76, 79; 22, 370, 373; *Tiedtke* ZIP 1993, 252.
[31] BGHZ 3, 320, 325 f.; 22, 370, 374; LM § 565 Abs. 2 Nr. 12 = Warn. 1969 Nr. 85 = NJW 661 = MDR 563; MünchKomm ZPO-*Walchshöfer* Rdnr. 12; *Thomas/Putzo*[18] Rdnr. 7; *Zöller/Schneider*[18] Rdnr. 3; *Tiedtke* (Fn. 12), 87 ff. A.A. *BAGE* 10, 355, 359 (Fn. 38); AK-*Ankermann* Rdnr. 7.
[32] A.A. *Bötticher* MDR 1961, 805; AK-*Ankermann* Rdnr. 7; *Rosenberg/Schwab/Gottwald*[15] § 146 III 3b.
[33] Nachw. → Fn. 31.
[34] Gegen diese Argumentation AK-*Ankermann* Rdnr. 7.
[35] *Tiedtke* (Fn. 12), 150 ff.; *Baumbach/Lauterbach/Albers*[51] Rdnr. 6. A.A. *RGZ* 90, 23, 26; JR 1925 Nr. 1168.

Berufungsurteils, die es billigen möchte, von der Aufhebung auszunehmen, → § 564 Rdnr. 3 ff.

**11** Wenn schon die ausdrückliche Billigung des Berufungsurteils durch das Revisionsgericht das Berufungsgericht nicht nach § 565 Abs. 2 bindet, ist dieses erst recht bei reinen **obiter dicta** in seiner Beurteilung frei. Darüber besteht Einigkeit[36]. Gleiches gilt für **Hinweise für das weitere Verfahren**[37].

**12** Eine weitergehende Bindung tritt nur insoweit ein, als **die zur Aufhebung führenden Gründe zwingend vom Vorhandensein oder Fehlen anderer Erfolgsvoraussetzungen abhängen**[38]. In diesem Sinne muß das Berufungsgericht davon ausgehen, daß alle **unverzichtbaren Prozeßvoraussetzungen** gegeben sind, wenn die Aufhebung wegen Unbegründetheit des Anspruchs erfolgt ist[39]. Soweit eine rechtliche Beurteilung im Einzelfall hier sowohl für das Vorliegen einer unverzichtbaren Prozeßvoraussetzung als auch für die Begründetheit der Klage erheblich ist, beschränkt sich die Bindung auf die Prozeßvoraussetzung[40]. Beruht die rechtliche Beurteilung durch das Revisionsgericht auf einer bestimmten Auslegung des Klageantrags, so ist auch diese Auslegung für das Berufungsgericht bindend[41].

**13** In der Annahme, daß der tragende Aufhebungsgrund andere Gründe zwingend voraussetzt, ist jedoch Vorsicht geboten. Ist ein Betrag etwa nach **Grund und Höhe** streitig und hat das Revisionsgericht das angefochtene Urteil mit der Begründung aufgehoben, die zur Höhe gemachten Ausführungen seien fehlerhaft, so kann das neue Berufungsurteil immer noch das Bestehen eines Anspruchs verneinen[42]; dies deshalb, weil es das Revisionsgericht in der Hand hat, das Urteil aufzuheben, ohne sich zum Grund des Anspruchs zu äußern. Will es den Grund bejahen, so steht es ihm frei, die Aufhebung auf den Betrag zu beschränken, → § 564 Rdnr. 3. Hat das Revisionsgericht im **Kündigungsschutzprozeß** das der Klage stattgebende Berufungsurteil deshalb aufgehoben, weil der beklagte Arbeitgeber bei der Sozialauswahl sachfremde Gesichtspunkte hat walten lassen, so kann sich das Berufungsgericht immer noch auf den Standpunkt stellen, es lägen keine betriebsbedingten Gründe vor, die auch nur eine einzige Entlassung rechtfertigen[43]. Erfolgt die Zurückverweisung deshalb, damit die Sittenwidrigkeit der Kündigung nachgeprüft werden kann, so bedeutet dies nicht, daß die Nichtigkeit der Kündigung nur aus einer Sittenwidrigkeit hergeleitet werden kann[44]. Ferner kann das Berufungsgericht den Bestand eines Rechts auch noch dann verneinen, wenn das Revisionsgericht nur wegen einer **Einrede** aufgehoben hat (Verjährung, Zurückbehaltungsrecht, Stundung); auch hier gilt, daß es das Revisionsgericht richtiger Ansicht nach in der Hand hat, die Aufhebung des angefochtenen Urteils zu beschränken, → § 564 Rdnr. 4. Bei Zurückverweisung zur Prüfung, ob ein **Anfechtungsgrund** vorliegt, kann das Berufungsgericht die Klage mit der Begründung abweisen, es bedürfte deshalb keiner Anfechtung, weil gar kein Vertrag zustandegekommen sei oder doch der geltend gemachte Anspruch sich aus dem Vertrag nicht

---

[36] AK-*Ankermann* Rdnr. 7; MünchKomm ZPO-*Walchshöfer* Rdnr. 12; *Zöller/Schneider*[18] Rdnr. 3; *Rosenberg/Schwab/Gottwald*[15] § 146 III 3a; *Tiedtke* (Fn. 12), 91 ff.

[37] AK-*Ankermann* Rdnr. 7; MünchKomm ZPO-*Walchshöfer* Rdnr. 12; *Thomas/Putzo*[18] Rdnr. 7; *Tiedtke* (Fn. 12), 91 ff.

[38] BAGE 10, 355 = AP § 565 Nr. 1 (*Wieczorek*) = NJW 1961, 1229 = JZ 503 = MDR 885 (*Bötticher*); KG NJW 1962, 1114; *Bötticher* MDR 1961, 805; AK-*Ankermann* Rdnr. 8; *Rosenberg/Schwab/Gottwald*[15] § 146 III 3.

[39] BGHZ 22, 370 = LM § 565 Abs. 2 Nr. 6 (*Johannsen*) = JZ 1957, 446 (*H. Schröder*) = NJW 543 = ZZP 70 (1957), 353 (Bejahung der Zulässigkeit der Revision);

*Bötticher* MDR 1961, 805, 809; AK-*Ankermann* Rdnr. 8. A.A. BGH MDR 1959, 121 (stillschweigende Bejahung der Parteifähigkeit durch das Revisionsgericht); *Zöller/Schneider*[18] Rdnr. 4; *Tiedtke* JZ 1978, 630.

[40] *Tiedtke* (Fn. 12), 120 ff.; a.A. BGHZ 22, 370 (Fn. 39); *H. Schröder* JZ 1957, 447.

[41] BGH LM § 565 Abs. 2 Nr. 11 = NJW 1963, 956 = MDR 474; *Zöller/Schneider*[18] Rdnr. 4. A.A. *Tiedtke* (Fn. 12), 128 ff.

[42] A.A. KG NJW 1962, 1114 (Ausgleichsanspruch des Handelsvertreters).

[43] *Tiedtke* (Fn. 12), 106 ff.; a.A. BAGE 10, 355 (Fn. 38).

[44] *Tiedtke* (Fn. 12), 111; a.A. BAGE 16, 25 = AP § 242 BGB Kündigung Nr. 2 = NJW 1964, 1542.

ergebe⁴⁵. Zum Fall, daß das Revisionsgericht den Bestand des Rechts ausdrücklich bejaht hat, das Urteil aber gleichwohl aufgehoben worden ist, → Rdnr. 10. Ein Ausspruch dahingehend, daß etwas zu billigen oder eine Annahme rechtlich bedenkenfrei ist, liegt der Aufhebung nicht zugrunde. Dabei handelt es sich um reine obiter dicta, → Rdnr. 10, 11. Hebt das Revisionsgericht deshalb auf, weil für den vom Instanzgericht für maßgebend erachteten Rechtssatz noch nicht die genügenden **tatsächlichen Feststellungen** getroffen worden sind, dann liegen Ausführungen darüber, ob der Anspruch nicht vielleicht aus anderen rechtlichen Gesichtspunkten begründet sein kann, der Aufhebung nicht zugrunde⁴⁶.

Soweit das Revisionsgericht die **Verfassungsmäßigkeit eines Gesetzes** bejaht hat (sei es stillschweigend oder ausdrücklich), ist das Berufungsgericht bei einer aus einem anderen Grund erfolgten Zurückverweisung nicht gehindert, die Verfassungsmäßigkeit seinerseits zu verneinen und die Frage nach Art. 100 Abs. 1 GG dem Bundesverfassungsgericht vorzulegen⁴⁷. Entsprechendes gilt für eine **Vorlage nach Art. 177 EWG-Vertrag** an den Europäischen Gerichtshof⁴⁸. Auch wenn man daran denken mag, eine Bindung des Berufungsgerichts deswegen zu bejahen, weil das Revisionsgericht zur Vorlage verpflichtet war (Art. 100 Abs. 1 GG, Art. 177 Abs. 3 EWG-Vertrag), weshalb die Nichtvorlage zwingend die Erfolgsvoraussetzung der Anwendbarkeit der einschlägigen Bestimmung bejaht hat, → Rdnr. 12, geht es auf jeden Fall nicht an, zwischen der Vorlagepflicht nach Art. 100 Abs. 1 GG und der nach Art. 177 Abs. 3 EWG-Vertrag zu differenzieren. 14

### c) Neue Ansprüche

Die Bindung beschränkt sich auf diejenigen Ansprüche, auf die sich die Entscheidung des Revisionsgerichts bezogen hat. Sie erstreckt sich also nicht auf neue Ansprüche⁴⁹ und bei Revision gegen ein Teilurteil nicht auf die in der Berufungsinstanz verbliebenen Ansprüche⁵⁰. Erst recht ist das Berufungsgericht in einem späteren Prozeß über dasselbe Rechtsverhältnis nicht gebunden⁵¹. 15

### d) Bindung an Vorentscheidungen

An seine **eigenen früheren Entscheidungen** ist das Berufungsgericht nach § 318 gebunden, soweit sie nicht vom Revisionsgericht mitaufgehoben worden sind⁵². Das gilt zunächst dann, wenn das Revisionsgericht das Berufungsurteil nicht in vollem Umfang aufgehoben, sondern einen zwischenurteilsfähigen Teil von der Aufhebung ausgenommen hat⁵³, → § 564 Rdnr. 3. Dieser Teil muß dem neuen Berufungsurteil zugrundegelegt werden. Weiter ist das Berufungsgericht an seine frühere Entscheidung dann gebunden, wenn die Sache durch diese an das erstinstanzliche Gericht zurückverwiesen und gegen dessen neues Urteil erneut Berufung eingelegt worden ist⁵⁴; → weiter § 538 Rdnr. 37 und u. Rdnr. 19. Zur Bindung des Berufungsgerichts an seine Entscheidung, daß keine Klageänderung vorliegt bzw. daß eine Klageänderung zugelassen wird, → § 268 Rdnr. 11. 16

---

⁴⁵ *BGH* LM § 565 Abs. 2 Nr. 12 (Auslegung eines Testaments).
⁴⁶ *Tiedtke* (Fn. 12), 135 ff.; *RG* Recht 1917 Nr. 1467.
⁴⁷ *Tiedtke* (Fn. 12), 131 ff. A.A. *BVerfGE* 2, 406, 411 f.; AK-*Ankermann* Rdnr. 8; *Zöller/Schneider*¹⁸ Rdnr. 4.
⁴⁸ *EuGH* NJW 1974, 440; AK-*Ankermann* Rdnr. 8; MünchKomm ZPO-*Walchshöfer* Rdnr. 14.
⁴⁹ *OLG Düsseldorf* FamRZ 1981, 808; MünchKomm ZPO-*Walchshöfer* Rdnr. 13; *Thomas/Putzo*¹⁸ Rdnr. 6.

⁵⁰ *Thomas/Putzo*¹⁸ Rdnr. 6.
⁵¹ *RG* JW 1937, 2229; *BAG* AP § 322 Nr. 1; *Zöller/Schneider*¹⁸ Rdnr. 6.
⁵² MünchKomm ZPO-*Walchshöfer* Rdnr. 10; *Zöller/Schneider*¹⁸ Rdnr. 3.
⁵³ *Tiedtke* (Fn. 12), 32.
⁵⁴ *BGH* LM § 318 Nr. 17 = NJW 1992, 2831 = MDR 1180 = ZIP 1993, 295.

e) **Selbstbindung des Revisionsgerichts**

17   Soweit das Berufungsgericht nach Abs. 2 gebunden ist, besteht die Bindung auch für das Revisionsgericht, wenn die Sache erneut dorthin gelangt. Das Gesetz enthält hierüber zwar keine ausdrückliche Aussage, doch ergibt sich die Selbstbindung aus § 318, → § 318 Rdnr. 4[55]. Im Ergebnis besteht insoweit weitgehend Einigkeit[56]. Auch wenn man, was hier offenbleiben kann, anerkennen wollte, daß sich die Selbstbindung aus dem Gesetz nicht zwingend begründen läßt[57], muß man bei sinnvoller Auslegung insbesondere von § 318 doch zu dem Ergebnis kommen, daß das Revisionsgericht im selben Umfang wie das Berufungsgericht an die rechtliche Beurteilung in der aufhebenden Entscheidung gebunden ist. Es geht nicht an, den Parteien ohne zwingenden Grund zu eröffnen, die früher vertretene Rechtsauffassung werde widerrufen[58]. Nachdem zunehmend die Auffassung an Boden gewinnt, daß das Revisionsgericht nicht einmal in einem anderen Fall ohne vorherige Ankündigung von seiner bisherigen Rechtsprechung abweichen darf[59], muß es erst recht gebunden sein, wenn es in derselben Sache erneut zu entscheiden hat[60].

18   Streitig ist, ob die Selbstbindung des Revisionsgerichts auch dann eingreift, wenn inzwischen **neue revisionsrichterliche Grundsätze** erarbeitet worden sind (der Große Senat hat etwa nach Erlaß des ersten Revisionsurteils in einer anderen Sache die Frage abweichend vom ersten Urteil entschieden). Entgegen der vor allem in der Rechtsprechung vorherrschenden Ansicht[61] muß auch in diesen Fällen die **Bindung bejaht** werden[62]. Die Bindung nach § 318, auf die die Selbstbindung des Revisionsgerichts zurückzuführen ist, → Rdnr. 16, entspricht für das laufende Verfahren der Bindung, die bei Identität des Streitgegenstandes in einem zweiten Prozeß durch die materielle Rechtskraft bewirkt wird, → § 322 Rdnr. 10. Die materielle Rechtskraft wird aber zweifellos durch neue höchstrichterliche Entscheidungen nicht tangiert, → § 322 Rdnr. 256. Eine Bindung des Revisionsgerichts an sein erstes Urteil entfällt also nur dann, wenn das Berufungsgericht einen neuen Tatbestand festgestellt hat, → Rdnr. 9, oder wenn inzwischen ein neues Gesetz auf den Sachverhalt anwendbar ist, → Rdnr. 8; dazu gehört auch der Fall, daß ein entscheidungserhebliches Gesetz inzwischen vom Bundesverfassungsgericht für unwirksam erklärt worden ist[63].

f) **Bindung des Revisionsgerichts an frühere Entscheidungen des Berufungsgerichts**

19   Hat das Berufungsgericht über die Sache zunächst nicht abschließend entschieden, sondern das Verfahren unter Aufhebung des erstinstanzlichen Urteils **zurückverwiesen**, ohne daß gegen dieses Urteil Revision eingelegt worden wäre, so ist das Revisionsgericht an das Urteil

---

[55] *Rosenberg/Schwab/Gottwald*[15] § 146 III 4; *Götz* JZ 1959, 681, 682; *Otto* (Fn. 13), 65. Gegen die Anwendbarkeit von § 318 *Tiedtke* (Fn. 12), 249 f.; *GemSOGB BGHZ* 60, 392, 396 = NJW 1973, 1273 = MDR 728.

[56] *GemSOGB BGHZ* 60, 392, 395 ff. (Fn. 55); *BGHZ* 25, 200, 204 = NJW 1958, 59; *FamRZ* 1963, 282; *BAGE* 7, 237 = AP § 318 Nr. 1 (*Pohle*) = MDR 1959, 525; *AK-Ankermann* Rdnr. 9; *Baumbach/Lauterbach/Albers*[51] Rdnr. 9; *MünchKomm ZPO-Walchshöfer* Rdnr. 18; *Thomas/Putzo*[18] Rdnr. 9; *Rosenberg/Schwab/Gottwald*[15] § 146 III 4; *Jauernig*[24] § 74 VIII 2 a. Demgegenüber wird eine Selbstbindung verneint von *Tiedtke* (Fn. 12), 241 ff.; *Bettermann* DVBl. 1955, 22 und *Sommerlad* NJW 1974, 123.

[57] So vor allem *Tiedtke* (Fn. 12), 246 ff.

[58] Ähnlich in der Begründung *AK-Ankermann* Rdnr. 9.

[59] *Grunsky* Grenzen der Rückwirkung bei einer Änderung der Rechtsprechung (1970); *Staudinger/Coing* BGB[12] (1980) Einl. Rdnr. 227.

[60] Diesen Zusammenhang berücksichtigt *Sommerlad* NJW 1974, 123, 125 nicht.

[61] *GemSOGB BGHZ* 60, 392 (Fn. 55); *BVerwGE* 7, 159 = NJW 1958, 1841 = JZ 1959, 220 (*Schmitt*); *BSG* NJW 1962, 1541; 1968, 1800 = MDR 1969, 961 (*Bötticher*). Zustimmung *Tiedtke* (Fn. 12), 259 f.; *AK-Ankermann* Rdnr. 9; *Baumbach/Lauterbach/Albers*[51] Rdnr. 9; *MünchKomm ZPO-Walchshöfer* Rdnr. 18; *Thomas/Putzo*[18] Rdnr. 4; *Zöller/Schneider*[18] Rdnr. 4.

[62] *Schmitt* JZ 1959, 22; *Bötticher* MDR 1961, 805, 806 f.; *Rosenberg/Schwab/Gottwald*[15] § 146 III 4; *OLG Düsseldorf* VersR 1970, 802.

[63] *Tiedtke* (Fn. 12), 166.

gebunden, falls die Sache nach dem zweiten Berufungsurteil in die Revisionsinstanz gelangt,
→ weiter § 538 Rdnr. 37. Hat das Berufungsgericht also das die Klage als unzulässig abweisende Urteil erster Instanz aufgehoben und die Sache nach § 538 Abs. 1 Nr. 2 zurückverwiesen, so muß das Revisionsgericht die Klage ebenfalls als zulässig behandeln[64].

### 3. Anfechtbarkeit des neuen Urteils

Das aufgrund der Verhandlung ergangene **neue Urteil des Berufungsgerichts** unterliegt nach den allgemeinen Grundsätzen über die Statthaftigkeit der Revision erneut der Revision[65]. Ein Revisionsgrund liegt dabei auch darin, daß das Berufungsgericht die Bindung nach Abs. 2 nicht eingehalten hat[66]; dies ist von Amts wegen zu berücksichtigen[67]. Eine Anfechtung der in dem früheren Revisionsurteil enthaltenen rechtlichen Beurteilung wäre dagegen deswegen ohne Erfolg, weil das Revisionsgericht an seine frühere Beurteilung gebunden ist, → Rdnr. 17.  20

## III. Abschließende Entscheidung des Revisionsgerichts

In den Fällen des Abs. 3 entscheidet das Revisionsgericht anstelle des Berufungsgerichts (nicht aber als solches) in der Sache selbst, und zwar ohne Rücksicht darauf, ob die Parteien (oder eine von ihnen) einen entsprechenden Antrag gestellt haben[68]. **Zweck der Vorschrift** ist es, eine überflüssige Zurückverweisung und damit Verlängerung des Verfahrens auszuschließen, wenn das Berufungsgericht infolge seiner auf Abs. 2 beruhenden Bindung ohnehin zu keinem anderen Ergebnis kommen könnte als das Revisionsgericht[69]. Das Urteil ist auch hier ein einheitliches; eine Trennung des Verfahrens zunächst über die Aufhebung des Berufungsurteils und anschließend über die neue Entscheidung findet nicht statt.  21

### 1. Unrichtige Anwendung des Gesetzes auf das festgestellte Sachverhältnis

#### a) Festgestelltes Sachverhältnis

Nach Abs. 3 Nr. 1 hat das Revisionsgericht in der Sache selbst zu entscheiden, wenn die Aufhebung des Berufungsurteils nur wegen Gesetzesverletzung bei Anwendung des Gesetzes auf das festgestellte Sachverhältnis erfolgt. Dies kann sowohl in Gestalt eines die Klage als unzulässig abweisenden Prozeßurteils als auch durch Sachurteil erfolgen. »Festgestellt« ist das Sachverhältnis dann, wenn das Verfahren **zur Endentscheidung reif** ist[70], d.h. der Sachverhalt muß unstreitig, → Rdnr. 23, oder in dem Sinne geklärt sein, daß das Berufungsgericht alle erforderlichen Feststellungen getroffen hat oder weitere Feststellungen nicht mehr möglich erscheinen. Sind diese Voraussetzungen erfüllt, so hat das Revisionsgericht auch die Möglichkeit, eine vom Berufungsgericht vorgenommene fehlerhafte **Auslegung einer Willenserklärung** selbst zu korrigieren, → §§ 549, 550 Rdnr. 39. Weiter kann das Revisionsgericht anhand des feststellten Sachverhalts selbst entscheiden, wie ein unbestimmter Rechtsbegriff oder eine Generalklausel im konkreten Fall auszulegen ist[71], → §§ 549, 550 Rdnr. 28ff.  22

---

[64] BGHZ 25, 200 = LM § 549 Nr. 40 = NJW 1958, 59 = JZ 277 (*Schiedermair*) = ZZP 71 (1958), 411; *Baumbach/Lauterbach/Albers*[51] Rdnr. 9.
[65] MünchKomm ZPO-*Walchshöfer* Rdnr. 17; *Baumbach/Lauterbach/Albers*[51] Rdnr. 9.
[66] BGHZ 3, 321, 324; LM § 318 Nr. 17 (Fn. 54); MünchKomm ZPO-*Walchshöfer* Rdnr.17; *Thomas/Putzo*[18] Rdnr. 11.

[67] BGH LM § 318 Nr. 17 (Fn. 54).
[68] BAGE 17, 314.
[69] BGHZ 10, 350, 359f.; WM 1969, 1191.
[70] MünchKomm ZPO-*Walchshöfer* Rdnr. 22.
[71] BGH ZIP 1993, 1120 = NJW 2178.

Voraussetzung ist dabei jedoch, daß die vom Berufungsgericht vorgenommene Auslegung einen Rechtsfehler enthält; ist dies nicht der Fall, ist das Revisionsgericht an die Auslegung des Berufungsgerichts gebunden.

23 Von einem festgestellten Sachverhältnis kann dann nicht gesprochen werden, wenn die **Feststellungen des Berufungsgerichts widersprüchlich** sind; hier muß zurückverwiesen werden[72] (es sei denn, der Widerspruch bezieht sich auf einen nicht entscheidungserheblichen Punkt). War bei der Feststellung des Sachverhalts in der Berufungsinstanz ein Gesetz verletzt, § 554 Abs. 3 Nr. 3b, so kann das Revisionsgericht nicht die Entscheidung zur Sache selbst erlassen. Eine Ausnahme davon ist allerdings dann geboten, wenn die Klage nach Ansicht des Revisionsgerichts **unschlüssig** ist; hier bedarf es auch dann keiner Zurückverweisung, wenn in der Berufungsinstanz ein Verfahrensfehler unterlaufen ist[73]. Weiter muß dem Revisionsgericht dann eine eigene Entscheidungsbefugnis zugebilligt werden, wenn der Sachverhalt inzwischen **unstreitig** geworden ist. Läßt man es nämlich zu, daß unstreitige Tatsachen, die erst nach Abschluß der Berufungsinstanz eingetreten sind, im Revisionsverfahren berücksichtigt werden, → § 561 Rdnr. 22 ff., so muß man dem Revisionsgericht die Feststellung von Tatsachen auch dann ermöglichen, wenn ein Sachverhalt erst jetzt unstreitig geworden ist.

24 Noch nicht endgültig geklärt ist, ob das Revisionsgericht nach § 565 Abs. 3 eine **Abweisung der Klage als unzulässig** durch das Berufungsgericht **in eine solche als unbegründet umwandeln** oder der **Klage stattgeben** kann. Insbesondere in der Rechtsprechung wird die Frage bejaht, sofern die vom Berufungsgericht getroffenen Feststellungen für eine Sachentscheidung ausreichen und es ausgeschlossen erscheint, daß die Parteien weiteres entscheidungserhebliches Material vortragen können[74]. Das Schrifttum stimmt dem weitgehend zu[75], doch wird auch die Auffassung vertreten, das Revisionsgericht sei in derartigen Fällen zur Zurückverweisung gezwungen[76]. Die gegen die Rechtsprechung vorgetragenen Argumente sind nicht stichhaltig. Insbesondere ist es unrichtig, daß das Berufungsgericht bei einer Prozeßabweisung gar keine Feststellungen zur Sache selbst gemacht haben kann, weshalb ein »festgestelltes Sachverhältnis« i. S. des Abs. 3 Nr. 1 gar nicht vorliege, womit die Zurückverweisung zwingend geboten sei[77]. Zum einen ist es möglich, daß bei Anspruchshäufung der zu einem Anspruch festgestellte Sachverhalt zur Entscheidung auch über einen anderen, in der Berufungsinstanz als unzulässig abgewiesenen Anspruch ausreicht. Diese Voraussetzung wird häufig bei Klage und Widerklage oder bei Erhebung einer Zwischenfeststellungsklage vorliegen. Weiter kann das Revisionsgericht trotz Prozeßabweisung in der Berufungsinstanz dann entscheiden, wenn die Klage unschlüssig ist, so daß es der Feststellung eines Sachverhältnisses gar nicht bedarf[78]. Schließlich ist noch darauf hinzuweisen, daß der von der h. M. vertretene Grundsatz, wonach das Gericht auf die Begründetheit der Klage erst dann eingehen darf, wenn es zuvor ihre Zulässigkeit bejaht hat, in dieser Allgemeinheit zu weit geht[79], weshalb es

---

[72] *BAG* AP § 392 BGB Nr. 2 (*Wieczorek*).
[73] *BGH* LM § 565 Abs. 3 Nr. 5 (*Johannsen*).
[74] *BGHZ* 33, 398 = LM § 529 Nr. 19 (*Johannsen*) = NJW 1961, 362 = MDR 220 = ZZP 74 (1961), 213 (*Schwab*) (in der Berufungsinstanz war eine Widerklage zu Unrecht nicht zugelassen worden); *BGHZ* 46, 281 = LM § 563 Nr. 20 (*Mattern*) = NJW 1967, 773 = MDR 396 = BB 189 (Abweisung des Hauptantrags als unzulässig); LM § 565 Abs. 3 Nr. 6a = ZZP 73 (1960), 124; LM § 565 Abs. 3 Nr. 12 = MDR 1976, 469; LM § 256 Nr. 94; NJW 1978, 2031, 2032; 1990, 990, 992; LM § 256 Nr. 168 = NJW 1992, 436 = MDR 297 = WM 276; *BGH* LM § 322 Nr. 135 = NJW 1993, 2684 = MDR 1117 = ZIP 1495 = WM 1809 = BB 1837; *BAGE* 18, 29 = AP § 565 Nr. 22 (*Bötticher*) = NJW 1966, 1140 (Sachverhalt der Hauptklage ermöglichte Entscheidung über zu Unrecht als unzulässig abgewiesene Zwischenfeststellungsklage).
[75] AK-*Ankermann* Rdnr. 12; MünchKomm ZPO-*Walchshöfer* Rdnr. 23; *Thomas/Putzo*[18] Rdnr. 23; *Zöller/Schneider*[18] Rdnr. 11; *Rosenberg/Schwab/Gottwald*[15] § 146 II 2 b.
[76] So insbesondere *Arens* AcP 161 (1962), 177 ff.; s. weiter *Jauernig*[24] § 74 VIII 2 b; *Schilken* Rdnr. 963.
[77] So insbesondere *Arens* AcP 161 (1962), 177 ff.; ähnlich *BAGE* 17, 218, 222.
[78] Zutreffend *Bötticher* in Anm. zu *BAG* AP § 565 Nr. 11 gegen *Arens* AcP 161 (1961), 190 ff.
[79] S. dazu näher *Grunsky* ZZP 80 (1967), 55 und in dem hier interessierenden Zusammenhang insbesondere *Rimmelspacher* Zur Prüfung von Amts wegen im Zivilprozeß (1966), 211 ff.

sehr wohl möglich ist, daß das Gericht trotz Prozeßabweisung in dem Urteil Tatsachen feststellt, die eine Entscheidung über die Begründetheit der Klage ermöglichen. In der Ersetzung eines Prozeßurteils durch ein klageabweisendes Sachurteil liegt auch kein Verstoß gegen das Verbot der reformatio in peius, → § 536 Rdnr. 6.

Zur Entscheidung in der Sache selbst ist es nicht nötig, daß die Sachverhaltsfeststellung vom Berufungsgericht vorgenommen worden ist. Hat das Revisionsgericht die entscheidungserheblichen Tatsachen ausnahmsweise selbst festzustellen, → § 561 Rdnr. 33 ff., und reichen diese Feststellungen zur Entscheidung des Rechtsstreits aus, so hat das Revisionsgericht von einer Zurückverweisung abzusehen[80]. Dabei ist es gleichgültig, ob die Feststellungen auf einer Beweisaufnahme beruhen oder darauf, daß das Revisionsgericht nach Abschluß der Berufungsinstanz neu eingetretene Tatsachen ausnahmsweise deshalb berücksichtigen muß, weil diese unter den Parteien unstreitig sind, → § 561 Rdnr. 24. 25

### b) Endentscheidung

Die Sache muß zur Endentscheidung reif sein. Da bedeutet nicht, daß der Rechtsstreit damit abschließend entschieden wird. »Endentscheidung« ist vielmehr die Entscheidung, die das Berufungsgericht zu treffen hätte, wenn die Sache zurückverwiesen würde. Dazu gehört etwa die **Zurückweisung der Berufung** als unbegründet[81]; zur Verwerfung der Berufung als unzulässig → Rdnr. 27. Eine Endentscheidung i. S. von Abs. 3 Nr. 1 ist weiter die **Zurückverweisung an die erste Instanz** nach §§ 538, 539[82]. Diese kommt etwa in Betracht, wenn die Klage in erster Instanz als unzulässig abgewiesen und die Berufung zurückgewiesen worden ist, während das Revisionsgericht sie für zulässig hält; hier hätte das Berufungsgericht die Sache nach § 538 Abs. 1 Nr. 2 zurückverweisen müssen. Weiter gehört hierher der Fall, daß das Revisionsgericht den aberkannten Anspruch gemäß § 304 dem Grunde nach feststellt, → § 538 Abs. 1 Nr. 3. Eine Zurückverweisung an das erstinstanzliche Gericht kann seitens des Revisionsgerichts auch dann erfolgen, wenn sie im Ermessen des Berufungsgerichts steht[83] (was wegen § 540 in allen Fällen einer Zurückverweisungsmöglichkeit in die erste Instanz der Fall ist). Hält das Revisionsgericht in einem Fall des § 538 eine Entscheidung durch das Berufungsgericht für sachdienlich, so ist es nicht gezwungen, an das erstinstanzliche Gericht zurückzuverweisen, sondern kann an das Berufungsgericht zurückverweisen[84]. Dieses ist dann in dem Sinne nach § 565 Abs. 2 gebunden, daß es selbst entscheiden muß und die Sache nicht seinerseits in die erste Instanz zurückverweisen darf. In den Fällen nach § 539 steht auch dem Revisionsgericht das dort dem Berufungsgericht eingeräumte Ermessen zu[85]. Andererseits darf ohne die Voraussetzungen der §§ 538, 539 die Zurückverweisung nur an das Berufungsgericht erfolgen, → auch § 538 Rdnr. 1; wenn das Berufungsgericht keine Möglichkeit einer Zurückverweisung an die erste Instanz hat, kann sich eine solche Befugnis auch nicht für das nach Abs. 3 Nr. 1 anstelle des Berufungsgerichts entscheidende Revisionsgericht ergeben. Daß den Parteien dadurch für einzelne Streitpunkte eine Instanz entgeht, spielt hier ebensowenig eine Rolle wie wenn es darum geht, ob das Berufungsgericht seinerseits zurückweist; hier sind die Möglichkeiten in den §§ 538, 539 ebenfalls abschließend aufgeführt, → § 538 Rdnr. 1. 26

---

[80] *BGH* VersR 1961, 413; LM § 565 Abs. 3 Nr. 10 = MDR 1962, 374 = BB 385.
[81] *Gilles* Rechtsmittel im Zivilprozeß (1972), 88.
[82] *BGH* LM § 565 Abs. 3 Nr. 17 = NJW 1992, 2099 = MDR 804; AK-*Ankermann* Rdnr. 13; *Baumbach/Lauterbach/Albers*[51] Rdnr. 12; *Thomas/Putzo*[18] Rdnr. 14.

[83] *Bettermann* NJW 1969, 170.
[84] *BGH* LM § 1 UWG Nr. 24; § 540 Nr. 5; AK-*Ankermann* Rdnr. 13; s. weiter BGHZ 25, 360, 369; 90, 331.
[85] RGZ 50, 400; 57, 270; *Bettermann* NJW 1969, 170.

27  Die Entscheidungsreife kann auch eine solche über **prozessuale Fragen** sein. Hierher gehört zunächst der Fall, daß die Klage entgegen der Auffassung des Berufungsgerichts wegen Fehlens einer Prozeßvoraussetzung **als unzulässig abzuweisen** ist[86]. Welche Prozeßvoraussetzung konkret fehlt, ist dabei unerheblich. Hätte der Mangel in erster Instanz noch geheilt werden können, sofern das Berufungsgericht die Sache nach § 539 zurückverwiesen hätte, so soll das Revisionsgericht nach Abs. 3 an die erste Instanz zurückverweisen müssen und nicht etwa die Klage als unzulässig abweisen können[87]. Weiter kann das Revisionsgericht nach Abs. 3 Nr. 1 die **Zulässigkeit der Klage bejahen** und die Sache nur wegen der Begründetheit an das Berufungsgericht zurückverweisen. Entsprechendes wie für die Zulässigkeit der Klage gilt für die **Zulässigkeit der Berufung**: Das Revisionsgericht kann sowohl die vom Berufungsgericht als zulässig angesehene Berufung als unzulässig verwerfen[88] als auch umgekehrt die vom Berufungsgericht verneinte Zulässigkeit der Berufung aussprechen; in diesem Zusammenhang kann es auch Wiedereinsetzung in den vorigen Stand gegen Versäumung der Berufungs- oder der Berufungsbegründungsfrist gewähren[89]. In diesem Fall ist der Rechtsstreit (sofern er nicht auch der Sache nach entscheidungsreif ist), an das Berufungsgericht zurückzuverweisen.

### 2. Aufhebung wegen Unzuständigkeit

28  Abs. 3 Nr. 2 hat keine eigenständige Funktion. Abgesehen davon, daß die Unzuständigkeit des Gerichts und die Unzulässigkeit des Rechtswegs weitgehend gar nicht mehr überprüfbar ist (§§ 10, 512a, 549 Abs. 2, 17a Abs. 5 GVG), folgt die Befugnis des Revisionsgerichts zur Abweisung der Klage als unzulässig bereits aus Abs. 3 Nr. 1[90], → Rdnr. 27.

## IV. Anwendung nichtrevisiblen Rechts bei Entscheidung des Revisionsgerichts in der Sache selbst, Abs. 4

29  Kommt bei der nach Abs. 3 vom Revisionsgericht selbst zu erlassenden Entscheidung nichtrevisibles Recht (dazu → §§ 549, 550 Rdnr. 10ff.) infrage, so kann (nicht: muß) das Revisionsgericht die Sache an das Berufungsgericht zurückverweisen[91]. Das Gericht hat insoweit einen Ermessensspielraum[92]. Sieht es von einer Zurückverweisung ab, so steht ihm aufgrund des Abs. 4 die freie Beurteilung und Anwendung des nichtrevisiblen Rechts zu[93]. Hat das Berufungsgericht allerdings Feststellungen über das nichtrevisible Recht getroffen, so ist das Revisionsgericht daran nach § 562 gebunden[94].

## V. Kosten

30  Wegen der Entscheidung über die Kosten → § 97 Rdnr. 7. Ergänzend zu dem dort Ausgeführten ist hervorzuheben, daß dann, wenn das Revisionsgericht zwar nach Abs. 3 Nr. 1 in der Sache selbst entscheidet, es aber gleichwohl zu einer Zurückverweisung an das Beru-

---

[86] *BGHZ* 18, 98 = LM § 423 HGB Nr. 2 = NJW 1955, 1513; *Baumbach/Lauterbach/Albers*[51] Rdnr. 12; MünchKomm ZPO-*Walchshöfer* Rdnr. 19.
[87] *BGH* § 565 Abs. 3 Nr. 17 (Fn. 81): Nicht ordnungsgemäße Zustellung der Klage; MünchKomm ZPO-*Walchshöfer* Rdnr. 19.
[88] MünchKomm-ZPO-*Walchshöfer* Rdnr. 21; Wieczorek/Rössler Anm. B IV
[89] *BGH* NJW 1982, 1873; 1985, 2650; *BSG* NVwZ 1993, 509; *Baumbach/Lauterbach/Albers*[51] Rdnr. 12.
[90] *Thomas/Putzo*[18] Rdnr. 16.
[91] *BGHZ* 118, 151, 168 = NJW 1992, 2026, 2030.
[92] MünchKomm ZPO-*Walchshöfer* Rdnr. 29.
[93] *BGHZ* 24, 159; 49, 384, 387; MünchKomm ZPO-*Walchshöfer* Rdnr. 29.
[94] *BGHZ* 24, 159, 164; MünchKomm ZPO-*Walchshöfer* Rdnr. 29.

## VI. Arbeitsgerichtliches Verfahren

Für das arbeitsgerichtliche Verfahren gilt nur insoweit eine Besonderheit, als sich die in 31
Abs. 4 geregelte Problematik, → Rdnr. 29, deswegen nicht ergeben kann, weil die Revision
auf die Verletzung jedweder Rechtsnorm gestützt werden kann, → §§ 549, 550 Rdnr. 58 ff.,
womit der Begriff des nichtrevisiblen Rechts keine Rolle spielt. Im übrigen ist § 565 im
arbeitsgerichtlichen Verfahren uneingeschränkt anwendbar, und zwar auch im Rechtsbeschwerdeverfahren, § 96 Abs. 1 S. 2 ArbGG. Die Zurückverweisung kann auch an eine andere Kammer des Landesarbeitsgerichts erfolgen.

## § 565 a [Zurückweisung von Verfahrensrügen]

**Die Entscheidung braucht nicht begründet zu werden, soweit das Revisionsgericht Rügen von Verfahrensmängeln nicht für durchgreifend erachtet. Dies gilt nicht für Rügen nach § 551.**

Gesetzesgeschichte: Eingefügt durch Gesetz v. 8. VII. 1975 (BGBl. I 1863); entspricht Art. 1 Nr. 4 des Gesetzes zur Entlastung des BGH in Zivilsachen v. 15. VIII. 1969 (BGBl. I 1141) i. d. F. v. 7. VIII. 1972 (BGBl. I 1883). Keine Änderungen.

### 1. Kein Begründungszwang

#### a) Zurückweisung der Rüge

Die Zurückweisung von Verfahrensrügen braucht nicht begründet zu werden. Dadurch soll 1
das Revisionsgericht von der Mühe entlastet werden, jede der oft zahlreichen Verfahrensrügen ausdrücklich bescheiden zu müssen. Gegen die Vorschrift bestehen keine verfassungsrechtlichen Bedenken[1]. Zum Begriff der Verfahrensrüge → § 554 Rdnr. 9 ff. Wird das Vorliegen eines absoluten Revisionsgrundes gerügt, so muß die Zurückweisung begründet werden, S. 2. Voraussetzung ist jedoch eine ordnungsgemäße Verfahrensrüge. Soweit S. 1 eingreift, braucht das Revisionsgericht die Zurückweisung nicht nur nicht zu begründen; es kann sich vielmehr darüber hinaus auch die ausdrückliche Zurückweisung ersparen, d. h. im Revisionsurteil muß die Verfahrensrüge gar nicht angesprochen werden. Der Grund der Zurückweisung ist unerheblich. Die Begründung ist nicht nur dann entbehrlich, wenn das Revisionsgericht das Verfahren des Berufungsgerichts billigt, sondern auch dann, wenn die Verfahrensrüge nicht den Anforderungen des § 554 Abs. 3 Nr. 3 b genügt.

Vom Wortlaut her gilt S. 1 bei allen Verfahrensrügen, die keinen absoluten Revisionsgrund 2
betreffen. Vom Zweck der Vorschrift her sind jedoch Einschränkungen zu machen. Soweit sich die Revision ausschließlich auf die **Verletzung einer Verfahrensvorschrift** stützt, die das

---

[1] AK-*Ankermann* Rdnr. 1; MünchKomm ZPO-*Walchshöfer* Rdnr. 1.

[2] A. A. MünchKomm ZPO-*Walchshöfer* Rdnr. 2; zweifelnd *Wieczorek/Rössler* Anm. B V.

Revisionsgericht seinerseits als nicht verletzt ansieht, hat es die Zurückweisung zu begründen[2]; anderenfalls könnte das Urteil ohne jede Begründung ergehen, was ersichtlich nicht der Sinn von S. 1 ist. Werden **mehrere Verfahrensrügen** erhoben, ohne daß daneben auch die Verletzung materiellen Rechts gerügt wird, so muß das Urteil bei Zurückweisung aller Rügen wenigstens zu einer von ihnen eine Begründung enthalten. Weiter ist ein Zwischenurteil zu begründen, durch das eine Verfahrensrüge zurückgewiesen wird. Eine Begründungspflicht ist schließlich auch dann zu bejahen, wenn das Oberlandesgericht die **Revision wegen einer Verfahrensfrage nach § 546 Abs. 1 S. 2 zugelassen** hat (sei es wegen grundsätzlicher Bedeutung, sei es wegen Divergenz). Es geht nicht an, das Oberlandesgericht wegen der Bedeutung der Sache zur Zulassung der Revision zu verpflichten, dem Revisionsgericht dann aber die Möglichkeit zu geben, von einer Begründung abzusehen. Dabei kommt es auch nicht darauf an, ob der Revisionskläger ausschließlich die Verfahrensrüge oder daneben auch materielle Rügen erhoben hat.

### b) Stattgeben der Rüge

3   S. 1 betrifft nur die Zurückweisung einer Verfahrensrüge. Wird das angefochtene Urteil dagegen auf eine begründete Verfahrensrüge hin aufgehoben, so muß dafür eine Begründung gegeben werden. Dies gilt auch dann, wenn die Aufhebung außerdem aus einem weiteren Grund erfolgt.

### c) Verfahren über die Rüge

4   Die Entlastung des Revisionsgerichts bei unbegründeten Verfahrensrügen beschränkt sich auf die Entscheidung über die Rügen. Für das Verfahren über die Rüge gilt dagegen nichts Besonderes. Die Rügen sind zum Gegenstand der mündlichen Verhandlung zu machen. Der Anspruch auf rechtliches Gehör wird ebenfalls nicht berührt.

### 2. Arbeitsgerichtliches Verfahren

5   Im arbeitsgerichtlichen Verfahren gilt § 565a ebenfalls[3]. § 75 Abs. 3 ArbGG, der ausdrücklich die Nichtanwendbarkeit von § 565a anordnete, ist durch G. v. 21. V. 1979 (BGBl. I 545) aufgehoben worden. Für den Beschluß des Rechtsbeschwerdegerichts im Beschlußverfahren gilt § 565a ebenfalls.

## § 566 [Anzuwendende Vorschriften des Berufungsverfahrens]

Die für die Berufung geltenden Vorschriften über die Anfechtbarkeit der Versäumnisurteile, über die Verzichtleistung auf das Rechtsmittel und seine Zurücknahme, über die Vertagung der mündlichen Verhandlung, über die Rügen der Unzulässigkeit der Klage, über den Vortrag der Parteien bei der mündlichen Verhandlung und über die Einforderung und Zurückforderung der Prozeßakten sind auf die Revision entsprechend anzuwenden.

Gesetzesgeschichte: Bis 1900 § 529 CPO. Änderungen: RGBl. 1898 I 256; 1905 S. 536; BGBl. 1976 I 3281.

---

[3] *Grunsky*[6] § 75 Rdnr. 1; *Germelmann/Matthes/Prütting* § 75 Rdnr. 48.

| | | | |
|---|---|---|---|
| I. Allgemeines | 1 | 7. Einforderung und Zurücksendung der Prozeßakten | 10 |
| II. Die einzelnen Bestimmungen | 2 | | |
| 1. Anfechtbarkeit der Versäumnisurteile | 2 | III. Versäumnisverfahren | 11 |
| | | 1. Zulässigkeit der Revision | 12 |
| 2. Verzicht auf die Revision | 4 | 2. Säumnis des Revisionsklägers | 13 |
| 3. Zurücknahme der Revision | 5 | 3. Säumnis des Revisionsbeklagten | 14 |
| 4. Vertagung der mündlichen Verhandlung | 7 | 4. Entscheidung nach Lage der Akten | 15 |
| 5. Zulässigkeitsrügen | 8 | IV. Arbeitsgerichtliches Verfahren | 16 |
| 6. Vortrag der Parteien | 9 | | |

## I. Allgemeines

Nach § 557 gelten für das Revisionsverfahren im allgemeinen die Vorschriften über das 1 landgerichtliche Verfahren erster Instanz. § 566 überträgt jedoch einige der für die Berufung geltenden besonderen Bestimmungen, die durch die Natur als Rechtsmittelverfahren bedingt sind, auch auf das Revisionsverfahren.

## II. Die einzelnen Bestimmungen

### 1. Anfechtbarkeit der Versäumnisurteile

Für die Anfechtbarkeit eines vom Berufungsgericht erlassenen Versäumnisurteils (zu Ver- 2 säumnisurteilen des Revisionsgerichts → Rdnr. 11 ff.) gelten die §§ 513, 521 Abs. 2. Danach muß es sich um ein »zweites« Versäumnisurteil handeln und die Revision darauf gestützt werden, daß kein Fall einer Versäumung vorliege, § 513 Abs. 2. Die **Statthaftigkeitsvoraussetzungen des § 546** brauchen dabei nicht erfüllt zu sein, d. h. vor allem braucht die Revision nicht vom Oberlandesgericht zugelassen worden zu sein[1]. Das Revisionsgericht kann die Annahme der Revision auch nicht nach § 554b wegen Fehlens einer grundsätzlichen Bedeutung der Sache ablehnen[2]. Ob es sich um eine vermögens- oder um eine nichtvermögensrechtliche Streitigkeit handelt, spielt demnach für die Anfechtbarkeit eines berufungsgerichtlichen Versäumnisurteils keine Rolle. Zur Anfechtbarkeit eines zweiten Versäumnisurteils in der Arbeitsgerichtsbarkeit → Rdnr. 16.

An dem Charakter des Revisionsverfahrens als einer reinen Rechtskontrolle ändert sich bei 3 der Revision gegen ein Versäumnisurteil nichts. Erfolg kann die Revision demnach nur dann haben, wenn das Berufungsgericht bei der unrichtigen Annahme einer Versäumung das **Gesetz verletzt** hat[3]. Insoweit muß eine ordnungsmäßige Revisionsrüge erhoben worden sein.

### 2. Verzicht auf die Revision

Für den Verzicht auf die Revision gilt § 514 entsprechend. Der Verzicht kann auch schon 4 vor Erlaß des Berufungsurteils und auch noch nach Einlegung der Revision erklärt werden[4]; in letzterem Fall handelt es sich der Sache nach allerdings um eine Zurücknahme der Revision, → § 514 Rdnr. 6, weshalb der Verzicht durch einen beim BGH zugelassenen Rechtsanwalt

---

[1] *BGH* LM § 513 Nr. 5 = NJW 1979, 166 = MDR 127 = ZZP 92 (1979), 370 (*Grunsky*); *Baumbach/Lauterbach/Albers*[51] Rdnr. 2; MünchKomm ZPO-*Walchshöfer* Rdnr. 3; *Thomas/Putzo*[18] Rdnr. 2; *Zöller/Schneider*[18] Rdnr. 2.

[2] *BGH* VersR 1981, 1056; MünchKomm ZPO-*Walchshöfer* Rdnr. 3.
[3] *Baumbach/Lauterbach/Albers*[51] Rdnr. 2.
[4] *BGHZ* 27, 60 = NJW 1958, 868 = MDR 512.

erklärt werden muß. Zu Besonderheiten bei Einlegung der Revision beim Bayerischen Obersten Landesgericht gilt Entsprechendes wie bei der Revisionsrücknahme, → Rndr. 6.

### 3. Zurücknahme der Revision

5   Für die Zurücknahme der Revision gilt § 515 entsprechend. Die Zurücknahme unterliegt dem **Anwaltszwang**, d. h. sie kann nur durch einen beim BGH zugelassenen Rechtsanwalt erklärt werden[5]. Dagegen kann der Antrag nach § 515 Abs. 3 S. 2 (Verlust der eingelegten Revision und Kostentragungspflicht des Revisionsklägers) solange auch durch einen anderen Rechtsanwalt gestellt werden, als der Revisionsbeklagte noch keinen beim BGH zugelassenen Rechtsanwalt beauftragt hat, § 515 Abs. 3 S. 2, 2. Hs., → § 515 Rdnr. 33.

6   Ist die Revision beim **Bayerischen Obersten Landesgericht** eingelegt worden, so kann sie auch dann noch durch den Anwalt, der die Einlegung erklärt hat, → § 553 Rdnr. 2, zurückgenommen werden, wenn die Sache inzwischen an den BGH gelangt ist[6]. Hat der Revisionsbeklagte einen nicht beim BGH zugelassenen Rechtsanwalt beauftragt, so kann dieser den Antrag nach § 515 Abs. 3 S. 2 stellen, wenn eine beim BayObLG eingelegte Revision beim BGH zurückgenommen wird[7].

### 4. Vertagung der mündlichen Verhandlung

7   Die entsprechende Anwendbarkeit der Regelung über die Vertagung der mündlichen Verhandlung hat keine Bedeutung mehr. Sie bezog sich auf § 524 a.F., der durch die Novelle 1924 ersatzlos aufgehoben worden ist.

### 5. Zulässigkeitsrügen

8   Die entsprechend anwendbare Vorschrift aus dem Berufungsverfahren ist § 529. Die praktische Bedeutung der Regelung ist gering. Soweit es sich um verzichtbare Zulässigkeitsvoraussetzungen handelt, können diese in der Revisionsinstanz grundsätzlich nicht mehr neu vorgebracht werden, während unverzichtbare Prozeßvoraussetzungen auch in der Revisionsinstanz von Amts wegen zu prüfen sind, → § 559 Rdnr. 14. Eine in der unteren Instanz eingetretene Ausschließung einer bereits damals vorhandenen verzichtbaren Zulässigkeitsrüge dauert fort[8], d.h. die Rüge kann in der Revisionsinstanz nicht wieder aufgenommen werden. Die **Einrede der mangelnden Kostensicherheit**, § 110, ist in der Revisionsinstanz dann zulässig, wenn die Voraussetzungen dafür erst in der Revisionsinstanz entstanden sind[9] oder wenn die Partei die Rüge ohne Verschulden nicht schon früher erhoben hat[10], → weiter § 529 Rdnr. 7.

### 6. Vortrag der Parteien

9   Der Vortrag der Parteien in der mündlichen Verhandlung ist für das Berufungsverfahren in § 526 geregelt. Einzelheiten → dort.

---

[5] *BGH* NJW 1984, 805; MünchKomm ZPO-*Walchshöfer* Rdnr. 7. A.A. AK-*Ankermann* Rdnr. 3 (Zurücknahme auch durch Berufungsanwalt der Partei).
[6] *RGZ* 132, 92; *BGH* LM § 78 Nr. 3; MünchKomm ZPO-*Walchshöfer* Rdnr. 8.
[7] *BGHZ (GS)* 93, 12 = LM § 7 EGZPO Nr. 14 = NJW 1985, 1157 = MDR 379.

[8] *Baumbach/Lauterbach/Albers*[51] Rdnr. 3.
[9] *BGH* LM § 110 Nr. 9 = NJW 1981, 2646 = MDR 1011.
[10] *BGHZ* 37, 264, 266; LM § 112 Nr. 5 = NJW-RR 1990, 378 = MDR 432.

## 7. Einforderung und Zurücksendung der Prozeßakten

Die Geschäftsstelle des Revisionsgerichts hat innerhalb von vierundzwanzig Stunden nach Einreichung der Revisionsschrift beim Berufungsgericht die Prozeßakten einzufordern und diese nach Erledigung der Revision zurückzusenden, §§ 566, 544.

## III. Versäumnisverfahren

Besondere Bestimmungen über das Versäumnisverfahren in der Revisionsinstanz existieren nicht. Es kommen vielmehr die **Vorschriften über das erstinstanzliche Versäumnisverfahren** nach § 557 zur entsprechenden Anwendung. Voraussetzung ist dabei, daß über eine vom Oberlandesgericht zugelassene oder nach § 554b angenommene Revision mündlich verhandelt wird. Dagegen kann im **Verfahren über die Annahme oder Ablehnung der Revision** nach § 554b kein Versäumnisurteil gegen den Revisionsbeklagten ergehen. Wenn der Revisionsbeklagte zur Revisionsbegründung in diesem Verfahrensstadium nicht Stellung nimmt, ergeht die Annahme- bzw. Ablehnungsentscheidung allein aufgrund des Berufungsurteils und der Revisionsbegründung[11].

### 1. Zulässigkeit der Revision

Voraussetzung für den Erlaß eines Versäumnisurteils ist, daß die Revision zulässig ist. Dies ist von Amts wegen zu prüfen, § 554a Abs. 1. Insoweit kommt eine Geständnisfiktion des säumigen Revisionsbeklagten nicht in Betracht. War die Revision durch Beschluß nach § 554a Abs. 2 als unzulässig verworfen worden, so findet keine mündliche Verhandlung mehr statt, so daß es zu keiner Säumnis kommen kann. Zeigt sich die Unzulässigkeit der Revision erst in der mündlichen Verhandlung, so ist die Revision trotz Säumnis des Revisionsbeklagten als unzulässig zu verwerfen. Das Urteil ist in diesem Fall kein Versäumnisurteil[12], → § 542 Rdnr. 7, weshalb dagegen der Einspruch nicht statthaft ist; es bedarf deshalb auch keiner Vollstreckbarerklärung nach § 708 Nr. 2.

### 2. Säumnis des Revisionsklägers

Ist die Revision zulässig, so ist sie bei Säumnis des Revisionsklägers ohne Sachprüfung zurückzuweisen, § 330. Das Urteil hat nach § 97 Abs. 1 eine Kostenentscheidung zu enthalten und ist nach § 708 Nr. 2 für vorläufig vollstreckbar zu erklären[13].

### 3. Säumnis des Revisionsbeklagten

Versäumt der Revisionsbeklagte den Termin, so ist § 331 entsprechend anwendbar[14]. Danach sind solche Tatsachen, die in der Revisionsinstanz neu geltend gemacht werden können, → § 561 Rdnr. 11ff., und in der Revisionsbegründung enthalten sind, insoweit als zugestanden anzusehen, als sie nicht nach dem unter → § 561 Rdnr. 14f. Ausgeführten von Amts wegen zu prüfen sind (§ 335 Abs. 1 Nr. 1)[15]. Weiter ist zu prüfen, ob diese Tatsachen im Zusammenhang mit dem im Tatbestand des Berufungsurteils festgestellten Sachverhalt den Revisionsantrag rechtfertigen (u. U. auch nur teilweise). Ist dies der Fall, so ist das angefochte-

---

[11] MünchKomm ZPO-*Walchshöfer* § 557 Rdnr. 13.
[12] MünchKomm ZPO-*Walchshöfer* § 557 Rdnr. 14; *Rosenberg/Schwab/Gottwald*[15] § 146 IV 1.
[13] MünchKomm ZPO-*Walchshöfer* Rdnr. 15.
[14] *BGHZ* 37, 39 = LM § 331 Nr. 2 (*Mattern*) = NJW 1962, 1149 = MDR 557 = BB 164; NJW 1988, 210.

ne Urteil aufzuheben und die Sache je nach dem Sachstand entweder nach § 565 Abs. 1 an das Berufungsgericht zurückzuverweisen oder nach § 565 Abs. 3 vom Revisionsgericht selbst zu entscheiden[16]. Gegen das Urteil ist der Einspruch gegeben. Ergeht das Urteil dem Antrag entsprechend, so ist es auch dann ein Versäumnisurteil, wenn hinsichtlich neu vorgetragener Tatsachen keine Versäumnisfolge eintritt, sondern die Entscheidung allein auf dem im Berufungsurteil festgestellten Sachverhalt beruht[17]. Rechtfertigt der vom Revisionsgericht zugrundezulegende Sachverhalt den Revisionsantrag nicht, so ist die Revision durch streitiges Urteil zurückzuweisen[18], gegen das der Einspruch nicht statthaft ist.

#### 4. Entscheidung nach Lage der Akten

15   Eine Entscheidung nach Lage der Akten (§§ 251 a, 331 a) ist grundsätzlich auch im Revisionsverfahren möglich, scheitert freilich zumeist daran, daß keine frühere mündliche Verhandlung stattgefunden hat[19].

### IV. Arbeitsgerichtliches Verfahren

16   § 566 gilt nach § 72 Abs. 5 ArbGG im arbeitsgerichtlichen Verfahren entsprechend. Im **Beschlußverfahren** ist allerdings die Einschränkung zu machen, daß dort keine Versäumnisentscheidung ergehen kann[20], womit § 566 insoweit nicht zum Tragen kommen kann. Für das **zweite Versäumnisurteil im Urteilsverfahren** soll insofern eine Besonderheit bestehen, als die allgemeinen Statthaftigkeitsvoraussetzungen erfüllt sein müssen, d. h. die Revision muß zugelassen werden[21]. Diese Abweichung von den für die ordentliche Gerichtsbarkeit geltenden Grundsätzen, → Rdnr. 2, ist nicht berechtigt[22].

## § 566 a [Sprungrevision]

(1) Gegen die im ersten Rechtszuge erlassenen Endurteile der Landgerichte kann mit den folgenden Maßgaben unter Übergehung der Berufungsinstanz unmittelbar die Revision eingelegt werden.

(2) Die Übergehung der Berufungsinstanz bedarf der Einwilligung des Gegners. Die schriftliche Erklärung der Einwilligung ist der Revisionsschrift beizufügen; sie kann auch von dem Prozeßbevollmächtigten des ersten Rechtszuges abgegeben werden.

(3) Das Revisionsgericht kann die Annahme der Revision ablehnen, wenn die Rechtssache keine grundsätzliche Bedeutung hat; § 554 b Abs. 2, 3 ist anzuwenden. Die Revision kann nicht auf Mängel des Verfahrens gestützt werden.

(4) Die Einlegung der Revision und die Erklärung der Einwilligung (Absatz 2) gelten als Verzicht auf das Rechtsmittel der Berufung.

(5) Verweist das Revisionsgericht die Sache zur anderweitigen Verhandlung und Entschei-

---

[15] S. *BGH* NJW 1967, 2162 = MDR 828 = JR 1968, 303 (*Baumgärtel*).
[16] AK-*Ankermann* § 557 Rdnr. 2; MünchKomm ZPO-*Walchshöfer* § 557 Rdnr. 16.
[17] *Blomeyer*² § 104 IX 3; a. A. *Baumgärtel* JR 1968, 303.
[18] *BGH* NJW 1967, 2162 (Fn. 15); *Thomas/Putzo*¹⁸ § 557 Rdnr. 5; *Rosenberg/Schwab/Gottwald*¹⁵ § 146 IV 2.

[19] *Rosenberg/Schwab/Gottwald*¹⁵ § 146 IV 3.
[20] *Grunsky*⁶ § 83 Rdnr. 8; *Germelmann/Matthes/Prütting* § 80 Rdnr. 35.
[21] *BAGE* 53, 396 = AP § 566 Nr. 3; *Germelmann/Matthes/Prütting* § 72 Rdnr. 4.
[22] *Grunsky*⁶ § 72 Rdnr. 9.

dung zurück, so kann die Zurückverweisung nach seinem Ermessen auch an dasjenige Oberlandesgericht erfolgen, das für die Berufung zuständig gewesen wäre. In diesem Fall gelten für das Verfahren vor dem Oberlandesgericht die gleichen Grundsätze, wie wenn der Rechtsstreit auf eine ordnungsmäßig eingelegte Berufung beim Oberlandesgericht anhängig geworden wäre.

(6) Die Vorschrift des § 565 Abs. 2 ist in allen Fällen der Zurückverweisung entsprechend anzuwenden.

(7) Von der Einlegung der Revision nach Absatz 1 hat die Geschäftsstelle des Revisionsgerichts innerhalb vierundzwanzig Stunden der Geschäftsstelle des Landgerichts Nachricht zu geben.

Gesetzesgeschichte: Eingeführt durch Nov. 1924 (RGBl. 1924 I 135). Änderungen: RGBl. 1927 I 175, 334; BGBl. 1950 S. 455; 1975 I 1863.

| | |
|---|---|
| I. Zweck der Sprungrevision  1 | V. Die Entscheidung  13 |
| II. Zulässigkeitsvoraussetzungen  2 | 1. Verwerfung bzw. Zurückweisung  13 |
| 1. Keine Erweiterung des Rechtsmittelzugs  2 | 2. Aufhebung und Zurückverweisung  14 |
| 2. Verhältnis zu den Statthaftigkeitsvoraussetzungen der Revision  3 | a) Zurückverweisung an das Landgericht  15 |
| 3. Einwilligung des Gegners  4 | b) Zurückverweisung an das Oberlandesgericht  16 |
| 4. Vorherige Berufungseinlegung  6 | 3. Entscheidung in der Sache selbst  17 |
| III. Verzicht auf die Berufung, Abs. 4  7 | 4. Gebühren  18 |
| IV. Das Verfahren  8 | VI. Arbeitsgerichtliches Verfahren  19 |
| 1. Ablehnung der Annahme  9 | 1. Urteilsverfahren  19 |
| 2. Ausschluß von Verfahrensrügen  11 | 2. Beschlußverfahren  23 |
| 3. Benachrichtigung des Landgerichts  12 | |

## I. Zweck der Sprungrevision

In Streitigkeiten, bei denen der Tatbestand außer Streit steht, weshalb die Entscheidung 1 ausschließlich von der Beurteilung bestimmter Rechtsfragen abhängt, kann sich die Berufungsinstanz als ein entbehrliches Zwischenverfahren darstellen, das die endgültige Erledigung der Sache nur unnötig verzögert und verteuert. Für derartige Fälle steht den Parteien die sog. Sprungrevision zur Verfügung. Sie ist allerdings nur dann sinnvoll, wenn der Sachverhalt definitiv feststeht; ist dies nicht der Fall, so riskiert eine der beiden Parteien eine Entscheidung, die hinsichtlich der bloßen Rechtsanwendung zwar überzeugend sein mag, dem konkreten Sachverhalt aber nicht gerecht wird.

## II. Zulässigkeitsvoraussetzungen

### 1. Keine Erweiterung des Rechtsmittelzugs

§ 566a enthält nach seinem Sinn und seiner Stellung im Rahmen der Vorschriften über die 2 Revision keine Erweiterung des Rechtsmittelzugs. Das bedeutet, daß nur solche Urteile mit der Sprungrevision angefochten werden können, gegen die die Berufung statthaft gewesen wäre (s. Abs. 2 »...unter Übergehung der Berufungsinstanz«). Bei einem **Beschwerdewert**

§ 566 a II  3. Buch. Rechtsmittel  450

von nicht mehr als 1.500,– DM, § 511a Abs. 1 S. 1, ist die Sprungrevision demnach nicht statthaft[1], und zwar auch dann nicht, wenn der Wert der Beschwer 60.000,– DM übersteigt, so daß das Urteil grundsätzlich revisionsfähig wäre, wenn es das Oberlandesgericht als Berufungsurteil erlassen hätte. Die Sprungrevision ist hier auch bei grundsätzlicher Bedeutung der Sache nicht statthaft und kann auch nicht etwa vom Revisionsgericht angenommen werden. Soweit für bestimmte Verfahren die Revision ausgeschlossen ist (**Arrest und einstweilige Verfügung**, vorzeitige Besitzeinweisung im Enteignungs- oder Umlegungsverfahren, § 545 Abs. 2), findet auch die Sprungrevision nicht statt[2]. Ausdrücklich ausgeschlossen ist die Sprungrevision in **Entschädigungssachen**, § 221 Abs. 2 BEG.

### 2. Verhältnis zu den Statthaftigkeitsvoraussetzungen der Revision

3   Die Statthaftigkeit der Sprungrevision hängt in vermögensrechtlichen Streitigkeiten nicht davon ab, daß die Revisionssumme erreicht ist; die Sprungrevision ist vielmehr gegen **alle berufungsfähigen Urteile des Landgerichts** statthaft[3] (Ausnahme: Arrest- und einstweilige Verfügungssachen, → Rdnr. 2). Ob die Sache grundsätzliche Bedeutung hat, ist vom Revisionsgericht (anders als bei der Revision) unabhängig davon zu prüfen, ob die Beschwer unter oder über 60.000,– DM liegt. Bei Verneinung der grundsätzlichen Bedeutung kann die Annahme der Revision abgelehnt werden, Abs. 3 S. 1. Ebenso wie bei der Revision, → § 554b Rdnr. 6, muß die Sprungrevision jedoch dann angenommen werden, wenn sie Aussicht auf Erfolg hat. In nichtvermögensrechtlichen Streitigkeiten ist die Sprungrevision ebenfalls statthaft[4].

### 3. Einwilligung des Gegners

4   Als besondere Zulässigkeitsvoraussetzung wird in Abs. 2 die Einwilligung des Gegners verlangt[5]. Sie muß **schriftlich** erteilt werden, Abs. 2 S. 2, und unterliegt dem **Anwaltszwang**. Zur Abgabe der Erklärung ist nach Abs. 2 S. 2, 2. Hs., sowohl der Prozeßbevollmächtigte der ersten Instanz als auch der schon für die Revisionsinstanz bestellte Anwalt befugt (nicht dagegen ein für die Berufungsinstanz bestellter Anwalt). In Baulandsachen ist jeder Rechtsanwalt zu der Erklärung berechtigt[6]. Ihr Fehlen ist von Amts wegen zu berücksichtigen[7]. Die Erklärung muß handschriftlich unterzeichnet sein; ein Beglaubigungsvermerk reicht nicht aus[8]. Die Einwilligung ist der Revisionsschrift beizufügen, Abs. 2 S. 2, doch reicht die Nachreichung bis zum Ende der Revisionsfrist aus[9]. Wird die Einwilligung erst danach beigebracht, so kann dies die Sprungrevision nicht mehr zulässig machen[10], doch kann Wiedereinsetzung in den vorigen Stand gewährt werden[11].

5   Als Prozeßhandlung soll die Einwilligung **unwiderruflich** sein[12]. Das erscheint in dieser Allgemeinheit nicht gerechtfertigt. Solange die Sprungrevision noch nicht eingelegt ist, ist

---

[1] MünchKomm ZPO-*Walchshöfer* Rdnr. 3; *Zöller/Schneider*[18] Rdnr. 1; *Rosenberg/Schwab/Gottwald*[15] § 142 I 3 (Fn. 86).
[2] AK-*Ankermann* Rdnr. 2; *Baumbach/Lauterbach/Albers*[51] Rdnr. 3; MünchKomm ZPO-*Walchshöfer* Rdnr. 5; *Zöller/Schneider*[18] Rdnr. 1.
[3] BGHZ 69, 354 = LM § 566a Nr. 4 (*Weber*) = NJW 1978, 218 = MDR 218 = JZ 355.
[4] BGHZ 69, 354 (Fn. 3); *Baumbach/Lauterbach/Albers*[51] Rdnr. 3; MünchKomm ZPO-*Walchshöfer* Rdnr. 4; *Zöller/Schneider*[18] Rdnr. 1. A.A. *Jaeger* DRiZ 1977, 65.
[5] Eingehend dazu *Bepler* NJW 1989, 686.
[6] BGH LM § 566a Nr. 3 = NJW 1975, 830 = MDR 476.
[7] RGZ 118, 294.
[8] BGHZ 92, 76 = LM § 566a Nr. 5 (*Alff*) = NJW 1984, 2890 = MDR 1003 = JZ 1074. A.A. AK-*Ankermann* Rdnr.3; *Zöller/Schneider*[18] Rdnr. 2.
[9] BGHZ 16, 192 = LM § 566a Nr. 2 = NJW 1955, 710.
[10] RGZ 118, 294.
[11] *Wieczorek/Rössler* Anm. B I c 5. A.A. die h.M. (*Baumbach/Lauterbach/Albers*[51] Rdnr. 4; MünchKomm ZPO-*Walchshöfer* Rdnr. 8).
[12] MünchKomm ZPO-*Walchshöfer* Rdnr. 7; *Zöller/Schneider*[18] Rdnr. 2.

kein schutzwertes Interesse der Partei anzuerkennen, die Berufungsinstanz überspringen zu können. Eine andere (zu bejahende[13]) Frage ist es, ob sich die Parteien darauf einigen können, daß gegen das Urteil des Landgerichts nur Sprungrevision und nicht auch Berufung eingelegt werden kann. Eine derartige Vereinbarung kann auch vor Erlaß des landgerichtlichen Urteils getroffen werden und unterliegt nicht dem Anwaltszwang[14]. In der Vereinbarung liegt ein Verzicht auf die Berufung, was zur Unzulässigkeit einer gleichwohl eingelegten Berufung führt, → § 514 Rdnr. 22.

### 4. Vorherige Berufungseinlegung

Der Sprungrevision steht der Umstand nicht entgegen, daß zunächst Berufung eingelegt und diese zurückgenommen war[15]. Zulässig ist weiter eine Vereinbarung dahingehend, daß eine eingelegte Berufung zurückgenommen und statt dessen Sprungrevision eingelegt wird. Bei abredewidriger Nichtzurücknahme der Berufung ist diese als unzulässig zu verwerfen, → § 515 Rdnr. 36; von da an ist die Sprungrevision zulässig (vorausgesetzt, sie ist insbesondere fristgerecht eingelegt worden). 6

## III. Verzicht auf die Berufung, Abs. 4

Nach Abs. 4 wirken sowohl die Einlegung der Sprungrevision wie auch die Einverständniserklärung als Verzicht auf die Berufung. Die Einholung der Einwilligung hat diese Wirkung dagegen noch nicht; die beschwerte Partei ist also, auch wenn ihr die Einwilligungserklärung des Gegners bereits zugegangen ist, nicht gehindert, gleichwohl Berufung einzulegen. Der Gegner begibt sich dagegen durch die Einwilligungserklärung der Berufung, und zwar auch dann, wenn die Gegenpartei keine Sprungrevision einlegt[16]. Legt die Gegenpartei Berufung ein, so kann die in die Sprungrevision einwilligende Partei nur unselbständige Anschlußberufung einlegen[17]. Bei der Verzichtswirkung bleibt es auch dann, wenn die Sprungrevision als unzulässig verworfen[18] oder zurückgenommen wird. Zur Frage, ob nach Ablehnung der Annahme der Sprungrevision gemäß § 554b noch Berufung eingelegt werden kann, → Rdnr. 9. 7

## IV. Das Verfahren

Das Verfahren vor dem Revisionsgericht folgt den **allgemeinen Regeln**. Die Sprungrevision ist nur bis zum Ablauf der Berufungsfrist zulässig; mit diesem Zeitpunkt wird das anzufechtende Urteil rechtskräftig. 8

### 1. Ablehnung der Annahme

Unabhängig vom Wert der Beschwer hat das Revisionsgericht zu prüfen, ob die Rechtssache grundsätzliche Bedeutung hat, Abs. 3 S. 1. Gleichzustellen ist eine Erfolgsaussicht der Sprungrevision, → Rdnr. 3. Fehlt es sowohl an einer grundsätzlichen Bedeutung als auch an einer Erfolgsaussicht, so kann das Revisionsgericht die Annahme der Sprungrevision ablehnen, was ohne mündliche Verhandlung durch Beschluß mit Zweidrittelmehrheit ausgespro- 9

---

[13] *BGH* NJW 1986, 198.
[14] *BGH* NJW 1986, 198.
[15] RGZ 154, 146; *Baumbach/Lauterbach/Albers*[51] Rdnr. 7.
[16] AK-*Ankermann* Rdnr. 5; a.A. *Baumbach/Lauterbach/Albers*[51] Rdnr. 7; *Thomas/Putzo*[18] Rdnr. 7.
[17] AK-*Ankermannn* Rdnr. 5.
[18] RGZ 146, 209.

chen werden kann, Abs. 3 S. 1 i. V. mit § 554b Abs. 2, 3. Bei Ablehnung der Annahme der Sprungrevision verliert eine unselbständige Anschließung nach § 556 Abs. 2 S. 4 ihre Wirkung. Keine Aussage enthält § 566a darüber, ob **nach Ablehnung der Annahme die Berufung noch zulässig** ist. Der Wortlaut von Abs. 4 spricht insoweit dagegen, als schon die Einlegung der Sprungrevision als Verzicht auf die Berufung gewertet wird. Will man die Sprungrevision für die Partei aber nicht zu einem unkalkulierbaren Risiko machen und ihr damit die ohnehin geringe praktische Bedeutung gänzlich nehmen, so darf man nach Ablehnung der Annahme der Sprungrevision nicht auch noch die Berufung abschneiden[19]. Anderenfalls hätte die Partei keinerlei Möglichkeit, das Urteil überprüfen zu lassen. Man kann sie auch nicht darauf verweisen, sie hätte keine Sprungrevision einlegen sollen. Ob die Sprungrevision angenommen wird, ist für die Parteien kaum mit hinreichender Sicherheit vorherzusehen. Für die Zulässigkeit der Berufung sprechen auch die vergleichbaren Bestimmungen in § 76 Abs. 3 ArbGG (→ Rdnr. 31) und in § 134 Abs. 2 VwGO[20]. Ist nach Ablehnung der Annahme die Berufungsfrist abgelaufen, so ist dagegen dann Wiedereinsetzung in den vorigen Stand zu gewähren, wenn die Annahme der Sprungrevision nicht von vornherein für den Revisionskläger erkennbar unwahrscheinlich war.

10    Neben den in Abs. 3 S. 1, 2. Hs., ausdrücklich für anwendbar erklärten Abs. 2 und 3 von § 554b sind auch die §§ 554 Abs. 3 Nr. 2, 556 Abs. 2. S. 3 auf die Sprungrevision entsprechend anzuwenden[21], d.h. der Revisionskläger hat in allen Fällen unabhängig vom Wert der Beschwer **darzulegen, worin die grundsätzliche Bedeutung der Sache liegt**. Ebenso wie bei der Revision, → § 554 Rdnr. 15, und der Anschlußrevision, → § 556 Rdnr. 14, macht das Fehlen entsprechender Angaben die Sprungrevision jedoch nicht unzulässig.

### 2. Ausschluß von Verfahrensrügen

11    Eine wesentliche Abweichung von dem gewöhnlichen Revisionsverfahren besteht darin, daß die Sprungrevision nicht auf Mängel des Verfahrens gestützt werden kann, Abs. 3 S. 2. Will die Partei solche Mängel geltend machen, muß sie das Rechtsmittel der Berufung wählen. Durch Abs. 3 S. 2 wird aber das Revisionsgericht in der ihm zustehenden Prüfung von Amts wegen, → § 559 Rdnr. 12ff., nicht beschränkt[22]. Das Vorliegen unverzichtbarer Prozeßvoraussetzungen ist also auch bei einer Sprungrevision zu beachten. Sinngemäß besagt Abs. 3 S. 2 im übrigen nur, daß (abgesehen von den soeben erwähnten Fällen) ein Verfahrensmangel nicht zur Aufhebung des angefochtenen Urteils führen kann, nicht dagegen, daß eine lediglich mit einer Verfahrensrüge begründete Sprungrevision als unzulässig zu verwerfen wäre[23]; das Urteil ist in diesem Fall vielmehr ebenso auf seine materiellrechtliche Richtigkeit hin zu überprüfen wie ein Urteil, gegen das die Revision lediglich eine nicht durchgreifende Verfahrensrüge vorgebracht hatte, → § 559 Rdnr. 19[24].

### 3. Benachrichtigung des Landgerichts

12    Nach Abs. 7 hat die Geschäftsstelle des Revisionsgerichts der Geschäftsstelle des Landgerichts innerhalb 24 Stunden von der Einlegung der Sprungrevision Nachricht zu geben. Die

---

[19] So aber AK-*Ankermann* Rdnr. 5; MünchKomm ZPO-*Walchshöfer* Rdnr. 13; Wieczorek/Rössler Anm. B III a; *Zöller/Schneider*[18] Rdnr. 4.
[20] *Baumbach/Lauterbach/Albers*[51] Rdnr. 7.
[21] Vogel NJW 1975, 1302; *Thomas/Putzo*[18] Rdnr. 5; *Zöller/Schneider*[18] Rdnr. 3.
[22] RGZ 154, 144, 146f.; *Baumbach/Lauterbach/Al-*

*bers*[51] Rdnr. 6; MünchKomm ZPO-*Walchshöfer* Rdnr. 16; *Thomas/Putzo*[18] Rdnr. 6; *Zöller/Schneider*[18] Rdnr. 3.
[23] So aber AK-*Ankermann* Rdnr. 4; MünchKomm ZPO-*Walchshöfer* Rdnr. 19.
[24] *RGZ* 158, 318; *Baumbach/Lauterbach/Albers*[51] Rdnr. 6.

Nachricht ist im Hinblick auf die Erteilung des Rechtskraftzeugnisses wesentlich, s. § 706 Abs. 2 S. 2.

## V. Die Entscheidung

### 1. Verwerfung bzw. Zurückweisung

Ist die **Sprungrevision unzulässig**, so ist sie zu verwerfen, was nach § 554a Abs. 2 durch Beschluß ohne mündliche Verhandlung erfolgen kann. Hierzu gehört auch der Fall, daß die Einwilligung des Gegners, Abs. 2, nicht oder nicht in der richtigen Form vorliegt[25]. Ist die **Sprungrevision unbegründet**, so ist sie zurückzuweisen. Dabei ist auch § 563 anwendbar, d. h. das Revisionsgericht hat zu prüfen, ob sich das angefochtene Urteil trotz einer Gesetzesverletzung nicht im Ergebnis als richtig erweist. Ist dies der Fall, ist die Sprungrevision zurückzuweisen. 13

### 2. Aufhebung und Zurückverweisung

Ist die Sprungrevision begründet, so ist das angefochtene Urteil aufzuheben. Bei der Zurückverweisung hat das Revisionsgericht die **Wahl** zwischen dem Landgericht und dem Oberlandesgericht, das für die Berufung zuständig gewesen wäre. 14

#### a) Zurückverweisung an das Landgericht

Wenn es rechtlich auch nicht ausgeschlossen ist, die Sache entsprechend § 565 Abs. 1 S. 2 an eine andere Kammer des Landgerichts zurückzuverweisen[26], so ist jedenfalls, wenn das Revisionsgericht die weitere Behandlung der Sache durch ein **anderes Spruchkollegium** für geboten erachtet, in der Regel die Zurückverweisung an das Oberlandesgericht vorzuziehen. Das Landgericht ist an die der Aufhebung zugrundeliegende **rechtliche Beurteilung** der Sache in gleicher Weise **gebunden** wie sonst das Oberlandesgericht, Abs. 6; Einzelheiten → § 565 Rdnr. 8ff. Wird gegen das neue landgerichtliche Urteil Berufung eingelegt, so besteht die Bindung auch für das Oberlandesgericht[27]. Das weitere Verfahren vor dem Landgericht bestimmt sich im übrigen nach den für das erstinstanzliche Verfahren geltenden Vorschriften. 15

#### b) Zurückverweisung an das Oberlandesgericht

Die Zurückverweisung erfolgt an das Oberlandesgericht und nicht an einen bestimmten Senat. Welcher Senat zuständig ist, ergibt sich aus dem Geschäftsverteilungsplan. Das Oberlandesgericht ist ebenso wie das Landgericht nach § 565 Abs. 2 gebunden, Abs. 6. Im übrigen tritt der Rechtsstreit beim Oberlandesgericht in die gleiche Lage, wie wenn er auf eine ordnungsmäßig eingelegte Berufung bei ihm anhängig geworden wäre, Abs. 5 S. 2. Die Berufung kann also, abgesehen von nachträglich eintretenden Zulässigkeitshindernissen (z. B. einem nachträglichen Rechtsmittelverzicht) nicht als unzulässig verworfen werden. Die Partei braucht keine Berufungsbegründung einzureichen[28]. Das weitere Verfahren folgt den Vorschriften über die Berufung. Die **Entscheidung des Oberlandesgerichts** darf jedoch nicht 16

---

[25] *BGHZ* 92, 76, 77 (Fn. 8).
[26] *Baumbach/Lauterbach/Albers*[51] Rdnr. 9; MünchKomm ZPO-*Walchshöfer* Rdnr. 24; *Thomas/Putzo*[18] Rdnr. 8.
[27] *Baumbach/Lauterbach/Albers*[51] Rdnr. 9; MünchKomm ZPO-*Walchshöfer* Rdnr. 24.
[28] MünchKomm ZPO-*Walchshöfer* Rdnr. 25.

auf Zurückverweisung an das Landgericht nach § 539 lauten[29]. Dagegen kann das Oberlandesgericht in den Fällen des § 538 an das Landgericht zurückverweisen. Eine Aufhebung des landgerichtlichen Urteils durch das Oberlandesgericht geht deswegen ins Leere, weil dieses schon vom Revisionsgericht aufgehoben worden ist[30].

### 3. Entscheidung in der Sache selbst

17  Unter den Voraussetzungen des § 565 Abs. 3, → § 565 Rdnr. 21 ff., kann das Revisionsgericht auch von einer Zurückverweisung absehen und in der Sache selbst entscheiden. Anders als bei der Revision, → § 565 Rdnr. 26, stellt die Zurückverweisung an das erstinstanzliche Gericht bei der Sprungrevision jedoch keinen Fall des § 565 Abs. 3 dar.

### 4. Gebühren

18  Bei der Zurückverweisung an das Landgericht bildet das weitere Verfahren hinsichtlich der Gebühren mit dem früheren Verfahren eine Instanz, § 33 GKG; anders bei der Zurückverweisung an das Oberlandesgericht (arg. § 33 GKG »vor diesem Gericht«).

## VI. Arbeitsgerichtliches Verfahren

### 1. Urteilsverfahren

19  Im Urteilsverfahren spielt die Sprungrevision deshalb kaum eine Rolle, weil sie in § 76 ArbGG eigenständig geregelt ist, wobei die Statthaftigkeit gegenüber § 566a stark eingeschränkt wird. Dies gilt in zweierlei Hinsicht. Zum einen genügt die Einwilligung des Gegners nicht. Diese muß zwar ebenfalls vorliegen, doch ist darüber hinaus eine **Zulassung durch das Arbeitsgericht** erforderlich, § 76 Abs. 1 S. 1 ArbGG. Diese darf nur dann erteilt werden, wenn die Sache grundsätzliche Bedeutung hat und außerdem einen der Fälle betrifft, in denen die Nichtzulassungsbeschwerde nach § 72a ArbGG auf eine grundsätzliche Bedeutung der Sache gestützt werden kann (s. den in § 76 Abs. 2 ArbGG enthaltenen Katalog, der mit § 72a Abs. 1 ArbGG übereinstimmt). In den weitaus meisten Fällen (vor allem in allen Kündigungsschutzverfahren) ist die Sprungrevision damit ausgeschlossen. Eine gleichwohl ausgesprochene Zulassung ist unwirksam[31], womit die Sprungrevision unzulässig ist. Liegt eine zulassungsfähige Fallgestaltung vor, so ist das Bundesarbeitsgericht an die Zulassung gebunden, § 76 Abs. 2 S. 2 ArbGG. Dagegen ist die Ablehnung der Zulassung unanfechtbar, § 76 Abs. 2 S. 3 ArbGG; insbesondere gibt es keine Nichtzulassungsbeschwerde. Rechtspolitisch ist die Beschränkung der Sprungrevision auf wenige, in der Praxis kaum eine nennenswerte Rolle spielende Fallgestaltungen nicht sinnvoll, allerdings auch nicht verfassungswidrig. Anders als die Einwilligung nach § 566a Abs. 2, → Rdnr. 4, unterliegt die **Zustimmung des Gegners nicht dem Anwaltszwang**; sie kann auch von einem nach § 11 Abs. 1 ArbGG vertretungsbefugten Verbandsvertreter und von der Partei selbst ohne Vertretungszwang erklärt werden[32].

20  Die Zulassung der Sprungrevision kann auf Antrag **im Urteil** des Arbeitsgerichts oder **nachträglich durch Beschluß** ausgesprochen werden, § 76 Abs. 1 S. 1 ArbGG. Der Antrag auf eine nachträgliche Zulassung muß innerhalb einer Notfrist von einem Monat nach Zustellung

---

[29] *Baumbach/Lauterbach/Albers*[51] Rdnr. 9.
[30] *Thomas/Putzo*[18] Rdnr. 9.

[31] *BAGE* 40, 355 = AP § 42 SchwbG Nr. 8; AP § 76 ArbGG 1979 Nr. 4.
[32] *BAG* AP § 37 BAT Nr. 7; *Grunsky*[6] § 76 Rdnr. 6.

des vollständigen Urteils gestellt werden, § 76 Abs. 1 S. 2 ArbGG. Mit Zustellung der Zulassungsentscheidung beginnt die Revisionsfrist zu laufen, § 76 Abs. 3 S. 2 ArbGG.

Für den Fall, daß der Zulassungsantrag durch nachträglichen Beschluß abgelehnt wird, bestimmt § 76 Abs. 3 S. 1 ArbGG, daß mit Zustellung des Beschlusses die **Berufungsfrist von neuem beginnt** (vorausgesetzt der Zulassungsantrag ist ordnungsgemäß gestellt worden). Der Versuch, das Verfahren unter Übergehung der Berufungsinstanz unmittelbar vor dem Revisionsgericht weiterzuführen, ist also nicht notwendigerweise mit dem Verlust der Berufungsmöglichkeit verbunden (zur entsprechenden Problematik in der ordentlichen Gerichtsbarkeit → Rdnr. 9). Die Einlegung der zugelassenen Sprungrevision gilt jedoch auch im arbeitsgerichtlichen Verfahren als Verzicht auf die Berufung (ebenso auch die Erteilung der Zustimmung durch den Gegner), § 76 Abs. 5 ArbGG. 21

§ 566a Abs. 5–7 ist entsprechend anwendbar, § 76 Abs. 6 ArbGG. Dies heißt insbesondere, daß das Bundesarbeitsgericht die Sache bei Stattgeben der Revision nach seiner Wahl an das **Arbeits- oder das Landesarbeitsgericht zurückverweisen** kann, § 566a Abs. 5 S. 1, und daß das Gericht, an das die Zurückverweisung erfolgt ist, nach § 565 Abs. 2 an die rechtliche Beurteilung des Bundesarbeitsgerichts gebunden ist, § 566a Abs. 6. Auf **Verfahrensmängel** kann die Sprungrevision auch im arbeitsgerichtlichen Verfahren nicht gestützt werden, § 76 Abs. 4 ArbGG. 22

## 2. Beschlußverfahren

Im Beschlußverfahren sieht § 96a ArbGG eine **Sprungrechtsbeschwerde** vor. Diese muß ebenso wie die Sprungrevision vom Arbeitsgericht wegen grundsätzlicher Bedeutung zugelassen sein. Anders als im Urteilsverfahren, → Rdnr. 19, besteht jedoch keine Beschränkung auf bestimmte Fallgruppen. Die Sprungrechtsbeschwerde kann vielmehr immer dann zugelassen werden, wenn die Sache grundsätzliche Bedeutung hat und ein entsprechender Antrag gestellt ist. Erforderlich ist die schriftliche **Zustimmung der »übrigen Beteiligten«**, § 96a Abs. 1 S. 1 ArbGG. Dies sind lediglich die Beteiligten, die vor dem Arbeitsgericht einen Antrag gestellt haben oder gegen die sich ein Antrag gerichtet hat[33]. 23

Hinsichtlich der Form der Zulassung, ihrer Wirkungen und des Verhältnisses der Sprungrechtsbeschwerde zur Beschwerde gilt Entsprechendes wie bei der Sprungrevision, → dazu Rdnr. 20 ff. 24

---

[33] *Grunsky*[6] § 96a Rdnr. 1; a.A. *Germelmann/Matthes/Prütting* § 96a Rdnr. 8 (»alle am Verfahren materiell beteiligten Personen und Stellen«).

*Dritter Abschnitt*

# Beschwerde

| | | | | |
|---|---|---|---|---|
| I. Allgemeiner Charakter der Beschwerde | | 1 | IV. Anwendung außerhalb der ZPO | 13 |
| 1. Die Parteien des Beschwerdeverfahrens | | 2 | 1. Einfache Beschwerde | 14 |
| | | | 2. Sofortige Beschwerde | 15 |
| 2. Die beschwerdefähigen Entscheidungen | | 3 | 3. Erinnerung | 16 |
| | | | 4. Besonders geregelte Beschwerdeverfahren | 17 |
| 3. Die Beschwerde als selbständiges Rechtsmittel | | 4 | V. Abgrenzung zu anderen Rechtsbehelfen | 18 |
| II. Beschwerdegericht | | 5 | 1. Dienstaufsichtsbeschwerde | 18 |
| 1. Entscheidungen des Amtsgerichts | | 5 | 2. Verwaltungsbeschwerde nach § 24 Abs. 2 EGGVG | 21 |
| a) Allgemeines | | 5 | 3. Gegenvorstellung | 22 |
| b) Kammer für Handelssachen | | 6 | | |
| 2. Entscheidungen des Landgerichts | | 9 | VI. Arbeitsgerichtliches Verfahren | 23 |
| 3. Entscheidungen des Oberlandesgerichts | | 10 | 1. Urteilsverfahren | 23 |
| 4. Neue Bundesländer | | 11 | 2. Beschlußverfahren | 24 |
| III. Voraussetzungen und Beschwerdearten | | 12 | | |

## I. Allgemeiner Charakter der Beschwerde

1 Die Beschwerde ist ein durch die Nachprüfung von Rechts- und Tatfrage und durch die Zulassung neuen Vorbringens (§ 570) der Berufung nahe verwandtes **Rechtsmittel**[1]. Das Verfahren folgt den unter → § 128 Rdnr. 39 ff. dargestellten Grundsätzen der fakultativen mündlichen Verhandlung, § 573 Abs. 1. Im übrigen sind die Fälle der Beschwerde unter sich außerordentlich verschiedenartig und das Verfahren selbst sehr elastisch gestaltet[2]: Bei der einfachen Beschwerde ist bei Stattgeben eine Erledigung durch den unteren Richter zulässig, § 571, wodurch die Beschwerde in die Nähe einer Gegenvorstellung rückt, → dazu § 567 Rdnr. 26 ff.; weiter kann die Entscheidung im schriftlichen Verfahren, andererseits aber auch aufgrund einer eingehenden mündlichen Verhandlung ergehen.

### 1. Die Parteien des Beschwerdeverfahrens

2 Die Parteien der Beschwerde sind einmal der sog. **Beschwerdeführer** und auf der anderen Seite der **Beschwerdegegner**. Gegner ist dabei die andere Prozeßpartei und nicht etwa das Gericht[3]. Soweit **Dritte** eine sie persönlich treffende Beschwer mit der Beschwerde bekämpfen können (etwa die Verhängung von Ordnungsgeld oder Ordnungshaft gegen einen Zeugen, §§ 380, 390) fehlt es an einem Beschwerdegegner[4]; auch hier ist nicht etwa das Gericht

---

[1] Zum Rechtsmittelcharakter der Beschwerde s. insbesondere *Ratte* Wiederholung der Beschwerde und Gegenvorstellung (1970), 80 ff. Teilweise a. A. *J. Blomeyer* Die Erinnerungsbefugnis Dritter in der Mobiliarzwangsvollstreckung (1966), 32 ff., demzufolge die einfache Beschwerde deswegen kein Rechtsmittel ist, weil kein Streitverfahren vorausgegangen ist, in dem der Gegner Einwendungen erheben konnte (dagegen zutreffend *Ratte* aaO).

[2] Zur Ausgestaltung der Beschwerde de lege ferenda *Stüben* ZZP 83 (1970), 1. Kritisch zur geltenden Regelung auch AK-*Ankermann* Rdnr. 2.

[3] MünchKomm ZPO-*Braun* Rdnr. 3; AK-*Ankermann* Rdnr. 4; *Thomas/Putzo*[18] Rdnr. 7; *Rosenberg/Schwab/Gottwald*[15] § 147 III 5.

[4] MünchKomm ZPO-*Braun* Rdnr. 3; *Rosenberg/Schwab/Gottwald*[15] § 147 III 5.

Beschwerdegegner. Soweit sich eine Partei oder ein Dritter über eine Dienstaufsichtsbeschwerde unmittelbar gegen einen Richter wendet, handelt es sich um keine Beschwerde i. S. der §§ 567 ff., → Rdnr. 18 ff. Sind **mehrere Beschwerdeberechtigte** vorhanden, die von ihrem Beschwerderecht alle Gebrauch gemacht haben, so ist jeder nur an seinem eigenen und nicht auch an den anderen Beschwerdeverfahren beteiligt[5].

### 2. Die beschwerdefähigen Entscheidungen

Die der Beschwerde unterworfenen Entscheidungen sind bei der Mannigfaltigkeit der Fälle nicht in eine Formel zu fassen. Teils sind es solche innerhalb eines anhängigen Verfahrens, teils solche, durch die selbständige Verfahren eröffnet (bzw. die Eröffnung abgelehnt) oder endgültig zum Abschluß gebracht worden sind. Von den unter den Parteien ergehenden **Urteilen** sind nur die Kostenentscheidung bei einem Anerkenntnisurteil, § 99 Abs. 2, und das Räumungsurteil beschwerdefähig, sofern lediglich die Versagung, Gewährung oder Bemessung einer Räumungsfrist angefochten werden soll, § 721 Abs. 6 Nr. 1. Im übrigen ist die Beschwerde meistens gegen Entscheidungen von geringerer (häufig nur prozessualer) Bedeutung oder solche, die gegenüber Dritten ergangen sind, statthaft. In der Regel werden mit der Beschwerde **Beschlüsse** angefochten. Zu den wichtigsten Beschwerdefällen → Rdnr. 13 ff. (außerhalb der ZPO geregelte Fälle) und → § 567 Rdnr. 11 (ausdrückliche Zulassung der Beschwerde in der ZPO). Durch die Statthaftigkeit der Beschwerde wird das Berufungsgericht gemäß § 512 der Nachprüfung der angefochtenen Entscheidung enthoben. 3

### 3. Die Beschwerde als selbständiges Rechtsmittel

Die Beschwerde ist in ihren Voraussetzungen, → Rdnr. 12, als selbständiges Rechtsmittel konzipiert. Insbesondere ist der Beschwerdezug teilweise unabhängig davon, in welcher Instanz sich der Rechtsstreit selbst befindet und ob gegen das Endurteil ein Rechtsmittel gegeben wäre, Näheres → § 567 Rdnr. 7 f. Auch die weitere Beschwerde hat gegenüber der Berufung und der Revision selbständige Voraussetzungen, → § 568 Rdnr. 2 ff. 4

## II. Beschwerdegericht

### 1. Entscheidungen des Amtsgerichts

#### a) Allgemeines

Beschwerdegerichte sind gegenüber den Entscheidungen der Amtsgerichte grundsätzlich die **Zivilkammern beim Landgericht**, § 72 GVG; zur Kammer für Handelssachen als Beschwerdegericht → Rdnr. 6 ff. In gewissen ausdrücklich geregelten Fällen geht die Beschwerde allerdings an das **Oberlandesgericht**. Es sind dies: 5
– Entscheidungen in Rechtshilfesachen, § 159 GVG;
– Beschwerden gegen die Verhängung sitzungspolizeilicher Ordnungsmittel, § 181 Abs. 3 GVG;
– Beschwerden bei Familien- und Kindschaftssachen, § 119 Abs. 1 Nr. 2 GVG.

---

[5] *BGH* MDR 1968, 117 (zu § 36 o PatG).

### b) Kammer für Handelssachen

**6** Die Kammern für Handelssachen sind nach § 104 Abs. 1 GVG Beschwerdegericht zunächst dann, wenn der Rechtsstreit eine **Handelssache** in dem unter → § 1 Rdnr. 131 ff. dargelegten Sinn ist. Durch die dort gegebene Begrenzung beschränkt sich die Zuständigkeit der Kammer für Handelssachen auf amtsgerichtliche Entscheidungen, die das Amtsgericht als Prozeßgericht erlassen hat, wobei es unerheblich ist, ob in der Sache selbst oder über die Kosten (§ 99), ein Prozeßkostenhilfegesuch, ein selbständiges Beweisverfahren (§ 490), die Kostenfestsetzung oder Maßregeln gegen Zeugen (§§ 380, 390) entschieden worden ist. Dagegen ist die Kammer für Handelssachen bei Beschwerden im Rahmen der Zwangsvollstreckung in Handelssachen nicht zuständig[6].

**7** Die Zuständigkeit der Kammer für Handelssachen ist **nicht von den Anträgen der Parteien abhängig**. Ist die Zivilkammer mit einer Beschwerde in Handelssachen befaßt, so verweist sie die Sache von Amts wegen an die Kammer für Handelssachen, § 104 Abs. 1 S. 2 GVG. Umgekehrt erfolgt in Nichthandelssachen eine Verweisung von Amts wegen durch die Kammer für Handelssachen an die Zivilkammer, § 104 Abs. 1 S. 1 GVG.

**8** In **Nichthandelssachen** ist die Kammer für Handelssachen dann zuständig, wenn bei ihr entweder auch die Hauptsache anhängig ist oder wenn sie bereits eine Entscheidung in der Hauptsache erlassen hat, § 104 Abs. 2 GVG. »Hauptsache« bedeutet dabei das Erkenntnisverfahren selbst im Gegensatz zum Beschwerdeverfahren. Eine frühere Entscheidung über eine Beschwerde begründet dagegen die Zuständigkeit nicht. Eine Hauptsacheentscheidung stellt auch die Verwerfung einer Berufung als unzulässig dar, nicht dagegen ein Verweisungsbeschluß[7].

### 2. Entscheidungen des Landgerichts

**9** Gegen Entscheidungen des Landgerichts (egal ob durch eine Zivilkammer oder eine Kammer für Handelssachen) ist Beschwerdegericht das **Oberlandesgericht**, § 119 Abs. 1 Nr. 4 GVG. In Baulandsachen entscheidet der Senat für Baulandsachen beim OLG, § 229 Abs. 1 BauGB, in Kartellsachen der Kartellsenat, § 92 GWB. Soweit in erster Instanz ein besonderes Gericht entschieden hat, → Allg. Einl. vor § 511 Rdnr. 107 ff., richtet sich der Rechtsmittelzug auch bei einer Beschwerde nach den Besonderheiten des entsprechenden Verfahrens.

### 3. Entscheidungen des Oberlandesgerichts

**10** Gegen Entscheidungen der Oberlandesgerichte ist grundsätzlich keine Beschwerde gegeben, § 567 Abs. 4 S. 1. Sofern sie doch statthaft ist, → § 567 Rdnr. 5, ist Beschwerdegericht der **Bundesgerichtshof**, § 133 Nr. 2 GVG. Zur Zuständigkeit des Bayerischen Obersten Landesgerichts nach § 7 Abs. 3 EGZPO → § 7 EGZPO Rdnr. 12 ff.

### 4. Neue Bundesländer

**11** Soweit die Gerichtsverfassung in den neuen Bundesländern noch nicht dem GVG angepaßt ist, gehen Beschwerden gegen Entscheidungen des Kreisgerichts an das Bezirksgericht (EV Anl. I Kap. III Sachgeb. A Abschn. III Nr. 1 h Abs. 1). Über Beschwerden gegen Entscheidungen des Bezirksgerichts entscheiden die besonderen Senate des Bezirksgerichts (Nr. 11 Abs. 3

---

[6] MünchKomm ZPO-*M. Wolf* § 104 GVG Rdnr. 2.   [7] MünchKomm ZPO-*M. Wolf* § 104 GVG Rdnr. 4.

Nr. 8) mit Ausnahme der Beschwerden nach §§ 519b, 542 Abs. 3 i.V. mit 341 Abs. 2, 568a, 621e Abs. 2 (Bundesgerichtshof).

### III. Voraussetzungen und Beschwerdearten

Zu den **Zulässigkeitsvoraussetzungen** (→ Allg. Einl. vor § 511 Rdnr. 10 ff.) → die Ausführungen zu §§ 567, 568, 574, 577. Zum Erfordernis einer Beschwer → § 567 Rdnr. 18. Das Gesetz unterscheidet die **einfache** und die **sofortige Beschwerde**; erstere ist unbefristet, letztere dagegen an eine Notfrist von zwei Wochen gebunden, § 577 Abs. 2. Beide Beschwerdearten haben i.d.R. keine aufschiebende Wirkung, § 572. Die sog. **weitere Beschwerde** ist keine selbständige Unterart, → § 568 Rdnr. 2 ff. Bei der **Rechtsbeschwerde** ist die angefochtene Entscheidung nur in rechtlicher und nicht in tatsächlicher Hinsicht überprüfbar. An den festgestellten Sachverhalt ist das Rechtsmittelgericht ebenso wie bei der Revision gebunden, es sei denn, daß dem Untergericht ein ordnungsgemäß gerügter Verfahrensfehler unterlaufen ist. Fälle einer Rechtsbeschwerde enthalten die §§ 621e Abs. 2 S. 3, 92 ff. ArbGG, 73 ff. GWB, 17 ff. AVAG, 24 ff. LwVG, 100 PatG, 13 Abs. 5 WZG.

12

### IV. Anwendung außerhalb der ZPO

Das Rechtsmittel der Beschwerde i.S. der ZPO, also nach Maßgabe der §§ 567–577a, findet außerhalb der ZPO (zu den Fällen, in denen die Beschwerde in der ZPO selbst ausdrücklich zugelassen ist, → § 567 Rdnr. 11) vor allem aufgrund folgender Bundesgesetze Anwendung:

13

#### 1. Einfache Beschwerde

– §§ 5 Abs. 2, 25 Abs. 2 **GKG**;
– §§ 14 Abs. 3, 31 Abs. 3, 156 **KostO**;
– § 9 **GVKostG**;
– § 174 Abs. 3 S. 3, 4 **GVG**;
– § 10 Abs. 3 **BRAGO**;
– § 16 Abs. 2 **ZSEG**;
– § 18 Abs. 2 **LwVG**;
– § 15 **AVAG**;
– § 6 Abs. 2 G. zur Ausführung des Haager Übereinkommens v. 1. März 1954 über den **Zivilprozeß**.

14

#### 2. Sofortige Beschwerde

– §§ 17a Abs. 4 S. 3, 181 **GVG**;
– § 73 Abs. 3 **KO**;
– § 121 Abs. 2 **VerglO**;
– §§ 80 Abs. 2 S. 2, 112 Abs. 2 S. 2 **GenG**;
– § 116 Abs. 2 S. 2 **HinterlO**;
– §§ 26, 33 Abs. 2, 36 **VerschG**;
– §§ 22, 32 Abs. 2 S. 2 **LwVG**;
– § 49 **PStG**;
– §§ 95 ff. **ZVG** (mit erheblichen Abweichungen, s. § 96 ZVG);

15

– §§ 11 ff. AVAG;
– §§ 6 Abs. 1, 8 Abs. 2 G. zur Ausführung des Haager Übereinkommens v. 1. März 1954 über den Zivilprozeß.

### 3. Erinnerung

16  Die Bestimmungen der ZPO über die Behandlung der Beschwerde sind für die gegen die Entscheidung des Rechtspflegers gerichtete Erinnerung entsprechend anwendbar, § 11 Abs. 4 RpflG, Näheres → Anh. zu § 576 Rdnr. 1 ff.

### 4. Besonders geregelte Beschwerdeverfahren

17  Besonders geregelte Beschwerdeverfahren, die hier nicht näher dargestellt werden können, enthalten:
a) §§ 62 ff. **GWB** für die befristete Beschwerde zum Oberlandesgericht und die Rechtsbeschwerde zum Bundesgerichtshof in Kartellsachen; hierbei wird jedoch weitgehend auf die Vorschriften des GVG und der ZPO verwiesen (§§ 72, 75 Abs. 2 GWB).
b) §§ 73 ff. **PatG** gegen Beschlüsse der Prüfungsstellen und Patentabteilungen des Patentamtes. Dieses Verfahren wird auch bei Beschwerden nach § 10 **GebrMG** sowie nach § 13 **WZG** durchgeführt (§§ 10 Abs. 3 GebrMG, 13 Abs. 3 WZG).
c) Zur Beschwerde im **arbeitsgerichtlichen Verfahren** → Rdnr. 23 f.
d) §§ 19 ff. **FGG** und 71 ff. **GBO**. Hier ist nach §§ 28 Abs. 3 FGG, 79 Abs. 3 GBO unter bestimmten Voraussetzungen auch der Bundesgerichtshof Beschwerdegericht.

## V. Abgrenzung zu anderen Rechtsbehelfen

### 1. Dienstaufsichtsbeschwerde

18  Von der Beschwerde i. S. der §§ 567 ff. ist die Dienstaufsichtsbeschwerde zu unterscheiden, bei der es sich um kein Rechtsmittel i. S. der ZPO handelt. Sie ist lediglich eine Anregung an den Dienstvorgesetzten, das dienstliche Verhalten des Richters zu überprüfen und erforderlichenfalls Dienstaufsichtsmaßnahmen einzuleiten. Die Aufhebung einer beanstandeten Entscheidung kann auf diesem Weg nicht erreicht werden. Die Dienstaufsichtsbeschwerde fällt in das Gebiet der Justizverwaltung[8].

19  Bei **Verweigerung oder Verzögerung der Justiz** ist in der ZPO keine Beschwerde vorgesehen. Zwar hat die Partei Anspruch auf Gewährung von Rechtsschutz (**Justizgewährungsanspruch**, → Einl. Rdnr. 210 ff.), doch kann dieser Anspruch nicht durch Einlegung eines Rechtsmittels durchgesetzt werden. Die Partei ist hier auf die Einlegung einer Dienstaufsichtsbeschwerde beschränkt. Nach § 26 Abs. 2 DRiG kann der Richter dann im Wege der Dienstaufsicht zur unverzüglichen Erledigung seiner Dienstgeschäfte angehalten werden. Möglich erscheint es auch, einen untätigen Richter nach § 42 als befangen abzulehnen[9]. Umstritten ist, ob gegen die Untätigkeit des Gerichts eine Verfassungsbeschwerde zulässig ist und auf welche Verfassungsnorm sie bejahendenfalls gestützt werden kann[10]. Zumindest in krassen Fällen

---

[8] *M. Wolf* Gerichtsverfassungsrecht aller Verfahrenszweige[6] (1987), § 6 I 1 b.
[9] *Häsemeyer* Festschrift f. Michaelis (1972), 134, 148; *Smid* Rechtsprechung – zur Unterscheidung von Rechtsfürsorge und Prozeß – (1990), 634 f.

[10] S. dazu *Rosenberg/Schwab/Gottwald*[15] § 3 I (Rechtsstaatsprinzip); *Schumann* ZZP 96 (1983), 137, 160 ff.

einer willkürlichen Rechtsverweigerung ist eine Verletzung des Gleichheitssatzes zu bejahen, die ihrerseits mit der Verfassungsbeschwerde gerügt werden kann[11].

Soweit Akte der Justizverweigerung in der Form **prozessualer Verfügungen** erscheinen, unterliegen sie der Beschwerde nach der ZPO. Dies gilt insbesondere von Entscheidungen, durch die ein das Verfahren betreffendes Gesuch zurückgewiesen wird, § 567, → § 567 Rdnr. 12 ff., wie etwa der Verweigerung einer Terminsbestimmung; → weiter § 252 Rdnr. 1. Dagegen kann gegen zu weites Hinausrücken von Verhandlungsterminen, → § 216 Rdnr. 42, grundlose Verlängerung von Fristen, → § 225 Rdnr. 8, oder unbegründete Verlegung von Terminen, → § 227 Rdnr. 57, allenfalls mit der Dienstaufsichtsbeschwerde Abhilfe begehrt werden, → auch § 225 Rdnr. 9. Ebenso gegen die Unterlassung einer beantragten Entscheidung oder sonstigen Amtshandlung. 20

### 2. Verwaltungsbeschwerde nach § 24 Abs. 2 EGGVG

Von der Beschwerde i. S. der §§ 567 ff. ist ferner die Verwaltungsbeschwerde gegen Justizverwaltungsakte (§ 24 Abs. 2 EGGVG) zu unterscheiden, die eine Zulässigkeitsvoraussetzung zur Einleitung des gerichtlichen Verfahrens gegen den angefochtenen Justizverwaltungsakt darstellt. Diese Beschwerde wird nicht nach den Vorschriften der ZPO, sondern nach den Grundsätzen des allgemeinen Verwaltungsrechts behandelt. 21

### 3. Gegenvorstellung

Die Beschwerde ist schließlich von der Gegenvorstellung zu unterscheiden, bei der es sich um einen im Gesetz nicht ausdrücklich vorgesehenen Rechtsbehelf handelt, mit dem das Gericht dazu veranlaßt werden soll, seine eigene Entscheidung abzuändern. Dies setzt voraus, daß das Gericht rechtlich in der Lage ist, die Entscheidung zu ändern, was dann nicht mehr möglich ist, wenn es nach § 318 gebunden ist oder wenn die Entscheidung in materielle Rechtskraft erwachsen ist; Näheres → § 567 Rdnr. 26 ff. Im Gegensatz zur Beschwerde ist über die Gegenvorstellung immer vom angegangenen Gericht selbst zu entscheiden. Die Entscheidung kann formlos ergehen und bindet das Gericht weder nach § 318 noch nach Rechtskraftgrundsätzen, was bedeutet, daß die Gegenvorstellung jederzeit erneuert werden kann. 22

## VI. Arbeitsgerichtliches Verfahren

### 1. Urteilsverfahren

Soweit im ordentlichen Verfahren Urteile (§ 99 Abs. 2), Beschlüsse sowie Verfügungen des Vorsitzenden der Beschwerde unterliegen, ist gegen im arbeitsgerichtlichen Verfahren erster Instanz ergangene Entscheidungen derselben Art die Beschwerde an das Landesarbeitsgericht gegeben, § 78 Abs. 1 ArbGG. Wird in entsprechender Anwendung von § 573 Abs. 1 **ohne mündliche Verhandlung** entschieden, so geschieht dies nicht durch die Kammer, sondern durch den Vorsitzenden allein[12]. Zwar enthält § 78 ArbGG (anders als § 64 Abs. 7 ArbGG für das Berufungsverfahren) keine Verweisung auf § 53, doch wäre es wenig sinnvoll, im Beschwerdeverfahren etwas anderes als bei der Berufung annehmen zu wollen. Eine 23

---

[11] *BayVerfGH* BayVBl. 1965, 237; *Lindacher* DRiZ 1965, 198.
[12] *LAG Hamburg* LAGE § 48 ArbGG 1979 Nr. 8; *Grunsky*[6] § 78 Rdnr. 4; *Germelmann/Matthes/Prütting* § 78 Rdnr. 12.

**weitere Beschwerde** findet grundsätzlich nicht statt, § 78 Abs. 2 ArbGG. Gegen Beschlüsse und Verfügungen des Landesarbeitsgerichts oder seines Vorsitzenden ist die Beschwerde nicht gegeben, § 70 ArbGG; anders aber die sog. Revisionsbeschwerde gegen die Verwerfung der Berufung als unzulässig nach § 519b Abs. 2, § 77 ArbGG, → dazu § 519b Rdnr. 46ff. Wegen der vom Landesarbeitsgericht erlassenen Kostenentscheidung nach § 99 Abs. 2 → § 99 Rdnr. 15.

### 2. Beschlußverfahren

24   Beim Beschlußverfahren muß differenziert werden. Nach § 83 Abs. 5 ArbGG i.V. mit §§ 78 ArbGG, 567ff. ZPO ist die Beschwerde ebenso statthaft wie im Urteilsverfahren. Dagegen gehören die Beschwerde nach §§ 87ff. ArbGG und §§ 92ff. ArbGG nicht hierher. Diese Rechtsmittel entsprechen nicht der Beschwerde i.S. der §§ 567ff., sondern der Berufung bzw. Revision. Infolgedessen sind die Vorschriften über die Berufung, § 87 Abs. 2 ArbGG, bzw. die Revision, § 92 Abs. 2 ArbGG, entsprechend anwendbar. Daneben kommt eine entsprechende Anwendung der §§ 567ff. nicht in Betracht. Insbesondere kann das Gericht, dessen Entscheidung angefochten wird, dieser nicht selbst nach § 571 abhelfen.

## § 567   [Statthaftigkeit]

(1) Das Rechtsmittel der Beschwerde findet in den in diesem Gesetz besonders hervorgehobenen Fällen und gegen solche eine mündliche Verhandlung nicht erfordernde Entscheidungen statt, durch die ein das Verfahren betreffendes Gesuch zurückgewiesen ist.

(2) Gegen Entscheidungen über die Verpflichtung, die Prozeßkosten zu tragen, ist die Beschwerde nur zulässig, wenn der Wert des Beschwerdegegenstandes zweihundert Deutsche Mark übersteigt. Gegen andere Entscheidungen über Kosten ist die Beschwerde nur zulässig, wenn der Wert des Beschwerdegegenstandes einhundert Deutsche Mark übersteigt.

(3) Gegen Entscheidungen der Landgerichte im Berufungsverfahren und im Beschwerdeverfahren ist eine Beschwerde nicht zulässig. Ausgenommen sind die Entscheidungen nach §§ 46, 71, 89 Abs. 1 Satz 3, §§ 135, 141 Abs. 2, §§ 372a, 380, 387, 390, 406, 409 und 411 Abs. 1. Die Vorschriften über die weitere Beschwerde bleiben unberührt.

(4) Gegen die Entscheidungen der Oberlandesgerichte ist eine Beschwerde nicht zulässig. § 519b, § 542 Abs. 3 in Verbindung mit § 341 Abs. 2, § 568a sowie § 17a Abs. 4 des Gerichtsverfassungsgesetzes bleiben unberührt.

Gesetzesgeschichte: Bis 1900 § 530 CPO. Änderungen: RGBl. 1898 S. 256; 1905 S. 536; 1910 S. 767; 1933 I 780; BGBl. 1950 S. 455; 1974 I 3651; 1976 I 3281; 1990 I 2809; 1990 I 2847.

| | |
|---|---|
| I. Die beschwerdefähigen Entscheidungen   1 | III. Zurückweisung von Gesuchen   12 |
| 1. Statthaftigkeitsvoraussetzungen   1 | 1. Das Verfahren betreffendes Gesuch   13 |
| 2. Entscheidungen der Oberlandesgerichte   3 | 2. Fakultative mündliche Verhandlung   14 |
| 3. Verhältnis zum Instanzenzug der Hauptsache   7 | 3. Zurückweisung des Gesuchs   15 |
| 4. Greifbare Gesetzwidrigkeit   9 | 4. Ermessensentscheidung   16 |
| II. Besondere Zulassung der Beschwerde   11 | 5. Unanfechtbare Entscheidungen   17 |

| | |
|---|---|
| IV. Weitere Zulässigkeitsvoraussetzungen | 18 |
| 1. Beschwer | 18 |
| 2. Beteiligte | 19 |
| 3. Verwirkung | 20 |
| 4. Wiederholung der Beschwerde | 22 |
| 5. Verzicht auf die Beschwerde | 24 |
| 6. Form und Frist | 25 |
| V. Gegenvorstellung | 26 |
| 1. Allgemeines | 26 |
| 2. Verfassungsrelevante Verfahrensverstöße | 28 |
| 3. Verfahren | 30 |
| VI. Beschwerde gegen Kostenentscheidungen | 31 |
| VII. Arbeitsgerichtliches Verfahren | 33 |

## I. Die beschwerdefähigen Entscheidungen

### 1. Statthaftigkeitsvoraussetzungen

§ 567 regelt die Voraussetzungen der Statthaftigkeit der Beschwerde, indem er zunächst in Abs. 1 die Entscheidungen angibt, gegen die die Beschwerde an sich statthaft ist. Dies ist zunächst dann der Fall, wenn die Beschwerde in der ZPO ausdrücklich zugelassen ist (zur Statthaftigkeit der Beschwerde aufgrund Zulassung in anderen Gesetzen → vor § 567 Rdnr. 13 ff.). Weiter ist die Beschwerde dann statthaft, wenn ein das Verfahren betreffendes Gesuch zurückgewiesen ist. Von diesem Ausgangspunkt werden in den Abs. 2–4 Ausnahmen gemacht, in denen die Beschwerde trotz Erfüllung der Voraussetzungen des Abs. 1 nicht statthaft ist.

Unter »Entscheidung« i. S. des Abs. 1 sind sowohl Beschlüsse des Gerichts (des Kollegiums oder des Einzelrichters) wie Verfügungen des beauftragten oder ersuchten Richters und des Vorsitzenden zu verstehen. Zu inkorrekten Beschlüssen, die anstatt eines Urteils ergangen oder in ein Urteil aufgenommen sind, → Allg. Einl. vor § 511 Rdnr. 58 ff. Gegen sog. stillschweigende Entscheidungen, → § 329 Rdnr. 4, oder gegen bloße Unterlassungen, → vor § 567 Rdnr. 19, findet die Beschwerde nicht statt, es sei denn, daß sie in Entscheidungen enthalten ist, die ihrerseits der Beschwerde unterliegen; ferner nicht gegen bloß mündlich eröffnete Bescheide oder Belehrungen.

### 2. Entscheidungen der Oberlandesgerichte

Die Beschwerde findet nach Abs. 4 S. 1 nicht statt gegen Entscheidungen der Oberlandesgerichte. Dadurch soll der Bundesgerichtshof entlastet werden. Der Ausschluß der Beschwerde gilt auch für den Beschluß, durch den das Oberlandesgericht die Ablehnung eines Richters[1] oder Sachverständigen[2] für unbegründet erklärt hat; ebenso für die Versagung von Prozeßkostenhilfe durch das Oberlandesgericht[3]. Die Beschwerde ist auch dann nicht statthaft, wenn durch die Entscheidung keine Partei, sondern ein Dritter beschwert ist[4]. Eine vom Oberlandesgericht nach § 91a erlassene Kostenentscheidung ist auch dann nach Abs. 4 S. 1 unanfechtbar, wenn sie gleichzeitig mit der Entscheidung zur Hauptsache über einen anderen Streitgegenstand und deshalb als Urteil ergangen ist[5]; ebenso die Kostenentscheidung bei einem Teilanerkenntnis (§§ 93, 99 Abs. 2), mag auch gegen das Urteil zulässigerweise Revi-

---

[1] *BGH* LM § 46 Nr. 1; NJW 1964, 658; 1966, 2062; 1989, 44; → auch § 46 Rdnr. 2.
[2] *BAG* AP § 406 Nr. 1 (*Baumgärtel*); → weiter § 406 Rdnr. 35.
[3] *BGH* ZIP 1900, 470; zustimmend *Kunkel* EWiR 1990, 97.
[4] *BGH* VersR 1975, 343; LM § 1910 BGB Nr. 12 = NJW 1988, 49 = MDR 34; NJW 1993, 1865; *Thomas/Putzo*[18] Rdnr. 11; *Zöller/Schneider*[18] Rdnr. 57. A. A. *Smid* NJW 1989, 1578 (wegen Art. 19 Abs. 4 GG).
[5] *BGH* LM § 567 Nr. 9 = NJW 1967, 1131 = JZ 367 = MDR 576.

sion eingelegt sein⁶. Dazu, ob Entscheidungen des Oberlandesgerichts bei Verstößen gegen wesentliche Prozeßgrundsätze oder schweren inhaltlichen Mängeln beschwerdefähig sind → Rdnr. 9f.

4 Fraglich ist, ob das Oberlandesgericht seine eigene Entscheidung auf eine **Gegenvorstellung** hin abändern kann, sofern deren Voraussetzungen im übrigen gegeben sind (→ dazu Rdnr. 26ff.). Die Frage wird verschiedentlich verneint⁷. Es ist jedoch nicht einzusehen, daß die Partei dem Gericht gerade hier keine Anregung zur Abänderung der Entscheidung geben darf, sofern die Abänderung zulässig ist. Die Gegenvorstellung gegen Entscheidungen des Oberlandesgerichts ist damit im selben Umfang zulässig wie gegen andere Entscheidungen⁸.

5 In Abweichung von der Regel des Abs. 4 S. 1 ist die **Beschwerde gegen Entscheidungen des Oberlandesgerichts in folgenden Fällen zulässig**, Abs. 4 S. 2:
– **Verwerfung der Berufung** als unzulässig durch Beschluß, § 519b Abs. 2, → dazu § 519b Rdnr. 35ff. Dadurch wird erreicht, daß die Anfechtbarkeit der Verwerfungsentscheidung nicht davon abhängt, ob das Oberlandesgericht durch Urteil oder Beschluß entschieden hat.
– Derselbe Gesichtspunkt gilt für die **Verwerfung des Einspruchs gegen ein Versäumnisurteil des Oberlandesgerichts** als unzulässig, § 542 Abs. 3 i.V. mit § 341 Abs. 2.
– Auch bei der **Verwerfung des Einspruchs gegen ein Versäumnisurteil durch das Landgericht** soll sichergestellt sein, daß die Anfechtbarkeit nicht davon abhängt, ob durch Urteil oder Beschluß entschieden worden ist. Infolgedessen gewährt § 568a der Partei an Stelle der verschlossenen Revision die weitere Beschwerde, → § 568a Rdnr. 1.
– Gegen **Rechtswegbeschlüsse des Oberlandesgerichts** ist nach § 17a Abs. 4 S. 3 GVG bei Zulassung durch das Oberlandesgericht die Beschwerde an den BGH statthaft. Diese Regelung bleibt nach Abs. 4 S. 2 unberührt.
– Die Entscheidung eines Oberlandesgerichts kann schließlich dann mit der Beschwerde zum Bundesgerichtshof angefochten werden, wenn das Oberlandesgericht über eine Beschwerde anläßlich eines **Rechtshilfeersuchens** entschieden hat, sofern die Rechtshilfe für unzulässig erklärt worden ist und das ersuchende Gericht einem anderen Oberlandesgerichtsbezirk als das ersuchte Gericht angehört, § 159 Abs. 1 S. 2 GVG.

6 Eine nach Abs. 4 S. 1 unzulässige Beschwerde braucht **dem BGH** nur dann **vorgelegt zu werden**, wenn der Beschwerdeführer dies ausdrücklich verlangt⁹. Der BGH hat die Beschwerde dann als unzulässig zu verwerfen. Das Oberlandesgericht kann die Beschwerde dagegen nicht seinerseits als unzulässig verwerfen¹⁰, sondern die Partei allenfalls auf die Unzulässigkeit hinweisen. Wird die Beschwerde daraufhin zurückgenommen, so ist die Kostentragungspflicht des Beschwerdeführers (entsprechende Anwendung von § 515 Abs. 3, → § 575 Rdnr. 10) vom Oberlandesgericht auszusprechen¹¹. Eine nach Abs. 4 S. 1 unzulässige Beschwerde ist i. d. R. als Gegenvorstellung auszulegen bzw. umzudeuten.

### 3. Verhältnis zum Instanzenzug der Hauptsache, Abs. 3

7 Abs. 3 ist durch das RechtspflegevereinfachungsG v. 17. XII. 1990 (BGBl. I 2847) neu eingefügt werden. Dadurch, daß die Beschwerde gegen Entscheidungen der Landgerichte im Berufungs- und im Beschwerdeverfahren nicht mehr zulässig ist, wird sichergestellt, daß der

---

⁶ BGHZ 58, 341 = NJW 1972, 1519; *Baumbach/Lauterbach/Albers*⁵² Rdnr. 20. Der in BGH VersR 1970, 573, 576 vertretene gegenteilige Standpunkt ist aufgeben worden.
⁷ OLG Düsseldorf NJW 1958, 1931 = MDR 927; MDR 1959, 1019.
⁸ OLG Schleswig SchlHA 1960, 237; *Thomas/Putzo*¹⁸ Rdnr. 11.

⁹ BGH LM § 567 Nr. 2; AK-*Ankermann* Rdnr. 14; MünchKomm ZPO-*Walchshöfer* Rdnr. 22; *Zöller/Schneider*¹⁸ Rdnr. 59.
¹⁰ AK-*Ankermann* Rdnr. 14; a. A. OLG Zweibrücken FamRZ 1984, 1014.
¹¹ BGH LM § 567 Nr. 2.

Beschwerderechtszug grundsätzlich nicht über den Instanzenzug für die Hauptsache hinausgeht; zu Ausnahmen → Rdnr. 8. Dadurch werden zahlreiche Unsicherheiten beseitigt, die sich aus der früheren Rechtslage ergaben (→ Voraufl. Rdnr. 5); seinerzeit war der Beschwerderechtszug grundsätzlich nicht durch den Hauptsacherechtszug beschränkt, was teilweise zu unbefriedigenden Ergebnissen führte, die die Rechtsprechung verschiedentlich zu vermeiden suchte, ohne daß dies dogmatisch überzeugend gelingen konnte. Die in Abs. 3 angeordnete Beschränkung des Beschwerderechtsszugs gilt nur für die **erstmalige Beschwerde** und nicht auch für die weitere Beschwerde. Deren Statthaftigkeit richtet sich weiterhin ausschließlich nach § 568 Abs. 2, 3, → dazu § 568 Rdnr. 2 ff. Eine nach Abs. 3 S. 1 unzulässige Beschwerde kann als Gegenvorstellung ausgelegt werden[12].

In Abs. 3 S. 2 werden einige Ausnahmen aufgezählt, in denen die **Beschwerde gegen eine Entscheidung des Landgerichts im Berufungs- bzw. Beschwerdeverfahren ausnahmsweise statthaft** ist. Diese Angelegenheiten hat der Gesetzgeber als so wichtig eingestuft, daß ihm der Ausschluß der Beschwerde nicht gerechtfertigt erschien. Eine entsprechende Anwendung auf andere Fallgestaltungen kommt nicht in Betracht[13]. Von Abs. 3 S. 1 unberührt bleiben Bestimmungen außerhalb der ZPO, in denen die Beschwerde gegen landgerichtliche Entscheidungen zugelassen wird[14]. 8

### 4. Greifbare Gesetzwidrigkeit

Über § 567 Abs. 1 hinaus wird die Beschwerde dann als zulässig angesehen, wenn die Entscheidung schwerste Mängel enthält (**außerordentliche Beschwerde**). Schlagwortartig soll Voraussetzung eine »greifbare Gesetzwidrigkeit« der Entscheidung sein, die ihrerseits dann bejaht wird, wenn die Entscheidung »jeder gesetzlichen Grundlage entbehrt und dem Gesetz inhaltlich fremd ist«[15]. Dagegen soll die Nichtbeachtung wesentlicher Verfahrensvorschriften für sich allein die Beschwerde nicht statthaft machen[16]. Teilweise wird allerdings auch die Auffassung vertreten, die Verletzung des Anspruchs auf Gewährung rechtlichen Gehörs mache die Beschwerde statthaft[17]. Dies zielt darauf ab, den verfassungsrechtlich relevanten Verfahrensverstoß in der Fachgerichtsbarkeit beseitigen zu können und dadurch die Notwendigkeit einer Verfassungsbeschwerde zu vermeiden. Derselbe Gesichtspunkt ist auch dann maßgeblich, wenn die Beschwerde bei einem Verstoß gegen den Grundsatz des gesetzlichen Richters statthaft sein soll[18]. 9

Gegen die Erweiterung der Statthaftigkeit der Beschwerde mittels des Kriteriums der greifbaren Gesetzwidrigkeit bestehen **erhebliche Bedenken**[19]. Ob eine greifbare Gesetzwidrigkeit oder »nur« ein schwerer Verfahrensverstoß vorliegt, ist letztlich nicht mit hinreichender Sicherheit voneinander abzugrenzen, weshalb es zu erheblicher Rechtsunsicherheit kommen kann. Soweit das Gericht an seine Entscheidung nicht gebunden ist, sondern diese noch abändern kann, läßt sich dies über eine Gegenvorstellung erreichen, → Rdnr. 26 ff.; für eine außerordentliche Beschwerde besteht insoweit kein Bedürfnis. Ist das Gericht an seine Entscheidung dagegen gebunden und kann diese auch nicht nach §§ 512, 548 vom Berufungs- bzw. Revisionsgericht mitüberprüft werden, so besteht kein Anlaß, bei der Beschwerde ein 10

---

[12] MünchKomm ZPO-*Walchshöfer* Rdnr. 15.
[13] *Baumbach/Lauterbach/Albers*[52] Rdnr. 24; kritisch dazu *Zöller/Schneider*[18] Rdnr. 29.
[14] *OLG Celle* NdsRpfl. 1992, 90 (zu § 5 GKG).
[15] Aus der neuen Rechtsprechung s. *BGH* LM § 567 Nr. 18 = NJW-RR 1986, 738 = WM 178; LM § 1910 BGB = NJW 1988, 49; *BGHZ* 119, 372 = LM § 567 Nr. 28 = NJW 1993, 135 = MDR 80 = JZ 413 (*Gottwald/Semmelmeyer*); NJW 1993, 1865.

[16] *BGHZ* 109, 41, 43 = LM § 567 Nr. 23 = NJW 1990, 840 = MDR 144; LM § 567 Nr. 27 = NJW 1992, 983 = MDR 181.
[17] *OLG Frankfurt* MDR 1984, 323; *OLG Düsseldorf* NJW-RR 1987, 1200. Offengelassen in *BGHZ* 109, 41, 43 (Fn. 16).
[18] *OLG Frankfurt* MDR 1988, 63.
[19] Kritisch auch MünchKomm ZPO-*Braun* Rdnr. 10.

außerordentliches Rechtsmittel zu eröffnen, das bei der Berufung und der Revision nicht gegeben ist. Bei einem greifbar gesetzwidrigen Urteil (insbesondere eines Oberlandesgerichts) wird der Instanzenzug nicht erweitert. Für die Beschwerde kann nichts anderes gelten. In krassen Fällen mag die greifbare Gesetzwidrigkeit zur Unwirksamkeit der Entscheidung führen, doch kann auch hier nicht zwischen Fällen der Berufung bzw. Revision und der Beschwerde differenziert werden. Zur Möglichkeit einer Gegenvorstellung, insbesondere bei Verletzung des Anspruchs auf rechtliches Gehör, → Rdnr. 26 ff.

## II. Besondere Zulassung der Beschwerde

11   In der ZPO ist die Beschwerde in folgenden Fällen mit der Wirkung ausdrücklich zugelassen, daß die unter → Rdnr. 12 ff. dargestellten Voraussetzungen nicht erforderlich sind (in den mit * gekennzeichneten Fällen die sofortige Beschwerde):
- * die Zurückweisung der Ablehnung eines Richters, Urkundsbeamten der Geschäftsstelle oder Sachverständigen (§§ 46 Abs. 2, 49, 406 Abs. 5);
- * die Zulassung oder Zurückweisung eines Nebenintervenienten (§ 71 Abs. 2);
- Ablehnung der Beiordnung eines Rechtsanwalts (§ 78 b Abs. 2);
- Auswahl des beizuordnenden Rechtsanwalts (§ 78 c Abs. 3);
- * die Entscheidung über die Kosten nach übereinstimmender Erledigungserklärung (§ 91 a Abs. 2);
- * die Entscheidung über die Kosten nach Anerkenntnis (§ 99 Abs. 2);
- * die Entscheidung über die Erinnerung gegen den Kostenfestsetzungsbeschluß (§ 104 Abs. 3);
- * die Entscheidung über die Erinnerung gegen die nachträgliche Änderung der Kostenfestsetzung (§ 107 Abs. 3 i.V. mit § 104 Abs. 4);
- * die Ablehnung der Fristsetzung und die Anordnung über die Rückgabe der Sicherheitsleistung (§ 109 Abs. 4);
- Ablehnung von Prozeßkostenhilfe bzw. Bewilligung von Prozeßkostenhilfe ohne Monatsraten oder aus dem Vermögen zu zahlender Beträge (§ 127 Abs. 2 und 3);
- * die Verurteilung eines Rechtsanwalts zur Zurückgabe von ihm eingehändigter Urkunden (§ 135 Abs. 3);
- * die Aussetzung des Verfahrens oder deren Ablehnung (§ 252, sofortige Beschwerde jedoch nur bei Ablehnung des Gesuchs);
- * die Entscheidung über die Kosten und die Wirkungslosigkeit eines bereits ergangenen Urteils nach Klagerücknahme (§ 269 Abs. 3);
- * Urteilsberichtigung (§ 319 Abs. 3);
- * Zurückweisung des Antrags auf Erlaß eines Versäumnisurteils (§ 336 Abs. 1 S. 1);
- * die Entscheidung über die Duldungspflicht von Untersuchungen zur Abstammungsfeststellung (§ 372 a Abs. 2 S. 1 i.V. mit § 387 Abs. 3);
- Zwangsmaßnahmen zur Erzwingung von Untersuchungen zur Abstammungsfeststellung (§ 372 a Abs. 2 S. 1 i.V. mit § 390 Abs. 3);
- Verurteilung eines Zeugen oder Sachverständigen zu Ordnungsgeld oder Ordnungshaft und Kosten (§§ 380 Abs. 3, 390 Abs. 3, 409 Abs. 2);
- * Entscheidung über die Rechtmäßigkeit der Zeugnisverweigerung oder der Gutachtenerstattung (§§ 387 Abs. 3, 402);
- * Kostenentscheidung im selbständigen Beweisverfahren (§ 494 a Abs. 2 S. 3);
- Ordnungs- und Zwangsmaßnahmen gegen die zum persönlichen Erscheinen aufgeforderte Partei (§§ 141 Abs. 3 S. 1, 613 Abs. 2, 640 Abs. 1 i.V. mit § 380 Abs. 3);

— * Verwerfung der Berufung durch Beschluß (§ 519b Abs. 2);
— * einstweilige Anordnung in Ehesachen über die elterliche Sorgeregelung, die Herausgabe eines Kindes oder die Zuweisung der Ehewohnung (§ 620c S. 1);
— * Beschluß über Außerkrafttreten einer einstweiligen Anordnung in Ehesachen (§ 620f. Abs. 1 S. 3);
— Endentscheidungen nach § 621 Abs. 1 Nr. 1 bis 3, 6, 7, 9 (§ 621e Abs. 1);
— einstweilige Anordnung über den Kindesunterhalt im Verfahren auf Feststellung der nichtehelichen Vaterschaft (§ 641d Abs. 3);
— * Fristbestimmung zur Erhebung der Unterhaltsklage (§ 641e Abs. 2 S. 4);
— * vereinfachtes Verfahren zur Abänderung von Unterhaltstiteln (§ 641p Abs. 3);
— * Festsetzung des Regelunterhalts (§§ 642a Abs. 3, 642b Abs. 2 S. 3, 642c, 642d Abs. 1);
— * Aufhebung bzw. Änderung der Stundung bei rückständigem Unterhalt für das nichteheliche Kind (§ 532f. Abs. 1 S. 2 i.V. mit § 642a Abs. 3);
— * Antrag auf Stundung des Regelunterhalts (§ 643a Abs. 4 S. 2 i.V. mit § 642a Abs. 3);
— * Stundung der Ansprüche Dritter oder der Kindesmutter gegen den Vater des nichtehelichen Kindes (§ 644 Abs. 1, Abs. 2 S. 2 i.V. mit § 642f. Abs. 1 S. 2);
— * die Versagung, Gewährung oder Bemessung der Räumungsfrist in einem Räumungsurteil oder in einem über die Gewährung einer Räumungsfrist gesondert ergehenden Beschluß sowie gegen einen über eine beantragte Verlängerung oder Verkürzung der Räumungsfrist entscheidenden Beschluß (§ 721 Abs. 6);
— * Entscheidungen, die im Zwangsvollstreckungsverfahren ohne mündliche Verhandlung erlassen werden können (§ 794a Abs. 4);
— * die Versagung oder Gewährung einer Räumungsfrist, nachdem sich der Schuldner in einem Prozeßvergleich zur Räumung verpflichtet hatte (§ 794a Abs. 3);
— * die Aufhebung eines Arrestes oder einer einstweiligen Verfügung nach ihrer Vollziehung (§§ 934 Abs. 4, 936);
— * die Versagung oder Einschränkung eines Ausschlußurteils (§ 952 Abs. 4);
— * die Aufhebung einer Zahlungssperre im Aufgebotsverfahren (§ 1022 Abs. 4);
— * die durch Beschluß erfolgte Ablehnung der Vollstreckbarerklärung eines Schiedsspruchs oder eines schiedsgerichtlichen Vergleichs (§§ 1042c Abs. 3, 1044a Abs. 3);
— * die durch Beschluß erfolgte Ablehnung der Vollstreckbarkeit eines Anwaltsvergleichs (§ 1044b Abs. 1 i.V. mit §§ 1044a Abs. 3, 1042c Abs. 3);
— * gerichtliche Entscheidungen im schiedsgerichtlichen Verfahren (§ 1045 Abs. 3).
Wegen der Einzelheiten → die Ausführungen zu den genannten Vorschriften. Über die durch **andere Bundesgesetze** vorgesehenen Beschwerden → vor § 567 Rdnr. 13ff.

## III. Zurückweisung von Gesuchen

Außer in den unter → Rdnr. 11 aufgezählten Fällen findet die Beschwerde ferner statt gegen Entscheidungen, die keine mündliche Verhandlung erfordern und durch die ein das Verfahren betreffendes Gesuch zurückgewiesen worden ist, Abs. 1. 12

### 1. Das Verfahren betreffendes Gesuch

Es muß sich um ein »das Verfahren betreffendes« Gesuch handeln. »Verfahren« bedeutet dabei nicht den Gegensatz zum Inhalt der Entscheidung, sondern den Rechtsstreit überhaupt[20]; den Gegensatz bilden Tätigkeiten des inneren Dienstbetriebs und Akte der Justiz- 13

---
[20] *RGZ* 47, 364, 365; *Rosenberg/Schwab/Gottwald*[15] § 147 III 4a; MünchKomm ZPO-*Braun* Rdnr. 4.

verwaltung, → vor § 567 Rdnr. 21. Welche Fälle hierher gehören, ist bei den einzelnen Vorschriften erörtert. Als **Beispiele** seien genannt das Gesuch zur Bestimmung des zuständigen Gerichts, § 36, um Gewährung der öffentlichen Zustellung, § 204, um Bestimmung eines Termins zur mündlichen Verhandlung, § 216, um Erteilung von Ausfertigungen, Auszügen, Abschriften und Akteneinsicht, § 299, um Durchführung eines selbständigen Beweisverfahrens, § 490, sowie um Anordnung eines Arrestes oder einer einstweiligen Verfügung, §§ 922, 936. Nicht erforderlich ist, daß das Gesuch während Rechtshängigkeit gestellt wird. Es kann auch vor (z.B. im Falle des § 204) oder nach Beendigung (z.B. in Fällen des § 299, → § 299 Rdnr. 17) gestellt werden.

### 2. Fakultative mündliche Verhandlung

14  Es muß ein Fall vorliegen, in dem es zur Entscheidung über das Gesuch einer **mündlichen Verhandlung nicht bedarf**. Zu den einschlägigen Fällen → § 128 Rdnr. 21 ff. Ist die mündliche Verhandlung über das Gesuch obligatorisch, so findet die Beschwerde auch dann nicht statt, wenn die Entscheidung fehlerhafterweise nicht aufgrund mündlicher Verhandlung (oder was dem gleichsteht, §§ 128 Abs. 2, 251a) ergangen ist[21]. Ob in einem Fall, in dem die mündliche Verhandlung fakultativ ist, eine solche stattgefunden hat, ist unerheblich; die Beschwerde ist auf jeden Fall statthaft[22].

### 3. Zurückweisung des Gesuchs

15  Das Gesuch muß zurückgewiesen worden sein. Das ist auch dann der Fall, wenn die Sache entgegen dem Widerspruch des Klägers nicht im streitigen Verfahren entschieden, sondern durch Beschluß an den FGG-Richter abgegeben wird[23]. Die Auflage, das Gesuch zu ergänzen (z.B. durch Anführung weiterer Mittel zur Glaubhaftmachung) ist keine Zurückweisung[24]. Ist dem **Gesuch stattgegeben** worden, so steht keiner Partei ein Beschwerderecht zu. Insbesondere kann eine Partei ein Beschwerderecht nicht auf dem Umweg erreichen, daß sie die Zurückweisung des gegnerischen Gesuchs beantragt[25]. Weiter ist die Beschwerde dann nicht statthaft, wenn es gar keines Gesuchs bedarf, sondern die **Entscheidung von Amts wegen** zu ergehen hat[26]. Hier kann sich die Partei nicht dadurch eine Beschwerdebefugnis verschaffen, daß sie ein Gesuch stellt. Die Beschwerde ist also etwa nicht gegeben gegen die Anordnung eines frühen ersten Termins bzw. der Durchführung eines schriftlichen Vorverfahrens[27], → § 272 Rdnr. 15, gegen die Übertragung des Rechtsstreits auf den Einzelrichter, → § 348 Rdnr. 35 ff., oder gegen die Anordnung einer mündlichen Verhandlung im einstweiligen Verfügungsverfahren, → § 937 Rdnr. 9. In allen diesen Fällen hat das Gericht von Amts wegen darüber zu entscheiden, wie es verfahren will. Daß es dabei einen Ermessensspielraum hat, spielt für die Anfechtbarkeit keine Rolle. Die Partei kann also nicht rügen, daß die Entscheidung ermessensfehlerhaft sei[28]; → weiter Rdnr. 16.

---

[21] *Baumbach/Lauterbach/Albers*[52] Rdnr. 4; MünchKomm ZPO-*Braun* Rdnr. 4; *Rosenberg/Schwab/Gottwald*[15] § 147 III 4 a.
[22] MünchKomm ZPO-*Braun* Rdnr. 4; *Thomas/Putzo*[18] Rdnr. 4; *Rosenberg/Schwab/Gottwald*[15] § 147 III 4 a.
[23] OLG Braunschweig NJW 1964, 872; OLG Düsseldorf NJW 1967, 452; → weiter § 281 Rdnr. 73.
[24] S. OLG Hamburg Rspr. 1940, 408.
[25] OLG Karlsruhe MDR 1983, 943; *Baumbach/Lauterbach/Albers*[52] Rdnr. 4; MünchKomm ZPO-*Braun* Rdnr. 5; *Thomas/Putzo*[18] Rdnr. 6; *Zöller/Schneider*[18] Rdnr. 34. A.A. für das Klauselerteilungsverfahren OLG Hamm NJW-RR 1990, 1277, 1278 (dagegen *Münzberg* Rpfleger 1991, 210).
[26] MünchKomm ZPO-*Braun* Rdnr. 7; *Zöller/Schneider*[18] Rdnr. 35; *Rosenberg/Schwab/Gottwald*[15] § 147 III 4a.
[27] OLG Frankfurt MDR 1983, 411.
[28] MünchKomm ZPO-*Braun* Rdnr. 7.

## 4. Ermessensentscheidung

Steht die beantragte Entscheidung im Ermessen des Gerichts, so ist danach zu differenzieren, ob sie von Amts wegen ergeht oder ein Gesuch der Partei voraussetzt. Eine generelle Ablehnung der Beschwerdemöglichkeit gegen Ermessensentscheidungen des Gerichts[29] geht zu weit. Hat die Entscheidung von Amts wegen zu ergehen, ohne daß das Gesetz die Beschwerde ausdrücklich für statthaft erklärt, so liegen die Voraussetzungen von Abs. 1 nicht vor und können auch nicht dadurch geschaffen werden, daß die Partei ein Gesuch stellt, → Rdnr. 15. Sofern dagegen ein **Antrag erforderlich** ist, muß die Ermessensentscheidung in Übereinstimmung mit den verwaltungsrechtlichen Grundsätzen auf Ermessensfehler hin überprüft werden können[30]. Dies gilt etwa für die Anordnung des schriftlichen Verfahrens, § 128 Abs. 2, für die Bewilligung der öffentlichen Zustellung, → § 203 Rdnr. 9, oder für die Anordnung, vor Rechtskraft eines Zwischenurteils über den Rest des Verfahrens zu verhandeln, §§ 280 Abs. 2 S. 2, 304 Abs. 2. Hier kann mit der Begründung Beschwerde eingelegt werden, das Gericht hätte die Grenzen des ihm eingeräumten Ermessens überschritten oder von dem Ermessen zweckwidrig Gebrauch gemacht (vgl. § 114 VwGO).

16

## 5. Unanfechtbare Entscheidungen

Die Beschwerde findet dann nicht statt, wenn die Entscheidung vom Gesetz ausdrücklich für unanfechtbar erklärt worden ist; → § 512 Rdnr. 6 (einschließlich einer Aufzählung der einschlägigen Bestimmungen).

17

## IV. Weitere Zulässigkeitsvoraussetzungen

### 1. Beschwer

Der Beschwerdeführer muß beschwert sein[31]. Das unter → Allg. Einl. vor § 511 Rdnr. 70ff. Ausgeführte gilt entsprechend. Zu Auskünften von bloß theoretischer Bedeutung sind die Gerichte nicht berufen. Zum maßgeblichen Zeitpunkt, in dem die Beschwer vorliegen muß, → Allg. Einl. vor § 511 Rdnr. 24ff. Mangels Beschwer unzulässig ist nach h. M. insbesondere eine Beschwerde nur wegen der Gründe der angefochtenen Entscheidung[32], → Allg. Einl. vor § 511 Rdnr. 90ff.

18

### 2. Beteiligte

Hinsichtlich der zur Beschwerde berechtigten und ihr als Gegner gegenüberstehenden Personen, → vor § 567 Rdnr. 2, gelten die unter → § 511 Rdnr. 8ff. dargestellten Grundsätze entsprechend (einschließlich der Grundsätze bei der notwendigen Streitgenossenschaft, → § 62 Rdnr. 38ff.). Eine Erweiterung des in Betracht kommenden Personenkreises ergibt sich jedoch daraus, daß als Beschwerdeführer auch solche Dritte legitimiert sind, über deren Rechtsstellung die angefochtene Entscheidung ergangen ist. So besonders in den Fällen der §§ 71, 135, 380, 390 und in der Zwangsvollstreckung, → § 793 Rdnr. 4.

19

---

[29] So aber *Zöller/Schneider*[18] Rdnr. 37.
[30] *Rosenberg/Schwab/Gottwald*[15] § 147 III 4a; MünchKomm ZPO-*Braun* Rdnr. 7.
[31] AK-*Ankermann* Rdnr. 1; *Baumbach/Lauterbach/Albers*[52] Rdnr. 10; MünchKomm ZPO-*Braun* Rdnr. 12;

*Thomas/Putzo*[18] Rdnr. 1; *Zöller/Schneider*[18] Rdnr. 41; *Rosenberg/Schwab/Gottwald*[15] § 147 III 6.
[32] OLG Köln Rpfleger 1986, 184; MünchKomm ZPO-*Braun* Rdnr. 12.

### 3. Verwirkung

**20** Da die **einfache Beschwerde** nicht an eine Frist gebunden ist, bildet die Rechtzeitigkeit ihrer Einlegung kein Erfordernis ihrer Zulässigkeit. Eine andere Frage ist es, ob die Beschwerde nicht infolge Überholung gegenstandslos geworden sein kann, → dazu § 575 Rdnr. 2 ff. Bei Hinzukommen weiterer, besonderer Umstände kann die Zeitspanne, die die Partei bis zur Einlegung der Beschwerde hat verstreichen lassen, im Einzelfall jedoch die Annahme einer **Verwirkung** rechtfertigen[33], → auch Einl. Rdnr. 258 f. Ebenso wie im materiellen Recht reicht der bloße Zeitablauf für die Annahme einer Verwirkung aber nicht aus; es müssen vielmehr Umstände hinzukommen, die im Gegner ein schutzwürdiges Vertrauen dahingehend erweckt haben, daß es bei der angefochtenen Entscheidung bleibt, weshalb die gleichwohl erfolgte Beschwerdeeinlegung gegen Treu und Glauben verstößt[34]. Je mehr Zeit seit Erlaß der angefochtenen Entscheidung allerdings vergangen ist, um so weniger Gewicht erhalten die sonstigen für eine Verwirkung sprechenden Umstände. Im übrigen ist mit der Verwirkung der Beschwerdebefugnis insofern Vorsicht geboten, als der belastende Zustand, gegen den sich der Beschwerdeführer wehrt, auch bei Annahme einer Verwirkung der Beschwerdebefugnis häufig auf anderem Weg beseitigt werden kann. Ist dies der Fall, so besteht kein Anlaß, die Beschwerdebefugnis zu versagen. Nichts spricht dafür, den anderen Weg offenzuhalten und nur den über die Anfechtung der belastenden Entscheidung auszuschließen[35]. Soweit die Voraussetzungen einer Verwirkung vorliegen, ist die Beschwerde von Amts wegen als unzulässig zu verwerfen[36].

**21** Bei der **sofortigen Beschwerde** stellt sich das Problem der Verwirkung insofern nicht, als die Beschwerde innerhalb der Zweiwochenfrist des § 577 Abs. 2 eingelegt werden muß. Sofern die Frist mangels einer (ordnungsgemäßen) Zustellung nicht zu laufen begonnen hat, läßt sich eine zeitliche Beschränkung der Beschwerdebefugnis über eine entsprechende Anwendung der §§ 516, 552 erreichen, d. h. die Frist beginnt fünf Monate nach Erlaß der Entscheidung zu laufen[37]. Für die Annahme einer Verwirkung besteht daneben kein Bedürfnis.

### 4. Wiederholung der Beschwerde

**22** Dadurch, daß die einfache Beschwerde an keine Frist gebunden ist, stellt sich die Frage nach einer möglichen Wiederholung in wesentlich stärkerem Maße als bei fristgebundenen Rechtsmitteln, bei denen die Rechtsmittelfrist dafür sorgt, daß der Wiederholung enge Schranken gesetzt sind. Bei der Beschwerde muß davon ausgegangen werden, daß die fehlende Befristung nicht die Aufgabe hat, die Beschwerdebefugnis zu vervielfachen. Es hat vielmehr bei dem unserem Prozeßrecht auch sonst zugrunde liegenden Grundsatz zu verbleiben, daß ein und derselbe Sachverhalt nur einmal gerichtlich beurteilt werden kann; zu den Ausnahmen bei der Gegenvorstellung → Rdnr. 26 ff. Sofern sich der **Sachverhalt seit Erlaß der Beschwerdeentscheidung nicht verändert** hat, ist eine erneute Beschwerde demnach unzulässig[38]. Dies

---

[33] BGHZ 43, 289, 292; OLG Frankfurt MDR 1960, 592; 1977, 586; AK-*Ankermann* Rdnr. 5; *Baumbach/Lauterbach/Albers*[52] Rdnr. 13; *Zöller/Schneider*[18] Rdnr. 8; *Rosenberg/Schwab/Gottwald*[15] § 148 I 3; *Konzen* Rechtsverhältnisse zwischen Prozeßparteien (1976), S. 269 f.

[34] *Zöller/Schneider*[18] Rdnr. 8.

[35] BGHZ 48, 351 = NJW 1968, 105 (Beschwerde in Grundbuchsachen nach §§ 19 ff. FGG; nach materiellem Recht war eine Grundbucheintragung vorzunehmen, die trotz Verwirkung des Beschwerderechts im Prozeßweg herbeigeführt werden konnte). S. weiter *Zeiss* Die arglistige Prozeßpartei (1967), 140 ff.

[36] OLG Frankfurt MDR 1977, 586; *Baumbach/Lauterbach/Albers*[52] Rdnr. 13.

[37] BayObLG NJW-RR 1992, 597; AK-*Ankermann* § 577 Rdnr. 2; MünchKomm ZPO-*Braun* § 577 Rdnr. 4; *Thomas/Putzo*[18] § 577 Rdnr. 5; *Zöller/Schneider*[18] Rdnr. 10.

[38] OLG Stuttgart JZ 1959, 445 = MDR 1018; OLG Bamberg OLGZ 1966, 44 = NJW 1965, 2407; OLG Hamm JR 1975, 237; OLG München MDR 1983, 585; AK-*Ankermann* Rdnr. 12; *Baumbach/Lauterbach/Albers*[52] Rdnr. 12; MünchKomm ZPO-*Braun* Rdnr. 18; *Thomas/Putzo*[18] Rdnr. 16; *Rosenberg/Schwab/Gottwald*[15] § 147 III 7; *Ratte* Wiederholung der Beschwerde

muß auch dann gelten, wenn die neue Beschwerde zwar auf bisher nicht vorgetragene Gründe gestützt wird, diese Gründe jedoch vor Abschluß des ersten Beschwerdeverfahrens schon vorlagen[39]. Ebenso wie bei der Berufung, → § 519b Rdnr. 13, kann eine als unzulässig verworfene Beschwerde jedoch wiederholt werden, sofern der Zulässigkeitsmangel jetzt vermieden wird[40]. Bei der sofortigen Beschwerde muß hinzukommen, daß die Beschwerdefrist noch nicht abgelaufen ist.

Umstritten ist die Frage, wie bei **verändertem Sachverhalt** zu verfahren ist. Dabei kann nicht bezweifelt werden, daß der Beschwerdeführer eine Möglichkeit haben muß, eine gerichtliche Entscheidung über den Sachverhalt herbeizuführen. Es kann allein darum gehen, auf welchem Weg dieses Ziel zu erreichen ist. Teilweise wird hierzu die Ansicht vertreten, in derartigen Fällen könne die Beschwerde wiederholt werden[41]. Demgegenüber geht die h. M. davon aus, daß eine Wiederholung der Beschwerde nicht in Betracht kommt; mit der ersten Entscheidung sei die Beschwerdebefugnis konsumiert; der Beschwerdeführer sei darauf angewiesen, beim erstinstanzlichen Gericht einen neuen Antrag zu stellen, gegen dessen Ablehnung dann ein selbständiges Beschwerdeverfahren durchgeführt werden könne[42]. Welcher der geschilderten Auffassungen man sich anschließt, ist ohne große praktische Bedeutung[43]. Die Beschwerde ist im Regelfall beim erstinstanzlichen Gericht einzulegen (§ 569 Abs. 1), das seinerseits auch über einen neuen Antrag zu entscheiden hätte. Dadurch wird es für das Gericht möglich, die erneut eingelegte Beschwerde in einen Antrag auf Erlaß eines neuen Beschlusses umzudeuten[44], → vor § 128 Rdnr. 196f. Im übrigen sprechen die besseren Gründe dafür, eine Wiederholung der Beschwerde nicht zuzulassen. Dadurch wird eine einheitliche Behandlung aller Rechtsmittel ermöglicht. Es ist kein Grund ersichtlich, die Beschwerde nur wegen ihrer Unbefristetheit anders zu behandeln. Zur Gegenvorstellung → Rdnr. 26ff.

### 5. Verzicht auf die Beschwerde

Der Verzicht auf das Recht der Beschwerde steht ihrer Zulässigkeit ebenso wie bei sonstigen Rechtsmitteln entgegen. Daß auf die Beschwerdebefugnis verzichtet werden kann, ist allgemein anerkannt[45]; die Beschwerde kann insoweit trotz Fehlens einer ausdrücklichen gesetzlichen Regelung nicht anders als die Berufung oder die Revision behandelt werden. Der Verzicht auf die Beschwerde kann auch durch schlüssiges Verhalten erfolgen[46]. Erklären sich die Parteien mit der Festsetzung eines bestimmten Streitwerts einverstanden, so liegt darin ein Verzicht auf die Beschwerdebefugnis[47]. Ebenso dann, wenn bei einer Kostenentscheidung nach § 91a auf die Begründung verzichtet wird[48]; denkbar ist dabei allerdings, daß die Partei in Kenntnis der Rechtsauffassung des Gerichts mehr aus Resignation auf eine Begründung verzichtet; in diesem Fall kann der Verzicht auf die Begründung nicht als Verzicht auf die Beschwerdebefugnis gewertet werden. Die Befolgung der angefochtenen Entscheidung kann i. d. R. schon deswegen nicht als Verzicht auf die Beschwerdebefugnis gewertet werden, weil

---

und Gegenvorstellung (1975), 24ff.; *Baumgärtel* JZ 1959, 437; *Kunz* Erinnerung und Beschwerde (1980), 253ff.

[39] *Baumgärtel* JZ 1959, 437.
[40] OLG Frankfurt OLGZ 1979, 394f.; BayObLGZ 1981, 210, 212f.; AK-*Ankermann* Rdnr. 12; Münch-Komm ZPO-*Braun* Rdnr. 17; *Zöller/Schneider*[18] Rdnr. 16; *Baumgärtel* JZ 1959, 437; *Ratte* (Fn. 38), 26; *Kunz* (Fn. 38), 252; *Rosenberg/Schwab/Gottwald*[15] § 147 III 7.
[41] *Schneider* DRiZ 1965, 288.
[42] OLG Bamberg NJW 1965, 2407; OLG Frankfurt NJW 1974, 1389, 1390; AK-*Ankermann* Rdnr. 12; *Thomas/Putzo*[18] Rdnr. 15; *Rosenberg/Schwab/Gottwald*[15] § 147 III 7; *Ratte* (Fn. 38), 26ff.
[43] S. auch *Baumbach/Lauterbach/Albers*[52] Rdnr. 12; MünchKomm ZPO-*Braun* Rdnr. 19.
[44] MünchKomm ZPO-*Braun* Rdnr. 19.
[45] AK-*Ankermann* Rdnr. 4; *Baumbach/Lauterbach/Albers*[52] Rdnr. 15; MünchKomm ZPO-*Braun* Rdnr. 13; *Rosenberg/Schwab/Gottwald*[15] § 147 III 8a.
[46] OLG Schleswig SchlHA 1957, 75.
[47] OLG Neustadt MDR 1960, 411.
[48] OLG Hamm NJW-RR 1993, 827.

die Beschwerde grundsätzlich keine aufschiebende Wirkung hat, § 572 Abs. 1, weshalb aus der Befolgung nicht der Schluß gezogen werden kann, die Partei finde sich mit der Entscheidung ab.

### 6. Form und Frist

25   Die Form der Beschwerdeeinlegung ist in § 569 geregelt; Näheres → § 569 Rdnr. 1 ff. Die einfache Beschwerde unterliegt keiner Frist; Zur Verwirkung der Beschwerdebefugnis → Rdnr. 20. Zur Beschwerdefrist bei der sofortigen Beschwerde → § 577 Rdnr. 3 ff.

## V. Gegenvorstellung[49]

### 1. Allgemeines

26   Von einer Wiederholung der Beschwerde ist die Gegenvorstellung zu unterscheiden. Ihr Ziel besteht darin, daß das **Gericht seine eigene Entscheidung abändert**[50]. Die Gegenvorstellung ist gesetzlich nicht geregelt. Einigkeit besteht insoweit, als die Gegenvorstellung einerseits in gewissen Fallgestaltungen statthaft ist, andererseits aber weitgehenden Beschränkungen unterliegt. Ist eine **Wiederholung der Beschwerde** zulässig, → Rdnr. 22 f., so hat die Partei diesen Weg einzuschlagen; für eine Gegenvorstellung besteht hier kein Bedürfnis[51]. Wird in einem solchen Fall Gegenvorstellung erhoben, so kann diese in eine Beschwerde umgedeutet werden[52]. Zum Vorrang der weiteren Beschwerde gegenüber der Gegenvorstellung → § 568 Rdnr. 12. Da sich die Gegenvorstellung an das Gericht wendet, das die angefochtene Entscheidung erlassen hat, kann die Gegenvorstellung weiter nur dann statthaft sein, wenn das **Gericht an seine Entscheidung nicht gebunden** ist[53]. Damit scheidet wegen § 318 bei Urteilen die Möglichkeit einer Gegenvorstellung aus[54]. Zur Bindung nach § 318 bei Beschlüssen → § 329 Rdnr. 17 ff. Eine Bindung des Gerichts kann sich weiter aus der materiellen Rechtskraft der Entscheidung ergeben; hier kommt eine Gegenvorstellung ebenfalls nicht in Betracht[55]; dagegen steht die nur formelle Rechtskraft einer Gegenvorstellung nicht entgegen[56]. Wegen § 577 Abs. 3 (Abänderungsverbot bei sofortiger Beschwerde) ist die Gegenvorstellung weiter in allen Fällen einer sofortigen Beschwerde nicht statthaft, → § 577 Rdnr. 12. Abzulehnen ist die Auffassung, eine Gegenvorstellung sei immer dann zulässig, wenn der angestrebte Erfolg auf anderem Weg nicht herbeigeführt werden kann[57]. Dabei wird verkannt, daß man die Gegenvorstellung auf diesem Weg dazu benutzen würde, die Grundsätze über eine Bindung des Gerichts an seine Entscheidung zu mißachten. Die Gegenvorstellung würde das gesamte System der Bindung an Entscheidungen (einschließlich des Rechtsmittelsystems) sprengen.

27   Soweit **keine Bindung des Gerichts an seine eigene Entscheidung** besteht, das Gericht seine Entscheidung also von sich aus abändern kann, muß es der Partei dagegen möglich sein, durch

---

[49] Schrifttum: *Ratte* (Fn. 38); *M. Bauer* Die Gegenvorstellung im Zivilprozeß (1990); *Schumann* Die Gegenvorstellung im Zivilprozeßrecht, Festschrift f. Baumgärtel (1990), 491.
[50] BGH VersR 1982, 598; MünchKomm ZPO-*Braun* vor § 567 Rdnr. 5; *Schumann* (Fn. 49), 492.
[51] *Baumgärtel* MDR 1968, 970; *Schneider* MDR 1972, 568; *Schumann* (Fn. 49), 497; *Ratte* (Fn. 38), 20 ff.; *Thomas/Putzo*[18] vor § 567 Rdnr. 15.
[52] *Baumgärtel* MDR 1968, 971; *Schumann* (Fn. 49), 497.
[53] BAG AP § 567 Nr. 1 (*Grunsky*); *Baumgärtel* MDR 1968, 971; *Ratte* (Fn. 38), 100 ff.; MünchKomm ZPO-*Braun* vor § 567 Rdnr. 6; *Thomas/Putzo*[18] vor § 567 Rdnr. 15; *Rosenberg/Schwab/Gottwald*[15] § 147 IV 2 b.
[54] *Schumann* (Fn. 49), 500 f.
[55] *Baumgärtel* MDR 1968, 970; *Thomas/Putzo*[18] vor § 567 Rdnr. 15; AK-*Ankermann* Rdnr. 10; *Zöller/Schneider*[18] Rdnr. 21.
[56] KG FamRZ 1975, 103; *Thomas/Putzo*[18] vor § 567 Rdnr. 15. A.A. OLG Hamburg MDR 1967, 500.
[57] So OLG München MDR 1954, 237; OLG Stuttgart JZ 1959, 466 = MDR 1018; OLG Bamberg NJW 1965, 2407.

Erhebung einer Gegenvorstellung den Anstoß zu geben[58]. Daß die Entscheidung von der Partei nicht mehr mit der Beschwerde angefochten werden kann, steht der Gegenvorstellung nicht entgegen, sondern macht sie im Gegenteil erst statthaft; soweit Beschwerde eingelegt werden kann, ist die Gegenvorstellung nicht gegeben, → Rdnr. 26.

### 2. Verfassungsrelevante Verfahrensverstöße

Über das unter → Rdnr. 26f. Ausgeführte hinaus muß die Gegenvorstellung weiter dann statthaft sein, wenn ein verfassungsrelevanter Verfahrensverstoß gerügt wird (insbesondere Nichtgewährung des rechtlichen Gehörs) und gegen die Entscheidung kein sonstiges Rechtsmittel gegeben ist. Hier ermöglicht es die Gegenvorstellung, den Verfahrensfehler innerhalb der ordentlichen Gerichtsbarkeit korrigieren zu können, während anderenfalls nur über eine Verfassungsbeschwerde Abhilfe geschaffen werden könnte. Im Interesse einer Entlastung des BVerfG ist es geboten, die Gegenvorstellung über die sonst geltenden Grundsätze hinaus zuzulassen[59]. Dies gilt allerdings nur für Beschlüsse und nicht auch für Urteile[60]. Bei Verletzung des Anspruchs auf rechtliches Gehör läßt sich die Statthaftigkeit einer Gegenvorstellung mit einer Analogie zu §§ 33a, 311a Abs. 1 StPO begründen[61]. Bei einem Verstoß gegen die Garantie des gesetzlichen Richters besteht zwar keine Analogiemöglichkeit, doch ist die Notwendigkeit einer Entlastung des BVerfG hier ebenso wie bei Art. 103 Abs. 1 GG gegeben, weshalb die Gegenvorstellung insoweit ebenfalls statthaft ist[62]. Soweit die Gegenvorstellung nach dem Gesagten statthaft ist, gehört sie i.S. von § 90 Abs. 2 S. 1 BVerfGG zum »Rechtsweg«, der zunächst erschöpft sein muß; erst nach erfolgloser Gegenvorstellung ist die Verfassungsbeschwerde zulässig[63]. 28

Aus dem unter → Rdnr. 28 Ausgeführten ergibt sich die Statthaftigkeit der Gegenvorstellung nur für solche Verfahrensverstöße, die mit einer Verfassungsbeschwerde gerügt werden können. **Sonstige Verfahrensmängel** eröffnen unabhängig davon keine Möglichkeit einer Gegenvorstellung, wie schwer sie sind[64]. Sofern keine Wiederaufnahme des Verfahrens möglich ist (zur Wiederaufnahme bei Beschlüssen → vor § 578 Rdnr. 38ff.), bleibt es dabei, daß der Fehler nicht mehr korrigiert werden kann. Insoweit kann für einen fehlerhaften Beschluß nichts anderes als für ein fehlerhaftes Urteil gelten. 29

### 3. Verfahren

Für das Verfahren auf eine Gegenvorstellung hin bietet sich eine entsprechende Anwendung von § 573 an[65]. Dem Gegner muß **rechtliches Gehör** gewährt werden[66]; praktische Bedeutung hat das allerdings nur dann, wenn das Gericht seine Entscheidung abändern will[67]; dagegen kann es die Gegenvorstellung zurückweisen, ohne zuvor den Gegner anhören zu müssen. Über die Gegenvorstellung muß entschieden werden[68]. Dies geschieht durch Beschluß, der grundsätzlich nicht begründet zu werden braucht[69] und gegen den keine Be- 30

---

[58] *Schumann* (Fn. 49), 495f.; MünchKomm ZPO-*Braun* vor § 567 Rdnr. 6; *Rosenberg/Schwab/Gottwald*[15] § 147 IV 2a.
[59] *Schumann* (Fn. 49), 492ff.; *Rosenberg/Schwab/Gottwald*[15] § 147 IV 2c. A.A. MünchKomm ZPO-*Braun* vor § 567 Rdnr. 8. Aus der Rechtsprechung des BVerfG s. insbesondere *BVerfGE* 83, 322.
[60] *Schumann* (Fn. 49), 500f.; *Rosenberg/Schwab/Gottwald*[15] § 147 IV 2c.
[61] *Schumann* (Fn. 49), 498f.; *Rosenberg/Schwab/Gottwald*[15] § 147 IV 2c.
[62] *Rosenberg/Schwab/Gottwald*[15] § 147 IV 2c. A.A. *Schumann* (Fn. 49), 499.
[63] *Schumann* (Fn. 49), 493f.; s. weiter *BVerfGE* 73, 322, 325ff.
[64] *Schumann* (Fn. 49), 499f.
[65] *Thomas/Putzo*[18] vor § 567 Rdnr. 16.
[66] *Schumann* (Fn. 49), 501; *Thomas/Putzo*[18] vor § 567 Rdnr. 16; *Rosenberg/Schwab/Gottwald*[15] § 147 IV 2d.
[67] *Thomas/Putzo*[18] vor § 567 Rdnr. 16.
[68] A.A. *Zöller/Schneider*[18] Rdnr. 20.
[69] AK-*Ankermann* Rdnr. 11.

schwerde gegeben ist[70]. Soweit die Gegenvorstellung allerdings einen verfassungsbeschwerdefähigen Verfahrensverstoß rügt, → Rdnr. 28, wird man eine wenigstens kurze **Begründung** des Beschlusses verlangen müssen; anderenfalls kann das BVerfG den angeblichen Verfassungsverstoß nur schwer überprüfen. Für den Beschluß gilt das Verbot der reformatio in peius[71], wobei es dem Gegner jedoch freisteht, ebenfalls eine Gegenvorstellung zu erheben[72]. Eine **Kostenentscheidung** ist deswegen nicht erforderlich, weil keine besonderen Kosten anfallen: Im GKG fehlt es an einem einschlägigen Gebührentatbestand und bei den Anwaltskosten gehört das Gegenvorstellungsverfahren zum selben Rechtszug.

### VI. Beschwerde gegen Kostenentscheidung, Abs. 2

31   Die Statthaftigkeit der Beschwerde hängt grundsätzlich nicht davon ab, daß die Beschwer des Beschwerdeführers oder der Beschwerdewert einen bestimmten Betrag überschreitet. Von diesem Grundsatz macht Abs. 2 für Kostenentscheidungen eine Ausnahme, wobei differenziert wird. Bei Entscheidungen über die **Verpflichtung, die Kosten zu tragen**, muß der Beschwerdewert 200,— DM übersteigen, Abs. 2 S. 1. Hierunter fallen die Entscheidungen nach §§ 91a, 99 Abs. 2, 269 Abs. 3. Bei **anderen Entscheidungen über Kosten** muß der Beschwerdewert 100,— DM übersteigen. Dies gilt auch dann, wenn sich der Gerichtsvollzieher weigert, die Kosten der Zwangsvollstreckung mitbeizutreiben[73]. Entsprechende Regelungen enthalten §§ 5 Abs. 2, 25 Abs. 2, 34 Abs. 2 GKG, 10 Abs. 3, 128 Abs. 4 BRAGO, 9 S. 2 GVGKG, 16 Abs. 2 ZSEG, 12 Abs. 2 EhrRiEG. Maßgeblich ist der Wert des Beschwerdegegenstandes bei Einlegung der Beschwerde; eine teilweise Abhilfe nach § 571 macht die Beschwerde auch dann nicht unzulässig, wenn der Restbetrag unter 100,— DM liegt[74], → weiter Allg. Einl. vor § 511 Rdnr. 27ff. Der Beschwerdewert muß auch dann erreicht sein, wenn die Beschwerde von einem Dritten eingelegt wird[75].

32   Hinsichtlich der **Beschwerdesumme und ihrer Berechnung** sind die Grundsätze über die Berufungssumme entsprechend anzuwenden, → dazu § 511a Rdnr. 25ff. Danach ist die Beschwerdesumme gleichbedeutend mit dem Wert des Beschwerdegegenstandes i.S. des § 511a Abs. 1 und bedeutet die Differenz zwischen dem, was der Beschwerdeführer durch die angefochtene Entscheidung erlangt hat und dem, was er nach seinem Beschwerdeantrag erlangen will[76]. Dieser Wert ist in entsprechender Anwendung von § 511a Abs. 1 S. 2 glaubhaft zu machen. Die Mehrwertsteuer für die Rechtsanwaltsgebühren ist einzurechnen[77]. Maßgeblicher Zeitpunkt ist der der Beschwerdeeinlegung, § 4. Künftige Kosten sowie Kosten über die in der angefochtenen Entscheidung nicht entschieden ist, werden nicht berücksichtigt; insbesondere kann die Beschwerdesumme nicht durch Nachschieben weiterer Kosten erreicht werden[78].

---

[70] BGH VersR 1982, 598; AK-*Ankermann* Rdnr. 11.
[71] *Schumann* (Fn. 49), 501.
[72] S. *Schumann*(Fn. 49), 501, der insoweit von einer Anschlußgegenvorstellung spricht. Da die Gegenvorstellung nicht befristet ist, besteht jedoch kein Anlaß, auf die Besonderheiten von Anschlußrechtsmitteln zurückzugreifen.
[73] *OLG Düsseldorf* JMBl.NRW 1963, 31; MünchKomm ZPO-*Braun* Rdnr. 20; *Zöller/Schneider*[18] Rdnr. 51.
[74] Sehr str.; wie hier *KG* NJW 1958, 2023; Rpfleger 1991, 409. A.A. die überwiegende Meinung (*OLG Nürnberg* FamRZ 1988 1079; AK-*Ankermann* Rdnr. 13; *Baumbach/Lauterbach/Albers*[52] Rdnr. 18; *Zöller/Schneider*[18] Rdnr. 52; *Thomas/Putzo*[18] Rdnr. 20).
[75] *Baumbach/Lauterbach/Albers*[51] Rdnr. 17; a.A. *OVG Münster* NJW 1972, 118 (zu § 146 VwGO).
[76] MünchKomm ZPO-*Braun* Rdnr. 20; *Thomas/Putzo*[18] Rdnr. 19.
[77] *OLG Koblenz* MDR 1992, 196; *Baumbach/Lauterbach/Albers*[52] Rdnr. 18; MünchKomm ZPO-*Braun* Rdnr. 20; *Thomas/Putzo*[18] Rdnr. 19; *Schneider* JurBüro 1973, 966.
[78] *OLG Hamm* Rpfleger 1973, 32; *Thomas/Putzo*[18] Rdnr. 19.

## VII. Arbeitsgerichtliches Verfahren

Das unter → Rdnr. 1–32 Ausgeführte gilt auch für das arbeitsgerichtliche Verfahren, 33
soweit es sich um Entscheidungen des Arbeitsgerichts handelt, § 78 Abs. 1 ArbGG; → vor
§ 567 Rdnr. 23 f. Ein Unterschied besteht nur insofern, als die Entscheidung über die Ablehnung einer Gerichtsperson nicht anfechtbar ist, § 49 Abs. 3 ArbGG. Wegen der Beschwerde gegen die Kostenentscheidung → auch § 99 Rdnr. 15.

## § 568 [Beschwerdegericht; weitere Beschwerde]

(1) Über die Beschwerde entscheidet das im Rechtszuge zunächst höhere Gericht.

(2) Gegen die Entscheidung des Beschwerdegerichts findet eine weitere Beschwerde statt, wenn dies im Gesetz besonders bestimmt ist. Sie ist nur zulässig, soweit in der Entscheidung ein neuer selbständiger Beschwerdegrund enthalten ist.

(3) Entscheidungen des Landgerichts über Prozeßkosten unterliegen nicht der weiteren Beschwerde.

Gesetzesgeschichte: Bis 1900 § 531 CPO. Änderungen: RGBl. 1898 S. 256; 1905 S. 536; 1922 I 569; BGBl. 1950 S. 455; 1990 I 2847.

| | | | |
|---|---|---|---|
| I. Instanzenzug | 1 | b) Zurückweisung der Beschwerde als unbegründet | 7 |
| II. Weitere Beschwerde | 2 | aa) Allgemeines | 7 |
| 1. Begriff und allgemeine Zulässigkeitsvoraussetzungen | 2 | bb) Neuer wesentlicher Verfahrensmangel | 9 |
| 2. Statthaftigkeit | 3 | c) Abänderung der angefochtenen Entscheidung | 14 |
| 3. Neuer selbständiger Beschwerdegrund | 5 | III. Kostensachen | 15 |
| a) Verwerfung der Beschwerde als unzulässig | 6 | IV. Arbeitsgerichtliches Verfahren | 17 |

## I. Instanzenzug

Abs. 1 regelt für das Beschwerdeverfahren den Instanzenzug; → dazu (einschließlich der 1
Kammer für Handelssachen und der neuen Bundesländer) vor § 567 Rdnr. 5 ff. Das im
Instanzenzug höhere Gericht hat auch dann zu entscheiden, wenn die angefochtene Entscheidung vom Einzelrichter erlassen worden ist, → § 350 Rdnr. 1. Entsprechendes gilt hinsichtlich der Entscheidungen des Vorsitzenden, § 569, der insoweit, als er selbständig entscheidet, ebenfalls ein selbständiges Organ der Gerichtsbarkeit neben dem Kollegium ist. Dagegen sind der beauftragte und der ersuchte Richter sowie der Urkundsbeamte der Geschäftsstelle unselbständige Organe; gegen ihre Entscheidungen findet zunächst nur die Anrufung des Prozeßgerichts statt; erst gegen dessen Entscheidung ist die Beschwerde gegeben, § 576 Abs. 1, 2. Zur sog. Rechtspflegererinnerung nach § 11 RpflG → Anh. zu § 576. Ist der Rechtsstreit nach Erlaß einer beschwerdefähigen Entscheidung vom Amtsgericht an das Landgericht **verwiesen** worden, so entscheidet über die Beschwerde nicht das Land-, sondern das Oberlandesgericht[1]. Entsprechendes hat bei der Verweisung wegen örtlicher Unzustän-

---

[1] *OLG Köln* OLGZ 1967, 187; *Baumbach/Lauterbach/Albers*[52] Rdnr. 2; MünchKomm ZPO-*Braun* Rdnr. 2.

digkeit zu gelten; über die Beschwerde entscheidet hier das dem im Verweisungsbeschluß bezeichneten Gericht übergeordnete Gericht[2]. Dies gilt auch dann, wenn die Beschwerde schon vor der Verweisung eingelegt worden ist[3].

## II. Weitere Beschwerde

### 1. Begriff und allgemeine Zulässigkeitsvoraussetzungen

2   In den Abs. 2 und 3 ist die Zulässigkeit der sog. weiteren Beschwerde geregelt. Dabei handelt es sich um eine **Beschwerde gegen die vom Beschwerdegericht erlassene Entscheidung**. Sie kann nur vom früheren Beschwerdeführer oder von seinem Gegner nicht dagegen auch von einem am Beschwerdeverfahren bisher nicht beteiligten Dritten eingelegt werden[4]. Der Sache nach ist sie (anders als etwa die Revision gegen ein Berufungsurteil) kein eigenständiges Rechtsmittel mit besonderen Merkmalen, sondern nichts anderes als eine abermalige erste Beschwerde[5]. Für die **Zulässigkeit** (einschließlich der Statthaftigkeit, zum Verhältnis der beiden Begriffe → Allg. Einl. vor § 511 Rdnr. 10 f.) enthalten die Abs. 2 und 3 weitgehende Einschränkungen gegenüber den für die erste Beschwerde geltenden Voraussetzungen. Soweit § 568 keine besondere Regelung für die weitere Beschwerde enthält, gelten die für die erste Beschwerde maßgeblichen Grundsätze. So muß etwa in der Person des Beschwerdeführers eine Beschwer vorliegen, auf die Befugnis zur weiteren Beschwerde darf nicht verzichtet worden sein, die angefochtene Entscheidung darf nicht in Rechtskraft erwachsen sein usw.. Für das **Verfahren der weiteren Beschwerde** gilt dasselbe wie für die erste Beschwerde.

### 2. Statthaftigkeit

3   Voraussetzung für die Statthaftigkeit der weiteren Beschwerde ist eine **ausdrückliche gesetzliche Zulassung**, Abs. 2 S. 1. Hinzukommen muß weiter ein neuer selbständiger Beschwerdegrund, Abs. 2 S. 2, → Rdnr. 5 ff. Nur wenn beide Voraussetzungen kumulativ erfüllt sind, ist die weitere Beschwerde zulässig. Eine weitere Einschränkung der Zulässigkeit ergibt sich daraus, daß nach § 567 Abs. 4 gegen oberlandesgerichtliche Entscheidungen grundsätzlich keine Beschwerde gegeben ist. Dies gilt auch für die weitere Beschwerde, weshalb (abgesehen von den Fällen der §§ 568a ZPO, 17a Abs. 4 GVG) eine weitere Beschwerde nur dann in Betracht kommt, wenn in erster Instanz das Amtsgericht entschieden hat[6]. Zum Ausschluß der weiteren Beschwerde gegen landgerichtliche Entscheidungen über Prozeßkosten, Abs. 3, → Rdnr. 15 f.

4   Die von Abs. 2 S. 1 verlangte gesetzliche Zulassung der weiteren Beschwerde ist nur in **wenigen Fällen** erfolgt. Aus der ZPO sind die §§ 568a, 621e Abs. 2, → § 621e Rdnr. 16 ff., sowie § 793 Abs. 2 zu erwähnen. Außerhalb der ZPO ist die weitere Beschwerde in den §§ 73 Abs. 3 KO (nicht dagegen auch im Vergleichsverfahren, § 121 Abs. 3 VerglO, und in der Gesamtvollstreckung, § 20 GesO sieht die weitere Beschwerde nicht vor[7]), 3 Abs. 2 S. 3 Seerechtliche VerteilungsO vorgesehen.

---

[2] KG NJW 1969, 1816; MünchKomm ZPO-*Braun* Rdnr. 2.
[3] Wie Fn. 2.
[4] OLG Hamm OLGZ 1968, 317 = NJW 1147; OLG Köln JMBl.NRW 1965, 19.
[5] MünchKomm ZPO-*Braun* Rdnr. 3.
[6] MünchKomm ZPO-*Braun* Rdnr. 4/5; Zöller/Schneider[18] Rdnr. 5.
[7] OLG Rostock ZIP 1993, 1417; *Haarmeyer/Wutzke/Förster* GesO[2] (1992) § 20 Rdnr. 15.

### 3. Neuer selbständiger Beschwerdegrund

Als weitere Zulässigkeitsvoraussetzung fordert Abs. 2 S. 2, daß in der Beschwerdeentscheidung ein neuer selbständiger Beschwerdegrund enthalten ist[8], d.h. bei in **erster und zweiter Instanz gleichlautenden Entscheidungen** (duae conformes) ist keine weitere Beschwerde gegeben. Wird daher die Beschwerde als unbegründet zurückgewiesen, so findet eine weitere Beschwerde nicht statt (Näheres → Rdnr. 7ff.). Wird der Beschwerde dagegen stattgegeben, so bildet die abändernde Entscheidung für den Beschwerdegegner den neuen selbständigen Beschwerdegrund, → Rdnr. 14. Ob ein neuer Beschwerdegrund vorliegt, bestimmt sich ausschließlich aus einem Vergleich der angefochtenen Entscheidung mit der Beschwerdeentscheidung; die weitere Beschwerde ist also auch dann zulässig, wenn der Rechtspfleger und das Landgericht übereinstimmend entschieden haben, während das Amtsgericht anderer Ansicht war[9]. Für die weitere Beschwerde nach § 568a gilt Abs. 2 S. 2 nicht[10], d.h. die weitere Beschwerde ist hier unabhängig davon zulässig, ob zwischen der erst- und der zweitinstanzlichen Entscheidung eine inhaltliche Abweichung besteht. 5

#### a) Verwerfung der Beschwerde als unzulässig

Gegen eine Entscheidung, durch die die Beschwerde als unzulässig verworfen wird, § 574, mag dies im Tenor zum Ausdruck gebracht oder nur aus den Gründen zu entnehmen sein[11], hat der Beschwerdeführer die weitere Beschwerde[12]. Diese Entscheidung enthält keine Bestätigung der früheren Entscheidung, sondern eine Ablehnung ihrer sachlichen Nachprüfung und damit einen neuen selbständigen Beschwerdegrund, und zwar unabhängig davon, worin das Beschwerdegericht den Unzulässigkeitsgrund konkret gesehen hat (Mangel der Form oder Frist; keine Beschwer usw.)[13]. Eine Ausnahme gilt nur dann, wenn schon die erste Entscheidung auf demselben formellen Grund beruhte, weil es dann an der Selbständigkeit des neuen Beschwerdegrundes fehlt[14]. 6

#### b) Zurückweisung der Beschwerde als unbegründet

##### aa) Allgemeines

Wurde die Beschwerde als unbegründet zurückgewiesen, so findet grundsätzlich eine weitere Beschwerde nicht statt. Der Gesetzgeber ist hier davon ausgegangen, daß angesichts der Übereinstimmung im Ergebnis eine **hinreichende Richtigkeitsgewähr** angenommen werden kann. Warum dies gerade bei der Beschwerde der Fall sein soll, während die Zulässigkeit sonstiger Rechtsmittel (insbesondere der Revision) nicht davon abhängt, ob zwei inhaltlich übereinstimmende Vorentscheidungen vorliegen, bleibt freilich unklar. Allein damit, daß sich die Beschwerde gegen Entscheidungen von häufig geringerer Tragweite richtet, → vor § 567 Rdnr. 3, läßt sich die Differenzierung nicht erklären. 7

Maßgeblich ist der **übereinstimmende Inhalt der Entscheidungen**[15], der nicht nur aus dem 8

---

[8] S. dazu insbesondere *Bettermann* ZZP 77 (1964), 3.
[9] *OLG Celle* OLGZ 1972, 479; *KG* NJW 1975, 224; *Rosenberg/Schwab/Gottwald*[15] § 148 VI 2; *Thomas/Putzo*[18] Rdnr. 12.
[10] *BGH* LM § 568 Abs. 2 Nr. 4 = NJW 1992, 1701 = MDR 515.
[11] *OLG Hamm* Rpfleger 1978, 422, 423; *MünchKomm ZPO-Braun* Rdnr. 9; *Zöller/Schneider*[18] Rdnr. 12; *Bettermann* ZZP 77 (1964), 18ff.; *Rosenberg/Schwab/Gottwald*[15] § 148 VI 2a.

[12] *AK-Ankermann* Rdnr. 3; *MünchKomm ZPO-Braun* Rdnr. 9; *Thomas/Putzo*[18] Rdnr. 13; *Rosenberg/Schwab/Gottwald*[15] § 148 VI 2a. S. weiter *BGH* LM § 45 WEG Nr. 4 = NJW 1991, 3305.
[13] *Bettermann* ZZP 77 (1964), 18ff.
[14] *KG* NJW 1968, 2245 = MDR 930 = OLGZ 1969, 372 = Rpfleger 138 (*Mes*); *Thomas/Putzo*[18] Rdnr. 14.
[15] *Rosenberg/Schwab/Gottwald*[15] § 148 VI 2b.

Tenor, sondern auch aus der Gesamtheit der Entscheidungsgründe zu entnehmen ist[16]. Übereinstimmung in den Gründen ist nicht erforderlich[17]. Geht daher das Beschwerdegericht von anderen Tatsachen oder einer anderen rechtlichen Auffassung als das erstinstanzliche Gericht aus, so fehlt es auch dann an einem neuen selbständigen Beschwerdegrund, wenn sich die Beschwerdeentscheidung gerade auf einen vom ersten Richter nicht für stichhaltig erachteten Grund stützt[18]. Gleiches gilt, wenn der Beschwerdeentscheidung ein unrichtiger Tatbestand zugrundegelegt oder eine Rechtsnorm verletzt worden ist[19] oder wenn die Zurückweisung aufgrund neuen Vorbringens des Beschwerdegegners erfolgt ist[20]. Stimmen beide Entscheidungen in quantitativer Hinsicht nur teilweise überein, so ist insoweit, als Übereinstimmung vorliegt, eine weitere Beschwerde unzulässig[21], während im übrigen ein neuer selbständiger Beschwerdegrund vorliegt. Stellt die neue Begründung den Beschwerdeführer inhaltlich schlechter als die angefochtene Entscheidung, so ist trotz äußerlich gleichlautender Entscheidungen ein neuer Beschwerdegrund gegeben. Dies ist etwa dann der Fall, wenn das Amtsgericht den Antrag als unzulässig, das Landgericht dagegen als zwar zulässig, aber unbegründet angesehen hat[22]; wegen der jetzt vorliegenden Sachentscheidung kann der Antrag nicht erneut gestellt werden. Für den umgekehrten Fall (erstinstanzliche Abweisung als unbegründet, während das Beschwerdegericht den Antrag für unzulässig hält) soll Entsprechendes gelten[23].

### bb) Neuer wesentlicher Verfahrensmangel

9   Trotz inhaltlicher Übereinstimmung beider Entscheidungen wird ein neuer selbständiger Beschwerdegrund dann angenommen, wenn die Beschwerdeentscheidung auf einem neuen (d.h. in erster Instanz noch nicht vorliegenden) wesentlichen Verfahrensmangel beruht. Dadurch soll es insbesondere ermöglicht werden, Mängel bei der Gewährung des rechtlichen Gehörs innerhalb der ordentlichen Gerichtsbarkeit und nicht nur mittels einer Verfassungsbeschwerde bereinigen zu können. Die einschlägige **Rechtsprechung** ist unübersehbar und braucht hier nicht im Detail nachgezeichnet zu werden[24]. Das Schrifttum stimmt dem weitgehend zu[25]. Zur Begründung wird teilweise prozessuales Gewohnheitsrecht angenommen[26] und im übrigen darauf abgestellt, daß das BVerfG ausdrücklich die Verletzung von Art. 103 Abs. 1 GG als neuen selbständigen Beschwerdegrund eingestuft hat[27], was für die ordentlichen Gerichte nach § 31 Abs. 1 BVerfGG verbindlich sei[28].

10  Der Verfahrensverstoß muß nicht nur «neu», sondern auch **wesentlich** sein, d.h. es müssen grundlegende Prinzipien des Beschwerdeverfahrens verletzt worden sein[29]. Bei der ganz im

---

[16] *OLG Stuttgart* Rpfleger 1961, 32; *Rosenberg/Schwab/Gottwald*[15] § 148 VI 2 b.

[17] *OLG Köln* NJW-RR 1990, 511; AK-*Ankermann* Rdnr. 3; *Baumbach/Lauterbach/Albers*[52] Rdnr. 7; MünchKomm ZPO-*Braun* Rdnr. 10; *Rosenberg/Schwab/Gottwald*[15] § 148 VI 2 b.

[18] *KG* JW 1938, 2684.

[19] *KG* JW 1938, 2237; *Bettermann* ZZP 77 (1964), 34 ff.

[20] *OLG Köln* NJW-RR 1990, 511, 512; *Rosenberg/Schwab/Gottwald*[15] § 148 VI 2 b.

[21] *OLG Celle* MDR 1959, 766; *Bettermann* ZZP 77 (1964), 21.

[22] *OLG Düsseldorf* JW 1927, 401; *OLG Köln* NJW-RR 1990, 383; MünchKomm ZPO-*Braun* Rdnr. 10; *Thomas/Putzo*[18] Rdnr. 15; *Rosenberg/Schwab/Gottwald*[15] § 148 VI 2 b.

[23] MünchKomm ZPO-*Braun* Rdnr. 10; *Thomas/Putzo*[18] Rdnr. 15; *Rosenberg/Schwab/Gottwald*[15] § 148 VI 2 b.

[24] S. insbesondere *KG* OLGZ 1968, 428 = NJW 2245 = Rpfleger 328; *KG* ZZP 90 (1977), 417 (*Bettermann*); *KG* NJW-RR 1987, 446; *OLG Frankfurt* WM 1993, 178.

[25] *Baumbach/Lauterbach/Albers*[52] Rdnr. 9 ff.; *Thomas/Putzo*[18] Rdnr. 13; *Zöller/Schneider*[18] Rdnr. 16 ff. Grundsätzlich ablehnend dagegen *Bettermann* ZZP 77 (1964), 3 ff.; *ders.* ZZP 90 (1977), 419; MünchKomm ZPO-*Braun* Rdnr. 15 f.

[26] *OLG Hamm* NJW 1979, 170; *Baumbach/Lauterbach/Albers*[52] Rdnr. 9.

[27] *BVerfG* NJW 1988, 1773.

[28] *Rosenberg/Schwab/Gottwald*[15] § 148 VI 2 c; AK-*Ankermann* Rdnr. 4.

[29] *OLG Karlsruhe* ZIP 1982, 193; *KG* NJW-RR 1987, 446.

Vordergrund stehenden Fallgruppe der Verletzung von Art. 103 Abs. 1 GG ist diese Voraussetzung angesichts des Ausgangspunkts der h. M. (= Verlagerung der Abhilfe in die ordentliche Gerichtsbarkeit) deswegen kaum von Bedeutung, weil die weitere Beschwerde immer dann zulässig sein müßte, wenn anderenfalls nur die Verfassungsbeschwerde bliebe. Anders formuliert heißt das, daß ein Verstoß gegen Art. 103 Abs. 1 GG immer wesentlich ist. Weiter muß die Beschwerdeentscheidung auf dem Verfahrensmangel **beruhen**, was dahingehend verstanden wird, daß nicht ausgeschlossen werden kann, daß die Entscheidung ohne den Verfahrensmangel inhaltlich anders ausgefallen wäre[30].

Die Diskussion um die Qualifizierung eines wesentlichen Verfahrensmangels als neuer selbständiger Beschwerdegrund leidet unter einem **schwerwiegenden Mißverständnis**. Sie war solange sinnvoll, als die Statthaftigkeit der weiteren Beschwerde allein vom Vorliegen eines neuen selbständigen Beschwerdegrundes abhing. Hier war es möglich, diesen Begriff angesichts der erwünschten praktischen Folgen i. S. der h. M. zu interpretieren. Nachdem ab 1. IV. 1991 für die Statthaftigkeit der weiteren Beschwerde außer dem neuen selbständigen Beschwerdegrund noch eine ausdrückliche gesetzliche Zulassung erforderlich ist, Abs. 2 S. 1 (→ Rdnr. 3) läßt sich das angestrebte Ziel einer Entlastung des BVerfG praktisch nicht mehr erreichen. Über die Hürde des «neuen selbständigen Beschwerdegrundes» kann man hinwegkommen; dagegen läßt sich die fehlende gesetzliche Zulassung nicht weginterpretieren. Insoweit bleibt es dabei, daß der Instanzenzug auch bei Verletzung von Art. 103 Abs. 1 GG nicht erweitert wird (→ Allg. Einl. vor § 511 Rdnr. 66 f. und § 567 Rdnr. 9 f.). Die vom Gesetzgeber ausdrücklich gewollte Einschränkung der weiteren Beschwerde darf nicht einfach übergangen werden[31]. Die ganze Diskussion kann demnach nur noch in den wenigen Fällen einer gesetzlichen Zulassung der weiteren Beschwerde, → Rdnr. 3 f., Bedeutung haben, d. h. sie ist (überspitzt formuliert) praktisch gegenstandslos. Daran ändern auch ein eventuelles Gewohnheitsrecht oder eine Verbindlichkeit der Rechtsprechung des BVerfG nach § 31 Abs. 1 BVerfGG nichts. Beide methodischen Ansätze beziehen sich auf die alte Rechtslage und sind mit der Neufassung von Abs. 2 überholt.

11

Für den damit noch verbleibenden verschwindend kleinen Anwendungsbereich des Problems kann festgehalten werden, daß der h. M. insoweit zuzustimmen ist, als es um die **Verletzung von verfassungsbeschwerdefähigen Verfahrensverstößen** (d.h. insbesondere Art. 103 Abs. 1 GG) geht[32]. Ebenso wie bei der Gegenvorstellung → § 567 Rdnr. 28, handelt es sich bei der erweiternden Auslegung des Begriffs «neuer selbständiger Beschwerdegrund» um ein methodisch legitimes Mittel für eine Abhilfe des Mangels innerhalb der ordentlichen Gerichtsbarkeit. Soweit danach die weitere Beschwerde statthaft ist, besteht für eine Gegenvorstellung kein Bedürfnis; die Partei hat hier den Instanzenzug einzuhalten und kann nicht etwa «einen neuen Anlauf nehmen».

12

Über das unter → Rdnr. 12 Ausgeführte hinaus ist die weitere Beschwerde dagegen auch bei neuen wesentlichen Verfahrensverstößen des Beschwerdegerichts nicht zulässig[33]. Anderenfalls käme man zu einer nicht verständlichen Privilegierung von Verfahrensfehlern gegenüber materiellrechtlichen Fehlern, die erstmals im Beschwerdeverfahren vom Beschwerdegericht begangen worden sind, und die nach einhelliger Ansicht die weitere Beschwerde nicht zulässig machen[34]. Für eine derart unterschiedliche Behandlung der verschiedenen Fehlerkategorien gibt § 568 Abs. 2 S. 2 nichts her, weshalb beide gleich behandelt werden müssen. Die

13

---

[30] OLG Köln NJW-RR 1986, 1190; KG NJW-RR 1987, 446; OLG Frankfurt WM 1993, 178; Zöller/Schneider[18] Rdnr. 23.
[31] Zutreffend im Ansatz MünchKomm ZPO-Braun Rdnr. 15, wo jedoch nicht alle gebotenen Konsequenzen gezogen werden.

[32] A.A. MünchKomm ZPO-Braun Rdnr. 15 f., der in entsprechender Anwendung der §§ 579 f. für eine Wiederaufnahmebeschwerde eintritt.
[33] Rosenberg/Schwab/Gottwald[15] § 148 VI 2 c.
[34] S. dazu ausführlich Bettermann ZZP 77 (1964), 34 ff.

Gleichstellung muß dabei in dem Sinne erfolgen, daß ein in der Beschwerdeinstanz neu unterlaufener Verfahrensfehler für sich allein die weitere Beschwerde nicht zulässig macht. Erforderlich ist vielmehr, daß die Beschwerdeentscheidung für den Beschwerdeführer eine neue Beschwer (→ Allg. Einl. vor § 511 Rdnr. 70 ff.) enthält[35].

### c) Abänderung der angefochtenen Entscheidung

14  Wurde die Beschwerde ganz oder zum Teil für begründet erklärt und ihr insoweit stattgegeben, so kann für den Beschwerdeführer eine weitere Beschwerde nur insoweit in frage kommen, als ihn auch die neue Entscheidung als selbständige Anordnung beschwert, was in aller Regel nicht der Fall ist. Dagegen erwächst jetzt für den Beschwerdegegner ein Beschwerderecht daraus, daß nunmehr inhaltlich nicht übereinstimmende Entscheidungen vorliegen[36]. Dabei müssen jedoch die sonstigen Zulässigkeitsvoraussetzungen vorliegen, d.h. die weitere Beschwerde muß insbesondere nach Abs. 2 S. 1 gesetzlich ausdrücklich zugelassen sein. Das Gesagte gilt auch dann, wenn die Sache an das Amtsgerichts zurückverwiesen wird[37], § 575.

## III. Kostensachen

15  Bei Entscheidungen der Landgerichte über Prozeßkosten ist die **weitere Beschwerde nach Abs. 3 ausgeschlossen**, und zwar auch dann, wenn ein neuer Beschwerdegrund i.S. von Abs. 2 S. 1 geltend gemacht wird[38]. Dadurch, daß nach Abs. 2 S. 1 die weitere Beschwerde nur bei ausdrücklicher gesetzlicher Zulassung statthaft ist, scheidet die weitere Beschwerde auch in Kostensachen ohnehin zumeist aus. Gleichwohl ist Abs. 3 nicht gänzlich bedeutungslos. In Fällen des § 793 sowie § 73 Abs. 3 KO ist es denkbar, daß die Beschwerdeentscheidung nur über Kosten ergeht; trotz der ausdrücklichen Zulassung der weiteren Beschwerde in den genannten Vorschriften ist diese nach Abs. 3 nicht statthaft[39]. Dies gilt auch bei schweren Verfahrensmängeln, wie etwa einem Verstoß gegen Art. 103 Abs. 1 GG[40]. Abs. 3 schließt lediglich die weitere Beschwerde gegen landgerichtliche Entscheidungen in Kostensachen aus. Hat das Landgericht dagegen erstmals in Kostensachen entschieden, so ist die Beschwerde unter den Voraussetzungen von § 567 Abs. 2, → § 567 Rdnr. 31 f., statthaft[41].

16  Eine **Entscheidung über Prozeßkosten** liegt vor, wenn die Entscheidung entweder über die Kostentragungspflicht oder über den Betrag der Kosten bzw. ihre Beitreibung ergangen ist[42]. Die Unterlassung eines Ausspruchs über die Kostentragungspflicht ist keine Kostenentscheidung, weshalb Abs. 3 hier der weiteren Beschwerde nicht entgegensteht[43]. Unerheblich ist, ob Prozeßkosten im eigentlichen Sinne oder Vollstreckungskosten Gegenstand der Beschwerdeentscheidung sind[44], ob die Entscheidung nach § 99 Abs. 2 durch Urteil oder Beschluß nach § 91 erlassen ist, → § 91a Rdnr. 32, ob sie die Prozeßkosten zum unmittelbaren Gegenstand hat oder nur mittelbar ihrer Festsetzung oder Beitreibung dienen soll, wie etwa die Festsetzung des Streitwertes[45], die Erteilung der Vollstreckungsklausel zu einem Kostenfestsetzungsbeschluß oder einer sonstigen Kostenentscheidung[46], ferner ob die Entscheidung

---

[35] *Bettermann* ZZP 77 (1964), 34 ff.
[36] MünchKomm ZPO-*Braun* Rdnr. 11; *Thomas/Putzo*[18] Rdnr. 16.
[37] *Thomas/Putzo*[18] Rdnr. 16.
[38] *OLG Stuttgart* ZZP 69 (1956), 214; *OLG Celle* NdsRpfl 1972, 127.
[39] *Thomas/Putzo*[18] Rdnr. 9.
[40] *KG* MDR 1980, 322; *Baumbach/Lauterbach/Albers*[52] Rdnr. 14; *Zöller/Schneider*[18] Rdnr. 37.
[41] MünchKomm ZPO-*Braun* Rdnr. 17.
[42] MünchKomm ZPO-*Braun* Rdnr. 18.

[43] *KG* NJW 1960, 635 = MDR 236; *OLG Zweibrücken* MDR 1990, 253; *Zöller/Schneider*[18] Rdnr. 36; *Baumbach/Lauterbach/Albers*[52] Rdnr. 13. A.A. MünchKomm ZPO-*Braun* Rdnr. 20.
[44] *OLG München* MDR 1989, 1005; *Baumbach/Lauterbach/Albers*[52] Rdnr. 13.
[45] *KG* Rpfleger 1962, 162; MünchKomm ZPO-*Braun* Rdnr. 18.
[46] S. *OLG Oldenburg* NJW 1968, 2203 zur Vollstreckbarerklärung der Kostenentscheidung eines ausländischen Gerichts.

in der Sache über die Prozeßkosten befindet oder das Gesuch als unzulässig verwirft[47] und schließlich, ob sie von Anfang an oder auf Erinnerung oder im Berichtigungsverfahren ergangen ist. Kosten i. S. von Abs. 3 sind ferner die Vergütung für den Konkurs-[48], Vergleichs- und Zwangsverwalter[49], für den Sequester[50] sowie für die Mitglieder des Gläubigerausschusses[51]. Ebenso fallen Auslagen der genannten Personen unter Abs. 3.

### IV. Arbeitsgerichtliches Verfahren

§ 568 Abs. 1 ist für das arbeitsgerichtliche Verfahren durch ausdrückliche Regelungen in §§ 78 Abs. 1 S. 2, 77 S. 2 ArbGG ersetzt. Die Abs. 2 und 3 von § 568 sind deshalb nicht anwendbar, weil nach § 78 Abs. 2 ArbGG die weitere Beschwerde generell ausgeschlossen ist. Eine weitere Beschwerde findet auch dann nicht statt, wenn die Entscheidung über eine sofortige Beschwerde nach § 793 ergangen ist[52]. Zur Rechtsbeschwerde im Beschlußverfahren → § 546 Rdnr. 65. 17

## § 568 a [Weitere sofortige Beschwerde gegen den Einspruch verwerfende Beschlüsse]

**Beschlüsse des Oberlandesgerichts, durch die über eine sofortige Beschwerde gegen die Verwerfung des Einspruchs gegen ein Versäumnisurteil entschieden wird, unterliegen der weiteren sofortigen Beschwerde, sofern gegen ein Urteil gleichen Inhalts die Revision stattfinden würde; §§ 546, 554 b gelten entsprechend.**

Gesetzesgeschichte: Eingefügt durch Vereinfachungsnovelle (BGBl. 1976 I 3281). Keine Änderungen.

### 1. Gesetzeszweck

Die durch die Vereinfachungsnovelle neu eingefügte Vorschrift ist eine Konsequenz aus der gleichzeitig eingeführten Regelung des § 341 Abs. 2, wonach eine Verwerfung des Einspruchs gegen ein Versäumnisurteil als unzulässig ohne mündliche Verhandlung durch Beschluß erfolgen kann. Der Zweck des § 341 Abs. 2 besteht allein darin, die erste Instanz von der Notwendigkeit einer mündlichen Verhandlung freizustellen; nicht dagegen soll der Instanzenzug verkürzt werden. Damit war es erforderlich, in § 568a die **weitere Beschwerde an den Bundesgerichtshof** unter denselben Voraussetzungen zuzulassen, unter denen die Partei bei einer Verwerfung des Einspruchs durch Urteil die Möglichkeit einer Anrufung der Revisionsinstanz gehabt hätte. § 568 a stellt sich als Ausnahmeregelung sowohl gegenüber § 567 Abs. 4 S. 1 (→ dazu § 567 Rdnr. 5) als auch gegenüber § 568 Abs. 2 S. 2 dar (für die weitere Beschwerde ist es unerheblich, ob die Beschwerdeentscheidung einen neuen selbständigen Beschwerdegrund enthält[1]). 1

---

[47] *OLG Schleswig* Rpfleger 1962, 431.
[48] *KG* ZIP 1980, 30 = MDR 322.
[49] *OLG Frankfurt* ZIP 1982, 1364.
[50] *OLG Schleswig* SchlHA 1978, 201.
[51] *OLG Stuttgart* ZZP 79 (1966), 305.

[52] *BAG* AP § 78 ArbGG Nr. 1 = NJW 1965, 1735; *Germelmann/Matthes/Prütting* § 78 Rdnr. 14.
[1] *BGH* LM § 568 Abs. 2 Nr. 4 = NJW 1992, 1701 = MDR 515 = VersR 853.

## 2. Voraussetzungen der weiteren Beschwerde

### a) Beschluß des Oberlandesgerichts

2   Die weitere sofortige Beschwerde ist gegen einen Beschluß des Oberlandesgerichts gegeben. Hinsichtlich des Inhalts dieses Beschlusses macht § 568a keine Differenzierungen. Die weitere Beschwerde ist sowohl dann statthaft, wenn die sofortige Beschwerde nach § 341 Abs. 2 S. 2 als unzulässig verworfen[2], → auch Rdnr. 5, oder als unbegründet zurückgewiesen, als auch dann, wenn ihr stattgegeben und der Einspruch für zulässig erklärt worden ist[3]. Bei Stattgabe der Beschwerde steht das weitere Beschwerderecht mangels Beschwer allerdings nicht dem Beschwerdeführer, sondern ausschließlich dem Gegner zu[4], → § 568 Rdnr. 14. Auch in diesem Fall müßte aber gegen ein Urteil gleichen Inhalts die Revision statthaft sein; es reicht nicht aus, daß die Beschwerdeentscheidung für den Gegner eine selbständige neue Beschwer enthält.

3   Entscheidet über die sofortige Beschwerde gegen die Verwerfung des Einspruchs das **Landgericht** (nämlich bei amtsgerichtlichen Versäumnisurteilen), so ist deshalb keine weitere sofortige Beschwerde gegeben, weil gegen ein Urteil gleichen Inhalts kein Rechtsmittel stattfindet. Dagegen ist § 568a im **Mahnverfahren** entsprechend anwendbar: Hat das Amtsgericht den Rechtsstreit nach Einspruch gegen den Vollstreckungsbescheid gemäß § 700 Abs. 3 an das Landgericht abgegeben, das seinerseits den Einspruch als unzulässig verwirft, → § 700 Rdnr. 5, so ist der Verwerfungsbeschluß mit der sofortigen Beschwerde an das Oberlandesgericht anfechtbar, gegen dessen Entscheidung unter den Voraussetzungen von § 568a die sofortige weitere Beschwerde gegeben ist[5]. Das ist deswegen sachgerecht, weil die Partei dieselben Verfahrensgarantien haben muß, als wäre das Verfahren durch Klageerhebung eingeleitet worden; daß das Mahnverfahren unabhängig vom Streitwert in die Zuständigkeit des Amtsgerichts fällt, darf den Rechtsschutz des Beklagten nicht verkürzen[6].

### b) Entsprechende Anwendung der §§ 546, 554b

4   Die entsprechende Anwendung der §§ 546, 554b bedeutet, daß die weitere Beschwerde dann statthaft ist, wenn sie entweder vom Oberlandesgericht zugelassen worden ist, woran der Bundesgerichtshof gebunden ist (bei einer Beschwer von nicht mehr als 60.000,– DM), oder wenn die Beschwer mehr als 60.000,– DM beträgt und der Bundesgerichtshof von der Möglichkeit der Nichtannahme, § 554b, keinen Gebrauch macht. Soweit es im Rahmen der §§ 546, 554b darauf ankommt, ob die Rechtssache grundsätzliche Bedeutung hat, ist allein die Beschwerdeentscheidung maßgeblich, d.h. es kommt darauf an, ob bei der Entscheidung über die Verwerfung des Einspruchs grundsätzliche Rechtsfragen zu beantworten sind. Ob die Hauptsache grundsätzliche Bedeutung hat, ist demgegenüber unerheblich.

### c) Verwerfung der Beschwerde als unzulässig

5   Ist die sofortige Beschwerde als unzulässig verworfen worden, so ist die weitere Beschwerde in entsprechender Anwendung von § 547 immer statthaft[7]. § 568a verweist zwar nicht

---

[2] *BayObLG* NJW 1982, 2453.
[3] MünchKomm ZPO-*Braun* Rdnr. 2; *Zöller/Schneider*[18] Rdnr. 2.
[4] MünchKomm ZPO-*Braun* Rdnr. 2.
[5] BGH VersR 1982, 1168, 1169; AK-*Ankermann* Rdnr. 1; *Baumbach/Lauterbach/Albers*[52] Rdnr. 2; *Zöller/Schneider*[18] Rdnr. 3.

[6] Deswegen sind die in MünchKomm ZPO-*Braun* Rdnr. 3 gegen die hier vertretene Auffassung geäußerten Bedenken (= bei Verwerfung des Einspruchs durch das Amtsgericht wäre die Revision ohnehin nicht statthaft, weshalb der von § 568a verfolgte Zweck nicht zum Tragen kommt) nicht berechtigt.
[7] BGH NJW 1979, 218; AK-*Ankermann* Rdnr. 2;

auch auf § 547, doch ergibt sich dessen entsprechende Anwendbarkeit daraus, daß die weitere Beschwerde im selben Umfang wie die Revision statthaft sein soll.

### d) Verfahren

Neben den sich aus § 568a ergebenden Zulässigkeitsvoraussetzungen müssen die allgemeinen Zulässigkeitsvoraussetzungen einer sofortigen weiteren Beschwerde gegeben sein, §§ 574, 577. Für das Verfahren gilt § 577. Die weitere Beschwerde kann nur darauf gestützt werden, daß die Beschwerdeentscheidung auf der Verletzung einer revisiblen Norm beruht. Die Entscheidung ergeht immer durch Beschluß. Ob eine mündliche Verhandlung durchgeführt wird, steht im Ermessen des Gerichts, § 572 Abs. 1.  6

### 3. Arbeitsgerichtliches Verfahren

Im arbeitsgerichtlichen Verfahren **gilt § 568a entsprechend**, § 78 Abs. 2 ArbGG. Dies  7
bedeutet, daß die Revision zugelassen worden sein muß[8]. Auf die Höhe der Beschwer kommt es, wie im arbeitsgerichtlichen Verfahren bei der Revision auch sonst, → § 546 Rdnr. 45, nicht an. Eine Nichtzulassungsbeschwerde an das Bundesarbeitsgericht soll nicht zulässig sein[9]. Angesichts der Aufgabe von § 568a, die ausgeschlossene Revision durch die weitere sofortige Beschwerde zu ersetzen, kann dem nicht zugestimmt werden. Auch wenn der praktische Anwendungsbereich für eine erfolgreiche Nichtzulassungsbeschwerde minimal sein mag (es wird kaum je eine Divergenz i. S. von § 72 Abs. 2 Nr. 2 ArbGG vorliegen und die Geltendmachung einer grundsätzlichen Bedeutung der Sache ist nach § 72a Abs. 1 ArbGG weitgehend ausgeschlossen) besteht kein Anlaß, den Gleichlauf der Statthaftigkeit der Revision und der weiteren sofortigen Beschwerde nach § 568a an dieser Stelle aufzugeben.

Im **Beschlußverfahren** ist für § 568a deshalb kein Anwendungsbereich, weil hier keine  8
Versäumnisentscheidung ergehen kann[10].

## § 569 [Einlegung und Form der Beschwerde]

(1) Die Beschwerde wird bei dem Gericht eingelegt, von dem oder von dessen Vorsitzenden die angefochtene Entscheidung erlassen ist; sie kann in dringenden Fällen auch bei dem Beschwerdegericht eingelegt werden.

(2) Die Beschwerde wird durch Einreichung einer Beschwerdeschrift eingelegt. Sie kann auch durch Erklärung zu Protokoll der Geschäftsstelle eingelegt werden, wenn der Rechtsstreit im ersten Rechtszug nicht als Anwaltsprozeß zu führen ist oder war, wenn die Beschwerde die Prozeßkostenhilfe betrifft oder wenn sie von einem Zeugen oder Sachverständigen erhoben wird.

Gesetzesgeschichte: Bis 1900 § 532 CPO. Änderungen: RGBl. 1905 S. 536; 1910 S. 767; 1927 I 175; 1927 I 334; BGBl. 1976 I 1421; 1986 I 301.

---

*Baumbach/Lauterbach/Albers*[52] Rdnr. 3; MünchKomm ZPO-*Braun* Rdnr. 2; *Zöller/Schneider*[18] Rdnr. 5.
[8] *Germelmann/Matthes/Prütting* § 78 Rdnr. 14.
[9] BAG AP § 78 ArbGG 1979 Nr. 1; *Germelmann/Matthes/Prütting* § 78 Rdnr. 14.
[10] *Grunsky*[6] § 83 Rdnr. 8.

| | | | |
|---|---|---|---|
| I. Einlegungsgericht | 1 | b) Prozeßkostenhilfe | 11 |
| II. Beschwerdeschrift | 3 | c) Beschwerde eines Zeugen oder Sachverständigen | 12 |
| 1. Einreichung | 3 | | |
| 2. Inhalt der Beschwerdeschrift | 4 | d) Sonstige Ausnahmen vom Anwaltszwang | 13 |
| III. Anwaltszwang | 8 | | |
| 1. Grundsatz | 8 | IV. Arbeitsgerichtliches Verfahren | 14 |
| 2. Ausnahmen vom Anwaltszwang | 9 | | |
| a) Kein Anwaltsprozeß | 10 | | |

## I. Einlegungsgericht, Abs. 1

1 Die Einlegung der Beschwerde erfolgt mit Rücksicht auf die Abänderungsbefugnis des § 571 in der Regel bei dem Gericht, von dem die angefochtene Entscheidung erlassen worden ist. Dabei werden Entscheidungen des Vorsitzenden solchen des Gerichts ausdrücklich gleichgestellt. Auch im übrigen wird die Entscheidung des Vorsitzenden im Beschwerdeverfahren der durch das Gericht gleichgestellt, §§ 571, 572 Abs. 2, 573 Abs. 2, 575.

2 In dringenden Fällen kann die Beschwerde unmittelbar beim Beschwerdegericht eingelegt werden, Abs. 1, 2. Hs.. Dies gilt insbesondere dann, wenn die Sache zeitlich besonders eilbedürftig ist und die Vorschaltung des Abhilfeverfahrens, § 571, für den Beschwerdeführer zu einem nicht wiedergutzumachenden Rechtsverlust führen kann. Darüber hinaus wird die Einlegung beim Beschwerdegericht dann als zulässig angesehen, wenn eine Abhilfe durch das Untergericht ersichtlich nicht zu erwarten ist[1]. Ob Dringlichkeit vorliegt, hat das Beschwerdegericht zu entscheiden[2]. Wird sie verneint, so kann das Beschwerdegericht die Beschwerde nicht als unzulässig verwerfen, sondern hat sie von Amts wegen an das Untergericht abzugeben, damit dieses das nach § 571 vorgesehene Abhilfeverfahren durchführen kann[3]. Die Einlegung der Beschwerde beim Beschwerdegericht hat deshalb bei der einfachen Beschwerde nie einen sachlichen Nachteil zur Folge (zur sofortigen Beschwerde s. § 577 Abs. 2 S. 2). Bejaht das Beschwerdegericht die Dringlichkeit, so hat es ohne Rücksicht auf § 571 über die Beschwerde zu entscheiden.

## II. Beschwerdeschrift

### 1. Einreichung

3 Die Beschwerde wird in der Regel entsprechend dem für die übrigen Rechtsmittel Vorgeschriebenen durch Einreichung einer Beschwerdeschrift eingelegt. Zu den Anforderungen für die Einreichung → § 207 Rdnr. 9 ff. In gewissen Fällen, → Rdnr. 9 ff., genügt die Erklärung zu Protokoll der Geschäftsstelle.

### 2. Inhalt der Beschwerdeschrift

4 Über den erforderlichen Mindestinhalt der Beschwerdeschrift enthält die ZPO keine Vorschrift. In entsprechender Anwendung von § 518 genügt die **Bezeichnung der angefochtenen**

---

[1] *OLG Frankfurt* FamRZ 1981, 579, 580; MünchKomm ZPO-*Braun* Rdnr. 2.
[2] *Baumbach/Lauterbach/Albers*[52] Rdnr. 2; MünchKomm ZPO-*Braun* Rdnr. 2.
[3] Einhellige Meinung; s. etwa *Baumbach/Lauterbach/Albers*[52] Rdnr. 2; MünchKomm ZPO-*Braun* Rdnr. 2; *Thomas/Putzo*[18] Rdnr. 2.

Entscheidung sowie die **Erklärung, daß Beschwerde eingelegt wird**[4]. Diese Erklärung braucht nicht ausdrücklich zu sein, sofern sie sich nur aus dem Inhalt des Schriftstücks unmißverständlich ergibt[5]. Insbesondere ist es unschädlich, wenn der Beschwerdeführer den Begriff »Beschwerde« nicht verwendet[6]. Auch bei Verwendung des Ausdrucks »Gegenvorstellung« kann der Sache nach eine Beschwerde gemeint sein, und zwar auch dann, wenn die Schrift von einem Rechtsanwalt verfaßt ist[7]. Insgesamt ist eine großzügige Auslegung geboten. Selbst dann, wenn die angefochtene Entscheidung ein Urteil ist, § 99 Abs. 2, kann die Bezeichnung als »Berufung« unschädlich sein. Bei Zweifeln wird der Umstand, daß die Schrift beim Untergericht eingereicht ist, regelmäßig Anlaß geben, sie als Beschwerdeschrift einzuordnen. Gegenüber der Gegenvorstellung hilft dieses Kriterium allerdings insoweit nicht weiter, als diese ebenfalls (und zwar notwendigerweise) beim Untergericht eingereicht werden muß.

Die Erklärung muß ferner die **Parteien** des Beschwerdeverfahrens angeben. Auch insoweit gilt nichts anderes als bei der Berufung, → dazu § 518 Rdnr. 18 ff. Weiter wird verlangt, daß die Erklärung **unbedingt** ist; eine eventuelle Beschwerde gegen eine noch nicht erlassene Entscheidung ist nach h. M. unzulässig[8]. Das ist nicht zwingend; bei Eilbedürftigkeit kann eine Beschwerde auch schon vor Erlaß der angefochtenen Entscheidung wirksam eingelegt werden[9]. Zulässig ist auf jeden Fall, daß die Partei an erster Stelle Abänderung nach § 571 verlangt und nur »eventuell« Beschwerde einlegt; darin liegt deshalb keine echte Bedingung, weil sich die Beschwerde gegen die erste Entscheidung und nicht etwa gegen die Ablehnung ihrer Änderung richtet.

Ein **bestimmter Antrag** ist nicht erforderlich[10]. Was der Beschwerdeführer verlangt, ergibt sich aus seinen früheren Anträgen in Verbindung mit ihrer Ablehnung; gegebenenfalls kann das Gericht nach § 139 eine Klärung veranlassen. Will der Beschwerdeführer die Entscheidung allerdings nicht im vollen Umfang der Beschwer angreifen, so muß er dies zum Ausdruck bringen. Anderenfalls ist von einer uneingeschränkten Beschwerde auszugehen. Bis zur Entscheidung über die Beschwerde kann der Antrag jederzeit geändert, erweitert oder beschränkt werden[11]. Zur Zurücknahme der Beschwerde → § 573 Rdnr. 7. Soweit der Beschwerdeführer einen bestimmten Antrag gestellt hat, ist das Gericht daran gebunden; insbesondere kann es die angefochtene Entscheidung nicht über den Antrag hinaus aufheben oder inhaltlich abändern.

Auch die **Begründung der Beschwerde** gehört nicht zum wesentlichen Inhalt der Beschwerdeschrift[12]. Allerdings läuft der Beschwerdeführer die Gefahr, daß seine Gründe ohne eine Begründung nicht gewürdigt werden; eine Verpflichtung des Gerichts, ihn zur Begründung aufzufordern, besteht nicht[13]. Der Beschwerdeführer kann die Begründung bis zur Entscheidung über die Beschwerde jederzeit nachbringen. Anders als bei der Berufung oder der Revision ist die Begründung zeitlich nicht befristet. Nach § 620 d S. 1 und § 100 ZVG ist eine Begründung der Beschwerde ausnahmsweise vorgeschrieben; zur Begründungsfrist bei § 620 d S. 1 → § 620 d Rdnr. 3.

---

[4] MünchKomm ZPO-*Braun* Rdnr. 2; *Thomas/Putzo*[18] Rdnr. 2.
[5] *Baumbach/Lauterbach/Albers*[52] Rdnr. 4.
[6] BGH VersR 1982, 598; NJW 1992, 243; *Zöller/Schneider*[18] Rdnr. 7.
[7] Zu streng insoweit BGH VersR 1982, 598.
[8] RG JW 1925, 678; KG JR 1950,732; VGH Baden-Württemberg DVBl. 1975, 381.
[9] *Grunsky* DVBl. 1975, 382; *Baumbach/Lauterbach/Albers*[52] § 567 Rdnr. 9.
[10] RGZ 152, 316, 319; BGHZ 91, 154, 160; OLG Neustadt MDR 1959, 308; AK-*Ankermann* Rdnr. 5; *Baumbach/Lauterbach/Albers*[52] Rdnr. 5; MünchKomm ZPO-*Braun* Rdnr. 3; *Thomas/Putzo*[18] Rdnr. 7; *Zöller/Schneider*[18] Rdnr. 9.
[11] BGHZ 91, 154, 160; *Baumbach/Lauterbach/Albers*[52] Rdnr. 5.
[12] RGZ 152, 316, 318 f.; BAG NJW 1991, 1252; AK-*Ankermann* Rdnr. 4; *Baumbach/Lauterbach/Albers*[52] Rdnr. 6; MünchKomm ZPO-*Braun* Rdnr. 3; *Zöller/Schneider*[18] Rdnr. 8.
[13] RGZ 152, 316. 318.

### III. Anwaltszwang

#### 1. Grundsatz

8  Abgesehen von den in Abs. 2 S. 2 vorgesehenen Ausnahmefällen, → Rndr. 9 ff., unterliegt die Beschwerde nach der allgemeinen Vorschrift des § 78 dem Anwaltszwang, → auch § 78 Rdnr. 22. Für das Amtsgericht als Familiengericht gilt § 78 Abs. 2. Das **Prozeßgericht**, bei dem der Anwalt zugelassen sein muß, bestimmt sich danach, wo die Beschwerde eingelegt wird. Bei Einreichung beim Untergericht muß der Anwalt dort zugelassen sein. Erfolgt die Einreichung dagegen nach Abs. 1, 2. Hs. beim Beschwerdegericht, → Rdnr. 2, so ist die Zulassung bei diesem Gericht erforderlich[14]. Bei einer Beschwerde nach §§ 519b Abs. 2, 568a beim BGH muß die Beschwerde von einem dort zugelassenen Anwalt unterzeichnet sein, widrigenfalls sie als unzulässig zu verwerfen ist, § 574. Zur Einreichung beim Bayerischen Obersten Landesgericht genügt die Unterzeichnung durch einen beim Land- oder Oberlandesgericht zugelassenen Rechtsanwalt, §§ 7 Abs. 6, 8 Abs. 1 EGZPO. Ist die Beschwerde von einem nur beim Beschwerdegericht zugelassenen Anwalt unterzeichnet, aber beim Untergericht eingereicht worden, so wird der Mangel dadurch geheilt, daß die Beschwerdeschrift innerhalb der Beschwerdefrist an das Beschwerdegericht gelangt[15]. Geschieht dies erst nach Ablauf der Beschwerdefrist, ist die Beschwerde als unzulässig zu verwerfen.

#### 2. Ausnahmen vom Anwaltszwang

9  An die Stelle der Einreichung der Beschwerdeschrift, → Rdnr. 3, kann in gewissen Fällen die **Erklärung zu Protokoll der Geschäftsstelle** treten, Abs. 2 S. 2. Zuständig ist die Geschäftsstelle desjenigen Gerichts, bei dem die Beschwerde nach Abs. 1 eingelegt wird. Als weitergehende Form ersetzt die Erklärung zum richterlichen Sitzungsprotokoll auch im Rahmen von § 569 Abs. 2 die Erklärung zu Protokoll der Geschäftsstelle[16], → § 159 Rdnr. 7. Dadurch, daß in den Fällen des Abs. 2 S. 2 nach § 78 Abs. 3 zugleich der Anwaltszwang ausgeschlossen ist, kann die Beschwerde auch privatschriftlich oder durch einen nicht bei dem Gericht zugelassenen Anwalt schriftlich eingelegt werden[17]. Die in Abs. 2 S. 2 aufgeführten Fälle enthalten eine abschließende Regelung, weshalb in anderen Fällen keine Einlegung der Beschwerde durch Erklärung zu Protokoll der Geschäftsstelle erfolgen kann[18]. Abs. 2 S. 2 bezieht sich nur auf die Einlegung der Beschwerde; für das weitere Beschwerdeverfahren → § 573 Rdnr. 5 f.

##### a) Kein Anwaltsprozeß

10  Der Anwaltszwang entfällt zunächst dann, wenn der Rechtsstreit im ersten Rechtszug nicht als Anwaltsprozeß zu führen ist. Mit Ausnahme von Familiensachen, § 78 Abs. 2, sind dies alle in erster Instanz vom **Amtsgericht** zu entscheidenden Streitigkeiten, und zwar auch dann, wenn sich die Zuständigkeit des Amtsgerichts nur aus einer Vereinbarung der Parteien ergibt. Zur Beschwerde gegen die Ablehnung eines Arrestes durch Beschluß → § 922 Rdnr. 8. Ob die Beschwerde von einer Partei oder einem Dritten eingelegt wird, ist unerheblich. Weiter

---

[14] MünchKomm ZPO-*Braun* Rdnr. 5.
[15] *Zöller/Schneider*[18] Rdnr. 15.
[16] *OLG Hamm* MDR 1976, 763; AK-*Ankermann* Rdnr. 7; *Baumbach/Lauterbach/Albers*[52] Rdnr. 9; *Thomas/Putzo*[18] Rdnr. 9;, *Zöller/Schneider*[18] Rdnr. 11; *Rosenberg/Schwab/Gottwald*[15] § 148 I 2. A.A. *LG Berlin* Rpfleger 1974, 407.
[17] MünchKomm ZPO-*Braun* Rdnr. 6; *Thomas/Putzo*[18] Rdnr. 8.
[18] *OLG Nürnberg* MDR 1963, 508; *Baumbach/Lauterbach/Albers*[52] Rdnr. 9.

kommt es nicht darauf an, ob die Beschwerde gegen die Entscheidung des Amtsgerichts oder als weitere gegen die des Landgerichts oder endlich als erste gegen eine landgerichtliche Entscheidung in der Berufungsinstanz eingelegt wird; maßgeblich ist allein, daß der Rechtsstreit in erster Instanz nicht als Anwaltsprozeß geführt werden mußte; die Befreiung vom Anwaltszwang besteht für die weiteren Instanzen fort[19]. Die Ausnahme greift daher auch Platz, wenn in einem Verfahren vor dem Amtsgericht ein Ablehnungsgesuch angebracht ist, obwohl hier das Landgericht erstmalig zu entscheiden hat, → § 45 Rdnr. 4a, oder wenn sich die Ablehnung gegen ein Mitglied der Berufungskammer richtet[20]. Weiter besteht dann kein Anwaltszwang, wenn die Hauptsache zwar in erster Instanz beim Landgericht anhängig ist bzw. war, das Amtsgericht aber in einem selbständigen Verfahren als Vollstreckungsgericht oder ersuchtes Gericht tätig geworden ist[21]. Ist die Sache vom Amts- an das Landgericht verwiesen worden, so besteht ab der Verweisung Anwaltszwang für die Einlegung der Beschwerde[22].

### b) Prozeßkostenhilfe

Eine Ausnahme vom Anwaltszwang besteht ferner in den Sachen, für die in erster Instanz Anwaltszwang besteht (und die deshalb nicht schon unter die bei → Rdnr. 10 dargestellte Ausnahme fallen), wenn die Beschwerde die Prozeßkostenhilfe betrifft, § 127. Welchen Inhalt der angefochtene Beschluß in diesem Fall hat, spielt keine Rolle. Anwaltszwang besteht also etwa auch dann nicht, wenn sich die Beschwerde im Prozeßkostenhilfeverfahren gegen die Zurückweisung der Ablehnung eines Richters richtet[23]. In Verfahren wegen der bloßen Beiordnung eines Rechtsanwalts (§ 78b) gilt Abs. 2 S. 2 entsprechend[24], → § 78b Rdnr. 11.   11

### c) Beschwerde eines Zeugen oder Sachverständigen

Anwaltszwang besteht ferner nicht für Beschwerden, die von einem Zeugen oder Sachverständigen erhoben werden. Diese Personen, die ja im übrigen nicht anwaltlich vertreten sein müssen, sollen nicht gezwungen sein, zur Geltendmachung ihrer verfahrensmäßigen Rechte einen Anwalt zu beauftragen. Unter die Regelung fallen die Beschwerden nach §§ 380 Abs. 3, 390 Abs. 3, 409 Abs. 2 und 411 Abs. 2 S. 4. Entsprechendes gilt für die Beschwerde des zur Duldung einer Blutentnahme verpflichteten Dritten[25], § 372a, sowie für die Beschwerde der nach §§ 141 Abs. 3, 273 Abs. 4 S. 2, 613 Abs. 2, 640 Abs. 1 bestraften Partei[26].   12

### d) Sonstige Ausnahmen vom Anwaltszwang

Schließlich kann die Beschwerde aufgrund folgender **Sondervorschriften** zu Protokoll der Geschäftsstelle eingelegt werden: §§ 5 Abs. 3 S. 1 GKG, 10 Abs. 4 BRAGO, 14 Abs. 4 und 156 Abs. 4 S. 1 KostO, 16 Abs. 3 ZSEG, 12 Abs. 4 EhrRiEG.   13

---

[19] *BGH* NJW 1984, 2413 = MDR 924; *AK-Ankermann* Rdnr. 9; *Baumbach/Lauterbach/Albers*[52] Rdnr. 8; MünchKomm ZPO-*Braun* Rdnr. 7; *Thomas/Putzo*[18] Rdnr. 10; *Zöller/Schneider*[18] Rdnr. 22.
[20] *AK-Ankermann* Rdnr. 9; *Zöller/Schneider*[18] Rdnr. 22. A.A. *OLG Nürnberg* NJW 1967, 1329.
[21] *Zöller/Schneider*[18] Rdnr. 21.
[22] *BGH* VersR 1983, 785; *AK-Ankermann* Rdnr. 9; *Baumbach/Lauterbach/Albers*[52] Rdnr. 8; MünchKomm ZPO-*Braun* Rdnr. 7; *Thomas/Putzo*[18] Rdnr. 10; *Zöller/Schneider*[18] Rdnr. 23.

[23] *OLG Frankfurt* JW 1930, 2068; MünchKomm ZPO-*Braun* Rdnr. 9.
[24] MünchKomm ZPO-*Braun* Rdnr. 9; *Zöller/Schneider*[18] Rdnr. 24.
[25] *OLG Düsseldorf* JMBl.NRW 1964, 30; *Baumbach/Lauterbach/Albers*[52] Rdnr. 8; MünchKomm ZPO-*Braun* Rdnr. 10; *Zöller/Schneider*[18] Rdnr. 25.
[26] *Baumbach/Lauterbach/Albers*[52] Rdnr. 8; MünchKomm ZPO-*Braun* Rdnr. 10; *Thomas/Putzo*[18] Rdnr. 12; *Zöller/Schneider*[18] Rdnr. 25.

## IV. Arbeitsgerichtliches Verfahren

14   § 569 gilt im arbeitsgerichtlichen Verfahren entsprechend, und zwar sowohl im Urteils-, § 78 Abs. 1 S. 1 ArbGG, als auch im Beschlußverfahren, §§ 83 Abs. 5, 78 Abs. 1 S. 1 ArbGG. Zur Einlegung der Beschwerde sowie zum Inhalt der Beschwerdeschrift ist nichts Besonderes zu vermerken. Abgesehen vom Fall der Revisionsbeschwerde, § 77 ArbGG, besteht im arbeitsgerichtlichen Verfahren deshalb kein Anwaltszwang, weil die Annahme, daß der Rechtsstreit in erster Instanz nicht als Anwaltsprozeß zu führen ist, stets gegeben ist[27]. Die Beschwerde kann also sowohl beim Arbeitsgericht wie beim Landesarbeitsgericht durch den Beschwerdeführer persönlich oder durch einen Vertreter (der nicht Anwalt sein muß) eingelegt werden. Ausgeschlossen sind jedoch als Vertreter nach § 11 Abs. 3 ArbGG allgemein Personen, die die Besorgung fremder Rechtsangelegenheiten vor Gericht geschäftsmäßig betreiben (mit Ausnahme der Verbandsvertreter nach § 11 Abs. 1, 2 ArbGG). Wegen der Revisionsbeschwerde → § 519b Rdnr. 49.

## § 570 [Neue Tatsachen und Beweise]

**Die Beschwerde kann auf neue Tatsachen und Beweise gestützt werden.**

Gesetzesgeschichte: Bis 1900 § 533 CPO. Änderungen: BGBl. 1950 S. 455.

### 1. Neues Vorbringen

1   Die Parteien können in der Beschwerdeinstanz sowohl eine andere rechtliche oder eine andere tatsächliche Würdigung ihres Vorbringens erster Instanz anstreben (insbesondere auch zu dem Zweck, eine anderweitige Ausübung des richterlichen Ermessens herbeizuführen[1]), als auch **neue Tatsachen und Beweise** vorbringen. Ob neu vorgetragene Tatsachen vor oder nach Erlaß der angefochtenen Entscheidung entstanden sind, ist unerheblich[2]; zur Zurückweisung neuen Vorbringens als verspätet → Rdnr. 2. Das neue Vorbringen kann in der Beschwerdeschrift oder in einer nach § 573 angeordneten Verhandlung oder Erklärung erfolgen. Wegen der sich aus der entsprechenden Anwendung des § 512a ergebenden beschränkten Möglichkeit, die örtliche Unzuständigkeit des unteren Gerichts mit der Beschwerde geltend zu machen, → § 512a Rdnr. 10.

2   Weitgehend unklar ist, ob **neues Vorbringen als verspätet zurückgewiesen** werden darf. Eine entsprechende Anwendung der §§ 528–530 wird allgemein ausgeschlossen[3]. Das Bundesverfassungsgericht[4] hält darüber hinaus auch § 296 deshalb für nicht anwendbar, weil angesichts des eindeutigen Wortlauts von § 570 der Vorschrift sonst ein Sinn beigelegt würde, der den Anspruch der Partei auf rechtliches Gehör verletzte. Obwohl die Entscheidung überwiegend abgelehnt wird[5], soll sie doch nach § 31 Abs. 1 BVerfGG bindend sein[6]. Letzte-

---

[27] *Grunsky*[6] § 78 Rdnr. 3; *Germelmann/Matthes/Prütting* § 78 Rdnr. 5.
[1] MünchKomm ZPO-*Braun* Rdnr. 1.
[2] MünchKomm ZPO-*Braun* Rdnr. 1; *Zöller/Schneider*[18] Rdnr. 4.
[3] BVerfGE 59, 330, 334 = NJW 1982, 1635 = MDR 545; *Baumbach/Lauterbach/Albers*[52] Rdnr. 2; *Thomas/Putzo*[18] Rdnr. 3; *Rosenberg/Schwab/Gottwald*[15] § 148 IV 3.

[4] BVerfGE 59, 330 (Fn. 3).
[5] S. vor allem *Schumann* NJW 1982, 1609 und weiter *Waldner* NJW 1984, 2925, 2927; *Baumbach/Lauterbach/Albers*[52] Rdnr. 2; → aber § 296 Rdnr. 28, 95.
[6] *Baumbach/Lauterbach/Albers*[52] Rdnr. 2; *Rosenberg/Schwab/Gottwald*[15] § 148 IV 3.

res erscheint deswegen fraglich, weil die Entscheidungsgründe an der Bindungswirkung des § 31 Abs. 1 BVerfGG grundsätzlich nicht teilnehmen[7]. Auch in der Sache selbst überzeugt die Auffassung des Bundesverfassungsgerichts nicht. Es leuchtet nicht ein, daß ausgerechnet das Beschwerdeverfahren präklusionsfrei sein muß, während das gesamte Verfahren im übrigen von strengen Präklusionsvorschriften geregelt wird. Die besseren Gründe sprechen für eine entsprechende Anwendung von § 296 Abs. 1 und 2[8]. Für die Anwendbarkeit von § 296 Abs. 1 bedeutet dies, daß der Partei vom Beschwerdegericht eine Frist gesetzt worden sein muß, → § 573 Rdnr. 3, die die Partei versäumt hat. Soweit man § 296 mit dem Bundesverfassungsgericht für nicht entsprechend anwendbar hält, kann das Gericht jedoch nach § 283 verfahren[9].

§ 570 beruht auf der unausgesprochenen Voraussetzung, daß das **neue Vorbringen schon in der ersten Instanz zulässig** gewesen wäre. Ist dies nicht der Fall (so nach § 389 Abs. 3 S. 2), so muß das Vorbringen unabhängig von der Frage der Anwendbarkeit von § 296, → Rdnr. 2, auch im Beschwerdeverfahren ausgeschlossen sein[10].  3

## 2. Antragsänderung

§ 570 regelt nur die Zulässigkeit des Vorbringens neuer Tatsachen und Beweise, wobei  4
davon ausgegangen wird, daß der Beschwerdeführer seinen erstinstanzlichen Antrag weiterverfolgt. Für eine Antragsänderung läßt sich § 570 nichts entnehmen. Insoweit sind die §§ 263, 264 entsprechend anwendbar; unter den dort geregelten Voraussetzungen kann der bisherige Antrag geändert werden[11]. Damit nicht vereinbar ist es, wenn ein Auswechseln der Anträge deshalb unzulässig sein soll, weil anderenfalls eine Instanz und bei der einfachen Beschwerde das Abhilfeverfahren, § 571, übergangen werden[12]. Es ist kein Grund ersichtlich, der, anders als bei der Berufung, das Übergehen der ersten Instanz verbieten würde und auch das Abhilfeverfahren ist nicht von so wesentlicher Bedeutung, als daß es notwendigerweise durchgeführt werden müßte. Überdies müßte es sonst auch einer Änderung der Anträge nach §§ 263, 264 entgegenstehen.

## 3. Revisionsähnliche Beschwerden

Soweit die Beschwerde die Funktion einer Revision hat (§§ 568 a, 621 e Abs. 2), sind neue  5
Tatsachen und Beweise grundsätzlich ausgeschlossen[13]. Die Beschwerde kann hier nur darauf gestützt werden, daß die festgestellten Tatsachen falsch subsumiert worden sind. Anderenfalls käme man zu dem Ergebnis, daß die Beschwerde einen weitergehenden Rechtsschutz als die Revision ermöglicht, was über den Zweck der genannten Bestimmungen hinausginge. Soweit allerdings im Revisionsverfahren neue Tatsachen vorgetragen werden können, → § 561 Rdnr. 11 ff., ist dies auch bei den revisionsähnlichen Beschwerden möglich. In diesem Sinne wird bei der sofortigen Beschwerde nach § 519 b Abs. 2 der Vortrag von Tatsachen zugelassen, aus denen sich die Zulässigkeit der Berufung ergibt[14] (die Zulässigkeit der

---

[7] Die Einzelheiten der schwierigen Problematik können hier nicht dargestellt werden; s. dazu ausführlich *Pestalozza* Verfassungsprozeßrecht³ (1991) § 20 V 6 d.
[8] In diesem Sinne eingehend *Müller-Eising* Die Zurückweisung verspäteten Vorbringens nach § 296 Abs. 1 ZPO in besonderen zivilprozessualen Verfahrensarten, Bonner Diss (1993), 95 ff.
[9] *OLG Köln* ZIP 1981, 92; *Baumbach/Lauterbach/Albers*⁵² Rdnr. 2; *MünchKommZPO-Braun* Rdnr. 3; *Rosenberg/Schwab/Gottwald*¹⁵ § 148 IV 3.

[10] A. A. *RGZ* 67, 362, 365.
[11] *BGHZ* 91, 154, 160 (zur weiteren Beschwerde nach § 22 FGG); AK-*Ankermann* Rdnr. 3; *Thomas/Putzo*¹⁸ Rdnr. 3; *Zöller/Schneider*¹⁸ Rdnr. 3.
[12] So aber *OLG Köln* MDR 1972, 691; *OLG Zweibrücken* MDR 1982, 412; *Zöller/Schneider*¹⁸ Rdnr. 3.
[13] AK-*Ankermann* Rdnr. 4.
[14] *RG* JW 1925, 479; *BGH* LM § 570 Nr. 1 = MDR 1959, 210; VersR 1986, 470; AK-*Ankermann* Rdnr. 4.

§ 570–§ 571 I    3. Buch. Rechtsmittel

Berufung ist in der Revisionsinstanz von Amts wegen zu beachten, → § 559 Rdnr. 15, woraus gefolgert wird, daß insoweit neue Tatsachen vorgetragen werden können, → § 561 Rdnr. 14). Zur Beschwerde nach § 621e Abs. 2 → auch § 621e Rdnr. 20.

#### 4. Arbeitsgerichtliches Verfahren

6 § 570 gilt im arbeitsgerichtlichen Verfahren entsprechend (auch im Beschlußverfahren). Für die Revisionsbeschwerde nach § 77 ArbGG gilt Entsprechendes wie für die Beschwerde nach § 519b Abs. 2, → Rdnr. 5.

## § 571   [Abhilfeverfahren]

**Erachtet das Gericht oder der Vorsitzende, dessen Entscheidung angefochten wird, die Beschwerde für begründet, so haben sie ihr abzuhelfen; anderenfalls ist die Beschwerde vor Ablauf einer Woche dem Beschwerdegericht vorzulegen.**

Gesetzesgeschichte: Bis 1900 § 538 CPO. Keine Änderung.

### I. Die Abhilfe

1   Die Befugnis, auf eine für begründet erachtete Beschwerde die angefochtene Entscheidung selbst abzuändern oder aufzuheben, erspart die Angehung des Beschwerdegerichts, wo sie unnötig ist. Die Einreichung der Beschwerde beim unteren Gericht ersetzt sonach die der ZPO als selbständigen Rechtsbehelf unbekannte Gegenvorstellung[1]. Die Abhilfebefugnis ist nur bei der einfachen, nicht dagegen auch bei der sofortigen Beschwerde gegeben, § 577 Abs. 3.

2   Das Gericht bzw. der Vorsitzende hat nach § 571 nicht nur das Recht, sondern die **Pflicht**, die angefochtene Entscheidung auf die Beschwerde hin zu überprüfen und erforderlichenfalls ganz oder teilweise Abhilfe zu schaffen. Richtet sich die Beschwerde gegen eine Entscheidung des Einzelrichters, so entscheidet dieser über die Abhilfe[2]. Soweit sich die Beschwerde auf **neue Tatsachen oder Beweise** stützt, § 570, sind diese im Abhilfeverfahren zu berücksichtigen[3]. Erforderlichenfalls hat das Untergericht Beweis zu erheben[4], und zwar gilt dies auch dann, wenn die Beweiserhebung nicht innerhalb der Wochenfrist von § 571, 2. Hs. stattfinden kann, weshalb das Untergericht innerhalb dieser Frist nicht weiß, ob es abhelfen wird; die Beweiserhebung muß jedoch innerhalb der Wochenfrist angeordnet werden[5]. Soweit das Untergericht abhelfen will, hat es dem Gegner zuvor **rechtliches Gehör** zu gewähren[6]. Ob dies durch Anberaumung einer mündlichen Verhandlung oder Gelegenheit zur schriftlichen Stellungnahme geschieht, steht im Ermessen des Gerichts; die Wochenfrist von Hs. 2 ist in beiden Fällen kaum einzuhalten.

3   § 571 knüpft allein daran an, daß das Untergericht die **Beschwerde** für »begründet« erachtet, ohne etwas dazu zu sagen, ob sie **zulässig** sein muß. Daraus wird überwiegend

---

[1] S. *Bettermann* ZZP 88 (1975), 410f.
[2] *Baumbach/Lauterbach/Albers*[52] Rdnr. 2.
[3] *OLG Frankfurt* NJW 1968, 57; *OLG Hamm* FamRZ 1986, 1127, 1128; MDR 1988, 871; *Baumbach/Lauterbach/Albers*[52] Rdnr. 2; MünchKomm ZPO-*Braun* Rdnr. 3; *Zöller/Schneider*[18] Rdnr. 3.
[4] *OLG Frankfurt* NJW 1968, 57; MünchKomm ZPO-*Braun* Rdnr. 3.
[5] *OLG Frankfurt* NJW 1968, 57; MünchKomm ZPO-*Braun* Rdnr. 3.
[6] *OLG Hamm* FamRZ 1986, 1127; AK-*Ankermann* Rdnr. 3; MünchKomm ZPO-*Braun* Rdnr. 3; *Zöller/Schneider*[18] Rdnr. 6.

gefolgert, daß es auf die Zulässigkeit nicht ankommt[7]. Teilweise wird dabei die Einschränkung gemacht, daß die Beschwerde wenigstens statthaft sein muß[8], oder daß bei einer unzulässigen Beschwerde zwar ein Abhilferecht, nicht aber eine entsprechende Verpflichtung bestehe[9]. Zutreffend erscheint es, von der Zulässigkeit insgesamt abzusehen. Die Statthaftigkeit des Rechtsmittels genießt unter den Zulässigkeitsvoraussetzungen keine Sonderstellung, → Allg. Einl. vor § 511 Rdnr. 11. Hat das Gericht die Unrichtigkeit seiner Entscheidung erkannt und überdies die rechtliche Möglichkeit einer Abhilfe, so muß man es auch für verpflichtet halten, von der Möglichkeit Gebrauch zu machen.

Die Abhilfe erfolgt durch **Beschluß**. Hält das Gericht die Entscheidung für teilweise unrichtig, so hat es insoweit abzuhelfen und im übrigen dem Beschwerdegericht vorzulegen[10]. Hilft der Unterrichter vollständig ab, ist die Beschwerde damit erledigt. Sofern der Beschwerdegegner durch den Abhilfebeschluß beschwert ist (was i.d.R. der Fall sein wird), muß der Abhilfebeschluß begründet werden[11]. Ob dem Gegner ein Beschwerderecht zusteht, beantwortet sich nach den in § 567 geforderten Voraussetzungen. Legt der Gegner Beschwerde ein, so kann der Abänderungsbeschluß seinerseits nach § 571 abgeändert werden[12]. Der Abänderungsbeschluß ist zu verkünden oder nach § 329 Abs. 3 von Amts wegen zuzustellen. Zur Frage, ob die Entscheidung aus anderen als den bisherigen Gründen zutreffend ist und wie das Untergericht in diesem Fall zu verfahren hat, → Rdnr. 8 f.

## II. Vorlegung an das Beschwerdegericht

### 1. Vorlegung

Erachtet das Gericht bzw. der Vorsitzende die Beschwerde für ganz oder zum Teil für nicht begründet, so ist sie dem Beschwerdegericht vorzulegen. Dies gilt auch dann, wenn die **Beschwerde unzulässig** ist[13], wobei auch dann nichts anderes gilt, wenn es an der Statthaftigkeit der Beschwerde fehlt[14]; auch über die Zulässigkeit (einschließlich der Statthaftigkeit) hat allein das Beschwerdegericht zu entscheiden. Das Untergericht kann hier allenfalls den Beschwerdeführer auf die Rechtslage hinweisen und eine Zurücknahme der Beschwerde anregen; geht der Beschwerdeführer darauf nicht ein, so muß vorgelegt werden. Dies gilt auch dann, wenn es sich um eine Entscheidung des Oberlandesgerichts handelt, gegen die die Beschwerde nach § 567 Abs. 4 S. 1 nicht zulässig ist; das Oberlandesgericht kann die Beschwerde hier nicht von sich aus verwerfen[15]. Eine nennenswerte Arbeitsbelastung bedeutet das für den Bundesgerichtshof nicht; hinzukommt, daß anderenfalls unter Berufung auf § 569 Abs. 1 die Gefahr einer Einlegung der Beschwerde unmittelbar beim BGH besteht, woraufhin dieser auf jeden Fall eine Entscheidung treffen muß.

Die Vorlegung an das Beschwerdegericht erfolgt durch **Beschluß**[16]. Dies gilt auch im Fall des § 11 Abs. 2 S. 3 RpflG[17]. Stützt sich die Beschwerde auf neue Tatsachen, so ist der

---

[7] *Bettermann* ZZP 88 (1975), 410; AK-*Ankermann* Rdnr. 3; *Zöller/Schneider*[18] Rdnr. 13; *Rosenberg/Schwab/Gottwald*[15] § 148 IV 1. A.A. *Gilles* Rechtsmittel im Zivilprozeß (1972), 184 Fn. 85.

[8] *Baumbach/Lauterbach/Albers*[52] Rdnr. 3; *Thomas/Putzo*[18] Rdnr. 2.

[9] MünchKomm ZPO-*Braun* Rdnr. 2.

[10] *Zöller/Schneider*[18] Rdnr. 11.

[11] MünchKomm ZPO-*Braun* Rdnr. 4. A.A. AK-*Ankermann* Rdnr. 6 (Begründung erst erforderlich, wenn der Gegner Beschwerde eingelegt hat; aber die Begründung soll gerade die Prüfung ermöglichen, ob eine Beschwerde erfolgversprechend ist).

[12] MünchKomm ZPO-*Braun* Rdnr. 4

[13] *Bettermann* ZZP 88 (1975), 411; *Thomas/Putzo*[18] Rdnr. 7.

[14] AK-*Ankermann* Rdnr. 8. A.A. MünchKomm ZPO-*Braun* Rdnr. 7; *Zöller/Schneider*[18] Rdnr. 2; *Rosenberg/Schwab/Gottwald*[15] § 148 IV 1.

[15] AK-*Ankermann* Rdnr. 8.

[16] AK-*Ankermann* Rdnr. 8; *Thomas/Putzo*[18] Rdnr. 10; *Zöller/Schneider*[18] Rdnr. 7.

[17] OLG Koblenz Rpfleger 1974, 260; *Baumbach/Lauterbach/Albers*[52] Rdnr. 8.

Nichtabhilfebeschluß zu begründen[18]. Gleiches gilt dann, wenn die angefochtene Entscheidung ihrerseits nicht begründet war[19]. Im übrigen steht es im Ermessen des Gerichts, ob es den Nichtabhilfebeschluß begründen will. Fehlt es an einer notwendigen Begründung, so kann das Beschwerdegericht den Nichtabhilfebeschluß aufheben und die Sache zurückverweisen[20]. Der Beschluß ist den Parteien nach § 329 Abs. 2 S. 1 formlos mitzuteilen[21]. Mit der Abgabe ist die Sache an das Beschwerdegericht devolviert; eine Abänderung durch das Untergericht kommt jetzt nicht mehr in Betracht. Hat das Untergericht den Nichtabhilfebeschluß allerdings nicht begründet, obwohl es dazu verpflichtet war, → bei Fn. 18, 19, oder hat das Untergericht neues Vorbringen nicht berücksichtigt, so liegt darin ein Verfahrensfehler, der in entsprechender Anwendung von § 539 das Beschwerdegericht zur Zurückverweisung der Sache berechtigt, womit das Untergericht erneut prüfen muß, ob es abhelfen will[22]; → weiter § 575 Rdnr. 7 ff.

### 2. Wochenfrist

7  Die einwöchige Frist ist eine sog. uneigentliche Frist, → vor § 214 Rdnr. 50. Gegen ihre Nichtbeachtung ist nur die Beschwerde im Dienstaufsichtsweg statthaft[23]. Der Zweck der Frist besteht darin, eine schnelle Bearbeitung der Sache durch das Untergericht zu erzwingen. Die Frist greift auch dann ein, wenn das Untergericht nur teilweise abhelfen, im übrigen die Sache aber dem Beschwerdegericht vorlegen will. Fraglich ist, wie zu verfahren ist, wenn das Untergericht wegen einer erforderlichen Beweisaufnahme sich nicht innerhalb einer Woche darüber schlüssig werden kann, ob es abhelfen will. Hier wird man es als ausreichend ansehen müssen, daß die Beweiserhebung innerhalb der Wochenfrist angeordnet wird, mag die Beweiserhebung auch erst später durchgeführt werden, → Rdnr. 2.

### 3. Neue Begründung

8  Kommt der untere Richter zu dem Ergebnis, daß seine bisherige Begründung die Entscheidung zwar nicht trägt, hält er diese aber aus anderen, bisher nicht angeführten Gründen im Ergebnis für zutreffend, so ist streitig, ob der angefochtene Beschluß vom Untergericht aufzuheben und durch einen anders begründeten neuen Beschluß zu ersetzen ist[24], oder ob die Entscheidung mit neuer Begründung aufrechterhalten und die Sache dem Beschwerdegericht vorzulegen ist[25]. Bei der erstgenannten Lösung wäre es dem Beschwerdeführer überlassen, ob er gegen die neue Entscheidung erneut Beschwerde einlegt; der ersten Beschwerde wäre durch Aufhebung der angefochtenen Entscheidung abgeholfen. Hält man dagegen ein Auswechseln (oder auch nur Ergänzen) der bisherigen Begründung unter Aufrechterhaltung der angefochtenen Entscheidung für den richtigen Weg, so kann der Beschwerdeführer allenfalls durch Rücknahme der Beschwerde reagieren. Dazu ist erforderlich, daß ihm die neuen Gründe mitgeteilt werden (sei es durch das Unter- oder das Beschwerdegericht). Nicht

---

[18] *OLG Schleswig* SchlHA 1975, 180; MünchKomm ZPO-*Braun* Rdnr. 8; *Thomas/Putzo*[18] Rdnr. 10; *Zöller/Schneider*[18] Rdnr. 8.
[19] AK-*Ankermann* Rdnr. 9; *Baumbach/Lauterbach/Albers*[52] Rdnr. 8; MünchKomm ZPO-*Braun* Rdnr. 8; *Thomas/Putzo*[18] Rdnr. 10.
[20] *OLG Düsseldorf* OLGZ 1972, 245; MünchKomm ZPO-*Braun* Rdnr. 8.
[21] AK-*Ankermann* Rdnr. 10; *Zöller/Schneider*[18] Rdnr. 6.

[22] MünchKomm ZPO-*Braun* Rdnr. 5, 8.
[23] MünchKomm ZPO-*Braun* Rdnr. 9.
[24] *Thomas/Putzo*[18] Rdnr. 3; *Rosenberg/Schwab/Gottwald*[15] § 148 IV 1; so auch Voraufl..
[25] *Baumbach/Lauterbach/Albers*[52] Rdnr. 4; AK-*Ankermann* Rdnr. 9; MünchKomm ZPO-*Braun* Rdnr. 6; *Zöller/Schneider*[18] Rdnr. 10.

ausreichend ist es, daß die neuen Gründe lediglich in einem dem Beschwerdeführer nicht mitgeteilten Aktenvermerk enthalten sind.

Die besseren Gründe sprechen dafür, daß das Untergericht die Sache mit der neuen bzw. 9 ergänzten Begründung dem Beschwerdegericht vorlegen muß. Allein die **Auswechselung der Begründung** stellt **keine neue Entscheidung** dar, s. § 563. Etwas anderes kann nur dann angenommen werden, wenn sich durch die neue Begründung die Beschwer des Beschwerdeführers verändert. Auch Praktikabilitätserwägungen sprechen deshalb für die hier vertretene Auffassung, weil es im Einzelfall schwierig sein kann, eine »neue« Begründung von der bisherigen, jetzt aber vielleicht nur klarer formulierten Begründung abzugrenzen. Schließlich ist daran zu denken, daß das Untergericht der bisherigen Begründung eine zweite hinzufügen will. Wollte man mit der Gegenmeinung davon ausgehen, daß bei neuer Begründung auch eine neue Entscheidung vorliegt, so gäbe es jetzt zwei Entscheidungen, die unabhängig voneinander angefochten werden müßten.

### 4. Akten

Eine Beifügung der Akten durch das Untergericht erscheint häufig zweckmäßig. § 544 gilt 10 aber nicht; vielmehr hat das Beschwerdegericht darüber zu befinden, ob es die Akten benötigt. Angesichts des im Verhältnis zum gesamten Verfahren oft nur eingeschränkten Inhalts der mit der Beschwerde angefochtenen Entscheidung ist dies nicht immer erforderlich.

### III. Rechtspflegererinnerung

Auf die Erinnerung gegen eine Entscheidung des Rechtspflegers ist § 571 entsprechend 11 anwendbar, § 11 Abs. 4 RpflG, → Anh. zu § 576 Rdnr. 4.

### IV. Arbeitsgerichtliches Verfahren

Im arbeitsgerichtlichen Verfahren gilt § 571 entsprechend. Bei einer Entscheidung der 12 Kammer kann der Vorsitzende nicht allein abhelfen; auch für die Vorlage an das Beschwerdegericht muß die Kammer deswegen entscheiden, weil dies eine Ablehnung der Abhilfe bedeutet; daß die Wochenfrist dabei i.d.R. nicht eingehalten werden kann, ist unerheblich[26]. Die Wochenfrist ist gegenüber der Einhaltung der Besetzung des Gerichts im Abhilfeverfahren von untergeordneter Bedeutung.

## § 572 [Aufschiebende Wirkung; einstweilige Anordnung]

(1) Die Beschwerde hat nur dann aufschiebende Wirkung, wenn sie gegen eine der in den §§ 380, 390, 409, 613 erwähnten Entscheidungen gerichtet ist.

(2) Das Gericht oder der Vorsitzende, dessen Entscheidung angefochten wird, kann anordnen, daß ihre Vollziehung auszusetzen sei.

(3) Das Beschwerdegericht kann vor der Entscheidung eine einstweilige Anordnung erlassen; es kann insbesondere anordnen, daß die Vollziehung der angefochtenen Entscheidung auszusetzen sei.

---

[26] A. A. *Germelmann/Matthes/Prütting* § 78 Rdnr. 10.

Gesetzesgeschichte: Bis 1900 § 535 CPO. Änderungen: RGBl. 1898 S. 256; BGBl. 1976 I 3281; 1990 I 2002.

## I. Aufschiebende Wirkung, Abs. 1

1  Die Einlegung der Beschwerde hat in der Regel **keine aufschiebende Wirkung**. Dies gilt auch für die sofortige und die weitere Beschwerde. Die weitere Verhandlung und Entscheidung des Verfahrens wird also nicht gehemmt, und zwar auch dann nicht, wenn dadurch die Beschwerde gegenstandslos wird, → dazu § 575 Rdnr. 2 ff. Ebensowenig hindert sie die sofortige Vollstreckbarkeit der angefochtenen Entscheidung, § 794 Abs. 1 Nr. 3.

2  **Ausnahmen** gelten nach Abs. 1 für Ordnungsmittel gegen Sachverständige und Zeugen (§§ 380, 390, 409 sowie auch § 411 Abs. 2, obwohl diese Vorschrift in § 572 nicht ausdrücklich erwähnt wird[1]) und gegen die nicht erschienene Partei (§ 141 Abs. 3 i.V. mit § 380), und zwar auch in Ehe- und Kindschaftssachen (§§ 613 Abs. 2, 640 Abs. 1). Die früher weiter vorgesehenen Fälle aus dem Entmündigungsverfahren (§§ 656, 678) sind durch das Betreuungsgesetz v. 12. IX. 1990 (BGBl. I 2002) entfallen. Dazu tritt als weiterer Fall die Beschwerde gegen das Zwischenurteil nach § 387 Abs. 3 in Beziehung auf das weitere Verfahren gegen den Zeugen, → § 387 Rdnr. 15. Die Aufzählung in Abs. 1 ist **nicht abschließend**. Aufschiebende Wirkung haben weiter die Beschwerden gegen die Anordnung einer Untersuchung nach § 372 a (§§ 372 a Abs. 2, 390), gegen den Beschluß über die Verpflichtung zur Abgabe der eidesstattlichen Versicherung, § 900 Abs. 5 S. 2, sowie in den Fällen der §§ 181 Abs. 2 GVG, 80 Abs. 2, 112 Abs. 3 GenG, 74 KO, 80 Abs. 3, 96 Abs. 6 S. 2 VerglO, 63 Abs. 1 GWB, 75 Abs. 1, 103 PatG.

3  In den Ausnahmefällen des Abs. 1 tritt die **aufschiebende Wirkung erst mit der Einlegung der Beschwerde** ein. Die Rechtskraft braucht somit auch in den Fällen der sofortigen Beschwerde nach § 794 Abs. 1 Nr. 3 nicht abgewartet zu werden. Zunächst kann vielmehr vollstreckt werden[2]. Erst von der Einlegung der Beschwerde an darf eine Vollstreckungsklausel nicht mehr erteilt und mit einer Zwangsvollstreckung nicht mehr begonnen werden. Auf die erteilte Klausel findet § 732 Anwendung. Eine bereits begonnene Vollstreckung ist nach § 775 Nr. 2 einzustellen, wenn ein die Einstellung anordnender Beschluß des Gerichts vorgelegt wird, bei dem die Beschwerde anhängig ist; ohne einen solchen Beschluß kann eine begonnene Zwangsvollstreckung nicht eingestellt werden. Mit Entscheidung über die Beschwerde entfällt die aufschiebende Wirkung.

## II. Aussetzung der Vollziehung und einstweilige Anordnungen, Abs. 2, 3

### 1. Aussetzung der Vollziehung

4  Soweit die Beschwerde keine aufschiebende Wirkung hat, kann die Aussetzung der Vollziehung der angegriffenen Entscheidung nach freiem Ermessen (auf Antrag oder von Amts wegen[3]) angeordnet werden. Dies kann nach Abs. 2 von dem Gericht oder dem Vorsitzenden erfolgen, von dem die Entscheidung erlassen worden ist, sobald sie von der Einlegung der Beschwerde Kenntnis erlangt haben. Ist die **Beschwerde** nach § 569 Abs. 1 **beim Beschwerdegericht eingelegt** worden, so ist das Untergericht zur Anordnung der Aussetzung der Vollziehung erst von dem Augenblick an befugt, in dem die Sache vom Beschwerdegericht an das

---

[1] MünchKomm ZPO-*Braun* Rdnr. 1.
[2] MünchKomm ZPO-*Braun* Rdnr. 2.
[3] MünchKomm ZPO-*Braun* Rdnr. 6; *Thomas/Putzo*[18] Rdnr. 2.

Untergericht abgegeben worden ist, → dazu § 569 Rdnr. 2; bis dahin liegt die Befugnis zur Anordnung der Vollziehungsaussetzung allein beim Beschwerdegericht. Im Falle der **Einlegung der Beschwerde beim Untergericht** ist dieses bis zur Vorlegung beim Beschwerdegericht, § 571, zuständig; anschließend geht die Zuständigkeit auf das Beschwerdegericht über[4]. Welcher Art die Beschwerde ist (einfache, sofortige oder weitere), ist für die Aussetzungsbefugnis unerheblich.

### 2. Sonstige einstweilige Anordnungen

Das Beschwerdegericht (nicht auch das Untergericht) kann nach Abs. 3 über die Aussetzung hinaus auch einstweilige Anordnungen anderer Art erlassen (z.B. daß die Vollziehung gegen Sicherheitsleistung einzustellen oder nur gegen eine solche fortzusetzen ist). Eine derartige Anordnung ist keine einstweilige Verfügung, weshalb die §§ 922 Abs. 2, 936 keine Anwendung finden; das Beschwerdegericht hat die Anordnung vielmehr den Beteiligten nach § 329 Abs. 3 von Amts wegen mitzuteilen.

5

### 3. Änderung und Anfechtung

Die nach Abs. 2 und 3 ergangenen Anordnungen treten mit der Entscheidung über die Beschwerde von selbst außer Kraft[5], weshalb die Vollstreckungsklausel von jetzt an erteilt werden kann. Die Anordnungen können jederzeit aufgehoben oder abgeändert werden, und zwar kann auch das Beschwerdegericht eine Anordnung des Untergerichts aufheben[6]. Gegen die Anordnung ist kein Rechtsmittel gegeben[7]; ebenso nicht gegen ihre Ablehnung[8], ihre Aufhebung[9] oder die Ablehnung eines Aufhebungsantrags[10]. Eine Ausnahme ist jedoch dann zu machen, wenn die Entscheidung ihrem Wesen nach die Hauptsacheentscheidung enthält[11]. Ob dasselbe auch dann zu gelten hat, wenn das Gericht funktionell nicht zuständig war[12], erscheint fraglich; im Interesse einer Bereinigung des Fehlers innerhalb der ordentlichen Gerichtsbarkeit statt der sonst möglichen Verfassungsbeschwerde wird man eine Anfechtbarkeit allenfalls dann annehmen können, wenn die Voraussetzungen einer Verletzung von Art. 101 Abs. 1 S. 2 GG erfüllt sind.

6

## III. Arbeitsgerichtliches Verfahren

Im arbeitsgerichtlichen Verfahren ist § 572 nach § 78 Abs. 1 S. 1 ArbGG entsprechend anwendbar. Dies gilt auch für das Beschlußverfahren, §§ 83 Abs. 5, 78 Abs. 1 S. 1 ArbGG. Fraglich kann allenfalls sein, ob das Landesarbeitsgericht als Beschwerdegericht dazu befugt ist, die Vollziehung der angefochtenen Entscheidung gegen Sicherheitsleistung einzustellen, → Rdnr. 5. Mit dem System der vorläufigen Vollstreckbarkeit im arbeitsgerichtlichen Verfahren dürfte dies deswegen nicht vereinbar sein, weil § 62 Abs. 1 ArbGG eine vorläufige Vollstreckbarkeit gegen Sicherheitsleistung nicht kennt.

7

---

[4] *OLG Schleswig* SchlHA 1971, 51; MünchKomm ZPO-*Braun* Rdnr. 3.
[5] *BGH* FamRZ 1987, 154, 155; *Baumbach/Lauterbach/Albers*[52] Rdnr. 6; *Zöller/Schneider*[18] Rdnr. 7; MünchKomm ZPO-*Braun* Rdnr. 6.
[6] MünchKomm ZPO-*Braun* Rdnr. 6.
[7] AK-*Ankermann* Rdnr. 6; *Baumbach/Lauterbach/Albers*[52] Rdnr. 7; MünchKomm ZPO-*Braun* Rdnr. 6; *Zöller/Schneider*[18] Rdnr. 7.

[8] *OLG Celle* MDR 1960, 232; *OLG Schleswig* SchlHA 1971, 51; MünchKomm ZPO-*Braun* Rdnr. 6.
[9] *Baumbach/Lauterbach/Albers*[52] Rdnr. 7.
[10] *Baumbach/Lauterbach/Albers*[52] Rdnr. 7.
[11] *OLG Köln* JMBl.NRW 1968, 9; AK-*Ankermann* Rdnr. 6 (für Räumungsfristen).
[12] So *OLG Stuttgart* MDR 1976, 852 = OLGZ 1977, 115.

## § 573 [Verfahren]

(1) Die Entscheidung über die Beschwerde kann ohne mündliche Verhandlung ergehen.
(2) Ordnet das Gericht eine schriftliche Erklärung an, so kann sie durch einen Anwalt abgegeben werden, der bei dem Gericht zugelassen ist, von dem oder von dessen Vorsitzenden die angefochtene Entscheidung erlassen ist. In den Fällen, in denen die Beschwerde zum Protokoll der Geschäftsstelle eingelegt werden darf, kann auch die Erklärung zum Protokoll der Geschäftsstelle abgegeben werden.

Gesetzesgeschichte: Bis 1900 § 536 CPO. Änderungen: RGBl. 1898 S. 256; 1927 I 175; 1927 I 334.

| | |
|---|---|
| I. Das Verfahren  1 | III. Dispositionsakte über die Beschwerde  7 |
| 1. Allgemeines  1 | 1. Zurücknahme  7 |
| 2. Mündliche Verhandlung  2 | 2. Sonstige Dispositionsakte  8 |
| 3. Anhörung des Gegners  3 | |
| II. Anwaltszwang  5 | IV. Die Entscheidung  9 |
| 1. Anordnung schriftlicher Erklärung  5 | 1. Entscheidungsform  9 |
| | 2. Begründung  10 |
| 2. Anordnung mündlicher Verhandlung  6 | 3. Verkündung; Zustellung  11 |
| | V. Arbeitsgerichtliches Verfahren  12 |

## I. Das Verfahren

### 1. Allgemeines

1  Das Verfahren der Beschwerdeinstanz ist gesetzlich nur lückenhaft geregelt. Es gelten jedenfalls die **allgemeinen Bestimmungen des ersten Buches**. Anwendbar sind auch die Vorschriften zur Unterbrechung und Aussetzung des Verfahrens, §§ 239 ff., → vor § 239 Rdnr. 31. Zur Zurückweisung von Vorbringen als verspätet → § 570 Rdnr. 2. Inwieweit im übrigen die **Vorschriften des zweiten Buches und diejenigen über die Berufung** entsprechende Anwendung finden, bedarf jeweils besonderer Prüfung. Wegen der beschränkten Nachprüfung der örtlichen Zuständigkeit entsprechend den Grundsätzen des § 512a → § 512a Rdnr. 10; zur Geltendmachung neuer Ansprüche → § 570 Rdnr. 4; zum Verzicht auf die Beschwerde → § 567 Rdnr. 24; zur Wiederholung der Beschwerde → § 567 Rdnr. 22 f. und → § 577 Rdnr. 8.

### 2. Mündliche Verhandlung

2  Ob das Beschwerdegericht eine mündliche Verhandlung anordnet, steht in seinem Ermessen, Abs. 1. Es gelten die Grundsätze über die **fakultative mündliche Verhandlung**; Einzelheiten dazu → § 128 Rdnr. 39 ff. In der Praxis wird aus Vereinfachungs- und Beschleunigungsgründen i.d.R. ohne mündliche Verhandlung entschieden. Die mündliche Verhandlung muß vor der Kammer bzw. dem Senat durchgeführt werden; ein **Einzelrichter** ist im Beschwerdeverfahren nicht vorgesehen, und zwar auch nicht zur bloßen Vorbereitung der Entscheidung; § 524 ist nicht entsprechend anwendbar.

### 3. Anhörung des Gegners

Die Anhörung des Gegners ist verschiedentlich ausdrücklich vorgeschrieben. Dies gilt etwa  3
bei der Kostenentscheidung nach Erledigung der Hauptsache, § 91a Abs. 2 S. 2, oder nach
Erlaß eines Anerkenntnisurteils, § 99 Abs. 2 S. 2. Soweit das Gesetz die Anhörung des
Gegners nicht ausdrücklich vorschreibt, folgt deren Notwendigkeit zumeist unmittelbar aus
Art. 103 Abs. 1 GG, der auch für das Beschwerdeverfahren gilt[1]. Wird ohne mündliche
Verhandlung entschieden, so muß die **Gewährung rechtlichen Gehörs** auf andere Weise
sichergestellt werden; insbesondere muß dem Gegner die Beschwerdeschrift übersandt wer-
den[2]. Die Tatsache, daß der Gegner in erster Instanz angehört worden ist, entbindet das
Beschwerdegericht nicht von der Verpflichtung, ihm erneut Gelegenheit zur Stellungnahme
zu geben, und zwar ohne daß es darauf ankommt, ob in der Beschwerdeinstanz neue
Tatsachen vorgetragen sind[3]. Hat das Gericht eine Äußerungsfrist gesetzt, so darf es vor deren
Ablauf nicht zum Nachteil der Partei, der die Frist gesetzt worden war, entscheiden[4]. Der
Beschwerdeführer muß zur Äußerung des Gegners nur dann angehört werden, wenn diese
neues entscheidungserhebliches Vorbringen enthält[5]. Näheres zur Ausgestaltung und zum
Inhalt des Anspruchs auf rechtliches Gehör → vor § 128 Rdnr. 9 ff.

Die **Anhörung des Gegners ist dann nicht erforderlich**, wenn das Gericht die Beschwerde als  4
unzulässig verwerfen oder als unbegründet zurückweisen will[6]. Da der Anspruch auf rechtliches Gehör die Partei nur gegen eine endgültige zu ihren Ungunsten ergehende Entscheidung
schützen will, kann das Beschwerdegericht die Entscheidung auch dann ohne Anhörung des
Gegners erlassen, wenn es an seine eigene Entscheidung nicht gebunden ist[7]. Das ist insbesondere bei rein prozeßleitenden Anordnungen der Fall. So ist es beispielsweise im Hinblick auf
die in § 150 vorgesehene Aufhebungsmöglichkeit des Aussetzungsbeschlusses zulässig, das
Verfahren ohne vorherige Anhörung des Gegners auszusetzen, → a. A. § 148 Rdnr. 40; es
reicht aus, daß der Gegner seinerseits anschließend die Aufhebung des Beschlusses beantragen kann; dadurch, daß zunächst die Aussetzung angeordnet worden ist, sind dem Gegner
keine irreparablen Nachteile erwachsen.

## II. Anwaltszwang

### 1. Anordnung schriftlicher Erklärung

Ordnet das Gericht eine schriftliche Erklärung an, sei es seitens des Gegners oder als  5
weitere Erklärung seitens des Beschwerdeführers, so kann nach Abs. 2 S. 2 in den Fällen, in
denen die Beschwerde zum **Protokoll der Geschäftsstelle** eingelegt werden kann, → § 569
Rdnr. 9 ff., auch die Erklärung in dieser Weise und demnach gemäß §§ 78 Abs. 3, 79 durch
eine dem Anwaltszwang nicht unterliegende schriftliche Erklärung erfolgen[8]. In **allen anderen Fällen** muß die schriftliche Erklärung dagegen von einem Anwalt abgegeben werden, der
aber nach Abs. 2 S. 1 ebensowohl ein beim Beschwerdegericht wie ein bei dem Gericht der
unteren Instanz zugelassener Anwalt sein kann. Der Anwaltszwang ist insofern nur gemil-

---

[1] Einhellige Meinung; s. etwa *BVerfGE* 7, 95, 98f.; 19, 49, 51; 30, 406, 408; 34, 157, 159; 36, 85, 87; 59, 330; AK-*Ankermann* Rdnr. 3; *Baumbach/Lauterbach/Albers*[52] Rdnr. 5; MünchKomm ZPO-*Braun* Rdnr. 2; *Zöller/Schneider*[18] Rdnr. 7; *Thomas/Putzo*[18] Rdnr. 2.
[2] *BVerfGE* 17, 188, 190; 36, 85, 87f.; MünchKomm ZPO-*Braun* Rdnr. 2.
[3] A. A. *OLG Frankfurt* Rpfleger 1965, 185.
[4] *BVerfG* NJW 1988, 1773.
[5] *Baumbach/Lauterbach/Albers*[52] Rdnr. 5.
[6] *BVerfGE* 7, 95; MünchKomm ZPO-*Braun* Rdnr. 2; AK-*Ankermann* Rdnr. 3; *Thomas/Putzo*[18] Rdnr. 2; *Zöller/Schneider*[18] Rdnr. 8.
[7] MünchKomm ZPO-*Braun* Rdnr. 2; a. A. AK-*Ankermann* Rdnr. 3.
[8] *BGH* NJW 1984, 2413; MünchKomm ZPO-*Braun* Rdnr. 7.

dert, nicht dagegen etwa aufgehoben. Der Anwaltszwang gilt auch für das Verfahren bei der Durchgriffserinnerung nach § 11 RpflG, nachdem die Erinnerung dem Beschwerdegericht vorgelegt worden ist[9].

### 2. Anordnung mündlicher Verhandlung

6   Ordnet das Beschwerdegericht mündliche Verhandlung an, so haben sich die Beteiligten, d.h. der Beschwerdeführer und der Beschwerdegegner, durch einen beim Beschwerdegericht zugelassenen Anwalt vertreten zu lassen, § 78 Abs. 1. Dies gilt auch dann, wenn die Beschwerde nach § 569 Abs. 2 S. 2 zu Protokoll der Geschäftsstelle eingelegt werden konnte[10]; → auch § 78 Rdnr. 22. Wird mündliche Verhandlung angeordnet, müssen sich die Parteien also immer anwaltlich vertreten lassen. Der Anwalt muß beim Beschwerdegericht zugelassen sein; die Möglichkeit, sich von einem nur beim Untergericht zugelassenen Anwalt vertreten zu lassen, Abs. 2 S. 1, gilt nur bei Anordnung einer schriftlichen Erklärung, nicht dagegen auch bei Durchführung einer mündlichen Verhandlung. Ist die Beschwerde nach § 387 Abs. 3 von einem Zeugen eingelegt worden, so muß sich dieser ebenfalls durch einen beim Beschwerdegericht zugelassenen Anwalt vertreten lassen; die Befreiung vom Anwaltszwang nach § 387 Abs. 2 gilt nur für die erste Instanz[11].

## III. Dispositionsakte über die Beschwerde

### 1. Zurücknahme

7   Die Beschwerde kann jederzeit bis zum Erlaß der Beschwerdeentscheidung zurückgenommen werden. Die **Einwilligung des Gegners** ist dazu nicht erforderlich[12], und zwar auch dann nicht, wenn der Gegner bereits eine schriftliche Erklärung nach Abs. 2 S. 1 abgegeben hat oder wenn in einer mündlichen Verhandlung über die Beschwerde verhandelt worden ist. Die Zurücknahme kann in einer mündlichen Verhandlung oder durch Einreichung eines Schriftsatzes erfolgen. Inwieweit **Anwaltszwang** besteht, richtet sich grundsätzlich danach, ob die Beschwerdeeinlegung dem Anwaltszwang unterlag[13]; war dies nicht der Fall, dann braucht die Rücknahme auch dann nicht durch einen Anwalt erklärt zu werden, wenn die Beschwerde durch einen Anwalt eingelegt worden ist. In den Fällen des § 569 Abs. 2 S. 2 kann die Rücknahme insbesondere auch zu Protokoll der Geschäftsstelle erklärt werden. In der mündlichen Verhandlung muß die Rücknahme auf jeden Fall durch einen beim Beschwerdegericht zugelassenen Anwalt erklärt werden, → Rdnr. 6. Wegen der Wirkung der Rücknahme gilt Entsprechendes wie bei der Berufungsrücknahme[14], → § 515 Rdnr. 18 ff. Wegen der Kosten → § 575 Rdnr. 10.

### 2. Sonstige Dispositionsakte

8   Die Parteien können insoweit über das Beschwerdebegehren prozessual verfügen, als sie dazu nach materiellem Recht verfügungsbefugt sind. Insoweit sind Anerkenntnis, Verzicht

---

[9] *OLG Frankfurt* NJW 1971, 1188; *OLG Bremen* NJW 1972, 1241; *Baumbach/Lauterbach/Albers*[52] Rdnr. 6; MünchKomm ZPO-*Braun* Rdnr. 5; *Zöller/Schneider*[18] Rdnr. 3. A.A. (kein Anwaltszwang) *OLG Hamm* NJW 1971, 1186; *KG* Rpfleger 1971, 63; AK-*Ankermann* Rdnr. 9. Für einen noch weitergehenden Anwaltszwang i.S. einer Unzulässigkeit der Vorlage an das Beschwerdegericht *OLG Stuttgart* NJW 1971, 1707.

[10] *Baumbach/Lauterbach/Albers*[52] Rdnr. 6; MünchKomm ZPO-*Braun* Rdnr. 5; *Thomas/Putzo*[18] Rdnr. 4; *Zöller/Schneider*[18] Rdnr. 2.
[11] *Baumbach/Lauterbach/Albers*[52] Rdnr. 6.
[12] *Baumbach/Lauterbach/Albers*[52] Rdnr. 7; *Thomas/Putzo*[18] § 569 Rdnr. 19; *Zöller/Schneider*[18] Rdnr. 19.
[13] *Zöller/Schneider*[18] Rdnr. 19.
[14] *Thomas/Putzo*[18] § 569 Rdnr. 20.

und der Abschluß eines Prozeßvergleichs möglich. Praktische Bedeutung hat dies insbesondere für die Beschwerde gegen die Kostenentscheidung nach § 91a. Zur Änderung der Beschwerdeanträge → § 570 Rdnr. 4.

## IV. Die Entscheidung

### 1. Entscheidungsform

Die Entscheidung erfolgt nicht durch Urteil, sondern durch **Beschluß**, und zwar gilt dies auch dann, wenn die angefochtene Entscheidung ein End- oder Zwischenurteil ist[15]. In entsprechender Anwendung von § 301 ist auch eine Teilentscheidung zulässig, sofern es sich um einen quantitativ abtrennbaren Teil des das Beschwerdeverfahren betreffenden Gegenstandes handelt[16]. Die Entscheidung hat alle bis zur Entscheidung (im Falle des § 329 Abs. 3 bis zum Zeitpunkt der Absendung der Beschlußausfertigung[17]) vorgebrachten Tatsachen und Beweismittel zu würdigen. Zur Zurückweisung von Vorbringen als verspätet → § 570 Rdnr. 2. Zum Verbot der reformatio in peius → § 575 Rdnr. 6.

9

### 2. Begründung

Eine Begründung ist ebenso wie die Abfassung eines schriftlichen Tatbestandes nicht gesetzlich vorgeschrieben. Dies heißt jedoch nicht, daß von einer Begründung und einem Tatbestand jeweils abgesehen werden kann. Allgemein anerkannt ist, daß eine Begründung auf jeden Fall dann erforderlich ist, wenn gegen die Beschwerdeentscheidung die weitere Beschwerde gegeben ist[18]. Weiter ist eine Begründung dann geboten, wenn die angefochtene Entscheidung abgeändert oder aufgehoben wird; der Beschwerdegegner muß wissen, warum die Beschwerde ganz oder teilweise Erfolg gehabt hat. Im übrigen sind Entscheidungsgründe nicht erforderlich[19], es sei denn, das Beschwerdegericht bestätigt die angefochtene Entscheidung aus anderen Gründen als das Untergericht. Soweit die weitere Beschwerde als Rechtsbeschwerde ausgestaltet ist, muß die Beschwerdeentscheidung einen Tatbestand enthalten[20]; anderenfalls kann das Rechtsbeschwerdegericht die Rechtsanwendung durch das Beschwerdegericht nicht überprüfen. Der Sache nach läuft die hier vertretene Auffassung im wesentlichen auf eine entsprechende Anwendung von § 543 hinaus, wobei es jedoch nicht erforderlich ist, daß das Beschwerdegericht ausdrücklich feststellt, es folge den Gründen der angefochtenen Entscheidung.

10

### 3. Verkündung; Zustellung

Ergeht die Beschwerdeentscheidung aufgrund **mündlicher Verhandlung**, so muß sie nach § 329 Abs. 1 S. 1 verkündet werden. Anderenfalls ist sie dem Beschwerdeführer und, soweit ein Gegner bei der Beschwerde beteiligt ist, → vor § 567 Rdnr. 2, auch diesem von Amts wegen formlos mitzuteilen (und zwar auch dann, wenn der Gegner nicht angehört worden ist oder von einer Anhörungsmöglichkeit keinen Gebrauch gemacht hat). Eine förmliche **Zustellung** ist nur in den Fällen des § 329 Abs. 2 S. 2, Abs. 3 erforderlich, → dazu § 329 Rdnr. 40ff.

11

---

[15] Baumbach/Lauterbach/Albers[52] Rdnr. 11; Thomas/Putzo[18] Rdnr. 7.
[16] LG Stuttgart Rpfleger 1960, 128; Baumbach/Lauterbach/Albers[52] Rdnr. 9; Zöller/Schneider[18] § 575 Rdnr. 8.
[17] Baumbach/Lauterbach/Albers[52] Rdnr. 11.
[18] OLG Celle NJW 1966, 936 (dazu E. Schneider 1367) = MDR 513 = JR 225; AK-Ankermann Rdnr. 10; Baumbach/Lauterbach/Albers[51] Rdnr. 11.
[19] A.A. Thomas/Putzo[18] Rdnr. 7: Gründe sind immer erforderlich.
[20] AK-Ankermann Rdnr. 10.

Eine Übertragung der Mitteilung oder Zustellung auf das untere Gericht ist mangels einer gesetzlichen Grundlage nicht zulässig; die durch das untere Gericht in Ausführung eines derartigen Ersuchens bewirkte Zustellung oder Mitteilung ist aber wirksam.

### V. Arbeitsgerichtliches Verfahren

12 § 573 ist im arbeitsgerichtlichen Verfahren entsprechend anwendbar, § 78 Abs. 1 S. 1 ArbGG, und zwar auch im Beschlußverfahren, § 83 Abs. 5 ArbGG. Wird ohne mündliche Verhandlung entschieden, so entscheidet der Vorsitzende allein ohne Hinzuziehung der ehrenamtlichen Richter[21]. § 78 ArbGG enthält zwar im Gegensatz zu § 64 Abs. 7 ArbGG für das Berufungsverfahren keine Verweisung auf § 53 ArbGG, doch geht es nicht an, im Beschwerdeverfahren etwas anderes als bei der Berufung annehmen zu wollen.

## § 574 [Zulässigkeit der Beschwerde]

**Das Beschwerdegericht hat von Amts wegen zu prüfen, ob die Beschwerde an sich statthaft und ob sie in der gesetzlichen Form und Frist eingelegt ist. Mangelt es an einem dieser Erfordernisse, so ist die Beschwerde als unzulässig zu verwerfen.**

Gesetzesgeschichte: Bis 1900 § 537 CPO. Änderungen: RGBl. 1905 S. 536; 1910 S. 767.

### I. Zulässigkeitsprüfung

1 § 574 stimmt mit den §§ 341, 519b Abs. 1, 554a Abs.1, 589 Abs. 1 überein, weshalb im wesentlichen auf die Ausführungen zu → § 519b verwiesen werden kann. Über die Statthaftigkeit der Beschwerde s. § 567; zur Statthaftigkeit der weiteren Beschwerde → § 568 Rdnr. 3f. Zur Form der Beschwerdeeinlegung → § 569 Rdnr. 3ff. Eine Frist besteht nur für die sofortige Beschwerde → § 567 Rdnr. 20. § 574 gilt (ebenso wie § 519b Abs. 1, → § 519b Rdnr. 4ff.) nicht nur für die ausdrücklich genannten, sondern für alle Zulässigkeitsvoraussetzungen[1]; zu den einzelnen Zulässigkeitsvoraussetzungen → § 567 Rdnr. 18ff. Wegen des für die Beurteilung der Zulässigkeit maßgebenden Zeitpunktes → Allg. Einl. vor § 511 Rdnr. 24ff. und für die sog. prozessuale Überholung → § 575 Rdnr. 4. Ob die Zulässigkeitsvoraussetzungen für die Beschwerde vorliegen, ist nach S. 1 von Amts wegen zu prüfen; es gilt insoweit Entsprechendes wie bei der Berufung , → § 519b Rdnr. 1. Zum Vorrang der Zulässigkeitprüfung gegenüber der Prüfung der Begründetheit → § 575 Rdnr. 1.

### II. Verwerfungsentscheidung

2 Die Verwerfung der Beschwerde als unzulässig erfolgt immer durch **Beschluß**[2]. Dies gilt insbesondere auch dann, wenn die Verwerfung aufgrund mündlicher Verhandlung erfolgt. Wird die Beschwerde als unzulässig verworfen, so sind die **Kosten** nach § 97 Abs. 1 dem

---

[21] *LAG Baden-Württemberg* LAGE § 5 KSchG Nr. 58; *LAG Hamburg* LAGE § 48 ArbGG 1979 Nr. 8; *Grunsky*[6] § 78 Rdnr. 4; *Germelmann/Matthes/Prütting* § 78 Rdnr. 13.

[1] MünchKomm ZPO-*Braun* Rdnr. 1; *Thomas/Putzo*[18] Rdnr. 1.
[2] *Baumbach/Lauterbach/Albers*[52] Rdnr. 2.

Beschwerdeführer aufzuerlegen; über die weitere Beschwerde in diesem Fall → § 568 Rdnr. 6. Zur Wiederholung der Beschwerde → § 567 Rdnr. 22 f.

Nicht geregelt ist die Frage, ob die **Zulässigkeit der Beschwerde** auch in einem gesonderten Beschluß **bejaht** werden kann. Ebenso wie bei der Berufung, → § 519b Rdnr. 21, ist dies grundsätzlich zu bejahen. In der gerichtlichen Praxis wird von dieser Möglichkeit jedoch kaum Gebrauch gemacht. 3

## III. Zuständigkeit der Kammer für Handelssachen

Zu den von Amts wegen zu prüfenden Punkten tritt für die Kammer für Handelssachen ebenso wie für die Zivilkammer nach § 104 GVG die Frage, ob die Beschwerde vor die Kammer gehört, → vor § 567 Rdnr. 6. Ist dies nicht der Fall, ist die Beschwerde von Amts wegen an die zuständige Kammer zu verweisen. Ein Antrag auf Verweisung ist nicht erforderlich und, sofern er gestellt ist, nicht bindend. Gehört die Beschwerde nicht vor die angegangene Kammer, so darf sie nicht als unzulässig verworfen werden. Die Entscheidung über die Verweisung ist nach § 102 GVG unanfechtbar, und zwar auch bei Ablehnung der Verweisung[3]. Die Verweisung ist für die Empfängerkammer bindend. 4

Die Prüfung von Amts wegen tritt ein, sobald die Kammer **mit der Sache »befaßt«** ist, § 104 Abs. 1 S. 1 GVG, d.h. wenn das Amtsgericht die Beschwerde nach § 571 einer bestimmten Kammer vorlegt oder der Beschwerdeführer sie bei ihr einreicht oder zu Protokoll ihrer Geschäftsstelle erklärt[4]. Geht die Beschwerde beim Landgericht ohne Bezeichnung der Kammer ein, so wird die einzelne Kammer mit ihr befaßt, sobald die nach den Dienstvorschriften zuständige Stelle sie ihr zuweist. Sofern daher beim Arrest und der einstweiligen Verfügung beide Kammern zuständig sind, → vor § 511 Rdnr. 10, und der Beschwerdeführer das Rechtsmittel nicht ausdrücklich an eine der Kammern richtet, bestimmt diese Stelle endgültig, welche Kammer zu entscheiden hat. Hat die unzuständige Kammer nicht verwiesen, sondern über die Beschwerde entschieden, so liegt darin zwar ein Mangel des Verfahrens, doch ist die weitere Beschwerde nur dann gegeben, wenn dies im Gesetz besonders bestimmt ist, § 568 Abs. 2 S. 1, → § 568 Rdnr. 11. 5

Sofern bei der mit der Beschwerde befaßten Kammer die **Hauptsache anhängig** ist, scheidet eine Verweisung aus, § 104 Abs. 2 GVG. Hier soll die Entscheidung einheitlich von derselben Kammer ergehen. Ist die Hauptsache umgekehrt bei einer anderen Kammer anhängig, so muß ebenfalls eine einheitliche Zuständigkeit gegeben sein, weshalb die im Beschwerdeverfahren befaßte Kammer die Sache an die mit der Hauptsache befaßten Kammer zu verweisen hat[5]. 6

## IV. Arbeitsgerichtliches Verfahren

Im arbeitsgerichtlichen Verfahren ist § 574 entsprechend anwendbar, § 78 Abs. 1 ArbGG, und zwar auch im Beschlußverfahren, §§ 83 Abs. 5, 78 Abs. 1 ArbGG. Ebenso wie bei der Verwerfung der Berufung als unzulässig, → § 519b Rdnr. 45, ergeht der Verwerfungsbeschluß auch bei der Beschwerde nicht durch den Vorsitzenden allein, sondern durch die Kammer. 7

---

[3] MünchKomm ZPO-*M. Wolf* § 102 GVG Rdnr. 2.
[4] MünchKomm ZPO-*M. Wolf* § 104 GVG Rdnr. 2.
[5] MünchKomm ZPO-*M. Wolf* § 104 GVG Rdnr. 5;

*Zöller/Gummer*[18] § 104 GVG Rdnr. 2. A.A. *Kissel* § 104 Rdnr. 5.

## § 575 [Begründetheit der Beschwerde]

**Erachtet das Beschwerdegericht die Beschwerde für begründet, so kann es dem Gericht oder Vorsitzenden, von dem die beschwerende Entscheidung erlassen war, die erforderliche Anordnung übertragen.**

Gesetzesgeschichte: Bis 1900 § 538 CPO. Keine Änderungen.

| | | | |
|---|---|---|---|
| I. Zulässigkeit der Beschwerde; prozessuale Überholung | 1 | 3. Zurückverweisung | 8 |
| 1. Zulässigkeit und Begründetheit der Beschwerde | 1 | 4. Übertragung einer erforderlichen Anordnung | 9 |
| 2. Prozessuale Überholung | 2 | III. Kosten | 10 |
| II. Die Sachentscheidung | 5 | 1. Erfolglose Beschwerde | 10 |
| 1. Unbegründete Beschwerde | 5 | 2. Erfolgreiche Beschwerde | 11 |
| 2. Begründete Beschwerde | 7 | 3. Gebühren | 13 |
| | | IV. Arbeitsgerichtliches Verfahren | 14 |

### I. Zulässigkeit der Beschwerde; prozessuale Überholung

#### 1. Zulässigkeit und Begründetheit der Beschwerde

1   Die sachliche Entscheidung über die Beschwerde setzt nach h. M. voraus, daß die Beschwerde zulässig ist[1], s. § 574. Eine Entscheidung, die die Zulässigkeit offenläßt und die Bechwerde dennoch als unbegründet zurückweist, soll daher grundsätzlich ausgeschlossen sein, → § 300 Rdnr. 14; Bedenken gegen die h. M. → Allg. Einl. vor § 511 Rdnr. 8. Wegen der größeren Freiheit, die das Beschwerdegericht bei der Ausgestaltung des Verfahrens und der Abfassung seiner Entscheidung hat, wird der vermeintliche Vorrang der Zulässigkeitsprüfung hier jedoch weniger absolut als bei anderen Rechtsmitteln vertreten. Aus Praktikabilitätsgründen soll die Zulässigkeit bei offensichtlicher Unbegründetheit dahingestellt bleiben können[2], es sei denn, die Zulässigkeitsvoraussetzung diene dem Schutz des Beschwerdeführers gegen eine Sachentscheidung (z. B. fehlende Prozeßfähigkeit)[3]. Dem ist vorbehaltlos zuzustimmen, wobei allerdings zu betonen ist, daß es sich weniger um eine Besonderheit des Beschwerdeverfahrens als vielmehr um eine Einschränkung des Vorrangs der Zulässigkeitsprüfung handelt, die allgemein geboten ist (insbesondere auch bei anderen Rechtsmitteln).

#### 2. Prozessuale Überholung

2   Die Beschwerde kann dadurch **gegenstandslos** werden, daß diejenige Prozeßlage, für die Abhilfe gesucht wird, zu bestehen aufgehört hat (sog. prozessuale Überholung)[4]. Ein solche Erledigung durch den Fortgang des Verfahrens tritt regelmäßig ein, wenn der erste Richter inzwischen dem Antrag der Beschwerde der Sache nach entsprochen hat, wenn die Frist, deren Abkürzung beantragt war, seither abgelaufen ist[5], nicht dagegen dann, wenn der Termin stattgefunden hat, dessen Verlegung beantragt war[6] oder zu dem der Beschwerdefüh-

---

[1] *Baumbach/Lauterbach/Albers*[52] § 574 Rdnr. 1; *Thomas/Putzo*[18] § 574 Rdnr. 1.
[2] MünchKomm ZPO-*Braun* § 574 Rdnr. 2; *Zöller/Schneider*[18] Rdnr. 6.
[3] MünchKomm ZPO-*Braun* § 574 Rdnr. 2.
[4] AK-*Ankermann* § 567 Rdnr. 9; MünchKomm ZPO-*Braun* § 574 Rdnr. 5; *Zöller/Schneider*[18] § 567 Rdnr. 10; *Thomas/Putzo*[18] § 574 Rdnr. 6.
[5] MünchKomm ZPO-*Braun* § 574 Rdnr. 5; *Thomas/Putzo*[18] § 574 Rdnr. 6.
[6] MünchKomm ZPO-*Braun* Rdnr. 5.

rer zugelassen werden will. Weiter kann die Beschwerde durch den Erlaß eines instanzbeendenden kontradiktorischen Endurteils überholt werden, so wenn etwa die Aussetzung der Verhandlung oder des Verfahrens, → § 252 Rdnr. 3, abgelehnt worden war. Weiter gehört hierher der Fall, daß der Rechtsstreit bei Verweigerung von Prozeßkostenhilfe inzwischen zugunsten des Beschwerdeführers abgeschlossen ist[7]. Richtet sich die Beschwerde gegen einen Beschluß, durch den die Ablehnung eines Richters für unbegründet erklärt worden ist, so ist die Beschwerde durch das Endurteil deshalb nicht überholt, weil bei Stattgeben der Beschwerde der Nichtigkeitsgrund des § 579 Abs. 1 Nr. 3 festgestellt wird (a.A. Voraufl.)[8], → auch § 46 Rdnr. 3 bis 3b; insoweit kann nicht davon gesprochen werden, daß die prozessuale Lage endgültig überholt ist. Ob Entsprechendes auch dann zu gelten hat, wenn ein Sachverständiger abgelehnt worden ist oder um die Berechtigung einer Zeugnisverweigerung gestritten wird[9], erscheint fraglich; zumindest geht es hier nicht um einen möglichen Nichtigkeitsgrund, weshalb die Frage nach Erlaß des Endurteils nicht weiterverfolgt werden kann.

Bei der **Zwangsvollstreckung** kann es zu einer prozessualen Überholung kommen, wenn die angefochtene Maßnahme durchgeführt ist (insbesondere wenn der Gläubiger inzwischen befriedigt ist[10]). 3

In den Fällen einer prozessualen Überholung wäre eine die angefochtene Entscheidung reformierende Entscheidung deshalb zwecklos, weil sie sich auf das weitere Verfahren nicht mehr auswirken kann. Die **Beschwerde** ist durch das überholende Ereignis **unzulässig** geworden[11], wobei es dahingestellt bleiben kann, ob es jetzt am Rechtsschutzbedürfnis fehlt[12], oder ob prozeßökonomisch gesehen ein Mißbrauch der Beschwerdebefugnis vorliegt[13]. Will der Beschwerdeführer die Verwerfung der Beschwerde mit der Kostenfolge des § 97 Abs. 1 als unzulässig vermeiden, so muß er die Beschwerde für erledigt erklären, woraufhin über die Kosten entsprechend § 91a zu entscheiden ist[14] (vorausgesetzt, der Beschwerdegegner stimmt der Erledigungserklärung zu; anderenfalls gelten die Grundsätze der einseitigen Erledigungserklärung, d.h. die Beschwerde ist dann als unzulässig zu verwerfen bzw. als unbegründet zurückzuweisen, wenn dies ohne die prozessuale Überholung hätte erfolgen müssen; in diesem Fall trägt der Beschwerdeführer nach § 97 Abs. 1 die Kosten). 4

## II. Die Sachentscheidung

### 1. Unbegründete Beschwerde

Ist die Beschwerde unbegründet, so wird sie **zurückgewiesen**. Dies gilt auch dann, wenn das Beschwerdegericht zwar die Begründung der angefochtenen Entscheidung, nicht aber deren Ergebnis für unrichtig hält; hier ist nicht etwa die angefochtene Entscheidung aufzuheben und durch eine anders begründete neue Entscheidung zu ersetzen. Bei einem teilbaren Beschwerdegegenstand kann sich die Zurückweisung auf einen Teil der Beschwerde beschränken, während ihr im übrigen stattgegeben wird[15] (z.B. bei Ablehnung mehrerer Richter als befangen). 5

Eine Entscheidung, durch die die Rechtsposition des Beschwerdeführers verschlechtert wird, ist unzulässig. Das Schlimmste, was dem Beschwerdeführer passieren kann, ist die 6

---

[7] *KG* NJW 1967, 2061; *OLG Düsseldorf* NJW 1968, 405.
[8] *OLG Braunschweig* NJW 1967, 2024; *Kahlke* ZZP 95 (1982), 288; AK-*Ankermann* § 567 Rdnr. 9; MünchKomm ZPO-*Braun* § 574 Rdnr. 6.
[9] Bejahend *Kahlke* ZZP 95 (1982), 288.
[10] *Zöller/Schneider*[18] § 567 Rdnr. 10.

[11] AK-*Ankermann* § 567 Rdnr. 9; MünchKomm ZPO-*Braun* § 574 Rdnr. 5; *Zöller/Schneider*[18] § 567 Rdnr. 10.
[12] So *Zöller/Schneider*[18] § 567 Rdnr. 10; *Rosenberg/Schwab/Gottwald*[15] § 147 III 8b.
[13] So AK-*Ankermann* § 567 Rdnr. 9.
[14] *Rosenberg/Schwab/Gottwald*[15] § 147 III 8b.
[15] MünchKomm ZPO-*Braun* Rdnr. 2.

Zurückweisung seines Rechtsmittels. Ein Verbot der **reformatio in peius** ist für das Beschwerdeverfahren zwar in der ZPO nicht ausdrücklich enthalten, doch besteht insoweit Einigkeit[16]. Zur Ersetzung der Abweisung des Antrags in erster Instanz als unzulässig durch eine Abweisung als unbegründet (und umgekehrt) → § 536 Rdnr. 6; zu von Amts wegen zu berücksichtigenden Verfahrensmängeln → § 536 Rdnr. 7. Zur Anschlußbeschwerde s. § 577a. Eine Ausnahme vom Verbot der reformatio in peius gilt dann, wenn die angefochtene Entscheidung von Amts wegen zu Ungunsten des Beschwerdeführers geändert werden kann (z. B. § 25 Abs. 1 S. 3 GKG).

### 2. Begründete Beschwerde

7 Ist die Beschwerde begründet, so ist die **angefochtene Entscheidung** auf jeden Fall **aufzuheben**. Zugleich muß das Beschwerdegericht der Beschwerde entweder durch eigene Sachentscheidung abhelfen oder dem Gericht bzw. dem Vorsitzenden, von dem die angefochtene Entscheidung erlassen wurde, die erforderliche Anordnung übertragen oder eine Zurückverweisung aussprechen, die sonach stets die Aufhebung voraussetzt[17]. Die Wahl zwischen den genannten Möglichkeiten steht im Ermessen des Beschwerdegerichts[18], wobei es im Einzelfall möglich ist, daß durchschlagende Gründe für bzw. gegen eine Möglichkeit eine anderslautende Entscheidung ermessensfehlerhaft lassen. Die Zurückverweisung erscheint besonders dann angebracht, wenn sich an die Entscheidung ein weiteres Verfahren anschließt (z. B. beim einstweiligen Rechtsschutz) oder wenn das Untergericht eine Abweisung nur aus formellen Gründen ausgesprochen hat oder wenn schließlich das Verfahren des Untergerichts an einem wesentlichen Verfahrensmangel leidet. Auch bei einem wesentlichen Verfahrensmangel kann das Beschwerdegericht in entsprechender Anwendung von § 540 die Sache aber selbst verhandeln und entscheiden und braucht nicht zurückzuverweisen[19]. Im Zwangsversteigerungsverfahren muß das Gericht bei der weiteren Beschwerde selbst entscheiden und kann nicht zurückverweisen, § 101 Abs. 1 ZVG. Soweit eine Zurückverweisung zulässig ist, kann sie im Fall der weiteren Beschwerde auch an die erste Instanz erfolgen[20].

### 3. Zurückverweisung

8 Bei der Zurückverweisung ist der Unterrichter an die der Entscheidung des Beschwerdegerichts zugrundeliegende Beurteilung der Rechts- und Tatfrage in entsprechender Anwendung von § 565 gebunden[21]. Näheres zum Umfang der Bindung → § 565 Rdnr. 8 ff. Gelangt die Sache nach Zurückverweisung später erneut an das Beschwerdegericht, ist dieses ebenfalls an seine frühere Entscheidung gebunden[22]; ebenso das Obergericht im Falle einer weiteren Beschwerde[23]. Beachtet das Untergericht die Bindung nicht, so findet eine erneute Beschwerde nur insoweit statt, als die Voraussetzungen von § 567 bzw. § 568 erfüllt sind.

---

[16] AK-*Ankermann* § 573 Rdnr. 6; MünchKomm ZPO-*Braun* Rdnr. 8; *Zöller/Schneider*[18] Rdnr. 34; *Rosenberg/Schwab/Gottwald*[15] § 148 V 2.
[17] Zurückverweisung und Übertragung der erforderlichen Anordnung an das Untergericht sind nicht dasselbe; s. *BGHZ* 51, 131, 133 ff. = LM § 36p PatG Nr. 1 (*Löscher*) = NJW 1969, 1253 = MDR 664.
[18] *KG* NJW-RR 1986, 306, 308; MünchKomm ZPO-*Braun* Rdnr. 3.
[19] MünchKomm ZPO-*Braun* Rdnr. 5; *Zöller/Schneider*[18] Rdnr. 11.
[20] *Zöller/Schneider*[18] Rdnr. 18; *Thomas/Putzo*[18] Rdnr. 2.
[21] *BGHZ* 51, 131, 125; *OLG Hamm* NJW-RR 1987, 187, 188; AK-*Ankermann* Rdnr. 5; MünchKomm ZPO-*Braun* Rdnr. 6; *Thomas/Putzo*[18] Rdnr. 3; *Zöller/Schneider*[18] Rdnr. 26.
[22] *BGHZ* 51, 131, 135; AK-*Ankermann* Rdnr. 5; *Thomas/Putzo*[18] Rdnr. 4.
[23] *BGHZ* 51, 131, 135; *Thomas/Putzo*[18] Rdnr. 4.

## 4. Übertragung einer erforderlichen Anordnung

Bei der Übertragung einer erforderlichen Anordnung ist das Untergericht nicht nur an die der Entscheidung des Beschwerdegerichts zugrundeliegende Beurteilung der Rechtslage gebunden, sondern hat außerdem die ihm übertragene Anordnung zu treffen. Die Verpflichtung dazu ergibt sich unmittelbar aus § 575 und nicht etwa aus § 565 Abs. 2[24]; sie entfällt bei Änderung der Sach- oder Rechtslage[25]. In der Regel handelt es sich um Anordnungen, die auch das Beschwerdegericht hätte treffen können, die aber aus Zweckmäßigkeitsgründen besser vom Untergericht vorgenommen werden (z.B. Auswahl des beizuordnenden Anwalts im Prozeßkostenhilfeverfahren). Ob das Beschwerdegericht die Anordnung selbst trifft oder sie dem Untergericht überträgt, steht in seinem Ermessen. Die Anordnung erfolgt zweckmäßigerweise im Tenor, doch ist dies nicht zwingend geboten[26]. Bei einer in den Entscheidungsgründen enthaltenen Anordnung empfiehlt sich auf jeden Fall ein Hinweis im Tenor (Anordnung »nach Maßgabe der Gründe«)[27].

9

## III. Kosten[28]

### 1. Erfolglose Beschwerde

Wird die Beschwerde als unzulässig verworfen, → § 574 Rdnr. 2, oder als unbegründet zurückgewiesen, → Rdnr. 5, so sind die Kosten der Beschwerdeinstanz nach § 97 Abs. 1 dem Beschwerdeführer aufzuerlegen, → § 97 Rdnr. 6. Dasselbe gilt entsprechend § 515 Abs. 3 im Falle der **Zurücknahme der Beschwerde**[29], → § 573 Rdnr. 7. Ist die Zurücknahme erfolgt, bevor die Beschwerde dem Beschwerdegericht vorgelegt worden ist, § 571, so kommt eine Vorlage nicht mehr in Betracht; die Kostenentscheidung ist hier vom Untergericht zu treffen[30]. Nach der Vorlage hat das Beschwerdegericht die Kostenentscheidung zu treffen. Kommt allerdings bei Durchführung des Beschwerdeverfahrens keine Kostenentscheidung in Betracht, → Rdnr. 11, so ergeht eine solche auch nicht bei Zurücknahme der Beschwerde[31].

10

### 2. Erfolgreiche Beschwerde

Ist die Beschwerde begründet, so ist für eine sich lediglich auf die Kosten der Beschwerdeinstanz beziehende Kostenentscheidung ebensowenig Raum wie bei der Entscheidung über eine Berufung oder Revision. Es kommt nur eine Entscheidung über die Kosten des ganzen Verfahrens in Betracht[32]. Ob eine solche ergehen kann, hängt davon ab, ob die mit der Beschwerde angefochtene vorinstanzliche Entscheidung ihrerseits einen Ausspruch über die Kosten enthielt oder richtiger enthalten durfte[33]. Das ist nur der Fall bei einem selbständigen oder einem vom Hauptprozeß unabhängigen Verfahren[34], wie bei der isolierten Kostenentscheidung, im Kostenfestsetzungsverfahren, im Zwangsvollstreckungsverfahren, im Verfahren wegen Aufhebung eines vollzogenen Arrestes bzw. einstweiligen Verfügung oder wenn

11

---

[24] *BGHZ* 51, 131, 136.
[25] *BGHZ* 51, 131, 136 f.; AK-*Ankermann* Rdnr. 6; *Zöller/Schneider*[18] Rdnr. 33.
[26] AK-*Ankermann* Rdnr. 6; *Thomas/Putzo*[18] Rdnr. 5; *Zöller/Schneider*[18] Rdnr. 32.
[27] *Zöller/Schneider*[18] Rdnr. 32.
[28] S. zum Folgenden *Gubelt* MDR 1970, 895.
[29] *BGH* LM § 515 Nr. 1; *Gubelt* MDR 1970, 896; AK-*Ankermann* Rdnr. 7; MünchKomm ZPO-*Braun* Rdnr. 14; *Zöller/Schneider*[18] § 567 Rdnr. 64.
[30] *BGH* LM § 567 Nr. 2; *OLG Celle* MDR 1960, 507;
*OLG Neustadt* NJW 1965, 691; *Gubelt* MDR 1970, 896; MünchKomm ZPO-*Braun* Rdnr. 14; *Zöller/Schneider*[18] § 567 Rdnr. 65.
[31] *OLG Düsseldorf* JMBl.NRW 1958, 41 (Streitwertbeschwerdeverfahren).
[32] AK-*Ankermann* Rdnr. 7; MünchKomm ZPO-*Braun* Rdnr. 13.
[33] AK-*Ankermann* Rdnr. 7; *Thomas/Putzo*[18] Rdnr. 6; MünchKomm ZPO-*Braun* Rdnr. 11.
[34] *Gubelt* MDR 1970, 896.

die Beschwerde einen Zwischenstreit mit dritten Personen betrifft (§§ 71, 135, 387, 402). War dagegen in der angefochtenen Entscheidung für einen Kostenausspruch kein Raum, wie etwa bei der Entscheidung über eine Ablehnung, Aussetzung oder einstweilige Anordnung in der Zwangsvollstreckung, so kann auch das Beschwerdegericht bei begründeter Beschwerde keine Kostenentscheidung treffen. Die durch die Beschwerde entstandenen Kosten bilden hier vielmehr einen Teil der Gesamtkosten des Rechtsstreits, die die nach §§ 91 ff. mit den Prozeßkosten belastete Partei treffen, mag diese auch in der Beschwerdeinstanz obsiegt haben[35], → auch § 97 Rdnr. 9.

12 Soweit nach dem unter → Rdnr. 11 Ausgeführten über die Kosten zu entscheiden ist (d.h. bei selbständigen Verfahren), ist Voraussetzung, daß die Sachentscheidung des Beschwerdegerichts das **Verfahren erledigt**. Bei Aufhebung der angefochtenen Entscheidung unter Zurückverweisung ist für einen Kostenausspruch kein Raum[36]. Insoweit gilt nichts anderes als bei einer Zurückverweisung nach § 538, → § 538 Rdnr. 33. Im übrigen gelten für die Kostenentscheidung die **§§ 91 ff. entsprechend**. So ist bei teilweisem Erfolg § 92[37] und bei einem Erfolg durch neues Vorbringen § 97 Abs. 2 entsprechend anwendbar; wegen § 570 trifft der Grundgedanke dieser Vorschrift auch auf das Beschwerdeverfahren zu. Ohne eine Entscheidung über die Kostentragungspflicht können die Kosten nicht festgesetzt werden.

### 3. Gebühren

13 Wegen der **Gerichtsgebühren** s. § 11 GKG und KV Nr. 1180, 1181; für die **Anwaltsgebühren** s. § 61 Abs. 1 Nr. 1 BRAGO (5/10-Gebühr), wobei jedoch eine Ermäßigung nach § 32 BRAGO (vorzeitige Beendigung des Auftrags) bzw. § 33 BRAGO (nichtstreitige Verhandlung) ausscheidet, § 61 Abs. 3 BRAGO. Zu den Anwaltsgebühren in Scheidungsfolgesachen s. § 61a BRAGO.

### IV. Arbeitsgerichtliches Verfahren

14 § 575 gilt im arbeitsgerichtlichen Verfahren entsprechend, und zwar auch im Beschlußverfahren. Eine Besonderheit ist lediglich insoweit anzuerkennen, als die in der ordentlichen Gerichtsbarkeit zulässige Zurückverweisung an das Untergericht, → Rdnr. 7, in entsprechender Anwendung von § 68 ArbGG bei Verfahrensmängeln ausgeschlossen ist. Das Beschwerdegericht muß hier in der Sache entscheiden.

## § 576 [Beauftragter oder ersuchter Richter; Urkundsbeamter]

(1) Wird die Änderung einer Entscheidung des beauftragten oder ersuchten Richters oder des Urkundsbeamten der Geschäftsstelle verlangt, so ist die Entscheidung des Prozeßgerichts nachzusuchen.
(2) Die Beschwerde findet gegen die Entscheidung des Prozeßgerichts statt.
(3) Die Vorschrift des ersten Absatzes gilt auch für den Bundesgerichtshof und die Oberlandesgerichte.

---

[35] *Gubelt* MDR 1970, 896; AK-*Ankermann* Rdnr. 7; *Thomas/Putzo*[18] Rdnr. 6.
[36] AK-*Ankermann* Rdnr. 7; MünchKomm ZPO-*Braun* Rdnr. 12.
[37] *Gubelt* MDR 1970, 896; MünchKomm ZPO-*Braun* Rdnr. 13.

Gesetzesgeschichte: Bis 1900 § 539 CPO. Änderungen: RGBl. 1910 S. 767; 1927 I 175; BGBl. 1950 S. 533.

## I. Der Ausschluß der Beschwerde

### 1. Beauftragter oder ersuchter Richter

Der beauftragte oder ersuchte Richter hat i.d.R. (Ausnahmen s. in §§ 229, 365, 400) nur übertragene Rechte auszuüben und ist grundsätzlich an den Auftrag des Gerichts gebunden, §§ 361, 362, 366. Dementsprechend gewährt § 576 gegen die Entscheidungen des kommissarischen Richters kein Beschwerderecht, und zwar weder an das ihm übergeordnete Obergericht noch an das Prozeßgericht. Vielmehr ist zunächst die Entscheidung des Prozeßgerichts nachzusuchen (**Erinnerung**), d.h. desjenigen Gerichts, dem der beauftragte Richter angehört oder von welchem das Ersuchen ausging. Erst gegen die Entscheidung des Prozeßgerichts (sei es des Kollegiums, sei es des Einzelrichters[1]) findet dann nach Abs. 2 die Beschwerde statt, bei der es sich demnach um eine erste und nicht etwa um eine weitere nach § 568 handelt[2]. Die Anrufung des Prozeßgerichts und sein Recht, die Entscheidung abzuändern, ist unabhängig davon, ob gegen die Entscheidung ihrem Inhalt nach eine Beschwerde nach § 567 zulässig wäre[3]. Dagegen darf aus Abs. 2 nicht gefolgert werden, daß gegen jede Entscheidung, die das Prozeßgericht nach Abs. 1 erlassen hat, die Beschwerde stattfindet; diese ist vielmehr nur unter den Voraussetzungen des § 567 gegeben[4]. 1

Abweichend von Abs. 1 ist bei der Festsetzung der **Zeugen- und Sachverständigenentschädigung**, § 16 Abs. 2 ZSEG, unmittelbar die Beschwerde an das dem ersuchten Richter vorgesetzte Gericht gegeben[5]. Auch bei Beschwerden hinsichtlich der Rechtshilfe, § 159 GVG, sowie bei Verhängung von Ordnungsmitteln sitzungspolizeilicher Art, § 181 GVG, gilt Abs. 1 nicht; die Beschwerde ist hier unmittelbar an das dem ersuchten Richter vorgesetzte Gericht gegeben[6]. 2

### 2. Urkundsbeamter der Geschäftsstelle

Gegen Entscheidungen des Urkundsbeamten der Geschäftsstelle ist die Erinnerung an das Prozeßgericht der alleinige Rechtsbehelf. Ebenso wie die Anrufung des Prozeßgerichts gegenüber der Entscheidung des kommissarischen Richters ist die Anrufung des Gerichts auch hier davon unabhängig, ob die Entscheidung ihrem Inhalt nach der Beschwerde unterliegen würde. Die Entscheidung nach § 576 Abs. 1 steht dem Gericht zu, dem der Urkundsbeamte zugeteilt ist, sei dies das Prozeßgericht oder das Vollstreckungsgericht[7]; insofern ist der Ausdruck »Prozeßgericht«, der in erster Linie den Gegensatz zum kommissarischen Richter im Auge hat, zu eng; eine Anrufung des Prozeßgerichts gegen die Entscheidung des Urkundsbeamten der Geschäftsstelle des Vollstreckungsgerichts ist damit selbstverständlich nicht gemeint. Eine besondere Regelung findet sich für die Anrufung des Prozeßgerichts gegen den Kostenfestsetzungsbeschluß; hier ist die befristete Erinnerung gegeben, → § 104 Rdnr. 29 ff. Im Mahnverfahren findet gegen den Mahnbescheid der Widerspruch, § 694, und gegen den Vollstreckungsbescheid der Einspruch, §§ 700, 338, statt. 3

---

[1] AK-*Ankermann* Rdnr. 3.
[2] AK-*Ankermann* Rdnr. 9; MünchKomm ZPO-*Braun* Rdnr. 5; *Zöller/Schneider*[18] Rdnr. 3.
[3] *Baumbach/Lauterbach/Albers*[52] Rdnr. 3.
[4] AK-*Ankermann* Rdnr. 9; MünchKomm ZPO-*Braun* Rdnr. 5; *Thomas/Putzo*[18] Rdnr. 6.
[5] AK-*Ankermann* Rdnr. 5.
[6] *Baumbach/Lauterbach/Albers*[52] Rdnr. 3.
[7] *Baumbach/Lauterbach/Albers*[52] Rdnr. 3.

## II. Die Anrufung des Prozeßgerichts

4   Für die Anrufung des Prozeßgerichts, die nach Abs. 3 auch für den Bundesgerichtshof und wegen § 567 Abs. 4 ebenso für Oberlandesgerichte gilt, haben zunächst nach § 577 Abs. 4 diejenigen Fälle auszuscheiden, in denen gegen die Entscheidung, sofern sie vom Gericht erlassen wäre, die sofortige Beschwerde stattfinden würde, → § 577 Rdnr. 13 ff. Im übrigen ist eine besondere Form nicht zu beachten. Die Anrufung kann daher sowohl vor dem beauftragten oder ersuchten Richter oder vor dem Prozeßgericht schriftlich oder zu Protokoll der Geschäftsstelle erklärt werden[8]. Nach § 78 Abs. 3 unterliegt sie nicht dem **Anwaltszwang**[9]; dies ist zwar gesetzlich nicht ausdrücklich angeordnet, ergibt sich aber daraus, daß die Anrufung des Prozeßgerichts gegenüber der Beschwerde ein weniger ist und daß für die Beschwerde nach § 569 Abs. 2 S. 2 der Anwaltszwang selbst dann entfällt, wenn das Amtsgericht als erkennendes Gericht entschieden hat, und zwar auch dann, wenn jetzt das Landgericht oder das Oberlandesgericht zur Entscheidung berufen ist. Eine **Frist** besteht grundsätzlich nicht, doch kann die Anrufungsbefugnis ebenso wie bei der einfachen Beschwerde, → § 567 Rdnr. 20, verwirkt werden.

5   Sowohl der ersuchte bzw. beauftragte Richter als auch der Urkundsbeamte der Geschäftsstelle kann in entsprechender Anwendung von § 571 **der Erinnerung abhelfen**[10]. Bei Begründetheit der Erinnerung besteht eine Verpflichtung zur Abänderung[11]. Sofern gegen die auf die Erinnerung hin ergehende Entscheidung die sofortige Beschwerde gegeben wäre, kann in entsprechender Anwendung von § 577 Abs. 3 der ersuchte bzw. beauftragte Richter oder der Urkundsbeamte der Erinnerung nicht abhelfen; diese Befugnis steht nach § 577 Abs. 4 S. 2 nur dem Prozeßgericht zu[12].

## III. Die Entscheidung

### 1. Weiteres Verfahren

6   Der Entscheidung des Prozeßgerichts muß nur dann eine **mündliche Verhandlung** vorangehen, wenn eine solche bei der unmittelbaren Entscheidung durch letzteres erforderlich gewesen wäre[13]; im übrigen finden die Grundsätze über die fakultative mündliche Verhandlung Anwendung, → dazu § 128 Rdnr. 21 ff. Erfolgt die Entscheidung aufgrund mündlicher Verhandlung, so ist sie zu verkünden, anderenfalls nach § 329 Abs. 2 von Amts wegen mitzuteilen. Die einfache **Beschwerde** (soweit eine solche überhaupt stattfindet, → Rdnr. 1) ist erst nach Erlaß der Entscheidung zulässig[14] und kann nicht als eventuelle zugleich mit der Erinnerung eingelegt werden (anders bei der sofortigen Beschwerde, § 577 Abs. 4).

### 2. Kosten

7   **Gerichtskosten** entstehen durch das Erinnerungsverfahren nicht, und zwar auch nicht durch den vorangehenden Entschluß des kommissarischen Richters oder Urkundsbeamten, ob er der Erinnerung abhelfen will oder nicht. Die Tätigkeit des **Anwalts** im Erinnerungsverfahren gehört grundsätzlich zum Rechtszug und wird deshalb durch die dafür entstehenden

---

[8] *Baumbach/Lauterbach/Albers*[52] Rdnr. 4.
[9] *Baumbach/Lauterbach/Albers*[52] Rdnr. 4; MünchKomm ZPO-*Braun* Rdnr. 2; *Zöller/Schneider*[18] Rdnr. 3.
[10] AK-*Ankermann* Rdnr. 4; MünchKomm ZPO-*Braun* Rdnr. 3; *Thomas/Putzo*[18] Rdnr. 5; *Palm* Rpfleger 1967, 365.
[11] *Palm* Rpfleger 1967, 365.
[12] AK-*Ankermann* Rdnr. 4; *Thomas/Putzo*[18] Rdnr. 5.
[13] *Baumbach/Lauterbach/Albers*[52] Rdnr. 5.
[14] MünchKomm ZPO-*Braun* Rdnr. 5.

Gebühren mitabgegolten, § 37 Nr. 4 und 5 BRAGO. Nur wenn sich seine Tätigkeit auf die Erinnerung beschränkt, erhält er eine 3/10-Gebühr, die sich auch bei vorzeitiger Beendigung des Auftrags nicht ermäßigt, § 55 BRAGO. Für die Auslagen, die Erstattungsfähigkeit der Kosten und die Kosten eines sich etwa anschließenden Beschwerdeverfahrens gilt nichts Besonderes.

### IV. Arbeitsgerichtliches Verfahren

§ 576 gilt im arbeitsgerichtlichen Verfahren entsprechend[15], § 78 Abs. 1 S. 1 ArbGG, und zwar auch im Beschlußverfahren, § 83 Abs. 5 ArbGG. Bei einer Entscheidung des beauftragten oder ersuchten Richters oder des Urkundsbeamten der Geschäftsstelle ist also zunächst die Entscheidung des Prozeßgerichts nachzusuchen.

8

## Anhang zu § 576

### § 11 RpflG [Rechtspflegererinnerung]

(1) Gegen die Entscheidung des Rechtspflegers ist vorbehaltlich der Bestimmung des Absatzes 5 die Erinnerung zulässig. Die Erinnerung ist binnen der für die sofortige Beschwerde geltenden Frist einzulegen, wenn gegen die Entscheidung, falls sie der Richter erlassen hätte, die sofortige Beschwerde oder kein Rechtsmittel gegeben wäre.

(2) Der Rechtspfleger kann der Erinnerung abhelfen; in den Fällen des Absatzes 1 Satz 2 gilt dies nur für die Erinnerungen in den in § 21 Nr. 1 und 2 bezeichneten Festsetzungsverfahren. Erinnerungen, denen er nicht abhilft oder nicht abhelfen kann, legt er dem Richter vor. Der Richter entscheidet über die Erinnerung, wenn er sie für zulässig und begründet erachtet oder wenn gegen die Entscheidung, falls er sie erlassen hätte, ein Rechtsmittel nicht gegeben wäre. Andernfalls legt der Richter die Erinnerung dem Rechtsmittelgericht vor und unterrichtet die Beteiligten hiervon. In diesem Fall gilt die Erinnerung als Beschwerde gegen die Entscheidung des Rechtspflegers.

(3) Gegen die Entscheidung des Richters ist das Rechtsmittel gegeben, das nach den allgemeinen verfahrensrechtlichen Vorschriften zulässig ist.

(4) Auf die Erinnerung sind im übrigen die Vorschriften über die Beschwerde sinngemäß anzuwenden.

(5) Gerichtliche Verfügungen, die nach den Vorschriften der Grundbuchordnung, der Schiffsregisterordnung, des Gesetzes über die Angelegenheiten der freiwilligen Gerichtsbarkeit und den für den Erbschein geltenden Bestimmungen wirksam geworden sind und nicht mehr geändert werden können, sind mit der Erinnerung nicht anfechtbar. Die Erinnerung ist ferner in den Fällen der §§ 694, 700 der Zivilprozeßordnung und gegen Entscheidungen über die Gewährung eines Stimmrechts (§§ 95, 96 der Konkursordnung, § 71 der Vergleichsordnung), über die Änderung eines Vergleichsvorschlages in den Fällen des § 76 Satz 2 der Vergleichsordnung sowie gegen die Anordnung der Ablehnung einer Vertagung des Vergleichstermins nach § 77 der Vergleichsordnung ausgeschlossen.

(6) Das Erinnerungsverfahren ist gerichtsgebührenfrei. Eine Beschwerdegebühr wird nicht erhoben, wenn die Beschwerde vor einer gerichtlichen Verfügung zurückgenommen wird.

---

[15] *Grunsky*[6] § 78 Rdnr. 5.

| | | | |
|---|---|---|---|
| I. Einfache Erinnerung | 1 | III. Rechtsbehelfe wie bei richterlicher Entscheidung | 9 |
| 1. Einlegung der Erinnerung | 2 | 1. Ausschluß der Erinnerung nach § 11 Abs. 5 RpflG | 9 |
| 2. Abhilfeverfahren | 3 | 2. Verhältnis zur Erinnerung nach § 766 | 10 |
| a) Durch den Rechtspfleger | 3 | 3. Verhältnis zur Erinnerung nach § 732 | 11 |
| b) Durch den Richter | 4 | | |
| 3. Verfahren vor dem Rechtsmittelgericht | 6 | | |
| 4. Kosten | 7 | IV. Neue Bundesländer | 12 |
| II. Befristete Erinnerung | 8 | V. Arbeitsgerichtliches Verfahren | 13 |

## I. Einfache Erinnerung

**1** Entscheidungen des Rechtspflegers, die dieser im Rahmen des in § 20 RpflG enthaltenen Aufgabenkatalogs getroffen hat, unterliegen im Regelfall der einfachen Erinnerung, § 11 Abs. 1 S. 1 RpflG. Der Begriff »Entscheidungen« ist dabei weit auszulegen und umfaßt auch Zwischenentscheidungen, Vollstreckungsmaßnahmen oder Anordnungen der Sitzungspolizei oder Prozeßleitung. Nur in Ausnahmefällen ist die Erinnerung entweder befristet, → Rdnr. 8, oder es ist derselbe Rechtsbehelf wie gegen eine richterliche Entscheidung gegeben, → Rdnr. 9 ff. Für die Erinnerung gelten die Vorschriften über die Beschwerde sinngemäß, § 11 Abs. 4 RpflG, weshalb weitgehend auf die Kommentierung zu den §§ 567 ff. verwiesen werden kann.

### 1. Einlegung der Erinnerung

**2** Die Einlegung kann schriftlich oder mündlich zu Protokoll der Geschäftsstelle erfolgen. Für die Einlegung besteht **kein Anwaltszwang**, § 13 RpflG. Ein solcher ergibt sich auch nicht daraus, daß der Richter der Erinnerung nicht abhilft und die Sache dem Rechtsmittelgericht vorlegt[1]. Für eine mündliche Verhandlung vor dem Beschwerdegericht besteht dagegen ebenso wie für die Abgabe einer schriftlichen Erklärung vor dem Obergericht als Beschwerdegericht Anwaltzwang[2]. Näheres zum Anwaltszwang bei der Rechtspflegererinnerung → § 78 Rdnr. 25. **Aufschiebende Wirkung** hat die Erinnerung nur unter den Voraussetzungen von § 572 Abs. 1. Der Rechtspfleger kann jedoch nach § 572 Abs. 2 die Aussetzung der Vollziehung anordnen.

### 2. Abhilfeverfahren

#### a) Durch den Rechtspfleger

**3** Der Rechtspfleger hat zunächst zu prüfen, ob er der Beschwerde abhelfen will, § 11 Abs. 2 S. 1 RpflG. Ist die Erinnerung zulässig und begründet, so ist der Rechtspfleger zur Abhilfe verpflichtet[3]. Die Abhilfe ist eine neue Entscheidung des Rechtspflegers, gegen die ihrerseits erneut Erinnerung (nämlich vom Gegner) eingelegt werden kann. Erfolgt nur eine teilweise Abhilfe, so ist die Sache im übrigen dem Richter vorzulegen. Legt der Rechtspfleger direkt

---

[1] MünchKomm ZPO-*Braun* § 576 Rdnr. 15. A.A. OLG Stuttgart Rpfleger 1971, 145 (bei fehlender anwaltlicher Vertretung entscheidet der Richter selbst und darf nicht dem Rechtsmittelgericht vorlegen).

[2] Münch Komm ZPO-*Braun* Rdnr. 15.
[3] *Palm* Rpfleger 1967, 365.

dem Beschwerdegericht vor, so verweist dieses die Sache an das nach § 28 RpflG zuständige Gericht zurück[4]. Hilft der Rechtspfleger nicht ab, so hat er die Erinnerung innerhalb einer Woche dem Richter vorzulegen, § 571.

### b) Durch den Richter

Der Richter, dem die Erinnerung nach § 11 Abs. 2 S. 2 RpflG vom Rechtspfleger vorgelegt worden ist, prüft seinerseits, ob er abhelfen will. Er kann zunächst einstweilige Anordnungen erlassen, insbesondere den Vollzug aussetzen, § 572 Abs. 3. Im übrigen gelten die Grundsätze der fakultativen mündlichen Verhandlung, § 573 Abs. 1. Hält der Richter die Erinnerung für begründet, so hat er ihr stattzugeben, wobei er dem Rechtspfleger die erforderlichen Anordnungen übertragen kann, → § 575 Rdnr. 9. Will er ihr nicht abhelfen, so entscheidet er nur dann selbst, wenn gegen die Entscheidung, sofern er sie selbst erlassen hätte, kein Rechtsmittel gegeben wäre, § 11 Abs. 2 S. 3 RpflG; in diesem Fall verwirft er die Erinnerung als unzulässig oder weist sie als unbegründet zurück. In allen anderen Fällen entscheidet der Richter nicht selbst, sondern legt die Erinnerung dem Beschwerdegericht zur Entscheidung vor, § 11 Abs. 2 S. 4 RpflG. Die Erinnerung gilt dann als Beschwerde gegen die Entscheidung des Rechtspflegers, sog. **Durchgriffserinnerung**, § 11 Abs. 2 S. 5 RpflG. Im Gegensatz zur Rechtslage nach dem RpflG 1957 bedarf es keines Antrags mehr auf Vorlage der Sache an das Rechtsmittelgericht; die Vorlage erfolgt vielmehr von Amts wegen. Die Partei muß jedoch die Möglichkeit haben, die **Erinnerung** ohne Kostennachteile **zurückzunehmen**. Dies kann dadurch geschehen, daß nach Mitteilung von der Vorlage der Erinnerung an das Beschwerdegericht, § 11 Abs. 2 S. 4 RpflG, diesem gegenüber die Rücknahme erklärt wird, bevor es sich mit der Sache befaßt hat, → auch Rdnr. 7. Darüber hinaus wird man es als zulässig ansehen müssen, daß bei Einlegung der Erinnerung gleichzeitig deren Rücknahme für den Fall erklärt wird, daß der Richter ihr nicht stattgeben will[5]; in diesem Fall ist die Erinnerung dem Rechtsmittelgericht nicht mehr vorzulegen. 4

Eine **Begründung** dafür, weshalb der Richter der Erinnerung nicht abhelfen will und deshalb die Sache dem Rechtsmittelgericht vorlegt, ist nicht ausdrücklich vorgeschrieben. Es gilt Entsprechendes wie bei der Vorlage nach § 571; Näheres → § 571 Rdnr. 6[6]. Die Vorlage erfolgt durch **Beschluß**, der die Namen der mitwirkenden Richter erkennen lassen muß[7]. Der Beschluß ist den Parteien nach § 329 Abs. 2 S. 1 formlos mitzuteilen. 5

### 3. Verfahren vor dem Rechtsmittelgericht

Das Verfahren vor dem Rechtsmittelgericht nach Vorlage der Erinnerung folgt den allgemeinen Regeln über das Beschwerdeverfahren; Einzelheiten → § 573 Rdnr. 1 ff. 6

### 4. Kosten

**Gerichtsgebühren** fallen im Erinnerungsverfahren nicht an, § 11 Abs. 6 S. 1 RpflG. Dies gilt auch dann, wenn der Richter trotz Nichtabhilfe selbst entscheidet, → Rdnr. 4. Nach Vorlage der Erinnerung gilt das unter → § 575 Rdnr. 10 ff. für das Beschwerdeverfahren Ausgeführte entsprechend. Bei Rücknahme der Beschwerde vor einer gerichtlichen Verfügung fällt jedoch keine Beschwerdegebühr an, § 11 Abs. 6 S. 2 RpflG. **Anwaltsgebühren** 7

---

[4] *BayObLG* NJW-RR 1987, 334.
[5] MünchKomm ZPO-*Braun* Rdnr. 19.
[6] Weitergehend MünchKomm ZPO-*Braun* Rdnr. 18:

Der Nichtabhilfe- und Vorlagebeschluß müsse i. d. R. begründet werden.
[7] *OLG Koblenz* Rpfleger 1974, 260 und 354.

entstehen im Erinnerungsverfahren nur dann, wenn sich die Tätigkeit des Anwalts auf das Erinnerungsverfahren beschränkt, § 55 BRAGO (3/10-Gebühr). Im übrigen gehört die Tätigkeit des Anwalts zum Rechtszug und wird durch die dafür entstehenden Gebühren mitabgegolten, § 37 Nr. 5 BRAGO.

## II. Befristete Erinnerung

8   Wenn gegen eine richterliche Entscheidung die sofortige Beschwerde gegeben wäre, ist entsprechend § 577 Abs. 3 nach § 11 Abs. 1 S. 2 RpflG nur die befristete Erinnerung statthaft. Einschlägige Fallgestaltungen finden sich in §§ 109 Abs. 4, 252, 793, 934 Abs. 4, 936, 1022 Abs. 3. Sie ist innerhalb der Frist für die sofortige Beschwerde, d. h. meistens innerhalb von zwei Wochen nach Zustellung der Entscheidung des Rechtspflegers, einzulegen. Zur Frist → § 577 Rdnr. 3. Beträgt die Frist für die sofortige Beschwerde nur eine Woche (z. B. §§ 181 Abs. 1 GVG, 121 Abs. 2 S. 2 VerglO), so ist auch die sofortige Erinnerung innerhalb dieser Frist einzulegen. Der Rechtspfleger kann (anders als bei der einfachen Erinnerung, → Rdnr. 3) der sofortigen Erinnerung nicht abhelfen (Ausnahme: die Festsetzungsverfahren nach § 21 Nr. 1 und 2 RpflG), sondern muß sie stets dem Richter zur Entscheidung vorlegen, § 11 Abs. 2 S. 1, 2. Hs. RpflG. Im übrigen kann wegen des Verfahrens über die sofortige Erinnerung und die anschließende (sofortige) Beschwerde auf das unter → Rdnr. 1 ff. Ausgeführte verwiesen werden.

## III. Rechtsbehelfe wie bei richterlicher Entscheidung

### 1. Ausschluß der Erinnerung nach § 11 Abs. 5 RpflG

9   § 11 Abs. 5 RpflG schließt die Erinnerung gegen Entscheidungen des Rechtspflegers in einigen abschließend aufgeführten Fällen aus. Hervorzuheben sind insbesondere die §§ 694, 700. Im **Mahnverfahren** werden der Mahnbescheid und der Vollstreckungsbescheid vom Rechtspfleger erlassen, § 20 Nr. 1 RpflG. Als Rechtsbehelfe sind ausschließlich der Widerspruch, § 694, bzw. der Einspruch, § 700, und nicht auch die Erinnerung gegeben. Beide Rechtsbehelfe leiten die Sache in das normale Streitverfahren und damit in die funktionelle Zuständigkeit des Richters über.

### 2. Verhältnis zur Erinnerung nach § 766

10   Die Erinnerung nach § 766 ist auch gegen Vollstreckungsmaßnahmen des Rechtspflegers gegeben. Als spezieller Rechtsbehelf geht diese Erinnerung der allgemeinen Vorschrift des § 11 RpflG vor[8], → § 766 Rdnr. 4. Über die Erinnerung entscheidet demnach das Vollstreckungsgericht, das die Sache auch dann nicht dem Rechtsmittelgericht vorzulegen hat, wenn es der Erinnerung nicht stattgeben will. Die sofortige Beschwerde ist erst gegen die Erinnerungsentscheidung des Vollstreckungsgerichts zulässig; sie muß ausdrücklich eingelegt werden, d. h. die Sache gelangt nicht wie bei der Durchgriffserinnerung nach § 11 RpflG ohne Antrag der Partei von Amts wegen an das Beschwerdegericht. Obwohl § 766 keine dahingehende Aussage enthält, kann der Rechtspfleger auch bei § 766 der Erinnerung abhelfen, → § 766 Rdnr. 5.

---

[8] *Zöller/Stöber*[18] § 766 Rdnr. 3; *Thomas/Putzo*[18] § 766 Rdnr. 2.

### 3. Verhältnis zur Erinnerung nach § 732

Ebenso wie § 766, → Rdnr. 10, geht auch die Erinnerung nach § 732 der Rechtspflegererinnerung nach § 11 RpflG vor[9], → § 732 Rdnr. 9. Auch hier kann der Rechtspfleger der Erinnerung abhelfen, obwohl § 732 dies nicht ausdrücklich vorsieht[10], → § 732 Rdnr. 9. 11

### IV. Neue Bundesländer

In der ehemaligen DDR gab es die Figur des Rechtspflegers nicht. Obwohl das RpflG nach dem Einigungsvertrag grundsätzlich auch in den neuen Bundesländern gilt, werden die Aufgaben nach dem RpflG teilweise noch von Richtern, von im staatlichen Notariat tätig werdenden Notaren, von Staatsanwälten, Gerichtssekretären oder von anderen geeigneten Personen wahrgenommen (Einigungsvertrag Anl. 2 Kap. 3 Sachgebiet A Abschn. III Nr. 3 lit. a und b). Gegen Entscheidungen des Richters ist nach § 11 Abs. 3 RpflG das nach den allgemeinen Vorschriften zulässige Rechtsmittel gegeben (Einigungsvertrag aaO lit. c). Im übrigen findet die Erinnerung nach § 11 Abs. 1 RpflG statt. Soweit inzwischen Rechtspfleger tätig sind, ist § 11 RpflG vollinhaltlich anzuwenden. 12

### V. Arbeitsgerichtliches Verfahren

Für die Rechtspfleger in der Arbeitsgerichtsbarkeit und die Anfechtung ihrer Entscheidungen gilt nichts Besonderes, § 9 Abs. 3 ArbGG. 13

## § 577 [Sofortige Beschwerde]

(1) Für die Fälle der sofortigen Beschwerde gelten die nachfolgenden besonderen Vorschriften

(2) Die Beschwerde ist binnen einer Notfrist von zwei Wochen, die mit der Zustellung, in den Fällen der §§ 336 und 952 Abs. 4 mit der Verkündung der Entscheidung beginnt, einzulegen. Die Einlegung bei dem Beschwerdegericht genügt zur Wahrung der Notfrist, auch wenn der Fall für dringlich nicht erachtet wird. Liegen die Erfordernisse der Nichtigkeits- oder der Restitutionsklage vor, so kann die Beschwerde auch nach Ablauf der Notfrist innerhalb der für diese Klagen geltenden Notfrist erhoben werden.

(3) Das Gericht ist zu einer Änderung seiner der Beschwerde unterliegenden Entscheidung nicht befugt.

(4) In den Fällen des § 576 muß auf dem für die Eintragung der Beschwerde vorgeschriebenen Wege die Entscheidung des Prozeßgerichts binnen der Notfrist nachgesucht werden. Das Prozeßgericht hat das Gesuch, wenn es ihm nicht entsprechen will, dem Beschwerdegericht vorzulegen.

Gesetzesgeschichte: Bis 1900 § 540 CPO. Änderungen: RGBl. 1898 S. 256; 1905 S. 536; 1909 S. 475; 1910 S. 767; BGBl. 1950 S. 455.

---

[9] *OLG Stuttgart* NJW-RR 1987, 549; *Zöller/Stöber*[18] § 766 Rdnr. 3.  [10] A. A. *Thomas/Putzo*[18] § 732 Rdnr. 2.

| I. Die sofortige Beschwerde | 1 | III. Rechtskraft | 9 |
| II. Die Notfrist | 3 | 1. Formelle Rechtskraft | 9 |
| 1. Fristbeginn | 3 | 2. Verlängerung der Beschwerdefrist bei Vorliegen eines Wiederaufnahmegrundes | 10 |
| 2. Einlegung der sofortigen Beschwerde vor Beginn der Notfrist | 5 | | |
| 3. Fristwahrung | 6 | IV. Ausschluß der Abänderungsbefugnis, Abs. 3 | 11 |
| 4. Wiedereinsetzung in den vorigen Stand | 7 | V. Eventualbeschwerde, Abs. 4 | 13 |
| 5. Wiederholung der sofortigen Beschwerde | 8 | VI. Arbeitsgerichtliches Verfahren | 17 |

## I. Die sofortige Beschwerde

1   Die sofortige Beschwerde ist kein selbständiges Rechtsmittel, sondern lediglich eine **Unterart der Beschwerde**[1], auf die daher die §§ 567–576 anzuwenden sind, soweit § 577 keine abweichende Regelung enthält. Die wichtigsten davon sind die Notfrist, → Rdnr. 3 ff., und der Ausschluß der Abänderungsbefugnis, → Rdnr. 11 f. Besonderheiten ergeben sich für die der Beschwerde vorangehende Erinnerung bei Entscheidungen des Richterkommissars oder des Urkundsbeamten der Geschäftsstelle nach Abs. 4, → Rdnr. 13 ff., und des Rechtspflegers nach § 11 Abs. 1 S. 2, Abs. 2 S. 2 RpflG, → Anh. nach § 576 Rdnr. 8.

2   Die sofortige Beschwerde findet nur dann statt, wenn sie vom Gesetz **ausdrücklich vorgesehen** ist. Zu den einschlägigen Fällen → § 567 Rdnr. 11 (sofortige Beschwerde nach der ZPO) sowie → vor § 567 Rdnr. 15 (sofortige Beschwerde nach anderen Gesetzen als der ZPO). Alle anderen Fälle von Beschwerden sind einfache Beschwerden. Streitig ist, ob die an eine Frist gebundene Beschwerde des § 181 GVG (**Beschwerde gegen Ordnungsmittel**) als sofortige Beschwerde i.S. des § 577 anzusehen ist. Die besseren Gründe sprechen für eine Bejahung der Frage[2]. Die bloße Tatsache, daß die Beschwerdefrist bei § 181 GVG anders bemessen ist als bei § 577 kann nichts daran ändern, daß im übrigen eine entsprechende Anwendung der für die sofortige Beschwerde geltenden Grundsätze sachgerecht ist. Infolgedessen ist gegen die Versäumung der Frist des § 181 Abs. 1 GVG Wiedereinsetzung in den vorigen Stand möglich[3]. Die Qualifizierung der Beschwerde als sofortige Beschwerde steht einer Abhilfebefugnis trotz § 577 Abs. 3 nicht zwingend entgegen[4].

## II. Die Notfrist

### 1. Fristbeginn

3   Die Notfrist von zwei Wochen (zur Fristberechnung → § 222 Rdnr. 3 ff.) beginnt in der Regel mit der Zustellung (vgl. §§ 516, 552), und zwar, sofern der Beschluß nicht aufgrund mündlicher Verhandlung ergangen war, mit der nach §§ 329 Abs. 3, 270 Abs. 1 erfolgenden Zustellung von Amts wegen. Durch die Zustellung von Amts wegen wird nicht nur die Verkündung des Beschlusses ersetzt, sondern darüber hinaus die Beschwerdefrist in Lauf gesetzt. Ebenso wie bei der Berufung und Revision (§§ 516, 552) beginnt die Frist nur bei

---

[1] *Baumbach/Lauterbach/Albers*[52] Rdnr. 2; MünchKomm ZPO-*Braun* Rdnr. 1.
[2] *OLG München* NJW 1968, 308; MünchKomm ZPO-*M. Wolf* § 181 GVG Rdnr. 7. A.A. *Baumbach/Lauterbach/Albers*[52] § 181 GVG Rdnr. 3 (»Rechtsbehelf eigener Art«).
[3] *OLG Frankfurt* NJW 1967, 1281; *Baumbach/Lauterbach/Albers*[52] § 181 GVG Rdnr. 2; MünchKomm ZPO-*M. Wolf* § 181 GVG Rdnr. 10.
[4] MünchKomm ZPO-*M. Wolf* § 181 GVG Rdnr. 10.

Zustellung eines mit Gründen versehenen Beschlusses zu laufen[5]. Eine formlose Mitteilung des Beschlusses setzt die Notfrist nicht in Gang[6]. Bei unterbliebener oder unwirksamer Zustellung beginnt die Frist in entsprechender Anwendung von §§ 516, 552 fünf Monate nach Verkündung[7]; praktische Bedeutung hat dies insbesondere dann, wenn der Beschluß nicht nach § 329 Abs. 3 zugestellt, sondern der Partei nur formlos mitgeteilt worden ist. Damit stellt sich das Problem einer Verwirkung der Beschwerdebefugnis, → § 567 Rdnr. 20, bei der sofortigen Beschwerde praktisch nicht.

In einigen Fällen beginnt die Frist schon mit der **Verkündung des Beschlusses** und nicht erst mit seiner Zustellung. Dies gilt nach Abs. 2 S. 1 bei Ablehnung des Erlasses eines Versäumnisurteils, § 336 (→ § 336 Rdnr. 1), bzw. eines Ausschlußurteils, § 952 Abs. 4.  4

### 2. Einlegung der sofortigen Beschwerde vor Beginn der Notfrist

Die Einlegung der sofortigen Beschwerde vor dem Beginn der Notfrist ist zulässig[8]. Insofern gilt nichts anderes als für die Berufung, → § 516 Rdnr. 16. Zur Einlegung einer Beschwerde vor Erlaß der Entscheidung, gegen die sich die Beschwerde richtet, → § 569 Rdnr. 5.  5

### 3. Fristwahrung

Die Notfrist wird gewahrt durch die **Einreichung der Beschwerdeschrift**, im Fall des § 569 Abs. 2 auch durch die Erklärung zu Protokoll der Geschäftsstelle. Die Einlegung hat auch hier in der Regel beim unteren Gericht zu erfolgen; anders als bei der einfachen Beschwerde, § 569 Abs. 1, 2. Hs., genügt die Einlegung beim Beschwerdegericht aber auch in nicht dringenden Fällen, Abs. 2 S. 2. Für den **Anwaltszwang** gilt dasselbe wie bei der einfachen Beschwerde, → dazu § 569 Rdnr. 8 ff.  6

### 4. Wiedereinsetzung in den vorigen Stand

Gegen die Versäumung der Beschwerdefrist kann Wiedereinsetzung in den vorigen Stand gewährt werden. Das Wiedereinsetzungsgesuch ist nach § 236 Abs. 1 in derselben Form zu stellen, die für die Einlegung der Beschwerde gilt. In den Fällen des § 569 Abs. 2 kann die Wiedereinsetzung demnach auch zu Protokoll der Geschäftsstelle beantragt werden, → § 236 Rdnr. 2.  7

### 5. Wiederholung der sofortigen Beschwerde

Eine Wiederholung der sofortigen Beschwerde ist nach ihrer Zurücknahme zulässig, sofern die Beschwerdefrist noch nicht abgelaufen ist[9]. Weiter kann die sofortige Beschwerde nach ihrer Verwerfung als unzulässig innerhalb der Notfrist des Abs. 2 wiederholt werden, sofern der Zulässigkeitsmangel diesmal vermieden wird. Zur Wiederholung bei verändertem Sachverhalt → Rdnr. 9.  8

---

[5] AK-*Ankermann* Rdnr. 2; *Baumbach/Lauterbach/Albers*[52] Rdnr. 4; *Thomas/Putzo*[18] Rdnr. 5.
[6] MünchKomm ZPO-*Braun* Rdnr. 3; *Zöller/Schneider*[18] Rdnr. 9.
[7] *BayObLG* NJW-RR 1992, 597; *OLG Koblenz* FamRZ 1991, 101; AK-*Ankermann* Rdnr. 2; *Baumbach/Lauterbach/Albers*[52] Rdnr. 4; *MünchKomm ZPO-Braun* Rdnr. 4; *Thomas/Putzo*[18] Rdnr. 4; *Zöller/Schneider*[18] Rdnr. 10.
[8] MünchKomm ZPO-*Braun* Rdnr. 3; *Zöller/Schneider*[18] Rdnr. 11.
[9] *OLG Frankfurt* MDR 1955, 487.

## III. Rechtskraft

### 1. Formelle Rechtskraft

9  Mit Ablauf der Notfrist des Abs. 2 S. 1 erwächst die Entscheidung in formelle Rechtskraft. Zur Erteilung eines Rechtskraftzeugnisses → § 706 Rdnr. 13. Von diesem Augenblick an ist eine Abänderung auch auf erneute Beschwerde hin nicht mehr zulässig[10]. Zur Möglichkeit einer Berichtigung, § 319, bzw. Ergänzung der Entscheidung, § 321, → § 319 Rdnr. 24 ff. Zu berücksichtigen ist allerdings, daß die angefochtene Entscheidung bei **verändertem Sachverhalt** auf Antrag eines Beteiligten abänderbar sein muß. Fraglich kann dabei nur sein, ob die Abänderung dadurch ermöglicht wird, daß man eine Wiederholung der Beschwerde zuläßt, oder daß die Möglichkeit besteht, beim erstinstanzlichen Gericht einen neuen Antrag zu stellen, gegen dessen Ablehnung dann ein selbständiges Beschwerdeverfahren durchgeführt werden kann; → zur einfachen Beschwerde § 567 Rdnr. 23; das dort Ausgeführte gilt für die sofortige Beschwerde entsprechend. Zur Entscheidung im Kostenfestsetzungsverfahren → § 107 Rdnr. 1. Zur **materiellen Rechtskraft** von Beschlüssen → § 329 Rdnr. 28.

### 2. Verlängerung der Beschwerdefrist bei Vorliegen eines Wiederaufnahmegrundes

10  Liegen Tatsachen vor, auf die bei Urteilen nach §§ 579, 589 die Nichtigkeits- oder Restitutionsklage gestützt werden könnte, so wird durch Abs. 2 S. 3 trotz Ablaufs der Notfrist von zwei Wochen die nachträgliche Beschwerde gewährt. Die Frist bestimmt sich in diesem Fall nach § 586. Der Wiederaufnahmegrund darf nicht nur behauptet werden, sondern muß wirklich vorliegen[11]. Abs. 2 S. 3 eröffnet kein Wiederaufnahmeverfahren gegen Beschlüsse, sondern verlängert lediglich für die sofortige Beschwerde die Beschwerdefrist[12]. Die sonstigen Zulässigkeitsvoraussetzungen für eine Beschwerde müssen gegeben sein. Insbesondere führt Abs. 2 S. 3 nicht etwa dazu, daß letztinstanzliche Beschlüsse mit der Beschwerde angefochten werden können. Insoweit kommt allenfalls eine analoge Anwendung der §§ 578 ff. auf Beschlüsse in Betracht, → vor § 578 Rdnr. 38 ff. Soweit die Voraussetzungen von Abs. 2 S. 3 vorliegen, bedarf es keiner entsprechenden Anwendung der §§ 578 ff.; die Partei hat hier innerhalb der verlängerten Beschwerdefrist sofortige Beschwerde einzulegen und kann nicht etwa nach § 584 Abs. 1 vor dem Gericht die Wiederaufnahme des Verfahrens betreiben, das den Beschluß erlassen hat[13].

## IV. Ausschluß der Abänderungsbefugnis, Abs. 3

11  Abs. 3 bestimmt, daß das Gericht in allen Fällen, in denen seine Entscheidung der sofortigen Beschwerde unterliegt, die Entscheidung weder vor noch nach Einlegung der Beschwerde ändern darf, → § 329 Rdnr. 22. Rechtspolitisch ist dieser Ausschluß der Abhilfemöglichkeit fragwürdig; es ist kein überzeugender Grund dafür ersichtlich, weshalb die für die einfache Beschwerde gegebene Abhilfemöglichkeit, § 571, bei der sofortigen Beschwerde nicht besteht[14]. Das Abhilfeverbot ist jedoch geltendes Recht und als solches zu befolgen. Es besteht auch kein Anlaß, es dann generell zu durchbrechen, wenn dem Beschwerdeführer in der

---

[10] *OLG Hamburg* MDR 1952, 367; *Baumbach/Lauterbach/Albers*[52] Rdnr. 9.
[11] *KG* OLGZ 1976, 365; MünchKomm ZPO-*Braun* Rdnr. 6.
[12] AK-*Ankermann* Rdnr. 4; MünchKomm ZPO-*Braun* Rdnr. 6, 7.
[13] A. A. MünchKomm ZPO-*Braun* Rdnr. 7, der umgekehrt die Beschwerde nach Abs. 2 S. 3 zugunsten einer echten Wiederaufnahme zurückdrängen will.
[14] Eingehend dazu *Kunz* Erinnerung und Beschwerde (1980), 181 ff.; s. weiter MünchKomm ZPO-*Braun* Rdnr. 9.

unteren Instanz kein Gehör gewährt worden ist[15]; zum rechtlichen Gehör im Beschwerdeverfahren → § 573 Rdnr. 3f.; zur Möglichkeit einer Gegenvorstellung → Rdnr. 12.

Das Abhilfeverbot erfordert es, daß auch eine **Gegenvorstellung ausgeschlossen** sein muß, 12 und zwar auch dann, wenn die Entscheidung in letzter Instanz ergangen ist, so daß eine weitere Beschwerde nicht statthaft ist[16]. Nur so kann vermieden werden, daß der Rechtsmittelzug durch den im Gesetz nicht vorgesehenen Rechtsbehelf der Gegenvorstellung aus den Angeln gehoben wird. Bei verfassungsrelevanten Verfahrensverstößen, die mit der Verfassungsbeschwerde geltend gemacht werden können, muß die Gegenvorstellung aus den unter → § 567 Rdnr. 28f. dargelegten Gründen allerdings auch bei der sofortigen Beschwerde zugelassen werden. Insoweit muß das Abhilfeverbot des Abs. 3 hinter der Notwendigkeit einer Entlastung des BVerfG zurücktreten. Angesichts der in diesen Fällen gegebenen Möglichkeit einer Gegenvorstellung muß auch bei Einlegung der sofortigen Beschwerde entgegen Abs. 3 eine Abhilfemöglichkeit bejaht werden. Es wäre nicht sinnvoll, den Beschwerdeführer auf die Gegenvorstellung zu verweisen bzw. die sofortige Beschwerde nur wegen der Abhilfemöglichkeit in eine Gegenvorstellung umzudeuten. Gegenüber der unter → Rdnr. 11 abgelehnten Auffassung unterscheidet sich der hier vertretene Standpunkt dadurch, daß er nur solche Fälle erfaßt, bei denen das Gehör unter Verstoß gegen Art. 103 Abs. 1 GG nicht gewährt worden ist. Dagegen besteht kein Anlaß, eine Abhilfe auch dann zu ermöglichen, wenn dem Beschwerdeführer zulässigerweise kein vorheriges Gehör gewährt worden war (z.B. § 834).

### V. Eventualbeschwerde, Abs. 4

Für den Antrag auf Änderung einer Entscheidung des beauftragten oder ersuchten Richters 13 oder des Urkundsbeamten der Geschäftsstelle gemäß § 576 enthält Abs. 4 Sondervorschriften, die, wie sich aus der Einfügung in § 577 ergibt, nur für die Fälle der sofortigen Beschwerde gelten, d.h. für die Fälle, in denen gegen die erlassene Entscheidung, sofern sie von dem Prozeßgericht erlassen wäre, die sofortige Beschwerde nach der ZPO zulässig sein würde. Entsprechendes gilt nach § 11 Abs. 1 S. 2 RpflG für die Erinnerung gegen eine Entscheidung des Rechtspflegers, sofern gegen eine entsprechende richterliche Entscheidung die sofortige Beschwerde gegeben wäre. In diesen Fällen soll die Entscheidung des Gerichts auf dem für die Einlegung der Beschwerde vorgeschriebenen Weg innerhalb der Notfrist nachgesucht werden. Bei einer vom Rechtspfleger getroffenen Entscheidung ist die Erinnerung bei dem Gericht einzulegen, dem der Rechtspfleger angehört (nicht beim Beschwerdegericht)[17].

Die Beschwerde ist nicht erst gegen die Entscheidung des Gerichts, sondern schon gegen die 14 des beauftragten bzw. ersuchten Richters oder des Urkundsbeamten als **eventuelle Beschwerde** für den Fall der Bestätigung durch das Gericht einzulegen. Die Notfrist läuft also schon von der Zustellung der Entscheidung des Richterkommissars bzw. Urkundsbeamten oder Rechtspflegers an[18].

Das Gesuch muß bei dem Gericht eingereicht oder, soweit nicht Anwaltszwang besteht, zu 15 Protokoll der Geschäftsstelle erklärt werden. Die Notfrist wird weder durch Einreichung beim beauftragten oder ersuchten Richter bzw. Rechtspfleger noch bei dem Beschwerdegericht gewahrt[19]. Das Gesuch muß den Erfordernissen einer Beschwerde nach § 569 entsprechen; für den Anwaltszwang gilt ausschließlich § 569 Abs. 2; Näheres → § 569 Rdnr. 8ff.

---

[15] A.A. *Kunz* (Fn. 14), S. 190ff.; *Baumbach/Lauterbach/Albers*[52] Rdnr. 9.
[16] AK-*Ankermann* Rdnr. 5; *Thomas/Putzo*[18] Rdnr. 8.
[17] OLG Köln MDR 1975, 671; AK-*Ankermann* Rdnr. 6; *Baumbach/Lauterbach/Albers*[52] Rdnr. 11.
[18] *Baumbach/Lauterbach/Albers*[52] Rdnr. 10; *Zöller/Schneider*[18] Rdnr. 35.
[19] OLG Köln MDR 1975, 671; LG Augsburg NJW 1971, 2317; *Baumbach/Lauterbach/Albers*[52] Rdnr. 11.

**16** Hält das Gericht die Entscheidung für zutreffend, so hat es hierüber keinen Beschluß zu erlassen, sondern das Gesuch, das von nun an kraft Gesetzes als Beschwerde gilt, dem höheren Gericht vorzulegen. Würde das Gericht dennoch eine bestätigende Entscheidung erlassen, so liefe von ihrer Zustellung an keine neue Notfrist. Nur wenn das Prozeßgericht dem Gesuch entspricht, also die Vorentscheidung abändert, hat es einen förmlichen Beschluß zu erlassen und, sofern er nicht verkündet wird, von Amts wegen zuzustellen. Gegen diesen Beschluß kann dann unter den Voraussetzungen von § 567 erneut – je nach dem Inhalt der nunmehr vorliegenden Entscheidung – Beschwerde erhoben werden, und zwar entweder die einfache nach § 567 oder die sofortige nach § 577 Abs. 2, 3, wobei die Notfrist der letzteren von der neuen Zustellung an läuft.

### VI. Arbeitsgerichtliches Verfahren

**17** Im arbeitsgerichtlichen Verfahren ergeben sich keine Besonderheiten, § 78 Abs. 1 S. 1 ArbGG. Die Beschwerdefrist ist die zweiwöchige des § 577 Abs. 2 S. 1.

## § 577a [Anschlußbeschwerde]

Der Beschwerdegegner kann sich der Beschwerde anschließen, selbst wenn er auf die Beschwerde verzichtet hat oder die Beschwerdefrist verstrichen ist. Die Anschließung verliert ihre Wirkung, wenn die Beschwerde zurückgenommen oder als unzulässig verworfen wird. Hat sich der Gegner einer befristeten Beschwerde vor Ablauf der Beschwerdefrist angeschlossen und auf die Beschwerde nicht verzichtet, gilt die Anschließung als selbständige Beschwerde.

Gesetzesgeschichte: Eingefügt durch G. v. 17. XII. 1990, BGBl. I 2847. Keine Änderungen.

### I. Bedeutung von § 577a

**1** Bis zum Inkrafttreten des Rechtspflegevereinfachungsgesetzes v. 17. XII. 1990 war die Anschlußbeschwerde gesetzlich nicht geregelt. Sie wurde jedoch allgemein als zulässig angesehen, und zwar insbesondere auch in der Form einer unselbständigen Anschlußrechtsbeschwerde[1]; Einzelheiten mit weit. Nachw. → Voraufl. § 573 Rdnr. 9ff. Durch § 577a ist die h. M. gesetzlich bestätigt worden. Die Regelung entspricht der Rechtslage bei der Anschlußberufung, weshalb im wesentlichen auf die Ausführungen zu den §§ 521ff. verwiesen werden kann. Zur Anschließung an die Anschließung (sog. Gegenanschließung) → § 521 Rdnr. 22.

### II. Selbständige Anschlußbeschwerde

**2** Die Anschlußbeschwerde ist dann selbständig, wenn sie innerhalb der Beschwerdefrist eingelegt worden ist und der Anschlußbeschwerdeführer überdies auf die Beschwerdebefugnis nicht verzichtet hat (zum Verzicht auf die Beschwerde → § 567 Rdnr. 24). Da die einfache

---

[1] Grundlegend *Fenn* Die Anschußbeschwerde im Zivilprozeß und im Verfahren der freiwilligen Gerichtsbarkeit (1961).

Beschwerde nicht fristgebunden ist, ist die Anschlußbeschwerde hier nur bei einem Verzicht auf die Beschwerde unselbständig, → auch Rdnr. 3. Allenfalls theoretisch erscheint es denkbar, die Selbständigkeit der Anschlußbeschwerde mit der Begründung zu verneinen, die Beschwerdebefugnis sei verwirkt gewesen, → § 567 Rdnr. 20 ff. Zwar ersetzt die Verwirkung die bei der einfachen Beschwerde fehlende Befristung, doch liegen die Voraussetzungen einer Verwirkung kaum je vor, wenn der Anschlußbeschwerdeführer im Rahmen einer gegen ihn gerichteten Beschwerde eine Abänderung der Entscheidung zu seinen Gunsten anstrebt.

### III. Unselbständige Anschlußbeschwerde

Die unselbständige Anschlußbeschwerde spielt eine Rolle vor allem bei der **sofortigen** **3** **Beschwerde**, → Rdnr. 2. Bei der einfachen Beschwerde kann die Beschwerdefrist für den Beschwerdegegner nicht abgelaufen sein, weshalb im wesentlichen nur der Fall eines Verzichts übrigbleibt. Denkbar ist allenfalls, daß die Anschlußbeschwerde als Hilfsbeschwerde für den Fall des Erfolgs der Hauptbeschwerde eingelegt wird (zur bedingten Anschlußberufung → § 521 Rdnr. 14)[2]; in diesem Fall ist die Bedingung bei Rücknahme der Beschwerde oder ihrer Verwerfung als unzulässig ausgefallen, weshalb die Anschlußbeschwerde unwirksam ist.

Ist die Anschlußbeschwerde bei der sofortigen Beschwerde **vor Ablauf der** für den Gegner **4** laufenden **Beschwerdefrist eingelegt** worden und hat dieser auf die Beschwerde auch nicht verzichtet, so gilt die Anschließung als selbständige Beschwerde, S. 3, d. h. sie bleibt trotz Rücknahme der Beschwerde oder deren Verwerfung als unzulässig wirksam. Voraussetzung dafür ist allerdings, daß die sonstigen Zulässigkeitsvoraussetzungen erfüllt sind (z. B. Mindestbeschwer nach § 567 Abs. 2)[3].

Bei Einlegung der Anschlußbeschwerde **nach Ablauf der Beschwerdefrist** verliert die **5** Anschlußbeschwerde ihre Wirkung, wenn die Hauptbeschwerde zurückgenommen (was bis zur Beschwerdeentscheidung jederzeit geschehen kann, → § 573 Rdnr. 7) oder als unzulässig verworfen wird, S. 2. Dies entspricht der Regelung bei der Berufung, § 522 Abs. 1; Näheres → § 522 Rdnr. 1 ff.

### IV. Einlegung der Anschlußbeschwerde

Für die Einlegung der Anschlußbeschwerde gilt § 569, und zwar sowohl § 569 Abs. 1 für **6** die Bestimmung des Gerichts, bei dem die Beschwerde einzulegen ist, als auch § 569 Abs. 2 für die Form der Einlegung. Nachdem die Sache dem Beschwerdegericht nach § 571, 2. Hs., vorgelegt ist, kann die Anschlußbeschwerde nur noch bei diesem und nicht mehr beim Untergericht eingelegt werden[4]. Erfolgt die Einlegung beim Untergericht, so hat dieses die Anschlußbeschwerde ohne die Möglichkeit einer Abhilfe jedoch dem Rechtsmittelgericht vorzulegen und nicht etwa als unzulässig zu verwerfen.

### V. Verfahren und Entscheidung

Die Bestimmungen über das Beschwerdeverfahren gelten auch für die Anschlußbeschwerde. **7** de. Bei der **einfachen Beschwerde** hat das Untergericht das **Abhilfeverfahren**, § 571, durchzuführen (vorausgesetzt, die Anschlußbeschwerde ist nicht erst nach Vorlage der Beschwerde

---

[2] Thomas/Putzo[18] Rdnr. 4.
[3] MünchKomm ZPO-*Braun* Rdnr. 2.
[4] Baumbach/Lauterbach/Albers[52] Rdnr. 6; Thomas/Putzo[52] Rdnr. 6.

beim Beschwerdegericht eingelegt worden, → Rdnr. 6). Die Abhilfe kann auf die Anschlußbeschwerde beschränkt werden. Die Möglichkeit einer späteren Verwerfung der Hauptbeschwerde als unzulässig oder deren Zurücknahme steht dem deshalb nicht entgegen, weil die Anschlußbeschwerde bei der einfachen Beschwerde in aller Regel eine selbständige Anschlußbeschwerde ist, → Rdnr. 3. Lediglich bei einem Verzicht auf die Beschwerde durch den Beschwerdegegner scheidet eine Abhilfe nur hinsichtlich der Anschlußbeschwerde aus; insoweit sind dieselben Gründe maßgeblich, die einem Teilurteil nur über die unselbständige Anschlußberufung entgegenstehen, → § 522 Rdnr. 7. Bei der **sofortigen Beschwerde** scheidet eine Abhilfe auch für die Anschlußbeschwerde nach § 577 Abs. 3 aus[5]. Ist die Anschlußbeschwerde erst beim Rechtsmittelgericht eingelegt worden, → Rdnr. 6, so kommt eine Abhilfe nicht in Betracht; das Beschwerdegericht ist nicht abhilfebefugt.

8    Zur **Entscheidung** → § 573 Rdnr. 9 ff. Über die Haupt- und die Anschlußbeschwerde muß nicht gleichzeitig entschieden werden. Insoweit kann vorab ein Teilbeschluß ergehen, → § 573 Rdnr. 9, und zwar auch über die Anschlußbeschwerde, es sei denn, diese ist unselbständig (d.h. bei der sofortigen Beschwerde bei Einlegung nach Ablauf der Beschwerdefrist sowie bei allen Beschwerden im Falle des Verzichts des Beschwerdegegners auf die Beschwerde). In diesem Fall kann über die Anschlußbeschwerde frühestens zusammen mit der Beschwerde entschieden werden. Über die **Kosten** ist einheitlich zu entscheiden; soweit beide Rechtsmittel oder keines von ihnen Erfolg hat, bestimmen sich die Kostenanteile nach § 92. Zur Kostenentscheidung bei unselbständiger Anschlußbeschwerde → § 97 Rdnr. 5 und § 515 Rdnr. 25.

## VI. Arbeitsgerichtliches Verfahren

9    Im **Urteilsverfahren** gilt § 577a über § 78 Abs. 1 S. 1 ArbGG entsprechend. Beim **Beschlußverfahren** muß differenziert werden: Bei der Beschwerde nach §§ 87 ff. ArbGG (die ihrer Funktion nach der Berufung im Urteilsverfahren entspricht), ist die Zulässigkeit der unselbständigen Anschlußbeschwerde inzwischen anerkannt[6], → auch § 521 Rdnr. 26. Für die Beschwerde nach § 83 Abs. 5 ArbGG folgt dasselbe Ergebnis aus §§ 83 Abs. 5, 78 Abs. 1 S. 1 ArbGG i. V. mit § 577a.

---

[5] *Baumbach/Lauterbach/Albers*[52] Rdnr. 7.
[6] *BAGE* 55, 20 = AP § 87 BetrVG 1972 Nr. 3; *Grunsky*[6] § 87 Rdnr. 4; *Germelmann/Matthes/Prütting* § 89 Rdnr. 32.

*Viertes Buch*
# Wiederaufnahme des Verfahrens

## Vorbemerkungen

| | |
|---|---|
| I. Nichtigkeit von Urteilen ... 1 | III. Die Abschnitte des Verfahrens ... 31 |
| 1. Nichturteil ... 2 | 1. Zulässigkeit ... 32 |
| a) Begriff und Voraussetzungen ... 2 | 2. Vorliegen eines Wiederaufnahmegrundes ... 35 |
| b) Wirkung des Nichturteils ... 6 | 3. Neuentscheidung der Hauptsache ... 36 |
| 2. Wirkungsloses und wirkungsgemindertes Urteil ... 7 | IV. Wiederaufnahmeklagen gegen sonstige Vollstreckungstitel ... 37 |
| a) Begriff ... 7 | V. Wiederaufnahmeverfahren gegen Beschlüsse ... 38 |
| b) Die Fälle des wirkungslosen Urteils ... 9 | 1. Allgemeines ... 38 |
| aa) Fehlen der deutschen Gerichtsbarkeit ... 10 | 2. Beschlüsse innerhalb eines Erkenntnisverfahrens ... 39 |
| bb) Nicht existierende Partei ... 11 | 3. Urteilsvertretende Beschlüsse ... 40 |
| cc) Unbestimmtheit des Urteils ... 12 | VI. Verzicht auf die Wiederaufnahmeklage ... 41 |
| dd) Gestaltung eines nicht bestehenden Rechtsverhältnisses ... 14 | VII. Arbeitsgerichtliches Verfahren ... 42 |
| ee) Fehlende Rechtshängigkeit ... 15 | VIII. Die Verfassungsbeschwerde ... 43 |
| ff) Dem geltenden Recht unbekannte Rechtsfolge ... 17 | 1. Allgemeines ... 43 |
| gg) Auf unmögliche Leistung gerichtetes Urteil ... 18 | 2. Frist ... 44 |
| hh) Völkerrechtswidriges Urteil ... 19 | 3. Form ... 45 |
| c) Umfang der Wirkungslosigkeit ... 20 | 4. Erschöpfung des Rechtswegs ... 46 |
| d) Nachträgliche Unwirksamkeit ... 21 | 5. Begründung ... 48 |
| 3. Sonstige fehlerhafte Urteile ... 22 | 6. Prüfungsmaßstab ... 49 |
| II. Die Wiederaufnahmeklagen ... 25 | 7. Annahmeverfahren ... 50 |
| 1. Begriff und Funktion ... 25 | 8. Entscheidung über die Verfassungsbeschwerde ... 52 |
| 2. Struktur und Gegenstand der Wiederaufnahmeklagen ... 28 | 9. Landesverfassungsbeschwerde ... 54 |
| | IX. Die Menschenrechtsbeschwerde ... 56 |

## I. Nichtigkeit von Urteilen[1]

Die Fehlerhaftigkeit eines Urteils führt grundsätzlich nicht zur Unwirksamkeit oder auch nur eingeschränkten Wirksamkeit der Entscheidung, sondern bedeutet lediglich, daß das Urteil auf ein Rechtsmittel hin aufzuheben ist, sog. **Anfechtungsprinzip** (es sei denn, das Urteil stellt sich trotz des Fehlers im Ergebnis als richtig dar, § 563). Trotz der grundsätzlichen Wirksamkeit des fehlerhaften Urteils ist anerkannt, daß gewisse Mängel so schwerwiegend  **1**

---

[1] Aus der neueren Literatur s. *Jauernig* Das fehlerhafte Zivilurteil (1958); *Nicklisch* Die Bindung der Gerichte an gestaltende Gerichtsentscheidungen und Verwaltungsakte (1965), 46ff.; *Gilles* Rechtsmittel im Zivilprozeß (1972), 226ff.; *Rechberger* Die fehlerhafte Exekution (1978), 17ff. Allgemein zur Problematik der Wirkungen des unrichtigen Urteils *Schumann* Festschrift f. Böttcher (1969), 289; *Gilles* Festschrift f. Schiedermair (1976), 183. Nachw. zur älteren Literatur → 19. Aufl.

sind, daß entgegen dem äußeren Schein gar kein Urteil vorliegt (sog. Nichturteil, → Rdnr. 2f.), oder daß es sich zwar um ein Urteil handelt, dieses aber keine oder doch zumindest nicht alle Wirkungen eines fehlerfreien Urteils entfaltet, → Rdnr. 7ff.

## 1. Nichturteil

### a) Begriff und Voraussetzungen

2   Ein Urteil ist die in einem Rechtsstreit von einem **gerichtsverfassungsmäßig anerkannten Gericht** in einer **bestimmten Form** erlassene Entscheidung. Mangelt es an einem dieser beiden Erfordernisse, so liegt kein Urteil vor. Ob man hier von einem »Nichturteil« oder von einem »absolut nichtigen Urteil« sprechen will, ist letztlich eine rein terminologische Frage[2]. Keine Urteile sind z.B. »Urteile«, die in der Zeit der Staatsumwälzung 1918/19 von Arbeiter- und Soldatenräten gefällt sind, ferner Entscheidungen gesetzwidrig von den Besatzungsbehörden eingesetzter Rechtspflegeorgane, sowie auch die Schulfälle der von der Geschäftsstelle, einem Referendar oder einem beauftragten Richter erlassenen Urteile[3]. Dagegen ist das vom **Einzelrichter** unter Überschreitung seiner Befugnisse erlassene Urteil wirksam[4]; dies gilt auch dann, wenn es an einer Übertragung der Sache an den Einzelrichter fehlt oder wenn eine Übertragung zur Entscheidung gar nicht zulässig ist (z.B. im Berufungsverfahren, § 524). Hier ist lediglich das Gericht nicht ordnungsmäßig besetzt. Ein **Zuständigkeitsmangel** führt ebenfalls nicht zur Nichtigkeit des Urteils[5], und zwar unabhängig davon, welche Zuständigkeit konkret betroffen ist; insbesondere gilt auch bei der internationalen Zuständigkeit nichts Besonderes; → weiter Rdnr. 23.

3   Streitig ist, ob ein Nichturteil auch dann vorliegt, wenn die Entscheidung von einem Gremium ergangen ist, das nach dem Willen des Gesetzgebers ein Gericht sein sollte, dem jedoch die von Art. 92 ff. GG geforderten Merkmale fehlen[6]. Ein Nichturteil ist auf jeden Fall dann anzunehmen, wenn zwar formal ein Gericht entschieden hat, dieses aber bewußt nicht das geltende Recht anwandte, sondern sich ausschließlich als Instrument zur Machtdurchsetzung mit rechtsstaatswidrigen Mitteln verstand bzw. gelenkt wurde (Volksgerichtshof, Waldheimer Prozesse). Diese Problematik spielt zwar vorwiegend im Strafprozeß eine Rolle[7], doch kann im Zivilprozeß nichts anderes gelten.

4   Die für die Existenz eines Urteils allein wesentliche **Form** ist die Verkündung bzw. die Zustellung der Urteilsformel nach § 310 Abs. 3, → § 310 Rdnr. 19ff. Das weder verkündete noch nach § 310 Abs. 3 zugestellte Urteil ist und bleibt ein bloßer Urteilsentwurf[8], selbst wenn eine ordnungsmäßig hergestellte Urteilsschrift zu den Akten gebracht und Ausfertigungen erteilt sein sollten. Daraus darf jedoch nicht geschlossen werden, daß jeder Verkündungsmangel das Vorhandensein einer wirksamen Entscheidung verhindert. Es muß vielmehr zwischen wesentlichen und nicht wesentlichen Verkündungsvorschriften differenziert werden[9]. Nur bei Vorliegen eines wesentlichen Mangels ist die Annahme eines Nichturteils gerechtfertigt. Verstößt das Gericht dagegen gegen eine nicht wesentliche, bei der Verkün-

---

[2] Zur Terminologie s. *Jauernig* (Fn. 1), 3ff.
[3] S. *Jauernig* (Fn. 1), 11ff.; *Rechberger* (Fn. 1), 27ff. (mit a.A. für den beauftragten Richter).
[4] *Jauernig* (Fn. 1), 31ff.
[5] *Jauernig* (Fn. 1), 13f.; MünchKomm ZPO-*Braun* § 578 Rdnr. 6.
[6] Verneinend für die früheren Friedensgerichte in Baden-Württemberg *BVerfGE* 11, 61 = NJW 1960, 1051 = JZ 536; a.A. *Jauernig* NJW 1960, 1885.
[7] Zu den Waldheimer Prozessen s.i.S. eines Nichturteils *KG* NJW 1954, 1901; *Wassermann* NJW 1992, 878.
[8] *Jauernig* (Fn. 1), 42ff.
[9] *Jauernig* (Fn. 1), 42ff.; *BGHZ* 14, 39 = LM § 310 Abs. 1 Nr. 3 = NJW 1954, 1281 = JZ 581; *BGHZ* 41, 249, 252f.

dung zu beachtende Formvorschrift, so ist das Urteil zwar fehlerhaft, aber doch existent; Näheres → § 310 Rdnr. 3f.

Willensmängel des Gerichts führen nicht zur absoluten Unwirksamkeit des Urteils[10]. Dies gilt insbesondere auch für das Urteil eines geisteskranken Richters. Hier liegt allenfalls ein absoluter Revisionsgrund nach § 551 Nr. 1 vor, → § 551 Rdnr. 8.

### b) Wirkung des Nichturteils

Das Nichturteil entfaltet **keinerlei rechtliche Wirkungen**. Zunächst **beendet es die Instanz nicht**[11]. Jede Partei kann also die Fortsetzung des Verfahrens beantragen. Andererseits kann sie gegen das Nichturteil aber auch ein Rechtsmittel einlegen, um den Schein eines Urteils zu beseitigen (Näheres → Allg. Einl. vor § 511 Rdnr. 44ff.; dort auch zur Frage, welche Konsequenzen sich für das Untergericht durch die Rechtsmitteleinlegung ergeben). Das Nichturteil ist kein vollstreckbarer Titel und erwächst weder in formelle noch in materielle **Rechtskraft** und bindet das Gericht schließlich nicht nach § 318. Da die Rechtshängigkeit nicht beendet ist, kann über denselben Streitgegenstand keine neue Klage erhoben werden[12]. Für eine Feststellungsklage dahingehend, daß das Urteil ein Nichturteil ist, fehlt es i.d.R. an einem Feststellungsinteresse; sofern ein solches ausnahmsweise gegeben ist, steht einer Feststellungsklage aber nichts entgegen[13].

## 2. Wirkungsloses und wirkungsgemindertes Urteil

### a) Begriff

Nur in den unter → Rdnr. 2ff. genannten Fällen liegt eine absolute Nichtigkeit der sich äußerlich als Urteil darstellenden Urkunde vor. Davon sind die Fälle scharf zu unterscheiden, in denen zwar ein Urteil, also ein vom Gericht als Urteil erlassener Ausspruch vorliegt, das Urteil aber in vollem Umfang oder vielleicht auch nur teilweise weder im weiteren Verlauf desselben Verfahrens noch in einem anderen Verfahren (Erkenntnis- oder Vollstreckungsverfahren) die Wirkungen auszuüben fähig ist, die einem Urteil zukommen (sog. wirkungsloses Urteil). Gehen dem Urteil nur einzelne Wirkungen ab, so sprechen wir von einem wirkungsgeminderten Urteil[14]. Das wirkungslose Urteil erwächst nicht in materielle Rechtskraft und ist kein Vollstreckungstitel. Vom Nichturteil unterscheidet es sich dadurch, daß es die Instanz beendet und das Gericht nach § 318 an das Urteil gebunden ist[15]. Damit kann das Urteil wenigstens in formelle Rechtskraft erwachsen. Eine Fortsetzung des Verfahrens ist hier nur durch Einlegung eines Rechtsmittels möglich. Nach Eintritt der formellen Rechtskraft kann derselbe Streitgegenstand erneut zum Gegenstand eines gerichtlichen Verfahrens gemacht werden[16].

Die Unwirksamkeit kann sowohl eine **von vornherein bestehende** als auch eine **nachträglich eintretende** sein. Im ersteren Fall mag man in Anlehnung an den Begriff des nichtigen Rechtsgeschäfts von einem nichtigen Urteil sprechen, wenngleich damit der wesentliche Unterschied zum Nichturteil, → Rdnr. 2ff., verwischt wird.

---

[10] Rechberger (Fn. 1), 37ff.
[11] Rosenberg/Schwab/Gottwald[15] § 62 III 2; MünchKomm ZPO-Braun § 578 Rdnr. 8.
[12] Jauernig (Fn. 1), 92f.
[13] MünchKomm ZPO-Braun § 578 Rdnr. 8; a.A. Jauernig (Fn. 1), 92f.
[14] Zur Terminologie s. Jauernig (Fn. 1), 3ff.
[15] MünchKomm ZPO-Braun § 578 Rdnr. 12; Rosenberg/Schwab/Gottwald[15] § 62 IV 1; Jauernig[24] § 60 III.
[16] Jauernig (Fn. 1), 188f.; MünchKomm ZPO-Braun § 578 Rdnr. 12; Rosenberg/Schwab/Gottwald[15] § 62 IV 1.

### b) Die Fälle des wirkungslosen Urteils

**9** Die Fallgestaltungen, in denen ein Urteil in dem unter → Rdnr. 7 dargestellten Sinn als wirkungslos angesehen wird, sind untereinander sehr verschiedenartig und lassen sich nicht auf einen einheitlichen dogmatischen Ansatz zurückführen.

#### aa) Fehlen der deutschen Gerichtsbarkeit

**10** Unterliegt der verurteilte Beklagte nicht der deutschen Gerichtsbarkeit, so ist das Urteil wirkungslos[17]. Ebenso wie jeder Befehl gegen eine nicht der Befehlsgewalt unterstellte Person ins Leere fällt, entbehrt der Urteilsausspruch insoweit der Wirkung, als er sich gegen eine nicht der inländischen Gerichtsbarkeit unterworfene Person richtet; Einzelheiten zur deutschen Gerichtsbarkeit → Einl. Rdnr. 655 ff. Wegen Überschreitung der Zuständigkeit des Gerichts → dagegen Rdnr. 23. Das Gegenstück bildet das nach Maßgabe des § 328 nicht anerkannte ausländische Urteil, → § 328 Rdnr. 30. Von der Wirkungslosigkeit des Urteils muß jedoch dann eine **Ausnahme** gemacht werden, wenn das Gericht die deutsche Gerichtsbarkeit geprüft und ausdrücklich bejaht hat. Wollte man auch ein derartiges Urteil für wirkungslos halten, so bestünde keinerlei Möglichkeit, über die deutsche Gerichtsbarkeit eine abschließende Entscheidung herbeizuführen[18]. Streitig ist, ob das Urteil auch bei einer **Sachabweisung** wirkungslos ist[19]. Die besseren Gründe sprechen dafür, das Urteil in diesem Fall als wirksam anzusehen[20]. Die Exemtion von der deutschen Gerichtsbarkeit bezweckt den Schutz des Exterritorialen (weshalb sich dieser der deutschen Gerichtsbarkeit unterwerfen kann). Damit erscheint es unvereinbar, auch das dem Beklagten günstige Urteil als wirkungslos anzusehen. Die Gegenmeinung muß zu dem sicher unbefriedigenden Ergebnis kommen, daß der Beklagte nach Fortfall seiner Exterritorialität sich gegen eine neue Klage nicht mit dem Hinweis auf die materielle Rechtskraft des ersten, ihm günstigen Urteils verteidigen kann. Bei teilweisem Klagestattgeben und Abweisung der Klage im übrigen ist das Urteil hinsichtlich des abweisenden Teils wirksam, im übrigen dagegen wirkungslos.

#### bb) Nicht existierende Partei

**11** Ein für oder gegen eine nicht existierende Partei ergangenes Urteil ist wirkungslos[21], → § 50 Rdnr. 42. Speziell zum Tod der Partei vor Urteilserlaß → § 50 Rdnr. 43. Nicht hierher gehört der Fall der mangelnden Parteifähigkeit, → § 50 Rdnr. 41. Hier ist das Urteil wirksam und kann lediglich im Wege der Nichtigkeitsklage in entsprechender Anwendung von § 579 Abs. 1 Nr. 4 beseitigt werden, → § 579 Rdnr. 6 ff.

---

[17] *Jauernig* (Fn. 1), 159 ff. mit weit. Nachw. zum älteren Meinungsstand in Fn. 41. Aus dem neueren Schrifttum s. *Rosenberg/Schwab/Gottwald*[15] § 62 IV 2a; MünchKomm ZPO-*Braun* § 578 Rdnr. 10; *Thomas/Putzo*[18] vor § 300 Rdnr. 15; *Zöller/Vollkommer*[18] vor § 300 Rdnr. 15; *Schack* Internationales Zivilverfahrensrecht (1991) Rdnr. 162. A.A. *Schlosser* ZZP 79 (1966), 179, der das Urteil als wirksam, aber im Wiederaufnahmeverfahren zu beseitigen ansieht.

[18] Zutreffend *Jauernig* (Fn. 1), 162 f.; *ders.*[24] § 61 2 a; s. weiter *Leipold* ZZP 81 (1968), 76; MünchKomm ZPO-*Braun* § 578 Rdnr. 10. A.A. *Schlosser* ZZP 79 (1966), 179. Zur entsprechenden Problematik bei ausdrücklicher Verneinung eines Nichtigkeitsgrundes i.S. von § 579 → dort Rdnr. 10.

[19] Bejahend *Jauernig* (Fn. 1), 160; *Rosenberg/Schwab/Gottwald*[15] § 19 II 1 a.

[20] So wohl auch *Blomeyer*² § 81 III 2 a.

[21] MünchKomm ZPO-*Braun* § 578 Rdnr. 10; *Rosenberg/Schwab/Gottwald*[15] § 62 IV 2 c.

### cc) Unbestimmtheit des Urteils

Ein Urteil ist weiter unfähig, die angestrebten Wirkungen zu erzeugen, wenn es vor allem im Tenor so unbestimmt ist, daß es als Grundlage der materiellen Rechtskraft oder der Zwangsvollstreckung untauglich ist; zum Erfordernis der Bestimmtheit des Urteils als Vollstreckungsvoraussetzung → vor § 740 Rdnr. 25 ff. Dies gilt insbesondere dann, wenn der Tenor in sich **widersprüchlich** ist[22]. Dagegen führt ein Widerspruch zwischen dem Tenor und den Entscheidungsgründen nicht zur Wirkungslosigkeit[23]; erst recht gilt dies für einen Widerspruch nur innerhalb der Entscheidungsgründe. 12

Häufig wird das Urteil trotz seiner Unbestimmtheit **nur wirkungsgemindert** sein. Es ist durchaus möglich, daß der Fehler nur die Vollstreckbarkeit oder nur den Eintritt der materiellen Rechtskraft ausschließt[24]. Weiter kann sich die Unbestimmtheit auf einzelne Ansprüche oder Anspruchsteile beschränken; in diesem Fall ist das Urteil im übrigen voll wirksam. Für eine entsprechende Anwendung von § 139 BGB ist insoweit kein Raum. 13

### dd) Gestaltung eines nicht bestehenden Rechtsverhältnisses

Ein Gestaltungsurteil, das ein nicht bestehendes Rechtsverhältnis umgestalten möchte, ist wirkungslos[25]. Dabei ist es unerheblich, ob das Rechtsverhältnis nie bestand oder schon früher auf anderem Wege aufgelöst worden ist. 14

### ee) Fehlende Rechtshängigkeit

Ist eine Sache nicht rechtshängig, so entfaltet ein gleichwohl ergehendes Urteil keine Wirkungen[26]. Dies gilt auch dann, wenn das Urteil vor Eintritt der Rechtshängigkeit (vor Zustellung der Klage) oder nach deren Beendigung erlassen worden ist. Unwirksam ist demnach ein Urteil, das nach Rücknahme der Klage[27], Abschluß eines Prozeßvergleichs[28] oder übereinstimmender Erledigungserklärung ergeht. Dagegen bewirken das Fehlen oder die Überschreitung eines Antrags im Rahmen eines rechtshängigen Verfahrens nicht die Wirkungslosigkeit des Urteils[29], und zwar ohne daß danach zu differenzieren ist, ob dem Kläger etwas qualitativ anderes oder mehr als beantragt zugesprochen worden ist[30]. 15

Entsprechendes wie für das Fehlen einer Klage muß in Rechtsmittelverfahren für das **Fehlen eines Rechtsmittels** gelten: Ist gar kein Rechtsmittel eingelegt oder vor Erlaß des Urteils wirksam zurückgenommen worden, so ist ein gleichwohl ergangenes Urteil ebenso wirkungslos, wie wenn in erster Instanz ohne eine (noch) rechtshängige Klage entschieden worden ist. Dagegen führt die Verletzung von § 308 auch beim Rechtsmittelantrag nicht zur Wirkungslosigkeit des Urteils. 16

---

[22] *BGHZ* 5, 240, 245 = AP § 559 Nr. 2 (*Johannsen*) = NJW 1952, 818; *Rosenberg/Schwab/Gottwald*[15] § 62 IV 2c; MünchKomm ZPO-*Braun* § 578 Rdnr. 10.
[23] MünchKomm ZPO-*Braun* § 578 Fn. 50.
[24] S. *Jauernig* (Fn. 1), 189 ff.
[25] *Jauernig* (Fn. 1 ), 175; *Rosenberg/Schwab/Gottwald*[15] § 62 IV 2c; *Blomeyer*² § 81 III 2a.
[26] *LG Tübingen* JZ 1982, 474; *Jauernig* (Fn. 1), 175; MünchKomm ZPO-*Braun* § 578 Rdnr. 10.
[27] *Jauernig* (Fn. 1), 153 f.; *Rosenberg/Schwab/Gottwald*[15] § 62 IV 2d; MünchKomm ZPO-*Braun* § 578 Rdnr. 10; *Thomas/Putzo*[18] vor § 300 Rdnr. 18. A. A. *Blomeyer* Festschrift f. Lent (1957), 48 f.; *ders.*² § 81 III 2a.
[28] *OLG Stuttgart* NJW-RR 1987, 128.
[29] *Musielak* Festschrift f. Schwab (1990), 359 ff.
[30] *Musielak* (Fn. 29), 360 f. A.A. *Jauernig* (Fn. 1), 156 f.: Bei Zusprechen eines aliud Unwirksamkeit des Urteils.

#### ff) Dem geltenden Recht unbekannte Rechtsfolge

17 Nach h. M. ist ein Urteil wirkungslos, das eine dem geltenden Recht unbekannte Rechtsfolge ausspricht[31]. Dem wird zu recht entgegengehalten, daß es Sache des entscheidenden Gerichts ist zu beurteilen, ob das geltende Recht die ausgesprochene Rechtsfolge kennt oder nicht[32]. Diese Entscheidung darf nicht dadurch illusorisch gemacht werden, daß sich die unterliegende Partei darauf beruft, die ausgesprochene Rechtsfolge sei dem geltenden Recht fremd. Dabei wird man allerdings in Anlehnung an das unter → Rdnr. 10 Ausgeführte eine Ausnahme machen müssen. Die für die Wirksamkeit der Entscheidung angeführten Gründe gehen davon aus, daß sich das Gericht über die Vereinbarkeit seines Urteils mit dem geltenden Recht Gedanken gemacht hat. Ist es dagegen gar nicht auf die Idee gekommen, daß die Rechtsfolge dem geltenden Recht unbekannt sein könnte, so dürften die besseren Gründe zumindest in krassen Fällen für eine Unwirksamkeit des Urteils sprechen. Ob eine Rechtsfolge dem geltenden Recht in dem hier einschlägigen Sinn unbekannt ist, beantwortet sich nicht notwendigerweise nach deutschem Recht. Wenn das deutsche Gericht ausländisches Recht anzuwenden hat, entscheidet dieses, welche Rechtsfolgen in Betracht kommen (z. B. Trennung von Tisch und Bett).

#### gg) Auf unmögliche Leistung gerichtetes Urteil

18 Ein auf eine tatsächlich unmögliche Leistung gerichtetes Urteil ist nicht gänzlich wirkungslos. Es kann zwar nicht vollstreckt werden, erwächst aber in materielle Rechtskraft[33].

#### hh) Völkerrechtswidriges Urteil

19 Das völkerrechtswidrige Urteil ist grundsätzlich voll wirksam (zum Sonderfall des Fehlens der deutschen Gerichtsbarkeit → Rdnr. 10); die Verletzung eines Völkerrechtssatzes beeinträchtigt die Wirksamkeit des Urteils nicht[34]. In entsprechender Anwendung von § 580 muß man allerdings dann ein Wiederaufnahmeverfahren für zulässig erachten, wenn die Völkerrechtswidrigkeit des Urteils inzwischen durch einen internationalen Spruchkörper endgültig festgestellt worden ist[35]; die Unrichtigkeit des Urteils ist hier – genau wie in den in § 580 gesetzlich geregelten Fällen – evident geworden (Näheres zu dem § 580 zugrundeliegenden Prinzip → § 580 Rdnr. 1). Fehlt es an der Feststellung der Völkerrechtswidrigkeit, so ist eine Wiederaufnahmeklage dagegen ausgeschlossen[36].

### c) Umfang der Wirkungslosigkeit

20 In den unter → Rdnr. 10 ff. behandelten Fallgestaltungen erstreckt sich die Unwirksamkeit anders als beim Nichturteil, → Rdnr. 6, nur soweit wie der Mangel besteht. Wirksam ist demgemäß insbesondere die Kostenentscheidung in dem im übrigen wirkungslosen Urteil. Aus der Unwirksamkeit des Urteilsausspruchs folgt notwendigerweise, daß der Mangel

---

[31] *Rosenberg/Schwab/Gottwald*[15] § 62 IV 2 b; *Blomeyer*[2] § 81 III 2 a; *Thomas/Putzo*[18] vor § 300 Rdnr. 16; *Zöller/Vollkommer*[18] vor § 300 Rdnr. 16.
[32] *Jauernig* (Fn. 1), 179 ff.; *ders.*[24] § 60 III; s. weiter MünchKomm ZPO-*Braun* § 578 Rdnr. 11.
[33] *Jauernig* (Fn.1), 177 f.; *Rosenberg/Schwab/Gottwald*[15] § 62 IV 2 b.
[34] S. dazu insbesondere *Schlosser* ZZP 79 (1966), 168 ff.
[35] *Schlosser* ZZP 79 (1966), 186 ff.
[36] A. A. *Schlosser* ZZP 79 (1966), 190 ff, der damit jedoch die Grenzen sprengt, innerhalb derer die ZPO das Wiederaufnahmeverfahren nur zuläßt; die in § 580 vorausgesetzte Evidenz der Unrichtigkeit des Urteils fehlt hier.

jederzeit und von jedermann geltend gemacht werden kann; er ist von Amts wegen zu beachten[37]. Das schließt aber nicht aus, daß die Parteien befugt sind, wie jeden sonstigen Mangel eines Urteils, so auch diesen mit den ordentlichen Rechtsmitteln geltend zu machen[38] (vorausgesetzt, die sonstigen Zulässigkeitsvoraussetzungen liegen vor; insbesondere muß das Rechtsmittel statthaft sein; der Rechtsmittelzug wird durch die Wirkungslosigkeit des Urteils nicht etwa erweitert).

### d) Nachträgliche Unwirksamkeit

Eine nachträgliche Unwirksamkeit des Urteils tritt dann ein, wenn das Urteil unter einer stillschweigenden auflösenden Bedingung erlassen worden ist, → § 280 Rdnr. 28, und die Bedingung eingetreten ist; ferner in Ehesachen beim Tod einer Partei vor Rechtskraft des Urteils, § 619, wegen der Kostenentscheidung → § 619 Rdnr. 15. Ein Urteil wird weiter dann nachträglich unwirksam, wenn es im Rechtsmittelzug aufgehoben wird, wobei es unerheblich ist, ob das Rechtsmittelgericht in der Sache selbst entscheidet oder diese an die untere Instanz zurückverweist. 21

### 3. Sonstige fehlerhafte Urteile

Abgesehen von den Nichturteilen und den wirkungslosen Urteilen ist jedes Urteil **bis zu seiner formellen Beseitigung wirksam**, und zwar unabhängig davon, ob und welche formalen oder inhaltlichen Mängel es aufweist[39]. Entgegen einer vielfach vertretenen Auffassung[40] hat das nichts damit zu tun, daß das Urteil ein hoheitlicher Staatsakt ist[41]. Bei einigen anderen hoheitlichen Staatsakten besteht kein Zweifel dran, daß jeder Mangel zur Unwirksamkeit führt (z.B. bei Rechtsverordnungen). Damit muß für die Wirksamkeit des fehlerhaften Urteils eine andere Rechtfertigung gefunden werden. Nach geltendem Recht ergibt sich die Wirksamkeit schon daraus, daß die Verfahrensgesetze unmißverständlich davon ausgehen. Die Überprüfbarkeit des Urteils im Instanzenzug und die materielle Rechtskraft auch des fehlerhaften Urteils zeigen, daß ein solches Urteil wirksam ist. Dies rechtfertigt sich aus der Überlegung heraus, daß die Urteilsfindung aufgrund eines Verfahrens erfolgt, das im größtmöglichen Rahmen Garantien dafür bietet, daß das Urteil mit der wirklichen Rechtslage übereinstimmt[42]. Insofern liegen die Dinge anders als etwa bei der Rechtsverordnung. Es bedarf sonach einer Anfechtung durch die Partei und einer Aufhebung durch ein anderes Urteil, um den Mangel zur Geltung zu bringen. Solange das Urteil noch nicht formell rechtskräftig ist, dienen dazu die Berufung, die Revision und der Einspruch. Nach Eintritt der formellen Rechtskraft kommt nur noch die Wiederaufnahme des Verfahrens durch Nichtigkeits- oder Restitutionsklage in Betracht. Diese Klagen bezwecken gerade die Beseitigung eines formell rechtskräftigen Urteils, → Rdnr. 24 ff. 22

Über die Grenzen der Rechtsmittel und der Klagen nach §§ 579, 580 hinaus können **Mängel des Verfahrens** nur in den unter → Rdnr. 2 ff. genannten Ausnahmefällen zur Geltung kommen; im übrigen werden Verfahrensmängel durch die Rechtskraft gedeckt und geheilt[43], → § 322 Rdnr. 262 ff. Dies gilt insbesondere auch von der Überschreitung der Grenzen 23

---

[37] *BGHZ* 5, 240, 246 (Fn. 22).
[38] *BGHZ* 4, 389, 394 = LM AHKG 13 Art. 3 Nr. 3 (*Johannsen*) = NJW 1952, 469; MünchKomm ZPO-*Braun* § 578 Rdnr. 12.
[39] *Rosenberg/Schwab/Gottwald*[15] § 62 II 2.
[40] So *BGHZ* 57, 208, 220; *Baumbach/Lauterbach/Hartmann*[52] vor § 704 Rdnr. 56.
[41] Zutreffend *Gilles* (Fn. 1), 230 ff.
[42] *Gilles* (Fn. 1), 248 ff.; *ders*. Festschrift f. Schiedermair (1976), 183 ff.
[43] S. dazu *Rimmelspacher* Zur Prüfung von Amts wegen im Zivilprozeß (1966), 82 ff.; *Gilles* (Fn. 1), 226 ff.

gegenüber dem Verfahren der freiwilligen Gerichtsbarkeit. Weiter wird die Wirksamkeit eines Urteils nicht dadurch beeinträchtigt, daß das Gericht **nicht zuständig** war, wobei es unerheblich ist, ob die internationale, die sachliche, die örtliche, die funktionelle oder die Rechtswegzuständigkeit gefehlt hat; auch ein Verstoß gegen die Geschäftsverteilung macht das Urteil nicht unwirksam. Bei alledem ist es unerheblich, ob die Zuständigkeitsvorschriften vorsätzlich verletzt worden sind; dies spielt allenfalls für die Bejahung eines absoluten Revisionsgrundes eine Rolle; für den Verstoß gegen den Geschäftsverteilungsplan → § 551 Rdnr. 6. Zum Fall des Fehlens der deutschen Gerichtsbarkeit → Rdnr. 10.

24  An **weiteren Verfahrensmängeln**, die durch die Rechtskraft gedeckt werden, seien beispielhaft genannt:
– Verletzung wesentlicher Vorschriften bei Erlaß des Urteils, wie etwa Verkündung in einem nicht dazu oder nicht ordnungsmäßig anberaumten Termin[44];
– Entscheidung im schriftlichen Verfahren ohne Zustimmung der Parteien;
– Erlaß des Urteils während der Unterbrechung oder Aussetzung des Verfahrens, → § 249 Rdnr. 26 ff.;
– Entscheidung in einem von den Parteien simulierten Verfahren, → § 322 Rdnr. 265;
– Erlaß des Urteils gegen eine Partei, unter deren Namen ein Dritter den Prozeß geführt hat, → § 551 Rdnr. 16.

## II. Die Wiederaufnahmeklagen[45]

### 1. Begriff und Funktion

25  Unter der Bezeichnung **Wiederaufnahme des Verfahrens** faßt die ZPO die sog. außerordentlichen Rechtsmittel des gemeinen Rechts (die Klage wegen unheilbarer Nichtigkeit und die Wiedereinsetzung gegen das rechtskräftige Urteil) in zwei Fallgruppen zusammen, nämlich der Nichtigkeits- (§ 579) und der Restitutionsklage (§ 580). Trotz ihrer prozessualen Gleichstellung unterscheiden sich beide Klagen dadurch, daß die **Nichtigkeitsklage** sich auf die Verletzung zentraler Prozeßvorschriften bezieht, ohne daß es darauf ankommt, ob der Verfahrensmangel für den Urteilsinhalt kausal geworden ist, während es bei der **Restitutionsklage** um Verletzungen des materiellen Rechts der Parteien geht, die die frühere Entscheidung nachträglich in dem Sinne als offenbar ungerecht erscheinen läßt, als eine erneute Verhandlung und Entscheidung der Sache geboten ist (mag im Ergebnis letztlich vielleicht auch nichts anderes als früher herauskommen).

26  Kennzeichen der Wiederaufnahmeklagen ist die **Durchbrechung der Rechtskraft** des Urteils. Soweit das Urteil noch mit Rechtsmitteln angefochten werden kann, ist weder die Nichtigkeits- noch die Restitutionsklage statthaft, § 578 Abs. 1. Hinsichtlich der Rechtskraftdurchbrechung besteht eine Vergleichbarkeit mit der Wiedereinsetzung in den vorigen Stand bei Versäumung von Rechtsmittel- und Rechtsmittelbegründungsfristen sowie der Abänderungsklage nach § 323[46]. Da die ZPO Wiederaufnahmeklagen nur in sehr eng gezogenen Grenzen zuläßt, hat sich das Problem gestellt, ob die Rechtskraft nicht auch auf anderen Wegen durchbrochen werden kann. Insbesondere die Rechtsprechung hält grundsätzlich

---

[44] *BGHZ* 14, 39 (Fn. 9).
[45] Literatur: *Schoetensack* Über Rechtsmittel und Wiederaufnahmeklagen nach der deutschen Zivilprozeßordnung in Festschrift f. v. Burckhard (1910), 247; *Gaul* Die Grundlagen des Wiederaufnahmerechts und die Ausdehnung der Wiederaufnahmegründe (1956); *Gilles* (Fn. 1); *ders.* ZZP 78 (1965), 466; 80 (1967), 391; *Behre* Der Streitgegenstand des Wiederaufnahmeverfahrens (1968); *Dorndorf* Rechtsbeständigkeit von Entscheidungen und Wiederaufnahme des Verfahrens in der freiwilligen Gerichtsbarkeit (1969); *Braun* Rechtskraft und Restitution, Erster Teil (1979), Zweiter Teil (1985).
[46] MünchKomm ZPO-*Braun* Rdnr. 3.

§ 826 BGB für anwendbar; Näheres → § 322 Rdnr. 268 ff. und für den Vollstreckungsbescheid → § 700 Rdnr. 10. Der Sache nach handelt es sich bei einer Durchbrechung der Rechtskraft über § 826 BGB freilich weniger um einen materiellrechtlichen Schadensersatzanspruch als vielmehr um eine Weiterentwicklung des Wiederaufnahmerechts[47]. Zur Analogiefähigkeit von Restitutionsgründen → § 580 Rdnr. 1.

Der **Zweck des Wiederaufnahmeverfahrens** besteht darin, der im Prozeß unterlegenen Partei die Möglichkeit zu geben, in gewissen Fällen trotz Eintritts der formellen (und damit auch der materiellen) Rechtskraft die Unrichtigkeit des Urteils geltend zu machen. Schutzobjekt ist also das subjektive Recht der unterlegenen Partei[48] und nicht etwa das Vertrauen der Allgemeinheit in die Gerichte, das ohne die Wiederaufnahmemöglichkeit erschüttert werden könnte, womit diese nicht mehr in der Lage wären, den Rechtsfrieden zu garantieren[49]. In den Fällen der §§ 579, 580 hält es der Gesetzgeber für unzumutbar, von der unterlegenen Partei zu verlangen, sich mit dem Urteil abzufinden. Bei der Nichtigkeitsklage stehen dabei die gleichen Überlegungen im Vordergrund wie bei § 551: Alle Wiederaufnahmegründe des § 579 sind zugleich auch absolute Revisionsgründe; zum Zweck des § 551, und damit auch des § 579, → § 551 Rdnr. 1. 27

## 2. Struktur und Gegenstand der Wiederaufnahmeklagen

Die Klage auf Wiederaufnahme des Verfahrens stellt sich als das Begehren dar, durch ein rechtsgestaltendes Urteil das **frühere Urteil zu beseitigen**, und zwar rückwirkend[50]. Das angefochtene Urteil wird mit seiner Aufhebung ebenso wie bei Aufhebung im Rechtsmittelzug, → Rdnr. 21, zu einem wirkungslosen Urteil, das als von Anfang an nicht existent angesehen werden muß[51]. Daß die Neuentscheidung der Hauptsache (sog. iudicium rescissorium, → Rdnr. 36) mit der Aufhebung des früheren Urteils sofort verbunden werden kann (s. § 590), ändert daran nichts. Die Wiederaufnahme gleicht insoweit der Sache nach den Rechtsmitteln, von denen sie aber systematisch und terminologisch getrennt ist, → Allg. Einl. vor § 511 Rdnr. 2[52]. Zum Erfordernis einer Beschwer → § 578 Rdnr. 3. Diese Ähnlichkeit mit den Rechtsmitteln spricht dafür, als **Streitgegenstand des Wiederaufnahmeverfahrens** den Streitgegenstand des ersten Verfahrens anzusehen[53] (zum Streitgegenstand des Rechtsmittelverfahrens → Allg. Einl. vor § 511 Rdnr. 6 f.) und nicht von zwei Streitgegenständen auszugehen (Aufhebung des angefochtenen Urteils und anschließend Neuverhandlung der Sache)[54]. Letztlich ist die Frage nach dem Streitgegenstand des Wiederaufnahmeverfahrens jedoch von sekundärer Bedeutung; praktische Rechtsfolgen lassen sich daraus nicht herleiten[55]. 28

Umstritten ist, ob das Wiederaufnahmeverfahren ein **neuer selbständiger Prozeß** ist[56] oder sich als **Fortsetzung des alten Verfahrens** darstellt[57]. Das Problem ist weitgehend rein begrifflicher Art. Praktische Folgen hängen davon nicht ab, weshalb die Frage hier dahingestellt bleiben kann. Insbesondere läßt sich von daher nicht beantworten[58], ob die Wiederaufnahmeklage bei einer inzwischen eingetretenen Einzelrechtsnachfolge nach § 265 Abs. 2 vom bzw. 29

---

[47] Eingehend in diesem Sinne *Braun* (Fn. 34) I, 214 ff. sowie MünchKomm ZPO-*Braun* Rdnr. 18 ff.
[48] AK-*Greulich* Rdnr. 5.
[49] So aber BGHZ 46, 300, 302 = LM § 580 Ziff. 7b Nr. 18 (*Johannsen*) = ZZP 81 (1968), 279 (*Gaul*) = NJW 1967, 380 = MDR 394; BGHZ 57, 211, 214 f.; *Johannsen* Festschrift für den 45. Deutschen Juristentag (1964), 82 ff.
[50] BGHZ 1, 153, 156; 18, 350, 357 f.; *Gilles* ZZP 78 (1965), 467; Rosenberg/Schwab/Gottwald[15] § 159 II 1; *Thomas/Putzo*[18] Rdnr. 1; AK-*Greulich* § 578 Rdnr. 1.
[51] BGHZ 18, 350, 357 f.
[52] S. insbesondere *Behre* (Fn. 45), 92 ff.

[53] *Behre* (Fn. 45) passim; Rosenberg/Schwab/Gottwald[15] § 159 II 3.
[54] So aber *Gilles* ZZP 78 (1965), 470 f.; *ders.* (Fn. 1), 110 ff.
[55] MünchKomm ZPO-*Braun* Rdnr. 6.
[56] So *Schoetensack* (Fn. 45), 149 ff.; *Gilles* (Fn. 1), 115 ff.; *Johannsen* in Anm. zu *BGH* LM § 578 Nr. 3.
[57] So *Schiedermair* Festschrift f. Dölle (1963), 329 ff.; *Jauernig* FamRZ 1961, 101; Rosenberg/Schwab/Gottwald[15] § 159 II 4.
[58] So aber *Schiedermair* (Fn. 57), 329 ff.

30  Mit der Klage auf Wiederaufnahme des Verfahrens kann eine **andere Klage verbunden** werden[59]; → weiter § 260 Rdnr. 33. Insbesondere kann eine Wiederaufnahmeklage mit der Klage auf Rückerstattung des aufgrund des angegriffenen Urteils zu Unrecht Geleisteten verbunden werden[60]; ebenso eine Klage auf Leistung von Schadensersatz[61].

## III. Die Abschnitte des Verfahrens

31  Das Wiederaufnahmeverfahren ist in **drei Abschnitte** unterteilt: Die Zulässigkeit des Verfahrens, → Rdnr. 32 ff., die Begründetheit der Wiederaufnahmeklage i.S. des Vorliegens eines Wiederaufnahmegrundes (sog. iudicium rescindens), → Rdnr. 35, und schließlich die Neuverhandlung und -entscheidung der Hauptsache (sog. iudicium rescissorium), → Rdnr. 36. § 590 sieht zwar nur zwei Verfahrensstadien vor, zeigt aber durch die Fassung von Abs. 2 S. 1, daß die Fragen nach der Zulässigkeit und die nach dem Grunde getrennte Bestandteile des iudicium rescindens bilden[62]. Letztlich können aus der Dreiteilung aber keine praktischen Folgen gezogen werden. Zwar soll die Prüfung des nächsten Stadiums immer erst dann erfolgen, wenn die des vorhergehenden mit einem positiven Ergebnis abgeschlossen ist[63], doch wird man dies zumindest innerhalb der zwei Abschnitte des iudicium rescindens einschränken können: Wenn es offenkundig an einem Wiederaufnahmegrund fehlt, spricht nichts gegen eine Abweisung der Klage, auch wenn die Zulässigkeit nicht definitiv geklärt ist[64].

### 1. Zulässigkeit

32  Zunächst ist die Zulässigkeit der Wiederaufnahmeklage zu prüfen[65]. Hierher gehört, daß die Klage an sich statthaft ist, d. h. daß sie sich gegen ein rechtskräftiges Endurteil richtet, → § 578 Rdnr. 1 f., daß der Wiederaufnahmekläger beschwert, → § 578 Rdnr. 3, und für die Klageerhebung legitimiert ist, → § 578 Rdnr. 10, daß einer der gesetzlich vorgesehenen Nichtigkeits- oder Restitutionsgründe, §§ 579, 580, behauptet wird, daß die Frist des § 586 und die Form des § 587 eingehalten sind, und daß schließlich die allgemeinen Prozeßvoraussetzungen wie Zuständigkeit, § 584, Partei- und Prozeßfähigkeit, gesetzliche Vertretung usw. gegeben sind. Die Zulässigkeit des Rechtswegs ist immer gegeben, wenn das Endurteil in der ordentlichen Gerichtsbarkeit ergangen ist. Zum Verzicht auf die Wiederaufnahmeklage → Rdnr. 41.

33  Die **Prüfung von Amts wegen** ist durch § 589 für die Statthaftigkeit sowie Form und Frist der Wiederaufnahmeklage vorgeschrieben. Für die Zuständigkeit folgt sie aus § 584 (»aus-

---

[59] *Rosenberg/Schwab/Gottwald*[15] § 161 III 2 b; a.A. *Blomeyer*[2] § 106 III 4; *Baumbach/Lauterbach/Hartmann*[52] § 578 Rdnr. 3.
[60] BGH LM § 209 BEG Nr. 53 = NJW 1963, 120; *Rosenberg/Schwab/Gottwald*[15] § 161 III 2 b.
[61] *Rosenberg/Schwab/Gottwald*[15] § 161 III 2 b.
[62] RGZ 75, 53, 56; *Gilles* ZPP 78 (1965), 466; *ders.* (Fn. 1), 115 ff.; *Rosenberg/Schwab/Gottwald*[15] § 161 IV; *Thomas/Putzo*[18] Rdnr. 2. A.A. *MünchKomm ZPO-Braun* § 590 Rdnr. 1: Bloße Zweiteilung des Verfahrens in iudicium rescindens und iudicium rescissorium.

[63] OGHZ 3, 88; BGH LM § 580 Ziff. 7 b Nr. 16 = Warn. 1965 Nr. 121 = MDR 816 = FamRZ 427; *Rosenberg/Schwab/Gottwald*[15] § 162 IV vor 1; *Baumbach/Lauterbach/Hartmann*[52] Rdnr. 16; *Gilles* (Fn. 1), 123; *Thomas/Putzo*[18] Rdnr. 2.
[64] Als Beispiel aus der Rechtsprechung s. BGH LM § 580 Ziff. 7 b Nr. 4.
[65] BGH LM § 580 Ziff. 7 b Nr. 16 (Fn. 63).

schließlich«) i.V. mit § 40 Abs. 2, für die Partei- und Prozeßfähigkeit sowie die gesetzliche Vertretung aus § 56. Für die Vollmacht gilt § 88 bzw. in Ehe- und Kindschaftssachen §§ 609, 640 Abs. 1. Für die sog. Prozeßhindernisse kommen die allgemeinen Regeln zur Anwendung, → Einl. Rdnr. 317.

Fehlt es an einer Zulässigkeitsvoraussetzung, so ist die Wiederaufnahmeklage **als unzulässig zu verwerfen**, § 589 Abs. 1 S. 2. Über die Zulässigkeit der Klage kann vorab verhandelt und entschieden werden, § 590 Abs. 2 S. 1. Wird die Zulässigkeit daraufhin bejaht, so ist das Urteil nach § 280 Abs. 2 selbständig anfechtbar[66]. Die Rechtskraft der Verwerfungsentscheidung steht einer erneuten Wiederaufnahmeklage dann nicht entgegen, wenn der Zulässigkeitsmangel bei der zweiten Klage vermieden wird[67]. 34

### 2. Vorliegen eines Wiederaufnahmegrundes

Ist die Wiederaufnahmeklage zulässig, so ist in das eigentliche Wiederaufnahmeverfahren, nämlich das Verfahren über den Wiederaufnahmegrund i.S. des § 590 einzutreten, d.h. es ist zu prüfen, ob einer der geltend gemachten Nichtigkeits- oder Restitutionsgründe der §§ 579, 580 vorliegt, wobei die Beschränkungen des § 582, die Erweiterung des § 583 und die in § 578 Abs. 2 vorgeschriebene Reihenfolge zu beachten sind. Diese Erfordernisse sind sonach solche der Begründetheit der Wiederaufnahmeklage. Von ihrem Vorliegen hängt es ab, ob das Verfahren wiederaufzunehmen, d.h. das Urteil aufzuheben ist, oder ob die Klage als unbegründet abgewiesen werden muß[68]. Daß § 582 von der Zulässigkeit der Klage spricht, ist eine bloße Ungenauigkeit, die für die sachliche Bedeutung des Erfordernisses keine Rolle spielt[69]. Inwieweit hier hinsichtlich der tatsächlichen Grundlagen eine Prüfung von Amts wegen zu erfolgen hat, ist unabhängig von § 589 zu klären; § 589 bezieht sich nicht auch auf diese Frage. Daraus, daß es sich um Voraussetzungen der Begründetheit handelt, ergibt sich ebenso wie bei der Klage, → § 300 Rdnr. 20 ff., und den Rechtsmitteln, → § 537 Rdnr. 16, daß der für ihr Vorliegen maßgebliche Zeitpunkt der des Urteils über die Wiederaufnahmeklage ist, → weiter § 590 Rdnr. 8. 35

### 3. Neuentscheidung der Hauptsache

Nach Aufhebung des Urteils, die in einem Zwischenurteil oder in den Gründen des Endurteils erfolgen kann, Näheres → § 590 Rdnr. 3, wird »die Hauptsache von neuem verhandelt«, § 590 Abs. 1 (unter Umständen nach Zurückverweisung, → § 590 Rdnr. 9). Es ist also nunmehr zu prüfen, ob das frühere Urteil im Ergebnis zutreffend war; trotz Vorliegens eines Wiederaufnahmegrundes kann letztlich ebenso wie früher entschieden werden, → § 590 Rdnr. 11. 36

## IV. Wiederaufnahmeklagen gegen sonstige Vollstreckungstitel

Die Wiederaufnahme des Verfahrens ist auch statthaft gegen den **Vollstreckungsbescheid** im Mahnverfahren (s. § 584 Abs. 2); ebenso wegen §§ 145 Abs. 2, 164 Abs. 2, 194 KO gegen die **Eintragung in die Konkurstabelle**[70] und wegen § 85 VerglO gegen die Eintragung des 37

---

[66] *BGH* LM § 280 Nr. 20 = NJW 1979, 427 = MDR 297; *Rosenberg/Schwab/Gottwald*[15] § 161 IV 2.
[67] *Rosenberg/Schwab/Gottwald*[15] § 161 IV 1.
[68] *Gilles* (Fn. 1), 122; *Rosenberg/Schwab/Gottwald*[15] § 161 IV 2.
[69] OGH NJW 1950, 65; *Gilles* (Fn. 1), 117 Fn. 328.

A. A. *BGH* LM § 582 Nr. 1, wonach es sich bei § 582 um eine Frage der Zulässigkeit der Restitutionsklage handeln soll.

[70] *Kuhn/Uhlenbruck*[10] § 145 Rdnr. 8; MünchKomm ZPO-*Braun* § 578 Rdnr. 23.

Anerkennungsvermerks in das Gläubigerverzeichnis[71]. Im Verfahren der **freiwilligen Gerichtsbarkeit** ist darauf abzustellen, ob die Entscheidung in materielle Rechtskraft erwächst; ist dies zu bejahen (insbesondere in echten Streitverfahren), so sind die Vorschriften über die Wiederaufnahme des Verfahrens entsprechend anwendbar, während sonst nur eine Abänderung der Entscheidung nach § 18 FGG in Betracht kommt[72]. Keine Wiederaufnahmeklage findet statt gegen **Schiedssprüche**; insoweit ersetzt die Aufhebungsklage nach § 1041 Abs. 1 Nr. 6 das Wiederaufnahmeverfahren. Keine Wiederaufnahmeklage ist weiter gegen **Prozeßvergleiche** gegeben[73]; diese erwachsen nicht in Rechtskraft, sondern können wegen materiellrechtlicher Mängel nichtig oder anfechtbar sein, → § 794 Rdnr. 53 ff. Haben die Parteien nach dem Urteilserlaß einen Vergleich geschlossen, so steht dies einer Wiederaufnahmeklage gegen das Urteil nicht entgegen[74]; inwieweit der Wegfall des Urteils nach Durchführung des Wiederaufnahmeverfahrens sich materiellrechtlich auf den Vergleich auswirkt (Anfechtbarkeit oder Unwirksamkeit nach § 779 BGB), ist eine Frage, die der Statthaftigkeit der Wiederaufnahmeklage nicht entgegensteht. Sollte durch den Vergleich allerdings ein möglicherweise gegebener Wiederaufnahmegrund miterfaßt werden, so ist die Wiederaufnahmeklage nicht mehr zulässig; insoweit enthält der Vergleich einen Verzicht auf die Wiederaufnahmeklage (→ dazu Rdnr. 41). Zur Wiederaufnahme gegen eine Entscheidung im **Adhäsionsverfahren** s. § 406 c StPO.

## V. Wiederaufnahmeverfahren gegen Beschlüsse

### 1. Allgemeines

38 Gerichtliche Beschlüsse sind ebenso wie Urteile in der Regel unabhängig davon wirksam, ob sie fehlerhaft sind. Hinsichtlich der Nichtigkeit und Unwirksamkeit von Beschlüssen gilt das unter → Rdnr. 1 ff. für Urteile Ausgeführte entsprechend. Eine entsprechende Anwendung der §§ 578 ff. auf Beschlüsse kann nicht allein deswegen abgelehnt werden, weil § 578 Abs. 1 nur von einer Wiederaufnahme des Verfahrens bei »Endurteilen« spricht[75]. Soweit ein praktisches Bedürfnis besteht, ist vielmehr auch gegen Beschlüsse ein Wiederaufnahmeverfahren zulässig[76]; Näheres → Rdnr. 40. In diesem Fall ist keine Wiederaufnahmeklage zu erheben, sondern ein bloßes Wiederaufnahmegesuch zu stellen, auf das hin ein neues Beschlußverfahren eingeleitet wird[77], das seinerseits nicht mit einem Urteil, sondern mit einem Beschluß abgeschlossen wird.

### 2. Beschlüsse innerhalb eines Erkenntnisverfahrens

39 Soweit sich ein Beschluß als Vorentscheidung zu dem Endurteil darstellt, unterliegt er gemäß § 583 der Überprüfung in dem wegen des Urteils eingeleiteten Wiederaufnahmeverfahren. Insoweit besteht kein Bedürfnis für ein speziell gegen den Beschluß gerichtetes Wiederaufnahmeverfahren[78]. Ebenso nicht dann, wenn das Gericht den Beschluß ohnehin abändern kann, → § 329 Rdnr. 17 ff.

---

[71] *Bley/Mohrbutter*[4] § 85 Rdnr. 9.
[72] S. insbesondere *Dorndorf* (Fn. 1) und weiter *Habscheid* Freiwillige Gerichtsbarkeit[7] § 25 IV; MünchKomm ZPO-*Braun* § 578 Rdnr. 21.
[73] BSG AP § 578 Nr. 1 = NJW 1968, 2396 = MDR 959; *Thomas/Putzo*[18] § 578 Rdnr. 3; *Zöller/Schneider*[18] § 578 Rdnr. 16; AK-*Greulich* § 578 Rdnr. 26.
[74] RGZ 151, 203, 205 f.

[75] MünchKomm ZPO-*Braun* § 578 Rdnr. 19.
[76] AK-*Greulich* § 578 Rdnr. 28; MünchKomm ZPO-*Braun* § 578 Rdnr. 19; *Rosenberg/Schwab/Gottwald*[15] § 159 III 3.
[77] AK-*Greulich* § 578 Rdnr. 31.
[78] *Rosenberg/Schwab/Gottwald*[15] § 159 III 3; MünchKomm ZPO-*Braun* § 578 Rdnr. 19.

### 3. Urteilsvertretende Beschlüsse

Soweit Beschlüsse außerhalb eines durch Urteil zu beendenden Verfahrens ergehen, wie **40**
z. B. in der Zwangsvollstreckung, im Konkurs oder als Abschluß der Berufungs- bzw. Revisionsinstanz, §§ 519b, 554a, und bei ihnen die Voraussetzungen der Nichtigkeits- oder Restitutionsklage vorliegen, besteht genau wie bei Urteilen ein Bedürfnis für die Zulassung des Wiederaufnahmeverfahrens. In der Praxis ist die entsprechende Anwendung der §§ 578 ff. allerdings häufig mit der Begründung abgelehnt worden, das Wiederaufnahmeverfahren sei nur gegen »Endurteile« zugelassen[79]. Dadurch entsteht aber eine Lücke im Rechtsschutz, die um so empfindlicher ist, als das Gesetz einerseits in fortschreitendem Maße wichtige Entscheidungen durch Beschluß statt durch Urteil ergehen läßt, andererseits die Beschwerde immer mehr eingeschränkt worden ist. § 577 Abs. 2 S. 3 kommt als Abhilfe deshalb nicht in Frage, weil diese Vorschrift keine Nichtigkeitsbeschwerde als selbständigen Rechtsbehelf vorsieht, sondern nur die Notfrist für die Beschwerde verlängert, wenn und soweit diese nach § 567 f. zulässig ist[80], → § 577 Rdnr. 10. Sie versagt also bei allen unanfechtbaren Beschlüssen, besonders denen der Oberlandesgerichte, und bei allen bestätigenden Entscheidungen der Landgerichte (insoweit fehlt es an einem neuen selbständigen Beschwerdegrund i. S. von § 568 Abs. 2 S. 2). Es bleibt also nur übrig, entweder die nachträgliche Beschwerde des § 577 gegen Wortlaut, Absicht und System des Gesetzes auch gegen unanfechtbare Beschlüsse zuzulassen, wogegen aber schon der Umstand spricht, daß dann die Beschwerde auch an den Bundesgerichtshof gehen müßte oder die **§§ 578 ff. auf rechtskräftige Beschlüsse entsprechend anzuwenden**. Die besseren Gründe sprechen eindeutig für den zweiten Weg[81]. Er verlangt nur, das Formalerfordernis der Klage, §§ 585, 587 f., zugunsten eines Gesuchs, über das aufgrund fakultativer mündlicher Verhandlung entschieden werden kann, § 573, fallen zu lassen[82]. Bei den übrigen Vorschriften des vierten Buches bietet die entsprechende Anwendung keine Schwierigkeiten. Wenn die §§ 578 ff. damit bei urteilsvertretenden Beschlüssen grundsätzlich entsprechend anwendbar sind, bedeutet dies nicht, daß im Einzelfall nicht eine besondere Interessenlage gegeben sein kann, die einem Wiederaufnahmeverfahren entgegensteht. So wird etwa für den **Zuschlagsbeschluß** im Zwangsversteigerungsverfahren die Notwendigkeit eines besonderen Vertrauensschutzes angeführt, weshalb sich die Aufhebung des Beschlusses im Wiederaufnahmeverfahren verbiete[83]. Auch wenn man dem zustimmen wollte, wäre damit generell zur Anwendbarkeit der §§ 578 ff. auf Beschlüsse nichts gesagt. Zur Wiederaufnahme gegen einen Kostenbeschluß nach § 91a → § 578 Rdnr. 10.

### VI. Verzicht auf die Wiederaufnahmeklage

Ein Verzicht auf die Wiederaufnahmeklage ist auf jeden Fall dann zulässig, wenn er nach **41**
Erlaß des Urteils in Kenntnis des Wiederaufnahmegrundes erklärt wird[84]. Dabei ist es unerheblich, ob der Verzicht vor oder nach Erhebung der Klage erfolgt und ob er einseitig oder aufgrund einer Vereinbarung erklärt wird. Maßgeblich sind nicht die Grundsätze über den Klageverzicht, sondern die über den Rechtsmittelverzicht[85]. Wegen der Erklärung und der

---

[79] RGZ 73, 194, 196; KG JR 1958, 146; MDR 1961, 238; OLG Stuttgart NJW 1976, 1324; OLG Hamm Rpfleger 1978, 422 (die beiden letztgenannten zum Zuschlag im Zwangsversteigerungsverfahren).
[80] MünchKomm ZPO-*Braun* § 578 Rdnr. 19.
[81] Für eine Anwendbarkeit der §§ 578 ff. auch AK-*Greulich* § 578 Rdnr. 28; MünchKomm ZPO-*Braun* § 578 Rdnr. 19 f.; *Thomas/Putzo*[18] § 578 Rdnr. 2; *Rosenberg/Schwab/Gottwald*[15] § 159 III 3.

[82] AK-*Greulich* § 578 Rdnr. 30.
[83] OLG Stuttgart NJW 1976, 1324; OLG Hamm Rpfleger 1978, 422. A. A. zutreffend OLG Oldenburg NJW-RR 1991, 16; MünchKomm ZPO-*Braun* § 578 Rdnr. 22; *Zöller/Schneider*[18] § 578 Rdnr. 26.
[84] *Gilles* (Fn.1 ), 114 f.; *Baumbach/Lauterbach/Hartmann*[52] Rdnr. 17; *Zöller/Schneider*[18] § 578 Rdnr. 2.
[85] *Gilles* (Fn. 1), 114 f.

Wirkung des Verzichts gilt das unter § 514 Ausgeführte; im Falle eines wirksamen Verzichts ist die Wiederaufnahmeklage demnach als unzulässig zu verwerfen, → § 514 Rdnr. 19 ff. Dagegen wird ein Verzicht vor Erlaß des Urteils nach h. M. grundsätzlich als wirkungslos angesehen, weil darin angesichts der in Frage kommenden Nichtigkeits- oder Restitutionsgründe ein Verstoß sowohl gegen zwingende Normen des öffentlichen Rechts als auch gegen die guten Sitten liegen soll[86]. Dies leuchtet nicht ein. Wenn ein nachträglicher Verzicht zulässig ist (auch insoweit müßte es sich doch um zwingende öffentlichrechtliche Vorschriften handeln), besteht kein Grund, den Verzicht vor Urteilserlaß anders zu behandeln. Beim Verzicht auf ein Rechtsmittel wird dieser Unterschied ja auch nicht gemacht, → § 514 Rdnr. 2. Man wird lediglich fordern müssen, daß die Partei eine klare Erkenntnis von der Tragweite des Verzichts hat, was bei einem vor Erlaß des Urteils erklärten Wiederaufnahmeverzicht häufig nicht der Fall sein dürfte. Wegen der **Zurücknahme der Wiederaufnahmeklage** → § 585 Rdnr. 3.

### VII. Arbeitsgerichtliches Verfahren

42  Die Darlegungen zum **Nichturteil** sowie zum **wirkungslosen Urteil**, → Rdnr. 1 ff., gelten für das arbeitsgerichtliche Verfahren entsprechend. Auch Entscheidungen im Beschlußverfahren sind nur unter denselben Voraussetzungen wie ein Urteil unwirksam. Wegen der **entsprechenden Geltung der §§ 578 ff.** im Urteilsverfahren s. § 79 ArbGG; wegen der dabei bestehenden Besonderheiten → § 579 Rdnr. 15 f. Im Beschlußverfahren gelten die §§ 578 ff. ebenfalls entsprechend, § 80 Abs. 2 ArbGG.

### VIII. Die Verfassungsbeschwerde[87]

#### 1. Allgemeines

43  Rechtskräftige Entscheidungen der Zivilgerichte können unter bestimmten Voraussetzungen mit der Verfassungsbeschwerde zum Bundesverfassungsgericht angefochten werden, Art. 93 Abs. 1 Nr. 4a GG, §§ 90−95 BVerfGG; zur Verfassungsbeschwerde zum Staats- oder Verfassungsgerichtshof eines Landes → Rdnr. 54 f. Die Verfassungsbeschwerde ist **kein Rechtsmittel** i. S. der Zivilprozeßordnung. Insbesondere hat sie keinen Suspensiveffekt; die Möglichkeit der Einlegung einer Verfassungsbeschwerde beeinträchtigt die formelle Rechtskraft nicht, → § 705 Rdnr. 2. Üblicherweise wird die Verfassungsbeschwerde als besonderer prozessualer Rechtsbehelf des Verfassungsrechts eigener Art[88] oder einfach als »außerordentlicher Rechtsbehelf«[89] bezeichnet. Derartige Qualifizierungen können allerdings nichts daran ändern, daß wesentliche **Grundsätze aus dem Rechtsmittelrecht auch für die Verfassungsbeschwerde gelten** müssen. So ist etwa eine Beschwer erforderlich; weiter ist ein Verzicht auf die Verfassungsbeschwerde ebenso wie ein Rechtsmittelverzicht zulässig; die Verfassungsbeschwerde kann auch zurückgenommen werden. Auch eine unselbständige Anschließung erscheint möglich[90] (a. A. Voraufl.). Hat etwa ein Zivilgericht einer Klage

---

[86] *Baumgärtel* Wesen und Begriff der Prozeßhandlung einer Partei im Zivilprozeß[2] (1972), 213 f.; *Baumbach/Lauterbach/Hartmann*[52] Rdnr. 17.

[87] Literatur: Zur Verfassungsgerichtsbarkeit allgemein → Einl. Rdnr. 570. Zum BVerfGG s. die Kommentare von *Maunz/Schmidt-Bleibtreu/Klein/Ulsamer*[3] (1992); *Umbach/Clemens* (1992). Zur Neufassung des BVerfGG durch G. v. 11. VIII. 1993 (BGBl. I 1473) s. *Klein* NJW 1993, 2073; *Zuck* NJW 1993, 2641. Speziell zur Verfassungsbeschwerde *Schumann* Verfassungs- und Menschenrechtsbeschwerde gegen richterliche Entscheidungen (1963); *Zuck* Das Recht der Verfassungsbeschwerde[2] (1988); *Pestalozza* Verfassungsprozeßrecht[3] (1991), § 12.

[88] BVerfGE 1, 4; 38, 26, 29; *Schumann* (Fn. 87), 32 ff.

[89] BVerfGE 68, 376, 379.

[90] A. A. BVerfGE 24, 236, 243.

teilweise stattgegeben, ohne auch nur einer Partei das rechtliche Gehör zu gewähren, und hat eine Partei dagegen Verfassungsbeschwerde eingelegt, so muß die andere Partei die Möglichkeit haben, sich dem auch dann anzuschließen, wenn für sie die Monatsfrist des § 93 Abs. 1 S. 1 BVerfGG, → Rdnr. 44, bereits abgelaufen ist.

## 2. Frist

Die Verfassungsbeschwerde ist innerhalb eines Monats zu erheben und zu begründen, § 93 Abs. 1 S. 1 BVerfGG. Anders als bei der Berufung und der Revision schließt sich an die Einlegung des Rechtsbehelfs also **keine weitere Begründungsfrist** an; zu den Anforderungen an die Begründung → Rdnr. 48. Die Frist beginnt mit der Zustellung oder formlosen Mitteilung der in vollständiger Form abgefaßten Entscheidung, wenn diese nach den maßgebenden verfahrensrechtlichen Vorschriften von Amts wegen vorzunehmen ist, § 93 Abs. 1 S. 2 BVerfGG. Schreiben die maßgeblichen Verfahrensgesetze nicht die Zustellung der vollständigen Entscheidung vor, so läuft die Monatsfrist ab Zustellung der unvollständigen Entscheidung[91]. In anderen Fällen beginnt die Frist mit der Verkündung der Entscheidung oder, wenn diese nicht zu verkünden ist, mit ihrer sonstigen Bekanntgabe an den Beschwerdeführer; wird diesem dabei eine Abschrift der Entscheidung nicht in vollständiger Form erteilt, so wird die Frist dadurch unterbrochen, daß er schriftlich oder zu Protokoll der Geschäftsstelle die Erteilung einer in vollständiger Form abgefaßten Entscheidung beantragt, § 93 Abs. 1 S. 3 BVerfGG. Die Unterbrechung wirkt nur zugunsten der Partei, die die Erteilung der vollständigen Entscheidung beantragt hat[92]. Die Unterbrechung dauert fort, bis die Entscheidung dem Beschwerdeführer vom Gericht in vollständiger Form erteilt oder von Amts wegen oder von einem an dem Verfahren Beteiligten zugestellt wird, § 93 Abs. 1 S. 4 BVerfGG. Die Frist gilt auch für Verfassungsbeschwerden gegen noch nicht rechtskräftige Urteile[93]; wird gegen die Entscheidung ein Rechtsmittel eingelegt, das dann als unzulässig verworfen wird, so beginnt durch die Verwerfungsentscheidung nur dann eine neue Frist für die Verfassungsbeschwerde zu laufen, wenn das Rechtsmittel nicht offensichtlich unzulässig war[94]. Seit der Neufassung des BVerfGG[95] ist gegen die Versäumung der Frist **Wiedereinsetzung in den vorigen Stand** möglich, § 93 Abs. 2 BVerfGG. Die gegenteilige Rechtsprechung des BVerfG[96] ist damit überholt.

## 3. Form

Die Verfassungsbeschwerde ist beim Bundesverfassungsgericht **schriftlich** einzulegen und zu begründen, § 23 Abs. 1 BVerfGG. Die Begründung muß nicht schon in dem Einlegungsschriftsatz enthalten sein, jedoch innerhalb der Monatsfrist des § 93 Abs. 1 BVerfGG erfolgen. Anwaltszwang besteht weder für die Einlegung der Verfassungsbeschwerde noch für ihre Begründung; wohl aber kann sich der Beschwerdeführer durch jeden bei einem deutschen Gericht zugelassenen Rechtsanwalt vertreten lassen, § 22 Abs. 1 BVerfGG.

---

[91] *BVerfGE* 18, 192.
[92] *BVerfGE* 24, 236, 243.
[93] *BVerfGE* 13, 284, 288f.; 27, 253, 269.
[94] *BVerfGE* 5, 17, 19; 14, 320, 322; 16, 1, 3; 17, 86, 91; 19, 323, 330; 28, 1, 6; 28, 88, 95.
[95] S. Fn. 87.
[96] *BVerfGE* 4, 309, 313 ff.; 28, 143, 256; 30, 112, 126.

### 4. Erschöpfung des Rechtswegs

**46** Die Verfassungsbeschwerde ist erst nach Erschöpfung des Rechtswegs zulässig, § 90 Abs. 2 S. 1 BVerfGG. Dazu ist erforderlich, daß der Beschwerdeführer jedes zulässige Rechtsmittel ausgenutzt hat (einschließlich der Nichtzulassungsbeschwerde[97]). Das Bundesverfassungsgericht verlangt darüber hinaus in ständiger Rechtsprechung, daß der Beschwerdeführer alle ihm zur Verfügung stehenden prozessualen Möglichkeiten ergreift, um schon im Ausgangsverfahren eine Korrektur des Verfassungsverstoßes zu erwirken[98] (sog. **Subsidiarität der Verfassungsbeschwerde**[99]). So muß der Beschwerdeführer etwa Wiedereinsetzung in den vorigen Stand beantragen[100], ein Wiederaufnahmeverfahren durchführen[101] und sonstige Rechtsbehelfe ergreifen (Einspruch, Widerspruch, Erinnerung). Richtet sich die Verfassungsbeschwerde gegen eine Entscheidung im Verfahren des einstweiligen Rechtsschutzes, so hängt die Zulässigkeit der Verfassungsbeschwerde allerdings nicht davon ab, daß eine Hauptsacheentscheidung erwirkt worden ist[102]. Bei Mittellosigkeit der Partei ist der Rechtsweg bereits bei Versagung von Prozeßkostenhilfe wegen fehlender Erfolgsaussicht erschöpft[103], doch muß der Antrag auf Gewährung von Prozeßkostenhilfe gestellt werden. Vor Erschöpfung des Rechtswegs kann das BVerfG dann über die Verfassungsbeschwerde entscheiden (die damit auch zulässig ist), wenn sie von allgemeiner Bedeutung ist oder wenn dem Beschwerdeführer bei Verweisung auf Erschöpfung des Rechtswegs ein schwerer und unabwendbarer Nachteil entstünde, § 90 Abs. 2 S. 2 BVerfGG. Ferner muß von der Notwendigkeit einer Erschöpfung des Rechtswegs dann eine Ausnahme gemacht werden, wenn der Rechtsbehelf im Hinblick auf eine gefestigte Rechtsprechung von vornherein als aussichtslos erscheinen muß[104]. Kommen mehrere Urteilsfehler in Betracht, von denen nur bei einem eine dem Beschwerdeführer ungünstige ständige Rechtsprechung vorliegt, so muß er den Fehler in der Revisionsinstanz gleichwohl rügen, sofern es sich um einen Verfahrensfehler handelt[105]. Ist die Statthaftigkeit eines Rechtsmittels nach dem derzeitigen Meinungsstand umstritten, so muß es der Beschwerdeführer vor Erhebung der Verfassungsbeschwerde einlegen[106], es sei denn, die Erschöpfung des Rechtswegs ist dem Beschwerdeführer wegen der Eilbedürftigkeit der Sache nicht zumutbar[107].

**47** Soweit der Beschwerdeführer von der Möglichkeit eines Rechtsbehelfs keinen Gebrauch gemacht hat, der Rechtsbehelf inzwischen aber nicht mehr gegeben ist (vor allem wegen Fristablaufs), ist die Verfassungsbeschwerde gleichwohl unzulässig. Der Grundsatz der Subsidiarität der Verfassungsbeschwerde besagt also nicht nur, daß der Beschwerdeführer zunächst noch bestehende anderweitige Möglichkeiten ausnutzen muß, sondern darüber hinaus auch, daß eine **nicht genutzte Abhilfechance** die Verfassungsbeschwerde ebenfalls unzulässig macht. Dies gilt etwa bei Verstreichenlassen einer Rechtsmittelfrist, bei Zurücknahme eines Rechtsmittels[108] oder bei Beendigung des Rechtsstreits durch Vergleich[109]. Erforderlich ist weiter, daß der Beschwerdeführer alles getan hat, um dem Rechtsbehelf zum Erfolg zu verhelfen. Die Verfassungsbeschwerde ist also etwa unzulässig, wenn ein Verfahrensmangel in der Revisionsinstanz nicht in der vorgeschriebenen Form gerügt worden ist[110] oder wenn der Beschwerdeführer in der Rechtsmittelinstanz gegen sich ein Versäumnisurteil hat ergehen lassen.

---

[97] *BVerfGE* 16, 1; 24, 362.
[98] *BVerfGE* 5, 9, 10; 73, 322, 325; 77, 381, 401; 81, 22, 27; 81, 97, 102 f.; NJW 1993, 2793.
[99] Kritisch dazu *Pestalozza* (Fn. 87) § 12 Rdnr. 10 ff.
[100] *BVerfGE* 42, 252.
[101] *BVerfGE* 34, 204; NJW 1993, 3256.
[102] *BVerfGE* 42, 163, 167 f.
[103] *BVerfGE* 42, 163, 167 f.
[104] *BVerfGE* 9, 37; 21, 160, 167; 49, 24, 51; 68, 376, 379 f.
[105] *BayVerfGH* NJW 1968, 99.
[106] *BVerfGE* 68, 376, 381.
[107] *BVerfGE* 87, 334, 338 f.
[108] *BVerfGE* 2, 124; 21, 94, 96.
[109] *BayVerfGH* BayVGHE 8, 52.
[110] *BVerfGE* 16, 124, 127; *BayVerfGH* NJW 1968, 99.

## 5. Begründung

Die Verfassungsbeschwerde ist innerhalb der Frist des § 93 Abs. 1 S. 1, → Rdnr. 44, zu begründen. Dabei ist das verletzte Recht (d. h. eines der in § 90 Abs. 1 BVerfGG aufgeführten Rechte) anzugeben, § 92 BVerfGG. Für die Anforderungen an die Begründung können die für Rechtsmittelbegründungen geltenden Grundsätze herangezogen werden. Daraus folgt etwa, daß die bloße Bezugnahme auf andere Schriftstücke als Begründung nicht ausreicht[111]. Bei der Überprüfung des Urteils ist das BVerfG nicht auf die gerügte Grundrechtsverletzung beschränkt; es hat das Urteil vielmehr unter allen in Betracht kommenden Gesichtspunkten zu prüfen[112]. Daraus folgt, daß der Beschwerdeführer zunächst nicht gerügte Grundrechtsverletzungen nachschieben kann. Voraussetzung ist nur, daß in der Begründung irgendeine Grundrechtsverletzung gerügt worden ist. Zur Begründung gehört weiter ein **Antrag**.

48

## 6. Prüfungsmaßstab

Das Bundesverfassungsgericht hat die angefochtene Entscheidung nur daraufhin zu überprüfen, ob durch sie ein Grundrecht des Beschwerdeführers (einschließlich der in § 90 Abs. 1 BVerfGG weiter aufgeführten Rechte) verletzt worden ist. Prüfungsmaßstab ist insoweit ausschließlich das **Verfassungsrecht**. Dagegen hat das Bundesverfassungsgericht nicht in der Art einer »Superrevisionsinstanz« zu prüfen, ob das Prozeßgericht das einfache Recht richtig angewandt hat; die unrichtige Anwendung einfachen Rechts ist nur dann von Bedeutung, wenn dadurch zugleich ein Grundrecht oder ein gleichgestelltes Recht des Beschwerdeführers verletzt ist[113]. Die konkreten Konsequenzen aus diesem Ansatz sind freilich nur schwer und insbesondere nicht mit hinreichender Sicherheit zu ziehen. In der Tendenz der Rechtsprechung des Bundesverfassungsgerichts ist eine Erweiterung der Prüfungsbefugnis erkennbar. So wird es für den Erfolg einer Verfassungsbeschwerde als ausreichend angesehen, daß die Auslegung des einfachen Rechts willkürlich erfolgt ist, d. h. daß die der Entscheidung zugrundeliegende Auslegung einer Norm unter keinem Gesichtspunkt vertretbar erscheint[114]. Auch bei Nichteinhaltung der Grenzen für eine richterliche Rechtsfortbildung bejaht das Bundesverfassungsgericht einen Verfassungsverstoß, der zum Erfolg einer Verfassungsbeschwerde führt[115].

49

## 7. Annahmeverfahren

Die Verfassungsbeschwerde muß zur Entscheidung vom Bundesverfassungsgericht angenommen werden, § 93a Abs. 1 BVerfGG. Sie muß angenommen werden, wenn ihr entweder grundsätzliche verfassungsrechtliche Bedeutung zukommt oder wenn es zur Durchsetzung der in § 90 Abs. 1 genannten Rechte »angezeigt«[116] ist, § 93a Abs. 2 BVerfGG. Die Behauptung der Verletzung eines Grundrechts sowie der in Art. 93 Abs. 1 Nr. 4a, § 90 Abs. 1 BVerfGG, gleichgestellten Rechte reicht für sich allein also nicht aus, um eine Entscheidung in der Sache selbst erzwingen zu können. Wenn die Voraussetzungen von § 93a Abs. 2 BVerfGG nicht vorliegen, hat das Bundesverfassungsgericht vielmehr die Möglichkeit, die

50

---

[111] *BVerfGE* 24, 203, 213.
[112] *BVerfGE* 17, 252, 258; 31, 314, 333; 42, 312, 325f.; 71, 202, 204.
[113] So das *BVerfG* in ständiger Rechtsprechung (*BVerfGE* 21, 209, 216; 30, 173, 187f.; 32, 311, 316; 35, 202, 219).
[114] *BVerfGE* 62, 189, 192; 66, 324, 329f.; 80, 48, 51ff. Dazu *Winter* Festschrift f. Merz (1992), 611.

[115] *BVerfGE* 65, 182, 190f. (Bevorrechtigung von Sozialplanforderungen im Konkurs des Arbeitgebers).
[116] Zu diesem durch G. v. 11. VIII. 1993 eingeführten Begriff s. *Klein* NJW 1993, 2073; *Zuck* NJW 1993, 2641, 2643ff.

Annahme der der Verfassungsbeschwerde abzulehnen[117]. Dadurch soll einer übermäßigen Belastung des Bundesverfassungsgerichts vorgebeugt werden. Eine **grundsätzliche verfassungsrechtliche Bedeutung** kann nicht allein deshalb verneint werden, weil die Frage bereits vom Bundesverfassungsgericht entschieden worden ist; zumindest dann, wenn das Problem verfassungsrechtlich weiter Gegenstand der Diskussion ist, kann eine Notwendigkeit zur Annahme der Verfassungsbeschwerde bestehen[118]. Weiter muß ebenso wie bei der Nichtannahme der Revision wegen Fehlens einer grundsätzlichen Bedeutung, § 554b Abs. 1, eine Annahmepflicht dann bejaht werden, wenn die Verfassungsbeschwerde Aussicht auf Erfolg hat. Die vom Bundesverfassungsgericht für die Revision aufgestellten Grundsätze, → § 554b Rdnr. 6, müssen bei § 93a Abs. 2 BVerfGG ebenso gelten.

51 Die **Annahmeentscheidung** ergeht grundsätzlich durch den Senat, § 93b S. 2 BVerfGG. Die Ablehnung der Annahme kann jedoch durch die nach § 15a BVerfGG gebildete, aus drei Richtern bestehende Kammer erfolgen, § 93b S. 1 BVerfGG. In diesem Fall hat der Senat über die Annahme nicht mehr zu entscheiden. Lehnt die Kammer die Annahme nicht ab, so entscheidet der Senat darüber; eine Ausnahme gilt dann, wenn die Verfassungsbeschwerde offenkundig begründet ist; hier kann die Kammer der Verfassungsbeschwerde stattgeben, § 93c Abs. 1 S. 1 BVerfGG. Die Annahmeentscheidung ist **unanfechtbar**, § 93d Abs. 1 S. 2 BVerfGG; ausdrücklich ist dies zwar nur für die Ablehnung sowie für das Stattgeben bei offensichtlicher Begründetheit der Verfassungsbeschwerde vorgesehen, doch gilt für die Annahme in den übrigen Fällen nichts anderes.

### 8. Entscheidung über die Verfassungsbeschwerde

52 Fehlt es an einer Zulässigkeitsvoraussetzung, so ist die Verfassungsbeschwerde als unzulässig zu verwerfen; bei Unbegründetheit ist sie zurückzuweisen. Insoweit gilt Entsprechendes wie bei Rechtsmitteln. Erweist sich die Verfassungsbeschwerde dagegen als zulässig und begründet, so wird die angefochtene Entscheidung aufgehoben und die Sache an ein zuständiges Gericht zurückverwiesen, § 95 Abs. 2 BVerfGG. Das Bundesverfassungsgericht ist dabei an die Zuständigkeitsregelung der Verfahrensgesetze gebunden[119]. Es hat nicht zu prüfen, ob sich die angefochtene Entscheidung im Ergebnis unter anderen rechtlichen Gesichtspunkten als richtig darstellt[120]. Wirkt sich die Verfassungswidrigkeit nur auf einen abtrennbaren Teil des Urteils aus, so beschränkt sich die Aufhebung des Urteils auf diesen Teil; es gilt Entsprechendes wie bei der Revision, → § 564 Rdnr. 3ff. Das Gericht, an das zurückverwiesen worden ist, ist für das weitere Verfahren an die Rechtsauffassung des Bundesverfassungsgerichts gebunden[121]; insoweit gelten dieselben Grundsätze wie bei Zurückverweisung durch das Revisionsgericht; Einzelheiten → § 565 Rdnr. 8ff.

53 Bei Begründetheit der Verfassungsbeschwerde sind dem Beschwerdeführer die notwendigen Auslagen ganz oder teilweise zu erstatten, § 34a Abs. 2 BVerfGG (das Verfahren selbst ist kostenfrei, § 34 Abs. 1 BVerfGG). Dies ist in einer **Kostenentscheidung** auszusprechen. Ob eine vollständige oder nur eine anteilige Auslagenerstattung ausgesprochen wird, liegt im Ermessen des Bundesverfassungsgerichts. Ob Auslagen des Beschwerdeführers »notwendig« waren, bestimmt sich dagegen nach denselben Kriterien wie bei § 91 Abs. 1 S. 1, Näheres → § 91 Rdnr. 44ff.; insoweit hat das Bundesverfassungsgericht keinen Ermessensspielraum. Bei mißbräuchlicher Einlegung einer Verfassungsbeschwerde kann dem Beschwerdeführer eine Gebühr von bis zu 5.000,– DM auferlegt werden, § 34 Abs. 2 BVerfGG.

---

[117] Kritisch dazu wegen der Gefahr einer Aushöhlung der in Art. 93 Abs. 1 Nr. 4a GG verfassungsrechtlich garantierten Möglichkeit einer Verfassungsbeschwerde Zuck NJW 1993, 2641.

[118] *Zuck* NJW 1993, 2641, 2643.
[119] *Schumann* (Fn. 87), 266ff.
[120] *BVerfGE* 7, 275, 281f.; *Schumann* (Fn.87), 244f.
[121] *Schumann* (Fn. 87), 270.

## 9. Landesverfassungsbeschwerde

Ob eine Verfassungsbeschwerde zum Staats- oder Verfassungsgerichtshof eines Landes erhoben werden kann, bestimmt das Landesrecht, das beim Fehlen klarer Vorschriften auszulegen ist. Die Anfechtung der Entscheidungen des Bundes oder anderer Länder kann das Landesrecht nicht zulassen, weil es damit seinen Machtbereich überschreiten würde und sich weder aus Art. 142 GG noch aus § 90 Abs. 3 BVerfGG eine entsprechende Ermächtigung der Landesgesetzgeber ergibt. Es kann aber auch nicht anerkannt werden, daß das Landesrecht in ein bundesrechtlich durch die ZPO oder ein sonstiges Verfahrensgesetz geregeltes Verfahren dadurch eingreifen kann, daß es eine Verfassungsbeschwerde gegen Entscheidungen der Gerichte oder sonstigen Organe der Rechtpflege des eigenen Landes zuließe, die nach Bundesverfahrensrecht ergangen sind, einerlei ob die gerichtliche Entscheidung aufgehoben oder nur festgestellt werden soll, daß sie ein Grundrecht des Beschwerdeführers verletzt[122]. Somit bleiben nur Verfahren übrig, die vor Gerichten des eigenen Landes durchgeführt werden und die das Landesrecht abweichend von den Vorschriften des Bundesrechts regeln kann, s. § 3 Abs. 2 EGZPO und § 3 Abs. 3 GVG[123]. Für ein nach der ZPO durchgeführtes Verfahren kommt demnach nur die Verfassungsbeschwerde an das Bundesverfassungsgericht in Betracht.

54

Verfassungsbeschwerden können unabhängig voneinander zum Bundesverfassungsgericht und dem Verfassungsgerichtshof eines Landes erhoben werden, § 90 Abs. 3 BVerfGG. Überschneidungen sind insbesondere dann möglich, wenn sich Grundrechte nach dem GG und der Landesverfassung inhaltlich mehr oder weniger gleichen[124].

55

## IX. Die Menschenrechtsbeschwerde

Durch die **Konvention zum Schutze der Menschenrechte und Grundfreiheiten** (MRK) v. 4. XI. 1950 (BGBl. 1952 II 685) hat sich die Bundesrepublik gegenüber den übrigen Vertragsstaaten völkerrechtlich verpflichtet, gewisse Rechte des einzelnen Bürgers zu achten[125]. Verletzt ein Vertragsstaat die übernommenen Verpflichtungen, so ist dagegen die Menschenrechtsbeschwerde an den **Europäischen Gerichtshof für Menschenrechte** gegeben, → Einl. Rdnr. 684. Der Schutz der Konvention erstreckt sich auf das Recht auf Leben (Art. 2), auf die Unzulässigkeit der Folter sowie unmenschlicher oder erniedrigender Strafen oder Behandlungen (Art. 3) sowie der Sklaverei, Leibeigenschaft und Zwangs- oder Pflichtarbeit (Art. 4), auf das Recht auf Freiheit und Sicherheit (Art. 5), auf öffentliche und in angemessener Frist stattfindende Gerichtsverhandlung, bei der das rechtliche Gehör gewährt sein muß (Art. 6), auf Achtung des Privat- und Familienlebens (Art. 8), auf Gewährung von Gedanken-, Gewissens- und Religionsfreiheit (Art. 9), auf freie Meinungsäußerung (Art. 10), auf Versammlungsfreiheit (Art. 11) sowie auf das Recht zur Gründung einer Familie (Art. 12)[126].

56

Bei **Verletzung der erwähnten Rechte** kann sich jede natürliche Person, nichtstaatliche Organisation oder Personenvereinigung an die Europäische Kommission für Menschenrechte

57

---

[122] Für eine Überprüfbarkeit der Entscheidung trotz Anwendbarkeit von Bundesverfahrensrecht aber *BerlVerfGH* NJW 1993, 515 = JZ 259 (Fall Honecker); dagegen zutreffend *Starck* JZ 1993, 231, 232; *Wilke* NJW 1993, 887, 888f. S. weiter *BerlVerfGH* NJW 1993, 513.
[123] MünchKomm ZPO-*Braun* Rdnr. 32.
[124] S. zu der hier nicht näher zu erörternden Frage des Verhältnisses beider Verfassungsbeschwerden zueinander *Schumann* (Fn. 87), 148 ff.
[125] Zur zivilprozessualen Bedeutung der MRK s. *Schumann* Festschrift f. Schwab (1990), 449 ff.

[126] Näheres zum Umfang des durch die Konvention gewährten Schutzes bei *Wiebringhaus* Die Rom-Konvention für Menschenrechte (1959); *Schorn* Die Europäische Konvention zum Schutz der Menschenrechte und Grundfreiheiten und ihr Zusatzprotokoll in Einwirkung auf das deutsche Recht (1965), 71 ff.; *Guradze* Die europäische Menschenrechtskonvention (1968); *Frowein/Peukert* Europäische Menschenrechtskonvention, EMRK-Kommentar (1985); *Golsong* u. a., Internationaler Kommentar zur Europäischen Menschenrechtskonvention, 1987 ff.

wenden (Art. 25). Voraussetzung ist jedoch, daß zunächst der innerstaatliche Rechtsweg erschöpft ist (Art. 26)[127]; dazu gehört auch eine innerstaatliche Verfassungsbeschwerde[128]. Im übrigen gilt das unter → Rdnr. 46f. zur Erschöpfung des Rechtswegs Gesagte entsprechend. Ist die Menschenrechtsbeschwerde zulässig, so hat die Kommission die Angelegenheit zu prüfen und sich für die Vermittlung eines freundschaftlichen Ausgleichs unter den Beteiligten bereit zu halten (Art. 28)[129]. Kommt es auf diesem Weg zu keiner Bereinigung der Sache, so hat die Kommission ihre Ansicht in einem Bericht an den Ministerausschuß darzulegen, wobei sie von sich aus ihr geeignete Lösungsvorschläge unterbreiten kann (Art. 31). Daneben kann die Kommission den Europäischen Gerichtshof für Menschenrechte anrufen[130] (Art. 48). Dieses Recht steht weiter dem Vertragsstaat, dem der Verletzte angehört, dem Vertragsstaat, der die Kommission mit dem Fall befaßt hat, sowie dem Staat zu, gegen den sich die Beschwerde richtet (Art. 48). Dagegen ist der **Verletzte selbst nicht antragsberechtigt.** Er kann auf die Verletzung der MRK auch nicht etwa eine Verfassungsbeschwerde stützen[131]. Ebenso wie bei sonstigem einfachen Recht, → Rdnr. 49, kann aber bei willkürlicher Auslegung und Anwendung (bzw. Nichtanwendung) der MRK ein Verstoß gegen Art. 3 Abs. 1 GG vorliegen[132], der seinerseits mit der Verfassungsbeschwerde geltend gemacht werden kann. Wird von dem Recht, die Sache vor den Gerichtshof zu bringen, nicht innerhalb von drei Monaten Gebrauch gemacht, so entscheidet der Ministerausschuß; seine Entscheidung ist für die Vertragsstaaten bindend (Art. 32).

58 Anders als die auf eine Verfassungsbeschwerde hin ergehende Entscheidung, ist die **Entscheidung über die Menschenrechtsbeschwerde** durch den Europäischen Gerichtshof für Menschenrechte für die Beteiligten zwar verbindlich (Art. 53), aber nicht kassatorisch, d.h. sie beseitigt das angefochtene Urteil nicht[133]. Der Gerichtshof kann dem Verletzten aber eine gerechte Entschädigung zubilligen, wenn die innerstaatlichen Gesetze des Verletzerstaates nur eine unvollkommene Wiedergutmachung für die Folgen der Verletzung ermöglichen (Art. 50), doch wird dadurch die angefochtene Entscheidung nicht beseitigt. In entsprechender Anwendung von § 580 Nr. 7b muß die Entscheidung des Europäischen Gerichtshofs für Menschenrechte jedoch als Wiederaufnahmegrund angesehen werden[134], so daß das gegen die Menschenrechtskonvention verstoßende Urteil im Wiederaufnahmeverfahren beseitigt werden kann. Verfassungsrechtlich ist die analoge Anwendung von § 580 Nr. 7b jedoch nicht geboten[135]. Weiter muß die Analogie dann ausscheiden, wenn dem Verletzten damit nicht geholfen wäre, wie vor allem bei einem Verstoß gegen das Verbot einer unangemessen langen Verfahrensdauer[136].

## § 578 [Arten der Wiederaufnahme]

(1) **Die Wiederaufnahme eines durch Endurteil geschlossenen Verfahrens kann durch Nichtigkeitsklage und durch Restitutionsklage erfolgen.**

(2) **Werden beide Klagen von derselben Partei oder von verschiedenen Parteien erhoben,**

---

[127] Dazu *Schorn* Rpfleger 1967, 259.
[128] EMRK NJW 1956, 1376; *Süsterhenn* DVBl. 1955, 753, 756; *Pestalozza* (Fn. 87) § 33 II 2b bb; a. A. *Beyer* NJW 1956, 577.
[129] Zur rechtlichen Einordnung und den Rechtsfolgen des freundschaftlichen Ausgleichs s. *Frowein* JZ 1969, 213.
[130] S. dazu *Schumann* (Fn. 87), 170f.
[131] BVerfGE 10, 271, 274; 34, 384, 395; 41, 126, 149; 64, 135, 157; 74, 102, 128.

[132] S. BVerfGE 74, 102, 128.
[133] *Schumann* (Fn. 87), 176f.; MünchKomm ZPO-*Braun* Rdnr. 37.
[134] *Schumann* (Fn. 87), 313ff.; *ders.* NJW 1964, 753; *Schlosser* ZZP 79 (1966), 186ff.; *Schorn* (Fn. 126), 405.
[135] S. BVerfG NJW 1986, 1425 (zu § 359 Nr. 5 StPO).
[136] MünchKomm ZPO-*Braun* Rdnr. 37.

so ist die Verhandlung und Entscheidung über die Restitutionsklage bis zur rechtskräftigen Entscheidung über die Nichtigkeitsklage auszusetzen.

Gesetzesgeschichte: Bis 1900 § 541 CPO. Keine Änderungen.

| | |
|---|---|
| I. Mit der Wiederaufnahmeklage angreifbare Urteile    1 | II. Die Parteien des Wiederaufnahmeverfahrens    10 |
| 1. Endurteile    1 | III. Verhältnis von Nichtigkeits- und Restitutionsklage, Abs. 2    12 |
| 2. Beschwer    3 | |
| 3. Ehesachen    4 | IV. Arbeitsgerichtliches Verfahren    13 |
| 4. Vorbehalts- und Zwischenurteile    7 | |
| 5. Rechtskraft    9 | |

## I. Mit der Wiederaufnahmeklage angreifbare Urteile

### 1. Endurteile

Die Wiederaufnahmeklage richtet sich gegen ein rechtskräftiges Endurteil, → § 300 Rdnr. 6. Unerheblich ist, in welcher Instanz es ergangen ist und ob es sich um ein kontradiktorisches oder um ein **Versäumnisurteil** handelt[1]. Der einem Versäumnisurteil gleichgestellte Vollstreckungsbescheid, § 700 Abs. 1, kann ebenfalls mit der Wiederaufnahmeklage angegriffen werden, § 584 Abs. 1; ebenso Anerkenntnis- und Verzichtsurteile[2] (zur Beschwer in diesen Fällen → Rdnr. 3). Ob das Urteil in der Sache selbst entschieden oder die Klage als unzulässig abgewiesen bzw. ein Rechtsmittel als unzulässig verworfen hat, ist ohne Bedeutung[3]. Bei einem erstinstanzlichen **Prozeßurteil** kann jedoch dann ein Rechtsschutzbedürfnis für eine Wiederaufnahmeklage fehlen, wenn die Klage unter Vermeidung des Zulässigkeitsmangels ohne weiteres wiederholt werden kann. Ob das Prozeßurteil bestehen bleibt, ist für den Kläger hier allenfalls hinsichtlich der Kostenentscheidung von Bedeutung, was jedoch in entsprechender Anwendung von § 99 Abs. 1, → Rdnr. 10, die Wiederaufnahmeklage nicht zulässig machen kann.

Die Wiederaufnahmeklage ist auch gegen Urteile im **Arrestverfahren** oder im Verfahren der **einstweiligen Verfügung** zulässig[4], und zwar sowohl dann, wenn der Arrest oder die einstweilige Verfügung aufgehoben worden ist[5] als auch im Falle ihrer Bestätigung[6]. Die §§ 927, 936 stehen dem nicht in Verbindung mit § 582 entgegen; die dort vorgesehene Möglichkeit der Aufhebung des Arrestes bzw. der einstweiligen Verfügung wirkt nur in die Zukunft, während das Urteil im Wiederaufnahmeverfahren rückwirkend beseitigt wird; das kann insbesondere im Hinblick auf einen Schadensersatzanspruch nach § 945 praktische Auswirkungen haben. Gegen Urteile in **Entschädigungssachen** ist die Wiederaufnahmeklage ebenfalls zulässig[7]. Ferner kann sich die Wiederaufnahmeklage auch gegen ein Urteil richten, das in einem **früheren Wiederaufnahmeverfahren** ergangen ist. Auch bei **Gestaltungsurteilen** ist eine Wiederaufnahme nicht ausgeschlossen; speziell zum Scheidungsurteil → Rdnr. 4f.

---

[1] *Rosenberg/Schwab/Gottwald*[15] § 159 III 1; AK-*Greulich* Rdnr. 25; MünchKomm ZPO-*Braun* Rdnr. 14.
[2] MünchKomm ZPO-*Braun* Rdnr. 14.
[3] MünchKomm ZPO-*Braun* Rdnr. 14; Zöller/Schneider[18] Rdnr. 12.
[4] *Rosenberg/Schwab/Gottwald*[15] § 159 III 1; AK-*Greulich* Rdnr. 25; Zöller/Schneider[18] Rdnr. 12.
[5] OLG München NJW 1956, 427 = JZ 122 (*Rosenberg*); MünchKomm ZPO-*Braun* Rdnr. 14.
[6] *Rosenberg* JZ 1956, 12; a.A. OLG Hamburg JW 1935, 2300.
[7] BGH MDR 1971, 752 (unter Aufgabe von BGH LM § 209 BEG Nr. 84 = MDR 1966, 997); BGHZ 62, 18, 19.

## 2. Beschwer

3    Zulässigkeitsvoraussetzung für die Wiederaufnahmeklage ist eine Beschwer des Wiederaufnahmeklägers durch das angegriffene Urteil[8]. Einzelheiten zur Beschwer → Allg. Einl. vor § 511 Rdnr. 70ff. Eine bestimmte Beschwerdesumme oder Höhe der Beschwer ist nicht erforderlich. Zur Beschwer nur im Kostenpunkt → Rdnr. 10. Bei Anerkenntnis- und Verzichtsurteilen fehlt es zwar grundsätzlich an einer Beschwer, → § 511 Rdnr. 2, doch kann mit der Wiederaufnahmeklage geltend gemacht werden, daß die Anerkenntnis- bzw. Verzichtserklärung ihrerseits auf einem Wiederaufnahmegrund beruhe[9]. Zur Ausnahme vom Erfordernis einer Beschwer nach § 641i Abs. 2 bei einer Restitutionsklage gegen ein Urteil, in dem über die Vaterschaft entschieden worden ist, → § 641i Rdnr. 6.

## 3. Ehesachen

4    Eine Wiederaufnahmeklage ist auch gegen Urteile in Ehesachen, und zwar insbesondere auch gegen **Scheidungsurteile** zulässig[10]. Dies gilt auch dann, wenn einer der Ehegatten inzwischen wieder geheiratet hat[11]. Die Zweitehe wird bei Erfolg der Wiederaufnahmeklage zu einer nach § 20 EheG nichtigen Doppelehe[12]. Ist der Wiederaufnahmekläger wieder verheiratet, so kann die Wiederaufnahmeklage im Einzefall dann unzulässig sein, wenn das Ziel der Klage darin besteht, die neue Ehe zur nichtigen zu machen[13]. Keineswegs geht es aber an, dem wiederverheirateten Ehegatten generell die Möglichkeit einer Wiederaufnahmeklage zu versagen. Er kann gute Gründe dafür haben, den Bestand der ersten Ehe vorzuziehen (vor allem dann, wenn er seinerzeit Antragsgegner war und dem Scheidungsbegehren nicht zugestimmt hat).

5    Nach dem **Tod eines Ehegatten** ist die Wiederaufnahmeklage gegen das Scheidungsurteil unzulässig[14], → auch § 619 Rdnr. 11. Dies gilt gleichermaßen für die Nichtigkeits- wie auch für die Restitutionsklage. Es kommt auch nicht darauf an, ob sich die Wiederaufnahmeklage gegen ein den Antrag abweisendes oder ihm stattgebendes Scheidungsurteil richtet. Entscheidender Gesichtspunkt ist dabei, daß die Ehe ein so höchstpersönliches Gut ist, daß nur die Ehegatten selbst über ihren Bestand streiten können (vgl. § 619). Die Wiederaufnahme ist auch nicht mit dem Ziel zulässig, die Erledigung der Hauptsache festzustellen, § 619, und eine andere Kostenentscheidung zu erwirken[15]. Der Ausschluß der Wiederaufnahmeklage könnte allenfalls deshalb als unbillig erscheinen, weil erbrechtliche Ansprüche des überlebenden Ehegatten vom Bestehen der Ehe abhängen und es unzumutbar ist, ihm diese Rechte dadurch zu nehmen, daß man es ihm verweigert, im Wege der Wiederaufnahmeklage den Fortbestand der Ehe feststellen zu lassen. Demgegenüber erscheint es jedoch sachgemäßer, in entspre-

---

[8] *BGHZ* 39, 179, 181 = LM § 578 Nr. 7 (*Johannsen*) = NJW 1963, 1353; *Bettermann* Die Beschwer als Klagevoraussetzung (1970), 5ff.; *Baumbach/Lauterbach/Hartmann*[52] Rdnr. 1; MünchKomm ZPO-*Braun* Rdnr. 31; *Thomas/Putzo*[18] Rdnr. 4; *Zöller/Schneider*[18] Rdnr. 3.
[9] MünchKomm ZPO-*Braun* Rdnr. 31.
[10] Einhellige Meinung; s. etwa *Baumbach/Lauterbach/Hartmann*[52] vor § 578 Rdnr. 8; MünchKomm ZPO-*Braun* Rdnr. 16; *Zöller/Schneider*[18] Rdnr. 8, s. weiter die in den folgenden Fn. angeführten Entscheidungen.
[11] BGH NJW 1953, 1263 = JZ 573 = LM § 578 Nr. 2; *Baumbach/Lauterbach/Hartmann*[52] vor § 578 Rdnr. 8; MünchKomm ZPO-*Braun* Rdnr. 16; *Thomas/Putzo*[18] vor § 578 Rdnr. 6; *Zöller/Schneider*[18] Rdnr. 8.
[12] BGH LM § 578 Nr. 1 (Fn. 11); *Blomeyer*² § 106 VI

2a. A. A. *Rüßmann* AcP 167 (1967), 410, der in entsprechender Anwendung von § 38 Abs. 2 EheG der Zweitehe den Vorrang einräumt. Zu den ähnlichen Problemen bei Aufhebung des Scheidungsurteils aufgrund einer Verfassungsbeschwerde s. *Engler* Festschrift f. Gebh. Müller (1970), 39ff.
[13] S. *Rüßmann* AcP 167 (1967), 410, 430f.; *Zöller/Schneider*[18] Rdnr. 8.
[14] *BGHZ* 43, 239 = LM § 578 Nr. 9 (*Johannsen*) = NJW 1965, 1274 = MDR 560 = FamRZ 316 = ZZP 79 (1966), 134 (*Bruns*); AK-*Greulich* Rdnr. 32; *Zöller/Schneider*[18] Rdnr. 10; *Rosenberg/Schwab/Gottwald*[15] § 165 V 14b; *Blomeyer*² § 119 IX 2.
[15] *BGHZ* 43, 239 (Fn. 14); *Rosenberg/Schwab/Gottwald*[15] § 165 V 14b; *Zöller/Schneider*[18] Rdnr. 10.

chender Anwendung des in den §§ 1933, 2077 BGB enthaltenen Grundgedankens den Wiederaufnahmegrund auf der erbrechtlichen Ebene zu berücksichtigen. Die genannten Vorschriften zeigen, daß es dem Gesetz durchaus nicht fremd ist, Fragen nach dem Bestand eines Eheaufhebungsgrundes im normalen Vermögensprozeß als Vorfrage zu entscheiden. Fraglich kann nur sein, ob die Geltendmachung des Wiederaufnahmegrundes voraussetzt, daß noch zu Lebzeiten beider Ehegatten Wiederaufnahmeklage erhoben worden ist oder ob der bloße Bestand eines Wiederaufnahmegrundes ausreicht. Nachdem die §§ 1933, 2077 BGB die mögliche Eheaufhebung nur bei Klageerhebung zu Lebzeiten der Ehegatten berücksichtigen, wird man gleiches auch für die Wiederaufnahmegründe fordern müssen. Entsprechendes gilt, wenn im Falle der Abweisung des Scheidungsantrags die übrigen Erben den Wiederaufnahmegrund gegen den überlebenden Ehegatten geltend machen möchten. Hier ist die Wiederaufnahmeklage ebenfalls nicht zulässig; wohl aber kann der Wiederaufnahmegrund unter der Voraussetzung verwendet werden, daß der Verstorbene bereits das Wiederaufnahmeverfahren eingeleitet hatte.

Die Wiederaufnahmeklage gegen ein Scheidungsurteil erfaßt auch die **Folgesachen**[16]. Eine Beschränkung dahingehend, daß die Folgeentscheidungen ganz oder teilweise Bestand haben sollen, ist nicht möglich[17]. Dagegen kann in entsprechender Anwendung von § 629a Abs. 2 umgekehrt die Wiederaufnahme auf Folgesachen beschränkt werden[18].     6

### 4. Vorbehalts- und Zwischenurteile

Fraglich ist, ob als Endurteil i. S. des § 578 auch Vorbehaltsurteile (§§ 302, 599) und solche Zwischenurteile anzusehen sind, die hinsichtlich der Rechtsmittel den Endurteilen gleichgestellt sind (§§ 280, 304)[19]. Man wird die Antwort davon abhängig machen müssen, ob ein Bedürfnis dafür besteht, gegen die erwähnten Urteile ein selbständiges Wiederaufnahmeverfahren durchzuführen, was grundsätzlich zu verneinen ist[20]. Soweit das Nachverfahren noch nicht abgeschlossen ist, entspricht es einer sinnvollen Verfahrensökonomie, die Geltendmachung des Wiederaufnahmegrundes im anhängigen Verfahren zu verlangen[21], vgl. § 582. Dabei ist jedoch die Frist des § 586 einzuhalten[22]. Eine Ausnahme ist dann anzuerkennen, wenn das Nachverfahren in einer tieferen Instanz als das Vorbehalts- oder Zwischenverfahren anhängig ist. Wollte man hier ebenfalls die Geltendmachung des Wiederaufnahmegrundes im anhängigen Verfahren fordern, so hätte das untere Gericht über das vom Obergericht erlassene Urteil zu entscheiden, was dem Instanzenzug widersprechen würde (s. § 584), → auch § 583 Rdnr. 4. In derartigen Fällen ist die Wiederaufnahmeklage gegen ein Vorbehalts- oder Zwischenurteil zulässig[23].     7

Nach Abschluß des Nachverfahrens ermöglicht § 583 eine Berücksichtigung des Wiederaufnahmegrundes, weshalb hier ebenfalls kein Bedürfnis für eine selbständige Wiederaufnahmeklage besteht[24]. Etwas anderes gilt jedoch auch hier, wenn die dem Endurteil vorangegan-     8

---

[16] *Baumbach/Lauterbach/Hartmann*[52] vor § 578 Rdnr. 9; MünchKomm ZPO-*Braun* Rdnr. 16; *Zöller/Schneider*[18] Rdnr. 9.
[17] A.A. *Baumbach/Lauterbach/Hartmann*[52] vor § 578 Rdnr. 9.
[18] MünchKomm ZPO-*Braun* Rdnr. 16; *Zöller/Schneider*[18] Rdnr. 9.
[19] Grundsätzlich bejahend MünchKomm ZPO-*Braun* Rdnr. 17.
[20] *Rosenberg/Schwab/Gottwald*[15] § 159 III 2; *Thomas/Putzo*[18] Rdnr. 1.
[21] So auch BGH LM § 578 Nr. 6 = NJW 1963, 587 = JZ 450 = MDR 403 = VersR 366 = ZZP 76 (1963), 465 (zu § 304); *Wilts* NJW 1963, 1532; *Gilles* ZZP 78(1965), 483; *Zöller/Schneider*[18] Rdnr. 14.
[22] *Wilts* NJW 1963, 1532.
[23] *Wilts* NJW 1963, 1532; *Gilles* ZZP 78 (1965), 488f.; *Rosenberg/Schwab/Gottwald*[15] § 159 III 2; *Zöller/Schneider*[18] Rdnr. 14. Weitergehend MünchKomm ZPO-*Braun* Rdnr. 17: Die Wiederaufnahmeklage ist immer dann zulässig, wenn das Nachverfahren nicht bei dem Gericht anhängig ist, das nach § 584 für das Wiederaufnahmeverfahren zuständig ist.
[24] *Gilles* ZZP 78 (1965), 483; *Baumbach/Lauterbach/Hartmann*[52] Rdnr. 7; *Rosenberg/Schwab/Gottwald*[15] § 159 III 2; offengelassen in BGH LM § 304 Nr. 17.

gene Entscheidung in höherer Instanz erlassen worden ist, → Rdnr. 7. Wegen der sonstigen Zwischenurteile und der Urteile der unteren Instanz s. § 583, wegen der Beschlüsse, soweit sie nicht innerhalb eines durch Urteil abzuschließenden Erkenntnisverfahrens ergangen sind, → vor § 578 Rdnr. 40.

### 5. Rechtskraft

9    Das Urteil muß formell rechtskräftig sein. Ob die Rechtskraft nach Zurückweisung eines Rechtsmittels oder infolge Nichteinlegung oder Zurücknahme eines Rechtsmittels eingetreten ist, macht keinen Unterschied[25].

## II. Die Parteien des Wiederaufnahmeverfahrens

10   Obwohl die Wiederaufnahmeklage kein Rechtsmittel im eigentlichen Sinn ist, → vor § 578 Rdnr. 28, steht sie doch wie ein solches nur der beschwerten Partei zu, → Rdnr. 3. Soweit sie sich ausschließlich gegen den **Kostenpunkt** richtet, ist sie in entsprechender Anwendung des Grundgedankens von § 99 (und mit dessen Ausnahmen) unzulässig[26]. Dies gilt auch für einen Kostenbeschluß nach § 91 a[27]. In Bezug auf die Personen, die für die Wiederaufnahmeklage **aktiv und passiv legitimiert** sind, gilt das unter → § 511 Rdnr. 8ff. Ausgeführte entsprechend. Richtige Parteien sind also die des Vorprozesses. Auch der **Streithelfer** ist zur Wiederaufnahme legitimiert[28], wobei es ausreicht, daß er durch Erhebung der Wiederaufnahmeklage überhaupt erst beitritt[29]. Bei **Einzelrechtsnachfolge** ist der Grundgedanke von § 265 Abs. 2 zu beachten, d.h. die Wiederaufnahmeklage ist vom bzw. gegen den Rechtsvorgänger zu erheben[30]. Der Rechtsnachfolger kann lediglich unter den Voraussetzungen der §§ 265 Abs. 2 S. 2, 266 richtige Partei des Wiederaufnahmeverfahrens sein[31]. Bei **Gesamtrechtsnachfolge** tritt der Rechtsnachfolger an die Stelle der früheren Partei. Im Falle des Todes einer Partei des früheren Verfahrens ist deshalb deren Erbe die richtige Partei für das Wiederaufnahmeverfahren[32]. Wird das Wiederaufnahmeverfahren durch den Tod des Wiederaufnahmeklägers unterbrochen, so kann jeder einzelne Miterbe nach § 2039 BGB das Verfahren aufnehmen; § 2040 BGB steht dem nicht entgegen[33].

11   Bestand in dem Vorprozeß eine **notwendige Streitgenossenschaft**, § 62, so sind auch diejenigen Streitgenossen, die die Wiederaufnahmeklage nicht erhoben haben und denen ein Wiederaufnahmegrund nicht zur Seite steht, nach § 62 Abs. 2 zum Wiederaufnahmeverfahren hinzuzuziehen[34]. Bestand auf der Wiederaufnahmebeklagtenseite eine notwendige Streitgenossenschaft, so muß die Wiederaufnahmeklage gegen alle Streitgenossen gerichtet werden, widrigenfalls sie unzulässig ist. Bei **einfacher Streitgenossenschaft** ist die Wiederaufnahmeklage nur für bzw. gegen die Streitgenossen gegeben, in deren Person ein Wiederaufnahmegrund vorliegt[35].

---

[25] S. *RGZ* 153, 65.
[26] *BGHZ* 43, 239, 245; *Baumbach/Lauterbach/Hartmann*[52] Rdnr. 1; *Zöller/Schneider*[18] Rdnr. 15; *Rosenberg/Schwab/Gottwald*[15] § 159 II 4; → auch § 99 Rdnr. 3.
[27] *AK-Greulich* Rdnr. 29; a.A. MünchKomm ZPO-*Braun* Rdnr. 20.
[28] *AK-Greulich* Rdnr. 34; MünchKomm ZPO-*Braun* Rdnr. 28; *Zöller/Schneider*[18] Rdnr. 6; *Rosenberg/Schwab/Gottwald*[15] § 161 II 1.
[29] MünchKomm ZPO-*Braun* Rdnr. 28.
[30] *RGZ* 168, 257, 260f.; *Schiedermair* Festschrift f. Dölle (1963), 333ff.; *Baumbach/Lauterbach/Hartmann*[52] Rdnr. 2; MünchKomm ZPO-*Braun* Rdnr. 26; *Rosenberg/Schwab/Gottwald*[15] § 161 II 2. Nach *BGHZ* 29, 329 = LM § 578 Nr. 3 (*Johannsen*) = NJW 1959, 939 = MDR 373 *kann* die Klage zumindest gegen den Rechtsvorgänger gerichtet werden.
[31] *Schiedermair* (Fn. 30), 340ff.; *Rosenberg/Schwab/Gottwald*[15] § 161 II 2; MünchKomm ZPO-*Braun* Rdnr. 27.
[32] *RGZ* 46, 75, 77; 118, 73; MünchKomm ZPO-*Braun* Rdnr. 25.
[33] *BGHZ* 14, 251 = LM § 578 Nr. 4 = NJW 1954, 1523.
[34] *RGZ* 96, 48, 52; *Rosenberg/Schwab/Gottwald*[15] § 161 II 1.
[35] *Rosenberg/Schwab/Gottwald*[15] § 161 II 1.

## III. Verhältnis von Nichtigkeits- und Restitutionsklage, Abs. 2

Nach Abs. 2 muß bei gleichzeitiger Rechtshängigkeit einer Nichtigkeits- sowie einer Restitutionsklage letztere bis zur rechtskräftigen Entscheidung über die Nichtigkeitsklage ausgesetzt werden. Dies beruht auf der Vorstellung, daß die Nichtigkeitsklage insoweit über die Restitutionsklage hinausgeht, als sie das frühere Urteil gänzlich entfallen lasse und damit eine stärkere Wirkung habe[36]. Das überzeugt zwar deswegen nicht, weil beide Klagen gleichermaßen darauf abzielen, das bisher bestehende angefochtene Urteil zu beseitigen und eine Neuverhandlung der Sache herbeizuführen[37] (infolgedessen ist der Übergang von der einen zur anderen Klage auch keine Klageänderung[38], → weiter § 588 Rdnr. 3), doch ändert dies nichts daran, daß Abs. 2 die **Aussetzung** zwingend vorschreibt und zu befolgen ist[39]. Ob die beiden Klagen von derselben oder von verschiedenen Parteien erhoben worden sind, ist unerheblich. Hat die Nichtigkeitsklage Erfolg, so ist die Restitutionsklage damit gegenstandslos geworden[40]; über sie ist jetzt keine Entscheidung mehr zu treffen. Wird die Nichtigkeitsklage dagegen rechtskräftig verworfen oder zurückgewiesen, so kann jede Partei Terminsbestimmung verlangen; die Aussetzung ist mit Rechtskraft der Entscheidung im Nichtigkeitsverfahren beendet.

12

## IV. Arbeitsgerichtliches Verfahren

Im arbeitsgerichtlichen Verfahren gilt § 578 sowohl im Urteils-, § 79 ArbGG, als auch im Beschlußverfahren, §§ 80 Abs. 2, 79 ArbGG.

13

## § 579 [Nichtigkeitsklage]

(1) Die Nichtigkeitsklage findet statt:
1. wenn das erkennende Gericht nicht vorschriftsmäßig besetzt war;
2. wenn ein Richter bei der Entscheidung mitgewirkt hat, der von der Ausübung des Richteramts kraft Gesetzes ausgeschlossen war, sofern nicht dieses Hindernis mittels eines Ablehnungsgesuchs oder eines Rechtsmittels ohne Erfolg geltend gemacht ist;
3. wenn bei der Entscheidung ein Richter mitgewirkt hat, obgleich er wegen Besorgnis der Befangenheit abgelehnt und das Ablehnungsgesuch für begründet erklärt war;
4. wenn eine Partei in dem Verfahren nicht nach Vorschrift der Gesetze vertreten war, sofern sie nicht die Prozeßführung ausdrücklich oder stillschweigend genehmigt hat.

(2) In den Fällen der Nr. 1, 3 findet die Klage nicht statt, wenn die Nichtigkeit mittels eines Rechtsmittels geltend gemacht werden konnte.

Gesetzesgeschichte: Bis 1900 § 542 CPO. Änderungen: BGBl. 1950 S. 455; 1976 I 3281.

| | |
|---|---|
| I. Die Nichtigkeitsklage | 1 |
| II. Die einzelnen Nichtigkeitsgründe | 3 |
|    1. Nicht vorschriftsmäßige Besetzung des Gerichts | 3 |

---

[36] *Baumbach/Lauterbach/Hartmann*[52] Rdnr. 8.
[37] *Gilles* Rechtsmittel im Zivilprozeß (1972), 108; *Braun* Rechtskraft und Restitution, Zweiter Teil (1985), 79 ff.; MünchKomm ZPO-*Braun* Rdnr. 32.
[38] MünchKomm ZPO-*Braun* Rdnr. 33; a. A. *Rosenberg/Schwab/Gottwald*[15] § 161 III 2 c.
[39] A. A. MünchKomm ZPO-*Braun* Rdnr. 32 (Ermessen des Gerichts).
[40] *Zöller/Schneider*[18] Rdnr. 35.

| | | | |
|---|---|---|---|
| 2. Mitwirkung eines ausgeschlossenen Richters | 4 | III. Subsidiarität der Nichtigkeitsklage, Abs. 2 | 11 |
| 3. Mitwirkung eines abgelehnten Richters | 5 | IV. Prüfung von Amts wegen | 13 |
| 4. Nicht ordnungsmäßige Vertretung der Partei | 6 | V. Arbeitsgerichtliches Verfahren | 14 |
| | | 1. Allgemeines | 14 |
| | | 2. Einzelne Nichtigkeitsgründe | 15 |

## I. Die Nichtigkeitsklage

1  Die ZPO kennt nur die unter Nr. 1–4 aufgeführten Nichtigkeitsgründe. Darüber hinaus war bei einem sog. Schiedsurteil, § 510c, die Nichtigkeitsklage noch wegen Nichtgewährung des rechtlichen Gehörs sowie bei Fehlen einer Begründung der Entscheidung gegeben. Mit Aufhebung des § 510c durch die Vereinfachungsnovelle ist § 579 Abs. 3 a.F. ersatzlos entfallen. Alle Nichtigkeitsgründe betreffen **Verfahrensfehler** aus dem früheren Verfahren. Wegen des Inhalts der Entscheidung findet die Nichtigkeitsklage nie statt; insoweit kommt allenfalls die Restitutionsklage in Betracht. Abgesehen von dem Zusatz »oder eines Rechtsmittels« in Nr. 2 stimmen die Nichtigkeitsgründe des § 579 mit den absoluten Revisionsgründen nach § 551 Nr. 1, 2, 3 und 5 überein. In diesen Fällen konkurriert demnach die Nichtigkeitsklage mit der Revision; zur Subsidiarität der Nichtigkeitsklage in den Fällen nach Nr. 1 und 3 → aber Rdnr. 11 f.

2  Bei allen Nichtigkeitsgründen des § 579 kann das Wiederaufnahmeverfahren nur dann zulässig sein, wenn der **behauptete Nichtigkeitsgrund in dem Hauptprozeß übersehen** worden ist. Hat das Gericht die Frage dagegen geprüft, so kann die Entscheidung nicht dadurch in Frage gestellt werden, daß ihre Unrichtigkeit behauptet wird[1]. Anderenfalls käme man zu dem unhaltbaren Ergebnis, daß über die Nichtigkeitsgründe nie eine endgültige Entscheidung ergehen könnte; es wäre nämlich möglich, auch das im Wiederaufnahmeverfahren ergangene Urteil erneut mit der Nichtigkeitsklage anzufechten, ohne daß je eine Grenze für weitere Nichtigkeitsklagen bestehen würde, → weiter Rdnr. 10.

## II. Die einzelnen Nichtigkeitsgründe

### 1. Nicht vorschriftsmäßige Besetzung des Gerichts

3  Die Vorschrift entspricht § 551 Nr. 1; Einzelheiten → § 551 Rdnr. 3 ff. Sie bezieht sich nur auf die mangelhafte Besetzung eines gerichtsverfassungsmäßig bestehenden Gerichts und nicht auch auf Gremien, die keine Gerichtsqualität haben. Insoweit liegt ein Nichturteil vor, was jede Partei jederzeit außerhalb eines Wiederaufnahmeverfahrens geltend machen kann, → vor § 578 Rdnr. 2 f.

### 2. Mitwirkung eines ausgeschlossenen Richters

4  Die Vorschrift entspricht § 551 Nr. 2; → dazu § 551 Rdnr. 11. Der Zurückweisung eines Ablehnungsgesuchs ist hier diejenige eines Rechtsmittels gleichgestellt, das auf die Mitwirkung des Richters gestützt war. Eine den Ausschließungsgrund verneinende Entscheidung hindert auch den Gegner der Partei, die ihn geltend gemacht hat, an der Nichtigkeitsklage. Bei

---

[1] AK-*Greulich* Rdnr. 3; *Rosenberg/Schwab/Gottwald*[15] § 160 I 3; *Gaul* Festschrift f. Kralik (1986), 157, 178. A.A. für Nr. 4 *BGHZ* 84, 24 = LM § 579 Nr. 6 (*Blumenöhr*) = NJW 1982, 2449 = JZ 730 = MDR 1004; → auch Rdnr. 10.

einem Vollstreckungsbescheid gilt Nr. 2 für den Rechtspfleger entsprechend, § 10 S. 1 RpflG[2]. Für den Urkundsbeamten der Geschäftsstelle s. § 49. Zur Frage, ob die Nichtigkeitsklage auch bei Nr. 2 in dem Sinne subsidiär ist, daß sie dann nicht stattfindet, wenn der Ausschlußgrund mittels eines Rechtsmittels hätte geltend gemacht werden können, → Rdnr. 12.

### 3. Mitwirkung eines abgelehnten Richters

Die Vorschrift entspricht § 551 Nr. 3; → dazu § 551 Rdnr. 12. Das bloße Bestehen eines 5 Ablehnungsgrundes, ohne daß ein Ablehnungsgesuch gestellt worden wäre, stellt keinen Nichtigkeitsgrund dar[3]. Zur Frage, ob Nr. 3 auch dann anwendbar ist, wenn das Ablehnungsgesuch vor Erlaß der Entscheidung gestellt, aber nicht mehr beschieden worden ist, → § 44 Rdnr. 5a. Für den Rechtspfleger sowie den Urkundsbeamten der Geschäftsstelle gilt dasselbe wie bei Nr. 2, → Rdnr. 4.

### 4. Nicht ordnungsmäßige Vertretung der Partei

Zur Parallelvorschrift des § 551 Nr. 5 → § 551 Rdnr. 16ff; zur Klagefrist im Falle der Nr. 4 6 → § 586 Rdnr. 12ff. Unter Nr. 4 gehören alle Fälle einer nicht ordnungsgemäßen Vertretung der Partei, unabhängig davon, worauf der Mangel beruht. Die Vorschrift ist anwendbar bei fehlender **Prozeßführungsbefugnis** eines vermeintlichen Prozeßstandschafters[4], bei mangelnder **Prozeßfähigkeit**, bei mangelnder **Prozeßvollmacht**[5] sowie bei juristischen Personen, sofern diese nicht von dem vertretungsberechtigten Organ vertreten waren. Ist die Partei erst während des Prozesses prozeßunfähig geworden, so kommt der Mangel dann nicht in Betracht, wenn bei Bestellung des Prozeßbevollmächtigten Prozeßfähigkeit bestand; andererseits wird durch den Eintritt der Prozeßfähigkeit während des Prozesses ein ursprünglicher Mangel geheilt; die Prozeßunfähigkeit muß also während des ganzen früheren Verfahrens bestanden haben[6]. Die fehlende **Postulationsfähigkeit** des Parteivertreters fällt nicht unter Nr. 4[7]. Dagegen stellt es einen Nichtigkeitsgrund dar, daß ein Dritter als Partei tätig wird oder wenn das Urteil gegen eine in Wahrheit gar nicht bestehende Partei ergangen ist[8], → § 50 Rdnr. 42. Erteilt die Partei dem Anwalt für die Rechtsmittelinstanz nicht selbst eine Vollmacht, so liegt gleichwohl kein Mangel der Prozeßvollmacht vor, wenn der bevollmächtigte erstinstanzliche Anwalt dem Anwalt für die Rechtsmittelinstanz Vollmacht erteilt[9]. Zum Verfahren gehört schon die Zustellung der Klage bzw. eine Ladung. Nr. 4 findet also auch Anwendung, wenn die Klage nicht dem richtigen Beklagten oder einem falschen Vertreter oder, sofern der Beklagte prozeßunfähig war, nicht seinem gesetzlichen Vertreter zugestellt war und gleichwohl gegen die Partei Versäumnisurteil erging[10]. Von diesem Ausgangspunkt her muß Nr. 4 beim Versäumnisurteil auch dann anwendbar sein, wenn die Ladung unterblieben war (sei es infolge Auftretens eines falschen Vertreters, sei es versehentlich überhaupt). Dagegen ist ein Verstoß gegen Zustellungsvorschriften im Rahmen von Nr. 4 unerheblich, →

---

[2] *Rosenberg/Schwab/Gottwald*[15] § 160 I 1a; Münch-Komm ZPO-*Braun* Rdnr. 6.
[3] *BGH* NJW 1981, 1273, 1274.
[4] *Berger* Die subjektiven Grenzen der Rechtskraft bei der Prozeßstandschaft (1992), 180ff.
[5] *OLG Oldenburg* NJW-RR 1989, 446; *Zöller/Schneider*[18] Rdnr. 6. A. A. *Henckel* Prozeßrecht und materielles Recht (1969), 79.
[6] *RGZ* 118, 112, 124f.; 120, 170, 173; MünchKomm ZPO-*Braun* Rdnr. 11.

[7] *BAGE* 66, 140 = AP § 579 Nr. 2 = NJW 1991, 1252 = MDR 674; *Zöller/Schneider*[18] Rdnr. 6; *Urbanczyk* ZZP 95 (1982), 339, 355f.
[8] *Lindacher* JZ 1989, 378; *Zöller/Schneider*[18] Rdnr. 9.
[9] *OLG Schleswig* SchlHA 1949, 130; MünchKomm ZPO-*Braun* Rdnr. 11.
[10] *BGH* JZ 1959, 127 = MDR 121; *Baumbach/Lauterbach/Hartmann*[52] Rdnr. 6.

§ 214 Rdnr. 11. Die Nichtigkeitsklage ist auch dann nicht gegeben, wenn öffentlich zugestellt worden ist, ohne daß die Voraussetzungen dafür vorlagen[11]. Bei **Fehlen der Parteifähigkeit** ist Nr. 4 entsprechend anwendbar[12]; → auch § 50 Rdnr. 41. Zur Frage der Anwendbarkeit von Nr. 4 bei Verletzung von Art. 103 Abs. 1 GG → Rdnr. 8.

7   Rügebefugt ist nur die nicht ordnungsmäßig vertretene Partei, nicht dagegen auch der obsiegende Gegner[13]. Durch das Erfordernis der ordnungsgemäßen Vertretung wird lediglich der Schutz der zu vertretenden Partei angestrebt. Der Gegner kann also auch im Falle seines Unterliegens keine Nichtigkeitsklage erheben; hat der Gegner im Vorprozeß obsiegt, so fehlt es schon an einer Beschwer; allein die Gefahr, daß die nicht ordnungsgemäß vertretene Partei das Urteil angreift, stellt für den Gegner keine Beschwer dar, → § 551 Rdnr. 20. Erwägenswert erscheint bei teilweisem Obsiegen der wiederaufnahmebefugten Partei allenfalls, ob der Gegner nicht die Möglichkeit einer Art unselbständigen Anschlußnichtigkeitsklage haben muß. Der Mangel kann im übrigen bei Prozeßunfähigkeit sowohl vom gesetzlichen Vertreter des Prozeßunfähigen als auch von diesem selbst geltend gemacht werden[14].

8   Bei **Verletzung des Anspruchs auf rechtliches Gehör**, Art. 103 Abs. 1 GG, wird teilweise die Auffassung vertreten, daß in entsprechender Anwendung von § 579 Abs. 1 Nr. 4 die Nichtigkeitsklage zulässig ist[15]. Überwiegend wird diese Erweiterung der Nichtigkeitsgründe aber abgelehnt[16]. Trotz beachtlicher Gründe für die Zulassung einer Nichtigkeitsklage dürften die besseren Gründe zumindest derzeit noch für die Gegenmeinung sprechen, → auch § 551 Rdnr. 19. Eine Verletzung von Art. 103 Abs. 1 GG erweitert den Instanzenzug trotz der damit angestrebten Entlastung des Bundesverfassungsgerichts von Verfassungsbeschwerden nicht, → Allg. Einl. vor § 511 Rdnr. 66f. Das schließt zwar nicht aus, daß das geltende einfache Recht in dem Sinne extensiv ausgelegt wird, daß Bereinigungsmöglichkeiten unterhalb des Bundesverfassungsgerichts weitestmöglich genutzt werden müssen (zur Gegenvorstellung → § 567 Rdnr. 28f.), doch erscheint die Analogie zu § 579 Abs. 1 Nr. 4 in vorliegendem Zusammenhang allzu kühn.

9   Hat die nicht ordnungsmäßig vertretene Partei die Prozeßführung ausdrücklich oder stillschweigend genehmigt, so findet die Nichtigkeitsklage nicht statt. Zur **Genehmigung der Prozeßführung** → § 56 Rdnr. 3, § 89 Rdnr. 13ff. Sie begründet eine von Amts wegen zu berücksichtigende prozessuale Einwendung, → Rdnr. 13, und kann auch noch im Laufe des Wiederaufnahmeverfahrens mit der Wirkung erklärt werden, daß die Klage nunmehr unbegründet wird.

10  Die Nichtigkeitsklage muß weiter dann ausgeschlossen sein, wenn die Frage der ordnungsmäßigen Vertretung (d.h. insbesondere die Prozeßfähigkeit der Partei) in dem früheren Verfahren **ausdrücklich geprüft und bejaht** worden ist[17]. Anderenfalls kann es zu einem »ewigen« Prozessieren um die Prozeßfähigkeit kommen, was schon im Interesse der obsie-

---

[11] OLG Frankfurt FamRZ 1956, 385 = NJW 1957, 307; Zöller/Schneider[18] Rdnr. 7. A.A. Rosenberg/Schwab/Gottwald[15] § 160 I 1b; MünchKomm ZPO-Braun Rdnr. 19.
[12] BGH FamRZ 1963, 131, 132; AK-Greulich Rdnr. 14; Thomas/Putzo[18] Rdnr.2; Zöller/Schneider[18] Rdnr. 9; Rosenberg/Schwab/Gottwald[15] § 43 V 6; Leipold ZZP 81 (1968), 70. A.A. Lindacher JZ 1989, 377.
[13] BGHZ 63, 78 = LM § 579 Nr. 5 = NJW 1974, 2283 = JZ 1975, 34; BGH FamRZ 1988, 1158; AK-Greulich Rdnr. 25; Baumbach/Lauterbach/Hartmann[52] Rdnr. 9; MünchKomm ZPO-Braun Rdnr. 12; Zöller/Schneider[18] Rdnr. 10.
[14] Behre Der Streitgegenstand des Wiederaufnahmeverfahrens (1968), 56ff.; AK-Greulich Rdnr. 26.

[15] So vor allem eingehend MünchKomm ZPO-Braun Rdnr. 17ff.; s.weiter AK-Greulich Rdnr. 15ff. (Erweiterung von § 579 Abs. 1 Nr. 4 de lege ferenda).
[16] Rosenberg/Schwab/Gottwald[15] § 160 I 1b; Baumbach/Lauterbach/Hartmann[52] Rdnr. 8; Zöller/Schneider[18] Rdnr. 5.
[17] A.A. BGHZ 84, 24 (Fn. 1); Zöller/Schneider[18] Rdnr. 5; Baumbach/Lauterbach/Hartmann[52] Rdnr. 6; Thomas/Putzo[18] Rdnr. 2. Wie hier dagegen Gaul (Fn.1), 178; AK-Greulich Rdnr. 3; Rosenberg/Schwab/Gottwald[15] § 160 I 3; MünchKomm ZPO-Braun Rdnr. 14; Jauernig[24] § 20 IV 4.

genden Partei, die definitive Klarheit darüber erreichen können muß, ob das Urteil Bestand hat, nicht hingenommen werden kann. Erforderlich ist allerdings, daß die Prozeßfähigkeit eingehend geprüft und nicht nur beiläufig bejaht worden ist. Keinesfalls scheitert die Nichtigkeitsklage daran, daß ein Sachurteil ergangen und die Parteifähigkeit als zwingende Prozeßvoraussetzung damit stillschweigend bejaht worden ist.

### III. Subsidiarität der Nichtigkeitsklage, Abs. 2

In den **Fällen der Nrn. 1 und 3** ist die Nichtigkeitsklage in dem Sinne subsidiär, daß sie dann 11 nicht stattfindet, wenn der Kläger den Nichtigkeitsgrund durch ein Rechtsmittel hätte geltend machen können. Insoweit gelten dieselben Grundsätze wie bei § 582, → § 582 Rdnr. 1ff. Insbesondere ist es über den Wortlaut von Abs. 2 hinaus erforderlich, daß die Partei den **Nichtigkeitsgrund** in dem alten Verfahren **schuldhaft nicht geltend gemacht** hat[18]. Das objektive Vorhandensein einer Rechtsmittelmöglichkeit reicht also für den Ausschluß der Nichtigkeitsklage nicht aus. Die erfolglose Geltendmachung des Nichtigkeitsgrundes steht der Nichtigkeitsklage ebenfalls entgegen[19]. Der **Einspruch** gehört nach dem Sprachgebrauch der ZPO zwar an sich nicht zu den Rechtsmitteln, → Allg. Einl. vor § 511 Rdnr. 1f., doch erfordert es der Zweck des Abs. 2, daß die Nichtigkeitsklage auch hinter der Einspruchsmöglichkeit zurückzutreten hat[20]; daß beim Einspruch derselbe Richter entscheidet, dessen Mitwirkung gerügt wird[21], ist in diesem Zusammenhang unerheblich.

Für die Fälle der Nrn. 2 und 4 ordnet Abs. 2 keine Subsidiarität der Nichtigkeitsklage an. 12 Zumindest für Nr. 2 ist das nicht recht verständlich. Es ist kein Grund ersichtlich, der eine Differenzierung zwischen den Nrn. 1 und 3 einerseits und Nr. 2 andererseits rechtfertigen könnte. Abs. 2 ist deshalb bei Nr. 2 entsprechend anwendbar[22]. Bei Nr. 4 besteht dagegen Einigkeit dahingehend, daß Abs. 2 nicht anwendbar ist, weshalb die Partei die Wahl hat, ob sie ein Rechtsmittel einlegen oder Nichtigkeitsklage erheben will[23]. Soweit man bei Verletzung des Anspruchs auf Gewährung rechtlichen Gehörs Nr. 4 entsprechend anwenden will, → Rdnr. 8, ist Abs. 2 deshalb nicht anwendbar, weil eine Verletzung von Art. 103 Abs. 1 GG schon dann ausscheidet, wenn die Partei nur die Möglichkeit einer Äußerung hat; ob sie davon Gebrauch macht, ist demgegenüber unerheblich, → vor § 128 Rdnr. 30. Soweit die Partei die Anhörung also mittels eines Rechtsmittels hätte erreichen können, liegt schon gar kein Nichtigkeitsgrund vor[24].

### IV. Prüfung von Amts wegen

Für den **Beweis** der Nichtigkeitsgründe des § 579 bestehen keine besonderen Vorschriften. 13 Ebenso wie bei den Restitutionsgründen des § 580, → § 580 Rdnr. 6, trägt der Wiederaufnahmekläger die Beweislast dafür, daß ein Nichtigkeitsgrund vorliegt. Der Beweis kann mit allen nach der ZPO zulässigen Beweismitteln geführt werden[25]. Angesichts des Allgemeininteres-

---

[18] AK-*Greulich* Rdnr. 27; *Baumbach/Lauterbach/Hartmann*[52] Rdnr. 11; MünchKomm ZPO-*Braun* Rdnr. 5; *Zöller/Schneider*[18] Rdnr. 12.
[19] *Zöller/Schneider*[18] Rdnr. 11; *Rosenberg/Schwab/Gottwald*[15] § 160 I 3.
[20] *Rosenberg/Schwab/Gottwald*[15] § 160 I 2; AK-*Greulich* Rdnr. 27; *Zöller/Schneider*[18] Rdnr. 11. A.A. LG Konstanz MDR 1989, 827; *Baumbach/Lauterbach/Hartmann*[52] Rdnr. 11.
[21] Darauf stellt *Baumbach/Lauterbach/Hartmann*[52] Rdnr. 11 ab.

[22] Ebenso MünchKomm ZPO-*Braun* Rdnr. 7; a.A. *Baumbach/Lauterbach/Hartmann*[52] Rdnr. 11; *Thomas/Putzo*[18] Rdnr. 3.
[23] BGHZ 84, 24, 27 (Fn. 1); MünchKomm ZPO-*Braun* Rdnr. 13; *Thomas/Putzo*[18] Rdnr. 3; *Zöller/Schneider*[18] Rdnr. 12.
[24] MünchKomm ZPO-*Braun* Rdnr. 24.
[25] MünchKomm ZPO-*Braun* Rdnr. 2.

ses an der Aufrechterhaltung rechtskräftiger Urteile besteht Einigkeit darüber, daß die tatsächlichen Behauptungen hinsichtlich des Vorliegens eines Wiederaufnahmegrundes **von Amts wegen zu prüfen** sind[26]. Insbesondere ist das Gericht an ein Geständnis oder Nichtbestreiten durch den Nichtigkeitsbeklagten nicht gebunden. Ein Anerkenntnis ist ebenfalls ausgeschlossen, → auch § 307 Rdnr. 25. Dagegen gilt für die Genehmigung der Prozeßführung bei Nr. 4 der Verhandlungsgrundsatz; wenn der Kläger die Genehmigung noch im Wiederaufnahmeverfahren erklären kann, → Rdnr. 9, muß er auch eine frühere Genehmigung wirksam zugestehen können[27].

## V. Arbeitsgerichtliches Verfahren

### 1. Allgemeines

14 § 579 gilt auch im arbeitsgerichtlichen Verfahren, und zwar sowohl im Urteils-, § 79 S. 1 ArbGG, als auch im Beschlußverfahren, §§ 80 Abs. 2, 79 Abs. 1 ArbGG. Die Nichtigkeitsklage kann sich auch gegen einen Beschluß richten, durch den das Bundesarbeitsgericht eine **Nichtzulassungsbeschwerde** (§ 72a ArbGG) verworfen hat[28]; in diesem Fall tritt an die Stelle einer Nichtigkeitsklage ein Antrag, über den durch Beschluß entschieden wird, der ohne mündliche Verhandlung ergehen kann[29].

### 2. Einzelne Nichtigkeitsgründe

15 Zu Nr. 1 ist anzumerken, daß der am ehesten praktisch werdende Fall der sein dürfte, daß der Vorsitzende das Urteil in einem Fall allein erläßt, in dem die Kammer in voller Besetzung zu entscheiden hätte[30], → auch § 551 Rdnr. 40. Entsprechend der Regelung in den Fällen der §§ 65 und 73 Abs. 2 ArbGG kann die Nichtigkeitsklage nicht auf Mängel des Verfahrens bei der Berufung der ehrenamtlichen Richter oder auf Umstände gestützt werden, die die Berufung eines ehrenamtlichen Richters zu seinem Amt ausschließen, § 79 S. 2 ArbGG. Die Vorschrift bezieht sich ausschließlich auf Mängel bei der Berufung ehrenamtlicher Richter; ist ein solcher kraft Gesetzes ausgeschlossen oder mit Erfolg abgelehnt worden, so ist dagegen die Nichtigkeitsklage gegeben[31]. »Rechtsmittel« i. S. von Abs. 2, hinter dem die Nichtigkeitsklage subsidiär ist, → Rdnr. 11, ist auch die Nichtzulassungsbeschwerde nach § 72a ArbGG.

16 Zu Nr. 4 ist hervorzuheben, daß ein Fall nicht vorschriftsmäßiger Vertretung der Partei dann nicht vorliegt, wenn der Prozeßbevollmächtigte den Anforderungen des § 11 ArbGG nicht genügt[32]. Hierbei handelt es sich um die Postulationsfähigkeit des Verbandsvertreters, die ihrerseits nicht unter Nr. 4 fällt, → Rdnr. 6.

---

[26] AK-*Greulich* Rdnr. 4, *Baumbach/Lauterbach/Hartmann*[52] Rdnr. 2; MünchKomm ZPO-*Braun* Rdnr. 2.
[27] *Baumbach/Lauterbach/Hartmann*[52] Rdnr. 2.
[28] BAGE 66, 140 (Fn. 6); *Germelmann/Matthes/Prütting* § 79 Rdnr. 4.
[29] BAGE 66, 140 (Fn. 6).
[30] *Grunsky*[6] § 79 Rdnr. 2; *Germelmann/Matthes/Prütting* § 79 Rdnr. 6.
[31] *Germelmann/Matthes/Prütting* § 79 Rdnr. 6.
[32] *Brehm* in Münchener Handbuch zum Arbeitsrecht (1993), § 379 Rdnr. 29; → auch § 551 Rdnr. 42.

# § 580 [Restitutionsklage]

Die Restitutionsklage findet statt:
1. wenn der Gegner durch Beeidigung einer Aussage, auf die das Urteil gegründet ist, sich einer vorsätzlichen oder fahrlässigen Verletzung der Eidespflicht schuldig gemacht hat;
2. wenn eine Urkunde, auf die das Urteil gegründet ist, fälschlich angefertigt oder verfälscht war;
3. wenn bei einem Zeugnis oder Gutachten, auf welches das Urteil gegründet ist, der Zeuge oder Sachverständige sich einer strafbaren Verletzung der Wahrheitspflicht schuldig gemacht hat;
4. wenn das Urteil von dem Vertreter der Partei oder von dem Gegner oder dessen Vertreter durch eine in Beziehung auf den Rechtsstreit verübte Straftat erwirkt ist;
5. wenn ein Richter bei dem Urteil mitgewirkt hat, der sich in Beziehung auf den Rechtsstreit einer strafbaren Verletzung seiner Amtspflichten gegen die Partei schuldig gemacht hat;
6. wenn das Urteil eines ordentlichen Gerichts, eines früheren Sondergerichts oder eines Verwaltungsgerichts, auf welches das Urteil gegründet ist, durch ein anderes rechtskräftiges Urteil aufgehoben ist;
7. wenn die Partei
   a) ein in derselben Sache erlassenes, früher rechtskräftig gewordenes Urteil oder
   b) eine andere Urkunde auffindet oder zu benutzen in den Stand gesetzt wird, die eine ihr günstigere Entscheidung herbeigeführt haben würde.

Gesetzesgeschichte: Bis 1900 § 543 CPO. Änderungen: RGBl. 1933 I 780; 1943 I 631; BGBl. 1950 S. 455; 1974 I 469.

| | |
|---|---|
| I. Allgemeines zur Restitutionsklage | 1 |
|   1. Das Restitutionsprinzip | 1 |
|   2. Kausalitätserfordernis | 3 |
|   3. Mit der Restitutionsklage angreifbare Urteile | 5 |
|   4. Beweis | 6 |
| II. Restitution wegen strafbarer Handlungen | 7 |
|   1. Verletzung der Eidespflicht durch den Gegner, Nr. 1 | 7 |
|   2. Urkundenfälschung, Nr. 2 | 9 |
|   3. Verletzung der Wahrheitspflicht, Nr. 3 | 10 |
|   4. Straftat nach Nr. 4 | 13 |
|     a) Unbeeidigte Parteiaussage | 14 |
|     b) Parteivortrag | 15 |
|     c) Rechtsstreitbezogene Straftat | 16 |
|     d) Straftat des Vertreters | 17 |
|     e) Unerheblichkeit von Schadensersatzansprüchen | 18 |
|   5. Strafbare Verletzung der Amtspflicht durch den Richter | 19 |
| III. Wiederaufnahme wegen Urteilsaufhebung, Nr. 6 | 20 |
| IV. Wiederaufnahme wegen neu aufgefundener Urteile und Urkunden | 24 |
|   1. Auffinden eines Urteils, Nr. 7 a | 24 |
|   2. Auffinden einer sonstigen Urkunde, Nr. 7 b | 27 |
|     a) Allgemeines | 27 |
|     b) Tatsachenbezug der Urkunde | 28 |
|     c) Errichtungszeitpunkt | 29 |
|     d) Sonstige Beweismittel | 31 |
|     e) Günstigere Entscheidung | 32 |
|     f) Identität der Ansprüche in beiden Verfahren | 36 |
|   3. Zeitpunkt des Auffindens | 37 |
|   4. Neue wissenschaftliche Erkenntnisse | 38 |
| V. Arbeitsgerichtliches Verfahren | 39 |

## I. Allgemeines zur Restitutionsklage[1]

### 1. Das Restitutionsprinzip

1   Die Restitutionsklage findet nur in den unter Nr. 1–7b aufgeführten Fällen sowie nach § 641i bei Vorlage eines neuen Vaterschaftsgutachtens statt. Sämtlichen Restitutionsgründen ist gemeinsam, daß bei ihrem Vorliegen die **Urteilsgrundlagen in evidenter Weise erschüttert** worden sind[2], so daß es der unterlegenen Partei billigerweise nicht zugemutet werden kann, sich mit der Rechtskraft des ihr ungünstigen Urteils abfinden zu müssen. Dies muß nicht bedeuten, daß das Urteil im Ergebnis unrichtig ist[3]. Auf jeden Fall ist die Urteilsrichtigkeit aber so sehr in Frage gestellt, daß es nicht angeht, die Sache auf sich beruhen zu lassen. Die beschwerte Partei muß vielmehr die Möglichkeit haben, eine erneute Entscheidung des Rechtsstreits zu verlangen. Ohne Bedeutung ist dabei, ob sich die Verfälschung der Urteilsgrundlagen auf die Beweisgrundlage oder auf die Rechtsanwendung bezieht[4]. Im Rahmen des so abgesteckten Restitutionsprinzips ist eine **entsprechende Anwendung des § 580** über die im Gesetz ausdrücklich vorgesehenen Fälle möglich[5].

2   Gegen die unter → Rdnr. 1 vertretene Auffassung von der Einheitlichkeit des Restitutionsprinzips wird neuerdings eingewandt, die Restitutionsgründe ließen sich nicht auf ein einheitliches Prinzip zurückführen; vielmehr müsse zwischen einer **Verfahrensfehler- und** einer **Ergebnisfehlerrestitution** unterschieden werden[6]. Bei § 580 Nr. 1 bis 5 gehe es ebenso wie bei allen Nichtigkeitsgründen des § 579 Abs. 1 um eine Wiederaufnahme des Verfahrens zur Korrektur von Verfahrensfehlern. Demgegenüber handele es sich vor allem bei §§ 580 Nr. 7b und 641i um eine Korrektur des unrichtigen Ergebnisses des angegriffenen Urteils. Dabei wird zu wenig berücksichtigt, daß zwischen den Nichtigkeitsgründen des § 579 Abs. 1 und den Restitutionsgründen des § 580 Nr. 1 bis 5 insofern ein tiefgreifender Unterschied besteht, als letztere einen ursächlichen Zusammenhang mit dem angefochtenen Urteil verlangen, → Rdnr. 3, während bei § 579 Abs. 1 vom Inhalt des Urteils abgesehen wird. Wenn auch in den Fällen des § 580 Nr. 1 bis 5 nicht sichergestellt ist, daß das neue Urteil im Ergebnis für den Restitutionskläger günstiger ausfallen wird, → Rdnr. 3, ist der Wegfall der Urteilsgrundlage doch von so zentraler Bedeutung, daß das Ergebnis zumindest wieder völlig offen ist. Insofern handelt es sich auch in den Fällen der Nr. 1 bis 5 um die Korrektur eines eindeutig ergebnisbezogenen Fehlers. Daß dieser in der Gestalt eines Verfahrensfehlers unterlaufen ist, erscheint demgegenüber von untergeordneter Bedeutung. Ganz anders liegen die Dinge bei § 579 Abs. 1. Hat etwa ein nicht vorschriftsmäßig besetztes Gericht entschieden, so ist es zwar nicht begriffsnotwendig, aber immerhin doch sehr wahrscheinlich, daß das Urteil im Ergebnis bei ordnungsmäßiger Besetzung nicht anders ausgefallen wäre. Entsprechendes gilt für die anderen Nichtigkeitsgründe. Selbst im Fall des § 579 Abs. 1 Nr. 4 sind die Urteilsgrundlagen vom Ergebnis her längst nicht so grundlegend erschüttert, als daß man die Vorschrift mit den Restitutionsgründen nach § 580 Nr. 1 bis 5 auf eine Ebene stellen könnte.

---

[1] S. dazu insbesondere *Gaul* Die Grundlagen des Wiederaufnahmerechts und die Ausdehnung der Wiederaufnahmegründe (1956); *Braun* Rechtskraft und Restitution, Zweiter Teil: Die Grundlagen des geltenden Restitutionsrechts (1985).
[2] *Gaul* (Fn. 1) passim (besonders 66 ff., 78 ff.); *Dorndorf* Rechtsbeständigkeit von Entscheidungen und Wiederaufnahme des Verfahrens in der freiwilligen Gerichtsbarkeit (1969), 64 ff.; AK-*Greulich* Rdnr. 3; *Jauernig*[24] § 64 II; s. ferner *BGHZ* 38, 333, 336; 103, 121, 125.
[3] S. *Gaul* (Fn. 1), 73 ff.; *Dorndorf* (Fn. 1), 59 ff.
[4] *Lent* ZZP 70 (1957), 397 ff.; *Schumann* Verfassungs- und Menschenrechtsbeschwerde gegen richterliche Entscheidungen (1963), 306 f.; *Schlosser* ZZP 79 (1966), 187. A.A. *Gaul* (Fn. 1), 207 ff., der nur auf die Verfälschung der Beweisgrundlage abstellt.
[5] So insbesondere *Gaul* (Fn. 1), 24 ff. und ihm folgend die nunmehr ganz h. M.; s. etwa *Rosenberg/Schwab/Gottwald*[15] § 160 II 3 vor a; AK-*Greulich* Rdnr. 5; Münch-Komm ZPO-*Braun* vor § 578 Rdnr. 7; *Schumann* (Fn. 4), 308 ff.; *Schlosser* ZZP 79 (1966), 186 f.
[6] So eingehend *Braun* (Fn. 1) passim; MünchKomm-ZPO-*Braun* Rdnr. 2 ff.

Eine Zusammenfassung von § 579 Abs. 1 und § 580 Nr. 1 bis 5 ist unter dem Stichwort »Verfahrensfehlerwiederaufnahme« begrifflich zwar möglich, kann aber nichts daran ändern, daß die erfaßten Verfahrensfehler untereinander sehr heterogen sind und die Fälle des § 580 Nr. 1 bis 5 den übrigen Restitutionsgründen näher stehen als den Nichtigkeitsgründen.

## 2. Kausalitätserfordernis

Den Fällen **Nr. 1 bis 5** ist gemeinsam, daß das Urteil durch eine strafbare Handlung 3 herbeigeführt ist, also ein ursächlicher Zusammenhang zwischen der strafbaren Handlung und dem Urteil bestehen muß[7]. Trotz des insoweit nicht klaren Wortlauts gilt dies auch für Nr. 5. Zulässigkeit und Begründetheit der Klage setzen aber nicht die Feststellung voraus, daß der Fortfall der die strafbare Handlung begründenden Tatsachen zu einem dem Restitutionskläger günstigeren Ergebnis geführt haben würde[8]; es genügt, daß die Möglichkeit einer inhaltlich anderslautenden Entscheidung nicht ausgeschlossen werden kann[9]. Insoweit wirkt es sich aus, daß es bei den Fällen der Nr. 1 bis 5 um die Korrektur von Verfahrensfehlern geht; zur entsprechenden Problematik bei einer auf einen Verfahrensfehler gestützten Revision → § 563 Rdnr. 4. In den Fällen **Nr. 6 bis 7 b** muß zwischen dem Restitutionsgrund und dem Inhalt des Urteils ebenfalls ein ursächlicher Zusammenhang bestehen[10]. Anders als bei Nr. 1 bis 5 muß hier die Ursächlichkeit jedoch feststehen und nicht nur die Möglichkeit einer anderslautenden Entscheidung gegeben sein[11], → aber weiter Rdnr. 32. Insoweit besteht bei der Verfahrensfehlerrestitution in der Tat eine andere Rechtslage, doch gibt dies keinen Anlaß, die Fälle der Nr. 1 bis 5 von den übrigen Restitutionssachverhalten »abzukoppeln« und mit der Nichtigkeitsklage zu einer eigenen Kategorie zusammenzufassen, → Rdnr. 2. Soweit die Kausalität nur hinsichtlich abtrennbarer Teile des angefochtenen Urteils besteht, ist die Restitutionsklage nur gegen diesen Urteilsteil statthaft.

Die Kausalität kann auch bei einem **Versäumnisurteil** und bei einem **Vollstreckungsbe-** 4 **scheid** als Vorentscheidung gegeben sein[12]. Es wäre wenig befriedigend, wollte man der Partei, die infolge Täuschung das Versäumnisurteil oder den Vollstreckungsbescheid gegen sich hat ergehen lassen, die Wiederaufnahmemöglichkeit verweigern. Ebenso wird die Restitutionsklage nicht durch ausgeschlossen, daß die Partei das wahrheitswidrige Vorbringen nicht bestritten oder gar zugestanden hat[13]. Das Bestreiten kann gerade im Hinblick auf die Täuschung unterblieben sein. Weiter ist an den Fall zu erinnern, daß die Partei von einem Bestreiten deshalb abgesehen hat, weil sie keine Beweismittel an der Hand hatte. Wollte man die Wiederaufnahmeklage hier versagen, so würde man die Partei zu einem aussichtslosen Bestreiten zwingen, → weiter Rdnr. 33. Ferner wird die Restitutionsklage nicht dadurch unzulässig, daß die Partei infolge der strafbaren Handlung von der Aussichtslosigkeit des Rechtsstreits überzeugt ist und daraufhin eine Anerkenntnis- oder Verzichtserklärung abgibt. Das Argument, das Urteil beruhe hier nicht auf der strafbaren Handlung, sondern auf dem Parteiverhalten[14], ist rein formaler Art. Man wird lediglich verlangen müssen, daß die Partei glaubhaft macht, sie hätte sich bei Kenntnis der wahren Sachlage anders verhalten.

---

[7] RGZ 130, 287; *Gaul* (Fn. 1), 70; AK-*Greulich* Rdnr. 10; MünchKomm ZPO-*Braun* Rdnr. 13; *Rosenberg/Schwab/Gottwald*[15] § 160 II 2.
[8] OHGZ 3, 42; *Gaul* (Fn. 1), 73 ff.; MünchKomm ZPO-*Braun* Rdnr. 13; *Rosenberg/Schwab/Gottwald*[15] § 160 II 2.
[9] MünchKomm ZPO-*Braun* Rdnr. 13; *Rosenberg/Schwab/Gottwald*[15] § 160 II 2.
[10] BGHZ 103, 121, 125 ff. = LM § 580 Ziff. 6 Nr. 2 = NJW 1988, 1914 = MDR 566 (zu Nr. 6); MünchKomm ZPO-*Braun* Rdnr. 13; *Rosenberg/Schwab/Gottwald*[15] § 160 II 2.
[11] *Braun* (Fn. 1), 373 ff.; MünchKomm ZPO-*Braun* Rdnr. 13.
[12] RG HRR 1936, 571; *Gaul* JuS 1962, 12; *Zöller/Schneider*[18] Rdnr. 9; a. A. RGZ 130, 388; 163, 291; *Baumbach/Lauterbach/Hartmann*[52] Rdnr. 8.
[13] A. A. *Johannsen* in Festschrift für den 45. Deutschen Juristentag (1964), 89 ff.

### 3. Mit der Restitutionsklage angreifbare Urteile

5  Die Restitutionsklage findet in allen Fällen des § 580 gegen Urteile aller Instanzen und jedweden Inhalts statt, → § 578 Rdnr. 1f. Inbesondere ist eine Ausnahme für **Urteile des Revisionsgerichts**, die nicht in der Sache selbst entscheiden, sondern die Revision als unzulässig verwerfen, nicht zu rechtfertigen[15]. In § 584 Abs. 1 ist die Zuständigkeit bei Revisionsurteilen so geordnet, daß bei Restitutionsgründen, die tatsächliche Feststellungen betreffen, das Berufungsgericht zuständig ist. Hierbei ist allerdings nicht berücksichtigt worden, daß auch das Revisionsgericht dazu berufen sein kann, tatsächliche Feststellungen zu treffen[16]. Aus dem lediglich die Zuständigkeit regelnden § 584 Abs. 1 kann bezüglich der Zulässigkeit der Wiederaufnahmeklage nichts gefolgert werden; wenn ausnahmsweise Restitutionsgründe deshalb auf das Urteil des Revisionsgerichts zutreffen, weil dieses Tatsachen festgestellt hat, → § 561 Rdnr. 33ff., so muß dieses selbst über die Wiederaufnahme entscheiden[17], → § 584 Rdnr. 7.

### 4. Beweis

6  Zum Beweis und der Prüfung von Amts wegen gilt Entsprechendes wie bei der Nichtigkeitsklage, → dazu § 579 Rdnr. 13. Die **Beweislast** für das Vorliegen eines Restitutionsgrundes trägt der Restitutionskläger[18].

## II. Restitution wegen strafbarer Handlungen

### 1. Verletzung der Eidespflicht durch den Gegner, Nr. 1

7  Nr. 1 behandelt den Fall der **eidlichen Parteivernehmung**, § 452. Weiter gehört hierher die eidliche Vernehmung über den Verbleib einer Urkunde, § 426 S. 3. Der Eidesleistung steht die Beteuerung nach § 484 gleich[19], nicht dagegen auch die eidesstattliche Versicherung; hier greift Nr. 4 ein. Unter der vorsätzlichen oder fahrlässigen Verletzung der Eidespflicht sind nur die Tatbestände der §§ 154, 163 StGB zu verstehen, da ausdrücklich eine Eidesleistung durch die Partei gefordert wird. Auch wenn die Beeidigung der Partei nach § 452 Abs. 4 unzulässig ist, reicht die vorsätzliche oder fahrlässige Falschaussage als Wiederaufnahmegrund nicht aus; wohl aber greift Nr. 1 auch dann ein, wenn die Partei unzulässigerweise vereidigt worden ist. Eine entsprechende Anwendung von Nr. 1 auf unbeeidigte Parteiaussagen ist ausgeschlossen. Hier kommt eine Wiederaufnahme nur nach Nr. 4 in Betracht.

8  Die Beeidigung muß nicht notwendigerweise in dem Verfahren stattgefunden haben, in dem das angegriffene Urteil ergangen ist, → auch Rdnr. 11. Erforderlich und genügend ist, daß das **Urteil auf der eidlichen Aussage beruht**. Die ist auch dann der Fall, wenn die Aussage nur teilweise (auch nur in einem Nebenpunkt) falsch war, und zwar ohne, daß zwischen für die Entscheidung wesentlichen und unwesentlichen Punkten zu unterscheiden ist; durch jede Unrichtigkeit wird das Vertrauen in die Wahrheit der Aussage insgesamt erschüttert[20]. Es

---

[14] *Johannsen* (Fn. 13), 89ff.
[15] A.A. *RGZ* 68, 334; wie hier die heute ganz h.M.; s. etwa *BGHZ* 62, 18, 19f. = LM § 580 Ziff. 7b Nr. 22 (*Portmann*) = MDR 1974, 307 = JZ 136; *Baumbach/Lauterbach/Hartmann*[52] Rdnr. 1.
[16] Nur dies ergibt sich aus der in *RGZ* 68, 334, 337f. mitgeteilten Entstehungsgeschichte.
[17] *BGHZ* 62, 18 (Fn. 15); *Baumbach/Lauterbach/Hartmann*[52] Rdnr. 1.
[18] *BGHZ* 85, 32 = LM § 580 Ziff. 3 Nr. 2 = NJW 1983, 230 = MDR 119 = JZ 112 (*Grunsky*); *Rosenberg/Schwab/Gottwald*[15] § 161 IV 2.
[19] *Thomas/Putzo*[18] Rdnr. 5; *Baumbach/Lauterbach/Hartmann*[52] Rdnr. 3; AK-*Greulich* Rdnr. 12.
[20] *RGZ* 137, 94; *OGH* NJW 1950, 105; AK-*Greulich* Rdnr. 13; *Baumbach/Lauterbach/Hartmann*[52] Rdnr. 3; MünchKomm ZPO-*Braun* Rdnr. 16; *Thomas/Putzo*[18] Rdnr. 5; *Zöller/Schneider*[18] Rdnr. 8.

wird auch nicht vorausgesetzt, daß der Fortfall der beeidigten Aussage zu einem für den Restitutionskläger günstigeren Ergebnis geführt hätte[21].

## 2. Urkundenfälschung, Nr. 2

Nach Nr. 2 findet die Restitutionsklage bei fälschlicher Anfertigung oder Verfälschung einer Urkunde statt, §§ 267 ff. StGB. Eine versehentlich falsche Beurkundung reicht dagegen nicht aus[22]. Ob die Urkundenfälschung vom Gegner oder von einem Dritten vorgenommen worden ist, spielt keine Rolle[23]; ebenso nicht, ob die Partei, die die Urkunde vorlegte, die Fälschung kannte[24]. Welcher Art die Urkunde ist, ob sie zum unmittelbaren oder als Indizienbeweis gedient hat, ob sie gesetzliche Beweiskraft hat, ist alles unerheblich, sofern nur das Urteil darauf gegründet ist. Weiter spielt es keine Rolle, ob die Urkunde inhaltlich unrichtig ist; dies ist erst im Rahmen der Neuverhandlung zu prüfen[25]. Im Falle der Urkundenunterdrückung, § 274 StGB, ist Nr. 2 entsprechend anwendbar[26]; die vollständige Vernichtung einer Urkunde kann das angefochtene Urteil nicht bestandfester machen als ihre teilweise Verfälschung. Ebenso wie in den Fällen von Nr. 1, → Rdnr. 8, muß es auch bei Nr. 2 ausreichen, daß die Urteilsgrundlage nur in einem Nebenpunkt betroffen ist, d.h. im Falle der Verfälschung der Urkunde reicht es aus, daß ein untergeordneter Teil verfälscht worden ist. Ob der Restitutionskläger die Echtheit der Urkunde im Prozeß bestritten oder anerkannt hat, ist vorbehaltlich des § 582 unerheblich; weiter ist die Restitutionsklage auch dann zulässig, wenn die Partei durch die gefälschte Urkunde zu einem Geständnis oder Anerkenntnis bzw. Verzicht bewegt worden ist, → Rdnr. 4.

9

## 3. Verletzung der Wahrheitspflicht, Nr. 3

Jede strafbare Verletzung der Wahrheitspflicht durch einen Zeugen oder Sachverständigen bildet nach Nr. 3 einen Restitutionsgrund. Neben dem falschen Zeugen- und Sachverständigeneid, § 154 StGB, kommt hier im Unterschied zu Nr. 1, → Rdnr. 7, auch die nach § 153 StGB strafbare uneidliche Aussage als Zeuge oder Sachverständiger in Betracht. Dagegen reicht die nur fahrlässige uneidliche Falschaussage nicht aus, da es hier an einem Straftatbestand fehlt[27]. Erst recht scheidet die nur objektive Unrichtigkeit der Aussage oder des Gutachtens als Restitutionsgrund aus[28]. Sachverständiger ist auch der im Verfahren zugezogene Dolmetscher, §§ 189, 191 GVG, weshalb eine unrichtige Übersetzung zu einer Wiederaufnahme des Verfahrens führen kann.

10

Auch hier ist erforderlich, daß das Urteil auf der Verletzung der Wahrheitspflicht in dem Sinne beruht, daß es ohne die Verletzung der Wahrheitspflicht inhaltlich möglicherweise anders ausgefallen wäre, → Rdnr. 3. Zwischen für die Entscheidung wesentlichen und unwesentlichen Punkten der Aussage oder des Gutachtens ist dabei nicht zu differenzieren[29]. Es wird auch nicht vorausgesetzt, daß der Wegfall der unrichtigen Aussage oder des Gutachtens zu einem für den Restitutionskläger günstigeren Ergebnis geführt hätte[30]. Daß die Verletzung

11

---

[21] AK-*Greulich* Rdnr. 13; *Baumbach/Lauterbach/Hartmann*[52] Rdnr. 3; *Thomas/Putzo*[18] Rdnr. 5; *Rosenberg/Schwab/Gottwald*[15] § 160 II 3 a (3).
[22] *Baumbach/Lauterbach/Hartmann*[52] Rdnr. 4.
[23] AK-*Greulich* Rdnr. 14; MünchKomm ZPO-*Braun* Rdnr. 17; *Thomas/Putzo*[18] Rdnr. 6; *Zöller/Schneider*[18] Rdnr. 9.
[24] AK-*Greulich* Rdnr. 14; *Zöller/Schneider*[18] Rdnr. 9.
[25] MünchKomm ZPO-*Braun* Rdnr. 17.

[26] MünchKomm ZPO-*Braun* Rdnr. 17.
[27] AK-*Greulich* Rdnr. 16; *Rosenberg/Schwab/Gottwald*[15] § 160 II 3 a (2).
[28] BVerwG NJW 1961, 235 = MDR 85; AK-*Greulich* Rdnr. 16.
[29] RGZ 137, 90, 93; *Zöller/Schneider*[18] Rdnr. 10; *Rosenberg/Schwab/Gottwald*[15] § 160 II 3 a (3).
[30] OGH NJW 1950, 105; *Rosenberg/Schwab/Gottwald*[15] § 160 II 3 a (3).

der Wahrheitspflicht in dem Prozeß begangen worden ist, in dem das angegriffene Urteil ergangen ist, ist nicht notwendig[31].

12 Die Vorschrift greift auch ein, wenn die Beweisfrage nach § 377 Abs. 3 **schriftlich beantwortet** worden ist[32]. Ebenso bei einer zur Glaubhaftmachung, § 294, abgegebenen falschen **eidesstattlichen Versicherung**; das Vergehen nach § 156 StGB fällt auch unter den allgemeinen Begriff der Verletzung der Wahrheitspflicht.

### 4. Straftat nach Nr. 4

13 Nr. 4 setzt Handlungen voraus, die entweder vom eigenen **Vertreter der Partei** oder von dem **Gegner selbst** oder von **dessen Vertreter** verübt und mit einer im Wege des gerichtlichen Strafverfahrens zu verhängenden öffentlichen Strafe bedroht sind. Demgegenüber stellt eine ehrengerichtliche Verurteilung keinen Restitutionsgrund dar. In Betracht kommen für Nr. 4 insbesondere die Fälle der §§ 156 (→ Rdnr. 7), 160, 239, 240, 263, 266 und 356 StGB, ferner die Abgabe einer eidesstattlichen Versicherung nach §§ 807, 883 Abs. 2. Die Straftat muß von einer der in Nr. 4 genannten Personen begangen worden sein. Handlungen eines Dritten genügen nicht, wohl aber die Teilnahme an Handlungen eines Dritten, soweit sie strafbar ist.

#### a) Unbeeidigte Parteiaussage

14 Die wissentlich falsche unbeeidigte Parteiaussage fällt, sofern das Urteil auf sie gegründet ist, in **Vermögensprozessen** stets unter § 263 StGB. Das Tatbestandsmerkmal der Täuschung ist dadurch gegeben, daß die Partei bei der Vernehmung nach den §§ 445 ff. zur wahrheitsgemäßen Aussage verpflichtet ist, also unter Verstoß gegen eine Rechtspflicht die Wahrheit verschweigt. Der Getäuschte, der mit dem Geschädigten nicht identisch zu sein braucht, ist der Richter. Der Vermögensschaden besteht in der Zuerkennung eines nicht bestehenden bzw. der Aberkennung eines bestehenden Anspruchs; der Betrug ist also vollendet mit dem Erlaß der Entscheidung und nicht erst mit der freiwilligen oder zwangsweisen Erfüllung. In **nichtvermögensrechtlichen Streitigkeiten** kommt ein Prozeßbetrug mangels Vorliegens eines Vermögensschadens nicht in Betracht; die Tatsache, daß die unterliegende Partei die Verfahrenskosten tragen muß, ist kein Vermögensschaden i. S. des § 263 StGB.

#### b) Parteivortrag

15 Bei der Frage, ob durch Aufstellen einer wissentlich unwahren Parteibehauptung der Tatbestand des **Betrugs** erfüllt ist, ist davon auszugehen, daß die Partei nach § 138 Abs. 1 hinsichtlich ihrer Behauptungen der Wahrheitspflicht unterliegt; das Tatbestandsmerkmal der Täuschung ist also auch in diesem Fall gegeben[33]. Der Restitutionsgrund nach Nr. 4 ist nur bei vollendetem, nicht dagegen auch bei lediglich versuchtem Prozeßbetrug gegeben[34]. Ob ein vollendeter oder nur ein versuchter Betrug vorliegt, hängt davon ab, ob sich das Urteil auf den unwahren Vortrag als solchen gründet. Dies ist z. B. dann nicht der Fall, wenn das Urteil bei Säumnis des Gegners aufgrund des fingierten Geständnisses nach § 331 ergangen ist, → aber sogleich. Da das Gericht das Urteil hier unabhängig davon erlassen muß, ob die behauptete Tatsche wahr oder unwahr ist, fehlt es bereits an einer Irrtumserregung; zumindest ist ein eventueller Irrtum für die den Schaden darstellende Entscheidung nicht kausal. Vollen-

---

[31] *RGZ* 143, 26; *Baumbach/Lauterbach/Hartmann*[52] Rdnr. 5; *Zöller/Schneider*[18] Rdnr. 10.
[32] *Baumbach/Lauterbach/Hartmann*[52] Rdnr. 5.
[33] *Rosenberg/Schwab/Gottwald*[15] § 160 II 3a (4); *Baumbach/Lauterbach/Hartmann*[52] Rdnr. 6.
[34] MünchKomm ZPO-*Braun* Rdnr. 20.

deter Betrug liegt dann vor, wenn durch die wissentlich unwahre Behauptung der Gegner zu einem Anerkenntnis oder Geständnis veranlaßt worden ist[35]. Auch bei Säumnis des Gegners kann ein vollendeter Prozeßbetrug vorliegen[36] (der Gegner hält die Sache wegen des falschen Vortrags für aussichtslos). Schließlich kann die Erschleichung der öffentlichen Zustellung einen Prozeßbetrug darstellen[37]. Voraussetzung für die Annahme eines Prozeßbetrugs ist ein Vermögensschaden, weshalb § 263 StGB in nichtvermögensrechtlichen Streitigkeiten nicht erfüllt sein kann und damit als Restitutionsgrund nach Nr. 4 ausscheidet[38].

### c) Rechtsstreitbezogene Straftat

Die Straftat muß »in Beziehung auf den Rechtsstreit« verübt worden sein, d. h. das rechts- 16 kräftige Urteil muß durch sie erwirkt worden sein. Maßgeblich ist dabei die Herbeiführung der Rechtskraft, weshalb die Straftat auch noch nach Erlaß des Urteils begangen werden kann[39] (z. B. durch Täuschung oder Erpressung erzwungener Rechtsmittelverzicht bzw. -rücknahme). Hier ist die Wiederaufnahme allerdings bis zum Eintritt der Rechtskraft nicht durch selbständige Klage nach § 580, sondern durch Fortführung des alten Verfahrens unter Widerruf der erschlichenen oder erpreßten Prozeßhandlung zu betreiben[40]. Dabei muß jedoch darauf geachtet werden, daß die weiteren Voraussetzungen, von denen die Zulässigkeit der Restitutionsklage abhängt (rechtskräftige Verurteilung wegen der Straftat, § 581 Abs. 1, Frist, § 586, usw.), nicht umgangen werden; Näheres → § 515 Rdnr. 12 f.

### d) Straftat des Vertreters

»Vertreter« i. S. von Nr. 4 sind sowohl der gesetzliche Vertreter, § 51, wie der Prozeßbe- 17 vollmächtigte, §§ 78 ff., und der vom Prozeßgericht bestellte besondere Vertreter, §§ 57, 58, 494 Abs. 2, 787. Nicht erforderlich ist, daß der Vertreter im Prozeß aufgetreten ist; u. U. kann gerade im Unterlassen des Auftretens die strafbare Handlung liegen. Zur Abgrenzung der Vertreter von den Parteien kraft Amtes → vor § 50 Rdnr. 25 ff. Zu erwägen bleibt allerdings, ob die Restitutionsklage nicht auch dann zulässig sein muß, wenn die strafbare Handlung nicht von einem Parteivertreter, sondern von einem Prozeßstandschafter begangen worden ist. Die Urteilswirkungen treffen hier den Rechtsträger nicht anders, als wäre das Urteil durch einen Vertreter erstritten worden, → § 325 Rdnr. 51 ff., womit es von der Interessenlage her geboten ist, die Restitutionsklage im gleichen Umfang zuzulassen. Es wäre wenig befriedigend, die Zulässigkeit des Wiederaufnahmeverfahrens von der Beantwortung der theoretischen Streitfrage abhängig zu machen, ob die sog. Parteien kraft Amtes selbst Partei sind oder als Vertreter des Rechtsträgers handeln.

### e) Unerheblichkeit von Schadensersatzansprüchen

Ob die Handlung des Gegners oder des Vertreters ihn der Partei gegenüber zum Schadens- 18 ersatz verpflichtet, ist eine von der Restitutionsklage, ihrer Zulässigkeit und ihrer Erhebung unabhängige Frage. Denkbar ist allenfalls, daß der Schadensersatzanspruch seinerseits des-

---

[35] *Rosenberg/Schwab/Gottwald*[15] § 160 II 3 a (4).
[36] MünchKomm ZPO-*Braun* Rdnr. 20.
[37] *Rosenberg/Schwab/Gottwald*[15] § 160 II 3 a (4).
[38] A. A. *Braun* (Fn.1), 162 ff., wonach jedes dem Gegner nachteilige Urteil als für einen Prozeßbetrug ausreichender Nachteil genügen soll.

[39] *Baumbach/Lauterbach/Hartmann*[52] Rdnr. 6.
[40] *BGH* LM § 515 Nr. 10 (durch Prozeßbetrug veranlaßte Rechtsmittelrücknahme).

halb nach § 254 BGB reduziert wird, weil die Partei die Schadenshöhe durch Erhebung einer Restitutionsklage vermindern konnte.

### 5. Strafbare Verletzung der Amtspflicht durch den Richter

19   Nr. 5 setzt voraus, daß der Richter eine strafbare Verletzung seiner Amtspflichten begangen hat, gleichviel ob mit oder ohne Einverständnis des Gegners. Die Pflichtverletzung muß sich gegen den Restitutionskläger richten; der Partei, in deren Interesse oder mit deren Einverständnis der Richter gehandelt hat, steht die Klage nicht zu. Hierher gehören namentlich die Fälle der §§ 334, 336, 348 StGB. Verfehlungen, die nur disziplinarrechtlich zu ahnden sind, machen die Restitutionsklage nicht statthaft[41]. Daß der bestrafte Richter bei der Verhandlung und Entscheidung über die Restitutionsklage nicht mitwirken darf, ist selbstverständlich[42]. Bezog sich die strafbare Handlung nur auf einen teilurteilsfähigen Teil des Urteils, so ist das Urteil gleichwohl ingesamt aufzuheben[43]. Beim Vollstreckungsbescheid ist Nr. 5 auf den Rechtspfleger anwendbar.

### III. Wiederaufnahme wegen Urteilsaufhebung, Nr. 6

20   Nr. 6 greift von seinem Wortlaut her nur dann ein, wenn das angegriffene Urteil auf dem Urteil eines ordentlichen Gerichts (d. h. einem Zivil- oder Strafurteil) oder eines Verwaltungsgerichts gegründet ist. Bei Urteilen aus einem anderen Rechtsweg kann jedoch nichts anderes gelten[44]. Ob das dem angefochtenen Urteil zugrundeliegende andere Urteil auf ein ordentliches Rechtsmittel hin oder durch Wiederaufnahme des Verfahrens aufgehoben ist, spielt keine Rolle. Das aufhebende Urteil muß aber Rechtskraft erlangt haben.

21   Daß das Gericht an die frühere Entscheidung **rechtlich gebunden** war (infolge deren materieller Rechtskraft, Gestaltungswirkung oder kraft etwa bestehender ausdrücklicher Vorschrift) ist nicht erforderlich[45]; die Entscheidung ist auch dann auf das frühere Urteil »gegründet«, wenn es in dem späteren Prozeß lediglich als Beweismittel benutzt worden ist (s. dazu wegen der Strafurteile § 14 Abs. 2 Nr. 1 EGZPO) und die Tatsachenfeststellung wesentlich auf ihm beruht[46]. Ob letzteres der Fall ist, ist jeweils nach Lage des einzelnen Falls frei zu beurteilen.

22   Streitig ist, ob Nr. 6 auch bei **Aufhebung eines Verwaltungsakts oder einer Entscheidung der freiwilligen Gerichtsbarkeit** eingreift, sofern das Urteil darauf gründet[47]. Insoweit muß danach unterschieden werden, ob die Aufhebung ex tunc oder nur ex nunc wirkt. Im letztgenannten Fall besteht für eine Zulassung der Restitutionsklage kein Bedürfnis. Insoweit reichen die Grundsätze zu den zeitlichen Grenzen der Rechtskraft aus. Dadurch, daß sich die materielle Rechtslage geändert hat, ist den Interessen des Beklagten durch § 767 Genüge getan, während der unterlegene Kläger erneut Klage erheben kann, Näheres → § 322 Rdnr. 228 ff. Gleiches gilt bei der rückwirkenden Aufhebung, sofern man der Ansicht ist, die neue Rechtslage sei hier erst nach der letzten mündlichen Tatsachenverhandlung »entstanden«, → § 767 Rdnr. 30 ff. Hält man eine Vollstreckungsgegenklage dagegen für ausgeschlos-

---

[41] *Baumbach/Lauterbach/Hartmann*[52] Rdnr. 7; AK-*Greulich* Rdnr. 22; *Zöller/Schneider*[18] Rdnr. 12.
[42] *OLG Düsseldorf* NJW 1967, 987; MünchKomm ZPO-*Braun* Rdnr. 21; *Rosenberg/Schwab/Gottwald*[15] § 160 II 3a (5).
[43] *KG* NJW 1976, 1356.
[44] BGHZ 89, 114, 116; *Baumbach/Lauterbach/Hartmann*[52] Rdnr. 9.

[45] *Baumbach/Lauterbach/Hartmann*[52] Rdnr. 10; *Zöller/Schneider*[18] Rdnr. 13; *Rosenberg/Schwab/Gottwald*[15] § 160 II 3b. A.A. MünchKomm ZPO-*Braun* Rdnr. 38.
[46] BGH VersR 1984, 453, 455; *Thomas/Putzo*[18] Rdnr. 10.
[47] S. dazu *Gaul* (Fn. 1), 195 ff.; *Haueisen* NJW 1965, 1214.

sen, so steht einer Anwendung von Nr. 6 nichts entgegen. Der dem Restitutionsverfahren zugrundeliegende Leitgedanke von der evidenten Unrichtigkeit der Urteilsgrundlagen, → Rdnr. 1, trifft bei der Aufhebung anderer Staatsakte als eines Urteils zumindest dann ebenfalls zu, wenn das Gericht an den Staatsakt gebunden war, was bei Verwaltungsakten und Entscheidungen der freiwilligen Gerichtsbarkeit wegen der ihnen eigenen Gestaltungswirkung zumeist der Fall ist. Dabei kann es nicht entscheidend sein, ob es sich um einen sog. streitentscheidenden Verwaltungsakt handelt[48]. Auch bei gestaltenden Verwaltungsakten ist die gleiche Interessenlage gegeben, wenn die Verwaltung sie mit Wirkung für die Vergangenheit abändert[49] bzw. wenn der Verwaltungsakt auf eine Anfechtungsklage hin aufgehoben worden ist. Dagegen reicht der bloße Widerruf einer behördlichen Auskunft für eine Anwendung von Nr. 6 nicht aus[50]. Ebenso wie bei Urteilen, → Rdnr. 3, muß auch bei Verwaltungsakten zwischen dem angefochtenen Urteil und dem Verwaltungsakt, auf dem das Urteil beruht, ein ursächlicher Zusammenhang bestehen; daran fehlt es etwa, wenn sich der Verwaltungsakt durch Rücknahme des auf seinen Erlaß gerichteten Antrags oder Verzicht des Antragstellers auf die Rechte aus dem Verwaltungsakt erledigt hat[51].

Nr. 6 ist ferner bei **Aufhebung eines Schiedsspruchs** entsprechend anwendbar[52]. Hier ist die Urteilsgrundlage nicht weniger erschüttert, als wenn das Urteil auf der Entscheidung eines staatlichen Gerichts beruht, die aufgehoben worden ist. 23

## IV. Wiederaufnahme wegen neu aufgefundener Urteile und Urkunden

### 1. Auffinden eines Urteils, Nr. 7a

Nach Nr. 7a ist erforderlich das Auffinden (→ dazu Rdnr. 37) eines **in derselben Sache ergangenen Urteils**, das vor dem angefochtenen Urteil rechtskräftig geworden ist, so daß es, wäre es schon früher bekannt gewesen, den Richter durch seine Rechtskraft beim Erlaß des anzufechtenden Urteils gebunden hätte[53]. Nicht erforderlich ist, daß das frühere Urteil den Parteien des jetzigen Verfahrens gegenüber ergangen ist; eine Rechtskrafterstreckung nach §§ 325 ff. reicht vielmehr aus[54]. Von Nr. 7a wird sowohl der Fall erfaßt, daß die Streitgegenstände beider Verfahren identisch sind und die zweite Klage somit unzulässig war, als auch der Fall einer präjudiziellen Abhängigkeit des zweiten Streitgegenstandes vom ersten[55]. 24

Unter Nr. 7a fällt auch das ausländische Urteil, soweit es nach § 328 anzuerkennen ist[56]; ebenso ein Schiedsspruch, § 1040, wobei es unerheblich ist, daß die nach h. M. hier erforderliche Geltendmachung der Rechtskraft durch Einrede, → dazu § 1040 Rdnr. 6, bisher unterblieben war. Ist das Urteil in einer anderen Sache ergangen, ohne daß eine präjudizielle Abhängigkeit der Streitgegenstände bestand, so ist auch dann weder nach Nr. 7a noch nach Nr. 7b ein Restitutionsgrund gegeben, wenn ein sachlicher Zusammenhang zwischen beiden Verfahren gegeben ist[57].

---

[48] So aber *Gaul* (Fn. 1), 195 ff.; dagegen zutreffend *Haueisen* NJW 1965, 1214.
[49] BAGE 34, 275 = AP § 12 SchwBG Nr. 7 (*Grunsky*) = NJW 1981, 2024 = MDR 524 für Zustimmung der Hauptfürsorgestelle zur Kündigung eines Schwerbehinderten. Offengelassen in BGHZ 103, 121 (Fn. 10) für Baugenehmigung.
[50] BGHZ 89, 114, 117 f. = NJW 1984, 438, 439 für Auskunft des gesetzlichen Rentenversicherungsträgers über Versorgungsanwartschaft; *Rosenberg/Schwab/Gottwald*[15] § 160 II 3 b.
[51] BGHZ 103, 121, 127 f. (Fn. 10) für Baugenehmigung.
[52] *RG* ZPP 61 (1939), 144; *Rosenberg/Schwab/Gottwald*[15] § 160 II 3 b; *Baumbach/Lauterbach/Hartmann*[52] Rdnr. 9; *Thomas/Putzo*[18] Rdnr. 11; *Zöller/Schneider*[18] Rdnr. 13.
[53] Zum Zweck der Vorschrift s. *Gaul* (Fn. 1), 88 ff.; *Johannsen* (Fn. 13), 93 ff.; *Braun* (Fn. 1), 385 ff.
[54] MünchKomm ZPO-*Braun* Rdnr. 40; *Thomas/Putzo*[18] Rdnr. 13.
[55] MünchKomm ZPO-*Braun* Rdnr. 40; *Rosenberg/Schwab/Gottwald*[15] § 160 II 3 c.
[56] *Baumbach/Lauterbach/Hartmann*[52] Rdnr. 12; *Thomas/Putzo*[18] Rdnr. 13.
[57] KG OLGZ 1969, 114; *Gaul* (Fn. 1), 187 ff.; *Johannsen* (Fn. 13), 120.

**§ 580 IV**

**25** Erforderlich ist, daß die **Bindung** des zweiten Richters **in einem dem Restitutionskläger günstigen Sinne** eingetreten wäre. Wäre das zweite Urteil dagegen für den Restitutionskläger bei Beachtung der Bindung noch ungünstiger ausgefallen, so fehlt es für die Restitutionsklage an der erforderlichen Beschwer, → § 578 Rdnr. 3. Bei gleichlautenden Urteilen wird man die Restitutionsklage schon deshalb zulassen müssen, um es dem Restitutionskläger zu ermöglichen, den Anschein zu beseitigen, er sei etwa unabhängig voneinander zweimal verurteilt worden[58]. Zur Wirksamkeit des zweiten Urteils trotz Verstoß gegen die Bindungswirkung → § 322 Rdnr. 226.

**26** Nr. 7a verlangt lediglich, daß das erste Urteil früher erlassen worden ist. War die erste Sache bei Erlaß des angegriffenen Urteils bereits in dem Sinne **rechtshängig**, daß der zweite Richter die Klage wegen Rechtshängigkeit als unzulässig abweisen mußte, so war er auch insoweit gebunden. Wird das Urteil aus dem ersten Verfahren als erstes rechtskräftig, so sind die Voraussetzungen von Nr. 7a erfüllt. Erwächst dagegen das Urteil des zweiten Verfahrens zuerst in Rechtskraft, so ist nach Eintritt der Rechtskraft des ersten Urteils die Restitutionsklage gegen das zweite Urteil gegeben; anderenfalls würde das fehlerhafterweise ergangene Urteil über die ordnungsgemäße Entscheidung dominieren[59].

### 2. Auffinden einer sonstigen Urkunde, Nr. 7b

#### a) Allgemeines

**27** Nr. 7b, der in der Praxis bei weitem wichtigste Restitutionsgrund, fordert das Auffinden oder Zugänglichwerden, → Rdnr. 37, einer anderen Urkunde, wobei es gleichgültig ist, ob es sich um eine private oder um eine öffentliche Urkunde handelt. Beim nachträglichen Auffinden anderer Beweismittel greift Nr. 7b nicht ein, → Rdnr. 31. Obwohl Urkunden gegenüber anderen Beweismittel nach geltendem Recht einen **erhöhten Beweiswert** haben, §§ 415ff., weshalb beim Auffinden einer Urkunde die Urteilsgrundlagen der angegriffenen Entscheidung in besonderem Maße erschüttert sind, ist die Vorschrift rechtspolitisch nicht ganz befriedigend, weshalb sich das Problem einer erweiternden Auslegung bzw. Analogie gestellt hat. Die sich bei der Anwendung von Nr. 7b ergebenden Schwierigkeiten rechtfertigen es jedoch nicht, den Wortlaut der Vorschrift völlig über Bord zu werfen und an seine Stelle gänzlich andere Restitutionsvoraussetzungen zu proklamieren, wie dies neuerdings *Braun* tut[60]. Seiner Ansicht nach ist Nr. 7b nur auf sog. »Vorausentscheidungen« anwendbar, d.h. auf Entscheidungen, die auch künftige Rechte und Pflichten der Parteien erfassen (vor allem Urteile über künftig wiederkehrende Leistungen, Unterlassungsurteile, Feststellungsurteile). Da sich die Dinge hier anders entwickeln können als in dem Urteil zugrundegelegt, könnten derartige Urteile nur in geringerem Umfang als sonstige Urteile rechtskraftfähig sein. Bei einem Urteil, das sich nicht als Vorausentscheidung darstelle, greife Nr. 7b nicht ein. Handele es sich dagegen um eine Vorausentscheidung, so müsse die Rechtskraft nicht nur beim Auffinden einer Urkunde, sondern bei jedem neuen Beweismittel durchbrochen werden können[61]. De lege ferenda mag dies ein sinnvolles Konzept sein. Mit dem geltenden Recht läßt es sich jedoch nicht vereinbaren. Einerseits sind nach Nr. 7b auch Urteile, die nur über eine einmalige Leistung entscheiden und keine weiterreichende Wirkung in die Zukunft haben, mit der Restitutionsklage unter den Voraussetzungen von Nr. 7b angreifbar und andererseits

---

[58] Für die Zulässigkeit der Restitutionsklage im Ergebnis auch *Braun* (Fn. 1), 393ff.; MünchKomm ZPO-*Braun* Rdnr. 42; *Gaul* Festschrift f. Fr. Weber (1975), 155, 166ff.
[59] *Gaul* (Fn. 58), 166ff.; → auch § 261 Rdnr. 53.
[60] *Braun* (Fn. 1), 222ff.; MünchKomm ZPO-*Braun* Rdnr. 54ff.
[61] So MünchKomm ZPO-*Braun* Rdnr. 59 als Zusammenfassung des Gesamtkonzepts.

ist auch bei Urteilen mit Vorauswirkung in dem erwähnten Sinne die Restitutionsklage nicht bei jedwedem neu aufgefundenen Beweismittel, sondern nur beim Auffinden einer Urkunde statthaft.

### b) Tatsachenbezug der Urkunde

Als Restitutionsgrund kommt das Auffinden einer Urkunde nur insoweit in Betracht, als sich diese auf Tatsachen bezieht. Ein Schriftstück, das nur einen Rechtssatz enthält, kann nicht als Grundlage einer Wiederaufnahme dienen. Infolgedessen scheiden wissenschaftliche Veröffentlichungen ebenso aus[62] wie eine im ersten Urteil übersehene höchstrichterliche Rechtsprechung oder ein Gutachten über ausländisches Recht[63]. Erst recht kommt eine spätere Änderung der Rechtsprechung nicht in Betracht. Bei Verwerfung einer Nichtzulassungsbeschwerde nach § 72a ArbGG kann die Restitutionsklage nicht deshalb auf Nr. 7b gestützt werden, weil der Beschwerdeführer später eine Entscheidung auffindet, von der das LAG abgewichen ist[64]. Ein aufgefundener Erbschein ermöglicht ebenfalls keine Restitutionsklage; er beweist keine Tatsache, sondern enthält nur eine widerlegbare Rechtsvermutung[65]. Zur Restitutionsklage bei Vorlage eines neuen Vaterschaftsgutachtens nach § 641i → § 641i Rdnr. 1ff. Ist eine **Gesetzesbestimmung**, auf der das Urteil beruht, inzwischen **für verfassungswidrig erklärt** worden, so rechtfertigt dies ebenfalls keine Wiederaufnahme[66], d.h. das verfassungsgerichtliche Urteil ist keine Urkunde i.S. von Nr. 7b; aus § 79 BVerfGG ergibt sich eindeutig, daß die Wiederaufnahme hier nur gegen Strafurteile zulässig ist, während bei Zivilurteilen lediglich eine weitere Zwangsvollstreckung ausgeschlossen ist, → § 767 Rdnr. 15. Zu Entscheidungen des Europäischen Gerichtshofs für Menschenrechte → vor § 578 Rdnr. 58.

28

### c) Errichtungszeitpunkt

Die Urkunde muß grundsätzlich vor dem Zeitpunkt errichtet worden sein, von dem an der Partei die Möglichkeit abgeschnitten war, sie in dem ersten Prozeß zu benutzen[67]. Dieser Zeitpunkt ist beim nichtberufungsfähigen Urteil (insbesondere beim Berufungsurteil selbst) der Schluß der mündlichen Verhandlung, auf die das Urteil ergangen ist, beim berufungsfähigen Urteil dagegen der Ablauf der Berufungsfrist; bei Errichtung vor diesem Zeitpunkt hätte die Partei mit der Urkunde noch im Wege der Berufung ein günstigeres Urteil erzielen können[68]. Beim Versäumnisurteil und beim Vollstreckungsbescheid entscheidet der Ablauf der Einspruchsfrist[69]. Handelt es sich um die Anfechtung eines Revisionsurteils, so ist der Schluß der Berufungsverhandlung maßgeblich, weil eine später errichtete Urkunde eine andere Entscheidung ohnehin nicht hätte herbeiführen können[70]. Etwas anderes muß jedoch dann gelten, wenn das Revisionsgericht die Urkunde nach dem unter → § 561 Rdnr. 11ff.

29

---

[62] *OLG Karlsruhe* NJW 1965, 1023; *Rosenberg/Schwab/Gottwald*[15] § 160 II 3d; AK-*Greulich* Rdnr. 29.
[63] *OLG München* FamRZ 1968, 599; AK-*Greulich* Rdnr. 29.
[64] S. *BAG* AP § 580 Nr. 9 zur Divergenzrevision nach § 72 ArbGG a. F..
[65] *BVerwG* NJW 1965, 1292; *Rosenberg/Schwab/Gottwald*[15] § 160 II 3b; *Gaul* (Fn. 1), 143.
[66] *Gaul* (Fn. 1), 211f.; *Rosenberg/Schwab/Gottwald*[15] § 160 II 3 vor a.
[67] Ständige Rechtsprechung (*BGHZ* 2, 245, 246 = LM § 580 Ziff. 7b Nr. 3 = NJW 1951, 964; 30, 60, 64 =LM § 580 Ziff. 7b Nr. 12 = NJW 1959, 1369 = MDR 647 = FamRZ 283 = ZZP 73 (1960), 265; LM § 580 Ziff. 7b Nr. 24 = JZ 1979, 730 = NJW 1980, 1000 = MDR 31). Aus dem Schrifttum s. *Rosenberg/Schwab/Gottwald*[15] § 160 III 3d (2); *Jauernig*[24] § 76 II; AK-*Greulich* Rdnr. 41; *Baumbach/Lauterbach/Hartmann*[52] Rdnr. 15; *Zöller/Schneider*[18] Rdnr. 16; *Gaul* (Fn. 1), 119ff.
[68] *RGZ* 123, 304 (mit Nachw. über die teilweise abweichende frühere Rechtsprechung).
[69] S. *BGHZ* 46, 300, 305; *Zöller/Schneider*[18] Rdnr. 16.
[70] *RG* JW 1912, 802; Warn. 1914 Nr. 34.

Dargelegten ausnahmsweise hätte berücksichtigen müssen; hier ist die Restitutionsklage auch dann statthaft, wenn die Urkunde zwischen dem Schluß der mündlichen Verhandlung in der Berufungsinstanz und dem in der Revisionsinstanz errichtet worden ist. Bei Errichtung der Urkunde zwischen der letzten mündlichen Verhandlung und dem Erlaß des Urteils kommt eine Wiederaufnahme des Verfahrens nicht in Betracht[71].

**30** Von dem Grundsatz, daß die Urkunde zu einem Zeitpunkt errichtet worden sein muß, in dem sie im Vorprozeß noch hätte verwendet werden können, werden **Ausnahmen** gemacht, bei denen die Restitutionsklage auch auf eine später errichtete Urkunde gestützt werden kann. Dies gilt für solche Urkunden, die ihrer Natur nach Tatsachen beweisen, die einer zurückliegenden Zeit angehören. Dabei kommt es nicht darauf an, ob die Urkunde schon früher hätte errichtet werden können; entscheidend ist allein, daß sie eine in der Vergangenheit liegende Tatsache beweist[72]. So kann die Restitutionsklage auf eine nachträglich errichtete **Geburtsurkunde** gestützt werden, wenn sich aus ihr ergibt, daß der Beginn der Empfängniszeit vor der letzten mündlichen Verhandlung oder vor Ablauf der Rechtsmittelfrist im Vorprozeß liegt[73]. Dasselbe gilt für den **Beischreibungsvermerk** zu der Geburtsurkunde über die Legitimation eines Kindes durch nachträgliche Eheschließung der Eltern[74] sowie für den nach § 30 PStG auf der Geburtsurkunde einzutragenden Randvermerk, wenn inzwischen die Ehelichkeit des Kindes erfolgreich angefochten worden ist[75]. Weiter gehört hierher der nach Rechtskraft eines klageabweisenden Kündigungsschutzurteils ergangene **Anerkennungsbescheid als Schwerbehinderter**[76]. Dagegen ermöglicht ein nach der letzten mündlichen Tatsachenverhandlung abgegebenes Vaterschaftsanerkenntnis keine Restitutionsklage[77]. Bei nachträglicher **Todeserklärung** oder bei gerichtlicher Feststellung des Todeszeitpunkts eines Verstorbenen, § 39 VerschG, ist die Restitutionsklage zulässig[78], nicht dagegen bei nachträglichem Bekanntwerden einer nicht beurkundungspflichtigen Totgeburt[79]. Weiter kann die Restitutionsklage nicht auf einen nachträglich ergangenen **Strafbefehl**[80] bzw. auf ein Strafurteil gestützt werden.

### d) Sonstige Beweismittel

**31** Nr. 7b beschränkt die Restitutionsklage auf den Fall des Auffindens einer Urkunde. Die Entdeckung anderer Beweismittel fällt nicht unter Nr. 7 b[81], und zwar auch dann nicht, wenn sie schriftlich niedergelegt sind. Die Restitutionsklage kann demnach nicht auf die Auffindung

---

[71] *BGHZ* 30, 60 (Fn. 67); *BGH* VersR 1984, 453, 455; *AK-Greulich* Rdnr. 41; *Zöller/Schneider*[18] Rdnr. 16.

[72] *Gaul* (Fn. 1), 127f.; *ders.* FamRZ 1961, 174. A.A. *BGHZ* 34, 77 = LM § 580 Ziff. 7b Nr. 14 (*Johannsen*) = NJW 1961, 877 = FamRZ 1961, 173 (*Gaul*) = JZ 327 = MDR 304; *KG* OLGZ 1969, 114, 122f.; *Johannsen* (Fn. 13), 113ff.

[73] *BGHZ* 2, 243 = LM § 580 Ziff. 7b Nr. 3 = NJW 1951, 964 = ZZP 64 (1951), 479; *BGHZ* 6, 354 = LM § 580 Ziff. 7b Nr. 8 (*Johannsen*) = NJW 1952, 1095; *BGHZ* 46, 300 = LM § 580 Ziff 7b Nr. 18 (*Johannsen*) = NJW 1967, 630 = MDR 394 = ZZP 81 (1968), 279 (*Gaul*); *OLG Nürnberg* NJW 1975, 2024; *Gaul* (Fn. 1), 129ff.; *Johannsen* (Fn. 13), 113ff.; *Rosenberg/Schwab/Gottwald*[15] § 160 II 3 d (2); *Baumbach/Lauterbach/Hartmann*[52] Rdnr. 16; *Thomas/Putzo*[18] Rdnr. 21; *Zöller/Schneider*[18] Rdnr. 17.

[74] *BGHZ* 5, 161 = NJW 1952, 666; *Rosenberg/Schwab/Gottwald*[15] § 160 II 3 d (2); *Thomas/Putzo*[18] Rdnr. 21; *Gaul* (Fn. 1), 139ff.; *Johannsen* (Fn. 13), 117f.

[75] Str.; wie hier *BSG* AP § 580 Nr. 6 = NJW 1963, 971 = FamRZ 236 (*Bosch*); *KG* NJW 1976, 245; *Gaul* FamRZ 1961, 173; *Johannsen* (Fn. 13), 119; *Thomas/Putzo*[18] Rdnr. 21; *Zöller/Schneider*[18] Rdnr. 17. A.A. *BGHZ* 34, 77 (Fn. 72); *OLG Hamm* FamRZ 1963, 138; *Rosenberg/Schwab/Gottwald*[15] § 160 II 3 d (2).

[76] *BAG* AP § 12 SchwbG Nr. 13 = NJW 1985, 1485; *Thomas/Putzo*[18] Rdnr. 21; *Zöller/Schneider*[18] Rdnr. 17. A.A. *Rosenberg/Schwab/Gottwald*[15] § 160 II 3 d (2).

[77] *OLG Neustadt* NJW 1954, 1372; *Rosenberg/Schwab/Gottwald*[15] § 160 II 3 d (2); *Zöller/Schneider*[18] Rdnr. 17.

[78] *Johannsen* (Fn. 13), 120f.

[79] *OLG Celle* NdsRpfl. 1953, 6; *Gaul* (Fn. 1), 142.

[80] *BGH* LM § 580 Ziff. 7b Nr. 24 (Fn. 67).

[81] *BGHZ* 65, 300 = LM § 580 Ziff. 7b Nr. 23 (*Hagen*) = NJW 1976, 294 = MDR 304 = JZ 181 = BB 109 (Fotografie); *Rosenberg/Schwab/Gottwald*[15] § 160 II 3 d (1); *Baumbach/Lauterbach/Hartmann*[52] Rdnr. 20. A.A. von seinem Konzept der Nr. 7b her, → Rdnr. 27, MünchKomm ZPO-*Braun* Rdnr. 59; *Braun* (Fn. 1), 332ff.

eines Protokolls über eine frühere Zeugenaussage[82], eine schriftliche Aufzeichnung[83] oder Erklärung[84] eines Zeugen gestützt werden. In allen diesen Fällen bezieht sich der der Urkunde eignende besondere Beweiswert, auf den es im Rahmen von Nr. 7b entscheidend ankommt[85], nur auf die für den Ausgang des Rechtsstreits unerhebliche Tatsache, daß der Zeuge eine bestimmte Aussage gemacht bzw. seine Auffassung oder Erklärung vom Sachverhalt schriftlich niedergelegt hat. Dagegen liegt ein Restitutionsgrund dann vor, wenn die Entscheidung des Rechtsstreits gerade davon abhängt, ob der Zeuge die fragliche Bekundung getan hat[86]. Weiter ist die Restitutionsklage dann unbegründet, wenn ein schriftliches Gutachten aufgefunden wird[87]; erst recht fehlt es an einem Restitutionsgrund, wenn das Gutachten erst nach Abschluß des Verfahrens erstellt worden ist[88]; etwas anderes hat dann zu gelten, wenn das Gutachten infolge neuer wissenschaftlicher Erkenntnisse erst jetzt erstellt werden konnte, → Rdnr. 38. Zu den Besonderheiten bei einem neuen Vaterschaftsgutachten s. § 641 i.

### e) Günstigere Entscheidung

Ob die Urkunde eine öffentliche oder eine Privaturkunde ist, spielt keine Rolle. Erforderlich ist nur, daß die Urkunde eine der Partei günstigere Entscheidung herbeigeführt haben würde, wobei die dahingehende Möglichkeit ausreicht; ob die neue Entscheidung für den Restitutionskläger tatsächlich günstiger ausfällt, kann erst nach der erneuten Hauptsacheverhandlung gesagt werden[89]. Bei der Beantwortung der Frage, ob ein günstigeres Ergebnis anzunehmen ist, ist von der in dem angefochtenen Urteil enthaltenen rechtlichen Würdigung auszugehen[90], es sei denn, daß die Urkunde zu einem neuen rechtlichen Gesichtspunkt führt[91]. Maßgeblich ist der im Vorprozeß vorgetragene **Tatsachenstoff**. Neue Tatsachen können nicht vorgetragen[92], seinerzeit nicht bestrittene jetzt nicht bestritten werden[93]. War die Tatsache zugestanden worden, so kann das Geständnis nur unter den Voraussetzungen des § 290 widerrufen werden. Der Ausschluß neuer Tatsachen gilt auch dann, wenn sie vom Gegner nicht bestritten oder gar zugestanden werden[94].

32

Neue Tatsachen können jedoch dann vorgetragen werden, wenn sie sich **aus der Urkunde selbst ergeben**[95]. Obwohl es sich bei Nr. 7b nur um einen nachträglichen Urkundenbeweis und nicht um die nachträgliche Zulassung bisher nicht geltend gemachter Angriffs- oder Verteidigungsmittel handelt, ist doch nicht notwendig, daß die Tatsache, zu deren Beweis die Urkunde dient, bereits im vorangegangenen Verfahren vorgebracht worden ist; denn die unbeschränkte Fassung des Gesetzes kann nur so gedeutet werden, daß es auf den Urkundenbeweis als solchen und nur auf ihn ankommt. Darüber hinaus wird man den **Vortrag neuer**

33

---

[82] *RG* JW 1912, 802; AK-*Greulich* Rdnr. 31.
[83] *BGH* LM § 580 Ziff. 7b Nr. 16 = Warn. 1965 Nr. 121 = MDR 816 = FamRZ 427; *BSG* NJW 1969, 1079.
[84] *BGHZ* 80, 389 = NJW 1981, 2193.
[85] *BGHZ* 38, 333, 337 = LM § 580 Ziff. 7b Nr. 15 = NJW 1963, 715 = MDR 390; 65, 300, 302 (Fn. 81); 80, 389, 395 (Fn. 84).
[86] *Johannsen* (Fn. 13), 102f.
[87] *RGZ* 80, 240; *BGHZ* 1, 221; *OLG München* FamRZ 1968, 599; *OLG Frankfurt* VersR 1974, 61; *Thomas/Putzo*[18] Rdnr. 19.
[88] *BAGE* 6, 247 = AP § 580 Nr. 5 (*Pohle*) = NJW 1958, 2133 = MDR 954; *BVerwG* NJW 1961, 235 = MDR 85.
[89] *Rosenberg/Schwab/Gottwald*[15] § 160 II 3d (4).
[90] *BAG* AP § 580 Nr. 7 (*Baumgärtel*) = NJW 1968, 862.

[91] *Johannsen* (Fn. 13), 106.
[92] *BGHZ* 31, 356 = LM § 580 Ziff. 7b Nr. 13 (*Johannsen*) = NJW 1960, 8181 = MDR 339 = FamRZ 134; *BGHZ* 38, 333 (Fn. 85); *BAG* AP § 580 Nr. 2 (*Pohle*) = FamRZ 1955, 359; AP § 580 Nr. 3 (*Pohle*); *OLG Celle* NJW 1962, 1401; *Johannsen* (Fn. 13), 104; *Rosenberg/Schwab/Gottwald*[15] § 160 II 3d (4).
[93] *OLG Celle* NJW 1962, 1401; AK-*Greulich* Rdnr. 37; a. A. *Zöller/Schneider*[18] Rdnr. 26.
[94] *BGHZ* 38, 333 (Fn. 85); *Johannsen* (Fn. 13), 104; *Baumbach/Lauterbach/Hartmann*[52] Rdnr. 21.
[95] *BGH* LM § 580 Nr. 1 = NJW 1953, 1263 = JZ 573; *BGHZ* 38, 333 (Fn. 85); *OLG Celle* NJW 1962, 1401; *Johannsen* (Fn. 13), 104; AK-*Greulich* Rdnr. 39; *Rosenberg/Schwab/Gottwald*[15] § 160 II 3d (4).

Tatsachen insoweit zulassen müssen, als diese in unmittelbarem Zusammenhang mit der durch die Urkunde bewiesenen Tatsache stehen und erst von dieser aus sinnvoll getragen werden können[96]. Die Restitutionsklaön hier nicht mit der Begründung zurückgewiesen werden, die Tatsachen seien neu; anderenfalls würde man vom Restitutionskläger verlangen, im alten Verfahren Tatsachen vorzutragen, die vom damaligen Kenntnisstand aus nicht entscheidungserheblich waren.

34    Zur Begründetheit der Restitutionsklage aus Nr. 7b ist weiter erforderlich, daß die **Urkunde allein** in Verbindung mit den Feststellungen des angefochtenen Urteils die entscheidungserhebliche Tatsache beweist. Dagegen reicht es nicht aus, wenn die Urkunde nur den Anlaß zur Vernehmung weiterer Zeugen oder zur Einholung eines Gutachtens bildet[97].

35    Die Restitutionsklage ist weiter dann unbegründet, wenn die Urkunde eine **Tatsache** beweist, die im früheren Urteil **für unerheblich erklärt** worden war; maßgeblich ist insoweit der Standpunkt des früheren Richters[98]; daran ist der Restitutionsrichter gebunden. Anderenfalls würde die Restitutionsklage nicht mehr dazu dienen, die Neuverhandlung wegen der Erschütterung der seinerzeit zugrundegelegten Tatsachen zu erzwingen, sondern darüber hinaus zu einer Überprüfung der Rechtsansicht des ersten Gerichts führen, was mit der Funktion der Restitutionsklage nicht vereinbar wäre. Soweit die Urkunde eine **Tatsache** beweist, die erst **nach dem Zeitpunkt entstanden ist, bis zu dem im Vorprozeß neue Tatsachen vorgetragen werden konnten**, kann darauf die Restitutionsklage nicht gestützt werden. Hierfür besteht deshalb kein Bedürfnis, weil die Tatsache in einem neuen Verfahren auch ohne die Voraussetzungen des § 580 zu berücksichtigen ist. War die Tatsache davor entstanden und auch vorgetragen, der Vortrag aber **als verspätet zurückgewiesen** worden, so begründet das spätere Auffinden einer Urkunde die Restitutionsklage nicht. War der Inhalt der Urkunde im Vorprozeß bekannt und unstreitig, so ist die Restitutionsklage bei nachträglichem Auffinden der Urkunde ebenfalls unbegründet[99]. Bei alledem ist es unerheblich, ob es sich um eine vor Abschluß des Vorprozesses hergestellte Urkunde handelt oder ob die Restitutionsklage ausnahmsweise auf eine erst danach errichtete Urkunde gestützt werden kann, → Rdnr. 30.

### f) Identität der Ansprüche in beiden Verfahren

36    Die Urkunde muß dazu dienen, den **Anspruch so, wie er im Vorprozeß geltend gemacht worden ist**, zu stützen oder zu widerlegen. Der unterlegene Kläger ist daher nicht in der Lage, im Wege der Restitutionsklage einen neuen Streitgegenstand nachzuschieben[100]. Wohl aber kann der Beklagte die Urkunde zum Beweis neuer Verteidigungsmittel verwenden. Betrifft der Restitutionsgrund ein Urteil, das für einen **präjudiziell abhängigen Streitgegenstand** Rechtskraft wirkt (z. B. das Feststellungsurteil für einen von dem festgestellten Rechtsverhältnis abhängigen Leistungsanspruch), so kann der Restitutionsgrund nicht im Verfahren über den abhängigen Anspruch inzident geltend gemacht werden; es muß vielmehr zuvor das rechtskraftwirkende Urteil in einem Wiederaufnahmeverfahren beseitigt werden; ein bereits

---

[96] AK-*Greulich* Rdnr. 39.
[97] *BGHZ* 6, 354, 355 (Fn. 73); 31, 356 (Fn. 92; kein Beweis für Ehebruch durch polizeilichen Meldeschein im Hotel); 38, 333 (Fn. 85; kein Beweis von Eheverfehlungen durch den Besitz von Liebesbriefen); *OLG Freiburg* ZZP 66 (1952), 447; *OLG Celle* NJW 1962, 1401; *LG Frankenthal* MDR 1957, 749; *Johannsen* (Fn. 13), 105; *Rosenberg/Schwab/Gottwald*[15] § 160 II 3d (4); AK-*Greulich* Rdnr. 44; *Baumbach/Lauterbach/Hartmann*[52] Rdnr. 20.
[98] *Zöller/Schneider*[18] Rdnr. 27.
[99] *BAGE* 6, 96 = AP § 580 Nr. 4 (*Pohle*) = NJW 1958, 1605 = BB 880; *Baumbach/Lauterbach/Hartmann*[52] Rdnr. 25.
[100] *RGZ* 87, 269f.; *Johannsen* (Fn. 13), 104; *Gilles* ZZP 80 (1967), 407.

anhängiges Leistungsverfahren ist bis zur rechtskräftigen Entscheidung des Restitutionsverfahrens nach § 148 auszusetzen[101].

### 3. Zeitpunkt des Auffindens

»**Aufgefunden**« sind das Urteil oder die Urkunde dann, wenn ihre Existenz oder ihr Verbleib dem Restitutionskläger bis zu dem unter → Rdnr. 29 f. bezeichneten Zeitpunkt unbekannt und jetzt bekannt geworden ist, sofern die frühere Unkenntnis nicht auf einem Verschulden der Partei beruhte, → § 582 Rdnr. 5. Die **Möglichkeit, das Urteil oder die Urkunde zu benutzen**, spielt nur dann eine Rolle, wenn dem Restitutionskläger die Existenz des Urteils bzw. der Urkunde bekannt war, ohne daß er in der Lage war, sie schon seinerzeit zu benutzen; die Benutzungsmöglichkeit muß nachträglich entstanden sein, und zwar ohne daß ein Verschulden dafür vorliegt, daß sie nicht früher eröffnet worden ist. Vollends ausgeschlossen ist die Restitutionsklage dann, wenn die Urkunde in dem früheren Prozeß tatsächlich benutzt worden ist und die Partei lediglich eine andere Würdigung erreichen will[102]. Hinsichtlich der Möglichkeit, die Urkunde zu benutzen, ist **jede Art der Antretung des Urkundenbeweises** gleichwertig[103] (sowohl die eigene Vorlegung, gegebenenfalls mit Fristsetzung nach § 356, wie die Zulässigkeit und Realisierbarkeit eines Anspruchs gegen den Gegner oder einen Dritten auf Vorlegung nach §§ 422 ff., 429, 432). Dies gilt sowohl hinsichtlich der die Restitutionsklage ausschließenden Möglichkeit einer Benutzung der Urkunde im Vorprozeß als auch für die Benutzungsmöglichkeit im Restitutionsverfahren, s. auch § 588 Abs. 2. Im Restitutionsverfahren muß die Urkunde vorgelegt werden; es reicht also nicht aus, daß ein Zeuge bekundet, eine Urkunde des behaupteten Inhalts existiere oder habe existiert[104]. Wegen allgemein zugänglicher Urkunden → § 582 Rdnr. 6. Bezüglich der Echtheit der Urkunde und des Zeitpunkts ihrer Ausstellung bestehen abgesehen von § 581 Abs. 2 (→ dazu § 581 Rdnr. 7) keine Beschränkungen für die Beweisführung[105].

### 4. Neue wissenschaftliche Erkenntnisse

In Weiterentwicklung des Grundgedankens des § 580 und aus Billigkeitserwägungen dürfte eine Restitutionsklage auch über § 641 i hinaus ferner dann zuzulassen sein, wenn es der Partei erst nach Eintritt der Rechtskraft möglich wird, neue wissenschaftliche Erkenntnisse zu verwerten, die allein oder in Verbindung mit anderen Beweismitteln geeignet sind, eine andere Entscheidung herbeizuführen[106]. Auch wenn anzuerkennen ist, daß bei Statusurteilen Besonderheiten hinsichtlich des Umfangs der Rechtskraft und der Möglichkeit ihrer Durchbrechung gelten, ist es im Ergebnis doch nicht hinnehmbar, daß der Partei ein inzwischen möglicher wissenschaftlicher Nachweis abgeschnitten wird. Man denke etwa an den Fall, daß die Klage eines Unfallopfers auf die Kosten für einen Heilungsversuch mit der Begründung rechtskräftig abgewiesen worden ist, es gebe kein Verfahren mit hinreichender Erfolgsaussicht; wird später ein erfolgversprechendes Verfahren entwickelt, so darf die Rechtskraft der ersten Entscheidung kein Hindernis dafür sein, daß der Geschädigte die Heilungskosten verlangen kann, was nur über eine Restitutionsklage möglich ist. Entsprechendes muß gelten, wenn neue wissenschaftliche Erkenntnisse eine gutachtliche Klärung des früheren Sachver-

---

[101] S. zu dem Problem näher *Braun* (Fn. 1), 441 ff.
[102] *BGH* LM § 580 Ziff. 7 b Nr. 17 = MDR 1965, 817 = FamRZ 561.
[103] *Rosenberg/Schwab/Gottwald*[15] § 160 II 3 d (3).
[104] *BVerwG* MDR 1966, 619; AK-*Greulich* Rdnr. 43.

[105] *OLG Freiburg* JR 1951, 172; *Zöller/Schneider*[18] Rdnr. 29.
[106] *OLG Bamberg* FamRZ 1970, 593; *Gaul* (Fn. 1), 143 ff.; a. A. *Thomas/Putzo*[18] Rdnr. 15; *Zöller/Schneider*[18] Rdnr. 28.

halts ermöglichen (z.B. Klageabweisung, weil keine Unfallfolgen erkennbar sind, die aufgrund neuer wissenschaftlicher Erkenntnisse später nachgewiesen werden können). Erforderlich ist jedoch, daß es sich um »neue« wissenschaftliche Erkenntnisse handelt[107]; anderenfalls hätte ein Gutachten keinen weitergehenden Beweiswert als ein im Vorprozeß eingeholtes. Weiter muß das Gutachten bei Erhebung der Restitutionsklage schon vorliegen; es reicht nicht aus, daß es erst im Restitutionsverfahren eingeholt werden soll[108].

### V. Arbeitsgerichtliches Verfahren

39 Für das arbeitsgerichtliche Verfahren gelten keine Besonderheiten, § 79 ArbGG, und zwar auch nicht im Beschlußverfahren, § 80 Abs. 2 ArbGG.

## § 581 [Strafurteil als Voraussetzung; Beweis]

(1) In den Fällen des vorhergehenden Paragraphen Nr. 1 bis 5 findet die Restitutionsklage nur statt, wenn wegen der Straftat eine rechtskräftige Verurteilung ergangen ist oder wenn die Einleitung oder Durchführung eines Strafverfahrens aus anderen Gründen als wegen Mangels an Beweis nicht erfolgen kann.

(2) Der Beweis der Tatsachen, welche die Restitutionsklage begründen, kann durch den Antrag auf Parteivernehmung nicht geführt werden.

Gesetzesgeschichte: Bis 1900 § 544 CPO. Änderungen: RGBl. 1933 I 780; BGBl. 1974 I 469.

| | | | |
|---|---|---|---|
| I. Das Erfordernis der Verurteilung | 1 | III. Die strafrechtliche Verurteilung als Zulässigkeitsvoraussetzung der Restitutionsklage | 5 |
| II. Restitutionsklage ohne strafrechtliche Verurteilung | 4 | IV. Prüfung von Amts wegen | 7 |
| | | V. Arbeitsgerichtliches Verfahren | 8 |

### I. Das Erfordernis der Verurteilung

1 Wenn die im Strafverfahren ergehende Verurteilung des Täters wegen einer als Restitutionsgrund anerkannten strafbaren Handlung, § 580 Nr. 1 bis 5, für den Richter im Zivilverfahren auch nicht bindend ist, § 14 Abs. 2 Nr. 1 EGZPO, dieser also trotz rechtskräftiger Verurteilung sich selbst davon überzeugen muß, daß die Straftat begangen worden ist[1], → weiter Rdnr. 5, so ist doch die Restitution in diesen Fällen von einer solchen Verurteilung abhängig gemacht und daher bei Freisprechung ausgeschlossen. Dies gilt auch dann, wenn in dem Urteil der objektive Tatbestand der Straftat festgestellt ist. Auch bei einem Freispruch wegen fehlender Schuldfähigkeit des Täters soll die Restitutionsklage nicht zulässig sein[2]. Letzteres erscheint allerdings dann bedenklich, wenn das Strafurteil die übrigen Vorausset-

---

[107] *OLG Bamberg* FamRZ 1970, 593; a.A. offenbar *Gaul* (Fn. 1), 143ff., der nur auf allgemein anerkannte wissenschaftliche Methoden abstellt.
[108] *LG Lüneburg* MDR 1953, 626; *Gaul* (Fn. 1), 150f.; ders. FamRZ 1959, 342.
[1] *BGHZ* 85, 32 = LM § 580 Ziff. 3 Nr. 2 = NJW 1983, 230 = JZ 112 (*Grunsky*) = JR 113 (*Schubert*) = ZZP 97 (1984), 68 (*Braun*); *Baumbach/Lauterbach/Hartmann*[52] Rdnr. 4; MünchKomm ZPO-*Braun* Rdnr. 7. A.A. *BGHZ* 50, 115, 119 = LM § 826 BGB (Fa) Nr. 16 = NJW 1968, 1275.
[2] *BGHZ* 50, 115, 119 (Fn. 1); *OLG Celle* NJW 1958, 467; AK-*Greulich* Rdnr. 3; MünchKomm ZPO-*Braun* Rdnr. 4, *Thomas/Putzo*[18] Rdnr. 2.

zungen der strafbaren Handlung bejaht hat. Ob der Täter in diesem Fall schuldhaft gehandelt hat, sollte deswegen ohne Bedeutung sein, weil die Urteilsgrundlage (= die Wahrheit der Aussage) sich in beiden Fällen als gleichermaßen fehlerhaft erwiesen hat[3]. Das Strafurteil kann auch von einem ausländischen Gericht stammen[4].

Das Strafurteil muß **rechtskräftig** sein. Zumindest dann, wenn es schon ergangen, aber noch 2 nicht rechtskräftig ist, wird man in entsprechender Anwendung von § 149 eine **Aussetzung des Restitutionsverfahrens** als möglich ansehen müssen; ebenso dann, wenn das Strafverfahren bereits eröffnet, aber noch kein Urteil ergangen ist[5]; → weiter § 149 Rdnr. 8. Dies muß zumindest dann angenommen werden, wenn man im Falle einer Abweisung der Restitutionsklage als unzulässig wegen Fehlens einer rechtskräftigen Verurteilung eine Erneuerung der Restitutionsklage auch bei späterer rechtskräftiger Verurteilung für unzulässig hält, → dazu § 582 Rdnr. 2. Anderenfalls würde bei verfrüht erhobener Restitutionsklage das Urteil endgültig unangreifbar, was nicht sinnvoll erscheint. Gegenüber einem Zurückgreifen auf § 826 BGB[6] ist die Aussetzung des Restitutionsverfahrens auf jeden Fall die mit dem Wiederaufnahmesystem besser vereinbare Lösung. Die bloße Möglichkeit eines künftigen Strafverfahrens rechtfertigt dagegen eine Aussetzung nicht.

In welcher Form die strafrechtliche Verurteilung erfolgt ist, ist unerheblich. Inbesondere 3 reicht auch ein rechtskräftiger **Strafbefehl** für die Zulässigkeit der Restitutionsklage aus[7].

## II. Restitutionsklage ohne strafrechtliche Verurteilung

Ohne eine rechtskräftige strafrechtliche Verurteilung ist die Restitutionsklage nur dann 4 gegeben, wenn die Einleitung oder Durchführung des Strafverfahrens aus anderen Gründen als wegen Mangels an Beweis nicht erfolgen kann. In Betracht kommen Abwesenheit des Täters, Tod, Amnestie, Verjährung oder später eingetretene Unzurechnungsfähigkeit[8]; zur Schuldunfähigkeit schon bei Begehung der Straftat → Rdnr. 1. Bei Einstellung des Verfahrens bzw. Absehen von Verfolgung wegen Geringfügigkeit nach **§§ 153 ff.** StPO ist die Restitutionsklage ebenfalls zulässig[9], es sei denn, bei der Einstellung ist das Vorliegen der Straftat nicht zugrundegelegt, sondern lediglich unterstellt worden[10]. Eine Einstellung nach § 154 StPO (unwesentliche Nebenstraftat) steht der Restitutionsklage nicht entgegen[11]. Bei Einstellung unter Auflagen, § 153a StPO, ist die Restitutionsklage erst dann gegeben, wenn der Beschuldigte die Auflagen erfüllt hat, § 153a Abs. 1 S. 4 StPO[12]. Maßgeblich ist jeweils die Begründung des die Verfahrenseröffnung ablehnenden Beschlusses oder Einstellungsbeschlusses der Staatsanwaltschaft[13] bzw. des gerichtlichen Einstellungsbeschlusses oder Urteils nach § 260 Abs. 3 StPO. Hier muß der Tatbestand der strafbaren Handlung und der Grund für die Nichtdurchführung des Strafverfahrens formuliert werden. Verneint die Staatsanwaltschaft bzw. das die Eröffnung des Verfahrens ablehnende Gericht das Vorliegen einer strafbaren Handlung, so ist das Restitutionsgericht daran gebunden und kann nicht etwa seinerseits nachprüfen, ob nicht doch eine strafbare Handlung vorliegt[14]. Eine **berichtigende Auslegung**

---

[3] So auch *Rosenberg/Schwab/Gottwald*[15] § 160 II 3 a (6); *Zöller/Schneider*[18] Rdnr. 9; *Baumgärtel/Scherf* JZ 1970, 317.
[4] *RGZ* 140, 97, 99; *Baumbach/Lauterbach/Hartmann*[52] Rdnr. 1; MünchKomm ZPO-*Braun* Rdnr. 4.
[5] Für eine Anwendbarkeit von § 149 *Zöller/Schneider*[18] Rdnr. 5; a.A. *BGHZ* 50, 115, 122 (Fn. 1); *Baumbach/Lauterbach/Hartmann*[52] Rdnr. 4; *Thomas/Putzo*[18] § 149 Rdnr. 1.
[6] S. in diese Richtung *BGHZ* 50, 115, 122 (Fn. 1).
[7] MünchKomm ZPO-*Braun* Rdnr. 6.
[8] *RG* JW 1911, 373.
[9] AK-*Greulich* Rdnr. 7; MünchKomm ZPO-*Braun* Rdnr. 9; *Zöller/Schneider*[18] Rdnr. 8; *Rosenberg/Schwab/Gottwald*[15] § 160 II 3 a (6).
[10] *OLG Koblenz* MDR 1979, 410; *Zöller/Schneider*[18] Rdnr. 8.
[11] *OLG Hamburg* MDR 1978, 851; *Baumbach/Lauterbach/Hartmann*[52] Rdnr. 3; *Thomas/Putzo*[18] Rdnr. 3; *Rosenberg/Schwab/Gottwald*[15] § 160 II 3a (6); a.A. *OLG Hamm* MDR 1986,679.
[12] *OLG Köln* FamRZ 1991, 584; *Zöller/Schneider*[18] Rdnr. 8; *Rosenberg/Schwab/Gottwald*[15] § 160 II 3a (6).
[13] *BGHZ* 50, 115, 119 (Fn. 1).
[14] *BGHZ* 50, 115 (Fn. 1); *BGH* VersR 1962, 175.

von § 581 Abs. 1 dahingehend, daß der Nachweis eines Restitutionsgrundes ohne Einschränkungen geführt werden kann[15], wäre keine »Auslegung« mehr, sondern eine eindeutige Gesetzeskorrektur. De lege ferenda mag die Aufhebung von § 581 Abs. 1 sinnvoll sein, doch ist die Vorschrift derzeit geltendes Recht und auch nicht etwa verfassungswidrig.

### III. Die strafrechtliche Verurteilung als Zulässigkeitsvoraussetzung der Restitutionsklage

5   Die Bedeutung des in Abs. 1 aufgestellten Erfordernisses ergibt sich aus der → vor § 578 Rdnr. 31 ff. dargestellten Dreiteilung der Erfolgsvoraussetzungen eines Wiederaufnahmeverfahrens: Solange die strafrechtliche Verurteilung nicht erfolgt oder ihre Unmöglichkeit i. S. des Abs. 1 dargetan ist, ist die Restitutionsklage unzulässig[16]. Sie kann bei später erfolgter Verurteilung auch nicht wiederholt werden, → § 582 Rdnr. 2. Sind die Voraussetzungen von Abs. 1 dagegen erfüllt, so ist die Restitutionsklage zwar zulässig[17], doch hat das Gericht selbst zu prüfen, ob die strafbare Handlung wirklich begangen worden ist; eine Bindung an das Strafurteil besteht nicht, § 14 Abs. 2 Nr. 1 EGZPO, → auch Rdnr. 1.

6   Die strafrichterliche Verurteilung ist auch dann Voraussetzung für die Geltendmachung des Restitutionsgrundes, wenn dies nicht im Wege einer selbständigen Restitutionsklage erfolgt, sondern der **Wiederaufnahmegrund in einem anhängigen Verfahren verfolgt wird** (etwa durch Widerruf einer Rechtsmittelrücknahme, → § 515 Rdnr. 12), → vor § 128 Rdnr. 226.

### IV. Prüfung von Amts wegen

7   Der **Ausschluß des Beweisantritts durch Antrag auf Parteivernehmung, Abs. 2** gilt für alle Restitutionsgründe des § 580 und nicht nur für die Fälle Nr. 1 bis 5[18]. Dieser Beweisantritt ist weder über die Tatsache der rechtskräftigen Verurteilung zulässig, noch über die Gründe, aus denen die Einleitung oder Durchführung des Strafverfahrens unterblieben ist, oder über die Tatsache des Auffindens oder Zugänglichwerdens einer Urkunde. Der Grund dieser Regelung besteht darin, daß die Tatsachen, von denen die Wiederaufnahme abhängt, **von Amts wegen zu prüfen** sind, da den Parteien die Beseitigung eines ihnen nicht genehmen Urteils im Wege des einverständlichen Zusammenwirkens ebensowenig freistehen kann wie bei der Nichtigkeitsklage, → § 579 Rdnr. 13[19]. Der Wortlaut von Abs. 2 ist allerdings zu eng, doch steht das seiner analogen Anwendung der Vorschrift nicht entgegen. Daher ist die bindende Wirkung eines Anerkenntnisses ebenso ausgeschlossen, → § 307 Rdnr. 25, wie die eines gerichtlichen Geständnisses, → § 288 Rdnr. 17; beide sind vielmehr frei zu würdigen[20]. Die Parteivernehmung nach § 448 muß dagegen für zulässig erachtet werden[21]; sie ist jedoch dann unzulässig, wenn nichts für die Behauptung der beweispflichtigen Partei, sondern mehr für die des Gegners spricht[22].

---

[15] So *Braun* Rechtskraft und Restitution, Teil 1 (1979), 130 ff.; *ders*. ZZP 97 (1984), 84 f.; MünchKomm ZPO-*Braun* Rdnr. 11 ff.
[16] *Gaul* Die Grundlagen des Wiederaufnahmerechts und die Ausdehnung der Wiederaufnahmegründe (1956), 78 ff., 85 ff.; *Rosenberg/Schwab/Gottwald*[15] § 160 II 3a (6).
[17] BGHZ 50, 115, 119 (Fn. 1).
[18] BGHZ 30, 60, 61 = LM § 581 Nr. 3 (*Johannsen*) = NJW 1959, 1369 = MDR 647 = ZZP 73 (1960), 265; AK-*Greulich* Rdnr. 9; *Baumbach/Lauterbach/Hartmann*[52] Rdnr. 5; MünchKomm ZPO-*Braun* Rdnr. 15; *Zöller/Schneider*[18] Rdnr. 11.
[19] MünchKomm ZPO-*Braun* Rdnr. 15.
[20] RGZ 135, 123, 131; AK-*Greulich* Rdnr. 10; *Baumbach/Lauterbach/Hartmann*[52] Rdnr. 5; *Rosenberg/Schwab/Gottwald*[15] § 161 IV 2.
[21] BGHZ 30, 60(Fn. 18); AK-*Greulich* Rdnr. 11; *Baumbach/Lauterbach/Hartmann*[52] Rdnr. 5; *Rosenberg/Schwab/Gottwald*[15] § 161 IV 2. A. A. MünchKomm ZPO-*Braun* Rdnr. 15.
[22] BGHZ 30, 60, 63 (Fn. 18).

## V. Arbeitsgerichtliches Verfahren

Im arbeitsgerichtlichen Verfahren gilt § 581 uneingeschränkt, und zwar sowohl im Urteils- als auch im Beschlußverfahren. 8

## § 582 [Hilfsnatur der Restitutionsklage]

**Die Restitutionsklage ist nur zulässig, wenn die Partei ohne ihr Verschulden außerstande war, den Restitutionsgrund in dem früheren Verfahren, insbesondere durch Einspruch oder Berufung oder mittels Anschließung an eine Berufung, geltend zu machen.**

Gesetzesgeschichte: Bis 1900 § 545 CPO. Keine Änderungen.

| | |
|---|---|
| I. Unverschuldete Unmöglichkeit    1 | II. Prozessuale Begrenzung der Gel-   tendmachung    8 |
| 1. Die Restitutionsklage als subsi-    diärer Rechtsbehelf    1 | III. Arbeitsgerichtliches Verfahren    12 |
| 2. Die Möglichkeit früherer Gel-   tendmachung    4 | |

## I. Unverschuldete Unmöglichkeit

### 1. Die Restitutionsklage als subsidiärer Rechtsbehelf

Die Restitutionsklage ist ebenso wie die Nichtigkeitsklage in gewissen Fällen, → § 579 1 Rdnr. 11 ff., ein grundsätzlich subsidiärer Rechtsbehelf. Sie ist nur dann erfolgreich, wenn die Partei ohne ihr Verschulden außerstande war, den Restitutionsgrund in dem früheren Verfahren geltend zu machen. Ob die Klage bei verschuldeter Nichtgeltendmachung in dem früheren Verfahren unzulässig und unbegründet ist, kann offengelassen werden[1]; praktische Konsequenzen hängen davon nicht ab. Die Vorschrift ist über ihren Wortlaut hinaus dahingehend auszulegen, daß jedes **Angriffs- oder Verteidigungsmittel**, das bei gehöriger Sorgfalt im Vorprozeß hätte geltend gemacht werden können, im Rahmen eines Wiederaufnahmeverfahrens ausgeschlossen ist[2]. Das bedeutet u.a., daß die Partei einen Restitutionsgrund nicht mehr vorbringen kann, der zwar zur Zeit des Vorprozesses noch nicht vorlag, jedoch von der Partei hätte herbeigeführt werden können[3]. So reicht etwa das Auffinden einer Urkunde dann nicht als Wiederaufnahmegrund aus, wenn die Partei die Urkunde bei gehöriger Sorgfalt rechtzeitig gefunden hätte[4].

Ist aber die Unmöglichkeit der Geltendmachung im Vorprozeß Voraussetzung der Restitu- 2 tion, so ist die Wiederaufnahme ausgeschlossen, wenn der **Restitutionsgrund im Vorprozeß erfolglos geltend gemacht** worden ist[5]. Dabei spielt es auch keine Rolle, ob den Restitutionskläger an der Erfolglosigkeit ein Verschulden trifft[6]. Die Restitutionsklage ermöglicht die Berücksichtigung eines bisher unbekannten Angriffs- oder Verteidigungsmittels, nicht dagegen, daß dieses mehrfach geprüft werden kann, → auch § 579 Rdnr. 10. Für die Fälle des

---

[1] MünchKomm ZPO-*Braun* Rdnr. 2.
[2] *Baumbach/Lauterbach/Hartmann*[52] Rdnr. 1.
[3] *Henckel* Prozeßrecht und materielles Recht (1970), 100.
[4] *BGH* Betrieb 1974, 1158; *Thomas/Putzo*[18] Rdnr. 5; *Henckel* (Fn. 3), 100.

[5] *LAG Frankfurt* NJW 1962, 1886; *Schlosser* ZZP 79 (1966), 191; *Baumbach/Lauterbach/Hartmann*[52] Rdnr. 1; MünchKomm ZPO-*Braun* Rdnr. 10.
[6] A.A. *LAG Frankfurt* NJW 1962, 1886; *Baumbach/ Lauterbach/Hartmann*[52] Rdnr. 1; s. weiter MünchKomm ZPO-*Braun* Rdnr. 10.

§ 580 Nr. 1 bis 5 ist zu beachten, daß Restitutionsgrund die dort bezeichneten strafbaren Handlungen als solche sind, nicht dagegen die rechtskräftige Verurteilung; diese ist nur Zulässigkeitsvoraussetzung für die Restitutionsklage[7]. Ist also etwa die Fälschung des Klagewechsels im Vorprozeß behauptet, aber nicht für erwiesen erachtet, so ist das später ergangene strafrichterliche Urteil nicht geeignet, eine Restitutionsklage zu stützen; ihm käme nur die für die Wiederaufnahme unerhebliche Bedeutung eines Beweismittels zu.

3 Die in § 582 enthaltene Beschränkung der Wiederaufnahmemöglichkeit greift (ebenso die diejenige des § 581, → § 581 Rdnr. 6) nicht nur bei einer selbständigen Restitutionsklage Platz, sondern auch dann, wenn der Restitutionsgrund **in einem anhängigen Verfahren verfolgt** wird, → vor § 128 Rdnr. 226 und speziell für den Widerruf einer Rechtsmittelrücknahme → § 515 Rdnr. 12.

### 2. Möglichkeit früherer Geltendmachung

4 Zur Geltendmachung imstande ist die Partei nicht nur dann, wenn sie die volle Beweismöglichkeit besitzt oder der Erfolg sicher ist, sondern schon dann, wenn nach den konkreten Verhältnissen des Einzelfalls eine begründete Aussicht auf Erfolg besteht[8]. Die Partei muß regelmäßig (zu Ausnahmen → Rdnr. 5) **Kenntnis von dem Restitutionsgrund** haben[9], d. h. ein auf sicherer tatsächlicher Grundlage beruhendes Wissen, im Gegensatz zu einer bloßen Vermutung oder gar nur einer sog. moralischen Überzeugung. Im Einzelfall kann die Nichtgeltendmachung allerdings trotz Kenntnis entschuldigt sein[10] (z.B. bei entschuldbarem Irrtum über die Erheblichkeit einer Tatsache oder einer Urkunde ). Dasselbe gilt bei einem Vergessen lange zurückliegender Dinge[11]; der Satz, daß jeder wisse, was er einmal erfahren habe, läßt sich ernstlich nicht vertreten.

5 Andererseits kann bei fehlender Kenntnis die Unkenntnis, und damit die **Unmöglichkeit einer Geltendmachung auf Verschulden beruhen**, wodurch die Restitutionsklage ausgeschlossen ist[12]. So etwa, wenn eine Urkunde aus Nachlässigkeit zu spät gesucht oder wegen Unordnung in den Geschäftsunterlagen der Partei zunächst nicht gefunden wurde[13]. Weiter gehört hierher der Fall, daß die Partei es unterlassen hat, sich über den Inhalt der ihr der Existenz nach bekannten Urkunde zu informieren[14], oder daß es sich um öffentlich ausgelegte, jederzeit zu beschaffende oder allgemein zugängliche Urkunden handelt, wie Personenstandsurkunden, in- oder ausländische Patentschriften[15], Patenterteilungsakten[16], Gebrauchsmusteranmeldungen[17] usw.. Das Unterlassen einer Erkundung kann im allgemeinen allerdings nur dann als schuldhaft angesehen werden, wenn Grund zu der Annahme bestand, die Bemühungen hätten zu einem positiven Ergebnis geführt.

6 Die **Beweislast** für das Fehlen eines Verschuldens daran, daß der Restitutionsgrund nicht schon in dem früheren Verfahren geltend gemacht worden ist, trägt der Restitutionskläger[18]. Die Prüfung erfolgt dabei von Amts wegen, d.h. das Gericht ist insbesondere an ein Geständnis nicht gebunden.

---

[7] *Gaul* Die Grundlagen des Wiederaufnahmerechts und die Ausdehnung der Wiederaufnahmegründe (1956), 87; *Johannsen* in Festschrift für den 45. Deutschen Juristentag (1964), 91; *Baumbach/Lauterbach/Hartmann*[52] Rdnr. 3; MünchKomm ZPO-*Braun* Rdnr. 5.
[8] *Thomas/Putzo*[18] Rdnr. 3; *Zöller/Schneider*[18] Rdnr. 3; AK-*Greulich* Rdnr. 3.
[9] *Baumbach/Lauterbach/Hartmann*[52] Rdnr. 2; MünchKomm ZPO-*Braun* Rdnr. 7.
[10] MünchKomm ZPO-*Braun* Rdnr. 8.
[11] *Baumbach/Lauterbach/Hartmann*[52] Rdnr. 2.
[12] MünchKomm ZPO-*Braun* Rdnr. 7.
[13] *BGH* LM § 582 Nr. 3 = NJW 1974, 557 = WM 264; → weiter Fn. 4.
[14] RGZ 89, 1.
[15] RGZ 48, 375.
[16] RGZ 84, 142.
[17] RGZ 59, 43.
[18] *BGH* LM § 582 Nr. 3 (Fn. 13); RGZ 99, 168, 170; MünchKomm ZPO-*Braun* Rdnr. 9; *Thomas/Putzo*[18] Rdnr. 5; AK-*Greulich* Rdnr. 7.

Das **Verschulden ihres Vertreters** (sei es des gesetzlichen, sei es des Prozeßbevollmächtigten) muß sich die Partei auch im Rahmen des § 582 zurechnen lassen[19]. 7

## II. Prozessuale Begrenzung der Geltendmachung

Durch den Gang des Verfahrens kann die Geltendmachung des Restitutionsgrundes im 8
Vorverfahren ausgeschlossen gewesen sein. Dies ist auf jeden Fall dann der Fall, wenn das **Urteil rechtskräftig** geworden ist (z. B. Verstreichenlassen einer Rechtsmittelfrist oder der Einspruchsfrist bei einem Versäumnisurteil). Konnte die Partei allerdings eine **Wiedereinsetzung** gegen den Ablauf der Berufungs- oder Einspruchsfrist erreichen, so ist die Restitutionsklage ausgeschlossen[20]

Durch die prozessuale Situation kann die Geltendmachung aber auch ohne **Rechtskrafteintritt** 9
ausgeschlossen gewesen sein. Hierher gehört zunächst der Fall, daß die mündliche Verhandlung geschlossen, das Urteil aber noch nicht erlassen und auch nicht mit Rechtsmitteln angreifbar ist (Nichterreichen der Berufungssumme, § 511a Abs. 1; Berufungsurteil, ohne daß die Revision statthaft ist). Der Umstand, daß die Partei die Kenntnis von dem Restitutionsgrund noch vor der Verkündung des Urteils erlangt hat, ist für die Restitutionsklage deswegen kein absolutes Hindernis, weil kein Recht auf Wiedereröffnung der Verhandlung besteht, → § 156 Rdnr. 10. Allerdings wird man verlangen müssen, daß die Partei wenigstens einen Antrag auf Wiedereröffnung gestellt und dabei den Restitutionsgrund dargelegt hat.

In der **Revisionsinstanz** können neue Tatsachen grundsätzlich nicht geltend gemacht werden, 10
weshalb die Möglichkeit einer Revision in § 582 zutreffend nicht miterwähnt ist[21]. Soweit man allerdings anerkennt, daß Restitutionsgründe in der Revisionsinstanz geltend gemacht werden können, → § 561 Rdnr. 16ff., muß die Partei eine statthafte Revision einlegen. Allein daraus, daß ein Restitutionsgrund geltend gemacht werden soll, folgt jedoch nicht die Statthaftigkeit der Revision; insoweit bleibt es bei den Statthaftigkeitsvoraussetzungen der §§ 546, 547, 554b.

Soweit im **Nachverfahren nach einem Vorbehaltsurteil**, §§ 302, 599, nach dem Inhalt des 11
Vorbehalts noch Gelegenheit besteht, einen Restitutionsgrund geltend zu machen, ist eine Restitutionsklage gegen das Vorbehaltsurteil (ebenso wie später gegen das Urteil im Nachverfahren) ausgeschlossen[22]. Im Falle des § 599 ist also der Beklagte aufgrund der vorbehaltenen Ausführungen seiner Rechte nicht gehindert, die Restitutionsgründe aus § 580 Nr. 1 bis 3, 6 und 7 noch im Nachverfahren vorzubringen und die Restitutionsklage gegen das Vorbehaltsurteil somit ausgeschlossen, wogegen die Restitutionsgründe nach § 580 Nr. 4 und 5, wenn sie sich auf das Vorbehaltsurteil beziehen, nach Eintritt der Rechtskraft des letzteren nur noch mit der Restitutionsklage geltend gemacht werden können.

## III. Arbeitsgerichtliches Verfahren

Im arbeitsgerichtlichen Verfahren gilt § 582 ohne Einschränkungen sowohl im Urteils- als 12
auch im Beschlußverfahren.

---

[19] Zöller/Schneider[18] Rdnr. 11; AK-Greulich Rdnr. 6.
[20] OLG Nürnberg WM 1960, 1157; Baumbach/Lauterbach/Hartmann[52] Rdnr. 4; MünchKomm ZPO-Braun Rdnr. 6; Zöller/Schneider[18] Rdnr. 6.
[21] MünchKomm ZPO-Braun Rdnr. 6.
[22] AK-Greulich Rdnr. 5; Zöller/Schneider[18] Rdnr. 9.

## § 583 [Vorentscheidungen]

**Mit den Klagen können Anfechtungsgründe, durch die eine dem angefochtenen Urteil vorausgegangene Entscheidung derselben oder einer unteren Instanz betroffen wird, geltend gemacht werden, sofern das angefochtene Urteil auf dieser Entscheidung beruht.**

Gesetzesgeschichte: Bis 1900 § 546 CPO. Keine Änderungen.

### I. Vorentscheidungen derselben und der unteren Instanz

1 § 583 gilt, ebenso wie die §§ 584–591, für alle Fälle der Wiederaufnahme, d. h. sowohl für die Nichtigkeits- als auch für die Restitutionsklage. Er entspricht den §§ 512, 548 mit den allerdings wesentlichen Besonderheiten, daß zum einem die **Beschwerdefähigkeit oder Unanfechtbarkeit** der Vorentscheidung die Anwendung des § 583 nicht ausschließt, und zum anderen mit der ausdrücklichen Erweiterung auf **Vorentscheidungen einer unteren Instanz**. Als vorausgegangene Entscheidungen i. S. des § 583 sind einmal die Zwischenurteile nach § 303, darüber hinaus aber auch die nach § 280 und § 304 sowie ferner die Vorbehaltsurteile nach §§ 302, 599 anzusehen[1]. Letztere sind lediglich dann selbständig mit der Wiederaufnahmeklage anfechtbar, wenn sie in einer höheren Instanz ergangen sind als der, die im Nachverfahren zu entscheiden hat, → § 578 Rdnr. 7 und u. Rdnr. 4[2]. Die Wiederaufnahmeklage richtet sich unmittelbar nur gegen das rechtskräftige Endurteil bzw. in wenigen Fällen gegen das Vorbehalts- oder Zwischenurteil nach §§ 280, 304, → § 578 Rdnr. 7. Eine besondere Wiederaufnahmeklage gegen vorausgegangene Entscheidungen ist unzulässig[3]. Teilurteile müssen jeweils selbständig angefochten werden[4].

2 Die Wiederaufnahmeklage richtet sich kraft Gesetzes[5] gegen die dem Endurteil vorausgegangenen Entscheidungen, sofern sie nicht selbst der Wiederaufnahme unterliegen, → Rdnr. 1, und das Endurteil auf der Vorentscheidung beruht[6]. Damit ist nicht gemeint, daß der Urteilsinhalt i. S. von § 549 Abs. 1 von dem Fehler beeinflußt worden sein muß. Das Urteil beruht vielmehr schon dann auf der vorausgegangenen Entscheidung, wenn diese eine der Grundlagen für das Endurteil gebildet hat[7], wie etwa das Zwischenurteil nach § 280 für das Endurteil, ohne daß es darauf ankommt, ob das Endurteil von dem bei dem Zwischenurteil gemachten Fehler inhaltlich beeinflußt worden ist[8].

3 Dadurch, daß § 583 die Wiederaufnahmeklage auf die dem Endurteil vorausgegangenen Entscheidungen miterstreckt, brauchen diese nicht ausdrücklich mitangegriffen zu werden. Dies ist jedoch kein Hindernis dafür, daß der Wiederaufnahmekläger **vorausgegangene Entscheidungen ausdrücklich ausnimmt**. Bezieht sich der Wiederaufnahmegrund etwa bei einem vorausgegangenen Grundurteil, § 304, nur auf das spätere Urteil über die Höhe des Betrags, so muß es der Partei freistehen, die Wiederaufnahmeklage auf das Betragsurteil zu beschränken. In diesem Fall ist das Grundurteil nicht Gegenstand der Verhandlung und Entscheidung über die Wiederaufnahmeklage.

---

[1] Zu der Frage, welche vorausgegangenen Entscheidungen von der Wiederaufnahmeklage erfaßt werden, s. *Gilles* ZZP 78 (1965), 481.

[2] Weitergehend MünchKomm ZPO-*Braun* Rdnr. 2: Selbständig anfechtbare Vorentscheidungen einer unteren Instanz können nur mit einer eigenen Wiederaufnahmeklage angefochten werden.

[3] *RGZ* 75, 60.

[4] *BGH* MDR 1959, 1002; AK-*Greulich* Rdnr. 4; *Baumbach/Lauterbach/Hartmann*[52] Rdnr. 1.

[5] *Gilles* ZZP 78 (1965), 480; MünchKomm ZPO-*Braun* Rdnr. 3.

[6] S. dazu *Gilles* ZZP 78 (1965), 479 f.

[7] *Gilles* ZZP 78 (1965), 480.

[8] *Gilles* ZZP 78 (1965), 479 f.

## II. Vorentscheidungen der höheren Instanz

Beruht das Endurteil auf der Vorentscheidung einer höheren Instanz, wozu es dann kommen kann, wenn ein Rechtsmittelgericht eine Vorentscheidung getroffen und die Sache im übrigen zurückverwiesen hat, so ist, wenn der Wiederaufnahmegrund das Urteil der höheren Instanz betrifft, die Anfechtung unmittelbar gegen dieses und nicht gegen das spätere Urteil der unteren Instanz zu richten; anderenfalls würde die untere Instanz über das Verfahren des übergeordneten Gerichts urteilen, was mit dem Instanzenzug nicht vereinbar wäre, → § 578 Rdnr. 7[9]. Das Urteil der unteren Instanz wird aber durch die Aufhebung des höheren Urteils mitbetroffen[10]. Über den Fall der Verwerfung der Berufung → § 584 Rdnr. 4.

## III. Arbeitsgerichtliches Verfahren

Im arbeitsgerichtlichen Verfahren gilt § 583 sowohl im Urteils- als auch im Beschlußverfahren.

# § 584 [Zuständigkeit]

(1) Für die Klagen ist ausschließlich zuständig: das Gericht, das im ersten Rechtszuge erkannt hat; wenn das angefochtene Urteil oder auch nur eines von mehreren angefochtenen Urteilen von dem Berufungsgericht erlassen wurde oder wenn ein in der Revisionsinstanz erlassenes Urteil auf Grund des § 580 Nr. 1 bis 3, 6, 7 angefochten wird, das Berufungsgericht; wenn ein in der Revisionsinstanz erlassenes Urteil auf Grund der §§ 579, 580 Nr. 4, 5 angefochten wird, das Revisionsgericht.

(2) Sind die Klagen gegen einen Vollstreckungsbescheid gerichtet, so gehören sie ausschließlich vor das Gericht, das für eine Entscheidung im Streitverfahren zuständig gewesen wäre.

Gesetzesgeschichte: Bis 1900 § 547 CPO. Änderungen: RGBl. 1909 S. 475; 1927 I 175; 1927 I 334; BGBl. 1976 I 3281.

| | | | | |
|---|---|---|---|---|
| I. Die Zuständigkeit | 1 | IV. Revisionsurteil | | 6 |
| II. Erstinstanzliche Urteile | 2 | 1. Zuständigkeit des Revisionsgerichts | | 7 |
| III. Berufungsurteile | 3 | 2. Zuständigkeit des Berufungsgerichts | | 8 |
| 1. Sachurteile | 3 | | | |
| 2. Verwerfung der Berufung als unzulässig | 4 | V. Vollstreckungsbescheid, Abs. 2 | | 9 |
| 3. Zurückverweisung an erste Instanz | 5 | VI. Arbeitsgerichtliches Verfahren | | 11 |

## I. Die Zuständigkeit

Der innere Zusammenhang der formell selbständigen Wiederaufnahme mit dem vorangegangenen Verfahren, → vor § 578 Rdnr. 28f., zeigt sich insbesondere bei der Regelung der örtlichen und sachlichen Zuständigkeit, die ausschließlich bei einem der früheren Instanzge-

---

[9] AK-*Greulich* Rdnr. 6; *Baumbach/Lauterbach/Hartmann*[52] Rdnr.1.

[10] *Gilles* ZPP 78 (1965), 489.

richte begründet ist. Zur Sonderregelung nach § 641 i Abs. 3 → § 641 i Rdnr. 5. Gegen ein ausländisches Urteil kann vor einem deutschen Gericht keine Wiederaufnahmeklage erhoben werden; insoweit fehlt es an der internationalen Zuständigkeit; das Vorliegen eines Wiederaufnahmegrundes kann jedoch einen Verstoß gegen den ordre public darstellen und damit der Anerkennung des Urteils nach § 328 Abs. 1 Nr. 4 entgegenstehen. Eine Zuständigkeitsvereinbarung der Parteien ist ausgeschlossen, § 40 Abs. 2. Bei Zuständigkeit des Amtsgerichts kann in den Fällen des § 579 Nr. 2 oder des § 580 Nr. 5 eine Bestimmung des zuständigen Gerichts nach § 36 Nr. 1 erforderlich werden. Zur Mitwirkung eines Richters aus dem Vorverfahren → § 41 Rdnr. 19; zur Möglichkeit einer Ablehnung wegen Befangenheit → § 42 Rdnr. 10. Wegen der Verweisung nach § 281 → § 586 Rdnr. 7.

## II. Erstinstanzliche Urteile

2   Ist das rechtskräftige Endurteil in erster Instanz erlassen worden, so ist ausschließlich dieses Gericht zuständig. Dies gilt auch dann, wenn das Urteil nach §§ 538, 539 nach Zurückverweisung durch das Berufungsgericht in erster Instanz ergangen ist; zum Sonderfall, daß neben dem erstinstanzlichen auch das zurückverweisende Urteil angefochten wird, → Rdnr. 5. Ob das erstinstanzliche Gericht heute noch für die Hauptsache sachlich zuständig wäre, ist unerheblich. Ein vom Landgericht erlassenes Urteil ist also auch dann nur vor dem Landgericht mit der Wiederaufnahmeklage anfechtbar, wenn der Streitwert 10.000,— DM nicht übersteigt, weshalb heute das Amtsgericht zuständig wäre. Bei Entscheidungen eines Familiengerichts ist dieses auch im Wiederaufnahmeverfahren ausschließlich zuständig[1].

## III. Berufungsurteile

### 1. Sachentscheidung

3   Hat das Berufungsgericht die Berufung für zulässig erklärt und in der Sache selbst entschieden (sei es durch kontradiktorisches oder gemäß § 542 durch Versäumnisurteil), so ist die Wiederaufnahmeklage ausschließlich beim Berufungsgericht zu erheben. Dies gilt auch bei einem Berufungsurteil, das nach einer Zurückverweisung durch das Revisionsgericht, § 565 Abs. 1, ergangen ist. Angegriffenes Urteil ist allein das Berufungs- und nicht auch das erstinstanzliche Urteil[2], und zwar unabhängig davon, ob das erstinstanzliche Urteil aufgehoben oder die Berufung zurückgewiesen worden ist. Nur hinsichtlich solcher Ansprüche bzw. Anspruchsteile, deretwegen Berufung überhaupt nicht eingelegt worden war, weshalb das Berufungsgericht insoweit nicht entschieden hat, muß die Wiederaufnahme beim erstinstanzlichen Gericht verfolgt werden[3]. Bezieht sich der Wiederaufnahmegrund bei nur teilweiser Berufungseinlegung allerdings sowohl auf das Berufungs- als auch auf das erstinstanzliche Urteil, so ist im Interesse einer einheitlichen Beurteilung des geltend gemachten Grundes insgesamt das Berufungsgericht zuständig (vorausgesetzt, beide Urteile werden angegriffen)[4].

---

[1] BGH FamRZ 1982, 789; MünchKomm ZPO-M. Wolf § 23b GVG Rdnr. 6; Zöller/Schneider[18] Rdnr. 1. Ob dies auch dann zu gelten hat, wenn die Ehe noch nach dem alten Scheidungsrecht vom Landericht geschieden worden ist, (s. dazu Zöller/Schneider[18] Rdnr. 1), ist angesichts der Fünfjahresfrist des § 586 Abs. 2 S. 2 heute wohl ohne praktische Bedeutung.

[2] RGZ 75, 53, 60; MünchKomm ZPO-Braun Rdnr. 4.
[3] MünchKomm ZPO-Braun Rdnr. 4; Zöller/Schneider[18] Rdnr. 2.
[4] A.A. MünchKomm ZPO-Braun Rdnr. 8.

## 2. Verwerfung der Berufung als unzulässig

Hat das Berufungsgericht die Berufung **durch Urteil als unzulässig verworfen** und ist nach Lage des Falles damit die Rechtskraft des erstinstanzlichen Urteils eingetreten, → § 705 Rdnr. 7, so liegen zwei selbständige Urteile vor, deren jedes der selbständigen Anfechtung vor demjenigen Gericht unterliegt, das es erlassen hat. Werden beide Urteile angegriffen, so ist insgesamt das Berufungsgericht zuständig, Abs. 1, 2.Hs.. Ist die Berufung **durch Beschluß als unzulässig verworfen** worden, § 519b Abs. 2, so unterliegt jedenfalls das rechtskräftig gewordene Urteil erster Instanz der Wiederaufnahmeklage[5]. Zuständig ist das erstinstanzliche Gericht. Zur Wiederaufnahme gegen den die Berufung nach § 519b Abs. 2 als unzulässig verwerfenden Beschluß → vor § 578 Rdnr. 40. Wird sowohl dieser Beschluß als auch das erstinstanzliche Urteil angefochten, ist erneut das Berufungsgericht nach Abs. 1, 2. Hs. ingesamt zuständig.

4

## 3. Zurückverweisung an erste Instanz

Hat das Berufungsgericht die Sache an das Gericht erster Instanz zurückverweisen und dieses daraufhin ein neues Endurteil erlassen, so ist für eine Wiederaufnahmeklage, die sich nur gegen eines der beiden Urteile richtet, dasjenige Gericht zuständig, das das Urteil erlassen hat. Werden aber beide Urteile angefochten, so ist allein das Berufungsgericht zuständig, Abs. 1, 2. Hs.. Dabei ist unerheblich, ob beide Urteile aus denselben oder aus verschiedenen Wiederaufnahmegründen angegriffen werden[6]. Hat sich das Verfahren nach Zurückverweisung in anderer Weise als durch ein neues erstinstanzliches Urteil erledigt (Klagerücknahme, Vergleich, übereinstimmende Erledigungserklärung), so ist für eine Wiederaufnahmeklage gegen das zurückverweisende Urteil kein Raum.

5

## IV. Revisionsurteile

Bei Revisionsurteilen differenziert Abs. 1 nach dem geltend gemachten **Wiederaufnahmegrund**: In den Fällen des § 580 Nr. 1 bis 3, 6 und 7 ist das Berufungsgericht zuständig, im übrigen dagegen das Revisionsgericht. Rechtspolitisch überzeugt diese Differenzierung zwar schwerlich[7], doch ist sie geltendes Recht. Eine berichtigende Auslegung dahingehend, daß es unabhängig vom konkret geltend gemachten Wiederaufnahmegrund darauf ankommt, ob es sich um Mängel des Berufungs- oder des Revisionsverfahrens handelt[8], läßt sich nicht vertreten.

6

### 1. Zuständigkeit des Revisionsgerichts

Wird die Wiederaufnahmeklage auf §§ 579, 580 Nr. 4, 5 gestützt, so ist das Revisionsgericht zuständig, sofern es in der Sache selbst entschieden hat. Dies ist auch dann der Fall, wenn die Revision als unbegründet zurückgewiesen worden ist[9]. Eine Ausnahme von der Zuständigkeit des Revisionsgerichts gilt dann, wenn mit der Restitutionsklage tatsächliche Feststellungen des Berufungsgerichts angegriffen werden; hier ist die Restitutionsklage beim Berufungsgericht zu erheben[10]. Hat umgekehrt das Revisionsgericht in einem Fall des § 580 Nr. 1

7

---

[5] *RGZ* 120, 173.
[6] *Zöller/Schneider*[18] Rdnr. 5.
[7] S. MünchKomm ZPO-*Braun* Rdnr. 6 (»abwegig«).
[8] So MünchKomm ZPO-*Braun* Rdnr. 6.
[9] *BGHZ* 14, 251 = LM § 239 Nr. 3 (*Johannsen*) =
NJW 1954, 1523; *Birk* NJW 1955, 939; *Baumbach/Lauterbach/Hartmann*[52] Rdnr. 5; *Thomas/Putzo*[18] Rdnr. 5.
[10] *BGHZ* 61, 95 = LM § 580 Ziff. 4 Nr. 3 = NJW 1973, 1701.

bis 3, 6, 7 ausnahmsweise tatsächliche Feststellungen getroffen, gegen die sich die Restitutionsklage richtet, so ist das Revisionsgericht zuständig[11]. Hat das Revisionsgericht die Revision durch Urteil als unzulässig verworfen, so gilt das unter → Rdnr. 4 Ausgeführte entsprechend. Wegen des Verwerfungsbeschlusses nach § 554a → vor § 578 Rdnr. 40. Zum Fall der Aufhebung des angefochtenen Urteils und Zurückverweisung der Sache an die untere Instanz kann auf das unter → Rdnr. 5 Ausgeführte verwiesen werden.

### 2. Zuständigkeit des Berufungsgerichts

8   In den Fällen des § 580 Nr. 1 bis 3, 6, 7 ist für die Wiederaufnahmeklage gegen das Revisionsurteil das Berufungsgericht zuständig. Werden mehrere Wiederaufnahmegründe geltend gemacht, für die teilweise das Berufungs- und teilweise das Revisionsgericht zuständig ist, so wäre es wenig sinnvoll das Verfahren aufzuspalten; das Berufungsgericht ist hier für die gesamte Entscheidung zuständig[12].

## V. Vollstreckungsbescheid, Abs. 2

9   Der Vollstreckungsbescheid im Mahnverfahren gilt nach § 700 als ein auf Versäumnis erlassenes Endurteil und unterliegt daher nach Rechtskrafteintritt der Wiederaufnahme des Verfahrens. Soweit man den Umfang der Rechtskraft des Vollstreckungsbescheids enger als bei einem Urteil zieht, → dazu § 700 Rdnr. 10, besteht für eine Wiederaufnahmeklage nur ein entsprechend eingeschränktes Bedürfnis; im übrigen kann der Schuldner trotz formeller Rechtskraft des Vollstreckungsbescheids seine Einwendungen durch Klageerhebung geltend machen. Zuständiges Gericht ist das Gericht, das für die Entscheidung auf Klageerhebung hin zuständig gewesen wäre, Abs. 2. **Sachlich zuständig** ist je nach dem Streitwert also das Amts- oder das Landgericht. Ist die Zuständigkeitsgrenze inzwischen verändert worden, so ist maßgeblich die frühere Zuständigkeitsregelung: Abs. 2 stellt darauf ab, welches Gericht seinerzeit zuständig gewesen wäre. Bei einem vor dem 1. III. 1993 erlassenen Vollstreckungsbescheid über einen Betrag zwischen 6.000,-- DM und 10.000,-- DM ist also das Land- und nicht das Amtsgericht sachlich zuständig.

10  **Örtlich zuständig** ist nicht das Mahngericht, d.h. das Wohnsitzgericht des Antragstellers, § 689 Abs. 2 S. 1, sondern das Gericht, bei dem der Antragsteller die Forderung hätte einklagen können, Abs. 2. Dies muß nicht das Gericht sein, das im Mahnantrag nach § 690 Abs. 1 Nr. 5 bezeichnet worden ist. Es steht dem Wiederaufnahmekläger vielmehr frei, bei mehreren Gerichtsständen die Wiederaufnahmeklage in einem Gerichtsstand seiner Wahl, § 35, zu erheben. Die Ausschließlichkeit der örtlichen Zuständigkeit bedeutet lediglich, daß die Parteien keinen weiteren Gerichtsstand vertraglich vereinbaren können, § 40 Abs. 2.

## VI. Arbeitsgerichtliches Verfahren

11  Im arbeitsgerichtlichen Verfahren gilt § 584 entsprechend, und zwar grundsätzlich auch Abs. 2. Da sich die örtliche Zuständigkeit für die Durchführung des Mahnverfahrens jedoch anders als nach § 589 Abs. 2 nicht nach dem allgemeinen Gerichtsstand des Antragstellers, sondern danach richtet, welches Arbeitsgericht für die Klage örtlich zuständig wäre, § 46a Abs. 2 ArbGG, kann die Wiederaufnahmeklage immer bei dem Arbeitsgericht erhoben

---

[11] *BGHZ* 62, 18; *Thomas/Putzo*[18] Rdnr. 5; *Rosenberg/ Schwab/Gottwald*[15] § 161 I 1 c.

[12] *Zöller/Schneider*[18] Rdnr. 10; unklar MünchKomm ZPO-*Braun* Rdnr. 8.

werden, das den Vollstreckungsbescheid erlassen hat. Dies gilt auch dann, wenn der Wiederaufnahmekläger geltend macht, der Mahnbescheid hätte von einem anderen Arbeitsgericht erlassen werden müssen. Daneben kann die Wiederaufnahmeklage gegen einen Vollstreckungsbescheid auch vor einem anderen Arbeitsgericht erhoben werden, das für eine Klage zuständig gewesen wäre, → Rdnr. 10.

## § 585 [Verfahrensgrundsätze]

**Für die Erhebung der Klagen und das weitere Verfahren gelten die allgemeinen Vorschriften entsprechend, sofern nicht aus den Vorschriften dieses Gesetzes sich eine Abweichung ergibt.**

Gesetzesgeschichte: Bis 1900 § 548 CPO. Keine Änderungen.

### I. Die anzuwendenden Vorschriften

Die Wiederaufnahmeklagen zeigen auch in Bezug auf das Verfahren ihre Zwitternatur: Der Form und dem Verfahren nach handelt es sich um Klagen, während sich von der Funktion her eher eine Einordnung als Rechtsmittel anbietet. Nach § 585 sind grundsätzlich die Vorschriften über die Klage maßgeblich. Insbesondere hat weder die Nichtigkeits- noch die Restitutionsklage Suspensiveffekt. 1

Für die **Erhebung der Klage** gelten danach nicht die Vorschriften über die Einlegung von Rechtsmitteln, sondern die Bestimmungen über das Verfahren in erster Instanz vor den Landgerichten. Dies gilt auch dann, wenn die Klage an das Amtsgericht, an ein Oberlandesgericht oder an den Bundesgerichtshof geht (arg. §§ 523, 557). Die **Prozeßvollmacht** für den Vorprozeß gilt auch für die Wiederaufnahme des Verfahrens, § 81, vorbehaltlich der Ehesachen, → § 609 Rdnr. 6. Die Klage muß nach §§ 176, 178 dem Prozeßbevollmächtigten des Gegners im früheren Prozeß **zugestellt** werden, und zwar bei Wiederaufnahme gegen ein in der Rechtsmittelinstanz ergangenes Urteil dem Prozeßbevollmächtigten der Rechtsmittelinstanz[1], § 210a. Ist der Prozeßbevollmächtigte des Vorprozesses nicht mehr anwaltlich tätig, so hat die Zustellung an den Wiederaufnahmebeklagten zu erfolgen. 2

Auch für die **Zurücknahme der Klage** ist eine Abweichung von der Regel des § 269 weder vorgeschrieben noch läßt sich eine solche aus der besonderen Natur der Wiederaufnahmeklage ableiten. Die Zurücknahme ist daher auch hier von dem Verzicht auf die Klage zu unterscheiden (zum Verzicht → vor § 578 Rdnr. 41); sie ist nur bis zum Beginn der mündlichen Verhandlung des Beklagten zur Hauptsache ohne dessen Einwilligung statthaft. »Hauptsache« ist hier nicht erst die Hauptsache i.S. von § 590, sondern schon die Frage des Vorliegens eines Wiederaufnahmegrundes[2] im Gegensatz zur Zulässigkeit der Wiederaufnahmeklage, → vor § 578 Rdnr. 35. Zum **Versäumnisverfahren** → § 590 Rdnr. 16ff; zur notwendigen Streitgenossenschaft → § 578 Rdnr. 11. Zur Wirkung eines Geständnisses oder Anerkenntnisses → § 581 Rdnr. 7. 3

---

[1] MünchKomm ZPO-*Braun* Rdnr. 1; *Rosenberg/Schwab/Gottwald*[15] § 161 III 1.

[2] *Baumbach/Lauterbach/Hartmann*[52] Rdnr. 3; *Zöller/Schneider*[18] Rdnr. 10.

## II. Besondere Prozeßarten

4 Richtet sich die Wiederaufnahmeklage gegen ein im **Urkundenprozeß** erlassenes Urteil (soweit dies nach dem unter → § 582 Rdnr. 11 Ausgeführten zulässig ist), so regelt sich das Verfahren über die Zulässigkeit und das über den Grund der Wiederaufnahme, → vor § 578 Rdnr. 35, nicht nach den Bestimmungen der §§ 592 ff.: Die Wiederaufnahmeklage ist zunächst nicht auf Leistung einer Geldsumme oder einer Quantität anderer vertretbarer Sachen, sondern auf Aufhebung eines Urteils gerichtet, und ihre Grundlage bilden nicht die zuvor im Urkundenprozeß benutzten Urkunden, sondern die nach §§ 579, 580 maßgeblichen Tatsachen, die durch alle Beweismittel nachgewiesen werden können. Erst bei der Neuverhandlung der Hauptsache gelten die besonderen Vorschriften der §§ 592 ff.[3]

5 In **Ehe- und Familiensachen** gelten die verfahrensrechtlichen Besonderheiten auch für die Verhandlung und Entscheidung über die Zulässigkeit und Begründetheit der Wiederaufnahmeklage[4].

## § 586 [Klagefrist]

(1) Die Klagen sind vor Ablauf der Notfrist eines Monats zu erheben.

(2) Die Frist beginnt mit dem Tage, an dem die Partei von dem Anfechtungsgrund Kenntnis erhalten hat, jedoch nicht vor eingetretener Rechtskraft des Urteils. Nach Ablauf von fünf Jahren, von dem Tag der Rechtskraft des Urteils an gerechnet, sind die Klagen unstatthaft.

(3) Die Vorschriften des vorstehenden Absatzes sind auf die Nichtigkeitsklage wegen mangelnder Vertretung nicht anzuwenden; die Frist für die Erhebung der Klage läuft von dem Tag, an dem der Partei und bei mangelnder Prozeßfähigkeit ihrem gesetzlichen Vertreter das Urteil zugestellt ist.

Gesetzesgeschichte: Bis 1900 § 549 CPO. Keine Änderungen.

| | | | |
|---|---|---|---|
| I. Die Notfrist | 1 | 6. Klageerhebung vor Beginn der Notfrist | 9 |
| 1. Eintritt der Rechtskraft | 2 | II. Die Ausschlußfrist, Abs. 2 S. 2 | 10 |
| 2. Kenntnis der Partei | 3 | III. Die Nichtigkeitsklage wegen mangelnder Vertretung, Abs. 3 | 12 |
| 3. Mehrere Wiederaufnahmegründe | 5 | 1. Rechtskraft des Urteils | 13 |
| 4. Wahrung der Notfrist | 6 | 2. Fristbeginn | 14 |
| 5. Geltendmachung des Wiederaufnahmegrundes in einem anhängigen Verfahren | 8 | IV. Arbeitsgerichtliches Verfahren | 16 |

## I. Die Notfrist

1 Für die Wiederaufnahmeklagen ist eine Notfrist von einem Monat vorgeschrieben, Abs. 1. Ihr **Beginn** setzt in allen Fällen Eintritt der Rechtskraft des Urteils sowie Kenntnis der Partei von dem Wiederaufnahmegrund voraus.

---

[3] Zöller/Schneider[18] Rdnr. 14.
[4] BGH LM § 590 Nr. 1 = NJW 1955, 1878 = MDR 1956, 222 = FamRZ 19; OlG Celle MDR 1953, 304;

Behre Der Streitgegenstand des Wiederaufnahmeverfahrens (1968), 53 ff.

## 1. Eintritt der Rechtskraft

Das anzufechtende Urteil muß rechtskräftig geworden sein. Bei Rücknahme einer wegen Nichterreichung der Revisionssumme unzulässigen Revision beginnt die Frist erst mit der Rücknahme zu laufen[1]. Ebenso bei Verwerfung der Revision als unzulässig oder bei Ablehnung der Annahme nach § 554b. Das Erfordernis des Eintritts der Rechtskraft gilt auch dann, wenn die Partei schon vor Eintritt der Rechtskraft Kenntnis vom Anfechtungsgrund hatte; nur ist die Restitutionsklage nach § 582 unzulässig, wenn die Restitutionsgründe durch Einspruch oder Berufung hätten geltend gemacht werden können; ebenso die Nichtigkeitsklage in den Fällen des § 579 Nr. 1 und 3, → § 579 Rdnr. 11, sowie richtiger Ansicht nach auch bei § 579 Nr. 2, → § 579 Rdnr. 12. Bei Restitutionsklagen gegen über die Vaterschaft entscheidende Urteile ist im Falle des § 641i (Vorlage eines neuen Gutachtens) § 586 nicht anwendbar, § 641i Abs. 4; wohl aber bei einer Nichtigkeitsklage nach § 579[1a].

## 2. Kenntnis der Partei

Voraussetzung für den Beginn des Laufs der Frist ist weiter Kenntnis der Partei von dem Anfechtungsgrund, d.h. von den Tatsachen, die zur Erhebung der Wiederaufnahmeklage berechtigen; dagegen kommt es auf die rechtliche Einordnung der Tatsachen als Wiederaufnahmegrund nicht an[2]. Gleichgestellt ist die Kenntnis des gesetzlichen Vertreters der Partei[3]. Beim **Prozeßvertreter** ist zu unterscheiden, ob er noch Beauftragter der Partei war oder nicht[4]; in der Regel wird sein Auftrag mit Zustellung des Urteils und der Mitteilung, die Rechtsmittelfrist sei abgelaufen, beendet sein, womit eine Zurechnung seiner Kenntnis ausscheidet. Die Kenntnis eines Generalbevollmächtigten muß sich die Partei nur dann zurechnen lassen, wenn der Auftrag auch dahin geht, die Partei in der den Gegenstand der Wiederaufnahmeklage bildenden Sache zu vertreten[5]. »Kenntnis« ist nur ein auf sicheren Grundlagen beruhendes Wissen und nicht auch das bloße Erfahren eines Gerüchts[6]. Die Tatsachen, aus denen sich der Zeitpunkt der Kenntnis ergibt, hat der Wiederaufnahmekläger glaubhaft zu machen, § 589 Abs. 2.

Handelt es sich um eine **Restitutionsklage wegen strafbarer Handlungen** nach § 580 Nr. 1 bis 5, so muß sich die Kenntnis auch auf die rechtskräftige Verurteilung des Täters erstrecken[7]; wenn auch die rechtskräftige Verurteilung als solche nicht den Restitutionsgrund bildet, so ist sie doch erst das Ereignis, das die Partei zur Wiederaufnahmeklage berechtigt. In den Fällen, in denen nach § 581 Abs. 1, 2. Hs. ausnahmsweise eine Verurteilung nicht erforderlich ist, → dazu § 581 Rdnr. 4ff., muß sich die Kenntnis der Partei auf die strafbare Handlung und außerdem auf die Möglichkeit ihres Beweises und die Einstellung bzw. die Unmöglichkeit des Strafverfahrens erstrecken, wenn der Lauf der Notfrist beginnen soll[8]. Im Falle des § 580 Nr. 7b ist Kenntnis des Inhalts der Urkunde und der Möglichkeit erforderlich, sie zu einem Urkundenbeweis zu benutzen[9]. Befindet sich die Urkunde in den Händen eines Dritten, vgl.

---

[1] *KG* NJW 1965, 1866.
[1a] *BGH* NJW 1994, 589.
[2] *BGH* VersR 1962, 175; LM § 579 Nr. 9 = NJW 1993, 1596 = JZ 733 (*Sangmeister*) = MDR 573 = BB 811 = ZIP 613 = WM 972 = Betrieb 979; *Rosenberg/Schwab/Gottwald*[15] § 161 I 2a; MünchKomm ZPO-*Braun* Rdnr. 9; *Zöller/Schneider*[18] Rdnr. 9.
[3] *Thomas/Putzo*[18] Rdnr. 3; *Zöller/Schneider*[18] Rdnr. 8.
[4] BGHZ 31, 351 = LM § 586 Nr. 5 (*Johannsen*) = NJW 1960, 819 = MDR 389 = FamRZ 134 = VersR 286 = ZZP 73 (1960), 414 (*Gaul*); *Thomas/Putzo*[18] Rdnr. 2; *Zöller/Schneider*[18] Rdnr. 8.
[5] *Johannsen* in Anm. zu *BGH* LM § 586 Nr. 5; *Zöller/Schneider*[18] Rdnr. 8.
[6] *OLG Hamburg* MDR 1947, 258.
[7] *Zöller/Schneider*[18] Rdnr. 10; *Thomas/Putzo*[18] Rdnr. 2.
[8] BGHZ 1, 153, 155; *OLG Frankfurt* NJW 1950, 317; *OLG Düsseldorf* MDR 1969, 1017; *Thomas/Putzo*[18] Rdnr. 1; *Zöller/Schneider*[18] Rdnr. 10.
[9] MünchKomm ZPO-*Braun* Rdnr. 9; *Zöller/Schneider*[18] Rdnr. 11.

§ 588 Abs. 2 S. 2, genügt die Kenntnis von ihrer Existenz also nur dann, wenn dieser vorlegungspflichtig ist[10]. Darauf, wann die Partei die Überzeugung erlangt hat, daß die Urkunde rechtlich erheblich ist, kommt es dagegen nicht an[11].

### 3. Mehrere Wiederaufnahmegründe

5   Bei mehreren Wiederaufnahmegründen läuft die Notfrist des Abs. 1 für jeden gesondert. Die Wiederaufnahmeklage kann also nicht mehr auf Gründe gestützt werden, bezüglich derer die Frist bereits verstrichen ist[12]. Andererseits wird die Wiederaufnahmeklage nicht dadurch ausgeschlossen, daß von einem anderen Wiederaufnahmegrund nicht rechtzeitig Gebrauch gemacht worden ist. Dies gilt auch für das Auffinden mehrerer Urkunden nach § 580 Nr. 7b. Mit dem Auffinden der weiteren Urkunde beginnt auch dann eine neue Frist zu laufen, wenn die zuerst gefundene Urkunde ebenfalls ein Wiederaufnahmeverfahren ermöglicht hätte[13]. Dabei ist es auch ohne Bedeutung, ob mit beiden Urkunden unterschiedliche oder ein- und dieselbe Tatsache bewiesen werden soll[14]. Etwas anderes kann nur dann gelten, wenn in der Nichtgeltendmachung des ersten Grundes eine Bestätigung des Urteils und damit ein Verzicht auf möglicherweise bestehende sonstige Wiederaufnahmegründe zu sehen ist.

### 4. Wahrung der Notfrist

6   Über den **Begriff der Notfrist** → § 223 Rdnr. 80ff.; über die Berechnung der Fristen → § 222 Rdnr. 3ff. Gewahrt wird die Notfrist nur durch **Erhebung der Wiederaufnahmeklage**, gleichviel ob sie einen Wiederaufnahmegrund angibt oder nicht, § 588 Abs. 1 Nr. 2, → § 588 Rdnr. 1. Bei demnächstiger Zustellung erfolgt nach § 270 Abs. 3 Rückdatierung auf den Zeitpunkt der Einreichung der Klage[15]. Dagegen reicht die Stellung eines Prozeßkostenhilfeantrags zur Wahrung der Frist nicht aus[16]; war der Antrag jedoch vor Ablauf der Notfrist gestellt worden, so ist gegen deren Versäumung Wiedereinsetzung in den vorigen Stand zu gewähren[17]. Greift die Partei eine den Wiedereinsetzungsantrag ablehnende Entscheidung in erster Linie mit Gegenvorstellung oder sofortiger Beschwerde an und erhebt die Wiederaufnahmeklage nur hilfsweise, so ist diese gleichwohl sofort und nicht etwa erst nach Abschluß des Gegenvorstellungs- bzw. Beschwerdeverfahrens erhoben[18].

7   Abs. 1 verlangt nur die fristgemäße Klageerhebung, nicht dagegen auch eine solche vor dem zuständigen Gericht. Infolgedessen wird die Frist auch durch Klageerhebung vor einem örtlich oder sachlich **unzuständigen Gericht** gewahrt[19]. Die Sache ist dann nach § 281 zu verweisen, wobei die Frist auch dann gewahrt ist, wenn die Verweisung erst nach ihrem Ablauf erfolgt[20].

---

[10] *Baumbach/Lauterbach/Hartmann*[52] Rdnr. 5.
[11] *RGZ* 169, 100; MünchKomm ZPO-*Braun* Rdnr. 9.
[12] *BGH VersR* 1962, 175; MünchKomm ZPO-*Braun* Rdnr. 13.
[13] *BGHZ* 57, 211, 214 = LM § 580 Ziff. 7b Nr. 20/21 = MDR 1972, 142 = FamRZ 454 = WM 27; *Baumbach/Lauterbach/Hartmann*[52] Rdnr.2; MünchKomm ZPO-*Braun* Rdnr. 11; *Thomas/Putzo*[18] Rdnr. 2; *Zöller/Schneider*[18] Rdnr. 11. A.A. *KG* JW 1937, 2789; *OLG Schleswig* SchlHA 1952, 189.
[14] *BGHZ* 57, 211 (Fn. 13); MünchKomm ZPO-*Braun* Rdnr. 11; *Thomas/Putzo*[18] Rdnr. 2.
[15] *BGHZ* 19, 20, 22f. = LM § 586 Nr. 2 (*Johannsen*) = NJW 1956, 60 = ZZP 69 (1956), 43; *Baumbach/Lauterbach/Hartmann*[52] Rdnr. 1.

[16] *BGHZ* 19, 20, 22f. (Fn. 15); *Baumbach/Lauterbach/Hartmann*[52] Rdnr. 1; *Zöller/Schneider*[18] Rdnr. 3.
[17] *Zöller/Schneider*[18] Rdnr. 3; MünchKomm ZPO-*Braun* Rdnr. 14.
[18] A.A. *BAG* AP § 586 Nr. 1 (abl. *Baumgärtel*).
[19] *BAGE* 6, 98 = AP § 580 Nr. 4 (*Pohle*) = NJW 1958, 1605 (zur sachlichen Zuständigkeit); *BSG* 30, 126 = NJW 1970, 966 (Klageerhebung in erster Instanz anstatt vor der nach § 584 Abs. 1 zuständigen höheren Instanz); *Baumbach/Lauterbach/Albers*[52] Rdnr. 2 ; MünchKomm ZPO-*Braun* Rdnr. 15; *Zöller/Schneider*[18] Rdnr. 5; *Zeihe* NJW 1971, 2292.
[20] *Zeihe* NJW 1971, 2292.

### 5. Geltendmachung des Wiederaufnahmegrundes in einem anhängigen Verfahren

Wird der Wiederaufnahmegrund in einem anhängigen Verfahren geltend gemacht (etwa durch Widerruf einer Rechtsmittelrücknahme, → § 515 Rdnr. 12), → vor § 128 Rdnr. 226, so spielt die Notfrist des Abs. 1 insoweit keine Rolle, da sie erst mit Eintritt der Rechtskraft zu laufen beginnt und von diesem Augenblick an der Wiederaufnahmegrund nur noch durch Klageerhebung geltend gemacht werden kann. Läßt man den Widerruf einer Rechtsmittelrücknahme allerdings auch noch nach Eintritt der Rechtskraft zu, → dazu § 515 Rdnr. 12, so muß dieser innerhalb eines Monats erklärt werden[21]. 8

### 6. Klageerhebung vor Beginn der Notfrist

Ebenso wie ein Rechtsmittel, → § 516 Rdnr. 16, kann die Wiederaufnahmeklage schon vor Beginn des Fristlaufs erhoben werden[22]. Das kann vor allem dann praktische Bedeutung erlangen, wenn der Ablauf der Ausschlußfrist nach Abs. 2 S. 2 droht. Aus dem Charakter der Wiederaufnahmeklage als eines außerordentlichen Rechtsbehelfs gegen rechtskräftige Urteile, § 578 Abs. 1, folgt aber, daß eine Klageerhebung vor Eintritt der Rechtskraft grundsätzlich unzulässig ist[23]; bei verfrühter Klage tritt indessen mit Eintritt der Rechtskraft Heilung des Mangels ein[24]. 9

## II. Die Ausschlußfrist, Abs. 2 S. 2

Nach Ablauf von fünf Jahren seit Rechtskraft des Urteils ist keine Wiederaufnahmeklage mehr möglich, Abs. 2 S. 2. Dies gilt auch dann, wenn aus dem Urteil erst nach Ablauf der Fünfjahresfrist vollstreckt wird[25] oder es sich bei Klage auf künftige Leistung um eine erst nach Ablauf der Ausschlußfrist fällig werdende Teilleistung handelt[26]. Bei der auf ein neues Vaterschaftsgutachten gestützten Restitutionsklage greift die Ausschlußfrist nicht ein, § 641i Abs. 4. Die Ausschlußfrist des Abs. 2 S. 2 ist **keine Notfrist**, sondern eine gesetzliche Jahresfrist, → vor § 214 Rdnr. 39. Eine Verlängerung oder Abkürzung ist nicht möglich; ebenso nicht eine Wiedereinsetzung in den vorigen Stand[27] (Ausnahme: fristgerecht gestellter Prozeßkostenhilfeantrag[28]). Der Lauf der Frist wird nicht in entsprechender Anwendung von § 203 BGB durch eine auf höherer Gewalt beruhende Verhinderung der Rechtsverfolgung gehemmt[29]. Die Frist beginnt mit Eintritt der Rechtskraft, → dazu § 705 Rdnr. 4ff., zu laufen, und zwar unabhängig davon, ob die Partei von dem Anfechtungsgrund Kenntnis hatte[30]. Gewahrt wird die Frist durch Erhebung der Klage, nicht dagegen auch durch Stellung eines Prozeßkostenhilfeantrags[31]; hier kann jedoch ausnahmsweise Wiedereinsetzung in den vorigen Stand beantragt werden, → Fn. 28. Die Frist des Abs. 2 S. 2 ist häufig sehr kurz bemessen. Ein Verlust der Wiederaufnahmemöglichkeit droht vor allem dann, wenn in den Fällen des § 580 Nr. 1 bis 5 das Strafverfahren nicht rechtzeitig abgeschlossen wird. Hier kann die 10

---

[21] In diesem Sinne *BGHZ* 33, 73 = LM § 515 Nr. 12 (*Johannsen*) = NJW 1960, 1763 = ZZP 73 (1960), 448 (*Baumgärtel*) = MDR 1960, 380 = FamRZ 401; *Zöller/Schneider*[18] Rdnr. 13.
[22] KG FamRZ 1989, 647; *Baumbach/Lauterbach/Hartmann*[52] Rdnr. 2; *Thomas/Putzo*[18] Rdnr.1; *Zöller/Schneider*[18] Rdnr. 2.
[23] *Rosenberg/Schwab/Gottwald*[15] § 161 I 2a.
[24] *Baumbach/Lauterbach/Hartmann*[52] Rdnr. 2; *Rosenberg/Schwab/Gottwald*[15] § 161 I 2a.
[25] A. A. MünchKomm ZPO-*Braun* Rdnr. 4.
[26] A. A. MünchKomm ZPO-*Braun* Rdnr. 5.
[27] *Baumbach/Lauterbach/Hartmann*[52] Rdnr. 7; MünchKomm ZPO-*Braun* Rdnr. 2; *Thomas/Putzo*[18] Rdnr. 4; *Rosenberg/Schwab/Gottwald*[15] § 161 I 2b.
[28] MünchKomm ZPO-*Braun* Rdnr. 2.
[29] *BGHZ* 19, 20 (Fn. 15); *Rosenberg/Schwab/Gottwald*[15] § 161 I 2b; MünchKomm ZPO-*Braun* Rdnr. 2.
[30] *Baumbach/Lauterbach/Hartmann*[52] Rdnr. 7; *Zöller/Schneider*[18] Rdnr. 16.
[31] *BGHZ* 19, 20, 22 (Fn. 15).

§ 586 II, III                4. Buch. Wiederaufnahme

Wiederaufnahmeklage vor Ablauf der Ausschlußfrist erhoben und das Verfahren bis zum Abschluß des Strafverfahrens ausgesetzt werden, → § 581 Rdnr. 2.

11 Wird der Wiederaufnahmegrund nicht durch Erhebung einer Wiederaufnahmeklage, sondern in einem **anhängigen Verfahren** verfolgt (etwa durch Widerruf einer Rechtsmittelrücknahme), so ist die Frist des Abs. 2 S. 2 grundsätzlich ohne Bedeutung; es gilt Entsprechendes wie bei der Notfrist des Abs. 1, → dazu Rdnr. 8.

### III. Die Nichtigkeitsklage wegen mangelnder Vertretung, Abs. 3

12 Die Nichtigkeitsklage wegen mangelnder Vertretung, § 579 Abs. 1 Nr. 4, wird durch die Bestimmung des Abs. 3 zu einem besonders gearteten Fall der Wiederaufnahme des Verfahrens. Während nämlich innerhalb eines anhängigen Verfahrens die Zustellung an den falschen Vertreter die Notfristen für Rechtsmittel und Einspruch in Lauf setzt, → § 56 Rdnr. 2, beginnt hier die Notfrist erst mit der Zustellung des Urteils an die mangelhaft vertretene Partei selbst bzw. bei Prozeßunfähigkeit an ihren gesetzlichen Vertreter, → aber weiter Rdnr. 15. Ist die Zustellung nicht erfolgt, so bleibt die Wiederaufnahmeklage unabhängig davon zulässig, wieviel Zeit seit Erlaß des angefochtenen Urteils verflossen ist[32]. Abs. 3 ist nur für die nicht vorschriftsmäßig vertretene Partei von Bedeutung; dem Gegner steht die Nichtigkeitsklage ohnehin nicht zu, → § 579 Rdnr. 7.

#### 1. Rechtskraft des Urteils

13 Voraussetzung für die Zulässigkeit der Nichtigkeitsklage ist auch hier, → Rdnr. 9, daß das Urteil rechtskräftig ist[33]. Abs. 3 rechtfertigt weder durch seinen negativen, die Anwendung des Abs. 2 ausschließenden, noch durch seinen positiven, den Beginn der Notfrist besonders regelnden Inhalt den Schluß, daß hier der in § 578 Abs. 1 enthaltene allgemeine Grundsatz aufgegeben wäre. Solange das Urteil noch nicht rechtskräftig ist, hat die Partei die Möglichkeit, in den von dem falschen Vertreter geführten Prozeß einzutreten; eine Pflicht dazu besteht aber nicht; die Nichtigkeitsklage wird also nicht dadurch ausgeschlossen, daß die Partei die Rechtsmittel- oder Einspruchsfrist hat verstreichen lassen[34].

#### 2. Fristbeginn

14 Die Notfrist wird in Lauf gesetzt durch die **Zustellung des Urteils** an die Partei selbst bzw. im Falle ihrer Prozeßunfähigkeit an ihren gesetzlichen Vertreter. Dagegen reicht die Zustellung an den früheren Prozeßbevollmächtigten nicht aus[35]; ebenso nicht Kenntnis der Partei von dem Urteil und dem Mangel vor Zustellung[36]; in diesem Fall kann die Wiederaufnahmeklage aber sofort erhoben werden, ohne daß zunächst die Zustellung nachgeholt werden müßte[37]. Die Ersatzzustellung und die öffentliche Zustellung sind hier ebenso wie sonst vollwirksame Zustellungen[38]; bei Nichtbekanntwerden der Zustellung bleibt nur die Möglichkeit einer Wiedereinsetzung in den vorigen Stand[39]. Der Beginn des Laufs der Notfrist hat

---

[32] KG FamRZ 1989, 647; *Baumbach/Lauterbach/ Hartmann*[52] Rdnr. 9.
[33] MünchKomm ZPO-*Braun* Rdnr. 17; *Baumbach/ Lauterbach/Hartmann*[52] Rdnr. 10.
[34] MünchKomm ZPO-*Braun* Rdnr. 20.
[35] RG JW 1928, 2712; MünchKomm ZPO-*Braun* Rdnr. 20; *Baumbach/Lauterbach/Hartmann*[52] Rdnr. 10.
[36] KG OLGZ 1971, 63 = NJW 1970, 817.
[37] KG FamRZ 1989, 647; *Rosenberg/Schwab/Gottwald*[15] § 161 I 3.
[38] OLG Hamburg HRR 1936, 438; *Zöller/Schneider*[18] Rdnr. 22; *Rosenberg/Schwab/Gottwald*[15] § 161 I 3.
[39] *Zöller/Schneider*[18] Rdnr. 22.

nach dem unter → Rdnr. 9 Ausgeführten zur Voraussetzung, daß das Urteil im Zeitpunkt der Zustellung bereits rechtskräftig ist; die Frist zur Vornahme der Zustellung kann nicht zu einem Zeitpunkt beginnen, in dem die Handlung noch gar nicht zulässig ist. Die Zustellung vor Rechtskraft setzt demnach die Notfrist nicht in Lauf. Es geht auch nicht an, die Frist bis zum Eintritt der Rechtskraft nur als gehemmt anzusehen, so daß sie ab Rechtskraft ohne weiteres läuft[40]; damit würde der Fristbeginn auf einen Zeitpunkt fallen, der der Partei unbekannt ist. Erforderlich ist vielmehr eine erneute Zustellung nach Eintritt der Rechtskraft[41].

Kann die Partei den **Mangel der gesetzlichen Vertretung aus dem Urteil nicht ersehen**, so beginnt die Frist nicht schon mit der Zustellung des Urteils, sondern in Analogie zu Abs. 2 erst mit dem Tag, an dem die Partei von dem Nichtigkeitsgrund Kenntnis erhält[42]. Liegt die Kenntnis des Mangels dagegen schon vor Zustellung des Urteils vor, so bleibt es dabei, daß die Frist nach Abs. 3 erst ab Zustellung des Urteils beginnt[43]. 15

### IV. Arbeitsgerichtliches Verfahren

§ 586 gilt im arbeitsgerichtlichen Verfahren ohne Einschränkungen, und zwar im Urteils- ebenso wie im Beschlußverfahren. 16

## § 587 [Notwendiger Inhalt der Klageschrift]

**In der Klage muß die Bezeichnung des Urteils, gegen das die Nichtigkeits- oder Restitutionsklage gerichtet wird, und die Erklärung, welche dieser Klagen erhoben wird, enthalten sein.**

Gesetzesgeschichte: Bis 1900 § 550 CPO. Keine Änderungen.

Wesentlicher Bestandteil einer Wiederaufnahmeklage ist nach § 585 i.V. mit § 253 Abs. 2 Nr. 1 zunächst die Bezeichnung der Parteien und des Gerichts. An die Stelle der Angabe von Grund und Gegenstand des Urteils, § 253 Abs. 2 Nr. 2, tritt nach § 587 die Bezeichnung des Urteils, gegen das die Nichtigkeits- oder Restitutionsklage gerichtet wird, und die Erklärung, welche dieser Klagen erhoben wird. Damit entsprechen die **Anforderungen an die Klageschrift denen einer Berufungs- bzw. Revisionseinlegung**, §§ 518 Abs. 2, 553 Abs. 1 S. 2. Ebenso wie bei diesen, und anders als bei sonstigen Klagen, § 253 Abs. 2 Nr. 2, muß die Wiederaufnahmeklage noch keinen bestimmten Antrag enthalten; dieser soll nach § 588 Abs. 1 Nr. 3 zwar in der Klageschrift enthalten sein, doch führt sein Fehlen nicht zur Unzulässigkeit der Wiederaufnahmeklage, → § 588 Rdnr. 1; zum Antrag → weiter § 588 Rdnr. 6. 1

Ein **Irrtum in der Bezeichnung der Klage** (Restitutions- statt Nichtigkeitsklage bzw. umgekehrt) oder die Unterlassung einer ausdrücklichen Bezeichnung ist unerheblich, wenn nur die Auslegung ergibt, welche Klage erhoben werden soll[1]. Zu weit geht es dagegen, auf die Erklärung überhaupt zu verzichten, weil sie bei richtigem Verständnis der Wiederaufnahme- 2

---

[40] So aber *OLG Köln* OLGZ 1977, 118, 120; *OLG Hamburg* HRR 1936, 638; MünchKomm ZPO-*Braun* Rdnr. 20; *Zöller/Schneider*[18] Rdnr. 22; *Rosenberg/Schwab/Gottwald*[15] § 161 I 3.
[41] *Baumbach/Lauterbach/Hartmann*[52] Rdnr. 11.
[42] *OLG Hamm* DRZ 1949, 448; *KG* NJW 1970, 817 (Fn. 36); *Baumbach/Lauterbach/Hartmann*[52] Rdnr. 10; *Zöller/Schneider*[18] Rdnr. 23.
[43] *KG* NJW 1970, 817 (Fn. 36); FamRZ 1979, 526; *Baumbach/Lauterbach/Hartmann*[52] Rdnr. 10; *Rosenberg/Schwab/Gottwald*[15] § 161 I 3.
[1] RGZ 61, 418, 421 f.; *Zöller/Schneider*[18] Rdnr. 2.

klage keinen Sinn hat². Maßgebend ist das Verständnis des Gesetzgebers, mag dieses auch nicht überzeugend sein; danach wird nun aber einmal zwischen der Nichtigkeits- und der Restitutionsklage unterschieden; → weiter § 578 Rdnr. 12.

3   Genügt die Klageschrift den Erfordernissen des § 587 nicht, so ist die Klage **als unzulässig zu verwerfen**, § 589 Abs. 1. Der Mangel kann jedoch bis zum Erlaß der Verwerfungsentscheidung durch Nachholung der fehlenden Bezeichnung bzw. Erklärung geheilt werden, vorausgesetzt, inzwischen sind nicht die Fristen des § 586 Abs. 1 bzw. Abs. 2 S. 2 verstrichen.

## § 588 [Sollvorschriften für den Inhalt der Klageschrift]

(1) Als vorbereitender Schriftsatz soll die Klage enthalten:
1. die Bezeichnung des Anfechtungsgrundes,
2. die Angabe der Beweismittel für die Tatsachen, die den Grund und die Einhaltung der Notfrist ergeben;
3. die Erklärung, inwieweit die Beseitigung des angefochtenen Urteils und welche andere Entscheidung in der Hauptsache beantragt werde.

(2) Dem Schriftsatz, durch den eine Restitutionsklage erhoben wird, sind die Urkunden, auf die sie gestützt wird, in Urschrift oder in Abschrift beizufügen. Befinden sich die Urkunden nicht in den Händen des Klägers, so hat er zu erklären, welchen Antrag er wegen ihrer Herbeischaffung zu stellen beabsichtigt.

Gesetzesgeschichte: Bis 1900 § 551 CPO. Keine Änderungen.

### I. Inhalt der Klageschrift

1   § 588 enthält für den Inhalt der Klageschrift nur **Sollvorschriften**, deren Nichtbeachtung keine sachlichen Nachteile zur Folge hat; insbesondere kann die Klage nicht als unzulässig verworfen werden. Es besteht auch keine Frist, bis zu der die Angaben gemacht werden müssen, weshalb sie bis zum Schluß der mündlichen Verhandlung nachgeholt werden können. Nach den allgemeinen Vorschriften kommt aber eine Zurückweisung als verspätet in Betracht[1].

#### 1. Bezeichnung des Anfechtungsgrundes

2   Die Bezeichnung des Anfechtungsgrundes, d.h. derjenigen Tatsachen, die nach einer der Vorschriften des § 579 oder des § 580 die Klage begründen, soll zwar schon in der Klage enthalten sein, doch können **Anfechtungsgründe** noch im Laufe der mündlichen Verhandlung **nachgeschoben** werden[2]; für die Frage, ob die Klage begründet ist, entscheidet nämlich der Zeitpunkt des Urteils, → vor § 578 Rdnr. 35. Daß im Zeitpunkt des Vorbringens die Fristen des § 586 bereits abgelaufen sind, schadet deshalb nicht, weil sie bereits durch Erhebung der Klage gewahrt sind, wobei die Angabe des Anfechtungsgrundes nicht erforderlich ist. Allerdings scheiden solche Anfechtungsgründe aus, bezüglich derer im Zeitpunkt der Klageerhe-

---

[2] So aber MünchKomm ZPO-*Braun* Rdnr. 2.
[1] Münchkomm ZPO-*Braun* Rdnr. 1; *Zöller/Schneider*[18] Rdnr. 1.
[2] *RGZ* 168, 225, 230; *BGH* VersR 1962, 175; AK-*Greulich* Rdnr 2; *Baumbach/Lauterbach/Hartmann*[52] Rdnr. 2; MünchKomm ZPO-*Braun* Rdnr. 2; *Thomas/Putzo*[18] Rdnr. 2; *Zöller/Schneider*[18] Rdnr. 2.

bung eine der Fristen des § 586 bereits abgelaufen war[3]. Für die Geltendmachung von Anfechtungsgründen, von denen die Partei erst nach Klageerhebung Kenntnis erlangt hat, läuft überhaupt keine Notfrist; sie können bis zum Abschluß der mündlichen Verhandlung oder was dem gleichsteht, (§§ 128 Abs. 2, 251 a) vorgebracht werden[4]. Auch für die Wahrung der Ausschlußfrist des § 586 Abs. 2 ist nur entscheidend, ob die Klage vor Ablauf der Frist erhoben war[5].

In dem Vorbringen neuer Anfechtungsgründe derselben Art liegt **keine Klageänderung**[6]. Dagegen wird das Nachschieben eines sich auf die andere Klageart beziehenden Anfechtungsgrundes überwiegend als Klageänderung angesehen[7] (so auch Voraufl.). Dies ist jedoch nicht zwingend. Auch wenn nach § 587 die Angabe, ob Nichtigkeits- oder Restitutionsklage erhoben wird, zum wesentlichen Inhalt der Klageschrift gehört und nach § 578 Abs. 2 ferner die Verhandlung über die Restitutionsklage bis zur Entscheidung über die Nichtigkeitsklage auszusetzen ist, besagt dies nur, daß der Gesetzgeber zwischen beiden Klagen Unterschiede sieht. Daraus folgt nicht notwendigerweise, daß das Nachschieben von Anfechtungsgründen des jeweils anderen Klagetyps eine Klageänderung darstellt. Vom Ergebnis her ist es nicht sachgerecht, die Anwendbarkeit der Vorschriften über die Klageänderung davon abhängig zu machen, ob der nachgeschobene Anfechtungsgrund zu der erhobenen Klageart oder zur anderen Art der Wiederaufnahmeklage gehört[8]. 3

Soweit ein Anfechtungsgrund nachgeschoben werden kann, muß dies **in dem anhängigen Verfahren** geschehen. Entdeckt der Wiederaufnahmekläger nach Klageerhebung weitere Anfechtungsgründe, so kann er diese nicht erst in einem späteren Wiederaufnahmeverfahren geltend machen[9]; → weiter § 591 Rdnr. 2. 4

## 2. Beweismittel

Für den Anfechtungsgrund kann der Beweis abgesehen vom Antrag auf Parteivernehmung, § 581 Abs. 2, in jeder zulässigen Form angetreten werden. Soweit es sich um Tatsachen handelt, die die Einhaltung der Notfrist des § 586 Abs. 1 beweisen sollen, genügt nach § 589 Abs. 2 Glaubhaftmachung, § 294. 5

## 3. Anträge

Die Anträge haben sich sowohl auf die Wiederaufnahme selbst als auch auf die Hauptsache zu beziehen[10]. Ein ausdrücklicher Aufhebungsantrag ist jedoch dann nicht erforderlich, wenn ersichtlich die Aufhebung des ganzen Urteils angestrebt wird[11]. Aus Nr. 3 folgt das außerdem aus der Dispositionsmaxime herzuleitende Ergebnis, daß sich der Wiederaufnahmekläger auch dann mit einer teilweisen Aufhebung des angefochtenen Urteils begnügen kann, wenn sich der Wiederaufnahmegrund auf die ganze Entscheidung bezieht[12]. 6

---

[3] *RGZ* 82, 271; *Baumbach/Lauterbach/Hartmann*[52] Rdnr. 2; *Zöller/Schneider*[18] Rdnr. 2; *Rosenberg/Schwab/Gottwald*[15] § 161 III 2 c.
[4] *RGZ* 168, 225, 230; *Baumbach/Lauterbach/Hartmann*[52] Rdnr. 2.
[5] *Baumbach/Lauterbach/Hartmann*[52] Rdnr. 2; offengelassen in *RGZ* 168, 225, 230.
[6] *Behre* Der Streitgegenstand des Wiederaufnahmeverfahrens (1968), 41 f.; *Baumbach/Lauterbach/Hartmann*[52] Rdnr. 2; MünchKomm ZPO-*Braun* Rdnr. 2.
[7] *Baumbach/Lauterbach/Hartmann*[52] Rdnr. 2; *Zöller/Schneider*[18] § 587 Rdnr. 3; *Rosenberg/Schwab/Gottwald*[15] § 161 III 2 c.

[8] Gegen die Anwendbarkeit von § 263 vor allem MünchKomm ZPO-*Braun* § 578 Rdnr. 33.
[9] *Behre* (Fn. 6), 40 ff.
[10] MünchKomm ZPO-*Braun* Rdnr. 4. Nach *Gilles* Rechtsmittel im Zivilprozeß (1972), 124 bedarf es keines neuen Antrags zur Hauptsache; mit dem eindeutigen Wortlaut von Abs. 1 Nr. 3 ist das nicht nicht zu vereinbaren.
[11] MünchKomm ZPO-*Braun* Rdnr. 4.
[12] *Gilles* (Fn. 10), 112, 121 f.; *ders.* ZZP 80 (1967), 407; MünchKomm ZPO-*Braun* Rdnr. 4.

## II. Beifügung von Urkunden, Abs. 2

7   Trotz des Wortlauts von Abs. 2, der davon spricht, daß die Urkunden »beizufügen sind«, handelt es sich ebenso wie bei Abs. 1 um eine Sollvorschrift[13]. Dies ergibt sich daraus, daß der Anfechtungsgrund selbst in der Klageschrift nicht angegeben sein muß; für die seinem Nachweis dienenen Urkunden kann sinnvollerweise nichts anderes gelten. Dies gilt sowohl für die Urkunde im Fall des § 580 Nr. 7b als auch für das nach §§ 580 Nr. 1 bis 5, 581 erforderliche Strafurteil. Über den Antrag wegen Herbeischaffung der Urkunden s. §§ 421, 424, 426, 428, 432.

## § 589 [Prüfung der Zulässigkeit]

(1) **Das Gericht hat von Amts wegen zu prüfen, ob die Klage an sich statthaft und ob sie in der gesetzlichen Form und Frist erhoben sei. Mangelt es an einem dieser Erfordernisse, so ist die Klage als unzulässig zu verwerfen.**

(2) **Die Tatsachen, die ergeben, daß die Klage vor Ablauf der Notfrist erhoben ist, sind glaubhaft zu machen.**

Gesetzesgeschichte: Bis 1900 § 552 CPO. Keine Änderungen.

### 1. Prüfung von Amts wegen

1   In der Prüfung der Klage von Amts wegen macht sich die Verwandtschaft des Wiederaufnahmeverfahrens mit den Rechtsmittelverfahren geltend[1]; vgl. §§ 341, 519b, 554a, 574. Die Prüfung erfolgt aufgrund mündlicher Verhandlung (oder was dem gleichsteht, §§ 128 Abs. 2, 251a); sie erstreckt sich über den Wortlaut von Abs. 1 S. 1 hinaus auf alle Zulässigkeitsvoraussetzungen der Klage[2], d.h. insbesondere darauf ob,
   – die Klage an sich statthaft ist, d.h. ob sie sich gegen ein rechtskräftiges Urteil richtet, §§ 578, 583;
   – die Form des § 587 und die Frist des § 586 gewahrt sind;
   – eine Beschwer vorliegt, → § 578 Rdnr. 3;
   – ein gesetzlich vorgesehener Wiederaufnahmegrund behauptet wird[3] (einschließlich der unverschuldeten Unmöglichkeit einer früheren Geltendmachung, § 582, → dazu § 582 Rdnr. 6);
   – die allgemeinen Zulässigkeitsvoraussetzungen gegeben sind, → vor § 578 Rdnr. 32f.

2   Fehlt es an einer Zulässigkeitsvoraussetzung, so ist die Klage **als unzulässig zu verwerfen**, Abs. 1 S. 2. Hier zeigt sich erneut die Nähe zu den Rechtsmitteln: Die Unzulässigkeit führt zur Verwerfung der Klage und nicht etwa zu ihrer Abweisung. Der Unterschied ist freilich rein terminologischer Art, ohne daß sich daraus konkrete Rechtsfolgen ergäben. Ist zwar ein gesetzlich vorgesehener Wiederaufnahmegrund behauptet worden, konnte sein Vorliegen aber nicht bewiesen werden, ist die Klage zulässig, aber unbegründet. Im Ergebnis bleibt es sich freilich gleich, ob eine Verwerfung als unzulässig oder eine Abweisung als unbegründet erfolgt[4].

---

[13] *RGZ* 135, 123, 129; MünchKomm ZPO-*Braun* Rdnr. 5; *Zöller/Schneider*[18] Rdnr. 5.
[1] *Gilles* Rechtsmittel im Zivilprozeß (1972), 116.
[2] MünchKomm ZPO-*Braun* Rdnr. 1.
[3] *RGZ* 75, 53, 56.
[4] MünchKomm ZPO-*Braun* Rdnr. 2.

## 2. Glaubhaftmachung

Tatsachen, die für die Wahrung der Notfrist des § 586 maßgebend sind, hat der Wiederaufnahmekläger glaubhaft zu machen, Abs. 2. Ein Geständnis ist dabei auf seine Glaubwürdigkeit hin vom Gericht zu beurteilen und bindet nicht etwa. Einzelheiten zur Glaubhaftmachung → § 294 Rdnr. 5ff. Abs. 2 bezieht sich auch auf die Beweismittel des Beklagten, mit denen er der Behauptung des Klägers zur Rechtzeitigkeit der Klageerhebung entgegentritt[5]. Bei der Nichtigkeitsklage nach § 579 Abs. 1 Nr. 4 braucht der Kläger nicht glaubhaft zu machen, daß er in dem früheren Rechtsstreit nicht ordnungsgemäß vertreten war[6]. 3

## § 590 [Neue Verhandlung]

(1) Die Hauptverhandlung wird, insoweit sie von dem Anfechtungsgrund betroffen ist, von neuem verhandelt.

(2) Das Gericht kann anordnen, daß die Verhandlung und Entscheidung über Grund und Zulässigkeit des Verfahrens vor der Verhandlung über die Hauptsache erfolge. In diesem Fall ist die Verhandlung über die Hauptsache als Fortsetzung der Verhandlung über Grund und Zulässigkeit der Wiederaufnahme des Verfahrens anzusehen.

(3) Das für die Klagen zuständige Revisionsgericht hat die Verhandlung über Grund und Zulässigkeit der Wiederaufnahme des Verfahrens zu erledigen, auch wenn diese Erledigung von der Feststellung und Würdigung bestrittener Tatsachen abhängig ist.

Gesetzesgeschichte: Bis 1900 § 553 CPO. Keine Änderungen.

| | |
|---|---|
| I. Die Dreiteilung der Verhandlung 1 | 2. Abweichendes Hauptsacheergebnis 12 |
| II. Erneute Verhandlung der Hauptsache 4 | 3. Auswirkungen auf privatrechtliche Rechtsverhältnisse 14 |
| 1. Möglichkeit der Teilung 5 | 4. Rückerstattung 15 |
| 2. Der betroffene Teil 6 | V. Versäumnisverfahren 16 |
| 3. Der nicht betroffene Teil 7 | 1. Säumnis des Wiederaufnahmeklägers 17 |
| 4. Urteilsgrundlage 8 | 2. Säumnis des Wiederaufnahmebeklagten 18 |
| III. Besonderheiten der Instanz und der Prozeßart 9 | VI. Kosten 19 |
| IV. Das Urteil 10 | |
| 1. Bestätigung des angefochtenen Urteils 11 | |

## I. Die Dreiteilung der Verhandlung

Die mündliche Verhandlung umfaßt sowohl die beiden Vorfragen, ob der Antrag auf Wiederaufnahme zulässig, § 589, und ob er begründet ist, wie im Falle der Bejahung dieser Fragen die Hauptsache (zu den Abschnitten des Wiederaufnahmeverfahrens → vor § 578 Rdnr. 31ff.). Ob das Gericht nach Abs. 2 **abgesonderte Verhandlung** über die Zulässigkeit und den Grund und innerhalb dieser Verhandlung wiederum die Vorabverhandlung über die Zulässigkeit anordnen will[1], steht in seinem Ermessen. Hat es abgesonderte Verhandlung 1

---
[5] *BGHZ* 31, 351, 355 = LM § 586 Nr. 5 (*Johannsen*) = NJW 1960, 818; *Zöller/Schneider*[18] Rdnr. 9.
[6] *BAG* AP § 589 Nr. 1; *Zöller/Schneider*[18] Rdnr. 9.
[1] Die abgesonderte Verhandlung nur über die Zulässig-

angeordnet, so kann es nicht schon aufgrund der Vorabverhandlung in der Hauptsache entscheiden, indem es die Wiederaufnahmeklage etwa wegen unzureichenden Beweiswertes der neuen Urkunde, § 580 Nr. 7 b, mit der Begründung abweist, die angefochtene Entscheidung sei im Ergebnis zutreffend. Aber auch ohne abgesonderte Verhandlung darf das Gericht erst dann die Hauptsache erneut verhandeln, wenn es zu dem Ergebnis gekommen ist, daß die Klage zulässig ist und ein Wiederaufnahmegrund gegeben ist[2]. Daß die Aufhebung des angefochtenen Urteils zuvor nicht in einem Zwischenurteil ausgesprochen werden muß, sondern in den Gründen des zur Hauptsache ergehenden Endurteils erfolgen kann, → Rdnr. 3, ist kein Hindernis für die Notwendigkeit, die genannte Prüfungsreihenfolge einzuhalten.

2  Wird die Wiederaufnahmeklage beim **Revisionsgericht erhoben**, → § 584 Rdnr. 7, so hat sich dieses in der Regel, → aber Rdnr. 9, auf die Vorabentscheidung zu beschränken. Daß es insoweit auch Tatfragen selbst erledigen kann (und muß), spricht Abs. 3 ausdrücklich aus, auch wenn es an sich schon aus § 561 folgt. Die Vorschriften der §§ 519b Abs. 2, 554a Abs. 2 sind nicht anwendbar, d. h. die Verwerfung der Klage als unzulässig kann auch bei Zuständigkeit eines Rechtsmittelgerichts des wiederaufzunehmenden Verfahrens nur aufgrund einer mündlichen Verhandlung in Urteilsform erfolgen. Dies gilt auch dann, wenn die angefochtene Entscheidung ein Verwerfungsbeschluß nach § 519b Abs. 2 oder § 554a Abs. 2 ist (zur Statthaftigkeit eines Wiederaufnahmeverfahrens gegen derartige Beschlüsse → vor § 578 Rdnr. 40; die dort bei → Fn. 82 erwähnte Besonderheit, daß statt einer Wiederaufnahmeklage ein Wiederaufnahmegesuch zu stellen ist, über das ohne mündliche Verhandlung entschieden werden kann, spielt vorliegend keine Rolle; sie kann dann nicht zum Tragen kommen, wenn über die Hauptsache nur nach mündlicher Verhandlung durch Urteil entschieden werden darf).

3  Liegt kein Wiederaufnahmegrund nach §§ 579, 580 vor so ist die Klage als unbegründet abzuweisen, → § 589 Rdnr. 2. Ist sie dagegen zulässig und begründet, so hat das Gericht das angefochtene **Urteil aufzuheben**. Dies kann in einem **Zwischenurteil** erfolgen[3], das in entsprechender Anwendung von § 280 Abs. 2 selbständig anfechtbar ist[4]. Die Bejahung der Zulässigkeit und Begründetheit der Wiederaufnahmeklage kann aber auch in den Gründen des zur Hauptsache ergehenden Endurteils erfolgen[5]. Das Revisionsgericht muß dann in einem Zwischenurteil entscheiden, wenn es wegen der Hauptsache zurückverweisen muß, → dazu Rdnr. 9.

## II. Erneute Verhandlung der Hauptsache

4  Die Hauptsache, d.h. das wiederaufgenommene frühere Verfahren im Gegensatz zu den Voraussetzungen der Wiederaufnahme selbst, wird nur insoweit von neuem verhandelt, als sie von dem Anfechtungsgrund betroffen ist, Abs. 1.

---

keit der Klage ist statthaft (*BGH* LM § 280 Nr. 20 = NJW 1979, 427 = MDR 197).
[2] MünchKomm ZPO-*Braun* Rdnr. 5.
[3] BGHZ 3, 244, 245; *BGH* LM § 280 Nr. 20 (Fn. 1); NJW 1982, 1449; *Baumbach/Lauterbach/Hartmann*[52] Rdnr. 1; MünchKomm ZPO-*Braun* Rdnr. 7; *Thomas/Putzo*[18] Rdnr. 2; *Zöller/Schneider*[18] Rdnr. 4; *Rosenberg/ Schwab/Gottwald*[15] § 161 IV 2.

[4] *BGH* LM § 280 Nr. 20 (Fn. 1); *Bettermann* ZZP 88 (1975), 414f. A.A. *Gilles* Rechtsmittel im Zivilprozeß (1972), 114; *Rosenberg/Schwab/Gottwald*[15] § 161 IV 2.
[5] *Baumbach/Lauterbach/Hartmann*[52] Rdnr. 1; *Thomas/Putzo*[18] Rdnr. 2; *Zöller/Schneider*[18] Rdnr. 4. A.A. MünchKomm ZPO-*Braun* Rdnr. 7.

## 1. Möglichkeit der Teilung

Ob das Urteil und die ihm vorangegangenen Entscheidungen, § 583, von dem Anfechtungsgrund in vollem Umfang oder nur teilweise betroffen werden, bestimmt sich sowohl bei der Restitutions- wie bei der Nichtigkeitsklage nach der **Lage des einzelnen Falls**. Auch im Fall des § 580 Nr. 5 (Rechtsbeugung) muß nicht notwendigerweise das gesamte Urteil betroffen sein[6]; es ist durchaus denkbar, daß sich die Rechtsbeugung nur auf einen einzelnen Anspruchsteil (einzelner Schadensposten, Zinsen usw.) bezieht. Eine Teilung ist auf jeden Fall insoweit möglich, als über den betroffenen Teil ein Teilurteil hätte ergehen können[7]; ebenso bei einem möglichen Zwischenurteil. Insgesamt kann die Teilung auf jeden Fall insoweit erfolgen, als das Revisionsgericht bei einer begründeten Revision das angefochtene Urteil nur teilweise aufheben kann; Einzelheiten dazu → § 564 Rdnr. 3 ff. Die Grenze kann weiter zeitlich gezogen werden, wobei jedoch streitig ist, ob ein einzelner Verhandlungstermin oder Beschluß die Grenze bilden kann[8] oder ob der Erlaß eines Zwischenurteils erforderlich ist[9]. Die besseren Gründe sprechen für die erstgenannte Ansicht. Sie allein ermöglicht das allgemein anerkannte Ergebnis, daß solche Verfahrensteile bestehen bleiben, die von dem Wiederaufnahmegrund nicht betroffen werden, → Rdnr. 6. Wollte man den einzelnen Termin nicht als geeignete Grenze ansehen, von der an die Hauptsache neu zu verhandeln ist, so gäbe es keine Möglichkeit, etwa ein Geständnis, das vor Eintritt des Wiederaufnahmegrundes erklärt worden ist, als weiterhin bindend anzusehen. Diese Erwägungen sprechen weiter dafür, innerhalb eines einheitlichen Anspruchs oder Verfahrens eine Trennung in der Weise durchzuführen, daß die Neuverhandlung der Hauptsache dann auf einzelne selbständige Angriffs- oder Verteidigungsmittel beschränkt wird, wenn nur diese von dem Wiederaufnahmegrund betroffen werden[10].

## 2. Der betroffene Teil

Soweit danach eine **neue Verhandlung** stattfindet, bedeutet dies wie im Falle des § 525, daß die Verhandlung so erfolgt, als wäre das Endurteil nicht ergangen; die **frühere Verhandlung** ist also **fortzusetzen**[11]. Die Parteien können neue Tatsachen und Beweismittel vorbringen, neue Ansprüche nach §§ 263, 264 erheben[12], neue selbständige Angriffs- und Verteidigungsmittel geltend machen[13], Anerkenntnis und Verzicht erklären, ein Geständnis abgeben usw.. Weiter können die Parteien über das Verfahren disponieren, indem sie etwa einen Vergleich schließen, die Hauptsache übereinstimmend für erledigt erklären oder der Kläger die Klage zurücknimmt. Maßgeblich sind jeweils die Grenzen, in denen neues Vorbringen bzw. Dispositionsakte nach der Instanz und nach der Prozeßart, in der verhandelt wird, zulässig gewesen wären, wenn der Schluß der mündlichen Verhandlung nicht eingetreten wäre. Soweit dagegen im Vorprozeß Rechtsbehelfe schon vor dem Schluß der mündlichen Verhandlung abgeschnitten waren (z. B. nach § 282 Abs. 3, 290, 295) oder bindende Erklärungen abgegeben waren, ist ein nachträgliches Vorbringen oder ein Widerruf nur dann möglich, wenn der Wiederaufnahmegrund gerade diese Erklärung betraf, z. B. ein Geständnis oder Anerkenntnis durch Täuschung oder Drohung erwirkt war[14]. Soweit im Vorprozeß Vorbringen als

---

[6] So aber KG NJW 1976, 1356; *Baumbach/Lauterbach/Hartmann*[52] Rdnr. 3.
[7] *Gilles* (Fn. 4), 123; *ders.* ZZP 78 (1965), 473 ff.
[8] So *Gilles* (Fn. 4), 123; *ders.* ZZP 80 (1967), 392 ff.; MünchKomm ZPO-*Braun* Rdnr. 4.
[9] RGZ 75, 58; *Baumbach/Lauterbach/Hartmann*[52] Rdnr. 4.
[10] *Gilles* ZZP 80 (1967), 398; MünchKomm ZPO-*Braun* Rdnr. 4; *Zöller/Schneider*[18] Rdnr. 10.
[11] MünchKomm ZPO-*Braun* Rdnr. 4.
[12] RGZ 91, 197; *Gilles* (Fn. 4), 124.
[13] *Gilles* (Fn. 4), 124.
[14] S. *Gilles* (Fn. 4), 123 f.

§ 590 II—IV                4. Buch. Wiederaufnahme

verspätet zurückgewiesen worden ist, muß es jetzt zugelassen werden, sofern es die Erledigung des Verfahrens nunmehr nicht mehr verzögert. Dies folgt daraus, daß das jetzige Verfahren eine Fortsetzung des alten und nicht etwa ein selbständiges neues Verfahren ist.

### 3. Der nicht betroffene Teil

7   Soweit das frühere Verfahren von dem Anfechtungsgrund nicht betroffen ist, bleibt der Prozeßstoff unberührt. Insoweit gelten die früheren Parteierklärungen, Beweiserhebungen, Präklusionen usw. fort. Neue Angriffs- und Verteidigungsmittel können insoweit nicht vorgebracht werden. Lediglich dann, wenn sich der Wiederaufnahmegrund auf einen einzelnen Termin beschränkt, folgt aus dem Grundsatz der Einheitlichkeit der mündlichen Verhandlung, → dazu § 128 Rdnr. 34, daß auch solche Angriffs- und Verteidigungsmittel neu vorgebracht werden können, die in dem fehlerbehafteten Termin nicht erörtert wurden[15]. Auch hier bleiben jedoch bindende Erklärungen aus anderen Terminen bestehen[16].

### 4. Urteilsgrundlage

8   Soweit die Parteien nach dem Dargelegten zu neuem Vorbringen berechtigt sind, ist der **Schluß der mündlichen Verhandlung des Wiederaufnahmeverfahrens** (wegen des entsprechenden Zeitpunkts bei der Entscheidung im schriftlichen Verfahren → § 128 Rdnr. 49) dafür maßgebend, was die Grundlage des neuen Urteils bildet, → § 300 Rdnr. 20 ff., und was den Parteien durch das neue Urteil abgeschnitten wird, → § 322 Rdnr. 228 f. Dies gilt sowohl für den Tatsachenstoff als auch für das darauf anzuwendende Recht. Hat sich das Recht inzwischen geändert, so ist nach dem neuen Recht zu entscheiden[17].

## III. Besonderheit der Instanz und der Prozeßart

9   Soweit die Hauptsache von neuem zu verhandeln ist, gelten dafür neben den allgemeinen Vorschriften der ZPO, namentlich über den Vortrag der Parteien, auch die **besonderen derjenigen Instanz, in der die Hauptsache neu verhandelt wird**; inbesondere gelten für die Berufungsinstanz die Schranken der §§ 527 ff., 532 f. In der Revisionsinstanz muß daher, da dort keine tatsächlichen Feststellungen getroffen werden, bei Anfechtungsgründen, die die Feststellungen des Berufungsurteils betreffen, nach Aufhebung des Urteils entsprechend den Regeln der §§ 564 f. eine Zurückverweisung erfolgen. Betrifft der Anfechtungsgrund dagegen das Verfahren in der Revisionsinstanz, so ist über die Revision nunmehr von neuem zu verhandeln, wobei das Revisionsgericht unter den Voraussetzungen des § 565 Abs. 3 selbst zu entscheiden hat[18]. Wegen der **besonderen Prozeßarten** → § 585 Rdnr. 4 f.

## IV. Das Urteil

10  Das Gericht hat über das Ergebnis der neuen Verhandlung nach Maßgabe des zur Zeit der Urteilsfällung vorliegenden Tatbestandes und des jetzt geltenden Rechts, → Rdnr. 8, wie sonst zu entscheiden, § 300. Dabei kann es auch zunächst ein Teil- oder Zwischenurteil erlassen. An seine **frühere Rechtsauffassung** ist es **nicht gebunden**, kann eine einzelne Frage also auch ohne daß sich an dem Tatbestand oder den darauf anwendbaren Rechtsnormen

---

[15] *Gilles* ZZP 80 (1967), 400 ff.  
[16] *Gilles* ZZP 80 (1967), 403.  
[17] *Zöller/Schneider*[18] Rdnr. 14.  
[18] *Baumbach/Lauterbach/Hartmann*[52] Rdnr. 2.

etwas geändert hätte, anders als in dem aufgehobenen Urteil beantworten. § 318 ist insoweit nicht anwendbar. Wohl dagegen ist das Gericht insoweit nach § 318 gebunden, als es das angefochtene Urteil nicht insgesamt aufgehoben hat, → Rdnr. 5.

### 1. Bestätigung des angefochtenen Urteils

Führt die neue Verhandlung zu **demselben Ergebnis** wie die frühere, so kann (aber nicht muß) statt der an sich korrekten Aufhebung des alten Urteils unter gleichzeitigem Erlaß einer gleichlautenden neuen Entscheidung in Analogie zu § 343 die Aufrechterhaltung des früheren Urteils ausgesprochen werden[19]. Wenn dagegen vorgebracht wird, eine bestätigende Entscheidung setze voraus, daß der Streitstoff wieder anhängig geworden sei, was nur durch Aufhebung des angefochtenen Urteils geschehen könne[20], so handelt es sich dabei um ein rein begriffliches Argument, das einer entsprechenden Anwendung von § 343 nicht entgegensteht. Letztlich ist die Diskussion deshalb kaum von praktischer Bedeutung, weil auch bei einer Anwendung von § 343 nicht verkannt werden darf, daß das jetzt bestätigte Hauptsacheergebnis erst mit formeller Rechtskraft des neuen Urteils und nicht rückwirkend materiell rechtskräftig ist, was insbesondere bei Wiederaufnahmeklagen gegen Scheidungsurteile, → dazu § 578 Rdnr. 4 ff., erhebliche praktische Bedeutung hat[21]. Entsprechende Fallkonstellationen können sich aber auch bei § 343 ergeben (Fälligwerden der Klageforderung erst nach Erlaß des Versäumnisurteils; prozessuale Unzulässigkeit des Versäumnisurteils). Maßgebend für den Zeitpunkt, auf den sich die materielle Rechtskraft bezieht, ist allein die Begründung des neuen Urteils und nicht die äußere Form, in der es ergeht (§ 343 oder ausdrückliche Aufhebung und Neuentscheidung).

11

### 2. Abweichendes Hauptsacheergebnis

Kommt das Wiederaufnahmegericht in der Hauptsache zu einem anderen Ergebnis als das angefochtene Urteil, so ist dieses insoweit aufzuheben und durch eine **neue Endentscheidung** zu ersetzen. Soweit sich die Abänderung nur auf einen Teil des angefochtenen Urteils bezieht, hat sich dessen Aufhebung auf diesen Teil zu beschränken. Dabei gelten dieselben Grundsätze wie bei der Aufhebung des angefochtenen Urteils im Revisionsverfahren, → dazu § 564 Rdnr. 3 ff. Die neue Entscheidung kann auch auf Abweisung der Klage als unzulässig lauten[22], was insbesondere in den Fällen des § 579 Abs. 1 Nr. 4 praktisch werden kann.

12

Die Aufhebung des angefochtenen Urteils hat **rechtsgestaltende Wirkung**: Das frühere Urteil wird unter Anerkennung seines zeitweiligen Bestandes (d. h. es war nicht wirkungslos) vernichtet. Die Aufhebung hat rückwirkende Kraft, → vor § 578 Rdnr. 28; das Urteil wird nämlich aus einem Grund aufgehoben, der, wenn er von Anfang an erkannt und richtig berücksichtigt worden wäre, seine Erlassung verhindert hätte. Unter den Parteien ist die Rechtslage also dieselbe, als wenn das Urteil nie ergangen wäre. Dasselbe gilt von Dritten, mögen sie als Rechtsnachfolger oder Streithelfer an dem Wiederaufnahmeverfahren beteiligt gewesen sein oder nicht. Hat etwa ein Gläubiger die im ersten Verfahren ausgeurteilte Forderung des Klägers gepfändet und wird die Klage im Wiederaufnahmeverfahren abgewie-

13

---

[19] *Zeuner* MDR 1960, 88; *Thomas/Putzo*[18] Rdnr. 5; *Behre* Der Streitgegenstand des Wiederaufnahmeverfahrens (1968), 69 ff.
[20] So insbesondere *Gilles* ZZP 78 (1965), 467; *ders.* (Fn. 4), 120 f. Gegen eine entsprechende Anwendung von § 343 ferner AK-*Greulich* § 578 Rdnr. 23; *Baumbach/ Lauterbach/Hartmann*[52] Rdnr. 7; *Rosenberg/Schwab/ Gottwald*[15] § 161 IV 3; *Jauernig*[24] § 76 V.
[21] S. MünchKomm ZPO-*Braun* Rdnr. 8.
[22] *Baumbach/Lauterbach/Hartmann*[52] Rdnr. 7; MünchKomm ZPO-*Braun* Rdnr. 6; *Zöller/Schneider*[18] Rdnr. 16.

§ 590 IV, V   4. Buch. Wiederaufnahme

sen, so steht damit auch für den Gläubiger fest, daß er eine nicht bestehende Forderung gepfändet und damit kein Pfändungspfandrecht erworben hat.

### 3. Auswirkungen auf privatrechtliche Rechtsverhältnisse

14  Inwieweit die Aufhebung des Urteils auf privatrechtliche Rechtsverhältnisse einwirkt, in denen es ein Tatbestandsmerkmal bildete, → dazu § 322 Rdnr. 16 f., ob hier insbesondere in Analogie zu § 32 FGG ein Schutz gutgläubigen Rechtserwerbs stattfindet, ist eine Frage des bürgerlichen Rechts. Zur Erstreckung des Wiederaufnahmeverfahrens gegen ein Scheidungsurteil auf Folgesachen → § 578 Rdnr. 6.

### 4. Rückerstattung

15  Ist das angefochtene Urteil vollstreckt worden oder sind zur Abwendung der Zwangsvollstreckung darauf Leistungen erbracht worden, so besteht ein Bereicherungsanspruch auf Rückerstattung. In entsprechender Anwendung von § 717 Abs. 3 S. 2 kann dieser **in dem anhängigen Verfahren geltend gemacht** werden[23]. Dagegen ist § 717 Abs. 2 nicht entsprechend anwendbar, d. h. der in dem vorangegangenen Verfahren rechtskräftig unterlegene Beklagte hat gegen den seinerzeitigen Kläger keinen verschuldensunabhängigen Schadensersatzanspruch[24]. Soweit nach materiellem Recht ein Schadensersatzanspruch besteht (§§ 823 ff. BGB), kann dieser nur durch besondere Klage geltend gemacht werden, die mit der Wiederaufnahmeklage verbunden werden kann[25].

## V. Versäumnisverfahren

16  Beim Versäumnisverfahren ist die unter → vor § 578 Rdnr. 31 ff. dargestellte Dreiteilung des Wiederaufnahmeverfahrens zu beachten.

### 1. Säumnis des Wiederaufnahmeklägers

17  Bleibt der Wiederaufnahmekläger aus, bevor eine Entscheidung über die Zulässigkeit der Klage ergangen ist, so ist in entsprechender Anwendung des unter → § 541 Rdnr. 3 ff. Ausgeführten die Zulässigkeit der Wiederaufnahmeklage von Amts wegen zu prüfen und verneinendenfalls die Klage durch sog. unechtes Versäumnisurteil (→ zu diesem Begriff vor § 330 Rdnr. 27 ff.) als unzulässig zu verwerfen[26]. Nur wenn sie zulässig ist, kann sie nach § 330 durch echtes Versäumnisurteil als unbegründet abgewiesen werden[27]. Diese Abweisung erfolgt auch dann, wenn in einem früheren Termin bereits ein Zwischenurteil über die Zulässigkeit der Klage ergangen ist; daran ist das Gericht für das weitere Verfahren gebunden, § 318.

---

[23] *RGZ* 91, 195, 198 ff.; 99, 168, 171; MünchKomm ZPO-*Braun* Rdnr. 9; *Thomas/Putzo*[18] Rdnr. 5; *Zöller/Schneider*[18] Rdnr. 15; *Rosenberg/Schwab/Gottwald*[15] § 161 IV 3.
[24] *RGZ* 91, 195, 198; *Baumbach/Lauterbach/Hartmann*[52] Rdnr. 9; MünchKomm ZPO-*Braun* Rdnr. 9; *Zöller/Schneider*[18] Rdnr. 15; *Rosenberg/Schwab/Gottwald*[15] § 161 IV 3.

[25] *Rosenberg/Schwab/Gottwald*[15] § 161 IV 3.
[26] *BGH* LM § 589 Nr. 2 = NJW 1959, 1780 = MDR 832; *Rosenberg/Schwab/Gottwald*[15] § 161 V 1; AK-*Greulich* Rdnr. 8; *Thomas/Putzo*[18] Rdnr. 6. A.A. (echtes Versäumnisurteil) *Baumbach/Lauterbach/Hartmann*[52] Rdnr. 10; *BGH* MDR 1966, 40 (ohne Begründung).
[27] *Rosenberg/Schwab/Gottwald*[15] § 161 V 1; *Thomas/Putzo*[18] Rdnr. 4.

### 2. Säumnis des Wiederaufnahmebeklagten

Bei Säumnis des Wiederaufnahmebeklagten hat das Gericht zunächst die **Zulässigkeit der** 18 **Klage** und das **Vorliegen eines Wiederaufnahmegrundes** von Amts wegen zu prüfen. Die Fiktion eines Geständnisses ist ebenso wie dieses selbst, → §§ 579 Rdnr. 13, 580 Rdnr. 6, ausgeschlossen[28]. In Bezug auf die **Hauptsache** gelten dagegen die §§ 330ff. Da die Hauptsacheverhandlung aus dem ersten Verfahren fortgeführt wird, → Rdnr. 6, kommt in der ersten Instanz § 330 oder § 331 zur Anwendung, je nachdem, ob der Wiederaufnahmebeklagte im Vorprozeß Kläger oder Beklagter war. Unrichtig wäre es demgegenüber, bei Säumnis des Wiederaufnahmebeklagten unabhängig von der Parteirolle im Vorprozeß immer § 331 anwenden zu wollen. Wird die Hauptsache von der Anfechtung nur teilweise betroffen, so beschränken sich die Wirkungen der §§ 330ff. dementsprechend. Ist für die Wiederaufnahmeklage das Berufungsgericht zuständig, so gilt § 542 Abs. 2[29]. In der Revisionsinstanz gilt insoweit Entsprechendes, als hier eine Verhandlung über die Hauptsache stattfindet, → dazu § 584 Rdnr. 6.

### VI. Kosten

Wird die Wiederaufnahmeklage als unzulässig verworfen, § 589 Abs. 1, oder mangels 19 Vorliegens eines Wiederaufnahmegrundes als unbegründet zurückgewiesen, → Rdnr. 3, so trägt der Kläger die Kosten nach § 91[30]. Wird dagegen das frühere Urteil aufgehoben, so gilt dies auch für die darin enthaltene Kostenentscheidung. In dem neuen Endurteil ist dann über die gesamten Kosten des früheren und des gegenwärtigen Verfahrens **einheitlich nach §§ 91ff. zu entscheiden**[31]. Dies gilt insbesondere auch dann, wennim Falle des § 579 Abs. 1 Nr. 4 die Klage durch Prozeßurteil abgewiesen wird. Die Kosten des Verfahrens können nicht etwa dem falsus procurator auferlegt werden, der gar nicht Partei des Verfahrens ist. Ein Rückgriff gegen ihn ist allenfalls nach materiellem Recht in einem besonderen Verfahren möglich.

Für **Prozeßkostenhilfe** gelten die allgemeinen Vorschriften der §§ 114ff. Eine hinreichende 20 Erfolgsaussicht i. S. von § 114 S. 1 besteht für den Wiederaufnahmekläger nicht schon dann, wenn das Vorliegen eines Wiederaufnahmegrundes glaubhaft gemacht worden ist; es muß vielmehr auch eine entsprechende Aussicht dafür bestehen, daß es in der Hauptsache zu einer für den Kläger günstigen Entscheidung kommen wird[32]. Dementsprechend reicht es beim Wiederaufnahmebeklagten für die Bewilligung von Prozeßkostenhilfe aus, daß trotz Vorliegens eines Wiederaufnahmegrundes es in der Hauptsache voraussichtlich zu keiner anderen Entscheidung als in dem vorangegangenen Verfahren kommt.

## § 591 [Rechtsmittel]

**Rechtsmittel sind insoweit zulässig, als sie gegen die Entscheidungen der mit den Klagen befaßten Gerichte überhaupt stattfinden.**

Gesetzesgeschichte: Bis 1900 § 554 CPO. Keine Änderungen.

---

[28] MünchKomm ZPO-*Braun* § 585 Rdnr. 4.
[29] *Baumbach/Lauterbach/Hartmann*[52] Rdnr. 11; *Thomas/Putzo*[18] Rdnr. 6; *Rosenberg/Schwab/Gottwald*[15] § 161 V 2.
[30] MünchKomm ZPO-*Braun* Rdnr. 10; AK-*Greulich* § 578 Rdnr. 38.

[31] AK-*Greulich* § 578 Rdnr. 38; *Baumbach/Lauterbach/Hartmann*[52] Rdnr. 8; MünchKomm ZPO-*Braun* Rdnr. 10; *Zöller/Schneider*[18] Rdnr. 17.
[32] BGH LM § 114 Nr. 38 = NJW 1993, 3140 = ZIP 1729 = VersR 1994, 241.

## I. Anfechtbarkeit

1 Das Endurteil im Wiederaufnahmeverfahren wird hinsichtlich der Rechtsmittel nicht als ein auf Klage hin ergangenes Urteil erster Instanz, sondern als **Urteil derjenigen Instanz behandelt, in der es erlassen worden ist.** Das vom Landgericht als Berufungsgericht erlassene Urteil unterliegt daher ebenso wie das vom Revisionsgericht erlassene Urteil keinem Rechtsmittel[1]. Bei einem vom Berufungsgericht erlassenen Urteil gelten die Statthaftigkeitsvoraussetzungen für die Revision, d. h. die Revision muß bei einer Beschwer von nicht mehr als 60.000,– DM vom Oberlandesgericht zugelassen sein. Bei höherer Beschwer kann der Bundesgerichtshof die Annahme der Revision nach § 554b ablehnen[2]. Bei alledem ist unerheblich, ob die Wiederaufnahmeklage als unzulässig verworfen, mangels Vorliegens eines Wiederaufnahmegrundes als unbegründet abgewiesen worden ist, oder ob in der Hauptsache eine neue Entscheidung ergangen ist. Bei Verwerfung der Wiederaufnahmeklage durch das Oberlandesgericht als unzulässig ist die Revision nicht in entsprechender Anwendung von § 547 immer statthaft[3]. Die Statthaftigkeit eines Rechtsmittels bestimmt sich nach dem derzeitigen Recht; ob das Rechtsmittel zur Zeit des Erlasses des mit der Wiederaufnahmeklage angefochtenen Urteils statthaft war, ist demgegenüber unerheblich[4].

2 Ein **Versäumnisurteil** unterliegt stets dem Einspruch; dazu, wann im Wiederaufnahmeverfahren ein Versäumnisurteil ergeht, → § 590 Rdnr. 16ff. Eine **Wiederaufnahme des Verfahrens** findet nach den allgemeinen Grundsätzen statt. Angefochtenes Urteil ist dabei die neue Entscheidung. Davon zu unterscheiden ist die Frage einer erneuten Wiederaufnahmeklage gegen das angefochtene Urteil, → dazu Rdnr. 3.

## II. Wiederholung der Wiederaufnahmeklage

3 **Neue Anfechtungsgründe**, die das frühere Urteil betreffen, können nach Eintritt der Rechtskraft des im Wiederaufnahmeverfahren ergangenen Urteils selbstverständlich gegen dieses nicht geltend gemacht werden. Dagegen ist die wiederholte Erhebung einer Wiederaufnahmeklage gegen das frühere Urteil aus neuen Gründen nicht ausgeschlossen, sofern es sich nur um Gründe handelt, die früher noch nicht vorgebracht werden konnten. Die Wiederaufnahmeklage umfaßt nicht die Sache insgesamt, sondern ist auf den einzelnen geltend gemachten Anfechtungsgrund beschränkt[5]. Hatte der Kläger von dem Anfechtungsgrund jedoch schon im ersten Verfahren Kenntnis, dann ist eine erneute Wiederaufnahmeklage unzulässig, → § 588 Rdnr. 4. Eine früher als unzulässig verworfene Klage kann unter Vermeidung des Mangels wiederholt werden. Die Fristen des § 586 müssen durch die neue Klage gewahrt sein.

---

[1] *Baumbach/Lauterbach/Hartmann*[52] Rdnr. 1; *Zöller/Schneider*[18] Rdnr. 2.
[2] *Zöller/Schneider*[18] Rdnr. 2.
[3] *BGH* LM § 591 Nr. 2 = NJW 1982, 2071 = MDR 838.
[4] *BAG* AP § 580 Nr. 4 (*Pohle*) = NJW 1968, 1605.
[5] *Baumbach/Lauterbach/Hartmann*[52] Rdnr. 3; *Thomas/Putzo*[18] Rdnr. 1; *Zöller/Schneider*[18] Rdnr. 5.